KB122228

ALL-NEW

정치학 강의 1

[제3판]

신 희 섭 편저

法 文 社

제3판 머리말

이번에 3판을 내게 되었다. 이번 개정은 크게 두 가지에 주안점을 두었다.

첫째, 내용보강이다. '정치환경' 분야와 '중요 개념분야'와 '민주주의'의 내용을 보강하였다. 이 책은 수험서로서 정치학 전 범위를 다루고 있다. 입문서이면서도 교과서로서 충실하기 위해 중요한 각 분야의 중요한 이론들을 빠짐없이 수록하고자 하였다. 지난 책에서 적게 반영된 부분들이 있어 이 분야를 보완하였다.

내용으로는 4차 산업혁명이라는 환경 변화, 국가와 민족과 같은 기본적인 개념, 민주주의의 이론 부분을 보강하였다. 4차 산업혁명은 학문적인 내용은 아니지만 정책적으로 유용하여 충분히 다루었다. 기본 개념부분은 정치학을 다루다 보면 각 분야에서 각기 다루는 주제들인데 한 곳으로 몰아서 정리해두었다. 글을 만들 때 중요한 개념들이고 분석도구라서 정리가 필요하다. 민주주의 부분에서도 이론을 보강하였다. 민주주의는 데이비드 헬드의 『민주주의의 모델들』(서울: 후마니타스, 2010년)이 수정된 부분을 반영하였다. 정치사상과 비교정치와 국제정치도 내용들을 부분적으로 보강하였다.

둘째, <표를 통한 비교>를 적극적으로 활용하였다. 정치학의 이론들이 내용이 많고 쉽게 정리되지 않기 때문에 표를 이용하여 비교를 편하게 하고자 했다. 글을 만들 때는 정리된 글감이 있어야 한다. 그런 점에서 <표를 통한 비교>는 이론들을 공부하고 정리할 때 모두 사용될 수 있을 것이다.

글을 만들 때는 무엇이 이론의 핵심이고 어떤 변수로 분석하는지가 중요하다. 그런 점에서 표를 활용하면 변수도 명확해지겠지만 설명요인(독립변수)도 간결하게 답안에 사용할 수 있을 것이다.

이번 책도 이전 판처럼 중요 개념과 이론들을 각주로 처리했다. 개념들을 공부하는 데 본문과 전체내용에 집중하라는 취지이다. 실제로 답안을 만들 때 사용하게 될 개념들과 이론들은 각주 처리된 내용들로 구체적인 공부가 필요하다.

이 책이 법문사에서 처음 나온 해가 2012년이다. 벌써 7년이 지났다. 그 기간 동안 수험생들에게 정치학 이론들을 좀 더 정확하게 소개하고 명확하게 설명하기 위해 노력했다. 좀 더 나은 책이 되기 위한 이번 개정에 도움을 주신 법문사의 예상현 과장님께 감사를 드린다.

모쪼록 이 책으로 시험을 준비하는 이들이 정치학 준비 기간을 줄이고 정치학 고득점하는데 도움이 되기 바란다.

2019년 4월 25일

신 희 섭

『All-New』 정치학 강의 1권 개정판을 내며

『정치학 강의 1권』을 출판하고 4년째가 되었다. 2012년 이후 한국정치에는 많은 정치변화가 있었다. 이 책은 이러한 변화된 현상을 담아낼 필요에 의해 만들어졌다. 2012년 말에 대선이 있었고 2014년에는 지방선거가 있었다. 2016년 총선도 있었다. 분석이 필요한 사안들이 늘어났고 이런 사례들을 설명할 이론들도 늘었다. 개정판을 내게 된 이유이다.

개정판은 All-New라고 할 수 있을 정도로 전면 개정을 하였다. 수험서로서 가독성을 높이고 이론을 체계적으로 정리할 수 있도록 하였다. 먼저 정치사상과 국제정치 분야의 이론을 전면적으로 확대하였다. 특히 최근 유행하고 있는 공화주의에 많은 부분을 할애하였다.

수험서의 생명은 정리에 있다. 도표의 적극적인 활용을 통해서 이론과 내용을 보다 쉽게 비교할 수 있도록 했고, 특히 <표를 통한 비교>는 이론간의 차이를 선명하게 이해할 수 있도록 도와 줄 것이다.

답안을 만들 때 중요한 것이 얼마나 "많은" 이론과 개념들이 있는지와 얼마나 "정확히" 그 개념들을 사용할 수 있는지의 여부이다. 정확한 글쓰기를 위해 개념을 명확히 하기 위해 각주를 적극적으로 활용하였다. 특히 내용 중 중요한 개념은 각주로 처리하여 개념정리를 시도하였다. 각주와 색인을 적극적으로 활용하였기에 수험생들은 각주와 색인을 통해서 개념적 글쓰기를 할 수 있을 것이다. 민주주의 부분에서는 사례의 구체화를 통해서 민주주의에 대한 명확한 이해를 돕고자 했다. 실제 답안들에서 나타나는 모호한 글과 애매한 주장은 민주주의에 대한 정확한 이해 부족에서 기인한다. 이 부분을 개선하기 위한 방향으로 개정을 하였다. 비교정치에서는 순서를 바꾸어 공급과 수요 측면에서 비교정치를 이해할 수 있도록 만들었다. 비교정치 제도 간 연계가 되어야 체계적인 한국정치 분석이 가능하기에 편제를 바꾸고 최근 사안들을 적용하여 설명하였다.

수험을 준비하기 위한 '기본서'로서 충실하기 위해 많은 이론을 도입하고 개념들을 서술하면서 현재 일어나고 있는 정치현상을 이해하고 분석하도록 사례들을 통해서 설명하였다. 분량이 전편에 비해 늘어났지만 이 부분은 어려워진 시험문제에 대응하기 위한 것으로 수험생들의 양해를 구한다. 모쪼록 이번 개정판을 이용하는 수험생들의 수험 준비에 이 책이 도움이 되었으면 좋겠다. 이 책이 정치학 입문자들에게 정치현상을 분석하는 지침이 되어 합격에 일조하기를 바란다. 개정판을 만드는 데 도움을 준 배승철, 박성우, 이우혁, 박준희,

서주현, 박주언, 김숙현, 이유승, 김찬미 씨에게 감사의 마음을 전한다. 마지막으로 편집을 잘 해준 법문사 편집부의 김진영 씨에게도 감사를 드린다.

2016년 9월 7일
신 희 섭

머 리 말

『정치학강의 1권 : 이론편』의 사용법 - 머리말을 대신하여

이 책은 기존의 정치학강의 1권과 정치학강의 2권을 합본하면서 기존 내용을 수정하고 정치사상과 국제정치를 추가하여 만들었다. 이 책의 목적은 방대한 정치학내용을 한 권 안에서 다루는데 있다. 정치학은 다양한 세부 분야로 나뉘어져 있다. 정치사상과 일반이론, 정치과정과 정치제도론, 국제정치, 한국정치로 구분되어 있는 정치학은 시험에서도 사상, 비교정치(정치과정과 정치제도론), 국제정치가 각각 한 문제씩 출제된다. 그런 점에서 수험생들에게 정치학은 범위가 넓어서 시험 문제에 잘 적응하기 어려운 과목으로 각인되어 있다.

하지만 정치학을 출제하는 분들도 정치학을 전공하는 분들이고 이 분들의 관심 주제도 최근 정치현상들이기 때문에 수험적으로 정치를 다룰 경우에도 범위는 있다. 이 책은 다양한 세부 분야들을 한 권의 책 속에 담아서 수험범위를 한정함으로서 심적 안정을 찾고 실제 시험과 관련된 문제들에 능동적으로 대처하게 하는데 목표를 두고 있다. 현실적으로 이야기하면 시험은 매해 민주주의와 관련해서 한 문제가 나오고 제도정치나 정치경제가 한 문제 출제되는데 이 주제는 정치사상과 번갈아 가면서 출제된다. 또한 국제정치가 매해 출제되고 있다. 따라서 시험의 범위는 '민주주의 > 국제정치 > 정치사상과 일반이론 > 정치제도와 정치경제론'으로 압축해 볼 수 있다.

그런데 서점에서 접할 수 있는 정치학 책들은 이 분야들을 모두 다루고 있지 않다. 정치학 교수님들께서 각 분야를 전공하시기 때문에 다른 전공분야를 책으로 만드시지 않기 때문이다. 그래서 수험생들은 여러 교수님들이 편집한 책을 보기도 하고 번역된 외국서적을 보기도 한다. 하지만 이 책들 역시 수험을 따라가기 어려운 것이 현실이다. 그런 점에서 이 책은 민주주의를 중심으로 하여 정치학전체를 포괄하고자 했다. 먼저 정치학 전반을 어우르는 기본 도구들과 분석개념들인 'PART Ⅰ. 정치일반이론'을 통해 정치현상의 기본적인 이해와 함께 민주주의를 구성하는 정치현상의 입문으로 수험생들을 이끈다. 다음에 민주주의의 조건으로서 'PART Ⅱ. 정치사상과 국제정치'를 배열하여 민주주의가 어떤 가치들과 어떤 국제적 조건에서 고려되고 작동되는지를 설명하였다. 이러한 구성의 틀 속에서 'PART Ⅲ. 민주주의'로 연결하여 현대 정치의 가장 중요한 주제인 민주주의의 문제를 설명한다. 그리고 민주주의의 구체화된 작동을 위한 정치과정들과 정치제도들을 묶어서 'PART Ⅳ. 비교정치제도론'에서 다루었다.

책의 도입부에 정치학의 전체적인 그림을 가질 수 있는 mind-map을 배치하여 정치학 주제간 연결을 꾀했다. 정치학을 공부하는 사람들의 공통된 가장 큰 난관은 정치학의 개별 주제들을 연결하는 큰 줄기가 잡히지 않는다는 것이다. 왜 사상과 제도와 국제정치가 정치학 속에 같이 있는지와 어떻게 서로가 영향을 주는지를 모르겠다는 것이다. 그런 점에서 단순화의 위험에도 불구하고 이 책의 mind-map은 정치학의 큰 줄거리를 잡아줄 것이다.

이 책은 네 개의 PART로 구성되어있다. 앞서 설명한 것처럼 수험과 관련된 중요주제들을 배열하면서 가지치기를 많이 했다. 시험에서 다루는 주제들 대부분을 빠뜨리지 않고 이 책을 통해서 해결하면서도 분량은 최소화하고자 노력했다. 조금 더 구체적인 주제 확장과 답안을 만들어가는 것은 『정치학강의 2권: 문제편』과 『정치학강의 3권: 서브와 쟁점편』으로 보충할 수 있다. 첫 번째 책은 3판까지 출간된 『수험정치학』을 전면 개정한 것이다. 이 책은 정치학에서 주관식 답안으로 이루어진 책으로는 정치학분야 최초의 책이다. 이 책은 주관식문제를 풀이한 예시답안들로 이루어져 답안의 심화와 논리구성을 보여준다. 정치학공부에 입문하는 사람들은 『정치학강의 1권 : 이론편』을 기본서로 삼아서 기본적인 개념과 이론들을 배운 뒤에 심화학습과정에서 『정치학강의 2권: 문제편』을 이용하면 된다. 정치학은 읽어서 이해하는 것과 답안을 쓰면서 자신의 주장을 만드는 것 사이에 차이가 많은 과목이다. 그리고 논리가 가장 중요한 과목이기도 하다. 그런 점에서 『정치학강의 2권: 문제편』은 수험생들에게 정치학의 논리와 구성력을 만들어 줄 것이다.

『정치학강의 3권: 서브와 쟁점편』은 최종정리용 서브와 함께 중요한 쟁점을 소개해서 시험의 최종정리를 위한 책이다. 마지막에 내용들을 최소화하면서 실전에 필요한 것을 정리하기 위한 것이다. 시험 직전에 요약과 쟁점활용능력을 키우기 위한 책인 만큼 실전시험을 대비하는 최종대책이 될 것이다. 총 3권의 『정치학강의』시리즈는 수험생들이 시험에 입문하는 단계에서 최종 마무리하는 단계까지 정치학 주제들을 빠짐없이 다룸으로서 “안전하게”, 그리고 정치학을 “논리적으로”, 책들의 특성들을 분류함으로서 “체계적”으로 준비를 하여 합격이라는 원하는 목표에 도달할 수 있게 기획하였다.

『정치학강의 1권: 이론편』은 몇 가지 장치를 추가로 만들어두었다. 책의 도입부분에서 각 주제가 정치학 전체에서 어떤 의미를 가지는지를 먼저 설명하였다. 책을 읽는 내내 정치학의 mind-map과 연결하여 정치학 전체윤곽을 그리기 위해서 각 PART의 의미와 이전 PART와의 관계를 규정하였다. 수험에서 중요한 것은 무엇보다도 자신의 머릿속에 전체적인 윤곽을 가지는 것이고 이 윤곽을 통해서 자신감을 가지고 수험에 임하는 것이다. 이 책을 읽는 내내 mind-map을 떠올리면서 공부를 한다면 정치학 전체를 한 눈에 정리할 수 있는 자신의 mind-map을 머릿속에 그릴 수 있을 것이다.

또한 이 책에는 중요한 개념들을 볼드체로 표시해 두었다. 전체 책을 읽고 그 주제를 설명할 때 필요한 개념과 이론들을 입체감 있게 다룸으로서 개념공부를 좀 더 편하게 하도록 했다. 그리고 각주도 두 가지로 구분해 두었다. 일반 각주는 어떤 책을 인용했는지를 다룬 것이 있고 다른 각주는 개념이나 내용의 부연설명을 다루었고 글자체를 다르게 했다. 두 가지 각주를 다르게 해서 각주를 좀 더 활용할 수 있게 하였다.

기존 책은 정치사상과 국제정치를 다루지 못한 부분과 전체적인 분량이 많은 부분이 있었는데 이번에 법문사에서 책을 개정하면서 이 부분들을 해결하면서 한 권의 책 속에 정치학 전 범위를 담을 수 있게 되었다. 좋은 책을 만드는 것에 대한 자부심을 가진 법문사와 같이 책을 출판하게 된 것을 기쁘게 생각한다. 양질의 책이 될 수 있게 도와준 후배 김정환에게도 감사한다. 이 책을 편집하는 데 수고를 해준 법문사 편집부의 김진영 씨에게도 감사한다. 마지막으로 이 책을 보는 수험생들이 자신의 목표인 합격을 이루는 데 이 책이 조그마한 도움이 되길 진심으로 바란다.

2012년 4월 18일

편저자 신 희 섭

차 례

P·A·R·T

I 정치학 총론

P · A · R · T

Ⅱ 민주주의의 조건들

1. 정치사상

2. 국제정치학

P · A · R · T

비교정치제도론

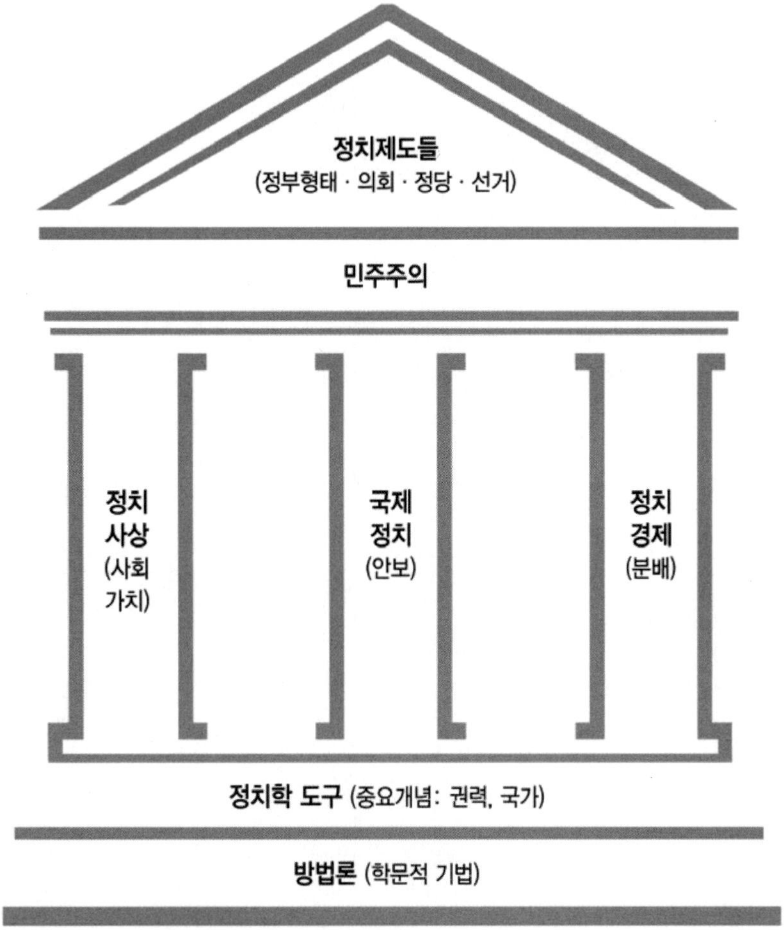

정치제도들
(정부형태 · 의회 · 정당 · 선거)

민주주의

정치
사상
(사회
가치)

국제
정치
(안보)

정치
경제
(분배)

정치학 도구 (중요개념: 권력, 국가)

방법론 (학문적 기법)

그리스신전식 정치학 전체 구성도

P·A·R·T

I

정치학 총론

PART I 정치학 토대

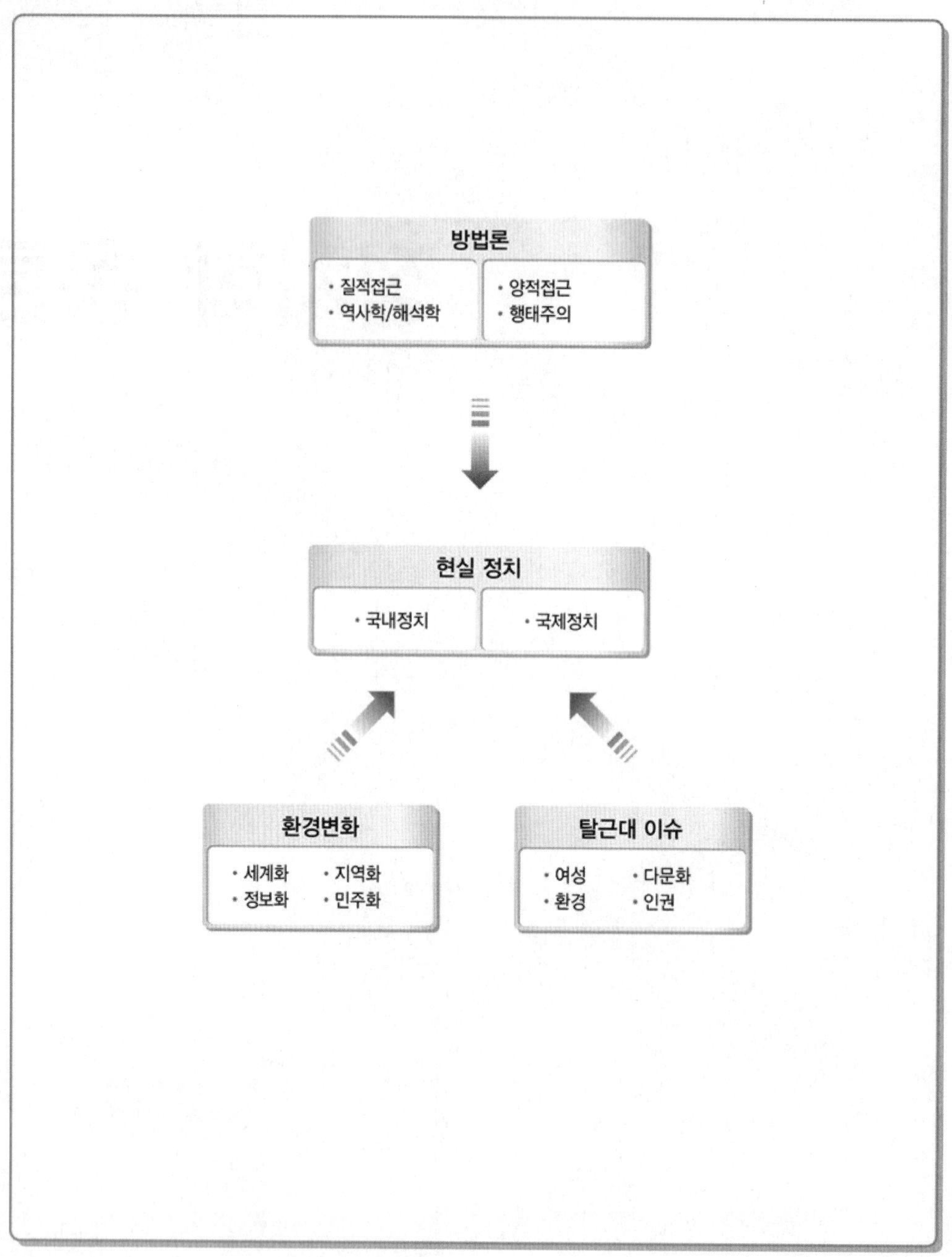
방법론
• 질적접근
• 역사학/해석학
• 양적접근
• 행태주의
현실 정치
• 국내정치
• 국제정치
환경변화
• 세계화
• 지역화
• 정보화
• 민주화
탈근대 이슈
• 여성
• 다문화
• 환경
• 인권

제 1 장 정치학 입문: 정치학 이해의 토대

수험적 맥락

이 장은 정치학의 구성을 설명하는 장이다. 정치학은 범위가 넓기 때문에 세부주제들이 구성된 방식을 이해하고 분야별 연결논리를 학습하는 것이 중요하다. 정치학 분석틀과 정치학 역사를 소개하여 정치학이 어떤 논리로 만들어졌는지를 다룬다. 수험적으로는 정치학의 종적-횡적 연결을 배워 답안을 입체적으로 구성하는 것이 중요하다.

제1절 정치학 대상과 정치적 관점

1. 정치학의 대상으로서 '정치'

이 책이 다루고자 하는 '정치'의 현상은 이처럼 사회구성원들이 지지하는 선호와 가치를 두고 정당이나 이익집단이 더 많은 지지를 이끌어내기 위한 '갈등과 경쟁'을 핵심으로 한다. 인간이 더 나은 삶을 살기위해서는 인간 집단으로 모여 살아야 한다. 그런데 인간들 개개인은 서로 다른 선호와 가치지향성을 가진다. 게다가 인간이 살고 있는 현실 세상에서 공동체를 이룬 구성원들이 선호하는 가치나 재화나 역할은 한정되어 있다. 이런 상황은 '많은 공동체구성원과 부족한 자원과 역할'로 정리할 수 있다. 이 상황이 인간이 살아온 공동체의 보편적인 현상이라면 부족한 자원과 더 좋은 역할을 차지하기 위한 인간의 투쟁은 필연일 것이다.

정치학을 공부하기 이전에 먼저 명확히 해야 할 것은 정치학이 다루는 정치현상은 갈등과 경쟁을 필연으로 받아들인다는 것이다. 집단 간의 필연적 갈등과 경쟁은 인간으로 하여금 갈등에 좌절하거나 경쟁을 거부하라고 하는 것이 아니라 갈등과 경쟁을 어떻게 관리해나갈 것인지를 두고 관리제도를 구축하게끔 한다. 2010년 제 4 회 지방선거에서 논의된 보편적 복지와 선별적 복지에 대한 논쟁은 이처럼 한정된 사회의 자원을 어디에 사용할 것인지에 대한 관리제도의 대표적인 면을 보여준다. 공동체 구성원들이 예측가능한 범위 내에서 갈등을 관리하고 경쟁을 하도록 정당을 구성하고 이익집단을 구축하며 선거법과 정치자금법을 명확히 하여 가치관 경쟁에서 누가 승리할 것인지에 대한 게임의 규칙을 만드는 것이다.

표를 통한 비교

정치: 개인적 선호를 사회적 선호로 만들기 위한 제도화
전제조건: 다원적 가치를 가진 개인들의 집합(사회) + 사회적 가치결정필요 + 규칙설정 + 규칙에 대한 사회적 합의
정치학의 전통적관점: 통치자의 통치기술훈련
정치학의 현대적관점: 시민의 민주주의 운영방식 이해와 참여방법

가장 간단히 정치를 정의하면 개인들이 가지고 있는 선호와 가치를 사회적 가치로 만들기 위한 갈등과 경쟁을 제도화하는 것이다. 이런 기준에서 간단히 정치학을 정의한다면 갈등의 관리와 제도화하는 방법들을 연구하는 것이다. 정치학은 사회가치에는 어떤 것들이 있는지를 다루는 '정치사상'과 인간들이 모여서 구성한 정치공동체인 '국가'를 다루며 누가 사회적 가치를 결정하고 이것을 정책으로 만들어내는지를 다루는 '권력'을 다룬다. 또한 가치를 규정하기 위한 게임의 규칙으로서 정당과 선거라는 '제도'를 다룬다. 정치공동체의 안정과 평화를 만들어내는 방법을 다루는 '국제정치'도 다룬다. 정치공동체의 경제적 분배를 다루기 위해서 '정치경제'문제(ex, 비정규직 축소)를 다루고 공동체의 '사회'문제(ex, 고령화사회와 저출산문제)들도 다룬다.[1)]

표를 통한 비교 **정치학의 구분법**

국가접근: 정치=국가. 국가현상이 정치현상의 핵심으로 보는 입장. 국가를 대상으로 한다는 점에서 대상은 명확하지만 사회내의 권력관계를 못 보는 약점이 있음.
권력접근: 정치=권력. 국가 뿐 아니라 사회 내와 개인과 개인 간의 권력행사가 정치의 핵심으로 보는 입장. 다양한 영역을 보는 장점이 있지만 정치학 범위가 명확하지 않은 약점이 있음.

이렇게 다양한 분야를 다루는 것은 '전통'정치학의 특징이다. 전통적으로 정치학은 통치자를 훈련시키기 위해 만들어진 학문이다. 통치자가 정치공동체를 운영하기 위해서는 정치공동체 구성원들에 대한 인간적인 이해로서 심리적 상태와 인간본성에 관해 파악하고 있어야 하며 사회구조와 경제운영방식에 대해서도 알아야 한다. 그리스 시대 철학과 함께 정치학이 만들어졌다는 점은 근대에 와서 만들어진 경제학이나 사회학과의 차이를 보이는 것이다.

'근대'정치학은 통치자보다 피치자들이 권력을 이해하고 권력에 저항하고 대처하기 위한 논리를 위해 발전하였다. 제1차 세계대전이후 1920년 대중민주주의가 결정적인 변화시점이

1) **정치학 구성:** 정치학을 이루고 있는 세부적인 단위는 한국에서 정치사상, 국제정치, 비교정치라는 3개의 틀로 구성되어 있다. 이런 구분을 좀 더 세부화하여 각각의 하부주제들을 묶어서 연결해 둔 것이 앞에서 본 그림이다.

다. 1차 세계대전에서 공로를 인정받아 노동자와 여성에게까지 보통선거권이 부여되면서 대중민주주의가 만들어졌다. 대중민주주의를 계기로 하여 정치의 역사는 다른 시대가 되었다. 1920년대 이후 많은 수의 대중들이 정치의 중심에 서면서 정치학은 지도자가 '위로부터 아래를 내려다보는 시각(top-down 방식)'이 아닌 피지배자가 '아래에서 위를 올려다보는 시각(bottom-up 방식)'으로 보는 것이 중요해졌기 때문이다. 현재는 전통적 시각과 근대적 시각과 탈근대 시각이 공존하고 있다.

표를 통한 비교

전통정치학: 군주와 엘리트의 배타적인 지배
근대정치학: 대중민주주의와 계급대립
현대정치학: 환경문제와 위험사회(울리히 벡)등의 새로운 사회갈등의 해소

정치현상을 다루는 학문으로 정치학을 공부하기 전에 정치현상의 범위(분석대상)과 분석시각(이론적 관점)이 간략히 정해질 필요가 있다. 세부적인 설명에 앞서 그림 <정치학 구성도>를 간략히 설명한다.

그리스의 파르테논신전을 본떠 만든 그림은 정치학 전체를 유기적으로 체계화한 것이다. 모든 학문은 그 학문을 체계적으로 구축하고 설명하게 만드는 방식인 방법론을 기초로 한다. 경제학이 수학과 그래프를 중심으로 설명하는 방법론을 사용하고 있는 것을 예로 들 수 있다. '방법론(methodology)'이 구축되면 정치대상을 이해하고 설명하는 '방법(method)'들(통계, 실험, 비교, 사례연구)이 적용된다. 방법론의 토대아래 정치학의 기본도구들(중요 개념들)이 있다. 권력, 국가, 민족과 같은 주제들이 여기에 해당한다. 이 주제들은 정치일반이론으로 불리기도 하고 개별적인 주제로 다루어지기도 하고 민주주의, 국제정치에서 세부적인 주제로 다루어지기도 한다. 하지만 이 책에서는 이러한 개념과 도구들을 따로 떼어서 간략히 정리한다. 각기 시험에 출제되는 경우도 있고, 분석을 위해 다양한 분야에서 사용되기 때문에 각기 다른 분야(사상, 국제정치, 정치경제 등등)를 다루기 이전에 정리를 하기 위한 것이다.

방법론과 기본도구들이 만들어지면 다음으로는 세 개의 기둥이 있고 이 기둥은 민주주의를 떠받친다. 세 개의 기둥은 각기 정치사상, 국제정치, 정치경제를 독립적으로 다룬다. 한 사회가 지향해야 할 가지가 무엇인지를 구체적으로 다루는 것이 정치사상이다. 예를 들어 자유, 평등, 공공선과 같은 가치는 자유주의, 사회주의, 공화주의 이론이 강조하는 가치들이다. 이런 가치가 중요하다는 논리가 민주주의와 만나야 민주주의는 논리가 튼튼한 민주주의가 된다. 국가들마다 자유민주주의(미국이 대표), 사회민주주의(스웨덴이 대표), 공화민주주의(프랑스가 대표)를 토대로 민주주의를 운영하는 것을 사례로 들 수 있다. 이들 국가들이 설정한 민주주의는 구체적인 제도(비교정치)의 운영방식을 달리한다. 자유민주주의는 자유선거제도와 대의제도를 강조한다. 사회민주주의에서는 조합주의제도를 사용하기도 한다. 공화주

의는 사회적합의(심의)제도들을 사용한다.

두 번째 기둥인 '국제정치'는 안보(security)를 다룬다. 한 국가의 안보가 확보되어야 민주주의를 운영할 수 있으며 제도가 작동할 수 있다. 한국전쟁시기 선거가 있었지만 민주주의 제도가 공정하게 작동하지 않은 사례를 들 수 있다. 세 번째 기둥인 '정치경제'는 경제의 생산과 소비를 연결하기 위해 분배문제를 다룬다. 분배적 정의가 깨진 사회는 경제도 안정적으로 운영되기 어려울 뿐 아니라 사회갈등이 강화된다. 중국이나 태국은 분배적 불평등을 나타내는 지니계수가 5.0을 넘는다. 이런 경제적 불평등은 사회갈등과 분쟁의 토대가 된다. 정부는 이러한 불평등문제를 해결해야 한다. 이때 정치사상에서 분배적 정의가 중요하다는 논리를 차용할 수 있다. 경제적 불평등은 민주주의 운영을 어렵게 만들거나 민주주의를 민중주의(책임지지 않는 민주주의나 여론에 휩쓸리는 민주주의)로 전환시킬 수 있다.

세 가지 기둥이 민주주의의 토대인 가치, 안보, 분배의 규칙을 정한다. 신전의 상단을 구성한 민주주의는 정치의 중심이다. 현대 정치학은 민주주의를 다루는 학문이라고 해도 과언이 아니다. 인민의 '자기 지배가능성'을 높이기 위해서는 민주주의를 구체적으로 실현시킬 수 있는 제도들이 필요하다. 민주주의를 통해서 사회적 가치를 결정한다고 규칙을 정했지만 실제 결정제도인 선거를 40년에 한 번 실시한다면 이런 국가를 민주주의라고 할 수는 없는 것이다. 그런 점에서 민주주의는 어떤 가치를 담는 '이념'이기도 하지만 구체적으로 실현시킬 수 있는 '제도'이기도 한다.

민주주의가 구체적으로 어떤 민주주의인지 결정되면 그 어떤 민주주의를 구현하기 위한 제도적 장치들이 신전의 지붕을 이룬다. 지붕이 없는 신전이 공허한 것처럼 제도 없는 민주주의는 공허하다. 그런 점에서 정치학의 최종 구현은 제도들이다. 그런데 제도들은 각기 구현하고자 하는 원리가 다르다. 대통령제도는 권력의 분립을 특징으로 하며 대통령이라는 인물중심 정치가 지향점이다. 그런데 비례대표제도라는 선거제도는 제도인 정당에 권력을 부여하며 다원적인 가치를 표방하는 사회에서는 다당제를 만들 가능성이 높다. 대통령제와 비례대표제를 중심으로 한 선거제도와 의회제도는 조합이 잘 맞지 않는다. 대통령제국가에서 대통령과 정부가 정책을 만들어 의회를 통과시키려면 대통령 소속정당이 의회 1/2을 넘는 것이 유리하기 때문이다. 그런 점에서는 대통령제와 양당제가 잘 어울린다. 이처럼 제도부분은 제도간의 조응성(제도들의 동시적 작동가능성)이 중요하다.

신전처럼 구성된 <정치학구성도>는 두 가지 점에서 유용하다. 첫째, 정치학이라는 넓은 대상을 가진 학문이 어떻게 정리될 것인지를 시각화해준다. 둘째, 종적-횡적으로 연결되는 논리를 만들어준다. 예를 들어 민주주의에서 '다수결주의' 민주주의와 '협의주의' 민주주의가 설정되어야 대통령제, 의원내각제와 함께 선거제도와 정당체계가 규정된다. 다수결주의는 '권력의 집중'의 원리라는 사상에 기초하여 '대통령제-상대다수제 선거제도-양당제 정당체계'의 제도 조합과 연결된다. 협의주의는 '권력의 공유'라는 사상에 기초하여 '의원내각제-비례대표제 선거제도-다당제정당체계'의 제도조합과 연결된다. 사상과 제도의 조합은 "종적인"

연결이지만 정부형태-선거제도-정당체계는 "횡적인" 연결이다.

2. 정치적 관점들

표를 통한 비교

학문의 목적: 불확실한 미래를 예측하기 위해 현재 나타나는 현상을 설명하기 위한 논리적 체계구성
학문에서 규칙의 중요성: 분석대상이 움직이는 규칙을 체계화하는 것이 학문의 핵심이다. ex) 듀베르제 법칙(비례대표제는 다당제를 형성하는 규칙설명), 대통령제도(권력의 분립을 규칙으로 하여 분점정부인 경우 정책집행가능성이 약하다는 규칙을 설명), 양극안정론(국제정치에서 초강대국이 두 개일 때 전쟁가능성이 낮다는 규칙설명)
수험에서 규칙의 중요성: 이론을 묻는 시험문제는 정치현상에 내재한 규칙을 정확히 이해하고 있는지를 묻는 것.ex) 2004년 16대 총선에 대한 사르토리(G. Sartori)이론의 적용은 한국정치에서 다당제와 이념확대를 설명하는 것

어떤 학문체계이건 그 학문[2])을 제대로 이해하기 위해서는 그 학문 공동체 구성원들이 사용하고 있는 개념들과 이론들을 체계적으로 배우는 것이 중요하지만 그 이전에 어떤 관점에서 세상을 보는지(시각, 관점)를 먼저 배워야 한다. 사회과학분야의 심리학, 경제학, 사회학의 관점은 정치학의 관점과 차이가 있다. 학문의 목적은 관점을 체계화한 뒤, 자신의 논리를 내부적으로 모순이 되지 않게 하면서 개념과 이론을 사용해 분석할 대상을 설명하는 것이다.

표를 통한 비교

사회학: 사회구성과 갈등의 규칙화 ex) 인구수증대 ⇨ 갈등가능성증대
경제학: 생산방식과 소비방식의 규칙화 ex) 인구수증대 ⇨ 소비시장확대
심리학: 개인과 사회 심리작동의 규칙화 ex) 인구수증대 ⇨ 경쟁압력증대
정치학: 사회갈등의 규칙화와 정치제도의 규칙화 ex) 인구수증대 ⇨ 선거제도변화

따라서 정치학에 입문하는 이들을 위해서 첫 번째 마련한 가이드라인은 정치학자들이 가

---

2) **학문의 의미**: 학문(science)은 인간이 현실을 체계적으로 설명하고 미래변화에 대처하기 위해 발전시킨 논리체계들이다. 현상이 돌아가는 것을 체계적으로 설명하기 위해서는 정확히 원인을 규명할 수 있는 방안을 만들어서 객관화를 해야 한다. 그리고 어떤 사회에서나 장소에서도 동일하게 설명이 가능해야 하기 때문에 일반화를 가능하게 해야 한다. 일반화를 위해서는 객관화와 검증 가능성을 가져야 한다. 이러한 논리는 15세기 이후 과학주의가 강화되면서 더 중요하게 되었다. 18세기의 사회과학은 자연과학의 논리를 사회현상에 적용하여 객관화를 추구하였고 이로 인해 체계적인 사고의 방식(way of thinking)인 방법론이 발전하게 된다. 사회현상은 일반화가 되기 때문에 과학이라고 하지만 인문 분야는 이러한 일반화가 되지 않기 때문이 예술의 영역으로 규정된다.

진 기본적인 시각을 소개하는 것이다. 하지만 모든 정치학의 시각을 소개할 것은 아니다. 기본적으로 현상을 이해하는데 필요한 시각을 먼저 소개하고 이후에 세부적인 이론과 함께 다른 시각과 관점을 소개할 것이다.

답안을 위한 사 례

인구감소와 정치학

한국의 인구감소와 고령사회는 심각한 문제이다. 낮은 출산율과 낮은 출생자수의 문제는 사회 전 분야에 영향을 미친다. 각 분야별 영향과 함께 정치학적 고려사항을 살펴본다.

한국의 출산율은 2017년 기준(통계청) 산모 1인당 1.05명으로 225개국 중 223위이다. 국가와 정치공동체중 마카오(0.95명)와 싱가포르(0.83명)만이 한국보다 낮은 출산율을 가지고 있다. 산모 1인당 1.05명의 출산율은 한국이 장기적으로 인구가 감소할 것을 예상하게 한다. 2017년에는 40만 명 이하(357,700명)로 출생자수가 떨어졌다. 인구절벽이 가장 중요한 화두가 된 이유이다.

인구절벽에 대해서 체계적인 분석을 하고 있는 해리 탠트는 「2018 인구절벽이 온다」에서 전 세계적으로 베이비 부머들이 아이를 낳아서 가장 인구가 많은 세대(에코세대)가 평균 46세가 되었을 때 가장 많은 소비를 한다는 사실을 가지고 세계경제의 침체를 예측하였다. 이 이론에 따르면 한국은 1971년 생 인구가 가장 많은데 이들이 47세가 되는 때가 소비의 정점을 찍는다고 본다. 그런 경우 2018년에 소비의 정점을 찍고 소비는 점차 하강하게 될 것이다. 일본이 1949년생이 가장 인구가 많았고 그 정점을 1997년에 찍게 된다.

이 논리에 따르면 한국은 일본의 뒤를 22년 후 따르면서 2018년 이후 인구 부족에 따른 디플레이션상황을 맞이하게 된다. 이 논리에 기반할 경우 미국은 정확히 2007년에 독일과 영국의 경우는 2013년에 소비의 정점을 찍는다. 또한 이 논리의 연장선상에서 인구가 가장 많은 세대가 가장 많이 집과 자동차를 소비하는 경우(평균적으로 42세)를 지나면 부동산시장이 정점을 지난다. 일본은 1991년에 부동산 정점을 지났고 22년 뒤인 2013년에 한국도 부동산의 정점을 지났다.

지금까지 분석은 인구의 감소와 '경제적' 영향이었다. 인구감소는 개인 '심리'에도 영향을 미친다. 한국사회의 중요 화두가 된 3포세대(연애, 결혼, 출산포기)나 5포세대(연애, 결혼, 출산포기, 내집마련, 인간관계)나 7포세대(연애, 결혼, 출산포기, 내집마련, 인간관계, 꿈, 희망직업)는 경쟁의 강화에 따른 개인들의 심리변화를 설명한다.

심리학이 개인과 사회의 '심리'를 다룬다면 사회학은 사회라고 하는 '인간간의 관계'를 다룬다. 한국의 인구 부족과 맞벌이증대와 모계사회로의 전환(친정엄마와 육아로 인한 사회변화)과 장모와 사위간의 갈등이란 새로운 '사회갈등'이 나타나고 있다.

인구감소와 초고령화사회(UN 기준으로 인구전체에서 65세 이상이 20%이상인 사회. 고령사회는 14%이상이고 고령화사회는 7%인 사회를 의미)와 생산가능인구(15세에서 64세의 인구)의 감소는 '정치'적으로도 중요하다. 2017년 한국은 2017년 고령인구 14%로 고령사회로 진입했고 처음 생산가능인구가 줄었다. 일본이 고령화사회에서 고령사회로 바뀌는데 24년이 걸렸고 다른 선진국들은 훨씬 속도가 더뎠다. 프랑스는 115년, 미국은 73년, 독일은 40년이 걸렸다. 그런데 한국은 2000년 고령화사회로 진입한 뒤 17년 만에 고령사회가 된 것이다. 생산가능인구는 2016년 3631만 명에서 2017년 3620만 명으로 11만 명 처음 감소했다.

이런 상황은 정치적으로 몇 가지 문제를 가져온다. 첫째, 국가의 존립을 위협한다. 현 추세대로면 2100년 경 조선후기시대(1910년 기준)의 인구수인 1700만 명 선이 될 수 있다. 국가의 세수 확보와 상비군 유지는 일정한 인구유지를 기반으로 한다는 점에서 한국은 향후 세수확보, 상비군 유지에도 비상등이 들어올 상황이다. 둘째, 지방자치단체의 재정자립도와 도시와 지방간 갈등이 강화된다. 인구 감소는 지방의 경우가 더 심각하다. 재정문제와 이에 따른 정치적 갈등강화가 예상된다. 일본의 경우 '고향세'를 받는다. 지방이 사라져가는 현상을 경험하고 있는 일본은 자신의 고향이나 지방자치단체에 기부할 경우 세액을 면제받는 것이다. 셋째, 양극화가 심화된다. 도시와 지방 뿐 아니라 도시 내 특정지역으로 부의 쏠림이 강해진다. 현재도 특정지역에서 주택가격의 상승으로 다른 계층의 진입을 막아버리는 현상이 생기고 있다. 넷째, 인구부족에 따른 외국인 노동자의 유입과 다문화사회의 갈등이 있다. 인구부족은 노동시장부족을 야기하고 이는 외국인 노동자의 유입으로 이어진다. 현재 안산처럼 다문화인들이 거주하는 지역들이 늘어나며 현지인들과의 갈등이 심화될 수 있다. 다섯째, 정당들의 득표 전략의 변화가 불가피하다. 고령인구가 많아질수록 보수정당들은 득표가 유리하며 진보정당은 득표에서 불리하다. 이는 정치적 이슈를 노인층에 맞출 가능성을 높인다.

정리하자면 인구감소라는 사회현상은 소비사장과 부동산시장(경제학영역)의 변화와 개인심리(심리학영역)의 변화와 사회구성방식(사회학)의 변화를 가져온다. 이는 경제적, 심리적, 사회적 갈등을 야기하며 정치학은 이러한 갈등의 전개를 예측하여 이를 해결하기 위한 방안을 모색하는 것이다.

(1) 세상운영의 동력: 관념론 vs. 유물론

표를 통한 비교

관념론: 관념 / 정체성 / 가치관 ⇒ 현상변화 / 사물의미 부여
유물론: 자본보유 / 물리적 권력 ⇒ 관념 / 정체성 / 가치관

현상을 파악할 때 그런 현상을 만들어내는 동력이 중요하다. 어떤 결과물은 반드시 특정 동력 혹은 동기에 의해서 만들어진다. 자연현상이 아닌 인간의 행동에서는 더욱 그렇다. 이런 동력 혹은 동기를 만들어내는 요인(원인)을 찾는 것이 중요한 이유이다.

그런데 인간이 어떤 동기를 가지고 행동하게 하는 것은 두 가지 다른 이유가 있다. 첫번째는 행동주체인 인간이 특정 관념이나 정체성이라는 관념에 의해서 결정을 하게 되는 것이다. 예를 들어 어떤 이성을 사랑하게 되었고 그 이성을 위해서 선물을 준비하게 했다면 이것은 사랑이라고 하는 관념(독립변수 / 원인 / 설명항)이 작동하여 선물준비(종속변수 / 결

과 / 피설명항)를 만들어낸 것이다. 이렇게 인간의 정신세계가 현실의 물질관계에 대해 독립적으로 작동한다는 입장은 구조기능주의에 의해서 잘 설명된다. 대표적으로 문화론은 관념이 정치적 결과물을 변화시킨다는 입장이다. 국제정치학에서 구성주의이론의 정체성을 통한 설명이나 정치철학이 다루는 가치관들 역시 관념적인 설명을 대표한다.

관념론의 반대 입장에 있는 것이 유물론이다. 유물론의 관점은 물질관계가 관념의 세계를 규정한다는 것이다. 예를 들어 어떤 계급에 태어났는지에 의해 개인들의 인식이 동일하게 규정된다면 이것은 자본의 보유여부가 관념을 규정하게 되는 것이다. 이러한 시각의 대표적인 입장이 자본 보유여부를 통해서 설명하는 마르크스주의와 물리적인 권력을 통해서 국가간 관계를 설명하는 국제정치학의 신현실주의입장이 있다.

두 가지 입장 사이에서 한 쪽을 지지할 수도 있지만 두 가지 관점이 모두 현실에 작동하고 있다는 점을 규명하고 이 사이에서 균형을 만들 수도 있다. 즉 관념이 작동하지만 물질관계에 의해서도 관념이 영향을 받으면서 인간들의 행동이 결정되는 것이다.

(2) 지배와 권력의 중심: 엘리트론 vs. 민중론

표를 통한 비교

엘리트론: 지도자의 관점 ⇒ 민중들의 정치투쟁과 갈등파악
민중론: 민중의 관점 ⇒ 지도자들의 정치투쟁과 갈등파악

엘리트론은 지도자의 시각으로 민중들과의 정치를 파악하는 입장이다. 엘리트들이 볼 때 바람직한 정치운영방식이라는 기준으로 민중을 설득하고 회유하거나 강요하는 접근 방식이다. 플라톤의 철인왕(philosopher-king)으로 대표되는 엘리트론은 국제정치학의 고전적 현실주의도 포함되어 있다.

반면에 민중론은 민중의 입장에서 엘리트들간 경쟁을 파악하는 입장이다. 민중적 관점은 민중의 가치와 기준에 맞추어 지도자들이 정치를 반영하기 바라는 입장이다. 루소의 일반의지론으로 대표되는 민중론(인민민주주의이론)은 기존 정통관점인 엘리트론을 거부하고 사회주체를 변혁하려는 점에서 급진적인 관점으로 불린다. 급진주의 입장을 가장 잘 대표하는 것은 자본을 가지지 못한 노동자(프롤레타리아)중심의 세상을 만들고자 한 마르크스주의 입장이 있다.

엘리트적 관점과 급진적입장의 민중적 관점을 계급적인 관점[3])으로만 볼 필요는 없다. 세

3) **계급과 계층의 개념 구분**: 계급(class)은 대립적인 관계를 지칭한다. 주인-노예, 자본가(부르주아)-노동자(프로레타리아)가 대표적이다. 이런 관점에서 여성과 남성을 보면 남성과 여성은 누군가가 다른 누군가를 지배하는 관계가 된다. 반면에 계층(stratum)은 서열적인 개념이다. 즉 상류층, 중류층, 하류층과 같이 위계를 가진 것으로 상정된다. 이때 계층은 계층간 이동이라는 유동성이 생긴다. 또한 계급처럼 무조건 대립하는 것도 아니다. 계급과 계층의 구분은 사회학의 큰 줄기이다. 사

상을 이끌어 가는 지도자(leader)가 있다면 이들을 추종하는 추종자(follower)가 있다. 양자는 배타적일 수 없으며 상대방이 있을 때 성립하는 관계이다. 리더와 추종자는 자유주의의 분석틀이다. 그런 점에서 엘리트의 시각과 민중의 시각을 모두 파악하면 계급간의 균형을 잡아볼 수 있다.

(3) 판단의 중심: 합리적 접근 vs. 심리적(혹은 인지적) 접근

표를 통한 비교

합리적 접근: 이성(객관적 판단능력) ⇒ 이익과 비용 계산 ⇒ 특정 행동선택
심리적 접근: 심리(주관적 인식능력) ⇒ 왜곡된 이익과 비용 계산 ⇒ 특정 행동선택

앞의 두 가지 접근법과 다른 접근법 혹은 시각이 있다. 이 접근법에서는 "인간이 사물을 객관적으로 인지할 수 있는가?"를 다룬다. 합리적 접근은 인간이 이성에 기초하여 판단한다고 본다. 반면에 심리적 접근은 인간은 이성보다는 심리에 기초하여 판단한다고 본다. 이 부분은 형식논리와도 관련되고 분석을 위해 다양한 이론이 사용되는 만큼 자세히 설명한다.

복잡한 개념들이니 단순한 현실 상황에서 출발하도록 한다. 북한의 국방위원회 제 1위원장인 김정은에 대해 남한사람들이 가지는 이미지 역시 객관적인 실체로서의 김정은에 대한 인식보다는 감각에 의존한다. 한국인들에 대한 여론조사에서 일본인에 대한 호전성과 국수주의에 대한 인식이 나쁘게 나오는 것 역시 이미지와 관련되어 있다.

만약 세상을 볼 때 대체로 합리성에 기반하여 '객관적' 인식보다는 심리에 기반하여 '주관적' 인식이 강하다면 그것은 실체보다는 실체에 대한 머릿속에서 가공된 이미지가 세상을 해석하고 삶의 기준이 된다는 것이다. 이미지 이해는 두 가지에 중요하다. 첫째, 이미지가 작동하여 자신의 객관적인 인식을 방해하는 것을 알아내야 한다. 둘째, 다른 사람이 어떤 행동을 했을 때 그것이 합리적인 행동일수도 있지만 심리적 요인에 의한 행동일 수도 있다는 점을 이해해야 한다.

만약 인간이 사물을 감각이 아니라 이성에 의해서 왜곡 없이 정확히 인식한다면 우리는 그 정보를 바탕으로 의사결정을 하게 될 것이다. 반면에 정확한 인식이 아니라 주관적인 감각에 의해 대상이 왜곡되어 인식된다면 우리의 의사결정은 제대로 되지 않을 수 있다. 이미

회학에는 두 거두가 있다. 한 명은 계급관계로 세상을 보는 칼 마르크스(K. Marx)이고 다른 한명은 계층관계로 세상을 보는 막스 베버(M. Weber)이다. 마르크스는 역사가 자본주의에서 사회주의로 변화하는 것이 필연이라고 보면서 변화의 동력에는 자본소유여부가 있다고 보았다. 근대가 될수록 자본주의에서 사회주의가 되며 점차 국가는 사라지고 공산주의가 구축될 것으로 보았다. 마르크스가 국가소멸을 예상한 반면 베버는 근대는 합리성에 기반을 한 관료조직으로 운영되는 국가가 있다고 보았다. 근대에 있어서 합리성에 기반한 예측가능성이 중요하며 이것은 법적 안정성에 의해 만들어진다.

지가 작동한다는 것은 감각에 의해 왜곡된 정보로 저장되고 그 왜곡된 정보를 바탕으로 의사결정을 하게 되는 것이다. 이미지와 심리적 접근은 후술한다.

이성을 강조하는 합리적 접근은 객관적 인식이 가능할 뿐 아니라 이성을 갖춘 사람이라면 어떤 사람이라도 동일하게 행동할 것으로 예측한다. 경제학에 기반을 둔 게임이론이 대표적인 합리적 접근의 모델이 된다. 합리성가정, 완전정보가정, 선호의 순위파악가능성, 타인의 선택에 대한 예측가능성이 전제가 되면 게임이론속의 행위자들은 동일한 선택을 하게 되는 것이다.

이성은 감성에 대비되는 전제이자 가정이다. 인간이 이성(reason)을 가진다면 그 이성은 합리성을 기초로 판단하게 한다. 이때 합리성(rationality, 合理性)은 인간이 객관적으로 대상과 사물을 이해할 수 있게 해주는 도구이다. 합리성이란 어떤 생각이나 주장 판단을 하는데 있어서 타당한 근거를 의미한다. 합리성을 갖추었다는 것은 판단이나 주장이 감정이 아닌 객관적 근거를 갖추고자 하는 것이다. 판단에 있어서 최선의 판단이 되기 위해 갖추고자 하는 것으로 합리적 판단을 한다는 것은 결과가 자신에게 최선이 될 수 있는 근거를 갖추고자 하는 태도를 의미한다. 이성은 합리성을 가지고 분별력있게 판단하게 하는 것이다.

합리성을 갖추었다고 하는 것은 판단의 근거를 객관적으로 제시할 수 있다는 것이자 이것을 가능하게 한다고 믿게 만드는 가정을 의미한다. 즉 실체가 있는 것이 아니라 그렇게 행동했다고 하는 형식논리이다. 합리성은 두 가지 가정에 기초한다. 첫째, 최선의 판단을 위한 정보를 최대한 확보하고자 하는 가정. 둘째, 선호의 일관성 가정. 선호의 일관성은 특정한 가치 A, B, C가 있고 각각의 가치간 우열이 A>B, B>C라고 한다면 A>C가 되어야 한다는 것이다. 이는 개인 선호의 왜곡이 없다는 것이다. 합리적 접근은 주로 경제학접근방식을 활용한다. 인간이 합리적이라면 같은 비용을 들일 때 더 나은 선택을 한다. 합리적 선택이란 한 가지 선택을 했을 때 포기하게 되는 다른 대안의 값어치인 기회비용을 감안하여 몇 가지 안중에서 가장 좋은 방안을 선택한다는 것이다.

표를 통한 비교

기대효용모델: 합리성에 기초한 모델로 이익극대화를 추구함. 합리성이 보편적이라면 일반화(시간과 공간을 초월)가 가능한 모델.
오인모델: 왜곡된 인식(perception)에 의해 판단한다는 모델. 인지는 주관이 개입되기 때문에 일반화된 모델이 될 수 없음.

합리성에 기반을 둔 정치현상 분석 중에서 가장 유명한 것은 합리적 선택이론[4]에 기반을 둔 '기대효용이론'이다. 기대효용이론은 어떤 행동을 할 때 그 행동으로 인해 얻게 되는 기

4) **합리적 선택이론의 가정:** 첫째, 인간은 이기적이다. 둘째, 인간은 이성적 존재이다. 셋째, 판단의 기준은 효용 즉 쾌락에 있다. 넷째, 이익의 최적화된 결과를 추구한다.

대효용을 이 선택으로 포기한 기회비용과 비교하는 것이다. 어떤 선택을 할 때 그 선택이 성공할 확률은 기대치(expectation)로 나타난다. 그리고 이 선택으로 얻게 되는 이익은 효용(utility)으로 나타난다. 반면에 이 선택으로 포기하는 다른 대안이 가지고 오는 기대효용 값이 비용이 된다. 예를 들어 취직을 하지 않고 공부를 하기로 하였다면 취직을 통해서 얻게 되는 이익이 기회비용이 되는 것이다.

합리성에 대해서도 다양한 논의가 있다. 이론적으로 합리성을 반드시 수학적 엄정함의 잣대로 볼 필요는 없다. 실제로 많은 국가와 기업과 같은 조직에서 의사결정이라는 것이 합리적인 체계에 의해서 수행되지 않는 경우들이 많다. 이런 상황에서 합리성자체를 거부하기보다 합리성을 현실적으로 보자는 입장으로 허버트 사이먼(H. Simon)은 '제한된 합리성(Bounded Rationality)'모델을 제시했다. '제한된 합리성'은 합리적 선택이론가들이 주장하는 이론적 가정이 현실에 부합하지 않는 것은 첫째, '상황의 불확실성(Environmental uncertainty)'과 둘째, '인지와 정보처리의 한계(computational and informational limit)' 때문이라고 보았다. 다양한 가능성이 있는 상황에서 각각의 상황이 가져오는 수많은 기회비용을 다 파악할 수 있는 시간과 정보가 부족할 뿐 아니라 실제 계산도 어려운 것이다. 이런 상황은 개인들이 이익을 '극대화(Maximizing)'하게 하는 것이 아니라 '만족화(satisficing)'를 추구하는 것이다.[5] 즉 완벽한 기회비용의 판단에 따라 결정하는 것이 아니라 대략 이정도면 충분하다고 생각하는 선에서 결정을 하는 것이다.[6]

또한 다른 합리성에 대한 입장은 합리성을 기회비용차원에서 접근하는 것이다. 예를 들어 합리성의 가정을 다소 완화하면 북한과 같이 비합리적인 행동을 하는 국가를 설명할 수 있다. 북한은 경제적으로 어려움에도 불구하고 핵을 보유하고 미사일 실험을 한다. 북한이 장거리 미사일 하나를 쏠 때 8억불 정도가 드는 데 이것은 북한의 1년 치 옥수수구입비용에 해당하기 때문에 다른 국가들이 볼 때 비합리적이다. 하지만 북한의 경우 핵보유 미사일능력 확보방안과 다른 행동을 선택하는 기회비용(예를 들어 핵포기로 식량지원을 받는 것)을 대비해 볼 때 핵보유가 상대적으로 더 나은 행동이 된다. 이런 경우에도 합리적 선택이라고

---

5) **만족화(satisficing)의 의미**: '만족하게 하다(satisfying)'와 '충분하게 하다(sufficing)'가 합쳐진 용어이다.

6) **제한적 합리성의 의미**: 제한적 합리성도 합리성을 부정하지는 않지만 합리적 선택이론가들의 엄정성을 부합하는 행동이 쉽지는 않다고 본다. 합리성을 수정하는 추세는 행동경제학과 같이 심리학적 접근이 유행하는 계기가 되었다. 경제학에서 다니엘 카네만(D. Kahneman)은 '추단(heuristics)'이라는 개념과 '편향(bias)'을 가지고 경제적 행동을 설명했다. 추단에 의한 판단은 복잡한 현실에서 어림짐작을 이용해서 판단을 한다는 것이다. 반면에 편향은 왜곡된 인지구조나 심리에 의해 판단이 결정된다는 것이다. 흔히 사업가들이나 정치인이 직관에 의해서 판단하는 경우가 어림짐작에 의한 것이라면 경험과 이념을 굽히지 않고 판단에 활용하는 것이 편향적인 판단이 된다. 카네만의 접근은 이후 에이모스 트버스키(A. Tversky)와 전망이론(prospect theory)으로 발전한다. 전망이론은 미래에 대한 현재적 전망에 근거하여 현상유지적행동과 현상타파적행동이 결정된다고 보는 이론이다. 이 모델은 경제학 뿐 아니라 위험천만한 위기를 조장하는 국제정치의 전쟁결정에도 적용되어 사용되고 있다.

볼 수 있다는 견해가 있다.

이제 심리적 접근을 구체적으로 살펴보자. 이미지 작동을 이해하려면 인간의 인식작용을 관장하는 뇌구조부터 이해해야 한다. 심리적 접근 혹은 인지적 접근은 기계적인 '합리적 추론'이 아닌 인간의 '감각'에서 출발한다. 차가운 감촉에 놀라거나 혐오스러운 장면에 눈을 찡그리거나 할 때 받게 되는 감각은 뇌로 전달된다. 이때 외부자극은 신경세포에 의해 전기신호로 전환된다. 그리고 이 전기신호는 뇌로 전달된다. 전기신호는 신경전달물질로 전환되어 뇌 속에서 저장된다. 이때 왜곡이 일어난다. 뇌는 기억을 저장하기 위해 도식(스키마 schema)를 이용한다. 사물의 특징을 좀 더 부각시키는 것이다. 이는 이성이 사물을 왜곡 없이 이해하게 하는 것과 차이를 만든다.

심리적 접근은 개인마다 어떤 심리에 의해 정보가 왜곡되고 판단하는지가 달라지기 때문에 일반화를 거쳐 모든 사람이 이런 행동을 할 것이라고 예측할 수 없는 것이다. 합리적선택이론이 이성을 가진 인간이라면 일반화가 가능했던 것과 대비된다. 이처럼 이미지가 인지구조에서 강력하게 작동하면 사물이나 사람의 실체와는 다른 이미지를 보고 선택을 할 수도 있게 되는 것이다. 대표적으로 대통령선거나 국회의원선거에서 유권자들이 후보의 이미지를 보고 표를 주는 현상을 들 수 있다.

정치학에서 많이 분석되는 심리적인 모델중에는 '인지(perception)모델'이 있다. 앞서 설명한 것처럼 인지는 합리성(rationality)에 의해 객관적으로 파악하기보다 주관이 개입하여 판단하는 것이다. 실제 1차 대전 이전에 철도를 이용하게 된 유럽 국가들은 철도가 병력이동에서 기동성을 증대할 것이라고 보았다. 이런 인식은 국가지도자들이 공격 전략이 성공할 수 있는 확률을 증대해 줄 것으로 보았다. 기동성증대와 공격전략 우위에 대한 인식은 위기가 되자 상대국가에 대해 먼저 공격하는 것이 전략적으로 유리하다는 인지를 가져온다. 그래서 독일은 1914년 러시아에 대해 선전포고를 하면서 '쉴리펜계획'에 따라 당시 싸울 의지가 불분명한 프랑스에 대해서 선전포고를 하고 프랑스에 대한 승기를 잡기 위해 중립국 벨기에를 공격하면서 1차 대전을 시작하였다. 이 사례는 국제정치학의 '방어적 현실주의'자들이 가장 많은 연구를 하는 '오인(misperception)'의 사례이다.[7)]

인간의 심리가 작동하여 특정행동을 결정하게 하는 경우들이 많다. 인지가 작동한다는 것은 정치현상을 이해하는데 있어서 상당한 의미를 가진다. 이미지는 유권자의 투표행동에도

---

7) **오인(misperception)의 의미**: 공격우위의 오인이라는 요인은 위기가 생기면 먼저 공격무기를 사용하게 하여 전쟁을 억지하기 보다는 전쟁을 불러올 수 있다. 공격무기의 선제적 효과가 잘못된 계산에 작동하기 때문이다. 이런 상황에서는 상대방국가가 스스로를 방어하기 위해 군사력을 증대했음에도 불구하고 자국에 대한 공격의도로 이해하게 만들고 이는 상대국가에 대한 적개심을 증대시킨다. 안보딜레마나 안보경쟁이라고 불리는 논리는 이런 잘못된 인식 즉 오인(misperception)으로 강화되었고 그래서 벌어진 것이 1차 대전이다. 방어적 현실주의자들은 이 논리를 가지고 1차 대전에 대해 지도자들이 합리적으로 계산하여 벌어진 전쟁이 아니라 오인(misperception)에 의해서 벌어진 것이라고 본다. 이러한 입장에 따르면 안보딜레마와 전쟁은 오인을 줄이면 막을 수 있는 것이다.

영향을 미친다. 또한 핵을 통한 억지에도 영향을 미친다.

답안을 위한 **사 례**

이미지가 선거에 영향을 미친 사례들이 많다. 유권자들이 합리적인 이익보다 후보자의 이미지를 보고 선택을 하는 경우들이다. 이 사례들은 투표의 합리적선택이론을 거부하는 것이다. 2006년 지방선거에서 서울시장 후보인 오세훈 후보(한나라당)와 강금실 후보(열린우리당)는 '초록색 vs 보라색'이미지로 선거전략을 사용했다. 2007년 대선에서 이명박 후보가 경제위기 상황에서 'CEO대통령'이미지로 표를 모았다. 2008년 총선 당시 노원병에서 홍정욱 후보의 이미지가 여성유권자들의 지지를 통해 당선된 사례도 있다. 2012년 대선에서 박근혜 후보는 아버지의 후광을 받아 높은 득표를 했다.

이미지는 핵전략에서도 중요하다. 과거 미소간의 핵시기에는 합리성에 기초한 억지이론이 작동했다. 그러나 실제 인간인 국가지도자가 반드시 합리성에 의해서만 행동하는 것은 아니라는 점에서 핵억지에도 심리적 분석이 필요 하는 주장이 등장했다. 로버트 저비스(R. Jervis)는 억지를 인지적 차원에서 볼 필요가 있다고 주장했다. 탈냉전이후 인도와 파키스탄의 카길전쟁은 핵이 반드시 합리성에 기초하여 억지를 작동시키는 것은 아니고 종교에 의해서 극단적인 선택도 가능할 수 있다는 우려[8]를 만들었다.

심리적인 요인이 중요하다고 하여 한 번 구축된 이미지와 신념이 고정되는 것은 아니다. 현실에서 이미지와 신념이 쉽게 바뀌지는 않지만 꼭 고정되지만 않는다. 개인이나 사회가 가진 기존 이미지는 의도적인 노력에 의해서 바뀌는 경우들이 있다. 특히 이념(ideology)에 기초한 신념도 바뀐다. 대한민국에서 빨갱이 신드롬이 2002년 월드컵에서 '붉은 악마'응원으로 사라진 것이 대표적인 사례이다.

국가 간의 이미지와 정체성도 바뀐다. 1차 대전과 2차 대전 사이에 독일인과 프랑스인들은 적대적인 이미지를 가지고 있었지만 현재 시점에서 프랑스인들과 독일인들이 똑같은 적대감을 가지고 있지 않다. 프랑스인과 독일인이 가진 상호정체성이 변화하여 개인들 역시 상대를 변화한 이미지로 바라보게 되는 것이다. 이것은 국제정치학의 구성주의가 강조하는 담론(discourse)[9]과 관행(practice)을 통해서 변화한다. 실제 독일은 프랑스와 역사책을 공동

---

8) **카길전쟁 사례**: 실제 인도와 파키스탄은 핵을 보유하고 있던 1999년 카길 전쟁을 치루었다. 양국이 핵을 가졌다고 해서 전쟁을 억지할 수 없을 뿐 아니라 자칫 하면 관리가 안 된 핵무기로 인해 오히려 핵사용가능성이 높을 수 있다는 점을 보여준다.

9) **담론의 의미**: 구성주의는 담론을 강조한다. 담론에 관한 이론은 정치 철학자 위르겐 하버마스((Jürgen Habermas)에 의해 만들어졌다. 그는 언어를 일상생활을 영위하기 위한 언어(ex, 엄마 밥줘)와 공동체를 운영하기 위해 공공성에 대해 이야기 하는 공적인 언어인 담론으로 구분하였다. 담론을 어떻게 정하는지가 인식에 영향을 미친다. 독일과 프랑스는 역사에 대해 공동으로 교과서를 만든다. 이로 인해 독일과 프랑스의 어린이들은 민족주의에 기반을 둔 역사 인식을 배우는 한국-일

으로 서술하는 것과 독일정부가 전쟁에 피해를 본 유태인들에 대해서 끝까지 보상하는 정책을 통해서 유럽 내에서 '독일인 = 호전적인 이미지'를 줄였다.

인지와 이미지가 중요하다는 것은 인간에 대한 좀 더 현실적인 이해의 폭을 넓힌 것이다. 주관에 따른 실수가능성을 고려할 때 좀 더 현실적인 정책을 도출할 수 있게 해준다는 점에서 인지, 심리모델의 의미가 있다.

심화 학습

정치학에서 유용한 심리적 모델들

1. 도식(schema)과 고정된 이미지

인간의 심리를 이해할 때 도식(schema)을 이해하는 것이 중요하다. 인간은 복잡한 현상에서 정보를 걸러내는데 이때 사용되는 것이 도식이다. 도식은 선입견을 만드는 기억장치라고 이해 할 수 있다. 다른 사람의 실체를 확인하기 이전에 누군가를 기억할 때 변호사, 교수, 엄마가 가진 특정한 이미지로 해석을 하는 것이다. 예를 들어 어떤 사람이 은행원이라고 하면 그 사람이 꼼꼼할 것이라고 기억을 하는 것이다. 이처럼 도식이란 정보를 처리하는 절차를 의미한다. 인간은 복잡한 정보를 처리할 때 단순화하여 뇌에 저장하기 때문에 기억에 편한대로 저장하는 경향이 있다. 예를 들어 한국의 독립기념관 참배나 이스라엘 고등학생들이 아우슈비츠 수용소를 방문하는 것은 민족주의를 통해서 도식을 만들어낸다.

이미지를 강조하는 도식이론에 따르면 정보는 합리적으로 걸러지는 것이 아니라 도식에 의해서 걸러서 저장된다. 이때 기억저장장치인 도식은 주변 사람들의 주장이나 심리적인 경험으로 만들어진다. 그런 점에서 정치현상들을 볼 때 우리는 우리가 이해하는 방식인 인지구조를 먼저 알아야 한다. 그래야 우리가 세상을 보는 방법을 알 뿐 아니라 다른 사람이 어떻게 세상을 이해하는지를 알게 된다. 상호간 이해방식을 배우면 이 상황에서 상대방이 어떤 행동을 할지 알고 내가 어떤 행동을 할지 상대방이 알 것이라고 예상하여 그에 대해 대처할 수 있다.

2. 거울이미지

거울이미지란 지도자들이 자신들이 가진 자신의 이미지를 통해서 상대방국가의 지도자의 행동과 외교정책의 목적을 파악한다는 것이다. 마치 거울에 비친 자신의 모습을 보듯이 자신이 가진 자신의 이미지를 통해서 타인을 동기를 분석하는 것이다. 실제 냉전시기 미국 지도자들이 소련지도자들의 행동의 동기를 분석하거나 소련지도자들이 미국지도자의 정책결정을 이해할 때 사용된다.

3. 자기 확신적 경향 / 자기 확증적 경향

판단을 하는데 이미지가 작동하기 시작하면 자신의 이미지가 타당하다고 믿고자 하는 경향이 강해진다. 자신이 선입견을 가지고 판단한 것에 대한 자기 확신이 강해지는 것이다. 예를 들어 상대방에 대한 적대적인 이미지를 가지게 되면 다른 정보들을 모두 적대적인 이미지를 확인하는데 사용하게 되는 것이다. 만약 상대방이 자신의 판단과 다른 행동을 하게 되는 그 행

본-중국 어린이들과는 다른 인식을 가지게 된다.

동자체를 부정한다. 특정 상황에서 지도자들이 판단을 내릴 때 선입견이 작동하고 이것을 자기 확증적으로 강화하게 될 경우 외교정책은 재앙이 될 수 있다. 그런 점에서 지도자와 참모들은 자기확증을 가지지 않으려는 노력이 필요하다. 반대의견을 피력하는 사람을 주변참모로 가지면 자기확증에 의한 판단을 줄일 수 있다. 그룹사고(groupthink)가 대표적이다.

4. 전례유추

위기가 진행될 경우 지도자들은 빠른 판단을 위해서 과거 자신과 유사한 사례들에서 도움을 얻고자 한다. 판단에 도움이 될 만한 과거 사례를 떠올리는 데 이때 '전례'라고 하는 것이 중요하게 작동한다. 전례가 작동하면 현재 사건의 맥락이 다를 수 있음에도 불구하고 과거 사건과 동일한 맥락을 다루기 때문에 문제가 될 수 있다. 가장 유명한 사례로 1950년 한국전쟁의 상황에서 미국의 트루만 대통령은 북한 도발의 주동자로 소련의 스탈린을 보면서 스탈린에게 과거 히틀러의 2차 대전 유발이라는 전례를 도입한 것을 들 수 있다. 히틀러에 대한 유화정책이 2차 대전을 가져왔다고 본 트루만은 스탈린에 대해 강경정책을 택하지 않으면 아시아 뿐 아니라 유럽에서 지속적인 도발을 경험하게 될 것으로 보고 1949년 한국에서 철수했음에도 불구하고 전쟁이 발발하자 즉각적인 개입을 결정했다.

(4) 철학적 관점의 차이

정치철학은 뒤의 정치사상에서 구체적으로 다룰 것이다. 여기서는 세상을 보는 관점[10)]으로서 간략히 정치철학의 입장을 구분할 이유를 다루고 앞으로 다룰 주제들의 기초적인 이해에 필요한 기초적인 토대만을 다룬다.

경험적으로 두 가지 양립하기 어려운 주장이 있을 때 어떤 주장을 선택해야 한다면 이런 상황에서 필요한 것이 철학이다. 양립하기 어려운 두 가지 주장이 모두 설득력(논리적 타당성과 현실설명력을 보유한 경우)이 있을 때 어떤 주장을 선택하게 하는 것이 철학적 판단이다.

---

10) **철학과 이념과 패러다임 구분**: 이 부분에서 혼동되는 용어를 정리하는 것이 뒤에 나올 이론들을 공부할 때 유용하다. 철학(philosophy)과 사상(thought) 혹은 이념(ideology)이라는 개념과 함께 관점(perspective)과 패러다임(paradigm)과 이론(theory)이 자주 사용된다. 철학은 '지에 대한 사랑'으로 정의된다. 철학은 보편적인 것에 대한 설명이기 때문에 시공을 초월하는 진리를 추구하는 것이다. 반면에 사상이나 이념은 특정 시기에 특정 가치를 강조하기 위한 이론체계를 의미한다. 따라서 시간과 공간에 따라 설득력이 있을 수도 있고 없을 수도 있다.
관점(perspective)과 패러다임도 다르다. 관점은 국제정치현상을 보고 해석하는 시각틀이자 이론적 틀을 의미한다. 이러한 관점들은 인간, 국가. 국가간 관계, 역사를 보는 관점의 차이에 기인한다. 이렇게 다른 관점들이 논리적으로 충돌하지 않게 묶여서 일관되게 세상을 보게 하는 가정들의 모음을 패러다임이라고 한다. 즉 가정(assumption)들의 모임을 패러다임이라고 한다. 여기에 현실주의 패러다임, 자유주의 패러다임, 구성주의 패러다임이 있다. 체계(system)관점은 있지만 이것은 현실주의 패러다임내에 속한다. 패러다임이 관점보다 포괄적이기 때문이다. 과학에서 말하는 이론(theory)은 원인항과 결과항 즉 독립변수와 종속변수로 구분하여 인과성을 갖춘 논리체계를 말한다. 이론은 패러다임의 하부단위이다. 이들간 포함관계를 구성하면 '패러다임 ⊃ 관점 ⊃이론'이 된다. 그러나 보통은 관점을 빼고 패러다임과 이론간의 관계만을 다룬다.

여기서 철학 혹은 사상을 간략하게 정의하면 개인이 가진 확신이라고 할 수 있다. 정치를 이해하는 데 있어서도 이러한 철학적인 입장이 중요하다. 특히 인간과 국가와 역사에 대한 철학적 이해가 우선이다.

표를 통한 비교 **철학의 3가지 기본 입장**

1. **인간관:** 인간의 본질을 다루는 주장. ex)성선설 vs. 성악설
2. **국가관:** 국가의 본질을 다루는 주장. ex) 완전주의 국가 vs. 불완전주의 국가(국가가 절대적인 존재인지 여부 논쟁)
3. **세계관:** 국가간의 관계의 본질을 다루는 주장. ex) 갈등적 세계 vs. 협력적 세계
4. **역사관:** 역사가 발전하는지에 대한 주장. ex) 역사진보론 vs. 역사순환론

철학적 접근은 먼저 정치공동체의 기초단위인 인간에 대한 이해에서 출발할 필요가 있다. 인간관에서는 두 가지가 중요하다. 첫째, 보편적인 인간의 성향이 무엇인지이다. 둘째, 인간이 추구하는 핵심적 가치가 무엇인지이다. 첫째, 인간의 성향 구분은 대표적인 것이 성선설과 성악설이다. 이론들마다 조금씩 상이한 인간에 대한 가정들을 깔고 있기 때문에 다양한 이론을 공부하면 다양한 인간의 성향에 대해 탐구할 수 있다. 둘째, 인간의 추구가정과 관련해서는 크게 권력, 부. 명예와 인정을 들 수 있다. '경제적'인간을 강조하는 자유주의는 인간이 '부'를 추구한다고 본다. '정치적'인간을 강조하는 현실주의는 인간이 '권력'을 추구한다고 본다. '사회적'인간을 강조하는 공화주의에서는 인간이 '인정'과 '명예'를 추구한다고 본다. 마르크스주의는 인간이 자본주의로 부터 '계급해방'을 추구한다고 본다. 철학적 기준은 인간에 대한 인식의 지평을 넓혀준다.

두 번째로 중요한 철학적 기준은 국가의 본질이다. 국가를 볼 때 먼저 고려되는 것은 국가가 과연 완전한 존재인지 여부이다. 공동체주의이론가들은 국가를 완전주의 입장에서 다룬다. 신이 완전한 존재인 것처럼 국가도 완전한 존재라고 상정한 것이다. 완전주의국가는 사회전부문에 대해 개입이 가능하다고 보고 경제적 분배(최저임금제), 도덕문제(낙태와 안락사)에 대해 국가는 기준을 정할 수 있다고 본다. 반면에 자유주의는 국가의 약화가 개인 자유의 약화로 이어진다고 보고 불완전주의국가론을 주장한다. 불완전주의국가는 국가의 개입은 안보와 치안같은 공공재에만 국한해야 한다고 본다. 야경국가나 자유방임국가를 지향하게 된 이유이다.

국가론에서 두 번째 기준은 누가 국가에서 중요한지와 누가 결정권을 가지는지의 문제이다. 엘리트이론은 국가에서 지도자가 중요하다는 입장이다. 플라톤의 현자론(philosopher-king)이나 마키아벨리의 군주론(사자의 용맹함과 여우의 간교함을 가진 군주)이 대표적이다. 반면에 민주주의는 국가를 구성하는 인민(people)이 중요하다는 입장이다. 루소의 인민주권론이 대표적이다. 이 논리가 확장되어 국제정치의 국가관이 만들어진다. 국제정치에서 현실

주의는 엘리트주의 입장에서 국가의 지도자와 관료가 국가 운영에 있어서 중요하다고 본다. 또한 전문가들인 지도자와 참모그룹이 정책결정에 중심에 있어야 한다고 본다. 반면에 국제정치의 자유주의이론은 인민들의 판단이 중요하다고 본다. 인민이 국가를 만들기 때문에 국가 정책결정에는 인민의 요구가 반영되어야 한다.

세 번째 철학적 기준은 국가 간의 관계 즉 세계관이다. 자유주의는 국가 간 관계는 인간관계만큼이나 협력적일 수 있다고 본다. 반면에 현실주의는 국가 간에는 갈등이 더 일반적이라고 본다. 평화와 관련하면 현실주의는 전쟁이 일반적이고 평화가 우연이라고 보지만 자유주의는 평화가 일반적이고 전쟁이 우연이라고 본다.

네 번째 철학적 기준은 역사인식이다. 역사순환론은 인간역사가 순환한다고 본다. 현실주의는 순환론을 지지한다. 전쟁과 같은 비합리적인 행동이 반복적으로 일어난다고 보는 것이다. 역사 진보론이 반대입장이다. 자유주의는 인간 역사가 발전하고 진보해간다는 진보론을 지지한다. 인간은 과거의 실수를 극복하고 미래를 더 발전시킬 수 있다는 것이다. 이 논리는 이념논쟁에서 진보와 보수 논의로 이어진다. 인간의 진보가 의도적인 노력에 의해서 달성된다는 입장이 '진보(progressive)'파이고 인간의 진보는 관습과 관행으로 점진적으로 도달하게 된다는 입장이 '보수(conservative)'파이다. 이때 보수는 역사가 과거와 같이 퇴행하는 것이 바람직하는 '수구'나 '반동(reactionary)'과는 다르다.[11]

제2절 정치학의 의미와 정치학 구성

1. 정치의 포괄적 의미: 개인적 가치의 사회적 구성

정치학을 다룰 때 많은 경우 "정치란 무엇인가?"에서 출발한다. 정치를 정의한 수많은 이론가들 중에서 특히 중요한 의미를 제시한 이론가들을 소개하면서 정치의 특징을 설명하는 것이다. 이런 접근방식은 정치학에 대한 체계적인 이해와 함께 정치본질에 대한 현실적

11) **한국의 진보와 보수 논쟁**: 한국은 2000년 총선에서부터 진보와 보수의 갈등이 선거라는 제도권정치에서 정치균열로 나타나기 시작했다. 한국의 진보는 급진파(과거 민중민주파와 민족자주파)를 중심으로 하여 자유민주주의의 온건파까지를 포섭하고 있다. 민주당이 상대적으로 중도에서 진보를 표방하고 정의당이 급진을 표방한다. 이념적으로 차이가 있어서 진보와 급진은 정책노선에서 충돌하기도 한다. 반면에 한국이 보수는 전통적으로 수구적인 입장을 반영하여 왔다. 2017년 대선에서 바른정당이 새누리당에서 이탈하면서 중도적 보수를 표방하면서 보수와 수구를 구분해보려는 노력이 있었다. 한국 보수는 영국의 보수주의(에드먼드 버크를 대표로 함)이나 미국의 신보수주의(노직을 대표로 함)와 달리 패권국가로서 내세울 대외적인 가치가 많지 않다. 다만 한국적 상황에서 국가건설과 산업화를 빠른 시간에 이루었다는 정당성을 강조할 수 있다. 1987년 민주화를 이룬 진보세력은 보수세력이 국가건설시기 남북분단으로 귀결된 '민족국가구성의 실패'와 '민주주의 없는 산업화'만을 이루었다고 반박하고 있다.

인 이해가 뒷받침될 때 크게 의미를 가진다. 정치학을 입문하는 과정에서는 너무 일반적인 이야기로 보일 수 있기 때문에 정치전체를 이해하는데 직접적인 도움이 되지 않는 경우가 많다. 그런 점에서 정치를 좀 더 현실적으로 이해한 뒤에 정치의 본질을 꿰뚫어 본 이론가들의 정치에 대한 정의를 소개한다.

(1) 정치의 전제조건: 공동체의 구성과 분배문제

정치를 이해하기 위해서는 인간에서 시작해야 한다. 인간이 공동체를 만들기 때문이다. 인간이 공동체를 만들어야 하는 이유는 단순하다. 인간은 집단을 구성해야 혼자서 할 수 있는 일보다 월등히 많은 일을 해낸다. 인간은 다른 동물보다 신체적으로 우월하지 않다. 하지만 이러한 열등한 조건을 군집과 집단을 통해서 해결한다. 인간과 원숭이는 유전적으로 98% 유사하다. 그러나 인간이 원숭이보다 나은 것은 이성을 가지고 집단을 구성하고 문명을 만들어 다음 세대에 전해주기 때문이다.

인간들에 의한 공동체가 구성되면 공동체내에서 만들어지는 산출물에 대한 분배가 중요해진다. 단순화를 위해서 11명의 사람이 사는 공동체가 있다고 가정해보자. 이 공동체에서 5명은 각자 3개의 식량을 만들고 6명은 직접 생산에 참여하지 못하는 상황이다. 상황을 정리하면 공동체는 11명의 구성원과 15개의 식량을 가지고 있다. 이때 생산자인 5명은 자신이 만든 것을 전적으로 자신이 사용하기를 원한다. 반면에 남은 6명은 직접적인 생산은 하지 않았지만 공동체구성원으로서 생산에 간접적으로 참여했다고 주장하면서 일정한 몫을 분배해달라고 요구할 것이다. 이런 상황에서 이 공동체 구성원들이 2가지 가치만을 가질 수 있다고 해보자. 첫째 가치는 '자유'이고 둘째 가치는 '평등'이라고 하자.

(2) 개인적 가치의 사회적 가치로의 전환과정

앞의 상황에서 두 사람이 더 생산에 참여하여 3개씩의 파이를 만든다고 해보자. 이제 생산자는 7명이 되었고 생산에 직접적으로 참여하지 않는 사람은 4명이 되었다. 구성원들은 공동체를 만든 이상 분배규칙을 만들어야 한다. 공동체구성원들 사이에 주장하는 가치가 대등하다고 할 때, 어느 누구의 가치도 다른 사람의 가치보다 우월하다고 생각하지 않을 때, 이들 공동체의 분배방식을 결정해야 한다면 다수결에 의해서 결정하게 될 것이다. 즉 특정 가치가 더 우월한지가 중요한 것이 아니라 어떤 가치가 더 많은 지지를 받는 지로 결정하게 되는 것이다. 그러면 생산자 7명은 개인들의 산출에 비례하는 방식으로 분배를 하자고 할 것이다. 이들이 내세우는 가치는 자유롭게 생산에 참여하고 그 생산물을 자유롭게 소비할 수 있어야 한다는 '자유'라는 가치가 될 것이다.

반면 생산에 직접적으로 참여하지 않은 이들도 이들이 간접적으로 생산을 도왔기 때문에 이에 대한 보상이 따라야 한다고 주장할 것이다. 예를 들어 가정에서 가사를 도운 사람은 직접적인 생산 활동을 하지는 않지만 간접적으로 생산자를 도와서 생산 활동을 할 수 있게 해주는 것이다. 생산에 참여하지 않은 사람들 역시 사회적 재화 분배게임에서 자신의 몫을 요구하는 논리는 사회적 구성원으로서 최소한의 인간적 삶을 위해서는 일정한 분배적 평등이 있어야 한다는 것이다. 여기서 '평등'의 논리가 작동하며 이때 '평등'의 논리로 '자유'의 논리와 대립할 것이다.

이 공동체구성원들이 투표를 통해서 사회적 가치를 결정한다면 공동체는 자유진영과 평등진영으로 나뉘게 될 것이고, 더 많은 지지를 받은 가치가 사회적 가치가 된다. 즉 7명이 자유를 지지했다면 분배방식은 자유를 기반으로 결정된다. 이런 방식으로 개인적 가치가 사회적가치로 전환하는 절차와 규칙(대표적으로 선거제도)이 정치제도이다. 이때 정치제도에 인민들의 참여를 보장하는 것이 민주주의이다.[12)]

앞의 사례인 11명의 공동체에서 7명의 생산자가 나이가 들어 4명이 은퇴를 하고 생산자는 이제 3명이 된다고 하면 이들 공동체가 지향하는 사회적 가치는 '평등'쪽으로 바뀌게 될 것이다. 이렇게 공동체구성원들이 바뀌고 사회구성원들의 지향가치가 달라지는 경우 사회적 가치도 변화할 수 있게 되는 것이 민주주의의 본질이다.

특정인의 가치가 다른 구성원들의 가치에 대해 압도적인 우위에 있고 특정인이 이것을 강조할 경우 독재가 된다. 2015년 사망한 싱가포르의 리콴유는 31년을 지배했다. 그는 1인당 국민소득이 600불에 불과하던 가난한 어업국가인 싱가포르에서 경제적 기적을 이룰 수 있게 했다. 인구 550만이 채 안되고 국토 면적이 제주도의 1/3정도에 불과한 소국인 나라를 2018년 기준 1인당 국민소득을 6만 2천 달러(IMF 기준으로 세계 9위)까지 기록하게 만들었다. 자원과 인구가 부족한 나라를 세계물류의 중심이며 휘발유시장의 중심이자 금융시장의 중심에 설 수 있게 한 것은 리콴유라는 지도자의 비전과 추진력 때문이다. 하지만 이러한 경제성장에도 불구하고 리콴유의 독재는 싱가포르를 특정인의 국가로 만들었다.[13)]

독재의 결과는 경제적 부유함에도 불구하고 싱가폴인들을 불행하게 만들었다. 150개국을 대상으로 한 행복도 설문조사에서 싱가포르는 149위로 가장 불행한 나라로 기록되기도 했다. 이것은 리콴유라는 지도자 한사람이 가진 가치가 중요하기 때문에 다른 국민들 550만명의 가치는 지도자의 가치에 도전을 할 수 없고 개인의 자유는 무시당하는 것이다. 잘사는 독재국가의 전형을 보여주는 싱가포르는 부유함과 자유사이에서 인간이 경험할 수 있는 갈등을 전형적으로 보여주는 사례라고 할 수 있다.

---

12) **납세자정권의 의미**: 과거 프랑스에서 투표권은 정부에 세금을 내는 이들에게만 부여되었다. 20만명이 안되는 과세를 하는 시민들이 정치체제 운영을 결정했다. 이것을 '납세자정권'이라고 한다. 이런 과두적인 정치체제에서 보통선거권이 부여되면서 민주주의가 1920년대에 자리잡기 시작한 것이다.

13) **비민주주의 싱가포르 사례**: 리콴유는 청렴함과 청결함이라는 개인의 가치와 선호를 강조하였고 껌을 씹기만 해도 우리돈 80만원의 벌금을 부과하고 거리를 청소하지 않으면 40만원의 벌금을 부과하기도 하였다. 미국인 청소년 마이클 페이가 낙서를 한 죄로 태형 6대를 선고 받아서 미국의 클린턴 대통령이 직접 호소를 하여 4대로 감형을 시킨 사건으로도 유명하다. 싱가포르는 아직도 끔찍한 형벌인 태형을 통해 국민들을 통제하고 있다.

(3) 민주주의: 불확실성의 제도화

민주주의는 결정과정에 대한 참여를 보장한다는 점에서 비민주주의보다 우월하다. 민주주의는 인민이 자신이 속한 공동체의 사회적 가치를 협의하여 결정함으로서 자기지배를 실현한다는 점에서 독재자인 특정인에 의해서 자신의 삶이 결정되는 비민주주의보다 우월하다. 민주주의가 비민주주의보다 우월한 것이 맞는다면 다음 문제는 민주주의 내에서 실제로 인민의 의견을 어떻게 제도적으로 담아낼 수 있는지에 대한 실현방안이다. 인민의 개별적 의사가 실제로 드러나고 사회적 가치로 전환되는 결과로 나타나야 하는 것이다.

이때 가장 중요한 것이 어떤 제도를 통해서 인민의 의사를 사회적가치로 만들어내는가이다. 어떤 제도를 가졌는지에 따라 정치적인 결과가 달라지는 것이다. 예를 들어 2004년 총선에서 민주노동당은 13%의 정당지지를 받았다. 선거결과 민주노동당은 비례대표의석 8석을 얻었고 지역구에서는 상대다수제를 통해서 2석을 얻어 총 10석의 의석을 가졌다. 그런데 만약 당시 선거제도를 독일 방식(즉 정당득표율 × 전체의석수)으로 가지고 있었다면 선거 결과는 달라졌을 것이다. 독일방식으로 정당이 얻은 지지율과 의석을 연계해주면 민주노동당의 득표율 13%와 당시 의석수 299석을 곱하여 실제 확보하게 될 의석은 38석이 되었을 것이다. 그런데 17대 총선에서 한국의 선거제도는 득표율을 비례의석수(56석)에 곱하기 때문에 민주노동당은 독일방식으로 얻을 수 있었던 의석수에서 28석을 빼앗긴 것이다. 이 사례가 보여주는 것은 제도가 중요하다는 점이다. 인민의 의사를 선거를 통해 계산하게 하는 방식이 다르기 때문에 정치적 결과가 달라진 것이다. 이는 민주주의가 중요하지만 실제 어떤 제도를 갖추고 있는지에 따라 민주주의의 운영의 실제가 달라진다는 점을 보여주는 것이다. 따라서 자기지배의 원리인 민주주의는 구체적인 실현방식인 제도구축에 의해서 뒷받침되어야 한다. 비교정치의 제도론이 중요하게 되는 것은 민주주의를 구체적으로 실현하는 방식을 다루기 때문이다. 2019년 한국의 연동형비례대표제 논의는 민주주의 운영을 위해 좀 더 비례성이 높은 제도를 만들겠다는 제도논쟁이다.[14]

---

14) **연동형비례대표제**: 2019년 논의되는 연동형비례대표제는 현재 사용하고 있는 병립식 선거제도를 수정하려는 제도이다. 병립식은 지역투표와 별개로 정당이 얻은 정당투표수를 비례의석에 따로 계산하는 것이다. 즉 전체 의석수 300＝지역구 의석수(253석: 지역선거로 선출) + 비례의석수(47석: 정당득표율 × 47석)이다. 비례의석은 비례의석대로 독립적으로 의석이 만들어지는 것이다. 반면에 연동형 비례대표제는 비례대표선거에서 얻은 정당의석수를 전체 의석수에 곱하여 정당이 차지할 전체 의석수를 먼저 정하는 것이다. 이렇게 의석수가 정해진 뒤 그 의석수 중에서 지역선거에서 당선된 의석수를 차감한 나머지 의석을 정당에 배분하는 방식이다. 독일이 사용하는 방식으로 정당이 득표한 득표율에 비례하여 의석수가 정해지기 때문에 의회의 비례성(유권자와 사회가치의 대표성)이 높아진다. 이는 소수정당의 의석수확보에 유리하여 소수이익과 가치를 제도권정치인 의회에 반영하기 용이하다. 비교정치의 선거제도부분에서 상술한다.

2. 정치학 전체 구성

위의 사례는 정치학의 세부적인 구성을 보여준다. 자유와 평등과 같이 개인들이 지향하는 가치에는 어떤 것이 중요한지에 대한 가치 논의인 '정치사상'이 있었다. 개인들의 의견을 사회적 의견으로 만들어주는 '민주주의'가 있었다. 민주주의를 실현시켜주는 정치 제도를 다루면서 다른 국가들의 제도들을 비교하여 더 나은 제도적 장치를 구축하려는 '비교정치'가 있었다. 앞의 사례에서 다루지는 않았지만 공동체의 안전이라는 조건을 다루는 '국제정치'도 있다. 국제정치는 특정가치를 외부 위협으로부터 보호하고자 하는 '안보(security)'를 다루며 타공동체와의 외교관계를 다룬다. 마지막으로 한 공동체의 경제적 산출과 분배에 있어서 국가가 시장에 어떤 정도로 개입할 것인지를 다루는 '정치경제'가 있다. 전체 정치학 구성의 이해는 앞의 <정치학 구성도>를 다시 활용하면 유용하다.

이상의 논의를 정리하면 다음과 같다. "정치학의 구성 = 방법론, 사상, 국제정치, 정치경제, 민주주의, 제도(비교정치)"가 된다.[15] 정치학을 체계적으로 공부하는 이유는 명확하다. 양립하기 어려운 사회적 갈등상황에서 판단력을 키우는 것이다.[16] 이런 보편적인 이유를 넘어 세부적인 주제들이 추구하는 바는 조금씩 다르다.

뒤의 이론들에서 상술할 것이기에 여기서는 세부주제들이 각각 추구하는 바와 문제의식을 간단히 다룬다. 특히 한국의 정치학이 추구하는 부분으로 구체화하여 다룬다. 다만 방법론과 기본 도구는 제외한다.

표를 통한 비교 **각 세부분야의 중심주제**

1. **정치사상:** 한 사회가 지향할 가치들 간 논쟁 ex) 자유주의강화에 따른 공화주의의 공공선강조
2. **국제정치:** 안보를 확보하고 국가간 경제-사회적 협력방안논쟁. ex) 동맹의 유용성
3. **정치경제:** 국가가 시장에 대해 어느 정도 개입하는 것이 바람직한지 논쟁. ex) 중상주의 방안과 자유주의 방안 논쟁

---

15) **한국의 정치학 구분:** 한국의 정치외교학과는 대체로 세부 분야를 국제정치, 정치사상, 비교정치로 구분하여 대학원을 운영한다. 3가지가 반드시 구분되어야 하는 것은 아니다. 미국의 경우 미국정치, 방법론, 공공정책등으로 더 세분화되어 있다. 이는 정치학을 다루는 대학이 많고 정치학 전공자의 수요가 많아 정치학의 쓰임새가 더 분화되어 있기에 가능한 것이다.

16) **정치학의 학문적 목적과 현실적 목적:** 포괄적인 정치학의 '학문적' 목적은 명확하다. 현실 정치를 운영하는 원리를 파악하고 이 원리에 따라 미래 정치의 변화를 예상하는 것이다. 이를 위해서는 중요한 지표, 설명요인이 무엇인지를 추적해야 한다. 예를 들어 권력추구, 계급구조의 대립, 문화적 수렴화 등의 지표가 어떻게 작동하는지를 다루는 것이다. 학문적 목적과 달리 정치학의 '현실적' 목적은 다르다. 정치학은 현실정치에서 지도자의 양성이 중요하고 지도자를 보좌하는 이들을 육성하는 것이다. 현실을 정확히 파악하고 미래 그림을 제시하는 지도자를 육성하는 것이 중요하다. 가장 중요한 부분은 균형감있는 판단력을 키우는 것이다.

4. **민주주의:** 제도로서 어떤 형태의 민주주의가 필요한지의 논쟁. ex) 정당과 의회를 강화하는 대의민주주의 vs. 인민의 직접민주주의
5. **제도(비교정치):** 민주주의를 구체화하기 위한 제도 도입 논쟁. ex) 연동형 비례대표제와 비례성의 확대와 대통령제도의 조응성관계

먼저 '정치사상'의 문제의식은 한국의 시민들이 가진 개인적 가치를 사회적 가치관으로 결정하고 전환하기 위해 어떤 가치들이 있으며 각각의 가치간의 관계를 정립하는 것이다. 예를 들어 2010년부터 가장 중요한 주제가 된 복지정책을 실현하기 위해서는 분배적정의의 기준으로 어떤 가치를 설정할 것인지가 중요하다. 자유를 선호하는 자유주의의 관점(선별적 복지)과 평등과 분배적 정의를 지향하는 공동체주의와 사회민주주의의 관점(보편적 복지)이 충돌하고 있다. 따라서 사회적 합의를 위해 각각의 논리적 근거를 명확히 하고 어떤 가치가 한국 현실에 더 타당한지를 정하거나 양 가치간의 타협지점이 있는지를 찾는 것이다. 이러한 이슈들로는 한국의 경제적자유의 강화, 공동체의 덕목 상실, 다문화주의에 대한 사회적 합의, 환경이슈, 복지정책, 여성의 정치참여 확대 등이 있다.

'국제정치'의 문제의식은 한국을 둘러싼 국가들이 운영되는 작동원리를 찾아내고 이 속에서 한국의 생존과 번영을 추구하는 방안을 마련하는 것이다. 특히 '적과 동지의 구분'이 명확한 국제정치의 논리 속에서 한국이 어떤 나라와 동맹(alliance)을 체결하고 제휴관계(alignment)[17]를 맺을 것인지를 정해야 한다. 2015년 4월 27일 미국과 일본은 가이드라인을 수정하기로 합의했다. 미국의 양해하에 일본군은 위기상황에서 세계의 어떤 곳에도 파병이 가능하게 되었다. 교역 1위인 중국과의 관계를 무시할 수 없었던 한국이 미국과 중국 사이에서 정책입장을 명확히 하지 못하고 있을 때 미국과 일본의 관계는 강화된 것이다. 미일동맹 강화는 한국에게 '미일 vs.중국'의 대립 시에 선택의 여지를 좁힌 것이다. 2016년 한국정부가 사드(THAAD)를 배치하자 중국은 이에 대한 보복을 한 것은 '미-일'관계 강화와 '미중'관계 악화라는 국제환경변화가 반영된 것이다.

정치경제의 문제의식은 분배적 정의를 달성하기 위해 국가는 어느 정도 개입해야 하는가이다. 분배구조가 악화되면 소비를 담당하는 노동자와 일반 시민들의 소비력이 떨어진다. 이

17) **동맹(alliance)과 제휴관계(alignment)의 의미 구분:** 동맹은 안보분야에 대한 국가 간의 명시적일 수도 있고 묵시적일 수도 있는 약속이다. 잠재적 위협에 대항하여 자국의 안보를 지키기 위해 침략이 발생할 경우 군사적 지원을 할 수 있는 약속을 받아내는 것이다. 동맹이 체결되면 잠재적 위협국가는 도발을 강행할 때 동맹을 지원하기로 한 국가의 국력까지를 고려해야 하기 때문에 도발가능성이 줄어든다. 제휴관계는 동맹까지는 아니지만 정치적으로 지원을 할 수 있는 관계이다. 군사적 개입을 약속하지는 않지만 장기적으로 군사적 개입가능성을 열어두거나 정치외교적으로 국제적 지원을 통해서 자국을 도울 수 있는 것이다. 예를 들어 한국은 미국과 동맹이고 미국은 일본과 동맹인데 주일미군이 한국의 안보에 도움이 되기 때문에 일본은 한국에 대해 동맹은 아니지만 일본의 시설이 한국에 도움이 될 수 있기에 제휴관계라고 할 수 있다.

는 수요와 공급의 불일치를 가져오며 대불황이나 대공황을 만든다. 이런 상황을 피하기 위해서는 국가(정확히는 행위자로서 정부)가 개입해야 한다. 디플레이션을 막거나 인플레이션을 막는 거시경제정책을 구성해야 한다. 이때 시장주체인 기업들은 정부의 개입이 세금의 인상과 규제의 강화를 가져올 것이기 때문에 거부할 것이다. 이들 행위자는 자유주의 이론을 가지고 정부의 개입을 거부한다. 반면에 정부는 개입을 위해서 개입의 근거와 논리가 필요하다. 정치경제학은 이러한 과정을 규칙화하는 것이다. 즉 국가의 개입정도와 시장의 자율성 정도를 체계화한다.

민주주의의 문제의식은 어떤 방식으로 인민이 '자기지배(self-rule)'를 관철시킬 수 있는지에 있다. 원칙적으로 볼 때 '자기지배'의 원리는 직관적으로 정당성을 거부하기 어렵다. 실제로 자기가 자신의 공동체에서 자신의 삶을 통제할 수 있어야 자기지배가 될 수 있다. 따라서 현실에서 자기지배를 실현할 수 있게 하는 논리와 규칙을 구성해야 한다. 예를 들면 한국은 영국과 미국이 사용하고 있는 다수결주의를 민주주의의 결정원리로 사용하고 있다. 반면에 스위스의 경우 공식 언어가 4개나 되며 족적(ethnic group)구성이 다양하기 때문에 다수결주의를 사용했을 경우 특정 집단이 구조적으로 다수가 되고 다른 집단은 구조적 소수가 된다. 따라서 스위스는 다수결주의민주주의 대신에 협의제민주주의(consociational democracy)를 사용해서 다양한 집단이 권력을 공유하게 하고 있다.[18)]

민주주의제도와 민주적 선거제도를 가지고 있는 경우에도 자신의지지 가치와 지지후보가 한 번도 공동체 가치로 반영되지 않을 경우에는 민주주의라고 하기 어렵다. 실제 이라크의 쿠르드족(ethnie: 문화공동체의 의미)은 전체 이라크 인구에서 10%를 차지하는데 이라크가 완전히 상대다수제를 이용한다고 가정해보자. 한 석이라도 더 많은 후보가 당선되는 상대다수제는 쿠르드 족이 아닌 90%의 이라크 족(ethnie)이 행정부와 의회의 대부분을 장악하게 만들 것이다. 쿠르드족에게 이런 정치체제를 민주주의라고 할 수는 없다. 마찬가지의 논리로 북한 역시 민주주의라고 할 수 없다. 북한은 1당 독재국가이고 투표방식 역시 1명의 후보가 나온다. 게다가 찬반투표만을 행하며 당원이 지켜보는 가운데 투표함에서 찬성과 반대쪽으로 구분된 함에 표를 넣어야 한다. 이런 체제는 개인의 가치가 사회적 가치로 실현될 수 없다.

비교정치의 문제의식은 앞서 본 사례처럼 민주주의가 작동하기 위한 정치제도를 만드는 것이다. 한 정치공동체에 적합한 제도를 찾기 위해서 가장 효과적인 방법은 다른 국가들이 사용하고 있는 제도들과 비교하는 것이다. 예를 들어 저출산대책으로 육아복지를 늘리는 정

---

18) **다수결주의(상대다수제) vs. 협의 민주주의 구분**: 다수결주의는 선거제도에서 상대다수제와 절대다수제로 구분된다. 상대다수제는 한 표라도 더 많은 표를 받은 후보가 대표가 되고 다른 표는 사표가 되기 때문에 사회적 가치로 반영되지 않는다. 이런 경우 거대정당을 지지하는 사회적 다수세력에 '권력집중'이 일어난다. 반면에 협의제민주주의는 비례대표제를 통해서 정당에 대한 표를 얻게 한다. 받은 표를 의석으로 환산해 주기 때문에 유권자가 던진 표가 사표가 될 확률이 낮다. 인종과 언어 종교등이 다른 집단들이 각각 받은 의석을 기준으로 의회를 구성할 뿐 아니라 정부를 구성하기 때문에 '권력공유'가 나타난다.

책을 만든다고 해보자. 독일에서는 가사를 책임지는 주부에게 임금을 직접 준다. 반면에 한국은 어린이집에 복지예산을 준다. 독일주부들은 양육비를 가지고 어린이집에 보내는 것 외에도 다른 것을 선택할 수 있다. 즉 다른 분야에서 소비를 증대할 수도 있다. 육아 복지예산지급을 통한 전체 경제성장을 유도할 수 있는 것이다. 반면에 한국은 육아 혜택을 보려면 무조건 어린이집에 보내야 한다. 복지 혜택을 받기 위해서는 부유한 부모도 자녀를 어린이집에 보내는 폐해가 있을 수 있다. 또한 오로지 어린이 집에만 예산이 사용되기 때문에 다른 분야의 소비를 늘릴 수 없다. 만약 복지가 전체 경제 성장을 위한 것이라면 한국식 보다는 독일식이 복지를 통한 소비증대에 기여할 수 있다. 비교정치는 이처럼 모범적인 다른 국가들의 사례를 활용하여 한국정치를 개선하고자 한다.

3. 다양한 정치의미와 정치현상의 해석

정치를 정의하는 것은 복잡하다. 뒤의 정치학의 각 이론들은 각기 다른 관점에서 정치를 정의한다. 여기서는 오리엔테이션으로서 간략한 정치의 정의를 통해 정치현상을 이해하는 윤곽을 살펴보고자 한다. 이러한 정치의 의미와 해석방안은 지도자와 유권자 모두가 사용한다. 그래서 정치적 견해차이가 생기고 이것이 정치적 갈등을 야기하는 것이다. 이론을 중심으로 간략히 정치에 대한 해석을 살펴본다.

(1) 자유주의: 가치의 권위적 배분으로서 정치

먼저 자유주의의 정의를 본다. 자유주의의 가장 유명한 정의는 "정치는 가치의 권위적 배분"이다. 이는 정치학자 이스턴(D. Easton)의 정의이다. 정치학의 기본전제는 사회적 가치는 한정되어 있고 공동체 구성원은 많다는 것이다. 따라서 '희소한' 가치분배를 잘 이루어야 사회적 갈등이 줄어든다. 공동체가 만든 가치배분의 규칙이 공정해야 하며 정치체제(이 이론은 정부라는 용어대신에 정치시스템을 사용)가 배분을 시행하는 것이 정당하다는 믿음이 있어야 한다. 이때 중요한 것이 가치의 "권위적" 배분이다.[19] 즉 정당하다는 믿음이 있을 때 정치체제의 '권위(authority)'가 생긴다. 정치에 있어서 많은 사례들은 자원이나 역할에 관한 배분과 관련되어 있다. 사법시험과 로스쿨간의 대립 역시 변호사라는 역할에 관한 배분의 문제이다. 2018년 최저임금 인상안에 따른 고용주와 피고용주간의 갈등도 자원배분 투쟁이다.[20]

19) **시스템이론의 정의**: 정치학의 1950년대 초기 모델인 체계모델에서의 정의이다. 이 모델에 따르면 정치는 국가라는 실체도 권력이라는 도구도 중요하지 않게 된다. 정치는 배분이라는 목적을 이룰 수 있게 하는 '권위'가 중요하다. 권위는 국가에도 부여될 수 있고 특정 이익집단에도 부여될 수 있다. 따라서 이 정의는 정치의 범위를 넓혔다는 장점이 있지만 국가나 권력과 같은 실체가 사라지는 단점도 있다. 제 3 세계국가들에게 권위를 배분하는 것을 모델로 제시하면 저항이 적을 수 있다는 점과 배분 장치를 비교할 수 있다는 이론적 장점이 있다.

20) **권위적 배분의 사례들**: 일상에서 권위와 관련된 사안들은 무수히 많다. 다음은 대표적인 분배와 관

국내정치에서는 권위적 배분이 가능하다. 중앙정부에 의해서 권위적 배분이 일어난다. 여기서 권위(authority)란 어떤 주체가 그렇게 행동해도 된다고 믿게 만드는 것을 의미한다. 권위는 자신이 원하는 것을 이루게 만든다는 점에서 권력과 유사하다. 다만 권력이 폭력사용가능성을 가지는 것과 달리 권위는 폭력사용가능성을 배제한다는 차이가 있다. 고(故)김수환 추기경은 권위는 있었지만 권력을 가지지는 않았다. 권력과 다른 권위의 핵심에는 '정당성(legitimacy)'이 있다.

그런데 권위적 배분이 국제정치에서는 가능하지 않다. 국제정치에서는 권위적 배분을 할 수 있는 국가 간에 합의된 중앙정부가 없기 때문이다. 이것을 상위권위체(hierarchy)의 부재 즉 무정부상태(anarchy)라고 한다. 무정부상태인 국제정치에서는 분배를 조정해주는 장치가 없기 때문에 개별적인 국가들의 권력크기에 따라 분배의 몫이 달라진다. 2014년 러시아의 크림반도 합병은 상위권위체가 없는 국제정치에서 군사력이 결과를 어떻게 만들 수 있는지를 보여준다.

(2) 현실주의 1: 적과 동지의 구분으로 정치

현실주의의 유명한 개념정의는 정치란 "적과 동지의 구분"이다. 이 정의는 칼 슈미츠(K. Schmitt)가 내린 것이다. 정치에 대한 이 관점은 정치를 같은 의견과 이념을 가진 사람들이 모여서 공동체의 방향을 정하는 투쟁과정으로 보는 것이다. 정치는 결국 가치와 권력에 대한 "투쟁"이기 때문에 자신의 지지자를 모으고 자신과 상대방의 입장을 명확히 하는 것이 중요하다.[21)]

그러나 과거와 달리 투쟁양식은 달라졌다. 국내정치에서 민주주의가 만들어진 뒤에 정치적 투쟁방식이 바뀐 것이다. 과거 총칼이 난무하던 방식과 달리 paper stone(투표용지)을 사용하는 것이다. 국내정치는 선거과정이라는 '타협장치'를 통해서 가치 배분을 한다. 즉 이번 선거에서는 패배했지만 다음 선거에서는 내 편이 승리할 수 있다는 믿음(정부와 권력의

련된 사례들이다. 첫 번째, 2010년부터 정부는 에어컨 사용으로 인한 전력난을 줄이기 위해 공공기관의 온도를 28도로 정했다. 이것은 전기라는 자원 사용을 배분하게 하는 것이다. 두 번째, 전기료 책정과 관련된 것이다. 2013년 전기료는 시간당 kw당으로 가정용은 119.9원이고 일반용은 98.9원이고 산업용은 76.6원이다. 전기를 사용하는 데 있어서 가격설정을 통해 배분에 영향을 미치고 있는 것이다. 세 번째 2009년 신종플루사태가 생겼을 때 백신예방의 사례이다. 신종플루 백신이 나오자 정부는 아이들과 노약자부터 백신 예방을 먼저 하게 하였다. 네 번째는 호주 사례로 2차 산업 배제 정책을 들 수 있다. 호주는 청정자연을 만든다는 원칙에 입각해 원유를 생산하면 가스가 배출되는 정유는 자국에서 처리 하지 않고 한국에 위탁을 한다. 반면에 한국은 경제적 이익과 환경오염의 교환을 하는 것이다. 이들 사례에서 중요한 것은 배분에 있어서 한 국가의 철학(가치관)이 중요하다는 것이다.

21) 이 입장에서 정당간 연합이나 분당은 합리적인 선택이 된다. 우리 편과 상대방을 구분하고 더 많은 권력을 장악하기 위해서 정당이 합쳐지고 나눠지는 것은 정치적으로 당연한 것이다. 또한 네가티브 전략으로 상대정당과 후보를 비난만 하는 전략을 써서 상대방 진영을 분열시키고 상대지지자의 일부를 자신의 편으로 끌어들이는 것 역시 비난할 일이 아니라 정치에서 합리적인 선택이 된다.

전환가능성)이 있어야 선거과정에 대한 타협이 가능하다. 민주주의에서 다음 선거의 결과는 사전적으로는 불확실해야 한다. 게임이전에 모든 것이 결정되면 안 된다. 정치세력 중에서 영원한 패배자나 영원한 승자가 있으면 안 된다. 지금은 아니지만 언젠가는 나와 내 편이 승리할 수 있을 것이라는 믿음이 있어야 한다. 게임의 규칙변경에도 불구하고 정치는 투쟁이 본질이다.

그런데 국제정치에는 승자와 패자를 제도적으로 걸러내는 장치가 없다. 현실주의자들은 타협의 장치가 부족한 국제정치무대에서 확실하게 적과 동지를 구분하는 것이 가능할 뿐 아니라 바람직하다고 본다. 특히 무정부상태라는 조건을 고려할 때 적과 동지의 구분은 생존을 위해 매우 중요하다.

(3) 현실주의 2: 안전 확보를 강력한 국가건설로서 정치

현실주의의 또 다른 정치정의에 따르면 정치란 "안전을 확보하기 위한 공동체의 구성"과 정이다. 이는 토마스 홉스의 정치에 대한 정의이다. 그는 인간에 대한 본질적인 성향을 덧없는 죽음으로부터의 자유 즉 안전추구로 보았다. 모든 인간은 죽음 앞에서 평등하다. 따라서 갑작스러운 죽음을 극복하기 위해 더 큰 권력인 국가가 필요하다. 인간의 자연권의 사용가능성을 통제하기 위해 인간은 사회계약을 통해 국가라는 거대권력을 불러왔다. 이런 홉스의 정치관은 권력을 바탕으로 한다. 이때 권력은 국가에 집중된다. 소말리아처럼 중앙정부가 붕괴된 뒤 20년이 넘게 된 사례는 홉스의 무정부상태가 현실에서 나타날 수 있다는 점을 방증한다. 또한 패권국가인 미국조차 911테러에서 자국민의 안전을 보호 못했다. 그런 점에서 홉스 이론은 현대에도 적실성이 있다.

(4) 공화주의: 의사소통 '활동'으로서 정치

공화주의에서 정치를 '활동'으로 파악하는 이론가가 있다. 한나 아렌트(H. Arendt)이다. 그녀는 '노동(labour)'을 '일(work)'과 '활동(action)'에 대비하여 구분한다. 노동은 생물적 욕구를 충족시키기 위한 행위양식인데 비해 일은 자연적 욕구충족이 아닌 이념을 대상화하고 인공물을 형성하는 것을 의미한다. 이와 달리 '활동'은 언어를 매개로 하는 행위로 타자의 존재를 전제로 하는 것이다.[22] 타자가 있다고 전제하는 '활동'은 자연스럽게 사회의 '다원성 혹은 다양성(plurality)'을 필요로 한다. 그렇게 볼 때 정치란 다양성이 보장된 상태(여러 사람이 자유롭게 서로 다른 의견과 가치를 가진 상태)에서 개인들이 언어를 통해 자신만의 탁월성을 보이는 것이다. 개인들은 사회라는 공적 영역에 참여하여 탁월한 자신의 입장을 관철

22) **한나 아렌트의 노동 의미**: 예를 들어 하루 생계를 위해 노래를 한다면 이것은 '노동'이다. 반면에 추상적 가치인 자신의 가치를 남기고 이를 영속화하기 위해 노래하고 앨범을 제작하는 것은 노동이 아니라 '일'이다. 이런 개인적인 차원을 넘어 음악이 공동체의 '공공선에 기여'할 수 있는 방법을 논의하는 것이 '활동'이다.

할 때 행복을 느끼는 것이다.

정치 '활동'설을 구체화하면 정치는 언어를 통한 개인들 간의 의사소통이 핵심이다. 이때 다양성이 보장되어야 개인들 간의 의견이 자유롭게 교환되고 더 나은 공공선을 발견할 수 있다. 제도적으로는 다양성과 의사소통이 보장되기 위해서는 의회라는 공론의 공간이 필요하다.

'활동'으로 정치를 볼 때 정치의 제거는 의사소통의 공간이 무너지고 다양성이 사라지는 것이다. 독일 나찌의 유태인 박해를 피해 미국에 망명했던 아렌트의 관심은 전체주의(totalitarianism)를 비판하며 진정한 정치를 세우는 것이었다. 테러와 이데올로기를 이용하는 전체주의는 단일성을 강조하며 인간의 '자발성(스스로 판단하고 자신의 판단에 따라 행위하고자 하는 성향)'을 박탈하여 인간과 인간을 이어주는 '세계성(인간이 같이 공존하는 원리)'을 박탈해버린다. 전체주의는 공포를 통해 인간들 간의 공적 대화를 불가능하게 한다. 전체주의는 공적공간 내 인적유대를 구축하는 법과 도덕을 사라지게 만든다. 이 체제에서 개인들은 개성 없는 수동적 존재가 된다. 이 과정에서 공적인 것이 전적으로 개인적인 것으로 여겨지게 되는 사사화(privatization)가 진행된다. 이렇게 정치가 사라지는 것이다.

전체주의의 정치제거를 우려한 아렌트는 정치를 '언어를 통한 소통'으로 규정했다. 개인들은 언어를 통해 자신이 가지고 있는 견해를 제시할 수 있을 때 다른 사람과 다른 자신만의 고유성을 발견하게 된다. 개인들 간의 특성에 따른 다원성이 발견되기 위해서는 공적대화가 가능한 공적 영역이 있어야 한다. 이때 공적대화의 장이 바로 정치의 공간이다. 이 공간에서 개인들은 '탁월성(excellence:우월함)'을 추구한다. 즉 개인들은 다른 이들로부터 인정받기를 원하고 자신주장이 우월함을 입증하고자 한다. 개인들 간의 탁월한 주장을 보장하기 위해서 제도적으로 의회가 중요하게 된다. 이렇게 대화를 통해 공화국의 가치가 결정된다.

(5) 공동체주의[23]: 행복추구를 위한 공동체 구성

공동체주의의 대표적 이론가인 아리스토텔레스는 정치를 "행복추구를 위한 공동체의 구성"으로 보았다. 아리스토텔레스에 따르면 인간은 '정치적 동물(zoon politikon)'이다. 인간에게 군집은 "필연적"일 뿐 아니라 "자연스러운" 현상이다. 따라서 인간이 사회를 구성하고 정치공동체의 과정에서 다른 시민들로부터 인정을 받는 것은 인간 개인에게 '행복(eudaimonia: 다른 시민에게 인정받을 때 얻는 행복)'을 가져다 줄 뿐 아니라 필연적이고 자연스러운 것이다. 만약 인간이 사회공동체구성을 거부하고 정치공동체에 대해 헌신을 하지 않

23) **공동체주의와 공화주의의 관계**: 공화주의는 두 가지로 구분된다. '강한'공화주의와 '약한'공화주의가 그것이다. 강한공화주의는 그리스식 공화주의로 이것을 공동체주의라고 하고 고전적공화주의라고도 한다. 반면에 약한공화주의는 이태리식 공화주의로 이것은 시민적공화주의라고도 한다. 양자가 공동체의 덕성을 강조하는 것은 공통되지만 공동체주의는 특정한 공동체의 가치가 선험적으로 더 중요하다고 본다. 개인의 자유보다 공동체의 가치인 공공선이 더 중요하다는 것이다. 반면에 공화주의는 개인이 자유롭게 공동체의 공공선을 규정할 수 있다고 본다. 공공선(충성심이나 애국심) 의 선험적 가치 규정이 양 공화주의를 구분하는 핵심이 되는 것이다.

는다고 하면 이것은 인간의 행복추구라는 목적(telos)을 거부하는 것이다. 공동체의 필연성을 거부할 뿐 아니라 자연성도 거부하는 것이다. 즉 자연의 원리에 위배되는 것이다.

그리스의 아리스토텔레스가 가진 정치관을 계승하고자 한 1970년대 80년대의 공동체주의자들 중에서 맥킨타이어(Alasdair MacIntyre)와 마이클 샌델(Michael Sandel)이 공동체주의 입장을 추구한다. 시민적덕성(civic virtue)을 구축하고자 하는 취지에서 시민의 '행복'은 다른 시민과의 공동체운영에서 공공선을 향유하기 위한 노력에 있는 것이다. 자유주의로 인해 상실된 도덕을 복원하고자 하는 이유도 여기에 있다.[24]

제3절 정치학의 역사

정치학의 역사는 인류기록의 역사와 같다. 그리스시대의 자료가 남아서 정치에 관한 플라톤과 아리스토텔레스의 이론이 여전히 영향력이 있다. 이후 로마시대, 중세시대, 근대국가간의 시대, 현대시대까지 정치학을 다루는 방법들이 계승되고 발전되어 왔다. 그런데 1945년 이후 미국이 세계패권이 되면서 학문의 영역에서도 패권을 장악하면서 미국식 과학주의가 정치학(행태주의 연구)에도 도입되었다. 이 시기를 기점으로 정치학을 어떻게 다룰 것인지에 대해 전통주의 접근과 행태주의 접근이 나뉘게 되었다. 과학주의의 방법론이 강조되면서 전통주의와는 다른 학문적 경향이 생겼다. 최근 한국도 미국학문의 영향이 커지면서 방법론이 강조되고 있다. 그런 점에서 정치학의 학문적 흐름은 2장의 방법론과 함께 공부하는 것이 좋다.

이 절에서는 전통적 접근, 행태주의 접근, 후기 행태주의 접근이라는 방법론의 역사를 설명한다. 그리고 1945년 이후 정치학이 어떤 흐름으로 어떤 주제들을 다루어왔는지를 살펴본다.

1. 정치학 방법론의 흐름

정치학의 방법론은 전통적 접근에서 행태주의 접근법으로 진행되었다가 후기 행태주의로 넘어왔다. 최근 방법론은 여전히 행태주의로 대표되는 양적 접근(quantitative approach)과 역사적 접근이나 해석학적 접근으로 대표되는 질적 접근(qualitative approach)간 논의가 진행중에 있다.

---

24) **공동체주의와 자유주의 논쟁**: 공동체주의자들은 1973년 롤즈의 정의론으로 인해 부활한 현대정치사상에서 강력한 자유주의의 논리를 극복하고자 했다. 공동체주의와 자유주의간 논쟁은 1980년대까지 활성화되었다. 이후 사적인 입장을 강조하는 자유주의와 공적덕성을 강조하는 공동체주의간 가교를 놓겠다고 하여 현대적 공화주의 논의가 생겨났다.

표를 통한 비교 **세 가지 접근법 비교**

전통적 방법	행태주의적 방법	후기행태주의적 방법
사실과 가치의 상호관계: 사변적	사실과 가치의 분리(자연과학의 사회과학적용가능)	가치와 사실을 연관시킴. 행위와 적실성이 중요
처방적(현실문제해결강조), 규범적(당위분석), 질적연구	비처방적, 객관적(규범배제와 현상분석), 경험적, 계량적	인간적, 문제해결적, 규범적, 질적 계량적
불규칙적인 것과 규칙적인 것들에 모두 관심	획일적이고 규칙적인 것들에 관심(규칙을 통한 일반화)	규칙적인 것과 불규칙적인 것들에 모두 관심
모형적(단일국가로도 가능), 비(非)비교방법 개별국가에 초점	비교방법사용. 몇 개의 국가들에 초점	비교방법사용. 몇 개의 국가들에 초점
인종중심주의, 서구 민주주의 초점	인종중심주의, 영-미 모델에 관심	특히 제3세계 지향적
몽테스키외의 영국과 프랑스정치제도 비교	이스턴의 초기 시스템이론	이스턴(1969년 선언)이후 정책학과 신행정학
기술적(descriptive:묘사적), 정태적(변화지향성이 부족)	추상적(연역적 이론으로 사변적), 보수적, 정태적	이론적, 급진적, 변화지향적(행동의 적실성이 중요)
공식적(정부, 헌법) 구조에 초점	공식적, 비공식적(집단)구조들과 기능들에 초점	계급과 집단관계, 그리고 갈등에 초점
역사적, 무역사적 포함	무역사적	총체적(holistic: 사회구조전체)

R. H. Chilcote, Theories of Comparative Politics: The Search for a Paradigm (Boulder, Colorado: Westview Press, 1981), p. 57.에서 다소 수정

(1) 전통적 접근법: 법률-제도적 접근

2차 대전 전까지 정치학의 주류적 접근법은 이른바 전통적 접근법이라고 하는 법률-제도적(Legal-Institutional)접근법이었다. 이 연구 방식은 정부의 조직과 헌법체제 등 공식적인 기구들을 연구함으로서 권력의 행사를 분석한다. 또한 사상과 같은 가치문제를 다룸으로서 규범적 이상에 관심을 갖고 이상과 현실 정치체제와의 괴리를 분석한다. 전통적인 접근은 역사적 방법과 윤리적 방법을 차용하여 정치현상을 고려하였는데, 대표적인 학자로는 「법의 정신」을 쓴 몽테스키외와 「프랑스 혁명의 고찰」을 펴낸 버크, 「미국의 민주주의」를 낸 토크빌을 들 수 있다.

전통적 접근의 특징으로는 특정한 정치체제 혹은 제도가 주된 관심사라는 점과 분석의 대상이 추상적 수준을 벗어나지 못한다는 점, 논의가 구미에 국한되었다는 점, 기존의 정치현상을 정당화하는 보수적 경향을 띠고 있다는 점 등을 들 수 있다. 따라서 전통적 접근법의 문제점은 형식적 설명과 형식적 법률주의에 매몰되었다는 점과 서구국가와 서구정치체제에 지나치게 편중되었다는 점, 서구 지향적인 제도를 유지하는 데만 관심을 두어 보수적이라는 점, 방법론을 발전시키지 못하고 '기술(description)'적인 해석에 매달려서 사건과 현상

을 있는 그대로 전개했지만 왜 이런 사건이나 현상이 일어나는지를 '설명(explanation)'[25]하지 못한다는 점이 있다.

이런 비판에도 불구하고 전통적 접근은 여전히 사용되고 있다. 전통적 접근은 정치현상 이해의 초보적 단계의 해석을 제시한다. 또한 규범적 입장을 견지했다는 점에서 현대 정치학이 간과하기 쉬운 가치판단을 가능하게 한다. 따라서 바람직한 분석을 위해서는 행태주의 방법론과 전통적 분석법을 보완하여 사용할 필요가 있다.

(2) 행태주의: 인간행동을 통한 접근

행태주의는 전통적 접근법이 비분석적이라고 비판하면서 등장하였다. 1920년대 메리엄(C. Merriam)이 실제적인 자료를 토대로 정치현상을 분석해야 한다는 점을 강조한바 있었지만 실제로 행태주의적 접근법이 각광받기 시작한 것은 2차 대전 이후였다. 행태주의의 등장에는 미국학계의 과학주의에 대한 신봉이라는 학문적 배경과 냉전의 이데올로기 대립에서 사회과학자들이 가치중립성을 도피처로서 이용한 현실적인 배경이 있다.

행태주의의 대표학자로는 매크리디스(Roy Macridis)와 다알(Robert Dahl) 및 이스턴(David Easton)을 들 수 있다. 이들은 정치학의 과학화를 추구하였고 분석의 계량화를 통해 규칙성을 발견하고자 했다. 기존 접근이 인간을 둘러싼 제도와 구조에 초점을 두었다면 행태주의 접근은 인간을 중심에 두고 정치현상을 분석하고자 한다. 인간의 행동(behavior)에서 규칙성을 찾아 일반화될 수 있는 경향(pattern)을 발견하고자 한다. 행태주의(behaviorism)이란 용어도 여기서 도출된 것이다.

표를 통한 비교 **법칙(law)과 이론(theory)**

1. **법칙:** 특정행동이 일련의 규칙을 따라 움직이면 이 규칙을 체계화하여 법칙(law)을 만들 수 있다. 법칙은 어떤 경우에도 반증되지 않는다. 즉 모든 경우에 참인 명제이다. 자연과학에서 만유인력의 법칙이 대표적이다.
2. **이론:** 특정행동이 일련의 규칙을 따라 움직이지만 예외적이거나 일탈적인 가능성이 있을 때 이론(theory)이 된다. 이론은 반증되어야 한다. 즉 현재는 일반화가 되지만 어느 시기와 어느 장소에서는 이 명제가 틀릴 수 있다. 그런 점에서 사회과학이 추구하는 이론이란 잠정적으로 참인 명제이다. 예를 들어 선거제도의 듀베르제 법칙은 법칙이라고 명명했지만 실제 몇 국가들에서 규칙대로 결과가 만들어지지 않는다. ex) 상대다수제 선거에도 불구하고 1988년 이후 2004년 전까지 한국은 지역주의에 기초하여 다당제가 만들어졌다.

---

25) **이론의 3가지 기능:** 먼저 '기술(description)'이다. 기술은 어떤 사안의 진행과정을 묘사하는 것이다. 언제 '어떻게(How)' 무슨 일이 진행되었는지를 상세하게 기록하는 것으로 역사학에서 주로 사용하는 방식이다. 다음으로 '설명(explanation)'이다. 설명은 사건의 원인이 되는 것을 규명함으로서 '왜(why)'를 설명한다. 이론의 세 번째 기능은 '예측(prediction)'이다. 설명항이 맞으면 어떤 조건이 설명항과 유사하게 되면 결과를 예측할 수 있기 때문에 객관적인 예측이 가능해지는 것이다.

종래의 정치학 연구가 공식적인 제도나 정치체제에만 관심을 둠으로써 야기된 한계를 극복하기 위하여 행태주의는 다양한 이익단체, 개별집단, 사회조직, 개인의 행동에 대한 관심을 갖고 정치 현상과 과정을 광범위하고도 구체적으로 연구하였다. 또한 수학과 통계적 기법을 사용하여 국민의 투표행위, 정치적 데모, 여론의 형성 등에 관한 자료를 수집하고 실제적인 정치행위가 갖는 원리를 규명해내려고 시도했다. 일례로 엑스타인(H. Eckstein)은 국회의원이 시간을 어떻게 구체적으로 사용하는지 등을 분석하여 전통적인 연구가 중시했던 국회법이나 조직의 차원이 아닌 의원 개인의 차원에서 실제 행위가 어떻게 일어나는지를 분석하기도 했다.

행태주의는 규칙성, 검증성, 조작(manipulation: 개념을 추상적인 것에서 구체적인 지표로 연결하는 행동)작업을 통한 기교성, 계량화, 체계화, 순수과학적 성격, (타분야와의 연관이라는)통합성을 이론의 신조로 삼고 있다. 사회현상은 자연현상과 유사하게 일련의 체계적인 법칙을 형성하기 때문에 분석의 기교 혹은 기술을 발전시킨다면 이를 알아내고 예측할 수 있다는 것이다. 또한 믿을 수 있는 것은 오로지 측정될 수 있는 것뿐이며, 이를 통해 분야별 정보를 수집하면 과학전체에 발전을 가져올 수 있다고 믿는다. 근대사회과학의 분화에서 각 분야(경제학, 사회학, 정치학)의 발전이 최종적으로 사회과학전체를 발전시킬 수 있다는 것이다. 이스턴은 「행태주의의 현대적 의미 The Current Meaning of Behaviorism」에서 이러한 행태주의의 기본가정과 목적을 정리하였다.[26)]

행태주의의 긍정적인 면은 다음과 같다. 먼저 분석단위를 인간행위에 둠으로써 연구의 실증성과 정확성을 확보하였다. 정치학 연구를 계량화, 체계화시킴으로써 정치현상 연구의 과학화 수준을 향상시켰다. 이를 통해 정치현상에 대한 예측의 수준과 분석의 확실성을 높였다. 하지만 행태주의 역시 한계를 가지고 있다. 첫 번째, 궁극적으로 자연과학과 사회과학이 동일할 수 없다는 한계가 있다. 가치를 가지고 사는 인간에게 자연과학적 가치중립성을 요구할 수 없다는 것이다. 사회현상을 실험을 통해서 파악하기도 어렵고 계량화에도 한계가 있기 때문이다. 두 번째로 행태주의는 현존하는 현상의 설명에만 치중함으로서 새로운 가치창출에는 관심이 없다는 비판도 제기된다. 세 번째, 인간의 역사가 가진 특징을 무시하고 일

26) **이스턴의 8가지 기본가정과 목적**: 첫째, 규칙성이 있어야 한다. 규칙성을 통해 이론 혹은 통칙으로 표시할 수 있어야 한다. 둘째, 입증되어야 한다. 셋째, 정치적 행태를 관찰, 기록, 분석할 수 있는 기교(technique)가 있어야 한다. 넷째, 수집한 자료를 처리하고 그 결과의 해설을 정확하게 하기 위한 측정 및 계량화가 필요하다. 다섯째, 윤리적 평가(가치)와 경험적 설명(사실)을 구별해야 한다. 여섯째, 연구(조사)는 체계적(systematic)이어야 한다. 이론과 조사가 일관성 있고 질서 있는 지식체계를 갖추어 서로 밀접한 관련을 가져야 한다. 일곱째, 행태주의는 순수과학이다. 지식의 응용은 과학적 탐구의 일부이며 동시에 이론적 이해의 일부분이다. 여덟째, 사회과학의 상호 관련성을 인정하는 통합성(integration)을 들고 있다. David Easton, "The Current Meaning of Behaviorism," James C. Chalesworth(ed.), Contemporary Political Analysis, New York: The Free Press, 1967, pp.16~17. 김창희, 「비교정치론」(삼우사: 서울, 2005) pp.41~43.에서 재인용.

반화만을 강조한다는 문제가 있다. 각각의 사회가 가진 맥락이 다름에도 불구하고 이런 부분을 무시하고 모든 현상을 동일하게 판단한다는 문제점이 있다.

(3) 후기 행태주의: 가치의 고려

행태주의에 비해 후기 행태주의는 '내용'이 기법에 우선한다. 후기 행태주의의 특성을 정리하면 가치의 분리 곤란, 이론의 사회문제 해결에의 적실성(relevance), 미래 지향성, 행동 중심성으로 요약될 수 있다.

1969년 미국의 정치학자 데이비드 이스턴(D. Easton)은 미국정치학회장 연설에서 그동안 행태주의적 접근의 오류를 비판하고 새로운 방법의 도입을 주장했다. 그는 방법위주의 행태주의가 무시해 왔던 가치위주의 전통적 연구방법의 장점을 수용해야 한다고 주장했다. 여기서 후기 행태주의가 탄생하였다. 이런 학문적 전환에는 1960-1970년대 미국 사회의 분열이 반영되어 있다. 월남전, 68혁명[27)28)], 반전 반핵, 인권 · 환경 등의 사회적 문제들은 가치판단에 따른 해결과 행동을 요구하는 것이었다.

후기 행태주의는 일반적인 행태주의가 저지르고 있던 오류, 즉 가치와 윤리를 배제한 분석방법을 보완하고자 했다. 정치에서 사실과 가치를 분리하고 가치를 배제한다면 실제 정치에서 우리는 왜 옳고 그른지에 대한 판단이 사라진다. 즉 어떤 정치 형태가 바람직한지나 어떤 투표형태가 더 나은지를 이야기 할 수 없는 것이다. 그러므로 후기 행태주의는 가치를 정치학의 핵심으로 내세우면서 정치학 연구에 과학적인 기준을 적용하는 동시에 윤리적인 연구도 함께 수행하려 하였다.

후기 행태주의는 이전의 행태주의가 간과하였던 분석과 연구의 '내용'을 중시한다. 사회과학은 보수적 성향을 지양하고 정치적 변화를 설명할 수 있어야 한다. 연구자체도 가치 지향성을 가져야 한다. 즉 연구는 현실에 기초해야 한다는 것이다. 행태주의와의 가장 큰 차이 중 하나는 인간이 가치판단으로부터 자유로울 수 없으므로 분석자의 가치관도 고려되어야

---

27) **68혁명**: 1968년 서구국가들을 중심으로 일어난 사회변화를 외친 혁명. 당시 대학생을 중심으로 한 젊은 세대는 기성세대들의 행동양식에 문제가 있다고 비판을 하며 새로운 가치를 강조하였다. 물질만능주의 사고방식, 성장위주의 사회운영, 베트남 전쟁에 대한 비판이 제기된다. 이 사건을 계기로 새로운 정치학이 필요하다는 입장들이 늘어난다. 대표적인 것이 환경운동과 탈물질주의이론이다.

28) **신좌파와 신우파의 등장**: 68혁명이후 기존 마르크스주의의 계급적 관점이 아닌 새로운 형태의 마르크스주의이론과 진보주의 운동이 등장한다. 이들은 기존과 다른 방식으로 새로운 좌파진영을 구성한다. 노동자와 농민만이 아닌 환경운동, 여성운동을 포함하여 좌파의 지지층을 넓혔다. 이를 신좌파(new left)라고 한다. 그리고 이들은 시민을 참여와 직접민주주의를 강조하며 대의민주주의의 간접민주주의를 거부하거나 수정하고자 한다. 이때 부각된 이론이 참여민주주의이론이다. 신좌파의 등장에 반대하면서 등장한 것이 1970년대 말과 1980년대의 신우파(New Right)이다. 이들은 신자유주의(neoliberalism)라는 이론으로 시장을 강조하면서 사회가치의 부활, 사회해악을 제거하기 위한 가족제도와 종교의 중요성을 제시한다. 미국에서는 이들이 신보수주의(neoconservatism)이 된다. 이들은 미국식 가치(청교도주의와 개척정신)을 강조하면서 소련을 악으로 규정하고 소련에 대한 새로운 냉전정책을 시행할 것을 강조한다.

한다는 것이다. 분석자의 자세를 강조하기 때문에 분석자 즉 지식인의 역할과 행동을 강조한다.[29] 후기 행태주의는 3가지(사회문제의 해결, 새로운 가치개발, 사회개혁)을 강조한다. 후기 행태주의에서 이론지향성보다는 정책 지향성이 강해지면서 정책학과 신행정학이 발전하는 계기가 된다. 정치학의 한 분야로서 행정연구가 특히 발전하면서 현상학적 차원에서 행정의 맥락이 중요해지고 행정에 대한 비판적인 입장이 강조되기도 한다.

2. 현대 정치학의 흐름

(1) 현대 정치학의 탄생: 미국적 학문으로서 정치학

1945년 이후 현대 정치학은 미국을 중심으로 발전하였다.[30] 현대 정치의 이해를 위해서는 현대 미국의 이해가 선행되어야 한다. 2차 대전이후 미국은 자유주의 진영(제 1세계)의 패권국가가 되었다. 소련을 중심으로 하는 사회주의 진영(제 2세계)과의 냉전 경쟁 속에서 새로이 탄생한 국가들(제 3세계)을 어느 진영으로 흡수하는지는 중요하게 되었다. 미국은 자유민주주의의 보호자이자 이념의 설파자로서의 역할과 함께 자유민주주의의 우월성을 선전해야하는 '이념적 교사'의 역할이 요구되었다.[31]

미국의 국내 상황도 정치학 발전에 이바지 했다. 2차 대전과 뉴딜정책으로 정부가 커졌고 정책수요로 인해 정치학자들에 대한 수요도 늘었다. 따라서 정치학자들은 정책 실무 참여의 기회를 많이 갖게 되면서 이들은 현실적인 지식추구 및 경험적인 연구의 경향을 띠게

---

29) **지식인 역할논쟁**: 지식인 역할논쟁은 가치중립성에 숨어 사회현상을 외면하는 것이 과연 지식인이 해야 할 일인지에 대한 반성이 담겨있다. 지식인의 사회적 책무에 대한 논의가 중요하게 된 것이다. 이런 상황은 68혁명이라는 시대적 배경과 관련되어 있다. 1968년 프랑스에서는 5월 혁명이 일어났다. 드골정부를 비판하는 저항세력들은 당시 기존 질서의 문제점을 비판하면서 교육과 사회운동 특히 문화를 통해서 사회변화를 꾀할 수 있다고 보았다. 프랑스를 중심으로 한 68혁명은 다른 국가에도 영향을 끼쳤다. 물론 68혁명 혹은 5월 혁명은 실패하였고 잠시 권력을 가졌던 프랑스공산당의 실정으로 6월에 있었던 총선에서 드골의 정당은 더 많은 의석을 확보하게 되었다. 이때 기존 사회주의자들과 다른 신좌파가 등장하였다. 이들에 의해 프랑스에서는 종교 ,애국주의, 권위에 대한 복종라는 보수적인 가치 대신 평등, 성해방, 인권, 공동체주의, 생태주의 등의 진보적인 가치들이 중요하게 부상하였다. 이때 신좌파는 억압과 차별 철폐라는 구좌파세력과의 공통점에도 불구하고 문화문제, 젠더문제, 관료적 억압문제, 인종문제, 아동문제 등 억압과 차별이 작동하는 공간을 확장하였다. 이러한 추세를 반영하여 문화운동이 일어났고 이를 신사회운동이라고 한다. 또한 이 반대쪽에서 신우파가 등장하여 법치주의를 강조하면서 보수적 입장을 결집하였다.

30) **과학주의와 미국**: 여기서는 비교정치에 국한해서 설명한다. 정치사상은 1970년대 이후 행태주의의 아성이 약해지면서 발전하였다. 국제정치는 1945년 이후 모겐소와 스파이크만에 의해 체계적으로 발전해왔다. 각 이론 분야에서 발전상을 확인할 수 있다.

31) **이념적 교사의 의미**: 이념적 교사로서 자유민주주의의 이론화와 자유민주주의가 사회주의보다 우월하다는 정당화가 미국에게 중요한 역할이 된 것이다. 이것은 체제간 비교를 필요로 한다. 단순하고 명료한 비교가 되어야 다를 국가들이 체제선택이 수월해지는 것이다. 이런 점에서 정치학의 이론발전은 현실정치를 따라 가는 것이다. 이념적 교사에 대해서는 이계희 「정치학사」(을유문화사 :서울, 1998), pp.81~82.

되었다. 부유해진 미국의 국내정치에서 노동자와 자본가간 대립이라는 이데올로기는 퇴조하게 되었고 이것은 미국의 사회주의정당부재라는 미국식 '예외주의'[32]와도 연관되게 되었다. 정치학이 보수화된 것이다. 2차 대전 중 독일과 유럽으로부터 많은 학자들의 유입되고 이들이 유럽적 정치사고를 소개하면서 미국의 정치적 시각은 넓어질 수 있었다. 게다가 냉전으로 인해 국제질서 관리가 중요해지면서 냉전관리를 위해 신생독립국과 개발도상국에 대한 관심의 증가하게 된다. 수많은 미국 대학들이 공산권과 제 3세계에 대한 연구수요가 늘면서 현대적 비교정치가 탄생하게 된 것이다.

(2) 구조기능주의: 비교정치학의 주류형성과 퇴조

비교정치가 발전하면서 초창기에는 구조기능주의이론이 주류를 이루게 되었다. 미국은 합리주의를 지향하며 과학화추구경향이 높다. 이런 미국 정치학의 과학화는 체계(system)이론과 기능주의와 연관되어 구조기능주의를 중심으로 발전하였다.[33] 사회를 추상적인 구조들로 체계화하여 규칙을 발견할 수 있다는 것이다. 방법론적으로 행태주의에 토대를 둔 구조기능주의는 정치사회화, 이익표출방법, 이익대표 수단으로써의 정당, 정치와 시민간의 의사소통 등을 관심분야로 삼는다.

이러한 초기 모형들의 이론적 토대를 제공한 사람이 사회학자 파슨즈(T. Parsons)였다. 그는 사회학에서 구조기능론을 제시하였다. 이에 따르면 체계는 일정한 질서가 있고 이것은 반복된다. 체계이론(system theory)에서는 항상성(Homeostasis)이라는 체제의 자기유지 기능이 핵심이다. 체제유지경향을 위해 하부단위들이 작동하는 원리를 찾아내는 것이 구조기능론이다. 이런 접근이 가능하다면 추상적인 사회제도들과 문화는 규칙적인 설명이 가능해진다.

사회학의 구조기능주의를 정치학에 도입한 이론가는 이스턴(D. Easton)이다. 그는 환경(circumstance)과 투입(input)과 산출(output)과 정치체제(political system)모형을 통해 정치를 총체적으로 분석하고자 했다. 이를 통해 그는 시공을 초월해 모든 정치체제에 적용될 수 있는 일반적인 시각을 제공하고자 하였다. 현실적으로 미국의 체제를 분석적으로 제시하고 이것을 4가지(환경, 투입, 산출, 정치체제)로 비교할 수 있게 하였다. 제 3세계 국가들에게 미

32) **미국 예외주의**: 미국은 다른 국가들과 다르다는 사고방식. 유럽 국가들이 자본주의 발전에 따라 계급대립을 경험하고 노동자를 중심으로 하는 좌파정당이 만들어진 것과는 달리 미국은 좌파정당이 없다는 것을 강조한다.

33) **구조기능주의의 의미**: 사회체계는 추상화를 통해 인지할 수 있다고 전제한다. 구조기능주의의 4가지를 전제는 다음과 같다. ① 사회현상은 하나의 체계처럼 움직인다. ② 현상들에 대한 개념화가 가능하다. ③ 인지 가능하다. ④ 다른 국가에도 적용가능하다. 구조기능주의의 대표적인 초기 정치이론가들과 저서로는 알몬드(G. Almond)와 콜먼(James Coleman)의 「Politics of Developing Areas」, 근대화와 민주주의는 정(+)의 상관관계가 있다고 주장한 세이무어 립셋(S. M. Lipset)의 「Political Man」, 정치문화를 최초로 유형화한 버바(S. Verba)와 알몬드(G. Almond)의 「Civic Culture」를 들 수 있다.

국모델과 비교하여 부족한 부분을 수정하면서 미국식 제도를 받아들이라는 것이다.

구조기능주의는 우파주류정치학과 좌파정치학으로부터 동시에 비판을 받기도 하였다. 주류 내부로부터의 반발은 주로 헌팅턴(S. P. Huntington)에 의해 제기되었다. 그는 비교정치학의 주된 모델인 영미적 정치체제가 과연 다른 나라에게 모범적이고 보편타당한 모델인가라는 문제를 제기하였다.[34] 좌파의 공격은 다양한 좌파이론들로부터 제기되었다. 이들은 공통적으로 "왜 제 3세계국가들이 미국의 주장대로 서구의 근대화 과정을 따르는데도 저발전의 상태가 지속되는가?"라는 문제를 제기하였다. 즉 '서구화=근대화'가 제 3세계 국가들의 발전을 가져오지 못하는 것이다. 대표적인 이론으로 왈러스타인의 '세계체제론'[35]과 카르도소의 '종속이론'[36]과 오도넬(G. O'Donnell)의 '관료적 권위주의모형(Bureaucratic Authoritarianism)'[37]이 있다.

그러나 구조기능주의의 이론적 영향[38]을 여전히 남아있다. 정치사회화이론, 정치발전론이

---

34) **헌팅턴의 근대이론 비판**: 그에 따르면 먼저 미국과 유럽(영국)은 정치권력의 합리화, 구조의 분화, 참여라는 정치적 근대화의 3가지 특성 중에서 앞의 두 가지 특성과 관련하여 각기 상이한 모습을 보이고 있기 때문에 영미식 모형자체도 분화된다. 즉 유럽은 집중화와 단일화된 권력에 의해 근대화가 이루어졌음에 비해 미국은 분산된 권력 하에서 근대화가 이루어졌다. 유럽과는 달리 미국에서는 상비군의 전통이 결여되어 직업군인과 관료로 대표되는 유럽의 구조 분화적인 특징이 적용될 수 없으며, 미국은 행정법의 전통이 부재한 혼합된 법체계를 보유하고 있는 등 영미식 자체도 하나의 모범답안은 아니라는 것이다.

35) **왈러스타인의 세계체제론**: 왈러스타인의 세계체제론적 관점은 저발전 국가군인 주변부로부터 발전된 선진국 국가군인 중심부로의 계속적인 경제적 잉여의 이전이 문제라고 지적한다. 세계경제는 자본주의 단일 구조인데 이 상황에서 자본이 몰린 중심부국가군과 노동이 몰린 주변부국가군간에 착취구조로 볼 수 있다. 이 이론의 특징은 자본주의의 '반주변부'를 개념화하여 주변부국가들 중에서 발전된 국가를 상정하고 있다는 점이다.

36) **카르도소의 종속이론**: 종속이론가 카르도소(F. H. Cardoso)는 "저발전의 발전(Dependent Development)"이라는 개념으로 근대화 이론을 반박한다. 주변부 국가는 중심부 국가와 연계되어 빈곤이 심화된다. 주변부의 발전은 연계된 발전(associated development)으로 주변부의 발전이 궁극적으로 중심부의 발전과 연관되어 있다는 것이다. 자본이동의 세계적 증가는 제 3세계의 국제화를 증대시키며, 그 결과 제 3세계의 국내산업 내의 해외자본이 증가되고 그 발전은 외부시장의 상황에 의해 결정되므로, 결국 주변부의 발전 여부는 중심부의 발전에 달려 있다는 것이 그의 주장이었다. 이런 상황에서 제 3세계국가들은 중심부와의 경제적 관계를 단절하고 수입대체화전략으로 전환해야 한다.

37) **오도넬의 관료적 권위주의**: 오도넬(G. O'Donnell)은 "관료적 권위주의모형(Bureaucratric Authoritarianism)"을 통해서 남미의 사례가 경제발전과 군부 권위주의간의 친화력을 보여주고 있음을 입증하였다. 구조기능주의는 '경제발전 ⇒ 민주주의'를 주장한데 비해 관료적 권위주의는 '경제발전 ⇒ 권위주의'를 주장한 것이다. 핵심은 경제발전이 민주화 보다 권위주의를 가져온다는 것이다. 남미의 경제구조에서 '관료-토착(매판)자본-해외자본'의 3각연대가 경제발전을 위해서 민주주의보다는 권위주의를 가져온다는 것이다.

38) **선진국(developed country), 개발도상국(developing country), 저발전국가(underdeveloped contry)의 구분**: 이 개념 자체가 발전(development)이 되고 안 되고를 구분한다. 한편 발전은 바람직한 것이고 발전하지 못한 것은 바람직하지 않다는 가치판단도 내재하고 있다. 이에 따라 저발전국가는 현상적으로 발전하지 못했을 뿐 아니라 게을러서 혹은 능력이 없다는 비판도 받게 된다. 최근 국제협력이 중요하게 되면서 이들 용어를 피하자는 주장들이 제기되고 있다. 예를 들면 Official

대표적이다. 이들 이론은 정치가 발전되고 안되고의 기준이 있다고 전제한다. 그리고 그 현실적인 기준은 서구 국가들이다. 그런데 총기사고가 빈번한 미국이 과연 정치발전의 롤모델이 될 수 있는가 하는 문제가 제기될 수 있다.

(3) 비교정치학의 부침과 현재

1970년대 들어 방법론상의 문제와 일반이론화의 실패로 인해 비교정치는 침체기로 접어든다. 이로 인해 비교정치학이 정치학의 주류로 인정되고 비교정치학이 곧 정치학이라는 주장이 좀처럼 나오기 어려운 상황이 되었다. 새롭게 출현하는 제 3세계 국가들의 정치현실을 개념화하고 체계화하여 분석하는데 있어서 비교정치학은 기대에 미치지 못했던 것이다.

구조기능주의가 가지는 선진국 중심의 편협성과 그에 기반한 보편성의 전제 등이 공격받으면서 발전론 이외의 새로운 분야들이 정치학분야에 흡수되었다. 구조기능주의의 비판으로부터 다시 정치학의 부활이 일어났다.[39] 1970년대에 종속이론과 조합주의에 관한 이론이 등장했고, 이후 1970년대 말과 1980년대에는 관료적 권위주의, 유기체국가론, 변동에 대한 토착적 개념 등이 도입되었다. 여기에 더해 신제도주의, 정치경제이론, 합리적 선택이론이 1970년대에 발전하기 시작했다. 그리고 그 후에는 민주주의 이행, 신자유주의의 주제 등이 부각되었다. 1970년대 이후 국가론은 하나의 유행이 되기도 했고 1980년대에는 비교정치의 새로운 방향으로서 민주정치 이행론이 유행하였다. 또한 민주주의 이행론은 1990년대 이후 완성된 민주주의 이행과 공고화에 대한 연구로 세분화되면서 발전하였다.[40] 2000년대에는 전자민주주의와 비정부 조직(NGO)에 관한 연구, 환경정치학 등이 새롭게 관심을 끌고 있다. 특히 전자통신혁명으로 인해 변화하는 정치질서에 대한 관심이 높다.

Development Aid라는 공적 개발 원조에서 '원조(Aid)'대신 '협력(cooperation)'을 사용하자는 주장들이 늘고 있다. 협력은 부자가 가나한 국가에 일방적으로 지원한다는 의미의 원조를 상호 대등한 것으로 인식을 바꾼다.

39) **구조기능주의 비판**: 구조기능주의 접근에 대한 비판으로 다음과 같은 문제 전환이 일어났다. ① Identical crisis: '누가 시민이냐?'라는 문제, 즉 공동체의 경계규정 문제 ② Legitimation crisis: 정치체제의 정당성에 대한 시민들의 지지 문제 ③ Participation crisis: 시민들의 참여 가능성의 문제 ④ Penetration crisis: 정부에 대한 시민사회의 영향력 침투 문제 ⑤ Distribution crisis: 정부가 시민들의 복지를 위해 분배의 문제를 해결하는데 있어서의 문제.

40) **민주주의 공고화와 제도론 관계**: 1980년대 이후 민주주의에 대한 관심은 이제 각 제도 간의 관계 등 세부적 문제로 이전되었다. 또한 1990년대는 민주주의의 공고화와 관련해서 정치경제의 문제나 문화 등의 주제 등도 활발히 논의 되고 있다.

제4절 학문 내 용어와 개념의 중요성

정치의 의미와 정치현상을 파악하는 정치학의 역사를 살펴보았다. 다음 장에서 방법론을 통해서 사고의 방식(way of thinking)을 배울 것이다. 그전에 정치학도 개념단위에서 출발한다. 따라서 명확한 개념정의가 중요하다는 점을 살펴보고 방법론으로 넘어간다. 개념이 명확하지 않으면 상호간 다른 대화를 하게 되기 때문에 정확한 개념정의는 모든 학문의 기초이다.

모든 학문은 그 학문의 '사고하는 방법(way of thinking)'이 있다. 과학으로서 학문은 일반화를 추구한다. 일반화된 이론을 통해서 누구나 어느 시기에 봐도 객관적으로 타당한 것을 추구하는 것이 학문의 목적이다. 이때 기본은 합의된 개념의 규정이다.

1. '사고의 방식'으로서 용어 / 개념의 통일성과 명확성

학문에서는 용어의 통일이 중요하다. 장님과 코끼리의 일화처럼 서로 다른 것을 보고 코끼리라고 이야기 하는 것을 피하기 위해서는 사용하는 개념을 명확히 하는 것이 필요하다. 서로 다른 것으로 다른 주장하는 것을 피한다. 세부적인 주제들을 가지고 개념의 통일성과 명확성이 얼마나 중요한지를 다루어본다. 또한 개념이 내포하고 있는 가정과 의미를 비판적으로 드러내본다.

먼저 지리적 개념을 들어보자. 가끔 사용되는 '극동(Far East)'은 어디를 지칭하며 누구를 기준으로 극단적으로 동쪽에 있다는 것인가를 생각해볼 수 있다. 이것은 유럽의 중심주의가 작동했던 제국주의의 산물이다. 유사한 맥락으로 한국에서 자주 사용되는 '동북아시아'는 누구를 기준으로 하는 개념인지를 따져볼 수 있다. 미국이나 중국이나 일본은 동북아시아라는 한정된 지리적 개념에 관심이 적다. 따라서 이 개념은 한국이 유독 관심이 있는 용어다. 동양(oriental)과 서양(occidental)의 대비는 문화적 우월성을 기준으로 한 개념이다. 이 용어를 사용하면 자연스럽게 서양문화의 우월성을 받아들이게 된다. 지리적 용어를 자주 사용하는데 이 용어들은 이미 가정과 가치를 내포하고 있기 때문에 정확한 개념이해와 사용이 중요하게 되는 것이다.[41]

---

41) **지정학적 개념과 지리적 개념 구분**: 지리적공간과 관련된 용어에서 다음의 두 가지 사안을 고려해야 한다. 첫 번째는 동아시아를 이야기 할 때 미국을 동아시아에 포함시킬 것인지의 문제이다. 지리적으로 보면 미국은 동아시아국가가 아니다. 그러나 지정학은 지리정치적으로 이해관계를 가진 국가를 지역 내에 포함시킨다. 따라서 지정학에서 볼 때 미국은 동아시아국가가 된다. 정치학에서는 지리적 개념보다는 지정학적 개념이 중요하다. 두 번째는 중동과 아랍이 동일한 개념인가의 문

두 번째로 사회과학에서 사용되는 정치학적 용어와 관련되어 있다. 많은 사람들에게 중국이 '민주주의와 권위주의'와 '자유주의와 전체주의'와 '사회주의(공산주의)와 자본주의'에 속하는지를 질문하면 각 개념들을 구분하지 못하는 경우가 많다. 이것은 정치적으로 사용하는 용어간 차이를 정확히 구분하지 못하는 것이다. 그래서 "공산주의국가 중국은..."으로 구성된 글을 많이 쓰기도 하고 거부감 없이 읽기도 한다.

위의 체제구분의 기준은 정치적 권력의 소유문제, 자유의 부여여부, 자본의 통제주체의 문제라는 3가지이다. 중국은 정치적 권력이 누구에게 있는가의 기준에서 민주주의가 아니라 권위주의국가이다. 자유를 향유할 수 있는가의 기준에서 볼 때 개인의 자유를 부정한 전체주의는 아니고 경제적 자유를 인정한 국가라는 점에서 부분적으로 자유주의 국가이다. 반면에 자본의 통제주체라는 기준으로 보면 자본이 국가소유가 아니라 사적소유가 인정되어 있다는 점에서 자본주의에 가까운 국가이다. 정리하면 '자본주의 vs. 사회주의'의 대립과 '자유주의 vs. 전체주의'의 대립과 '민주주의 vs. 권위주의'의 대립이 있는 것이다. 이처럼 개념을 기억할 때는 반대개념과 연결해서 기억하는 것이 좋다.

세 번째로 전쟁과 관련한 명칭을 가지고 우리가 사용하는 개념이 가지고 있는 가치관을 구분해볼 수 있다. 객관화를 위해 '1950년 6월 25일 날 벌어진 한반도에서의 전쟁'의 명칭이 무엇인지를 질문해볼 수 있다. 다양한 답들이 있는데 이 중에는 6.25전쟁, 6.25동란, 한국전쟁, 한반도 전쟁, 조선전쟁의 개념들이 있다.

위의 명칭들은 모두 각기 다른 가정들을 가지고 있다. 위의 명칭들에서 첫 번째는 날짜를 지칭하고 있다. 이것은 전 세계적으로 유래 없는 명명화이다. 그만큼 북한의 전면적인 도발과 침략을 강조하기 위한 명칭이라고 볼 수 있다. 두 번째 개념인 6.25동란은 북한의 침략을 전쟁으로 보지 않는 것이다. 이런 정의는 북한을 국가로 인정하지 않고 반란단체로 이해하기 위한 것이다. 세 번째 한국전쟁은 좀 더 객관적인 개념이다. 한국이라는 공간과 남과 북을 구분하지 않는다는 것이다. 네 번째 한반도 전쟁은 한반도라는 공간을 명칭화하여 남과 북을 중립적으로 보고자 하는 시도이다. 마지막 조선전쟁은 북한과 중국의 명명법이다. 이것은 대한민국의 정체성을 부정하고 조선이라는 명칭에 정당성을 부여하고자 하는 취지에 있다. 이런 명칭들로 볼 때 전쟁에 대한 호칭은 어떤 가치관에 기준을 둘 것인지와 누구를 중요시 할 것인지를 다루는 것으로 정치적 가치와 정치사상으로 연결되어 있는 것이다.

제이다. 아랍은 아랍어를 사용하는 국가, 민족, 문화를 지칭한다. 이들은 아프리카아시아 족이고 셈어를 사용한다. 지리적으로 아프리카 북부를 포함하며 아프리카 남부의 코모도도 포함된다. 반면에 중동은 지리적 개념이다. 이스라엘(히브리어계), 터키(퀴르크어족), 이란(인도유럽어족)은 중동은 맞지만 아랍은 아니다.

2. 정치적 개념과 조작(manipulation)작업

정치학에서 사용하는 개념들은 추상적인 개념들이 많다. 권력과 국가와 같은 개념들은 실체를 직접 만질 수 없기에 상상을 통해서 관념적으로 이해해야 한다. 관념적으로 이해하고 있는 특정 개념이 다른 이와 공유되기 위해서는 상호간 약속이 있어야 한다. 특정 주제를 다룰 때 미리 어떤 개념이 무엇을 의미하는지 즉 무엇을 의미하지 않는지를 정하는 작업이 필요하다. 정의가 선행되어야 같은 이야기를 할 수 있다. 따라서 개념정의는 추상적인 주제일수록 다양한 학자들의 이해를 달리 하는 다양한 정의가 있기 마련이다. 대표적인 경우가 세계화이다.

개념정의가 필요한 경우 개념의 특정 부분을 강조하는 조작작업이 중요하다. 이런 조작작업을 통해서 자신이 말하고자 하는 바가 정확히 전달되어야 한다. 개념정의를 하거나 개념정의를 받아들일 때 조작작업의 특정한 면을 강조하는 이유가 여기에 있다. 정치학에서 다양한 학자들의 개념정의를 보는 것도 같은 이유이다.

조작작업의 예를 들어보면 전쟁을 들 수 있다. 분석적개념으로서 전쟁을 다루기 위해서 카네기 재단의 후원으로 1960년대부터 전쟁상관계연구(COW)를 수행한 미시간대학교의 연구는 전쟁이 무엇인지에 대한 개념정의부터 시작한다. 이 개념정의에 따르면 전쟁은 '국가간', '무력사용'을 통해서 '1,000명의 사망자가 발생'한 것이다. 따라서 전쟁의 행위자는 국가로 국한되고 무력사용이 있어야 하며 전쟁을 수행하고자 하는 의지의 강함을 1,000명이 사망한 것으로 측정할 수 있다.

이처럼 정치학을 시작할 때 명확한 개념정의와 함께 개념이 가지고 있는 가치를 파악한 뒤에 이론으로 가야한다.

답안을 위한 사례 **개념의 조작작업(manipulation)**

1. 정치체제의 효율성: 시험문제에서 대통령제도의 '효율성'에 대해서 질문을 한다면 효율성을 평가해야 한다. 그런데 효율성에 대해서는 이론가들마다 정의가 다르다. 따라서 내가 제도가 효율적인지를 평가하기 위해서는 기준이 필요하다. 이런 경우 개념을 조작작업을 통해서 정의해 주어야 한다. 즉 이 개념이 무엇으로 구성되어 있는지 재구성하는 것이 필요하다. 예를 들어 그을 만든다면 다음과 같은 작업이 필요한 것이다.

"정치제도의 효율성을 평가하기 위해서 여기서는 '효율성'을 제도적 교착이 없는 것으로 정의하고 구체적으로는 정부발의법안이 통과된 건수를 통해서 측정할 수 있다."

제 2 장 정치학 방법론

수험적 맥락

방법론은 학문의 토대이다. 최근 한국의 정치학자들도 한국을 설명하기 위한 이론화를 하고 있다. 이론을 만들려면 방법론이 튼튼해야 한다. 그런 점에서 방법론의 엄정함을 중시하는 학자들이 많다. 방법론이 시험에 출제된 이유이다. 방법론은 한국정치의 특정부분을 고치자는 취지에서 다루는 것이 아니라 논리의 엄밀함을 위해 다룬다. 따라서 이 부분은 한국정치 현실을 구체적으로 설명해야 하는 주제는 아니고 내용을 정확히 이해해야 한다.

수험적 중요주제

1. 양적접근과 질적접근 비교	4. 합리적선택이론과 그 대안
2. 행태주의와 행태주의의 대안비교	5. 국제정치에서 분석수준의 활용
3. 최대유사체계와 최대상이체계비교	

1. 왜 방법론이 필요한가?

이 장에서는 정치학방법론의 기본적인 내용을 살펴보면서 정치학자들이 어떤 방식으로 자신의 주장을 관철시키는지를 본다. 방법론 학습은 정치학이론을 좀 더 명확하게 이해하게 도움을 줄 뿐 아니라 그 안에 숨겨진 정치적 의미도 깨닫게 할 것이다. 방법론 속에서 정치학자들이 은밀하게 숨겨둔 이야기를 보면 이론이 말하고자 하는 것의 핵심과 본질이 무엇인지를 알 수 있게 된다. 게다가 방법론에 대한 공부는 정치학이해를 넘어서 정치현상에 대한 설명과 분석에도 유용할 것이다.

경제적 불황이 민주주의를 약화시킨다는 가설을 만들었다고 가정해보자. 경제적 불황이라는 원인이 민주주의 약화라는 결과를 만든다는 것을 입증해야 하는 문제가 남는다. 방법론은 이렇게 정치적 가설과 이론을 만들 때 가설과 이론이 타당하게 구성될 수 있게 만드는 기법이자 가설과 이론이 적실성있는지를 확인하는 기법을 의미한다.

사례를 하나 들어보자. 정치학분야에서 문화를 통해서 정치현상을 규명하고자 하는 사람 중에 가장 유명한 사람은 '탈물질적 가치'를 이야기 하는 잉글하트(Inglehart)이다. 그는 '탈물질적 가치관'이라는 문화적 요인이 다른 요인보다 중요하며 객관적으로 다른 사람들에게 인식할 수 있다고 보았다. 이런 주관적 믿음을 객관적으로 입증하려면 가설과 이론내에서 논리적 모순이 생기지 않게 하는 내적정합성의 유지와 현상을 적실성있게 설명하는 외적정합성의 유지가 뒷받침이 되어야 한다. 다른 사람들도 그의 주장이 합당하다고 믿을 수 있게 하는 것 역시 방법론의 기능이다.

현상에 대한 정확한 인식을 원하는 사회과학에서 이론이 가지는 설명력은 객관적으로 검증되어야 한다. 특히 사회과학에서 이론들은 학자들간 타당성에 대한 합의가 없는 경우에도 정책적 필요로 인해 사용되기도 한다. 이렇게 적용된 정책은 이론가가 예상한 범위를 넘어설 만큼 강력한 영향력을 행사한다. 실제 이론은 수많은 사람들에게 영향을 끼친다. 케인즈의 거시경제이론이 2차 대전 이후 미국과 유럽 사람들에게 미친 영향이 대표적인 사례이다.

이론이 막강한 영향력을 행사한다면 이론가는 자신이 주장하는 도구의 타당성을 확보하는 것이 중요하다. 이론에 대한 투쟁은 정치적입장을 가진 정치세력간 투쟁으로 연결되기도 한다. 따라서 이론을 방어하는 입장이나 이론을 공격하는 입장 모두 이론이 가진 타당성을 두고 경쟁을 하는 것이다. 그런 점에서 이론적 타당성을 확인하는 방법론은 객관성에도 불구하고 정치투쟁의 산물이 될 수 있다.

앞의 잉글하트의 주장으로 돌아가 보자. 그의 이론은 문화정책을 만드는데 활용될 것이다. 문화정책보다는 제도구성이 중요하다고 주장하는 반대파들은 잉글하트 주장의 타당성이 낮다는 점을 입증해야 한다. 반면에 잉글하트는 자신의 주장이 타당성이 높다는 점을 입증해야 한다.

주장과 가설과 이론의 타당성을 높이고자 한다는 점에서 정치학 방법론은 시작한다. 자신의 주장을 옹호하고 상대방주장을 반박하면서 논리적 타당성을 입증하는 방법을 지금부터 살펴본다.

2. 정치학 방법론의 토대: 양적 접근과 질적 접근

(1) 방법론의 토대: 양적접근과 질적접근의 2가지 입장[1]

철학의 3가지 기둥이 있다. 존재론과 인식론과 방법론의 3가지가 세상을 바라보는 철학적 기준들이다.[2] 여기서 방법론(methodology)은 방법(method)과 다르다. 요나톤 모세스와

1) 방법론의 이 부분은 다음을 참고 했다. 요나톤 모세스, 트루본 크누트센, 신욱희 외 역, 「정치학 연구방법론」(서울: 을유문화사, 2011년), pp.34-35.

2) **존재론과 인식론의 의미**: 존재론은 무엇이 존재하며 세상의 작동에 있어서 어떤 존재가 중요한가를 다룬다. 예를 들어 인간이 인간자체로서 중요한지 아니면 DNA가 중요한지 아니면 인간개인보다 사회를 단위로 보아야 하는지를 정하는 것이다. 인식론은 지식은 무엇인가를 다룬다. 인간이 사회

트루본 크누투센은 이것을 연장통과 연장으로 비유했다. 전기수리공과 목수가 같은 대상을 다른 관점에서 보고 이를 해결하기 위해 다른 연장통을 사용하는 것이 방법론의 문제라면 이 연장통속에 들어있는 연장은 방법의 문제이다. 따라서 연장통이 선택되고 연장이 비치되는 것이다. 이 비유의 핵심에는 방법론이 철학적인 면에서 우선이고 다음으로 방법들이 도입된다는 것과 방법론은 다양할 수 있다는 점이 내포되어 있다.[3)]

방법론에는 자연주의(자연과학과 사회과학의 동일화/양적접근)와 구성주의(자연과학과 사회과학의 불일치/질적접근)라는 큰 두 가지 기조를 가지고 있다. 하지만 이 용어보다 한국에서는 양적 접근과 질적 접근이라는 용어를 일반적으로 사용한다. 아래에서는 한국에서 일반적인 용어인 양적접근과 질적접근을 사용하겠다.

양적 접근(자연주의)와 질적 접근(구성주의)를 구분하는 데 있어서의 핵심은 자연과학과 사회과학이 동일한 잣대를 사용할 수 있는가 하는 점에 있다. 자연과학에서 도움을 받아 발전한 사회과학이 자연상태를 보는 것과 동일한 기준으로 인간인 연구자가 사회를 분석할 수 있는가 하는 것이다. 양적 접근법(자연주의)[4)]는 자연과학이 가정하는 대로 실체로서의 자연이 존재하고 인간은 객관적인 관찰을 통해서 자연을 알 수 있다는 입장이다. 이 입장에 따르면 인간의 인식이라는 주관적인 부분과 별개로 자연상태는 존재하기 때문에 우리는 객관적인 관찰을 통해서 자연을 알 수 있다. 자연과학과 같이 객관적 '설명(explanation)'이 가능한 것이다.

질적 접근법(구성주의)[5)]는 연구자인 인간의 인식을 강조하는 입장이다. 연구자인 인간이 경험하고 관심을 가진 대상은 있는 그대로의 자연이 아니라 인간이 만들어낸 인식적 산물이

현상을 어떻게 인식할 수 있으며 이것을 기반으로 어느 정도 객관적으로 현상을 파악할 수 있는가가 인식론이다. 방법론은 지식을 어떻게 알아낼 수 있는가를 다룬다.

3) **방법론과 방법의 구분**: 방법론은 사고를 하는 방식의 문제이고 방법은 이것을 검증해내는 도구의 문제이다. 양적 접근과 질적 접근과 같은 철학적 관점이 방법론이라면 양적 접근을 하기 위해서 실험, 설문조사는 방법의 문제이다.

4) **자연주의의 의미**: 경험주의라는 용어를 사용하거나 행태주의라는 용어를 사용하거나 다 자연주의라는 용어로 귀결될 수 있다. 이렇게 귀결될 수 있는 자연주의의 5가지 중요한 가정을 정리하면 다음과 같다. 자연은 규칙과 유형이 존재하며 이런 규칙들은 과학적인 방식들인 반증의 원리와 진리의 대응이론에 따라 경험적으로 검증될 수 있다. 또한 가치가 내재된 담론과 사실적인 담론은 구분가능하다. 즉 가치와 사실은 분리될 수 있다. 과학은 특수한 것과 개별적인 것 보다는 자연이 작동하는 일반적이고 보편적인 것을 찾아내는 목표를 가지고 있다. 인간의 지식은 개별적이고 누적적인 경향이 있다.

5) **구성주의의 의미**: 자연의 객관적인 면보다는 인식이라는 주관적인 측면을 강조하는 구성주의는 해석학이나 비판이론등을 포함할 수 있다. 구성주의는 인간의 성찰성과 지식추구적인 속성을 통해서 세계를 "이해"하고자 하는 것에 초점을 둔다. 세계는 단지 경험하는 것이 아니라 경험이 어떻게 인식되는가에 달려있다. 예를 들어 어떤 이에게 자연재해는 인간의 무능함을 증명하는 것이지만 어떤 이에게는 도전을 자극하는 것이 된다. 따라서 같은 자연현상도 구성주의에서는 어떻게 인식하는가에 대해 다양한 방식의 인식이 있게 되기 때문에 다양한 세계가 가능한 것이다. 북한의 핵을 인식하는 미국인들에게 영국이 보유한 핵은 다른 방식으로 인식되는 것이 대표적인 사례가 될 것이다.

다. 물질관계는 그 자체가 문제가 아니라 이것을 어떻게 주관적으로 인식했는가가 중요하다. 구성주의가 볼 때 화폐, 명품, 주권과 같은 사회적 재화는 인간이 의미를 붙였기에 존재하는 것이지 인간이 의미를 부여하지 않은 이상 아무것도 아니다. 해석을 담당하는 인식이라는 주관이 개입하기 때문에 사회현상을 객관적으로 '설명'하기보다 각 사회의 맥락을 해석하고 '이해(understanding)'하는 것만이 가능하다.

질적접근(구성주의)는 경험과 이성이 유용하다고 본다. 하지만 경험과 이성은 맥락적인 요인들에 의해서 영향을 받는다. 또한 사회적 맥락에 의해서 객관적인 진리여부가 달라질 수 있다. 동양에서 절을 하는 것은 서양에서는 우상숭배로 다른 맥락을 가지는 것이다. 따라서 질적접근(구성주의)는 하나의 진실한 설명을 발견하기 보다는 연구자가 가진 사회적 행동의 의미를 포착하고 이해하려고 한다. 그렇다고 해서 구성주의가 모든 다양한 사회적 맥락의 해석과 설명에 대해서 동일한 중요성을 부여하여 진리상대주의를 지향하는 것은 아니다. 질적접근(구성주의)에서도 더 나은 설명과 더 좋지 못한 설명이 있다. 대신에 질적접근(구성주의)는 다른 맥락으로 여러 해석가능성이 있어서 자신의 주장만이 진리라고 주장하지 않는 것이다.[6]

(2) 방법론구분의 심화: 양적 방법과 질적 방법[7]

연구자들이 자신의 논문을 만들거나 책을 만들 때 먼저 정치학의 정향성(orientation)을 정하고 연구를 수행한다. 이때 가장 현실적인 문제가 되는 것은 양적 연구방법론을 택할 것인지 아니면 질적 연구방법론을 택할지 여부다. 어느 입장을 택하는지에 따라서 통계나 사례간 비교를 수행하는 양적방법론의 '방법'을 사용할지 역사적 사례분석 '방법'을 이용한 질적방법론을 사용할 것인지 정해진다.

1) 양적 연구방법론과 질적 연구방법론의 의미

방법론에서 가장 기본적인 것은 인식론의 문제이다. 인식론은 크게 '설명(explanation)'과 '이해(understanding)'[8]로 나뉜다. '설명(자연주의/양적 연구방법론)'은 자연과학적 인식론이 사회과학에도 적용될 수 있다는 입장으로 방법론상으로는 Nomothetic 한 입장으로 불린다.

---

6) **과학적 실재론**: 두 가지 입장에 가교를 만들려는 시도가 과학철학계에서 나타났다. 과학적 실재론이라는 이름으로 나타난 이 입장은 자연주의와 구성주의의 장점을 취합하고자 한다. 이들도 실재하는 자연이 있다고 생각하지만 인간은 맥락속의 존재라는 점도 유지하고자 한다. 이들은 진리에는 여러 가지가 있을 수 있고 사회적 세계가 복잡성으로 가득 차 있다는 구성주의의 인식을 공유한다. 하지만 결국 진리를 알아 낼 수 있는 것은 자연주의의 과학적 접근을 통해서이다. 그럼에도 불구하고 과학적 실재론은 보편적 법칙의 확고함을 믿지는 않으며 과학자 자체도 중립적이지 않을 수 있다고 인정한다는 점에서는 구성주의와 접점을 가진다.

7) 양적 방법론과 질적 방법론에 대해서는 김용학, 「비교사회학」 (서울: 나남, 2000) 참고.

8) **설명과 이해의 구분**: 여기서 '설명(explanation)'과 '이해(understanding)'는 일상에서 사용하는 개념이 아니고 방법론상의 학술용어이다.

즉 법칙정립이 가능하다는 의미로 보편적인 이해가 가능하기 때문에 시간과 공간을 초월해서 현상의 특성을 이해하고 이것을 법칙으로 만들어서 다른 시간과 사회에도 적용할 수 있다는 것이다. 가장 대표적인 경우가 경제학이 수학을 이용해서 가격과 수량사이의 법칙을 만들어보려고 한 것이다.

이런 입장을 양적 방법론이라고 한다. 양적 비교 방법은 사회의 특수성을 설명하기 보다는 여러 사회 속을 공간적, 시간적으로 꿰뚫고 있는 일반법칙을 추구하는 입장을 견지한다. 따라서 여러 사회에 대한 자료를 모아 통계적 규칙성을 밝히려고 한다. 이러한 입장에서는 규칙성, 계량화와 계측화가 중요하다. 1950년대 행태주의자들이 지향한 방법이다.[9)]

반대로 사회현상은 인간의 주관성이 개입되기 때문에 자연과학과 같은 정확한 설명이 불가능하다고 보는 입장이 '이해(구성주의/질적 연구방법)'의 입장이다. 사회현상에는 수 많은 예외들이 존재하기 때문에 동일한 인물들이 동일한 장소에 모여서 동일한 결과를 만들어 낼 수 없다고 보는 것이다. 이런 점에서 사회는 내부의 맥락을 이해하는 것이 가능할 뿐이지 일반화를 통한 법칙을 정립할 수 없다. 이들은 idiographic 입장이라고 부른다. 개별특성의 기술적이라는 의미로 각 사람이나 사회마다 특수한 요소들이 많이 있기 때문에 법칙화가 불가능하다는 입장이다.

이 입장이 질적 방법론의 입장이다. 사회현상이 규칙화되기 어렵기 때문에 각 사회의 의미와 맥락을 이해하는 것이 필요하다는 것이다. 유명한 예로 막스 베버의 문화적 설명을 들 수 있다. 베버는 왜 서구에서 자본주의가 발생한 반면에 중국에서는 발생하지 않았는가라는 질문을 하고 사회내부의 맥락을 비교하여 설명하였다.[10)]

2) 양적 연구방법과 질적 연구방법의 평가

양적 연구방법은 사회현상을 자연과학의 방법론을 이용해서 설명하려고 한다. 장점은 규칙성을 통해서 일반화를 꾀하려 한 점이다. 또한 일반화는 보편화를 가져오게 해준다는 장점이 있다. 이를 위해서 양적 방법론은 방법론적 기술들을 최대한 발전시키고자 노력했다. 이러한 노력들은 맥락이 다를 수 있는 사회를 비교함으로서 제도들의 특성이 어떻게 사회적 결과를 가져오는지를 설명할 수 있게 해준다. 또한 사례연구를 늘림으로서 비교를 뛰어 넘

---

9) **양적 방법론 이용 방법**: 방법들은 '일차적인 단순 비교', '인과관계의 크기 비교', '체계속성비교를 통한 인과관계 규명(최대유사체계와 최대상이체계 분석방식이 여기에 포함됨)', '다차원효과 비교', '연결망 구조 비교', '관계의 유형비교' 등이 있다.

10) **막스 베버의 방법론**: 그의 「청교도 윤리와 자본주의 정신」과 「중국의 종교」라는 저서에서 질적 연구 방법을 사용해서 이를 설명한다. 청교도인은 하느님으로부터 구원받은 존재에 대한 끊임없는 확인 작업이 필요하고 이런 긴장이 금욕적이고 신의 영광을 드러내게 해주는 동기가 되었다. 이것이 자본주의의 효시가 된 것이다. 반면에 중국의 종교에는 이러한 심리적 긴장이 없다. 주자학이나 양명학에서 보이는 것처럼 이들은 과거에 대한 해석이나 복귀를 중시한다. 유교의 이념은 변화보다는 화합을 중시하기 때문에 자본주의가 발전할 수 없었다. 자본주의의 발전가능성을 사회의 맥락을 통해서 설명한 것이다.

는 통계에 도달할 수 있게 해주었다. 비교연구방법은 부족한 사례로 인해 통계가 불가능한 경우에 사용하는 것인데 양적 연구방법은 데이터화할 수 있는 개념들의 조작적 지표를 확대하여 통계가능성을 높였다. 그만큼 주관적인 인식을 배제하고 명확한 제도의 효과를 살펴볼 수 있게 해준 것이다.

양적 방법론은 방법론상의 엄밀함에도 불구하고 한계를 가지고 있다. 첫 번째로 인간이 주관성을 버리고 과연 엄밀한 객관화가 가능한가를 들 수 있다. 두 번째로 수많은 요인들이 통제되어 방법론상으로 독립변수와 종속변수사이를 명확하게 구분하고 그 인과성을 측정하고 확인할 수 있는가도 있다. 세 번째는 사회현상의 부족한 사례는 항상 '과소 사례와 과다 변인'의 문제를 가져온다. 변인을 측정하기에 인간이 가지고 있는 사회적 사례는 너무나 부족한 것이다. 네 번째는 해석학이 주장하듯이 맥락을 고려하지 않고 인간행동을 분석하는 것이 불가능하다는 것이다. 이외에도 다양한 비판들이 있다.[11]

질적 방법론은 맥락을 볼 수 있게 해준다는 장점이 있다. 대표적인 입장인 해석학은 인간의 행동에 있어서 의미구조가 얼마나 중요한가를 보여준다. 한국에서 인사를 할 때 고개를 숙이는 것과 서양에서 절을 하는 것은 다른 맥락을 가진다. 그런데 베버가 말한 대로 인간은 사회적 맥락이라는 거미줄에 매달린 존재이다. 따라서 사회적 맥락 속에서 의미를 해석해내는 존재인 인간을 다른 사회적 맥락들 속에서 동등하게 비교할 수 없는 것이다. 게다가 궁극적으로 인간은 동기에 의해서 행동에 나선다. 자연현상이 동기를 가지고 행동하지 않는 것과 달리 동기를 가지고 행동에 나서는 인간의 행동은 같은 행동이라 해도 그 동기가 다르기 때문에 인과관계를 물리적 법칙처럼 규명할 수 없다.

질적 연구방법은 맥락을 제시하지만 일반화를 하지 못한다는 문제가 있다. 과학이 추구하는 것이 객관화와 보편화라면 질적 연구방법은 보편화를 할 수 없다는 점에 문제가 있는 것이다. 이것은 한 가지 사안은 그 사안에서만 의미가 있는 것이지 다른 사안에 적용할 수 없는 것이다.

결론적으로 양적 방법과 질적 방법 모두 타당성이 있지만 한편으로는 약점을 가진 방법론이다. 양적 방법과 질적 방법의 선택은 두 가지 기준을 두고 연구자가 선택하는 것이다. 첫 번째는 인간이 사회현상을 인식하고 이를 체계화할 때 일반적인 패턴을 만들 수 있는가이고 두 번째는 특별한 사건의 맥락과 의미를 부여하는 것에 만족해야 하는가이다. 연구자가 무엇을 선택하는가는 인식론에 기반을 둔 철학적문제이다. 학계라고 하는 학문공동체에는 연구경향이라는 것이 있기 때문에 많은 연구자들은 어느 방향으로 갈 것인지를 정하는데

---

11) **추가적 양적 방법론 비판**: 샤피로(Shapiro)는 사회과학의 실증주의 방법론 위주와 이론 위주의 방법론을 비판하면서 실증주의가 객관화라는 명분하에 방법론을 중시하면서 연구 이전에 자신의 구미에 맞는 방법론을 선택한 후 연구 주제와 이슈를 설정하여 설명하기 좋은 이슈만 설명한다고 비판한다. 두 번째로 사회적 의미와 가치를 강조하는 정치사상에서는 사회적 맥락과 인간이 지향하는 가치를 통해서 양적 연구방법론을 비판한다. 이 외에도 칼 포퍼는 검증가능성으로 모든 이론은 반증될 수 있기 때문에 근본적인 오류를 가질 수 밖에 없다고 주장했다.

주변 연구자들에게서 영향을 많이 받기 때문에 학문적 흐름이 있다. 아래 표에는 양적 연구방법과 질적 연구방법에 대한 비교를 해두었다.

표를 통한 비교 **양적 연구방법과 질적 연구방법**

양적 연구방법	질적 연구방법
자연과학적 인식론은 사회과학에도 적용 가능	사회현상은 자연과학과 같이 정확한 설명 불가능
설명(explanation) 중심의 nomothetic한 입장	이해(understading) 중심의 idiographic한 입장
보편적인 이해가 가능하며 시·공간을 초월한 법칙 수립 및 적용 가능	내부의 의미와 맥락을 이해하는 것이 가능할 뿐, 일반화를 통한 법칙 정립 불가능
규칙성, 계량화와 계측화가 중요	비계량적 방법
실험, 통계, 비교, 사례연구	사례연구
<장점> 규칙성을 통한 일반화·보편화는 사회 현상에 대한 예측 도구로서 기능 사례연구를 늘림으로써 비교를 뛰어넘는 통계에 도달 주관적인 인식을 배제하고 명확한 제도의 효과를 살펴볼 수 있게 해줌	<장점> 특정 사례의 내부 맥락을 파악함. 역사와 사례의 구체적인 내용을 통한 함의 도출 특정 사례들의 연구를 통해서 사례자체의 내용을 충실히 함. 특정 사안들에서 가치판단을 통한 사회현상에 대한 평가
<단점> 주관성을 버리고 과연 엄밀한 객관화가 가능한가 방법론상으로 독립변수와 종속변수 사이를 명확하게 구분하고 그 인과성을 측정·확인할 수 있는가 '과소 사례와 과다 변인'의 문제	<단점> 일반화의 어려움과 타 사례에 적용이 곤란함 주관이 개입되기 때문에 객관적 인식의 곤란

3. 이론을 만들기 위한 주형틀로서 메타이론[12)]

방법론은 '사고하는 방법(way of thinking)'이다. 사고하는 방법이라는 것은 정치학이 사용하는 분석의 틀을 의미한다. 그중에서 메타이론은 사고체계를 구축하는 방법과 관련되어 있다. 메타이론은 이론을 만들기 전에 연구자들이 사용하는 자신의 이론체계의 입장을 정하는 것이다.

만약 우리가 빈번한 자동차 사고를 보고 이것의 원인을 규명하고자 한다고 가정해보자. 여러 가지 원인들을 찾아보았는데 이들 원인들이 대체로 운전자의 특성, 자동차의 구조와

12) **메타이론의 의미**: 메타이론은 좀 생소한 단어이다. 원래 'Meta'는 "숨겨진"이라는 뜻이나 "무엇 무엇보다 상위의"라는 뜻으로 쓰인다. 따라서 글자 그대로 해석하면 이론뒤에 감춰진 이론 혹은 이론보다 상위의 이론이라는 의미이다. 숨겨진 이론 혹은 이론위의 이론은 이론가들이 이론을 구축할 때 전제조건이 되는 상위의 사고체계이다. 방법론상 존재론과 인식론과 규범론을 포함하는 개념이다.

특성, 도로의 환경으로 구분되었다. 그래서 3가지 요인들로 구분할 수 있게 되었고 이 틀을 구축했다면 다음 분석자들은 이렇게 만들어진 틀을 이용해서 좀 더 체계적인 분석을 할 수 있을 것이다. 이런 방식으로 과거의 사람들로부터 전수되어 온 사고하는 방식과 체계가 메타이론이다. 메타이론을 정리하자면 자신의 이론을 만들거나 타인의 이론의 위치를 확인하는 분석자들의 사고체계라고 할 수 있다.

어떤 것의 원인과 결과를 규명하는 이론 이전에 이론이 갈 방향의 질서를 부여하는 것이 메타이론의 기능이다. 이론에 질서를 부여하는 상위의 이론적 체계가 있다는 것은 이론을 만드는 이론가에게도 엄청난 힘이 된다. 자신이 무엇을 이야기 할 것인가 이전에 자신이 이야기 하고자 하는 내용이 담길 그릇이 어떤 것인지를 정한다면 자신의 입장이 좀 더 체계화 될 것이고 자신의 주장들 간의 관계도 명확해질 것이다. 물론 자신과 입장이 다른 이들의 견해도 명확해져서 상호 논쟁도 메타이론이라는 질서 속에서 이루어 질 것이다. 그래서 이론가들은 자신의 이론을 설명하기 전에 자신의 이론이 들어갈 주형틀로서 메타이론을 먼저 정한다. 이론가들이 먼저 정한 이론위의 이론틀을 우리가 알게 되면 우리는 당연히 그 이론가의 입장과 그 반대편에 있는 이론가의 입장을 좀 더 명확하게 구분해서 살펴볼 수 있다. 그리고 이들 간의 논쟁의 핵심이 어디에 있는지도 명확해 질 것이다.[13]

4. 메타이론의 종류

메타이론들	이론을 만들기 위한 토대로서의 이론들
존재론	결정원인이 어느 눈높이에 있는가의 문제. ex)개인, 국가, 체계
인식론	어느 정도까지 입증할 수 있는가의 문제. ex)양적접근vs. 질적접근
정치와 경제	정치작동원리와 경제작동원리 비교 ex)민주주의 vs. 자본주의
규범론	어떤 규범을 강조할 것인지의 문제 ex) 자유, 평등, 안정, 공공선

(1) 존재론

존재론은 어떤 것이 실체가 있는 것인가와 그것이 실체가 있다면 어떤 일에 중요하게 영향을 미쳤는가를 살펴보는 것이다. 사회과학에서 대표적인 존재론은 '구조'[14]와 '개체'의 문

13) **메타이론 내 비판기준**: 예를 들어 인간 개체를 강조하는 입장과 인간의 사회구조를 강조하는 입장이 충돌을 하거나 양적 접근을 하는 입장과 질적 접근을 하는 입장이 충돌을 할 때 자신의 입장과 반대입장은 메타이론 차원에서 구분되어 지는 것이다. 지도자를 강조하는 엘리트이론가와 사회경제구조를 강조하는 사회주의이론은 존재론에서 개체와 구조간 대립을 하는 것이다.

14) **구조의 의미**: 사회과학적 용어로서 구조는 여러 의미로 사용되지만 대체로 개체에 의해 변화시킬 수 없는 것을 구조라고 한다. 추상적 실체로서 시장이 대표적인 구조라고 할 수 있다. 이런 정의에 따르면 개체에 의지와 힘에 의해서 변화시킬 수 없기 때문에 만약 개체를 통해서 구조를 완전히 설명하게 된다면 개념규정을 충족하지 못하게 된다. 이런 개체를 통한 구조에 대한 설명을 환원론(reductionism)이라고 한다.

제 즉 'structure'와 'agent'의 문제이다. 구조가 개체의 의사와 관계없이 실체로서 작동한다면 이 구조를 중요하게 보아야 하며 구체적으로 어떻게 작동하게 하는지를 보아야 한다.

존재론은 정치학과 국제정치학에서 모두 중요하다. 하지만 국제정치학에서 더 많이 사용된다. 원인을 규명하는 눈높이를 '분석수준(level of analysis)'이라고 한다. 분석수준이란 어떤 특정 사건의 원인을 규명하기 위한 틀이다. 분석수준의 기능은 어떤 눈높이에서 원인을 찾는 것이며 어떤 눈높이의 설명이 가장 타당성이 있는가를 규명하는 것이다. 구조와 개체라는 분석틀은 한 가지 눈높이에 구조와 개체를 고정시키지 않고 유동적으로 이동할 수 있다는 장점이 있기 때문에 많이 쓰인다.[15)]

정치학 이론가들은 기본적으로 자신의 이론적 입장에서 먼저 존재론적 측면에서 자신의 눈높이를 설정한다. 따라서 존재론적 관점에서 정치이론가의 입장을 이해하면 이론적 주장을 좀 더 쉽게 이해할 수 있다. 예를 들어 인간은 정치적 동물이라고 한 아리스토텔레스의 경우 개인이라는 개체보다는 폴리스라고 하는 공동체를 우선시하는 이론을 세웠다. 하지만 자신의 스승이 제시한 것처럼 폴리스를 너무 강조하여 개인들의 특성을 무시하지는 않았다는 점에서 차이가 있다. 하지만 아리스토텔레스가 플라톤보다 공동체를 덜 강조했다고 해서 근대 자유주의자의 시조인 로크처럼 개인을 절대적으로 사회에 우선하는 존재로 규정하지는 않았다. 인간이 정치적 동물이라는 아리스토텔레스의 주장은 인간이 공동생활을 포기했을 때는 야수이거나 신이 될 것이라고 보았기 때문에 인간의 본질상 공동체에 속하는 것이 당연했기 때문에 근대 자유주의자들이 설정한 외톨이로서 사회와 동떨어진 '원자적 자아'[16)]를 상정하지는 않았다.

분석수준의 논리는 국제정치학에서 케네스 왈츠(K. Waltz)에 의해 정교해지기 시작했고 그 중요성이 더욱 인정받게 되었다. 왈츠는 자신이 학부에서 전공한 경제학의 미시경제학 틀에서 시장과 기업과 기업가라는 틀을 가져다가 국가들을 둘러싼 국제체계와 국가 그리고 인간의 3가지 수준에서 전쟁문제를 살필 수 있다고 주장했다. 박사학위논문을 「Man, the State and War」라는 책으로 내면서 주장한 왈츠의 분석수준논의는 이후 국제정치학의 이론틀 설정에 있어서 가장 중요한 기둥이 되었다. 또한 1979년 그가 발표한 책 「Theory of

---

15) **정치학에서 구조의 유동성**: 정치학에서 구조는 매우 유동적이어서 어떤 대상과 구별되는가에 따라 달라진다. 예를 들어 개인에게 가족은 구조이지만 가족은 국가차원에서 보면 작은 개체단위를 이룰 뿐이다. 국가는 개인에게 구조이지만 국제정치 측면에서 보면 다른 국가들과 같은 하나의 행위자일 뿐이다. 따라서 정치학에서 존재론은 주로 무엇이 존재하는가 보다 어떤 일의 원인이 되는 것이 무엇이며 그 원인은 어떤 눈높이에 기인하는가에 관심이 있다. 앞서 본 자동차 사고에 대한 3가지 눈높이는 그 원인이 어떤 수준 혹은 눈높이에 기인하는지를 잘 보여준다.

16) **원자적 자아 혹은 무연고적 자아**: 롤즈와 같은 자유주의자들은 개인의 사회에 대한 중요성을 강조하기 위해 이론적으로 '무연고적 자아'라는 개념을 만들었다. 즉 사회로부터 어떤 가치도 우선시 되지 않은 채 스스로 무엇이 옳은 것인지를 판단할 수 있는 공정한 권리를 부여받았다고 주장한다. 만약 이것이 가능하다면 사회가 없이도 개인은 존립할 수 있으며 개인의 중요성도 보장받을 수 있을 것이다.

International Politics」이후 국제정치학은 구조중심적 논리에 크게 영향을 받고 있다. 국제정치의 분석수준에 관한 이야기는 국제정치를 설명하는 부분에 가서 좀 더 구체적으로 해보도록 하자.

(2) 인식론

인식론은 앞에서 양적 방법론과 질적 방법론에서 다룬 것이다. 인식론은 어떤 설명요인이 실제로 설명할 수 있는가의 문제를 다룬다. 예를 들어 잠재의식 속에 있는 공포심이 사람들이 행동하는데 있어서 주요한 동기가 된다고 가정해보자. 그러면 '공포심'이라는 원인변수를 사람들이 이해할 수 있도록 구체화가 되어야 한다. 그리고 이렇게 구체화된 것을 가지고 다른 사례에도 적용될 수 있게 일반화를 할 수 있어야 한다.

앞서 보았듯이 인식론은 크게 '설명(explanation)'을 가능하다고 보는 입장과 '이해(understanding)'만이 가능하다고 보는 입장으로 나뉜다. 이것은 과학철학의 입장을 반영하는 것으로 사회현상을 자연과학과 동일하다고 보는 입장에서는 사회현상도 물리학처럼 일관된 독립변수가 있고 이에 따라 종속변수가 도출된다고 본다.[17] 인간이 가진 감정이나 가치관을 배제한 채 사회현상을 바라볼 수 있고 과학적 도구를 통해 충분히 원인을 일반화할 수 있다는 입장이 바로 '설명'가능론자들이다. 반면에 사회현상은 일관되게 파악하기 어렵고 가치중립성을 지키기 어렵기 때문에 자연과학이 적용되기 어렵다는 입장이 '이해'가능론자들의 입장이다. 인간 역사의 우연적 요소나 사회현상의 맥락이 중요하기 때문에 이런 요소들을 일반화할 수 없다고 보는 사람들이 여기에 속한다.

해석학은 사안의 맥락이 중요하기 때문에 맥락이 다르다면 일반화가 어렵다고 주장한다. 사피로(Shapiro)는 결혼식장에서 신부가 주례의 "맹세합니까?" 질문에 "예!"로 답변하는 상황을 가지고 "예!"라는 대답에는 다양한 가능성과 맥락이 있을 수 있다고 주장한다. 수만명의 커플들의 결혹식에서 "맹세합니까?"라는 원인에 대해 일관되게 "예!"라는 답이 나온다고 해서 이것을 일반화할 수는 없는 것이다. 신부가 왜 "예!"라고 했는지 맥락이 다를 수 있기 때문이다.[18]

---

17) **사회과학과 자연과학간 관계**: 사회과학과 자연과학의 관계를 어떻게 보는가는 정치학에서도 중요한 문제이다. 이것은 정치학을 하는 이론가들을 나누는 중요한 기준이 되기 때문에 알아둘 필요가 있다. 먼저 과학부터 시작하여 자연과학과 사회과학사이의 관계 그리고 사회과학의 특징을 보도록 하자. 과학은 '경험과학 vs. 비경험과학'으로 구분된다. 다시 경험과학은 '사회과학 vs. 자연과학'으로 나뉘어진다. 이중 자연과학은 객관적 세계를 다룬다. 반면에 사회과학은 인간의 의도적 행위를 다룬다. 인간에게는 정신과 심리가 작동하게 되고 가치 판단이 개입된다. 16, 17세기에 들어 자연과학이 발전하게 되었다. 이런 자연과학의 발전은 사회과학을 자극하였고 자연과학의 방법론을 사회과학에 적용할 수 있는가의 문제가 발생하게 되었다.

18) 사피로라는 학자는 결혼식의 맹세와 관련해 한 가지 재미있는 해석을 했다. 결혼식에서 신부가 "예"라고 했을 때 이유는 여러 가지 가능성이 있는 것이다. 첫 번째 가능성은 신부가 "예!"라고 한 것이 남편을 사랑했기 때문이다. 두 번째 가능성은 집에서 아버지가 '결혼하면 여자는 이래야 한다'

사피로의 주장의 핵심은 무엇인가? 사피로가 볼 때 그간 정치학이 진행해온 실증주의의 방법론 위주의 연구경향과 이론 위주의 방법론은 문제가 있다는 것이다. 정치학이라고 하는 사회현상을 들여다보는 학문체계가 마치 물리학이나 수학과 같은 자연과학과 같은 방법론을 채택하고 경도되는 것은 문제가 있다. 가장 큰 문제는 방법론은 먼저 설정하고 거기에 자신의 연구를 맞추는 것이다. 여기서 문제가 되는 것은 이론 위주의 연구가 세상을 자신이 정한 이론으로 선험적인 재단을 가한다는 점이다. 객관성을 중시하는 과학입장에서 주관이 개입되는 것이다.

(3) 정치의 논리 vs. 경제의 논리

마지막 틀은 정치와 경제논리를 구분하는 것이다. 양자는 유사점도 있지만 정치의 논리와 경제의 논리는 다르다. 두 가지 입장에서 어느 쪽을 더 강조할지에 따라 논리가 달라진다.

먼저 경제의 논리를 살펴보자. 경제를 중시하는 이들은 '자유(liberty)'라는 가치를 선호한다. 자유는 국가의 인위적 개입을 배제함으로서 가치의 극대화나 효용의 극대화를 달성할 수 있게 해준다. 또는 자유와 자유에 근거한 '자율(self-rule)'은 자기 통제를 가능하게 함으로서 자기의 완성이라는 인격의 달성에 도달하게 해준다. 이것이 '자유'와 '자율'을 강조하는 자유주의 이데올로기의 입장이다. 따라서 경제를 강조하는 입장에서는 자유주의를 선호한다. 자유주의에서 볼 때 개인은 사회에 기여한 만큼의 사회에 대한 결정력을 가지는 것이 공정하다. 따라서 자신이 세금을 통해 사회에 기여한 정도로 사회에서의 자신의 결정력이 있어야 한다고 본다. 이런 입장을 상징화하면 "1$ = 1표"로 대표될 것이다. 자유주의에 기반해서 효율성을 강조하는 이들은 개방성과 투명성이 높은 경쟁의 틀인 '시장'을 중시한다. 시장에 의해 배분되는 것이 가장 공정한 배분을 보장한다고 보는 자유주의자들은 시장을 확대하는 것에 관심이 많기에 개방화와 세계화가 중요한 구호가 된다.

정치를 강조하는 논리는 다음과 같다. 정치는 공평하게 배분되는 가치로서 '정의'를 중시한다. 공평하게 배분한다는 원리인 정의는 '평등'의 가치를 그 중심에 둔다. 이 입장에 선 이들은 한 사회구성원이라는 자격이 공동체를 운영하고 공동체의 배분 체계에 중요한 기준이 되어야 된다고 믿는다. 따라서 이런 논리는 인민의 결정을 중시하는 이데올로기로서 민주주의를 선호한다. 앞의 경제논리가 사회적 기여에 비례해 정치적 권리가 부여되어야 한다고 믿는데 반해서 민주주의자들은 사회에 대한 경제적 기여와 관계없이 사회구성원 그 자체로서 정치적 권리는 부여된다고 믿는다. 이것을 상징화하면 "1인 = 1표"의 논리가 될 것이다. 1인 1표의 원칙을 지키기 위해서는 선천적으로 불리하게 되어있는 사회적 자원배분구조

고 배웠기 때문일 수 있다. 세 번째 가능성은 의례와 관련될 수 있다. 즉 신부가 대답한 이유가 결혼식이라는 사회적 의례에서 자신이 신부로서의 역할 연출을 하는 것이다. 네 번째 가능성은 가부장적인 가족 의식을 생각해 볼 수 있다. 다섯 번째 가능성은 합리적 선택의 관점이다. 마지막 가능성은 생물학적인 해석이다.

에 의한 불평등을 해소하고 조정하는 것이 중요하다. 이런 조정에는 시장이라는 기제가 아닌 국가가 중요하다. 이렇듯이 국가기제를 통한 분배를 이루려면 이 국가의 구성원으로서 국민을 필요로 한다. 공동체의 구성원이 되겠다는 정치적 약속으로서 국민을 정한 것은 인간이라면 누구에게 공동체의 결정에 참여하게 하는 것이 아니다. 적은 재화를 나누는 데 있어 더 많은 구성원은 유용하지 않기에 국가는 폐쇄적 속성을 보유하게 된다. 여기에 더해서 민족주의적 사고가 개입될 경우 더욱 국가라는 영토적-공간적 의미에 더해 민족이라는 정체성이 결부되어 더욱 폐쇄적이 된다. 이런 폐쇄적인 속성은 과거에 유럽의 중상주의 정책이나 현대의 보호무역론의 사례에서 알 수 있다. 보호주의 입장은 영토경계선이 정해진 폐쇄적인 국가와 범위를 제한받고 싶지 않은 시장사이의 긴장을 반영한다.

(4) 규범론

규범론은 어떤 주장이 어떤 규범을 따를 것인가를 다룬다. 먼저 인식론의 차원에서 설명가능론자들 즉 자연과학의 원리를 사회과학에 적용할 수 있다는 믿음을 가진 입장은 규범적 접근 자체를 거부한다. 실증주의적 입장을 따라 인간행동을 통해서 정치현상을 볼 수 있다고 믿었던 행태주의는 극단적으로 가치와 사실을 구분할 수 있다고 주장했다.

행태주의와 달리 정치학은 본질적으로 규범의 문제를 다룬다. 정치이론의 최초이론들인 서양의 정치이론으로서 플라톤이나 아리스토텔레스나 중국의 제자백가시대의 이론들은 모두 사회적 가치와 정의를 다루었다. 개인들이 한 사회를 이루는데 있어서 필연적으로 개인들이 가진 가치와 사회적 가치의 충돌과 조화가 있을 수 밖에 없다. 이런 가치간의 충돌사이에서 사회적 가치의 우선순위배정은 공동체에 있어서 필연적인 것이다. 정치사상이 본질적으로 다루는 것이 규범인 것이다.

규범론은 어떤 가치체계를 중시하는가에 따라 구분될 수 있다. 상대적으로 '안정'과 '지속'이라는 가치를 중시하는 경우 보수적 이론이 구축될 것이다. 반면에 '평등'과 '변화'를 지향할 경우 진보적 이론이 만들어질 것이다. 급격한 변동이나 혁명을 지향할 경우 진보를 넘어서 급진적인 이론이 형성될 것이다. 규범론에서 '자유'와 '평등'을 정치체제에 얼마나 더 반영할 것인가는 다시 민주주의이론에도 영향을 미쳐서 자유지상주의적 입장의 정치체제와 사회주의적 입장을 반영하는 정치체제를 이루게 될 것이다. 또한 이런 가치는 경제적 배분의 문제에 있어서도 중요한 기준이 되어 자유지향적 시장질서를 강조하는 입장과 평등주의적 국가 질서를 강조하는 입장으로 구분되기도 한다. 또한 가치를 일국적 수준에서 고려하는 경우에는 민족주의 또는 특정 공동체의 가치를 강조하는 공동체주의이론이 만들어지고 가치를 세계적 수준에서 고려하는 경우 인류보편적인 자유주의이나 코스모폴리탄이론으로 나뉘어질 수도 있다.

(5) 여러 메타이론 학습의 교훈

여러분이 이론을 만든다고 가정해보자. 여러분이 관심을 가지고 보는 사회현상이 반복적으로 일어나고 그 반복성 속에 일관성도 발견된다. 그리고 이런 반복된 패턴에 영향을 가져오는 요소가 모든 사례들에서 발견된다. 이제 설명할 대상이 생겼고 설명할 요소도 생겼다. 그래서 이론을 만들기로 했다. 그렇다면 우리는 이것을 통해서 인과성을 규명할 수 있는지 입장을 먼저 정할 것이다. 그 뒤에 어떤 이론을 만들 것인지에 대한 규범적 측면을 고려할 것이다. 물론 규범적 측면을 최대한 덜 반영하고 객관화하려고 노력할 수 있다. 그런 다음에 정치경제적 현상을 한다면 정치와 경제의 입장 중 어느 입장에 우위를 두고 설명할 것인지를 정할 것이다. 만약 정치경제를 설명하는 것이 아니라면 이런 고려는 배제될 것이다. 그리고 우리가 설명하고자 하는 대상을 어느 눈높이 즉 분석수준을 어디로 하여 볼 것인지를 규정할 것이다. 이런 작업이 끝나고 나면 이제 본격적으로 우리가 설명하고자 하는 이론을 체계화하는 작업을 할 것이다. 독립변수를 설정하고 설명의 대상으로서 종속변수를 명확하게 할 것이다.

위의 과정을 거쳐서 이론가들은 이론을 만든다. 자신의 입장을 정하고 나서 방법론을 선정한 뒤 자신이 강조하고 싶은 설명요인을 체계적으로 설명관계- 인과적 관계인지 상관관계인지-를 밝히고 이를 입증하는 사례나 통계자료를 동원한다. 이 논리를 역으로 사용하면 이론이해에 도움이 된다. 이론을 배울 때 이론가들이 자신의 입장을 어떻게 설정했는가를 알게 되면 그 이론가의 입장을 오해할 일이 줄어든다. 예를 들어 맑스는 (존재론상)구조적 관점에서 (정치와 경제의 논리상)경제적 우위를 가지고 (인식론상)과학적인 체계를 통해 계급구조를 통해 사회현상의 부조리를 설명하고 (규범론상)이를 평등적인 관점과 혁신적인 관점에서 개선하기 위한 방안을 제시했다.

위의 예에서 본 것처럼 메타이론의 공부는 이론가의 입장을 명확하게 하는데 도움이 된다. 물론 정치학을 전공해서 좀 더 공부를 하는 사람들에게는 이론을 세우는 토대를 제공하는 아주 중요한 역할을 수행한다. 하지만 이론을 만드는 입장이 아닌 사람들에게 주는 또 다른 장점은 이 이론가의 입장을 알게 되면 이 이론가의 반대편에 누가 어떤 방식으로 비판을 가할 지도 알게 된다.

위의 예를 들어 볼 때 맑스는 (존재론상)인간개인의 노력이 중요하다는 비판을 받을 것이고, (인식론상)과학적인 접근에는 한계가 있고 국가와 사회마다 계급구조와 계급간 연대정도가 다를 수 있음으로 비판받을 것이고, (정치와 경제적 논리상)정치가 경제적 토대를 형성하기 때문에 정치를 먼저 보아야 할 것이라는 지적을 받을 것이고, (규범론상)혁신적인 개선방안은 그 동안의 사회질서를 망가뜨릴 것이고 개인의 자유를 침해할 것이고 이를 통해 복지혜택을 누리는 사람이나 이를 거부하는 사람을 노예화할 수 있을 것이라는 비판도 받을 것이다. 이런 과정이 사회과학으로서 정치학의 논쟁을 만들어 왔다. 따라서 이론을 배우는 사람들도 이런 입장에서 논쟁의 본질이 무엇인지를 이해하고 논쟁을 만들 수도 있다.

5. 인과관계: 독립 변수와 종속변수

(1) 사례로 보는 인과관계 문제

표를 통한 비교

1. **인과관계:** A(독립변인: 설명항, 원인항도 동일) ⇧ ⇨ B(종속변인: 피설명항, 결과항도 동일) ⇧. 원인항의 증감과 동일하게 결과항도 증감
2. **상관관계:** A(원인항) ⇔ B(결과항). 양자가 상호영향을 주지만 원인과 결과의 선후관계가 불분명
3. **선택적 친화력:** A(원인항) ⇧ ⇨ B(결과항) ⇧.
   but, A(원인항) ⇩ ⇨ B(결과항)⇩으로 연결되지는 않음. 원인항은 특정결과와 관련되고 전체인과관계는 안됨.

이론을 만드는 틀이 구성되었다면 다음은 어떤 것을 원인(독립변수)으로 하여 어떤 대상(종속변수)을 설명할 것인지를 정하는 것이다. 인과관계란 원인과 결과를 명확히 규정하는 것이다. 이론의 가장 중요한 부분은 이 인과관계를 명확히 하는 것이다.

복잡한 이야기라 현실 사례를 가지고 설명하는 것이 이해에 도움이 될 것이다. 스티븐 래빗의 「괴짜 경제학」에 보면 무인 베이글실험에 대한 일화가 나온다. 래빗의 친구 폴 펠드먼이 무인 베이글 회사를 차렸다. 140개 회사에서 베이글을 놔두고 자발적으로 돈을 넣는 무인 베이글 판매를 했고 대금의 회수를 관찰했다. 2가지 재미있는 현상이 발견되었는데 첫 번째는 작은 회사가 큰 회사보다 회수율이 높게 나타난 것이었다. 두 번째 현상은 높은 지위에 있는 사람보다 낮은 지위에 있는 사람이 회수율이 더 좋았다고 한다.

그런데 왜 높은 지위에 있는 사람이 무단 취식을 더할까?[19] 이 무인베이글 가게를 운영한 펠드먼은 지위가 주는 '자부심'을 원인으로 지목했다. 높은 지위에 있는 사람들은 설마 나를 지목하겠나 하는 생각으로 부정을 저지르는 것이다. 하지만 스티븐 래빗은 다른 해석을 내놓는다. 그 정도 인간이기 때문에 그 자리까지 올라갔다는 것이다.

두 가지 입장에는 엄청난 차이가 있다. 펠드먼 주장의 핵심은 지위가 사람을 만든다는 것이다. 이에 비해 래빗은 인간의 성향이 그 지위에 올라가게 한다는 입장이다. 양 입장의 핵심은 지위가 원인이 되어 성향과 행동을 규정하는 것인지 아니면 성향이 원인이 되어 지위를 정하게 되는지에 관한 논쟁을 잘 보여준다. 이 사소한 사례에서 제시된 '인간본성 vs.

19) **익명성의 의미:** 첫 번째 사안에서는 익명성이 핵심이다. 익명이 보장되는 큰 회사에서는 한 번 무단취식을 해도 다른 사람들에게 알려질 가능성이 적고 알려져도 누군지 알아보기 어렵다. 따라서 면대면의 작은 회사보다 큰 회사에서 평판이 덜 고려되기 때문에 무단취식이 늘어나는 것이다.

제도 혹은 지위'논쟁은 정치학에서 가장 유명하고 치열한 논쟁인 제도론자들과 인간 본성론자의 대립의 복사판이다.

그렇다면 진짜 원인은 무엇인가? 무엇이 베이글 빵을 먹고 대가를 지불하지 않게 한 것인가? 지위인가 아니면 성향인가? 넓혀서 한 사회의 민주주의를 만들어내는 것이나 민주주의 발전은 인간의 성향에 기인하는 것인지 아니면 제도의 산물인가의 질문이 생긴다. 빈번히 발생하는 전쟁은 과연 인간의 본능적인 공격성이 기인하는가 아니면 제도적 개선책이 부족하기 때문인가도 같은 맥락에 있다. 결국 정치사상이나 비교정치나 국제정치 모두 궁극적으로 규명하고자 하는 것의 핵심은 사건이나 현상의 원인이 무엇인가를 찾는 것이다. 따라서 정치학 분야의 첫 번째 작업은 빈번하게 벌어지는 현상들 속에서 어떤 것이 설명요인이고 무엇이 결과물인지를 구별하는 것이다. 실제 정책은 이론의 원인분석에 기반을 두기에 정확한 원인분석은 무엇보다도 중요하다. 2003년의 이라크전쟁은 명확하지 않은 원인으로 전쟁을 개시한 대표적인 사례로 미국을 10년간 궁지에 몰아넣었다.

그렇다면 다음과 같은 질문들이 생긴다. 우리는 어떻게 체계적으로 원인을 규명할 수 있을까? 그렇게 규명된 원인이 확실히 문제의 본질이라는 점을 어떻게 입증할 것인가? 원인과 결과가 인과관계가 아니라 상관관계일 수 있는 가능성은 어떻게 다루어야 할 것인가? 사례들이 무수히 많은 경우 통계를 통해서 어떻게 인과관계를 입증하는가? 만약 사례가 부족한 경우에는 다른 사례와의 비교를 통해서 원인과 결과의 인과성을 입증하는 방법은 무엇인가? 극단적으로 단일 사례의 경우 비교도 불가능한 상황에서 어떻게 인과성을 규명할 수 있을까?

(2) 독립변수, 종속변수의 개념

이 많은 질문들을 순차적으로 풀어가기 위해서는 먼저 인과관계와 원인을 이루는 독립변수와 결과를 이루는 종속변수부터 알아야 한다. 간단히 정의하면 '독립변수(independent variable)'는 사건의 원인이 되는 요소를 의미한다. 이에 비해 '종속변수(dependent variable)'는 사건의 결과물을 의미한다. 이렇게 '독립변수(independent variable: 원인, 설명항)'→ '종속변수(dependent variable: 결과, 피설명항)'로 규정되는 관계를 인과관계라고 한다. 예를 들어 '방아쇠를 당기는 요인'에 의해 '총알이 발사된다'면 이것은 원인이 되는 독립변수와 결과가 되는 종속변수의 관계를 인과적으로 규정한 것이다. 즉 먼저 발생한 현상에 의해 후속 사건이 발생한다는 것이다.

우리가 '변수(variable)'라고 부르는 것은 자연과학의 영향이다. 자연과학에서는 독립변수의 변량변화와 종속변수의 변량변화간의 관계를 규정하는 것이 중요하다. 다시 말해 변수란 변량이 있다는 것을 말한다. 예를 들어 온도를 100도로 올리면 물이 수증기로 변한다고 해보자. '온도의 증가'는 독립변수이고 '물이 끓어오르는 것'은 종속변수이다. 온도증가는 측정가능한 양적인 증가를 가지고 있고 물이 액체에서 수증기로 변하게 하는 것 역시 측정가능한 양적인 척도가 있다. 이런 경우 변화할 수 있는 양적인 척도를 변량이라고 한다. 따라서 엄밀하게 변수란 독립변수가 변량이 있어야 하고 종속변수가 변량이 있어야 하며 변량의 변화간의 관계가 일관되어야 한다.[20]

변수를 크게 독립변수와 종속변수로 볼 때 양자의 관계가 명확하면 인과관계가 된다. 그러나 이런 관계가 항상 명확한 것은 아니다. 문명충돌론의 경우는 문명을 독립변수로 하고 전쟁을 종속변수로 하여 설명하지만 실제 내부를 들여다보면 문명 때문에 전쟁이 벌어지는 것인지 전쟁으로 인해 문명이 대립하는 것인지는 명확하지 않다. 이런 경우 인과관계라기보다는 상관관계라는 비판을 받는다. 그렇다면 인과관계와 상관관계는 어떤 차이가 있는가?

(3) 인과관계의 요소 및 연구방법과의 관계

어떤 사건과 어떤 사건 사이에 인과관계가 형성되기 위해서는 3가지 요소가 필요하다. 첫째, 항상적 연계. 둘째, 시간적 순차. 셋째, 탈허위성이 그것이다.[21] 이 3가지 요소 중 시간적 순차가 깨어질 경우 즉 동시에 사건이 발생하는 경우를 상관적 관계라고 한다. 앞의 사례처럼 문명이 전쟁을 가져오고 전쟁이 문명간 대립을 동시에 조장하는 경우는 인과관계를 명확하게 규정하기 어렵다.

인과관계에 따른 구분은 정치학을 바라보는 시각을 정리해 볼 수 있다. 정치학에는 독립변수중심의 연구와 종속변수중심의 연구로 구분해볼 수 있다. 독립변수중심의 연구는 어떤 요인이 독립변수를 만들어내고 독립변수의 특성을 형성하는가를 파악하려는 입장이다. 반면에 종속변수중심의 연구는 종속변수를 가져오는 원인이 무엇인가를 다룬다. 예를 들어서 독립변수(A) 가 종속변수(B)를 가져온다고 가정해보자. 결과물인 종속변수(B)를 '혁명의 발생'으로 가정하면 종속변수중심의 연구는 혁명을 가져오게 한 것이 무엇인지를 찾는 작업이 될 것이다. 독립변수(A)가 배링턴 무어(B. Moore)의 '부르주아의 충동Impulse'인지 아니면 근대화론자들이 지적하는 '사회경제적 조건'인지를 찾는 작업이 종속변수중심의 연구이다. 이론은 이런 원인(A)과 결과(B)를 일반화하는 작업으로 개별적이고 표면적인 사건들의 심층적

20) **변수의 의미**: 변수라는 용어는 변량을 측정할 수 있다는 특별한 의미를 가진 용어이다. 그러나 흔히 이런 특성없이 사용되는 경우도 많다. 국제정치학 분야에서 상대적 국력의 계수와 분쟁계수간의 관계 즉 힘의 격차와 국가간 분쟁이 벌어질 가능성사이의 관계의 경우는 엄밀하게 변량과 변량간의 관계를 규정하는 것이다. 하지만 이런 경우처럼 변량의 개념을 가지고 쓰기 어려운 경우도 많다. 정치학자들도 변량의 개념없이 혹은 변량자체가 아예 존재하지 않음에도 변수라는 용어를 사용해서 원인이라는 개념을 대체하기도 한다. 이런 경우는 엄격한 의미에서 변수보다는 원인항, 설명항이 좀 더 타당한 용어이다.

21) **항상적 연계**: '항상적 연계'란 독립변수와 종속변수의 사이에 '공행성(covariation)'이 존재해야 한다는 것이다. 또한 이 covariation 에 규칙성과 항상성이 있어야 한다. 즉 독립변수의 변량의 움직임과 종속변수의 움직임의 방향이 같아야 한다. 두 번째 '시간적 순차'가 필요하다. 독립변인은 종속변인에 선행해야 하기 때문에 둘 사이에는 시차가 있어야 한다. 따라서 변인들로 상정된 현상들의 발생순차(time order)를 유의해야 한다. 세 번째로 '탈허위성'이 필요하다. 변인들 사이의 관계가 허위성을 지녀서는 안 되며 독립변인과 종속변인 간의 인과관계가 진정한 것이어야 한다. 김웅진.

인 동인(A)을 찾아내는 것이다.

반면에 독립변수(A)가 어떻게 종속변수(B)에 영향을 미치는가를 연구하는 방법이 독립변수 중심의 연구이다. 즉 위의 '부르주아의 충동'을 혁명의 원인으로 규정했다면 '부르주아의 충동'은 어떤 특성을 가지고 혁명을 추동했는지 여부를 살펴보는 것이다. 실제 영국과 프랑스 혁명기의 부르주아들의 주된 주장은 무엇이고 이들의 정치적 철학과 이해관계를 분석함으로서 자신의 독립변수가 종속변수에 미치는 영향을 명확하게 규명할 수 있다.

답안을 위한 사 례 한국의 지역주의

표를 통한 비교

1. 합리론(합리적 선택에 의한 지역주의) vs. 정서론(지역정서에 의한 지역주의)
2. 원적지 지역주의(본적에 기초한 지역주의) vs. 거주지 지역주의(현재 거주지 중심의 지역주의)
3. 동원론(정치인과 정당 ⇨ 유권자의 지역감정동원) vs. 기능론 (유권자의 지역감정 ⇨ 정치인과 정당의 반영)

독립변수가 얼마나 중요한지를 살펴보기 위해 한국정치에서 중요한 주제인 지역주의의 원인이 무엇인지를 정하는 것이 어떤 차이를 가져오는지 살펴본다.

한국정치에 있어서 고질적인 문제로 지적되어온 것이 지역주의이다. 지역주의란 유권자들이 선거 때가 되면 다른 정치적 요인을 고려하지 않고 오로지 자신의 출신지역이나 부모의 출신지역에 따라서 후보자나 정당을 선택하는 현상을 지칭한다. 지역주의는 과거 한국 정치 병폐의 온상으로서 한국정치 저발전의 원인이자 그 결과물로 간주되었다. 그러나 1990년대 후반부터는 지역주의를 질병이나 정서 차원에서 이해하는 것이 아니라 유권자들의 '합리적 선택'에 의해서 이해되어야 한다는 주장이 제기되었다. 그리고 현재 '정서론 vs. 합리론'으로 논쟁중이다.

2007년 대통령선거와 2008년의 총선은 그동안의 원적지 혹은 출생지 지역주의의 모습과는 다른 형태의 지역주의가 등장하고 있다는 점을 보여주었다. 자신의 거주지를 중심으로 투표하는 모습을 보고 '신지역주의'를 주장하는 견해도 생겨난 점에 비추어 한국의 출생지에 근거한 지역주의는 과거보다는 조금 강도가 완화된 것이 아닌가하는 전망도 나타나고 있다.

지역주의 문제는 다른 정치적 이슈나 사회적 갈등구조를 은폐시키고 그 자리를 지역이라는 이슈가 대체해버린다는 점에서 비판을 받아왔다. 따라서 지역주의를 좀 더 구체적으로 들여다보아야 한국 정치의 지형을 바로 세울 수 있다. 그렇다면 방법론과 관련해서 지역주의는 어떤 함의를 던져주는가? 지역주의 문제를 해결하기 위해서는 먼저 지역주의가 지역정당의 원인인지 아니면 지역정당에 의한 결과물인지를 따져보아야 한다. 다시 말해 독립변수와 종속변수 사이의 관계를 규명해야 한다. 그래야 무엇을 고칠 것인지가 명확해지고 그에 따른 구체적인 정책방안이 제시될 수 있는 것이다.

먼저 논의를 단순화해보자. 독립변수를 A로 하고 종속변수를 B로 하여 관계를 정해보면 논쟁은 이렇게 요약될 수 있다. '지역주의→지역정당'의 입장과 '지역정당→지역주의'의 입장으로 갈린다. 즉 지역주의가 먼저 있었고 그로 인해 정당이 지역주의정서와 정치적 균열을 반영하였다는 주장과 정당이 자신에 대한 투표율 극대화를 노리고 지역주의를 이용하여 지역민들의 표를 끌어왔다는 주장이 대립하는 것이다.

이를 좀 더 정교하게 이론적으로 다듬으면 기능론과 동원론의 대립이 된다. 기능론은 립셋과 로칸으로 대표되는데 이들 주장의 핵심은 사회균열이 정당체계를 형성한다는 것이다. 립셋과 로칸의 '결빙명제'는 사회적 갈등이 역사를 거쳐서 만들어지고 이것이 수요가 되어 정당이 이를 반영하는 식으로 공급을 추동해왔다는 것이다. 반면에 샤츠슈나이더로 대표되는 동원론은 앞선 수요중심이론을 거부하면서 공급중심이론을 제시한다. 즉 정치의 공급자인 정당이 사회균열구조를 만들어 낸다는 것이다. 정당은 사회의 다양한 갈등 사이에서 자신에게 유리한 갈등을 동원하는데 이런 것을 '편향적 동원'이라고 한다.

그렇다면 한국의 지역주의는 어떤 이론틀이 더 잘 설명할 수 있는가? 한국의 경우 지역주의가 작동하게 될 가능성이 있었다. 1960년대 경제성장의 토대를 만들고 발전주의 국가를 통해서 경제 5개년 계획을 세울 당시 국가는 빈약한 자원을 지역적으로 불균등하게 분배하였고 지역경제발전의 차이를 만들었다. 경부고속도로 건설로 대표되는 영남 중심의 발전전략은 영남과 호남의 지역격차를 벌렸다.

하지만 이것에 의해서 지역주의가 만들어진 것은 아니다. 지역주의가 정치적으로 의미있게 드러나게 된 것은 두 가지 사건에서이다. 첫 번째 사건은 1971년 대통령선거이고 두 번째 사건은 1987년의 민주화이후 대통령선거와 1988년 총선이다. 두 가지 사건에서 어느 것이 더 중요한지는 별도로 하더라도 한국의 지역주의는 그동안의 경제, 사회적 불평등이 가져온 불만족을 정치적 쟁점으로 만들어서 이를 선거에 이용했다는 동원설이 더 타당하다.

방법론적 차원에서 한국의 지역주의의 독립변수 혹은 설명항이 정당에 있다면 지역주의 해법도 여기에서 출발해야 한다. 한국의 지역주의가 정당들이 특정 조건에서 자신들의 표를 극대화하고자 동원한 것이라고 한다면 해법은 결국 어떻게 정당들이 지역주의를 동원할 수 있는 유인을 줄이는가에 있다. 이런 점에서 볼 때 한국정치에 산적한 문제점들을 지역주의의 결과물로 보고 지역문제를 숙명론적 관점에서 접근해가는 것은 바람직하지 못하다. 왜냐하면 이것은 해결불가능하거나 숙명론적인 문제점이 아니고 만들어진 문제이기 때문이다.

6. 이론의 의미와 기능

(1) 이론의 의미

표를 통한 비교

1. **이론의 의미:** 체계적이고 인과적인 진술과 명제집합
2. **이론의 기능:** 규칙적인 움직임을 설명
3. **이론의 구성:** 가정 +인과관계

우리가 사회현상에서 반복적으로 나타나는 어떤 현상을 발견했고 그 안에 규칙성이 나타나는 것으로 보인다면 우리는 이 사건들을 좀 더 체계적으로 보고 싶을 것이다. 이런 체계화 작업의 첫 걸음은 "왜?"라는 질문에 답하는 것이다. "왜 그 현상이 벌어졌을까?"라는 질문에 답을 하면서 그 사건과 현상을 만들어낸 원인을 찾아낸다. 만약 원인을 찾았고 그 원인과 결과사이에 인과관계를 규명했다면 이런 몇 가지 발견을 묶어서 현재에 나타나고 있는 유사한 사건들을 설명하고 미래의 그런 일들이 일어날 가능성을 예측해볼 수 있을 것이다. 이런 체계적인 인과관계의 묶음을 이론이라고 한다.[22)]

이론이란 "논리적으로 상호 연관된 명제들의 집합체 또는 연역적으로 연결된 일단의 경험적 통칙들"을 의미한다. 경험적 통칙으로 구성된 이론은 두 가지 구성물로 되어 있다. 인과적 진술(통칙)과 성립선행조건이다. 다시 이를 도식화하면 '인과적 진술(통칙) + 성립 선행조건=이론'이 된다. 앞서 본 독립변수와 종속변수의 관계가 인과적 진술이라면 이 인과적 진술이 성립하기 위한 조건을 성립 선행조건이라고 한다.[23)] 예를 들어 게임이론을 통해서 사회현상을 분석하고자 한다면 기본적으로 행위자가 예측가능한 정도의 합리성과 정보를 가

---

22) **이론의 3가지 기능:** 이론의 3가지 기능은 '기술(description)', '설명(explanation)', '예측(prediction)'이다. 우선 '기술'은 어떤 일이 있는지를 인과관계 규정없이 서술하는 것이다. 그러나 사건내부의 원인과 결과가 규명되면 '설명'할 수 있다. 만약 원인과 결과가 명백한 인과관계를 가진다면 유산한 조건에서는 어떤 일이 앞으로 벌어질지 '예측'할 수 있을 것이다. 즉 원인이 되는 요인이 나타난다면 결과가 뒤따를 것으로 예측할 수 있는 것이다. 따라서 실제 이론에서 중요한 것은 '설명'과 '예측'이다.

23) **성립 선행조건:** 성립 선행조건은 이론의 통칙이 성립하기 위한 조건으로 시간적, 공간적 범주를 지칭한다. 예를 들어 "물은 100도로 가열하면 끓는다."라는 진술은 1기압 하에서라는 단서가 달려 있다. 여기서 1 기압은 선행조건이다. 만약 선행조건이 깨어지면 이론이 규명하고자 하는 통칙은 설명되지 못한다. 따라서 사회과학에 있어서 성립 선행조건을 규명하는 것이 가장 중요하고 어려운 작업 중 하나이다. 사회과학에서는 실험이 불가능한 사회현상을 이론화함에 있어서 선행조건을 규명하기 위한 여러 가지 대안을 모색해 왔다. 그 대표적인 것이 '비교분석'이고 이를 통해 정치현상을 규명한 것이 비교정치학이다. 즉 어떤 사회 현상의 시간적·공간적 조건이 어떠한지를 찾아서 그 현상을 이루는 통칙이 일반적인 것인지 아니면 특별한 것인지를 살펴보는 것이 비교정치학의 임무이다. 김웅진.

지고 있을 것을 전제하는데 이 '합리성'과 '정보의 보유'가 성립 선행조건이 되는 것이다.

(2) 이론의 구성요소

이론을 이야기 할 때 '가설'을 많이 접한다. 가설은 무엇인가? 가설은 검증되기 전의 인과적 진술을 의미한다. 만약 가설이 검증을 거쳐 잠정적으로 타당성을 확보하게 되면 이론이 되는 것이다. 가설은 "이럴 것"이라는 기대형 진술이고 이론은 다른 이론에 의해 '반증'(falsification)[24]되기 전까지만 타당성이 있는 잠정적 성격을 띤다. 이론은 모든 사례를 검증할 수 없기 때문에 어떤 사례에 의해서는 그 타당성이 부정되게 된다. 따라서 이론은 잠정적으로 확증된 가설을 의미한다. 이론 자체는 잠정적인 성격을 가지기 때문에 모든 이론은 가설이다. 이론은 모든 사례들을 대상으로 가설을 검증할 수 없는 한계를 가진다.

이론에서는 무엇보다도 인과관계를 설명하는 인과적 진술 즉 통칙이 중요하다. 통칙의 기본단위는 독립변인(변수), 종속변인(변수), 제3변인 혹은 매개 변수(간섭변인 또는 통제변인)로 이루어진다. 위에서 본 개념들을 가지고 통칙을 도식화해보자. "독립변인(설명변인, 예측 변인, 원인변인) → 종속변인(결과변인)"으로 만들어 볼 수 있다. 혁명과 관련된 이론 중 테드 거(T. Gurr)의 좌절 공격이론을 예로 들어보자. 거(T. Gurr)의 좌절-공격이론의 주장은 "혁명은 사회구성원들의 상대적 박탈감이 공격의도를 불러일으킴으로 말미암아 발생한다."이다. 이를 독립변수와 종속변수와의 관계로 도식화해보면 "상대적 박탈감의 확산 → 혁명의 발발"이 된다.

위의 기본 단위 중 매개변수(변인)는 무엇을 말할까? 매개변수(변인)는 독립변수에 의해 영향을 받은 후 그러한 영향력을 다시 종속변수에 전달하는 변인을 지칭하며 독립변수-종속변수 사이의 관계를 변화시킬 수 있는 가능성을 가지고 있는가를 점검하기 위해 그 영향력이 실험적 혹은 계량 통계적으로 제어되는 변인을 말한다. 만약 유권자들의 소득수준이 일단 정당선호를 결정하고 정당선호가 후보자 선택에 영향을 준다는 통칙이 있는 경우를 생각해보자. 이들 간의 관계를 도식화하면 "소득수준(독립변수) → 정당선호(매개 변인) → 후보자 선택(종속변수)"으로 나타날 수 있다. 다른 예로 학력이 정당선호에 미치는 영향력이 남녀에 따라 다른가를 판단할 경우 "학력 → 성별 → 정당선호"로 나타난다.

그렇다면 독립변인들에 의해서만 결과가 발생하는가? 그렇지 않다. 단지 '단순화 가정'에

---

24) **연역적 이론과 귀납적 이론의 차이**: 연역적 이론은 확정성과 단정성을 가진 포괄 법칙이나 보편법칙으로 구성되어있고 귀납적 이론은 확률적 통칙으로 구성된다. 연역적 이론은 X라는 원인이 Y라는 결과를 "예외 없이" 불러일으킨다는 내용을 담고 있지만 귀납적 이론은 원인이 결과를 초래할 "개연성을 보여줄 뿐"이다. 대체로 사회과학이론은 귀납적이다. 양자의 또 다른 차이점은 검증의 과정에서 연역이론은 하나의 부정적 사례에 의해서도 붕괴되지만 귀납적 이론은 맞을 가능성과 맞지 않을 가능성을 동시에 함축하고 있기 때문에 한두 가지 반증만으로는 붕괴될 수 없고 잠정적으로 부정될 뿐이라는 것이다. 논리적으로 타당하지 않은 사례가 타당한 설명보다 많은 경우에 있어서만 귀납적 이론은 붕괴된다. 김웅진.

입각해서 독립변인들에 의해서만 종속변수에 영향을 미친다고 가정하는 것이다. 경제학에서는 다른 요소들을 다 통제한 뒤에 가격과 수량만을 가지고 경제현상을 설명한다. 이런 것을 가능하게 하기 위해서는 "모든 조건이 동일하다면"이라는 전제를 달고 다른 조건들을 통제한 뒤에 독립변수와 종속변수의 관계만을 들여다보는 것이다.

(3) 이론의 기능

이론에는 여러 가지 유형이 있다.[25)26)] 하지만 이론은 모두 동일하게 사회현상의 특징적인 부분(결과)을 설명하기 위해 특징적인 부분(원인)을 가공해서 타당성을 제시하는 것이다. 따라서 이론으로 세상을 보기 위해서는 단순화가 필요하다. 단순화함으로서 세상의 모든 일들을 사진속에 담거나 초상화를 그려서 이해하려는 것이 아니라 사회현상의 특징만을 마치 캐리커쳐를 그리듯이 드러내는 것이다. 그리고 단순화된 현상에 대해 단순화된 요인들을 가지고 무엇이 더 설득력이 높은가를 두고 다투는 것이 이론논쟁이다. 따라서 단순화하여 세상을 이해하고 사회현상의 특징을 포착하고 이 특징들을 종속변수(피설명항)에 대입해보면서 이 현상들의 원인이 무엇인가를 찾아내는 것이 이론분석이다. 이론분석을 하기 위해서는 단순화가 필요하며 이론의 독립변수(설명항)가 무엇인지와 성립조건이 무엇인지를 명확하게 해야 한다.

---

25) **이론의 유형구분**: 이론의 구분은 여러 가지가 있다. 구분 기준에 따라서 이론의 유형도 여러 가지로 나눌 수 있다. 먼저 설명요인이 몇 개인가에 따라서 단일변인형 이론과 다변인형 이론으로 나뉜다. 한 가지 변수에 의해서 설명되는 이론을 단일변인형 이론이라고 하고 두 개 이상의 변인들 사이에 특정한 관계가 존재한다고 하는 경우 다변인형이론이라고 한다.

26) **범위별 이론의 구분**: 범위를 통해서 구분하면 일반이론, 중간 범위이론, 협범위이론으로 나뉘어진다. 일반이론은 시간적, 공간적 범주를 뛰어넘어 항상 설명력을 발휘할 수 있는 이론을 의미한다. 이런 면에서 정치학에서는 일반이론이 아직 도출되지 못하고 있다. 협범위이론은 적용범주가 매우 좁지만 그러한 범주 내에서 강력한 설명력을 발휘하는 이론을 의미한다. 범위가 좁은 대신에 대단히 구체적이며 내포성이 큰 경험적 개념들로 이루어져 있다. 정치학의 협범위 이론은 한국 정치론, 미국 정치론, 일본 정치론 등 개별 국가의 연구를 통해 구축된 통칙들을 들 수 있다. 중간 범위이론은 일반이론과 협범위이론의 가운데 영역에 있는 이론이다. 중간범위이론은 내포성(구체성, 경험성, 실측성)과 외연성(적용범주)을 균형 있게 갖추고 있기 때문에 정치학 연구가 당면한 이론화의 난관을 극복할 수 있는 관건으로 간주되고 있다. 사르토리에 따르면 주로 지역연구를 통해 도출되는 정치학의 중간 범위이론들은 협범위 이론들에 비해 상대적으로 광범위한 공간적 조건에 적용될 수 있고 또 일반이론 보다는 경험적으로 쉽게 검증될 수 있다는 측면에서 협범위 이론이 지닌 폐쇄성의 문제와 일반이론이 지닌 검증 불가능성을 동시에 극복할 수 있는 대안이 될 수 있다고 한다.

7. 개념의 의미와 기능

(1) 개념의 의미

표를 통한 비교

1. **개념의 의미:** 현상과 분석대상을 명료화하기 위한 속성의 정의
2. **개념화방안:** 네거티브정의(다른 개념과 비교하여 아닌 것을 배제하는 방안)와 포지티브방안(구체적인 속성정의. 이론적정의와 조작적 정의사용)
3. **조작적정의의 답안사용:** 실제 개념을 트징화하고 분석에 도입

이론을 이해하기 위해서는 통칙을 알아야 한다. 통칙을 정확하게 알기 위해서는 통칙의 기본 단위인 개념(concept)을 알아야 한다. 결국 이론은 개념들 간의 체계적 연계구조이기 때문에 개념의 이해가 이론이해에 선행되어야 한다. 터너(J. Turner)의 표현처럼 개념은 "이론의 기초적인 건축 단위"[27]인 것이다.

정치학은 개념간 전쟁터이다.[28] 개념을 어떻게 구축하는지를 통해서 자신들의 입장을 드러내기 때문이다. 그런 점에서 정치학의 이해는 개념에서 출발한다고 볼 수 있다.

그렇다면 개념은 무엇인가? 과학적 개념이란 어떤 부류의 현상이나 사물이 지닌 보편적 속성을 표현하는 추상적 용어를 말한다. 이런 개념의 의미에 따르면 사물의 특정한 측면만을 부각시키는 것으로 볼 수 있다. 다시 말해 관측 혹은 경험적 인식의 결과들이 공통적으로 지닌 속성들을 한데 모으는 요약도구이자 특정한 용어나 용어군에 의해 지칭되는 의미의 장(field)이다. 그렇기 때문에 개념의 역할은 빈 그릇으로 지칭되는 대상의 보편적 속성을 담아 이론 도출과정으로 전달하는 매개체라고 볼 수 있다. 권력을 예로 들면 권력이라는 빈그릇에 권력이라고 지칭할 사물이나 사안의 특징을 규정하는 것이 개념화이고 이런 과정을 거쳐서 개념이 만들어 지는 것이다. 권력이 '물리적 힘'과 '정당성'과 '사용자의 의지'를 가지고 있어야 한다면 권력이라는 개념의 그릇 속에는 위의 3가지 속성이 포함되어 있는 것이다.

(2) 개념화의 단계 및 방식

개념을 만드는 작업은 우리가 보고자 하는 현상을 단순화하기 위한 것이다. 그림의 유형으로 비유하자면 특징만을 묘사하는 캐리커쳐를 하기 위해서 단순화하는 것이 개념화작업에 있어서 중요하다. 이런 개념화는 3단계에 걸쳐서 진행된다. 첫 번째 단계는 지칭 대상에 명

---

27) 김웅진, op, cit.

28) **개념과 정치적 투쟁**: 예를 들어 한국정치에서 여전히 논쟁을 하고 있는 1961년 5월 16일의 사건은 혁명으로 간주되어야 하는가 쿠데타로 간주되어야 하는가의 문제나 광주민주화항쟁으로 할 것인지 광주사태로 할 것인지 역시 개념을 둘러싼 정치적 투쟁인 것이다.

칭을 붙이는 단계이다. 권력을 예로 들면 권력이란 명칭화단계가 되겠다. 두 번째 단계는 지칭 대상이 지닌 보편적 속성의 범주를 만드는 과정이다. 권력의 경우 권력의 속성들로 '물리적 힘', '정당성', '사용자의 의지'를 범주화하는 단계이다. 세 번째 단계는 각 범주에 속하는 속성의 양을 정확히 측정할 수 있도록 조작하는 일련의 과정이다. 권력의 경우 권력의 물리적 힘의 측정을 위해 특정국가의 GDP나 군사비와 인구 등을 재는 단계이다.

이렇게 보면 개념화는 두 단계의 정의인 '이론적 정의'와 '조작적 정의'를 통해서 이루어진다. 첫 번째 '이론적 정의'는 지칭되는 속성의 외연적 테두리를 확보하는 작업이다. 즉 외연(denotation)을 구축하는 것으로 이 개념에 들어올 것과 들어올 수 없는 것을 가르는 작업이다. 이론적 정의는 어떤 추상적 용어(ex, 권력)를 다른 추상적 용어들(물리력, 정당성, 의지)을 사용하여 재구성하는 것으로 용어가 지칭하는 속성의 가장 일반적인 범주를 이론적으로 규정한다. 이런 외연구축작업은 속성의 가장 핵심적인 것들로만 선별해야 한다. 그러나 이론적 정의를 통해 얻은 속성의 범주만을 가지고서는 경험적 관측과 측정이 불가능하다. 즉 이론적 정의는 개략적인 관측전략을 제공할 뿐이지 구체적인 관측지표를 제시해 주지는 않는다.

이론적 시각을 경험세계로 이어주기 위해서는 두 번째 정의방법인 '조작적 정의'가 필요하다. 조작적 정의란 실증지표를 사용함으로서 이론세계의 개념을 경험적 세계로 연결한다. 추상적 개념을 실증지표로 재구성하는 작업이다. 따라서 조작적 정의[29]를 하게 되면 속성을 나타내는 지표를 실증적인 지표로 만들기 때문에 이론의 검증가능성이 생긴다. 예를 들어 '정치 불안정'이란 개념이 있다고 하자. '정치 불안정'이라는 이론적 정의는 정부의 지속성과 내구성 약화정도, 정치 세력의 제도적 균열정도, 폭력적 체제 전복시도횟수, 정치 체제에 대한 대중항거로 규정될 수 있다. 이런 요소는 현실에서 구체적인 지표들인 내각 생존율, 의회 분절도, 쿠데타의 발생 여부, 대중시위의 지속일 수로 다시 측정될 수 있다.

(3) 개념의 분화

개념을 이론적인 추상화단계에서 구체적인 현실분석수준으로 끌어 들이기 위해서는 어떻게 이것을 측정하는가가 중요하다. 이렇게 측정을 하기 위해서는 현실의 반영정도가 중요하게 된다. 이때 사용되는 것이 '분화(Disaggregation)'이다. '분화'란 어떤 개념을 구체화하기 위해 더 잘게 세분화하는 것을 말한다.

---

29) **조작적 정의**: 조작적 정의는 개념을 측정가능하게 하고 현실적인 이해를 높이는 것으로 유용하다. 만약 여러분에게 누군가 "전쟁이 무엇인지 정의 내려달라"고 요구했다고 가정해 보자. 그러면 전쟁이란 어떤 나라와 어떤 나라가 무력을 사용해서 자신의 정치적 요구를 관철시키고자 하는 행위라고 이론적으로 정의할 수 있다. 이와 달리 전쟁이란 국가가 무력을 사용하여 1,000명이상의 사망자를 낸 경우라고 정의할 수 있다. 이 정의는 미시간 대학의 연구 프로젝트인 COW(Correlate of War)를 수행하기 위한 전쟁에 대한 정의이다. 이 전쟁정의를 데이터연구를 하는 사람들이 많이 사용하기 때문에 전쟁정의에서 유명하게 되었다.

예를 들어 근대화이론을 인과관계측면에 보면 근대화 이론은 "경제발전(정도) → 민주주의(정도)"를 규정한다. 이때 경제발전정도를 측정하고 민주주의정도를 측정해서 둘 사이에 공행성이 있으면 인과관계가 성립될 수 있다. 그렇다고 하면 경제발전을 어떻게 측정할 것인가? 누군가가 경제발전은 ① wealth의 정도 ② 산업화 정도 ③ 도시화 정도 ④ 교육 정도라는 4가지 지표로 측정할 수 있다고 주장하였다고 가정하자. 이 사람은 경제발전을 보기 위해서는 경제발전을 이루고 있는 요소 4가지를 보아야 한다고 생각하여 경제발전을 4개의 요소로 '분화(disaggregation)'한 것이다.

그리고 다시 이 사람은 첫 번째 요소인 wealth의 정도도 분화될 수 있다고 보고 그 분화의 지표로 ① GNP ② 1인당 자동차 대수 ③ 1천 명당 의사의 수 ④ 신문구독자 수 ⑤ 라디오와 전화대수를 들고 두 번째 요소인 산업화 정도를 구체화하기 위해 ① 농업부문 고용률 ② 1인당 에너지 소비량으로 분화했다고 생각해 보자. 그렇다면 이 사람은 경제발전은 4가지로 그리고 각 요소를 다시 여러 개의 구체적인 측정지표로 나누어서 계량화, 수치화할 수 있게 만들어 준 것이다.

마찬가지로 종속변수도 측정이 가능해야 독립변수의 변화분만큼 종속변수가 움직였는지를 알 수 있다. 따라서 종속변수인 '민주주의'도 측정가능하게 조작적 정의를 내려야 한다. 민주주의를 구체적으로 측정하기 위해서는 민주주의를 슘페터(Schumpeter)적 절차적 민주주의로 한정하는 것이 유용하다. 즉 민주주의를 선거에 의한 권력의 주기적 교체 가능성을 가지고 있고 정치체제와 절차의 민주적 정통성이 인정되는 체제로 좁게 정의하게 되면 구체적이고 행태적인 측면에서 민주주의를 지표화할 수 있게 된다. 따라서 지표로는 주기적 선거, 정권교체 시 복수의 대안이 될 만한 야당이 존재하는가 등을 사용하면 민주주의의 정도를 측정할 수 있다.

(4) 조작적 개념정의 및 분화의 필요성

조작적 정의를 사용하여 개념을 구체화, 수치화하는 이유는 측정을 통한 국가간 구체적인 "비교"가 가능해지기 때문이다. 수치화하면 다른 것과 비교할 수 있는 객관적인 틀이 만들어 지는데 이것이 '조작적 정의'와 '분화'의 목적이다.

개념정의와 관련해서 넓게 정의하는 것과 좁게 정의하는 것은 다르다. 민주주의에 대한 정의를 다음과 같이 두 개를 했다고 가정해보자. 첫 번째, 민주주의란 '자유로운 선거를 통해서 다수의 지배를 다수결제도로 관철하는 것'으로 정의한 것이다. 두 번째, 민주주의란 '인민의 지배가 실현되는 것으로 인민이 주인이 되기 위해서 정치적 결정권과 경제적 평등권, 사회적 존엄성을 인정받을 수 있어야 할 뿐 아니라 인민의 지배가 외부로부터도 위협받지 않는 체제'라고 정의한 것이다. 전자는 민주주의를 넓게 정의한 것이고 후자는 민주주의를 구체적 지표들을 사용해서 좁힌 것이다.

개념을 넓게 정의하는 것과 좁게 정의하는 것은 민주주의에 대한 정의 뿐 아니라 이 개념에 대한 자신의 이해를 반영하는 것이다. 또한 이해를 넘어 그 개념을 그런 방향으로 이끌어야 한다는 규범을 반영하는 것이기도 하다. 민주주의에 대한 최소강령적접근과 최대강령적접근 논쟁이 대표적이다.

개념을 구축할 때 외연과 내포사이에서 이론가는 자신의 눈높이를 정할 수 있다. 추상성이 높아지면 보편적인 사용이 가능한 이론이 되고 구체성이 높아지면 특정한 사안에만 적용될 수 있는 이론이 되는 것이다. 지오바니 사르토리(G. Sartori)는 '추상의 사다리(Ladder of Abstraction)'라는 도구로 개념의 외연과 내포관계를 제시하였다.[30][31]

8. 비교 정치학의 체계비교 방법: 최대유사체계와 최대상이체계

(1) 체계비교의 기본원리

표를 통한 비교

1. 비교방법의 기본논리
(1) 일치법: 같은 것은 같은 것을 설명함. 같은 독립변수는 동일한 종속변수(결과)설명
(2) 차이법: 다른 것을 다른 것을 설명함. 다른 독립변수는 차이나는 종속변수(결과)설명
2. 최대유사체계와 최대상이체계
(1) 최대유사체계: 차이법. 다른 독립변수를 통해 차이나는 결과를 설명함. 체계수준의 분석틀
(2) 최대상이체계: 일치법. 같은 독립변수를 통해 동일한 종속변수를 설명함. 개체수준의 분석틀

체계를 비교할 때 무엇이 진짜 중요한 원인이 되는가를 검증하는 가장 간단한 방법으로 최대유사체계분석디자인과 최대상이체계분석디자인이 있다. 이 분석법은 명칭의 난해함에도 불구하고 논리는 단순하다. 이 방법은 아리스토텔레스 이후 사용했던 '일치법'과 '차이법'의 논리와 같다. 동일하게 작동하는 원리는 "같은 것은 같은 것을 설명하고 다른 것은 다른 것을 설명해야 한다."이다. 즉 같은 것(원인)으로 다른 것(결과)을 설명할 수 없고 다른 것(원

---

30) **외연과 내포**: 개념은 외연(Denotation)과 내포(Connotation)가 중요하다. 외연은 특정 개념이 적용되는 사물의 종류와 그 총체를 의미한다. 내포는 특정 개념이 적용될 사물의 속성, 즉 어떤 사물이 어떤 개념에 포함되기 위해 반드시 갖추어야 하는 속성을 의미한다. 이럴 때 개념의 확장(Concept Stretching)을 하게 되면 내포와 외연이 역의 관계에 놓이게 된다. 내포가 축소되면 외연이 확장되어 추상화, 일반화의 수준이 올라가며, 내포가 증가하면 외연, 적용 가능성은 축소되고 개념이 구체화되는 것이다.

31) **추상의 사다리**: 사르토리가 볼 때 개념은 '추상의 사다리'를 오르내리며 적절한 선에서 구체화와 일반화를 정해야 한다. 즉 비교분석의 단위가 되는 개념들은 연구의 목적과 공간적 맥락과 개념의 추상성의 수준과 도출하고자 하는 인과관계와 통칙의 용도에 따라 3가지 차원의 추상화수준을 마치 사다리를 타듯이 '추상화의 사다리'를 오르내리며 적절한 수준에서 개념구축을 해야 한다는 것이다. 이런 점에서 사르토리는 중범위 수준의 이론이 타당성이 높다고 주장했다.

인)으로 같은 것(결과)을 설명할 수 없다는 것이다.

예를 들어 모든 유전형질이 같은 일란성 쌍둥이가 있다고 하자. 그런데 이 둘이 어쩌다 헤어져서 다른 양육자 밑에서 성장한 뒤에 이 둘이 만났다. 이때 이 두 사람의 행동양식이 달랐다면 이것은 이 둘의 유전자가 같은데 성장환경이 달랐기 때문에(다른 것) 다른 행동양식(다른 것)을 보이는 것이다. 반대로 가정환경, 부모님의 성향과 개인적 성격에서 완전히 다른 두 학생이 같은 대학교에 입학해서 이 학교의 학풍과 학교문화를 따랐더니 둘 다 동일한 정치적 성향을 가지게 되었다고 생각해보자. 그럼 모든 것이 다른데 같은 학교의 학풍과 학교문화(같은 것)가 같은 정치적 성향(같은 것)을 만들게 되는 것이다. 전자를 차이법이라고 하고 후자를 일치법이라고 한다.

이 원리를 좀 더 체계적으로 비교정치학에 도입해서 사용하는 방법론이 바로 '최대유사체계'와 '최대상이체계'이다. 최대유사체계와 최대상이체계는 아담 쉐보르스키(A. Przeworski)와 헨리 튜니(H. Tune)에 의해 제안되었다. 원리는 모든 것이 유사한 상황에서 다른 요인에 의해서 다른 결과를 만들어 낸다면 그 다른 요인이 다른 결과를 가져온다고 할 수 있고(최대유사체계) 모든 것이 다른 상황에서 같은 요인을 공유한 것이 같은 결과를 만들어 낸다면 공유한 요인이 같은 결과 창출의 원인이 될 수 있다(최대상이체계)는 것이다.

(2) 최대유사체계 분석디자인

만약 우리가 한국정치에서 어떤 문제가 있어서 그 문제를 해결하고 싶다고 가정해보자. 그러면 한국정치의 문제점이 어디에서 왔는지를 찾아보아야 한다. 그런데 한국정치에 문제점을 가져오는 것이 여러 가지가 있을 것인데 진짜 중요한 문제가 어떤 것인지 알 수 있는 방법은 유사한 성향을 가진 국가와 비교하는 것이다.

비교하기 가장 손쉬운 것은 바로 유사성을 많이 가지고 있는 사례들과 비교해서 차이가 나는 점을 찾는 것이다. 내가 환자라면 나의 신체적 특징과 유사한 사람들을 찾아서 이들과 비교해 보면 좋은 것처럼 정치체제도 유사성이 많은 체제간의 비교가 좀 더 손쉬울 것이다. 그러면 체제가 유사한 사례를 찾게 될 것이고 이것은 보통 지역 내에 있는 국가들이 될 것이다. 따라서 지역국가들이 가진 유사한 속성을 전제로 하여 같은 지역 내에 있는 국가간에 어떤 차이가 나는지를 설명하는 요인을 찾게 되면 좀 더 수월하게 비교할 수 있다. 이런 방법을 사용하는 것이 '최대유사체계 분석디자인'이다.

이 기법의 논리구조는 가능한 한 여러 측면에서 서로 닮은 체계(사례)들이야말로 가장 적절한 비교사례가 될 수 있다는 가정을 깔고 있다. 또한 인과관계의 논리는 차이법(method of difference), 보다 정확히는 부수 변이법(method of concomitant variation)을 따른다. 즉 연구대상으로 선택된 정치사회현상의 각각의 비교 사례들이 제각기 다른 양상을 나타낸다고 할 때 사례 간 유사성(혹은 체계 간 유사성)은 그러한 현상의 원인이 될 수 없으며, 오직 상이성(체계 간 상이성)만이 독립변인(원인)으로 상정할 수 있다는 논리에 기초한다.

쉐보르스키와 튜니는 이 연구방법을 지지한다. 이 연구방법은 가능한 한 많은 측면에서 근접한 사회체계들이야 말로 가장 합당한 비교 분석사례가 될 수 있다는 입장에 기초한 것이다. 그 이유는 설정된 사례들이 경제적, 문화적, 정치적 속성들을 공유하고 있기 때문에 설명요인을 최소화할 수 있기 때문이다. 그래서 지역연구(area studies)의 경우는 대부분 최대유사체계 분석디자인의 분석논리를 적용한다. 예를 들어 중남미 지역국가들의 경우 산업구조(대농장제도, 단일작물 재배경제), 언어(스페인어), 종교(카톨릭), 사회계급 구조(양극형구조)가 유사하기 때문에 국가 간의 상이성을 찾아내기 수월하다. 과거 유행이었던 제 3세계 국가연구들이 대표적이라고 할 수 있다.

모든 이론과 접근법에는 문제점이 있기 마련이다. 최대유사체계 분석디자인법의 문제점은 3가지 정도가 지적될 수 있다. 첫째, 독립변인을 도출해내는 분석의 수준이 고정되어 있다는 문제이다. 좀 더 구체적으로 보면 설명요소가 사례(체계)의 속성에 한정된다. 비교정치학의 관점에서는 국가의 속성으로 이것을 설명하는 문제가 있다. 만약 실제 국가의 속성이 아닌 더 낮은 차원의 조직이나 개인의 문제가 있을 수 있는데 이를 볼 수 없다는 것이 문제이다. 두 번째 문제는 체계 간 유사성이라는 선행조건의 테두리 내에서만 설명능력을 발휘하기 때문에 보편성과 일반성이 그다지 크지 못하다는 점이다. 이것은 비교의 적용 범위가 '매우 유사한 국가군', '서로 크게 닮은 도시' 등으로만 제한된다는 문제를 가진다. 만약 유사한 국가군에서 좋은 사례를 발견하지 못하면 설명을 할 수 없다. 세 번째 문제는 단지 '논리적으로만' 타당할 뿐이라는 점이다. 기준이 되는 유사함과 상이함의 판정척도가 대개 임의적으로 만들어질 가능성이 높다. 다시 말해 속성 판별척도는 연구자가 보기 편하게 연구자가 나름대로 선택한 것일 가능성이 크다.

(3) 최대상이체계 분석디자인

이런 문제를 극복하고자 대안으로 제시된 것이 '최대상이체계 분석디자인'이다. 이 디자인도 독립변인-종속변인간의 공통적 변화 양상을 추적하여 인과관계가 되는 통칙을 만들려고 하는 측면에서는 최대유사체계 분석디자인과 그 논리적 구성 원리는 같다. 그러나 이 두 디자인은 설명변인을 상정하는 논리와 사례를 선택하는 논리의 측면이 다르다.

최대상이체계를 설정하여 연구모델을 만드는 과정은 다음과 같다. 첫 번째 단계에서는 비교사례들의 속성(체계속성)이 그 속에서 발생하는 현상의 생성과정에 아무런 영향을 주지 않는다는 잠정적 가정을 세우는 작업을 수행한다. 다시 말해서 체계속성의 영향력이 정말로 있는지와 있다면 어느 수준에서 나타나는가를 단계적으로 추적함으로써 불필요한 체계 변인을 배제하는 논리구조를 만든다. 체계속성을 배제하고 개별적 단위의 특성을 가지고 설명하는 것이다. 개체의 특성들이 다를 때 동일한 특성을 가지고 동일한 결과를 설명하는 것이다.

아래의 두 가지 표는 각각 최대유사체계와 최대상이체계를 사용한 분석방법을 정치학에서 실제 사용한 경우를 보여준다. 비교정치학을 하는 이론가들은 이 방법을 이용해서 자신이 중요하다고 생각하는 요소를 독립변수 혹은 설명항으로 설정한다. 최대유사체계에서 사용한 분석지표들인 문화, 경제발전의 정도, 국제경제에서 편입된 방식, 기업소유구조는 동아시아국가들이 가진 지역체계속성이 된다. 반면에 최대상이체계에서 사용한 분석지표들인 부르주아와 농업의 상업화유형과 계급으로서 농민과 농민의 혁명적 잠재력은 개인차원의 지표들이다. 이 지표들은 동아시아지역의 특성과 관계없이 모든 나라의 개인적 차원에서 사용할 수 있다는 점에서 차이가 난다.

표를 통한 비교 **최대유사체계 실제 사용: 체제수준의 설명**

① 차이법: 유사성을 극대화시켜 차이가 나는 변수로 설명하는 방법

② 최대유사체계 실제 사용

- 가설: 기업의 지배구조 및 소유구조가 경제의 안정성을 좌우한다.
- 사례: 1997년 아시아 경제위기시 한국과 대만

	한 국	대 만
문화	유교문화	유교문화
경제발전의 정도	중	중
국제경제	단기자본	단기자본
기업의 소유 및 지배구조	재벌체제	중소기업단위의 가족소유제
종속변수(경제위기)	경제위기	경제안정

표를 통한 비교 **최대상이체계 분석디자인: 개체 수준의 설명**

① 일치법: 상이성을 극대화시켜 일치하는 변수를 가지고 동일한 현상을 설명

② 최대상이체계 실제 사용

- 가설: 부르주아의 동기(impulse)가 강한 국가는 민주적 자본주의로의 근대화로 나아간다.
- 사례: 영미와 프랑스의 근대화

	영국, 미국	프랑스
부르주아의 impulse	강	강
농업의 상업화 유형	시장	노동 통제
계급으로서의 농민	소멸	존재
농민의 혁명적 잠재력	낮음	높음
종속변수 (혁명의 유형과 근대정치체제)	부르주아 혁명 민주적 자본주의	부르주아 혁명 민주적 자본주의

아래의 표는 방법론과 관련된 다양한 개념들을 비교한 것이다. 세부적으로 구체화할 개념들은 아니지만 개념 간의 차이를 정확히 하는 것은 필요하다.

표를 통한 비교 세방법론 관련 기본 개념들

패러다임 (paradigm)	분석의 일반적 맥락을 수립하는 이념(구상) 철학적 가정과 타당한 지식의 기준 결합을 위한 틀이자 가치관 관점
이 론 (theory)	변수들의 행위나 그들 간의 관계를 요약하는 일반화된 서술(statements) 독립변수, 종속변수, 매개변수(intervening variable: 독립변수와 종속변수를 연계시키는 설명요인), 조변수(parameter: 독립변수가 작동하는 조건들)로 구성
방 법 (method)	이론에 자료를 적용하기 위한 것으로 개념적 틀로도 불림 비교 방법, 역사적 방법 등이 주로 자주 사용됨
기 술 (technique)	방법들을 적절한 자료들과 연계시키는 것 표본조사, 공중 여론조사, 인터뷰, 회귀분석, 척도와 시험 등 최근 정치학에서는 계량적 기술과 수학적 모델 및 통계적 분석 사용
모 델 (model)	관계들을 기술하는 단순화된 방식(way). 패러다임, 이론 방법, 기술 등으로부터 형성 모델은 이런 것들에 기초한 일종의 '추론적 영상(inferential pictures)' ㉾ 기계적, 체계적, 생물학적, 기능주의적 모델
전 략 (strategy)	이상에서 열거된 어떤 요소들을 분석대상에 적용하는 특수한 방식 좋은 전략이란 문제점과 이론, 방법, 기술 등을 체계적이고 응집된 방식으로 연계시켜 대상을 분석할 수 있도록 하는 것
분석디자인 (research design)	전략을 현장조사나 실험을 위한 조작적 계획으로 전환시키는 것 보통 분석을 위한 개요로서 전문적인 분석 준비의 마지막 단계

9. 국제정치학에 필요한 몇 가지 분석도구들

(1) 패러다임

패러다임은 과학의 발전과정을 이야기한 토마스 쿤에 의해서 설명된 개념으로 이것을 정치학 특히 국제정치학에서는 세계를 보는 학자들의 근본가정이라고 정의한다. 바스퀘즈(J. Vasques)는 패러다임이란 학문분야와 영역에서 학자들에 의해 공유된 근본적 가정들이라고 정의했다. 패러다임 내에서 개념이 만들어지고 개념간 조합을 통해 명제를 만들고 명제들을 묶어서 이론을 구성한다. 따라서 어떤 특정이론이 현상을 설명하기 어려운 상황이 되면 이론은 폐기되지만 패러다임 자체는 붕괴되지 않는다. 패러다임은 인간, 국가, 사회, 세계를 바라보는 가정들의 집합이고 더 이상 이런 가정들 자체가 설득력을 가질 수 없는 상황에서만 다른 패러다임에 의해 대체된다. 대표적인 예로 천동설에서 지동설로의 패러다임 전환을 이야기 할 수 있다. 국제정치이해의 가장 중심축이라고 할 수 있으며 철학적 기반간의 대립으로 볼 수 있다.

(2) 분석수준

표를 통한 비교

1. 분석수준의 의미: 원인의 눈높이를 다루는 방법
2. 왈츠의 3가지 분석수준
(1) 개인: 인간본성과 개인의 특성으로 사건의 원인을 설명
(2) 국가: 국가의 속성으로 사건의 원인을 설명
(3) 체계: 강대국의 수(단극, 양극, 다극)으로 사건의 원인을 설명

분석수준은 국제정치의 원인이 무엇에 기인하는가를 다루는 도구이다.[32] 왈츠는 박사학위 논문을 통해서 그동안 국제정치에서 다룬 전쟁의 원인들이 크게 인간수준(보편적인 속성), 국가수준, 국제체계수준으로 구분된다고 보았다. 그는 인간수준이나 국가수준이 특정한 사건의 발생을 이야기 하지만 보편적인 전쟁의 원인을 설명하지는 못한다고 보았다. 지도자들이 국가마다 다르고 국가의 형태가 다름에도 불구하고 일정하게 전쟁이 일어나게 하는 것은 국제체계의 특성 즉 힘의 분포도에 기반한다고 본 것이다.

그렇다고 하여 왈츠가 개인과 국가수준의 설명을 무시한 것은 아니다. 국제정치에서 최종적인 결정은 국내정치라는 조건과 지도자라는 인간요인이 결부되어 있기 때문이다. 결국 개인적 요인, 국내정치요인, 국제체계요인이라는 것들이 복합적으로 관련되어 있다. 이러한 변수간 연계에도 불구하고 무엇이 가장 중요한가, 즉 어떤 요인이 가장 결정적인 요인인가를 정해야 한다.

왈츠의 분석수준은 경제학 특히 미시경제학의 논리를 국제정치에 도입했다는 점과 이를 통해서 개인적 요인과 국내정치라는 요인을 넘어서는 국제정치만의 독특한 논리를 만들었다는 점에서 의미를 둘 수 있다. 시장이 완전경쟁시장인가 과점시장인가 독점시장인가에 따라 각 기업들의 행동방식이 결정되는 것처럼 국제체계에서 극성[33]이 어떤 형태로 구성되어 있는가가 국가들의 전쟁과 동맹 등을 결정한다는 것이다.

제 1이미지인 인간의 설명은 개인이라는 인간요인을 통해서 설명하는 방식이다. 이런 설명은 크게 인간의 본성론과 개인의 특성론으로 나뉜다. 인간의 본성은 철학적인 논의로 사악한가 선한가를 가지고 인간행동을 설명한다. 이 접근은 검증이 어렵다.[34] 만약 인간의 특

---

32) **분석수준간 경쟁으로서 국제정치학**: 국제정치학은 분석수준간의 대화라고 할 만큼 문제원인들에 대한 상이한 입장차이를 가지고 있다. 체계수준의 분석이론가들과 단위수준의 분석이론가들은 상호간에 무엇이 더 중요한지를 두고 논쟁을 한다. 이러한 과정에서 이론들이 발전해왔다.

33) **극성의 의미**: 극성은 국제질서를 관리할 수 있는 강대국의 수를 의미한다. 단극, 양극, 다극으로 구분된다.

34) **인간본성접근의 문제점**: 이러한 접근은 인간본성 자체를 검증하기 어렵다는 문제와 함께 사회적인 문제를 인간성으로 환원시킴으로서 인간간의 관계라는 구조이고 사회적 문제를 못 보게 한다. 또한

성 즉 개인적 특성(idiosyncracy)을 가지고 설명한다면 본성론이 가진 구조적설명을 벋어날 수 있다. 하지만 개인의 특성이 어떤 것인지를 측정하기 어렵다는 문제와 함께 그 특성이 일반적으로 다른 사람들의 다른 결정에도 그대로 도입될 수 있는가라는 일반화와 보편화의 문제를 야기한다.[35)]

두 번째 이미지를 강조한 국내정치 접근법은 국내정치의 속성들로 설명한다. 국내정치의 속성인 정치적 상황이나 경제적 요인들, 사회적 요인들이 국가의 대외관계에 영향을 미치고 이로 인해 국제관계가 결정된다는 것이다. 국내정치에서 경제공황을 타개하기 위해 루즈벨트가 2차대전에 개입했다는 설명이나 독일의 실업상태가 히틀러에게 강경한 외교정책을 수립하게 하였다거나 일본의 경제공황탈출을 위한 팽창외교가 태평양전쟁까지 연결되었다는 설명은 국내정치라는 특성에 따라 국제문제를 설명하는 방식이다. 이 분야는 자유주의 계열의 국내정치(사회)접근이나 관료정치의 국내정치 분파적 설명이 대표적이고 마르크스주의 이론 역시 국내경제문제인 계급 갈등를 통해 설명하는 대표적인 제 2이미지 이론이다.

하지만 이 모델은 두 가지 비판을 받는다. 첫 번째는 국내정치 조건이 결정적인 요인이 되지 못하고 이것을 걸러내는 개인의 선택에 의해서 달라진다는 것이다. 예를 들어 2차 대전 직전 경제위기에서 독일과 일본은 파시즘이라는 독재체제를 선택했지만 미국과 영국은 자본주의를 수정하는 방식으로 대처했다. 케인즈의 영향을 받아 국가가 경제의 수요부분을 창출하여 위기를 극복하고자 했던 것이다. 이것을 선택하고 이러한 체제를 운영하게 한 것은 국내정치조건을 읽고 이것을 활용한 지도자 개인들에게 있는 것이다.

두 번째 비판은 국내조건은 대외정책에 영향을 미치지만 실제 국가들의 행동방식은 주로 국제체계라는 요인에 의해서 결정된다는 세 번째 이미지 이론 즉 극성이론의 비판이다. 국가들의 배열방식이 국가들의 게임의 룰을 만드는 것이다. 즉 독점시장에서 기업은 가격을 마음대로 정하는데 이것은 독점이라는 조건이 형성되어 있기 때문이지 그 기업 내의 이사회가 가격을 결정했기 때문이 아니다. 기업이사회의 회의에 의한 결정은 독점시장이라는 게임의 룰이 먼저 만들어진 상황에서 가능했던 것이다.[36)]

궁극적으로 인간의 도덕성을 문제시한다는 점에서도 과학적인 접근법에서 벗어난다. 보다 큰 문제는 인간본성으로 설명하게 되면 모든 인간의 특성이 되기 때문에 왜 그 지도자가 그 당시에 중요했는지를 다루지 못한다.

35) **개인적 요인강조 이론**: 개인요인을 강조했던 이론들은 지도자의 특성을 다룬 고전적 현실주의와 최근 신고전현실주의에서 지도자의 신념이나 심리적 상태 등을 강조하는 것이 대표적이다. 외교정책 결정론에서 다루고 있는 합리적 선택이론이나 제한적 합리적 선택이론, 이미지를 강조하거나 심리적인 측면의 전망이론이 대표적인 이론들이다. 개인의 합리성을 어느 정도까지 상정하는 가에는 차이가 있지만 대체적으로 인간에 의한 결정이 중요하다는 점을 가정하는 공감대를 가지고 있다.

36) **경제환원론 비판**: 추가적인 비판으로 경제적 요인에 의한 설명은 경제환원론이라는 비판을 받는다. 경제가 인간행동을 결정하는 데 있어서 중요하다. 하지만 미국이 F-22 랩터 전투기를 일본의 요구에도 불구하고 판매하지 않는 것은 판매에 의한 경제적 이익에도 불구하고 안보기술의 외부 유출이 가져오는 우려가 크기 때문이다. 마찬가지로 B-2 폭격기 역시 냉전의 붕괴로 인해 최초의 생산 분량보다 적게 만들게 되었지만 이것을 해외에 판매하여 투자에 의한 적자를 보전하지는 않았다.

세 번째 이미지인 국제체계를 통한 설명은 극성을 통해서 설명하는 것이다. 국제체계를 강조하는 신현실주의의 등장은 국제정치에 획기적인 변화를 가져왔다. 무정부상태에 의한 영향과 극성에 의해서 국제관계의 패턴이 형성된다는 왈츠의 논리는 이후 모든 국제정치학자들에게 영향을 미쳤다. 분쟁과 전쟁을 가져오는 원인(underlying cause)이 되는 국제체계요인은 전쟁이 "왜 발생하는가"에 대한 설명을 가능하게 한다. 앞의 첫 번째 이미지와 두 번째 이미지가 어떤 국가와 어떤 시기에 전쟁과 분쟁을 하게 되는지를 설명한다면 세 번째 이미지는 "왜(why)"에 대해서 설명을 하게 한다.

세 번째 이미지에서 국제체계요인은 다시 두 가지 요인으로 구분된다. 무정부상태라고 하는 조건과 극성이라는 요인이 각각 그것이다. 무정부상태는 국가 간의 상위권위체가 없기 때문에 무력통제가 되지 않을 뿐 아니라 최종적인 중재자가 없다는 점에서 개별 국가들의 폭력사용가능성을 열어두게 된다. 이로 인해 국가들은 자력구제(self-help)가 중요하게 되며 국력을 키움으로서 생존가능성을 높이고 타국에 대한 협상력을 높이고자 한다. 이런 논리가 작동하여 국가들은 경제적 성장과 자주국방이라는 부국강병의 논리를 가지는데 이것을 '내적균형화(internal balancing)'라고 한다. 반면에 자신의 국력증강으로 부족할 경우 외부세력의 힘을 빌리게 되며 동맹이 가장 대표적인 방식으로 채택된다. 이런 정책을 '외부균형화(external balancing)'라고 한다. 이런 논리를 만들어 주는 것이 무정부상태다.[37][38]

무정부상태에 대한 논의와 달리 극성이라는 또 다른 설명요인이 있다. 왈츠는 극성이 국가들의 행동패턴을 결정한다고 보았다. 양극일 때 국가의 계산법은 다극일 때 국가의 계산법과 다르다. 국가는 상대 경쟁국가를 공격하거나 위협을 가할 때 상대국가가 누군가의 도움을 받을 수 있는지 여부를 따지기 때문이다. 마찬가지로 상대국가 역시 잠재적 적국의 공

게다가 동맹국가들간에 정치적 목적을 위한 무역 마찰이 있는 것과 마찬가지로 동맹국가에 대한 경제적 특혜의 제공은 경제적 요인을 넘어서는 정치적 논리가 중요하다는 것을 보여준다.

37) **무정부상태의 특성과 역할논의**: 신현실주의에서 무정부상태의 특성과 역할에 대해서는 두 가지 관점으로 갈린다. 무정부상태 자체는 위험한 것이 아니고 무정부상태에 대처하고 있는 국가들의 군사력 배치와 군사전략에 의해서 위험성이 결정된다는 방어적 현실주의와 무정부상태 자체가 위험하기 때문에 이로 인해 국가들은 현상유지적이기 보다는 현상타파적이 된다는 공격적 현실주의로 나뉜다.

38) **무정부상태 해법논쟁**: 정부가 없는 상황이 과연 어떤 특성을 가지는가와 그러한 영향을 낮출 수 있는가에 대해서는 왈츠 이후에 여러 이론가들에 의해서 논의가 진행되었다. 자유주의에서는 무정부상태가 지나칠 정도로 위험하기 보다는 강대국가의 기만에 노출되는 것이 문제라고 본다. 따라서 기만가능성을 줄이는 것에 집중하는 논리가 개발되었다. 이를 위해서는 협상전략을 구비하는 것이 좋다는 전략이론과 제도를 통해서 기만가능성을 낮추고 협력가능성을 높이자는 제도이론이 등장하였다. 케네스 오이(K. Oye)의 전략이론이 전자이고 로버트 커헤인(R. Keohane)의 제도주의이론이 후자이다. 반면에 구성주의의 알렉산더 웬트(A. Wendt)는 무정부상태는 국가들이 어떻게 인식하는가에 따라 만들어진다고 본다. 그는 홉스식의 적의 이미지로 국가간의 관계가 형성할 수도 있고, 로크식으로 경쟁자의 이미지로 국가간의 관계가 구축될 수도 있으며, 칸트식으로 이미지를 형성하게 되면 국가들의 관계는 친구의 관계가 될 수 있다고 보았다. 즉 무정부상태는 고정된 것이 아니라 변수가 될 수 있으며 이것을 변화시키는 것은 국가들이 상호간에 어떻게 상대를 인식하는가라는 간주관성(intersubjectiveness)이라고 보았다.

격의도와 공격계산을 역으로 유추할 수 있는데 이것이 지도자들에게 가장 중요한 고려요인이 되는 것이다.

이런 논리로 극성은 자연스럽게 어떤 극성이 국제정치에 안정성(stability)과 연결되었는지로 이어지게 된다. 이것이 극성안정론이다. 과거 냉전기에는 양극안정론과 다극안정론이 논쟁을 이끌었다. 탈냉전이후에는 미국의 단극을 중심으로 논의가 진행되고 있다.[39)]

표를 통한 비교 **분석수준의 논의확대**

기존 분석수준의 논의		
K. Waltz	-『Man, the State and War(1959)』 박사학위논문을 책으로 수정한 것 - 이미지(image)라는 용어를 사용 분석수준을 인간(1이미지), 국가(2이미지), 국제체제(3이미지)로 구분함. - 미시경제학의 인간, 기업, 시장의 분석틀 차용	- 분석수준의 처음 도입의 의미 - 국제체제의 중요성 강조(구조 ⇒ 국가)
새로운 분석수준과 쟁점		
A. Wendt	- Waltz의 신현실주의에 대한 비판 : 개체론적 환원주의 - 세계체제론에 대한 비판 : 구조결정론 - 구조와 개체의 상호구성 : 신현실주의의 국가환원주의와 세계체제의 체제물신주의를 극복하기 위해서는 구성주의에 기반을 둔 새로운 국제정치 이론이 필요하다. 결론적으로 행위주체와 체제의 구조를 상호적으로 구성되어 서로 영향력을 주고받는 변증법적 종합을 통한 존재로 본다.	구조(structure) ⇔ 개체(agent)
R. Putnam	- Two-Level Game(win-set)의 제시 - 두 분석 수준인 국내적 변인과 국제적 변인이 어떻게 상호간에 체계적으로 연관되는가에 주목함. - 국가간 수준(level-Ⅰ)과 국내사회세력간의 게임(level-Ⅱ)이 동시에 진행됨. - win-set개념을 도입하여 이러한 win-set의 상대적인 크기에 따라 변하는 공동이익의 배분에 초점 (win-set주어진 상황에서 국내비준을 얻을 수 있는 모든 합의의 집합)	국내협상과 국가간 협상을 동시에 설명 (협력이론이자 협상이론)

39) **극성논쟁**: 양극이 더 강대국 간의 전쟁이 적고 국제체제의 변동이 적었는지 아니면 다극이 더 강대국 간의 전쟁이 적었는지에 대한 논의가 만들어지게 되었다. 이러한 논의의 현실적인 배경은 왈츠가 책을 내던 무렵인 냉전시기 특히 데탕트시기에서 미소간의 양극적 질서가 안정적인 것인지 아니면 과거 유럽의 체제처럼 다극구조가 안정적이기 때문에 냉전이후의 질서는 다극적 질서가 바람직한 것인지를 다루는 데 있었다. 칼 도이치가 다극안정론을 대표한다면 왈츠는 양극안정론을 대표했다. 하지만 이러한 논쟁은 탈냉전이 된 뒤 누구도 상상하지 못한 미국의 단극이 되면서 단극체계의 특성과 단극체계 안정성 그리고 단극이 바뀌게 된다면 언제 어떤 형태로 바뀌게 될 것인지에 대한 논쟁으로 이어졌다. 이런 논쟁이 현재 가장 중요한 미국의 우월성(preponderance)과 지도력(leadership)과 패권(hegemon)논쟁으로 진행되고 있다.

P. Gourevitch	"Second -Image Reversed"에서 체계수준의 외부요인(전쟁과 세계경제위기)이 국내정치를 변화시킴 국내정치세력에 미치는 영향을 분석함. 외부요인에 의한 정치권력의 변화와 정치제도의 변화를 설명함.	외부환경 ⇨ 국내정치 (국내세력변화 ex, 1997년 동아시아 금융위기 ⇨ 한국의 정권교체)

왈츠가 극성논의를 정교화하여 국제정치에 독자적인 이론을 만들어 준 것은 학문적으로 대단히 의미가 깊다. 하지만 세 번째 이미지를 통한 설명에도 한계가 있다. 우선 체계 요인 한 가지에 의해서 결과가 만들어지지 않는다는 것이다. 스파르타도 약화되는 국가였고 냉전기 소련도 약화되는 국가였지만 이들의 행동방식은 아테네에 대한 예방전쟁과 소련의 해체라는 상반된 결과로 나타났다. 두 번째로 극성이 힘에 의해서만 결정된다면 미국의 베트남 전쟁 패배는 설명되기 어렵다. 베트남은 자국땅을 지키기 위해서 있는 힘을 다해 전쟁을 수행했지만 미국은 자유주의를 보호한다는 명분으로 타국 땅에서 부질없는 전쟁을 하고 있었기 때문에 전쟁을 대하는 국가들의 대응방식이 달랐고 예상외의 결과를 만들어 냈다. 세 번째로 국가 행동의 최종적인 결정은 국가를 운영하는 인간이 한다는 점에서 세 번째 이미지만으로는 완벽한 설명을 만들어 내지는 못하는 것이다.

왈츠의 분석 수준 세 가지를 통해서 배운 것은 국제정치학에는 단일화되고 일반화된 한 가지 설명을 통해서는 보편적인 이론이 만들어지기 어렵다는 것이다. 따라서 여러 사건들의 내용을 살펴보고 그 내부에서 각기 다른 요인들이 어떻게 작동하여 결과를 만들어내고 있는지를 살펴보아야 하는 것이다.

왈츠가 잘 정리한 분석수준은 이후 국제정치 연구에 중요하게 기여한다. 각 이론들이 자신의 눈높이를 정하고 분석수준의 정교화를 꾀한 것이다. 왈츠의 세 가지 분석수준이후로 로버트 퍼트남(R. Putnam)의 양면게임이론처럼 국내정치와 국가간 정치를 분석하는 이론이 개발되었다. 국내정치와 국제정치가 각기 따로 작동하는 것이 아니라 연계되어 작동한다는 양면게임은 국내정치경제를 설명할 때 유용한 시각을 제시한다.

또한 분석수준은 피터 구레비치(P. Gourevitch)가 주장하듯이 분석수준의 변수를 뒤집는 작업에 의해서 "reversed image"논리로 발전하기도 하였다. 즉 국가가 전쟁을 가져온 원인(독립변수)으로만 분석될 것이 아니라 전쟁과 국제체계에 의해서 국가자체가 어떤 변화를 거치는지(종속변수)를 살펴보아야 한다는 것이다. 지정학이 영국을 어떻게 육군력이 아니라 해군력을 키웠는지와 해군력을 육성했기에 영국에서는 명예혁명과 같은 자유주의 혁명이 발생해도 육군력에 의해서 제지당하지 않았는지를 설명하였다. 또한 세계경제위기로 인해 국내정치의 주도세력이 변화하는 것을 설명하는 것에서도 "역전된 두 번째 이미지"는 활용된다.

마지막으로 지역수준의 독자적 분석을 통해서 유럽통합을 설명하거나 동북아시아의 특수성을 설명하는 연구 뿐 아니라 로버트 콕스(R. Cox)는 자본가와 노동자 사이의 사회세력간 권력투쟁에서의 우위가 국가의 형태를 자본주의적인지 사회주의적인지를 결정한다고 주장하면서 국내계급간의 분석수준을 제시하기도 하였다.

결론적으로 연구자들은 자신이 주장하고자 하는 바를 명확하고 논리적으로 만들기 위해서 분석수준을 선택해야 한다. 그리고 이러한 분석수준에서 자신의 설명요인이 무엇인지를 정확히 해야 한다. 그리고 여러 가지 분석수준을 사용한다면 각각의 분석수준이 어떻게 다른 분석수준과 연결되어 설명하는지를 제시해야 한다.

(3) 분석영역(field of analysis)

표를 통한 비교 **분석영역의 이미와 사용**

1. **분석영역의 의미:** 특정 사안으로 인해 영향을 받는 범위의 체계화
2. **분석영역의 사용:** 정치, 경제, 사회문화. 다만 중요한 것이 경제일 경우 도치하여 사용가능 ex) 1. 경제영역 2. 정치영역 3. 사회문화영역

국제정치학분야에서 분석수준만큼이나 많이 사용되는 것이 분석영역기법이다. 분석영역은 어떤 사태가 벌어질 때 그 사태가 미치는 '영향의 영역'을 의미한다. 이렇게 영향력이 미치는 것을 체계화하여 분석할 수 있게 해 주는 것이 분석영역기법이다. 분석영역은 주로 다음과 같이 3가지로 구분하여 분석한다. (1) 정치, 군사, 안보영역 (2) 경제영역 (3) 사회, 문화영역이다.

국제정치연구자들은 이 도구를 통해서 체계적으로 어떤 영향이 어느 영역에 더 크게 나타나고 적게 나타났는지를 구분한다. 이 분석틀도 정치학적 사고의 근간을 이룬다. 하지만 반드시 분석영역이 고정된 것은 아니며 각 영역들도 다시 분화가 가능하다는 것을 기억해야 한다. 분석영역이 고정된 것이 아니라는 점은 이론가가 경제영역을 더 강조하고자 한다면 경제영역을 가장 우선순위를 두고 분석하고 그 다음으로 정치영역과 사회영역을 설명할 수 있게 유연하게 사용할 수 있다는 것이다. 또한 세밀화가 가능하다는 것은 예를 들어 경제영역은 통상과 무역의 영역, 금융과 화폐영역, 투자 영역 등으로 더 작은 단위로 구분할 수 있다는 것이다.

연구자들은 분석영역기법을 활용해서 원인을 규명할 수도 있다. 정치영역에서의 원인이 경제영역의 원인보다도 중요하다는 점을 통해서 2003년 이라크전쟁의 원인을 규명하듯이 원인연구에도 교환적으로 사용할 수 있다.

(4) 내생변인과 외생변인

분석용어 중에는 '내생변인(endogenous variables)'과 '외생변인(exogenous variables)'이 있다. 여기서 내생변인은 모형에 포함된 여타 변인들에 의해서만 영향을 받는 변인을 지칭한다. 반면에 외생변인은 모형에 포함되지 않은 제 3 변인들에 의해 완전히 결정되는 변인을 말한다.[40] 외부적으로 주어진 것과 내부적으로 영향을 받는 것으로 구분할 수 있겠다.

40) **외생변인과 내생변인:** 외생변인은 외부적으로 선호가 결정된다는 가정이다. 경제학의 무차별곡선이

예를 들어 국제정치이론가인 케네스 왈츠(K. Waltz)의 신현실주의이론은 무정부상태(anarchy)를 가정하고 국가의 합리적 선택을 가정한다. 이런 가정 속에서 '무정부상태'와 힘의 분포상태인 '극성(polarity)'을 가지고 설명하는데 이 설명요소는 외생변인이다. 그러나 모든 변인들은 외부로부터 완전히 차단될 수 있다는 가정을 받아들이지 않는 한 '부분적 내생변인'이라고 할 수 있다. 반면에 구성주의 이론처럼 정체성에 의해서 변인이 내부적으로 결정될 수 있으면 내생변인이 된다.

(5) 가상사실

한 가지 역사적 사실만을 가지고 원인을 규명하여 일반화를 할 수 없다. 따라서 단일 사건에 어떤 원인이 중요했는지를 검증해서 알아볼 수 있는 방법은 없다. 그 사건이 동일하게 반복될 수 없기 때문이다. 이렇게 비교가 불가능한 경우에도 어떤 설명요소의 중요성을 알아보는 방법이 있다. 그것은 '가상사실(counterfactuals)' 방법 혹은 '반사실적 분석'이다. 이 분석방법은 실제 있었던 것과 반대되는 사실을 상상함으로서 그 설명요인의 타당성을 확인하는 방식이다. 예를 들어 2차 대전의 전쟁발발원인으로서의 히틀러라는 개인요소의 중요성을 확인하고자 당시에 히틀러 대신에 평화적인 인물을 대입해보고 그 결과를 예측해 보는 것이다. 현실에서 가능하지는 않지만 이런 상상을 했더니 예상된 결과가 달라져서 전쟁이 발생하지 않았을 것으로 보인다면 2차 대전의 중요원인으로 히틀러를 지목할 수 있다.[41]

심화 학습

기타 방법론 도구들

(1) 추론 측정

어떤 사회현상을 파악할 때 추론을 통해서 하는 방법을 말한다. 이것은 행태주의적 법칙에 기초한다. 즉 어떤 사람이 말을 더듬는다면 그 사람은 불안에 떨고 있다라고 추론이 가능한 것이다. 마찬가지로 한 사회에서 학생의 시위나 시민들의 폭동이 빈번하다면 그것으로 사회불안정을 추론할 수 있는 것이다.

대표적이다. 선호는 이미 가장 중요한 것과 가정 덜 중요한 것으로 규정되어 있다. 개인의 선택에 의해 변화하는 것이 아니다. 만약 스스로 선호를 결정할 수 있다면 이는 내생변인이 된다.

41) **가상사실 분석의 두 가지 요건**: 이 재미있는 방법을 사용할 경우에도 2가지 요건을 충족하는 것이 필요하다. 첫 번째는 '신빙성'요건으로 실제 그 당시에 가능한 일을 대입해보아야 한다는 것이다. 두 번째는 '시간적 인접성'요건으로 가상 사실을 너무 멀리 가지 않아야 한다는 것이다. 예를 들어 클레오파트라의 코가 1센티만 낮았다면 로마의 역사가 달라졌을 것이고, 로마의 역사가 달라졌다면 중세 유럽의 역사가 달라졌을 것이고, 그러면 근대 유럽질서 형성과정이 달라졌을 것이고, 이런 연장선상에서 1차 대전과 2차 대전은 발생하지 않았을 것이다. 따라서 2차 대전의 원인을 클레오파트라의 코 높이로 설정하는 것은 그 긴 설명의 과정에 개입할 수많은 요소를 무시하는 것이기 때문에 타당성이 없는 것이다. 조셉 나이, 「국제분쟁의 이해」 (서울: 한울아카데미,2000)

(2) individual fallacy

논리적인 설명을 할 때 빠지기 쉬운 오류중의 하나가 개인을 통해서 전체를 설명하는 것이다. 싸잡아서 이야기한다고 해서 '싸잡기 오류'라고도 불린다. 현실에서 투표안한 개인들을 지표로 사용하여 한국 사회전체가 정치적 무관심에 빠져있다고 결론지을 때 생기는 오류이다.

(3) ecological fallacy

이것은 위의 오류와 정반대의 오류이다. 전체를 통해서 개인을 설명하는 것으로 만약 "학생들에 의해 1987년 민주화가 이루어졌다."고 주장한다고 해서 1987년 당시 학생 A도 당연히 민주화를 주도했다고 주장할 수는 없는 것이다.

제 3 장 정치현상변화를 가져오는 환경변화들

수험적 맥락

구조를 강조하는 입장에서 정치현상은 인간들로 구성된 집단이 진공상태에서 작동한다고 보지 않는다. 사회 환경이란 구조가 정치에 영향을 준다. 19세기 유럽 국가의 산업화와 제국주의를 예로 들 수 있다.

구조적차원에서 현재의 환경변화를 먼저 분석해야 정치 작동방식의 변화를 설명할 수 있다. 환경변화(세계화와 지역화, 정보화와 4차 산업혁명, 민주주의의 확대)에 대해 정치공동체는 추종할 수도 있지만 거부할 수도 있다. 따라서 향후 미래 예측은 3가지 입장으로 구분된다. 첫 번째 입장은 전통적 정치현상유지를 고집하는 입장이다. 정치학의 보수주의와 국제정치의 현실주의가 여기에 속한다. 두 번째 입장은 현재 환경들의 변화가 크기 때문에 새로운 정치로 변하고 있다는 입장이다. 정치학, 국제정치학의 자유주의이론이 여기에 속한다. 세 번째 입장은 양자 사이에서 조심스럽게 점진적인 변화가 있다는 입장이다. 조정론이라 불리는 역사사회학파가 여기에 속한다.

여기서는 세계화, 지역화, 정보화, 4차 산업혁명을 다룬다. 민주화는 민주주의PART에서 상술한다. 그리고 특정 분야로 분류하기 어려운 '성(gender)'문제와 환경(environment)문제를 이 장에서 설명한다.

수험적 중요주제

1. 세계화와 국내정치 역학관계 변화
2. 세계화와 정부의 문제해결 능력의 유지여부
3. 지역주의(정책)의 심화와 다자주의(정책)간의 관계
4. 지역별(동아시아와 유럽) 지역주의의 발전차이
5. 정보통신혁명의 국내정치에 대한 영향
6. '4차 산업혁명'으로 예상되는 정치적 갈등과 국가간 관계 변화
7. 젠더 평등과 혐오주의
8. 파리체제와 기후변화협약의 미래

제1절 세계화와 그 영향

1. 세계화의 의미 및 대두배경

세계화는 국가간의 국제질서가 변화하여 세계공동체(globality)로 가는 과정을 설명하기 위한 개념이다. 1957년 인류가 처음으로 인공위성을 쏘아올렸고 인공위성에서 찍은 사진이 지구로 전송되었다. 인류가 우주를 보던 방식이 아니라 우주에서 인류가 살고 있는 지구를 보게 되면서 인류공동체는 지구가 한 덩어리로 구성된 단일체제라는 것을 직접 눈으로 목격하게 되었다. 이런 관점에서 세계공동체의 인식이 생기면서 그간 국가간 체제가 변화하고 있다는 점을 설명하기 위해서 세계화라는 개념이 사용되기 시작했다.

세계화를 어떻게 바라볼 것인가는 인류의 역사적 경로와 국가의 기능과 개인과 새로운 행위자들의 역할에 관한 다양한 논쟁을 담고 있다. 이 거대한 논쟁을 이끌기 위해 세계화에 대한 개념정의도 이론가들마다 다르다. 앤서니 기든스(A. Giddens)는 세계화를 "지방들 상호간의 사회적 관계가 세계적으로 심화되어 어느 한 지방에서 일어나는 일이 다른 지방에서 일어나는 일을 형성하고 형성 받는 현상"이라고 규정하였다. 이 개념정의는 지방화를 동시에 살펴볼 수 있게 하여 세계화와 지방화를 압축한 세방화(glocalization)를 규정한다. 로버트슨(Robertson)은 세계화를 "세계의 압축(compression)과 전체로서의 세계에 대한 의식의 강화"로 정의한다. 이것은 21세기 들어와서 지구촌뉴스와 지구촌의 기상상황을 실시간으로 전달받는 것처럼 인식이 자신이 살고 있는 특정국가와 지역에 매몰되어 있지 않다는 것이다. 수잔 스트레인지(S. Strange)의 개념정의는 "생산구조차원, 금융, 인식, 신념, 선호체계의 변화양태"이다. 이 정의는 세계화가 경제와 인식구조, 안보분야까지 포괄한다고 볼 수 있다. 이러한 다양한 개념정의는 세계화가 어떤 한 측면으로만 정의되지 않고 다양한 면을 가지고 있다는 점을 예증한다. 또한 세계화가 '3중적 세계화(정치적 · 경제적 · 사회문화적 세계화의 세 가지 측면)'로 작동한다는 점을 보여주는 것이다.[1)]

---

1) **3단계 세계화론**: 세계화는 1400년대 스페인과 포르투갈이 중심이 된 제1차 제국주의시기에 첫 번째 국면을 맞이한다. 이 시기 지리적 발견은 인식과 교역의 세계화를 가져왔다. 두 번째 세계화 국면은 19세기 중엽이후 영국과 프랑스를 중심으로 한 제국주의확장시기이다. 이때는 산업혁명과 함께 시장을 위한 제국주의와 영토확장의 제국주의가 세계화를 이끌었다. 이 시기는 군사력의 확장도 한 몫을 하였다. 또한 유럽의 중상주의적 사고와 함께 민족주의도 세계화를 이끌게 하였다. 하지만 이 시기는 유럽식의 문화가 강제로 확산되었다는 점에서 세계화보다는 유럽화가 타당하다. 세 번째 세계화는 1970년대 교통과 통신의 발달과 무역의 증대로 상징화되는 세계화시기이다. 이 시기는 과거 1910년대의 교역량과 유사한 교역량이나 인구이동을 보여주었다. 하지만 이 시기는 다국적기업의 발전이나 금융체계의 전산화등으로 새로운 질적인 변화를 경험하기도 했다. 3가지 시기별 세

세계화라는 주제가 논의된 것이 1970년대로 본다면 40년이 넘은 주제이다. 한국에서도 1990년대 초반에 김영삼정부에서 세계화를 적극적으로 받아들이면서 논의가 많이 진행된 주제이다. 논쟁의 긴 시간에도 불구하고 세계화가 가져오는 효과로 인해 여전히 세계화는 사회현상과 정치현상을 분석하기 위해서는 필요한 주제이다.

2. 세계화와 관련된 이론들

표를 통한 비교

1. **세계화론자:** 자유주의. 국가의 배타적통치(government)는 허구. 거버넌스의 확대로 인해 비국가행위자의 영향력증대(ex, 다국적기업의 영향력확대)
2. **국제화론자:** 현실주의. 국가의 배타적 통지가능. 국가의 통제력은 유지 또는 강화(ex, 정부의 세수 확보능력)
3. **조정론자:** 국가 기능의 역사적 측면을 강조. 과거 국가기능과 현대 국가 기능은 변화한 것처럼 미래 기능도 변화(ex, 정부의 다문화정책 조율)

세계화는 우리가 경험적인 것을 추상화하여 개념을 통해서 이해하는 현상이다. 실체가 있는 것이 아니기 때문에 관념의 세계에 있는 것을 조작작업을 통해서 이해해야 한다. 따라서 조작작업을 통해서 이해하는 세계화라는 개념에 대해서는 이론가들마다 입장차이가 크다. 전통적으로 국가간의 질서를 강조하는 국가주의자들과 현실주의자들은 보수적인 입장에서 세계화보다 국제화(internationalization)를 강조한다. 국제화는 국가들이 여전히 통제의 주체로 남아서 국가간의 관계를 늘리는 현상이라고 보는 것이다. 이 입장에 따르면 국제화는 국가체제를 유지한 채 국가간 상호의존의 심화과정인 것이다. 국가들은 언제든지 주권원칙을 가지고 세계화를 거부할 수 있다고 본다. 이들이 주로 내세우는 근거는 관세를 거두는 주권이 있는 국가나 테러리즘에 대항해서 안보를 달성하는 국가주권이다.

반면에 점진적으로 세계화가 진행된다고 인정하는 입장에는 자유주의자들이 있다. 이들은 국가와 비국가행위자간의 상호의존의 심화가 진행되면서 현재의 국가간 체제는 변화하고 있다고 본다. 국가들의 관계뿐 아니라 비국가행위자들의 영향력이 강화되고 국가 역시 지방분권화와 지역공동체(ex, 유럽연합)가 구성되면서 과거의 주권국가의 배타적통치(government)

계화의 구분은 세계화가 단지 1970년대의 독특한 현상만은 아니라는 점을 알려준다. 게다가 소련의 스푸트니크호(Sputnik Ⅰ)의 성공과 대륙간탄도미사일(ICBM)의 성공은 군사력의 세계화를 이룩하게 해주었다. 이는 세계화의 중심에 경제적 세계화만이 있는 것은 아니라는 점을 보여준다. 또한 2003년 중증급성호흡기증후군(SARS), 2004년 조류독감(AI), 2009년 신종플루, 2014년 에볼라바이러스, 2015년 중동호흡기 증후군(MERS), 2016년 지카바이러스와 같이 해마다 출현하는 질병 역시 세계화의 한 측면이다. 이런 면에서 보면 세계화는 긍정적인 면과 부정적인 면을 가진 복합적인 현상이라고 할 수 있다.

가 아니라 다양한 행위자간의 '기능적 주권'이 강조되는 현상이 나타나는 것이다. 흔히 거버넌스(governance)로 불리는 작동양식은 국가들의 주권의 위임과 공유현상이 나타나고 있는 것이다.

보수적인 입장의 국제화론자나 진보적인 입장의 세계화론자들의 논쟁사이에는 조정론자가 있다. 조정론자는 세계화로 인해 변화하는 국가의 기능적인 측면도 있지만 과거에서 유지되어 오던 전통적인 기능도 있다는 점을 들어 국가의 기능이 조정된다고 보는 것이다. 국가의 안보유지기능과 화폐와 도량형, 언어와 같은 공공재제공기능은 여전히 남아있으면서 20세기 들어와서 거시경제정책의 조절기능은 쇠퇴하고 있는 것이다.

3. 세계화와 정치경제적 변화

표를 통한 비교 **세계화의 다층적 효과**

1. **세계화의 경제적 효과:** 수혜계급(자본가, 투자자)과 피해계급(노동계급)을 양분. 노동계급 분화(숙력노동, 반숙력노동, 미숙련노동)로 노동계급의 단결력 약화. 수출산업과 수입대체 산업의 대립강화. 도시와 농촌의 대립강화. 세대간 갈등강화
2. **세계화의 사회적 갈등:** 사회적 체념, 사회비용의 증대와 출산율저하
3. **세계화와 정치적 영향:** 새로운 갈등선을 따라 정치적 지지층이 분화됨. 제도정치로의 반영여부가 중요이슈(ex, 소수정당 보호를 위한 비례대표제 확대)

세계화는 인간과 인간공동체인 국가들에게 영향을 주는 구조적인 현상이다. 세계화가 구조적 변화라면 사회, 경제적 변화를 수반하게 되며 이로 인해 새로운 갈등구조를 만든다. 새로운 갈등구조로 인해 정치적 갈등이 만들어지기 때문에 정치현상으로 연결된다. 대표적으로 세계화로 인해 시장의 역량은 더욱 거세지기 때문에 국가를 통해서 대외적 개방의 피해를 피하고자 하는 이들과 시장의 개방성에 기대 자신들의 경제적 이익을 더욱 확대하고자 하는 이들을 들 수 있다. 현대자동차로 불리는 대기업과 스크린쿼터를 지키고자 하는 영화제작산업이 대표적인 혜택과 피해라고 할 수 있다. 국가의 역할은 어느 정도까지 보호와 개방을 선택할 것인지에 달려있다.

세계화는 대체로 서구국가들이 주도한 경제적 개방화의 측면이 강하다. 물론 세계화에는 군사적 측면과 경제적 측면, 위생적 측면과 같은 사회적 요인들이 모두 포함되지만 그 중에서 주목하는 부분은 경제적 개방화와 서구화를 하나의 모범으로 받아들이는 것이다. 이렇게 개방화가 진행되면서 가장 강력해지는 것은 시장이라는 공간에서 권력이 강한 기업과 관련된 주체들이다. 다국적 기업 혹은 초국적 기업들의 강력한 권력뿐 아니라 개인투자자와 같은 시장 주체들의 역량이 강해지는 것이다. 대표적으로 조지 소로스는 영국에서 대출을 한 파운드를 달러로 팔아서 차익을 얻으면서 시장질서를 교란시켰다. 결국 영국은 국제통화기

금에 자국시장을 보호하기 위해 구제금융을 신청하였다. 투자자 개인이 국가의 금융체계와 관리체계보다 강력할 수 있음을 보여준 사례이다.

시장질서가 강해지면 시장질서를 규율하는 행위자들의 규칙 자체가 강력한 영향력을 가지게 된다. 금융시장에서 미국, 영국, 중국, 독일, 일본과 같은 국가가 금융시장질서 구축에 있어서 지속적으로 개입을 하여 자국중심의 규칙을 유지하고자 하는 이유는 한 번 규칙이 만들어지면 변화를 주기 어렵기 때문이다.

이전까지는 대체로 시장을 그동안 규율해왔던 서구국가들과 투자자, 자본자들이 주도하는 시장질서가 강했다. 그러나 1980년대 일본의 입지강화나 2000년대 중국의 입지 강화는 시장질서에서 서구와 비서구의 대립과 경쟁을 부추기고 있다. IMF를 대체하기 위해 일본이 AMF를 만들려고 했던 것이나, 중국이 아시아개발은행(ADB)이나 아시아인프라투자은행(AIIB)를 통해서 자국의 자금시장의 영향력을 키우는 것이 대표적인 사례이다. 이런 사례들은 자유주의 입장에서 세계화의 낙관적인 측면의 주장을 반박하는 것이다.

세계화는 민간 영역의 역량을 강화하기 위해서나 국가 자체의 역량을 강화하기 위한 국가간의 노력과 경쟁을 불러온다. 각 국가들은 앞서 본 시장 운영의 규칙뿐 아니라 관광과 인터넷의 활용분야에서도 경쟁을 하고 있다. 대표적으로 미국은 인터넷의 주소를 관리하는 기구로 국제인터넷주소관리기구(ICANN)을 두고 있는데 이 기구는 민간단체라고 하지만 실제 미국 상무부가 후원을 하는 기구이다. 이는 영어 도메인사용규칙을 통해서 정보화의 영역에서 미국의 입지를 중국 등으로부터 지켜내고 있다. 국가가 민간 영역을 보호하는 것은 자국 민간의 역량이 유지됨으로서 이들의 역량이 국가 전체의 역량을 유지하는 데 도움이 되기 때문이다. 또한 세수확보에도 유리하기 때문이다.

세계화로 인한 행위자간 역학관계의 변화는 시장의 잠재적 수혜자에게만 영향을 미치는 것은 아니다. 노동시장에도 영향을 미친다. 노동시장은 언어장벽 등으로 인해 국가간 이동이 쉽지 않다. 따라서 노동시장의 유연성은 떨어진다. 이런 상황에서 세계화는 고기술의 노동이 아닌 단순 노동의 경우 더 낮은 임금을 찾아 자본이 나가게 한다. 또한 대량소비시대를 지난 현재 시대에서 다품종 소량생산구조로 인해 기업들 역시 소규모로 공장을 운영하게 된다. 그리고 기업들은 생산의 다각화와 다국적화를 통해서 모든 제품을 한 나라에서 만들지 않게 된다. 이로 인해 세계화는 노동이 받는 충격을 더욱 키운다. 한국에서 삼성이 자동차산업을 포기하고 르노삼성으로 넘어간 것이나, 대우자동차가 한국 GM으로 넘어간 것을 들 수 있다. 현대 자동차가 어떤 차종을 한국에서 만들고 어떤 차종을 미국에서 만들 것인지를 정하는 데 있어서 노동자들의 압력을 받는 것은 이러한 변화에 노동자들이 대처하는 방법을 보여준다.

세계화에서 노동자 전체가 피해를 보는 것은 아니다. 노동 역시 시장 논리에 의해서 비정규직과 임시직으로 더욱 분화되고 있어 노동의 피해강도는 기술을 가진 정규직과 비정규직간에도 차이가 있다. 직업안정성 뿐 아니라 임금에서 정규직과 비정규직 그리고 자영업자

간의 차이가 크다. 통계청자료에 따르면 비정규직은 2015년 공식적으로 600만을 넘어섰다.[2] 또한 고용불안정이 강한 자영업자비율 역시 높다. 한국에서 자영업자 수는 2013년 기준으로 565만 명으로 다른 OECD국가들보다 높다.[3]

이런 수치들은 한국 사회의 양극화를 대표적으로 보여준다. 양극화는 경제적인 문제이지만 사회적 불만과 체념으로 이어지면서 사회적 갈등을 강화시킨다. 2011년 미국에서 있었던 월가점령 시위는 경제위기가 심화되는 상황에서 보여지는 전형적인 사회갈등이다. 한국 역시 '금수저-흙수저 논의'나 '갑을 논쟁' 역시 사회적 갈등이 강화되는 현상을 대표한다. 이것은 사회적 체념과 무관심으로 진행되어 '5포세대' 혹은 '7포세대'라고 하는 젊은 세대들의 불만과 체념을 보여주기도 한다. 하지만 이런 현상은 사회에 대한 반발과 가족과 사회구성의 붕괴로 이어지기도 한다. 최근에 있는 가족에 대한 폭력현상은 개인적 체념이 사회적 불만으로 이어지는 것이다.

인구 변동은 세계화로 인한 피해와 갈등의 한 단면을 보여준다. 세계화와 연이은 세계경제위기의 만성화는 기득권을 가진 기성세대와 사회적 출발이 어려운 젊은 세대간의 세대이전을 어렵게 한다. 즉 젊은 세대가 기성세대가 가진 부와 좋은 직업을 가지기 어려운 것이다. 게다가 높아진 생활비는 미래에 대한 투자를 불가능하게 한다. 따라서 미래에 대한 체념을 하게 된 젊은 세대들에게 결혼과 출산과 육아는 부담이 되며 이는 인구의 지속적인 감소로 이어지는 것이다. 2014년 기준으로 1.03명이라는 한국의 낮은 인구출산율은 한국이라는 정치공동체의 존속 자체에 위험이 되고 있다.

세대간 인식차이의 상황은 향후 한국 정치의 갈등의 중심축으로 세대간 갈등이 벌어질 수 있는 가능성을 높인다. 부족한 노동인구를 채우기 위해서는 적극적으로 한국이 타국으로부터 인구유입을 권장해야 한다. 높은 다문화가정증가율과 다문화정책에 대한 사회적 원칙이 수립되지 않은 현재 상황에서 더 많은 노동인구의 유입과 다문화가정의 증대 역시 장기적인 갈등요인이 될 것이다.

세계화에 의해서 변화되는 것 중 하나는 시민사회의 강화와 대응방법의 새로운 모색을 들 수 있다. 시장의 강화와 국가의 세수확보노력을 위한 강화의 반작용으로 시민사회를 강

---

2) **양극화지표**: 정규직은 2014년 1248만6000명에서 2015년 1278만7000명으로 30만1000명(2.4%) 증가했지만 비정규직역시 2014년 591만1000명에서 2015년 3월 기준 601만 2000천명으로 증대했다. 이는 전체 임금근로자에서 32.0%를 차지한다. 비정규직은 직업의 안정성에서도 문제지만 실제 임금 격차에서도 문제이다. 2015년 1~3월 정규직 근로자의 월평균 임금은 271만4000원이다. 이는 2014년 동기 대비 11만2000원(4.3%)증가한 것이다. 반면에 비정규직 근로자 임금은 146만7000원이다. 이는 2014년 보다 8000원(0.5%) 증가한 것이다. 임금차이가 거의 50%에 육박하는 것은 상대적 차이에 대한 불만을 가져온다.

3) **자영업자 비율**: 2011년 OECD 국가의 자영업자 비율은 16.1%, 한국은 28.2%이다. 2013년은 전체 근로자중 22.8%를 차지한다. 1997년 동아시아금융위기 이후인 2000년의 36.8%보다는 좋아진 수치이지만 다른 OECD국가들에 비해서 여전히 수치는 높다. "개인기업의 실태 및 정책과제"(KIET, 2013.12)

화하게 하는 측면이 강하다. 이것은 일국수준의 시민사회의 강화만이 아니라 전지구적인 시민사회의 강화를 가져오기도 한다. 대표적으로 시애틀에서 반세계화운동을 벌인 경우를 들 수 있다. 또한 다보스포럼이 시장을 대표한다면 세계사회포럼은 세계화를 거부하는 이들의 모임이다. 한국에서 2008년 벌어진 미국산소고기 반대 촛불 집회 역시 세계화와 시장의 강화를 거부하는 대응방법중 하나로 볼 수 있다. 그리고 시장이 강화되는 것에 시민사회를 기반으로 하는 협동조합이나 사회적 기업의 구성도 시민들의 자발적인 저항으로 볼 수 있다. 이런 저항은 경제적 역량의 강화에 대한 저항이기도 하지만 세계화가 가져오는 단일화된 소비구조와 선호의 수렴에 대해 다양성을 지키기 위한 저항이기도 한 것이다.

결론적으로 세계화는 경제적 변화를 가져오는 행위자간의 역학관계에 변화를 가져오면서 이전과는 다른 갈등을 만들어 내고 있다. 국가-시장-시민사회-노동으로 이어지는 주체들에게 새로운 환경과 힘을 부여한다. 이것으로 인해 행위자간 새로운 조합이 구성되면서 세계화에 대한 활용-적응-대응-저항이 이루어지고 있는 것이다. 이러한 조합을 구성하고 전략을 마련하고 사회적 갈등을 줄일 수 있는 방안을 모색하는 것이 현재 정치가 해결해야 할 숙제이다.

4. 세계화와 민주주의간 관계

표를 통한 비교 **세계화와 민주주의 관계논쟁**

1. 세계화 ⇨ 민주주의(긍정): 부의 증대에 따른 관용확대, 시장논리의 정치개혁
2. 세계화 ⇨ 민주주의(부정): 양극화심화, 다국적기업등에 대한 통제불가능
3. 민주주의 ⇨ 세계화(긍정): 정치적 자유의 경제적 자유강화
4. 민주주의 ⇨ 세계화(부정): 정치공동체유지를 위한 민주주의의 세계화 거부

세계화라는 환경변화는 정치적으로 볼 때 민주주의에 미치는 영향이 가장 중요하다. 민주주의가 만들어진 아테네시대나 대의민주주의가 대중민주주의시대로 들어오는 1920년대는 세계화라는 환경변화에 노출이 적었다. 일국수준의 민주주의가 작동할 때 민주주의 작동이 덜 복잡했다. 유권자구성도 단순했고 정치가 해결해야 할 이슈도 적었다. 그러나 1970년대 이후 세계화는 일국수준의 민주주의에 대한 커다란 변화를 가져왔다. 앞서 본 것처럼 행위자도 다양하게 되었고 행위자의 역량에도 변화를 가져왔다. 또한 이전에 경험하지 않았던 새로운 이슈들도 생기게 되었다. 이는 민주주의가 이전에 풀어본 적이 없는 이슈들이 새롭게 과제로 등장한 것이다. 대표적으로 한국에서 다문화주의를 들 수 있다.

세계화로 인해 생길 수 있는 민주주의와의 관계는 이론적으로 몇 가지 체계로 정리할 수 있다. 단순하게 보면 세계화는 양극화를 심화시켜 민주주의의 토대인 사회경제적 조건을 변화시키고 따라서 민주주의가 자연스럽게 악화될 수 있다. 반면에 세계화가 전체 부의 총량

인 국민소득을 증대시킬 수 있어 민주주의 조건에 긍정적으로 작용할 수도 있다. 따라서 세계화가 하나의 현상적 변화로서 민주주의라는 정치운영에 대해 긍정적으로도 부정적으로 기능할 수 있다면 이론적인 입장에서 각각의 가능성을 따져볼 수 있다. 그리고 실제 어떤 가능성이 더 높은지를 검증해 보면 이론적인 논쟁의 일반적인 차원의 주장에서 벗어날 수 있다. 이런 이론적 관계 논쟁은 역으로 민주주의 자체가 세계화를 받아들이거나 거부하게 할 수 있다는 논리적 주장을 가능하게 한다. 이 역시 일반적인 가능성을 넘어서려면 현실사례들을 통해서 검증을 해보는 것이 필요하다. 이런 과정을 거쳐서 '세계화'라는 조건의 변화와 '민주주의'라는 공동체운영원리간의 현실관계를 명확히 짚어볼 필요가 있다.

이론적으로 정리해보면 세계화와 민주주의는 몇 가지 유형으로 분류될 수 있다.[4] '세계화'를 원인항으로 하여 '민주주의'라는 결과항에 변화를 가져오는 것은 긍정적인 예측과 부정적인 예측이 가능하다.

세계화가 민주주의를 촉진한다는 주장의 대표는 신자유주의이론을 들 수 있다. 신자유주의 입장의 근거들은 몇 가지가 있다. 첫 번째 논리는 세계화가 국가주의와 지대추구적 속성을 완화시키는 것이다. 시장경제의 경쟁성이 국가운영에도 적용되어 국가의 지대추구적인 성향을 완화시키는 것이다. 두 번째 논리는 시장에 의해 정부를 구축한다는 것이다. 보이지 않는 손이라는 균형원리가 민주주의를 구축한다는 것이다. 세 번째 논리는 '풍요의 경제'입장이다. 부유함이 관대함을 만든다는 논리에 기반을 둔다. 관대함과 부의 증대에 따른 중산층의 확대가 민주주의를 강화한다. 네 번째 논리는 전자민주주의의 강화이다. 세계화의 한 형태로서 정보화가 민주주의를 강화한다는 것이다. 국가의 정보독점을 줄이고 민간의 참여를 증대하는 것은 민주주의를 강화한다는 논리이다. 다섯 번째 논리는 세계화가 가져오는 지방화와 분권화에 의한 민주주의의 강화이다. 풀뿌리 민주주의를 강화하고 자치민주주의를 강화하여 세계화는 민주주의에 긍정적으로 기여한다.

반면에 세계화가 민주주의를 저해한다는 이론으로 반세계화론을 들 수 있다. 이 주장의 첫 번째 논리는 글로벌 기업의 자율성이 늘고 이들에 대한 책임을 추궁하기 어렵다는 것이다. 세계화시대의 군주인 다국적 기업의 영향력 증대는 민주주의의 보호자인 국가의 통제력을 약화시킨다. 두 번째 논리는 신자유주의가 가진 이데올로기가 허구라는 것이다. 신자유주의는 미국과 영국에서 나온 한 가지 이론에 불과한데 이론이 가진 문제점에 대한 자기부정 가능성을 가지지 않는다는 점에서 이념적으로 전체주의적이다. 2008년 미국 금융위기에서 신자유주의를 받아들인 국가들의 피해가 오히려 컸다는 점은 신자유주의의 신빙성을 낮춘다. 세 번째 논리는 시장이 가진 불균등성과 비형평성을 통해서 설명한다. 시장은 차별성을 강조하는데 비해 민주주의는 평등성을 기반으로 한다. 네 번째 논리는 세계화로 인해 새로운 갈등이 생겨난다는 것이다. 대표적으로 인종주의나 종교적 근본주의의 강화를 들 수 있다.

4) 임혁백, "세계화와 민주주의" 관련 논문을 중심으로 정리했다.

다섯 번째 논리는 전자민주주의가 가져올 수 있는 폐해와 관련된다. 전자민주주의가 역으로 전자전제정으로 악화될 수 있는 여지가 있는 것이다. 여섯 번째 논리는 단일화된 소비문화의 증대와 개인화 혹은 사사화(privatization)의 증대이다. 신자유주의는 소비를 미덕으로 하는 것을 넘어 물신화하고 우상화한다. 이런 성향은 인간의 공적인 가치에 대한 관심을 빼앗고 인간을 물질적 소비를 중심으로 한 인간으로 만든다.

역으로 인민들이 만들어가는 민주주의는 생명체이다. 생명체인 민주주의는 단순히 세계화에 영향을 받기만 하는 존재는 아니고 세계화에 스스로 대처하기도 한다. 따라서 민주주의가 원인항이 되어 세계화를 결과지을 수 있다. 이 역시 이론적으로 긍정적인 예측과 부정적인 예측이 가능하다.[5)][6)]

실제 세계화와 민주주의간 관계는 세계화가 진행되면서 민주주의가 악화만 되는 것은 아니라는 점이다. 다만 국가들마다 세계화의 피해의 정도가 다르다. 이는 국가들이 대처하는 방식에 의해 세계화의 혜택이 강해질 수도 있고 피해를 약화시킬 수도 있다는 것이다. 그런 점에서 민주주의의 생명력이 넘쳐야한다. 즉 구성원들이 세계화의 피해를 어떻게 해결하고 혜택과 함께 분배할 것인지에 대한 사회적 합의를 구축하는 것이 중요한 것이다.

제2절 지역화와 지역주의

표를 통한 비교 **지역주의와 지역화의 개념정의**

1. 지역주의(국가의 의도된 정책 ex, FTA 체결) vs. 지역화(의도되거나 의도 되지 않은 현상 ex, 동남아시아관광 증대)

---

5) **민주적 세계화론**: 이 논쟁에서 먼저 민주적 세계화론은 민주주의가 세계화를 촉진한다고 본다. 여기서 첫 번째 논리는 정치적 자유와 경제적 자유의 증대간 관계를 통해서 설명한다. 정치적 결정의 자유가 증대하면 경제적 자유와 시장의 확대와 같은 자유의 범위를 확대시킨다. 두 번째 논리는 민주주의가 국가들간의 평화와 안정적 관계를 형성하고 이로 인해 세계화를 더욱 강화할 수 있게 한다는 것이다. 대표적으로 민주평화론은 민주주의 국가간의 평화를 주장한다. 국가 간의 평화와 안정이 경제적인 물질교환을 보장해주는 것이다. 세 번째 논리는 민주주의의 개념이 확대되면서 세계화를 확대하는 것이다. 범세계적 민주주의의 논리가 늘어나면서 경제적 관계와 사회적 교류확대를 가져올 수 있다.

6) **방해자로서 민주주의론**: 이 입장은 민주주의가 세계화를 저해한다는 것이다. 첫 번째 논리는 민주주의가 자기 스스로를 지키려는 보존 본능이 있다는 것이다. 민주주의가 스스로를 보존하기위해 세계화에 대해서 거부하는 것이다. 두 번째 논리는 민주주의 국가 스스로가 자신의 정체성을 지키기 위한 문화적 저항을 한다는 것이다. 종교와 족적인 구성을 지키기 위한 노력이 여기에 속한다. 세 번째 논리는 민주주의가 폐쇄적인 속성을 가지고 있다는 것이다. 정치공동체의 결정을 위해 민주주의는 자신의 성원확대를 거부할 수 있다. 대표적으로 유럽연합의 사례에서 여전히 국가들은 유럽연합이 아닌 국가자체의 결정권을 버리지 않으려는 것을 들 수 있다.

2. 다자주의(개방적인 자유무역 제도 ex, WTO) vs. 지역주의(양자적이거나 다자적으로 차별적 특혜를 부여하는 자유무역제도 ex, EU)

세계화보다 더 관심이 높은 주제는 지역화(regionalization)와 지역주의(regionalism)에 관한 것이다. 동아시아는 지역화가 빠른 속도로 진행되고 있다. 반면에 지역주의는 지역화의 속도를 따라가지 못하고 있다. 지역화를 보여주는 것은 지역국가간 교역량의 증대와 여행객의 수를 들 수 있다. 반면에 지역주의는 지역화와 같은 민간차원의 수요에 의한 것이 아니라 국가가 정책적인 판단에 의해서 만들어지는 것이다. 유럽은 지역화와 함께 유럽연합(EU)으로 대표되는 지역주의가 같이 진행되고 있다. 또한 유럽의 지역주의는 단일한 기둥을 토대로 진행되고 있다. 동아시아는 미국을 중심으로 한 환태평양경제동반자협정(TPP: 트럼프 정부는 탈퇴)와 중국이 중심이 된 역내포괄적협정(RCEP)으로 대표되듯이 국가간 지역주의간 분산되거나 경쟁적인 특성을 보이고 있다.

동아시아의 안보환경은 과거 보다 악화되고 있다. 이런 안보환경의 악화를 해결하기 위해서는 경제적 교류와 사회적 교류가 확대되면서 정부간 지역주의가 진행되어 국가들간 안보경쟁이나 전쟁을 막을 수 있어야 한다. 자유주의의 이런 주장은 유럽의 지역주의발전이라는 사례에 의해 강화된다. 유럽의 경우 특히 프랑스와 독일은 1870년부터 3번의 큰 전쟁을 경험했다. 그럼에도 불구하고 1950년대의 프랑스외상 슈망에 의한 계획과 장 모네의 노력에 의해 유럽통합의 기반을 만들었다. 1963년 프랑스와 독일의 엘리제조약체결은 두 나라의 새로운 관계를 대표한다. 다른 어느 지역의 국가들보다 강하게 경쟁하고 전쟁을 펼쳤던 두 나라가 경제적으로 상호간 교류를 늘림으로서 1950년대 이후 양국간 전쟁은 상상할 수 없게 되었다는 것은 자유주의가 현실주의의 안보중심적인 접근을 거부하게 할 수 있는 강력한 사례인 것이다.

그러나 동아시아 지역은 냉전시기가 지난 뒤 최근 미-일동맹의 강화와 북-중-러의 밀착으로 신냉전으로 표현될 정도로 안보경쟁과 안보불안이 강하다. 이 지역에서 지역주의 강화가 안보불안을 해소할 수 있는 것이 아닐지에 대한 기대로 자유주의와 현실주의 그리고 정체성을 강조하는 구성주의가 지역주의에 관심을 가지고 연구를 하는 것이다.

1. 지역주의 관심의 배경

지역주의가 최근 관심을 받고 있다. 특히 WTO로 대표되는 다자주의가 정체된 상태에서 지역주의가 증대하고 있다. 1945년이후 1994년까지 50년간 지역주의에서 가장 대표적인 FTA가 150개 정도 체결되었다. 그런 반면에 WTO가 출범한 1995년부터 2004년까지 10년간 체결된 FTA가 150개가 된다. 이것은 다자주의가 발전하면서 지역주의가 동시에 발전하고 있는 것이다.

이 지점에서 다자주의와 지역주의는 동반성장하는 측면도 있고 상충하는 측면도 있다. 지역주의라는 정책이 늘어나는 것은 관세를 없애거나 공동시장을 구축하는 것과 같이 자유무역을 추진하는 것이다. 따라서 다자주의의 자유무역화와 공동보조를 맞출 수 있는 것이다. 반면에 지역주의는 지역주의내의 국가간에 혜택을 주기 위해서는 지역주의 외부 국가들에게 주는 비용이 명확히 커야 한다. 외부세력이 되었을 때 비용이 큰 것이 지역주의 국가들의 결속력을 높인다. 따라서 지역주의는 차별성을 특성으로 하며 이 차별성은 다자주의의 자유무역확대규범과 충돌 할 수 있다. 이것은 WTO가 도하개발어젠다(DDA)로 막혀있는 상황에서 지역주의의 활성화와 관련되어 있다.

게다가 지역주의가 한 지역 내에서 강화되면서 지역내 영향력이 강한 국가들은 역내 지역주의가 부족한 것에 대해 우려를 하게 된다. 지역주의가 도미노처럼 강화되면 2차 대전이 전인 1930년대의 블록화를 경험할 수 있다. 각 지역마다 지역주의가 타 지역국가에 대해 배타적이고 폐쇄적이 되면서 국가들은 세계공황의 어려움을 해결하지 못했다. 이 과정에서 파시즘이 등장하고 민족주의가 강화되면서 전쟁을 통해서 수요를 창출하는 전략을 선택하여 나타난 것이 2차 대전이다.

따라서 지역주의는 양날의 칼과 같다. 유럽의 경우 지역통합으로 정치안보 갈등을 줄여가고 있다. 공동화폐인 유로를 만들어서 국가들은 자국의 화폐주조권이라는 혜택을 포기하고 단일 경제 시장의 이점을 택했다. 반면에 동아시아의 지역주의는 미국과 중국이 주도하는 분산적인 통합구조를 띄고 있다. 이것은 안보갈등의 경제적 갈등에 대한 복사판으로 작동하는 것이다. 따라서 미래 동아시아가 유럽을 모델로 단일한 경제통합으로 갈 수 있는가와 현재 분산된 통합이 나타나는 이유와 이를 해결할 수 있는지에 대한 관심이 높다.

2. 지역주의에 대한 이론적 설명

우리가 분석할 대상인 지역주의는 지역화와 구분된다. 지역화는 지역이 중요하게 되면서 통합되어 가는 '현상'을 의미한다. 지역내 무역량의 증대와 여행객 증가, 이주 노동자의 증대와 같은 현상을 의미한다. 반면에 지역주의는 정부의 의식적인 지역협력'정책'으로 지역화라는 현상을 만들어내는 정부의 정책방침을 의미한다. 정부정책은 지역간 교류를 증대하게 하는 공급측의 요인이 된다.

표를 통한 비교 **지역주의의 원인구분**

1. **수요측 강조(민간 부문주도):** 기능주의, 신기능주의, 구성주의
2. **공급측 강조(정부 주도):** 현실주의, 신현실주의(구속가설), 헌정주의(통합을 위한 헌법구성이 우선 중요)
3. **수요와 공급 측 동시 고려:** 정부간주의

(1) 자유주의이론

지역주의에 대한 이론적 설명도 지역주의를 요구하는 수요 측면을 강조하는 이론과 공급 측면을 강조하는 이론으로 구분할 수 있다. 먼저 민간의 수요를 강조하는 이론은 자유주의 계열의 이론들이 있다. 자유주의이론에서는 지역주의 수요측면에서 특정 집단의 이익을 강조하는 다원주의 설명이 있다. 특정산업이나 사업이 주가 되어 자유무역과 지역통합을 요구하면 정부가 이를 정책으로 만들어 낸다는 입장이다. 두 번째는 수요 중심의 기능주의 통합이론이 있다. 미트라니가 1943년 「Working Peace System」을 통해서 유럽 통합의 비전을 제시한 이후 기능주의이론은 수요와 거래를 중심으로 한 한 가지 협력이 다른 협력을 유도한다는 점을 설명했다. 이후 신기능주의가 기능적 수요가 더 나은 협력으로 진화하기 위해서는 정치적 결단이 필요하다는 점을 강조하였다. 자유주의의 지역주의를 설명하는 세 번째 이론은 신자유주의 제도주의이론이 있다. 상호주의가 확산되고 제도화된다면 지역국가간의 협력이 강화된다는 신자유주의제도주의는 시장의 불안정성, 거래비용과 정보비용을 축소하고 상대방으로부터 기만 당할 가능성을 감소시킨다고 본다.

(2) 현실주의이론

지역주의에 대한 공급측을 설명하는 것은 현실주의이론이다. 현실주의에서는 민간보다 중앙정부의 결정을 강조한다. 현실주의에서 고전적 현실주의는 국가 간의 지역주의선택을 국가지도자가 내리는 국가이익에 대한 계산으로 본다. 지도자의 정책적 판단을 강조하는 입장에서 합리적 선택으로 설명하는 입장도 있다. 기대효용모델은 지역주의를 만들고 지역협력체를 구성하는 것이 지역협력체가 주는 이익이 비용보다 크기 때문이라고 본다.

국가들이 국익 차원에서 지역주의를 활용하는 경우들은 다양하다. 지역 내 불안정을 해소할 기제로 이용한 경우는 EU를 통해 유럽평화를 만들고 양극체제아래서 유럽의 영향력을 증가시키는 것을 들 수 있다. NAFTA의 경우는 멕시코의 안정과 미국의 세계 영향력을 유지하려는 이익이 작동했다. MERCOSUR는 브라질-아르헨티나 간 갈등을 해소하고 중남미의 신생 민주주의국가들에서 민주주의를 유지하고 공고화하는 목적을 가지고 있었다.

신현실주의는 극성을 통해서 지역주의를 설명할 수 있다. 국제체계를 강조하는 신현실주의에서는 미국이라는 극성의 변화를 통해서 지역주의를 설명한다. 양극이 붕괴하고 단극이 되자 안보에 대한 담요가 사라졌다. 이제 국가들은 과거 자유주의권과 사회주의권으로 분열되어 경제협력을 했던 시기와 달리 전면적인 경제적 협력과 경쟁의 장에 내몰리게 되었다. 여기에 더해 미국의 국력은 1945년도 전세계 생산량의 1/2에 육박하던 시기와 달리 2016년 세계 GDP에서 차지하는 비중은 20%대 초반에 불과하게 되었다. 이런 상황에서 미국은 WTO가 더디게 진행되자 전략적으로 지역주의를 활용하는 정책을 사용한 것이다. 다른 국가들 역시 안보담요가 사라진 상황에서 자국의 경제력을 증대해야 하는 압력을 지역주의를 활용하는 방법으로 풀고 있는 것이다.

신현실주의 계열의 패권이론에 따른 설명도 가능하다. 미국이 단극이 되면서 개방경제를 운영하길 원하고 이런 취지에서 지역주의를 활용하고 있다는 것이다. 미국은 EU의 개방화를 압박하기 위해서 북미자유무역협정(NAFTA)를 구성하였다. WTO를 구성하고 이것을 더 확장하기 위해 도하개발어젠더(DDA)로 바꾼 것도 이런 이유에 근거한 것이다. 하지만 패권이론 설명은 미국의 영향력이 최근 약화되는 상황을 설명하기 어려운 단점이 있다.

지역수준에서 설명하는 현실주의적 설명은 지역주의의 도미노 효과이다. 특정 지역의 지역협력이 강화되면 타 지역은 이에 대해 불안감을 느낀다. 불안감을 느낀 타 지역국가들 역시 자신들의 이익을 보호하기 위해서 지역주의 협력을 강화한다. 예를 들어 자유무역지대협정에서 무관세를 넘어 관세공동체를 만들 수도 있고 이후 공동시장을 구성할 수도 있으며 경제통합을 통해 통화공동체를 만들수도 있다. 국제정치학의 안보딜레마와 유사한 논리를 가지는 이 현상에 대해 로버트 길핀(R. Gilpin)은 '경제안보딜레마'라는 개념을 붙였다.

현실주의에서 또 다른 이론가인 죠셉 그리코(J. Grieco)는 '구속명제'를 통해서 지역통합을 설명한다. 지역내에 강대국은 주변 국가들의 안보 불안에 대한 우려로 지역경제협력체에 가입한다. 이렇게 자신을 제도에 구속시킴으로써 지역내부에 있을 강대국에 대한 반발을 축소시킨다. 반면에 지역내 중견국가들은 제도를 구성하여 자신들이 가입할 뿐 아니라 지역내 잠재적 패권국가를 가입시킨다. 제도가 가진 구속효과가 자신에게 사용되는 것보다 잠재적 패권국가를 견제하는 데 효과가 크다면 자신들이 감수할 비용에도 불구하고 지역협정에 가입하는 것이다. 프랑스가 독일을 끌어들여 지역통합을 추진하는 이유이기도 하다.

한편으로 정부는 지역주의를 국내정치에서 정책적 수단으로 활용하기도 한다. 다자주의를 받아들일 때 피해집단인 민간의 저항이 클 것이기 때문에 민간저항을 줄이고자 다양한 지역주의를 활용하는 것이다. 좀 더 적은 피해를 설득무기로 하여 정부는 다음 개방을 위한 선제적 조치를 취할 수 있다.

지역주의를 다루는 현실주의 이론중에는 정부간주의가 있다. 정부간주의는 수요측을 다루면서도 공급자로서 정부의 역할에 의해서 경제통합이 만들어진다고 주장한다. 모라프칙이 주도하고 있는 정부간주의는 정부협상당사자의 선호 등이 수요측의 요구를 최종적으로 필터링하여 지역통합여부와 수준을 결정한다고 본다.

(3) 구성주의이론

마지막으로 지역통합을 설명하는 입장에 구성주의가 있다. 구성주의는 관념으로 구성된 정체성과 아이디어를 가지고 지역주의를 설명한다. 국가들은 상대국가와의 관계에서 정체성이라고 하는 사회적 의식관계를 가진다. 주체와 주체간의 정체성이라는 인식이 어떤지에 따라 지역통합이 결정된다. 정체성은 대체로 언어와 문화, 종교 등에 영향을 받으며 어떤 방식으로 담론을 구성하는지도 중요하다.

유럽에서 지역통합이 가장 발전된 것은 서유럽국가들이 중세이전부터 있던 유럽적 정체성(기독교적 세계관과 언어의 유사성)에 기반하였기 때문이다. EU를 확대하려는 시도나 북대서양조약기구(NATO)를 동유럽국가들까지 확대하려는 시도에도 불구하고 내부에 마찰이 생기는 것은 서유럽과 동유럽이 가진 정체성차이에 기인한다는 것이 구성주의의 설명이다, 마찬가지로 유럽이 다자주의 경제공동체와 안보기구를 가진 것과 달리 아시아가 주로 양자적인 안보기구와 분산된 경제공동체를 가진 것은 미국이 유럽을 대등한 문화적 주체로 인정하여 1945년 이후에도 '다자주의'를 받아들이는데 주저하지 않은 반면에 아시아국가들에 대해서는 대등한 강대국으로 인정하지 않았기 때문이다.

지역통합이 추진되는 것은 앞서 본 것처럼 민간 측의 요구와 정치지도자의 가치관, 극성구조 등이 종합적으로 작동하기 때문이다. 각 지역주의마다 발생과 발전의 원인들은 그 지역의 역사적 요인등에 의해서 차이가 날 수 있다. 지역주의의 맥락을 고려해야 하는 이유이기도 하다.

2. 지역주의와 관련된 이슈들

(1) 다자주의와의 관계

지역주의는 다자주의와의 관계 정립에 대한 이슈를 가지고 있다. 과거 1930년대 대공황의 전세계적 전염으로 지역블록화가 형성되면서 자유무역의 규범과 규칙들이 사라졌기 때문에 지역주의가 다시 배타화를 통해 다자주의를 축소시키는 것이 아닐까하는 우려를 가지고 있다. 반면에 지역주의가 폭넓어지고 있고 WTO에는 지역주의가 과거 지역주의가 만들어지기 이전 보다 타국가들에게 차별을 가져올 수 없다고 규정을 두었기 때문에 지역주의가 오히려 자유무역의 다자주의규범을 강화할 것으로 보자는 견해도 있다. 한편으로 세계화의 현상이 지역중심의 지역주의의 특수성을 붕괴시킬 것이라는 우려가 있는가하면 세계화가 개별국가 차원에서 풀 수 없는 과제를 주기 때문에 지역주의를 강화할 것이라는 주장도 있다.

(2) 동아시아 지역주의의 저발전

두 번째 이슈는 동아시아 지역주의가 왜 통합되지 않고 경쟁적으로 발전을 하는가에 관한 것이다. 대표적으로 미국이 중심이 되는 환태평양경제동반자협정(TPP)과 중국이 중심이 되고 있는 역내포괄적경제동반자협력(RCEP)를 들 수 있다. 미국은 아시아회귀정책을 기반으로 하여 이 지역에서 경제적 우위를 회복하고자 하며 이것은 장기적으로 아시아태평양경제협력체(APEC)를 복구시키는 것을 의미한다. 반면 중국은 아시아·태평양자유무역지대(FTAAP, Free Trade Area of the Asia-Pacific)를 중심으로 아시아와 태평양 지역에 자유무역지대를 건설한다는 계획이다. 중국은 신아시아정책을 기반으로 아시아에 대한 자신의 영향력증대를 목표로 하며 이 지역내 경제적 우위를 활용하고자 한다. 특히 자국의 경제력을 외교적 협상력의 지렛대로 활용하는 것으로 인해 주변국가들의 불만을 가져오기도 한다. 여기에 더해 동아시아정상회의의 경우는 일본이 주도권을 쥐고 운영하고자 한다.

동아시아가 분산된 지역통합을 가져오는 원인은 다양하게 제시된다. 먼저 현실주의는 국가들간 힘의 관점에서 라이벌경쟁을 들 수 있다. 미중간 라이벌 경쟁구조와 중일간 지역리더십경쟁이 강한 것이다. 패권이론이 지적하듯이 단일한 통합을 위해서는 단일 패권이 필요하지만 단일패권이 형성되지 못한 상황에서 강대국간 경쟁이 치열하게 진행되는 것이다. 여기에 동북아시아는 안보경쟁의 치열함이 국가들간의 '상대적이익'에 대한 고려를 증폭시키는 것이다. 또한 아시아지역은 유럽과 달리 안보경쟁이 강하고 이는 경제적 협력이 부정적인 '안보외부효과'와 연결되기 쉽다. 즉 경제협력이 안보능력 증대로 연결되고 이것은 자국 안보에 대한 부담증대로 이어진다. 그리고 동북아시아는 과거 이념 경쟁의 경우 지정학이 덜 중요했지만 탈냉전이 되어 새롭게 영토분쟁등이 부상하면서 지정학 경쟁도 강화되고 있다. 미국은 중국의 해양대국화를 견제하고자 하며 중국은 미국의 해상포위를 견제하면서 해군력을 확대하고자 한다.

힘의 관계가 아닌 정체성으로 설명하는 구성주의에 따르면 이 지역의 강력한 민족주의와 약한 지역정체성이 분산된 통합의 원인이 된다. 지역 내 국가들의 정체성은 각기 다른 방향을 향해있다. 미국은 동아시아보다는 아시아-태평양이라는 정체성을 강조한다. 반면에 중국은 말 그대로 세상의 중심인 국가로서 동아시아를 하나의 정체성으로 본다. 일본은 근대화 이후 지속적으로 아시아-태평양에 관심을 가지고 있다. 한국은 동북아시아라는 지역 정체성에 관심이 높다. 이런 상황에서 한-중-일 3국은 피와 언어를 기반으로 한 배타적인 민족주의를 가지고 있다.

이런 비관적인 견해에 대해 자유주의는 낙관적인 입장을 취한다. 동아시아는 세계에서 가장 역동적인 성장을 보여준다. 세계은행은 2015년 중국의 성장률을 7.2%로 보았고 동아시아 개발도상국들의 평균은 6.7%정도로 보았다. 2016년 2월 19일 국제금융센터는 OECD가 추산한 세계경제성장율이 3.0%가 될 것으로 보았다. 미국은 2.0%, 유로존은 1.4%, 일본은 0.8%로 예상을 하였고, 중국은 6.5%로 예상하였다. 이런 지표를 볼 때 중국을 포함한 동아시아개발도상국이 가장 성장률이 높은 지역이라고 할 수 있다. 이것은 아직 낮은 1인당 국민소득이라는 조건과 분산된 자원과 유능한 인력의 필요성을 감안한다면 경제통합의 수요는 높다고 볼 수 있다. 지역주의를 통해 자유화를 거치면서 국가내부의 부를 증대시킬 뿐 아니라 민주주의를 유지하는데도 유용하기 때문에 지역통합은 점차 확대될 것이고 규모의 경제를 위해 통합적으로 진행될 여지가 있다.

최근 미국-중국-일본이 각각 중심이 되어 지역통합을 이끌고 있는 상황과 남사군도와 서사군도로 대표되는 지정학경쟁은 이 지역의 통합이 유럽모델을 따르지만은 않을 것임을 예상하게 한다. 게다가 지역 국가지도자들이 민족주의를 자신들의 지지기반으로 활용한다는 점을 볼 때 통일된 지역주의로 갈 가능성은 낮다. 이런 상황에서 대한민국은 다차원적인 지역주의에 가입하면서 각 지역주의간 충돌의 여지를 줄이는 것이 필요하다. 2016년 2월 사드(THAAD)논의처럼 미중간 강력한 줄서기 외교를 강제할 상황을 고려하면서 외교의 대원칙을 세우는 것이 필요하다.

답안을 위한 사례

RCEP vs. AIIB Vs. 아시아개발은행 vs. TPP

1. RCEP(역내포괄적 경제동반자협정: Regional Comprehensive Economic Partnership)

RCEP은 아세안(ASEAN) 10개국과 한국, 중국, 일본, 호주, 인도, 뉴질랜드 등 총 16개국이 지역경제 통합을 위해 추진하는 MEGA FTA이다. 세계최대규모의 FTA가 될 것으로 예상되는 RCEP은 체결되면 인구 기준 최대 규모(34억명)의 협정이며 명목 국내 총생산은 19조 7천 억대에 이를 것으로 전망한다.

중국이 주도하고 있는 RCEP는 2012년 11월 동아시아 정상회의(EAS)를 계기로 협상 개시가 선언되었다. 2013년 5월 첫 협정을 시작으로 2015년까지 협정의 내용확정을 목표로 한다. 최초에 RCEP는 아세안국가들이 주도했지만 중간과정에서 중국이 나서면서 현재는 중국이 주도하고 있다. 중국은 RCEP를 통해서 장기적으로 아시아・태평양자유무역지대(FTAAP, Free Trade Area of the Asia-Pacific)로 가고자 한다.

RCEP은 최근 한국 정부가 가입을 서두르고 있는 TPP와 함께 가입을 추진하고 있는 다자간 FTA다. 2015년 제7차 협상을 마친 RCEP는 2015년말 타결을 목표로 상품・서비스・투자분야를 비롯해 경쟁・경제협력・법률제도 분야를 다룬다. 한국은 농산물분야의 추가 시장개방과도 연관되어 있어 민감한 주제이다. RCEP 협상에 중국, 일본, 호주 등 농업 강대국이 참여하고 있고 중국이 이 협상을 주도하고 있다.

2. 아시아인프라투자은행(AIIB:Asian Infrastructure Investment Bank)

중국은 일대일로 정책을 실행하기 위해 아시아지역에 대한 투자은행을 설립했다. 시진핑주석은 2013년 미국 오바마대통령을 만났을 때 신형대국관계를 제안했다. 하지만 오바마대통령에 의해 거부당하자 중국은 같은 해 10월 일대일로정책을 발표함으로서 자신의 영향력을 과시했다. 일대 일로로 나가는 국가들에 대한 투자를 위해서는 AIIB에 우선적으로 가입해야 한다. 국제적으로 경기가 나쁜 상황에서 새로운 인프라투자(도로, 철도, 기간시설 등의 분야)처를 찾고 있던 국가들이 이 제도에 가입신청을 했다. 21개의 아시아 국가들이 2014년 10월 양해각서(MOU)에 서명하였다. 또한 2015년 창립할 당시 57개 회원국이 창립회원국가의 자격을 얻었다. 이때 미국의 동맹국중 일본을 제외한 대부분의 국가들이 신청을 하였다. 한국도 신청했다. 이 제도는 부상한 중국의 경제적 위상을 미국과 일본에 보여주려는 목적을 가지고 있다. 2019년 중국 투자에 대해 불만을 가진 국가들(파키스탄, 말레이시아등)이 나타나고 있어 향후 추이를 지켜보아야 한다.

3. 아시아개발은행(ADB: Asian Development Bank)

1966년 아시아와 태평양지역의 역내경제협력과 개발도상국의 경제개발을 위해 만든 조직이다. 2000년 기준 역내국가 42개국과 역내국가 16개국으로 구성되어 있다. 주요 업무는 가맹국가가 출자 혹은 차입금으로 구성된 일반재원을 투자 혹은 융자하고, 아시아개발기금(Asian Development Fund)을 융자하는 것과 함께 기술지원과 국가에 의한 협조융자가 있다. 이 기구는 일본이 동남아시아국가들의 개발을 지원하면서 일본의 영향력이 강하다. 일본은 여기서 의견을 제안하여 국가간 통화스와프제도를 만들었다. 2000년 치앙마이에서 열린 아시아개발은행회의에서 일본은 한국과 중국과 협의하여 다자적인 통화스와프를 만들었다. 현재 치앙마이이니셔티브로 불리는 이 제도는 일본이 구심점으로 동아시아의 금융위기에 대처해가고 있다.

4. TPP(환태평양 경제동반자협정: Trans-Pacific Strategic Economic Partnership)

TPP는 오바마정부에서 출범위해 노력했지만 2017년 트럼프정부 들어와서 탈퇴를 한 제도이다. 이 제도는 장기적으로 아시아태평양경제협력체(APEC)을 보완하기 위한 제도였다. 트럼프대통령이후 미국이 다시 가입할지는 미지수이지만 오바마 정부에서 중국의 영향력을 견제하기 위한 방안이었다는 점에서 의미가 있다. 미국은 이 제도를 통해 일본과 FTA를 체결하고자 했다.

답안을 위한 **사 례**

영국 브렉시트(Brexit)

논의 배경: 영국은 2016년 6월 23일 국민투표를 통해 유럽연합을 탈퇴하는 것을 결정하였다. 영국의 이탈이라고 하여 (British + Exit → Brexit)라고 명명화되었다. 향후 유럽연합의 미래와 다른 지역공동체에 주는 의미가 크기 때문에 간략히 살펴본다.

1. 영국의 EU이탈의 원인

(1) 영국의 경우 EU에 대한 부담이 크다. 영국이 유럽연합에 내는 분담금이 연간 22조원인데 영국내무부의 예산 15조원이라는 점에서 얼마나 큰 예산인지를 알 수 있다.

(2) 이민자 정책에 대한 EU의 제한이 작용했다. 이민자들이 늘면서 영국의 노동자들에게는 경쟁자들이 생기게 되었다. 또한 시리아사태로 이민자가 급증하였다. 설상가상 EU는 이민자를 국가별로 할당하는데 영국의 부담이 크다. 실제 2015년 영국으로 유입된 순이민자는 33만명으로 추산된다. 이는 이민자 복지정책과 내국인 고용시장의 경쟁을 심화시키는 것이다.

(3) 영국이 유로존국가가 아니다. 따라서 새로운 화폐구성의 어려움이 없다는 점도 쉽게 영국이 유럽연합을 이탈하게 만들었다.

(4) EU내 적은 영향력도 고려할 수 있다. 영국은 유럽의회내 의석수 10%가 안 된다.

(5) 영국의 대영제국에 대한 자부심을 들 수 있다. 대영제국의 역사로 유럽통합에 대한 거부의식이 강하다.

(6) 2012년 영국 재정위기를 이유로 들 수 있다. 재정위기가 발생했을 때 보수당의 캐머론 총리는 유럽탈퇴 의사를 보였다.

(7) EU 전반적으로 저성장추세인데 영국은 경제회복기미를 보이고 있다. 따라서 유럽연합과 엮이고 싶지 않은 것이다.

참고: 영국 외교의 대서양주의 vs. 유라시아주의
- 대서양주의가 강할 경우 영국과 미국의 관계 중시함.
- 유라시아주의가 강할 경우 유럽에서의 관계가 중요함.
- 영국외교는 이 두 가지 정향을 오감.

2. 역사적 선례

영국이 유럽통합에서 발을 빼려고 한 역사적 선례도 있다. 영국은 1973년 유럽 공동체(EC)가입후 1975년 국민투표를 거쳐 잔류여부를 결정했다. 당시에는 67%로 잔류를 결정하였다.

3. 이탈의 영향

(1) 영국의 유럽내 무역의 어려움.
(2) 아시아와 미국 등에서 수출경쟁력 하락
(3) 유럽내 영향력 하락
(4) 스코틀랜드등의 분리독립움직임 강화
(5) 영국의 자본가와 노동자간 대립강화

4. 영국 브렉시트 결정

(1) 영국의 유럽연합탈퇴 효력 발휘 조건: 유럽연합의 리스본조약 50조에 따라 탈퇴를 통보 → 협상시작 → 2년 뒤에는 자동적으로 탈퇴. 하지만 결정이 지연되고 있다.

(2) 최종 결정: 2019년 4월 현재 영국에서는 국민투표를 다시 하자는 주장과 노딜 브렉시트 등으로 나뉘어서 다투고 있다.

제3절 정보통신혁명

과거와 달리 국제전화를 사용하는 비용이 급격하게 줄었고 인터넷전화는 무료로 통화가 가능하며 카카오톡은 문자를 무료로 사용할 수 있게 해준다. 의사소통의 비용하락은 인식적 공간에서 대인관계의 변화를 가져왔다. 세계화도 인식의 공간적 축소로 본다면 정보통신혁명은 인식공간축소의 핵심적인 위치를 차지한다.

정보통신혁명이 어떤 효과를 가져오는지는 2011년 중동의 민주화에서 극대화된다. 아랍의 봄은 튀니지에서 시작되었다. 국가의 꽃인 재스민을 빗대 '재스민 혁명'으로 불린 튀니지 민주화는 2010년에 있었던 26살 청년이자 노점상인 모하메드 부아지지가 부패경찰의 단속으로 분신자살을 한 사건이 페이스북을 대표로한 SNS매체에 의해 2011년 민간에서 이슈로 폭발하면서 민주주의를 가져오게 하였다.[7] 이슬람교가 가진 비민주적 성격에도 불구하고 인

7) **아랍의 봄**: 2015년 튀니지 민주화를 가져온 단체인 '국민 4자 대화기구'가 노벨평화상을 받았다. 튀

해 아랍 지역에서 민주주의가 되었다는 점은 민주주의가 보편적인 정치체제임을 입증해주는 것이다.

정보통신혁명이 국내정치에서만 중요한 것은 아니다. 국제정치에서 정보통신혁명은 혁신적인 변화를 가져오고 있다. 사이버공간을 활용한 공격이 대표적이다.[8] 미국은 이란의 핵개발을 막기 위해 stuxnet이라는 바이러스를 만들어서 핵시설에 공격을 가했다. 국가차원의 공격무기가 될 수 있다는 점과 향후 방어력강화와 함께 다른 국가들도 공격용으로 활용할 가능성이 높다는 점에서 새로운 형태의 안보딜레마를 가져올 수 있다.

정보통신혁명에서는 민주주의라는 국내정치와 안보와 관련된 국제정치에서 미치는 영향을 다룬다. SNS를 활용한 투표에서 유권자들의 전략적 선택을 돕는 것과 국제정치에 미치는 영향까지 확장해서 다룸으로서 최근 정치환경변화인 정보통신혁명을 구체화한다.

1. 정보와 정보통신기술의 의미

정보통신혁명에 앞서 정치학에서 다루는 의미 있는 '정보'의 개념을 정의할 필요가 있다. 정보는 일반적으로 "생물이 생존을 지키기 위해 자신의 이익을 판단하는데 있어 필요한 유용한 자료"라고 개념화할 수 있다. 그러나 이 개념은 너무 추상적이며 분석개념으로 유용하지 않다. 정치학에서 의미 있는 개념으로서 정보란 "의사결정을 하는데 사용되는 의미 있고 유용한 형태로 처리된 데이터"로 정의될 수 있다. 의사결정이라는 정치적 활동에 유용한 것만을 다룬다.

정보화는 잘 사용하지 않는 개념이다. 정보화의 의미는 의미 있는 형태의 정보를 정보통신기술의 발달에 따라 실제 생활에서 응용하고 사용하는 과정과 현상을 지칭한다. 통신망과 인터넷의 보급으로 인해 정보의 접근 비용이 떨어지고 정보에 대한 접근이 일상화된 것을 의미한다. 하지만 이 용어는 일본에서 주로 사용되기도 하고 정확히 의미전달이 안된다고 하여 정보통신이라는 용어를 주로 사용한다. 여기서 한 걸음 더 나가 정보통신 '혁명'을 사용하는 입장도 있다. 정보통신혁명은 전자공학, 컴퓨터공학, 정보통신과 기술적인 혁신의 수렴 및 융합을 통해 인류의 삶의 형태를 바꾸는 것을 의미한다. 농업혁명과 산업혁명이후의

니지민주화뿐 아니라 민주주의고착에도 기여했기 때문에 평화상을 수상하게 되었다. 아랍의 봄으로 민주주의가 만들어진 이집트, 리비아, 예멘에서는 군사쿠데타나 내전이 벌어져 민주주의가 자리 잡지 못하고 있는데 비해 튀니지는 민선 대통령으로 민주주의가 안착되고 있다.

8) **사이버위협**: 사이버공격은 북한의 공격으로 잘 알려져 있다. 북한은 2009년 7월 7일 대한민국정부와 포털사이트 그리고 은행 등을 공격했다. 7.7 Ddos공격으로 불리는 이 공격에 대해 국가정보원은 북한공격의 진원지를 북한 체신청이라고 밝혔지만 그 증거를 제시하지는 못했다. 보안업체 등의 조사에서는 북한 소행이 아니라 여러 민간에서의 공격이라고 주장하기도 했다. 2011년 1월 6일에는 한 10대 학생에 의해 남북한 사이버전쟁이 촉발되기도 했다. 북한의 사이버공격은 2014년 미국의 소니픽처스의 영화 인터뷰에서 김정은을 모독한 내용에 대해 테러위협을 가하였고 해킹을 하였다. 북한의 테러위협에 영화는 상영을 보류하기도 하였다. 어너니모스라는 민간해킹 단체가 소니픽쳐스의 공격을 북한에 대한 공격으로 단정하였고 현재까지 조사 중에 있다.

제 3의 혁명이라고 불리기도 한다. 반면에 이 정도는 효과를 과장하는 것이라는 비판적인 입장도 있다.[9)]

정보통신의 발전은 지식이라는 기반이 좀 더 쉽게 접근하여 사용할 수 있게 되는 것이다. 동시에 사용할 수 있어 공시성과 편재성을 가지는 '동시성'이라는 특성과 주체와 대상이 상호연결되는 '상호연결성'이라는 특성과 함께 집단적인 이성을 활용할 수 있게 해주는 특성을 가지고 있다. 정치적 관점에서 시공간의 압축과 함께 기득권이 없는 민간세력이 주류세력을 쥐고 흔들 수 있게 해주는 '긴꼬리 법칙(long-tail effect)'이 작동한다는 점에서 큰 의미가 있다.[10)] 또한 다양한 주체들이 상호연계될 수 있다는 점에서 주체의 확장과 연결이라는 의미를 가져온다.

2. 정보통신혁명의 효과

표를 통한 비교 **정보통신혁명의 효과**

1. **국내정치 효과:**
(1) 정당의 선거결과에 영향(ex, 2012년 오바마 대선승리, 2011년 박원순 서울시장 당선
(2) 유권자 결집: 끼리끼리 효과(이념이 같은 이들의 결집) vs. 다름에의 노출(다양한 집단의 결집)
2. **국제정치 효과:** 연성권력강화, 새로운 안보문제 등장 ex, Stuxnet 공격

정보통신혁명이 발전한 계기는 여러 가지 이유가 있다. 수요측면에서는 개인컴퓨터의 보급과 인터넷과 통신망의 확대가 기여하였다. 공급측면에서는 국가가 인트라넷을 활용하던 것을 인터넷으로 확대한 면이 있다. 미국이 안보자산을 핵공격에서 보호하기 위해 정보를 다양한 공간으로 저장한 인트라넷을 민간의 인터넷으로 확대해준 것이 현재 인터넷을 활용하는 기반이 되었다. 또한 소프트업체들의 프로그램 발전이 민간이 편하게 인터넷을 활용할 수 있게 하였다. 또한 스마트폰의 보급이라는 요인도 정보통신기술이 확대되는데 일조했다.

---

9) **정보의 분류**: 정보통신기술이 발전한다고 하여 모든 정보가 동일하게 저렴하게 보편적으로 공급되는 것은 아니다. 죠셉 나이는 정보를 ① 자유이용정보 ② 상업적 정보 ③ 전략적 정보로 분류하였다. 자유주의 이론가들이 정보통신기술의 효과를 과도하게 예상하지만 실제 정보를 구분해보면 보편적인 정보와 전략적인 정보의 차이를 구분해볼 수 있다. 정보자체의 통제와 정보의 비대칭성이 있다는 점에서 정보는 중요한 권력자원이다. 이는 국가간 관계와 집단간 관계와 개인간 관계의 권력 변화를 가져오고 있다.

10) **긴꼬리 법칙**: 튀니지와 이집트에서 민주화의 이슈도 긴꼬리법칙을 잘 보여준다. 2014년 홍콩의 민주화시위였던 우산시위를 이끈 조슈아 웡이라는 17세의 고등학생이 홍콩의 민주화시위를 이끌었던 사례도 긴꼬리법칙을 보여준다. 한국에서 2008년 미국산소고기수입문제로 촛불시위가 있었던 것이나 1987년 민주화를 가져온 학생과 시민들 역시 긴꼬리 법칙을 잘 보여준다. 그러나 1987년 사례는 정보통신기술의 발전 이전이라는 점에서 최근 인터넷 기반의 시민간 연결과는 차이가 있다.

이론적으로는 공급측인 기술발전에 정보통신기술 발전이 뒤따른다는 '기술결정론'과 사회적 수요측이 먼저 있고 정보통신기술 발전이 뒤따른다는 '사회적 수요론'이 있다.

이런 배경에 기반한 정보통신혁명이 가져온 변화는 국내정치와 국제정치로 나누어 볼 수 있다. 국내정치에서 핵심은 전자민주주의와 관련되어 있다. 이 부분은 전자민주주의에서 상술하고 여기서는 간략히 의미만 짚어본다. 한국에서는 2010년 지방선거에서 SNS의 효과를 보았고 특히 2011년 서울시장보궐선거에서 무소속의 시민운동가인 박원순후보가 여당후보를 제치고 선거승리를 한 사안에서 극명하게 그 효과를 보여주었다. 2012년 19대 총선에서는 SNS를 동원한 투표인증운동 등이 정치에 변화를 주었다. 미국에서 오바마대통령이 MYOVA를 활용한 사례에서 볼 수 있듯이 SNS를 활용한 투표활용은 한국만의 현상은 아니다. 향후에도 인터넷 투표나 인터넷을 활용한 민주주의 활용 등이 활용될 것이기 때문에 추상적인 민주주의가 아닌 실제 민주주의 작동에 중요하다.

인터넷의 발전이 국내정치에 영향을 미치는 것이 다른 나라에도 영향을 줄 수 있다. 중동민주화는 이런 상황의 대표적인 사례이다. 아랍국가들의 경제적으로 빈곤한 상황과 높은 층의 청년 비율은 권위주의체제에 대한 불만을 가져올 수 있는 배경조건이 된다. 이런 상황에서 전자통신수단이 발전하고 인터넷을 기반으로 정보공유가 되는 것은 개별적인 불만을 집단적인 불만으로 만들어준다. 민주주의가 만들어지기 위해 권위주의에 대한 대안세력이 필요한데 정보화는 대안세력을 구성할 수 있는 매개장치를 만들어준 것이다. 이런 상황에서 극단적인 사건들(튀니지의 부아지지라는 청년의 죽음과 이집트의 칼리드 사이드라는 청년의 죽음)이 불만을 폭발시키는 방아쇠로 작동한 것이다. 게다가 주변 국가들의 민주주의 확대를 인터넷을 통해서 접하게 되면서 민주화의 '눈덩이 효과(Snowballing effect)'가 작동하게 된다.[11]

정보통신혁명의 발전에 따라 SNS가 정치에 미치는 효과가 긍정과 부정으로 나타나기도 한다. SNS가 인터넷기술의 발전과 함께 정보취득비용을 낮추고, 숙의성을 증대시키면, 교량형(bridging)사회자본을 늘려 민주주의를 발전시킨다는 긍정론이 있다. 반면에 짧은 글로 구성되는 SNS가 오히려 숙의성을 약화시키고 결속형(bonding)사회자본[12]을 증대시킨다는 반박도 있다. 이에 따라 다원성을 증대하여 '다름에의 노출'을 만든다는 입장과 '끼리끼리' 집단화를 가져와서 민주주의를 저해한다는 입장이 대립하고 있다. 유튜브를 통한 가짜뉴스가 대표적인 '끼리끼리' 현상이다. 다만 이 현상이 세대별로 나타나기 때문에 SNS의 효과를 세

---

11) **눈덩이효과의 의미**: 눈덩이효과는 눈이 산에서 굴러 내리면서 주변 눈을 쓸어내리듯이 민주주의가 만들어지면 주변 지역에 민주주의를 퍼뜨리게 된다는 것이다. 1980년대 중남미에서의 민주주의 확대현상이나 동아시아에서 민주주의가 확대되는 것이 사례이다.

12) **교량형사회자본 vs. 결속형사회자본**: 교량형은 사회자본이 확대되어 사회적 신뢰를 구축하게 만든다. 다원적인 집단들간의 연결을 통해 신뢰라고 하는 사회자본을 늘려주는 것이다. 반면에 결속형 사회자본은 폐쇄적인 집단간에만 관계를 늘리고 타 집단에 대해 배타적인 행동을 하게 한다. 지연, 학연으로 구성된 집단에서 나타나는 사회적 관계를 의미한다.

대별로 구분해보아야 한다는 주장이 설득력 있다.

정보통신혁명은 국제정치에도 영향을 미친다. 대표적으로 권력의 자원과 연성권력의 중요성을 부각시키는 권력논의를 들 수 있다. 또한 정보통신혁명은 안보분야에도 전통안보와 국가안보에 영향을 줄뿐 아니라 인간안보와 사이버안보분야에도 영향을 준다. 정보통신혁명은 군사기술에 영향을 미쳐 군사 운용체계의 변화와 통합화(C_4 IRS: 정보감시와 지휘통제체계를 포함한 군사운용체계)에 변화를 가져온다. 사이버테러리즘은 변화한 안보환경을 대표하는 사안이다. 또한 핵과 생화학무기와 같은 대량살상무기(Weapons of Massive Destruction)가 아닌 '대량전복무기(Weapons of Massive Disruption)' 혹은 '정밀전복무기(Weapons of Precision Disruption)'의 중요성도 부상하고 있다. 미국이 2003년 이라크에서 사용한 전자자기장 폭탄(EMP폭탄)을 예로 들 수 있다. 앞서 사례로 들었던 미국의 이란에 대한 Stuxnet바이러스 공격 역시 정보통신 혁명이 가져온 안보정책의 변화다. 미국의 사이버안보정책이 '공격전략(공격무기중심)'[13]으로 바뀌었다는 것을 의미한다. 만약 미국의 정책이 방어보다는 해커위주의 공격전략위주로 바뀌면 국가의 성격도 '안보추구(security maximize)'적이기보다는 '권력추구(power-maximize)'적이 된다.[14] 이런 미국의 전략변화는 다른 국가들도 공격위주 전략으로 변화시킬 가능성이 높다. 결과적으로 사이버분야의 안보딜레마 혹은 안보경쟁을 강화할 것으로 예상된다.

3. 4차 산업혁명과 정치적 의미[15]

2017년 한국사회의 중심화두는 4차 산업혁명이었다. 다보스 포럼의 회장 클라우스 슈밥이 이슈를 만든 4차 산업혁명은 과거 3차례의 산업혁명과 다른 산업혁명이며 향후 정치, 경제, 사회 전분야에 변화를 가져올 것이다. 국내정치에서는 새로운 계급 갈등과 함께 국가간 권력관계변화를 가져올 것으로 예상된다. 그러나 4차 산업혁명이 실체가 정확하지 않다는

---

13) **공격무기와 방어무기의 구분**: 공격용무기는 기동성을 핵심으로 한다. 반면에 방어용무기는 화력을 핵심으로 한다. 과거 재래식무기는 대체로 공격에 사용되기도 하고 방어에 사용되기도 하였다. 하지만 핵무기는 완전히 공격무기로서 무기체계를 공격과 방어로 구분하게 만들었다. 미사일과 폭격기는 공격용무기이다. 미국의 미사일방어체계와 고고도미사일방어망인 사드는 방어용무기이다. K-9 자주포는 빠른 속도로 이동할 수 있기 때문에 공격용무기이며 같은 구경의 155미리 야포는 방어용무기이다.

14) **권력극대화와 안보극대화 비교**: 권력극대화(power-maximizing)는 강대국이 자신이 가진 현재 가치보다 많은 것을 가지기 위한 것이다. 권력을 키운다는 것은 더 많은 것을 가지기 위한 것이기 때문에 현상타파적이다. 반면에 안보극대화(security-maximizing)는 자신이 현재 가진 것을 지키는 것이다. 이것은 현재 상황을 유지하는 것으로 현상유지적이다. 만약 중국이 현상유지적이라면 적당한 잠재력까지 성장하고 더 많은 권력을 추구하기 위해서 영토나 자원확보에 나서지 않을 것이다. 그러나 중국이 권력추구적이라면 중국은 현재 상황을 변화시켜 과거 자신이 제국이던 상황으로 돌아가고자 할 것이다. 동북공정은 과거 역사를 현재 힘에 기반해서 재해석하려는 현상타파정책이다. 그런 점에서 중국의 성향이 무엇인지를 파악하는 것은 미래예측에 있어서 핵심이 된다.

15) 클라우스 슈밥 『클라우스 슈밥의 제 4차 산업혁명』(서울:새로운 현재,2016)를 요약함.

점과 3차 산업혁명의 연장선에 있다는 점에서 아직 학문적인 개념이 아니라는 지적도 있다. 개념적 정의가 명확하지 않음에도 불구하고 인공지능(AI)의 발전과 분야별 통합이 진행되는 새로운 환경변화가 작동한다는 점에서 정보화의 연장선상에서 다룬다.

4차 산업혁명에 대한 문제의식은 다음과 같다. 4차 산업혁명의 시대에 어떠한 변화가 진행 중이며 4차 산업혁명으로 인해 향후 다양한 분야에 어떤 효과가 나타날 것인지? 특히 국가 내부에서는 어떤 변화가 일어날 것인가? 어떤 사회적 갈등이 예상되며 이것을 해결하기 위한 정치제도는 무엇이어야 하는가? 또한 4차 산업혁명으로 권력변동이 일어난다면 국가중심의 현실주의 이론적 접근을 넘어설 것인가? 권력변동에 대해 한국은 어떤 대비책이 필요한가?

4차 산업혁명의 의미는 '물리학, 생물학, 컴퓨터, 나노기술 등의 기술약진이 융합하여 분야별로 교류하는 현상'이다. 3차 산업혁명과 다른 4차 산업혁명의 특징[16]은 21세기 유비쿼터스 모바일 인터넷, 더 저렴하고 작고 강력해진 센서, 인공지능과 기계학습을 들 수 있다. 그러나 의미와 특징의 개념화 부분은 아직 정확하지 않다. 4차 산업혁명이 학문적인 개념 정의라기보다 정책을 만들기 위해 접근하고 있기 때문이다.

산업혁명의 역사적 전개과정은 산업혁명과 패권국가의 등장과 직접 연결된다. 1차 산업혁명(1760-1840년대)은 철도건설과 증기기관의 발전을 특징으로 한다. 이때 가장 주도국가가 영국이다. 2차 산업혁명(1890년대-1900년대 초)은 전기와 철도를 중심으로 한다. 이때 주도 국가가 미국과 독일이다. 이후 미국은 패권국가가 되었고 독일은 1차 세계대전과 2차 세계대전을 경험하면서 패권국가가 되지는 못했다. 3차 산업혁명(1960년대 이후)은 반도체와 컴퓨터와 PC와 인터넷을 중심으로 발전하였다. 이때 주도 국가는 다시 미국이 되면서 1990년대 패권으로 재부상하였다. 4차 산업혁명(2000년대 이후 진행중)은 인공지능과 인터넷과 산업과 분야별 발전의 '융합'이 나타나고 있다. 3차 산업혁명과 가장 구분되는 점은 분야별 '융합'이다.

4차 산업혁명의 파괴적인 변화와 혁신의 사례들로는 에어비앤비(Airbnb), 우버, 알리바바와 같은 파괴적 혁신기업들, 구글의 자율주행차를 들 수 있다. 이러한 사례들의 의미는 혁신의 속도가 빠르고 규모수익이 크다는 것이다. 또한 수확체감이 작동하지 않는다. 4차 산업혁명을 전통산업과 비교하면 속도와 영향의 크기를 알 수 있다. 1990년대 디트로이트 3대 대기업의 시가 총액 360억 달러고 매출은 2,500억 달러였으며 근로자 120만 명에 달했다. 그러나 2014년 실리콘 밸리 3대기업의 시가 총액 1조 900억 달러고 매출은 과거와 유사하나

16) **4차 산업혁명의 3가지 특징**: 첫째, 속도. 산업혁명의 속도가 기하급수적이다. 반면에 1차-3차 산업혁명의 속도는 선형적(점진적)이다. 둘째, 범위와 깊이. 디지털혁명을 기반으로 하여 개인, 기업, 경제, 사회, 국가까지 변화한다는 점에서 3차 산업혁명과 차이가 난다. 셋째, 시스템 충격. 국가간, 기업간, 산업간, 사회전체 시스템의 변화를 수반한다. 3가지 특징이 정확하지 않지만 다른 산업혁명의 영향보다 속도와 범위가 크다는 점을 강조한다.

근로자수 13만 7천명으로 줄었다. 위의 사례들의 정치적 의미는 기존 산업과 달리 4차 산업혁명의 수혜를 입는 기업들의 탄생과 변화가 국가들의 국력변화와 관련된다는 것이다. 예를 들어 중국기업들의 부상은 중국의 부상으로 이어지는 것이다.

4차 산업혁명의 발전의 걸림돌도 있다. 2가지가 예상된다. 첫째, 영향을 미칠 전 분야에 걸친 리더십 수준이 낮고 변화에 대한 이해력이 떨어진다. 즉 변화를 이해하고 이끌 지도력이 부족하다. 둘째, 4차 산업혁명에 대한 담론화가 부족하다.

정치적으로 볼 때 4차 산업혁명의 수익과 피해가 중요하다. 4차 산업혁명에 따른 예상 수혜자들은 다음과 같다. 혁신적 설계자, 투자자, 주주와 같은 지적, 물적 자본을 제공하는 사람들과 소비자들이다. 특히 소비자들은 비용하락으로 더 많은 소비와 더 많은 서비스를 이용할 수 있다. 반면에 예상 피해자는 공급 측에서 노동 부분이다. 특히 여성 노동자들의 피해가 클 것이다. 인공지능과 자동화에 의해 일자리가 없어질 가능성이 높기 때문이다. 이것은 정치적으로 볼 때 다음과 같은 의미를 강화한다. 계층 간의 대립을 강화할 것이다. 가장 핵심은 사라질 노동이 많다는 것이다. 향후 이들 사라질 노동을 흡수할 수 있는 새로운 노동시장이 필요하다. 여기서 2가지가 중요하게 되고 있다. 첫째, 새로운 노동시장으로 이전하기 위해 미래 노동자들에 대한 교육 특히 창의적 교육이 중요하다. 둘째, 이런 새로운 노동시장 창출이 어렵다면 기존 일자리를 나누어야 한다. 이것은 현재 노동시장에서의 직업공유(job-sharing)가 중요한 문제가 될 것임.

4차 산업혁명을 이끄는 기술들로는 물리학기술, 디지털기술, 생물학기술의 3가지를 들 수 있다.[17] 4차 산업혁명을 구체화해갈 수 있는 방법들[18]도 발전하고 있다.

---

17) 기술적 특징을 요약하면 다음과 같다. ① 물리학 기술: 무인운송수단(상업용 드론과 잠수정이 사례). 3D 프린팅. 첨단 로봇공학. 신소재(자가 치유와 세척이 가능한 소재, 형상기억합금등. ex, '그래핀'이라는 나노 소재는 강철보다 200배 이상 강하고 두께는 머리카락의 1/100만, 열과 전기의 전도성을 가짐. 그러나 1 마이크로미터크기의 그래핀 가격은 1,000달러이상으로 가격이 과하게 비쌈) ② 디지털 기술: 사물인터넷 혹은 만물인터넷의 활용. 기업은 모든 상자와 화물 운반대, 예를 들어 컨테이너에 센서와 송신기 혹은 전자태그를 부착하여 공급망의 이동할 때 위치 및 상태를 추적할 수 있음. 디지털 기술로 인해 공유경제가 가능해짐. 예를 들어 가장 큰 택시기업인 우버는 자동차가 없고 세계에서 가장 큰 숙박업체인 에어비앤비는 소유한 부동산이 없음. 여기서는 공유(sharing)가 핵심임. ③ 생물학 기술: 인간게놈프로젝트의 활용이나 합성생물학기술. 예를 들어 IBM의 슈퍼컴퓨터 왓슨(Watson)은 몇 분만에 질병과 치료 기록, 정밀검사와 유전자 데이터를 비교 분석하여 암환자에게 개인 맞춤형 치료법을 제공함. 이때 문제는 유전자에 손을 대기에 윤리적 문제가 발생할 수 있음.

18) 구체적인 방안들을 요약하면 다음과 같다. ① 체내 삽입형 기기: IT 기계를 신체에 삽입. ex, 심박조율시, 달팽이관 삽입. 전자 문신. ② 디지털 정체성: 인터넷과 소셜 미디어에서의 정체성을 가짐. ③ 새로운 인터페이스로서의 시각: 구글 글래스로 연결하여 정보를 전달. ④ 웨어러블 인터넷: 애플워치와 의류에 인터넷을 연결 ⑤ 유비쿼터스 컴퓨팅: 스마트폰이나 클라우드 서비스를 통해 개인이 컴퓨터이용이 가능. 전 세계 90%가 인터넷에 접속할 수 있음. ⑥ 주머니 속 슈퍼 컴퓨터: 스마트 폰의 사용이 증대할 것임. ⑦ 누구나 사용할 수 있는 저장소: 무료저장소가 늘어날 것임. ex, 드롭박스. ⑧ 사물 인터넷: 모든 사물에 인터넷을 연결하여 자원 활용성과 생산성을 증대함. ex, 자율 주행자동차. ⑨ 커넥티드 홈: 가정의 자동화를 가져옴. 로봇 등을 이용할 수 있음. ⑩ 스마트 도

4차 산업혁명의 '국내정치'와 '국제정치'에 대한 영향 분야와 영향력을 세부적보면 다음과 같다. 첫째, 경제전반이다. ① 저성장시대와 고령화 시대의 성장률과 생산성에 대한 영향이 크다. ② 긍정적 전망으로는 생산성증대와 성장률을 증대시킬 것이다. ③ 비관적 전망으로는 디지털혁명의 영향이 종결되고 생산성의 영향력도 종결될 것이다. ④ 4차 산업혁명이 생산성을 높일 가능성이 그리 높지 않을 수 있으며 고령화시대 인구의 생산성을 높이는 것도 가능성이 높지 않다. ⑤ 아직 파악 못 한 수요를 알 수 있는 기회를 제공하거나, 부정적 외부효과를 알 수 있게 하여 잠재적 경제성장을 촉진하거나 디지털 기술을 이용하여 효율성을 실현할 수 있도록 조직을 개선하여 다소 생산성을 높일 수 있다.

둘째, 경제 차원에서 노동 문제이다. ① 비관적 전망으로는 기계화와 자동화로 일자리가 상실될 것이라는 점과 값싼 노동력만을 요구하는 일자리만 남을 것이다. 그러나 반론으로는 새로운 일자리가 창출될 가능성이 있다. ② 노동시장의 변동 가능성이 있다. 미국의 경우 19세기 농업인구가 90%였지만 현재 농업인구 2% 미만으로 줄었다. ③ 4차 산업혁명에 의한 일자리 창출은 과거 산업혁명으로 인한 일자리보다 적을 것이다. ④ 옥스퍼드대학 연구팀의 연구에 따르면 10년에서 20년 사이 미국 내 모든 직업의 47%가 자동화로 위험에 처할 수 있다고 한다. ⑤ 일자리 붕괴와 노동시장재편이 문제가 될 것이다. 이때 핵심은 시장재편에 누가 희생양이 될 것인지와 이들을 어떻게 보호할 수 있는가하는 점이다. ⑥ 저직능 저급여 노동과 고직능 고급여 노동의 양극화 심화가 예상된다. ⑦ 선진국과 개도국간의 갈등도 예상된다. 예를 들어 reshoring이라는 제조업이 다시 선진국으로 회귀하는 현상이 나타난다. ⑧ 부의 집중으로 선진국과 고효율노동자에게 부가 집중될 것이다. ⑨ 남성과 여성의 갈등도 강화될 수 있다. 4차 산업혁명에서 여성들의 경우가 피해가 더 클 것으로 예상된다. 물론 심리학, 치료사, 코치, 이벤트 플래너, 간호사 등에서는 여성이 훨씬 우세할 수는 있다. ⑩ 국제정치적으로 노동과 자본의 이동이 더 강력해질 것이다. 노동력을 모으는 데 있어서 휴먼 클라우드 방식을 사용하게 될 것이다. 이는 고정된 조직형 노동자 보다 독립형 노동자가 늘어날 것을 예측할 수 있다. 국가별로 노동 장벽이 사라질 수 있지만 노동시장은

시: 도로 등을 인터넷과 연결시킴. ⑪ 빅 데이터를 활용한 의사결정: 데이터집합을 이용하여 의사결정을 원활히 함. ⑫ 자율주행자동차: 테슬라. 구글 등에서 활용 중. ⑬. 인공지능과 의사결정과 화이트 칼라 그룹의 강화: 기업이사회에 인공지능기계가 등장할 것임. 인공지능에 의해 직업군이 사라지게 될 것임. ex, 옥스퍼드연구팀의 조사에 따르면 10년에서 20년 사이에 47%의 직업군이 사라질 수 있음. ⑭ 로봇공학과 서비스: 로봇과 자동화과정이 강화될 것임. ⑮ 비트코인과 블록체인: 화폐가 디지털화폐로 변화. ex, 삼성페이. ⑯ 공유경제: 카세어링, 하우스셰어링의 강화. ex) 우버, 쏘카. ⑰ 정부와 블록체인: 블록체인은 분산식 신탁메카니즘으로 신용카드회사와 유사한 것으로 이해됨. 정부도 이런 방식으로 세금을 거둘 수 있음. ⑱ 3D 프린팅 기술과 제조업과 인간 건강과 소비자 제품: 적층가공기술로 물건을 만들게 됨. 복잡한 장비없이 만들 수 있음. 공장의 필요성이 줄어들고 3D프린터가 대체할 수 있음. 3D프린터가 인간장기를 구성하는 날이 올 수도 있음. 소비자제품 가운데 5%만이 3D프린터로 제작될 예정. ⑲ 맞춤형 아기: 의도적으로 유전자가 편집된 인간이 탄생할 수 있음. 유전자 기술의 발전에 기인함. ⑳ 신경기술: 인간의 두뇌 기능을 보완하게 됨. 신경기술을 모니터링하고 뇌의 변화를 관찰함.

전문직과 비전문직이 나뉘게 될 것이다. 낮은 임금의 노동은 노동 장벽이 사라져도 언어 등의 문제로 노동시장 이동이 어려울 수 있음다. 따라서 낮은 임금의 노동의 이동성이 낮을 경우 이들 경쟁이 치열해질 것이고 이는 착취가능성을 높임. 따라서 빈부 격차는 국가별로 더욱 심화될 가능성이 높다.

셋째, 경제차원에서 기업문제를 볼 수 있다. ① 기업의 파괴적 혁신 속도가 높아지고 있다. 페이스북과 구글처럼 수익률을 높이는 사례들이 있다. ② 기업의 민첩하고 혁신적인 역량을 갖춘 것이 중요하다. 기업운영방식도 혁신적이어야 한다. ③ 기업들에게 고객이 더 중심에 서게 된다. 고객은 정보를 이용해서 현재 즉각적으로 처리할 수 있는 서비스를 중요하게 고려함. 이것은 'Now World'라고 할 수 있다. 즉 모든 것은 실시간에 해결할 수 있어야 한다. ④ 빅데이터를 활용한 품질 향상이 중요하다. 기업은 새로운 기술을 활용하여 점검, 보수, 성능예측을 개선할 수 있다. ⑤ 신기업 모델로 플랫폼을 통한 운영이 중요하다. 디지털 플랫폼이 실제 생활과 디지털가상 세계를 연결해준다. 기업에서는 인재주의(talentism: 기업에 적합한 인재를 영입해 그들이 창의력과 혁신을 펼칠 수 있게 함)를 활용한다. 기업플랫폼에 대한 신뢰가 중요하게 된다. 국제정치적 의미는 기업 생태계의 변화는 기업 자체의 국제관계의 영향력증대와 함께 부차적으로 국가간 국력격차에도 영향을 미친다는 점이다.

넷째, 정치 차원에서 정부의 역할이다. ① 정부의 디지털 기술 활용으로 민첩화하고 적응력을 높여야 한다. 그러나 이것은 전통적인 관료주의와의 충돌을 가져올 수 있다. ② 미시권력의 중요성과 정부의 빠른 신뢰 붕괴가 가능하다. 민중의 힘인 저력(long-tail effect)이 중요하게 된다. 대표적으로 SNS에 의한 아랍의 봄을 들 수 있다. ③ 정부의 규제는 여전히 중요하게 될 것이다. 이때 규제를 하는 방법을 결정해야 한다. 정부는 가능한 한 허용하고 절대 안 되는 부분만을 규정하는 방안이 적합하다. ④ 정부는 노동시장의 보호, 새로운 경제에서 세금징수가 중요하게 된다. 고위험직업군에 대한 국가 자격시험의 필요성이 줄어들게 될 것이다.. 네트워크에서 보안 문제도 중요한 이슈가 될 것이다.

다섯째, 국제정치 차원에서 세계체제의 개편이 중요하게 부상한다. ① 새로운 기술에 대한 새로운 규범을 세우는 나라와 규범을 세우지 못한 국가로 구분된다. 새로운 규범을 세운 국가가 경제, 금융이익을 거두게 될 것이다. ② 혁신과 서비스 중심으로 지역별 주도가 중요하다. 현재는 미국과 EU가 주도하고 중국이 따르고 있다. ③ 혁신 중심지로서 지역과 도시의 부상하고 있다. 콜롬비아 메데인시가 2013년 올해의 도시 상을 받았다. 도시들의 변화양상으로는 열병합발전, 지능형 가로등, 디지털로 공간용도 재편 등을 들 수 있다.

여섯째, 국제정치 차원에서 국제안보도 변화가 예상된다. ① 초연결성이라는 특징, 불평등 심화, 사회적 불안이 증대하고 있다. ② 갈등의 본질이 변화하고 있다. 새로운 극단주의의 등장, 분쟁의 강도 증대도 볼 수 있다. ③ 사이버전쟁의 가능성과 로봇 등을 이용한 자율전쟁가능성이 증대하고 있다. ④ 새로운 기술로 인한 국제안보의 변화가 생기고 있다. 의료기술과 군사적 활용 등으로 인한 새로운 위협이 등장할 가능성이 있다.

일곱째, 사회차원에서 불평등과 중산층 문제가 제기된다. ① 새로운 산업혁명으로 승자와 패자가 나뉠 것이다. 이러면 부의 불평등이 심화될 것이다. 예를 들어 클드트 스위스의 보고서에 따르면 전세계 상위 1%가 전세계 자산의 1/2을 확보하고 있다. 그러나 전세계 하위 인구 50%가 전세계부의 1%미만을 보유하고 있다. ② 중국의 지니 계수는 1980년대 3.0에서 2010년 4.5로 상승하였다. ③ 불평등의 증대로 인해 사회불안증대하고 있다.

여덟째, 사회차원에서 시민 권력도 변화하고 있다. ① 4차 산업혁명으로 시민들에게 권력을 부여하기도 하지만 시민과 이익집단 중 일부에서는 권력상실을 경험하고 있다. ② Digital-divide와 같이 정보격차가 권력 격차로 이어질 수 있다.

아홉째, 개인차원의 정체성, 도덕성, 윤리도 문제가 된다. ① 4차 산업혁명에 의해 정체성도 변화하고 있다. 생명공학과 인공지능으로 인해 인간은 무엇인지에 대한 개념을 재정립하고 있다. 예를 들면 이세돌과 알파고의 바둑경기를 들 수 있다. ② 휴먼 커넥션도 고려할 수 있다. 과학의 발전은 인간의 친밀한 관계와 사회적 연계 속 감성을 중요하게 갈구하게 한다. 인간의 공감능력이 중요하게 괴고 세상과의 연결이 중요하다. ③ 공공 및 개인 정보 관리가 중요하게 되고 있다. 개인 사생활 침해가 문제가 되고 있다. 인터넷이 감시도구로 전락할 수도 있다. 4차 산업혁명은 특히 개인 삶에 주도적으로 개입하게 될 것이기 때문에 사생활이 더욱 문제가 된다.

이런 영향에 대해 고려할 사항은 크게 3가지이다. 첫 번째는 정부의 역할이다. 새로운 유형의 계급갈등이 발생할 수 있기 때문에 이에 대한 정부의 대책 마련이 중요하다. 두 번째는 교육제도와 내용의 변화다. 변화하는 환경 속에서 인간이 인공지능과 대결하게 된다. 이때 인간적인 특수함이 있는 분야와 직업만 살아남을 것이다. 이를 대비하기 위한 현재 세대의 교육이 중요하다. 미래를 위한 교육은 창의적이어야 할 뿐 아니라 소득 수준에 대한 인식변화를 가져야 한다. 세 번째는 국제적 권력관계의 변화 가능성이다. 현재 미국, 독일, 일본, 중국이 4차 산업혁명에서 선두 주자들이다. 미국이 성과부분에서 가장 성공적인데 이것은 패권유지 혹은 패권변화와 관련된다. 이런 3가지 부분에 대해 한국도 정부차원에서 대책을 수립하려고 노력하고 있다.

4. 한국외교의 과제

정보통신의 혁명은 한국에 있어서 기회와 제약요건이다. 대표적으로 삼성전자가 휴대폰을 통해 세계 1위의 통신기기 회사가 된 것은 정보통신기술 발전을 잘 활용했기 때문이다. 하지만 아시아 국가들이 우주경쟁을 가속화하는 상황에서 한국은 독자적인 첩보위성을 가지지 못하고 있고 위성을 띄워 올릴 로켓기술을 가지지 못한 점은 정보기술발전이 긍정적인 효과만을 가지는 것은 아니라는 점을 보여준다. 미국, 일본, 러시아, 중국, 인도 등이 펼치는 정보경쟁과 사이버규범구축에서의 우위확보에서 한국도 뒤처지지 않을 전략을 구비해야 한다.

이를 위해 한국은 우선 한미동맹에서 미국의 정보우산을 잘 활용할 필요가 있다. 가장 많은 정보를 가진 미국으로부터 정보의 확보를 활용하는 것이 우선이다. 하지만 미국도 정보를 아무 대가없이 주는 것이 아니기 때문에 정보의 독자적인 확보능력을 키워야 한다.

두 번째는 중견국가로서 국제사회위상 증진을 위해서 한국의 정보인프라를 통한 정보교류와 정보선별의 거점으로서의 기능모색이 필요하다. 또한 소프트웨어의 개발을 지원하여 하드웨어 대비 부족한 소프트웨어를 구비해야 한다. 하지만 한국은 정보통신분야에서도 발전주의국가의 잔재가 강해서 국가주도적인 속성이 강하다는 비판이 있다. 점진적으로 민간분야의 자생력을 확보할 수 있는 방안을 모색하는 것이 필요하다.

세 번째는 북한과 장래적 위협이 될 수 있는 국가의 새로운 위협가능성에 대한 대비책 마련이 필요하다. 북한의 사이버 공격이나 잠재적인 중국의 위협가능성에 대비하기 위해 국가 자체적 프로그램의 개발보다는 민간과의 합작을 통한 전문기술의 유입을 모색할 필요가 있다.

네 번째는 국가기구의 효율성을 증대시키는 것이다. 이런 문제의 해결에는 결국 국가의 통제력의 신속성과 전문성이 필요하다. 이런 국가시스템의 효율성제고를 위한 전문화, 통합화, 대응논리구축 등이 필요하다. 좀더 구체적으로는 체계의 전산화와 정보처리 분류능력의 배양과 국가인적자원의 확보와 외부적 연결망의 확보 등을 들 수 있다.

제4절 탈근대적 정치에서 여성이슈

1. 여성에 대한 정치적 중요성

대체로 여성인구를 전체인구의 1/2로 볼 때 민주주의가 충분히 대표성을 가진다면 여성을 대표하는 여성의원비율은 1/2이 되어 할 것이다. 그러나 2012년 19대 총선에서 가장 많은 여성의원이 배출되었지만 그 비율은 15.7%에 불과하다. 19대 국회에서 여성의원은 47명으로 늘었고 18대 총선의 13.7%보다 늘어난 것이다. 2016년 20대 총선에서 여성의원은 51명(지역구의석은 26석이고 비례의석은 25석)이고 여성의원비율은 전체 17%이다. 이런 성과는 공직선거법에 비례대표의원에 여성의원을 50%공천하는 법률을 제정하였기 때문이다. 따라서 여성의 정치참여와 대표성확보를 위해서는 법률적 제정이 중요하다.

한국에서 여성문제는 다양하게 제기되어 왔다. 2012년에 있었던 18대 대선에서 박근혜후보가 대통령으로 당선되면서 여성문제에서의 전향적인 발전을 기대하였다. 미국도 이루지 못한 여성대통령 당선이 여성이슈를 더욱 체계적으로 발전시킬 것으로 예상하였기 때문이다.

실제로 박근혜 대통령은 '여성미래인재 10만명양성계획', '여성관리자확대', '여성경제활동복귀를 위한 국가의 전폭적지원체계구축'이라는 여성공약을 제시하였다. 공약에서 보이듯이 여성인재를 확대하고 고위직으로의 진출을 지원하며 출산후 여성들의 직업복귀를 도움으로써 낮은 출산율을 해결하여 육아와 출산을 지원하는 것이 중요한 이슈이다.

한국은 OECD국가들중에서 2002년 처음 조사를 시작한 이래 14년간 1위를 차지한 분야가 있다. 남녀 임금격차에서 부동의 1위를 하고 있는 것이다. 한국의 임금격차는 36.6%로 OECD평균인 15.3%의 두 배를 넘는 수치이다. 동일 노동을 기준으로 한다면 이러한 경제적 차별은 여성에 대한 실질적인 불평등을 구조적으로 용인하고 있다는 것이다. 노동을 통한 자아실현이 중요하다면 현재 상황은 여성의 자아실현을 어렵게 함으로써 민주주의의 가장 기본인 인민의 '자기 지배'를 막는 것이다.

한국에서 여성문제는 정치사상과 제도정치에서 구체적으로 다루고 있다. 여성인권과 관련해서는 성(gender)적 차이에 대한 '인정의 정치'(politics of recognition)에서 다룰 수 있다. 또한 앞서 본 지표에서처럼 분배적 정의차원이라는 정의론 관점에서 다룰 수도 있다. 민주주의에서 여성정치의 참여증대방안도 모색할 수 있다. 여성육아와 양육이라는 일상성에서의 민주주의를 다루기도 한다. 또한 이것을 구체적으로 실천하게 만드는 법과 제도차원에서의 접근도 진행되고 있다. 특히 여성대표를 확대하고 고위직 여성을 늘리기 위한 제도적 개입논의도 늘고 있다.

국제정치의 영역에서도 여성문제는 점차 중요한 주제가 되고 있다. 여성대표의 증대와 고위직 여성공무원의 증대가 현실적인 이슈라면 여성지도자의 감성적 외교정책이 국제정치의 향방을 달리할 것이라는 주장도 있다. 전쟁이 남성위주정치를 상징한다면 가사는 여성위주정치를 상징한다. 전쟁이 갈등과 파괴의 영역이라면 가사는 육성과 풍요의 영역이다. 이런 차이로 인해 여성이 정치의 변방에서 정치의 중심으로 진입함으로써 전쟁의 공간을 축소하고자 하는 것이 페미니즘 국제정치의 방향이다.

반면에 여성가족부를 폐지하자는 주장도 점차 강해지고 있다. 여성가족부는 2001년 수립된 이래 해바라기아동센터와 청소년사이버상담센터를 설립했다. 그리고 2013년에 성폭력과 관련해 친고죄와 반의사불벌죄가 폐지되었다. 하지만 정권이 들어설 때마다 여성가족부폐지가 논의되고 있는 것은 여성가족부설립의 취지에도 불구하고 여성가족부의 역할이 제대로 이루어지고 있지 않다는데 있다.[19] 특히 여성가족부가 제안한 게임에 대한 '강제적 셧다운제'는 위헌요인이 있다는 이유로 논란이 있다.[20] 게임업체에 대한 과도한 규제로 인해 게임

19) **여성부폐지론**: 여성부에 대한 비판 사례들을 보면 일본군 위안부문제에서의 명확한 입장표명이 부족했다는 점과 축구선수 박은선 선수의 성정체성 관련 사건에서 여성부의 입장을 표명하거나 선수의 인권보호에 적극적이지 못했다는 점이 대표적이다. 군문제와 관련하여 매번 국방부와 대립하는 사례도 있다. 최근에는 송창식의 고래사냥 노래를 자우림이 리메이크 한 것에 대해 가사 중 술이 들어갔다고 하여 청소년유해매체물로 판정을 내렸다.

20) **셧다운제**: 여성가족부가 2011년 제정한 '강제적 셧다운제'란 16세 미만의 청소년이 오전 0시부터 6

산업의 약화로 이어지기도 한다.[21] 특히 가장 첨예한 논쟁을 가져오는 것은 양성평등제와 군가산점제도와 같은 주제들이다. 이 주제들은 직업선택에서 실질적인 분배와 관련되어 있기 때문에 갈등의 여지가 높은 것이다.

여성 문제를 정치적 관점에서 다루기 위해서 먼저 이론적 차원에서 여성을 다루는 방법들을 살펴본다. 그리고 한국에서 여성문제의 현실 실태를 알아보고 여성인권 개선을 위한 노력들을 구체화한다. 비교정치 차원에서 다른 국가 여성정치인의 리더십을 다루고 타국가들의 여성인권개선노력을 다룸으로써 한국의 개선방향을 살펴본다.

2. 여성과 관련된 주요 개념 및 이론들

(1) 주요 개념들

여성문제를 다루기 위해서는 먼저 생물학적인 성(sex)과 사회적 성인 젠더(gender)를 구분해야 한다. 젠더는 성의 선천적인 면이 아닌 사회적이고 문화적인 면을 강조하기 위한 것이다. 즉 태어나면서 차이가 생긴 성(sex)과 달리 사회가 차별을 구조화한 것을 지적하기 위한 것이다. 예를 들어 이슬람에서 여성에게 교육의 기회를 박탈하는 것은 선천적인 부분이 아니라 사회가 만들어낸 부분인 것이다. 따라서 젠더를 다룸으로써 사회가 인위적으로 만들어놓은 사회적 차별로부터 여성의 인권을 보호하기 위한 것이다. 그런 점에서 젠더는 선천성을 강조하는 성(sex)과 달리 사회적인 환경과 훈련에 의해 남녀의 기질이 형성된다는 점을 강조하는 것이고 여성학의 용어이다.[22]

여성학에서 생물학적인 성(sex)이 아닌 젠더(gender)를 사용하면서 여성에 대한 기존사회

시까지 인터넷게임을 할 수 없게 한 게임 규제이다. 법규정이 실효적이지 않다는 점과 학부모와 청소년의 기본권(직업선택의 자유와 행복추구권)을 침해한다고 논쟁이 지속되고 있다. 이로 인해 여성가족부가 제정한 강제적 셧다운제와 문화체육관광부 소관의 선택적 셧다운제를 한국에서는 같이 운영하고 있다. 2012년 7월부터 시행중인 '선택적 셧다운제'는 부모가 요청할 경우 만 18세 미만 미성년자의 게임 접속시간을 제한하는 제도이다. 강제적 셧다운제가 게임자체를 일정시간에 금지한 것이라면 선택적셧다운제는 부모의 요청이 있는 경우에 게임을 하지 못하게 하는 것이다. 이외에도 '간접적인 셧다운 제도'가 있다. 피로도 시스템으로 불리는 이 제도는 '일정 시간 이상 플레이할 시 게임머니 및 경험치의 이득이 없게 하는 쪽' 과 '일정 시간 이상 접속을 하지 않을 경우 다음 접속 때 그만큼 어드밴티지를 부여하는 것'으로 나뉘어 간접적으로 장기간 접속을 제한하는 것이다. 위키피디어 참고.

21) **한국게임산업과 규제**: 한국경제연구원의 '게임산업 규제정책의 전환 필요성 및 개선방향' 보고서에 따르면 2009년 게임사업체수는 3만개에서 2014년 1만 4천개로 줄었고 게임종사자의 수도 2009년의 약 9만2000명에서 2014년의 약 8만7000명으로 감소했다. 이 수치만으로 게임규제의 직접적인 효과를 알기는 어렵지만 게임산업에 대한 규제가 한국 게임산업의 발목을 잡고 있는 것을 예상하게는 한다.

22) **gender의 의미**: gender는 1995년 베이징(北京) 제4차 세계여성대회에서 사용을 합의한 뒤 일반적으로 사용되는 개념이다. 이 개념에는 불평등하고 차별적인 현실을 극복해야 한다는 문제의식이 포함되어 있다.

제도의 문제점을 지적하게 되었다. 먼저 여성의 젠더 문제에 대해 맹목적이거나 잘 알지 못하는 것을 지적하기 위해서 '몰성적(gender blind)'의 문제가 지적되었다. 이는 사회적으로 여성문제에 대한 인식이 부족함을 지적하는 것이다. '성 주류화(gender mainstreaming)'는 성 평등을 위한 제도적 장치와 전략을 구비하여 전 영역에서 젠더접근을 가능하게 하는 것이다. 즉 사회적 약자인 여성이 사회의 주류가 될 수 있게 하는 것이다.[23)]

여성문제를 현실화하기 위해서는 정책과 제도정비가 필요하다. 이를 위해서는 예산집행과 자원배분이 필요하다. '성별분리통계' 혹은 '성인지적 통계'는 기존 통계가 여성문제에 몰성적 통계를 사용한다는 점을 들어 통계를 성별로 구분하자는 것이다. 즉 예산에서 여성에 사용되는 것과 남성에 사용되는 것을 구분하여 여성에게 돌아갈 예산배분을 책정하기 위한 것이다. 이를 위해서는 '성인지적 예산(gender budget analysis)'이 필요하다. 즉 공공 예산을 편성하고 집행하기 위해서 남녀의 우선순위에 대한 요구를 평가하고 예산배정을 해야 하는 것이다.

여성인권을 보호하기 위해서는 현실적으로 여성의 '권력화(empowerment)'가 진행되어야 한다. 국회나 행정부의 정책 결정과정에 여성의 참여가 늘어나서 여성의 영향력이 증진되어야 한다. 예를 들어 국회의 여성가족위원회의 경우 15명 위원중 13명이 여성의원으로 구성되어있다. 여성가족위원회는 2015년 12월 기준으로 총 172개의 법안이 제출되었고 이 중 법안은 57%의 가결을 보였다. 이는 19대 국회 평균 법안 가결율인 37.3%보다 20%가량 높다. 이런 결과는 여성의원의 원내진출증대를 통한 '권력화'와 연결되어 있는 것이다.

여성의 권력화의 목표는 여성에 대한 사회구조적인 차별 즉 성차별을 제거하는 것이다. 성차별이란 여성과 남성중 특정 성(gender)에게 근거없이 특혜를 주거나 기회를 배제하는 것을 의미한다. 성차별을 배제하기 위해서는 '동등대우(equal treatment)'가 중요하다. 동등대우는 합리적인 이유 없이 남녀를 성적으로 차별하지 않는 것이다. 예를 들어 기업체 고용등에서 여성이 결혼을 했다는 이유로 불이익을 주지 않는 것이다. 최근 한국에서 경력단절여성에 대한 정책제안은 동등대우가 지켜지지 않기 때문이다.[24)]

---

23) **성 주류화 조치**: 성 주류화 조치는 총 3단계를 거친다. 먼저 1단계는 '잠정적 우대 조치'를 취한다. 이 단계에서는 여성의 양적, 질적 참여의 확대를 모색한다. 2단계는 '젠더 분석'의 단계이다. 이 단계에서는 여성과 남성이 수행하는 역할, 책임, 자원, 우선순위와 계획된 정책과의 관련성을 분석하고 통계를 수집하는 작업을 수행한다. 이때 '젠더 예산'으로 정책추진에 필요한 예산편성 집행 과정을 거친다. 또한 '젠더 훈련'으로 정책 담당자들의 성맹적 관점을 극복하고 정책기획에서 성인지적 관점을 겸비하도록 훈련 한다. 3단계는 '주류의 전환'단계이다. 이 단계에서는 행정조직의 성별 구성 변화, 즉 여성 공직자 증대정책과 해당 제도의 근본적인 전환이 모색된다.

24) **독일 여성정책과 동등대우**: 동등대우가 잘 지켜지는 사례로 독일의 여성정책을 들 수 있다. 독일에서는 1919년 여성의 정치적 동등권이 의결되었다. 1949년 독일 기본법에서는 남성과 동등한 여성의 권리가 명시되었다. 1957년 부부의 동등한 재산권 행사 권리가 명시되었다. 1980년 직장에서의 남녀동등권법률이 제정되었고 이로 인해 탁아시설이 발달하였으며 가정에서의 육아를 하나의 직업으로 인정하였다. 인사정책 차원에서는 1961년 이래 연방정부에서 최소 한 명 이상의 여성장관 임명되었고, 1991년부터 주 정부에서도 여성부장관제도를 도입하였다. 이런 적극적인 여성정책으로

여성의 침해된 인권에 대해 차별과 억압을 제거하는 동등대우는 원래 여성이 받아야 할 처우를 만들어주는 것이다. 그러나 이런 대등한 입장을 설정하는 것을 넘어서 더욱 보호되어야 할 가치를 지키기 위해서는 좀 더 적극적인 자세가 필요하다. '적극적 시정조치(affirmative action)'는 특정 집단에 대한 차별과 불이익을 해소하기 위해 이 특정집단에 대하여 특별조치를 시행하는 것을 의미한다. 이 정책은 여성정책으로 나온 것은 아니다. 미국에서 오랫동안 문제가 되어온 흑인에 대한 차별을 폐지하기 위한 과정에서 만들어진 정책이다. 정책적으로 개입하여 흑인을 채용하고 승진하기 위한 정책으로 만들어진 것이 1967년이 되어 여성을 포함한 것이다. 적극적 시정조치에는 할당제, 채용 목표제와 같은 방안들이 사용될 수 있다, 하지만 이런 적극적인 시정조치는 시정조치이전에 혜택을 받아왔던 집단의 반발을 가져올 수 있고 인위적 개입으로 인한 피해를 만들 수 있다. 이런 차원에서 적극적 시정조치를 취해야 하는 목적이 명확해야 하고 사회적 합의를 이루어야 한다.[25]

(2) 주요 이론

표를 통한 비교 **페미니즘의 세대별 구분**

1세대 페미니즘	울스턴 크래프트의『여성의 권리옹호』에서 페미니즘 시작 1900년대 선거권획득운동. 미국, 영국, 캐나다의 보통선거권획득운동. 1922년 미국의 여성선거권획득 여성과 남성의 동등 투표권 / 재산소유권 획득운동(법적운동) 문제점: 백인 여성의 참정권에만 한정
2세대 페미니즘	1960년대에서 1980년대 페미니즘 운동 실질적 평등, 자기 결정권을 강조 자유주의 페미니즘, 급진페미니즘, 상호교차페미니으로 분화 급진페미니즘에서 페미나치(페미니즘에 기초한 전체주의)문제가 등장하기 시작 문제점: 백인 여성에만 초점
3세대 페미니즘	인종과 국가를 넘어서는 페미니즘 이퀄리즘(Equalism)에 기초함 여성주의내의 "따로"를 강조함
4세대 페미니즘	여성주의의 전략적 통합화.

독일에서 2005년 최초의 여성총리인 메르켈총리가 당선되었고 3번째 임기를 진행중이다.

25) **한국의 적극적 시정조치**: 한국에는 적극적 시정조치로 사용되는 두 가지 정책이 있다. 첫 번째는 여성공천 할당제이다. 지방 선거 · 국회의원 선거 비례대표 중 일정 비율 이상 여성 후보 추천 규정이 있다. 정당법 제31조 규정에 따르면 정당은 비례대표 국회의원과 시 · 도의회 의원 50% 이상에 여성을 추천해야 한다. 현재 계류중인 법안으로는 지역선거에서도 여성정치인을 30% 추천하는 것과 비례대표선거에서 50% 이상 여성후보를 추천하지 않을 경우 후보자 등록을 무효화하자는 공직선거법일부개정안이 있다. 두 번째는 공무원 양성평등제이다. 공무원에서부터 여성공무원의 일정비율을 확보한다는 취지에서 양성평등제도는 일정비율 이상의 여성이 공무원에 채용되는 것을 보장한다. 이런 노력에도 불구하고 한국에서 여성의 노동시장 참여율은 저조하다. OECD 국가 평균이 69%인데 비해 한국은 56.3%에 불과하다.

	다양성에 기초한 자유의 페미니즘적 실천을 강조 여성주의내의 "함께 그리고 따로"주장 다양한 진보진영간의 연계를 주장

이런 정책들은 여성을 바라보는 시각에 기초하여 만들어진다. 여성을 바라보는 페미니즘 관점은 여러 가지로 이론적 분화를 해왔다. 이론들의 차이에도 불구하고 크게 두 가지 입장으로 구분할 수 있다. 첫 번째는 차이에 근거한 접근으로 Difference approach가 있다. 이것은 여성과 남성의 선천적인 차이는 인정하나 사회적 차이를 거부하는 것이다. 따라서 사회적인 인습과 관행으로 인한 사회적가치와 직업배분에서 불합리한 성적차별을 배제하고자 하는 것이다. 두 번째는 지배에 근거한 접근으로 Dominance approach가 있다. 이 입장은 차이점을 인정하는 자유주의계열이 아니라 권력과 지배관점에서 남성과 여성을 구분하는 것이다. 마르크스주의 이론의 계열인 권력접근은 남성 우월적인 사회 구조를 개선하는 것에 초점을 두고 있다. 이를 위해 가장 핵심은 가족 구조를 개혁해야 한다. 여성이 불리한 것은 여성이 출산을 하고 육아를 해야 하기 때문인데 이것으로부터 자유로워야 진정한 여성의 해방이 된다는 입장이다. 출산과 육아를 여성 노동의 장애물이자 남성이 여성을 지배하기 위한 구조적 착취로 보는 것이다.

이런 입장을 더 구체적으로 구분하여 이론별로 정리해 볼 수 있다. 크게 5가지 이론적 구분이 있다. 첫 번째는 자유주의 페미니즘이다. 자유주의는 인간의 자율성과 대등성을 인정하는 대신 여성문제가 법과 제도의 불비라고 본다. 법과 제도를 교정하면 여성의 평등을 통해 인권을 보호할 수 있다고 본다. 그러나 이런 주류적인 입장은 여성의 사회구조적 차별을 무시하는 문제가 있다.

두 번째는 마르크스주의 페미니즘이다. 이 입장은 '계급'을 토대로 여성문제를 이해하는 것이다. 대립적관점인 계급이 여성과 남성에도 적용되며 남성은 부르주아화 되며 여성은 프롤레타리아화 된다. 따라서 자본주의가 발전하면서 자본과 노동으로 남성과 여성이 구분되면서 여성문제가 생긴 것이다. 여성문제를 해결하기 위해서는 사적 소유권 문제를 해결해야 한다. 즉 여성에게도 노동만이 아닌 소유권이 보장되어야 한다. 예를 들어 가사노동을 하며 육아에 전념한 여성이 이혼을 한 경우 아이들을 데리고 키울 수 있는 생계유지능력이 없는 것을 들 수 있다.

세 번째는 사회주의 페미니즘이다. 마르크스주의이론도 사회주의이론임에도 두 가지를 구분하는 것은 문제원인을 보는 시각차이에 기인한다. 사회주의자들은 마르크스주의자들이 여성의 사적 소유권보장을 강조하는 것에 동의하지 않는다. 여성문제 해결을 위해서 핵심은 가부장제도를 변화시켜야 한다. 여성문제해결에서 가부장제도라고 사회구조적 억압을 해결해야 한다. 이것은 관념적인 힘을 가지고 있기 때문에 인식적 변화를 동반해야 한다. 과거 조선시대의 여성들에게 부여된 칠거지악과 같은 사회적 제약을 사례로 들 수 있다.

네 번째는 급진적 페미니즘이다. 마르크스주의와 사회주의도 급진주의에 포함되지만 굳이 급진주의를 따로 구분한 것은 급진주의의 인식차이 때문이다. 급진주의는 여성의 문제를 생리적인 문제에서 시작한다. 즉 여성의 생식 능력과 재생산 능력이 여성을 구조적으로 착취하는 빌미가 된다. 따라서 여성 문제는 사회적인 문제가 아니라 생물학적인 문제이다. 여성의 해방은 여성의 생물학적인 성(sex)에서 자유로워져야 가능하다. 이들이 급진적인 것은 생물학이 부여한 질서를 거부하기 때문이다. 여성을 자유롭게 하기 위해 여성을 출산으로부터 해방시켜야하기에 과학적 혁명이 필요하다. 인공수정에 의한 출산이나 출산없이 입양만을 통한 가족의 재구성이 필요하다고 본다. 이런 점에서 과거 1970년대 급진주의 페미니즘은 제 3세계 국가 여성들이 출산을 대리하는 것을 무시하였다는 점이나 생계자체가 어려운 상황에서 동성애를 조장한다는 비판을 받았다.

다섯 번째는 포스트모던 페미니즘이다. 포스트모더니즘의 핵심은 언어에서 누가 권력을 가졌는가에 있다. 포스트모더니즘은 여성문제에 대한 인식에 집중하여 대중의 인식을 변화시키는 것에 초점을 둔다. 전통적으로 여성이 그려진 방식이 아닌 새로운 방식으로 여성을 묘사한 글쓰기의 필요성이 제시된다.

3. 여성정치에서의 이슈들

심화 학습

젠더와 혐오

최근 젠더문제는 차이의 인정을 넘어 혐오로 이어지고 있다. 한 쪽 성이 다른 성을 혐오하는 것이다. 이것은 자칫 하면 특정범죄를 젠더 전체의 문제로 전환하여 이해하게 한다. 강남역 사건이 계기가 되면서 여성에 대한 '묻지마 범죄' 이후 여성과 남성의 혐오가 강해졌다. 2018년 이수역 사건도 이런 맥락에서 이성에 대한 증오가 만든 사건이다. 특히 인터넷의 특정사이트들이 남성위주나 여성위주로 이성을 적대시하는 담론을 만들면서 혐오를 강하게 키운다. 여성과 남성은 귀족과 평민보다 더 근원적인 공화가 필요하다. 젠더문제에 대한 관용의 교육이 필요한 이유이다.

(1) 평등과 차이에 대한 인정

여성문제를 다루는 페미니즘은 다양한 이슈를 가지고 있다. 가장 보편적인 문제는 평등과 차이에 대한 인정의 문제이다. 사회적 차별과 억압으로 배제되었던 여성권리를 확보하기 위해서는 평등이라는 가치가 중요하게 된다. 그런데 평등을 위한 인위적인 개입이 있기 전에는 여성과 남성이 반드시 동일한가와 동일해야 하는가의 관점에서 남성과 여성간 차이에 대한 사회적 합의가 필요하다.

여성과 남성의 차이에 대한 인식변화를 가져오기 위해서는 여성에 대한 '인정(recognition)'의 정치가 필요하다. 여성에 대한 다름에 대한 이해뿐 아니라 여성이 경험하는 사회적 차별에 대한 인정이 필요한 것이다. '인정'을 추구하는 인간에 대해서는 헤겔의 인정투쟁이론에 대한 이해가 필요하다.[26] 헤겔의 이론을 현대적으로 해석한 테일러의 인정이론은 인간이 다른 인간과의 대화속에서 인간의 보편성을 확인받을 뿐 아니라 자신의 특별한 점을 인정받을 수 있다고 보았다. 과거 남성위주 사회에서 인정이론은 여성이 인간으로서 일반적 특성을 가진다는 점과 여성의 다름과 특별함을 인정하게 된다는 점을 제시한다. 인정의 정치에 대해서 낸시 프레이저는 사회적인정을 표면상으로 하면서 실제 경제적 분배구조왜곡을 받아들이게 한다는 점을 들어 비판한다. 여성문제를 다루는 인정의 정치는 다문화주의에서도 동일하게 사용되기에 'PART II. 정치사상'의 다문화주의에서 좀 더 부연한다.

(2) 여성시민의 정체성

여성주의에서 또 다른 이슈는 여성시민의 정체성과 관련되어 있다. 남성이 서구국가들과 동구국가들 그리고 저발전을 경험하고 있는 제 3세계국가에서 다르며 계급적으로도 구분될 수 있는 것처럼 여성 역시 정체성에서 다양할 수 있다. 이 주제에서 핵심은 여성시민이라는 개념을 설정하고 남성시민을 대체하려고 하는 것이 과연 합당한지에 대한 것이다. 여성주의 입장이 여성을 남성우위에 세우려고 하지만 실제 여성을 남성과 같이 대등하고 보편적인 행위자로 가정할 것이 아니라 여성은 2등 시민임을 인정하고 2등 시민으로서의 제 모습을 찾아가는 것이 필요하다는 주장도 있다. 앞선 이론적 논의에서 급진주의와 다른 각도에서 여성문제를 다루자는 주장으로 현실적인 개선을 이루자는 것이다.

여성주의가 상정하는 단일 주체로서 여성도 논쟁이 있다. 과연 서구 페미니스트들이 설정하는 것처럼 여성을 하나의 집단으로 볼 수 있는지에 대해 이견이 있다. 현실에서 여성들이 처한 계급과 계층간 차이와 인종 간 차이가 여성이라는 단일정체성이 가정하는 동질성보다 중요할 수 있다. 최고빈곤국가 49개 중 34개를 차지하고 있는 아프리카국가들의 여성들은 고질적인 질병과 낮은 위생 상태에서 출산율마저 높다. 이 국가들의 여성들과 복지혜택을 누리는 캐나다나 스웨덴 여성들이 같은 이슈를 가지고 고민하는 단일한 정체성을 가졌다고 볼 수 없는 것이다.

(3) 환경변화와 여성문제

다음 이슈는 환경변화에 따른 여성이 직면한 어려움에 관한 것이다. 한 예로 세계화라는

---

26) **인정투쟁의 의미**: 인정투쟁이란 인간이 권력이나 경제력이 아닌 타자로부터의 인정을 추구하는 존재라는 점에서 시작한다. 사회학적관점에서 볼 때 인간은 타자로부터 인정을 받는 것이 중요하다. 인정을 위해서 주인은 노예를 해방시켜주고 그 노예로부터 좋은 인간이라는 평가를 받을 수도 있다. 이 사례는 노예에 대한 권력을 포기하고 노예가 가져올 수 있는 경제적 이익을 포기 할 수 있다는 점에서 인정이 가져오는 사회적 의미를 독립적으로 설명할 수 있다.

환경변화로 인해 받게 되는 폐해가 남성과 달리 여성에 집중될 수 있다. 시장을 중심으로 한 세계화의 변화에 남성보다 여성이 직업이동성이 낮기 때문에 적응성이 낮다. 다른 예로 탈냉전이후 빈번해진 내전상황에서 여성에 대한 성폭력과 인신매매 등 인간안보가 취약해진 문제도 다룰 수 있다.

기존에 여성들이 경험한 직업불안정성과 동일 직업내 임금격차에 더해 인간매매, 성매매 등에 대한 취약성에 더해 환경변화가 가져오는 부담이 더 커질 수 있는 것이다. 이런 변화에 대해 여성들의 인권을 보장하기 위해서는 정부의 체계적인 개입이 필요하다.

이런 보편적인 이슈들과 함께 한국에서 여성문제의 핵심적인 이슈들은 다음과 같다. 첫 번째, 여성대표성을 증대할 필요가 있다. 한국 사회가 겪는 육아, 교육, 복지, 임금차별 문제의 해결의 핵심에는 여성 대표성이 늘어야 한다. 우선 비례대표제를 통해서 여성정치인을 늘릴 수 있지만 19대 총선의 경우처럼 54석밖에 안 되는 비례의석에서 정당들이 여성의원을 1/2공천을 한다고 해도 여성의원은 27명에 불과하다.[27] 따라서 지역구 의원에서 여성후보의 비율을 늘리는 것이 필요하다. 하지만 지역구 여성후보 증대전략도 정당별로 어떤 지역에 후보로 공천권을 주는지가 중요하다. 예를 들어 자유한국당이 당선가능성이 낮은 호남 지역구에 여성후보를 집중적으로 배치한다면 실제 후보자 추천이 가지는 결과는 미비하게 될 것이다.

(4) 여성대표 증대문제

여성대표를 증대시키기 위해서는 선거제도 개편이 필요하다. 소선거구제와 상대다수제를 택하고 있으며 전체 47석(2019년 기준)으로 의석비율 17%의 비례의석을 가진 한국의 경우 정당공천제를 강제하여도 여성대표를 늘리는 가능성에는 한계가 있다. 제도적 강제가 가능하게 하는 것으로는 르완다의 사례와 프랑스 사례를 볼 수 있다.

2010년 기준으로 르완다는 여성의원비율이 56.3%로 세계 1위를 차지하고 있다. 아프리카 국가 중에 남아공이 3위를 모잠비크는 10위를 앙골라는 11위를 차지하고 있다. 아프리카 국가들이 남성 중심 사회구조를 그동안 유지해 온 것과는 상반되는 결과이다. 이것이 가능

---

27) **여성의원 국가별 비교**: 19대 국회에서는 역대 국회 중 가장 많은 여성 의원이 당선되었지만 전체 45명으로 의원비율로는 15%이다. 국제의회연맹(IPU)의 통계에 따르면 한국은 세계 190개국 중 111위를 차지하고 있으며 세계 평균 여성비율인 22.3%에 못 미친다. 그러나 2000년의 여성의원비율은 5.9%였지만 2004년 정당명부식 비례대표제가 도입되면서 늘기 시작하여 10%대를 넘어서게 되었다. 여성대표들에 의해 실제 여성주의 정책이 실현될 수 있도록 여성들의 활동과 정책을 바꿀 수 있으려면 최소 비율로 30%의 여성의원이 있어야 한다. 그런데 현재 비례의석비율로는 이 정도의 여성의원비율을 만드는 것이 불가능하다. 여성의원을 40%이상 가진 국가들의 경우 선거제도가 핵심이다. 이들 나라들은 소선거구제 대신에 대선거구제를 택하고 있으며 정당명부비례대표제를 가지고 있다. 프랑스는 남녀동수법의 원칙을 헌법에 명시하고 있다. 이를 바탕으로 프랑스는 남녀동수 원칙을 구현하고 있다. 실제 2015년에 프랑스 전국에서 3월 말 실시된 지방의회 선거는 의원의 남녀비율을 동동히 맞추기 위해 남녀 2인1조로 입후보하는 제도를 세계최초로 도입했다.

한 것은 의원할당제를 사용했기 때문이다. 르완다는 인종학살의 비극적 내전을 경험하고 2000년대 들어와서 새 헌법을 구성하면서 하원 80석 중 24석을 여성쿼터제로 만들었다. 한편 프랑스도 남성위주의 정치구조를 변화시키기 위해서 2015년 3월 지방선거에서 세계최초로 남녀 2인1조로 입후보하는 제도를 사용했고 여성의원의 비율은 자연 50%가 되었다. 이 제도를 사용하기 전에는 여성의원비율이 14%에 불과했다는 점과 이 제도를 사용하지 않은 프랑스 하원에서는 여성의원의 비율이 26.2%에 불과하다는 점, 여성비율이 정해져 있지 않은 98개 지방의회의장 선출에서 여성의장은 불과 8명에 그쳤다는 점을 고려하면 제도의 강제적 효과가 명확하다.

이런 점에서 한국에서도 법안발의가 된 지역선거구 할당제[28]는 여성의원비율을 높일 수 있지만 이보다 비례의석수를 늘리는 것이 더 큰 효과를 가져올 수 있다.[29] 비례대표제에서 정당공천제의 효과가 확실하기 때문에 비례의석수를 증대시키는 것이 제도효과가 크다.

(5) 기타 이슈

한국에서 여성문제는 특별히 분배문제와 직접적으로 연결되어 있다. 여성의 42.8%가 비정규직이기 때문이다. 이것은 임금 격차뿐 아니라 직업안정성과도 연결되어 있다. 출산후 경력이 단절된 여성들의 경우 비정규직으로 취업하는 경우들이 많기 때문에 출산뿐 아니라 결혼 자체에 대한 기피현상을 만들고 있다.

현실적으로 정치에서 여성이슈간 차이가 적은 것도 문제이다. 여성과 관련된 의제에서 공약간 차별성이 적은 것은 여성이슈들이 보편성을 띄기 때문에 실제 인권사각 지대에 있는 여성들에 대한 구체적이고 타당성있는 정책들이 없는 것이다. 예를 들어 정당들이 제시하는 결혼이민 여성이나 성소수자로서 여성에 대한 구체적이고 적실한 정책간의 차별성을 보기 어렵다. 이처럼 여성이슈가 행정이 아닌 정치의 영역이 되지 못하고 있는 것이 문제의 핵심이다.

부정적인 영향뿐 아니라 여성문제에 대한 노력도 다양하게 전개되고 있다. 국회의 여성가족위원회는 여성가족부소관의 의안을 다룸으로서 여성문제를 대표기관인 의회에서 다루게 한다. 여성인권과 관련해서는 미흡하지만 '스토킹'에 관한 법률안이 제출되어 있는 상태이고

---

28) **여성의무할당제**: 19대 총선에서 지역구 여성의무할당제가 논의되었지만 무산되었다. 19대 총선에서 민주통합당은 15%를 통합진보당은 20%를 지역구 여성의무할당 비율로 당헌당규에 규정했으나 공천 결과 민주통합당이 10%에 불과했고 통합진보당은 15.7%에 불과했다. 이것은 당 지도부의 실천의지 부족과 남성의원들의 조직적인 반대, 당내 의견합의가 안된 점에 근거한다. 이를 반면교사로 삼으면 여성의원증대를 위해서는 당지도부의 리더십과 정당 내 의견조율이 선행되어야 한다. 이런 조건이 되어야 남성의원의 저항을 줄일 수 있다.

29) **헌법재판소 선거구개정결정**: 2014년 헌법재판소에서 선거법에서 지역선구구 인구편차가 1:3을 헌법불합치 판결을 내면서 1:2로 강제하면서 비례대표의석을 개정할 것을 권고하였다. 2015년까지 개정선거구와 비례의석수 조정 논의를 끝내지 못한 상황이 되었다. 2016년 3월 현재 정당들은 지역구 의석을 246석에서 245석으로 결정하는데 합의하였다.

인신매매와 관련된 법률안, 성폭력방지에 관한 법률, 성매매방지 및 피해자보호에 관한 법률이 제출되어 통과되거나 계류 중에 있다. 특히 여성인권과 관련해 성범죄의 경우 친고죄를 폐지한 것이 가장 큰 성과라고 할 수 있다. 여성의 참여를 증진하기 위해서 비례대표 후보 50%추천과 지역구 의원선거 30%추천 의무화를 위한 공직선거법개정안이 제출되어 있다. 수산업협동조합의 이사 중 1명을 여성으로 하는 법안이 제출되었지만 다른 대안으로 폐기되기도 했다. 국회계류중인 사안으로 '공공기관의 운영에 관한 법률 일부개정 법률안'은 5년 이내에 공공기관의 여성임원을 30%까지 확대하는 방안을 담고 있다.[30] 이런 노력들은 아직 성과보다 한계를 드러내는 경우가 많지만 점차 여성이슈를 정치쟁점화하고 여성대표비율을 증대함으로서 인식적 개선과 함께 제도적 개선을 모색해가고 있고 모색할 필요가 있다.

답안을 위한 사 례　한국의 여성 불평등의 문제

매년 3월 8일은 '세계여성의 날'이다. 여성인권에 대한 보호를 위해 만들어진 여성의 날을 한국도 지정하고 있다. 하지만 여성인권이 과거보다 좋아졌음에도 불구하고 여전한 여성불평등이 존재한다.

여성불평등들을 볼 수 있는 지표를 크게 3가지로 구분해볼 수 있다. 첫 번째는 여성노동과 관련된 것이다. 기업내 여성정규직 비율은 늘어나는 반면에 임원진에서 여성비율은 여전히 낮게 나오고 있다. 한국여성정책연구원의 자료에 따르면 100인 이상 기업 중 2014년 정규직 여성 비율이 40% 이상인 기업은 전체 248개사 중 31.9%로 나타났다. 2007년에 23.5%, 2008년 23.8%, 2010년 21.2%, 2012년 28.3%로 점진적인 상승현상을 보이고 있는 것이다. 반면에 흔히 여성이나 인종으로 인해 높은 신분상승을 가로막는 보이지 않는 장벽으로 '유리천장'은 여전했다. 2014년의 임원급 여성비율은 3.5%로 2007년의 4.0%, 2008년 4.1%, 2010년 5.2%, 2013년의 3.4%와 비교해서 지속적으로 낮은 모습을 보인다. 앞서 본 임금격차와 연결하면 노동에서 여성들의 노력이 인정받지 못하고 있는 것이다. 이것들을 종합한 2016년 이코노미스트의 발표에 따르면 한국은 유리천장지수가 세계 1위를 기록하고 있다.

두 번째는 가사부담과 관련된 여성부담과 관련된 것이다. 맞벌이가 늘면서 업무부담과 가사부담과 육아부담을 동시에 가지게 된다. 실제로 2014년 통계청에서 나온 '성별 · 연령별 · 소득계층별 가사노동시간 조사'에 따르면 여성의 하루 평균 가사노동시간이 약 3시간 13분이다. 이 수치는 남성의 약 43분과 비교했을 때 4.5배에 이른다. 여성의 미취학자녀 육아에 들어가는 시간은 3시간 2분으로 남성이 53분을 사용하는 것에 3배를 넘는다. 이것은 여성과 남성간 가사분담의 인식차이에 기인한다. 여성들이 공평하게 하는 것을 원칙으로 하는 반면에 과반수 이상의 남성들은 여성이 주로 하고 남편이 돕는다는 인식을 가진다.

세 번째는 여성에 대한 폭력으로 성폭력과 가정폭력을 들 수 있다. 가정폭력피해자와

---

30) **경력단절 여성 보호법안**: 이런 성과에도 불구하고 경력단절 여성을 보호하는 법안은 19대 국회 들어 한 건도 통과되지 못하고 있다. 또한 성매매피해자 관련 법안에서는 피해자보호만이 있고 가해자처벌이 약하다는 점도 문제이다.

성폭력피해자를 위한 해바라기센터의 이용자가 늘고 있는 지표가 있다. 여성들은 직장내 언어 폭력과 사회내 구조적인 폭력에 노출되어 있다. 특히 익명성에 기반한 인터넷매체의 경우 여성에 대한 성차별은 심각하게 나타나고 있다. 대표적으로 아프리카TV나 특정카페 등을 들 수 있다. 또한 최근 TV나 뉴스매체에 등장하고 있는 데이트 폭력도 사례로 들 수 있다.

제5절 탈근대적 정치로서 환경문제

봄철이 되면 화사한 햇빛을 즐기고자 할 때 황사가 방해를 한다. 최근에는 황사경보를 발령하여 황사에 취약한 이들에게 대비를 하게 한다. 중국과 몽고에서 불어오는 황사는 환경이슈에서 초국경성을 극명하게 보여준다. 근대가 과학에 기반한 성장을 중심축으로 한다면 탈근대는 과학의 확실성을 부정하고 성장을 다소 포기하더라도 인간의 생존조건인 생태계와의 공존이라는 가치를 강조한다.

몇 해 전 인도양과 태평양의 가운데 위치하고 있는 몰디브에서 국무회의를 스킨 스쿠버 복장으로 치렀던 몰디브 대통령은 세계를 향해 기후변화의 위험을 몸으로 표시하였다. 환경에는 다양한 이슈가 있지만 기후변화가 가장 중요할 뿐 아니라 국가간 이해 차이를 잘 반영한다. 환경문제를 풀기위한 국가들의 다양한 노력 중에서도 기후변화협약에 집중하여 향후 기후변화를 위한 국가간 제도화의 노력을 살펴보고 미래를 예상하여본다. 2015년 12월 12일 프랑스 파리에서 신기후체제의 성립을 위한 파리 협정이 체결되었다. 1997년의 교토의정서의 시대가 저물고 파리체제의 시대가 오고 있는 것이다.

1. 환경문제의 중요성 및 대두배경

환경문제가 가진 속성을 개념으로 풀어가기 전에 왜 환경문제를 가지고 갈등하는지를 살펴볼 필요가 있다. 환경은 생태적인 이슈인데 이것이 정치학에서 다루어지기 위해서는 분쟁이 생겨야 한다. 환경을 보호해야 한다는 것은 중요 '가치'임에 틀림이 없다. 그러나 경제성장을 통한 부의 증대와 물질적 기반의 마련 역시 중요 '가치'임에 틀림이 없다. 따라서 이 두 가지 긍정적인 가치간의 충돌은 정치학의 가장 난제이다. 다른 가치를 포기하게 해야 할 이유를 만들기가 어렵기 때문이다.

표를 통한 비교 **환경문제의 정치적 쟁점**

초국경성 (협력유도 원인)	일국수준에서 문제해결이 안됨. 거버넌스 필요 ⇨ 협력을 유도하는 원인
과학적 불확실성 (협력저해요인)	환경문제의 인식과 이익의 차이가 만들어지는 이유 과학적 지식으로 환경피해를 검증하고 책임여부 규정 국가간 협력을 저해하는 요인
환경의 갈등선	① 국가와 국가: 오염국가와 피해국가불일치 ② 인간과 환경: 인간의 필요와 환경(생태계)피해 ③ 남반구와 북반구: 남반구의 성장위주 vs. 북반국의 환경보호 ④ 현세대와 미래세대: 현재 세대의 남용이 미래 세대에 부담을 줌
협력(cooperation)의 필요	협력은 조정(coordination: 손상 공동회피)과 협조(collaboration: 이익의 공동확보) 환경문제는 조정이 필요하고 더 나가 협조가 중요

가치간의 충돌만이 정치학에서 환경을 다루는 이유는 아니다. 환경은 '초국경성'을 가지고 있고 이로 인해 오염자와 피해자가 불일치하는 결과를 가져올 수 있다. 1986년 소련의 체르노빌원자력발전소 폭발사고는 대기를 통해서 주변국가들에게 방사능을 확산시켰다. 2011년 동일본 대지진과 일본 후쿠시마 원전사고의 경우도 폐수와 방사능 누출로 인해 주변국가들에 피해를 주었다. 이처럼 자연재해나 인위적 재해가 발생하는 국가와 이 피해를 보는 국가가 대기와 해류로 연결되어 있는 것이다. 여기에 더해 환경문제의 원인과 효과 그리고 대책을 만들어야 하는 것에 있어서 '높은 불확실성'도 국가간 갈등을 가져온다. 예를 들어 미국산 호르몬 소고기에 대한 유럽의 수출금지나 2008년 한국의 미국산 소고기 수입재개의 경우처럼 소의 유전자적 문제에 관한 인간의 지식에는 한계가 있는 것이다. 그런데 인류의 인구가 폭발적으로 증대하고 산업화가 진행되면서 환경에 대한 더 많은 복잡성이 증대하고 있다.

환경문제가 심각해지고 있는 상황에서 인류는 공유지의 비극문제를 해결하기 위해서건 집합행동문제를 해결하기 위해서건 국가간, 국가와 민간간의 협력이 필요하다. 앞선 황사의 사례에서처럼 일국차원의 해결이 어렵기 때문이다. 국가들의 협력은 환경이슈에 따라 지구적인 차원의 해결(기후변화협약사례)이나 지역적 해결(중국과 몽고황사해결사례)이 필요하다. 이러한 해법이 가능한지와 가능하다면 어떤 방안이 있을지에 대해서는 국제정치이론의 도움이 필요하다.

2. 환경 관련 이론들

표를 통한 비교 **환경관련 경제학이론: 환경이론비교**

이론명	이론가	주요 개념	논리
공유지비극	하딘(G. Hardin)	공유재(coommon goods)	공유재는 배제불가능성으로 인해 저생산
집단행동이론	올슨(M. Olson)	공공재(public goods)	공공재는 배제불가능성으로 인해 저생산

표를 통한 비교 **정치학에서 사용되는 경제학이론(분석도구)**

공유지비극	환경경제학. 목초지의 비극으로 시장, 국가, 시민사회의 해법제시
집단행동이론	조직의 규모가 커질수록 공공재산출은 어려움. 유인(incentive)는 적고 규모로 인해 처벌가능성은 낮음.
허쉬만의 조직이론	알버트 허쉬만(A. Hirschman)은 조직을 '충성, 발언, 이탈'(loyalty, voice, exit)을 통해 조직쇠퇴를 설명함[31]
역선택문제	정보의 비대칭성으로 인해 생기는 문제(사전적인 문제) 유권자가 정치인에 대한 정보부족으로 대표 잘 못 선택 대안으로 낙천, 낙선운동이 제안됨
주인-대리인 문제	유권자가 대표를 선택 후 대표가 책임을 안지는 문제(사후적문제) 대안으로 매니페스토 운동과 신생정당진입을 수월하게 하는 방안이 제시됨

개릿 하딘(G. Hardin)은 '공유지의 비극' 혹은 '목초지의 비극'을 통해서 공유재의 개념을 설명하였다. 유럽의 영토소유권이 명확하지 않던 시기에 '공유재(common goods)'[32]인 목초

31) **허쉬만의 조직이론**: 충성스런 직원이 발언을 하는데 이를 회사가 묵살할 경우 이 충성스러운 직원은 회사를 나가게 된다. 자신 있게 발언하는 직원은 능력 있는 직원이기 때문에 이런 직원들이 나가고 나면 회사에는 무능한 직원들만 남게 된다. 이렇게 회사는 망하게 된다. 허쉬만 조직이론은 투표에서 저항투표를 설명한다. voice는 원래 충성하던 정당이 맘에 안 들면 다른 정당에 표를 던져주는 것이고 exit는 투표 자체를 포기하는 것이다. 국제정치에서 동맹국가간에 이탈은 동맹파기를 의미하고 발언권은 동맹의 부담과 역할 조정을 의미한다. 동맹의 충성은 현 동맹규칙을 계속 따르는 것이다.

32) **공공재와 공유재와 사용재 구분**: 공유재(common goods)와 공공재(public goods)와 사용재(private goods)는 다르다. 사용재는 누군가 사용하면 다른 누군가 사용할 수 없기 때문에 경합적이다. 또한 사용재는 소유자 자신이 다른 사람의 사용을 배제하고 배타적으로 자신만이 사용할 수 있다. 대표적인 예로 소유권이 보장된 물건들을 들 수 있다. 반면에 공공재는 누군가가 사용할 때 다른 누군가도 사용할 수 있기 때문에 '비경합성'을 가지며 다른 사람의 사용을 배제할 수 없기 때문에 '배제불가능성'을 가진다. 공공재의 대표적인 사례는 등대를 들 수 있다. 반면에 공유재는 공공재와 사용재의 중간에 있다. 공유재는 배제되지는 않지만 누군가가 사용할 때 다른 이는 사용할 수 없기 때문에 경합성은 가지고 있다. 유럽의 중세 목초지가 대표적이다.

지를 개방하였더니 자신들 소유의 목초지의 풀을 먼저 먹이지 않고 공유지에 있는 목초를 먹이는 사람들이 늘면서 공유지는 풀을 재생산할 수 없게 된 것이다. 인간의 이기심으로 모든 이들이 배제되지 않고 사용할 수 있는 공유재산이 사라진 실제 사례를 가지고 하딘은 환경문제를 설명하였다. 그리고 공유재라는 환경문제를 해결하는 방안도 제시하였다.[33]

환경문제를 공유재가 아니라 공공재로 보면 환경문제를 설명하는 또 다른 이론으로는 만수르 올슨(M. Olson)의 '집합행동(collective action)'이론이 있다. 실제로 우여곡절이 많은 기후변화협약은 집합행동을 통해서 공공재저생산을 설명할 수 있다. 집합행동이론은 공공재를 있어서 혜택보다 비용이 큰 경우 공공재생산에 참여하지 않는 행동(집단적 무임승차)을 설명한다. 개인들은 공공재의 혜택은 누구에게나 돌아가기 때문에 심리적으로 혜택을 크게 평가하지 않는다. 반면에 공공재의 '배제불가능성'으로 비용을 부담하지 않아도 혜택을 누릴 수 있기 때문에 합리적이고 이기적인 개인들은 공공재생산에 비용을 부담하려고 하지 않는다. 이런 '무임승차(free-ride)'하려는 사람들이 늘어나면 공공재생산이 불가능하게 되는 것이다.

만수르 올슨은 집합행동을 조직의 크기와 관련해서 풀었다. 조직이 큰 경우에 얻게되는 이익은 '집합적이익'이다. 이것은 작은 조직의 '선별적이익'과 구분된다. 공공재와 같은 집합적이익은 모든 구성원이 얻게 되는 혜택이기 때문에 개별적인 행위자에게는 유인이 적다. 반면에 조직의 규모는 크기 때문에 공공재산출에 나서지 않더라도 발각될 가능성이 낮고 처벌가능성 또한 낮아진다. 반면에 조직이 작은 경우에 생기는 선별적이익은 이익의 배타성 즉 구성원에게만 배타적으로 돌아가는 속성이 있기 때문에 유인이 크다. 그리고 구성원들이 많지 않기 때문에 무임승차가 적발될 가능성이 높고 처벌 가능성 역시 높다.[34] 이 이론에 따른 집합행동을 줄이는 방안은 유인을 늘리거나 구성원의 수를 축소하여 무임승차가능성을 줄이거나 처벌력을 강화하는 것이다.

지금까지 환경이슈가 관심을 받고 제도적인 협력과 개선이 있었던 것은 우선 과학자들의 노력이 가장 결정적이다. 이처럼 지식인들의 공동체가 담론을 형성하고 이를 민간의 관심유도와 인식변화와 함께 국가지도자들의 정책적 노력으로 이끌어 간 것은 구성주의의 '지식인

---

33) **하딘의 목초지비극과 해법**: 하딘은 세 가지 방안을 제시하였다. 첫 번째는 시장에 소유권을 구성하게 하는 것이다. 전형적인 경제학의 방안이다. 두 번째는 강력한 권력을 가진 국가가 공공재를 제공하고 처벌을 통해서 강제하는 것이다. 전형적인 정치학의 현실주의가 제시하는 방안이다. 세 번째 하딘이 강조한 방안은 과거처럼 시민들의 양심 즉 시민성을 믿는 것이다. 공유재 사용을 절제하려는 시민의식을 가진 이들이 공유재를 보호하는 방안이다. 정치학의 자유주의적 방안이기도 하다.

34) **올슨의 집합행동이론**: 만수르 올슨은 이런 집합행동으로 집합적이익의 저생산과 선별적이익의 과도한 생산이 강대국을 약화시킨 원인으로 보았다. 영국과 같은 선발산업국가에서 집합적이익은 적게 만들어지지만 노조와 같은 조직의 선별적이익은 과도하게 생산되다. 노조의 선별적이익 증대는 노동자의 임금상승으로 이어진다. 임금상승은 영국기업 제품의 가격경쟁력을 낮춘다. 영국기업들의 가격경쟁력 하락은 세수의 악화로 이어져 영국의 국력하락으로 이어지는 것이다. 국내경제의 흐름으로 인해 국력의 상승과 하강이 결정되는 것이다.

공동체모델(Epistemic community theory)'로 설명할 수 있다.[35] 이런 설명에서 한 걸음 더 나가면 지식인을 포함하여 정부간 국제기구(GO: Governmental Organization)와 비정부간 국제기구(NGO: Non-Governmental Organization)와 국가들이 협력을 하는 글로벌 거버넌스이론(Global Governance theory)으로 확대될 수 있다. 거버넌스 이론은 국가중심주의의 배타적인 '통치(government)'가 현실적이지 않다고 보고 주권의 공유를 주창한다. 즉 문제해결능력이 높으면 기능적 필요에 의해서 어떤 행위자건 주권을 인정받을 수 있는 것이다. 거버넌스 이론은 오염자와 피해자뿐 아니라 중재자가 될 수 있는 제3자들을 끌어들여서 실제 문제해결능력을 높이고자 하는 현실을 반영하는 것이다.

앞서 본 다양한 영역에서의 환경레짐 사례들은 국가들의 제도화에 대한 '협력(cooperation)' 가능성을 보여준다. 또한 레짐은 구축했지만 국가들이 이탈하거나 협력을 꺼려 발전하지 못하는 경우도 있기에 협력은 단선적(낙관적)으로만 진행되지 않는다. 교토의정서는 1997년 이래 갈등이 지속되어 왔고 결국 선진국과 개도국간의 갈등의 상흔만 남긴 채 2020년 이후에는 사라지게 되었다.

환경을 보호하고 관리하기 위한 국가들의 필요성이 있다는 점에서 레짐과 제도에 대한 수요는 있다.[36] 그럼에도 불구하고 1972년 이후 40년이 지난 지금까지 만들어진 레짐과 현실적으로 작동하는 레짐은 그렇게 많지 않다. 이는 레짐을 만드는 공급자들의 이해관계가 충돌하기 때문이다. 레짐을 만들기 어려운 것은 우선 레짐 형성과정에서 환경피해인 결과와 환경오염원간의 명확한 인과관계 규명이 어렵기 때문이다. 과학이 밝혀낼 수 있는 것에는 아직 한계가 있다. 예를 들면 아직 끝나지 않은 논쟁으로 기후변화가 인간에 의해서 된 것인지 자연적으로 기후자체가 순환적으로 변화하는 과정중의 하나인지가 있다. 간혹 환경을 객관적으로 인식할 수 있게 해야 하는 과학자체가 정치적으로 이용될 때가 있다는 점 역시 환경레짐 구축이 어려운 이유이다.

레짐의 공급이 어려운 것은 앞서 본 공공재 저생산의 경우처럼 무임승차하려는 국가들을 끌어들여서 부담을 공유하게 하는 것이 어렵기 때문이다. 국가들의 환경에 대한 이익의 차이와 국력과 협상력의 차이를 축소하려는 선도적인 국가가 있어야 한다. 현실주의에서 패권국가이론은 패권국가가 마치 국내정치의 중앙정부와 같은 역할을 수행해서 다른 국가들이 공공재인 환경에 대해 협력하도록 강제할 수 있다고 본다. 패권국가가 가진 국력은 제재수

---

35) **인식공동체모델**: 지식인공동체 모델 혹은 인식공동체모델은 구성주의로 분류되기도 하고 자유주의로 분류되기도 한다. 구성주의관점에서는 지식과 아이디어를 통한 담론의 변화와 정체성변화로 이어지는 부분을 설명한다. 반면에 자유주의관점에서는 지식인들의 행위자로서의 역할과 아이디어 역할을 강조한다. 실제 자유주의와 구성주의가 공유되는 관념을 다룰 경우 구분이 어렵다. 민주평화이론도 정치제도에 대한 자유주의이론이지만 민주주의간 정체성에 기반하여 전쟁부재를 설명한다는 점에서 구성주의 이론이기도 하다.

36) **레짐과 제도의 관계**: 레짐과 제도를 구분하는 견해도 있다. 하지만 많은 이론가들이 레짐이나 제도를 구분하지 않는다. 실제 구분의 실익이 크지 않기 때문이다.

단이자 보상을 위한 유인책이 되기 때문이다. 패권국가는 환경문제에 대한 다양한 이해관계를 수렴하여 협약을 구체화하고 이행의무를 부과한 뒤 이를 어길 시에는 처벌을 할 수 있어야 한다. 제도의 제정과 약속의 이행과 집행에서 힘이 필요하다고 보는 것이다.

하지만 패권국가가 환경에 대해 군사력과 경제력을 사용하기 쉽지 않을 뿐 아니라 자국의 부담을 줄이고 타국의 비용부담을 늘리도록 강요할 수도 있다. 또한 패권국가가 존재하지 않을 수도 있다. 이런 상황에 대해서 자유주의는 특정한 강대국들 몇몇 국가에 의해서도 협력은 가능하다고 주장한다. 덩칸 스나이덜(D. Snidal)은 K라는 숫자까지 수학적 계산을 통해서 공공재를 만들 수 있는 최적의 국가수를 정할 수 있다고 주장한다. K-group이론으로 불리는 이 이론은 너무 많은 국가는 무임승차를 막기 어렵고 너무 적은 수의 국가는 공공재를 만들기 어렵다고 본다. 주로 경제적 협력에서 사용되지만 환경분야에서도 환경오염과 피해가 집중된 특정한 국가들이 환경제도를 구축하고 다른 나라들을 포함시킬 수 있다. 2015년 12월 파리회의의 경우도 독일과 같은 국가들의 노력이 2020년 교토체제 이후의 기후변화협약의 미래를 만들었다.

최근 현실적인 이슈이자 이론적 이슈는 안보차원에서 '환경안보'에 관한 주제와 '환경과 무역의 연계' 주제와 남북문제에서 '개발과 환경의 타협' 주제가 있다. 환경안보는 환경을 단순한 생태계의 문제가 아니라 국가안보와 인간안보에 인위적인 '위협'과 비인위적일 수 있는 '손상'을 다룰 수 있게 한다. 환경안보는 피해의 크기, 오염주체의 인위성, 피해국가의 피해인식정도에 따라 안보의 접근방법을 달리할 수 있다. 정책으로 환경오염에 제재를 가하는 방법으로 무역을 연계하고자 하는 노력이 많이 진행되고 있다. 실제 무역제재의 효과가 있는지 논쟁이 진행되고 있다. 마지막으로 개도국의 구조적인 경제문제를 해결하기 위해서 환경에 무해한 기술의 지원이나 재정적 지원이 중요하게 된다. 하지만 재정지원이 실제 효과를 가져오는지에 대해서는 의견이 다르게 있다.

3. 환경협약의 발전과 기후변화협약

표를 통한 비교 주요환경회의

회의 또는 선언문	중요사항
'UN 인간 환경 회의: United Nations Conference on the Human Environment' / 스톡홀름 회의(1972)	인간환경선언채택 / 'UN 환경계획'(UNEP)이 설립/ 최초의 UN주도 환경회의
자연보호헌장(한국 1978)	지연보호헌장이 1978년 채택됨. 국제민간단체인 국제자연보호연맹(IUCN)의 영향을 받음.
세계자연헌장(World Charter for Nature) 초안(1982)	'UN 환경계획'(UNEP)이 주도하여 1982년에 UN총회에서 채택
<우리공동의 미래 Our Common	'환경과 개발에 관한 세계위원회'(World Commission on

Future〉 라는 보고서(1987)	Environment and Development / WCED 일명 브룬트란트위원회) / '지속 가능한 개발(Sustainable Development)'이라는 개념창출.
UN환경개발회의(UNCED :United Nations Conference on Environment and Development 1992년)	지구환경보호를 위한 리우선언 / 의제21(Agenda 21)/ 산림원칙이 채택 / 기후변화협약과 생물다양성협약서명
교토의정서	기후변화협약을 구체화하기 위한 체제. 1997년 12월 일본 교토에서 개최된 기후변화협약 제3차 당사국총회에서 채택됨. 선진국배출가스 감축이 목표. 배출권거래제도. 공동이행제도(선진국+선진국), 청정개발제도(선진국+개도국)
파리체제	기후변화협약을 구체화한 교토체제를 대체하기 위한 체제. 2020년 이후를 규정한 체제. 산업화이전부터 지후증가를 1.5도로 제한하고자 함. bottom-up방식(국가들의 자발적으로 감축량규정), 차별적 공동책임원칙을 완화하고자 함. 트럼프대통령이 파리체제를 거부하고자 함.

공유재의 속성과 공공재의 속성을 가지고 있는 환경이슈가 국제적으로 관심을 가지고 국제정치에서 주목을 받게 된 것이 가장 극명하게 드러난 것은 1972년 스톡홀름에서 열린 'UN인간환경회의'이다.[37] 이 회의는 환경문제를 인류공동의 과제로 다룬 최초 범세계적 차원의 회의이다. 이때 회의의 주제는 '인간'과 '환경'이다.

1992년에는 스톡홀름회의 20주년을 기념하면서 대규모회의인 'UN환경개발회의(UNCED)'가 브라질 리우데자네이루에서 개최되었다. 이것은 20년간의 환경문제에 대한 관심증대를 반영하는 것이다. 그런데 이 20년 사이에 환경에 대한 발전된 북반구 국가들과 저발전된 남반구 국가들간의 이해가 상충하게 되면서 양자사이에 극적으로 '지속가능한 개발(sustainable development)'이라는 개념에 합의하게 된 것이다. 이미 과학기술을 이용하여 성장을 하면서 환경을 오염시킨 북반구 국가들은 환경이라는 가치를 강조하면서 남반구의 저발전상황을 받아들이고 성장에 따른 환경오염을 줄일 것을 요구하였다. 반면에 남반구 국가들은 현재 환경오염의 주된 원인이 북반구 국가들이고 저발전상황을 개선하기 위해서 남

37) **환경협약발전의 역사**: 1970년대 환경이 이슈가 된 이후 제도화가 빠르게 진행이 되었다. UN환경선언이 채택되고 UNEP(UN환경계획)이 설립된 것이다. 이후 제도화된 이슈와 협력은 다음과 같다. 런던 협약(1972)은 폐기물 기타 물질 방출에 의한 해양 오염을 방지하기 위한 협약이다. 비엔나 협약(1985)은 오존층 파괴 방지를 위한 협약이고 이후 몬트리올 의정서(1987)는 비엔나 협약을 보완하여 오존층 파괴 물질 배출을 억제하고자 한다. 오존층파괴에 관한 국제적 협력이 가장 성공적인 환경제도화로 염화불화탄소(CFC)즉 프레온가스사용을 금지하는 것을 들 수 있다. 이후 바젤 협약(1989)은 유해 폐기물의 국가 간 이동 및 처분을 규제하는 협약이다. 리우 선언(1992)은 '지속가능한 개발'을 통해 자연과의 조화 속에 건전하고 평화로운 생활을 할 권리를 향유하고, 이를 위해 빈곤을 퇴치해야 하며, 개도국의 특수 사정과 수요를 우선적으로 고려해야 한다는 등 지구 환경보존의 기본적인 지침을 제시했다. 그리고 리우회의에서 기후변화 협약(1992)이 체결되어 온실가스를 규제하게 된 것이다.

반구에서는 개발(development)과 성장이 필수적이라고 맞받아쳐왔다.

대표적인 사례로 브라질이 개발을 위해 지구의 심장이라고 할 수 있는 아마존열대우림을 경작하고 개발하는 사례를 들 수 있다. 브라질의 열대우림은 전지구 열대우림의 30%를 차지하고 있고 지구 산소의 20%를 공급하고 있다. 그러나 개발을 위해 열대우림이 점차 사라지고 있는데 향후 20년내 열대우림의 40%가 사라질 것이라는 예측도 있다. 최근에는 에탄올을 연료로 사용하면서 사탕수수와 옥수수와 콩등의 재배가 늘어 열대우림이 더욱 줄어들고 있다. 이 상황은 공공재로서 맑은 공기인 산소를 제공하고 이산화탄소를 줄여주는 역할과 브라질의 개발을 통한 경제적 이익간 상충을 명확히 보여준다.

20년간 인류의 투쟁이 만든 위대한 타협인 '지속가능한 개발'은 전세계적인 타협이다. 이 원칙은 이후 환경문제의 기준으로 작동하면서 북반구과 남반구의 타협의 여지를 만들어주고 있다. 1992년 'UN환경개발회의(UNCED)'에서는 기후변화협약이 체결되었다. 온실효과로 불리는 기후변화를 예방하기 위해 국가들이 합의를 한 것이다. 1997년에는 기후변화협약을 구체화하기 위한 의정서가 일본교토에서 체결된다. 흔히 '교토의정서'라고 불리는 이 의정서는 구체적으로 국가들이 이산화탄소배출량을 줄이고 환경피해국가들에게 보상을 하기 위한 약속이다. 국가들은 2012년까지 1차 감축의무 기간을 두어 추후 의정서체제를 지속할지 결정하기로 하여 2012년 도하회의에서는 실질적으로 중요한 국가들이 빠졌음에도 불구하고 2020년까지 교토의정서체제를 지속하기로 하였다.

1992년 기후변화협약 7조에는 '공동의 그러나 차별적 책임(common but differenitiated Responsibility)'의 원칙이 최초로 명시되었다. 모든 국가들이 환경에 대해 공동의 책임을 지지만 국가들의 상황에 따라 부담을 동일한 것이 아니라 차별적으로 지게 한 것이다. 이 원칙에 기초하여 교토의정서는 1차 감축기간인 2012년까지 차별적인 감축의무를 선진국에게만 부과한 것이다. 개발도상국인 중국과 인도는 자신들이 개도국이기 때문에 감축의무에서 면제가 되어야 한다고 주장했고 교토의정서는 이를 반영하였다. 따라서 선진국들은 개도국 유예조항에 불만을 가지고 있었고 도하회의에서는 의정서에서 탈회하였다. 교토의정서가 유명무실한 상황이 되자 포스교토체제에 대한 논의가 시작되었고 그 결과가 2015년 파리당사국총회인 것이다.

답안을 위한 사례

교토의정서

1997년 합의를 한 교토의정서는 지구온난화 규제 및 방지의 국제협약인 '기후변화협약'의 구체적 이행 방안으로 선진국의 온실가스 감축 목표치를 규정하였다. 2005년 2월 16일 공식 발효되었다. '차별적 공동책임의 원칙'에 기반하여 선진국에게만 이산화탄소감축을 의무화하였다.

구체적인 규정으로는 먼저 의무이행대상을 들 수 있다. 의무이행 대상국은 오스트레일리아, 캐나다, 미국, 일본, 유럽연합(EU) 회원국 등 총 38개국이다. 이들 국가들은 2008년부터 2012년 사이에 온실가스 총배출량을 1990년 수준보다 평균 5.2% 감축해야 한다. 각국의 감축 목표량은 국가마다 -8~+10%로 차별화하였다. 실제로 유럽연합은 -8%를 감축해야 하고 일본은 -6% 의 온실가스를 2012년까지 줄여야 한다.

교토의정서가 감축 대상으로 삼고 있는 가스는 총 6개이다. 이산화탄소(CO2), 메탄(CH4), 아산화질소(N2O), 불화탄소(PFC), 수소화불화탄소(HFC), 불화유황(SF6)이 여기에 속한다. 교토의정서에 속한 당사국들은 온실가스 감축을 위한 정책과 조치를 취해야 한다. 당사국들이 해야 하는 정책에는 에너지효율향상과 온실가스의 흡수원 및 저장원 보호와 신재생에너지 개발・연구가 포함되어있다.

교토의정서는 차별적 공동의 책임원칙에 기반하여 특별한 제도들을 가지고 있다. 시장원리를 도입하여 감축의무를 달성한 국가의 여분을 달성하지 못한 국가가 구매해서 의무이행을 하는 방법으로 '배출권거래제도'가 있다. 또한 선진국은 개도국에 투자해서 가스배출을 감축할 경우 이 감축된 가스의 일부를 선진국가스로 인정받는 '청정개발체제'가 있다.

실효성을 높이기 위한 여러 제도적 노력에도 불구하고 선진국과 개도국의 의견차이가 컸고 이해 충돌은 2012년의 도하회의에서 드러나게 되었다. 이 회의에서는 교토의정서가 유명무실화되었다. 1997년에 협의를 시작하여 2005년 출범한 교토체제가 실질적으로 유명무실화된 가장 큰 이유는 패권국가인 미국의 의지 부족을 들 수 있다. 부시행정부에서는 기후변화 협약보다 미국 석유산업으로 대표되는 기업들을 보호하는 입장을 보여주어왔다. 2012년 오바마 행정부 역시 기후변화협약의 발전에 적극적이지 않았고, 미국은 1기에 이어 2013년부터 시작된 2기에도 온실가스 감축 의무 이행을 거부하였다.

패권국가 미국만이 불참한 것이 아니라 주요한 국가들 역시 제도적 협력을 거부했다. 1기 체제에 참여했던 일본・캐나다・러시아・뉴질랜드 등 4개국은 더 이상 법적인 감축의무를 지지 않겠다며 사실상 교토의정서 대열에서 이탈하였다. 중국과 러시아와 인도가 개도국으로 분류되어 감축의무가 없다는 점과 연결하면 실제 전 세계에서 가장 많은 이산화탄소를 배출하는 국가중 1위에서 5위까지 국가들은 모두 참여하지 않게 된 것이다.

이런 문제에 봉착하자 교토의정서 체제 이후에 대한 대안 논의가 진행되었다.[38] 소모적인 논의중에 미국과 중국이 주도하여 2015년 파리회의를 개최하기로 합의하였다. 이 회의는 기후변화협약을 유지하고 교토의정서체제를 대체하기 위해 개최되었다. 그리고 그간 문제의 핵심에 있던 차별적공동의 책임원칙에서 벗어나 개도국들까지 모두 감축의무를 지도록 하였다. 하지만 2017년 트럼프행정부는 파리체제를 탈퇴했다. 2021년부터 기후변화협약이 파리체제에 기초해서 작동하는 데 있어 부담이 되고 있다.

38) **포스트교토에 대한 논의**: 포스트교토에 대해 몇 가지 논의가 있다. 기존 체제를 다시 재육성하자는 방안이나 기존 체제를 붕괴시키고 새로운 체제를 구축하자는 방안으로 강대국중심체제로 가자는 방안이 제시되고 있다. 또한 포괄성은 유지하면서 기존 유엔중심체제를 다변화하여 다양한 지구적관리구조를 만들어 보자는 안이나 경제적 원리를 작동시켜 WTO체제에서 논의하자는 방안들이 제시되고 있다. 이와 달리 에너지 중심으로 새로운 기구를 구성하여 자원을 중심으로 접근하자는 방안도 제시되고 있다.

4. 포스트교토체제와 파리회의

심화 학습

교토 의정서와 파리체제

(1) 취지: 골격협약인 '기후변화협약'의 구체적 이행 방안

(2) 목표 :선진국의 온실가스 감축 목표

(3) 발효: 2005년 2월 16일 공식 발효

(4) 규정

① 의무이행대상국: 선진국. (오스트레일리아, 캐나다, 미국, 일본, 유럽연합(EU) 회원국) / 개발도상국예외

② 감축 대상가스: 이산화탄소(CO_2), 메탄(CH_4), 아산화질소(N_2 O), 불화탄소(PFC), 수소화불화탄소(HFC), 불화유황(SF6) 등의 여섯 가지이다.

③ 당사국의 조치: 온실가스 감축정책

④ 허용제도: 배출권거래(Emission Trading), 공동이행(Joint Implementation), 청정개발체제(Clean Development Mechanism)

(3) 한국관련 사항

한국은 제3차 당사국총회에서 기후변화협약 상 개발도상국으로 분류되어 의무대상국에서 제외됨.

(4) 미국관련 사항: 자국의 산업보호를 위해 2001년 3월 탈퇴. 2012년 도하회의에서 빠짐.

(5) 파리체제

① 21차 기후변화협약당사국총회: 파리회의에서 2020년 이후 교토체제대체결의

② 미국 오바마 대통령과 중국 시진핑 주석에 의한 합의: 선진국 중 교토체제거부의 대표적인 국가인 미국과 개도국 유예입장의 대표인 중국이 합의

③ 기후변화에 대한 '차별적 공동책임'원칙의 완화: 개도국도 이산화탄소 감축

④ 1870년대를 기준으로 기후상승을 1.5% 이내로 합의

⑤ Bottom-up 방식: 국가들이 자발적으로 이산화탄소 감축분량을 정함.

(6) 트럼프대통령과 파리회의 탈퇴: 미국 트럼프 대통령은 당선이후 2017년 파리체제 탈퇴를 결정함.

표를 통한 비교 **아시아 환경협력기구와 제도들**[39)]

동북아산림포럼	유한킴벌 리가 중국과 몽고에 수행한 우의림조성사업
동북아 환경협력계획(NEASPEC: North East Asian Subregional Programme for Envirnmental	1993년 한국이 유엔환경개발회의(UNCED)와 공동으로 개최한 회의. 한국, 일본, 중국, 러시아, 몽골, 북한의 6개국이 참여하는 정례화된 동북아 환경협력체.

39) 『변환의 세계정치』, (하영선편, 사회평론, 2011년)에서 요약

Cooperation)	황사문제에 조기경보체제도입.
한중일 3국 환경장관회의(TEMM: Tripartite Environment Ministers Meeting)	1998년 UN 지속가능위원회 6차 회의를 통해 발족
아・태환경장관회의(ECO-ASIA)	일본이 주도한 산성비문제해결을 위한 협력체
동아시아 산성비모니터링 네트워크(EANET: Acid Deposition Monitering Network in East Asia)	일본 환경청이 주도로 한 전문가 네트워크기이다.
글로벌 녹색성장연구소의 설립	한국은 2010년 선진국과 개도국의 공동기술 개발과 공유를 제안했고 2010년 6월에 이 연구소를 국내에 설립
NOWPAP(Northwest Pacific Action Plan)	유엔환경계획(UNEP)의 18개 지역 해양프로그램 중 하나이다. 한국, 중국, 일본, 러시아간에 오염된 해안과 해양환경에 적합한 해법을 찾고자 하는 협력체제이다.

최근 한국은 아열대성기후와 같이 바뀌고 있다. 집중호우는 아열대지역의 스콜처럼 내린다. 식물의 성장환경에 관한 위도가 점차 올라가고 있다. 이는 기후변화의 효과로 볼 수 있다. 기후변화로 인해 인류가 받을 피해는 몹시 클 것으로 예상된다.

「기후변화와 자본주의」에서 조나단 닐은 기후변화를 충분히 막을 수 있다고 주장한다. 지구온난화의 주범은 이산화탄소와 메탄가스 두 가지에 근거한다. 온실효과를 가져오는 것은 메탄가스가 더 강하다. 하지만 메탄가스는 대기 중에 약 12년 동안 머물다가 자연적으로 사라진다. 반면에 이산화탄소는 약 200년을 머문다. 따라서 지구온난화에서 더 중요한 것은 이산화탄소인 것이다. 실제 온실효과를 일으키는 기여도는 CO2가 가장 높아 55% 정도를 차지한다고 알려져 있다. 매년 지구는 매년 대기 중에 3.5ppm의 이산화탄소를 배출하며 이 중 식물에 의한 흡수와 해양을 통한 흡수라는 두 가지 과정으로 흡수되는 양은 1.4ppm이 된다. 따라서 매년 2.1ppm이 남게 된다. 2007년 기준으로 지구의 이산화탄소 농도는 385ppm이다. 산업혁명 이전 대기 중의 CO2 농도는 약 280ppm였던 것과 비교하면 수치상승이 눈에 띈다. 섭씨 2도의 기온을 올리게 되는 기후변화를 가져올 것으로 예상되는 수치는 400ppm에서 450ppm으로 알려져 있다. 이 수치에 따르면 남은 이산화탄소의 양은 15ppm에서 65ppm사이가 되는 것이다. 이런 상황에도 불구하고 이산화탄소를 현재 기준으로 70%이상 줄이면서 청정에너지를 개발한다면 기후변화를 막을 수 있다.

이 정도까지 급격한 이산화탄소 배출을 줄이기는 쉽지 않지만 국가들은 이산화탄소배출을 줄이기 위해 합의를 하였다. 1992년 기후변화협약(UNFCCC)은 리우에서 타결되었고 1994년 3월 21일 발효되었다. '교토의정서' 이후에 대한 합의는 신기후체제라고 불린다. 신기후체제는 2020년 종료되는 교토의정서 후속으로 논의되는 협약을 지칭한다. 신기후체제의 핵심은 앞서 이야기 했듯이 감축의무대상을 기존 선진국중심에서 2020년 체제부터는 선진국과 개도국이 모두 부담하는데 있다. 2011년 남아프리카공화국 더반에서 열린 제17차 유엔

기후변화회의에서는 기존의 교토의정서를 2020년 연장을 합의하면서 2020년이후 적용할 체제에 대한 논의를 2015년까지 마무리하기로 하였다. 이로 인해 2012년 도하회의에서 선진국들의 감축의무에 변화를 가져오지 못한 상태로 교토의정서는 2기체제로 들어가게 되었다. 그리고 2015년 12월 12일 파리에서 기후변화협약 당사국총회(COP21)가 열렸다.

파리회의에서는 교토의정서와 달리 선진국과 개도국 모두가 감축의무를 지도록했다. 파리회의 이전에 국가들은 2015년 10월까지 '온실가스 감축을 위한 자발적 방안(온실가스 감축공약 INDCs: Intended Nationally Determined Contributions)'을 마련하도록 하였다.[40] 파리회의가 개최될 수 있었던 것은 그간 환경이슈에서 미온적 입장을 보였던 미국과 중국이 2014년 오바마대통령과 시진핑주석의 합의에 의해서 전격적으로 협력을 합의했기 때문이다. 합의당시 미국은 탄소 배출량을 2025년까지 (2005년 배출량 대비)탄소배출량의 26~28% 감축하겠다고 발표했으며 중국은 2030년까지 감소시키겠다고 발표했다. 이런 주장의 이면에는 기업들의 반발이 크다. 특히 화석연료를 필요로 하는 제조업분야의 저항이 크다.[41]

파리 협정의 체결은 국가들의 기후변화 대응을 저탄소경제성장방법으로 변화시킬 것이다. 미국 정부가 제시한 연비규제 강화법안의 경우 2025년까지 완성차업체들에게 평균 연비를 현재보다 50% 이상 개선하도록 하고 있다. 세계에서 가장 큰 자동차시장인 미국의 연비규제 사례는 향후 국가들이 기후변화에 대응하기 위해 어떤 노력을 가할 것인지를 예상하게 한다.

국가들이 저탄소기술을 통한 경제성장을 이룩할 수 있는 기술을 개발한다면 온실가스를 감축할 수 있을 것이다. 특히 개도국도 감축의무를 진다는 점과 국가들이 자발적기여(INDCs)를 위해 주기적인 검토를 해야한다는 점에서 탄소배출을 줄일 수 있을 것으로 보인다. 국가별 검증을 통해서 투명성을 확보한 것도 제도적 개선으로 볼 수 있다.

중견국가(middle power)로서 한국의 영향력을 키우고 연성권력을 증대하는데 있어서 환경은 좋은 전략적 자산이 될 수 있다. 한국은 송도에 유치한 녹색기후기금(GCF)를 활용하는 것과 함께 우리가 만든 글로벌녹색성장연구소(GGGI)가 개도국의 저탄소경제전략의 개발을 도와줄 수 있도록 해야 한다.

하지만 한국의 현실에서 온실가스 감축은 어렵다. 현재 신생에너지와 재생에너지의 개발도 낮은 편이고 기존 제조업분야에서 에너지 효율도 낮은 편이기 때문이다. 따라서 한국은

---

40) **한국의 환경외교**: 한국은 2015년 6월 30일 열린 국무회의에서 2030년 국가 온실가스 감축 목표를 "배출전망치 (8억5천1백만 톤) 대비 37% 감축하는 것으로 결정하였다. 2030년 온실가스감축치는 8억5060만 톤인데 이를 5억3588만 톤으로 줄이겠다는 것이다. 이것은 이명박정부에서 제안된 기존 방침보다 증강한 것이다. 한국은 이산화탄소배출량 7위에 해당하며 교토의정서에서 개도국으로 분류되어 있었다. 이런 상황에서 한국은 녹색기후기금을 송도에 유치하면서 환경 분야에서 한국의 역할을 강조하고자 한다. 실제 2015년 9월 대한민국정부는 외교부의 '국제경제국'이란 명칭을 '기후변화환경외교국'으로 변경하면서 환경외교에 적극적으로 대처할 입장을 표명하였다.

41) **환경과 경제성장 우려**: 한국도 전경련을 비롯하여 재계는 자발적 국가 감축 목표(INDC: Intended Nationally Determined Contributions)를 수행할 경우 기업들이 받게 될 피해를 우려하고 있다. 정부도 실제 경제성장률이 0.5~0.8% 떨어질 것으로 예상하고 있다.

에너지의 효율적인 사용을 위한 에너지관련 홍보와 교육이 필요하다. 다른 방안으로 에너지를 효율적으로 활용하는 기업에 대한 보조금을 지급하거나 세액공제등을 활용해 볼 수 있다. 또 다른 방안으로 기업간 배출권 거래제도를 국내외적으로 활용해 보는 방안도 제시되고 있다.

제 4 장 정치현상 분석을 위한 도구들

수험적 맥락

정치학은 다양한 사회현상을 분석한다. 경제, 사회, 인간심리, 그리고 정치제도들을 다루면서 사회 전 영역을 포괄한다. 따라서 정치학에서는 사용해야 할 개념들이 많다. 자유주의, 공화주의, 민주주의 등 이론별로 다양한 도구들이 사용된다. 이 장은 이렇게 분산적으로 나뉘어져 있는 중요개념들(권력, 국가와 정부, 민족)을 따로 구분하여 정리한다. 여기서 정리된 개념들은 독립적인 문제로도 출제되지만 다른 문제들을 풀 때도 필요한 개념들이다. 따라서 개념간의 의미구분에 초점을 두고 정치현상을 분석하기 위해 활용해보아야 한다. 익숙해져야 자신이 설명할 수 있는 도구가 된다. 이 장은 개념들간의 비교를 위해 최대한 〈표를 통한 비교〉를 활용해서 설명한다.

수험적 중요주제

1. 권력의 다양한 의미와 사회 내 권력 분포 양태분석(ex, 엘리트 vs. 민주주의)
2. 연성권력과 스마트권력의 한국 외교정책방안(ex, 공공외교와 공적개발원조(ODA)정책확대
3. 국제정치에서 무정부상태의 역할논쟁
4. 국가(정부)의 자율성과 정책결정가능성과 집행가능성
5. 국가주권의 약화와 거버넌스와의 관계
6. 동북아시아 민족주의의 강화와 민족주의 완화방안
7. 한국의 민족주의강화정책(ex, 역사논쟁)과 다문화주의

1. "권력과 권력이론"

(1) 권력의 의미와 권력의 분야

정치현상을 권력이라고 본다면 정치는 어떤 행위자가 다른 어떤 행위자에게 권력을 행사는 문제이다. 이때 권력은 행위자가 자신이 원하는 방식으로 다른 행위자를 움직여 결과를 만들어내는 것이다. 간단히 말하면 권력은 결과를 변화시키거나 결과를 만들어내는 능력이다.

사회가 구성된다고 전제했을 때 사회구성원들은 모두 자신이 원하는 목표를 이루고자 한

다. 정치학적 가정 상 사회에 분포된 자원은 부족하고 원하는 역할이나 지위 또한 부족하다. 그리고 사회구성원들이 나누어야 하는 부담은 많다. 그런데 이런 사회적 가치를 나누거나 부담해야 하는 구성원은 많다. 따라서 구성원은 많고 구성원수보다 나누어야 하는 가치는 부족하다. 이런 상황에서 더 많은 가치를 가지고자 하는 행위자들은 자신의 목적을 달성하기 위한 수단으로서 권력을 가지고자 한다. 사회가 구성되어 어떻게 효율적인 생산과 소비를 할 것인지가 경제학이 다루는 주제라면 정치학은 본질적으로 사회내의 권력을 다룬다.

표를 통한 비교 **정치학과 경제학의 강조점**1)

	정치학	경제학
분배대상	비물질적 가치(권력, 명예)	물질적 가치(상품)
분배방식	권위적(authoriative) 혹은 명령(원하지 않더라도 분배가 이루어진다)	자발적 교환(voluntary exchange): 원하지 않는 거래는 이루어지지 않는다
분배장소	국 가	시 장
동의 방법	소수는 종종 그들의 의사와는 상관없이 결정을 강요받음(다수결의 원칙이 소수에게는 독재가 될 수 있음)	교환에 참여하는 자들의 만장일치나 합의가 필요
강조점	사회의 가치를 둘러싼 갈등(conflict)전제 정치는 강요(coercion)를 통한 결과변경	생산자와 소비자의 협조(cooperation) (자발적 조직인)시장의 원활한 운영

권력은 크게 3가지로 나누어서 볼 수 있다. 첫 번째는 '국내정치'에서 사용되는 권력들의 개념과 유형들을 비교하는 것이다. 사회내의 권력이 작동한다면 어떤 권력이 작동하는지와 시대별로 권력의 작동방식이 달라졌다면 어떤 환경에서 권력은 변동했는지를 살펴보는 것이다.

두 번째는 '국제정치'에서 사용되는 권력들의 개념과 유형들을 비교하는 것이다. 국가 간의 관계에는 국가위의 상위권위체(hierarchy)인 중앙정부가 없다. 중앙정부가 없는 상황은 중재자가 최종 심판자가 없는 것이다. 미국은 50개의 주(state)로 구성되어 있다. 이들 주(state)위에는 연방정부(confederal government)가 있다. 만약 주들 간의 분쟁이 생기면 연방정부가 조정을 해준다. 따라서 각 주는 자신의 안보가 연방정부에 의해서 보호를 받기 때문에 자신이 스스로 군사력으로 무장을 하고 상대방 주를 상대하거나 다른 국가(nation-state)를 상대하지 않는다. 이런 상황에서 한 주는 다른 주 보다 더 많은 권력을 가져야 생존이 확보되지 않는다. 그러나 국제정치에서 국가들은 자신들 위의 연방정부가 없다. 따라서 국가들은 생존하려면 더 많은 권력(주로 군사력)이 있어야 한다. 또한 협상을 할 때 연방정부라는 최종 심판자가 없기 때문에 각 국가들은 자신의 힘으로 목적을 달성해야 한

1) 임석준 「국가와 권력」 『정치학』(박준영외 공저)(박영사: 서울.2001), p.41

다. 따라서 국내정치보다 국제정치에서 더 권력은 중요하다. 이 부분은 국제정치분야의 3장 국제정치이론과 현안적용의 제 1절에서 후술한다.

세 번째는 국내정치에서 권력의 분포를 살펴보는 것이다. 국내정치에서 누가 결정권을 가지는지가 중요하다. 이것은 다시 두 가지로 나뉠 수 있다. 국가와 정부의 결정에 있어서 최종적인 권력의 연원이 누구인가의 문제이다. 주권이라고 하는 국가 결정권의 연원이 그 국가의 인민에게 있는 경우는 민주주의가 된다. 반면에 주권의 권원이 정책결정자 1인이나 소수에게 있는 경우 독재가 된다. 두 번째는 사회내의 권력이 어떻게 분포되어 있는가이다. 결정권을 가진 민주주의의 경우에도 인민들에게 폭넓게 권력이 분포되어 있는 것인지 아니면 소수의 엘리트 그룹에게 분포되어 있는지가 다르다. 권력이 폭넓게 분포되어 있는 경우 인민들의 권력행사가 가능할 뿐 아니라 인민이 원하는 경우 권력을 확보할 수도 있다. 그러나 엘리트그룹에게 권력이 분포될 경우 권력의 이동은 어렵다. 현실적으로 계층이동이 어려울 뿐 아니라 인민은 자신의 원하는 정치적 대표를 선발할 가능성도 낮아진다. 따라서 한 사회의 권력분포는 사회의 변화가능성을 만들 수 있는가 없는가의 핵심적인 변수가 된다.

(2) 국내정치에서 중요한 권력 유형들[2)]

권력과 관련해서 중요한 개념들과 유사한 개념들이 있다. 권력과 권력의 유사 개념들을 표를 통해 분류해본다.

표를 통한 비교 **권력의 3가지 토대**

물리적 강제력	권력은 폭력사용이 가능해야 한다. 비민주주의국가의 경우 폭력은 합법적이지 않지만 민주주의(사회구성원의 합의가 있는 정치체제)에서 폭력은 합법적이다. 사회질서 유지(불법집회, 쿠테타 시도, 사회질서 교란, 테러리즘)를 위해서는 폭력사용이 가능해야 한다. 군대, 경찰, 검찰, 세무서 등이 대표적인 물리적 강제기관
경제적 강제력	권력은 보상과 처벌에 근거하며 경제력으로도 나타난다. 경제적 제재나 보상은 기회비용을 변화시킨다. 줄 수 있는 것을 빼앗을 때 경제 권력은 강제력이 된다. 분배 법규칙의 제정, 새로운 이익사업 등이 대표적이다.
심리적 강제력	권력은 심리에도 작동한다.

2) 현대 정치학에서 유명한 권력개념의 정의로는 다음의 것들을 볼 수 있다. ① M. Weber – 어떤 사회관계의 내부에서 자기의 의사를 관철시킬 수 있는 일체의 찬스·가능성 ② M. MacIver – 직접적인 명령에 의하든 간접적으로 이용할 수 있는 수단의 조작에 의해서든 어떻게 해서라도 다른 사람의 행동을 통제할 수 있는 권력 ③ Lasswell – '가치'를 권력관계의 전제로 삼고 권력을 결정작성에 참여하는 것으로 파악 ④ H. Morgenthau – 다른 사람의 마음과 행동을 통제할 수 있는 능력

	무엇을 하지 않으면 불편하게 여길 때도 권력은 작동한다. 연성권력, 권위, 영향력 등이 대표적이다.

표를 통한 비교 **권력과 유사한 개념들**

개념	내용	활용수단
권력(power)	권력(power) = 물리적 폭력(force) + 정당성(legitimacy)	물리력(폭력)과 정당성(권위 활용)
영향력(influence)	물리적 힘이 없이 정당성만을 가질 경우(심리적 강제력만 가짐. 물리적 강제력은 없음)	신앙, 명성, 학력
위신(prestige)	신분의 귀천, 힘의 강약, 객관적 능력 등의 척도에서 남보다 뛰어난 이미지를 부여받을 때 발생하는 것	귀족계급. 특정지위차지(총리, 재벌, 장성)
막스 베버의 국가권력	국가는 물리적 힘을 '독점'하며 정당성을 인정받음. 사회계약이 정당성의 근거. 폭력의 합법적인 독점이 중요.	물리력과 정당성
권위(authority)	자발적인 동의를 이끄는 힘. 정당성에 근거하기에 물리적 힘이 없어도 가능. 영향력과 유사	피치자의 동의
막스 베버의 권위의 3가지 요소	① 전통적 권위: 전통적 질서에 부여. 가부장제도가 대표 ② 합리적-법적 권위: 정치체제의 합법성에 근거. 법치주의가 대표. ③ 카리스마적 권위: 지도자에게 부여된 개인적 능력	동의를 이끌어 내는 요소. 근대 국가는 법적 권위가 중요하지만 지도자의 카리스마에 의해 보완됨.
1차적 권력[3] (개체권력)	강제적 권력. 결정력(decisive power).결과의 개연성을 변화시키는 힘. 상대방의 의사에 반하여 결과를 만드는 힘. (로버트 달의 개념)	결과를 바꾸는 능력. 강제력. 다원주의 민주주의이론의 핵심.
2차적 권력[4] (개체권력)	비결정적(non-decision)권력. 표면에 드러나지 않는 권력으로 의제에서 배제하는 권력. (바크라츠와 바라츠 권력)	신통치엘리트 이론의 권력. 통치자들의 조작.

3) **결정형 권력(power as decision-making)**: 권력이 가지는 이 얼굴은 어떤 점에서 결정 내용에 영향을 미치는 의식적 행동으로 구성된다. 이러한 권력 형태에 대한 고전적 설명은 로버트 다알(Robert Dahl)이 쓴 『누가 통치하는가?: 한 미국 도시에서 나타난 민주주의와 권력 (Who governs?: Democracy and Power in an American City)』(1961)에서 나타나고 있다. 이 책은 선호도의 관점에서 연루된 판단을 내리고 있는데 이러한 결정은 다양한 방식으로 영향을 받을 수 있다. 『권력의 세 가지 얼굴 (Three Faces of Power)』(1989)에서 케네스 보울딩(Kenneth E. Boulding)은 강제 혹은 협박의 사용-채찍(the stick), 상호이익을 포함하는 생산적 교환-거래(the deal), 의무, 충성, 그리고 언질의 부여-당근(the kiss)을 구별하였다. 앤드류 헤이우드, 『정치학: 현대정치의 이론과 실천』 조현수 역(성균관대 출판부: 서울,2003). p.38.

4) **비결정형권력: 의사일정 배치로서 권력(power as agenda setting)**. 바크라크(Bachrach)와 바라츠(Baratz: 1962)가 암시하였던 것처럼 권력이 가지는 두 번째 얼굴은 만들어진 결정을 방해하는 능

3차적 권력[5] (개체권력)	연성권력과 포섭적(cooptive)권력. 선호통제력. 권력자가 피권력자의 선호를 변화시키는 힘.	이데올로기와 선호를 통제하는 힘.
헤게모니[6]	선호통제력의 그람시적 개념. 마르크스에 따르면 하부구조(경제영역으로 삶의 토대)가 상부구조(관념의 공간으로 정치, 이념, 문화공간)을 지배한다지만 실제 상부영역은 독자적 논리를 가진다는 이론.	관념을 통제하는 이념의 힘. 보수 지식인과 보수 시민사회를 공격
구조적 권력[7] (개체권력대항)	구조가 개체에게 미치는 힘. 개체의 의도와 관계없이 작동하는 힘. 반결정적 권력으로 무행동(Inaction)을 특징으로 함. 행동에 나서지 않을 정도로 구조가 특정세력에 권력을 제공.	무행동을 가능하게 하는 구조의 힘. 체제의 편견(bias of system)[8]

력으로 사실상 '비결정 (non-decision-making)'을 말한다. 이것은 정치적 의사일정을 세우거나 혹은 통제하는 능력을 포함하며, 그럼으로써 쟁점이나 제안이 우선적으로 발표되지 못하게끔 방해한다. 예를 들어 민간 기업은 소비보호입법제안을 좌절시키기 위한 운동을 벌이고 (권력의 첫 번째 얼굴), 소비자권리에 관한 문제가 공적으로 토론되는 것을 방해하기 위해 정당과 정치가에게 로비를 함으로써 (권력의 두 번째 얼굴) 권력을 행사할 수 있다. 앤드류 헤이우드, 『정치학: 현대정치의 이론과 실천』조현수 역(성균관대 출판부: 서울,2003). p.38.

5) **연성권력: 사상통제로서 권력 (power as thought control).** 권력이 가지는 세 번째 얼굴은 사람들이 생각하고, 원하고, 요구하는 것을 형성함으로써 다른 사람에게 영향력을 행하는 능력이다. (Lukes, 1974) 이것은 이데올로기적 교화 혹은 심리적 통제로 표현되는 권력이다. 위의 예를 통해 보자면 소비자의 이해관계가 이미 기업에 의해 추구되었다는 점을 설득함으로써 빡빡한 소비자보호법을 위한 압력을 제거하고자 하는 능력일 것이다. (예컨대 '환경에 친화적인' 생산물이라는 형태로). 정치생활에서 이러한 형태의 권력행사는 선전행위에서 나타나며, 좀 더 일반적으로 이데올로기의 영향 속에서 나타난다. 앤드류 헤이우드, 『정치학: 현대정치의 이론과 실천』, 조현수 역(성균관대 출판부: 서울,2003). p.38.

6) **헤게모니(hegemony)**: 이탈리아 공산주의 이론가 그람시의 이론. 관념을 통제하는 힘이 있다는 주장. 이 주장에 따르면 진정한 사회주의는 하부구조(경제공간)만 혁명을 통해서 변화시킨다고 이룰 수 있는 것이 아니다. 상부구조인 관념을 변화시켜야 실제 자본주의를 사회주의로 바꿀 수 있다. 그런데 자본주의는 경제운영의 원리만이 아니라 자본주의가 다른 체제보다 우월하다는 이념과 관념이기도 하다. 상부구조에서 자본주의를 정당화하는 이념은 지식인들과 시민사회가 만든다. 따라서 상부구조를 지배하는 관념의 힘인 헤게모니를 변화시키는 것이 중요하다. 그람시는 하부구조의 변화는 기동전(war of movement)로 가능하지만 상부구조의 변화는 진지전(war of position)으로 가능하다. 장기적인 차원에서 사회주의 이념의 정당화를 위한 이론화가 필요하다는 것이다.

7) **구조적 권력**: 구조적 권력은 목적성과 고의성을 결여한 초국가적 제국의 영향력을 제시하기 위해 개념화된 것이다. 수잔 스트레인지는 구조적 권력은 실제 국가가 정책을 구성하고 행동에 나설 때, 그 영향은 안보, 통화, 생산, 지식의 4대 구조를 타고서 고려하지 않은 영역과 행위자에게까지 전파된다고 보았다. 대표적인 예로 60년대 미국의 존슨 행정부의 복지정책이 의도하지 않게 세계의 물가불안을 초래한 것을 들 수 있다. 구조적 권력의 원천은 세계질서 내 대국 (패권국인 미국) 의 구조적 역할과 비중에 있다. 김병국, '권력개념의 재해석: 개체론과 개체론의 해석'pp.73-79. 『국제정학의 새로운 쟁점과 영역』(서울: 나남, 1995).

8) **체제의 편견**: 체제의 편견이란 체제가 부여한 사회적 권력을 의미한다. 만약 정책결정자가 그 조직내부의 서열이나 위치에 의해 부여된 '체제의 편견(bias of system)'에 의해 권력을 행사한다면

지식권력	체계적인 사고를 결정하는 것이 지식이라면 지식은 하나의 권력자원이다. 지식을 만들고 이것을 유포하는 것은 담론을 지배할 수 있게 한다. 구성주의(constructivism)가 강조하는 권력	SCI 급 논문생산과 논문인용으로 측정
기층권력(저력)	long-tail effect. 정보화에 의해 민간부분의 결집력이 좋아지면서 사용하게 된 권력. 아랍의 봄을 가져온 민중의 힘	민중의 힘
미시적 권력9)	권력의 편재성 설명	

(3) 권력의 분포

권력의 분포는 그 국가가 민주주의인지 비민주주의인지를 결정한다. 또한 민주주의국가에서 실제 권력이 누구에게 있으며 이 권력은 변화할 수 있는지를 다룬다. 중요한 체제 구분과 이론을 표를 통해서 정리해본다.

표를 통한 비교 **권력과 체제유형 구분**

체제유형	세부적 명칭	권력구조와 사례
권위주의	전통적 권위주의	세습왕이 권력보유.(사우디 아라비아)
	군부 권위주의	군부가 권력보유.(태국)
	사회주의	공산당이 권력보유.(중국)
	전체주의	독재자 개인이 권력 보유.(히틀러의 독일)
민주주의	민주주의	인민이 권력 보유
준민주주의	위임민주주의	민주주의와 권위주의 중간.(남미 대통령제국가)

이것을 구조적 권력이라고 할 수 있다. 데이빗 헬드(D. Held)는 반결정주의 권력론으로 구조적 권력을 묘사했다. 그에 따르면 다알의 1차원적 권력이나 바크라크와 바라츠의 2차원 권력은 결정적인 권력이나 비결정적 권력 혹은 무결정적 권력을 개인행동의 관점에서 분석했다고 비판하면서 이러한 분석에서 사회와 경제가 가진 체제의 편견에 의해 행사되는 권력은 무시되었다고 비판한다. 이럴 경우 체제의 편견을 구조로 받아들이면서 그 속에 존재하는 지배층과 피지배층 간 이해관계의 불일치나 지배층의 이익은 당연한 것으로 간주된다. 이러한 이유로 헬드는 다원적 권력론이 계급이나 인종, 남녀 간의 권력 불균형문제를 파악하는데 실패했다고 지적한다. 한국에서도 거대 기업과 기업 총수의 이익이 지나치게 보호되는 것은 개인의 영향력 문제가 아닌 구조적으로 존재하는 권력관계일 수 있다. 장달중, 『정치학의 이해』(박영사: 서울.2003),p.133.

9) **미시적 권력**: 힘은 국가와 시민사이에만 있는 것이 아니라 시민과 시민 사이처럼 도처에 있다는 권력이론. 미시적 권력은 미셸 푸코(Michel Foucault)의 사회학적인 권력관점에서 주로 설명된다. 힘이 도처에 있다는 함의를 가진 그의 이론은 두 가지 의미를 가진다. 첫째, 벤담이 던진 원형감옥과 같은 통제구조처럼 사회에도 보이지 않는 감시권력이 존재한다는 것이다. 둘째, 권력 현상이 일상적이다. 국가권력과 같은 거시적인 권력을 다루지 않고 생활 속의 작은 권력 현상에 집중하여 정치의 범위를 확대했다.

표를 통한 비교 **권력의 분포**

체제 유형	세부적인 분류	권력분포와 사례
비민주주의	과두제국가	특정 집단이 권력을 나눔. 1930년대 일본의 천황-군부의 지배구조(과두제 전체주의)
	1인 독재국가	개인 한 사람이 권력을 보유. 1933년 이후 히틀러의 독일(1인독재 전체주의)
민주주의국가	엘리트 지배	사회내의 특정계층이 실질적인 권력 보유. 현대 자본주의의 민주주의국가들
	민주주의	사회내 모든 계층이 권력보유. 그리스 시대 아테네 민주주의

표를 통한 비교 **민주주의(다원주의)와 엘리트주의 논쟁의 전개**

1. 고전적민주주의이론	그리스 식 민주주의이론. 인민이 권력을 보유하고 인민의 통치 미국식 민주주의이론. 미국은 유럽과 달리 민주주의를 토대로 운용
2. 고전적(유럽)엘리트이론 (1910년대 이전 파레토, 미헬스)	능력을 보유한 엘리트가 대중을 통치. 의제결정은 엘리트의 이익에 기초함.
3. 미국 엘리트이론 (1950년대 밀스와 헌터)	미국도 유럽처럼 엘리트지배사회임. 파워엘리트에 의한 미국의 지배
4. 고전적 다원주의	의제결정은 이익집단간의 경쟁을 통해서 가능 인민은 투표를 통해 대표 선출과 교체가능 국가의 중립적인 기능
5. 달의 다원주의	엘리트는 존재하지만 엘리트간의 경쟁이 존재 엘리트의 다원성을 통해 다원주의유지
6. 신엘리트 이론	엘리트들이 비결정형권력(non-decision power)사용하여 무의사결정을 이끌어냄.
7. 신다원주의	다원주의를 유지하지만 자본세력의 우위를 인정함

표를 통한 비교 **다원주의와 엘리트주의 비교**

이론분류	이론가	특징
고전적 엘리트이론 신마키아벨리주의[10)] 이탈이아 엘리트이론	모스카	엘리트 이론을 도입. 마르크스이론에 대한 반발(지배계급인 자본가 계급에 의해 자본주의 파괴) vs. 엘리트 통치(자본이 아닌 능력중심)가 불가피함. 지배계급과 피지배계급으로 구분 '소수' 조직된 지배계급의 '다수' 피지배계급통치 선천적인 능력으로 엘리트가 등장

10) **마키아벨리와 엘리트이론:** 마키아벨리는 지도자의 중요성을 강조했다, 사회는 엘리트인 지도자의

	파레토	엘리트 순환이론. 구엘리트는 역사 속에서 쇠퇴하는 경향이 있고 피지배계급에서 신엘리트가 등장. 엘리트간 순환이 이루어짐. 신엘리트들이 구엘리트를 몰아낼 때 이념자원(민주주의, 자유)이 중요함 선천적인 능력으로 엘리트가 등장 모스카와 함께 훗날 무솔리니의 전체주의 사상에 도움을 주었다고 비판받음
	미헬스 11)12)13)	과두제의 철칙 모든 근대적 조직은 규모가 커지고 복잡해지며 이런 조직에서는 필연적으로 관료화가 진행됨.관료화는 소수가 다수를 지배하게 만듦. 독일 사회민주당의 사례연구 선천적 능력 대신에 근대 사회조직특징에 초점

'용맹함(사자)'과 '간교함(여우)'에 의해 통치되어야 한다고 보았다. 마키아벨리는 서양 지도자의 덕목으로 용기를 강조하였다. 하지만 통치에 있어서 용기와 더불어 통치술도 강조하였다. 19세기 이탈리아 엘리트이론가들은 마키아벨리를 이용하여 대중민주주의의 도래를 공격하였다. 세상은 지배자와 피지배자 두 계급으로 나뉜다. 지배계급은 마르크스가 주장한대로 자본가 계급에서 태어났기 때문에 세상을 지배하는 것이 아니라 탁월한 능력에 의해 지배하는 것이다. elite의 어원은 "우뚝 서서 눈에 띈다"는 것이다. 즉 지도자는 우뚝 서서 눈에 띄게 보이는 것이다. 마키아벨리에 가까운 지도자는 미국의 루즈벨트 대통령이 있다. 그는 용기와 계략을 모두 사용했다. 반면에 영국의 처칠은 용기 있는 지도자의 표상이다. 계략을 활용하지 않았다는 점에서 처칠은 마키아벨리적인 지도자는 아니다. 한편 일본은 마키아벨리적인 국가이다. 사무라이출신의 용기와 함께 전략을 활용하여 20세기 초엽 강대국이 되었다.

11) **미헬스의 과두제 철칙**: 미헬스이론은 대중민주주의가 무르익기 시작할 무렵에 대중의 시대를 비판하며 등장한 것이었다. 대중의 정서성과 대중정치의 무비판적인 동조로 인해 중우정이 될 가능성이 있다고 비판하면서 실제로는 소수가 집단을 지배한다고 주장한다. 미헬스는 "권력은 대중으로부터 나오지만 대중을 상대로 하는 현상으로, 권력의 피라미드는 필연적이다"라고 주장했다. 그는 모든 조직이 다 과두제를 수행할 것이기 때문에 이것을 "(과두제의)철칙 (the iron law of oligarchy)"이라고 생각했다.

12) **미헬스의 과두제 원인**: 크게 주체, 객체, 환경의 3측면이 있다. (1) 주체적 원인 (소수엘리트의 세 가지 자산): ① 지식과 정보를 우월하게 독점 ② 공식적 커뮤니케이션 기구의 장악 ③ 정치에 있어서의 몇 가지 정치기술의 보유. (2) 객체적 요인 (대중의 정서성) : 일반대중은 정서성, 사고능력의 약화, 책임감 결여 등으로 인하여 수동적이고 원자화되어 있다. 이러한 대중은 엘리트의 지도를 열망하기에 이른다. (3) 환경적 측면 (거대조직의 분업체계) : 조직의 거대화와 관료제화는 성원을 부품화, 소외화 시킨다.

13) **미헬스 이론의 함의**: ① 다수의 지배라는 민주주의의 이념적 요청과 소수자의 지배라는 정치적 현실 속에서 과두제의 철칙을 지지함으로써 정치권력의 본질을 지적하고 고전적인 민주주의 이상론에 대해 경종을 울렸다는 것이다. ② 공산주의 사회가 도래하면 국가가 소멸하고 인민이 평등한 세상이 도래할 것이라는 공산주의자들에 대하여 (공산주의도 과두제적으로 지배되는 불평등한 사회를 이룰 것으로 보았다는 점에서)충격적인 문제제기를 던졌다. ③ 정당연구의 관심을 외부로부터 내부의 민주화 문제로 전환시켰다. 정당이 파행적으로 운영될 경우 미헬스의 지적대로라면 그 중요한 원인은 권력의 집중에 있게 될 것이므로 이는 내부의 민주화를 통해서 해결될 수 있다는 것이다. ④ 미헬스의 이론은 베버와 슘페터가 발전시킨 엘리트 민주주의론의 중요한 이론적 배경이 되었고,

현대 엘리트 이론	밀즈	파워엘리트이론[14] 사회학적인 입장에서 사회내의 특정집단이 사회적 가치의 대부분을 통제함. 지위방법론[15]으로 입증 사회의 피라미드 조직화와 최상층부가 이를 통치함. 헌터(F. Hunter: 명성방법론사용)의 경제계급이 실질적으로 최상층부 통치엘리트라는 주장을 계승. 계층이동이 불가능함. 미국사회에 대한 자유민주주의이론의 다원성(사회집단의 평등성)을 거부.[16] 다원주의의 사회계층간 균형이론거부.

현대 노동조합의 과두제 현상을 설명하는 중요한 이론적 근거가 되기도 했다. ⑤ 철칙이란 명명처럼 숙명론적인 결론으로 논쟁의 여지를 남겼다. 여섯째, 대중의 지적 수준과 통제능력의 고양을 통해 민주주의적 통제의 필요성을 제기하였다.

14) **파워엘리트이론**: 밀즈(C.W. Mills)는 지위방법론을 사용해서 미국 전역에 있는 사회집단 중 중앙집중화와 조직화가 잘된 기업체, 정부 내의 행정관료 구조 및 군부 관료 기구 내에서 정상의 지위를 차지하고 있는 세 부류의 지도자들을 권력엘리트(Power Elite)라고 명명하였다. 이들 권력엘리트들은 지역사회의 신·구 상층계급과 대도시권 4백여 개의 가문을 배경으로 하고 있으며, 지방까지 활동영역을 넓혀 전국적인 파워엘리트집단체제를 구축하고 있다. 군부·기업체·행정관료로 구성된 군·산·정 삼각지배체제가 미국의 중요정책을 결정하고 나머지 사회집단은 이렇게 결정된 결정들에 부수적인 영향력 밖에 미치지 못한다는 것이다. 그는 미국 내에 형식적으로 분산된 듯 보이는 엘리트 구조가 실제로는 권력이 통합된 소수엘리트의 수중에 들어있음을 주장한 것이다. 김용욱, 『정치학: 이슈와 성찰』(법문사, 2002), p.119.

15) **지위방법론**: 밀즈는 헌터의 명성방법론 대신 지위방법론을 사용하였다. 명성이 높은 이들을 찾아 엘리트구조를 분석한 것이 아니라 사회에서 선망되는 지위를 가진 사람들의 인적인 연관성을 추적한 것이다. 밀즈 연구에 의하면 부와 사회적 지위는 최근에 가까울수록 점차 집중화되었고 이는 일반적으로 알려진 미국의 민주성에 역행하는 것이다. 밀스에 의하면 저명인사록에서 추출한 경제적으로 가장 유명한 인사들 중에서 1900년 세대 90명, 1925년 세대 95명, 1950년 세대 90명 등 총 275명의 기록을 살핀 결과 그들의 아버지가 상류사회출신인 사람은 1900년 세대 중 39%, 1925년 세대 중 56%, 그리고 1950년 세대 중에서는 65%였다. 한편 이들 275명 중 자녀의 결혼이나 기타 다른 방법으로 서로 간에 인척관계를 맺고 있는 자들은 1900년 세대 중 33%, 1950년 세대 중 62%이며, 대학교를 졸업한 자 가운데 이른바 동부의 10대 명문인 Ivy League를 나온 사람은 1900년 세대 중 37%, 1950년 세대 중 60%가 된다고 한다. 이런 분석을 통해서 밀스는 미국 상류사회 내에 있는 불균형에 대해 이론화할 필요가 있다고 주장한다. 게다가 대중은 언론에 의해 지배층의 의견을 무비판적으로 받아들이고 무의식적으로 대중문화를 창출함으로서 이 구조가 지속적으로 재생산되며 대중은 무의식적으로 살아간다는 사실은 자유주의에 반한다고 볼 수 있다

16) **파워엘리트이론의 함의**: 밀스는 미국사회가 안고 있는 불평등한 구조가 다음과 같은 몇 가지 결과를 초래한다고 주장했다. 첫째, 현존하는 권력구조는 권력엘리트를 구성하는 주요 제도들의 이익만을 증진시킨다. 둘째, 소수집단에의 권력의 집중화와 권력의 조작은 정치에 있어서 공공 토론의 기회를 줄인다. 그 결과 일반 사람들은 정치적 쟁점들을 점점 더 이해 할 수 없게 될 것이다. 셋째, 권력의 집중화로 권력을 장악하고 있는 사람들은 더욱 더 책임감을 갖지 않게 된다. 따라서 권력관계의 질이 악화될 것이다. 넷째, 소수 집단에의 권력 집중과 정치에 있어서의 공공 토론의 쇠퇴는 민주주의의 제도를 크게 악화시킬 것이다. 김창희, Ibid.,p. 296.

다알의 다원주의	로버트 다알[17]	다원적 엘리트이론 파워엘리트 이론의 단원적(monolithic) 권력구조 비판[18] 다양한 분야의 조직들에서 엘리트들이 있고 이들 간의 경쟁 축소주의[19](권력의 영역세분화 / 잠재적 권력과 실제적 권력의 구분 / 공공부문과 민간부문의 구분)
신통치 엘리트이론	바크라츠& 바라츠	신통치엘리트이론[20] 다원주의를 공격하는 이론 엘리트는 실제 결정하지 않고 무결정을(non-decision)을 통해 통치 엘리트의 정치적 조작과 대중의 정치무관심을 비판함. 잠재적 권력과 실재권력 구분비판.(잠재력이 실제 권력으로

17) **다알의 다원주의**: 다원주의는 1957년부터 1967년까지 주로 통치엘리트이론을 반박하는데 주안점을 두었다. 다원주의이론은 통치엘리트론을 비판하면서 첫째, 축소주의와 둘째, 합법성에 중점을 두었다. 먼저 축소주의란 통치엘리트론이 권력을 전체성측면에서 이해하고 있는 것을 부정하고, 권력을 부분성으로 재구성하려는 것이다. 부분성으로 재구성하기 위해 먼저 다알은 권력의 범위(scope)가 조사되어야 한다고 보았다. 즉 어떤 집단이 다른 집단을 지배한다고 할 때 어떤 정책을 가지고 (어느 영역에서)지배하느냐가 중요한 것이다. 이것은 이후 자율성(autonomy)이란 개념으로 구체화되었는데 이는 권력을 정확하게 파악하기 위해서는 집단들 간의 자율성의 정도를 파악해야 한다는 것이다. 즉 어떤 집단이 다른 집단의 결정에 영향을 받지 않는다면 이는 자율적인 것이고 여기에는 권력행사가 나타나고 있다고 볼 수 없는 것이다. 장달중.Ibid.p.130.

18) **다원주의의 엘리트이론 비판**: 첫째, 실제 권력과 잠재력의 구분(하단 후술). 둘째. 공적공간과 사적공간의 구분. 다알은 통치엘리트 권력론이 권력엘리트가 영향력을 미칠 수 있는 분야에 공공분야와 사적인 분야를 모두 포함시킨 점을 비판하였다. 그는 정치체제와 사회체제는 구별되어야 하며 정치체제와 사회체제 사이에는 구별되는 경계선이 설정되어야 한다면서 권력엘리트의 영향력이 미치는 분야를 공공분야에 국한시켰다. 자신의 학교가 있넌 '뉴 헤이븐'(New Haven) 지역사회에 대한 연구에서 공공분야와 관련된 선거정책, 교육정책, 도시개량사업만을 연구대상에 포함시킨 것도 이러한 이유 때문이다. 셋째, 합법성이다. 통치엘리트론자들은 권력의 강제성만을 강조하면서 권력의 합법성을 간과하고 있다. 헌터나 밀스는 권력을 분석하면서 의도적으로 가치성이나 도덕성의 문제는 언급하지 않는다. 다알은 이런 방식을 비판하면서 권력은 단지 가치의 박탈에 대한 두려움에서 일어나는 현상만은 아니고 복종자의 이익에 부합되는 경우 나타나기도 한다면서 권력의 합법성을 강조하였다. 장잘중. Ibid. p.131.

19) **다원주의의 방법론**: 또한 다알은 통치엘리트론자들이 부나 사회적 지위나 명성, 사기업체나 정부의 고위직 등을 권력자원으로 지니고 있으며 이런 권력자원들이 정책결정과정에 반영된다고 본 것에 대하여 반대했다. 다알은 권력을 **잠재적 권력(potential power)**과 **실제적 권력(actual power)**으로 구분하고 권력엘리트가 권력자원이 될 수 있는 것을 잠재적으로 지니고 있다 하더라도 어떤 권력엘리트는 이런 잠재적 자원을 실제로 사용하지는 않는다고 주장한다. 그리고 이를 실증적으로 분석하기 위해 『Who Governs?』 (1961) 에서 예일대학교가 있는 뉴헤이븐(New Haven) 지역사회 정책들 (8개의 선거후보자 추천, 8개의 공립학교정책 및 8개의 도시개량정책) 의 형성과정을 조사했다. 이 조사를 통해서 다알은 그 지역사회 내에서 권력엘리트라고 할 수 있는 경제계의 지도자들은 이들 정책 수립과정에 참여하여 영향력을 행사할 수 있는 잠재적 권력을 가지고 있으면서도 실제로는 한건도 참여하지 않았고 영향력도 미치지 않았다는 것을 밝혔다. 그는 1963년 『Modern Political Analysis』에서 권력자(the powerful)란 정치자원을 가진 사람들 중에서도 정책형성과정에 참여할 의사(incentives)가 있고 이런 의사를 관철시킬 수 있는 능력(skill)도 가지고 있는 사람이라고 주장했다. 장달중. Ibid.p.131.

		사용될 수 있음) 미국 대중들의 정치문제에 대한 낮은 관심과 낮은 투표율을 공격함.
반결정권력	데이비드 헬드	반결정주의 권력(구조적권력)[21] 행태주의를 비판(권력의 개체론차원 측정거부) 결정이나 무결정이 아니라 행동하지 않는 것이 실제 권력임. 개체적인 의지가 중요한 것이 아니라 자본주의의 구조가 중요함 '체제의 편견'으로 구조적권력의 작동 거대기업의 영향력이 대표적임 대중의 무행동, 참여의 부재가 권력현상임 (but, 미국의 2011년 월가시위는 자본반대)
1980년대 이후 엘리트이론 (수정적 다원주의 vs. 신보수주의)	신다원주의[22] (후기 로버트 다알)	다원주의사회에서 자본이 유리한 구조를 점함. 자본이 다원주의 경쟁에서 우월함. 다원주의를 부분적으로 수정함. 이후 '평등'구성에 초점을 두고 연구
	신보수주의 (커크 패트릭)[23]	기업들이 불리한 상황임. 기업들에게 감세정책 등을 통해 좀 더 나은 조건을 만들어주어야 함.

20) **신통치엘리트이론**: 바크라크는 비결정 혹은 무결정 개념을 확대하여 다원 권력론자들의 민주주의이론까지 통렬하게 비판한다. 즉 다원권력론에서는 일반시민 혹은 대중의 대다수가 합리적·능동적으로 정치를 이끌어나가고 비판적으로 권력현상을 바라본다고 하지만 실제로는 대부분 정치적으로 무감각한 '무정치인 혹은 비정치인(apolitical man)'이라는 것이다. 이렇게 무정치적 태도를 가지게 된 것은 권력엘리트가 조작한 것이며 엘리트들은 이러한 조작을 통해 정치전반을 자기들이 원하는 방향으로 이끌고 간다. 장달중. Ibid.p.132.

21) **반결정주의이론**: 반결정주의권력은 (1) 자유민주주의와 (2) 행태주의 가정들을 공격한다. (1) 자유주의공격을 보자. 자유민주주의에서 권력소유의 비대칭을 받아들이기 위해서는 권력이 사회전체를 위해 행사된다고 하는 믿음이 전제되어야 한다. 다시 말해 대중의 객관적인 이익이 권력엘리트에 의해 실현될 것이라는 대의민주주의에 대한 믿음이다. 여기에서 대중과 엘리트간의 합의의 정치(consensus politics)가 가능했던 것이다. 그러나 1960년대 68혁명으로 대표된 거대한 저항의 물결로 정치의 지형이 바뀌었다. 뉴레프트 운동이나 반전운동 그리고 학생운동은 기존의 정치체제와 이것이 보유한 권위를 전면적으로 공격했다. 그러면서 개인의 합리성에 기반한 이익의 일치와 이익의 결정에 의문을 가지기 시작했고, 개인은 이데올로기적 왜곡으로 인해 자신의 이해 및 요구와 반대되는 것을 선호하게 될 수도 있다고 주장했다. 이러한 맥락에서 기존의 행태주의와 행태주의를 차용한 다원주의 권력론이 볼 수 없는 체제와 구조의 문제 그리고 이데올로기의 문제 등이 제기되었던 것이다. (2) 행태주의 권력관 공격이다. 반결정주의 권력이론은 권력의 구조적인 면을 강조한다. 다원주의 권력론이나 신통치엘리트론이 경제계와 기업의 권력에 대해 다른 견해를 내리고 있지만 양 이론은 모두 개인 기업인의 정치적 참여를 분석하는데 초점을 두고 있다는 점에서 공통적이었다. 그러나 반결정주의 권력론은 이런 접근이 두 가지 점에서 문제가 있다고 비판한다. ① 개인 기업가의 정치적 참여와 권력은 그들이 속한 기업조직구조에 의해서 결정된다. 즉 개인보다 그 개인이 있는 기업조직의 위치가 중요하다. 하지만 이 경우에도 조직적인 '참여'가 어찌되었든 권력행사의 필수적인 지표가 된다. ② 기업의 참여 부재는 기업 영향력의 부재를 보여주는 것이 아니라 오히려 이들에게 권력이나 영향력이 존재함을 반증하는 것이다. 기업의 이윤확보는 국가운영과 개

표를 통한 비교 **한국의 엘리트 변화**

시기	엘리트 계층	특징
1945년이전	친일 엘리트계층vs. 민족주의 엘리트	일본에 대한 독립투쟁
1950년대	이승만의 일인지배 vs. 민주당(신파와 구파)	여촌 야도 투쟁
1960년대-1970년대	군부지배와 자본계급성장(재벌탄생)과 군부와 관료연합형성	민주주의 vs. 권위주의
1980년대	신군부등장 (시장권위주의)	민주주의 vs. 권위주의
1987년이후	민주화와 민주주의파의 권력확보	
1997년이후	정권교체 이후 진보와 보수 대립	

2. 국가와 정부와 민족

정치학에 대한 정의 중 하나가 국가설이다. 즉 정치란 국가와 관련된 행위들이라는 것이다. 정치가 사회를 구성하고 그 사회의 질서를 유지하기 위해서는 반드시 질서운영 장치로서 국가를 구성하기 때문이다. 이렇게 규정된 국가(state)는 정부(government)와 관료(bureaucracy)와는 다르다. 이 절에서는 국가, 정부, 관료와 민족(nation)의 의미를 간략히 정리한다.

인들의 임금과 복지를 위한 기반이 되기 때문에 기업의 이익보호는 당연한 것이 된다. 즉 이 부분에서 체제의 편견(the bias of a system)이 나타나는 것이다. 따라서 기업은 정책결정의 표면에 나서지 않는다. 이러한 '무행동(inaction)'이나 '참여의 부재'가 역설적으로 권력행사의 증거가 될 수 있다. 거대기업의 영향력은 소리 없이 행사되는 권력의 사례이다. 그러나 자본주의 사회의 구조적인 영향력에도 불구하고 소비자 운동이나 환경운동 등에서 우리는 기업의 정치적 영향력을 감소시키려는 움직임을 볼 수 있다. 이런 경우 시민을 고려해야 하는 정부의 정책과 기업의 이익은 충돌하게 된다.

22) **신다원주의이론**: 다원주의를 유지하되 기업에게 유리한 조건을 고려한다. 논리는 이렇다. 월남전과 환경오염문제가 대두되면서 군산복합체와 대기업이 공격의 대상이 되었다. 로버트 다알은 기업의 횡포가 심해져서 사적인 지배가 공적 권위를 차지하면서 공적 영역을 좌우한다고 비판하였다. 또한 찰스 린드블롬은 자유주의, 다원주의의 이익집단 설명방식이 모든 이익집단을 동등하게 비교하는 오류를 보이고 있다고 비판했다. 그는 일반 공무원과 기업의 집행부가 사회의 많은 결정을 담당하고 있다고 하면서 후자는 공공부문 (노동력의 조직, 투자, 분배)의 사회적 기능을 담당하면서도 사적인 기준을 적용해 어떠한 결정을 내릴 수 있음을 지적한다. 그는 기업이 이데올로기적 방어수단을 이용해서 자신들의 위치를 정당화한다고 보았다. 시장이 민주주의에 얼마나 필요한가를 설득하여 자신들에게 중요한 기본 이슈를 의제에서 배제시켜버린다는 것이다.

23) **신보수주의이론**: 신보수주의는 미국이 더욱 다원화되었으며 기업의 힘은 약화되었다고 본다. 커크패트릭에 의하면 미국의 기업은 지식엘리트라고 하는 새로운 엘리트들에 의해서 공격받고 있고 이들에 의해서 전통적인 시장체계와 원리도 공격을 당하고 있다는 것이다. 월더브스키는 국가관료 권력에 맞서서 대기업이 개인의 자유와 개인의 활동을 지키는 보루가 되어야 한다고 주장하기도 한다. 이에 덧붙여 자본주의와 함께 대기업도 보호받는 것이 자유주의에 타당하다고 본다. 신보수주의에 대한 지지층은 주로 유대인 재력가와 군산복합체들로, 때문에 이들을 "군사화된 보수주의" 라고 칭하기도 한다.

(1) 국가와 정부와 관료제도와 민족의 구분

국가와 정부와 행정부 그리고 관료가 혼용되어 사용된다. 개념들을 명확히 하는 것이 중요하다. 분석이 되는 대상으로서도 중요하지만 행위자가 정확히 어느 수준인지도 중요하다. 한미FTA(Free Trade Agreement)가 체결된다고 하면 이러한 경제적 협력은 한국과 미국이라는 국가가 체결한다. 하지만 한국이라는 국가의 실체는 한국 정부이다. 한국정부도 각기 다른 역할을 한다. 한국 행정부가 협상을 하고 서명을 하면 한국 입법부가 비준을 통해 국내법으로서의 효력을 만들어 준다. 이런 FTA조치는 외교부의 외교관들과 각 부처의 담당 관료들이 협의를 하면서 협정문을 만든다. 이때 관료들이 실제로 실무를 담당한다. 따라서 어떤 정책결정이나 정책집행이 잘못되면 어느 수준에서 문제가 있는지를 파악하고 수정해야 한다. 첫째, 정부와 민간 사이의 상이한 이익계산으로 인해 국가이익의 계산이 잘못된 것일 수 있다. 둘째, 행정부와 입법부의 대립이 문제일 수 있다. 셋째, 행정부 내 부처 간의 대립이나 공모로 잘못될 수 있다.

또한 국가와 민족이라는 혼용되어 사용되지만 같은 개념은 아니다. 국가는 영토와 주권을 가진 것이고 민족은 국가구성원으로서 정체성을 공유하는 것이다. 캐나다의 퀘벡주는 영국에서 떨어져 나온 영어권 캐나다인들과 정체성을 공유하지 않는다. 이들은 프랑스어를 쓰는 정체성을 가지고 있다. 정체성에 차이가 나는 것은 과거 캐나다를 영국과 프랑스가 나누어서 지배했기 때문이다. 민족은 하나의 정치공동체가 되겠다는 관념이자 심리상태이며 하나의 이론체계(민족주의)의 기반이 된다. 아래의 표들은 개념의 명확화를 위해 구분한 것이다. 관료제도와 관련해서는 비교정치의 공급부분에서 후술한다.

표를 통한 비교 **조직으로서 개념간 비교**

국가(state)	법적 주체로서 타 국가와 구분하는 기준. 구성요소로서 인민, 영토, 폭력을 독점하는 정부. 국제정치(international politics)의 기본단위. 국가의 정치체제구분: 민주주의, 권위주의로 구분 국가 vs. 정권(regime: 국가를 운영하는 원리의 의미와 국가운영과 행사를 지휘 통제하는 통치체제 또는 통치 권력의 의미) 대비되는 개념: 국가 vs. 비국가행위자.
정부(government)	국가(state)를 실제로 이끄는 행위자. 통치를 결정하는 주체로서 공권력을 사용하는 기관. 행정부와 입법부와 사법부로 구분됨. 정부 구분(정부형태): 대통령제, 의원내각제, 이원집정부제 ⇨ 권력의 집중과 분립이 기준(대통령제는 권력 분립) 정치체제는 민주주의를 유지하면서 정부형태는 변화가능(대통령제에서 의원내각제로 개헌가능) 대비되는 개념: 정부(공적공간)와 민간(사적공간)

관료제도 (bureaucracy)	정부를 작동하게 하는 제도. 막스 베버: 근대 합리적인 통치와 법적통치를 가능하게 하는 조직. 조직의 안정성과 행정의 비인격성이 중요. 행정부의 구성: 정치적 결정자 + 관료 전문화된 사회운영을 위해 전문성을 강조하는 제도 운영방식: 민주주의 개입(선거제도로 선출, 엽관제도) vs. 민주주의 개입불가(법적인 임기보장) 대의장치(대통령+의회)와 달리 안정성유지가 핵심: 대의장치는 선거를 통한 변화가 가능. 관료제도는 일정성과 안정성이 중요함. 그리스 민주주의와 관료제도: 그리스 민주주의의 지속성이 약해서 붕괴한 이유도 관료제도 부족. 개인보다 조직강조: 개인의 능력보다 조직제체를 강조

표를 통한 비교 **국가(state)와 민족(nation)**

국가	국가는 영토와 주권을 가진 행위자
민족	관념적으로 하나의 공동체라고 인식하는 인식의 단위

(2) 국가의 이익

국가(state)는 국제정치에서 하나의 단위이다. 국가들은 다른 국가와 관계에서 국가의 이익을 확보하거나 이익을 증대하기 위해 행동한다. 이때 국가가 행동을 계산하게 하는 것을 '국가이익(National Interest)'이라고 한다. 이는 국가를 실제 운영하는 정부가 어떤 기준으로 국가를 이끌어야 하는 지에 대한 지표가 된다. 국제정치분야에서 국가의 목표기준과 행동기준이 되는 국가이익은 국제정치의 현실주의와 자유주의가 입장을 달리하며 논쟁중이다. 또한 마르크스주의와 구성주의도 국가이익이 무엇인지를 두고 이론적 입장이 명확하다. 아래의 표는 국가이익에 대한 이론별 비교이다.

쟁점	현실주의24)	자유주의25)	마르크스주의26)	구성주의27)
범위	협소한 국가이익(자국의 이익만 중요 / 원자적 국가=이기적 국가의미)	확장된 국가이익의 범위(공공재도 국가이익 / 사회적 국가=타국가도 고려하는 국가)	이익의 중요성: 계급이익>국가이익 경제적 이익이 핵심.	정체성에 의한 국가이익구성 / 국가이익에 대한 간주관적(intersubjective) 해석 / 사회적 국가

24) **현실주의 국가관**: ① 국가 중심적 설명 - 국가를 하나의 실체로 간주한다. 그리고 의인화된 국가의 정책결정을 보기 위해서는 실제 결정자이자 인간인 대통령과 참모를 중심이라고 본다. 또한 계획합리성을 갖추고 국가이익을 체계적이고 독립적으로 계산할 수 있는 관료를 중심으로 설명한다. ② 엘리트중심 모형 - 일반대중보다는 지도자가 중요하다. 과거부터 외교관계는 국가지도자의 몫이었다는 입장을 유지하고 있다. 전통외교를 강조한다.

25) **자유주의 국가관**: ① 다원주의 사회중심 모형 - 국가(정부)는 사회의 다양한 집단들 사이의 하나의

이슈	군사력중심의 국가이익중요, 경제적 이익은 국력에 도움이 됨(안보외부효과)	이슈의 서열부재. 정치경제 사회부문의 국가이익이 모두 중요(안보외부효과 부재)	경제이슈가 중요 경제가 정치를 결정	국가간 정체성이 이슈의 중요성 결정(홉스식 정체성은 안보중요)
주체	전문가 중심주의(지도자와 외교 관료의 자율적인 결정)	민간부문이 중요(민주주의국가는 국민의 요구가 반영되어야함)	국가의 자율성부재(도구적 마르크스주의) 국가의 상대적 자율성(구조적 마르크스주의)	국가(① 국가단위 ② 정치지도자 개인)
이익판단근거(규범과의 관게)	이중 도덕(국가의 도덕기준은 국내도덕기준과 다름) 사후적 도덕(판단기준=국가이익)	국가를 규율하는 근본적인 규범 있음 선험적 도덕(보편적 이성이 판단기준)	계급이익확보의 규범이 작동 국가자체의 행동규범은 존재하지 않음.	규범은 중요 정체성에 의해 규범 차이 지식과 담론이 규범 구성

국제정치에서 국가가 대외정책을 수행하거나 대내정책을 수행할 때 배타적으로 수행할 수 있는 근거가 주권(sovereignty)이다. 주권은 과거 공교개혁이전 신권이 지배하던 세상에서 국가가 행동할 수 있는 법적근거가 되었다. 절대주의 시기 '국가이성(reason of state)'사상이나 보댕(J. Bodin)의 '국가주권론'은 교황을 중심으로 한 신권과 대비하는 국가의 중요성을 제시하였다. 절대주의가 만들어질 수 있는 이론적 기반이 되었다. 이때 주권은 로마시대 법언인 "황제는 다른 황제에 구속되지 않는다"에 기초한다.

신권에 대비하여 신의 뜻을 묻지 않고 정책을 결정할 수 있는 이론적 도구로 등장한 주권은 이후 루소의 인민주권론과 민주주의의 발전으로 점차 인민들의 국가정당성의 논리가 된다. 그러나 여전히 국가주권에 기초한 배타적 통치(government)를 강조하는 현실주의(국가주의, 중상주의, 엘리트주의)입장과 자유주의(국가이외의 행위자 강조이론, 민간부문 강조이론)

집단으로 다양한 이해집단의 의견을 수렴하고 반영한다. 정부독립적인 국가이익을 계산하는 행위자가 아니라 정부부처는 다양한 이익집단들의 요구들을 듣고 그 중에서 더 강력한 집단의 이익을 국가이익으로 간주한다. ② 자유주의 국가중심 모형 - 국가(정부)는 하나의 독립된 실체가 아니라 여러 가지 부처들로 구성된 사람들의 집합체이다. 각 부처는 상이한 이익에 따라 협상을 통해서 자기 부처이익을 극대화하고자 한다. 앨리슨 모델중 관료정치모델이 대표.

26) **마르크스주의 국가관**: 1970년대 마르크스를 재해석한 이론가들을 네오마르크스주의자들이라고 한다. 이들은 두 개의 그룹으로 나뉜다. ① 도구적 맑시즘 - 국가는 자본가의 이익증대를 위한 도구이다. 국가의 자율성은 부재하다. ②구조적 맑시즘 - 국가는 자본가에 대해 상대적으로 정책결정 등의 '상대적 자율성' 확보하나 구조적으로 자본가에 종속된다.

27) **구성주의 국가관**: 구성주의는 국제정치의 단위로서 국가를 사회적 실체로 본다. 사회적실체인 국가는 자신의 이익과 선호를 미리 결정 되는대로 따르는 것이 아니라 다른 사회적 존재인 타국가와의 관계 속에서 만든다. 이때 주체들간의 관념 즉 간주관성(intersubjetiveness)이 중요하다. 간주관성은 정체성(identity)가 된다. 국가의 이익은 경제적관점에서 계산되는 것이 아니라 상호정체성이 무엇인지를 판단하여 결정된다. 사회적인 규범과 지식이 이익을 구성하는 것이다. 지식사회학(배우는 대로 세상을 만든다)의 국제정치학적 버전이다.

의 거버넌스(governance)과 대립하고 있다. 아래에서는 주권과 관련된 국제정치이론들의 입장을 비교한다. 또한 최근 '주권의 변화'[28]현상과 '주권과 인권의 충돌사안'[29]들이 늘면서 '주권 vs. 인권'의 논쟁은 '배타적통치(government)' vs. '거버넌스(governance)'논쟁과 함께 '국가 vs. 비국가 행위자'의 중요한 행위자논쟁[30]으로 이어지고 있다.

표를 통한 비교 이론별 주권관

기준 / 이론 명	현실주의[31]	자유주의[32]	구성주의[33][34]
보유주체	국가(정부)	이익집단	국가(사회적 존재)
주권관	형식적 / 법적주권	기능적 주권	규범과 인식으로서 주권
통치유형	배타적 통치 (government)	공동통치 (governance)	정체성에 의해 달라짐

---

28) **주권의 변화 요인**: ① 세방화(세계화+지방화): 개별국가의 주권약화 ②패권과 힘의 집중: 패권국가 이외의 국가 주권의 약화 ③ 새로운 행위자(다국적 기업, 국제기구, 역사 창조적 개인들)의 위상증대: 국가의 주권에 기초한 통제력약화 ㅎ

29) **주권 관련된 쟁점**: ① 주권 소유의 주체: 국가주권에서 인민주권으로 변화. 민주주의국가에서 주권관 변화 ② 주권국가간의 대등성: 패권국가와 주권평등의 원칙의 관계 더 나가 제국과 주권의 문제로 확장됨. 최근 미국의 패권약화로 이 논의는 약화됨. ③민주화와 주권 : 민주주의로 인해 국민주권이 강화되면 국가의 자율성이 약화될 수 있음. ④ 주권과 인권의 문제: 인권의 강화와 주권과의 대립 (예) 인도적 개입과 보호책임R2P 문제가 강화. 인도적 개입(2011년 보호책임으로 논의 바뀜)과 주권은 다음의 문제를 부각시켰다. ㉠ 인권의 문제를 두고 다른 국가의 국내문제에 개입할 경우 국가 간의 주권평등의 원칙이 붕괴될 수 있다. ㉡ 코소보문제(1998)와 리비아(2011)문제에서 부각된다. ㉢ 보호책임(Responsibility to Protect): 2005년 UN정상회의에서 채택되었다. 2011년 리비아사태에서 처음 원용된다. 인권을 위해 인권침해국가의 주권이 국제사회에 의해 무시될 수 있다. 국가에게 국민을 보호할 책임을 1차적으로 전가한다. 만약 이것을 지키지 못할 때 2차적 책임은 국제사회에 있다. 또한 과거 인도적 개입의 다양한 결정주체를 UN의 안전보장이사회로 일원화되었다. 또한 개입의 기준으로서 전쟁범죄, 인종청소, 대량학살, 반인도적 범죄 4가지로 특정하였다. 제도가 진일보했다고 볼 수 있다.

30) **주권국가의 미래논쟁(국제정치 미래에 대한 본질적인 논쟁)**: ① 불가변성의 현실주의 - 국제정치는 변화하기 보다는 순환적이고 국가들이 여전히 가장 중요한 단위이기 때문에 변화하지 않는다. ② 가변성의 자유주의 - 현재는 국가들이 중심적 단위일지 모르지만 그것은 변화하고 있다. 따라서 주권국가들 간의 정치는 약화되고 세계화의 과정 속에서 세계질서가 자리 잡게 될 것이다. ③ 조정론 - 국가의 기능 중에서 일부(전쟁수행, 언어와 도량형 등의 통합화)는 국가의 기능으로 여전히 남게 되고 일부 기능(거시 경제정책 조정, 사회적 가치 분배의 장)은 사라지게 될 것이다.

31) **현실주의와 주권**: 현실주의는 주권을 법적이고 형식적인 관점에서 파악한다. 주권은 국가가 보유하고 있고 형식적으로는 강대국이나 약소국이 다 동일하게 대우받을 수 있음을 강조한다. 하지만 실질적으로는 힘의 위계를 강조하기 때문에 국가들 간의 실질적 권력의 불평등성은 내재하고 있다. 법적인 무정부상태와 힘의 위계상태가 공존하고 있는 것이 국제정치의 본질이다. 국가보다 인권을 강조하기 쉽지 않다. 최근 논의되는 인도적 개입이나 국민보호 책임은 궁극적으로 국가이익의 논리에서 도출된 것이지 인권 때문에 결정된 것은 아니다.

32) **자유주의와 주권**: 자유주의는 기능적인 주권을 강조하기 때문에 실질적으로 국가가 모든 사안을 관리한다고 주장하지는 않는다. 국가와 다른 행위자들이 주권을 공유하고 문제를 풀어간다고 주장한

(3) 민족과 민족주의

정치학에서 가장 난해한 개념이 '민족'이다. 그러나 현실에서 빈번하게 정책으로 사용되는 것도 '민족주의'이다. 중국에서 신장 위구르의 독립문제나 체첸의 러시아로부터 독립요구 그리고 1990년대 유고슬라비아공화국의 해체과정에서 보여 진 잔학상 역시 민족주의의 문제이다. 민족주의는 동북아에서 그 특징적인 모습이 더 잘 드러난다. 영토문제, 남북한 통일문제, 중국과 대만의 통일문제가 대표적이다. 게다가 THADD이후 중국의 '금한령'이나 일본의 '반한류'처럼 경제와 문화 분야에서도 빈번하게 활용된다.

국제정치학의 자유주의적 입장이나 구성주의적 입장에서 민족정서를 완화하고 동북아의 다자기구를 만들겠다는 구상이나 동북아공동의 집을 구성하겠다는 구상은 민족주의를 완화시킬 수 있는 어떤 요인을 찾아볼 수 있다는 것을 전제한다. 최근의 동북아가 중요한데 동북아를 이해하는 중심 키워드가 민족이다. 그렇다고 민족에서 다룰 주제는 국제정치만은 아니다. 다문화주의가 민족과 민족주의와 연결되어 있기 때문이다. 따라서 민족주의의 '국제정치적 역할'인 갈등강화를 낮출 수 있는 방안을 찾아보고 '정치적 역할'인 다문화주의와의 갈등을 완화할 수 있는 방안을 찾아본다. 이를 위해 민족과 민족주의에 대한 중요 개념과 이론을 표를 통해서 비교해본다.

표를 통한 비교 **민족과 민족주의의 개념과 접근법**

개념구분	민족(nation)	정치적 공동체 의식을 가진 집단
	족(ethnie)	문화적 공동체(ex, 중국내 조선족)
	인종(race)	생물학적 특징 (ex, 앵글로색슨의 백인종)

다. 기능적 주권이론이 논리적 기반이다. 이것을 이론화 한 것이 global governance다. 주권이 국가에 한정된 것이 아닐 뿐 아니라 주권 자체가 절대적인 것이 아니기 때문에 인권이라는 가치에 대해서도 유연하게 설명할 수 있다. 인도적 개입과 국민보호책임을 인정할 수 있는 이론적 입장이다.

33) **구성주의와 주권**: 구성주의는 국가들 간의 아이디어와 관념이 어떠한가에 따라 주권을 바라보는 것이 다르다고 주장한다. '인식, 정체성, 관념 ⇨ 국가간 주권파악방식 결정'의 논리이다. 하지만 주권승인이 국가들 간의 인식을 변화시키는 가장 중요한 시도임은 인정한다. 주권승인으로 국가 간의 정체성변화를 시도한다. 실제 사례로 남북관계나 북미관계에서 상호 주권승인에서부터 관계 변화시도를 들 수 있다.

34) **국제사회학파와 주권**: 구성주의와 유사한 이론으로 국제사회학파가 있다. 1960년대 헤들리 불에 의해 체계화된 이론으로 1990년 구성주의에 영향을 주었다. 영국학자들을 중심으로 설명하며 국가간의 사회적 요소(국제법, 세력균형. 외교관계, 전쟁의 관리 규범)를 강조하는 이론이다. 국제사회학파의 경우 국가들 간의 주권을 인정하고 국가들 간에 질서를 유지하고 있다는 점이 중요하다. 이들에게 주권은 국가들 간의 약속이며 이것이 국가들 간의 체계(system)를 국가들 간의 사회(society)로 변화시키는 중요기제가 된다. 권리와 힘의 관계에서 의무와 규율의 관계로 변화한다. 국제법이나 외교관계 그리고 강대국 간의 협조체계 등은 모두 주권을 전제한 국가들 간의 관계에 의해서 규정되기 때문이다.

	민족주의 (nationalism)	하나의 민족이 하나의 정치공동체를 이루려는 움직임.
	한스 콘의 민족주의 정의	'프랑스 혁명이래'로 점점 더 인류에게 '일상화된' '심리적 상태, 혹은 의식적 행위'
접근법	시원론(객관론)	혈연, 역사, 언어 공유가 민족주의구성. 민족구성이 시원적으로 이루어짐. (ex, 1800년대 후반 프러시아 통일에 이용)
	근대화론(주관론)	개인의 의사에 따라 민족을 구성 민족구성은 개인들의 정치적 선택에 의해 이루어짐. (ex, 영국에 대해 독립을 하면서 정치적 공동체를 이룬 미국)
	절충론	족적 집단(ethnie)가 정치적 집단(nation)으로 전환
민족주의 기능	긍정론	① 국가단위의 합법성의 원천 ② 민주주의의 원칙 실현(인민=민족=국민) ③ 개인에게 소속감 제공 ④ 예술적인 창조성의 심화(민족예술)
	부정론	① 전쟁의 원인과 갈등의 원인 ② 국가와 사회의 갈등 ③ 국가 분열가능성 ④ 전체주의나 독재분위기 야기 가능

표를 통한 비교 **민족주의와 국제정치**

민족주의 국제정치논리	우리(we)민족 결집을 위해서는 타자(you)가 필요함. 타자를 활용하면 우리를 결집할 수 있음.	
민족주의의 미래	① 민족국가 유지: 대부분의 국가들 ② 민족국가 구성노력: 남북통일, 중국과 대만통일 ③ 민족국가 초월노력: 지역공동체로서 유럽연합 ④ 민족국가 하위단위화: 아프리카의 부족주의(tribalism)회귀	
동북아시아 민족주의갈등원인	① 짧은 역사와 위로부터의 동원: 식민지해방을 위해 정치엘리트들이 민족주의를 동원함. (ex, 독립운동가들의 민족주의활용) ② 아류제국주의의 침략: 서구 제국주의의 아류인 일본제국주의 침략에 대한 반감 ③ 냉전의 영향: 냉전으로 남북분단과 중국과 대만의 분단이 형성됨.	
이론별 접근법	현실주의	민족주의를 잘 다루지 않음 다만 모겐소의 대리만족설명(개인들이 민족을 통해 대신 권력추구)
	자유주의	이성을 중심으로 하기 때문에 정서를 강조하는 자유주의를 거부
	구성주의[35]	정체성을 다루기 때문에 민족주의중요

35) **구성주의와 인식공동체**: 인식공동체(epistemic community)이론은 자유주의(지식인들의 지도자의

민족주의와 외교정책	관심전환가설	국내정치갈등을 해소하기 위해 민족주의를 이용해서 외부의 희생양(적)을 찾아내고 위기를 증폭함.
	구조균형이론	친구의 적은 적이고 적의 적은 친구이기 때문에 민족문제에서 상대방정당과는 다른 외교관계(ex, 민주당과 자유한국당 vs. 북한)
	위기시 지도자 결집모형	위기시 지도자를 중심(민족주의에 토대)으로 국민이 결집
민족주의 완화방안	현실주의	지도자의 신중한 정치적 접근이 중요 국가지도자의 외교술이 중요(합리성과 국가이익에 기초한 외교술)
	자유주의	상호의존이론에 따른 경제적 이익을 강조하여 민족주의의 감정을 약화
	구성주의36)37)	정체성을 변화하여 민족주의를 완화

인식과 아이디어에 미치는 영향을 강조)와 구성주의(규범력과 담론의 중요성 강조)에서 모두 설명하는 이론이다.

36) **구성주의와 사과정책**: ① 제니퍼 린드(Jennifer Lind)의 저서 『Sorry States: Apologies in International Politics』는 구성주의관점에서 사과 / 사죄의 중요성을 제시한다. ② 논리: 지도자의 사과와 사죄발언증대 ⇨ 나쁜 기억을 축소 ⇨ 좋은 정체성을 형성 ③ 사례: 독일의 빌리 브란트 총리의 유태인관련 사과 ⇨ 유럽인들에게서 히틀러 독일에 대한 나쁜 기억을 축소 ⇨ 독일에 대한 좋은 정체성을 형성. 독일의 유럽 내 리더십 활용가능성증대. 그러나 일본의 사과부족은 일본에 대한 정체성변화를 만들지 못하여 일본의 지역 내 정치적 리더십을 부족하게 함.

37) **구성주의의 민족주의 완화 정책 방안**: ① 사과 정책: 진정성 있는 사과를 통해 민족주의를 완화함, ②Campus Asia 정책: 한중일 3국이 대학생교류 프로그램으로 민족주의의식을 완화함. ③ 역사교과서 공동저술: 역사 속의 피해자와 가해자구분을 어렵게 함. ④ 지식인들의 역할: 지식인들이 민간회의 등을 통해 민족주의 완화담론을 완화.

P·A·R·T

II

민주주의의 조건들

P·A·R·T

민주주의의 조건들

1. 정치사상

PART II – 1 사상

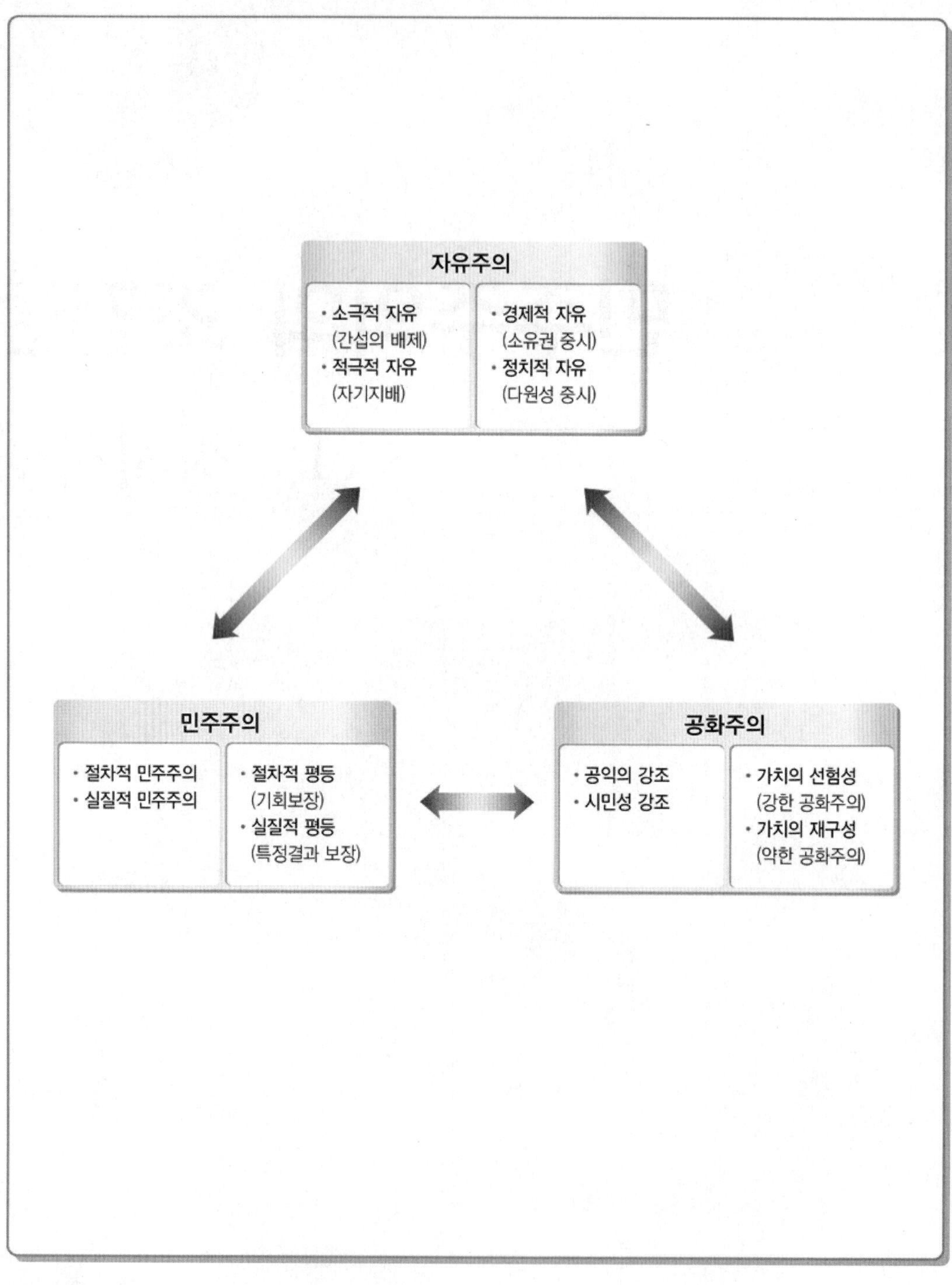
자유주의
· 소극적 자유
(간섭의 배제)
· 적극적 자유
(자기지배)
· 경제적 자유
(소유권 중시)
· 정치적 자유
(다원성 중시)
민주주의
· 절차적 민주주의
· 실질적 민주주의
· 절차적 평등
(기회보장)
· 실질적 평등
(특정결과 보장)
공화주의
· 공익의 강조
· 시민성 강조
· 가치의 선험성
(강한 공화주의)
· 가치의 재구성
(약한 공화주의)

제 1 장 정치사상 일반론

수험적 맥락

민주주의는 독립적으로 성장한 이론도 아니며 독립적으로 성장한 제도도 아니다. 민주주의는 역사적인 과정 속에서 다양한 고대 '철학' 이론과 근대 '사상' 이론들의 발전을 토대로 이루어졌다. 정치사상은 반드시 민주주의를 지지하는 것은 아니다. 공화주의와 자유주의는 민주주의가 아닌 다른 형태의 정치체제를 지지하였다. 현대에 들어와 민주주의와 자유주의가 만나고 민주주의와 공화주의가 만나서 '자유' 민주주의나 '공화' 민주주의가 되었다. 그런 점에서 정치사상은 민주주의를 이루는 가치는 무엇이 중요한지를 다루는 분야라고 할 수 있다.

1장은 정치사상의 역사적 흐름을 통해서 사상의 계보가 어떻게 진행되어 왔는지를 다룬다. 고대, 중세, 근대, 현대로 넘어오면서 정치사상가들은 정치학에 체계를 부여하였다. 그들은 당시의 시대적 고민을 해결하는 방안들을 논리적으로 만들어 주었다. 이들의 논리적 과정에서 공화주의, 공공선, 시민적 덕성, 개인들의 계약에 의해 만들어지는 국가, 자유, 평등에 관련된 이론들이 만들어졌다. 이러한 정치학의 중요개념들이 어떻게 도출되었고 그 논리구조가 무엇인지를 다룬다.

수험적 중요주제

1. 고대 그리스 사상에서 플라톤의 철학적 토대와 이상주의의 논리
2. 아리스토텔레스의 강한 공화주의(공동체주의 / 그리스공화주의)의 논리
3. 근대이론가 마키아벨리의 약한공화주의(이태리 공화주의)의 논리
4. 토마스 홉스의 사회계약론의 의미와 국가구성의 논리
5. 로크의 자유주의 사상(소유권적 자유주의)의 논리
6. 루소의 인민주권론(발전적 공화주의)의 논리
7. 몽테스키외의 권력분립이론과 자유의 확보 논리
8. 보수주의의 이론과 보수주의의 논리
9. 롤즈의 현대자유주의와 정의론의 논리
10. 신로마공화주의의 이론과 논리

표를 통한 비교 **중요 가치간의 비교**

<table>
<tr><td rowspan="3">1. 자유</td><td>소극적 자유</td><td>‘간섭의 배제’</td><td>(국가와 교회의)자의적인 간섭.
자유 확보 (from 국가): 국가배제.
자유방임적 국가.
ex) 영미 계열의 방임적 국가들</td></tr>
<tr><td>적극적 자유</td><td>‘자기 지배’</td><td>자신의 의지에 따라 자신의 삶을 결정. 국가와 사회구조의 차별철폐.
자유 확보 (to 국가): 국가통한 자유.
복지국가와 적극적 개입국가.
ex) 스웨덴 복지국가</td></tr>
<tr><td>비지배자유</td><td>‘예속의 부재’</td><td>시민간의 계급적 평등.
지배관계속 자의적 권력배제.
국가를 통한 자유: 법제정의 평등성과 법구속의 평등성.
공공선을 강조하는 국가.
ex) 프랑스 이태리의 공화국(태생적 조국이 아닌 법적 조국이 동일함)</td></tr>
<tr><td rowspan="3">2. 평등</td><td>절차적(형식적) 평등</td><td>법 앞의 평등</td><td>Equality 보장.
기회를 제공하는 평등.
모든 개인은 합리성 보유하니 이들에게 동일한 선택의 기회제공.
ex)보통선거원의 부여</td></tr>
<tr><td>실질적(결과적) 평등</td><td>결과보장</td><td>Equity 보장.
기울어진 운동장을 고치는 평등
사회적 차별과 같은 구조를 수정해야 특정결과를 보장함.
ex) 상속세와 양도세강화를 통한 출발선의 동등화</td></tr>
<tr><td>공정성
(fairness)</td><td>공정한 사회계약의 보장</td><td>정의를 달성하기 위한 절차를 보장.
첫째, 자유원칙
둘째, 기회균등과 차등원칙
합당성(reasonableness)에 따른 평등.
ex) 새로운 사회계약으로 개헌</td></tr>
<tr><td rowspan="4">3. 공익 vs. 사익</td><td rowspan="2">공익결정</td><td>공익 과정설</td><td>공익(공공선)은 개인들 간의 합의에 의해서 결정되는 것임.
사익들의 합에 의해서 공익결정.
ex) 자유주의, 심의민주주의</td></tr>
<tr><td>공익 실체설</td><td>공익은 이미 사전에 존재하는 것으로 결정되는 것이 아니라 발견됨.</td></tr>
<tr><td rowspan="2">공익과 사익 관계</td><td>사익우선설</td><td>자유주의</td></tr>
<tr><td>공익우선설</td><td>공화주의</td></tr>
</table>

제1절 정치사상 접근 방법론

1. 정치철학과 정치사상의 차이

표를 통한 비교 사상접근법

철학과 사상 구분	철학(philosophy)	보편적인 진리 탐구. 과거의 진리는 현재의 진리이며 미래의 진리.
	사상(ideology)	발전을 위한 특정 가치관. 사상(이데올로기)는 근대적인 개념으로 해석과 실천의 도구
사상접근	문언(text)주의	사상가의 실제 글을 통해 해석
	맥락(context)주의	사상가의 환경과 배경을 글과 합쳐서 해석

한국 정치에서 2011년 공화국 논쟁이 있었다. 시장 위주의 신자유주의가 강해진 한국 정치에 있어 과연 공공선이 무엇이며 국가라는 공동체는 어떤 내용을 지향해야 할 것인지에 대한 논쟁이 전개된 것이다. 정치 참여 부재와 시민적 덕성 상실이라는 주제는 이제 한국 정치의 너무 오래된 주제가 되었다.

정치사상에서 다룰 것은 개인들이 지향하는 가치는 무엇이 있는지와 정치 공동체는 어떤 가치를 지향해야 하는가이다. 인간이 지향하는 가치가 순수하게 개인적인 것이라면 정치 의제가 되지 않는다. 인간이 지향하는 가치는 다른 사람에게 영향을 주며 가치 간에는 양립하는 것도 있지만 양립하지 않는 것도 있다. 어떤 집단에게는 더 많은 경제적 부가 중요하지만 다른 집단에게는 환경 보존이 중요할 수 있다. 이런 상황에서 개인들이 지향하는 가치들 간의 경쟁을 조정하고 이 과정을 거쳐 사회적 가치에 대해 합의하는 것은 어려우면서도 중요한 일이다.

정치사상은 이처럼 정치 공동체 이전에 개인이 지향하는 가치에는 어떤 가치가 있으며 이 가치는 왜 중요한지를 다룬다. 또한 이러한 가치가 정치를 운영하는데 어떻게 구현되어야 하는지를 다룬다. 그리고 각각의 주장들이 논리적으로 서로 상충되지 않으면서 하나의 체계적인 이론이 되는 것을 다룬다.

사상 학습은 한국 사회가 현재 직면한 문제가 무엇이며 이 문제를 해결하기 위해 필요한 이론적 자원이 무엇인지를 설명할 수 있게 한다. 한국 내 진보와 보수의 갈등이나 자유주의자들과 민주주의자들의 갈등은 자신들이 지지하는 가치에 대한 논리적 경쟁이다. 논리적 경쟁 과정을 통해 한국 사회가 필요로 하는 가치관은 더욱 선명해질 것이다.

(1) 정치철학과 정치사상의 구분

정치철학은 보편적인 것과 본질적인 것에 대한 탐구를 한다. 간단히 이야기하면 '왜(why)'에 관심이 있다. 정치철학은 인간과 공동체에 관한 주제를 다룬다. 즉 인간의 본질이 무엇이며 인간 공동체의 본질이 무엇인지를 다룬다. 정치철학은 전체에 관한 다양한 의견(opinion: 변화할 수 있는 사고방식과 견해들)을 전체에 관한 지식(knowledge: 불변의 진리에 대한 파악)으로 대체하려고 한다. 예를 들면 "왜 인간은 공동체 생활을 하는가?"와 "왜 인간의 공동체 생활에 정의가 필요한가? 그 정의는 모든 사람과 모든 시대를 구속하는 본질이 되는가?"와 같은 질문에 답을 찾고자 한다. 정치철학은 모든 시대와 장소를 초월하는 보편적인 진리가 있을 것이라는 믿음에 근거한다. 철학(philosophy)은 말 그대로 '지(sophia)에 대한 사랑(philo)'이라 할 수 있다. 따라서 보편적인 진리와 본질(essence)을 찾고자 하는 것이다.

철학은 사물과 인간 그리고 우주에 관한 본질(essence)을 다룬다. 진리가 무엇이고 원리가 무엇인지를 다루는 영역이다. 이에 비해 '정치'철학은 이렇게 구해진 진리들 중 '인간'이 어떤 정치 공동체를 만들 것인가를 다룬다. 아리스토텔레스가 말한 것처럼 인간이 '정치적 동물'이라면 인간의 존재 구속성에 따른 정치의 필연성을 인정하고 이 속에서 어떤 정치체제를 구축하고 국가를 어떻게 구성할 것이며 권력을 어떻게 파악할 것인가를 다룬다. 철학이 다루는 영역에서 인간과 공동체와 권력에 관한 문제를 집중적으로 다루는 것이 정치철학이다.

근대는 정치철학이라기보다는 정치사상으로 보아야 한다. 철학은 본질을 찾는 것이지만 정치사상은 이데올로기 문제이다. 철학이 불변의 지식(knowledge)을 찾는 것이라면 이데올로기는 살아가는 방법에 관한 것이다. 살아가는 방법에 대한 다양한 의견(opinion)을 구하는 것이 정치사상의 핵심이다. 이데올로기는 '왜(why)'라는 인간과 공동체에 대한 본질 대신에 인간이 '어떻게(how)' 살아갈 것인가에 대한 의견들 간의 경쟁을 의미한다. 그런 점에서 정치사상은 고전적 정치철학 이론에 토대하고 있지만 고전 철학과 접근을 달리 한다. 고전 철학은 불변의 진리와 본질을 추구하였다. 고전철학자들은 "무엇이 인간을 행복으로 이끄는가? 정의는 무엇인가? 진리는 어떤 방식으로 구해지는가?"와 같은 문제에 고민하였다. 그리고 이러한 문제들의 본질은 변하지 않기 때문에 시기와 장소에 관계없이 진리이다. 어제의 진리가 오늘도 역시 진리인 것이며 어느 공동체의 진리도 다른 공동체의 진리가 될 수 있다. 즉 진리는 순환되며 편재적이다.

(2) 근대 자연과학의 근대사상에 대한 영향

근대 정치사상은 근대 자연과학에 영향을 받았다. 근대 사상은 자연과학이 다루는 자연(Nature)과 근대 역사의식에 의해 이해되는 역사(History)를 가정한다. 즉 극복해야 할 '대상'으로의 자연과 극복 및 정복 '주체'로서 인간을 상정한다. 따라서 이제 인간과 자연은 상호적 존재라기보다는 주체와 객체의 관계에 서게 된다. 자연과학은 객체로서 자연과 주체로서 인간 간의 대립적 관계를 만들었다. 이후 자연과학은 자연과학의 가치중립적 분석이 가능하다고 보았다. 이런 실증주의적 사고는 어제까지의 진리를 오늘의 반증으로 거부할 수 있다. 과학적 사고에 의할 때 어제의 진리는 오늘의 진리가 된다고 보장할 수 없다. 즉 진리는 앞으로 나가기에 진보적이다.

인간이 자연을 극복하고 역사 속에서 앞으로 나갈 때 남겨진 문제는 "어떤 방법"으로 인간의 진보를 만들 것인 지이다. 이때 그 방식을 두고 다투는 것이 이데올로기(ideology)이다. 개인 중심의 자유주의, 사회 중심의 사회주의, 공동체 중심의 공동체주의, 민족을 하나의 정치단위로 만들려는 민족주의, 역사적 경험 중심의 보수주의는 삶을 살아가는 방식 혹은 지침으로서 이데올로기이다.

그런데 1989년 후쿠야마는 '이데올로기 종언' 명제를 내놓았다. 헤겔식 변증법은 인간의 지식이 논쟁을 거쳐서 더 나갈 것으로 보았고 정신세계에서 종착역이 있다고 보았다. 이 관점을 현대에 적용하여 후쿠야마는 '자유 민주주의와 사회주의 간 대립'에서 자유 민주주의가 승리하면서 이념 간 대립이 끝났다고 하였다. 이제 더 진보할 새로운 이데올로기는 없다는 것이다. 하지만 후쿠야마가 나중에 다시 평가를 내린 것처럼 사상을 '삶의 방식'으로 이해하고 '이데올로기'로 파악한다면 다양한 인간들 사이의 세상에서 어떻게 살아갈 것인지의 방법론 논쟁을 끝내기 어렵다. 삶의 방식으로서 이데올로기는 사회 환경의 필요성과 구성원들의 선호 변화에 따라 재구축될 수 있다. 게다가 이념 간 다툼은 인간과 공동체 그리고 국가에 대한 보편적인 원리를 탐구하는 정치철학의 도움을 불러일으키기도 한다.

2. 정치사상의 접근법

(1) 텍스트 중심 접근 vs 맥락 중심 접근: 무엇을 볼 것인가?

정치사상을 다루는 방식에는 크게 두 가지 입장이 있다. 한 입장은 정치사상가가 쓴 원전에 충실하자는 견해를 가진 '텍스트 중심 접근(Textualist)'이다. 레오 스트라우스(Leo Strauss)를 대표로 하는 이 입장은 문헌 중심의 해석을 강조한다. 사상가가 쓴 책에서 의미를 유추하고 해석하기보다 원전의 문언에 충실하게 이해하는 것을 강조하는 입장이다. 반면에 정치이론가인 정치사상가가 쓴 책도 그 시대의 문제제기와 그에 따른 맥락이 있기 때문에 원전의 문언보다 그 사상이 나온 배경과 맥락을 강조하는 '맥락 중심 접근(Contextualist)'이 두 번째 입장이다.

맥락주의는 다시 두 가지 입장으로 내부적으로 갈린다. 첫 번째 입장은 마르크스주의(Marxist) 입장으로 맥퍼슨(C.B.Macpherson)이 대표적인 이론가이다. 이 입장은 이론의 해석에 있어서 사회경제적 배경을 강조한다. 즉 어떤 사상가의 주장을 알기 위해서는 그 사상가의 개인적인 입장이 아니라 그 사상가가 살았던 당시 시대 상황에서 경제적인 요소나 사회적인 요소를 들여다보아야 한다는 입장이다. 예를 들어 로크가 소유권을 이해하려면 로크 자신의 개인적인 요소를 볼 것이 아니라 로크가 산 시대의 경제적, 사회적 배경을 보아야 하는 것이다. 즉 상업의 발전 정도와 부르주아 층이라는 사회적 배경을 보아야 하는 것이다.

맥락을 강조하는 세부적인 두 번째 입장은 수정주의(Revisionist)로 퀀틴 스키너(Q. Skinner)가 대표적이다. 이 입장은 앞선 마르크스주의자들이 개인적 요소보다는 개인을 둘러싼 사회경제적 배경을 강조한 것을 거부하면서 이론가 자신의 지적인 역사 입장을 파악할 것을 강조한다. 이 입장에 따르면 저자의 저술 자체도 중요하지만 저자가 살아온 배경이나 개인적인 특징을 알아야 저자의 사상이 어떻게 도출되었는지를 해석할 수 있다. 예를 들어서 홉스가 조산아였다는 점과 홉스가 투키디데스의 '펠레폰네소스 전쟁사'를 번역한 것을 통해 홉스사상을 해석할 수 있는 것이다.

(2) 맥락주의와 문언주의의 적용기준

두 가지 입장이 배타적으로 사용될 필요는 없다. 이론가의 이론을 이해하기 위해서 그 이론가가 고민했던 당시 사회문제의 맥락을 이해하고 그가 주장한 내용을 정확히 문언 속에서 볼 수 있기 때문이다. 예를 들어 최근 「정의란 무엇인가」로 유명한 마이클 샌델이 제시한 아리스토텔레스의 이론을 한국 사회에 적용한다고 가정해보자. 먼저 당시 그리스와 현재 한국 사회가 가진 사회적 배경의 유사성을 살펴볼 것이다. 그리고 아리스토텔레스가 제시한 해법인 시민적 미덕, 시민적 덕성이라는 것이 무엇인지를 명확히 하여 이를 이론 자원으로 활용할 수 있는 방안을 모색할 것이다.

체계적인 정치사상의 분석을 위해서는 다음과 같이 정리할 필요가 있다. 첫째, 특정한 사상이나 주제가 나온 당시의 '사회적 배경'을 정리해야 한다. 사상가에게 영향을 준 당시 상황이 무엇인지를 정해야 한다. 둘째, 사상가의 개인적인 역사와 지적인 발전 과정을 정리해야 한다. 예를 들어 3권 분립론을 주장한 몽테스키외는 로크의 권력분립으로부터 영향을 받았다. 또한 몽테스키외의 법관 경험 역시 사법부를 독립시키자는 주장을 펴는 데 중요하게 작동하였다. 셋째, 사상가의 이론적 주장을 정리해야 한다. 정치사상도 정치학 이론이다. 그런 점에서 설명하고자 하는 요인이 무엇인지 즉 설명 자원이 무엇인지를 명확하게 해야 한다.

제2절 역사적 분류에 따른 정치사상의 주제들

정치사상을 다루는 방법은 다양하다.[1] 이 절에서는 역사 흐름에 따라 문제의식을 이해하고 해법을 찾아가는 방식이 어떻게 달랐는지를 설명하기 위해서 '시기별 분류법'을 사용한다.

1. 고대 정치철학의 기준과 고대 정치철학의 주제들

(1) 고대 정치철학의 기준: 주체, 형상, 질료

철학은 '본질'을 다룬다. 책상의 본질이라는 것이 사람이 앉아서 공부하는 것이라면 이 본질을 찾아내는 것이 철학의 목표이다. 단순한 사물들의 본질을 찾아내는 것부터 좀 더 고차원적인 우주의 원리와 인간의 본성을 찾아내는 것까지 확대하여 본질을 발견하려는 것이 철학의 임무이다.

사물의 본질을 찾아내려는 작업에서 가장 유명한 철학자는 플라톤이다. 그는 본질은 '이데아' 세계에 있다고 보았다. 이데아 즉 '에이도스(eidos)'는 "-인 것 자체"를 말한다. 이 사물의 본질을 이야기하는 에이도스의 세계는 영혼의 세계이다. 모든 사물의 본질이 되는 에이도스는 사물의 형상 즉 어떤 사물이 그 사물이 되게끔 하는 틀이자 본으로 이것이 구체적인 사물에 어느 정도 복사되는 것이다. 이것을 플라톤의 '분유설'이라고 한다. 즉 본질이 구체적 사물에 얼마큼 나누어져 녹아있다는 것이다. 예를 들어 인간의 본질인 에이도스가 '선함'에 있다면 인간의 선함이라는 본질이 개별적인 인간들에게 조금씩은 나누어져 있다는 것이다. 대신 이렇게 분유된 것 즉 나누어진 것은 본질의 일부분만 나뉘어 있기 때문에 조금 뿌옇게 그 형태를 가진다.

플라톤에 따르면 인간은 사물을 보면서 그 사물의 본질을 다 볼 수는 없지만 그 사물의 본질을 떠올릴 수는 있다. 이렇게 사물의 본질을 떠올리는 것을 '상기설'이라고 한다. 플라톤에 따르면 원래 영혼 세계에 있던 인간이 현 세계로 들어오기 위해서는 영혼 세계와 이승 세계를 이어주는 '레테'라는 강을 건너야 한다. 레테라는 강은 '망각의 강'으로 영혼들은 이승으로 넘어오기 위해 힘들게 이 강을 건너면서 갈증을 느껴 이 강물을 마시게 되고, 강물을 마시는 순간 영혼 세계에 있던 기억이 사라진 채 이 세상에 태어난다. 레테 강물을 얼마나 많이 마셨는지에 따라 기억이 떠오르는 정도는 달라진다.

---

1) **정치사상 접근의 3가지 방법**: 첫 번째, 시기에 따라 구분하는 방법(ex, 고대 정치사상, 근대 정치사상, 현대 정치사상)과 두 번째, 주제에 따라 구분하는 방법(ex, 자유, 평등, 평화)과 세 번째, 이념에 따라 구분하는 방법(ex, 자유주의, 공화주의, 민주주의)이 그것이다.

이 논리를 통해 플라톤은 이데아 세계(본질의 세계)와 현실 세계를 구분하였다. 플라톤은 본질의 세상을 이해하지 못하는 인간들이 진리가 아닌 의견만을 가지고 세상을 운영하는 것에 문제가 있다고 보았다. 진리가 세상을 지배하기 위해서는 진리를 아는 자가 정치를 운영해야 한다. 이것은 플라톤으로 하여금 '철인-군주' 즉 철학자이자 정치 지도자를 지도자의 이상으로 삼게 하였다.

이데아 세계 즉 본질의 세계가 너무 중요하다고 보았던 플라톤과 달리 아리스토텔레스는 사물의 본질뿐 아니라 사물 그 자체도 중요하다고 보았다. '질료'가 되는 사물의 개체를 무시하고 사물의 본질인 '형상'만을 이야기하는 것이 의미가 없다고 본 것이다. 따라서 플라톤의 제자인 아리스토텔레스는 자신의 스승이 형상만을 강조한 것과 달리 제 1 실체인 질료와 제 2 실체인 형상 혹은 종을 같이 보아야 한다고 주장한다. 예를 들어 "아리스토텔레스는 인간이다."라는 주장은 제 1 실체인 아리스토텔레스와 제 2 실체인 인간을 모두 다루고 있다. 제 1 실체인 개체들 없이 인간이라고 하는 종은 분류될 수 없으며 특별한 의미를 가질 수도 없다. 그런 점에서 아리스토텔레스는 질료를 떼어내고 형상을 생각할 수 없다고 보았다.

그렇다면 형상과 질료의 구분법은 왜 중요한가? 철학자 화이트헤드는 그의 주저인 「Process and Reality」에서 "지난 2000년 동안 서양 철학은 플라톤의 각주에 불과하다"고 주장했다. 플라톤은 「Timaios」에서 우주의 원리를 설명하면서 우주를 만들려면 '제작자'와 '설계도(본이 되는 것으로 형상)'와 '재료(질료)'가 필요하다고 말했다. 이 '제작자', '설계도', '재료'는 이후 서양 정치철학의 근간을 이루는 '주체', '불변의 법칙', '유동적 타자'로 전환된다.

심화 학습

플라톤과 아리스토텔레스이론 비교

	플라톤	아리스토텔레스
이론의 목표	• 이데아에 기반한 현실구성. • 공동체의 조화(unity)중시. • 이상주의 철학의 효시.	• 현실의 계급질서인정과 계급타협. • 공동체의 조화(harmony)와 다양성(diversity)공존. • 이상주의보다는 현실주의적 모습을 보임. 경험주의 철학자.
인식론	• 3가지 이론의 토대형성: 창조자, 주형틀, 질료(재료). • 이데아론: 주형틀이 중요. 자연과 인간의 원형, 불변적 성격, 초월적 진리. • 지식의 상기설: 이데아 파악은 이미 알고 있는 것을 떠올리는 것. • 형이상학적 관념론: 철학자의 역할은	• 이데아론비판: 이데아만으로 현실세계에 대한 설명이 불가능. • 형상과 질료의 중요성: 형상(주형틀)은 사물의 본질(플라톤의 이데아)이고 질료는 사물의 소재. 형상과 질료는 분리되어 있지 않음. • 지식축적설: 지식은 발견되는 것이 아니

	초월적 진리를 발견하여 새로운 세계 질서를 마련하는 것. • 동굴의 우화: 동굴 바깥의 빛이 이데아의 세계임을 아는 철학자가 중요.	라 축적되는 것임. • 경험주의 철학: 철학자의 첫 번째 임무는 세계를 있는 그대로 이해하는 것. "왜(why)?"라는 질문이 중요. • 동굴의 우화: 인간 조건상 동굴에 매여 있다면 이 상황을 받아들여야함.
존재론	• 전체우선 사상: 이데아만을 인정. • 폴리스의 unity(단합)와 harmony(조화) 중시. • 계급 3분설: 직분에 맞는 역할을 할 때 정의로움.(지식 / 용기 / 욕정)	• 전체와 부분을 동시인정: 형상과 질료. • 폴리스의 unity와 diversity(다양성)의 공존 중시. • 계급 대립완화논리: 부분의 다양성에 기반한 조화추구. 공화주의의 혼합정치체제구축주장.
방법론	• 사변적이고 연역적 방법론: 이데아에서 이론 출발. 논리적 전제가 검증되기 어려움.	• 경험적 분석적 방법론: 경험적인 비교정치학의 효시. 당시 그리스의 정치체제 비교분석함. 인과관계 설명이 가능함.
국가관	• 국가의 목적 = 전체적 정의 실현. • 계급구분을 통해 전체공동체의 조화와 질서추구.	• 국가의 목적=정의의 실현(전체적인 정의+부분적인 정의) • 계급타협을 이룬 국가. polity=귀족정+민주정. • 중용(mean)의 중요성: 한 극단(계급)으로 치우치지 않아야 함.
정의	• 정의=공동체 전체 조화와 질서의 상태. • 영혼 3분설: 이성적 철인, 기력의 군인, 욕망의 평민 3개의 계급이 서로의 기능적 직분을 다하며, 전체 속의 조화를 이루는 것이 정의.	• 정의=다양한 부분들의 조화. • 중용의 원리와 정의: 부분의 다양성에 기반하여 양극의 중간적 평형을 추구하는 조절의 원리. • 계급 간에 추구하는 가치는 다름. 시민계급은 공공선이라는 시민적 미덕을 추구하고 평민계급은 부를 추구함. 이들 사이의 균형이 중요함.
정치관 / 윤리관	• 정치의 의미: 인간을 보다 이데아에 가깝게 접근시키기 위해 조화로운 공동체를 실현하는 것. 목적론적 정치. • 철인계급 중심 정치: 정치는 이데아에 대한 인식을 바탕으로 무오류적인 철인계급에 의해 이루어져야 함. • 철학자-왕(philosopher-king)은 왕을 철학자로 만들어서 가능해짐. • 지식 중심의 정치: 지식에 입각한 인간사회개조 추구. 이것은 정치자체에 대한 인식부족. • 이상주의철학: 정치에 윤리목적부여하며 이상주의 철학의 전형을 형성.	• 정치의 의미: 정치는 목적이 아닌 수단. 정치는 최고선인 이데아에 도달하는 목적적 가치가 아닌 현실에서의 수단적 가치. • 시민의 정치+민중의 정치: 계급적인 중용이 필요. • 지식과 실천의 정치: 정치는 이해를 넘어 실행이 중요함. • 정치와 윤리의 분리: 정치학은 인간행위의 궁극적 목적에 관한 학문. • 법치의 중요성: 법=본질+약속(인간이 구성) / 소피스트의 법=관습(인간이 구성), 플라톤과 소크라테스의 법=본질.

		• 정치적 동물(Zoon Politikon)명제: 인간은 정치적 동물. 인간의 공동생활에의 본능. 폴리스 내에서만 개인의 자아실현이 가능함. 따라서 정치는 윤리를 완성하게 함.
덕(virtue)	• 지식의 중요성: 덕을 아는 것이 곧 도덕적인 것. 주지주의입장.	• 지식과 실천이 중요: 아는 것이 바로 도덕적이지는 않음. 극단적 주지주의에서 탈피. • 실천적 도덕의 중요성: 도덕적인 덕은 습관과 훈련을 통해서 습득. 중용(mean)에 의해 획득 가능함.
교육기능	• 정치사회화 기능: 각 계급의 정치적 사회화. 각 계급의 직분과 역할을 찾게 하는 것. 계급적 통제의 기능.	• 시민적 미덕성취: 시민이 윤리공동체의 성원으로서 선량한 생활을 할 수 있도록 하는 것.
사유재산 인정	• 사적소유 부정: 사유재산이 부패의 원인. 전체의 이익이 아닌 사적이익을 추구. 아테네 붕괴의 원인으로 파악. • 해법: 원시적 소비공산제 실시와 가족제도도 폐지. 귀족 그룹의 공유재산제도를 통해서 부패를 근절하고자 함.	• 사적 소유 인정: 국가의 구성단위인 가족의 폐지는 국가의 폐지를 의미. 가족제도의 근간은 사적소유권 인정하는 것임. • 해법: 교육을 통한 조절. 교육을 통해 소비 조절과 중용 습득 가능.

(2) 플라톤 입장: 형상의 중요성

플라톤의 주장은 철학적 입장에서 인간과 사물과 우주의 본질을 설명한다. 그가 보기에 아테네 민주주의는 아테네라고 하는 도시국가의 공동체붕괴를 가져오고 있었다. 민주주의가 쇠퇴해가던 시절 아테네는 도시국가의 미덕이 사라져 가고 있었다. 가장 위대한 철학자인 소크라테스를 처형할 정도로 민주주의는 타락한 것이다.2)

아테네가 다시 과거 도시국가의 본질적인 이상적 형태로 가기 위해서는 '이데아'라고 하는 불변의 진리를 알고 있는 사람이 이 정치체제를 이끌어야 한다. 그러나 철학자는 왕이 되기에는 담력이 부족하다. 철학자가 왕이 될 수 없다면 왕을 철학자로 만드는 것이 필요하다. 이런 논리에서 정치(왕)는 지식(철학자)에 의해 이끌려야 하고 지식을 발견하기 위한 교육이 중요해진다.

---

2) **아테네 말기 상황**: 그리스 철학을 이해하기 위해서는 아테네 말기의 상황을 이해해야 한다. 아테네는 초기 민주주의에서 자신들의 정치체제가 민주주의에 기반하고 있다는 것을 자랑스러워했다. 그러나 계속되는 전쟁과 제국주의 확장 과정에서 아테네가 자랑하던 시민적 덕성은 약해지고 있었고 중산층이자 남성 위주의 시민계급은 붕괴되어 갔다. 특히 전쟁 약탈품을 개별적으로 차지했던 아테네에서는 전쟁의 공으로 부유해진 노예층이 시민계급화 되면서 시민공동체가 붕괴하기 시작했다. 사적인 이익이 아닌 공적인 이익에 대한 논의가 사라져가며 민주주의는 타락한 형태의 민중주의가 되었다. 이 상황을 개선하기 위해서 플라톤과 아리스토텔레스는 각기 다른 해법을 제시한 것이다.

또한 정치체제는 좋은 정치체제에서 나쁜 정치체제로 순환하기 때문에 순환되는 정치체제의 폐해를 막기 위해 사유재산제도의 폐지를 생각할 수 있다. 좋은 정치체제가 나쁜 정치체제로 가는 것은 아테네가 가지고 있던 장자상속제에 따라 재산을 후대에 넘겨주기 때문이다. 자녀들에게 더 많이 재산을 남겨주기 위해 더 많은 재산을 모아야 하는 욕망이 정치체제를 타락하게 만드는 것이다. 플라톤은 영혼 3분설에 따라 정치는 '지혜'로운 자가 수행해야 하고 국가는 '용기' 있는 자가 수호해야 하며 일상생활은 '욕망'을 가진 시민들이 운영해야 한다고 보았다. 그런데 '욕망'이 국가 운영까지를 지배하는 것이 문제이다.

교육을 통해 지도자가 지도자답게 국가를 운영하는 것이 중요하다. 그러나 개인들의 욕망 혹은 물질적 욕구가 지배층에도 작동하지 않게 하려면 지배층에서만큼은 사유재산제도를 폐지해야 한다. 플라톤은 이데아라는 형상의 세계를 강조하였기에 이상주의의 창시자로 불리며 사적 소유권을 막기 위해 공유가족제도와 같은 제도를 고안했다는 점에 급진주의자로 분류될 수 있다. 민중주의자들의 의견을 일축하고 단일한 기준의 사회를 구축하기 위해 지식인의 역할을 강조한 플라톤은 지식과 교육의 정치적 기능을 강조한 것이다.

(3) 아리스토텔레스 입장: 형상과 질료의 동시 고려와 혼합정

플라톤이 형상을 지나치게 강조함으로써 아테네 시민들인 개체들의 특성을 무시한 것에 대한 반발로 플라톤의 제자인 아리스토텔레스는 개체의 특수성을 인정하는 관점에서 정치이론을 만든다. "개체가 없이 어떻게 형상인 본질이 있을 수 있겠는가?"라는 질문을 던지면서 아리스토텔레스는 변화한 도시국가의 삶 자체를 인정하고 이 속에서 민중들의 요구를 반영하는 민주주의와 귀족적인 과두제를 혼합한 정치체제인 '혼합정(politeia)'을 만들자고 주장한다. 이런 혼합정만이 민주정의 '부족함'과 과두정의 '넘침'의 극단적 폐해를 막고 정치의 '중용(mean)'을 구가할 수 있다. 현실 정치적으로 볼 때 아테네 민주주의자들을 무시하지 않으면서 귀족정의 장점을 도입하여 계급 간 견제를 이루고자 한 것이다.

비교정치학의 시조인 아리스토텔레스 역시 정치체제가 인간에 영향을 미친다고 보면서 어떤 방식의 정치제도가 더 나은 정치제도인지를 비교하였다. 비교하였다는 것 자체는 공동체가 이상적으로 하나(형상인만 강조)만 존재하는 것이 아니라 개별 행위자들의 특성(질료인도 고려)에 따라 다를 수 있다는 점을 인정한 것이다. 그런 개별 특성을 인정할 때 개체 간 비교가 가능해지는 것이다.

아리스토텔레스는 정치체제의 순환론을 강조하였다. 정치체제는 좋은 체제에서 나쁜 체제로 바뀐다. 시간이 지나면서 뛰어난 한 사람의 지배체제에서 참주의 지배체제로 바뀐다. 이후 권력이 분산되어 소수의 지배인 귀족정의 바람직한 모습을 가졌다가 다시 귀족들의 오염된 지배형태의 과두정으로 바뀐다. 이 체제를 바꾸는 것은 민중들의 정치체제인 민주주의(democracy)이다. 이런 체제의 변화를 막고 아테네의 계급적 대립을 정치체제에 반영하기 위해서 귀족들의 귀족정과 민중들의 민주주의가 혼합될 필요가 있다.

이것은 아리스토텔레스가 강조한 중용(mean)과 관련된다. 과도한 부유함이나 과도한 부족함을 견제하기 위해 귀족들의 의견과 민중의 의견이 발휘되는 혼합정이 필요하다. 아리스토텔레스가 주장한 혼합정(polity)[3]은 계급적 대립을 완화하는 방안이 되었다.

(4) 고대 정치사상의 주된 주제들

1) 공동체와 개인 간 관계

표를 통한 비교

고대정치사상	공동체 > 개인(존재론적 우위). 그리스와 이태리 공화주의. 공공선 > 사익(목적론적 우위). 국가가 있어서 개인이 존재.
근대정치사상	개인 > 공동체(존재론적 우위). 개인이 공동체를 구성함. 근대자유주의. 사익(자유) > 공공선(목적론적 우위). 자유를 위한 국가의 존재.
현대정치사상	공동체 vs. 개인 논쟁(존재론 논쟁). 공화주의 vs. 자유주의. 공공선 vs. 사익 논쟁(목적론 논쟁). 공화주의 vs. 자유주의

고대 정치사상의 첫 번째 주제는 공동체와 개인 사이의 관계 규정이다. 이 주제에 대해 공동체 우선적 사상의 플라톤과 공동체와 개체들의 특성을 조화하자는 입장의 아리스토텔레스가 논쟁을 이루고 있다. 플라톤은 이데아를 통해 공동체의 절대선을 구현하고자 했다. 반면에 아리스토텔레스는 개체의 특성도 인정하면서 공동체 속에서 다양한 개체의 가능성을 인정했다. 아리스토텔레스의 입장은 현대에 들어와서 공동체주의의 입장으로 다시 이론적으로 부활하였다. 시민적 미덕을 강조하는 공화주의를 신아리스토텔레스시안이라고 부른다. 맥킨타이어와 샌델로 대표되는 공동체주의는 시민적 덕성과 정치 참여를 강조하였다. 반면에 그리스 공화주의와 달리 자유를 강조하면서 공공선 확보를 수단적 차원에서 이해한 신로마 공화주의 혹은 신공화주의가 구분된다.

2) 정의의 기준

고대 정치사상에서 두 번째 중요한 주제는 '정의'의 이론적 토대를 형성하였다는 것이다. 정의 문제는 공동체에서 어떻게 분배를 이루는 것이 공공의 이익(공익 혹은 공공선)에 부합하는가의 문제를 다룬다. 여기서 플라톤은 직분에 맞는 계급적 사회를 통해 정의로운 사회를 구성하고자 하였다. 반면에 아리스토텔레스는 공적 덕성을 발휘할 수 있는 자질을 갖춘 시민적 삶을 추구함으로써 정의를 개인의 덕성 문제로 돌렸다.

초기 그리스는 정의를 적과 동지로 구분하였다. 이 개념을 적과 동지를 구분하지 않는

---

3) **아리스토텔레스의 공화주의와 혼합정**: 공화주의를 위해 아리스토텔레스가 제안한 방안은 계급들이 공존하는 정치체제로서 혼합정이다. 계급대립을 인정하고 다만 한 계급에 의한 일방적인 지배를 방지하기 위해 귀족과 평민간의 힘의 균형을 찾으려고 한 정치체제이다. 자유주의의 권력분립이 자유를 위해 권력을 나누는 것(divide)이라면 혼합정은 권력을 공유(share)하는 것이다.

보편적인 것으로 바꾼 것이 소크라테스이다. 플라톤의 「국가」에서 소크라테스는 소피스트와의 논쟁을 통해 정의란 '친구에게 유리하고 적에게 불리한 것'이 아니라 '친구에게나 적에게 모두 똑같이 이롭게 하는 것'이라는 점을 밝혔다. 플라톤은 이렇게 적과 동지를 구분하지 않으면서 행하는 보편적 정의를 만든 것이다.

그러나 현대 정의론은 아리스토텔레스에 의해 만들어졌다. 아리스토텔레스의 정의 구분법은 크게 두 가지로 구분된다. 첫 번째, '전체정의'로 공동체의 법이 규정하는 규범전체를 의미한다. 두 번째, '부분정의'로 이것이 정의의 본래 영역이다. 부분정의는 다시 2가지로 구분된다. 세부적인 첫 번째는 '교정정의'로 잘못을 교정하는 것이다. 세부적인 두 번째는 '분배정의'로 자원, 관직, 명예의 분배에 관한 문제를 다룬다. 이 부분이 정치학의 고유한 대상이다. 아리스토텔레스는 '교정정의'만이 아니라 '분배정의'에도 동일하게 '모두에게 선이 되는' 보편주의가 적용되어야 한다고 보았다.[4)]

분배적 정의에서 문제되는 것은 통약 가능성이 없는 경우이다. 즉 분배할 때 나눌 수 있는 기준의 통약성이 있어야 하는데 이것이 없을 때 문제된다. 기업을 운영할 때 자본을 낸 사람과 기술을 제시한 사람은 자본과 기술이라는 다른 기준을 가지고 있기 때문에 이 두 가지 기준에는 통약 가능성이 없다. 따라서 분배가 상대적으로 평등하다고 느낄 수 있는 기준이 없는 것이다.

분배적 정의에서 통약 가능성이 없을 때 아리스토텔레스가 내린 해법은 무엇인가? 그는 「니코마코스 윤리학」에서 배분적 정의 원칙을 "각자의 몫은 각자의 자격에 따라(To each according to his deserts)"라는 내용으로 결론 내린다. 그러면서 아리스토텔레스는 "모든 사람이 똑같은 기준으로 분배를 하자고 이야기하지 않는다. 평민은 자유로운 신분으로 태어났

---

4) **교정정의와 분배정의의 차이**: 아리스토텔레스는 교정정의 영역과 분배정의 영역에 적용되는 상이한 두 가지 원리를 설명하기 위해 그 두 영역에 다른 수학 영역을 대응한다. 교정정의 영역에 가감연산을 주로 하는 산수(arithmetric) 원리가 적용된다면 분배정의 영역은 기하학(geometry)의 원리가 적용된다고 할 수 있다. 즉 교정정의의 영역은 누군가가 잘못한 만큼만 돌려주면 되기 때문에 부당한 대우나 잘못한 일만큼 보상하거나 처벌하는 것으로 단순히 잘못한 부분을 산술적으로 계산하면 되는 산수의 영역, 즉 덧셈과 뺄셈의 영역이다. 반면에 분배의 영역에는 기하학의 원리(그 당시에는 도형을 다루는 것이 아니라 비례식을 다루는 수학의 영역이었음)가 적용되면 된다. 분배에 있어서 비례적으로 분배하자는 것이다. 예를 들어 A와 B가 각자 1,000만원과 2,000만원을 출자해서 회사를 차렸고 1년 동안 열심히 일을 해서 600만원의 순이익을 냈다고 할 때 A와 B가 똑같이 300만원씩 받는 것이 아니라 비율에 따라서 분배하는 것이다. 즉 B가 2배 더 많이 냈기 때문에 A가 200만원을 B가 400만원을 받게 되는 것이다. 이때 B의 이익은 A에게 불이익을 주지 않는다. 왜냐하면 두 사람이 합쳐서 좀 더 큰 회사를 차렸기 때문에 A는 그로 인해 혼자 회사를 차렸을 때 보다 좀 더 이익을 많이 보게 된 것이기 때문이다. 교정정의는 정의의 여신상(눈을 가리고 양팔 저울을 들고 칼을 들었다는 점)이 보여주는 상징을 잘 반영한다. 하지만 정치 영역에서 중요한 것은 분배정의 영역이다. 이 때 중요한 문제는 '관련된 사람들이 누구인가'이다. 어떤 사람들이 분배 문제에 참여하는지 그리고 이들에게 사회에 대한 기여에 따라 절대적 평등이 아닌 상대적 의미(기여한 방식대로의)에서의 평등, 즉 공평함(fairness)을 보장하는 분배 방식을 만드는 것이 중요하다. 최원 "마이클샌델의 정의론 비판"

다는 자유를 기준으로 들 것이고, 부자들은 부유함 또는 귀한 탄생을 들 것이고, 귀족은 미덕을 들 것이다."라고 말한다. 여기서 아리스토텔레스는 해법으로서 계급 문제를 명시적으로 들고 있는데, 이는 계급 대립에서 기준이 각자 다를 수 있다는 것을 인정한 것이다.

3) 지도자의 중요성

표를 통한 비교 **엘리트지배의 이론적 근거들**

1. **지식:** 지식인에 의한 통치. ex) 플라톤의 철인군주
2. **미덕 혹은 덕성:** 시민적 덕성에 의한 통치. ex) 아리스토텔레스의 미덕
3. **용기:** 서구적 가치로서 용기있는 지도자에 의한 통치. ex) 마키아벨리의 군주
4. **부:** 부유한 자의 통치. ex) 그리스의 금권통치(plutocracy)나 신자유주의(neoliberalism)나 신보수주의의 통치엘리트

세 번째 중요한 주제는 '지도자'의 중요성에 관한 것이다. 플라톤은 '철인군주(philosopher-king)'나 '입법자(legislator: 후기 플라톤이 중요하게 본 사회지도자)' 개념을 통해 사회에서 지도자의 중요성을 주장하였다. 플라톤의 지도자는 근대 이론가들이 주장했던 지도자와는 다르다. 마키아벨리는 종교 도덕과 구분된 독자적 권력의 중요성을 강조하였다. 플라톤의 지도자에게 중요한 것은 권력이 아니다. 지도자에게는 지식이 중요하다.

지도자로서 지식인을 강조했다는 것은 현대에 와서 지식의 중요성으로 연결된다. 지식은 현대에도 가장 중요한 권력 수단이자 통치 수단이다. 특히 지식을 누가 소유하는지와 지식이 어떻게 대중의 인식을 구성하는지 등은 여전히 중요한 정치 이슈이다.

4) 공적 덕성의 중요성

네 번째 주제는 공적 덕성 문제이다. 아리스토텔레스는 공적 덕성을 갖춘 시민의 중요성을 강조하였다. 공동체를 유지하기 위한 인간의 공동체 속성과 다른 시민들로부터 인정받는 시민으로서의 덕성을 강조하였다. 아리스토텔레스 이론은 현대의 공동체주의를 통해 공동체에서 시민적 미덕을 강조하는 입장으로 되살아났다. 하지만 당시 아테네 시민들이 노예제에 근거하고 있었고 생산 활동에서 자유로웠다는 점은 현대와 맥락이 맞지 않는다는 비판이 있다.

5) 정치에 대한 인식 차이

마지막으로 고대 정치사상은 정치에 대한 인식의 극명한 차이를 구분해주었다. 플라톤의 이상주의와 아리스토텔레스의 "상대적 현실주의" 입장 간의 차이는 현대에서도 이상주의와 현실주의 논쟁으로 재현되고 있다. 정치를 당위(ought)와 보편의 문제로 볼 것인가 아니면 있는 존재(is)와 구체적인 현실로 볼 것인가의 문제는 고대 정치의 문제이자 현대 정치의

문제이기 때문이다.

특히 이 주제는 정치 변화와 정치 개혁과도 연관되어 있기 때문에 중요하다. 급진적 개혁을 위한 도덕적 접근(민주주의에 대한 도덕적 이념적 이해에 기반)을 취할 것인가 아니면 현실적인 접근(정치를 최선이라기보다는 차선이나 차악 문제로 이해하는 것으로 부분적 개선을 주장)을 통해 취할 것인지의 문제는 현대에도 중요한 주제이다.

2. 중세 정치사상

중세사상은 고대와 근대 사이를 연결한 역할만을 살펴본다. 플라톤과 아리스토텔레스는 모두 인간의 본질에 이성을 설정했다. 고대 그리스 철학은 이후 로마 시대를 거쳐 중세 유럽의 기독교 세계에도 영향을 미쳤다. 기독교의 신성에 더해 그리스 시대의 이성을 어떻게 결합할 것인지가 중요하게 된 것이다.

중세의 교부철학자라고 불리는 아우구스티누스나 아퀴나스 모두 그리스 시대의 이성을 어떻게 기독교라는 종교 내부에 녹여내면서 사람들을 설득할 것인가에 매달렸다. 그러나 이 숙제는 대단히 어려운 것이었다. 왜냐하면 이성은 참과 거짓을 구분해내는 능력이고 신성은 이런 참과 거짓의 논리가 들어올 수 없는 절대적인 믿음의 세계였기 때문이다. 이렇다 보니 이성과 신성을 결합시키는 것은 이성의 영역인 입증 문제를 인정하는 것이고 이것은 믿음의 영역을 붕괴시키는 결과를 가져올 수 있었다.

중세 철학은 이 문제에 대해 고민하면서 '유명론'과 '실재론'의 논쟁을 전개했다. 토마스 아퀴나스로 대표되는 '실재론'과 오컴으로 대표되는 '유명론'의 논리는 이렇다. 만약 하느님이 세계를 만들었다면 그 세계를 만든 틀이 있을 것이다. 플라톤이 이야기한 제작자가 하느님이 되고 형상이 세계 구성의 틀이 될 것이며 재료들을 가지고 세계를 구성할 것이다. 이 관점에서 보면 인간이라는 특수한 개체들을 초월하는 보편자가 실제로 존재하게 된다. 하지만 오컴이 볼 때 이것은 논리적으로 문제가 있다. 만약 제작자인 신이 이미 존재하고 있던 틀에 재료를 부어서 세상을 만든다면 도대체 그 틀은 누가 만들었단 말인가? 이것은 신의 존재 이전에 무엇이 있었다는 것이다. 따라서 오컴은 형상은 실재하는 것이 아니라 신에 의해 만들어진 것이라고 본다. 고로 신은 인간의 탄생에도 기여하지만 인간의 형상도 만들어서 인간이 어떻게 살아야 하는지에 대해서도 관여한다.

중세 철학의 "정치적" 의미는 교회와 정치체제 간 권력관계에 있다. 중세는 신성과 이성의 대립 구조를 가진다. 이것은 권력적 측면에서 신성으로 대변되는 '교회'와 이성으로 대별되는 정치체제의 지배자인 '군주' 혹은 신성로마제국의 '황제'와의 대립을 의미한다. 만약 이성을 통해 형상(보편적인 것)이 실재한다는 것을 받아들인다면 이는 신이 존재하기 이전에 정치체제가 있었다는 것을 의미한다. 따라서 정치체제의 지배자인 왕은 굳이 교회에 의존하지 않더라도 이성을 통해 현실 정치에 관여할 수 있는 것이다.

만약 형상이 부정되고 모든 것이 신성과 신앙의 문제인 신의 영역으로 귀결된다면 현세를 통치하는 것 역시 신의 은혜에 불과하다. 이런 경우 교회는 언제든지 정치에 관여하여 정치가 신성에 부합하는지를 평가할 수 있다.

중세 정치철학의 근간을 이룬 '양검론'도 같은 논리 구조에 있다. 양검론은 (세상을 다스리는 검과 교회를 다스리는 검인) 두 개의 칼 중 신이 세속을 다스리는 칼만을 교회를 거쳐서 왕에게 전달하는 것인지 아니면 교회를 다스리는 칼과 세속을 다스리는 칼을 각각 교회와 왕에게 직접 신이 부여하는지의 논쟁이다. 즉 신이 왕에게 직접 주는 것인지 교회를 통해 간접적으로 받는 것인지를 구분한 것이다. 현실 정치의 의미는 정치의 정당성과 권력이 교회에 의존하는지 아니면 직접적으로 국가와 왕이 가지는지의 문제가 된다.

3. 근대 정치사상

(1) 근대 정치사상의 출발

표를 통한 비교

데카르트의 인식론적 혁명	"생각한다, 고로 존재한다.(cogito, ergo sum)" 인식 ⇨ 존재의 중요 합리적 판단 ⇨ 개인의 중요성의 근거 ex) 어린아이처럼 아직 합리성 부족한 경우 개인의 법적 능력 거부됨.

중세의 신학 중심 세계는 14세기 르네상스의 도래와 인문학 발전으로 부정된다. 인문학 즉 'humanity'는 한자로 '人文'이다. 이것은 타자인 인간이 드러내는 문장과 글과 표현을 통해 타자를 이해하는 것을 의미한다. 즉 과거에 신만을 알고 신에 의해 해석되었던 세계는 이제 인간에 의해 해석되는 세계로 바뀐 것이다. 인문학은 한걸음 더 나아가 자아와 타자 사이의 행복한 관계를 지향한다. 행복한 관계를 만들기 위해서는 개입이 필요하며, 개입을 위해서는 무엇이 좋고 올바른지 판단할 수 있는 기준, 그것도 신앙에 의존하지 않는 기준이 필요하다.

이 틈을 파고 들어온 이론가가 바로 데카르트이다. 데카르트는 "나는 생각한다. 고로 존재한다(cogito, ergo sum)"라고 이야기함으로써 근대를 열었다. 그의 "생각한다"는 "cogito"는 인간의 이성이 참과 거짓을 구분할 수 있음을 전제한다. 신앙이 아닌 내 이성을 통한 진리의 판별은 판별 주체를 신에서 인간으로 전환시킨다. "내가 생각하기 때문에 나의 존재가 중요할 수 있다"는 이 발상은 인식 주체로서 인간을 상정함으로써 중세의 신성의 시대와 시대적 결별할 수 있게 한다.

내가 생각할 수 있는 이성을 선재적 혹은 선험적으로 가지고서 판단할 수 있으며, 이성이 보편적인 것이라 다른 모든 이들도 가질 수 있다면 이제 인간이라는 존재는 그 판단력만으로도 존재가 중요한 근거를 얻게 된다. 내가 판단할 수 있다는 것은 나 스스로 자립할 수 있다는 것이기 때문이다. 인식론(인식할 수 있는 가능성)이 존재론(무엇이 존재하며 어떤 존재가 중요한가)을 열어준 것이다. 즉 "나는 인식할 수 있다. 고로 존재한다는 것이다."

근대가 만들어지는 데 있어 자연과학의 발전도 영향을 미쳤다. 종교전쟁으로 인해 신의 권위가 분열된 상태에서 인간은 미래 예측을 '신' 대신에 인간 자체가 발전시킨 '과학'에 의존하게 되었다. 16세기 자연과학의 발전은 인간에게 '주체'로서의 의식을 심어주었다. 그리고 객관적인 인식을 통해 객관적인 세상 분석이 가능하다고 믿게 하였다.[5)]

(2) 근대의 기준: 마키아벨리 vs 홉스

근대 정치사상의 기원 중 하나는 종교와 도덕으로부터의 독립이다. 중세가 신의 시대라면 신이 제시한 신법으로부터 인간이 지정한 인정법으로 넘어오는 것이 근대의 시작인 것이다. 이를 위해 정치는 종교에서 분리되어야 한다. 종교적 권위에 의해 규범적인 접근을 하는 것이 아니라 권력에 의해 작동하는 공간으로서 정치를 만들어야 종교가 아닌 정치의 독자적인 공간이 생긴다.

사상적으로 근대를 마키아벨리나 홉스에서 출발한다고 볼 때 이들의 공통된 특성은 정치를 도덕과 종교로부터 독립시키고 정치적 자율성을 주장한 데에 있다. 이것은 정치학이 윤리학들로부터 독립할 수 있는 기반을 제공하였다. 마키아벨리의 정치사상적 입장에 대한 논쟁에서 마키아벨리를 근대의 출발로 볼 것인가 아니면 홉스를 근대의 출발로 볼 것인가의 논쟁이 있다. 정치를 도덕으로부터 분리한 것을 근대의 출발로 본다면 마키아벨리가 근대의 시작이 된다. 하지만 공동체에서 분리된 개인을 근대의 출발로 본다면 무정부상태에서 개인들이 어떻게 안전을 확보하기 위해 공동체를 만드는 사회계약을 체결했는지를 이론화한 홉스가 근대의 시작이 된다.

홉스를 근대로 보는 입장이 대체적으로 인정되고 있다는 점에서 근대의 중요성은 '도덕으로부터 분리된 권력'이라기보다 '공동체로부터 분리된 개인'에 있다고 하겠다. 현대적으로도 자유주의 입장과 공동체주의 입장 간에 무엇이 더 중요한가에 대한 논쟁에서 홉스이론은

---

5) **근대 자연과학의 기능**: 자연과학의 발전은 신의 영역이라고 믿었던, 자연이 부여하는 난관을 이제 인간 스스로 극복할 수 있을 뿐 아니라 정복할 수도 있다고 생각하게 하였다. 인간은 이제 플라톤의 개념으로 '제작자'가 되어 자연이라고 하는 '질료'를 통제할 수 있게 된 것이다. '인간 = 주체'와 '자연 = 대상'의 관계가 만들어지면서 인간은 자연을 극복하고 더 나은 조건을 만들 수 있게 되었다. 과거에 주어진 것을 받아들이던 수동적 인간에서 개혁적 인간으로의 인식 전환은 인간 역사를 받아들이던 것에서 만들어가는 것으로 변화시킨다. 근대가 인간주의가 된 이유이다. 인간에 의한 역사발전이 가능하게 되고, 헤겔의 변증법 논리와 같이 인간 지식의 단계적 발전을 설명할 수 있게 된 것이다. 이런 진보적 입장(실증주의와 계몽주의 입장)은 과거 플라톤 시대의 본질론과의 결별을 의미한다. 본질론에 따르면 인간과 지식과 공동체는 진리로 표현되는 근본적인 것이 있고 이는 변화하지 않는다. 근대 철학은 이를 부정한다. 계몽주의 관점과 실증주의 관점으로 전환된 근대 철학은 이제 무엇이 맞는지를 이성으로 입증하고 논리적 구조를 넘어 구체적인 현실로 검증해야 한다. 플라톤이 이야기한 이데아가 문제가 아니고 질료들의 구체적인 관계가 중요한 것이다.

"개인을 강조하는 입장"이다. 반면에 정치에서 권력을 강조하는 엘리트 이론이나 다원주의 이론과 국제정치에서 권력 정치를 강조하는 현실주의의 해석에 따르면 홉스이론은 근대정치에서 "권력을 강조하는 입장"이다.

(3) 마키아벨리: 종교와 정치의 분리

정치를 종교에서 분리하여 정교분리를 이론화한 것은 니콜로 마키아벨리(N. Machiavelli)이다.[6] 그는 군주주의자와 공화주의자라는 양립하기 어려운 평가를 받고 있다. 이런 평가는 분열된 이태리를 통일로 이끌기 위한 군주의 처세를 설명한 「군주론」과 통일 이후 과거 로마 시절의 공화주의로 복귀하고자 하는 공화주의 시민의 덕성과 법의 지배하에 동등한 권력 사용을 설명한 「로마사논고」의 주장이 다르기 때문이다. 신로마공화주의는 로마사논고의 공화주의자 마키아벨리를 페팃이 재해석하여 현대적으로 만든 이론이다.

「군주론」에서 마키아벨리는 지도자의 미덕(virtu)을 강조하였다. 그의 이론의 핵심은 운명의 여신인 포르투나(Fortuna)와 용맹한 지도자의 덕성인 비르투(Virtu)로 요약된다. 약소국가인 이태리 공국들에 있어 환경 변화는 운명의 여신과 같이 언제 바뀔지 모른다. 이런 변화무쌍한 환경과 운명을 극복하기 위해 지도자에게 필요한 것은 용맹함과 신중함의 남성적인 미덕(virtu)이다. 마키아벨리 이론에서 리더십의 본질은 미덕(virtu)에 있다.

마키아벨리가 주장한 미덕을 두고 사상사적으로 평가가 나뉜다. 「군주론」에서 마키아벨리는 미덕을 군주의 권력 사용으로 설명했다. 민간의 공포심을 가져올 수 있는 강력한 권력이 있어야 분열된 이태리를 통일로 이끌 수 있다. 특히 교회 세력인 종교로부터 정치가 분리되어야 하며 권력에 기반을 둔 지도자의 리더십이 필요하다. 마키아벨리 이전 이론에서 덕은 이성을 통해 욕망을 절제하는 것이었다. 그러나 마키아벨리는 운명의 여신을 때려눕히거나 밀어부치는 젊은 남성과 같은 대범함과 민첩함이 필요하다고 하였다, 그가 제시한 덕성은 지도자가 자신의 욕망에 방해를 받지 않는 것이다. 권력을 행사하는 것 그것이 군주의 미덕이다.

반면에 「로마사논고」에서 마키아벨리는 덕성을 군주와 시민으로 확장했다. 마키아벨리는 통일된 이태리가 공화주의로 운영되어야 하며 이것은 군주와 민중들의 이익이 상호 견제되어야 하는 것으로 보았다. 키케로의 영향을 받은 마키아벨리가 강조한 로마 공화주의에서 중요한 것은 지도자도 동일하게 법의 지배를 받는 것이다. 로마에서 중요한 것은 법 제정에 시민과 군주가 모두 참여한 것이다. '법 앞에 평등'이 보장된다면 구성원들은 법 제정에 참여함으로써 평등한 조건이 될 수 있다. 따라서 공화국에서 미덕은 시민들도 공화정의 일에 참여하는 것이다.

---

6) **마키아벨리**: 그는 1469년에 분열된 이태리의 피렌체에서 태어났다. 공직에 있었던 마키아벨리는 체사르 보르자를 모델로 군주론을 썼다. 메디치가에서 공직을 추방당하자 공직에 복귀하기 위해 「군주론」을 1513년 집필하기 시작하였다. 마키아벨리는 군주론에서 권력 활용과 통치 기술과 이태리 통일문제를 다루었다.

마키아벨리의 공화주의에서 지도력 즉 미덕은 법의 평등 속에서 '비지배'를 추구하는 데서 나온다. 이태리 공화주의의 핵심은 특정 계급을 배제하는 것이 아니라 모든 시민을 공화국의 구성원이 되게 하는 것이다. 시민들은 자의적 통치로부터 '자유'를 확보하기 위해 법 제정에 참여한다. 법 제정에 대한 '시민들의 참여'를 통해 얻는 '자유'가 마키아벨리 공화주의의 핵심이다. 이를 통해 공화국은 폭군, 전제 군주와 같은 '자의성'으로부터 자유가 확보되며 법 제정 참여를 통해 자신이 만든 법에 지배되는 것이다. 이때 미덕은 법 제정에 참여하는 군주와 시민들에 의해 만들어지는 것이다.

어느 입장으로 해석되건 마키아벨리는 권력을 강조하면서 중세의 신의 세계에서 인간의 권력 세계를 설명하였다. 이제 근대로 들어오는 인간들은 신의 은총에서 벗어나 권력의 독자적인 세계로 진입하게 되었다.

(4) 사회계약론의 출현: 자유주의의 시작

신성의 세계에서 이성의 세계로 오면서 새로 태어난 인간은 새로운 숙제에 직면한다. 영국의 청교도 혁명(1642년)과 종교 전쟁은 '신에 의한 국가'가 아닌 '인간에 의한 국가'를 논리적으로 뒷받침해야 했다. 영국의 시민혁명을 통해 단두대에서 왕을 처형함으로써 왕권신수설은 부정되었다. 국가를 만든 신의 자리를 대체하여 인간이 국가를 만든 이유가 필요했다.

초기 자유주의 이론들인 사회계약론은 개인에 의한 국가구성을 다루었다. 이 때 획기적인 인식 전환이 일어난다. 개인이 국가에 앞선다는 것이다. 고대와 중세를 거쳐 인간은 자신이 태어난 공동체의 영향을 받는 행위자였다. 그런데 사회계약론은 인간이 인간들 간의 계약을 통해 국가를 만들었다는 점에서 발상의 전환이었다.

사회계약론은 국가 구성 논리와 국가가 무엇을 해야 하는지에 대한 역할 논리, 국가의 주권이 어디에 있는지에 대한 논리와 개인들은 어떤 경우 국가에 대해 저항할 수 있는지에 대한 논리를 만들었다.

개인이 공동체에 선행한다는 사회계약론은 정치학에서 존재론적 혁명이다. 사회계약론을 최초로 만든 홉스가 개인 중심 근대 정치학의 시작으로 평가받는 이유가 여기에 있다. 인간이 다른 인간들과의 자연권 속에서 왜 국가를 구성하고 국가를 구성할 때 어떻게 계약을 맺는지에 대해서는 이론가마다 차이가 있다. 하지만 인간이 국가 이전에 존재하면서 인간의 의지에 의해 국가를 구성한다는 것에서는 동일하다. 인간들 간의 '안전'을 확보하기 위한 사회계약을 주장한 홉스나 '소유권적 자유'를 확보하기 위해 인간들이 상호계약을 했다는 로크나 무산자들의 권리를 강조하기 위해 '일반의지'를 강조하는 루소의 이론은 각기 계약을 만드는 원인은 다르지만 사회 구성원들 간의 계약을 체결하여 국가라는 정치 공동체에 정당성을 부여한다. 사회계약론은 홉스처럼 자유주의를 만들 수 있는 토대를 제공하고 로크와 같이 자유주의를 탄생하게 하였으며 급진적인 민주주의를 구성할 수 있는 루소로 이어지면서 인류에게 자유와 공동체 간의 긴장관계에 대한 이론적 자원을 제시하였다.

표를 통한 비교 **사회계약론자 비교**

	홉스	로크	루소
시대적 배경	영국내전기 / 청교도전쟁기 (1640년대)	명예혁명 시기 (1680-1700년대)	산업혁명 초기 (1770-1780년대)
인간관	이기적이고 원자적인 인간 / 권력추구적인 인간	이성적인간 / 오류가능성은 인정	타인에 대한동정(pitie)과 자신에 대한 애정(amour de soi)을 가진 존재/사회화를 거쳐 타락
자연상태	자연상태=전쟁상태 (종교전쟁의 배경적용)	• 자연상태=전쟁상태와 비전쟁상태 모두 가능. • 불완전한 상태(명예혁명 배경적용)	• 자연상태=평화상태. • 사회상태=갈등상태. (산업화시기의 배경적용)
자연권과 자연법	• 자연권=자기보존의 권리. • 전쟁상태에서 생존이 중요. • 자연권>자연법.	• 자연권=생명보존을 포함한 소유권(property). • 자연법에 의해 자연권견제.	• 자연권은 사회적으로 부여된 권리. • 자연법도 사회적으로 규칙화된 법.
사회계약과 국가	• 생존보호를 위한 인간들 간의 사회계약. • 사회계약의 위반 시 처벌 필요로 제 3자 국가와 계약. • 국가주권부여와 강력한 국가 / 저항권은 소극적으로 인정됨. • 국가가 제 3자임.	• 소유권보호를 위한 국가와의 사회계약. • 직접적인 인민과 국가와의 계약. • 신탁받은 국가로서 인민의 대표인 입법자에게 신탁됨. • 의회주권이 강조됨. • 국가에 대한 저항권인정.	• 자연상태로 회귀불가능. • 사회계약을 통한 사회적 불평등해소. • 사회불평등해소를 위한 국가에 대한 위임. • 일반의지의 구현체로서 국가. • 국가가 일반의지로서 '국가=인민'이 됨. • 인민은 자신이 국가이기에 저항권불가.

(5) 토마스 홉스[7]: 안전을 위한 국가

최초의 사회계약론을 통해 국가 구성 논리를 제시한 새로운 과제를 가장 잘 완수한 사람은 정치철학자 토마스 홉스(T. Hobbes)다. 홉스는 신이 없는 상황에서 국가를 구성하는 인

7) **토마스 홉스의 국가구성논리**: 홉스는 인간은 죽음 앞에서 평등하다고 보았다. 모든 사람은 불평등하지만 자신에게 주어진 생명을 살기 원한다는 점에서 평등하다. 그가 본 인간은 이성을 가지고 있지만 권력욕구라는 감정에 의해 더 많은 영향을 받는다. 인간은 자연법(인간이 따라야 할 규칙)과 자연권(인간에게 부여된 생존을 추구할 권리)에 구속된다. 만약 자연법(인간을 살해하지 말라는 법규칙)과 자연권(나의 생존을 위해서는 정당방위 차원에서 상대방의 목숨을 빼앗을 수 있는 권리)이 충돌하면 자연권이 우선한다. 이런 상황은 모든 인간에게 자연권사용의 자유 즉 폭력사용의 자유를 부여한다. 만인은 만인에 대해 투쟁하는 상황이 된다. 이성을 가진 인간은 이런 상황을 해결하기 위해 사회계약(개인들 간의 계약)을 한다. 그러나 불신을 가지고 있는 인간들은 다른 인간을 신뢰하지 못하기 때문에 자신들이 만든 사회계약을 강제할 수 있는 주체로서 더 많은 권력을 가진 정부 즉 국가를 불러온다. 이렇게 하여 국가는 간접계약(시민과 직접적인 계약을 하지 않고 시민 계

간들의 계약을 설명했다. 그는 자연 상태를 '무정부상태(anarchy)'라고 보았다. 전쟁 상태인 무정부상태에서 인간은 자신의 생명을 지키는 권리인 자기 보전의 권리를 가진다. 신이 아닌 자연이 부여한 권리인 자연권을 가진 인간은 주어진 삶만큼 생존을 하고자 하는 목표를 가진다. 생존을 목표로 하는 인간들은 다른 인간이 가진 폭력 사용이라는 자연권으로 인해 위협을 받는다. 합리성을 가진 인간은 상호 간 폭력 사용 가능성을 줄이기 위해 서로 사회계약을 한다. 하지만 인간들의 상호 불신으로 인해 사회계약을 강제할 필요가 있다. 강제적인 집행을 위해 인간들은 국가(리바이어던)[8]라는 제3자를 불러오며 계약의 제3자인 국가(인민과 국가의 간접계약)는 인간들의 안전을 보장하는 대신 인간들로부터 권력 사용을 위임받는다.

국가는 폭력 사용 가능성을 줄여 인간들의 안전이라는 공공재를 확보하기 위해 만들어진다. 국가는 제3자이기 때문에 인간 간 계약 주체는 아니다. 따라서 국가가 약속을 위반하는 경우 인민들은 국가에 대해 저항할 수 없다. 소극적 의미에서만 국가에 대한 저항이 가능한 상황에서 국가는 절대적인 권력을 갖는다. 그런 점에서 홉스는 자유주의의 기반인 '개인'을 만들고 이들에 의한 국가를 설명했지만 국가보다 중요한 개인을 강조한 자유주의 이론가로 분류되지 않는다. 그의 이론은 개인들이 국가를 만들지만 자신들의 자유를 위해 국가의 정당성을 부정할 수 있는 방법(로크의 저항권)을 적극적으로 인정하지 않았다. 무정부상태보다는 강력한 정부가 필요하다는 청교도혁명시기의 위기의식을 반영한 홉스의 이론은 영국 왕당파의 입장이기도 하다.

(6) 존 로크[9]: 소유권 자유 보장과 제한적 국가

명예혁명기(1688년-1689)의 이론가인 존 로크(John Locke)는 실제 '자유'[10]의 개념을 만

약을 이행하는 제 3자로서 계약)을 통해서 만들어진다. 최종적으로 강력한 군주제가 도출될 수 있었던 근거이다.

8) **청교도 혁명과 국가(리바이어던)구성**: 청교도 혁명은 1642년에 발생했다. 영국시민들은 왕을 단두대에서 처형했다. 당시 왕권은 신에 의해 부여된다는 왕권신수설을 시민들이 거부한 것이다. 이에 홉스이론은 신이 아닌 개인들의 동의에 의한 국가를 이론적으로 구축한 것이다. 절대국가를 지칭하는 그의 책 『리바이어던』(강력한 권력체로서 성경의 바다괴물)이 출판된 것이 1651년이다. 또한 왕정복고를 통해 다시 영국 왕이 된 찰스 2세는 홉스가 프랑스로 망명하던 당시 가르쳤던 제자이기도 하다.

9) **존 로크의 『통치론(Two Treatises of Government)』의 의미**: 로크는 이 책에서 왕권신수설을 비판하면서 국가를 구성하고자 했다. 홉스의 이론과 마찬가지로 자연상태는 이론적 가정이다. 그는 자연상태가 전쟁상태는 아니라고 보았다. 공통의 상급 재판관이 없는 상태를 자연상태로 보았다. 로크의 자연상태는 자연법에 따라 평화롭게 살 수도 있는 상태이다. 이런 가정에 근거하여 로크는 자연상태에서 평화도 가능하지만 전쟁상태도 가능하다고 보았다. 이때 전쟁상태는 자신이 "그렇게 해도 된다는 권리가 없는데도 불구하고 폭력을 행사하는 상태"이다. 이런 전쟁상태는 자연상태에서도 가능하고 사회가 구성되어서도 가능하다. 다만 사회는 상급 재판관이 있기 때문에 폭력이 한 번 사용된 뒤 평화상태로 쉽게 전환되는데 비해 자연상태는 그렇지 못하다. 그는 이런 상태에서 자유개념을 도출했고 자유를 위해 권력분립을 제도적으로 제안했다. 또한 극단적으로는 저항권의 이론도 도출했다. 그의 이론은 이후 영국의 권리장전, 미국의 독립혁명, 프랑스의 '인간과 시민의 권리

들어준 이론가이다. 로크는 홉스보다는 안전한 상황에서 이론을 구축하였다. 산업화가 초기에 발전하면서 초기 부르주아 계층들이 만들어지고 이들이 의회에 진출하는 상황에서 로크는 의회주의자들의 이익을 이론에 반영하였다. 또한 소유권(property)에 기반을 둔 자유를 구축하였다.

자유주의자인 로크는 인간의 보편 이성과 개인의 자유를 구체화하였다. 그는 이전 시대의 홉스가 제기한 사회계약이 "여우로부터의 위협을 제거하기 위해 자발적으로 사자의 위협에 자신을 맡기는 일을 하고 있는 것과 같다"고 비유했다. 절대군주제를 거부하고 국가의 권력을 제한하고자 한 것이다. 이것은 초기 상업계층인 부르주아의 이해와 맞물린다.

로크는 '왕권신수설'을 비판하면서 국가 구성 논리를 제시하였다. 자연 상태는 반드시 전쟁상태가 아니고 불편한 상태이다. 이 상황에서 합리적인 개인들은 자신의 소유물을 가질 수 있는 자연권을 부여받는다. 소유권(property)은 신에 의해 부여받은 사물들인 공유물에 대해 자신의 노동을 더했을 때 생긴다. 신이 부여한 공유물에 나의 노동이 더해지면 이것은 나의 사유물로 전환된다. 이 사유물은 원래 공유물로서 신으로부터 직접 부여받은 것이기에 신성불가침하다. 이 논리에서 근대 자유주의와 자본주의의 토대인 소유권(Property)이 도출된다. 소유권은 자연법에서 보호하는 자연권이다. 천부인권이라는 개념이 여기에서 만들어진 것이다. 로크의 소유권은 생명, 재산, 신체의 자유를 의미하는 것이었다. 단지 재산만이 아니라 폭 넓은 의미의 자유로 사용되었다.

문제는 소유권이 없는 주체들이 무정부상태에서 나의 재산을 빼앗아가는 것이다. 소유권이 침해 받았음에도 불구하고 중앙정부가 없어 보호를 받을 수 없다. 개인들은 국가와 직접적으로 소유권 보호 및 권리 부여 계약을 체결한다. 국가는 인민과 직접적으로 체결한 계약을 이행하고 보호해야 한다. 만약 국가가 약속하지 않은 과도한 세금을 거두는 방식으로 소유권인 자연권을 임의적으로 약탈하거나 계약을 위반하면, 인민은 '저항권'[11][12][13]을 행사할

선언'에도 영향을 미친다.

10) **로크와 근대적 자유탄생**: 로크이전 시대에도 자유는 있었다. 그러나 로크는 생명, 재산, 신체의 자유를 소유권(property)로 설명함으로서 국가가 침범할 수 없는 개인의 자유, 소유권적 자유를 만들었다. 사적인 공간을 공적인 공간으로부터 분리하여 개인에게 자유를 부여했다는 점에서 근대자유의 시작이다. 과거 공화주의시대의 자유는 사적공간이 따로 있지 않은 상태에서 특정 계급이 다른 계급에게 지배를 받지 않는 것을 의미했다.

11) **로크의 저항권**: 저항권은 정부가 인민과의 계약을 위반할 때 인민이 수행할 수 있는 권리이다. 국가는 인민의 자유를 보호하기 위해 만들어진 것이지 국가가 인민에 선행하지는 않는다. 따라서 인민은 자유보호하는 국가의 계약위반에 대해 저항권을 사용할 수 있다.

12) **로크 저항권과 미국 건설**: 미국은 로크의 저항권이론을 통해서 만들어진 국가이다. 영국의 폭압적인 통치형태에 불만을 가지고 독립하여 국가를 구성하였다. 당시 미국을 만든 건국의 아버지들은 로크 이론을 알고 있었고 이 이론을 실제 독립의 논리로 활용하였다.

13) **로크 저항권과 맹자의 역성혁명론**: 로크의 저항권과 유사한 논리가 유교에서 맹자의 역성혁명론이다. 역성혁명론에 따르면 군주는 배에 해당하고 백성은 물에 해당한다. 물이 있어야 배가 뜰 수 있는 것이다. 그런데 하늘이 내리는 '천명'을 왕이 실현하지 못하면 왕을 몰아낼 권리가 백성들에게 있는 것이다. 이는 유교를 숭상한 동아시아 국가들에서 왕조가 바뀔 때 사용된 논리이다.

수 있다.

국가는 자연스럽게 인민의 자유를 위해 존재하는 것이기에 국가 권력은 제한되어야 한다. 로크는 자유를 위해 권력을 제한하는 권력 분립 논리를 구축하였다. 입법부와 행정부로 2권 분립을 통해 절대적인 권력을 제한하고자 했다. 현재 영국의 정치제도는 사법부보다 입법부에 의한 견제를 강조하는 로크식 전통을 유지하고 있다. 또한 로크의 소유권 이론은 경제적 자유주의의 이론적 토대로서 현재까지 이어지고 있다. 이런 전통에서 간섭의 부재, 특히 국가의 간섭이 부재한 것으로서 '소극적 자유'가 강조된다.

로크의 『통치론』은 자유를 위한 국가건설, 자유의 의미, 자유를 위한 국가의 권력분립, 저항권의 논리를 제공함으로서 근대 자유주의를 체계화하였다. 그리고 로크의 이론은 후대의 정치에도 강력한 영향을 미쳤다. 영국의 권리장전, 미국의 독립혁명, 프랑스의 '인간과 시민의 권리 선언'은 로크의 자유와 국가 그리고 저항권으로부터 영향을 받은 것이다.

(7) 루소: 일반의지와 급진적(인민) 민주주의

장 자크 루소(1712-1778년)는 프랑스의 정치 사상가이다. 그는 직접 민주주의 이론가로도 불리고 자유주의 이론가로도 불리며 급진적 공화주의 이론가로도 불린다. 그가 이렇게 많은 평가를 받는 것은 그의 사상이 가진 독특성 때문이다. 그는 산업화가 진행되는 과정에서 빈부격차를 경험하고 있던 프랑스 상황을 대변한다. 프랑스 혁명 이전의 무질서와 파괴를 보면서 이러한 사회 상태의 탈피와 사회악 제거에 관심을 가졌다.

그의 이론에서 자연 상태는 개인들의 평화 상태이다. 자연 상태에는 선도 악도 존재하지 않고 지배와 복종관계도 없는 '무지의 행복'만 있다. 가장 바람직한 상태로서 자연 상태는 하나의 이상향이다. 인간은 평화 상태인 자연 상태에서 인간 사회로 타락하게 된다.

마찬가지로 자연 상태에서 인간은 원래 선하다. 인간의 세계에 오면서 인간은 이기적이 된다. 루소는 인간이 '동정심(Pitie)'과 '자애(amur de soi)'를 가졌다고 보았다. 인간은 자연 상태에서 자신을 사랑하고 그 범주를 넓혀 공동체 성원에 대한 애정을 보인다. 사회로 오면서 인간은 문명 발달과 함께 이기심이 강화되면서 착취와 타락의 존재가 된다. 루소의 인간에서 특이한 점은 인간이 사회악의 상태를 극복할 수 있다는 것이다.

루소는 사회 상태가 타락해 있다고 보았다. 사회제도 자체가 타락을 만든다. 인간은 이상향인 자연 상태로 돌아가는 것이 바람직하나 현실적으로 이는 불가능하다. 이에 루소는 자연인들이 자신들의 자유와 평등을 손상시키지 않고 사회악을 제거할 수 있는 덕(德)을 갖춘 시민으로 재생산하고자 했다. 사회계약은 사회 불평등 해소를 위한 것이다. 이를 위해서 개인들은 국가에 자신의 모든 권리를 양도하여 '일반의지'[14]를 지닌 국가를 형성하고자 했다.

---

14) **일반의지**: 일반의지는 루소의 핵심 개념이다. 인민들이 전체로서 가지는 의지가 있다는 것이다. 만약 어떤 법안을 제정하는 데 있어서 일반의지가 작동하는지를 알아보려면 어떻게 할 수 있는가? 우선 만장일치가 된다면 공동체 구성원들 모두가 동일한 의지를 가지는 것이므로 일반의지가 작동

일반의지는 인민 자신들 의지의 총합에 의해 만들어진 것으로 인민 자체의 집합적 의지가 된다. 개인들은 이러한 일반의지의 한 부분이기에 주권은 인민 전체에 귀속된다. 이때 일반의지는 개인 이익과 의사의 산술적 합이 아니라 이를 뛰어넘는 인민전체의 추상적이고 구조적인 이익의 집합이자 의지의 총체이다. 또한 일반의지는 절대적이며 무오류이다.

인민들의 의지로 형성된 일반의지에 개인들은 반할 수 없다. 즉 자신의 의지에 대해 자신이 반할 수 없기에 개인들은 국가라고 하는 일반의지를 추종해야 한다. 그러므로 인민 주권에 대한 저항권은 인정되지 않는다. 추상적인 일반의지는 현실에서 구체적인 입법을 통해 나타난다.[15] 이때 입법자가 중요하다. 루소의 개념 중 핵심적인 개념인 입법자는 인민들의 일반의지를 지도하는 사람으로서 플라톤의 철인왕과 유사하다.

루소 이론은 이후 독일의 이상주의와 영국의 공리주의 등에 영향을 미친다. 그는 일반의지를 통해 가난하고 배우지 못한 인민들의 권리를 보호하고자 했다. 이 시기에 인민 주권을 강조했다는 점에서 인민 주권론과 직접 민주주의를 내세운 혁신적인 이론가이다. 특히 민주주의에서 '인민'주권론에 기초한 민주주의를 내세워 그동안 자유주의자들이 주장한 유산자중심의 민주주의를 수정하게 한 점이 가장 중요하다. 그러나 일반의지를 알아낼 수 있는 입법자라는 개념은 추상적인 일반의지를 명분으로 하고 자신이 독재하는 독재자로 나갈 수 있다는 비판을 받는다. 히틀러와 같은 전체주의를 양산할 수 있다고 칼 포퍼(K. Popper)같은 자유주의자로부터 공격을 받는다.

(8) 보수주의의 등장

프랑스 혁명으로 인해 자유주의의 급진성을 접한 이들은 자유주의의 혁명적인 이론에 반기를 들면서 보수주의(conservatism) 이론을 만들었다. 자유주의가 인간의 이성을 통해 연역적으로 새로운 세계를 구축할 수 있다고 보고 인간이 보유한 자유를 '권리'로 하여 전통질서를 무너뜨리고 새로운 질서를 만드는 것에 대해 보수주의는 역사와 관행과 관습을 통해 인간 공동체의 유산을 강조했다.

프랑스 혁명을 전후로 한 '자유주의 vs 보수주의 논쟁'은 1840년대 이후 '자유 민주주의 vs 사회주의'의 논쟁 이전에 만들어진 논쟁이다. 이 논쟁은 현대 정치의 '진보 vs 보수' 논

했다고 볼 수 있다. 하지만 공동체 내 법안과 이슈에 대해 인민들이 다른 견해를 가지고 있다면 이때는 다수결을 통해 일반의지를 알아낼 수 있다.

15) **일반의지의 도출방안**: 일반의지는 인민전체의 의지이다. 이런 의지가 있고 이것을 알아낼 수 있다면 인민들 다수에 의한 직접민주주의는 가능해진다. 그런 점에서 실제 정책결정에 있어서 일반의지를 추론할 수 있는 방안은 중요하다. 만약 환경부담금 차원에서 환경세를 내기로 한다고 가정해보자. 행위자 '갑'은 10%정도가 합당하다고 생각한다. 행위자 '을'은 6%정도가 합당하다고 생각한다. 행위자 '병'은 2%정도가 합당하다고 생각한다. 이런 상황에서 대략 어림짐작으로 5%정도를 합의지점으로 가정할 수 있다. 5%로 계산해보면 갑의 10%는 +5%, 을의 6%는 +1%, 병은 -3%가 남는다. 이것을 다시 합산하면 5%+1%+(-3%)로 전체 3%가 남는다. 이것을 3명의 부담으로 다시 나누면 1%가 된다. 이때 원래 어림짐작했던 5%에 1%를 더하면 총 6%로 결정된다.

쟁의 기반이 되고 있다.

보수주의는 인간 역사의 발전이 이성(reason)과 이성에 기반을 둔 혁명(revolution)을 통해 달성된다는 자유주의를 거부한다. 인간 발전은 시간이 흐르면서 경험이 축적되어 만들어지는 것이다. 데이비드 흄(D. Hume)은 이것을 '시효(prescription)'라고 불렀다. 전통적으로 내려오는 관습에 의해 인간이 영향을 받는 것이다. 보수주의자들은 인간이 이성적 존재라기보다는 감성적 존재라고 보았다. 인간의 역사(history) 역시 감정의 산물이고 감정의 집적이라고 볼 수 있다. 따라서 인간은 역사라는 감정에 지배받는 것이다. 가족 관계와 친족 관계 그리고 사회적 제도들을 통해 과거의 문화와 가치관이 다음 세대로 이전되는 것이다. 이 과정에서 이성을 통해 전통과의 단절이 이루어지지 않는다.

보수주의 이론가인 흄은 이성이 '경험적 관행(convention)'에 의해 지배받는 것으로 주장했다. 에드먼드 버크(E. Burke)는 '관행(Prejudice)'이라고 하였다. 관행은 인류 역사에 축적된 경험이자 종교와 도덕이 원칙의 틀이다. 이것이 인간의 이성을 만드는 것이다. 현대에 와서 보수를 주장하는 이들은 모두 버크 한 사람에 의존하고 있다고 해도 과언이 아닐 정도로 보수주의 이론은 버크에 의존한다. 버크 주장의 핵심은 혁명을 통한 질서 변화가 아니라 역사를 통한 점진적이고 누적적인 변화가 필요하다는 것이다. 그가 보기에 프랑스 혁명은 초기 열정을 넘어 인민들의 폭력과 무질서를 창출한 것이지 인간 역사의 획기적인 발전을 이룩하지는 못한 것이다.

현대에 들어와서도 보수주의는 동일한 논리를 가지고 있다. 역사와 경험을 통해 변화를 만들어내자는 것이다. 경험주의를 토대로 하여 오랫동안 유지되어 온 인간 공동체의 질서가 특정한 인간의 이성보다 우월하다는 것이다. 하지만 기존 제도들이 경직화되고 기존 제도권 내의 인사들이 기득권층이 되면서 사회변화를 거부하는 것을 옹호한다는 비판을 받는다.

과거 보수주의가 프랑스혁명기 영국에서 나왔다면 현대 보수주의는 패권국가 미국에서 신보수주의(Neoconservatism)로 등장했다. 영국이나 미국 모두 자신들이 패권국가[16] 혹은 가장 강력한 국가로서 내세울 수 있는 가치가 있다는 점에서 '중요한 가치를 지키는 것(conserve)'으로 보수주의는 의미가 있다.

---

16) **보수주의이론과 패권국가**: 영국이 프랑스혁명을 거부하면서 영국식 전통을 강조하는 이론으로서 보수주의이론을 탄생시켰다. 미국도 신보수주의를 통해 미국식 가치를 강조하고 있다, 양자는 당시 가장 강력한 국가 혹은 패권국가라는 공통점을 가지고 있다. 그런 점에서 보수주의이론은 강력한 국가의 전통과 역사를 이론에 도입하려고 했다는 평가를 받는다. 한국의 보수주의는 이런 점에서 패권국가 혹은 강력한 국가로서의 이론적 자원은 없다. 하지만 국가건설, 산업화건설, 민주주의 건설의 모범적인 사례라는 점에서 한국적 가치를 통해서 보수주의의 이론적 자원을 개발할 수 있다.

(9) 몽테스키외: 자유 확보를 위한 정부 구성 원리

표를 통한 비교 **로크와 몽케스키외의 권력분립이론**

이론가	이론명	분립의 목적	특징	대표국가
로크	이권분립론	자유확보	행정부 vs. 입법부(인민의 대의기관) 입법부우위권력 분립	영국
몽테스키외	삼권분립론	자유확보	행정vs. 입법 vs. 사법 사법부(자유 확보의 최종보루)가 행정 vs. 입법의 대립해결	미국

자유주의에서 천부인권으로서 인간의 자유를 강조하면 자유를 확보하기 위해 자유의 대립 축에 있는 정부를 약화시켜야 한다. 정부 강화는 간섭 가능성 증대를 의미하기 때문에 정부의 권력 약화가 개인의 자유를 확보할 수 있게 한다. 정부를 구성할 때 자유를 위해 정부의 '권력 분립'과 '견제와 균형'이 필요한 것이다.

자유주의자들이 볼 때 인간의 자유를 확보하기 위해 국가는 필요악이다. 공공재로서 안전과 질서를 구축하기 위해 국가는 필요하지만 작을수록 바람직한 것이다. 또한 기능적으로 국가를 구분하고 각 기능별 국가들을 상호 구분하는 것이 필수적이다.

자유 확보를 위해 먼저 해야 할 것은 법치주의를 강조하는 것이다. 법치주의란 법에 의한 통치이다. 핵심은 치자와 피치자 모두 법에 의해 지배 받는 것이다. 법 앞에 평등할 때 사회는 공정하다는 구성원들의 합의를 이끌어 낼 수 있는 것이다. 법치주의는 예측 가능성을 부여함으로써 인민의 기본권을 보장받을 수 있는 부분과 국가의 권력이 사용될 수 있는 부분을 나눈다. 이런 논리는 국가의 공적 공간과 시민사회의 사적 공간이 구분되기 때문에 가능한 것이다.

법이 권력의 근간이라면 법을 제정하고 집행하고 판단하는 기능을 구분할 필요가 있다. 국가는 실제 법을 제정하는 입법부와 집행하는 행정부와 판단하는 사법부로 구분될 수 있다. 법에 대한 기능적 분화는 한 사람에 의한 자의적 통치를 막을 수 있다.

정부가 사용할 수 있는 권력을 분화하는 것은 3가지 의미를 가진다. 첫째, 권력을 가지는 분파를 나누어 개인의 자유를 확보하는 것이다. 둘째, 권력 주체 간 다툼이라는 다원주의를 발생하게 한다. 셋째, 입법, 행정, 사법으로 권력을 분화하여 권력을 제도 내 문제로 전환시킨다. 그리고 결국 누가 어떤 권력을 장악할 것인가라는 차원에서 정치를 제도적으로 이해하게 한다.

공화국이 구성되고 법에 의한 국가가 구성될 때 권력을 나누는 '분립' 외에 '균형'도 중요하다. 권력이 나누어졌지만 각 분파 간 권력 격차가 크다면 실제로 힘의 균형을 맞추기 위한 노력은 의미가 없어지기 때문이다. 따라서 힘의 균형이 작동해야 견제가 가능해진다. 이를 위해 정부를 구성할 때 부처 간 권력의 상호 견제가 중요하다. 대통령을 필두로 한 행정부가 의회 입법을 거부하거나 의회가 행정부에 대해 비준하거나 대통령이 사법부 판결에 대해 사면권을 사용하는 것은 권력 주체 간 상호 견제를 보여주는 것이다. 과거 대한민국 헌법에서 대통령은 의회를 해산하면서 의회가 내각불신임을 하지 못하게 한 것은 명백하게 대통령에게 권력을 집중시킨 것으로 힘의 균형을 깨뜨린 것이다.

권력분립론은 로크와 몽테스키외를 대표로 한다. 로크가 앞서 본 것처럼 2권 분립론을 주장했다면 몽테스키외는 3권 분립론을 주장했다. 3권 분립론은 이후 미국의 헌법을 만든데 기초가 되어 대통령제를 발명하는데 기여하였다.

자유주의자 몽테스키외는 공화정에 관심이 있었다. 그는 정치적 덕성이 근대 공화정에서 중요하다고 보았다. 고대 공화정이 '도덕적 덕성'이라는 '덕'에 의해 움직였다면 몽테스키외의 근대 공화정은 도덕으로부터 분리된 '정치적 덕성'[17]이라는 '덕'에 의해 움직인다고 본 점에서 차이가 있다. 그러나 자본과 자유의 확대가 이루어진 근대에 와서 '정치적 덕성'은 도덕적 수사에 불과할 수 있다.

정치적 덕성에 의한 공화정이 어렵다면 권력 남용을 막음으로써 자유를 확보하게 하는 것이 필요하다. 실제 그가 살았던 프랑스의 군주정은 공화국의 덕성을 기대하기 어려웠다. 따라서 더 나쁜 형태의 정치가 되지 않게 하기 위해 권력 사용을 견제하는 것이 중요했다. 자유를 확보하기 위해서는 권력을 분할하는 것이 중요하다. 입법권과 행정권을 구분할 뿐 아니라 자유의 최종 보루로서 사법권을 구분함으로써 자유주의 국가는 공화국의 시민적 덕성에 의존하지 않고도 왕과 시민 사이의 완충 역할을 할 수 있었다.

몽테스키외가 주장한 삼권 분립은 권력의 기능을 나눈다. 권력의 기능적 분화는 각 기능 간 차이에 의해 권력 운영의 효율성을 전제로 한다. 그러나 기능적 분리 자체가 곧바로 자유를 보장하지는 않는다. 자유를 보장하기 위해서는 기능이 분화된 기구에 사회세력 내 힘이 반영되어야 한다. 사회세력 간 힘의 균형은 정부 내 권력 간 힘의 균형으로 나타나야 한다. 인민과 왕과 귀족들 간 사회 내 힘의 분포는 입법, 행정, 사법 간에도 힘의 분포로 나타나야 한다. 따라서 사회세력과 권력 간 힘의 균형 및 전제적 권력 행사 방지를 위해 권력 간 견제가 필요한 것이다. 권력을 나누고 각 권력이 상호 견제하는 것으로 '권력 분립 원칙'과 '견제와 균형 원칙'이 필요한 것이다.

비교정치 관점에서 볼 때 자유보다는 평등을 꿈꾸었던 사회주의나 전체주의 국가들은 '권력분립'과 '견제와 균형'이 존재하지 않는다. 사회주의는 국가를 붕괴하여 평등한 사회를 만들기 위한 전위조직으로서 '정당'을 중시하였고 이에 따라 당이 국가보다 앞서는 '당 > 국가'의 구조를 가졌다. 반면에 전체주의 국가는 국민이 곧 국가이므로 국민의 일반의사는 분

---

17) **몽테스키외의 덕성**: 몽테스키외가 보았을 때 덕이라고 하는 것은 자기 절제와 헌신이 필요한 자기 자제이자 극기심이며 이를 통해 나타날 수 있는 법과 조국에 대한 사랑이고 자신의 이익보다 공공의 이익에 대한 선호이다. 이것은 '이익'이라는 물질적 측면과 '선호'라는 심리적 측면의 개념을 결합시킨 것이다.

리되지 않는다. 따라서 국민의 의사나 국가의 기능은 분화될 수 없는 것이다.

현대 자유 민주주의 국가들은 권력을 구분하여 인민들이 자신들의 대표를 상호 견제하게 한다. 하지만 과거보다 인민의 대표로서 입법부 기능은 축소되고 행정부 기능은 확대되고 있다. 또한 사법부의 정치적 결정에 대한 참여가 늘면서 사법의 정치화가 진행되고 있다. '다른 수단에 의한 정치'로 대표되는 사법부의 정치 관여는 현대적으로 볼 때 기계적인 권력 분립에는 문제가 있다는 점을 보여주는 것이다.

(10) 평화의 부상

표를 통한 비교 **근대 평화이론의 계보**

생 피에르(abbé de Saint-Pierre)	전쟁을 군주와 인민의 이익과 비용으로 설명. 군주(이익>비용)이나 인민(비용>이익). 그러나 군주의 우호적인 행동(선의)을 촉구함.
루소(Jean J. Roussau)	생 피에르를 비판하고 보완. 전쟁을 군주와 인민의 이익과 비용으로 설명하고 전쟁방지를 위해 공화주의를 제시. 평민들이 전쟁을 제도적으로 거부할 수 있어야 함.
임마누엘 칸트(I. Kant)	전쟁을 막기 위해 공화주의에 더해 국제법과 세계인민법을 제시하여 루소를 보완함. 3각 평화이론(민주주의, 경제교류, 제도)의 기원이 됨.

근대 사상은 그 이전에 다루지 않았던 평화 문제를 다룬다. 만약 자유가 모든 가치들의 전제 조건이라면 평화는 자유를 포함한 모든 가치들의 기본 전제이다. 평화와 안전이 보장되지 않을 경우 인간의 자유와 그 밖의 가치들은 달성되기 어렵다. 근대 국가를 형성하기 위한 영토 확장 과정에서 전쟁이 빈번해졌다. 프랑스 혁명 이후 민족주의 국가 간에 전쟁이 벌어지면서 민족주의는 전쟁을 일부 왕과 귀족 소수 층의 문제가 아닌 국민 전체의 문제로 만들었다. 평화가 지도자와 왕들만의 문제가 아닌 공동체 구성원 전체의 문제가 된 것이다. 1차 대전이라는 전쟁의 값비싼 경험이 평화를 중요한 가치로 만들었다.

평화 분야에서는 홉스의 아이디어와 칸트의 아이디어가 중요하다. 무정부상태를 이야기한 홉스의 아이디어는 국제정치에서 현실주의의 이론적 토대가 되었다. 대외적인 안전 보장이 중요해지면서 국가 간 전쟁 방지를 고려하게 하는 현실주의 이론이 체계화된 것이다. 반면에 칸트의 아이디어는 자유주의의 토대가 되었다. 인간들 간의 관계처럼 국가들 간에도 법을 따른다면 안정을 이룰 뿐 아니라 영구적인 평화를 향해 갈 수 있다고 보았다. 전쟁의 반대말로서 평화는 '소극적 평화(negative peace)'로 사용되었다. 1960년대 이후 요한 갈퉁(J. Galtung)은 평화의 개념을 '적극적 평화(positive peace)'로 넓혔다. 적극적 평화는 억압과 차별이라는 구조적 폭력이 사라진 것을 의미한다. 근대에 시작한 평화는 사회주의의 아이디어를 빌려 개념을 확장하였다.

4. 현대 정치사상: 이념의 시대 출현

근대 계몽주의와 함께 '진보 사상' 시대가 열렸다. 진보 사상은 인간이 발전할 수 있다는 입장이다. 진보 사상은 각각 어떤 방식으로 진보를 이룰 것인지에 대해 입장에 차이가 있으며, 이러한 입장의 차이가 이데올로기이다. 개인을 중심으로 세상을 바꿔보겠다는 자유주의나 계급구조를 파괴함으로써 인간소외를 극복해보겠다는 사회주의나 지도자에 대한 믿음과 민족에 대한 열정이 세상을 바꿀 것이라는 전체주의 사상은 모두 진보 사상의 자식들이다.

현대 정치사상은 이데올로기 간 경쟁 영역이 돼버렸다. 과거 정치철학이 다루던 정치의 본질과 공동체의 본질, 권력의 본질과 인간의 본질은 "어떻게 더 나은 세상을 만들 것인지"와 "사회발전을 위해 어떤 동력이 더 중요한지"를 두고 다투게 되었다. 정치이론은 존재의 '본질'에서 발전을 위한 '방식' 문제로 변한 것이다. 여기서 정치철학과 정치사상이 구분되었다. 게다가 이데올로기로서 정치사상은 세상을 보는 방식을 넘어 그것을 구현하는 행동을 부추긴다.

계몽주의자들 혹은 이데올로그들(이데올로기 지향운동가들)은 계몽에 대한 자신들의 약속을 지키기 위해 현실 정치에서 그 제도들을 구현하고자 한다. 그리고 자유주의와 사회주의를 대표로 하는 냉전의 이데올로기 대립으로 나타났다. 사회주의 국가들이 무너지면서 자유 민주주의가 이념 대결의 승자가 되는 것을 프란시스 후쿠야마(F. Fukuyama)는 '이데올로기의 종언'으로 분석했다. 하지만 냉전으로 대표되는 자유주의와 사회주의 간 이념 대결은 끝이 났지만 다양한 삶의 방식을 설명하는 이론들 간의 경쟁은 여전하다. 현대 정치사상은 이러한 이념 간 대결과 이론 간 대립을 다룬다.

(1) 현대 '정치'사상이 다루는 주제들

표를 통한 비교 **현대 정치사상 논쟁의 흐름**

1. 자유주의 롤즈 등장	정의론을 통해 분배문제 수정제안
2. 공동체주의의 롤즈공격	강한공화주의(그리스공화주의/신아리스토텔리시안)의 자유주의 공격. 사적이익(자유)강조하면서 공공선 상실
3. 공화주의의 접점제시	약한공화주의(이태리공화주의/신로마공화주의로 마키아벨리 계승)의 자유주의와 공동체주의 동시 비판 자유와 공공선의 접점제시 선험적 공공선(공동체주의 중요 가치)은 거부함.

현대 정치사상은 1970년대에 다시 부활하였다.[18] 미국에서 부활한 현대 정치사상은 자유

18) **현대 정치사상의 시작**: 롤즈가 1971년 「정의론」을 집필하면서 현대 정치사상이 시작되었다. 1910년대 이후에 원전이라고 불릴 수 있는 책이 나오지 않으면서 정치사상은 암흑기를 맞이했다. 1971년부터 현대 사상이 시작되면서 자유주의와 공화주의 간 논쟁이 벌어진 것이다.

주의가 가진 문제들에 대한 자유주의 내 비판에서 출발했다. 롤즈의 「정의론」은 자유주의가 그간 등한시했던 분배 문제[19)20)]를 정면으로 마주하면서 자유주의 내의 정화 작용 차원에서 공정성 개념을 제시하였다. 보수적 자유주의에 대한 급진적 자유주의의 비판이자 자유주의 전체를 보호하기 위한 롤즈의 노력은 자유주의 외부진영의 결속을 가져왔다.

롤즈를 비판한 일군의 학자들에 의해 '자유주의 vs 공동체주의' 논쟁이 만들어진 것이다. 과거 미국이 가진 덕목이 사라지는 것을 우려한 공동체주의 이론가[21)]들은 히피 문화로 상징되는 낙태, 혼전성교, 마약과 같은 1970년대의 사회문제를 자유주의의 폐해로 돌렸다. 이들은 미국 공동체가 가지고 있던 여러 가지 미덕들의 손상을 자유주의가 상정한 원자적인 인간관과 자유라는 가치의 강조에 있다고 보았다.

뒤의 공화주의 장에서 상술하겠지만 공동체주의 입장은 선험적으로 공동체가 중시하는 가치를 강조한다. 도덕의 파괴를 막기 위한 대안으로 공동체 가치의 부활을 강조했다. 공동체주의자들의 자유주의에 대한 공격은 인간관, 사회와 인간의 관계에 대한 가정, 정치참여를 보는 시각, 공공선과 자유라는 사적 이익과의 관계, 국가를 도덕적으로 보는가에 대한 완전주의 논쟁과 국가의 적극적 정책 개입에 대한 입장 차이 등으로 구분된다.

1980년대 공동체주의자들의 공격에 대해 자유주의자들이 반격하면서 '자유주의 vs 공동체주의' 논쟁은 양 이론을 논리적으로 발전시켰다. 공동체주의 공격에 자유주의자들은 공동체주의가 강조하는 공공선이라는 선험적 가치의 강조가 인간 선택에 있어서의 자유를 억압한다고 비판하였다.

이 논의 과정에서 공동체주의와 자유주의는 3가지 논의를 정리하였다. 첫 번째 인간이 과연 사회와 완전히 분리된 존재일 수 있는가이다. 원자적 개인과 사회적 개인 간의 인간관 차이에서 자유주의는 인간의 '공적 이성' 이론을 통해 공동체를 고려하는 인간관으로 부분적

---

19) **미국의 분배 불평등문제**: 토미 피케티에 따르면 미국의 상위 10%가 부의 25%를 가지고 있다. 그런데 실제로는 상위 1%가 16%를 가지고 있고 상위 0.1%가 전체 부의 13%를 가지고 있다. 이것은 다른 계층들이 부를 보유하지 못했다는 것이다.

20) **토미 피케티와 불평등문제**: 토미 피케티는 자본주의의 문제점을 소득문제보다 자산의 축적이 더 심각하다고 보았다. 자산의 불평등성이 강화되면 경제가 불황으로 간다는 것이다. 반면에 미국의 뉴딜 시기 자산의 불평등성을 완화하기 위한 노력이 실질 소득으로 이어져 경제를 활성화시켰다고 주장했다. 그런 점에서 현재 경제불황상황을 타개하는 데 있어서 적극적인 정부의 개입을 통한 자산의 양극화를 완화해야 한다.

21) **공동체주의와 공화주의의 구분**: 공화주의는 크게 두 가지로 구분할 수 있다. '강한 공화주의'와 '약한 공화주의'로 구분된다. 강한 공화주의가 공동체주의, 시민적 공화주의, 그리스 공화주의로 불린다. 대표적인 이론가로 한나 아렌트, 포콕, 테일러와 마이클 샌델이 여기에 속한다. 약한 공화주의는 신로마공화주의, 신공화주의로 구분된다. 비롤리, 스키너, 페팃이 여기에 속한다. 강한 공화주의와 약한 공화주의의 구분은 '시민적 덕성'과 '정치적 참여'라는 두 가지 기준에 따른다. 강한 공화주의는 시민적 덕성을 목적자체로 강조하고 덕성을 위한 참여를 강조한다. 반면에 약한 공화주의는 자유라는 목적을 위한 수단적 가치로서 덕성과 참여를 강조한다. 따라서 공동체주의를 공화주의로 구분하는 것이 틀린 것이 아니다.

인 수정을 하기도 했다. 둘째, 가치에 있어서 상대주의를 받아들일 수 있는가 하는 것이다. 가치 상대주의를 받아들일 경우 자유주의는 자유주의 자체를 거부하는 논리로도 이어질 수 있다. 자유주의의 이런 딜레마를 해결하기 위해 자유주의는 '한정 중립성'이라는 개념을 발전시켰다. '한정 중립성'에 따라 자유주의는 자유주의를 거부하는 이론까지를 받아들이지는 않은 방어적 논리를 가지게 된 것이다.[22] 세 번째 논의는 자유주의가 자유라는 단일 가치만을 주장할 수 있는가에 대한 논쟁이었다. 자유가 과연 최고의 가치인 것인지 아니면 자유는 공공선 확보라는 목적을 위한 수단인 것인지를 두고 논쟁이 있었다.

현재 시점까지 이어지는 긴 논쟁 과정에서 신아리스토텔레시안이라고 불리는 공동체주의자(강한 공화주의, 시민적 공화주의)[23]들은 "인간은 정치적 동물"이라는 아리스토텔레스의 명제를 받아들이면서 시민적 미덕을 강조한다. 맥킨타이어와 왈쩌와 마이클 샌델로 대표되는 이들의 이론은 인간의 정치 참여가 인간을 인간답게 만든다고 주장하면서 자유주의의 공동체에서 벗어난 인간관을 공격하고 있다. 참여가 목적이 되고 참여에 의해 자유는 만들어지는 것이다.

자유주의와 공동체주의 간 논쟁에서 새로운 절충점을 찾기 위해 새로운 공화주의를 주장하는 이론이 등장했다.[24] 이들 약한 공화주의자, 신공화주의자, 신로마공화주의자들은 공동

22) **한정 중립성과 방어적 민주주의**: 자유주의에서 자유주의조차 거부하는 이론과 정치사상에 대한 거부를 만드는 것은 현실 정치에서 중요하다. 히틀러는 독일 바이마르 공화국의 자유주의 사상을 악용하여 자유주의를 거부하는 전체주의 정치체제를 만들었다. 이런 경험 이후 자유주의는 자신을 보호하기 위해 법을 통해 자유주의를 거부하는 세력으로부터 자신을 지키고자 했다. 이것은 방어적 민주주의 이론 혹은 전투적 민주주의 이론으로 불린다. 이 이론을 통해 독일에서 2차례의 정당해산이 있었고 터키에서도 한 번의 정당해산이 있었다. 한국에서는 2014년 헌법재판소가 통합진보당을 해산하였다.

23) **공동체주의의 미덕극대화와 현대 노블레스 오블리주(Noblesse Oblige)사례**: 아리스토텔레스의 공화주의는 시민적 덕성 즉 시민적 미덕을 강조한다. 다른 시민으로부터 존경받는 것이 시민의 가장 중요한 덕목이 된다. 아테네 시민들은 노동활동을 하지 않으면서 공동체에 관한 문제들을 논의하였다. 그래서 아리스토텔레스의 공화주의는 귀족적인 공화주의라고 비판을 받기도 한다. 현대적으로 보면 사회지도층에게 요구되는 '책임있는 행동'으로서 노블레스 오블리주와 연관이 깊다. 이 말은 영국과 프랑스의 100년 전쟁시기인 1347년 프랑스의 항구도시 칼레의 시민 7명에서 비롯되었다. 영국왕은 6명이 자진해서 희생하면 나머지 시민을 살려주겠다고 했다. 여기에 자진한 사람이 7명이었고 이들은 다음날 가장 늦게 나온 사람을 제외하고 6명이 처형을 받자고 했다. 한 사람이 다음날 아침 자살을 하면서 7명 중 한명이라고 오명을 쓰면 안된다고 유서를 남겨두었다. 이 소식에 영국왕은 처형을 거부하였다. 이 사건이 유래가 된 노블레스 오블리주는 현대에도 많은 사례들이 있다. 유한양행의 유일한 박사는 독립운동을 했으며 자신이 벌어들인 돈을 사회에 환원한 것으로 유명하다. 영국의 귀족학교로 유명한 이튼 칼리지는 1차 대전과 2차 대전에서 자진 참전하여 2,000명이상이 전사하였다. 포클랜드 전쟁에서 영국의 왕세손이었던 해리 왕자가 참전하였도 2003년 이라크 전쟁에는 윌리엄 왕자가 참전하였다.

24) **공화주의의 다양성**: 공화주의 역시 하나로 분류될 수 없이 다양하다. 첫째, 그리스 아테네를 중심으로 하여 시민적 덕성을 통한 공동체 구성을 주장한 아리스토텔레스를 따르는 신아리스토텔레시안들이 있다. 둘째, 로마식 혈연주의와 같은 공화국을 꿈꾸면서 마키아벨리의 공화주의를 해석하고 있는 신로마공화주의자들도 있다. 셋째, 미국의 연방국가를 만들었던 연방주의자들인 매디슨 등을 활

체주의가 입증되지 않은 가치를 지나치게 선험적으로 강조한다는 점을 들어 공동체주의(Communitarianism)를 비판한다. 또한 이들은 자유주의가 개인의 절대적인 자유만을 강조하기 때문에 공공선과 시민성 참여를 등한시한다고 비판한다. 키케로를 계승한 마키아벨리의 이론을 공화주의에 대한 이론으로서 '비지배적 자유'로 해석하여 자유와 참여 간 가교를 만들고자 한다.

'자유주의 vs 공동체주의 vs 공화주의' 논쟁은 이론 논쟁과 함께 사회 해방을 위한 실천적인 자원을 제공한다. 특히 신공화주의자들은 사회주의 이념이 약해진 현대 사회에서 소외된 이들과 약자들의 이익을 반영하기 위해서 '비지배'라는 구조적인 조건을 개선할 수 있는 이론 자원을 동원하였다. 이론적 엄밀함을 별개로 하고 '비지배 자유'는 사회에서 소외된 계층인 가난한 이들, 소수자, 여성, 다문화계층, 비정규직의 이익을 보호하기 위한 일종의 '해방' 전략으로 제기되었다. 2008년 미국산 쇠고기 촛불 집회를 계기로 한국 사회에서 '공화주의'라는 대등한 구성원들 간의 가치를 어떻게 실현할 것인지를 문제 제기한 것이다.

한국에서 공화주의는 이론적 자원이 부족했었다. 최근 공화주의 이론의 발전은 한국 현실을 해석하고 대안을 제시할 수 있는 새로운 자원에 대한 관심을 높이고 있다. 유교 권위주의의 유산, 경제 발전과 권위주의 정치체제의 유산, 경제적 자유주의로만 왜곡된 자유주의 헤게모니와 1980년대 이후 강화되고 있는 신자유주의 논리는 한국 정치가 풀어가야 할 숙제들이다. 공화주의는 사상이 부재한 한국 정치에서 공공성, 참여, 시민성, 비지배성과 같은 자원들을 이용하여 제도적 해법을 모색하게 한다. 이 부분에 대한 논의는 '2장. 자유주의'와 '3장. 공화주의'에서 상세히 다룬다.

현대 정치사상 논쟁이 단순히 '자유주의 vs 공화주의' 논의에만 국한된 것은 아니다. 현대 주류 이론은 자유주의이다. 이것은 한국도 마찬가지이다. 그런데 자유주의는 견제되지 않을 경우 지나친 개인주의화와 원자화로 귀결된다. 한국에서 세 모녀 사건이나 아동 학대와 존속살해 범죄의 증대나 높아진 자살률과 고독사는 원자화된 한국 사회의 문제점을 드러내고 있다.

용하는 미국식 공화주의자들 혹은 매디슨적 민주주의자들도 있다. 넷째, 루소식 인민주권을 강조하는 급진적인 공화주의도 있다. 아리스토텔레스가 목적인이라고 하는 모든 사물의 '목적(telos)'에 초점을 둔다면 마키아벨리의 재해석은 지배로부터의 자유를 강조하면서 '비지배적 자유'를 강조한다. 노예 상태에서는 주어진 '간섭의 부재'라는 소극적 자유도 주인과 노예라는 조건을 감안할 때 비지배 상태를 벗어난 것은 아니기 때문에 노예 상태와 같은 지배 상태로부터의 자유가 더 중요하다는 입장이 마키아벨리의 '로마사 논거'에 대한 해석에 입각한 신로마공화주의이다. 반면에 미국식 공화주의는 '안전의 확보'라는 차원에서 대외적 차원에서 안전을 확보하기 위해 연방주의 국가를 구성하는 것을 설명한다. 하지만 '안전'은 타 국가의 공격과 같은 외부위협에 의해서만 제기되는 것은 아니라 내부 민중들에 의해서도 제기된다. 즉 과두적인 지주들은 민주주의라고 하는 민중주의자들(populist)들에 의해서도 얼마든지 자신들의 기득권을 위협받을 수 있다. 따라서 매디슨식 공화주의는 민주주의를 최소화하면서 권력을 분화하여 견제와 균형을 통해 국가를 운영함으로써 민중들과 자신들이 공존할 수 있는 방법을 모색한 것이다. 루소의 공화주의는 인민을 강조한다는 점에서 기존 공화주의 이론들이 기득권을 가진 시민들을 옹호한 것과 다르다.

양극화, 금수저-흙수저 논의는 분배 구조 악화를 대변한다. 신자유주의와 시장의 힘이 강화되는 상황에서 자유주의를 규율하기 위한 다양한 시도가 있다. 먼저 자유주의 내에서 자정 노력이 있다. '경제적 자유주의 vs 정치적 자유주의' 논쟁이 그것이다. 자유주의를 지나치게 경제적 자유로 이해하는 것에 대한 비판으로 다원성에 근거하여 정치적 입장 차이를 토론을 통해 해결하고자 하는 롤즈식 정치적 자유주의가 대안으로 제시되고 있다. 이 입장은 '다원성'의 공존과 '토의(deliberation)'를 강조한다.

자유주의 내에서 토의를 강조하는 입장이 롤즈의 정치적 자유주의라면 급진적인 이론에서도 토의를 강조한다. 프랑크푸르트 학파를 대표하는 하버마스가 성찰성이라는 가정으로 심의 민주주의를 주장했다. 하버마스는 심사숙고하는 토의인 '심의(deliberation)'를 강조하면서 민주주의의 새로운 접근을 주창한다. 공적인 언어를 활용한 담론(discourse) 설정이 민주주의에서 중요하게 된다. 어떤 관점에서 정치이슈를 바라보는가가 중요해지는 것이다.

담론의 중요성은 과거 국가 내부 문제로만 치부되던 인권을 세계적인 의제로 만들었다. 담론은 인권에 대해 일국 정부가 부여해주는 정도에서 인정되는 실정법 대상이 아니라 인간이라면 누구나 갖는 보편적 권리라는 인식 전환을 가져왔다. 그 결과 1991년 쿠르드 족에 대한 국제사회 개입 이후 '인도적 개입'이라는 새로운 현상에 대한 국제적인 지지를 만들 수 있었다. 타국 시민에 대한 인권침해를 두고 자국 군대를 활용해 인권보호를 하는 인도적 개입 담론은 규범화가 되었고 2005년 UN은 총회에서 인도적 개입을 '국민 보호 책임(R2P: Responsibility to Protect)'으로 명문화하였다. 그리고 이 개념은 2011년 리비아에서 반정부 시위대를 보호하기 위해 미국이 주도하여 실제 사용하였다. 리비아 사례는 인권이라는 주제를 다루는 담론의 힘을 보여준다.

심의 민주주의 이론 이외에 1968년 68혁명 이후 탄생한 신좌파들에 의한 민주주의인 '참여 민주주의 이론'에 의해서도 자유주의에 대한 견제와 수정 노력이 나타난다. 민주주의를 단순한 정치 공간이 아닌 사회 공간과 경제 공간으로 확장하려는 참여 민주주의자들의 민주주의 외연 확대는 사회주의의 급진주의적 아이디어를 사회주의 차원에서가 아니라 민주주의로 전환하고자 한 것이다. 학내 민주주의, 가정 내 민주주의, 직장 내 민주주의, 동맹국가 간의 대외적 민주주의, 일상성 민주주의 등을 이론화하여 각 영역에서 소외된 계층과 계급의 이익을 반영하고자 하는 것이다.

개인들의 이주 증대와 노동력이주로 인한 다종족사회와 다문화사회의 구성도 자유주의의 이론적 아성에 도전장을 내고 있다. 자유주의는 대서양 문화를 기반으로 한 주류 원주민 세력이자 남성 사회를 대변하는 이론이다. 이런 자유주의에 대해 다문화주의는 문화적 다양성을 주장하며 소수자들을 주류 사회에 편입하거나 주류와 비주류 간 구분을 제거하고자 한다. 다문화주의에서 핵심은 다종족(multi-ethnic), 성적 소수자들에 대한 '인정' 여부이다. 이것은 성적 소수자와 인종 문제를 포함한 다양한 사회 계층의 공존 문제인 '인정(recognition)의 정치'로 대표된다.

자유주의가 보수화된 법치주의와 민주주의 간 긴장관계도 현대 사상 논쟁의 한 가지 이슈이다. 법치적 민주주의는 신우파가 주도하고 있는 법을 통한 민주주의 운영 원리이다. 법치적 민주주의는 법률가를 필두로 하여 법의 보호를 받는 사람들을 중심 세력으로 한다. 반면에 신좌파는 참여 민주주의를 가지고 민중들의 동력을 정치체제에 대입하고자 한다. '신우파 vs 신좌파' 간 논쟁은 한국에서도 진행 중이다.

(2) 한국적 의미

이상에서 제기된 현대 사상 논쟁들이 빠른 근대화를 거친 한국에도 이제 사회적인 현실로 나타나고 있다. 한국에서 낮은 투표 참여, 국가보다 개인의 이익의 중요성 증대 현상, 층간 소음과 법적 분쟁으로 나타나는 개인들의 이익과 사회적인 조절 문제, 국제결혼과 외국인 노동자 문제를 둘러싼 다문화 현상, 법치 강조와 시장주의 강화, 양극화, 민중주의(populism)에 기반을 둔 민주주의의 분배정치 주장 등은 서구만의 이론 논쟁이 아니라는 점을 보여준다. 이에 더해 북한 주민에 대한 인권 문제와 한국의 평화 유지 활동(PKO) 증대는 인권의 국제적 의미에 대해 생각하게 하고 있다. 보편적인 현대 논쟁 외에도 한국에서는 과거 유교 이념을 어떻게 계승·발전시킬 것인가에 대한 유교 민주주의와 유교 자본주의 논의도 진행 중이다. 유교가 민주주의에 대해 긍정적으로 기여할 수 있다는 주장과 유교가 경제 발전에 기여할 수 있다는 주장이 이론적으로 전개되고 있다. 한국적 특수성을 반영한 논의가 진행 중인 것이다.

(3) 현대 사상과 도덕의 부활

현대 정치사상이 다시 관심을 받는 이유는 도덕과 윤리라고 하는 규범의 중요성 때문이다. 자유주의 입장에서 도덕은 개인의 영역이기 때문에 국가는 개인의 도덕을 건드릴 수 없다. 이런 입장은 도덕 상대주의로 대표된다. 자유주의는 개인들이 모두 도덕적인 차원에서 상대적으로 올바를 수 있다는 입장으로 개인의 주체성을 강조하는 장점이 있다. 하지만 개인들이 지켜야 하는 규범의 보편성은 인정하지 않고 사회적 질서 구축이 어렵다는 단점도 있다.

보편적 도덕이 없다면 어떤 인간이 올바른 행동을 했으며 어떤 인간이 잘못된 행동을 했는가를 평가할 수 있는 방법이 없다. 이런 무도덕주의 입장은 서양에서 총기 난사와 마약 남용이나 낙태 문제와 자살과 같은 사회적인 문제들로 이어진다. 2500년 전 서양 정치와 동양 정치의 시작이 올바른 공동체를 만드는 것에 있었다면, 정치사상은 올바른 공동체를 만들고 올바른 공동체 구성원을 만들어야 한다. 현대 정치이론들 특히 공동체주의와 공화주의와 같은 입장은 규범을 강조하면서 정치에 있어서 도덕을 복원하고자 한다. 한국 정치에 있어서도 2008년 대통령선거의 도덕성 문제가 불거진 것이나 인사 관련 부패 등으로 인해 정치인들이 낙마하는 사례들은 현실 정치에서 도덕이 가지는 중요성을 잘 보여준다.

(4) 탈근대와 탈근대주의(post-modernism) 문제

탈근대라는 시대적 환경은 인간에게 새로운 질문을 한다. 근대는 인간이 주체가 되고 자연이 대상이 된 시간이었다, 근대가 지나고 나면서 인간은 "우리가 과연 주인이 맞는가?"의 질문에 봉착하였다. 우리는 자연을 대상으로서 볼 수 있는가와 자연을 올바르게 사용하고 있는가라는 고민에서 현대인들은 자유롭게 "그렇다!" 라고 답하지 못한다. 원자를 발견하고 이를 가공해서 엄청난 폭발력을 만들었고 실제 폭탄으로 사용했던 인간은 스스로 물리적 법칙을 발견하고 만들어냈다고 생각했다. 인간이 만든 원자폭탄은 냉전의 이데올로기 대립 구조에서 언제 사용될지 모르게 되었다. 핵에 의한 공멸 가능성은 1962년 쿠바 위기에서 극대화되었다. 핵무기와 인류 공멸 가능성 속에서 과연 인간이 발전하는가에 대해 의심을 갖게 된 것이다. 게다가 1960년대 베트남 전쟁은 전쟁의 정당성 문제를 제기하였고 이후 닉슨의 워터게이트 사건은 인간과 정부에 대한 신뢰를 저버리게 하였다.

탈근대 정치사상은 기존 사고들의 재구성과 비판적 검토를 필요로 하였다. 학문적으로 볼 때 사회과학은 자연과학의 영향을 받는다. 그런데 자연과학이 최근 불확실성을 인정하는 방향으로 가고 있다. 자연과학에서 상대성 원리와 이후 '나비 이론'(지구 반대편의 나비 움직임이라는 작은 변화에도 그 반대편에 엄청난 변화를 가져올 수 있다는 입장으로 인과관계의 고리를 규명할 수 없다는 입장)이나 '카오스 이론'(자연적 현상이라는 것이 혼동 상태와 같기 때문에 확정적으로 판단하기 어렵다는 주장)과 '복잡계 이론'(자연과학에서 현상은 복잡한 요소들에 의해 영향을 받기 때문에 알아내기 어렵다는 주장)은 공통적으로 인간 인지의 한계를 지적한다. 불확실성의 시대가 열린 것이다. 그리고 이 불확실성은 포스트모더니즘 그리고 좀 더 넓게 후기 실증주의의 견지에서 설명되고 있다. 포스트모더니즘은 어쩌면 우리 인간이 발전하지 못하고 과거처럼 역사적 순환을 할지도 모른다고 주장한다. 또한 인간 불확실성의 세계에서 우리 인간의 이성이 가지는 한계와 그에 따른 변화와 발전에 대한 회의를 가져왔다. 이런 주장에도 불구하고 현대를 살아가는 현대인들은 완벽하지는 않지만 자신들이 사용할 수 있는 이론적 틀을 가지고 현상을 설명하고 예측하는 것이 필요하다.

제 2 장 자유주의 이론과 자유주의 논쟁들

수험적 맥락

자유주의는 한국에서 가장 강력한 이론이다. 온건파 자유주의자들부터 경제적 자유주의를 통해 신자유주의를 받아들인 이들까지 자유주의는 한국에서 이론적으로 압도적인 힘을 가지고 있다. 1987년 민주화시기 상대적으로 온건파자유주의자들의 '절차적' 민주주의와 강경파민주주의자들 혹은 사회주의자들의 '실질적'민주주의의 요구에서 절차적민주주의가 받아들여지면서 자유주의와 민주주의는 권위주의를 공동으로 거부하는 논리가 되었다. 이런 현실적인 중요성과 함께 이론적으로 자유주의는 공적공간과 사적공간을 분리함으로서 사적공간에서 개인의 자유를 만들었다는 점에서도 중요하다.
이 장은 자유주의의 의미와 역사적 전개를 살펴본다. 자유주의 내의 '소극적'자유에서 '적극적'자유로의 의미변화, 다원주의, 정치적 자유주의 등 이론의 분화에 집중하여 학습해야 한다. 현실에 대한 강력한 설명은 이론의 튼튼함에서 나오기 때문이다.

수험적 중요주제

1. 자유의 분화: 소극적 자유 vs. 적극적 자유	4. 자유주의내 분화: 경제적 자유주의 vs 정치적 자유주의
2. 자유주의와 민주주의 관계	5. 법치주의의 강화와 '다른 수단에 의한 정치
3. 자유주의와 공화주의의 관계	

제1절 자유주의의 이론들

1. 한국 자유주의의 위상과 논의 사안들

한국 정치사상에서 자유주의는 주류를 차지한다. 역사적으로 자유주의가 주류가 될 수 있었던 몇 가지 계기가 있다. 첫째, 자유주의가 민주주의보다 먼저 흡수되었다. 한국 자유주의의 기원에 대한 논쟁이 있음에도 불구하고 자유주의는 조선 말기 일제의 외압이 있던 시기에 도입되었다. 이때 자유주의는 조선을 일본으로부터 지켜내기 위한 용도로 사용되면서 개인 중심의 서구 이론과 달리 제국에 대항하는 개념으로서 국가와 공동체 단위로 흡수되었다. 따라서 한국의 자유주의는 절대주의에 대항하는 개인의 자유를 지키는 사적 의미보다 제국 일본에 대해 조선이라는 국가를 지키는 공적 의미로 사용되었으며, 자유의 의미는 독립의 의미와 같이 사용되었다. 자유주의는 도입되었지만 당시 왕정 시기 민주주의의 개념은 약했다.

둘째, 민주주의가 지켜지지 못한 경우에도 자유주의는 남아있었다. 이승만 정부와 박정희 정부, 전두환 정부의 권위주의 시기에도 경제적 자유는 일정하게 유지되었다. 반면, 민주주의는 지켜지지 않았다. 주기적인 선거가 있었지만 정부가 개입할 수 있었던 것이다. 자유주의는 경제발전을 기치로 하여 권위주의 시기에도 발전주의 연대에 포함되어 있었다.

셋째, 자유주의는 1980년대 이후 신자유주의의 영향을 받으면서 경제적 자유를 강조하는 쪽에서 지속적으로 확장된 경향이 있다. 1980년대 도입되기 시작한 신자유주의는 1997년 동아시아 외환위기를 맞이하면서 더욱 강화되었다. 한국의 자유주의가 경제적 자유주의의 모습을 더 강화한 것이다.

한국의 강화된 자유주의로 인한 문제들은 도처에서 나타난다. 낮은 투표율과 정치참여 부족, 부안의 방사능 폐기물 처리장 문제로 대표되는 집단 이익을 위한 공공부담에 대한 거부, 땅콩회항과 재벌 빵집으로 대표되는 갑질 논란, 학교 내 집단 따돌림, 최근 부쩍 늘어난 아동학대와 존속살인 증대는 개인이 강조된 자유주의가 한국사회에 보여준 문제들이다.

자유주의 문제를 해결하기 위한 방안들이 제시되면서 논쟁이 제기되고 있는데, 먼저 자유주의 자체에서 경제적 자유주의로 편중된 자유주의를 정치적 자유주의로 확장하고자 하는 논의가 있다. 민주주의자들은 절차적 수준으로 국한된 자유주의와 민주주의의 균형을 추구하고자 한다. 자유주의를 수정해보고자 하는 공화주의자들의 노력은 자유주의와 공화주의 간의 논쟁을 만들고 있다.

이러한 거대 범주 논의를 넘는 구체적 논의들도 있다. 복지를 어느 정도 늘리고 확대할 것인지에 대한 복지 논쟁, 도덕성 복원 기준으로서의 정의 논쟁, 다문화를 어떻게 받아들일지에 대한 다문화주의 논쟁, 여성 인권에 관한 페미니즘 논쟁, 인권을 국제적 차원에서 이해하자고 하는 인도적 개입과 인간안보 논쟁, 생태계와 인간의 자유 간 관계 조절을 다루는 환경 논쟁 등이 있다.

현대 정치체제는 단일한 사상만으로 구성되지 않는다. 다원적 정치공동체에서 다양한 가치를 대표하는 정치이론들 간의 조합이 중요하다. 그런 점에서 자유민주주의 공화국을 정치체제로 하고 있는 한국에서 자유주의와 민주주의, 공화주의의 정확한 의미를 탐구하는 것은 매우 중요하다. 민주주의는 '민주주의 PART'에서 다룰 것이며 이 장에서는 자유주의를 먼저 다루고 공화주의는 다음 장에서 다루도록 한다.

표를 통한 비교 세자유주의와 공동체주의와 공화주의

	자유주의	공동체주의	공화주의 (대표이론: 신로마공화주의)
중요가치	자유(소극적자유가 중심)	공동체의 미덕(시민적 덕성). 미덕극대화(신아리스토텔레시안).	공동체의 미덕(시민적덕성) / 비지배적 자유(신로마공화주의)
인간관	원자적인 인간(무연고적 자아).	공동체 속의 인간. 사회적이고 상호의존적존재.	공동체 속의 인간. 상호의존적인 존재.
사회와 인간	인간 ⇨ 사회구성	사회 ⇨ 인간구성	인간 ⇔ 사회(구성적 공화주의 / 심의적공화주의)
정치참여	보편주의입장. 인간은 보편적인 존재(합리성의 측면에서). 정치참여는 권리의 문제로 의무아님.	특수주의입장. 공동체의 특수성과 사회의 우월성(특수한 문화와 관습). 정치참여는 목적: 필연적이고 자연적인 것.	특수주의입장과 보편주의의 화합. 공동체의 특수성인정하지만 개인의 자유도 인정. 정치참여는 수단. 정치참여는 필연적이지만 자연적인 것은 아님.
공익과 사익	공익 < 사익. 사익의 절대성. 사익의 선험적규정(천부인권).	공익 > 사익. 공익의 절대성. 공익의 선험적규정.	공익>사익. 공익의 확대와 사익의 축소. 공익의 구성적규정 / 심의통한 공익구성(신로마공화주의).
법치주의	법치는 사익보호수단	법치는 공익규정	법에 의해 전제방지. 지배의 명확화(비지배적자유: 신로마공화주의).
국가관	불완전주의 국가. 최소국가.	완전주의 국가. 공공선달성을 위한 국가.	완전주의 국가. 자의적지배 배제를 위한 국가(신로마공화주의).
국가정책입장	개인과 시장보호	공익달성	공익달성과 개인자유조화(신로마공화주의)

표를 통한 비교 자유주의와 민주주의

	자유주의	민주주의
주요가치	자유(소극적 자유가 중심). 평등(절차적평등: 개인들간 대등성에 기반).	자기 지배(self-rule: 자기 지배를 위한 적극적자유). 평등(절차적평등입장 vs 실질적평등입장).
인간관	원자적인간 / 합리적인간	사회적인간(사회속의 인간)

능력과 운의 문제	인간의 능력과 운의 불평등성. 재산과 소유권이전은 자연적인 현상.	자기지배를 위해서 운에 의한 지배를 배제. 능력과 관계없이 정치적결정권 평등.
사회와 인간	인간 ⇨ 사회	인간들 ⇔ 사회(좋은 인간이 좋은 체제 구축 / 좋은 체제가 좋은 인간구축)
자유관	소극적 자유(국가간섭배제)	적극적 자유(자기 지배를 위한 사회적 조건재구성)
평등관	절차적 평등	절차적 평등(자유주의적 민주주의: 최소정의적 민주주의) vs 실질적 평등(사회주의적 민주주의)
사회적가치의 결정방식	대표를 통한 정치 / 다수결주의(개인간 가치의 대등성)	만장일치(일반의지) / 다수결주의(자기지배구현방식)
공공선=공익	사적인 이익의 합. 사전적 공익없음.	공익존재. 공익의 구성.
국가의 역할과 위상	야경국가. 제한적국가. 불완전주의 국가.	국가역할다양(공익구성 / 사회적기본권 배분 / 분배의 장). 다양한 국가의 위상(최대강령적 민주주의일수록 국가의 위상 강함). 완전주의국가(도덕적 결정가능).
문제점	제한되지 않는 권리. 이기적 인간구성.	국가를 통한 지나친 사적 공간의 개입. 민중주의로 변질.

표를 통한 비교 **민주주의와 공화주의**

	민주주의	공화주의
중요가치	자기지배. 절차적 제도적 지배.	공공선의 구성. 비지배적자유(신로마공화주의: 자의적 지배배제).
인간관	사회적인간	사회적인간
자유와 평등	절차적평등 + 소극적자유. 실질적평등 + 적극적자유.	시민적인 평등. 비지배적 자유(간섭 배제나 자기 지배를 부정).
사회적가치의 결정방식	협의제도 + 다수결제도	심의기제
국가의 기능	공공선을 결정. 분배장치.	공공선 발견 + 공공선 구성. 정체성확인장치.

표를 통한 비교 **경제적 자유주의와 정치적 자유주의**

	경제적 자유주의	정치적 자유주의(롤즈의 이론)
주요가치	소극적자유	공정성(fairness) / 공적자율성의 확보

인간관과 이성	원자적인간. 사적이성.	사회적인간. 공적 이성.
출현배경	산업혁명	시민혁명 / 프랑스혁명
중요한 공간	시장: 생산과 분배장치	포럼: 토론을 통한 사회공정성확보
중요한 전제조건	국가의 사적 공간보장	개인들간 합리적 대화와 평등한 존중

2. 자유주의의 탄생과 변화 과정

(1) 역사적 개념으로서 자유주의

자유주의는 역사적 개념으로서 자유를 강조하는 이론이다. 자유주의는 서구의 근대로 진입하는 과정에서 오랜 기간 동안 만들어진 이론이다. 중세 이후 근대로 들어오면서 절대군주제가 만들어졌다. 절대군주들은 내부적으로 영토적 경계선을 세우고 행정체계와 법률체계를 통한 통치체계로서 국가를 구축하고 외부적으로는 영토 확장을 꾀했다. 이 과정에서 유럽 군주들은 귀족세력을 견제할 필요가 있었다. 상업 세력으로 성장한 부르주아(Bourgeois)[1]들은 지방귀족들의 수탈로부터 해방이 필요했기에 군주와 연대하였다. 군주는 교회와 귀족으로부터 자율성을 얻고자 했고 이들에게서 빼앗은 토지를 부르주아에게 판매함으로써 부르주아와 이해관계를 공유했다.

유럽에서 절대군주들이 근대 국가를 건설하고 나자 절대군주제는 신분질서를 다시 강화했다. 신분질서를 강화하는 체제는 능력에 기반을 두어 자신의 부를 확보한 부르주아의 이익을 보호하지 않았다. 세금을 내지만 권리를 부여받지 못한, 평민층에 속한 부르주아들은 신분적 차별제도로 구축된 구체제(ancient regime)를 거부하였다. 이들은 '자유'를 중심으로 한 자유주의를 이론적 기반으로 하여 시민혁명을 추진하였다. 그런 점에서 자유주의는 저항과 투쟁의 이념이었다.[2]

(2) 자유의 탄생: 개인의 탄생

자유주의는 이전 시대까지의 공동체 위주 정치사상에 대한 도전으로 개인을 정치 중심에

---

1) **부르주아(Bourgeois)와 부르주아지(Bourgeoisie)의 구분**: 부르주아는 중소상공인을 의미하고 부르주아지는 계급으로서 중소상공인을 의미한다. 이근식, "자유주의란 무엇인가" 「공동체 자유주의: 이념과 정책」(파주:나남, 2008).

2) **역사적 자유주의의 주장**: 부르주아가 주도한 자유주의는 신분차별을 거부하기 위해 만인평등을 주장하였다. 절대군주의 자의성을 폐지하기 위해 국가의 권한을 명확히 하면서 개인의 자유를 보호할 수 있는 입헌주의와 법치주의를 주장하였으며, 자치를 이루기 위해 부르주아에 의한 민주주의를 주창하였다. 국가와 귀족들을 중심으로 한 중상주의 체제를 거부하면서 능력 중심의 자유시장 경제를 주장했다. 중세의 공동체 중심 경제에서 이탈한 자영업・상업 세력이었기 때문에 공동체보다는 개인의 자유를 강조한 개인주의를 기반으로 하였다. 이런 주장들을 가능하게 한 것은 역사적 개념으로서 '자유'이다. 이근식, 상게서.

세웠다. 이 논리가 설득력 있으려면 기존의 보수적 사고에 대한 체계적인 이론적 뒷받침이 있어야 했다. 특히 중세의 '신' 중심 세계와 절대주의의 '군주' 및 '국가' 중심 논리를 공격하면서 '개인'의 중요성을 세워야 했다.

자유주의는 개인을 강조하기 위해 '이성'을 내세웠다. 데카르트 이후 인간의 이성적 사고는 인간의 존재를 보장해줄 수 있었다. 칸트 철학도 이성을 중심으로 하여 인간이 자기 스스로를 지배할 수 있는 '자율'이 가능해졌다. 인간이 보유한 '보편적 이성'[3]이 이성을 가진 개체의 중요성인 '개체성'의 근거를 제시한 것이다.

자유주의의 '합리성(합리적 판단) → 개체성 보장'이라는 주장은 '이성'의 혁명성을 강조한다. 이성이 있다고 가정하면 이성은 이제 개인이 왜 공동체인 교회나 국가보다 중요해지는지 설명할 수 있게 된다. 따라서 이성은 사적 판단의 기준이면서 공적 판단의 기준이기도 하다. 과거부터 전통적으로 세습되어 온 권위나 규범, 도덕은 이성이라는 자아의 판단 기준에 의해 거부될 수 있게 되었으며, 이러한 논리는 구체제에 대한 시민혁명[4]을 가능하게 해주었다. 이성을 전면에 내세우면서 개인 중심 논리를 세운 자유주의에 대하여 보수주의가 '전통'과 '역사'를 중심으로 반발한 것은 당연한 논리적 귀결이다.

자유주의 이론가는 아니었지만 토마스 홉스는 자유주의가 설 수 있는 이론적 토대를 만들어주었다. 그는 근대 국가의 구성을 개인들의 선택으로 설명하였다. '자연 상태'라는 무정부상태의 조건과 신이 아니라 자연이 부여한 '자연권'을 이론화함으로써 자연권인 자기 보전의 권리 즉, 안전을 위해 인민들은 계약으로 국가를 구성한 것으로 설명한 것이다.

홉스가 교회로부터 독립할 수 있는 권한을 자연에서 찾은 것은 이후 천부인권 개념으로서 자유주의 이론의 토대를 만든다. 홉스는 '생명을 지킬 권리'를 강조한데 비해 로크는 자연권을 '소유권(property)'으로 확대하였다. 소유권은 신체의 자유를 포함하여 근대 자본주의의 근간이 되는 개인 소유의 보장을 핵심으로 한다. 소유권을 기초로 한 '경제적 자유주의'가 탄생한 것이다.

자유주의는 정치공동체에서 두 가지 영역이 구분된다고 주장한다. 국가와 관련된 공적 영역이 있고 개인과 관련된 사적 영역이 있다. 근대 자유주의는 사적 영역의 자유를 보장하기 위해 공적 영역을 축소하고 제한하고자 하였다. 이것은 국가의 불필요한 '간섭'과 '규제'로부

---

3) **보편적 이성**: 보편적 이성은 모든 이들이 이성을 가진다는 사상이다. 이것은 과거 성경을 읽을 수 있는 자들과 문맹인 자들을 구분하던 전통을 거부한 것이다. 교육을 받고 성경을 읽을 수 있어 신의 뜻을 아는 자들(성직자와 귀족계급)이 그렇지 못한 이들을 대표할 수 있다는 생각이 중세시대 '실질대표론'으로 자리 잡고 있었다. 그런데 인문주의가 발전하면서 산스크리트어나 라틴어가 아닌 자국의 언어로 성경을 번역하고 자국 언어를 배워 성경을 읽고 해석할 수 있는 이들이 늘면서 상황이 달라졌다. 신의 뜻을 헤아릴 수 있는 이성을 가진 평민들을 더 이상 다른 이가 대표할 필요가 없게 된 것이다. 이에 따라 보편적으로 이성을 보유할 수 있다는 생각이 만들어졌으며, 이는 자유주의가 특정 공동체에 속하지 않는 보편적 이론체계가 될 수 있게 해주었다.

4) **근대 4대 시민혁명**: 네덜란드의 스페인 독립전쟁, 영국의 청교도혁명과 명예혁명, 미국의 독립전쟁, 프랑스의 대혁명.

터 개인들이 자유를 보호하기 위한 것이다. 역사적으로 신분 보장이 되지 않는 부르주아들에게 국가와 귀족의 간섭은 '자의적(despotic)'[5]이었기 때문이다.

개인들의 자유는 '자의성'으로부터 보호되어야 한다. 그러기 위해서 사적 공간을 지킬 수 있는 천부인권, 천부인권을 보호하는 법의 지배, 왕도 헌법이라는 사회적 계약을 따라야 한다는 입헌주의 논리가 동원되었다. 소극적 자유는 이렇게 '자의적 간섭'을 배제하기 위해 만들어진 것이다.

자유주의는 공적 공간에도 관여한다. 만약 공적 공간을 전제 군주에게만 맡겨두면 개인들은 지속적으로 권리 침해 위협을 받는다. 따라서 공적 공간의 재구성이 필요한데 자유주의는 이를 위하여 대의제도를 고안하였다. 부르주아와 시민을 대표하는 대표자들이 통치하고 이들이 만든 법에 따라 통치하는 것이다. 이를 위해서는 자신들의 정치적 견해를 명확히 하고 대표를 선출할 수 있으며 스스로가 대표가 될 수 있어야 하는 '정치적 자유'가 필요하다. 언론과 출판의 자유가 보장되며 선거권이 보장되어 자유롭게 대표를 선발할 수 있을 때 자신들의 공동체는 시민들 자신의 통치가 된다. 간접적 형태의 대의민주주의가 자유주의의 정치적 영역의 근간이 되는 것이다.

(3) 자유주의의 변화와 '자유' 개념의 변화

그러나 산업화가 심화되면서 자유주의는 혁신의 이념이 아니라 기득권의 이념이 되었다. 부르주아가 자본주의의 중심세력이 되었기 때문이다. 국가의 간섭 배제는 공장의 전제를 가능하게 하였다. 다수의 노동자들은 소수 부르주아에 의해 열악한 생활수준에서 적은 임금과 강도 높은 노동에 시달렸다. 어린이들도 노동을 해야 하는 상황이 되었을 때 자본주의는 혁신이 아니라 자기 이익을 위한 보수적인 이념이 된 것이다.

자본주의의 발전과 열악한 다수 노동세력의 성장이라는 사회적 상황의 변화는 자유와 국가를 바라보는 관점에 변화를 가져왔다. 자유는 '간섭의 부재'라는 소극적 의미에 그쳐서는 안 되고 인민(people)[6]들이 자기 삶을 스스로 지배할 수 있게 해주는 적극적 의미의 '자기 지배의 자유'로 변화한 것이다. 억압과 차별이라는 사회적 굴레를 벗어나지 않고서 인민들은 자신의 삶에서 주인이 될 수 없는 것이다.

소유권에 기반을 둔 경제적 자유주의의 강화는 부르주아 개인에게 소유권을 보장함으로

---

5) **자의적 통치 혹은 전제정치(despotism)**: 전제정치는 자의성을 핵심으로 한다. 자의성은 규칙 없이 개인의 임의적인 판단에 따르는 것을 말한다. 자의적이 된다면 그것은 전제 군주 혹은 전제적 통치자가 자신의 의지에만 의존하여 통치를 하는 것이다. 그런데 만약 이 군주 혹은 통치자가 이성적 판단을 하지 않거나 감정에 기초하여 판단한다면 피통치자는 권력자의 자의에 지배받으며, 통치자의 자비에 기대야만 생존할 수 있다. 이런 자의성을 거부하는 것이 '간섭의 부재'로서 소극적 자유이다.

6) **인민의 의미**: 인민은 자연인을 의미하는 한편, 가지지 못하고 배우지 못한 다수 계층을 의미하기도 한다. 시민세력을 포함하기도 하는 인민의 의미는 다층적으로 사용된다.

써 권리를 강조하는 이론이 되었다. 자본주의의 강화는 소수 자본가의 이익을 자유의 이름으로 '권리'로서 보호하였다. 반면, 자본주의의 발전은 다수 노동세력에게는 강한 노동과 적은 임금을 의미하는 것이 되었다. 이 과정에서 루소와 같은 급진주의 이론들이 인민들을 강조하는 이론을 만들었다. 또한 초기 사회주의 이론들부터 마르크스의 과학적 사회주의까지 등장하면서 자본주의 체제가 가진 문제점을 비판하였다.

자유주의는 내부적인 논리 수정에 들어갔다. 공리주의가 등장하면서 자유주의는 인민을 포섭할 수 있는 기반을 만들었다. 공리주의는 이전까지 자유주의의 주인이었던 부르주아에 인민이라는 평민을 포함하였다. 당시로서는 획기적인 아이디어였던 공리주의는 인민들의 효용을 부르주아들의 효용과 동일하게 평가함으로써 계층 인식에 변화를 꾀한 것이다.

1) 공리주의 대두 배경과 제레미 벤담의 양적 공리주의

경제적 자유주의가 강화되고 경제적 효율성만을 중시하면서 사회는 가진 자와 못 가진 자의 구분을 명확히 하였다. 이에 대한 비판으로 자유주의 내부에서 자유주의의 경제적 양태인 자본주의에 대한 수정이 생겨났다. 자본가 소수에 대한 집중성을 문제 삼는 이론이 초기 산업혁명을 성공시킨 영국에서 등장한 것은 특이한 일이 아니다. 산업화로 인해 자본가와 노동자간 차별이 강화된 현상은 영국 내에서 공리주의를 등장시키면서 자유주의를 수정하게 하였다.

공리주의는 자유주의 확대와 지주 과두제 옹호를 비판한다. 당시 영국의 제한된 선거구와 부패한 선거제도는 지주들에게 부와 권력을 독점하게 했다. 이에 대한 비판은 '시민'에 의한 정치개혁이라는 실천적 개혁이론이자 사회개혁론이라는 철학적 급진주의가 혼합된 사상체계로서 공리주의를 만들었다. 공리주의는 홉스와 로크 같은 관념적 자연법이론을 거부하였고 흄과 버크류의 귀족적인 보수주의도 거부한다. 공리주의자들은 개인주의와 자유주의적 관념에 입각해서 인간의 목적을 '행복'으로 전환하였다.

초기 공리주의자인 벤담(Jeremy Bentham)은 행복 추구를 인간의 목적으로 보았다. 따라서 개인 행복의 전체적 증진이 국가의 입법 목적이 되어야 한다. 벤담 주장의 핵심은 "최대 다수의 최대 행복"이다. 인간의 효용을 증대하기 위한 것이 정치의 목적이 되어야 하는 것이다.[7] 벤담의 후기 이론은 초기의 방임적 관념을 수정하고 사회적 자유와 복지 개념을 도

---

7) **벤담의 공리주의 심화**: 벤담에 따르면 공리(유용성) 극대화가 올바른 행위이다. 벤담의 논리는 고통과 쾌락이라는 '감정'이 우리의 통치권자라는 것이다. 따라서 감정이 인간의 행동을 결정한다. 공리주의 원리는 입법자도 구속하는데 공동체는 허구의 집단으로 실제로는 개인들의 총합으로 만들어진다. 따라서 개인들로 만들어진 공동체도 공리주의 원리를 따라야 하는 것이다. 공리주의 입장에서는 누군가의 행복 감소를 통한 다른 사람의 행복 증진 노력은 불가능하다. 구체적으로는 부자 증세를 통한 재분배정책을 거부한다. 부자의 행복과 빈자의 행복은 주관적이므로 비교가 불가능하기 때문이다. 이 논리는 젊을 때의 벤담 입장이었다. 그러나 이 입장은 벤담이 나이가 들면서 변하게 되었다. 나이가 든 벤담은 부자일수록 화폐의 한계효용이 감소한다고 보았다. 즉 돈이 일정 수준을 넘어서면 큰 효용을 못 느낀다고 보았다. 따라서 효용이 감소한 이들에게서 세금을 거두어 빈자(빈

입하게 되는데 이는 자유주의를 수정한 것이다.

2) 밀의 질적 공리주의

밀(John Stuart Mill)은 벤담의 양적 공리주의(개인 쾌락의 기계적 합산)를 비판한다. 비판의 핵심은 "배부른 돼지보다 배고픈 소크라테스가 낫다"에 있다. 밀에게는 쾌락이 문제가 아니라 '인간의 발전'이 중요한 것이다. 개인의 인격 도야를 위해서는 사회적 조건을 만들어야 한다. 개인의 행동은 사회적 복지(Social Wellbeing)와 결부되어야 하는 것이다.

존 스튜어트 밀은 벤담의 공리주의를 수정하고자 했다. 그는 '자유'를 중시했으며 개인의 권리를 인정함으로써 자유주의와 공리주의 철학의 화해를 시도했다. 그의 주장의 핵심은 "사람들은 남에게 해를 끼치지 않는 한 원하는 것은 무엇이든 자유롭게 할 수 있다"는 것이다. 따라서 정부는 개인의 자유를 간섭하면 안 되고 다수가 믿는 최선의 삶을 개인에게 강요하면 안 된다. 개인이 사회에 책임을 져야 하는 유일한 행동은 타인에게 영향을 미치는 행동이다. 따라서 "독립은 당연히 절대적이다. 개인은 자신에 대해, 자신의 몸과 마음에 대해 주권을 갖는다"라고 주장하였다.

그는 개인의 권리를 강조했기 때문에 이런 권리를 옹호하기 위해서는 공리보다 더 강력한 무엇인가가 필요했다. 만약 소수파 종교의 자유를 무시하는 상황이 있다면 다수의 행복으로도 소수의 자유를 부정하는 문제가 있을 수 있다. 이때 공리는 '다수의 전제'를 위한 논리가 될 수 있다. 그러므로 소수의 자유를 부정하지 않으면서도 '공리'보다는 중요한 기준이 필요한 것이다. 하지만 밀은 이 난제를 공리를 통해서 해결하고자 했다. 만약 개인의 자유를 존중하고 이것이 장기화되면 행복은 극대화될 것이다. 즉 공리를 극대화하되 장기적 관점에서 극대화하여야 한다. 밀은 만약 사상과 언론의 자유를 탄압한다면 단기적으로는 공리가 극대화될지 모르나 장기적으로는 행복이 줄어든다고 보았다.

밀의 근거는 이렇다. 나중에 반대 의견의 전부 혹은 일부가 사실로 판명될 수 있을 것이며 이는 대다수의 의견을 수정할 수 있게 해준다. 소수 의견의 자유를 보장함으로써 다수가 독단과 편견에 빠지는 사태를 막아준다. 또한 반대 의견을 가능하게 해주는 것은 다수가 추종하는 관습과 관례를 무비판적으로 따라 사회가 답답하고 순종적인 체제로 전락하는 것을 방지해준다. 그런 점에서 여전히 공리주의 사상을 지니고 있는 것이다. 한편 토의를 통해 소수의 자유와 공동체의 공리가 결정될 수 있다는 점에서 토의 민주주의의 이론적 토대를 갖춘다.

3) 공리주의의 의미: 적극적 자유와 적극적 국가로 연결

인격 완성을 위한 사회적 복지 제공은 결국 국가의 필요성을 불러일으킨다. 이러한 국가

민) 구제를 할 수 있는 것이다. 이 입장에서 벤담의 공리주의는 분배에 있어서 정부의 개입을 옹호한다.

관 즉 "적극적 국가관"은 벤담에 의해서 최초로 형성되었다. 공리주의에서 국가의 개입이 가능하게 된 근거는 개인의 권리를 홉스나 로크처럼 자연권에서 도출한 것이 아니라 '전통적 권리(conventional rights)'에서 도출했기 때문이다. 즉 천부인권이 아니라 역사적 유산으로서 개인들을 위한 국가 자체의 역할이 중요한 것이다.

벤담의 사상은 고전적 신자유주의의 기초를 닦는다. 국가는 사회 구성원들의 쾌락 즉, 사회적 공리를 제공하기 위해 조세 및 규제정책을 사용하여 포괄적 복지를 제공한다. 포괄적 국가 개입 가능성은 국가를 자유의 침해자가 아닌 창출자로 본 인식 전환과 관련된다. 국가가 기본적 생존조건을 담보로 하여 인간의 잠재력과 도덕적 능력을 개발 · 표현 · 실현하게 해주어야 하는 것이다. 자유가 '국가 대 개인' 문제에서 '(지주 과두적인) 개인' 대 '(평민 · 시민의) 개인' 문제로 전환될 여지를 갖게 된 것이다.

공리주의 발전과 함께 '자유'의 개념 역시 확장하였다. 이제 부르주아만이 아닌 평민까지를 포함한 인간에게 중요한 자유는 소극적 의미의 국가로부터의 자유가 아니라 자본주의 발전으로 인한 사회적 차별(discrimination)과 억압(oppression)으로부터의 해방을 의미하는 '적극적 자유'로 확장된 것이다. 초기 자유주의는 국가의 간섭만 배제한다면 부르주아 자신들의 능력으로 경제발전이 가능할 것이라고 보아 국가의 간섭으로부터의 자유를 의미하는 '소극적 자유(개입의 부재)'에 주안점을 두었다. 반면, 19세기 후반 자본주의 심화와 노동자들의 저항은 자유의 개념을 국가가 나서 인민들이 스스로의 인생을 지배할 수 있도록 하는 사회경제적 조건을 변화시키는 '적극적 자유'로 확대시켰다.[8] 자신의 인생을 자신이 통제할 수 있으려면 인민은 자신이 원하는 것을 할 수 있어야 하며 원하는 것을 막는 사회구조적 조건을 변화시켜야 한다. 현대에도 여성과 다문화가정인들에게 가해지는 취업 상 불이익은 자신이 원하는 자신의 삶을 만드는 데 있어 걸림돌이 되는 것이다.

4) 그린의 적극적 자유

공리주의자인 그린(Thomas Hill Green)은 '적극적 자유'의 개념을 제시했다. 기존의 소극적 자유가 법적 제한 결여를 자유로 파악한 것과 달리 법적 자유의 제한이 사회적 선을 침해할 수 있다고 본 것이다. 적극적 자유는 사회생활에 대한 전적인 참여를 통해 인격을 발전시키고 개성을 확보하는 것이다.

초기 자유주의자들 주장처럼 무정부상태의 개인 가정이 상정하는 사회와 동떨어진 개인

---

8) **노동자들의 저항**: 19세기 초엽 영국에서는 인간을 대체하는 기계를 노동자들이 파괴하는 러다이트 운동이 일어났다. 기계가 인간의 일자리를 대체하기 시작한 것이다. 이런 저항은 실패했다. 기계화로 인한 산업화가 '변화'의 중심에 있었기 때문이다. 노동자들의 조건은 더 나빠질 수밖에 없었다. 미국에서도 남북전쟁 이후에 2500만 명 이상의 이민자가 입국했고 미국 노동자들의 노동 조건은 악화되었다. 하루 12시간에서 14시간의 노동이 이어졌고 아이들도 자신의 식량을 위해 공장에서 기계를 닦아야 했다. 미국 노동자들을 위한 '노동자기사단'은 "8시간 노동, 8시간 휴식, 8시간 여가"를 목표로 한 노동운동을 시작했고 1886년 5월 1일 노동자총파업을 만들었다. 이것이 5월 1일 노동절, 노동자의 날의 기원이 되었다.

은 이론적으로 문제가 있다. 개인은 사회와 동떨어진 것이 아니라 사회와 화합할 수 있는 의존적 관계이다. 사회 안에 개인들이 있을 때 자신들이 원하는 인간 발전이 가능하다. 이런 인식은 초기 자유주의 혹은 경제적 자유주의가 인식한 '개인 vs 국가/사회'로 설정한 관계를 '개인과 사회' 관계로 전환시킨 것이다. 하지만 적극적 자유는 국가 개입을 위해 개인의 자유 자체를 사라지게 한 전체주의와는 다르다. 여전히 자유주의 내에서 개인의 자유는 중요하기 때문이다. 사회가 자신의 목적 달성을 위해 개인을 희생시킬 수 없다는 점에서 사회와 개인 간 자유의 화해를 추구하는 것이다.

적극적 자유를 달성하기 위해서는 '적극적 국가'가 필요하다. '적극적 국가'란 국가가 개인의 자유를 보장하는 동시에 사회적 자유의 실현인 공공복리를 위해 개인의 자유를 통제하고 조정해야 한다. 국가는 개인과 사회를 존중하여 개인의 '자유와 인격 완성'을 통해 '사회적 선'이 만들어지는 것을 방해하는 장애물을 제거하는 적극적 기관이다. 이 논리는 이론이 만들어지던 당시 빈부격차 심화와 중산층 몰락 문제에 대한 대응을 위한 것이다.

5) 신고전자유주의(Neo-Liberalism)[9)]

신고전자유주의는 영국의 사회학자인 홉하우스(L. T. Hobhouse)와 홉슨(A. Hobson)으로 대표된다. 현상적으로 복지국가와 대중민주주의 시대 도래라는 배경과 함께 페이비안 사회주의 사상의 도전과 자유방임주의의 개인적 성향 강조를 부정하고자 하는 배경이 깔린 이론이다. 이들은 개인적 자유주의와 집단적 사회주의를 비판하면서 이에 대한 대안으로서 자유롭게 협력하는 인간을 그리고자 했다.

이들에게 자유는 권력의 강제적 배제만 의미하는 것은 아니며, 개인의 능력과 인격의 자발적 성장이라는 '적극적 자유' 개념도 포함한다. '적극적 자유'의 실현 즉, 인격 발전을 위해서는 개인은 국가뿐 아니라 타인과의 관계도 중요하다. 타인과의 조화가 이루어져야 하고 이는 사회와의 유기적 연대에 의해 가능한 것이다. 그린의 '적극적 자유' 개념을 계승하고 이를 통해 개인과 사회와의 화합가능성을 모색하고자 한 것이다. 개인과 사회와의 화해를 위해 개인의 자유는 공동선, 사회복지, 사회적 조화 확보 차원에서 일면 제한될 수 있다. 19세기 말 산업혁명 심화와 경제 불황, 제국주의 확대라는 현실 하에서 자본가들은 노동자들과의 사회적 공존이라는 공공선을 위해 자본가들의 자유를 일정 부분 자제해야 한다.

고전적 신자유주의 사상 속에서 국가는 특수한 지위를 가진다. 국가는 모든 영토내의 모든 주민에게 영향을 미치는 포괄적 존재이다. 국가의 기능은 표준적이고 상식적이며 일반적

---

9) **신고전자유주의(Neo-Liberalism)와 신자유주의(neoliberalism) 구분**: 대문자로 시작하는 신고전자유주의(Neo-Liberalism)와 소문자로 시작하는 신자유주의(neoliberalism)는 다르다. 고전적 신자유주의는 19세기 말의 이론으로 국가 개입을 강조하고 복지주의를 모색하는 이론이다. 반면, 신자유주의는 1930년대 영미계열 이론으로 1970년대 국가실패론과 고전경제학 논리로 시장을 강조하면서 부활한 이론이다. 참고로 국제정치학에서의 신자유주의 혹은 신자유주의 제도주의는 Neo-liberalism으로 사용된다.

성격을 띠기 때문에 비인격적일 수 있고 그래서 사회적 기초를 유지하고 강화할 수 있게 해준다. 이러한 기반 하에 국가는 자유 확대를 위한 합리적 수단으로서 기능한다. 초기 자유주의와 다원주의적 자유주의가 자유를 확보하기 위해 국가 권력을 분립하고 권력을 제한한 것과 달리 신고전자유주의는 자유를 위해 권력이 필요하다고 본다. 또한 신고전자유주의는 직접적으로 개인과 연결되고 관련된다. 즉 국가는 개인을 직접적으로 상대한다. 반면, 영국의 라스키식 다원주의[10]는 집단을 매개로 한다는 점에서 차이가 있다.

홉하우스(Hobhouse)는 복지와 개혁을 위해 국가의 개입과 제도 개선을 주장했다. 홉슨(Hobson)은 사회유기체적인 시각으로 변경할 것을 주장했다. 또한 누진적 조세제도를 통한 포괄적 부의 재분배를 통해 독점 자본주의적 시장실패를 치유하고자 했다. 이들의 주장은 전통적 자유주의가 말하듯이 개인들이 경제적으로 실패한 것이 전적으로 실패한 개인의 문제가 아니라는 것이다. 개인 실패에는 자본주의가 가진 사회구조적 특성이 있는 것이다. 따라서 경제문제를 해결하는 데 있어서 개인 차원이 아닌 사회구조 차원의 원인을 찾고 이것을 수정해야 한다. 이때 수정의 중심에 국가가 있는 것이다.

19세기 말 복지를 강조한 신고전자유주의는 사유재의 공유 확대와 중요 산업에 대한 국가의 개입과 통제를 옹호한다. 이런 논리는 개인 위주의 자본주의를 수정하려는 사회주의 사상과 유사하다. 하지만 신고전자유주의는 사회주의가 평등을 위해 개인의 자유를 폐기한 것과 달리 자유주의 기본 전제를 모두 버리지는 않았다. 여전히 개인의 자유를 위해 국가의 개입과 함께 자유로운 개인들의 절제와 협력을 주장한다는 점에서 사회주의와는 다르다.

6) 현대 자유주의의 부활

현대 자유주의는 롤즈와 함께 다시 탄생하였다. 1910년대 이후부터 1971년 롤즈의 「정의론」이 나올 때까지 정치사상은 암흑기를 보낸다. 근대 이론은 끝이 났고 현대 이론은 등장하지 않은 것이다. 롤즈는 자유주의 입장에서 정의를 이야기하며 현대 사상을 탄생시켰다. 1960년대와 1970년대 경제 발전 속에서 생긴 사회문제들을 자유주의 관점에서 풀어보고자 한 것이다. 공정성에 기반을 둔 좌파 자유주의자인 롤즈의 자유주의 보호 노력은 자유주의와 공동체주의 간의 논쟁 속에서 이루어졌다. 또한 고전적 자유주의의 소유권을 강조한 소유권적 자유주의는 1930년대 하이예크나 노직이 계승하였다. 이들의 논리는 1970년대 이후 신자유주의로 부활하였다. 따라서 현대 자유주의는 롤즈와 같은 진보적 자유주의와 노직과

10) **해롤드 라스키의 다원주의**: 1830년대 영국의 자유주의 이론가인 라스키는 자유주의자로서 자유를 강조했다. 인간은 행복을 목적으로 한다. 이 목적을 달성하려면 먼저 자유로워야 한다. 이때 자유는 강제의 부재이다. 강제는 국가가 할 수 있는 것이므로 인간의 자유는 국가가 추구해야 한다. 국가에서 자유를 확보하기 위한 조건은 개별적인 인간들을 무기력하게 만드는 위협을 제거하는 것이다. 이를 위해서는 평등이 필요하다. 조건의 평등, 참여의 평등이 달성되어야 인간은 국가에서 자유를 누릴 수 있다. 자유를 확보하고 평등을 이루기 위해 인간은 조직을 만들어야 한다. 조직을 통해 자유 확보가 가능하며 이런 조직들 간 경쟁이 자유를 확보하는 공동체를 만들 수 있다.

같은 우파적 자유주의로 나뉘어 이론적 발전을 꾀하고 있다.

현대 문제들을 해결하기 위해 노력하는 이들 이론은 현대 자유주의 목차로 따로 구분하여 상술한다. 현대 자유주의를 설명하기 위해 부분적으로 논쟁이 되고 있는 자유주의에 대한 공격인 '자유주의 vs 공화주의' 논쟁을 간략히 포함한다.

제2절 현대 정치이론의 주류: 현대 자유주의와 그에 대한 도전들

근대 이래 개인으로서 인간을 강조한 자유주의가 주류를 이루고 있다. 하지만 현대로 들어와 개인을 강조하는 관점 및 개인의 자유를 강조하는 자유주의 이론에 대해 의문들이 제기되고 있다. 자유주의에 대한 다양한 질문과 논리적인 공격이 진행되고 있다. 개인을 원자적으로 강조하는 것이 과연 인간의 본성에 부합한지, 인간의 자유라는 가치가 과연 다른 가치들보다 우월한 가치인지, 자유라는 이름으로 인간을 강조하면서 자연을 대상으로 한 성장과 지배의 관념이 타당한지, 자유가 단지 남성 중산층을 위한 지배계급적 이데올로기에 국한되는 것이며 이로 인해 여성과 노동자와 다문화 출신의 구성원들을 배제함으로써 실제 사회 구성원들의 상당수를 정치이론에서 배제한 것은 아닌지에 대한 논의가 진행되고 있다. 이 논의들은 분화된 현대 정치이론들을 만들고 있다.[11)]

다른 한편, 현대 정치사상은 이념들 간의 논쟁[12)]으로 규정할 수 있다. '삶의 방식'을 이데올로기로 규정한다면 현대 정치사상은 이데올로기 투쟁의 장이다. 현대는 더 많은 사회적 분화를 경험하고 있으며 더 다원화된 사회 집단을 형성하고 있다. 이 다양한 집단들이 각기 더 우월한 지위와 더 나은 가치 배분을 얻기 위하여 자신들이 강조하는 삶의 방식을 두고

---

11) **현대정치론의 분화**: 첫째, 방법론적으로 행태주의의 이론적 토대가 약화되면서 사상과 이념 논쟁이 부각되었다. 둘째, 탈근대주의의 등장과 도전이다. 모더니즘이라는 근대주의는 '발전'을 전제로 하였고 현재보다 더 나은 상태로의 진전이 가능하다는 입장이다. 그러나 경제발전이 반드시 사회발전을 가져오는 것은 아니라는 비판을 가져왔다. 셋째, 생태주의의 도전이다. 생태주의는 환경파괴를 해결하기 위해서는 근대 과학주의 자체와 성장주의를 거부하라고 한다. 넷째, 여성주의의 도전이다. 여성주의는 남성 위주의 역사와 인식론을 변화시키고자 한다. 다섯째, 공화주의 혹은 공동체주의의 도전이다. 공동체가 개인보다 중요하며 공동체에 의해 개인이 만들어진다는 주장은 개인의 원자적 사고를 거부한다. 공동체주의 혹은 공화주의는 자유주의가 가진 가치 상대주의 입장을 공격하면서 인간이 가져야 하는 도덕 원칙을 제시한다.

12) **이념 간 논쟁으로서 현대 정치사상**: 이념(ideology)을 진보의 믿음을 공유하고 어떤 방식으로 진보를 달성할 것인지로 볼 때 현대 정치사상은 이념 간 논쟁이 된다. 즉 진보 달성 방식에 대한 이론들 간의 대립인 것이다. 이 논쟁에 참여한 현대적 이론들의 대립은 다음과 같다. 민족주의 vs 민주주의 vs 자유주의 vs 무정부주의(아나키즘: 인위적인 공동체 자체를 거부) vs 마르크스주의(사회주의와 공산주의 포함) vs 공동체주의(보수주의) vs 공화주의(신로마적 공화주의) vs 페미니즘 vs 포스트모더니즘 vs 생태주의 vs 종교근본주의

다투고 있다. 노동자와 자본가 간 대립뿐 아니라 원주민과 다문화이주민 간 다툼이나 도덕 상대주의자와 도덕 절대주의 간 경쟁들이 도처에서 일어나고 있는 것이다. 따라서 이념적 대결을 주장한 '역사종언론'[13)]은 타당성이 떨어진다.

1. 현대 자유주의의 근대 자유주의 계승

현대 자유주의 역시 근대 자유주의의 요소들을 계승했다. 개인이 중요하며 이성을 기반으로 한 인식론적 중요성을 강조하고 소극적 의미의 자유를 강조한다. 또한 가치의 대등성도 강조한다. 만약 모든 이들이 이성을 통한 판단의 대등성을 확보한다면 이들이 선호하는 가치 역시 다른 이의 가치에 뒤떨어지지 않으므로 대등해진다. 이런 가치 대등성은 이후 공화주의에서 사적 이익보다 공적 이익이 중요하다는 주장과의 대립에서 가치 상대주의라고 공격을 받는다.

(1) 개인주의와 개체의 강조

개인 중심의 개인주의 역시 계승한다. 개인의 합리적 판단에 대해 국가도 개인의 판단과 결정을 제약할 수 없는 것이다. 정치적 자유는 개인적 판단에 의해 국가를 구성할 뿐 아니라 개인의 주관적 판단 영역을 강제할 수 없게 하는 것이다.

개인의 개체성을 강조하는 자유주의는 3가지 의미의 개체성을 주장한다.[14)] 첫째, 독립성으로서 개체를 강조한다. 홉스의 사회계약론은 정치적으로 독립된 개인을 만들어주었다. 자연 상태와 자연권 논리를 통해 사회로부터 독립된 개인을 만들고 개인들이 사회를 구성하게 만들었다. 독립성의 반대는 종속성이다.

둘째, 자율성으로서 개체를 강조한다. 칸트가 주장한대로 개인의 이성에 의해 통제하고 자신이 자신의 삶을 결정해가는 자율성을 가진다. 이성이 자신을 통치하는 주인이 되는 것이다. 자율성의 반대는 타율성이 된다.

셋째, 주체성으로서 개체를 강조한다. 이성은 불완전하지만 스스로 판단을 가능하게 한다. 스스로 판단할 수 있다면 그 자신이 판단의 주인이 되므로 삶의 주도권을 가질 수 있다. 주체성의 반대는 객체성이다.

자유주의가 강조하는 공동체보다 나은 개체는 독립되고 스스로 판단하며 주체적인 삶을

---

13) **후쿠야마의 역사종언론**: 프란시스 후쿠야마는 1988년 고르바초프가 사회주의의 핵심에 '경쟁'이 있다는 발언을 한 것을 보고 사회주의 몰락을 예상했다. 그는 저서 「End of History and Last Man」을 통해 탈냉전 이후 자유민주주의가 지배할 것을 예상했다. 헤겔의 변증법을 기반으로 하여 정치 이데올로기 투쟁에서 자유민주주의가 승리했고 더 이상의 변증법적 발전은 없을 것이기에 이념의 '투쟁 역사'가 종언할 것이라고 주장했다. 나중에 자신의 입장을 번복하기도 했다. 냉전 이후 세계의 예측에 있어서 자유민주주의가 답이 될 것임을 주장한 것으로도 유명한 이론가이다.

14) **개체성의 3가지 의미**: 독립성, 자율성, 주체성의 3가지에 대해서는 장동진, "정치사상" 『정치학의 이해의 길잡이』 (파주: 법문사, 2008)

사는 존재이다. 이 논리가 작동할 때 자유주의는 사회보다 개인이 중요하다고 주장할 수 있다.

(2) 개인과 사회와의 관계 조정: 관용과 다원주의

표를 통한 비교 자유주의에서 다원주의로

자유주의	사회와 개인 분리	사적공간의 공적공간으로부터 분리와 개인의 중요성(합리성, 개체성)강조
다원주의	개인과 사회 공존	다른 가치를 가진 개인들 간의 공존을 보장 관용을 통해서 공존보장

그런데 자유주의는 논리적으로 몇 가지 모순점이 있다. 첫째는 개인의 자유를 강조하면서 다른 개인의 자유를 무시하지 않을 수 있는가 하는 점이다. 둘째 모순은 자유주의가 자유라는 특정 가치를 강조하면서도 가치 간의 다양성과 대등성을 인정할 수 있는가 하는 점이다.[15] 셋째는 자유주의가 가치 간의 상대주의 입장을 택할 수 있으면서도 보편적 입장을 택할 수 있는가 하는 점이다.[16]

이 중 자유주의가 해결해야 할 어려운 과제는 상이한 가치를 주장하는 개인들을 사회적으로 연결하여 공동체를 이루는 것이다. 이 문제를 해결하려면 첫째 모순을 해결해야 한다. 개인의 강조에서 사회적 화해를 거쳐 국가를 구성하는 과정을 살펴본다.

나의 자유가 다른 이의 자유를 침해한다면 '자유'는 보편적인 것이 될 수 없다. 이 문제에 대해 자유주의는 '관용(tolerance)'에서 해결책을 찾는다. 관용은 '다름에 대한 인정'을 의미한다.

자유주의는 개인의 자유라는 가치를 중시하며 개인들을 정치의 전면에 세운다. 이때 개인들이 중시하는 가치는 가치 상대주의에 의해 방어적으로 보호받을 수 있을 뿐 아니라 공세적으로 다른 이의 가치를 무시할 수 있다. 이는 가치들 간의 대립으로 이어질 수 있다. 따라서 자유주의는 개인들 간의 가치를 중시하면서도 사회적 통합을 이끌어야 하는 딜레마를

---

15) **자유와 가치의 대등성**: 자유주의는 자유를 중요하게 여기면서 평등과 같은 가치도 중요하게 다룬다. 다만 평등이라는 조건을 달성해야 본원적 가치인 자유를 확보할 수 있다. 또한 자유는 관용의 조건에서 다른 가치를 존중해 줄 때 가능하므로, 관용 역시 개인의 자유 확보에 있어서 중요한 조건이다. 이처럼 자유주의에서 자유는 본원적 가치이면서 논리적으로 다른 가치들을 포용할 수 있다.

16) **가치 상대주의와 가치 절대주의**: 자유주의는 인간의 이성을 보편적으로 가정한다. 인간의 이성이 시공을 초월해 존재한다면 모든 인간은 대등한 것이다. 그리고 대등한 인간 각각이 중시하는 가치도 서로 대등해진다. 이 경우 각기 다른 가치를 강조하는 입장을 인정하게 되므로 자유주의는 가치 상대주의가 된다. 어느 한 입장에 서지 못하는 것이다. 반면, 이 입장에 따르면 자유주의는 여러 가치관 중 하나이기 때문에 이론적으로 지지 받을 수 없다는 자기모순에 빠진다. 이를 해결하기 위해서는 자유주의에서 말하는 자유가 보편적 이성에 기반을 두어 절대적인 가치가 되어야 한다. 절대성을 가질 때 다른 이들에게 자유주의의 우월성을 주장할 수 있다. 그러나 '자유'가 보장되는 한 자유주의를 거부하는 것 역시 보장되어야 한다는 논리적 모순이 생기는 것이다.

갖게 된다. 이 딜레마를 해결하면서 사회를 유지할 수 있게 하는 것이 관용이다.

자유주의의 권위자인 아블라스터(Anthony Arblaster)에 따르면 '관용'은 "국가, 사회 또는 개인의 편에서 볼 때, 누구나가 선택한 대로 행동하고 인정받을 수 있는 타인의 평등한 권리를 침해하지 않는 한, 비록 그것이 마음에 들지 않고 동의할 수 없는 것이더라도, 어떠한 행위나 신념도 받아들여야 하고 방해 놓지 말아야 할 의무"를 의미한다. 요약하면 관용은 공적인 일이나 사적인 일에서 자신의 신조나 견해를 절대시하지 않는 것이다. 만약 모든 이들이 자신의 가치관만이 올바르다 하지 않고 서로 다름에 대해 인정한다면 개인들은 자유를 누리면서 사회는 유지될 수 있다. 실제 관용은 유럽이 종교전쟁을 통해 배운 역사적 교훈이다.

'관용'은 다름에 대한 인정이다. 이 관용은 다원주의의 토대를 제공한다. 인간이 정치적으로 자신들의 견해를 강조하기 위해서는 집단이나 결사체를 구성한다. 만약 인간이 다양한 가치를 선호하고 이를 기반으로 조직을 만든다면 개인들로 구성된 조직은 다른 가치와 이해관계를 가진다. 그럼에도 불구하고 다름에 대한 인정은 이들 집단이 서로 중요하게 여기는 가치를 강조하면서도 사회를 유지할 수 있게 해준다. 이것은 개인 수준의 타협을 집단 수준의 타협으로 확장시킨다. 이로서 다원주의는 자유주의가 국가공동체를 현실적으로 이끌 수 있는 이론적 기반이 된다. 시민사회와 이익집단을 기치로 하는 다원주의는 결사체 민주주의로 이어져 자유주의 민주주의 이론을 구축하기도 한다.

(3) 자유주의와 민주주의의 절충

이 지점에서 개인 중심의 자유주의는 사회 중심의 민주주의와 만날 수 있다. 개인들은 사적 자유를 원하며 사적 자유는 다시 국가라는 공동체 안에서 만들어진다. 안전과 결핍, 공포 등에서 벗어나기 위해 인간은 국가라는 공동체를 구성해야만 하는데, 이때 사적 자유를 넘어 국가라는 공동체를 유지 · 운영하기 위한 공적 자유가 중요하다. 자유주의는 '사적 자유(자신의 가치관 형성 및 인생관 설계와 관련된 자유)'와 '공적 자유(타인들과 함께 문제를 구성할 수 있는 능력)'라는 두 가지 가치를 추구하는 것이다.

개인들의 자유를 유지하면서 공동체를 만들기 위해 자유주의는 정치적으로 다른 견해를 제시할 수 있는 '정치적 자유'를 강조한다. 그리고 이런 의견들이 합당한 대접을 받기 위해서는 평등이라는 조건이 필요하다. 특히 공동체의 공적 결정에 있어 서로 평등할 때 개인들의 자유는 보장 받을 수 있다. 자유를 확보하기 위해서는 자유를 구현할 수 있는 조건으로서 절차적 평등이 필요하며, 자유와 평등이 확보되면 사회적 선은 개인들 간의 합의로 만들어진다. 개인이 합의를 통해 공공선이 되는 공적 가치를 결정하는 것이다. 이로써 개인을 희생하지 않으면서 국가의 가치가 결정된다.

근대 국가로 들어오면서 자유주의는 분업 원리에 기초하여 공적 영역과 사적 영역을 구분한다. 사적 영역이 중요하면서도 국가와 같이 공적 영역을 개인들이 스스로 구성해야 하는 상황에서 자유주의는 대표를 통해 공적 영역을 맡기고 자신은 사적 영역에서 자신의 일을 수행할 수 있게 한다. 대의민주주의는 인민의 자유로운 선택으로 대표를 선발하며, 대표를 통해 정치를 운영함으로써 인민주권을 간접적으로 실현한다. 주인이 되는 유권자 자신이 선택한 대리인으로서 대표는 유권자의 의지와 가치를 법으로 구현하는 것이다. 이로써 공적 공간은 인민 개인들이 간접적으로 지배하며, 선거라는 장치를 통해 유권자는 대표를 통제할 수 있다.

개인들 간의 다양한 가치는 의회와 대표들을 통해 그대로 구현될 수 있다. 다름에 대한 인정은 다수결주의를 통해 특정 가치가 일시적으로 공적 가치가 되어 정책이 될 수 있게 한다. 그리고 자유주의는 다음번에 예측 가능한 선거를 통해 다시 공적 가치 결정에 있어서 전환 가능성을 실현한다. 자신들의 가치가 공적 가치로 실현될 수 있을 것이라는 믿음인 '전환 가능성'에 대한 믿음은 자유주의가 민주주의를 받아들일 수 있는 토대를 제공하는 것이다. 다만 절차적으로 공적 가치를 결정하는 게임에서 평등이라는 조건이 보장되어야 하고 다른 의견이 제시될 수 있는 자유가 보장되어야 한다.

자유주의는 이렇게 개인들에서 사회로 그리고 국가 구성으로 연결된다. 국가가 구성된 경우에도 그 국가가 개인의 자유를 침해하지 말라는 법은 없다. 국가는 권력을 가진 존재로서 언제든지 자의적인 권력 행사가 가능하다. 자유주의의 우려는 정당한 권력 행사가 아니라 자의적인 권력 행사에 있다. 자의적인 권력 행사를 막는 것은 여전히 중요하다.

이를 위해 자유주의는 공적 공간과 사적 공간을 세심하게 분리하는데, 먼저 공적 공간과 사적 공간 간의 구분선을 명확히 한다. 이는 공적 공간의 권력 행사가 자의적으로 사적 공간을 침해하지 않게 위한 것이며, 그러기 위해서는 권력 사용의 예측 가능성이 만들어져야 한다. 예측 가능성은 사회 구성원들 간의 협약에 의해 만들어질 필요가 있다. 이는 개인들의 자유로운 합의가 들어갈 공간이며, 국가 운영의 근본 원리를 법적으로 확인한 헌법으로 달성된다. 헌정주의는 헌법의 약속과 계약을 따라 정치를 운영하는 것이다.

헌정주의는 법치주의를 동반한다. 헌법을 근간으로 하여 법에 의해 예측 가능한 통치를 하는 것이다. 예측 가능성은 자의성을 배제한다. 자의성 배제는 '간섭 배제'를 가져오고 이것이 소극적인 의미에서 자유를 보장한다. 사적 소유권을 보장하고 자유로운 계약이 이행되도록 국가는 자의적인 개입과 간섭을 해서는 안 된다. 국가는 불필요하게 간섭하지 않으면서 공적 영역에서의 합의를 통해 공동체를 운영하고, 개인은 자신의 운명을 결정하며 그 운명에 대해 책임을 지는 것이다.

(4) 법치주의의 강조와 우파 자유주의의 강화

정부의 간섭에 대한 저항에서 만들어진 근대 이념인 자유주의는 현대에도 정부의 간섭을 우려한다. 특히 대공황과 1차 대전 및 2차 대전이라는 거대한 사건을 경험하면서 행정부의 기능은 비대해졌다. 국가의 관료주의는 강화되었고 민중들을 선동하는 정치인들에 의해 중앙 정부의 기능은 과도해졌다. 이런 상황에서 정부를 제한하는 것은 개인들의 자유를 확보하는데 있어서 중요하다. 따라서 현대 자유주의는 중산층 이상의 보수 세력의 소유권을 지키는데 있어서 정부의 축소를 강조하며 천부인권으로서 '소유권'을 강조하는 우파 자유주의로 귀결될 수 있는 여지가 있다.

1970년대 이후 자유주의는 소유권을 강조하는 우파 자유주의가 주도하여 신우파적 민주주의를 구축한다. 68혁명 이후 신좌파 이론가들이 구축한 참여 민주주의라는 급진적·진보적 민주주의에 대항하기 위해 신우파 이론가들은 법치를 강조하였다. 민중들을 중심으로 민중주의적 민주주의, 직접 민주주의를 구현하여 기존 질서에 변화를 가하고자 한 신좌파의 기획에 대해 소유권과 법치를 통한 사회 안정과 기성질서 수호를 지향한 것이다.

(5) 우파 자유주의의 대표 이론: 신자유주의 이론적 주장

우파 자유주의의 대표적인 입장이 신자유주의이다. 신자유주의(neo-liberalism)는 케인즈주의로 대표되는 수정 민주주의나 복지적 자유주의를 거부하면서 고전적 자유주의를 다시 살리고자 한다. 신자유주의는 정치경제 이론들의 '국가실패론'을 가지고 나오면서 시장의 실패가 있더라도 덜 치명적인 점을 내세워 '시장' 중심주의를 주장한다. 게다가 사회주의 붕괴로 인해 수정주의 입장이 이론적 입지를 상실하자 '시장주의'의 승리를 기반으로 신자유주의의 입지는 더욱 거세졌다.

신자유주의 내의 다양한 분화[17]에도 불구하고 신자유주의는 효율성 논리를 통해 국가를 거부하고 시장의 우월성을 주장한다. 또한 최소한의 국가 기능을 강조한다. 개인의 소유권과

17) **신자유주의의 분화**: 첫째, 경제적 자유주의로서 신자유주의. 이 입장은 정치경제적 관점이 중요하다. 이들은 시장의 효율성과 우월성을 주장하면서 사회적 시민권의 확대를 반대한다. 또한 국가의 과도한 개입이 비효율의 원천이라고 공격하면서 국가의 개입과 확대를 반대한다. 시장의 실패가 가능할지라도 그보다 더 심각한 것은 국가 혹은 정부의 실패이기 때문이다. 최선은 아니더라도 시장이 개인의 존엄성을 인정하는 유일한 도덕적 기제라고 주장한다. 둘째, 신보수주의. 이 입장은 사회적 측면을 강조한다. 신보수주의는 경제적으로 신자유주의의 경제관을 공유한다. 하지만 마약, 동성애, 낙태 등 사회문제에 있어서는 보수적 시각을 지니고 있다. 사회적 악을 철폐하기 위해 가족과 공동체 윤리를 세워야 한다고 주장하며 개인을 중시하는 신자유주의와 다르다. 또한 신보수주의는 강력한 힘의 외교를 강조한다는 점에서도 신자유주의와 차이가 있다. 셋째, 공공 선택학파. 이들은 시장에서의 가격 경쟁 메커니즘이 정부와 정치 영역에서 작동하지 않는 것이 문제라고 주장한다. 정치인과 관료들이 공약을 남발하고 예산을 증액하는 것은 시장의 이윤 기제가 이 영역에서 작동하지 않기 때문이다. 정부의 불필요한 예산 증대는 결국 필요 이상의 세금 징수와 사회적 비용부담으로 나타난다. 개인의 권리 보호를 위해서는 정부에 대한 제약이 필요하다. 네 번째, 자유지상주의(libertarianism). 노직(R. Nozick)으로 대표되는 이 부류는 사유재산에 기반을 둔 '소유권'과 '자율적 선택'의 절대성을 강조한다. 이들은 국가 개입을 적극적으로 거부한다. 무정부적 자유주의자인 로스바드(Murray Rothbard)는 기본적 공공재 제공을 위한 최소 정부마저도 부정하고 이런 영역까지도 민영화할 것을 주장한다. 반면, 노직은 최소 정부를 인정하는데 이는 개인의 사유재산을 보호하기 위한 필요성 때문이다. 그러나 이 영역을 넘는 국가의 재분배 정책은 정당화될 수 없다. 그것은 국가가 개인의 노동력으로 만든 소유물을 강탈하는 것이다. 이것은 그만큼 시간을 사용한 노동을 국가가 수탈하는 것으로서 국가에 의한 강제노역과 결과가 같다.

자유로운 선택을 강조한다는 점에서 미국 주류세력인 WASP(White-Anglo Saxon-Protestant)의 입장을 대변한다.

대표적 이론인 자유지상주의의 논리를 살펴본다. 자유지상주의는 불균등한 부의 분배구조에 대하여 국가가 개선을 시도하는 것에 대해 반박한다. 이것은 인간의 자유 특히 '소유권'이라는 기본권을 침해한 것이다. 이에 자유지상주의는 국가의 개입을 거부하고 최소국가를 지향한다. 여기서 '최소 국가'란 계약을 집행하고 개인의 재산을 보호하며 평화를 유지하는 국가를 의미한다. 최소 국가는 3가지 입장에 대해 반대한다. 첫째, 온정주의를 거부한다. 온정주의적 국가의 개입을 거부한다. 둘째, 도덕법을 거부한다. 국가는 도덕을 결정할 권한이 없다. 매춘이나 동성애 모두 개인의 선택으로 가능하다. 셋째, 소득과 부의 재분배를 거부한다. 이것은 국가가 개인에게서 부를 강탈하는 것이다. 여기에는 하이에크, 밀턴 프리드만의 주장이 대표적이다. 이들은 최저임금제도도 반대한다.

자유시장 철학의 이론적 기반은 로버트 노직(R. Nozick)에서 찾을 수 있다. 그는 정의 구현을 위해서는 두 가지 조건이 필수적이라고 보았다. 첫째, 초기 소유물에 구현된 정의이다. 둘째, 소유물 이전에 구현된 정의이다. 나를 내가 소유할 수 있다는 것은 내가 내 노동도 소유할 수 있다는 것이다. 따라서 만약 세금을 물린다면 이것은 자신이 일한 노동의 잉여를 가져가는 것이다. 세금을 통해서 국가가 자신의 노동을 가져가는 것으로 이는 강제노역과 다름없다. 따라서 국가는 어떠한 사회적 배분을 위한 교정도 실시해서는 안 된다. 내 동의가 없는 사회적 배분은 나를 노예로 만드는 것이며 극단적으로 나의 자유는 박탈되는 것이다.

노직의 주장은 과연 모든 것이 소유권으로 귀결될 수 있는가라는 비판을 받는다. 이성을 강조한 칸트에 의한 같은 자유주의의 반박을 받기도 하고 공화주의의 비판을 받을 수도 있다.

2. 자유주의의 내부 비판과 수정 노력

(1) 정치적 자유주의의 등장과 자유주의 내 분화

자유주의 이론의 현대적 시작을 가져온 것은 롤즈이다. 그는 자유주의가 소유권에 기반을 두어 국가로부터 시장과 재산권을 지키는데 집중하는 것에 문제를 제기하였다. 과거 자유주의의 시작은 소유권을 지키고자 하는 열의와 함께 공동체 문제를 어떻게 개인들이 결정할 것인지를 다루었다. 롤즈가 정치적 자유주의를 등장시킴으로써 자유주의는 사적 영역의 자유를 강조하는 경제 영역 중심의 이론과 포럼을 통해 공적 문제를 논의하는 정치 영역 중심의 이론으로 구분되었다.

과거 자유주의 역사에서 보았듯이 자유주의는 다면적인 의미를 가지고 출발하였고 현대에 들어서면서 지나치게 경제적인 측면만이 강조되었다. 정치적 자유주의는 공정성 개념을 가지고 자유주의 내에서 분배와 평등 문제를 다룬 것이다. 이는 과거 자유주의의 정치적 측면의 부활이라고 할 수 있다. 한편, 자유주의 스스로 '자유주의=자본주의'라는 편향적 인식을 극복했다는 점에서 의미가 있다.

(2) 정치적 자유 vs 경제적 자유 논쟁의 의미

1) 역사적 배경의 차이

두 이론의 차이는 역사적 배경에서 찾아볼 수 있다. 앞서 보았듯이 경제적 자유주의는 산업화와 산업혁명을 기초로 한다. 자본주의가 발전하면서 평민이었던 부르주아 층이 자신들의 사적 소유권을 지키고자 한 것이다. 이들은 중상주의의 국가 개입보다는 재화를 교환하고 매개하는 시장을 신뢰했다. 시장은 지대(rent)를 만들지 않기 때문에 능력을 보장할 수 있는 제도인 것이다. 시장에서의 소유권과 자유 교환이 보장되면 부르주아들의 능력은 실현될 수 있고 자아개발을 이룰 수 있다.

반면, 정치적 자유주의는 시민들의 의견이 반영되어 전제로부터 벗어나고자 하는 시민혁명을 기반으로 한다. 시민혁명은 전제와 억압으로부터 자신들의 발언권을 요구하고자 한 것이다. 프랑스 시민혁명은 자유·평등·박애라는 3가지 보편적 이상을 내걸었다. 자유롭게 자신의 견해를 제시할 수 있으며 평등하게 공동체 의견 결정에 참여하는 것이 혁명의 목적인 것이다. 실제 정치적 의견의 자유로운 개진을 위해서는 논의 공간인 '포럼(forum)'이 중요하다. 공동체 문제를 결정하고 공정한 분배 규칙을 수립하기 위해 자유로운 개인들이 모여 토론을 할 수 있는 공간이 중요한 것이다.

그런데 산업혁명을 주도하고 시민혁명을 주도한 이들은 모두 부르주아들이다. 부르주아들이 자유를 주장할 때 따로 나누어서 주장한 것이 아니기에 부르주아는 재산권인 소유권과 함께 정치적으로 다른 의견을 말할 수 있는 정치적 자유를 주장했다. 초기에 재산 보호의 중요성은 최종적으로 자신들이 정치적 결정을 내릴 수 있고 국가를 구성할 수 있을 때 확보되는 것이다. 그럼에도 두 가지 입장을 구분하는 것은 경제적 자유주의가 강화되면서 자유주의가 왜곡된 부분을 수정하기 위한 것이다.

2) 이론적 주장의 차이

경제적 자유주의는 소유권을 강조하는 이론이다. 소유권과 함께 계약의 자유가 보장될 때 개인들의 사적 자율성이 확보된다. 로크의 소유권 이론은 사유재산 보호를 천부인권으로 만들었으며, 이후 맨더빌(Bernard de Mandeville)과 스미스(Adam Smith)에 의해 발전하였다. 특히 경제학의 토대를 만든 아담 스미스는 국가를 대신하여 '보이지 않는 손'인 시장에 맡기면 국가의 부를 증대할 수 있다고 보았다.

반면, 정치적 자유주의는 '공적 자율성'을 강조하는 이론이다. 국가가 자유를 제약하는 문제의 근원이라면 무엇을 기준으로 어떻게 국가가 개입할 것인지를 인민들이 결정하는 것이 중요하다. 국가가 대적해야 할 대상만이 아니기 위해서는 국가를 인민이 구성함으로써 개인의 자유와 국가의 결정 간에 화해를 이루어야 한다.

국가가 법을 결정하기 위해서는 공적 의견을 모아야 한다. 이때 공적 의견을 교환할 수 있는 공간으로서 포럼이 중요하다. 이때 자유가 보장되고 평등해야 개인 간 의견 교환에 의미가 있다. 포럼에서 다양한 의견들이 제시되고 더 나은 의견이 개진되어 사회적 합의를 이루기 위해서는 포럼이 '중립성(neutrality)'을 가져야 한다. 자유주의가 중립성을 가진다는 것은 특정가치를 우선하지 않는 것이다. 특정 가치가 우선이 된다면 자유주의의 중요한 가치 중 하나인 가치의 대등성은 붕괴된다. 자유주의는 따라서 공공선이란 이름으로 특정 가치를 더 중요하게 여기는 공동체주의를 받아들이지 못한다. 포럼에서 중립성이 있기 위해서는 앞서 본 자유주의의 중요 덕목인 개인들 간의 '합리적' 대화와 견해가 다를 수 있음에 대한 '평등한 존중'이 보장되어야 한다. 이런 가정들을 충족한 사회적 합의는 정당화될 수 있다.

3) 정치적 자유주의의 토대 구축자: 롤즈

표를 통한 비교 **롤즈의 정치적 자유주의**

롤즈 이론의 목적	새로운 사회계약의 원리 제시 ⇨ 불평등성을 완화
전제조건	1. 공적이성: 사회적 이익을 고려할 수 있는 이성 2. 공정성의 조건: 원초적 상태와 무지의 베일
사회적 합의의 2가지 원칙	제 1원칙 (자유원칙): 개인에게 자유를 보장(자유주의이론에 속함) 제 2 원칙(기회균등의 원칙 + 차등원칙): 배분규칙을 세울 때 모든 구성원에게 기회를 균등하게 부여하며, 가장 약자에게 이익이 돌아가는 배분규칙을 세운다.

롤즈는 정치적 자유주의를 통해 분배 문제를 다룰 뿐 아니라 다양한 의견들이 공존할 수 있는 방안을 제시하였다. 현대 자유주의를 부활시킨 롤즈는 "자유롭고 평등한 시민들이 양립 불가능한 종교 · 철학 · 도덕 교의로 나뉜 경우, 지속적인 안정과 정의를 유지하는 사회가 어떻게 가능한가?"에 관심을 가졌다. 또한 롤즈는 다음과 같은 질문을 던졌다. "자본과 경쟁 구조 속에서 과연 정의란 무엇인가? 좀 더 구체적으로는 개인들의 자유를 손상시키지 않으면서 어떻게 사회적인 평등을 달성할 수 있을 것인가?" 이 두 가지 질문 중 하나가 절차적 차원에서 토의가 어떻게 이루어져야 하는가에 관한 것이라면, 다른 하나는 어떤 방식으로 분배적 정의를 달성할 것인가에 관한 것이다.

첫 번째 질문에 답하기 위해서는 '공적 이성'이 필요하다. 이성을 가진 개인이 자신의 선호를 부정하지 않으면서 사회적 공공선에 도달하려면 이성은 사적인 것과 공적인 것을 구분할 수 있어야 한다. 순수하게 사적 부분인 도덕이나 종교적 선택과 관련된 부분은 '포괄적 교의'로 이것은 공적 대화의 대상이 아니다. 이 부분은 개인의 자유를 보장해야 할 부분이다.

공적 이성은 이성을 가진 개인들이 공공선을 결정하기 위한 이성이다. 공적 이성을 가지고 공동체 이슈를 결정하는 것은 이성을 통해 개인이 사회적으로 연결되어 있으며 이를 통해 사회적 합의를 만들 수 있음을 말한다. 롤즈는 개인들의 자유를 강조하면서도 공적 토의를 통해 공공선을 발견할 수 있다고 보았다. 포럼은 개인들이 자유롭게 토의할 수 있는 공간이다. 이 점에서 롤즈는 자유주의 관점에서 토의 민주주의를 주장한 이론가이다.

두 번째 분배 문제에 대한 해답은 좀 더 복잡하다. 두 번째 질문처럼 개인의 자유를 보장하면서도 평등을 달성하기 위해 롤즈가 제시한 이론적 방법은 정의를 '절차적 수준'에서 다룸으로써 '공정성'을 만들어내는 것이다. 그는 '원초적 상태'와 '무지의 베일'이라는 개념을 통해 자신과 타인에 대하여 전혀 모르는 사회계약 이전의 상태를 가정한다. 공정한 사회계약을 위해 자신의 이익과 선호뿐 아니라 타인의 이익과 선호도 모른다고 가정하는 것이 중요하다. 이 경우 인간은 최상의 상황에도 최악의 상황에도 빠질 수 있다. 미래가 불확실한 상황에서 인간의 합리성은 평균적인 상황을 가장 안전하다고 여긴다.

롤즈는 절차적 수준에서 공정성을 달성하기 위한 구체적인 방법으로 사회계약론을 끌어왔다. '원초적 상태(original position)'는 사회를 구성하는 초기 상태에 대한 가정이다. 이 상태에서 개인들에게는 자신들의 지식이나 능력, 사회적 지위나 인생계획 및 처지에 대하여 아무 것도 모르는 '무지의 장막' 혹은 '무지의 베일(veil of ignorance)'이 드리워져 있다. 즉 공동체를 이루어야 하는 상황에서 자신과 타인에 대해 모르는 상태를 가정하는 것이다.

사회계약 상황에서 개인은 우선 공리주의를 선택하지는 않을 것이다. 공리주의를 택하면 자신이 공리에 반하는 소수자가 되어 박해받을 수 있기 때문이다. 또한 자유지상주의도 회피할 것이다. 전적으로 개인의 능력을 강조할 경우 개인은 재벌이 될 수도 있지만, 빈털터리가 될 수도 있기 때문이다.

개인은 두 가지 원칙에 기반을 둔 사회적 합의에 도달한다. 첫째 원칙은 '자유 원칙'으로 개인들은 최소한의 기본권을 보장받는 것이다. 둘째 원칙은 '기회균등 원칙'과 '차등 원칙'이다. 기회균등 원칙에 따르면 사회적 · 경제적 불평등은 공정한 기회가 보장될 때에만 정당화될 수 있다. 차등 원칙은 사회에서 '가장 약자인 구성원에게' 이익이 돌아가는 경우에 한하여 사회적 · 경제적 불평등을 인정하는 원칙으로 조건적인 불평등을 인정하는 것이다.

정리하면 사회적 규칙을 구성하는 초기 상황에서 자신과 타인의 실체적인 것을 완전히 모르는 상태(무지의 장막 상태로 사회적인 실체를 배제한 상태)에서 사회적으로 합의될 수 있는 원칙은 두 가지이다. 개인적 가치로서 천부인권이나 자유를 보장하는 것이 1차적인 원리이고 사회적 가치로서 소득 · 부 · 권력을 평등하게 배분하는 것이 2차적인 원리가 되는 것이다. 따라서 자유가 보장된 후에 '공정성'(절차적 평등)이 보장되면서 사회적 평등을 달성할 수 있다.

무지의 장막에서 사회계약을 하는 사람들이 선택하는 전략은 '맥시민(maximin)전략'이다. 즉, 어떤 상황이 전개될지 모르는 상태에서 사람들은 방어적으로 자신의 손해는 최소화하되 자신의 이득은 극대화하는 방식의 전략을 선택할 것이다. 경제적으로 가장 비참한 상황을 피하는 전략을 짤 것이기 때문에 사회적 분배에서 가장 극단적인 분배구조는 피할 수 있다.

가장 간단하게 절차적 평등을 달성하는 방법은 다음과 같다. 두 사람이 있고 케이크 하나를 배분한다고 가정해 보자. 한 사람이 먼저 케이크를 자른다. 그리고 두 번째 사람이 먼저 잘린 케이크 중 한 쪽을 잡기로 결정하는 규칙을 만들어보자. 그러면 먼저 자른 사람은 다음 분배를 정하는 사람에게 유리하게 하지 않고 자신이 불리한 상황에 놓이지 않기 위해서 공정하게 반으로 나눌 것이다. 이런 논리는 분배에 있어서 공정함을 보장할 수 있다. 물론 롤즈에 대한 반박[18]도 있지만 자유주의 내에서 토의와 분배를 가능하게 함으로써 개인과 사회 간의 타협점을 찾아주었다는 점에서 의미가 있다.

답안을 위한 사례 한국의 정치적 자유 vs 경제적 자유

1. 한국에 대한 경제적 자유주의의 영향

한국에 대한 경제적 자유주의의 영향은 양면적이다. 자유주의를 기반으로 한 자유민주주의를 구축한 점에서는 긍정적이다. 자유주의는 소유권을 보장함으로써 시장을 구축하였고 사적 공간 확보를 위해 공적 공간에서의 자유 즉, 민주주의를 구축하는데 기여하였다.

반면, 경제적 자유주의는 한국에서 시장적 자유주의를 강화함으로써 나타나는 폐해들을 만들었다. 소유권 중심으로 인해 규제되지 않는 시장질서와 공공선보다 사적 이익 강화로 나타나는 양극화가 대표적이다. 미국도 독점과 같이 시장에서의 규제가 있지만 한국의 시장에는 상대적으로 공정한 규칙 제공이 부족하다. 통큰 치킨과 대기업 프랜차이즈 제과점 사례처럼 무차별적인 대기업의 시장 영역 확대가 대표적이다. 또한 소위 갑질 논란이 된 매일유업 사례나 2014년 12월 대한항공 땅콩리턴 사례는 도덕성과도 관계된다.

경제적 자유주의는 공적 문제를 사적 문제로 치환한다. 대표적으로 교육 문제를 들 수 있다. 교육이 소득과 직결된다는 논리로 개인들에게 전적으로 교육을 넘김으로써 공적 교육 기능은 쇠퇴하고 사교육 시장을 키워 한국 사회의 양극화를 구조적으로 만드는 문제를 들 수 있다.

2. 정치적 자유주의의 한국에 대한 영향

정치적 자유주의는 개인적 가치를 사회적 가치로 전환하기 위해 공적 가치에 대한 합의를 필요로 한다. 공적 가치의 합의를 위해서는 관용이 필요하다. 관용을 통해 다원주의를 확보할 수 있으며 다원주의를 기반으로 공적 가치를 논의할 수 있다. 한국에서 늘어난 토론 프로그램과 정치인들과의 대화 등은 정치적 자유를 확대하기 위한 노력으로 볼 수 있다. 민간 영역에서 '비정상회담'과 같은 프로그램은 다양성을 배울 수 있는 인식 공간을 만들어 준다.

반면, 한국 자유주의는 정치적 자유주의가 부족하다. 정치적 자유가 강조하는 관용이 부족하고 공적 가치에 대해 합의하는 방식이 서툴다. 가장 대표적인 것으로 국회선진화법으

---

18) **롤즈에 대한 비판**: 롤즈에 대한 비판은 과연 계약이 공정할 수 있는가에 있다. 공정한 계약이 되려면 '자율'과 '상호성(호혜의 원칙)'이 작동해야 한다. 롤즈가 사회에서 운이라는 요소를 제거하려고 했지만 과연 현실에서 '자율'이 작동할 수 있는지와 상호성이 작동할 수 있는 구조를 이루고 있는지는 의문이다.

로 표현되는 국회의 폭력 행사를 들 수 있다. 또한 인터넷에서의 신상 털기와 악성댓글 등의 사회적 폭력을 들 수 있다.

3. 한국에서 자유주의의 방향

한국 자유주의의 가장 큰 문제는 경제적 자유주의에 대한 지나친 강조이다. '자유주의 = 경제적 자유주의 = 자본주의'로 인식하는 인식에 변화를 가져올 필요가 있다. 만약 한국 자유주의가 경제적 자유에 매몰된 것이 문제라면 자유주의의 개선은 정치적 자유주의를 통한 관용 확보를 통해서도 이룰 수 있다. 관용을 위한 다원성의 인정을 교육하는 것이 가장 중요한 과제가 될 것이다.

3. 자유주의에 대한 공동체주의의 비판

자유주의는 개인을 강조하면서 개인들의 도덕성 상실을 가져왔다. 한국의 투표율 저하는 공동체인 국가 구성을 권리 차원에서만 이해하여 발생한 것이다. 또한 '갑질 논란'이나 '왕따 문제'는 개인이 개인에 대하여 가하는 폭력이며 이는 도덕적 기준의 부재를 의미한다. 이에 대한 비판[19]은 공동체주의로부터 제기될 수 있다. 여기서 공동체주의란, 강한 공화주의로서의 공동체주의를 의미하는데, 이에 관해서는 '공화주의'를 다루는 장에서 구체적으로 설명한다.

공동체주의는 공동체의 덕목을 강조하는 이론이다. 인간이 연역적으로 이성을 가지기 전에 인간은 관행과 관습의 영향을 받는다. 이런 전제에서 공동체주의는 '연대 의식'과 '적극적 자유', 구성원들 간의 '평등'과 공동체의 '특수한 가치 및 문화'를 강조한다. 인간은 사회를 구성하는 것이 자연스럽고 필요한 것이며 사회적 인간으로서 개인들은 자신들이 살아온 공동체의 문화와 역사를 학습한다. 보수주의 이론인 공동체주의는 공동체가 가지고 있는 관습과 규범이 도덕을 형성한다고 본다. 따라서 다른 이들과 연대하면서 살아가는 이들은 역사를 배우면서 공동체의 규범을 배우며, 이것이 인간이 해야 하는 좋은 것과 바람직한 것이다.[20]

공동체주의의 공격에 대해 자유주의도 강한 반격을 한다. 자유주의는 공동체주의가 두 가

19) **공동체주의의 자유주의 비판**: 첫째, 자유주의는 인간의 역사성과 사회성을 무시한다. 둘째, 문화적 특수성을 인정하지 못한다. 셋째, 자유주의의 주장들은 개인의 합리적 선호일 뿐이다. 넷째, 자유주의도 대서양 국가들의 하나의 독특한 사고와 문화이지 보편적 이론은 아니다.

20) **좋음과 바람직함 간의 관계**: 좋은 것 즉, '선(the good)'과 바람직한 것 즉, '정당성(the right)' 간의 관계는 공동체주의와 자유주의 간의 차이를 보여준다. 공동체주의는 선(the good)에서 출발하여 정당성(the right)을 도출하고자 한다. 즉 공적으로 좋은 것이 바람직한 것이다. 반면, 자유주의는 정당성과 선을 구분할 것을 주장한다. 개인에게 좋은 것이 사회적으로 바람직한 것이 아닐 수도 있다. 예를 들어 잘못된 임신을 낙태하는 경우 개인에게는 좋은 것일 수 있지만 정당한 것이 아닐 수 있다.

지 점에서 문제가 있다고 비판한다. 첫째, 완전주의 국가론으로 공동체주의는 국가가 도덕적으로 완전하여 공공도덕 문제에 국가의 개입과 강제가 가능하다고 한다. 하지만 개인 간 합의 이전에 무엇이 더 우월하다는 것을 결정하고 권력을 가진 국가가 이를 강제한다면 자유를 침해하는 것이 된다. 둘째, 문화상대주의 문제로서 공동체주의자들은 공동체들마다 문화적 특수성을 인정하는데, 이 경우 도덕적으로 객관적인 기준을 세울 수 없게 된다. 예를 들어 이슬람에서는 여성들에게 교육의 기회를 주지 않을 뿐 아니라 인권을 인정하지 않으며 일부다처제를 인정한다. 공동체주의에 따르면 오랜 역사에 걸쳐 만들어진 이런 관습은 도덕적으로 정당화될 수 있다. 그러나 자유주의가 볼 때 이것은 인간에게 부여된 천부인권을 무시하는 것이다.

자유주의는 자유주의 자체로서 공공선에 도달할 수 있다고 반박한다. 정치적 자유주의자인 롤즈는 공적 토의 공간을 확보하여 자유로운 개인들의 선택 속에서도 공익 달성이 가능하다고 논증했다. 자유와 평등이 보장된 상태에서 개인들은 토의 과정을 거쳐 중첩적 합의에 도달할 수 있으며, 이때 롤즈는 합당성(reasonableness)[21]과 공적 이성을 통해 합의에 도달할 수 있다고 보았다.

공동체주의와 관련하여 자유주의는 타협점을 찾기도 한다. 다문화주의와 민족주의에 대하여 자유주의는 '자유주의적 다문화주의'를 통해 자유주의와 다문화주의를 연결할 수 있다. 이주민들이 자신이 살 공동체에 대하여 스스로 자유롭게 선택했다면 그 판단은 존중되어야 한다. 이들에게 부여된 이성과 자율적 판단을 존중해야 하기 때문이다. 또한 자유주의의 다원주의가 제시하는 '관용'을 통해 다름을 인정할 수 있다. 이것은 문화적 차이를 극복할 수 있게 한다. 차이를 인정하면 공존할 수 있다. 다문화주의의 핵심은 다름에 대한 인정이자 공존을 받아들이는 것이다.

공동체주의와의 또 다른 관계는 민족주의에서 살펴볼 수 있다. 민족주의를 이해하는 자유주의적 방식이 근대화론 접근이다. 구성원들의 자발적 선택이 문화공동체이자 정치공동체인 민족을 선택한다는 것이다. 민족 구성을 개인들의 자유로운 선택으로 보는 근대화론은 주관론으로 불린다. 개인의 자유로운 판단을 강조하는 자유주의 입장은 민족주의가 배타적이지 않아도 되게 한다. 이와 달리 민족주의를 역사・언어・혈연 집단으로 보는 시원론 접근[22]은 민족주의를 배타적으로 만든다. 이런 민족주의 입장은 국내적으로는 다문화주의를 받아들일

---

21) **롤즈의 합당성**: 합당성은 동등한 사람들 사이에서 다른 사람도 동일하게 행동할 것이라고 믿는 상호주의적 태도를 의미한다. 여기서 핵심은 동등함과 상호주의에 있다. 동등하고 상호적으로 영향을 주고받을 수 있다는 믿음이 있을 경우 인간 간 관계는 예속과 예종의 관계에서 해방될 수 있다. 자유주의에서 대등함 속의 공적 결정을 가능하게 하는 것이다.

22) **시원론과 근대화론**: 민족주의를 볼 때 주관적 의사를 중시하는 것이 근대화론 입장이다. 반면, 객관적 요건들인 언어・혈연・역사를 강조하는 입장이 시원론이다. 근대화론이 영국, 프랑스, 미국에서 만들어진 자유주의 민족주의 이론이라면 시원론은 프러시아에서 독일제국을 만들 때 동원되고, 일본 메이지 유신에서 이를 모방하면서 만들어진 보수주의적 민족주의 이론이다.

수 있는지와 국제적으로는 타 국가와의 정체성 공유와 영토 갈등 여부로 구분된다.

4. 대의민주주의에 대한 자유주의의 공격

자유주의는 대의민주주의의 토대를 형성하였다. 하지만 근대 대의민주주의 논리는 현대에 들어와 공격을 받는다. 이 부분은 'PART Ⅲ. 민주주의'의 대의민주주의와 그 보완에서 집중적으로 다룰 것이다. 여기서는 자유주의의 다수결주의와 그 비판을 심의민주주의에 집중하여 다룬다.

표를 통한 비교 **다수결주와 그 비판**

자유주의와 다수결주의	사회적 합의구조로서 다수결주의 필요성: 개인의 자유를 강조하면서도 사회적 가치 결정필요	
	장점 1: 결정성이 높음(반대로 만장일치 결정이 안됨) 장점 2: 공리주의이익을 반영(더 많은 이에게 이익부여) 장점 3: 합리성의 극대화(더 많은 이들의 합리적 결정)	
다수결주의 비판들	1. 합의주의	사회적 균열들 중 어떤 것은 다수결로 해결 안 됨.(ex, 인종, 종교, 언어)
	2. 심의주의	선호의 고정성은 문제. 도구적합리성 대신 성찰성 필요

(1) 자유주의와 다수결주의

자유주의가 사회적 가치를 결정하는 방식은 다수결주의에 토대를 둔다. 자유주의는 '가치의 대등성'을 전제로 한다. 가치가 대등하다는 것은 자유주의 이론이 합리성과 개체성을 가정하기에 가능하다. 개인들이 합리적 판단에 따라 결정했다면 개인들의 선호와 가치는 대등하게 된다. 만약 특정 가치가 우월하다면 그 가치가 사회적 가치로 설정될 것이며 이때 특정하게 우월한 가치는 사회 구성원들의 동의를 얻는 것이 아니다. 개인들이 선호하는 가치간에 우월성이 이미 결정되었다면 우월한 가치는 발견되는 것이지 사회적으로 결정할 필요가 없기 때문이다. 특정 가치의 우월성이 보장되어 있다면 그 가치는 '발견'되는 것이지 '합의'되는 것이 아니다.

특정 가치가 우월하여 사회적 논의 없이 사회적으로 결정된다는 것은 선호에 차등성이 있다는 것이다. 선호가 차등적인 경우를 상상해보자. 특정 가치 A, B, C가 있다고 하자. 이때 가치는 사회 구성원들이 무엇을 더 선호할지 파악하기 이전에 이미 A>B>C와 같이 중요성이 결정되어 있는 것이다. 과거 한국의 권위주의 시절 '안보>자유>복지'와 같은 가치의 우선순위가 정해져있던 상황을 사례로 들 수 있다.

만약 특정 가치가 다른 가치에 비해 우월하다면 사회 구성원들이 어떤 가치를 선택하는

지는 중요하지 않다. 예를 들어 안보라는 가치가 절대적으로 우월하고 복지를 통한 분배적 정의가 열위에 있는 상황에서 안보는 한 사람만이 지지하고 나머지 사회 구성원 모두는 복지를 지지하는 상황을 가정해보자. 이 경우 한 사람을 제외한 모든 사회 구성원들의 요구에도 불구하고 사회적 가치에서 이미 안보가 우월하기 때문에 한 사람이 지지하는 가치인 '안보'가 사회적 가치로 선택된다. 민주주의의 토의 및 결정 과정은 의미가 없다. 단지 가치의 우월성을 발견하기만 하면 되는 것이다.

이 논리는 독재국가에서 독재자들이 즐겨 사용하는 것이다. 싱가포르의 리관유도 국민들의 선호보다 자신의 선호와 가치가 우월하다고 믿어 이를 정치에 반영하였고 2015년에는 1인당 국민소득 5만 3604불로 전 세계 7위를 기록한 부유한 나라가 되었다. 하지만 싱가포르는 행복지수에 대한 설문에서 항상 최하위를 기록한다. 이는 부유하지만 자유가 없는 나라에서 국민들이 느끼는 불만을 대변하는 것이다.

부유한 독재국가에서 왜 국민들은 불행하다고 생각하는지 그 원인은 명확하다. 자신들이 자신의 삶을 결정하지 못하기 때문이다. 독재자가 정한 가치에 따라 생활해야 하기 때문에 인민들은 자신의 삶에 주인이 되지 못한다. 자유주의가 볼 때 이렇게 다른 이의 특정 가치에 압도되어 자신의 가치와 선호를 사회적 가치와 선호로 만들 수 없는 것은 심각한 문제이다. 이 같은 논리로 전통적으로 인정받아온 다문화가정의 문화와 규범이 이주국에서 열등한 가치 취급을 받거나 사회적 가치에서 논의 없이 배제될 경우 이들의 자유는 침해된다.

자유주의에서 개인들에게 우월한 지위를 부여하지 않은 경우 논리적 귀결로서 사회적 결정은 다수결주의를 따르게 된다. 다수결주의는 어떤 가치가 우월한지 결정하는 것이 아니라 어떤 가치가 더 많이 지지되는지 결정한다. 가치들 간 대등성은 가치의 질적 우월성을 결정할 수 없고 지지받는 양적 우월성에 의해서만 가치 판단을 할 수 있게 만든다.

자유주의가 다수결주의를 사용해 사회적 선호를 결정했다는 것은 결정 규칙으로서 다수결주의를 사용하기로 합의한 것이다. 모든 이가 이에 합의하였다면 다수결로 정한 사회적 가치를 받아들여야 한다. 다만 이때 합의는 잠정적인 것이다. 다음 결정까지 자신의 선호를 바꾸는 것이 아니라 자신의 선호를 유지하되 사회적 가치에서는 승자의 가치에 양보하는 것뿐이다. 사회적 가치를 선거를 통해 결정하기 때문에 선거에 주기성이 부여된 경우 사회적 가치 경쟁에서의 패자들은 다음 선거라는 기회를 노리게 된다. 이때 선거는 타협을 만들지만 실제 가치관 사이에 변화를 강요하지는 못한다. 만약 갈등하는 가치들이 있다면 타협은 갈등을 잠시 보류하는 것이지 해결하는 것은 아니다. 어떤 가치도 다른 이가 선택한 가치를 무시하고 자신의 가치를 강제할 수 없기 때문이다.

이런 결정 구조로 인해 다수결주의는 몇 가지 문제를 가진다. 첫째, 타협을 조장하지만 갈등의 근본적인 해결책을 만들지는 않는다. 둘째, 현재 존재하는 특정 선호와 가치관이 아닌 다른 대안을 찾는 것을 불가능하게 한다. 셋째, 개인들 간의 선호 강도를 반영하지 못한다. 특히 개인들의 선호가 고정되며 각 선호에서 우열은 중요하지 않게 된다. 이로 인해 개인들의 선호 재구성은 불가능하게 된다.

(2) 다수결주의에 대한 비판

다수결주의에 대한 비판은 여러 가지로 나타날 수 있다. 다수결주의가 아닌 협의주의(Consociationalism) 혹은 합의제적(Consensus) 방식의 결정으로 바꾸자는 입장도 있고 심의민주주의를 통해 선호 재구성을 하자는 주장도 있다.

협의민주주의 혹은 합의제적 민주주의는 유럽의 사회균열이 복합적인 국가에서 권력을 공유하면서 운영되는 정치체제이다. 레이파트 연구에 따르면 유럽 대다수의 국가들은 사회적 갈등이 종족·언어·종교 등으로 다양하기 때문에 단순히 계급에 기반을 둔 이념으로 구분하여 정치적 대표를 선출하지 않는다. 다양하게 분화된 집단들이 권력을 공유할 수 있도록 비례대표제를 통해 각 분파들이 구성한 정당들에게 권력을 부여하고 이들이 연립정부를 구성하여 최소한의 권력을 가질 수 있게 만드는 것이다. 다수결주의로 인해 특정 집단을 구조적 승자로 만드는 것을 거부하는 대신, 권력 공유를 통해 국가의 단일성을 유지할 수 있게 하는 것이다.

다수결주의에 대한 협의주의의 비판은 '사회적 균열선'의 복잡화를 다수결주의라는 단순한 결정 구조가 반영을 못한다는 것이다. 영국이 대표적으로 다수결주의를 통해서 의회를 구성한다. 반면, 스위스·오스트리아 등은 합의제민주주의를 선택한다. 이는 사회 균열이 단순한지 복합적인지에 대한 맥락 고려가 중요하다는 점을 알려준다.

다수결주의의 두 번째 비판은 심의민주주의 혹은 토의민주주의가 제시한다. 토의민주주의 중에서 특히 하버마스(J. Habermas)의 '재구성적 정치이론'[23]을 중심으로 대의민주주의에 대한 비판을 설명한다.

하버마스 이론에서 핵심은 '제3의 영역'과 '의사소통적 합리성'이다. 근대국가가 팽창하면서 시민들이 문화를 향유하던 공간인 살롱이나 카페와 맥주집과 같은 문화적 공간이 축소된다. 이 공간은 문화를 공유하는 공간에서 점차 정치 의견을 공유하는 공간으로 확장된다. 국가라는 공적이고 행정적인 영역이 아니면서 시장과 같은 전적으로 사적인 영역도 아닌 시민사회의 공간이 되는 영역이 제3의 영역이다. 이곳에서는 시민들이 의견을 공유한다. 그러나 행정영역이 커지고 산업화가 진행됨에 따라 시장 영역은 커지고 제3의 영역은 축소된다.

하버마스는 제3의 영역인 '생활세계'를 보호하고자 했다. 근대의 발전은 국가와 시장 영역은 확장시키는 반면, 시민적 토의의 공간은 축소시킨다. 이로 인해 시민들이 토의할 수 있는 공간 즉, 의사소통적 합리성을 실현할 공간이 제거되는 것이 문제된다. 따라서 체계(경제나

23) **하버마스의 재구성적 정치 이론**: 하버마스 이론의 핵심은 '성찰성(reflection)'이라고 하는 도구적 이성과는 다른 이성을 통해 그 동안 진리라고 믿었던 것들을 다시 살펴보자는 것이다. 이성을 수단적으로만 이해하지 않고 변화 가능한 것이자 대화를 통해 새로운 것을 배워가는 것으로 이해한다면 공적 언어인 '담론'을 통해 새로운 가치를 창출할 수 있다. 이렇게 심의과정을 거쳐 전통적으로 구성된 가치관에 변화를 가하는 것이 재구성적 이론이다.

관료적 행정으로 통합되는 사회부분)로부터 생활세계를 보호하는 것이 중요하다. 일상에서 관료적인 합목적성이나 시장의 합목적성을 강조하는 현대 사회에서 시민들이 토의하고 공적인 문제에 대해 의견을 가질 수 있는 것이 중요한 것이다.

공적 공간이 중요한 것은 이 공간에서 공유된 가치를 둘러싼 의사소통이 가능하기 때문이다. 우리가 친구들과 만나는 카페나 맥주집에서 사적인 대화, 문화에 관한 이슈, 선거와 같은 이슈를 대화하는 것은 이들이 중요하게 여기는 가치를 공유할 수 있기 때문이다.

복잡한 의미를 가진 것으로 보이는 생활세계는 3가지로 구성된다. 첫째, '문화'로 공유하는 지식을 만들어낸다. 둘째, '사회'로 사회의 질서와 구성원 간 연대의식을 학습하게 한다. 셋째, '인격성'으로 주체가 자신의 정체성을 이해하고 이를 언어로 표현할 수 있는 능력을 의미한다. 생활세계는 개인들이 주체적 의식을 가지고 사회를 구성하며 문화를 통해 가치를 학습하면서 살아가는 공간이다. 이 공간은 원자적 개인들과 도구적 합리성에 지배 받지 않는다. 사회 구성원들이 문화를 공유하면서 살아가는 공간이다.

여기서 의사소통적 합리성이 중요하다. 의사소통적 합리성이란 '담론'[24]을 통해 타자들과 가치나 규범을 교환하고 공유할 수 있는 능력을 의미한다. 사회적 존재인 시민들은 자율성을 가지며 대화를 통해 새로운 것을 만들어 낼 수 있는 '구성적 능력'을 가진다. 2000년 16대 총선에서 시민사회가 주도하여 정치 문화를 바꾸면서 낙천·낙선을 주도했던 사례를 들 수 있다.

이 경우 민주주의는 심의성을 갖는다. 숙고하는 민주주의라는 심의민주주의에서 '심의(deliberation)'는 대화를 통해 확실하지 않은 부분을 배제하고 토의를 통해 믿을 수 있는 것만 믿는다는 것이다. 심의를 위해서는 많은 이들이 참여하고 많은 이들의 의견이 자유롭게 개진되어야 한다. 또한 권력과 시장에 대해 비판적 입장을 견지할 수 있으며 비판을 통해 더 나은 가치를 확보할 수 있어야 한다.

이렇게 시민들은 의사소통[25]인 심의를 거치면서 공론의 장은 사회적 담론을 구성한다. 담론은 자유주의가 고정시킨 가치들이 아닌 새로운 가치를 구성할 수 있게 해준다. 과거 1980년대 성장론자와 환경론자 사이에 '지속가능한 개발'을 만든 것처럼 새로운 사회적 가치와 공공선을 발견할 수 있다. 시민들이 자발적으로 만든 공론의 장에서 만든 의견은 공적 입법과정을 거쳐야 한다. 입법을 거쳐야 실제 법을 통해 사회적 선이 실현된다. 문제는 입법자의 의회 내 심의와 시민사회의 심의가 서로 방향이 불일치할 경우이다. 이것은 '쌍선적 심

---

24) **담론의 의미**: '담론'이란 인간이 공적 가치를 달성하고 상호이해를 위해 비판적으로 의견을 교환하여 공유하는 행위를 지칭한다. 담론에서는 자신의 주장을 증명하려고 하며 그 과정에서 진지한 반성과 성찰이 요구되는 대화과정을 의미한다. 여기서는 다른 이와의 가치 규범 공유를 목적으로 한다.

25) **전략적 의사소통 vs 의사소통적 행위**: 인간이 언어를 사용하는 데는 두 가지 용도가 있다. 전략적 의사소통은 일상 생활에서 필요나 생존을 위한 의사소통을 의미한다. 예를 들어 집에서 "엄마 밥 줘"를 외치는 것이다. 반면, 의사소통적 행위는 순수하게 서로를 이해하기 위한 토론과 대화를 하는 행위를 말한다. 이런 사회적인 대화를 담론이라고 한다.

의'[26] 문제로 하버마스는 이 경우 최종적으로는 의회의 손을 들어준다.

하버마스 이론은 비판이론이라는 좌파이론 입장에서 시민사회를 옹호한다. 그런데 하버마스가 의미하는 시민사회는 '공간'[27]적 측면에서 의미가 특별하다. 자유주의의 행위자 혹은 이익집단으로서 시민사회나 공동체주의의 연대의식과 도덕적 구현주체로서 시민사회가 아니라 제3의 영역을 지켜내는 공간적 의미를 가진다.

정리하자면 하버마스 이론은 크게 4가지 특징을 가진다. 첫째, 사회주의 아이디어를 기반으로 우파 자유주의를 공격한 것이다. 특히 비판적 관점에서 자유주의가 가진 보수성을 공격했다. 둘째, 정치적 엘리트주의를 거부한 것이다. 자유주의나 공화주의는 시민사회를 명예 추구적이거나 권력 추구적이라고 보는 데 비해 공론장에서 시민사회는 반드시 엘리트적일 필요가 없으며 반드시 명예 추구적일 필요도 없다. 셋째, 민주주의 정치과정을 중시한다는 점에서 절차적 차원의 민주주의 그 자체를 중요시한다. 하버마스 이론은 좌파 이론임에도 불구하고 특정 결과를 정하고 이것을 달성하려는 이론은 아니다. 심의 과정에서 사회화되는 것을 중시한다. 넷째, 성찰적 입장에 따른 합리주의를 수정했다. 과거 전통적으로 강조되던 인간의 사회성을 되살리면서 근대 이론의 도구적 합리성에 문제 제기를 한다.

제3절 자유주의의 주요 개념 분화: 자유와 평등

1. 자유의 다양한 의미와 제한

표를 통한 비교 **자유의 개념과 제한과 한계 비교**

소극적 자유	간섭의 배제. 국가(타인의) 간섭 배제
적극적 자유	자기 지배 구현. 국가를 통한 사회부조리 폐지
자유 제한	외부적인 규제. 무제한적 자유의 자유파괴라는 딜레마극복 필요
자유 한계	내재적인 한계. 타인관련행동에 대해서는 자유는 한계를 가짐

26) **쌍선적 심의**: 심의는 의회와 시민사회에서 각각 이루어질 수 있다. 본래 의회는 시민들의 대표로 이루어진 심의기관이다. 만약 의회와 시민사회에서의 심의가 다른 방향으로 진행될 경우 하버마스는 의회를 선택한다. 담론의 제도화를 위해서이다. 즉, 심의가 제도적 권력으로 가기 위해서는 입법과정이 필요한 것이다. 이 부분에서 하버마스가 프랑크푸르트학파의 비판적 입장에서 벗어난 것이 아닌가 하는 비판을 받을 수 있다.

27) **공간으로서 시민사회**: 심의민주주의는 시민사회를 토의 공간으로 이해한다. 행위 주체나 세력이 아닌 공간적 의미에서 시민사회를 이해하는 것은 공공선을 향유하고 토의할 수 있는 공간으로서 시민들을 중시하는 것이다. 만약 명망가인 시민운동가가 정치권으로 이탈하면 이것은 시민사회의 공간자체가 줄어들거나 약화되는 것을 의미한다.

자유주의의 핵심 개념은 '자유'이다. 자유는 "무엇을 할 수 있다"라는 적극적인 의미와 "무엇으로부터 간섭당하지 않는다"라는 소극적인 의미를 가지고 있다. '간섭 배제'라는 소극적 자유와 '자기지배'라는 적극적 자유의 두 가지 의미를 가지고 있는 것이다.

그런데 자유의 문제는 개인이 자유를 가질 때 그 자유가 타인의 자유를 해칠 수 있다는 것이다. 권력자의 권력 사용의 자유는 피권력자의 간섭 배제의 자유를 침해한다. 마찬가지로 산모의 자기 선택의 자유를 위한 낙태[28]는 태아의 생명 유지를 위한 권한과 자유를 침해한다.

이는 자유에 대한 범위를 정해야 하는 문제를 야기한다. 한 사람의 자유가 다른 이의 자유를 침해한다면 어느 선에서 자유가 한정되어야 하는지 혹은 어느 지점에서 자유 간 타협을 이루어야 하는지 중요하다.

자유의 범위에 대해 가장 유명한 조언은 존 스튜어트 밀의 "당신이 팔을 뻗을 수 있는 자유는 타인의 코앞에서 멈춘다."에서 찾을 수 있다. 자유주의 논리를 유지하면서 가장 좋은 논리는 타인의 자유를 침해하지 않는 한도까지 개인의 자유를 허용하는 것이다. 이런 일반적인 조언에도 불구하고 실제로 어떤 상황이 '타인의 코앞에서'에 해당하는지는 확실하지 않다. 즉, 범위 획정이 어려운 것이다. 예를 들어 자살은 전적으로 개인의 선택이지만 그 자살로 인한 다른 사람들의 충격이나 자살 문제를 처리하기 위한 방안을 모색하는 사람들에게 주는 부담을 고려하면 자살 역시 다른 이의 자유와 권리를 침해한다.

(1) 자유의 두 가지 의미: 소극적 자유 vs 적극적 자유

개인의 자유가 타인의 자유를 침해한다는 것은 개인의 자유에 대한 사회적 제한이 있어야 한다는 논리를 만든다. 그렇다고 할 때 먼저 자유의 제한이 무엇인지를 살펴볼 수 있다. 자유가 제한을 받는다는 것은 자신이 하고자 하는 일이 방해를 받는 것이다. 즉, 외부적인 구속으로 인해 자신의 목표나 가치를 달성하지 못하는 것이다. 자유의 첫째 측면은 간섭의 배제이다.

이사야 벌린(I. Berlin)은 자유[29]의 개념을 두 가지로 구분하였다. '소극적 자유'는 간섭의

---

28) **낙태죄 헌법불합치 결정**: 2019년 4월 11일 헌법재판소는 형법 269조와 270조의 낙태죄에 대해 헌법불합치판결을 내렸다. 의회가 2020년까지 이 조항을 수정하라는 점에서 위헌이 아니라 헌법불합치로 판결하였다. 그동안 낙태죄를 둘러싸고 여성의 자기결정권과 태아의 생명권사이의 갈등이 많았다. 헌법재판소의 판결을 여성의 자기 결정권에 손을 들어준 것이다.

29) **이사야 벌린의 자유 구분**: 2002년 「자유론」에서 자유의 의미를 두 가지인 '소극적 자유'와 '적극적 자유'로 구분하였다. 그는 라트비아에서 태어난 유태인이다. 1915년 1차 대전에서는 독일 공격을 피해, 1920년에는 공산주의를 피해 영국으로 이주한 개인적 경험을 가지고 있다. 이 경험이 자유에 대한 연구에 평생을 매진하게 한 것으로 보인다. 적극적 자유는 이성을 따르면서 자기 지배를 실현하는 것이다. 그러나 이런 자기지배의 자유는 자칫하면 도덕적 명분이나 절대자 혹은 보호자(guardian)들의 의지로 전체주의화할 수 있는 위험이 있다. 루소의 일반의지가 대표적이다. 따라서 자유의 여러 대안 중 자신이 원하는 것을 선택할 수 있는 자유 즉, '강제의 부재'가 필요하며, 이에 이사야 벌린은 소극적 자유를 강조하였다. 소극적 자유를 강조한 것은 다양한 선택 가능성을 강조한 것이다. 이는 적극적 자유로 정당화될 수 있는 획일화를 거부하고 다원성을 향유하기 위한 것이

부재이다. 간섭의 부재란 타인이 부과한 외적 구속이 존재하지 않는 상태로서 타인의 강제가 없는 것을 의미한다. 반면, '적극적 자유'는 자기지배의 자유로 이는 인민이 자신의 운명을 결정할 수 있는 자유이다.

소극적 자유는 강제의 부재인 만큼 자유에서 "무엇을 하게 하는 것"이 아니라 "무엇을 하지 못하게 하는 것"을 제거하는 것이다. 이 개념의 장점은 대체로 국가가 행사하는 권력의 자의성·임의성을 배제하는 것이다. 반면, 단점은 무엇을 하게 만드는 것은 아니기에 어떤 것의 성취 여부를 전적으로 개인의 능력과 의지 문제로 만든다는 것이다. 예를 들어 비정규직이나 청년 실업의 경우 국가가 나서서 취업을 못하게 하는 것은 아니니 소극적 자유는 달성되었지만 취업을 통해 자신의 능력을 실현할 수 있는 방안을 만들어주는 것은 아니기에 적극적 자유가 구현된 것은 아니다. 이때 소극적 자유론에서 본 취업이 안 되는 이유는 개인들의 스펙 부족과 같은 능력 부족인 것이다. 왜냐하면 모든 이에게 기회는 균등하게 배분되어 있고 누군가는 이런 어려운 상황에서도 취업을 하기 때문이다.

적극적 자유는 인간이 자신이 원하는 삶을 살 수 있게 함으로써 인격 도야를 가능하게 한다. 인간은 공동체에 있을 때 자유로워질 수 있다. 만약 인간이 자연에 내몰려 완벽하게 혼자라면 그의 삶은 자연환경에 지배당할 것이며, 기후변화와 맹수 그리고 식량과 물자 부족에 시달릴 것이다. 따라서 인간은 집단을 이루고 국가를 구성할 때 외적 조건에서 자유롭다. 그리고 이렇게 구성된 국가 내에서도 자유를 확보할 수 있으면 진정으로 자유로운 것이다.

적극적 자유의 장점은 무엇을 실현하게 함으로써 사회적 억압이나 차별과 같은 구조적 모순으로부터 자유롭게 한다는 것이다. 개인들의 의지에도 불구하고 자신이 원하는 가치를 실현하지 못하게 하는 것들을 공동체가 제거함으로써 자유는 개인의 차원을 넘어설 수 있다, 예를 들어 다문화인들의 취업 제한과 같은 종족적(ethnic) 기준과 사회적 차별을 들 수 있다.

그런데 적극적 자유를 실현하려면 구성원 개인에 의해서 실현되는 것이 아니라 국가·민족과 같은 집단 성원이 되어 사회적 결속이 되어야 한다. 그런 점에서 적극적 자유는 집단화의 위험을 내포한다. 즉 적극적 자유는 특정 결과와 특정한 도덕적 선을 달성하는 것을 목적으로 한다. 그런데 이 결과와 도덕적 선이 올바르다는 것은 그것이 올바르다는 전제에서 가능한 것이다. 만약 누군가가 다른 누군가의 선택 이전에 자신의 가치나 이념 그리고 도덕적 덕목이 우월하다면 이는 '보호받을 자'와 '보호할 자'[30]로 구분하는 셈이 된다. 플라

다. 자유를 다원성 관점에서 이해하려는 노력으로 파악할 수 있다.

30) **보호자 논쟁**: 보호자 논쟁은 플라톤 이래로 이상주의적 아이디어에 기반을 두어 인민의 의사를 대신 판단하고 인민들의 가치를 정해줄 수 있는 자들을 의미한다. 대표적으로 플라톤의 '철인군주'가 있고 루소의 '일반의지'가 있으며 헤겔의 시대정신을 읽어내는 '초인'이 있다. 또한 법치주의에 와서 법관들도 보호자가 되며 사회주의 국가를 대체할 전위정당인 공산당 역시 보호자가 된다. 누군가가 다른 누군가보다 우월하며 우월성을 근거로 보호자가 된다는 것의 핵심은 그 보호자를 과연 지속적으로 신뢰할 수 있는가에 있다. 만약 보호자의 이성에 문제가 있다거나 보호자가 견제되지 않아

톤 이래로 있어왔던 '보호자(guardian)' 논쟁처럼 적극적 자유에서는 무엇이 달성되었는지를 적극적으로 판단할 주체가 필요하다. 그리고 이념적으로 올바르다고 믿기에 가혹한 폭력을 사용하여 현재 상황을 개선하려 할 수 있고 이 과정에서 가치를 획일화하는 전체주의의 위험이 있는 것이다.

자유의 두 가지 가치 중에서 무엇을 선택할 것인지를 두고 많은 이론가들이 대립해왔다. 각기 장점이 있듯이 단점도 있기 마련이다. 따라서 어떤 가치관을 갖는가에 따라 자유의 가치를 선택할 수밖에 없다. 200여 개가 넘는 자유의 의미에서 가장 의미가 명확한 두 가지 자유는 개인들이 시대환경 변화 등을 고려하여 사회적 가치로 선택될 것이다.

(2) 자유의 제한 가능성

자유의 어려움 중 하나는 모든 사람에게 자유를 부여한다면 어떤 이도 자유롭지 못할 수 있다는 점이다. 이로 인해 자유는 '절제'나 '제한'이 필요하다. 자유 활용에 스스로 '절제'가 된다면 이는 자유를 강조하더라도 사회적 갈등이 생기지 않을 것이다. 그러나 인간 세상이 모두 '절제'의 미덕을 가진 이들로만 구성되지는 않는다.

인간의 이기심으로 자유를 무제한 활용하는 것을 모든 구성원들이 원한다면 자유를 위한 사회적 투쟁이 생길 것이다. 예를 들어 살인의 자유와 자기보호의 자유는 상충한다. 이때는 절제가 아닌 제한 방식이 필요하다. 외부 강제가 있을 때 자유를 위한 무한 경쟁은 사라질 수 있다. 그런데 자유를 제한하려면 그 제한이 합당하다는 믿음이 있어야 한다. 합당성에 대한 믿음 즉, 권위에 대한 믿음과 인정이 있을 때 개인들은 자유를 침해받지 않으면서 자신들이 인정한 권위를 따른다.

이제 개인들의 자유는 사회적 권위와 만나게 된다. 그런데 이런 권위를 바라보는 관점에는 차이가 있다. 영미식 자유주의는 자유 보호를 강조하면서 권위의 경계선을 명확히 설정하고자 한다. 법치주의를 통해 권위가 작동할 수 있는 공간을 한정하는 것이다. 반면, 프랑스식의 대륙에서는 자유보다는 권위를 강조한다. 대륙식 자유주의는 권위를 강조함으로써 자유와 권위를 상호 충돌시키는 것이 아니라 합치려 한다.

대륙식 사고는 플라톤(Plato)에서 비롯하였다. 프랑스 이론가인 루소는 "자유로워지기 위해서 강제되어야 한다(forced to be free)"라고 주장했다. 개인보다 사회를 강조하는 대륙식 사고방식은 개인을 강조하는 영미식 사고방식과 다르다. 대륙식 사고방식에서는 국가 구성원인 인민들이 자유를 위해 사회 구조와 운영 방식을 배워야 한다. 반대로 국가는 이들을 자유롭게 하기 위해 교육을 시켜야 한다. 자유는 아는 것에서 출발하며, 아는 것을 위해 국가가 나서야 한다면 국가는 개인의 침해받지 않을 자유를 침해할 수 있다. 또한 한국과 싱가포르의 권위주의 정권이 '동아시아적 가치'를 주장했듯이 권위주의 이론을 옹호하는 데 악

부패하게 된다면 보호자는 실제 보호자가 아니라 가장 위험한 약탈자가 될 수 있다. 그래서 보호자는 항상 "보호자는 누가 보호하는가(Who guards guardian?)"라는 문제제기를 불러일으킨다.

용될 수 있다.

(3) 자유의 한계

자유를 제한하는 것과 달리 자유에는 한계도 있다. 자유는 절대적 가치가 아니기 때문이다. 자유는 항상 다른 가치와 충돌할 수 있다. 따라서 자유는 항상 한계를 가진다. 자유의 한계에 대해서는 존 스튜어트 밀(J.S. Mill)의 이론을 통해 설명할 수 있다. 밀은 인간의 모든 행위를 두 가지 '자기관련 행동(Self-regarding act)'과 '타인관련 행동(Other-regarding act)'으로 구분하였다. 전자는 전적으로 자신과 관련되며 타인에게 영향을 미치지 않기에 한계를 설정할 필요가 없다. 후자는 타인에게 영향을 미치기 때문에 한계를 설정할 필요가 있다. "타인에게 피해를 주어선 안 된다"를 근거로 하여 자유의 한계를 설정한다. "개인의 자유는 타인의 코앞에서 멈춘다"라는 말처럼 개인의 자유로운 행동은 타인의 이익까지 보장해야 한다. 하지만 문제는 어떤 행동이 '자기관련 행동(Self-regarding act)'과 '타인관련 행동(Other-regarding act)'중 어디로 구분되는지에 있다.

자유의 한계에 관해서는 구체적으로 3가지 논의가 있다. 첫째, 불쾌한 행위도 피해에 포함되는가의 논의가 있다. 자신의 권리를 침해하지는 않지만 다른 이의 불쾌한 행동이 자신의 자유를 침해하는가 하는 문제이다.

둘째, 도덕을 위해 정부가 간섭할 수 있는가의 논의가 있다. 공동체의 도덕을 위해 정부는 규제를 한다. 이때 도덕 문제에 대해 국가가 개입할 수 있는가의 문제를 두고 국가를 바라보는 관점의 차이가 있다. 자유주의는 불완전주의 국가를 상정한다. 국가는 도덕적으로 완전하지 않기 때문에 국가가 무엇에 개입할 것인지 정할 수 없다. 반면, 공화주의는 완전주의 국가를 상정한다. 공공선을 결정할 능력을 국가가 가지고 있기 때문에 도덕적으로 무엇을 할지 역시 결정할 수 있다.

셋째, 온정주의적 간섭이 가능한가에 대한 논의가 있다. 온정주의가 가능하다는 근거는 몇 가지가 있다. 우선은 타인의 행동을 자율적으로 만들기 위해 온정적으로 간섭할 수 있고 타인의 피해를 막기 위해 간섭할 수 있다는 주장이 있다. 문제는 과연 국가가 온정주의라는 판단에 의해 간섭해도 될 것인가 하는 점이다. 자유주의 관점에서 적극적 자유를 위해 개입하는 것이 필요한가의 문제가 제기된다.

앞서 본 것처럼 자유는 충돌할 가능성이 높다. 언론의 자유를 보장함으로써 사생활 침해가 일어나는 경우를 들 수 있다. 이 경우 중요한 것은 어떤 방식의 해법을 찾을 것인가 하는 점이다. 자유가 충돌을 해결하는 방안은 민주적 절차를 따라 인민들의 결정에 맡기는 것이다.

자유라는 가치가 확보된다고 해도 문제가 생길 수 있다. 자유는 보장되지만 분배적으로 배제되는 경우가 있을 수 있다. 예를 들어 인간 생존에 필요한 최소 자원에 대한 접근이 차단된 경우라면, 국가의 개입과 분배적 정의가 고려되어야 할 것이다.

2. 평등과 분배의 문제

사회는 가치를 사회 구성원에게 분배하는 것이 중요하다. 구성원들에게 한정된 자원과 역할 및 부담을 분배하는 것이 정치의 본질이기 때문이다. 자유가 개인에게 주어진 것이라면 평등은 개인에게 주어지지만 사회적 차원과도 연결된다. 따라서 평등은 개인과 사회 모두와 연결된다.

사회적으로 분배에 문제가 있다고 느낄 때 구성원들은 불만을 가지고 저항하거나 혁명을 일으킨다. 따라서 사회를 운영하고 국가를 유지하기 위해서는 공정한 분배 방식을 만들고 이에 대한 사회적 합의를 달성해야 한다. 한국에서도 2010년 지방선거에서 처음으로 복지 논쟁이 나오면서 분배적 정의에 대한 관심이 높다.

그런데 평등이라는 것이 똑같음을 의미하는 것인지 대등함을 의미하는 것인지는 입장 간 차이가 있다. 자유보다도 평등은 타인을 전제로 하기 때문에 더욱 조건부적인 이론일 가능성이 높다. 즉, 절대적인 기준보다 상대적인 기준이 작동할 수 있는 여지가 높은 것이다.

(1) 분배 기준

분배를 하는데 있어서 몇 가지 기준에 따른 방법이 있다. 첫째는 '자격(merit)'에 기초한 분배이다. 자격에 따라 이익을 할당하는 방식이다. 공동체주의의 신아리스토텔레시안들이 주장하듯이 덕목을 갖춘 이들에게 사회적 자원이 돌아가야 한다는 것이다. 예를 들어 최고의 악기는 최고의 연주를 하는 사람에게 돌아가는 것이 타당하다.

둘째는 '평등'과 '필요'에 기초한 정의이다. 인간의 필요량은 같으므로 이에 따라 분배하는 방식이다. 사회주의 아이디어에 따르면 인간은 평등하기 때문에 자격이나 기여도와 관계없이 분배에 동참해야 한다는 입장이다.

셋째는 자유방임적 태도이다. 자유주의 입장으로 게임의 룰을 만들고 공정한 경쟁을 하여 분배한다. 이 게임의 규칙이란 결과에 승복하는 것이다. 이는 분배를 개인의 능력으로 전환시킨다. 그러나 구조적 제약으로 능력을 발휘할 수 없거나 선천적으로 능력이 부족한 경우에는 문제될 수 있다. 특히 선천적 능력으로 판단한다면 선천성이라는 '운'에 지배를 받게 되는 것이다.

(2) 평등의 개념 간 차이

평등에 대해서도 다양한 입장이 있다. 우선 평등과 자유에 대한 관계 설정에 대한 차이가 있다. 가장 일반적인 입장은 평등을 자유와 맞서는 개념으로 이해하는 것이다. 자유지상주의와 같이 자유를 강조하는 입장에서는 평등을 자유와 대적하는 개념으로 이해한다. 이들은 평등주의적 분배계획을 자신들의 자유 강탈로 본다. 의지와 능력을 가지고 열심히 일한 이들의 개인적 소유권인 자유를 평등이라는 기치로 사회적으로 나누는 것으로 보는 것이다.

하지만 자유와 평등은 상호 보완적이다. 자유롭지 않으면 평등할 수 없다. 노예가 주인으로부터 자유롭지 않으면서 평등해질 수는 없다. 반면, 평등해야 자유로울 수 있다. 사회 구성원들이 인종이나 계급에 관계없이 평등할 때 구속 받지 않는다.

자유가 다양한 것만큼이나 평등도 다양하다. 평등도 다의적인 측면이 있는 것이다. 다의적인 평등의 의미 중 첫째는 '동일성(sameness)' 측면이다. 모든 이를 동일하게 처리한다는 동일성 논리는 사회적 적용이 불가능하다는 점이 문제이다. 왜냐하면 이는 인간의 본성과 인간의 조건을 무시하기 때문이다. 인간은 모두 개개인의 차이가 있는데, 이를 사회적으로 재단하여 모두 동일하게 처리해주는 것은 불가능하다.

둘째는 '동등 가치(equivalency)' 측면이다. 동등 가치 접근은 인간은 각기 다르지만 같은 가치를 가진다는 관점으로 접근한다. 직관적 이해가 쉽지 않은 이 논리는 추가 설명이 필요하다. 몇 개의 추가적 논리로 구성된 이 입장은 다음과 같은 논리적 구조로 연결되어 있다. "모두 다 다르지만 모두가 인간이라는 점은 같다" → "각자의 도덕적 가치는 같다." → "모든 사람은 평등하다." 모든 구성원이 인간이라는 점에서 평등하다고 보고 인간이 가진 도덕적 가치에서 평등성을 찾는 것이다. 앞의 접근이 산술적 평등을 추구한다면 동등 가치 접근은 조건상 평등을 주장한다는 점에서 좀 더 현실적이다.

(3) 평등에 대한 이론적 입장 차이

평등을 바라보는 다양한 이론적 입장을 살펴보면 평등이라는 개념의 다의성을 이해할 수 있으며 사회적으로 어떤 기준에서 평등을 설정해야 하는지도 살펴볼 수 있다. 이론적으로 5개의 입장을 비교해본다.

첫째는 보수주의적 견해이다. 에드먼드 버크(E. Burke)를 대표로 하는 보수주의 입장에서 평등관은 거부된다. 인간이 타고 나기를 평등하게 타고 나지 않았기 때문에 평등은 자연적 개념이 아니라 사회적 발상인 것이다. 따라서 평등을 가치 있는 것이라 주장하는 것은 사회공학을 통해 인간의 자연성을 거부하는 시도이다. 버크는 "평등은 인간의 자연적 모습과 맞지 않다. 태어날 때부터 인간은 자연적으로 불평등하다."라고 주장했다.

보수주의의 주된 논거는 인간의 '탁월성'[31]에는 차이가 있다는 것이다. 플라톤(Plato) 이래로 많은 학자들은 인간의 탁월성 차이를 주장했다. 따라서 사회적 배분은 더 탁월한 자에게 더 많이 주는 것이다. 학식이나 지적 능력이나 도덕성과 같이 뛰어난 사람에게 권력을

31) **탁월성 논쟁**: 인간의 탁월성에는 여러 가지 근거가 있다. 플라톤처럼 지식이 탁월성을 만들 수 있다. 아리스토텔레스는 공동체에서의 시민적 미덕, 즉 시민성을 탁월성의 근거로 들었다. 같은 명망가인 시민들에게 인정받을 수 있는 덕성이 중요하다고 본 것이다. 마키아벨리에게 탁월성은 권력을 이해하고 권력을 활용하는 능력을 의미했다. 이태리공화주의자들에게 탁월성은 부를 활용하고 공동체를 위해 헌신하는 능력을 의미한다. 자본주의 시대 자유주의의 탁월성은 부를 획득하는 능력에 있다. 21세기 현대에 와서 지도자를 선택할 때 무엇을 보고 선택할 것인지가 탁월성의 기준이라면 이들 기준이 다시 현대에도 적용되는 것이다.

주는 것이 자연스러운 것이다. 이 입장에서 열등한 사람에게 권력을 주고 복잡한 사회운영을 맡기는 것은 바람직하지 않다. 따라서 정치적 불평등은 자연스러운 것이며 바람직한 것이다. 보수주의 입장에 대한 여러 비판[32]에도 불구하고 '이성' 중심의 세상만이 존재하는 것은 아니며 인간의 차이에 대해 성찰할 수 있는 기회를 제공한다는 점에서 의미를 찾을 수 있다.

둘째는 홉스의 사회계약론적 견해이다. 이 입장은 평등을 단순한 가정에서 출발한다. 홉스가 볼 때 인간은 모두 '죽음 앞에서 평등'하다. 인간은 누구나 죽는다는 점에서 평등하다. 누구나 남을 죽일 수 있다는 점에서 평등하고, 누구나 주어진 생을 살고 싶어 한다는 점에서 같다. 생명을 지키고자 하는 이유가 국가를 만드는 동기이다. 이런 면에서 모두 평등하고 타인의 생명을 해치는 자는 누구나 처벌 받는다. 홉스 이론에 대한 비판[33]에도 불구하고 국가가 수행해야 할 가장 기초적인 이유와 국가를 구성한 인민들의 평등주의적 발상이라는 점에서 의미가 있다.

셋째는 사회주의 견해이다. 사회주의는 인간 욕구의 대등성을 상정한다. 각 개인은 동일한 사회·경제적 욕구를 가지고 있다는 점을 이론적 출발점으로 삼는다. 그런데 자본주의 사회는 평등하고자 하는 인간의 욕구를 거부하고 소수 독점의 불평등성으로 구축되어 있다. 이윤율이 각기 다르고 초기 부존자원이 다른 상황으로 인해 부르주아는 선취점을 갖는다. 이들 소수의 독점 때문에 다수의 프롤레타리아는 생존의 위협을 받는다. 따라서 사회주의 입장에서는 인위적으로 사회구조를 평등하게 만들어야 한다. 사회주의에 대한 비판[34]에도 불구하고 사회주의가 제기한 분배적 정의 문제는 지속적으로 남을 것이다.

넷째는 민주주의 견해이다. 민주주의 입장에서는 절차적 평등이 중요하다. 정부의 정책결정이 사회에 지대한 영향을 미치므로 정책결정(decision making)의 절차적 민주화가 평등에 매우 중요하다고 본다. 이때 정책결정 과정에서 평등이 중요하다. 자유주의는 어떤 결과가 만들어질지 사전에 결정되지 않기 때문에 결정 결과가 아닌 결정 과정에서 배제되지 않는 것이 중요하다. 민주주의 평등관에 대한 비판[35]에도 불구하고 민주주의를 '자기 결정'으로

---

32) **보수주의 평등에 대한 비판**: 첫째, 재능의 차이는 자연적이지 않을 수 있다. 개인의 후천적 노력, 환경, 교육 기회 등에 의해 결정될 수 있다. 따라서 조건을 개선해주는 것이 필요하다. 둘째, 개인의 차이가 국가 권력과 관련이 있는가에 대해 부정적이다. 국가의 보호를 받을 권리는 같은 것이다. 이는 인권 문제이다. 따라서 평등은 기본권과 관련되어 있다. 개인 간 차이는 인정하지만 정치적으로 볼 때 이는 중요하지 않다.

33) **홉스의 사회계약론적 평등에 대한 비판**: 국가에게 개인이 바라는 것을 너무 작은 범위에서 본다. 목숨을 구제해주는 국가로 논의를 한정한 것이 문제인 것이다.

34) **사회주의 평등관에 대한 비판**: 유물론 입장에서 국가와 개인 간의 문제를 지나치게 물질적으로 해석한다는 문제가 있다. 물질적 분배를 이룬다고 해서 관념적으로 모든 이들이 평등하게 만족하는 것은 아니다. 또한 불평등한 세상을 인위적으로 평등하게 만들지만 인간의 본성에는 부합하지 않는다.

35) **민주주의 평등관에 대한 비판**: 첫째, 민주주의는 다수결 원칙이다. 따라서 공정한 표결을 통해서도 지속적인 패자가 생긴다. 둘째, 대부분 국가에서 소수자(Minority)는 특별한 정의감과 도덕심을

본다면 모든 인민이 평등하게 참여하여 결정하는 것은 중요하다. 다만 민주주의의 다수결주의에 대한 문제를 해결하는 대안으로 합의주의(consensus) 방식이나 심의주의 방식 등이 제시된다.

다섯째는 '공정성(fairness)'을 강조한 존 롤즈의 평등주의 입장이다. 롤즈가 제시한 공정성이란 모든 사람을 대할 때 상황이 허락하는 한 가장 공정하게 대하라는 것이다. 공정성은 절차적 차원의 개념으로 '기회 균등'을 강조한다. 롤즈의 문제의식은 공정한 경쟁 없이 생겨난 현실의 불평등을 인정할 수 없다는 것이다. 이 부분에 국가가 개입하여 격차를 줄여야 한다. 구체적으로 소외 받은 계층에게 국가가 교육을 제공하는 이유는 두 가지이다. 하나는 재능을 개발해 공정한 기회를 주는 것이며, 다른 하나는 자녀에게 불평등이 상속되지 않도록 하는 것이다. 공정성을 강조한 이론의 비판[36]에도 불구하고 절차적 차원에서 사회 계약을 다시 구성하는 것이 필요한 이유를 자유주의 관점에서 설명했다는 점에서 의미가 있다.

다섯 가지 관점에서 볼 때 평등을 바라보는 조건은 모두 다르다. 이는 평등을 지지하는 이들의 입장도 서로 차이가 있다는 것이다. 어떤 평등을 선택할 것인지 역시 사회적 합의를 통해 결정하는 것이 중요하다.

제4절 자유주의 관련 주제들

1. 자유주의와 인권의 보편성 주장: 보호책임을 통한 인권 개념 확장

자유주의를 국내정치에서 확장하여 국제정치 이슈로 만들 수 있다. 자유주의는 보편적 이성과 인권을 기초로 한다. 특히 천부인권은 국가 이전의 권리이기 때문에 국가가 구성되기 이전의 사회나 국가가 붕괴된 상황, 국가가 안보를 확보하지 못한 상황에도 작동할 수 있다.

자유주의에서 인권은 중요하다. 국내적 인권 문제가 국제적 인권 문제로 확장된 것은 2차 대전 이후 홀로코스트 때문이다. 국내적 인권에 대한 도덕성이 국제적 도덕성으로 작동한 것이다. '박애(fraternity)주의'는 인권 확장을 보여주는 개념이다. 자국에서의 인권에 대한 중요성이 타국에까지 확장된 것이다. 이성을 가진 인간이라면 보편적으로 인권을 가진 타국 인간에 대해서도 동일한 잣대로 인권을 보호해야 하며, 자유주의의 '인도적 개입(humanitarian intervention)'을 위해 지도자도 '인도적 책임(humanitarian responsibility)'[37]

가진 사람이 많다. 그러나 다수결주의 하에서는 이들이 점차 정부정책 결정 과정에서 멀어지게 만든다.

36) **롤즈의 공정 이론에 대한 비판**: 가장 큰 문제는 현실적으로 적용하기 어렵다는 것이다. 공정하게 분배하기 위해 사회계약을 다시 하자는 취지에도 불구하고 현실적으로 이것을 실현할 수 있는지의 문제가 있다.

을 져야 한다. 인도적 책임의 모호성문제와 자의적 판단 문제로 인해 2005년 국제사회는 '보호책임(Responsibility to Protect)'을 만들었다. 2011년 실제 리비아사태에서 이를 원용하여 군사력을 사용하기도 하였다.

표를 통한 비교 **보호책임**

도입년도	2005년. 유엔 세계정상회의 '결의문'에서 보호책임을 명시
도입배경	현실적 배경: 인도적개입의 자의적적용. 사례) NATO의 코소보 개입 학술적 배경: 2001년 '개입과 국가주권에 관한 국제위원회(ICISS)'에서 처음 개념 사용
군사조치 사용	인권침해가 심각한 국가에 대해 '인권보호'라는 국가의 책임을 지지 않았다는 이유를 들어 군사적 공격을 가하는 행동 경제적 제재가 아닌 군사적 제재에 국가이익이 아닌 인권보호를 명분으로 하는 것
중심 내용	3가지 기둥. 첫째, 국가의 1차적 책임 둘째, 국제공동체의 2차적 책임 셋째, 국제공동체의 시의적절하며 단호한 책임
4가지 요건	전쟁범죄, 집단학살, 인종청소, 반인륜적범죄
보호책임결정주체	UN 안보리로 단일화
국제정치적 의미	첫째, (인류최초로)국가에게 인권보호의 의무를 지게 함. 둘째, 국제공동체의 인권보호 의무를 지게 함
적용 사례	리비아사태(2011년)
한계	선별적인 사용. 2011년 시리아의 화학무기사용에는 적용 안됨.

2. 자유주의의 법치주의 강화 문제[38)]

자유주의는 법을 통한 통치를 강조한다. 자유를 구속 받더라도 합의된 범위에서만 구속 받는 것이다. 자유를 위한 권위의 인정과 예측 가능성을 위해 법치주의는 중요하다.

법치주의가 가져오는 긍정적 기능은 명확하다. 법을 통해 자유를 확보하며 자유는 민주적 결정을 가능하게 만든다. 법치주의는 기본권 보호라는 소극적 목적과 함께 법을 통한 정의 실현이라는 적극적 목적을 동시에 구현한다.

하지만 법치주의 강화로 인한 문제도 명확하다. 법치주의는 사법부를 강화할 수 있고 극단적으로는 제왕적 사법부 논의[39)]를 가져올 수 있다. 민주적 정당성과 대표성이 부족한 사

37) **인도적 책임의 의미**: 자유주의는 인도적 기준으로 타국의 인권 문제에 개입하는 책임을 져야 한다고 본다. 현실주의는 국가의 국민에게만 책임을 지는 '국가적 책임(national responsibility)'을 강조하는 반면, 국제사회가 있다고 생각하는 국제사회이론은 '국제적 책임(international responsibility)'을 강조한다. 국제적 책임은 국가들이 약속하고 합의한 경우에 있어서만 개입해야 한다고 본다.

38) 김비환, "헌정주의" 「정치학이해의 길잡이 1: 정치사상편」 부분 요약.

법부의 정치 개입은 두 가지 문제를 야기한다. 첫째, 인민들이 선택하지 않았고 인민들을 대표하지 않는 이들이 정치체제의 운영방식을 결정함으로써 민주주의를 법치주의가 대체한다는 것이다. 둘째, 소수자의 지배 문제이다. 헌재 재판관 9명의 판결이 1200만 표를 받은 대통령의 결정이나 의회 과반수를 넘은 찬성을 무효화할 수 있다는 점은 '다수의 지배'인 민주주의의 원리와 어긋나는 것이다.

법치주의가 가진 장단점으로 볼 때 법치주의가 민주주의 공간까지 확장되는 것에 대해서는 '사법 적극주의'와 '사법 소극주의'의 입장 차이가 있다. 법치주의가 기본권 침해라는 소극적 목적에 한정되면 사법 소극주의가 된다. 사법 소극주의는 법치주의를 통해 자유를 보장하고 민중주의적 민주주의로부터 자유주의를 보호한다. 반면, 사법부가 '정의실현'을 위해 분배적 정의에 개입하면 사법 적극주의가 된다. 이 경우 민주주의의 인민의 지배와 법치주의의 법관의 지배는 서로 충돌한다.

헌정주의와 법치주의는 유사한 의미로 쓰인다. 하지만 법치주의가 더 넓은 개념이다. 헌정주의는 법을 통한 지배의 한 유형이며 최고법인 헌법에 의한 지배를 의미한다. 예를 들어 사회주의는 정당이 중요하기 때문에 헌법을 최고의 가치로 두지 않고 당의 강령을 최고 가치로 둔다. 이 경우 헌정주의는 의미가 없다. 법치주의와 같이 헌정주의도 적극적 헌정주의와 소극적 헌정주의[40]로 구분할 수 있다.

헌정주의와 민주주의의 관계는 크게 두 가지로 나뉜다. 첫째, 진보적 입장의 해석은 과거 헌법을 따르는 것이 헌법 제정자와 현재 유권자라는 두 명의 주인을 섬기게 하는 문제를 낳는다고 본다. 따라서 민주주의가 헌정주의에 우선하며, 헌법은 수정될 수 있다. 둘째, 보수주의적 입장의 해석은 헌법이 민중 지배를 방지한다는 것이다. 헌법은 입법자들의 과잉 입법으로부터 인민의 자유를 보장하는 최종적인 수단이다. 보수적 입장에서 헌법 수정은 최소화된다.

3. 법치주의의 강화: '다른 수단에 의한 정치' 악용

최근 한국 정치에서도 '다른 수단에 의한 정치'가 많이 나타나고 있다. 다른 수단에 의한 정치란 대의민주주의의 원 수단인 정당과 정당의 경쟁 구조를 통해 사회적 갈등을 해결하지 않고 다른 수단인 미디어와 사법부를 이용하는 것을 의미한다. 이는 미국의 정치학자인 세

39) **제왕적 사법부 논의**: 최장집 교수의 2004년 로버트 달 저서 번역의 서두에서 제기된 개념이다. 2004년 대통령 탄핵과 행정수도 이전에 관한 결정에서 헌법재판소가 두 가지 결정을 통해 민주주의의 결정보다 중요해졌다는 점을 지적하기 위해 제기된 개념이다. 이 개념은 아더 슐레진저(Arthur Schlesinger)가 미국의 제왕적 대통령론을 이야기한 것을 빗대어 헌법재판소의 소수 지배를 비판하기 위한 개념이다.

40) **적극적 헌정주의와 소극적 헌정주의 구분**: 적극적 헌정주의는 정부의 강제력 제한에 더해 정부에 권한과 능력을 부여한다. 대표적으로 미국을 사례로 들 수 있다. 반면, 소극적 헌정주의는 정부의 권력 제한에만 집중한다. 프랑스가 대표적이다.

프터와 긴스버그(M. Shefter & B. Ginsberg)가 만든 개념으로 미국 민주주의에서 정당들이 민주적 경쟁 대신 다른 방식을 이용하여 권력을 장악하는 방식을 이론화한 것이다.

미국 내에서 다른 수단에 의한 정치가 운용되는 방식은 'RIP' 방식으로 묘사된다. 정당이 미디어와 사법부를 이용하여 정치적 권력을 차지하는 과정은 3단계를 거친다. 첫째 단계에서 대통령과 의회가 사법기구와 언론매체를 활용해 선거기간 중에 드러난 상대방의 윤리적 결점이나 법률 위반 혐의를 '폭로(Revelation)'한다. 둘째 단계에서는 검찰이 '조사(Investigation)'하며, 셋째 단계에서 '기소(Prosecution)'함으로써 사법처리를 하는 것이다. 어려운 선거경쟁을 피하기 위해 정당이나 정치인들이 미디어와 사법부를 이용하는 것이다.

한국에서도 '다른 수단에 의한 정치'가 현실 이슈가 되고 있다. 2004년 대통령 탄핵 관련 결정이나 행정수도이전에 대한 헌재 결정 이후 사법부가 정치의 중심에 서는 상황이 늘어나고 있다. 최근 2014년 헌재의 통진당 해산도 중요한 사례이다.

'다른 수단에 의한 정치'는 대의민주주의 위기와 관련하여 3가지 차원에서 연결된다. 첫째, '시민' 측면에서 대의민주주의에 대한 낮은 기대로 인해 시민들이 정치적 문제 해결기제로서 정당이 아닌 언론과 사법부를 선호하게 하는 것이다. 둘째, '정당과 대의기구' 측면에서 대의기제들 스스로 다른 수단을 이용하는 측면이 있다. 정당과 정치인이 폭로전을 통해 네거티브 선거 전략을 구사하여 당선을 추구하는데 이런 전략은 정당에 대한 낮은 신뢰를 더욱 악화시킨다. 셋째, '다른 수단들 자체' 측면에서 미디어와 사법부 자체가 권력을 추구하는 경향이 생긴다. 미디어는 자신이 하나의 권력 기관으로서 행동한다. 사법부 역시 정치적 결정에 개입함으로써 자신의 권력을 확대한다.

제 3 장 공화주의 이론과 공화주의 관련 논쟁들

수험적 맥락

공화주의이론이 부상하고 있다. 한국에서 가장 소개가 덜 된 이론이 공화주의이론이다. 최근 자유우의와 공동체주의의 논쟁에서 공화주의가 부상하면서 이론적 자원이 확대되고 있다. 때마침 한국도 공화국논쟁을 하면서 민주주의의 내용이 무엇이어야 하는지를 고민하고 있다. 이 장은 공화주의 이론을 통해 3가지 중심이론인 자유주의 +민주주의 +공화주의의 틀을 완성한다.

수험적 중요주제

1. 공화주의이론의 특징과 구분	2. 공화주의이론의 한국적 의미

제1절 자유민주주의 공화국으로서 대한민국

1. 한국 정치체제의 지향 이념들

대한민국은 자유민주주의 공화국이다. 대한민국 정치가 추구해야 할 가치는 궁극적으로 자유주의・민주주의・공화주의라는 3가지 키워드로 요약되는 것이다. 한 사회가 추구하는 사회적 가치가 무엇인지 다루는 것이 정치사상이라면 한국에서 중심적으로 보아야 할 사상의 내용은 자유주의・민주주의・공화주의이다.

3가지 사상은 서로를 보완하기도 하지만 상호 모순되기도 한다. 자유주의는 자유를 중시하고 민주주의는 평등과 자주적 결정을 강조하며 공화주의는 공공선을 지향한다. 이들 가치들 간에는 상보적 관계도, 상충적 관계도 성립한다. 대한민국이 추구하는 사회적 가치는 결국 개별 사회구성원들이 어떤 가치를 더 선호하는가에 대한 집합적 확인과 발견 혹은 구성의 과정을 통해 이루어진다. 만약 사적 선호와 이익을 강조하는 방향으로 사회의 가치가 합의된다면 그 사회는 자유주의가 공화주의를 압도하는 것이다. 이 경우 자유주의적 가치가 공화주의적 가치를 압도하며 이는 한 국가의 정책결정 과정과 그 결과에도 영향을 미친다.

결정 과정에서는 만장일치나 전체구성원의 합의(consensus)보다 다수결에 따른 구성원들의 선택을 강조할 것이고 정책 결과는 개인 위주의 정책이 만들어질 것이다. 공교육보다는 사교육을 통한 교육경쟁이 정당화될 것이고 복지를 통한 분배보다 성장을 위한 국가의 적은 간섭이 강조될 것이다. 북구 유럽의 복지국가들과 달리 미국과 영국에서 신자유주의가 주도적인 것은 이들 국가에서 이러한 개인적 가치의 사회적 합의에 의한 산물로 나타나는 것이다.

그런 점에서 대한민국의 정치적 가치관을 통해 어떤 방향으로 정치를 이끌 것인지는 정치사상 중에서도 자유주의·민주주의·공화주의 이론의 도움을 받아 이해해야 한다. 예를 들어 다문화주의를 바라보는 민주주의 관점이나 자유주의 관점, 공화주의 관점이 어떻게 다르고 어떤 점에서 화합할 수 있는지 파악해야 한국의 현재 다문화주의 정책의 문제점이나 장점을 볼 수 있고 개선책을 논의할 수 있는 것이다. 그런 점에서 정치사상은 큰 범주에서 자유주의·민주주의·공화주의라는 정치이념의 이해에서 출발할 수 있다. 앞 절에서 자유주의에 대해서는 설명하였다. 또한 민주주의 이론은 민주주의 부분에서 자세히 다루기 때문에 여기서는 공화주의 이론에 집중하되 공화주의 논쟁을 가져온 부분에서만 자유주의 이론을 다소 보완한다.

2. 공화주의 · 자유주의 · 민주주의 간의 구분

(1) 공화주의와 자유주의의 구분

공화주의와 자유주의의 구분은 일견 단순해 보인다. 공화주의가 공동체를 강조하는 이론이라면 자유주의는 개인을 공화국으로부터 구해내는 이론으로 묘사할 수 있다. 개인의 자유와 사적인 이익 및 소유권을 보호하는 자유주의는 공동체의 덕성인 공공선과 법을 통한 평등을 강조하는 공화주의와 매우 명확히 구분된다.

실제로 영국에서 1870년대에 있었던 노동자의 음주에 관한 규칙 제정 사례는 자유주의와 공화주의 간의 차이를 보여준다. 자유주의를 지향하는 이들은 노동자의 음주는 전적으로 노동자의 자발적 선택이기 때문에 국가의 간섭은 정당하지 않다고 했다. 그러나 토마스 힐 그린(T. H. Green)은 '적극적 자유'의 개념을 강조하면서 국가 개입을 옹호하였다. 그는 자유를 단지 국가와 타인의 간섭이라 보지 않고 "인간이 이성에 기반을 두어 좀 더 나은 삶을 살 수 있게 하기 위해 공동체가 같이 노력해야 한다"고 주장했다. 이처럼 인간이 더 나은 자신의 삶을 살기 위한 조건을 만드는 데 있어서 국가 개입은 정당한 것이다. 노동자들이 지나치게 과음을 한다면 이는 노동자들이 더 나은 삶을 살 수 있는 기회를 놓치는 것이니 국가는 법을 통해 규제해야 한다는 것이 그린의 논리였다.[1)]

---

1) **적극적 자유와 공화주의 간의 관계:** 토마스 힐 그린은 영국 지성사에서 자유의 새로운 개념을 열어주었다. 그는 이론가이면서 실천가로서 영국의 주류가 된 자유주의의 기득권이 간섭의 배제만을 이야기하면서 천부인권 특히 소유권에 기반을 둔 이론으로 국가 개입을 거부하는 것은 문제가 있다고 보았다. 인간이 공동체에서 같이 살아가기 위해 권리는 천부적인 것이 아니라 사회적인 것이라

한국에서 2013년의 진주의료원 폐쇄 사례 역시 공화주의와 자유주의의 간극을 잘 보여준다. 진주의료원은 공공의료기관으로서 수익이 맞지 않는 이유로 폐쇄되었다. 개인의 능력을 강조하는 자유주의는 사설 병원이나 사립대학 병원의 비싼 진찰료와 치료비를 낼 수 있는 사람은 선택의 자유가 있다. 하지만 그런 능력을 가지지 못한 사람들은 좋은 진료체계에 접근할 수 없다. 물론 한국의 의료보험제도가 서구 국가들보다 잘 되어 있기에 보험을 통해 병원 진료를 받을 수 있는 범위가 넓기는 하지만 시민들의 건강이라는 공공성을 향유하기 위한 병원시설의 폐쇄는 한국에서 자유주의가 강화되어 나타나는 사례로 볼 수 있다.

공화주의와 자유주의를 구분하는 핵심은 개인이 사회에 선행하는 것인지 아니면 사회가 개인에 선행하는 것인지와 개인에게 부여된 권리가 천부적인 것으로서 절대적인 것인지 아니면 사회적인 것이라서 제한을 가할 수 있는 것인지에 있다.

표를 통한 비교

자유주의: 개인(합리성 · 개체성) ⇒ 사회. (권리)천부인권 ⇒ 국가의 법적 제약 자제
공화주의: 사회(역사 · 관행·관습) ⇒ 개인. (권리)사회적 권리 ⇒ 국가의 법적 제약 가능

(2) 공화주의와 민주주의의 구분

공화주의와 민주주의는 구분이 명확하지 않다. 민주주의나 공화주의 모두 사회적 인간을 상정하며 공공선에 대해 이야기하기 때문이다. 민주주의가 인민의 자기지배를 위해 인민들이 참여하여 공공선이 무엇인지 결정하는 이론이라면 공화주의는 계급적으로 타협하여 공공선이 무엇인지 결정하는 이론이다. 그런 점에서 양자는 구분되기 어렵다.

하지만 양자가 동일한 이론은 아니다. 양 이론은 태생이 다를 뿐 아니라 발전 경로도 다르다. 민주주의는 그리스의 아테네를 태생으로 한다. 반면, 공화주의는 그리스(그리스식 공화주의/시민적 공화주의/공동체주의/강한 공화주의)와 함께 로마(신로마공화주의/현대적 공화주의/약한 공화주의)도 모태로 한다. 민주주의는 그리스 시대에 있어서 빈곤한 자들의 지배 혹은 시민의 지배의 의미를 동시에 가지고 있다는 점에서 정치체제에 있어 반드시 좋은 정치체제로서의 의미만을 가지는 것은 아니다. 반면, 공화주의는 공공선을 창출하려는 시민들의 정치체제이고 이는 시민이라면 마땅히 추구해야 하는 정치체제이다.

고 본 것이다. 더 나은 삶을 위해 개입이 정당하다는 그린의 논리는 자유라는 권리와 함께 공공선 간의 충돌대신 조화를 상정한다. 1870년대 당시 노동법이나 교육법을 통해 사회구조를 바꾸고자 했던 그래드스톤 정부를 옹호하면서 이론을 만든 그린은 당시에는 공화주의라는 용어를 붙이기 어렵지만 현대적으로 볼 때 공화주의적으로 해석할 수 있는 여지가 있다. 조승래 『공공성 담론의 지적계보』(서울: 2014, 서강대출판부). pp.115-120.

표를 통한 비교

민주주의: 권력의 주체 문제. 인민의 지배 강조. (인민 · 민중 포함) 다수의 지배. 공공선의 사후적 결정(공익과정설)
공화주의: 권력 행사의 내용 문제. 시민의 지배 강조. 계급적 타협에 의한 지배. 공공선의 사전적 결정(공익실체설/강한 공화주의)과 공공선의 사후적 결정(공익과정설/약한 공화주의)

역사적으로 보아도 민주주의와 공화주의는 구분된다. 민주주의는 일시적으로 그리스 시대에 존재했고 이후 근대에 들어와 유럽 일부 나라에서 자유주의의 힘을 빌려 부활했다. 인민이 지배하려면 군주와 귀족 그리고 신흥부르주아와 같은 지배계급으로부터 독립적일 필요가 있었다. 이는 유럽에서 전쟁을 거치며 1920년대 보통선거권이 갖추어지고 인민으로서 노동자와 여성들이 정치체제의 결정권을 가지면서 확립되었다. 이후 사회주의의 영향으로 민주주의는 절차와 제도를 뛰어넘고자 하는 경향을 가지게 되어 경제 · 사회 수준에서도 민주주의의 도입 필요성을 주창하면서 이념 수준뿐만 아니라 제도 수준을 뛰어넘게 된다. 이후 진보 진영 논리가 가미되면서 민주주의는 일국 수준의 정치 부분만이 아닌 논리로 확장된다.

그런 점에서 볼 때 민주주의와 공화주의는 의미가 다르다. 민주주의는 권력이 누구에게 있는가 즉, 권력 주체의 문제이다. 직접적 또는 간접적 방식 중 어떤 방식으로 이루어지든 관계없이 정치체제 권력의 기반은 인민(people)에게 있는 것이다. 여기서는 인민이 중요하다. 시민이 아닌 인민이 주체인 것이다. 공적 문제에 의미를 가지거나 교육 받은 남성만을 의미하는 그리스식 시민이 아니라 자연적 공동체의 구성원인 인민이 주체가 되는 것이다. 따라서 민주주의는 인민의 지배 특히 인민 다수의 의사 확인이 필요한 지배 방식이다.

반면, 공화주의는 권력을 어떻게 다룰 것인지와 관련된다. 공화국이란 권력의 내용과 관련 있다. 공화국이 어떤 방식으로 정치를 운영할 것인가에서 공공선이 그 중심을 차지한다. 민주주의에서 공공선은 무엇인지 사전에 정해져 있지 않고 인민들의 결정에 따른다. 이를 위해 인민에게는 평등과 자유가 부여되어 있다. 절차적 평등과 간섭 부재로서 자유가 민주주의의 공공선을 결정하는 토대이다. 이는 실질적으로 공공선의 방향이 무엇이 되어야 하는가에 대한 사전적 합의가 없다는 것이다. 그런 점에서 민주주의는 권력의 사용 방식이 어떻게 되는지 예측할 수 없다. 단지 국가라는 권력체의 권력이 무엇으로부터 나오는지를 말할 뿐이다.

3. 공화주의의 구분: 강한 공화주의 vs 약한 공화주의

공화주의는 권력 사용의 방향이 공공선으로 정해져 있다. 그것이 선제적으로 이미 정해져 있어 구성원들은 자신들의 합의와 관계없이 공화국의 가치를 받아들여야 하는 경우(공동체주의/강한 공화주의)와 자신들의 합의에 의해 공공선을 새롭게 정의하고 구성할 수 있는 경우

(신로마공화주의/약한 공화주의)로 나뉘어져 있지만 양 진영 모두 공공선을 사적 이익보다 중시하다는 점은 동일하다. 전자를 공동체주의로, 후자를 공화주의로 구분하는 입장이 있는가 하면 양자 모두를 공화주의로 다루는 입장도 있다. 공동체 이익이라는 것이 선대에 정해지면 후대에 이를 따를 것인지, 아니면 후대는 후대대로 따로 정할 것인지 차이는 있지만 공동체 이익을 사적 이익과 자유보다 우위에 둔다는 점에서는 공통적이다.

이처럼 공화주의는 '시민적 덕성'과 '정치적 참여'를 두고 강한 공화주의와 약한 공화주의로 구분된다. 강한 공화주의의 대표 이론가는 한나 아렌트, 마이클 샌델, 찰스 테일러이며, 이들은 두 가지 가치를 내재적 가치이자 중요한 정치적 가치로 내세운다. 이 입장은 공동체주의로 구분되기도 한다. 덕성이 자유에 선행하고 정치참여는 필연이다. 아리스토텔레스의 '인간은 정치적 동물' 명제를 받아들여 인간 이전의 사회를 강조하는 것이다. 또한 인간의 사회성 명제를 받아들인다. 인간이 사회 안에 있는 것은 자연스럽고 필연적이며, 공공선은 이미 사전에 정해져 있어 발견만 하면 되는 것이다. 이 주장은 공공선에 대한 사회적 논의의 의미가 없다는 점에서 비판을 받는다. 공동체주의에 관해서는 뒤에 구체적으로 설명한다.

반면, 약한 공화주의 혹은 도구적 공화주의는 본질적 가치를 자유에 두고 시민적 덕성과 정치적 참여를 자유 확보 수단으로 간주한다. 약한 공화주의의 대표 이론인 신로마공화주의는 강한 공화주의가 현대 다원주의 사회에서 특정한 가치를 선험적으로 받아들임으로써 문제가 있다고 보아 이 입장을 뛰어넘으려 시도한다.

자유주의에서 말하는 자유를 거부하지 않으면서 다른 유형의 자유를 제시한다. 비지배적 자유를 통해 예속과 예종의 문제를 제기하는 것이다. 간섭의 부재라는 소극적 자유는 노예에게 자비로운 주인이 있는 상황을 자유로 본다. 간섭은 없지만 지배당하고 있는 상황인 것이다. 비지배적 자유는 적극적 자유도 거부한다. '자기지배'로서 적극적 자유는 자기를 지배하는 이성을 실현한다는 명목으로 합리적 이성을 갖추지 못한 이들의 이성을 대신하는 지배자를 만들 수 있다. 이것은 실제 자유라는 명목으로 독재를 정당화할 수 있다. 비지배라는 제3의 자유 개념을 통해 자유를 제일 중요한 목적으로 하면서 참여를 수단으로 상정했다.

강한 공화주의와 약한 공화주의를 비교하면 다음 표와 같다. 이와 함께 자주 비교되는 자유에 관한 3개의 개념들 간 비교도 참고하면 이론 간 구분이 명확해질 것이다.

표를 통한 비교

강한 공화주의: 본질적 가치로서 '시민적 덕성' + '정치적 참여' 강조 ⇒ 인간의 사회성 명제 + 정치참여 의무(자연성과 필연성) + '공공선>자유'
약한 공화주의: 본질적 가치로서 '자유' ⇒ 수단으로서 '공공선'과 '정치참여'

표를 통한 비교

소극적 자유: 국가타인의 '간섭 배제' ⇒ 국가와 법은 자유 제한 ⇒ 천부인권을 통한 법 제한의 한계
적극적 자유: '자기 지배'의 자유 ⇒ 사회적 억압이나 차별과 같은 구조적 제약을 개선하기 위한 국가의 개입과 법 제정 ⇒ 사회적 권리와 입법에 의한 제한 가능성
비지배적 자유: '예속과 예종의 상태' 배제 ⇒ 예속과 예종이라는 지배관계 해결 필요 ⇒ 국가에 의한 법 제정을 통해 자의적 지배로부터 해방

표를 통한 비교

형식적 평등: 개인(합리성·개체성) ⇒ 사회적 선(공공선)의 구성에 있어서 동등한 접근 보장 ⇒ 특정 결과를 보장하지 않음
실질적 평등: 개인(합리성·개체성) + 사회구조적 제약 ⇒ 사회적 선(공공선)의 구성에 있어 차별적 접근 보장 ⇒ 특정 결과 보장

표를 통한 비교

절차적 민주주의: 자유주의 ⇒ 민주주의 구성(제도로서 민주주의 + 소극적 자유 +형식적 평등) ⇒ 공사 영역 구분, 정치 영역에서만의 민주주의
실질적 민주주의: 사회주의·급진주의(루소) ⇒ 민주주의 구성(이념으로서 민주주의 + 적극적 자유 + 실질적 평등) ⇒ 공사 영역 구분 부정, 모든 영역에서의 민주주의

4. 공화주의의 역사[2)]

(1) 그리스의 공화주의

공화주의는 로마 시대를 원류로 하지만 그리스 시대의 혼합정치체제를 구축하고자 했던 아리스토텔레스를 포함할 경우 시대적으로 민주주의 시대와 겹친다. 아리스토텔레스도 계급정치에 대한 고민에서 귀족 정치와 평민 정치를 아우르는 혼합정체(polity)를 주장했다. 그리스 시대의 사회적 변화를 무시할 수 없었던 아리스토텔레스는 스승인 플라톤이 주장했던 계급적 구분이 명확한 사회(이성 · 용기 · 욕망으로 대표되는 지배계급 · 군인계급 · 평민계급으로 나뉜 각 계급에 의한 자신의 역할을 다하는 사회)만을 고집하지 않았다. 시민적 삶을 강조함으로써 다른 이로부터 인정받는 삶을 사는 인생에서의 행복을 강조했던 아리스토텔레스 역시 공공선의 관점에서 국가를 구성하고자 했다.

2) 홍익표 "공화주의", 『한국 정치를 읽는 20개의 키워드: 신자유주의부터 포퓰리즘까지』, (서울: 오름, 2012)를 정리함.

(2) 키케로의 공화주의

공화주의를 좀 더 심각하게 고민한 것은 제국시대 로마의 사상가 키케로이다. 그는 자신의 나라 로마를 '공공의 것(res publica)'이라 정의했고 이것이 공화주의의 유래가 되었다. 키케로의 고민은 로마제국의 역사와 연관되어 있다. 도시국가 로마는 하나의 조상신을 모신다는 혈족 집단적 개념이 강하여 공공성을 주장하는 것이 어렵지 않았다. 반면, 로마가 제국이 되어 식민지를 거느리게 되었을 때 로마인들과 로마 속국의 식민지인들은 하나의 국가 안에 정체성을 형성할 필요가 있었다. 이런 상황에서 키케로가 의존한 것은 법률이었다.

로마는 법을 발전시켰고 이것을 통해 종족적 정체성의 차이를 극복할 수 있는 방법을 발견한 것이다. 종족이 다른 식민지인들에게 법적인 공동체 차원에서 동질성을 주장함으로써 종족적 정체성보다는 법적 정체성에서 로마제국인들은 어디서 태어났건 로마법 아래 평등하다는 논리가 성립했다. 법적으로 평등하다는 점이 제국 내 동질적인 구성원이 될 수 있게 만든 것이다. 예를 들어 만약 제국로마 내의 변방에 게르만 족이 있다면 그가 태생의 조국이 아닌 제국로마에 충성하기 위해서는 종족적 차이에도 불구하고 공동체 구성원으로서 평등하다는 인식이 필요한데, 이러한 인식을 가져다 준 것은 법이었다.

키케로는 법이 시대를 초월하며, 이 점에서 법은 신과 인간에게 공통된다고 보았다. 신에게 있던 영원법이 인간의 양심 내지 예지로 나타나고 인간 대다수가 이를 실정법으로서 받아들일 때 '법률'이 되는 것이다. 이렇게 만들어진 법률은 시민 공동의 공공복리를 위한 것이 되어야 한다. 다음과 같은 키케로의 주장을 통해 법과 공화국의 관계를 이해할 수 있다.

> "국가는 인민의 것입니다. 인민은 어떤 식으로든 군집한 인간의 모임 전체가 아니라, 법에 대한 동의와 유익의 공유에 의해 결속한 다수의 모임입니다."

(3) 아리스토텔레스의 공화주의

키케로의 아이디어는 그리스에서 물려받은 것이다. 특히 아리스토텔레스에게서 영향을 받은 것이다. 그리스의 정치철학자인 아리스토텔레스는 '인간은 정치적 동물'이라고 주장하였다. 아리스토텔레스가 쓴 정치학에는 다음과 같은 설명이 있다.

> "여러 부락으로 구성된 완전한 공동체가 국가인데, 국가는 이미 완전한 자급자족이라는 최고 단계에 도달해 있다고 할 수 있다. 달리 말해 국가는 단순한 생존(zen)을 위해 형성되지만 훌륭한 삶(euzen)을 위해 존속하는 것이다. 따라서 이런 공동체들이 자연스러운 것이라면 모든 국가도 자연스러운 것이다. 국가는 이전 공동체들의 최종 목적(telos)이고, 어떤 사물의 본성(physis)은 그 사물의 최종 목표이기 때문이다....이로 미루어 국가는 자연의 산물이며, 인간은 본성적으로 국가 공동체를 구성하는 동물(zoon politikon)임이 분명하다. 따라서 어떤 사고가 아니라 본성으로 인하여 국가가 없는 자는 인간 이하이거나 인간 이상이다."

아리스토텔레스는 폴리스는 "지배하는 자가 지배받고 지배받는 자가 지배하는 곳"이라고 하였다. 지배와 피지배가 일치하는 공화국은 시민이라면 누구나 동등한 자격으로 지배에 참여하는 공동의 국가라고 할 수 있다.

위의 문장은 아리스토텔레스를 이해하는 데 있어서 매우 중요하다. 여기서 아리스토텔레스는 인간의 목적과 공동체의 목적을 제시한다. 좋은 삶을 사는 것은 행복한 삶을 사는 것이고 이것이 인간의 목적(telos)이다. 좋은 삶을 살게 해주는 것이 공동체와 국가의 목적이다. 아리스토텔레스는 인간이 공동체를 이루는 것이 자연적이며 필연적이라고 보았다. 공동체를 이루고 공동체의 동료 시민들에게 인정받는 삶을 사는 것이 인간의 행복이므로 공동체를 위한 미덕을 갖출 때 한 개인은 동료 시민들로부터 인정받을 수 있고 이것이 그 개인에게 행복을 가져오는 것이다. 이런 점에서 아리스토텔레스의 미덕 극대화는 인간의 행복을 극대화하는 논리가 되며, 개인의 삶은 공동체 속에서 미덕을 쌓아가는 윤리적 삶과 연결된다.

이렇게 연결된 윤리적 삶을 살 수 있는 공동체로서 폴리스 즉, 국가를 구성하는 것이 정치학이다. 만약 정치 공동체가 구축되어 있지 않거나 미덕을 추구할 수 없는 전제적 형태로 운영된다면 인간의 윤리적 삶은 보장받지 못할 것이다. 아리스토텔레스의 논리대로라면 정치공동체 즉, 국가가 인간의 행복을 구현해준다. 그래서 좋은 정치체제가 좋은 인간을 만드는 것이다. 이는 정치학의 가장 본질적 이야기인 국가와 인간의 관계를 설명해주는 것이다.

심화 학습

아리스토텔레스

공화주의 이론은 아리스토텔레스에서 시작되었다. 현대에 들어와 공화주의를 부활하고자 하는 이들의 노력도 아리스토텔레스를 계승하는가 아니면 아리스토텔레스를 부정하면서 새로운 공화주의이론을 구축하는가에 있다. 그런 점에서 아리스토텔레스를 좀 더 세밀하게 이해하면 공화주의 논리를 정리할 수 있다.

1. 인식론

아리스토텔레스는 플라톤의 제자이다. 아리스토텔레스 철학은 지식과 지식을 획득할 수 있는 인간에서부터 출발한다. 아리스토텔레스는 궁극적 진리를 추구할 수 있고 알 수 있는가라는 형이상학적 주제에 대해 플라톤과 다른 대답을 제시한다. 즉, 플라톤이 궁극적 지식인 이데아(Idea)와 이에 대한 인지를 사변적으로 주장한데 비해서 아리스토텔레스는 궁극적 진리와 현실이 동떨어진 것이 아님을 주장한다. 현실을 동굴의 우상 속 거짓이나 오류가 아닌 마주보아야 할 실체라고 주장한다. 따라서 현실에 대한 관찰과 설명을 통한 점진적 지식의 축적이 가능하며 필요한 것이다.

그렇다면 이러한 현실 속 경험적 지식은 어떻게 축적되는가? 아리스토텔레스는 4원인설을 통해 이를 설명한다. 플라톤이 보편적 진리인 Idea와 그 밖의 실체들인 doxa를 구분한 것과 달리 그는 보편을 이루는 '형상인'과 개별 실체를 구성하는 '질료인'을 나눈다. 또한 실체를 구성하고 변화시키는 '운동인'과 그 실체의 존재 근거로서 유용성이 되는 '목적인'을 나누고 있다. 따라서 플라톤이 오로지 Idea라는 불변적 원리에 진리를 둔데 비해 아리스토텔레스는 보편적 특성과 개별성 그리고 변화 가능성과 그 목적 및 방향에 설정함으로써 실제 현상을 잡아낼 수 있게 되었다.

2. 인간론

아리스토텔레스의 인식론에 비추어볼 때 인간은 보편적 속성인 형상인과 개별적 특수성인 질료인으로 구성된다. 인간은 동물과 마찬가지로 육체를 가지고 있으면서 육체적 욕구와 감정을 지닌다. 이는 인간과 동물의 질료에 해당하는 것으로 각각의 형태 등에서 차이를 가질 수 있다. 반면, 인간은 동물이 지닐 수 없는 고유한 특성을 가진다. 이는 불변의 속성으로 인간을 구성하는 이성 즉, 사고할 수 있는 능력이다. 이것은 인간의 고유한 형상인이다. 그러나 인간은 신의 영역에 도달할 수는 없다.

플라톤이 Idea를 아는 것에 인간의 의미를 둔 것에 비해, 아리스토텔레스는 인간의 욕구와 감정 등 동물적 특성과 지식을 알아낼 수 있는 이성이라는 인간만의 특성을 제시한다. 이를 통해 동물적 본성을 통제함으로써 미덕(Virtue)을 달성할 수 있는 것이다.

아리스토텔레스의 인간관에서 중요한 것은 인간 이전에 사회를 상정했다는 점이다. 인간은 정치적 동물이라는 그의 주장은 인간이 사회를 구성하지 않고 공동체 사무에 참여하지 않는다면 그것은 인간이 아니고 동물이라는 것이다. 따라서 참여는 필연적이며 자연스러운 것이다.

3. 윤리관

다음으로 인간의 궁극적 목적을 살필 필요가 있다. 아리스토텔레스에 따르면 인간의 궁극적 목표는 행복(Eudaimonia)이다. 행복이란 성공과 번영을 의미한다. 즉, 자신이 가질 것을 가지고 달성한 상태가 행복이다. 이 성공과 행복은 시민적 미덕(Virtue)으로 달성할 수 있다. 여기서 이 미덕을 달성하는 것이 아리스토텔레스의 윤리학이다.

그에게 있어 시민적 미덕이란 이성을 통해 욕망을 '절제'할 때 나타난다. 또한 덕 있는 행동을 알아낼 수 있는 '지식'과 이를 습관화하는 '실천'이 중요하다. 실제 덕 혹은 도덕적 덕성은 플라톤과 같이 추상적으로 나타날 수 없고 구체적인 사회 속에서 실제로 그리고 구체적으로 나타나며, 그 사회는 당시의 국가를 의미하므로 국가 내의 관계 속에서 나타난다. 이는 인간이 도덕적이기 위해 그것을 가능케 해주는 정치체제를 필요로 함을 의미한다. 이로써 아리스토텔레스의 윤리학과 정치학은 하나의 짝을 이룬다.

4. 정치관

인간의 존재 의의인 행복이 덕성의 추구이며 이것이 국가의 정치체제 속에서 가능하다는 점은 인간을 구속한다. 즉, 인간은 그 인간으로서의 특성인 이성을 향유하며 이를 가지고 자신의 행복을 추구하기 위해서는 공동체 속에 존재해야 하며 공동체 특히 도시국가인 폴리스(polis) 속에서 살아야만 하는 것이다. 인간은 국가 내에서만 살아야 한다. 만약 인간이 국가를 벗어나서 살아갈 수 있다면 그것은 짐승이거나 신일 것이다. 따라서 필연적으로 인간은 정치적 동물인 것이다.

인간의 생존을 위해 필수적인 폴리스도 다른 집단은 인정한다. 이는 이들 집단들의 부분적

이해가 존재할 수 있음을 인정한 것이다. 그러나 폴리스는 이러한 부분들의 이익을 포괄하는 보편적 이익과 보편적 선을 지향한다. 따라서 인간뿐만 아니라 집단들도 포괄적 공동체인 폴리스를 기반으로 형성된다.

아리스토텔레스는 인간의 정치적 속성과 집단의 국가 귀속성 문제에서 이들 간의 개체를 인정한 가운데 어떻게 공존할 수 있는가에 대한 질문에 대해 '시민(Citizenship)'의 개념과 '유사한 가치체계의 공유' 및 상호보상 원칙을 통해 해답을 던진다. 먼저 시민개념은 일정한 지위를 인정받은 공동체로 상호간의 '우정(Friendship)'을 가지고 있다. '우정(Friendship)'은 같은 가치관을 공유하고 공감대를 가지고 있음을 지칭하는 개념이다. 따라서 '시민'의 지위와 '우정(Friendship)'은 '유사한 가치체계의 공유'를 내포하고 있다. 여기에 더해 불균등한 재산 상태와 이익을 인정하고 이 속에서 각각 '질'적으로 합당한 보상 즉, 교환한다면 공동체의 단결과 조화도 달성될 수 있다고 보았다. 이렇게 달성된 공동체의 조화는 인간들과 집단들을 공존할 수 있고 화합할 수 있게 하여 정치 질서의 안정을 제공한다.

이 지점에서 아리스토텔레스는 귀족적 공화주의로 분류된다. 유산자 계급으로부터의 인정을 받을 수 있는 대등한 시민이 현대적으로 볼 때 '노블리스 오블리쥬'와 동일한 맥락으로 해석될 수 있기 때문이다. 그런 점에서 가지지 못한 인민들의 인민민주주의를 강조한 루소식 공화주의와 대척점에 선다.

(4) 마키아벨리 이후의 공화주의

로마 공화정 몰락 이후 공화주의 이론을 부활시킨 것이 마키아벨리이다. 그는 <로마사논고>에서 로마가 어떻게 최고 위대한 도시가 되었는지를 논증한다. 마키아벨리는 위대한 도시는 내적이거나 외적이거나 어떠한 예속으로부터도 자유로워야 함을 강조했다. 도시를 위대하게 만드는 것은 공공선이지 개별선이 아니라고 하면서 공공선은 공화국에서 강조된다고 하였다. 그는 "공화국은 행복한 나라라고 할 수 있다. 이러한 나라에서는 다행히 매우 신중한 인물이 있어서 그 심사숙고 덕택에 법률도 매우 적절하게 제정되어 사람들은 모두 평온한 생활을 유지하며 개혁 소동을 일으킬 필요가 없다."고 지적했다. 여기서 마키아벨리는 위대한 업적을 달성하는 것이 단지 행운의 결과만이 아닌 비르투(virtue)와 결합된 운명의 산물이라고 했다. 이 비르투는 운명을 극복하게 만드는 것이다.

공화주의 사상은 이후 17-18세기 사상가들에게 영향을 주었고 영국의 명예혁명과 미국혁명과 프랑스혁명에 영향을 미쳤다. 이러한 과정을 통해 전제정을 타파하고 공화국을 건설하게 하였다. 그러나 이후 자본주의의 발전에 따라 자유주의가 부상하면서 공화주의는 이론적으로 약화되었다.

공화주의에서는 시민이 적극적으로 참여하여 사적 이익보다 공적 이익을 강조해야 한다고 본다. 이 점을 강조한 이가 프랑스의 사상가 알렉산더 토크빌이다. 그는 미국여행을 하면서 미국의 지역 공동체 시민들이 자발적으로 대화와 토론에 참여하여 공동체를 운영하는 것을 보고 인상을 받았다. 이렇게 지역 공동체에 참여함으로써 법과 자치를 익히는 것을 '마음의 습속'이라고 했다. 토크빌이 볼 때 공화주의의 핵심은 이러한 자발적인 시민의 참여에 있었다.

공화주의에서는 시민이 중요하다. 여기서 말하는 시민(citizen)은 사적 이익을 추구하는 자연인으로서 인민(people)이나 대중(mass)이 아니라 공적 문제에 관심을 가지고 주권자로서 정치에 참여하는 공민(public)을 의미한다. 이러한 시민의 개념이 그리스와 로마를 거쳤다가 종교개혁 이후 신 아래 평등한 시민이라는 개념으로 다시 부활한다. 특히 프랑스 혁명에서 민주주의적 시민 개념이 확립된다.

하지만 자본주의가 발전하고 정착하면서 공화주의가 강조했던 자유(ex. 비지배적 자유)는 자유주의적 자유(ex. 소극적 자유로서 국가 간섭의 부재)로 대체되었다. 자유주의의 소극적 자유 개념이 강해지면서 고전적 신자유주의[3]의 적극적 자유 개념을 누르면서 국가의 복지 부분에 대한 개입을 공격하였다. 대표적인 이론가가 하이예크이다.

자유주의 사조가 가져오는 폐해를 극복하기 위해 철학자 퀸틴 스키너와 정치학자 리처드 벨라미, 철학자 필립 페티트 같은 학자들은 공화주의를 새롭게 제시하고 있다. 공화주의 입장은 그리스 식의 공화주의로 아리스토텔레스를 따라 좋은 삶이란 인간이 자치 공동체에 참여함으로써 인간의 본성을 실현한다는 입장(강한 공화주의)과 마키아벨리를 따라 법의 지배에서 '비지배적 자유'를 확보한다는 신로마공화주의(약한 공화주의)로 나뉜다.

5. 현대 공화주의 논쟁의 의미

(1) 논쟁의 등장 배경

공화주의가 다시 부상한 이유는 학문적 측면과 현실적 측면 두 가지에서 제시될 수 있다. 먼저 학문적 측면에서는 1970년대 롤즈를 통해 자유주의가 다시 부상하는 것에 대한 논리적 반격을 위한 것이다. 롤즈의 문제의식에도 불구하고 자유주의 강화는 소유권적 자유주의 강화로 나타났다. 공동체주의를 포함하여 공화주의는 자유주의 논리의 문제점을 제기하면서 이론적으로 과거 공화주의 전통을 살리려는 취지이다.

이는 자유주의가 가져온 사회문제들을 해결하고 인간이 가진 공공성을 살펴보려는 시도이다. 과거 그리스나 로마 전통에서 인간은 원자적이지 않았고 사회적이었다. 인간은 사회적일 때 다른 이들로부터 칭송받을 수 있었다. 그런데 근대가 되면서 사는 것이 힘들어지자 시민들은 공동체의 연대의식보다는 가족의 편안함에 안주하기 시작했다. 그리스 시대의 사적공간이었던 가족이 중요해지고 소유권의 이전이 중요해지면서 공동체 운영에 대해 시간과 돈을 투자하는 것은 어리석은 일이 되었다. 이런 상황에서 시민성을 살려 공동체를 위한 시민을 재구성하고 교육하는 것은 시급한 사회과제가 되었으며, 지나치게 원자화되고 신자유

---

3) **고전적 신자유주의(Neo-liberalism)**: 1890년대 이후 자유주의 이론으로 강력한 국가를 통해 개인의 자유를 보장해야 하는 적극적 자유로서 자기지배 원리를 강조하는 입장

주의에 의해 화폐의 노예가 되고 있는 사회를 재구성하는 것이 필요한 것이다.

여기에 더해 공화주의는 사회주의의 변혁 프로젝트가 실패한 자리를 되찾고 싶어 한다. 사회주의 프로젝트는 소련의 붕괴, 중국의 자본주의화와 함께 실패한 것으로 판명 났으며, 자유주의는 신자유주의 광풍 속에서 완전히 주류가 되었다. 자유주의가 능력 중심의 사회 유지를 위해 변혁과 혁신의 아이디어를 제공하려면 공화주의에 기대야 한다고 본 것이다.

(2) 논쟁의 주요 내용

공화주의는 시민을 강조한다. 이는 자유주의에서 기업과 소유권을 가진 기득권의 동심원 속에 포함되지 않는 이들을 상정한다. 시민의 덕성과 참여는 1960년대 말 신좌파 논리를 등에 업고 있다. '공공선'으로 개인들의 이기심과 이익을 무디게 하는 논리를 구축한다. 게다가 '참여'를 통해 공공선을 만든다는 아이디어 역시 기득권의 보수성을 공격할 수 있는 무기이다. 이런 상황에서 도덕을 말하면서 자유주의가 침묵하는 영역에 대해 도덕적인 일격을 가하고 완전주의 국가 개념을 도입하여 국가 개입을 정당화시킨다.

신로마공화주의는 한 걸음 더 나아가 '지배' 문제를 공격한다. 자유주의는 타인이나 국가의 간섭이 없는 부드러운 형태의 '지배' 구조를 가질 수 있다. 간섭하지 않지만 지배할 수 있는 것이다. 권력론에서 제시된 것처럼 '비결정적 권력'이나 '반결정적 권력'[4)]은 정부나 자본가계급의 권력이 실제 간섭 없이 작동하는 것을 드러낸다. 따라서 간섭이 없고 법이 제한하지 않는다 해서 자유로운 상태라고 보기는 어렵다. 예속되고 예종될 수 있는 상황이라면 오히려 법을 제정해 자의적 지배에서 벗어나야 한다. 예를 들어 비정규직을 정규직으로 전환하는 법이라든지, 능력과 관계없이 탈북자나 성소수자들을 직업 선택에서 배제하지 못하게 하는 법을 제정하여 이들이 사회적 권력의 '자의성(despotic)'에서 해방되도록 해야 한다.

이 논의는 자연스럽게 공공성이라는 개념으로 사회주의가 빠진 자리를 대체할 수 있다. 자유주의의 이론적 아성뿐 아니라 자유주의의 기득권을 공격하기 위한 이론적 무기로서 공화주의가 사용될 수 있는 것이다.

한국 사회에서 논의된 공화국 논쟁도 이런 맥락에서 이해할 수 있다. 이 논쟁에서 공화국은 공화주의를 배울 때 맨 처음에 나오는 왕을 배제한 정치체제만은 아닌 것이다. 공화국은 단지 왕의 지배라는 전제정의 철폐라는 단순한 논리가 아니다.

공화국은 '공공성'을 추구한다. 공공성을 추구하는 것이 올바른 목적이기 때문에 규범적이다. 공공성은 다시 3가지 요소에 토대를 둔다. 첫째, 국정에 참여할 수 있는 자유민으로서 '시민'이다. 둘째, '공공복리(salus publica)'란 개인이 아닌 공동체 구성원 모두의 복리, 특수한 것이 아닌 일반적 복리를 지칭한다. 셋째, '공개성'이란 공개된 정보와 공개된 절차 하에서 자유롭게 의견을 교환함으로써 자신과 타인의 주장이 진정 올바른지에 대해 판단하고 결

---

4) **비결정적 권력 vs. 반결정적 권력**: 비결정적 권력은 의제통제력을 의미하며 반결정적 권력은 구조적 권력을 의미한다.

정하는 것을 의미한다.

공화주의가 작동하려면 소수의 자의적인 지배를 막고 합리적이고 공공적인 규칙에 의한 지배를 위한 법의 지배나 법치국가를 확립해야 한다. 법치국가는 법의 지배에 의해 시민에게 자유를 보장하는 것이다. 특히 법의 비인격성에 기대어 어떤 집단도 법의 지배에서 예외가 될 수 없게 해야 한다. 그러나 히틀러가 법실증주의를 악용한 이후 형식적 법의 지배가 아닌 법의 내용이 문제되는 실질적 법치주의가 중요하게 부각되었다.

표를 통한 비교

자유주의(홉스 포함): 법은 개인의 자유 제약 ⇒ 법의 제약은 최소화
공화주의: 법은 개인의 자유 보장 ⇒ 법의 제정에 대한 참여 ⇒ 법을 통해 자유 확보(비지배성 확보)

6. 한국의 공화주의와 공화국 논쟁

한국에서 김상봉 교수와 박명림 교수의 논쟁으로 상징화되는 공화국 논쟁은 주류이론인 자유주의에 대한 공격이다. 민주주의를 대의민주주의로서 단지 다수의 지배로만 좁게 이해한다면 소수의 의사를 고려하지 않은 다수결주의는 소수에 대해 다수가 힘의 지배를 관철시키는 것에 불과하다. 그 점에서 대한민국 헌법 제1조에 있는 '대한민국은 민주주의 공화국'이라는 규정은 공화주의 요소를 살리고자 하는 시도인 것이다.

이러한 시도에 근거하여 일부 학자들은 공화주의 운동의 시작을 1898년 만민공동회에서 찾을 수 있다고 보았다. 특히 '헌의 6조'는 형식상 전제황권을 수용하고 있으나 그 내용은 군주권을 제한하고 인민과 함께 협의하여 정치를 행해야 한다는 공화제적 정신을 함축하고 있다고 주장한다. 그리고 이 정신이 임시정부를 거쳐 제헌 헌법에까지 이어진다는 것이다. 제헌 헌법에서 자원의 국유화 조치나 특정 기업 운영의 국영이나 근로자의 이익 균점권 등은 공화주의에서 영향을 받은 조항으로 볼 수 있다는 것이다. 이 논리가 현행 헌법에도 이어져 헌법의 경제민주화(119조 2항), 국가계획경제(120조, 122조, 123조, 125조, 126조, 127조), 재산권의 한계와 공공복리(23조)에 남아있다.

하지만 이러한 공화주의의 뿌리는 한국에서 박제화되었다. 이승만정부와 박정희정부는 권위주의를 사용했고 야당은 공화주의를 통해 권위주의에 대항하기보다 사회의 기득권인 봉건적 지주계급이었다. 진보 진영은 마르크스-레닌주의나 주체사상을 신봉하면서 공화주의를 무시했다. 헌법에 공화주의 원리는 있었지만 그것은 박제된 것이다.

이렇게 공화주의가 박제되었다는 것은 한국 민주주의의 범위와 수준이 좁다는 것을 의미한다. 특히 한국의 1987년 민주화는 빠른 민주화에 대한 열망과 권위주의 회귀에 대한 두려움으로 절차적 수준에서 대통령 선거제도를 고치는 것으로 좁게 국한되었다. 정당의 낮은

대표성과 권위적 정치문화 등은 민주주의가 실질적인 수준으로 확대 발전하는 데 도움 되지 못하고 있다. 특히 한국에 강력하게 자리한 신자유주의는 경제 문제에 관심을 가지게 하면서 사적 문제에 매달리게 하고 있다. 사적 생존이 중요해지면서 공적 공간과 공동체의 운영 방식은 "민주주의가 밥 먹여주나?"라는 자조 섞인 표현으로 나타나고 있다.

한국에서 2008년에 있었던 미국 소고기 수입을 둘러싼 촛불시위는 시민 공동체의 안전과 삶 자체가 곧 국가라는 공화주의의 핵심 이념과 국가를 일부 특권층의 사유물로 이해하는 반공화주의적인 이명박 정권 간의 대립이 극단적으로 표출된 사례이다. 이 현상에 대해 국가 권력과 기업 권력이 하나가 되어 국민의 존엄성 위에 군림하는 한국 사회의 야만성을 지적하는 연구도 있다. 이 논리는 20대 80의 사회에서 80의 삶은 경쟁이 지배하지만 20의 기득권 그룹은 악법·탈법·초법의 힘으로 자기 이익을 지키며 그 장벽이 도전받을 때 야만의 규칙이 발동한다는 것이다.

마찬가지로 미네르바 사건이나 용산참사는 공화국의 위기를 생각하게 한다. 미네르바 사건은 공화국의 시민으로서 공동체의 공적 문제에 대한 의견 제시 가능성을 봉쇄했다는 점과 정부의 오류 가능성을 부인한다는 점에서 민주국가 원리에 배치된다. 또한 용산 참사는 철거민과 세입자의 행복과 생명을 빼앗으며 다른 이들의 이익을 법으로 보장하려 한다는 점에서 국가의 존재 이유가 무엇인지 되묻는다. 문제는 국가의 본질에 대한 철학이 없는 이들이 사적 이익을 추구하는 국가 운영 상황에서 이에 대한 대안이 부족하다는 점이다. 이는 진보와 보수의 이념적 위기가 아니라 공동체와 공화국의 위기로 이어진다.

그런 점에서 김상봉 교수의 다음과 같은 지적은 경청할 필요가 있다.

"한 겨레가 오로지 돈을 벌고 부자 되는 것 외에 다른 가치를 알지 못한다면 그런 사람들의 나라는 야수적인 무한 경쟁 속에서 해체되어 만인 대 만인의 투쟁 상태로 전락할 수밖에 없습니다. 한 겨레가 참된 공화국을 이루려면 단순히 잘 먹고 잘 사는 것 이상의 공공적인 가치와 보편적인 이상을 공유하고, 이를 통해 우리를 끊임없이 파편화시키고 분열시키는 사사로운 욕망, 곧 경제적 욕망을 규제하고 승화시키지 않으면 안 됩니다. 예를 들어 프랑스인들은 자유·평등·박애를 말하고, 독일인들은 하나님과 정의와 자유를 나라의 근본으로 삼습니다."[5)]

한국의 공화주의 논쟁 역시 공공선을 가지고 보수화된 자유주의의 헤게모니를 비판하는 것이다. 그런데 한국은 과거 유교의 전통을 가지고 있다. 유교에서는 개인의 자유보다는 사회적 조화를 '인(仁)·의(義)·예(禮)'라는 이론을 통해 강조했다. 공공선을 강조하고 공공선을 도덕으로 만들었을 뿐 아니라 국가 정치에도 적용하여 사용했다. 이런 전통은 오히려 한국에서 자유가 개념적으로 들어오기 어렵고 공화주의는 쉽게 도입될 수 있게 해준다. 그러나 한국에서 유교는 공화주의보다는 선제적 가치를 강조하는 공동체주의에 속한다.

---

5) 박명림, 김상봉, 「다음 국가를 말하다」(서울: 웅진지식하우스, 2011).

공동체주의는 선험적 가치를 강조하고 개인보다 국가와 사회를 강조하는 논리로 갈 수 있으며, 도덕을 강조하면서 개인들의 권리는 무시할 수 있다. 이로 인해 한국에서 공화주의 논쟁은 공동체주의를 넘어서기 위한 대안[6]으로 제시되거나 진보적 개혁을 이루기 위해 사회주의의 대안으로서의 의미를 가진다.

제2절 공동체주의에서 공화주의로

1. 공동체주의의 자유주의 비판

1970년대 롤즈의 이론적 부상은 미국 내 보수파들의 공격을 불러왔다. 미국 내 공동체의 덕성 붕괴를 우려한 이들은 자유주의가 도덕성 붕괴의 주범이라면서 자유주의에 대한 비판에 나선다. 미국 문화와 도덕적 가치가 약화된 것은 공공선보다 개인의 권리를 강조한 자유주의 때문인 것이다. 특히 샌델은 롤즈를 공격하면서 자유주의가 상정하는 자아관에 문제가 있다고 지적한다. 자유주의가 상정하는 '무연고적 자아[7]'는 현실적으로 문제가 있다. 인간이 과연 어떤 연고도 가지지 않을 수 있는가? 자신을 낳아준 어머니가 있다면 최소한 어머니와 자식 간에는 연고가 있는 것이다. 그런데 자유주의는 혁명을 강조하기 위해 이성을 가지고 왔고 합리성에 의미를 부여하면서 사회로부터 유리된 인간을 그렸다. 혁명을 위해 그려진 사회적 제약으로부터 자유로운 자아라는 개념이 현대에 들어와서는 어떤 사회적 구속도 없이 자유를 남용하게 만든 것이다.

자유로운 개인들을 구속하는 도덕은 없다. 롤즈조차도 포괄적 교의라고 하는 개인들의 사적 영역인 종교와 같은 영역에서 국가의 간섭과 개입은 배제돼야 한다고 보았다. 이 점에서 공동체주의자들은 자유주의의 도덕에 대한 중립성을 거부한다. 공동체는 공동체마다 각기 다른 도덕성을 가진다. 공동체의 역사와 문화 등이 다르기 때문이다. 사회적 선 혹은 공공선은 존재하며 이는 공동체에 참여함으로써 실현된다. 공동체주의 입장은 명확하다. 각 공동체가 가진 도덕적 기준에 맞추어 도덕을 실현해야 하며 국가는 법을 통해 도덕을 구현해야 한

---

6) **자유주의 공동체주의**: 자유주의와 공동체주의 간의 관계가 반드시 대립적인 것이 아니라는 점을 들어 양자 간 가교를 만들려는 이론적 시도가 있다. 인간이 먼저인가 사회가 먼저인가에 대한 존재론의 어려움과 인간이 어느 정도 합리성을 가지고 있어 합리적 판단이 가능한지에 대한 인식론의 어려움으로 이런 시도가 튼튼한 이론적 정리를 만들기 어렵지만 한국의 자유주의가 가진 도덕성 문제를 지적하는데 있어 공동체의 가치를 한 번 고려하는 데 의미는 있다. 박세일편 「공동체자유주의」 (파주: 2008,나남)

7) **무연고적 자아**: 자유주의는 인간이 합리적이라고 상정한다. 합리적 인간은 도구적 합리성을 가지고 자신이 필요로 하는 것을 수단적으로 계산할 수 있는 능력을 갖춘다. 게다가 자유주의는 '개체성'을 통해 집단보다 먼저 존재하는 인간을 그렸기 때문에 개인이 받아들이기 이전에 사회적 선이나 도덕으로부터 자유롭다. 사회적 구속이나 규범에서 자유로운 개인을 위한 이론적 개념이다.

다. 이를 가능하게 하려면 완전주의 국가[8]가 필요하다.

공동체주의에서 인간은 감성적 존재이다, 자유주의의 이성적 존재와는 구분된다. 공동체는 우애적 감성과 정체성을 강조한다. 연대의식과 공감대를 갖추는 것에서 인간에 대한 다른 이해를 보여준다. 자유주의자는 개인을 강조하며, 공동체는 단지 개인 삶을 위한 도구이자 수단으로 본다. 홉스는 안전을 보장하는 데서만 공동체의 의미를 찾고 있고 로크는 소유권을 보장하는 데 공동체와 국가의 의미를 두었다. 반면, 공동체주의[9]는 공동체가 개인보다 우위에 있으며 개인을 위한 수단이 아니라 '본질'로 본다.

공동체주의는 자유주의가 개인의 자유를 권리로 이해한다고 본다. 천부인권으로서 자유를 이해하다 보니 자유는 개인이 가진 권리(Individual Rights)이다. 개인의 권리를 강조하면 공공선을 위한 국가 간섭은 권리 침해로 인식된다. 공공선과 자유가 충돌하는 것이다. 반면, 공동체주의는 공공선이 개인의 자유 이전에 선험적으로 존재한다고 본다.

공동체주의 입장에서는 각 공동체마다의 윤리가 차이날 수 있다. 미국과 한국의 음주 문화가 서로 다른 것이나 일본과 한국의 음주 및 흡연문화가 서로 다른 것이 한 예이다. 따라서 공공선은 각 사회의 맥락에 따라 다르며, 사회들마다 과거의 전통을 살리려는 것은 공동체주의 입장에서 타당하다.

그런데 전통을 살리는 것이 항상 정답은 아니다. 과거 발전주의 시대에 있어 반상회는 지역 주민들과의 유대를 만들 수 있었다. 하지만 국가가 강제하는 이런 사회적 제도는 개인들의 자유를 침해할 수도 있다. 이보다 더 심한 것은 프랑스에서 문제가 된 부르카 착용 건이다. 이슬람 여성들에게 부르카를 착용하게 하는 것은 여성의 지위를 인정하지 않은 이슬람의 전통이다. 그런데 이는 자유주의 국가 프랑스에서 개인의 자유에 반한다. 전통이라는 이름으로 프랑스라는 자유주의 국가 공간에 있는 자유를 침해하는 것이다. 사르코지 대통령은 부르카를 착용 금지시켰고 이는 이슬람 여성의 자유를 보장하기 위한 것이었다. 반면, 이슬람 근본주의자들은 자신들의 종교와 문화가 무시당했다고 보아 분노하였고 이후 마호메트를 우롱한 만화를 그렸다는 이유로 샤를리 베브도라는 주간지를 테러했다.

---

8) **완전주의 국가**: 국가는 신학에 나오는 신처럼 완전체이다. 완전체로서 국가는 도덕적으로 판단할 수 있다. 국가가 내리는 도덕적 판단으로 공공선을 만드는 데 있어 국가는 적극적이다. 자유주의는 불완전주의 국가를 상정한다. 국가는 개인들로 만들어진 공동체이지 독자적으로 합리성을 보유한 주체가 아니다. 자유주의가 볼 때 국가가 완전하다는 것은 구성원 중 한 명인 지도자의 이성이 다른 구성원보다 더 뛰어나다는 것을 말한다. 이 논리는 자유주의의 합리성에 기반을 둔 대등성을 거부한다.

9) **공동체관의 구분**: 첫째, 통합주의적 공동체관은 원자론적 개인주의를 극복하기 위해 공동체적 가치의 복원과 재정립이 필요하다고 본다. 둘째, 참여주의적 공동체관은 직접민주주의의 제도적 기반 확충 및 정치참여의 교육적 효과를 중시한다. 전자가 아리스토텔레스식의 공동체주의라면 후자는 루소식 공동체주의이다.

2. 맥킨타이어(MacIntyre)의 이론

표를 통한 비교

맥킨타이어의 주장: 좋은 공동체 ⇒ 좋은 삶 / 사회적 역할의 실행 ⇒ 좋은 삶(절대적 도덕 기준)
샌델의 주장: 역사(history), 공동체(community), 우정(friendship) ⇒ 공동의 정체성 / 공동성(commonality) 구성 ⇒ 좋은 삶(절대적 도덕 기준)
자유주의: '좋은' 기준은 상대적 ⇒ 개인들에게 자유 보장 ⇒ 개인에 의한 좋은 삶 판단 (상대적 도덕 기준)

(1) 이론의 배경 및 문제제기

맥킨타이어(MacIntyre)는 공동체주의 이론의 토대를 형성했다. 자유주의에 대한 맥킨타이어의 비판의 핵심은 근대가 도덕 문제를 인간 존재(human nature)에서 찾으려고 했다는 것이다. 즉, 인간이 어떤 상황에 놓여 있고 이 상황에서 인간의 안위는 어떻게 확보되며(토마스 홉스가 대표적 이론가) 어떻게 자신의 재산과 자유를 확보(존 로크가 대표적 이론가)할 것인가의 문제에서 무엇이 도덕적인가를 찾으려 했다는 것이다. 따라서 사회의 도덕 문제는 자유주의가 말하는 권리 문제가 돼버린 것이다. "어떻게 살아야 인간다운 삶을 살 것인가"의 문제는 "왜 인간에게 자유와 안전이 필요한가"의 문제가 되었다. 근대 계몽주의가 인간을 목적(telos)론적 관점에서 바라보던 아리스토텔레스의 사고체계를 무시해버린 것이다.

현대 사회에서 도덕적 무질서 문제는 심각하다. 이는 개인과 개인들이 주장하는 이론들이 모두 타당성이 있으며 이들 주장을 비교 평가할 수 있는 기준이 없기 때문이다. 그런데 오늘날의 모든 도덕적 주장은 도덕적 가면 뒤에 욕망과 선호를 감추고 있다. 도덕은 사라지고 상호 적대적인 의지의 충돌만 남아 있으면서 이들이 마치 합리적인 도덕 논변인 것처럼 가장하고 있는 것이다. 이것은 계몽주의[10)]에 기반을 둔 자유주의의 탓이다.

무엇이 옳고 무엇이 당위인가를 결정하는 도덕 문제는 근대 계몽주의가 폐기한 아리스토텔레스를 부활시키는 것에서 찾아야 한다. 이것이 신아리스토텔레스학파의 기본적인 주장이다. 즉 사물에 내재한 목적론의 부활이다. 현재 "어떤 조건에 살고 있는가"와 그래서 "인간

---

10) **계몽주의와 도덕실패**: 계몽주의는 아리스토텔레스(Aristotle)의 본질론을 극복한다. 아리스토텔레스는 목적론을 통해 사물의 목적이 있고 이것은 불변한다고 하였다. 그런데 계몽주의는 인간의 지적 발전에 의해 사물과 지식이 달라진다고 본다. 더 많이 배우면 과거의 지식은 의미 없는 것이 된다. 따라서 본질을 설명하는 목적론은 사라지게 된다. 도덕을 다시 살리기 위해서는 도덕의 판단 기준이 필요하며 이를 위해서는 목적론을 부활시킬 필요가 있다. 따라서 아리스토텔레스의 부활이 요구되는 것이며, 이것이 공동체주의를 신아리스토텔레시안으로 부르는 이유이다.

에게 어떠한 권리가 주어지는가"가 아니라 "인간이 인간이라는 목적에 맞춰서 살아가려면 어떻게 행동해야 하는가"가 중요한 것이다.

그렇게 볼 때 아리스토텔레스를 다시 현대에 부활시키고자 하는 사람들의 주장의 핵심은 인간의 목적 혹은 본질이 무엇인가 하는 점이다. 이들이 볼 때 인간의 목적은 아리스토텔레스의 행복(eudaimonia)을 찾는 것이다. 그렇다면 인간은 어떻게 행복해질 수 있는가? 인간의 행복은 정치공동체에 속해서 살면서 '시민적 미덕' 혹은 '덕성(virtue)'을 쌓을 때 가능하다. 또한 아리스토텔레스가 주장한대로 이런 미덕은 시민적 덕성의 파악(지식)뿐 아니라 실천을 통해 가능해진다. 개인 윤리는 공동체에 대한 개인들의 참여를 통해 어떤 공동체를 만들어내는가에 의해 가능한 것이다.

이 입장은 "good community가 있을 때 good citizen도 가능"하다는 것으로 요약된다. 결국은 개인의 선이라는 윤리 문제는 좋은 공동체라는 정치가 결정하는 것으로 윤리학은 정치학이 완성하는 것이다. 좋은 공동체는 선과 덕에 대한 광범위한 합의를 바탕으로 하는 공동체이고, 이는 시민들 사이의 유대를 가능하게 한다. 간단히 말해 시민 참여를 할 때 인간은 행복해지는 것이다.

(2) 미덕 형성 요건

맥킨타이어는 미덕(Virtue)을 형성할 수 있는 3가지 요소로서 '관행', '서술구조', '도덕적 전통'을 제시하였다. 첫째, '관행(Convention)'은 사회적으로 확립된 협동적 인간 활동의 형식을 의미한다. 인간은 관행을 통해 명예와 지위와 같은 '외적인 선'을 확보할 뿐 아니라 경험 자체인 '내적인 선'을 확보하고자 한다. 이때 관행은 이를 뒷받침하는 제도가 필요한데, 교육제도 등을 예로 들 수 있다. 여기서 재미있는 논리가 만들어진다. 제도는 명예와 지위와 같은 '외적인 선'만을 강조하여 사회를 경쟁하게 만들고, 개인들의 경쟁은 외적 선을 위한 투쟁으로 갈 수 있다. 이 상황이 되면 제도는 관행을 부패하게 만든다. 관행을 부패하지 않게 하려면 방어기제가 필요한데, 이때 시민적 미덕이 필요한 것이다.

둘째, '서술구조(Narrative order)'는 인간을 사회적 존재로 상정할 때 가능하다. 인간의 역사는 곧 이야기의 역사로 이야기는 둘 사이의 이해 가능성을 말한다. 인간은 이야기를 통해 정체성(identity)을 획득한다. 이야기의 일부로서 나와 그들이 존재하며, 서사구조라는 큰 역사의 맥락 속에서 자신을 바라보게 한다. 서사구조가 국가 단위로 그려지면 공동체는 국가 수준에 상정되면서 정체성은 국가 내의 국민 정체성을 가진다. 역사와 이야기를 공유함으로써 인간은 정체성을 같이 만들어간다.

셋째, '도덕적 전통'은 자신의 정체성이 필연적으로 공동체와 연결되어 있다고 본다. '나'는 과거의 전통과 연결되어 있다. 예를 들어 개인은 제사를 통해 과거와 연결된다. 한국에서 종교와 제사는 전형적으로 과거 공동체와 연결할 것인지의 도덕 문제와 연결된다. 전통이 사라지는지 여부는 미덕에 달려있는 것이다. 전통의 소멸은 미덕의 붕괴로 해석될 수 있다.

표를 통한 비교

맥킨타이어의 주장: 좋은 공동체 ⇒ 좋은 삶 / 사회적 역할의 실행 ⇒ 좋은 삶(절대적 도덕 기준)
샌델의 주장: 역사(history), 공동체(community), 우정(friendship) ⇒ 공동의 정체성 / 공동성(commonality) 구성 ⇒ 좋은 삶(절대적 도덕 기준)
자유주의: '좋은' 기준은 상대적 ⇒ 개인들에게 자유 보장 ⇒ 개인에 의한 좋은 삶 판단 (상대적 도덕 기준)

3. 마이클 샌델의 주장과 이론적 뿌리: 아리스토텔레스의 복원

(1) 기본 가정

샌델은 롤즈의 '정의론'에 대해 공격하면서 이름을 알렸다.[11] 샌델의 주장은 자유주의가 이야기하는 도덕의 상대성에 문제가 있다는 것이다. 그리고 도덕의 상대주의를 극복하는 것이 필요하다고 보았으며, 이 취지에서 목적론[12]을 부활시키고자 한다. 롤즈를 비판하면서 샌델은 구성적 공동체관을 제시하였다. 구성적 공동체란 사회 구성원들이 자신의 정체성(identity)을 공동체의 일원으로서 찾는 것이다. 롤즈가 자유주의를 유지하면서 분배적 정의를 시도한 노력에도 불구하고 그 노력은 실패하였다. 이는 근본적으로 인간에 대한 잘못된 이해에서 비롯한 것이다. 개인을 강조하면서 개인들의 자유로운 선택에 따른 합당한 복지는 실제 불가능하다. 샌델이 볼 때 복지국가의 정당성을 만들기 위해서는 인간을 사회적 존재[13]로 상정하고 사회 내 시민들이 가지는 연대의식과 정체성을 토대로 해야 한다.

---

11) **샌델의 롤즈 비판**: 샌델의 롤즈에 대한 비판은 크게 두 가지에 토대를 둔다. 첫째, 롤즈의 인간관을 비판한다. 롤즈가 상정한 원초적 입장이라는 것이 원초적으로 타자에 대한 무관심에서 출발한다. 무지의 베일이란 자기와 타자 사이의 정체성을 배제한 상태이다. 이는 자유주의가 가지는 개인주의를 가능하게 한다. 이 이론에서 우리는 누구인가와 나는 상대에게 어떤 존재인가와 같은 간주관적 인식과 정체성은 배제된다. 가족 내의 가족 구성원으로서 '나는 누구인가'는 나와 가족의 관계 속에서 형성된다. 마찬가지로 내가 일하는 공간에서 나는 어떤 사람들과 일하는가에 따라 나의 정체성이 형성된다. 만약 내가 연구자로서 연구하는 공간에 있다면 같이 연구하는 이들 사이의 정체성이 형성되고 요리사이거나 군인이라면 각각의 정체성이 만들어지는 것이다. 그런데 롤즈 이론은 분배적 정의의 공정성을 위해 이론의 전제 작업에서 이 부분을 의도적으로 배제한다. 무지의 베일이 있어야 사람들은 불안한 미래의 안전을 위해 공정한 분배 규칙을 지지할 것이기 때문이다. 둘째, 롤즈는 도구적 공동체관을 가지고 있다는 점을 비판한다. 자유주의자들이 흔히 저지르는 오류처럼 롤즈 역시 개인은 전적으로 사적 목적을 위해 공동체를 이용한다. 롤즈가 사용한 사회계약론은 전적으로 개인들이 자신의 목적을 위해 사회를 구성하는 것으로 상정한다. 국가와 공동체는 개인의 안전과 자유 확보를 위한 개인들의 자발적 선택에 의한 도구에 불과하다.

12) **목적론(Telos)의 의미**: 사물의 본질에는 그 사물의 목적이 들어 있다는 관점이다. 연주되는 것이 악기의 목적인 것과 같이 본질적으로 사물은 만들어질 때 그 안에 목적이 있다는 것이다.

13) **샌델의 인간관**: 공동체주의의 인간은 사회 속의 인간이다. 인간은 자신이 속한 여러 공동체로부터 정체성을 구성한다. 예를 들어 특정 학교 공동체의 구성원이며 특정 종교단체에 속하는 성원이자

사회적 존재로서 인간을 이론화하면서 샌델은 맥킨타이어를 계승하였다. 샌델 비판의 핵심은 자유주의의 '무연고적 자아'이다. 무연고적 자아를 기반으로 하여 사회문제에서 개인들 간의 가치를 배제하고 사실관계 파악에 입각해 결정하는 자유주의에 문제를 제기한 것이다. 공동체 운영에 있어서는 무엇을 할 수 있고 무엇이 바람직한지에 대한 도덕적 기준이 있어야 한다. 자유주의가 말하는 개인의 자유만으로 축소될 수 없는 사회적 영역이 있는 것이다. 따라서 도덕을 부활시키면서 도덕적 결정에 있어 무엇이 중요한지 정하는 기준으로 '목적(telos)'이 제시되어야 한다고 보았다. 예컨대 플루트의 본질이자 목적은 뛰어난 음악을 만드는 것이므로 플루트는 부유한 사람이 아니라 연주를 잘하는 사람에게 돌아가는 것이 정의롭다는 것이다.

(2) 주요 주장

샌델은 '덕목 형성적 정치(formative politics)'를 복원하자고 주장한다. 타인을 존중하되 공적 사안에 대해 실질적인 도덕적 판단을 내리면서 적극적으로 참여하는 민주적 덕목을 함양하도록 교육하고 지원하는 정치적·민주적 자치에 필요한 자질과 덕목 양성을 목표로 하는 정치가 해답이라는 것이다.

그는 그동안 자유주의자들이 논쟁을 꺼리는 탓에 미국의 종교적이고 광신적인 우파와 기독교 근본주의자들이 도덕 영역을 장악하면서 이들의 영향력이 사회적으로 지나치게 강해진 문제를 '덕목 형성적 정치'로 해결하고자 했다. 도덕 문제에 대한 관심이 사라지면서 공적 사안에서의 도덕적 의제들은 빠져버리고 시민들은 오로지 정치인과 공직자의 개인적인 부패 스캔들이나 성적 추문 그리고 의미 없는 고백 등에 빠져버린 것이다. 이렇게 논의되어야 할 공적 사안임에도 불구하고 빠져버린 대표적인 이슈가 배아줄기세포와 관련된 인간복제 문제나, 낙태 문제, 안락사 문제 등이다. 덕목 형성적 정치는 이런 도덕 문제에 정치가 적극적으로 개입해야 한다.

그는 자유주의가 주장하는 국가의 중립성을 거부한다. 개인은 정체성을 가진 연고적 자아이며 국가는 도덕 문제에 개입해야 한다. 정체성 차원에서 샌델은 정체성 있는 자아를 설명하기 위해 맥킨타이어의 개념에서 '서사(narrative)'라는 개념을 가져온다. "나는 무엇을 해야 하는가?"라는 물음 이전에 "나는 어떤 이야기의 일부인가?"에 답해야 한다. 이런 이야기 속의 자아에는 자아의 목적론이 있다. 게다가 서사는 자신만이 아니라 타인을 규정한다. 이는 전체 속의 자신을 돌보게 만든다. 이렇게 함으로써 공동체가 개인보다 중요해지며 공동

사적 모임에서는 다른 정체성을 가진 복합적 정체성을 가질 수 있다. 각 공동체는 자신만의 역사를 가지고 발전해왔기 때문에 다른 사회화가 이루어진다. 따라서 개인들은 이런 공동체 안에서 자신의 정체성을 찾으면서 자아를 알아간다. 혈연집단과 학교, 종교단체뿐 아니라 온라인과 오프라인의 카페나 캠핑 모임과 같은 모임을 통해 가지는 연대의식과 우정 속에서 인간은 자아를 찾아간다. 이러한 가정은 지나치게 낙관적일 수 있다. 하지만 인간 가정에 대한 자연과학의 '이기적 유전자'와 '이타적 유전자' 논쟁처럼 인간의 여러 모습 중 하나를 보여준다고 이해할 수 있다.

체의 목적 속에서 개인의 목적이 설정되는 것이다. 따라서 무엇이 정의로운가는 공동체적 관점에서 공동체의 미덕에 얼마나 부합하는가로 평가되어야 하는 것이다.

마이클 샌델은 정치에 도덕 문제를 같이 고려해야 한다고 주장한다. 이런 경우 생각해 볼 사안으로 첫째, 낙태와 줄기세포에 대한 논의(생명 잉태의 시작을 어떻게 볼 것인가)와 둘째, 동성혼 문제(결혼의 목적은 사랑인가 출산인가)를 들 수 있다. 그의 주장의 핵심은 "정의는 좋은 삶 속에서 얻을 수 있다."는 것이다. 정의로운 사회는 단순히 공리를 극대화하거나 선택의 자유를 확보하는 것만으로는 만들 수 없다. 좋은 삶의 의미를 함께 고민하고 생길 수 있는 이견을 기꺼이 받아들이는 문화를 가꾸어야 한다. 한 마디로 공공선을 이루어야 한다는 것이다.

현실적으로 샌델이 제안한 것은 다음과 같다. 이는 공동선을 추구하기 위해 정치가 무엇을 해야 하는가에 대한 답이다. 첫째, 시민의식·희생·봉사의 장려가 중요하다. 미국에서 공립학교나 군대가 공공성을 키워주지 못하는 문제가 있다. 오바마는 국가적 봉사를 장려하면서 사회봉사 100시간을 하면 수업료를 지원하겠다고 약속하기도 했다. 둘째, 시장의 도덕적 한계에 대한 자각이 중요하다. 시장은 생산 활동을 조직하는 데는 유용하지만, 모든 분야에서 항상 가장 유용한 제도는 아니다. 선의 가치를 측정·배분하는 방법에 대해서는 시장을 이용하기보다 공개토론을 하는 것이 더 유용하다. 셋째, 불평등의 축소, 연대, 시민의 미덕 확대가 중요하다. 불평등은 시민적 미덕을 좀먹는다. 공적 영역의 잠식을 막기 위해 시민적 삶에 기반이 되는 시설들의 재건을 일차 목표로 삼아야 한다. 예를 들어 과거 미국의 고속도로 정책을 들 수 있다. 넷째, 도덕에 개입하는 정치를 해야 한다. 자유주의가 주장하듯이 국가가 중립을 지킬 것이 아니라 정치가 도덕 문제에 적극적으로 개입하여야 하는 것이다.

(3) 마이클 샌델 주장에 대한 비판

샌델의 주장 역시 비판을 받는다. 첫째, 공동체주의가 주장하는 가치 목적이라는 것이 과연 다원적 사회를 유지하는 데 있어서 타당한가의 문제가 있다. 서구 자유주의가 상정하는 다원주의는 '이해집단'의 다원성도 중요하지만 이해집단이 주장하는 '가치'의 다원성도 인정해야 한다. 그런데 도덕은 선험적으로 어떤 가치는 올바르고 어떤 가치는 올바르지 못하다고 재단한다. 이 경우 도덕적 기준에 있어서 이미 올바르지 못한 가치와 이 가치를 추구하는 집단은 사회적 가치결정에서 배제된다. 예를 들어 한국에서 다문화주의 가정과 노동이주자에 대해서는 도덕적 판단을 하지 않으면서 성소수자나 동성애자의 퀴어 페스티발에 대해서는 도덕적으로 판단한다면 사회의 다원성은 보장되기 어려운 것이다. 이 비판의 핵심은 선험적으로 도덕적 판단이 가능한가 하는 점이다.

둘째, 공동체에서 특정 집단이 공공선을 거부하는 경우, 공동체주의는 논리적으로 해결책을 제시하지 못한다. 예를 들어 민족이라는 혈연적·언어적 공동체를 강조하여 이를 공동체의 우선적 가치로 설정하면 혈연적 민족주의는 거부될 수 없는 공공선이 된다. 그러나 혈족집단이 다르고 언어가 다른 다문화인들에게 한국의 혈연집단화를 받아들이고 반드시 언어를 배울 것을 강요한다면 이들의 가치관과 충돌할 것이다. 이는 공동체의 공공선을 받아들이지 못하는 소수자에 대한 '억압'으로 사용될 수 있다.

4. 공동체주의의 함의

공동체주의는 현대적으로 타당성이 높지 않다. 참여를 근간으로 하며 자연스럽게 공공선을 위해 헌신하는 시민은 이상향에 가깝기 때문이다. 또한 특정 역사의 산물인 관행이나 문화를 선험적 가치로 규정하고 이것을 따르도록 하는 것은 현대 사회가 강조하는 개인들의 자유 확보와도 어울리지 않는다. 그런 점에서 자칫하면 공동체주의는 이상주의로 귀결될 가능성이 높다. 실제 샌델도 자신을 공동체주의로 부르는 것을 거부하고 공화주의로 구분한다는 점은 공동체주의가 가지는 약점이 명확함을 방증하는 것이다.

그럼에도 불구하고 공동체주의를 배워보는 것은 자유주의가 가진 배타적 개인주의 혹은 이기주의에 대해 엄중한 경고를 보내기 때문이다. 자유주의에 대한 문제제기와 도덕성 문제를 방기한 것에 대한 문제제기에서 공동체주의는 나름의 역할이 있는 것이다.

자유주의와 공동체주의 논쟁을 거치면서 자유주의 이론도 '공적 이성'과 '한정 중립성'[14] 이라는 개념들을 발전시켰다. 1970~1980년대까지 미국 학계는 자유주의와 공동체주의간의 논쟁이 이루어졌다. 하지만 인간관의 인식 차이 극복은 어려웠고 공동체주의는 선험적 가치 강조로 인해 전체주의에 대한 우려를 만들었다. 이로 인해 자유주의와 공동체주의의 가교를 형성하기 위한 새로운 공화주의 이론이 등장하였다. 이것이 약한 공화주의이고 이 이론의 핵심은 개인들은 자유를 목적으로 하며 자유롭게 공공선을 형성할 수 있다는 것이다. 본격적으로 공화주의가 새로운 기획으로 제시된 것이다. 그 중심에는 켄턴 스키너와 필립 페티트가 있다.

제3절 공화주의의 이론적 계보

그리스 전통에서 벗어나 공화주의를 다른 관점에서 이해하는 현대적 공화주의 이론을 살펴보기에 앞서 공화주의 이론 내에서 공공선을 주장할 수 있게 해준 이론적 계보로서 두 사람의 이론을 소개한다.

---

14) **공적 이성과 한정 중립성**: 공동체주의의 공격에 대해 롤즈는 이성을 순수하게 자신의 이익만을 계산하는 것이 아니라 공동체의 공공선을 판단할 수 있는 이성인 공적 이성으로 논의를 확장하였다. 또한 자유주의를 거부하는 이념에 대해서도 자유주의가 관대해야 하는가에 대한 논쟁에서 자유주의는 절대 중립성(모든 이론의 주장에 대해 자유주의는 자유롭고 관대함)을 가지는 것이 아니라 자유주의를 인정하는 이론에 대해서만 자유롭고 관대할 수 있다는 '한정 중립성'을 주장한다.

1. 알렉시스 드 토크빌(Alexis de Tocqueville): 마음의 습속

(1) 토크빌 이론의 특징

토크빌은 공화주의적 요소로 해석할 수 있는 부분이 있으나 자유주의자이다. 참여 확대를 주장한다는 점에서 공화주의적이라 할 수 있으나 그렇다고 공화주의로 분류하기는 어렵다. 자유주의와 함께 공화주의에 모호하게 한 발을 디디고 있으며, 민주주의를 열렬히 지지하지는 않았지만 거부한 것도 아니다. 이론의 입장(stance)이 모호한 것이다.

그가 민주주의 특히 민중적 독재를 거부한 것은 명확하다. 반면, 자유와 평등이라는 자유민주주의 가치간의 관계에 대해, 그리고 질서와 자유라는 자유주의와 보수주의간의 관계에 대해 그는 서로의 관계를 조정하고자 했다.

토크빌[15]의 문제의식은 명확하다. 민주주의가 잘못 진행되면 "민주적 전제"(democratic tyranny)로 갈 수 있다는 것이다. 이는 토크빌이 살았던 당시 프랑스혁명의 소용돌이와 자코뱅 독재 등의 경험에서 비롯한 현실적인 것이었다. 이 상황들에서 알 수 있듯이 인민들이 자발적으로 자유를 버리고 전제적 정치를 선호한다면 '민주적 전제정치'로 갈 수 있는 것이다.

토크빌 이론의 두 번째 특별한 점은 그가 정치문화론을 제시한다는 것이다. 토크빌은 각 국가가 가진 '습속(moeurs, mores)'이 중요하다고 지적했다. '습속'이란 인민들의 도덕적이고 지적인 상태의 총체적 표현으로서 본래 '마음의 습관'(habits of heart)을 의미한다.

토크빌은 프랑스 혁명의 유산인 자유주의와 보수주의의 두 가지 이념을 흡수하고자 했다. 무산자층과 시민들의 변혁 논리와 보수적 귀족세력의 전통 논리를 조화시키고자 한 것이다. 실제로 그는 가슴으로는 귀족주의를, 머리로는 자유주의와 민주주의를 지지하고 있었다. 그

---

15) **토크빌의 현실적 배경**: 알렉시스 드 토크빌(Alexis de Tocqueville)은 1805년 7월 29일 파리의 귀족 가문에서 태어났다. 아버지는 지방장관을 지낼 만큼 정치적으로 유력자였다. 그는 1827년에 법정 최연소나이로 베르사유 재판관에 임명되었다. 여기서 그는 자신의 평생지기인 구스타브 보몽을 만났고 그와 함께 미국 행형제도를 시찰하기 위해 1831년 5월부터 1832년 2월까지 미국 전역을 여행하였다. 그들은 여행 중에 미국의 교도소제도를 살펴보긴 했지만 이보다는 미국의 민주제도와 습속을 살피고 연구하는 일에 힘썼다. 이러한 그의 여행 경험은 1835년 「미국 민주주의(Democracy in America)」라는 책을 통해 그에게 학문적 명성을 쌓게 해준다. 1840년에는 「미국 민주주의」를 1권과 2권으로 완간하였고 특히 2권에서는 민주주의와 미국의 문화, 습속 및 사회구조 간의 관계를 기술하였다. 이 책으로 그는 36세에 프랑스학술원의 회원으로 임명되는 영예를 누린다. 그는 당시의 사상가들과 마찬가지로 정치 저술뿐 아니라 정치에도 적극 관여했다. 그는 7월 왕정 치하에서 그리고 1948년의 2월 혁명 이후에도 입법의회와 제헌의회 의원으로 활약했다. 또한 루이 나폴레옹 보나파르트 치하의 제2공화국에서는 외상을 지내기도 하였다. 그러나 나폴레옹 3세가 친위 쿠테타를 통해 황제에 오르려 하자 항의의 뜻으로 공직생활에서 은퇴하여 저술활동에 집념한다. 그는 프랑스혁명에 관한 저술을 기획하던 중 폐결핵으로 1859년 4월 16일 숨을 거둔다. 마지막 유작으로 프랑스혁명에 관한 저작의 서론 부분인 「구체제와 혁명(L'Ancien Regime et la Revolution)」을 남긴다.

의 사상들은 종교의 중요성과 정치적 행동의 한계를 인정하고 있었다. 프랑스혁명에 대해 비판적 견지를 가지고 있었으며 법치주의를 강조함으로써 안정을 중시했다는 점에서 보수주의자의 면모를 보인다. 반면, 행정 권력의 집중에 대한 비판과 혐오라는 측면, 정치적 결정에 있어서 도덕적 요소의 중요성에 대한 인식을 가진 측면, 미래를 결정할 수 있는 인간 능력에 대한 신념과 개인의 자유에 대한 중요성을 강조하는 측면에서는 자유주의자의 면모도 있었다.

(2) 토크빌의 주요 주장

토크빌 사상은 평등과 민주주의에 대한 인식에 의해 만들어졌다. 그는 민주화와 평등화가 역사적 대세이자 신의 섭리라고 보았다. 이러한 추세는 인류에게 "민주적 자유(democratic liberty)"와 "민주적 전제(democratic tyranny)"라는 두 가지 대안 중 하나를 선택하도록 강요한다. 그는 자유의 진전 속에서 민주주의가 자연적으로 확장되는 것은 아니라고 본다. 민주주의는 자칫 전제로 흐를 수 있는 위험이 있으며, 어떤 조건이 "민주적 자유"가 아닌 "민주적 전제"로 가게 하는지가 중요하다.

토크빌이 본 민주적 전제를 초래하는 원인은 다음의 4가지이다. 첫째는 자유와 평등의 갈등, 둘째는 자유와 질서의 갈등, 셋째는 개인주의와 다수의 횡포, 넷째는 정치의 사사화(privatization)가 그것이다. 이 4가지 원인이 축적되어 국가 권력 집중이라는 상황과 만나면서 강력해진 국가의 부드러운 혹은 부모와 같은 전제정을 가져오는 것이다. 그가 본 전제정은 이러한 요인들에 의해 국가가 강요하는 것이 아니라 개인들이 "자발적으로 선택하다"는 특징이 있다.

토크빌의 자발적 '전제'가 되는 원인을 좀 더 구체적으로 살펴보자. 첫째 요인인 자유와 평등 간의 긴장과 갈등을 살펴보자. 당시의 자유주의자들이나 사회주의자들은 자유와 평등이 완전히 양립할 수 있다는 생각에 부정적이었다. 토크빌은 보수주의자들처럼 자유와 평등이라는 것이 모순될 수 있다고 보았으며 정치를 위해 일정한 권위가 필요하다고 보았다.

토크빌은 자유를 소극적 자유로 보았다. 자유는 수단이 아니라 그 자체적으로 하나의 목적이다. 자유가 목적이 됨으로써 자유는 개인의 도덕적 행위를 자발적으로 가능케 한다. 도덕적 행위의 자기 선택을 강조한 것인데, 이는 다른 자유주의자들과 구분된다. 다른 자유주의자들은 외부 강제로 인해 자유를 포기하는 것이 문제라고 본 반면, 토크빌은 개인 스스로가 자유를 포기하는 것이 문제라고 보았다.

표를 통한 비교

자유주의: 자유(소극적 자유) 강조, 외부적 제약과 간섭 ⇒ 자유 배제
토크빌: 자유(소극적 자유) 강조, 열정에 의한 자발적 자유 포기 ⇒ 자유 배제

토크빌이 문제의식으로 삼은 것은 “그렇다면 왜 개인들은 그토록 열망해서 얻어낸 자유를 쉽게 버리려 하는가?”이다. 자유를 포기하는 가장 주요한 이유는 평등에 대한 열정 때문이다. 민주사회의 구성원들은 평등에 대한 지배적 열망을 가진다. 민주적 사회를 위해서는 경제적 평등과 함께 동일한 문화 내에서의 가치규범 공유가 필요하다. 이는 정치 수준에서 보통선거와 평등선거라는 제도로 구체화된다.

다수 인민은 자유와 평등 속에서 자유보다 평등을 더 선호하므로 자유를 희생해서라도 평등을 달성하고자 한다. 왜냐하면 자유는 얻기는 어려우나 잃기는 쉽고 이익은 잘 드러나지 않으나 결함은 잘 드러나는 특성이 있는 반면, 평등은 이점이 즉각적이며 결함은 잘 드러나지 않기 때문이다. 따라서 사람들은 자유는 쉽게 체념하면서도 평등은 결코 포기하지 않으려 한다. 예를 들어 물질적 복지제도 혜택을 위해 사람들은 국가 간섭으로 인한 자신의 자유를 기꺼이 포기하고서라도 평등이 주는 혜택인 복지를 취한다.

토크빌은 평등의 열망을 상향식 평등화인 정당한 평등과 하향식의 저급한 평등으로 구분한다. 두 가지 평등 중 다수 사람들은 자신들이 오를 수 없는 위대함을 선택하기보다 자신보다 나은 사람들을 자신의 수준으로 낮추고 그들을 하향평준화하려는 성향을 가지고 있다. 이러한 하향평준화 경향은 인민들이 획득하기 어려운 것을 인민 전체의 이름으로 빼앗으려는 성향을 만들 수 있다. 평등주의를 위해 인민 다수는 자유도 기꺼이 체념하는 것이다.

토크빌의 보수적 견해는 둘째 요인인 자유와 질서에 대한 인식에서도 드러난다. 그는 질서를 위해서는 일정한 권위가 필요하다고 보았다. 자본주의가 진전될수록 자유는 경제적 영역으로 축소되나 자본주의 재생산을 위해 국가가 질서를 보장해야 한다는 요구는 더 높아진다. 경제적 이익을 원하면 원할수록 질서는 유지되어야 하며 질서 유지를 위해 인민 다수의 정치참여는 최대한 배제되어야 한다. 개인들은 사적 영역의 경제적 자유를 위해 정치가 분리되기를 원하며, 경제적 이익을 더 얻기 위해 정치 대표를 뽑아 그에게 위임한다. 이 과정을 거쳐 인민이 참여하는 자발적 정치는 사라지고 소수자에 의한 정치만 남게 된다.

민주주의를 전제적으로 이끄는 세 번째 요인은 “개인주의”이다. “개인주의”는 토크빌이 모든 평등화의 경향을 요약한 개념이다. 개인주의란 이성에 의한 진리와 인식의 도달 가능성에 대한 데카르트식 합리주의의 ‘정신 작용’이자 자신의 이익만을 추구하는 ‘태도’를 지칭한다. 이러한 “개인주의”의 태도는 사회의 의무와 유대감, 존속 요건들을 와해시킨다. 사회는 자신의 이해를 확보하는 경제관계를 위해 계약으로 구성된 것에 불과하다. 이에 개인들에게 구속되는 공동체의 관습이나 의무는 사라진다. 도덕적 무정부상태로 전락하는 것이며, 특히 종교나 국가의 권위가 사라진다.

권위가 부재하는 상황에서 그는 여론을 중요하게 보았다. 공동체의 의사소통과 의견 수렴 기제로서 여론이 중심을 차지할 것이기 때문이다. 다원화 사회에서 만장일치가 나타나지 않을 때 여론은 다수 의견을 모아 여기에 정당성을 부여한다. 문제는 여론이 다원성과 소수 가치의 공존 가능성을 무시하는 경우이다. 여론이 하나의 견해를 강요하며 다른 견해들은 묵살하고 억압함으로써 이방인화 할 수 있다. 여기에 더해 앞서 걱정했듯이 평등화 욕구가 더해지면 대중들은 다수 의견을 오로지 추종하게 만들 것이다. 이 경우 민주주의의 다수의 지배는 '다수의 횡포(tyranny of the majority)'로 변질되어 전제적 통치로 몰고 갈 수 있다.

개인주의는 네 번째 요소인 '정치의 사사화(privatization)'를 가져올 수 있다. 공적 영역을 사적 영역으로 치환하는 사사화는 정치참여 부재를 당연시 여긴다. 공동체의 결정은 단순히 개인들의 이익을 극대화하기 위한 경쟁의 장이 된다. 자유주의의 '수의 정치'와 '힘의 정치'가 정치 공간을 시장화하며, 정치시장은 개인들에게 선택사항이 된다. 개인들에게 경제적 이익만 보장한다면, 민주주의가 전제정이 되어도 문제없는 것이다. 1970년대 동아시아 발전모델을 통해 권위주의 발전 모델을 주장한 박정희, 리콴유식 주장이 대표적이다.

(3) 토크빌 이론의 현대적 함의

사회가 발전하면서 전문화되고 복잡해지는 사안들이 늘어난다. 이에 국가 역할도 점차 늘어난다. 국가의 공권력이 작동하는 행정은 경제·사회·문화 각 부문에 영향을 미친다. 경제적 이익만 보장되면 공동체 문제에는 관심 없는 개인들에게 국가의 따뜻한 관여는 오히려 바람직하다고 느껴진다. 국가는 부모 혹은 학교 선생님처럼 개인 활동에 관여한다. 정치와 경제 간 분업에 의해 안락함을 제공받는 개인들은 자유보다는 안락함에 만족하면서 평등화의 물질적 혜택에 안주한다. 그들에게 국가는 하나의 양떼를 이끌고 가는 목자가 된다. 개인들은 평등화의 만족을 위해 자유로부터의 도피를 선택한 것이다.

민주주의가 전제정으로 갈 소지가 있다면, 이를 막고 자유와 민주주의가 공존할 수 있게 하는 방안이 중요하다. 해법의 핵심은 평등화와 사익의 열망에 가득 차 정치적 노예 상태를 기꺼이 받아들이려는 개인을 변화시키는 것이다. 개인들에 대한 교육이 중요한 이유이다. 특히 개인들 간 이익의 개념을 조정하면서 개인들에 대한 사회적 교육이 중요하다. 자신의 '장기적 이익'과 '단기적 이익'을 구분하고 사회와의 협력 속에서 장기적 이익을 추구할 수 있는 '계몽적 자기이익(enlightened self-interest)'으로 이익 범주를 확장하는 것이다.

장기적 이익과 단기적 이익을 구분하기 위해서는 타인과의 공존과 일정한 자기희생 개념이 필요하다. 더 큰 이익은 다른 이와 협력을 통해 가능한 것이며, 이를 위해서는 단기적 희생도 감내해야 한다. '계몽적'이라는 장기와 단기 이익을 구분할 수 있게 하려면 사회적 교육과 사회화가 중요하다. 그가 주장한 '습속(mores)'이란 개념은 사회화를 위한 문화이다. 문화가 중요하다는 점은 자유주의 입장과는 다른 입장이다.

자유주의에서 출발하였지만 토크빌은 참여를 강조함으로써 공화주의와 마주할 수 있는 여지를 만들었다. 교육을 통한 개인의 인식 변경만으로 개인들의 정치참여를 증대시키기는 어렵다. 이를 위해 '결사체'와 같은 사회적 다원주의가 필수적이다. 국가와 개인을 매개할 수 있는 중간 집단은 국가의 전제화를 억제하고 사익 집중에 따른 공동체의 붕괴를 막는다. 교육과 참여가 민주주의의 전제화를 막으며, 다수의 횡포로부터 소수자의 권리를 보호할 수 있다. 다양한 가치와 견해들이 공존하면서 다원주의가 사회 발전을 가져올 수 있는 것이다.

토크빌이 제안하는 정치참여를 위한 제도 방안들이 있다. 먼저 정치참여 효과를 직접적으로 하기 위해 정치 규모를 줄이는 지방자치제도 활성화 방안이다. 또한 시민참여를 위한 배심원제도 활용도 제안한다. 공공문제에 대한 결정에 참여함으로써 공동체 운영에 대해 명확히 이해할 수 있는 것이다.

지금까지 본 것처럼 토크빌은 공화주의자라기보다는 자유주의자이다. 민주주의를 거부하지는 않았지만 자유가 빠진 민주주의는 거부했다. 자유를 주장했지만 공동체에 대한 참여를 권장했고 문화를 강조함으로써 공화주의적 요소도 가지고 있다. 따라서 공화주의로 분류되기도, 자유주의로 분류되기도 하는 특이성이 있다.

2. 한나 아렌트(H. Arendt)와 언행(speech)

(1) 아렌트 이론의 특징 및 배경

공화주의 이론가 중 독재와 전체주의를 가장 공들여 분석한 이론가는 한나 아렌트이다. 독재체제 즉, 전체주의 체제는 주로 동원에 의해 운영된다. 동원된다는 것은 개입하지 않을 곳에 정치가 개입한다는 것이다. 개인의 자유를 거부하고 모든 개인은 전체를 위해 희생하며 봉사해야 한다는 전체주의 논리는 개인의 자유를 빼앗은 대신, 동원으로 인민들을 불러 모은다.

한나 아렌트는 전체주의와 독재를 '정치의 과잉이 아닌 정치의 제거'로 보았다. 애니메이션 영화 '개미'는 전체주의 사회에서 개미(개인)들의 정치적 의지 상실과 탈정치화를 잘 보여준다. 영화에서나 히틀러의 독일에서나 감시와 처벌에 대한 공포가 상시적으로 작동한다. 공포심은 개인을 고립화하고 정치적 판단능력을 상실시킨다. 이로 인해 독재자의 권력은 더욱 확장되는 악순환이 만들어진다.

아렌트의 주장과 영화 '개미'의 내용은 더 좀 근원적인 질문을 던진다. 첫째, 근대 사회를 살아가는 인간들이 과연 이들(영화 개미)보다 얼마나 더 나은가의 질문이다. 둘째, 전체주의 괴물은 예외적이거나 우연적인 것이 아니라 우리들이 필연적으로 만들었을지 모른다는 불길한 경고이자 질문이다.[16)]

일상적인 독재에 대한 경고는 확실히 2차 대전이후 전대미문의 히틀러 체제를 경험한 동시대인들의 가장 큰 걱정이었다. 어렵게 얻어낸 자유를 개인들이 너무나 쉽게 포기한 이유가 무엇인지에 대한 궁금증은 독재와 전체주의에 관심을 갖게 하였다. 1951년 「전체주의의 기원」이라는 책을 통해 히틀러의 나치즘과 스탈린의 사회주의를 동시에 전체주의로 규정하

---

16) **영화 개미와 아렌트의 비교**: 공포심이 극대화된 상태에서 자발성을 잃어버린 개인들은 독재자가 무엇을 시키든지 다 한다. 이때 도덕성이 상실되어 있기 때문에 바르지 않은 일에 저항하지 못한다. 두려움보다 중요한 것은 사적 영역만이 남고 공적 공간이 사라졌기 때문이다. 안병진 "공화주의적 민주주의" 「민주주의대 민주주의」, p.81-82.

고 공포에 의한 통치와 자유의 제거를 공통된 특징으로 규정하였다.

독재와 전체주의를 막고 인간을 공동체의 구성원으로 돌려놓는 것이 한나 아렌트의 공화주의 아이디어이다. 그녀는 근대화 과정에서 사적 관심사인 경제가 중요해지면서 노동과 소비문제가 인간 활동의 중심을 차지하게 되었다고 본다. 신자유주의적 세계화로 다국적 기업의 위상과 헤게모니는 강화된 반면, 공적 문제를 다루는 정치 공간은 점차 왜소화되면서 경제의 사적 논리에 침식되어간다. 투표율 저하와 선거 과정에서 상업적 컨설팅 회사의 중추적 역할 증대나 정치 마케팅 경향의 증가 등은 정치 공간을 경제 논리가 채우고 있는 것을 입증한다.

정치는 국가와 권력을 다룬다. 권력 활동에 비판적이어야 할 정치의 중요성에도 불구하고 근대 개인은 사적 영역에 빠져든다. 시민들은 탈정치화된 근대 민주주의에서 소극적 자유를 찾아 친밀성(intimacy)의 내면적 영역으로 도피하는 경향을 낳는다. 이런 근대 사회의 특징을 그녀는 '사사화(私事化: privatization)'로 규정했다. 사사화(privatization)는 이렇듯 개인 가치를 중시하게 하고 탈정치화를 초래하여 전체주의 동원에 취약하게 만든다.

개인들은 복잡해진 현실의 불안으로부터 탈피하고자 개인, 가족과 같은 사적 공간을 찾아간다. 공동체의 공공선 결정에 나서야 할 시민들이 나서지 않으면서 정치 영역은 소수의 전유물이 되고, 낮아진 정치참여로 비판 공간인 정치는 사라지게 되는 것이다.

그녀의 사상은 개인적인 삶의 경험을 통해 이해할 수 있다. 유태인었던 아렌트는 실제 젊은 시절을 독일 수용소에서 보낸 경험이 있고 이곳에서 탈출한 경험이 있다. 수용소에서 바라본 인간 군상들은 공포로 인해 인간 간 대화를 할 수 없는 상태에 처해 있었다. 사회를 만들고 자신들이 좋아하는 행위를 할 수 있어야 하는 인간 본성에 반해 하고자 하는 일은 없고 오로지 부여된 노동만을 해야 하는 수용소의 삶을 본 것이다.[17] 수용소에서의 인간들은 스스로 판단하고 그 판단에 따라 행위하고자 하는 성향인 '자발성'이 무너진다. 이렇게 개인들의 자유의지를 제거하는 것이 전체주의의 특징이다.

표를 통한 비교

노동(labour): 생존을 위한 활동
작업(work): 재미와 평판을 위한 활동
행위(action): 공동체를 위한 활동

---

17) **한나 아렌트의 행위·일·노동의 구분:** 「인간의 조건」이란 책에서 아렌트는 인간 활동을 3가지로 구분하였다. '노동(labour)', '작업(work)', '행위(action)'가 그것이다. '노동'은 생존과 욕망 충족을 위한 활동이다. '작업'은 자신의 재능을 발휘하면서 재미와 명예를 누릴 수 있는 제작 활동이다. '행위'는 개인의 욕망과 필요를 넘어서는 것으로 공동체 속에서 어떤 대의를 얻기 위한 행동을 의미한다. 먹고살기 위해서만 그림을 그린다면 이는 노동이다. 반면, 그림을 그리는 데서 재미를 느끼고 개인적 보람을 얻는다면 이는 '작업'이 된다. 그림을 그리는 것이 권위주의 체제에 도전하는 행위이거나 공동체를 위한 활동이자 대의를 위한 봉사라면 그림 그리는 활동은 '행위'가 된다.

노동과 작업(사적인 활동) ⇒ 행위(공적인 활동 / 정치)
정치참여 (행위 + 언행) ⇒ 자발성의 확보 / 자유의 확보

(2) 아렌트의 주요 주장

전체주의는 개인의 고유한 사고와 의지를 말살시키는 데 있어 3가지 방법을 사용한다. 첫째, 인간에게 내재한 법의 관념을 제거한다. 둘째, 인간의 도덕적 자아를 살해한다. 셋째, 개인성을 말살시킨다. 사회가 만든 규칙이 없고 인간이 부끄러운 줄 모를 때 인간은 스스로 판단하고 행동하는 자아를 잃어버린다. 자유주의가 규정한 합리성·독립성·주체성이 사라지는 것이다. 3가지 방법으로 자발성을 상실한 개인은 수동적으로 반응하는 맹목적 인간이 된다.

아렌트는 1963년에 쓴 「예루살렘의 아이히만」에서 '악의 평범성'이란 개념을 제시했다. 주목할 것은 나치 학살의 주범인 아이히만이 악마가 아닌 평범한 사람이란 것이다. '악의 평범성'이란 개념을 통해 아렌트가 하고자 했던 주장은 인간의 주체적 사고 능력이 사라진 상황에서 그저 위에서 내린 명령을 따른 아이히만 같은 인간 즉, 평범한 인간이 너무나도 많은 이들을 대량학살(genocide)하였다는 것이다. 일상의 타성에 젖어 타자와 공동체를 고려할 수 없게 된 인간의 무능력이 악의 근원이 된 것이다. 도덕에 대한 무감각을 제거하기 위해서는 인간의 독자적인 사유 즉 생각하기가 중요하다. 사고는 언어를 통한 의사소통에서 발생한다. 의사소통을 통한 인간의 자발성 확보가 공공성을 되살리는 방법이다.

아리스토텔레스를 계승한 아렌트는 공적 영역과 사적 영역의 구분이 중요하다고 보았다. 공적 영역이 사적 영역에 포섭되어 해체된 것이 전체주의를 만들었기 때문에 공적 영역 자체를 유지하는 것이 필요하다. 존 스튜어트 밀의 「자유론」 이후 자유주의는 공적 공간과 사적 공간을 분리하고 사적인 일에는 공적 권위와 권력이 개입하거나 간섭하면 절대 안 되는 것으로 만들었다. 이로 인해 사적 공간은 확장되고 공적 공간은 축소된 것이 문제라면 공적 공간을 살려야 한다.

아리스토텔레스의 zoon politikon은 대등한 시민들이 공적인 일에 참여함으로써 지배자는 피지배자가 되고 피지배자는 지배자가 될 수 있다고 주장한다. 인간의 행복은 시민들로부터 인정받아 인간다운 목적에 부합하는 삶을 살 수 있을 때 비로소 이루어지는 것이다. 아렌트는 아리스토텔레스의 명제를 인간의 '사회성'이 아닌 '정치성' 명제로 바꾸었다.[18]

---

18) **아리스토텔레스의 정치적 동물 명제**: '인간은 정치적 동물'이라는 명제에서 정치성을 강조하는 것은 사적 영역이 아니라 공적 영역을 강조하기 위한 것이다. 인간은 사적 세계에서 벗어나 공적 세계로 들어선다. 또한 공적 세계에서 자신을 '출현'시켜야 한다. 즉, 사적 세계에서 그저 인간이 노동과 작업만을 하는 것이 아니라 공동체 구성원 간에 같이 살아가기 위한 행위(*praxis*, action)와 공동체 구성원 간의 언행(*lexis*, speech)이 있어야 한다. 정치적 동물이라는 것은 의도적인 참여로 이루어

공동체에서 인간이 공공성을 누릴 수 있는 '행위'를 하려면 인간의 참여가 중요하다. 이 점에서 아렌트는 아리스토텔레스를 닮았다. 하지만 아리스토텔레스가 공적 참여를 인간의 자연적 본성에 기인했다고 본 것에 비해 아렌트는 의도적인 '참여'라는 노력을 강조했다. 공동체의 평등 역시 자연스럽게 만들어지는 것이 아니라 참여를 통해 얻을 수 있는 것으로 보았다.19)

공적 공간을 살리고 참여를 통해 정치를 살려야 인간의 자발성을 살릴 수 있다. 인간의 자발성 확보가 주요 목적이었던 그녀는 정치를 인간들 간의 언어를 통한 소통 즉, '언행(speech)'이라고 보았다. 자신만의 독특한 목소리를 내는 것을 '견해'라고 할 수 있는데 이런 견해는 자신의 삶에 대한 '고유성'을 나타내준다. 사람들과 이야기할 수 있는 소통 공간인 공적 영역에서 개인은 자신의 견해를 제시함으로써 자신의 '고유성'을 확인할 수 있을 뿐 아니라 다른 견해들과의 경쟁 가운데 자기 견해의 '탁월성'을 드러낼 수도 있다.

따라서 아렌트의 공화주의는 자발성이 없고 명령의 일방적 전달과 무비판적 수용만이 있는 전체주의로부터 정치를 살려내고자 하는 것이다. 정치의 회복은 자유로운 의견교환을 통해 가능하며 이를 위해서는 하나의 공동체에 속할 필요가 있다. 유태인들이 학살당한 것은 국가를 가지지 못했기 때문이다. 이스라엘과 같은 국가를 포함해 공동체라는 것이 있을 때 한 사람은 시민으로서 권리를 가질 수 있으며, 개인은 권리를 확보하기 위해 특정한 정치공동체에 속할 권리 즉, '권리를 가질 권리'가 있는 것이다. 이는 공화주의의 핵심인 시민권으로 나타난다.20)

공화주의 입장에서 정치란 그 자체로 자율적인 영역으로서 인간을 가장 인간답게 하고 각자 자유로운 개성과 영혼을 표현하는 최고의 행위이다. 영화 '스타워즈'에서 군복을 입은 다스 베이더는 2차 대전 이후 서구가 가진 전형적인 무의식속 파시즘에 대한 불안을 보여준다. 인간이 폭력 앞에서 얼마나 무기력해지며, 정치적 다원성이 사라질 때 자유가 어떻게 상실되는지를 보여주는 것이다.

공적 영역의 축소와 사적 영역의 확대는 한국에서도 그대로 나타난다. 한국은 서구적 근대화를 따라잡기 위해 권위주의 발전국가 하에 경제 제일주의를 표방해왔다. 이때 국가는 서구 근대 사상가들이 본 시민들 간의 계약국가라기보다는 사적인 가족 단위 모델이 확장된 가부장적 국가인 것이다. 반면, 국민들은 아버지로서 인격화된 국가에 수동적으로 부속되고 탈정치화되어 동원되어 온 것이다. 김영삼 정부의 세계화 추진 이후 급속히 도입된 신자유주의 이론은 '기존 가부장적 국가 + (경제 논리에 포섭된) 원자화된 개인'을 촉진하였다. 경

진다. 공동체에서 구성원들 간 친밀감과 같은 정서에 의해 정치가 구성되는 것이 아니라 인간들이 시민적 우애와 연대의식을 가지고 공적인 '행위'와 '언행'을 공유하는 것이다. 조승래, 「공공성담론의 지적계보」, pp.130-133.

19) 조승래, Ibid., p.133.

20) 안병진, op. cit., p.83.

제 논리가 강화되면서 사적 논리가 공적 논리를 잠식하는 이런 현상이 서구나 대한민국에서 공히 나타나고 있는 것이다.

제4절 새로운 공화주의 이론으로서 신로마공화주의

신로마공화주의를 이해하기 위해서는 키케로와 마키아벨리에 대한 이해가 필요하다. 최근 공화주의는 마키아벨리의 이태리 공화주의를 다시 해석하면서 '비지배'라는 개념을 사용해 새로운 사회개혁을 주장하고 있다.

1. 마키아벨리의 사상

2013년은 마키아벨리의 「군주론」이 나온 지 500년이 되는 해이다. 마키아벨리만큼 사상적으로 오용되는 경우도 없을 것이다. 그가 오용 또는 오역되는 것은 「군주론」에 나타난 마키아벨리의 주장 때문이다. 하지만 사상적으로 그는 군주주의자라기보다는 공화주의자이다. 그가 나중에 쓴 「로마사 논고」에서 그는 공화주의 시대의 로마를 동경하고 있다. 하지만 더 친숙한 것은 군주론을 편 마키아벨리이다.

(1) 현실주의자로서 마키아벨리

특정한 목표를 향해 지향하는 것으로 정치를 파악하는 것이 이상적 견해이다. 이상주의가 플라톤의 철인 왕국에 그 기원을 두고 있다면 이후 일반의지를 통해 정치를 이해하고자 했던 루소나 국가를 이념으로 구성된 하나의 절대정신으로 이해했던 헤겔, 역사 속 자본주의 생산관계에서 인간을 해방하고자 했던 마르크스도 자신들의 이상형을 통해 정치를 파악하려고 했던 이상주의자들이다. 이들의 견해 속에서 정치는 언제나 불완전하며 부패한 것이다.

이에 비해 정치를 있는 그대로 이해하고 그 속에서 나타나는 권력 관계를 정확하게 포착하여 권력의 흐름과 움직임을 이해하고자 하는 견해를 정치적 현실주의라 한다. 현실주의자들은 정치를 이상 속에 존재하는 선한 것이며 최고의 가치를 추구하고 그 가치를 모든 구성원들이 나누어가질 수 있는 평등한 관계로 바라보지 않는다. 이런 이상주의적 정치관은 오히려 있는 현실을 왜곡하여 현실에서 실제 일어나는 현상들에 편향된 가치를 부여함으로써 '있는 정치'를 현실에서 구축시켜버릴 수 있다.

현실주의자로서 마키아벨리를 볼 때 먼저 살펴볼 것은 그가 살았던 시대상황이다.[21] 과

---

21) **마키아벨리의 시대적 배경**: 그가 살았던 시기는 유럽에서 근대국가가 만들어져 가는 시기였다. 영국의 '장미 전쟁'과 영국과 프랑스의 '백년전쟁'을 지나 절대주의 국가를 만들던 시대이다. 서유럽 국가들이 절대주의 국가와 민족통합을 해가는 것에 비해 르네상스의 발상지인 이태리는 5개 이상의

거 로마 시절보다 힘이 약해져가고 있던 분열된 이태리를 강력하게 하기 위해서는 이태리 통일이 급선무이다.

마키아벨리의 가장 큰 관심사는 이렇게 부패로 물들어 혼란스러운 이태리를 통일로 이끄는 것이었다. 당시의 시대적 혼란상을 극복하기 위해 필요했던 것은 강력한 군주였다. 교회의 비도덕적인 윤리 속에서 탈피하기 위해, 그리고 국가와 왕을 방어하고 있는 용병들의 사악함으로부터 이태리를 통일로 이끌기 위해 이들을 억누를 수 있는 권력이 필요했다. 또한 정치적 술책이 필요했다. 권력은 종교(교황청)와 도덕으로부터 자유로워야만 했던 것이다.

통일을 위해서는 강력한 군주가 필요하며, 강력한 군주는 도덕으로부터 자유로워야 한다. 그것은 국가의 통합이라는 결과로만 도덕적으로 평가될 수 있었다. 군주의 도덕은 일반 백성의 도덕과 달라야 한다. 마키아벨리의 사상이 여우의 간교함과 사자의 포악함으로 이해되는 것은 그의 서술이 주로 군주의 책략과 정치적 수완에 집중하고 있기 때문이다. 이는 당시 이태리의 상업 발달과 그에 따른 외교술 발달이라는 환경적 요소에 기인한 것이다.

그의 철학을 이해하는 데 있어서 핵심적인 것은 운명의 여신인 '포르투나(Fortuna)'와 지도자의 미덕인 '비르뚜(Virtu)'이다. 앞서 보았듯이 약소국가 이태리는 외부적 환경 변화에 민감하며 그러한 환경 변화(운명 여신의 장난)를 극복하기 위한 미덕을 가진 지도자가 필요하다. 비르뚜를 통해 혼란한 현실을 극복하기 위해서는 간교한 여우의 지략과 포악한 사자의 용맹이 동시에 요구되는 것이다. 여기에 정치의 본질이 있다.

(2) 공화주의자로서 마키아벨리

「로마사 논고」에서 마키아벨리는 공화주의자의 면모를 보인다. 그가 진정으로 추구한 것은 공화주의로서 로마였고 로마의 영광이었다. 로마가 공화주의일 때 로마는 제국이었다. 이때 키케로는 법의 지배를 통해 이민족까지를 아우르는 정치를 이루었다. 법의 지배가 작동할 때 공화국 구성원은 법에 지배를 받는 것이지 특정 계급이 지배하거나 임의적 판단에 지배받는 것이 아니다. 법의 지배는 어디서 태어났든지, 어느 계급이든지 관계없이 모두에게 귀속된다. 지도자 역시도 법의 지배를 받는다.

「로마사 논고」에 보이는 후기 마키아벨리는 공화국이라는 정치체제를 추구했다. 통일 국가로서 이태리를 만드는 데 있어서 강력한 국가 지도자가 중요했다면 통일 이후 정치에는 공화주의가 필요했다. 이런 공화주의에서 지도력은 법의 평등 속에서 '비지배'를 추구하는데서 나온다. 특정 계급을 배제하는 것이 아니라 공화국 구성원으로서의 모든 시민을 자의적으로 통치하지 않는 것이다. 마키아벨리 공화주의의 논리는 두 가지 의미를 가진다. 첫째,

---

큰 도시국가와 작은 도시국가들로 분열되어 있었다. 이렇게 분열된 이태리는 서유럽국가들이 통합과 자본주의 양식 발달에 따라 발전해가는 것과는 다르게 정치적 분열과 부패로 지체상태를 면하고 있지 못했다. 이 상황에서 로마의 교황청은 이태리를 통합하기보다는 이태리의 강화가 자신들의 영향력을 약화시킬 것으로 여겨 외국 군대의 지원을 요청하고 있었다. 이태리의 통일은 요원해보였다.

폭군 · 전제군주와 같은 자의성을 가진 통치자로부터 자유를 가지는 것이다. 둘째, 공화국 구성원으로서 시민들은 자유를 확보하기 위해 법의 지배를 받아들여야 하며 법 제정에서 자신의 입장을 표명함으로써 자신이 만든 법에 의해 자신이 지배받는다. 이것으로 모든 사람은 법의 원칙에 지배되기 때문에 자의적 통치에서 벗어나는 것이다.

2. 마키아벨리에서 신로마공화주의로의 연결

공화주의자인 페팃은 키케로와 마키아벨리로 이어지는 로마식 공화주의를 통해 '시민적 공화주의' 혹은 '고전적 공화주의'라고 하는 아리스토텔레스의 그리스식 공화주의를 넘어서고자 했다. 아리스토텔레스 공화주의의 핵심은 '인간은 정치적 동물'이라는 것이다. 이 논리는 인간이 정치에 참여해야 하며 시민성을 가진 행동을 해야만 한다고 주장한다. 그러나 앞서 공동체주의에서 본 것처럼 그리스식 공화주의는 정치참여를 목적으로 하며 참여와 시민성의 가치만을 무조건적으로 강조한다는 점에서 문제가 있다. 특히 인간의 자유를 강조하는 현대 다원주의 사회에서 단일 가치의 선험성을 강조하고 개인의 자유로운 선택을 무시한다는 점에서 공동체주의로 해석되는 그리스 공화주의는 문제를 가진다.

아리스토텔레스를 넘어서기 위해 페팃은 로마 시대의 공화주의 이론을 가져온다. 로마 공화주의는 자의적 지배로부터 해방되고 그래서 어떤 시민도 다른 시민에 예속되지 않는 것을 강조했다. 이런 예속 없는 상태가 될 때 공화국의 시민은 자유로울 수 있다. 따라서 인간의 목표는 자유의 추구에 있고 이러한 자유는 소극적 자유인 '간섭의 부재'로만 달성되는 것이 아니다. 이보다는 자의성이 발현될 수 있는 예속이 없는 상태 즉, 지배와 복종이 없는 상태가 되어야 하며, 이는 모든 시민이 공화국의 법 앞에서 평등할 때 가능하다. 법은 공화국 전체의 의견이지 특정한 이들의 자의성을 담은 의견이 아니기 때문이다. 따라서 법을 만드는 모든 시민이 공화국 구성원이라면 공화국의 법은 자신이 만들고 자신이 따르는 것이 된다.

마키아벨리가 권력을 강조하였을 때 공화국에서의 권력은 법에 의해 나오는 것이다. 따라서 법이 자의성을 배제한다고 하면 권력을 행사하는 것은 정당화될 수 있는 것이다. 이에 따라 군주에 의한 권력 사용 역시 법질서 안에서 이루어지는 것으로 비지배적 자유를 확보할 수 있게 한다.

3. 신로마공화주의 이론의 내용

공화주의는 '시민적 덕성'과 '정치적 참여'를 두고 강한 공화주의와 약한 공화주의로 구분된다. 아리스토텔레스의 강한 공화주의를 극복하기 위해 신로마공화주의는 인간이 군집하는 것은 중요하지만 필연적이지는 않다고 보았다. 인간이 필연적으로 군집하지 않는다는 것은 아리스토텔레스의 '인간은 정치적 동물' 명제를 벗어나는 것이다. 군집이 개인의 선택이고 더 좋은 결과를 위한 선택이라면 인간이 공동체의 규범을 무조건 받아들일 필요는 없는 것이다.

신로마공화주의는 이런 이론적 작업을 통해 '자유'를 강조함으로써 강한 공화주의 혹은 공동체주의를 뛰어 넘고 자유주의가 가진 소극적 자유를 넘어 자유주의 vs 공동체주의 논쟁에 가교를 놓고자 한다. 소극적 자유가 단지 '간섭의 배제'에 불과하다면 비지배적 자유는 이것을 '간섭은 없지만 부자유 상태인 지배가 가능'하다고 비판한다. 즉 주인이 노예에 대해 간섭하지는 않지만 노예의 예속상태가 지속되는 한 주인은 얼마든지 노예에게 간섭할 수 있다. 따라서 자유의 개념은 단순한 '간섭의 배제'를 넘어서야 한다.

신로마공화주의는 '적극적 자유'도 거부한다. 적극적 자유는 '자기지배의 자유'로 칸트의 명제를 따라야 한다. 인간이 스스로를 지배한다는 것은 이성을 가지고 자신의 자율적 의지에 의해 생각하고 행동하는 것이다. 여기서 핵심은 이성에 의한 '자율'이다. 자율이란 인간 스스로를 목적으로 다루면서 이성에 따라 행동하는 것이다. 이성이 욕망을 거부하고 스스로를 판단하는 주체가 되었을 때 자기지배가 가능하다. 그러나 이것은 민중주의적 수사에 불과하다. 실제로 독재자가 개인들의 자유를 빼앗으면서 독재자 자신의 이성과 이익에 기초하여 전체주의로 나갈 때 사용할 수 있기 때문이다. 인민들의 이성적 판단이 부족하여 루소가 말한 일반의지를 알기 어렵다는 점을 근거로 일반의지를 체현해내는 지도자를 만들 수도 있다.

소극적 자유도 아니고 적극적 자유도 아닌 제3의 자유인 비지배적 자유는 '간섭'을 넘어서고 민중주의의 '독재'를 넘어설 수 있다는 점에서 새로운 자유의 유형이다. 비지배적 자유는 정치 참여와 시민적 덕성을 수단적으로나마 수행하게 함으로써 자유주의의 문제점인 개인 강조로 인한 '비정치화'와 '시민적 덕성' 상실 문제를 해결할 수 있다. 게다가 비지배적 자유는 단순한 간섭의 부재가 아닌 예속의 부재를 실현한다는 점에서 자유주의가 보지 못한 사회구조적 문제를 해결할 수 있다. 또한 법에 의한 지배를 통해 비지배적 자유를 구현할 수 있는 방법을 찾을 수 있다.

비지배적 자유가 중요한 이유는 두 가지이다.[22] 첫째, '간섭이 없는 부자유(지배당하는 상황)가 가능하다'는 것이다. 이것은 자유주의의 단순한 간섭배제라는 자유에 대한 이해를 뛰어 넘는 것이다. 예속과 지배라는 '조건' 자체를 건드림으로써 여성과 남성, 고용주와 피고용주, 학생과 교사뿐 아니라 원주민과 다문화인 간의 사회적 조건으로서 예속과 예종의 관계를 들여다보고 이를 해결할 수 있게 한다. 앞서 보았듯이 이런 현실적인 취지에서 마르크스주의의 사회 해방논리를 대체하고자 한다. 한국에서 진보적 세력이 신로마공화주의를 차용하는 이유 중 하나이다.

둘째, '간섭에 의한 자유가 가능하다'는 것이다. 자유주의는 법에 의한 국가 간섭을 거부한다. 법이 사라진 공간에서 시민 간의 자유를 확보하는 것은 더욱 어려워진다. 사회규제 체

---

22) 정태창, "비지배자유와 공화주의의 딜레마" (서울대학교 철학사상연구소), 「철학사상」 50, 2013. 2, 135-148.

계가 무너지면서 타인의 자유를 해칠 수 있는 가능성이 늘어난 만큼 개인들은 자신의 자유를 보호받기 어려워지기 때문이다. 사회질서를 유지하면서도 자신의 자유를 지키기 위해서는 국가가 법의 지배를 관철시킬 수 있어야 한다. 키케로와 마키아벨리에 의한 신로마공화주의는 모든 공화국의 구성원이 태어난 조국이 아닌 살아가는 조국 로마 안에서 '법 앞에 평등'하며 법 제정에 찬성함으로써 국가의 간섭을 받아들일 수 있다. 예속을 폐지하기 위한 법의 제정이라는 논리를 통해 신로마공화주의는 더 많은 부분에 대한 국가 개입 가능성을 만들었다. 한국에서 공화국 논의가 예속 · 예종 · 지배라는 개념 자원을 가지고 사회경제적인 구조와 조건을 개선하여 대체할 수 있다고 보는 이유가 여기에 있다.

4. 신로마공화주의의 비판적 평가

신로마공화주의에 대해서는 3가지 정도로 비판을 모아볼 수 있다.[23]

표를 통한 비교

첫째 비판: 자유주의의 간섭 부재 오해. 자유주의의 간섭 부재의 자유는 특정한 영역의 간섭 재제임. 다른 영역에서 지배를 거부하는 것임.
둘째 비판: 공정성을 뛰어 넘지 못함. 롤즈의 공정성에서 합당성은 대등한 시민 개념. 비지배의 자유가 없어도 대등한 시민 설명 가능.
셋째 비판: 로마 공화주의의 과도한 확장. 로마 공화주의는 파벌과 전제주의 극복이 목적인데 현대에 와서 사회경제적 조건으로 근거 없는 확장 시도.

(1) 소극적 자유를 과연 뛰어넘었는지 여부

첫째는 신로마공화주의가 주장하는 비지배자유가 실제 자유주의가 주장하는 소극적 자유 안에 포함된다는 것이다. 신로마공화주의는 자유주의가 '간섭의 부재'를 자유로 정의할 뿐 아니라 그 자체를 선으로 간주한다고 이해한다. 하지만 자유주의는 자유라는 가치를 강조할 때 불간섭의 자유를 선으로 강조하지 않으며 이런 자유의 확대를 주장하지도 않는다. 이것은 자유에 대한 현재 상태를 서술하는 기술적인 의미와 그것이 가지는 규범적 의미를 혼동했기 때문이다. '존재하는 것'을 '바람직한 것'과 동일하게 다룬 것이다. 자유주의에서 실제 불간섭의 자유가 규범적으로 선한 것이 되려면 특정한 기본권이 되는 생명 · 신체 · 재산의 자유 등에 간섭해서는 안 된다. 따라서 이런 경우를 제외하고 일반적으로 간섭을 배제하는 것이 선이 되지는 않는다.

자유주의가 중요하게 생각하는 것은 특정 공간에 대한 간섭을 피하고자 하는 것이지 무조건적인 간섭을 피하고자 하는 것은 아니다. 그런 점에서 자유주의가 강조하는 시민의 기

23) 정태창, Ibid, pp.135-148. 3가지 비판을 요약함.

본권을 보장하는 것은 비지배적 자유로서 시민의 자유를 보장하는 것과 충돌하지 않는다. 신로마공화주의는 소극적 자유의 논리를 정면으로 반박해 무너뜨리면서 독자적인 자유 개념을 만들었다고 보기 어렵다.

(2) 롤즈의 자유주의적 평등과 차이가 있는지 여부

롤즈는 '공정성(fairness)'을 통해 정의를 설명한다. 공정성은 몇 가지 조건을 가지고 있다. 우선 어떤 행위자가 규칙을 만들고 규칙 구성에 참여할 때 서로에 대해 행사할 수 있는 어떤 권위도 없어야 한다. 사회계약이 자유로운 상태에서 제정되었기에 구성원들이 받아들이는 것이다. 즉 구성원 모두가 공평하게 참여하여 규율을 만들었고 다른 누군가에 의해 결정된 것이 아니다. 규칙과 법이 공정하게 만들어졌다면 이것은 '공평한 관계' 내에서 만들어진 것이며, 어떤 특정인이 자신의 의견을 특별한 의견으로 관철하는 것이 불가능하다. 이로 인해 특정인의 다른 이에 대한 예속은 존재하지 않게 된다.

롤즈는 개인들이 공정한 게임의 룰을 정할 때 '합당성(reasonableness)'을 강조했다. 합당성은 동등한 사람들 사이에서 다른 사람도 동일하게 행동할 것이라고 믿는 상호주의적 태도를 의미한다. 만약 합당성을 받아들여 구성원들이 상호주의적으로 협동한다면 이들은 특정한 예속상태에 있는 것이 아니다. 합당성을 갖춘 시민은 시민 간 동등성을 받아들이기 때문에 남에게 예속되려 하지 않고 남을 지배하려고도 하지 않는다. 합당성에 기초하여 공정하게 만들어진 규칙에는 누가 누구를 지배하는 관계란 존재할 수 없으니 예속과 복종의 부재이자 자의성의 지배인 '비지배의 자유'와 다르지 않다. 따라서 합당성이라는 자유주의 내에 기존에 있는 개념을 가지고 설명할 수 있는데 다른 새로운 개념이라 주장할 필요가 없다.

(3) 비지배자유가 가지는 현실적인 문제점

신로마공화주의는 비지배자유를 통해 전통적 공화주의가 오로지 재산을 가진 남성시민을 다룬 것과 단순히 정치적 영역에서의 자유만을 다루었다는 점을 비판한다. 반면, 전통적 공화주의가 아닌 자유주의는 사회·경제 내 존재하는 예속과 지배관계에 관심이 없다고 한다.

신로마공화주의의 문제는 비지배자유를 통해 해결하고자 하는 지배라는 개념이 너무 넓다는 것이다. 키케로와 마키아벨리는 자의적인 폭군의 지배를 벗어나는 것으로 공화주의를 설명했지, 남과 여, 노동자와 고용주, 학생과 교사, 죄수와 간수 간에 존재하는 자의적 지배까지 문제 삼지는 않았다. 로마시대 공화주의는 파벌과 전제주의(despotism)를 거부한 것인데 이런 개념을 신로마공화주의는 사회 해방 관점에서 너무 많이 확장한 것이다.

문제는 자의적인 정치권력을 배제해야 한다는 것이 과연 현재 민주주의 국가에서 가능하고 의미 있는 일인가하는 점이다. 자유주의를 토대로 한 민주주의에서 자의적 권력의 배제 자체가 자유주의의 핵심이기 때문이다. 현대 민주주의 사회에서 참주가 나타나고 전제적 군주가 나타나 헌법을 무시하고 자의적인 통치를 할 수는 없다. 그렇다면 신로마공화주의가 주장하는 다른 영역에서의 예속과 복종의 상실은 실제 로마 공화주의와는 관계가 없고 해방을 주장하는 논리를 담고 있는 것이다.

만약 신로마공화주의가 정치 지배자의 자의적 통치가 없는 상황에서 비지배를 이야기한다면 이것은 다분히 '해방(liberation)'을 위한 기획인 것이다. 여성·다문화·노동자 해방이 목적이라면 비지배적 자유가 왜 규범적으로 타당한지에 대해 권리·정의와 같은 개념들을 통한 더욱 탄탄한 논리가 필요하다. 그러나 신로마공화주의가 추구하는 이상에는 이러한 규범적 원칙이 논리적으로 잘 정리되어 있지 못하다. 이러다 보니 비지배적 자유라는 개념으로 자본주의의 폐해를 고쳐 개인의 파편화를 막고, 정치참여의 저조와 정치적 무관심을 해결하며, 민족주의의 배타성을 해결하면서 지구촌이라는 코스모폴리탄적 아이디어(지구 연방주의 시도)로 확장하려는 시도에 완벽한 논리적 근거가 되지 못하는 것이다. 자칫하면 신로마공화주의가 선동적인 구호에 불과한 것으로 귀결될 수 있다.

5. 신로마공화주의에 대한 평가

신로마공화주의가 자유주의를 넘어서기 위한 시도나 사회변혁을 위한 시도를 가졌다는 것은 의미 있다. 자유주의의 소극적 자유가 주는 자유의 협소함과 적극적 자유의 독재 가능성 문제를 제기하고 공동체주의의 선험적 가치가 가져오는 문제를 풀어내기 위한 논리 구축은 이론 논쟁 내에서 각 이론들을 논리적으로 정교하게 만든다. 현실적으로 학문적인 발전 외에도 소외되었던 주제들을 살펴보게 한 점 역시 의미가 있다. 하지만 비지배자유의 개념이 자유주의의 개념에서 큰 차이를 가져오지 못한 점과 비지배자유에서 말하는 자의성이 왜 사회·경제이슈에서 배제되어야 하는지에 대한 논리는 좀 더 강화되어야 한다.

심화 학습

신로마공화주의[24)]

신로마공화주의는 자유주의와 공동체주의 간의 가교를 만들고자 한다. 이를 위해서는 먼저 존재론적인 해법이 필요하다. 신로마공화주의는 개인의 '합의'와 '심의'를 통해 공공선을 결정할 수 있게 한다. 그런 점에서 개인의 자유와 공공선 구성은 양립할 수 있다. 특히 공공선의 선험성을 거부하여 자유로운 선택에 의한 공공선을 설명할 수 있다. 다소 어려운 부분은 자유주의에서 말하는 '합리성에 의한 개체 우월성'을 거부해야 한다는 것이다. 이는 데카르트 명제인 "cogito, ergo sum(생각한다, 고로 존재한다)."을 거부하는 것이다. 인간 이성은 성찰적 이성으로 대체할 수 있다. 공공선을 선험적으로 결정하는 사회 우위의 존재론도 거부한다.

신로마공화주의의 인간관은 근대 이전의 상호의존적 인간을 부활시킨다. 인간은 연대하는 존

24) 곽준혁, "신로마공화주의"「정치학 이해의 길잡이: 정치사상」(파주: 2008, 법문사)를 기반으로 요약.

재이며 사회와 화합할 수 있다. 사회의 간섭 배제를 위해 권리라는 울타리로 무장하는 원자적 개인이 아니다. 실생활에 비유하자면 놀이터에서 같이 놀고 유치원에서 같이 식사를 차리는 사회적 개인인 것이다.

신로마공화주의는 아리스토텔레스 입장과 다르다. '인간은 정치적 동물'이라는 명제에서 인간의 군집은 필연적이지만 자연적이지 않다. 자연적이지 않다는 것은 앞서 한나 아렌트에서 본 것처럼 인위적이고 의도적인 노력이 필요하다는 것이다. 정치참여는 자연스러운 것이 아니라 자유를 지키기 위해 의도적으로 수행되어야 한다. 참여에 대한 인식 차이가 공화주의를 구분한다.

존재론과 인간론에 대한 입장 수정을 통해 획득된 '비지배적 자유'는 자유와 공공선의 동시 달성을 추구한다. 즉 자유를 확보하지만 비지배성이라는 공공선을 같이 공유하며 이는 법의 지배로 달성된다. 같은 논리의 연장선상에서 헌정주의도 중요하다. 헌정주의는 전제정치를 방지한다. 헌법 심의에 참여한 공동체 구성원들은 자신의 결정으로 헌법을 받아들인다. 대등한 시민의 참여로 만들었기 때문에 법 앞에서 시민들은 지배받지 않는다. 자유주의는 기본적 자유를 확보하기 위해 법을 제한하고자 한다. 사적 경계선을 명확히 하여 공적 권력이 개입되지 않게 하는 것이다. 반면, 신로마공화주의는 지배와 예속이 있을 수 있는 조건을 개선하기 위해 법이 필요하며, 법을 통해 자유로워질 수 있다고 본다.

신로마공화주의는 한국에서 자유주의 강화로 나타나는 문제점 해결에 도움이 될 것인지 여부에 대한 현실적인 문제가 있다. 자유주의로 인한 문제에는 정치참여의 빈곤, 경제적 양극화와 재벌의 시장다극화, 다문화주의와 족적(ethnic) 갈등이 대표적이다.

신로마공화주의는 공공선을 강조한다. 공공선은 정치참여를 통해 획득할 수 있다. 정치참여는 투표율 저하와 공적 공간의 붕괴를 해결할 수 있으며, 정치에서 심의와 토의를 강조할 수 있다는 점에서 자유주의의 다수결주의가 갖는 경직성을 극복할 수 있다. 비지배자유는 비정규직과 같은 경제적 양극화와 다문화가정의 차별문제에도 실마리를 제공할 수 있으며, 예속 문제를 다룬다는 점에서 경제와 사회까지도 확장될 수 있다.

제5절 전통 이론의 재구성: 한국적 공화주의 이론의 가능성[25)]

1. 아시아적 가치의 타당성

막스 베버는 기독교 문화와 유교 문화의 차이를 통해 각 지역 간 경제성장의 차이를 설명했다. 이런 문화적 접근은 이념과 이론자원으로 확대 가능하다. 하버드의 뚜웨이밍 교수를 중심으로 한 '아시아적 가치' 논쟁에서 아시아는 근면, 가족애, 교육에 대한 관심이 있었기 때문에 경제발전이 수월했다고 평가된다. 유사한 조건에 있던 라틴 아메리카 국가들과 달리

25) 장현근, "동양의 덕치와 법치", 최연식, "한국의 유학과 실학"「정치학이해의 길잡이 1: 정치사상편」에서 중심내용을 요약정리함.

아시아 국가들이 빈곤 국가에서 출발하여 개발도상국까지 빠른 속도로 성장한 것을 문화적 요인으로 설명한 것이다.

한편, 싱가폴의 리관유는 온정주의적 권위주의를 강조하기 위해 같은 논리를 도입하기도 했다. 아시아 국가들에서 서구식 민주주의가 가능한지에 대해 1994년 봄에 싱가폴의 리관유 총리는 「포린 어페어」 지에 기고를 했다. 그는 아시아에서 서구식 민주주의는 불가능하며 그 이유로 아시아에는 유교에 기초한 부드러운 권위주의와 가부장적 권위주의를 선호하는 특유의 문화가 있기 때문이라고 주장했다. 이에 당시 김대중 아태평화재단 이사장은 1994년 가을 「포린 어페어」 지에 반박글을 기고했다. 아시아에서 서구식 민주주의는 가능하며 문화라는 단일 요인만으로 민주주의가 불가능하다고 주장하는 것은 타당하지 않다는 것이다. 또한 맹자의 '주권재민' 사상이나 동학의 '인내천' 사상을 근거로 하여 민주주의와 인권이 단지 서구적 가치만은 아니라고 반박하였다. 이 논쟁과 별개로 과연 리관유가 말하는 문화가 유교에서 제시된 가치로서 타당한 것이 아니라 단지 자신의 독재를 정당화한 것에 불과하다는 비판도 있다.

실제 정전론(井田論)은 균등한 토지분배제도로서 공전을 두기도 하였다. 맹자의 위민사상이나 역성혁명 논리는 링컨이 말한 민주주의의 공식 중 '인민을 위한 정치(For the People)'의 논지를 반영한다. 이는 민주주의와 같은 사상이 반드시 서구 사상만은 아니라는 점을 보여준다. 따라서 동양 사상에서도 현재 정치에 활용할 수 있는 이론과 개념을 찾아보는 것은 의미가 있다.

2. 논의 배경

서구 이론으로 과연 한국 정치를 설명하는 것이 적실성이 있을까하는 질문이 든다. 이론이 보편적이라면 한국에 적용되는데 문제가 없다. 하지만 이론이 특정 사회의 특정 맥락만을 반영한다면 다른 사회에는 적용되기 어렵다. 하지만 근대 정치학, 그 중에서도 정치사상은 서구 이론 특히 영미계 이론과 대륙계 이론에 영향을 많이 받았다.

정치사상 이론들이 서구 정치이론들에 너무 의존하는 경향을 비판적으로 보면서 동양 이론과 한국 이론에서 이론적 자원을 찾으려는 노력이 있다. 예를 들면 한국은 외교를 할 때 유교관에 입각하여 도덕적 기준으로 평가를 한다. 그러다 보니 미국과 중국의 견제와 협력이라는 새로운 시대에 있어서 한국은 외교적 균형을 맞추기 어렵다. 미국에 편승하거나 중국과 동맹을 체결하라는 양자택일식 논리가 작동한다. 반면, 중국은 유가 사상, 도가 사상, 법가 사상, 장자 사상이라는 4가지 이론에 기반을 두어 외교를 수행한다. 유교의 도덕적인 외교와 법가의 현실주의적인 외교가 공존할 수 있는 것이다. 이처럼 한 국가의 정책은 그 국가가 가지고 있는 이론과 개념의 수만큼 상상력을 갖는 것이다. 한국이 다양한 전통자원을 살리면서 서구 이론을 배워야 하는 이유이다.

3. 동양의 대표적인 전통이론과 핵심주장

(1) 유가 사상과 덕치

유가에서 정치는 '올바른 몸가짐으로 잘 다스린다'의 의미를 가졌다. 정치는 도덕이 선행하고 공동체를 다스리는 통치는 그 다음이 되는 것이다. 공자는 인정과 덕치를 강조했으며, 협의의 정치(현실 정치)와 광의의 정치(덕성을 통한 도덕질서 구현 정치)를 구분하였다. 정치를 넓게 보아 덕을 통한 통치와 인을 통한 통치를 강조하였다. '덕(德)'[26]과 '예'[27]와 '인(仁)'[28]이 지배하는 정치는 도덕 중심으로 정치를 운영하게 한다. 공자 이후 맹자는 '왕도정치'를, 순자는 '예치'를 주장했다. 맹자는 군주를 변화시킴으로써 왕도정치를 구현하자고 한 반면, 순자는 신분 등급에 맞춘 예의를 강조했다. 실제 정치의 중심을 군주와 다양한 계급 간 정치 사이에서 어떻게 이해할 것인지의 차이를 보여주는 것이다.

유가는 정치를 도덕과 윤리 문제로 치환시킨 측면이 강하다. 한국 정치가 조선 시대 유교정치의 영향을 여전히 받고 있어 현재도 힘의 정치보다는 도덕적인 정치로 이해하는 면이 크다.

(2) 법가 사상과 법치

중국 사상 중에 도덕이 아닌 힘의 정치로 이해하는 입장이 법가 사상이고 이를 기반으로 한 통치가 법치이다. 서구 사상 중 현실주의 사상과 일맥상통한다. 법치는 도덕보다 강력한 법과 처벌을 통해 두려움으로 통치하는 것이다. 법가 사상의 핵심은 '법(최고 통치 규범)'과 '술(군주의 신하 통제 기제)'과 '세(군주의 권위와 세력)'의 효과적인 운용에 있다. 대표적인 이론가로 상앙과 한비자를 들 수 있다. 상앙은 개인들의 이익과 죽음에 대한 공포를 이용하고 상벌을 활용해 통치할 것을 주문했다. 반면, 법·술·세를 이용할 것을 주문했다. 법가의 영향은 명확하다. 중국 정치에서 명분은 유가에서, 실제 정치는 법가에서 하는 것이다. 중국 정치의 수사와 실제가 다른 이유이다. 미국 정치가 자유주의를 수사로 하고 현실주의의 국

---

26) **덕의 의미**: 덕은 바람직하게 사는 인품을 가지는 것을 의미한다. 덕은 여러 가지 의미들이 중첩되어 나타나는데, 기본적으로 자신이 마땅히 해야 할 일을 의미한다. 예를 들어 부모와 자식 간에 자식이 효를 다하는 것은 마땅히 해야 할 일을 하는 것이다. 다른 말로 도덕적으로 당위를 수행하는 것이다. 공자의 군자(君子)가 수행해야 할 가치이다.

27) **예의 의미**: 예는 사람이 다른 인간에 대해 어떻게 행동할 것인지 정하는 도덕성에 근거한 사회적 질서규범과 행동의 표준적 절차를 의미한다. 제례에서 나온 개념으로 제사를 할 때 어떤 규칙에 따라 할 것인지와 같이 도덕을 실천할 때의 구체적인 행동규범이다. 과거 조선 시대 유교정치에서 타국과 교섭하는 현재의 외교부를 예부로 한 것은 문화와 도덕을 기준으로 정치하겠다는 것이다. 이런 문화적 질서인 중화질서가 서구의 근대국가 간 질서로 무너진 것은 힘이 문화를 대체한 것이다.

28) **인의 의미**: 인은 어질다는 의미이다. 하지만 어질다는 인 역시 다양한 의미를 가진다. 사랑과 효와 충 등을 모두 포함한다. 공자가 실천 윤리의 근거로 삼았지만 인이 무엇인지에 대해 구체적인 규정을 하지 않았기에 후대 학자들은 인에 대하여 다양하게 해석하고 있다.

가 이익과 힘을 통해 운영하는 것과 유사하다. 외유내법(外儒內法)의 중국 정치 전통이 이렇게 만들어진 것이다.

(3) 한국 정치사상의 중요 개념들

왕조가 주기적으로 순환했던 역사를 비추어 볼 때 '역사순환론'을 볼 수 있다. 역사순환론에 따르면 국가의 창업, 수성과 유지, 경장과 개선의 논리가 작동해왔다. 개선이 안 되어 왕조가 바뀌면 이 같은 논리가 다시 순환한다.

최근 실학에 대한 재해석 시도가 늘고 있다. 실학이 근대적인 개선의 여지를 가지고 있다는 점을 입증함으로써 일본이 제시하는 일본에 의한 근대의 완성 논리를 거부하고자 하는 것이다. 이뿐 아니라 실학 시기 조선의 아이디어를 활용해보고자 하는 의도도 있다. 이런 관점에서 광해군의 실리외교에 대한 재평가 연구도 진행 중이다. 또한 과거 제도에서 현대적 의미를 해석하는 연구도 있다. 조선의 삼사제도나 경연제도가 가지고 있는 심의장치의 의미를 해석하는 것이 대표적이다.

제4장 정치사상과 관련 현안들

수험적 맥락

정치사상의 세부적인 주제로서 소수자, 다문화주의, 복지, 법치주의의 강화와 다른 수단에 의한 정치는 한국 사회의 현실적인 주제들이다. 이론적인 자원들을 확인하고 한국 현실에서의 의미를 다룬다.

수험적 중요주제

1. 소수자문제인 비정규직 문제	3. 보편적복지의 필요성과 논리적 근거
2. 다문화주의 정책의 방향	4. 법치주의의 강화와 다른 수단에 의한 정치

제1절 소수자(minority) 문제

민주주의를 다수의 지배로 이해할 때 민주주의는 '다수'의 지배가 정당하며 바람직하다. 그러나 사회에는 다수를 이룰 수 없는 이들이 있으며, 이처럼 구조적으로 다수를 만들 수 없는 소수자들은 절대로 민주주의의 주인이 될 수 없다. 자신들의 이익과 가치를 사회적 가치로 관철시킬 수 있는 방법이 없으며, 사회적 배분에서 자신들의 몫을 차지할 수 없고 사회적 인정을 받을 수도 없는 것이다. 게다가 바람직한 민주주의를 '인민'의 지배로 이해할 때 이들 소수 인민들의 의사가 묵살당하는 것은 민주주의라는 정치체제의 이념에도 부합하지 않는다.

민주주의가 제대로 작동하기 위해서는 다수의 지배뿐만 아니라 소수에 대한 배려가 필요하다. 소수자 문제를 정치학에서 다루는 이유가 여기에 있다. 이 절에서는 소수자의 정의란 무엇이며 어떤 점이 문제되는지를 다룬다.

1. 소수자 문제의 등장 배경

소수자 문제가 등장한 배경으로 빠른 경제성장 및 세계화와 그에 따른 사회적 분화 및 다원화를 들 수 있다. 경제성장과 세계화는 한국 사회를 빠른 속도로 바꿔놓고 있다. 통계마다 차이가 있지만 한국의 1인당 GDP는 2015년 기준 28,338달러로서 국가별 순위 28위를 기록하였다. 1960년대 초 한국의 1인당 GDP가 87달러로 당시 125개국 중 101번째인 것과 비교할 때 30배가 넘는 경제성장을 이룬 것이다. 높아진 경제수준은 임금을 상승시켜 단순노동력을 위한 저임금 이주노동자들의 유입 계기를 마련하였으며, 1997년 동아시아외환위기는 한국 사회에 노숙인 문제가 사회 문제로 인식되게끔 하였다. 경제성장은 사회 내에 다원적 가치를 만들어내기도 한다. 과거보다 성정체성에 대한 고민을 하는 이들과 동성애자가 늘어난 것을 예로 들 수 있는데, 이런 변화에도 불구하고 현재 신자유주의의 강한 이론적 야성은 이들 소수자를 사회의 주류에서 밀어내는 문제가 있다. 신자유주의는 경제적 능력, 특히 소유권을 가지고 세상을 해석함에 따라 획일화를 가져온다.

특정 가치를 지지하는 이들이 적다고 해서 이들을 모두 소수자라 할 수는 없다. 예를 들어 호남 출신 유권자가 영남 출신 유권자보다 1/3정도의 인구를 가진다고 하여 호남 출신 유권자를 소수자라 할 수는 없는 것이다. 따라서 소수자를 어떻게 이해할 것인가와 관련하여 범주 획정이 필요하다. 일반적으로 이주노동자, 동성애자, 장애인, 미혼모, 양심적 병역거부자, 노숙자, 혼혈인 등을 소수자로 보는데, 이처럼 소수자로 분류하기 위해서는 세 가지 특징을 공유해야 한다. 첫째, '비주류세력'이어야 한다. 둘째, 사회적으로 '차별'을 받아야 한다. 셋째, '피권력자'이어야 한다. 즉, 주류가 아니며 권력을 가지지 않고 차별을 받아야 하는 것이다.[1)]

'소수자'와 '사회적 약자' 간에는 차별이 있는지 여부로 구분할 수 있다. 소수자는 차별받는 사람들이고 사회적 약자는 차별받지 않는다. 이 점에서 '차별'은 소수자 문제가 단지 사회적 문제만은 아니라는 점을 보여준다. 차별은 근거가 없음에도 불구하고 응당 받아야 할 것을 받지 못하거나 누릴 수 있는 권리를 누리지 못하게 한다. 이것이 규범적 차원에서 소수자 문제를 다루어야 하는 이유이다. 또한 소수자는 '영구성'과 '특수성'이 있어야 한다. 즉, 구조적 차별을 받는데다 이들에게는 권력이 돌아가지 않기 때문에 권력 정치 차원에서도 배제된다는 문제가 있어야 하는 것이다.

문제는 소수자를 어느 하나의 그룹으로 묶을 수 없다는 데 있다. 이들을 한 그룹으로 하여 이익집단을 구성하기도, 하나의 정당이 같은 카테고리 하에서 정책을 만들기도 어렵다. 따라서 소수자 문제는 개별적으로 각각 고려해야 한다. 그렇다면 왜 소수자는 한 그룹으로 규정되지 않는가? 소수자가 된 원인에 있어 근본적인 차이가 있기 때문이다. 첫째, 장애인이

---

1) **소수자를 고려해야 하는 3가지 이유**: 첫째, 불평등 · 부정의 · 불공정성 문제가 있다. 사회적 차별은 부정의와 관련되는데, 동성애자의 취업제한을 예로 들 수 있다. 둘째, 권력에서 배제되는 문제가 있다. 운에 의해 결정된 경우 사회적 권력을 가지지 말아야 하는 합당한 이유가 없다. 셋째, 진실에 대한 노출이 필요하다. 다원적 사회의 민주주의에서는 사회적 가치의 다양성을 드러내는 것이 필요하다. 특히 민주주의를 사회적 갈등의 표출과 타협으로 이해하면 소수의 가치도 드러나야 한다. 소수자의 선호가 더 강할 수 있다는 점에서도 이들의 가치는 표면에 드러나야 한다.

나 혼혈인과 같이 '운'과 관련된 경우가 있다. 둘째, 미혼모나 이주노동자와 같이 '능력'과 관련된 경우가 있다. 셋째, 동성애자나 양심적 병역 거부자, 노숙자와 같이 '선택'과 관련된 경우가 있다. 이러한 소수자들의 유형 구분은 각각에 대한 정책 처방을 다르게 하게 한다.[2)]

표를 통한 비교

안서니 드워킨과 로살린 드워킨(Anthony Dworkin & Rosalind Dworkin)의 소수자 4가지 기준

① 식별가능성: 신체와 문화적 차이의 존재.
② 권력의 열세: 정치, 경제, 사회적 권력의 부족.
③ 차별적 대우: 특정 성원으로서 차별받음. 성전환자들의 사례
④ 집단의식: 소속감과 정체성이 있어야 함. (예) 미혼모, 혼혈인, 동성애자.

2. 소수자 문제로서 비정규직 문제

한국에서 비정규직이 문제된 것은 1997년 동아시아 외환위기로 인해 IMF 차관을 사용하면서부터이다. 당시 IMF는 조건부 차관을 빌려주면서 한국 기업의 구조조정을 요구했다. 정부는 빠른 위기 탈출을 위해 처음으로 유럽식 코포라티즘 처방을 내렸다. 노사정위원회를 구성한 것이다. 기업의 구조조정을 위해 노사정위원회는 정상조직들 간 타협으로 해고가 용이한 비정규직을 신설하였다. 미국식 워싱턴 컨센서스의 이론적 기조인 신자유주의를 차용한 IMF의 요구를 받아들인 것이다. 한국은 그 동안 일본식 발전주의 모델을 사용하였는데, 이 모델의 핵심은 평생고용을 보장함으로써 숙련된 노동자들이 안정적으로 일할 수 있도록 하는 한편, 부족한 복지를 고용으로 해결하는 것이었다. 그런데 신자유주의는 이러한 기업과 노동자 간의 관계를 대립적으로 만들었다.

한국의 비정규직 노동자들의 현실은 전형적인 양극화를 보여준다. 비정규직 노동자 수는 2016년 기준 868만 명인데, 이 숫자는 특수고용인 230만 명과 사내하청을 담당하는 노동자를 뺀 것이다. 전체 노동자 대비 50%를 넘어선 비정규직의 평균 월급은 148만원으로 정규직의 절반 수준이다. 비정규직과 정규직 간 임금격차는 중소기업과 대기업 간 임금격차와 함께 양극화를 보여주는 지표 중 하나이다. 2016년 4월 10일 고용노동부가 발표한 'OECD 국제비교 시사점' 자료에 따르면 우리나라의 임금 10분위수 배율은 4.70으로 미국(5.08)과 칠레(4.72)에 이어 3번째로 높게 나타났다. 여기서 사용한 임금 10분위수 배율은 임금 분포를 10분위로 나누고 최하위층 소득 대비 최상위층 소득의 배율을 구해 임금격차를 보여주

2) **소수자의 4가지 유형 구분**: 다른 관점에서 소수자를 구분할 수도 있다. 즉, 신체적 소수자(예: 장애인), 권력적 소수자(예: 여성, 이주노동자, 동성애자, 양심적 병역 거부자), 경제적 소수자(예: 비정규노동자, 도시 빈민, 이주 노동자, 노숙자), 문화적 소수자(예: 인종, 종교 소수자)로 나누는 것이 한 예이다.

는 것이다. 게다가 2016년 비정규직의 4대 보험 가입률은 30%에 불과하다.[3)]

비정규직 문제는 청년실업과도 연결된다. 새로운 일자리를 구하려는 청년들이 대체로 구할 수 있는 일자리가 정규직보다 비정규직에 많기 때문이다. 이런 구도는 비정규직을 차지하는 청년세대와 정규직을 차지하고 있는 기성세대 간의 갈등을 야기한다.

청년실업 문제는 한국사회에서 '5포'를 넘어 '8포'로 대표되는 '청년세대=포기세대'의 인식을 만든다. '금수저-흙수저 논쟁'도 젊은 세대들의 사회적 경쟁과 적은 일자리 문제를 보여준다. 하지만 이보다 더 큰 문제는 부와 권력의 세대 간 계층 이전이 불가능하다는 점이다. 지금 부모 세대가 고생하여 다음 세대를 교육시키고 이들이 사회에서 좋은 자리를 잡음으로써 계층 이전이 이루어져야 '사회유동성'이 생긴다. '사회유동성'은 사회의 변화가능성 즉, 자신의 노력으로 얼마든지 사회계층 이전이 가능하다는 것을 보여주는 사회의 건강지표이자 미래가 있다는 예측지표이다.

그런데 계층 이전이 불가능하다는 것은 사회가 고착되어 계층 구조가 변하지 않는다는 것이자 계층을 넘어 대립적인 계급 구조를 만들 수 있다는 것이다. 예를 들어 노동자층에서 부유층으로 이전하기 위해서는 영국의 경우 8세대가, 미국의 경우 4세대가 걸린다고 한다. 한국은 1970~80년대까지 자신의 세대 안에서 계층 이전이 가능했으나 최근 들어 계층 이전이 어려워지면서 계층적 구분을 넘어 계급적 대립으로 한국 사회를 보려는 움직임이 있는 것이다.

계층 이전 불가는 젊은 세대의 포기를 만든다. 이것은 체념으로 이어져 사회의 구조적 문제에 대한 불만을 가져온다. 사회 갈등이 늘어날 수 있고 개인 간 갈등을 넘어 사회적 저항으로 나타날 수 있는 것이다. 사회 갈등을 해결하는 것이 정치의 첫 번째 과제라 할 때 비정규직 문제와 청년실업 문제는 정치가 해결해야 한다.

비정규직 문제를 해결하기 위한 방안들도 있었다. 2007년 7월 1일에 실시된 '비정규직 보호법'은 2년 이상 고용된 기간제 근로자의 정규직 전환을 규정하고 있다. 하지만 이 법은 정규직 전환 이전에 기업측에서 노동자를 해고하거나 노동자의 소속을 이전시키는 방식을 통해 정규직 전환을 막은 것과 같은 부작용을 낳았다. 대표적인 사례가 KTX 여자 승무원들의 해고 사례이다. 또한 대학 강사들의 4대 보험 가입이나 지속적 강의 보장 등 처우 개선을 위해 강사법을 개정하려고 했으나 이는 소수 강사에게 강의를 몰아주고 다른 강사들의 강의는 줄이는 문제를 가져오기도 했다.

또한 노동 5법, 일명 '장그래' 법[4)]이 2015년 4월에 발의되어 같은 해 12월까지 처리를 두

---

3) **비정규직과 88만원 세대**: 비정규직 문제를 잘 보여준 것은 『88만원세대』라는 책이다. 이 책은 비정규직 임금 119만원에서 20대 평균 소득비율인 74%를 곱해서 나온 액수를 제목으로 하였다. 이 책은 현재 20대가 평생 88만원에서 119만원으로 살아갈 것이라고 주장한다. 이것은 40대와 50대의 남성들이 20대를 착취하는 것이다. 좋은 일자리를 나누지 않기 때문에 세대 간 갈등이 생기는 것이다. 향후 한국 정치의 대립 구조가 세대가 될 수 있다는 교훈을 준다.

4) **장그래법**: 노동 5법 내용의 핵심은 35세 이상 비정규직 근로자에 한해 본인이 원할 경우, 고용기간

고 갈등을 벌였다. 이 법은 고용 안정화를 위한다고 하지만 악용이 문제된다는 우려가 있다. 몇 년째 지속되는 세계경제 불황과 한국 기업들의 성적 악화라는 조건에서 노동자들을 줄이려는 재계와 직업안정성을 추구하는 노동계 사이의 갈등이 그대로 드러나고 있는 것이다.

비정규직 문제 해결은 재계와 노동자간의 타협에만 맡길 수 없다. 이해관계가 첨예하게 걸려 있기 때문에 이에 대한 해법을 제시하고 이를 강제하기 위해서는 국가의 개입이 필요하다. 2014년 지방선거와 2016년 총선에서 최저임금을 상승시키는 단기적 방안과 비정규직을 정규직으로 전환하는 방안이 제시되었다. 이를 위해서는 재계와 노동계의 사회협약 제정이 필요하다. 노사정위원회를 통한 조합주의 해결방안이 모색될 수도 있지만 현재 한국의 노사정위원회는 실제 노동계를 단일 조직으로 만들지 못하기 때문에 실효적이지 못하다는 비판이 있다. 따라서 국가-기업-노동의 사회적 합의 이전에 사회구성원들의 비정규직 문제에 대한 담론의 구성이 중요하다. 담론을 통해 비정규직 문제에 대한 사회적 의견의 결집이 필요한 것이다.

제2절 다문화주의

19대 총선에서는 다문화 출신의 이자스민 후보가 다문화를 대표하여 새누리당의 비례대표 후보로서 국회의원이 되었다. 정당이 반영해야 할 사회적 대표성 중 소수자를 위해 비례의석 일부를 할당한 것이다. 이는 다문화가정이 늘고 있는 한국의 상황을 정치적으로 해결하려는 상징적인 사건이다. 그러나 이런 시도는 20대 총선에서 사라졌다. 19대 총선에서 한 석을 인구 구성 변화와 다양한 족적(ethnic)[5] 정체성 증대로 한국에서도 사회적으로 다문화주의에 대한 관심이 증대하고 있다. 그런데 앞서 본 것처럼 정치는 아직 이 문제를 적극적으로 의식하지 않고 있다. 이는 사회와 정치의 시간적 지체라고 볼 수 있다. 사회가 다원화되면서 문화적 다원주의의 가치를 인정해야 하는 사회적 다양성에도 불구하고 실제 이들(이주 노동자와 결혼이민자와 그 자녀들) 중 참정권을 가진 경우는 아직 일부에 불과하다. 따라서 표를 통해 선거에서 정책을 만드는 정당 입장에서는 현실적인 문제가 아닌 것이다.

그럼에도 불구하고 장기적 관점에서 볼 때, 다문화가정이 증대함에 따라 이를 받아들이자

을 현재 2년에서 최대 4년으로 늘리기로 한 것이다. 하지만 이 법을 두고 기업들이 과연 비정규직을 뽑아 4년간 일을 하게 한 뒤 정규직으로 전환시킬 것인지에 대한 우려와 함께 2015년 4월 현재 논쟁중이다.

5) **족과 민족의 차이**: 족(ethnie)은 문화공동체를 의미한다. 반면, 민족(nation)은 정치공동체가 된다. 예를 들어 이스라엘이 만들어지기 전까지 유태인들은 족적 집단이었지 민족은 아니었다. 그러나 이스라엘이라는 국가(state)를 만들고 나서 이 국가에 충성을 하는 족적 집단인 유태인 공동체는 정치적 집단이라는 민족이 된 것이다.

는 다문화주의는 정치적으로 중요한 의제가 될 것이다. 한국의 경우 1990년대 초부터 결혼이주민들이 늘어났기 때문에 다문화가정의 자녀들 중 투표권을 갖는 이들을 비롯하여 국방의 의무를 지는 사람의 수도 늘고 있다. 이런 상황 하에서 다문화가정에 대한 무시나 동일사회 구성원으로의 인정 거부 등은 사회적 갈등으로 이어지기 쉬울 것이다.

이 점에서 다문화주의는 사회적 관점에서 단지 문화적 공존만의 문제는 아니다. 이 주제는 원주민 가정이라는 주류 사회와 다문화가정이라는 비주류 사회의 이분법적 접근을 거부하고 '인정의 정치'가 중요하다는 점을 강조한다. 한편 사회적이고 법적인 '인정'만이 능사가 아니라 '분배'구조에도 변화를 가져와야 한다는 논쟁도 가져오고 있다.

한국 정부도 다문화정책과 결혼이주자정책 등을 만들어 다문화증대 현상에 대응하고 있다. 2003년 고용허가제를 도입했고 2004년에는 국적법을 개정하였으며 2007년에는 재한외국인처우기본법을, 2008년에는 다문화가정지원법을 제정하였다. 한국 정부는 다문화정책에서 동화주의와 다문화주의를 혼용하고 있다.

그런데 2011년 노르웨이 우퇴이야 섬에서 반 다문화주의자이자 반 이슬람주의자인 브레이빅의 총기난동사건이 일어났다. 다문화주의를 거부하며 벌인 이 사건으로 세계는 충격을 받았으며 이 사건은 노르웨이 정부의 다문화주의정책 실패를 방증한다. 이후 영국, 호주, 프랑스 정상들이 자국의 다문화정책이 실패했음을 공인하였다. 다문화주의의 역사가 긴 이들 국가와 달리 최근 다문화주의를 경험하고 있는 한국 입장에서는 이들 다문화주의정책을 보고 시행착오를 줄여야 한다.

1. 다문화주의 관심 증대 배경

법무부 산하 출입국·외국인정책본부가 발표한 '출입국·외국인정책 통계월보'에 따르면 2015년 말 기준 대한민국에 체류하는 외국인은 186만 81명이다. 이 수치는 2005년 기준 74만 7467명에 비해 두 배 이상이 증대한 수치이다. 이 통계에 따르면 한국에 체류하는 외국인 수는 1년에 10만 명씩 늘어난다. 이 수치대로라면 10년 뒤의 한국은 거의 300만이나 되는 외국인이 체류하는 국가가 된다. 전체 인구의 6% 정도가 외국인이 되는 것이다.

이처럼 노동이주자와 결혼이민자의 증대는 자연스럽게 다문화주의에 대한 관심을 증대시킨다. 또한 결혼이민자와 결혼하여 낳은 코시안(Kosian)이 눈에 띄게 늘고 있는데, 2010년 통계에 따르면 34,338명의 다문화가정 아이들이 초중고교에 재학 중이다. 2020년에는 5명중 1명이 될 것으로 예측된다.

노동이주자와 결혼이주자는 다르다. 노동이주자는 자신의 국가로 돌아가기 때문에 이방인으로 있을 가능성이 높다. 다만 장기간 머무를 경우, 그 시간으로 인해 단기 노동이주자와는 다른 정체성을 가질 수 있다. 그러나 결혼이주자는 대한민국이 법적인 공동체이자 정주해야 하는 공동체가 된다. 따라서 결혼이주자는 돌아갈 곳이 없기에 이들을 포함하는 사회통합은 노동이주자를 포함하는 것과는 다르다.

그런데 다문화를 구성하는 결혼이주자들 특히 결혼 이주 여성들은 많은 부분에서 고통을 받는다. 대한민국은 혈족과 언어를 기반으로 한 시원론적 민족주의가 강한 나라이기 때문에 이에 속하지 않은 사람들이 살기가 쉽지 않다. 한국에서 살기 위해서는 국가뿐만 아니라 사회적 차원에서 한국어 습득을 강요받는다.[6] 게다가 결혼이주자들은 대부분 경제적으로 하위 계층에 속하는 경우가 많아 경제적 어려움이 있으며 다문화가정에 대한 사회적 편견[7]으로 상처를 받는다.

문제는 한국의 민족주의가 객관론[8]에 근거한다는 점이다. 한국의 민족주의는 일본으로부터 민족주의를 배웠고 일본은 메이지 유신 시절인 1870년대 독일로부터 민족이론을 배워왔다. 객관론적 관점의 민족주의는 다른 족적 구성이나 다른 언어를 가진 이방인들에 대해 폐쇄적이다. 한국에서 로버트 할리의 국적이 한국인임에도 불구하고 한국 민족으로 받아들이지 않으려는 입장이 객관론에 해당한다. 특히 객관론 입장에서는 정치적으로 내부 그룹을 결속할 필요가 있을 때 언어, 역사, 신화 등에서 정체성을 찾는 경향이 있다. 따라서 정체성을 순수하게 유지하려는 정치적 경향을 가진다.

2. 다문화주의 이론: 의미와 개념 구분

(1) 다문화주의의 의미

다문화주의에 대한 이해는 광의와 협의로 구분된다. 다문화주의를 광의로 규정한 사단법인 '국경없는 마을'의 정의는 "상이한 국적, 체류 자격, 인종, 문화적 배경, 성, 연령, 계층적 귀속감 등에 관계없이, 모든 인간이 인간으로서의 보편적 권리를 향유하고, 각각의 특수한 삶의 방식을 존중하며 공존할 수 있는 공간이다.

---

6) **외국인 여성 국적 취득 요건**: 귀화신청을 해야 한다. 결혼과 함께 자동으로 국적을 가지는 것이 아니다. 귀화신청 이후 정상적으로 결혼생활을 하고 있으면 필기시험은 면제되고 면접에서 한국어능력을 평가받는다. 반면, 필기시험을 보아야 하는 경우 필기시험은 우리나라의 역사, 문화, 풍습 등에 관하여 주·객관식으로 10~20문항으로 출제되며 100점 만점에 60점 이상을 받아야 한다.

7) **다문화가정에 대한 집단화와 낙인**: 집단화는 '우리 vs 그들'을 구분하는 것이다. 이 현상의 이면에는 집단적 권력과 지배 문제가 있다. 즉, 개인들이 집단 안에서 권력을 추구하고 행사하는데 이때 권력은 정당하지 않은 경우가 많아 폭력이 된다. 이는 군중심리와 유사하다. 1930년대 독일의 유태인 박해 사례를 들 수 있다. 최근 한국사회에서 다문화가정에 대한 부모들과 아이들의 왕따 현상도 유사하다.

8) **객관적 민족주의 vs 주관적 민족주의**: 객관론은 객관적 기준으로서 역사, 혈연, 언어와 같은 조건을 통해 민족을 구성하고 이해하는 입장으로서 시원적 기준을 강조한다고 하여 시원론이라고도 한다. 1871년 이전 프러시아와 1871년 제국 선포 이후 독일이 활용한 민족주의 논리이다. 반면, 자유주의를 취하고 선진적 경제를 가진 국가들이 추구한 민족주의는 개인들의 주관적인 선택이다. 이를 주관론이라고 하며 근대론이라고도 한다. 영국, 미국, 프랑스에서 추구된 민족주의이다. 이들 국가는 실제로 국민이 되겠다는 결심과 국가에 대한 헌신을 맹세하면 민족구성원이 될 수 있다. 미국의 경우 100여 개의 족(ethnie)으로 구성된 민족국가이다.

정치학적으로는 협의의 규정이 좀 더 의미 있다. 다문화주의 이론가인 킴리카(Kymlicka)에 따르면 다문화주의는 "자유민주주의에 대한 광범위한 합의와 지지가 선결된 조건에서 다양한 문화적 주체들의 특수한 삶의 권리(politics of difference)에 대한 제도적 보장"을 의미한다. 이외에도 다양하게 다문화주의를 규정하려는 시도[9)][10)]들이 있다.

이러한 좁은 의미를 넘어 다문화주의를 근대 프로젝트에 대한 도전으로 이해할 수도 있다. 근대 프로젝트는 국민국가를 만들고 사회적으로 민족주의를 통해 충성심을 동원하며 경제적 산업화를 추구한다. 이때 '단일 민족 = 단일 국가'라는 민족주의의 슬로건이자 프로젝트를 거부하는 것이 다문화주의이다. 다원화된 족 집단으로 구성된 다문화사회에서 과연 국가는 어떻게 권력을 행사할 때 정당성을 인정받을 수 있는지에 관한 문제는 이전 근대국가 단위의 정치에서는 상상하지 않았던 것이다. 이제 다양한 족적 집단으로부터 정당한 권력으로 인정받기 위해서는 과거와 같이 거대 민족 단위를 전제로 한 정책은 통용되기 어려운 것이다. 예를 들어 국가 구성원으로서 동아시아 이주민들이 많아진 상황을 전제할 때, 한민족 중심의 사고에 기반을 둔 대외정책은 사용하기 어려워지는 것이다.

근대 자유주의는 자신의 사고방식을 진리로 여기는 경향이 있다. 도구적 이성을 합리성으로 받아들이고 이것에 기반을 둔 과학주의는 신봉하되 전통은 과학의 대척점에 두는 것이다. 역사와 전통을 무시하는 자유주의 입장에서 '다문화'는 그 자체가 역사와 전통을 가진 것이기에 타도 대상이 될 수 있다. 자유주의는 문화를 '선호'[11)]가 아닌 진리 관점에서 접근하기 때문에 경우에 따라 바람직하지 않은 문화도 있을 수 있다. 따라서 다문화의 이질성은 참이 아니며 바람직하지 않은 것이 되어 다문화는 이성으로 극복해야 하는 대상이 된다. 자유주의가 수행한 다른 문화와 다양성에 대한 거세 작업은 자유주의의 제국주의 성향[12)]을

---

9) **다문화주의와 시민권의 재규정 방식**: 세계화라는 환경에서 보편적 인권에 대한 광범위한 합의와 지지를 토대로 비국적자 및 체류자격 미비자를 포함하는 방식으로 민족국가 시민권을 '탈민족국가'적 방식으로 재규정하려는 시도를 뜻할 수도 있다. 이 정의는 국적과 시민권의 변화라는 정책지향적인 특징이 있다.

10) **다문화주의와 민주주의 심화 프로젝트**: 정치적 지향성과 관련하여 "상호존중, 합리적 대화, 정치적 권리"라는 세 가지 요건의 실현을 통해 시도되는 민주주의 심화 프로젝트를 뜻하기도 한다. 이때 다문화주의는 권리와 함께 도덕적인 지향점을 갖는다.

11) **선호와 진위와 바람직함의 관계**: 인간이 세상을 바라보는 관점들은 다음과 같이 구분된다. 선호(preference)는 내가 좋아하고 싫어하는 것을 구분하는 기준이다. 색깔과 특정 운동 경기의 팀을 좋아하는 것을 들 수 있다. 진위(truth)는 이것이 맞는지 안 맞는지의 문제로서 진실과 관련된 문제이다. 이것과 다른 것은 바람직함(right/wrong)의 문제이자 정의(justice)라는 도덕의 문제이다. 인간 유전자 복제가 바람직한지에 관한 것은 도덕적인지의 문제이다.

12) **자유주의의 제국주의 성격**: 자유주의는 자유라는 것을 강조하면서 다른 국가와 사회의 문화나 관습을 '부자유' 문제로 본다. 예를 들어 한국의 제사에서 절을 하는 것은 과거로부터 합당한 이유 없이 전통이라는 이름으로 강요당하는 것이다. 따라서 자유는 이러한 부당한 관습을 제거하고 합리적 주체들이 받아들이고 인정하는 관습이나 문화를 따르게 한다. 이 과정에서 대서양 일부 국가들이 선호하는 가치인 자유를 가지고 다른 선호 가치를 재단하고 평가하며 불필요한 경우에는 제거하고자 한다. 이것이 '자유'라는 이름으로 다른 이론이나 관념을 지배하려는 제국주의 모습이다.

그대로 드러낸다.

다문화주의는 자유주의의 제국주의적 성격 즉, 획일화하고 자유 중심으로 단순화하려는 시도를 거부한다. 다른 선호를 가진 문화를 '근대'라는 관점으로 거부하기만 하지는 않는 것이다. 예를 들어 과거에는 체하면 할머니들이 손을 따주었는데(손 따주기 문화) 이를 의료행위로 보아 면허증이 있는 의사의 치료가 아니라는 이유를 들어 전통을 거부하지 않는 것이다.

근대를 넘어서는 기획으로서 탈근대주의(post-modernism)는 근대 자유주의의 획일성을 거부한다. 다문화주의에서 소수 문화의 독자성과 독특성을 강조함으로써 자유주의의 획일성을 부정하는 것이다. 다문화주의는 모더니즘 이론인 자유주의가 계몽주의라는 용어로 자유주의를 신봉하게 만드는 것에 문제제기를 한다. 해방을 중심으로 다원성을 살리는 것에 핵심이 있다.

(2) 다문화주의 이론: 킴리카(W. Kymlicka)

다문화주의 이론의 대표적인 이론가로 킴리카를 들 수 있다. 킴리카의 이론적 취지는 자유주의와 다문화주의의 공동체주의를 조합하는 것이다. 이는 어려운 작업인데 자유라는 보편적 가치를 인정하면서도 다문화주의가 가진 문화적 특수성을 받아들여야 한다. 즉, 자유주의의 보편성 안에서 다문화주의의 특수한 선호와 문화, 가치라는 특수성을 조합하는 것이다. 실제 정치적 의미는 정주민이 살고 있는 국가의 자유주의를 받아들이면서도 이주민의 특수한 삶의 양식이 서로 다르다는 것을 인정하고 확인하며 상호 공존하는 방식을 배우는 것이다.

킴리카는 기본적으로 자유주의자이면서 자유주의 내에서 공동체주의를 수용하고자 한다. 앞서 개념 정의에서 보았듯이 자유주의를 받아들인다는 선결 조건 하에 문화적 특수성(공동체주의: Communitarianism)을 수용하는 것이다. 그는 다문화주의가 구체화되려면 두 가지가 필요하다고 보았다. 첫째, 국가적 수준에서 법과 제도를 구비해야 한다. 다문화주의는 국가가 제도적으로 인정해야 하고 보호해야 한다. 둘째, 개인적으로 다문화를 받아들이고 다른 방식의 삶과 공존하려는 지식, 신념, 태도 등을 갖추어야 한다. 즉, 사회적인 합의가 있어야 하는 것이다. 해석하자면 제도가 있지만 사회적 합의가 없는 경우 다문화주의는 사회적 지지가 없이 공허하게 될 것이다. 반면, 사회적 합의는 있지만 법과 제도가 없다면 다문화주의는 실제 보호받을 수 없다.

킴리카는 자유주의 관점에서 문화적 특수성과 다양성을 보호하고자 한다. 자유주의는 다원주의의 다원성을 강조하기에 사회 내의 문화적 다양성이 대단히 중요하다. 다원주의와 관용 속에서 자유주의 국가는 소수 문화집단의 권리를 보호할 수 있다. 만약 자유주의가 선결된 상태에서 사회적 특수성을 받아들인다면 '자유'에 대한 자유주의의 강조와 공동체의 문화적 '특수성'은 충돌하지 않는다. 예를 들어 이슬람 문화가 서구에서 개인의 자유를 인정하는 속에서 자신들의 문화를 유지하고자 한다면 자유주의와 이슬람 공동체주의는 상호 공존할 수 있다.

상호 공존은 하나의 공동체에 있어 다양성을 보장해준다. 사회적 다양성 속에서 개인들은 자신들의 선호와 가치가 유사하다면 자유로운 선택이 가능하다. 또한 다른 것을 인정하면서

'다름과의 공존'을 배울 수도 있다.

그러나 킴리카 이론에 대해서도 비판이 제기된다. 가장 큰 비판은 자유주의와 다문화주의 사이의 가교를 형성하지만 실제 전제조건을 일치시키지 못하는 다문화주의 즉, 자유주의를 거부하는 다문화주의는 인정되지 못한다는 것이다. 이 점은 자유주의의 '제국'주의적 성향을 여전히 보여주는 것이다. 만약 자유주의와 양립할 수 있는 다문화주의만 살아남는다면 공동체주의는 자유주의에 포섭될 수 있는 온순한 형태의 다문화주의만이 살아남을 것이다. 그런 점에서 다문화라는 소규모 공동체주의는 결국 자유주의의 수사 안에서만 의미 있게 된다.

하지만 이 비판의 반대를 생각해 볼 수 있다. 예를 들어 이슬람의 일부다처주의나 여성에 대한 교육 금지와 같은 이슬람 특유의 문화를 자유주의 관점과 불일치하기 때문에 거부하지 못하는 상황을 가정해 볼 수 있다. 인간의 이성과 보편성에 기반을 둔 자유주의 관점을 벗어나는데도 다문화주의를 받아들인다면 이는 인간의 주체성과 자율성을 부정하는 것이 된다. 다문화주의의 문화가 소수 문화라는 이유로 어떤 근거도 없이 인정받아야 하는 것은 아니다.

(3) 다문화주의 정책 유형: 캐슬과 밀러

다문화를 받아들이려면 사회통합이 필요하다. 여기서 사회통합이라는 것이 무엇인지에 대한 정확한 규정이 필요하다. 출입국·외국인 정책본부의 「이민자 사회통합 프로그램 및 그 운영 등에 관한 규정」 제2조(정의)에는 '사회통합 프로그램이란 재한 외국인, 귀화자와 그 자녀 및 국민 등(이하 '이민자 및 국민 등'이라 한다)이 서로를 이해하고 존중하는 다문화사회 환경을 만들어 이민자의 대한민국 사회적응을 지원하고 개인의 능력을 최대한 발휘하도록 하기 위한 한국어, 한국사회 이해 등에 대한 교육 및 정보제공 및 정보제공 등의 제반 활동을 말한다'라고 정의하고 있다.[13] 이 규정으로 볼 때 사회통합은 한국 내 정주민과 이주민 그리고 그 자녀들의 '상호존중'과 '공존'을 위한 노력이라고 할 수 있다.

표를 통한 비교 **캐슬과 밀러의 3가지 유형**

1. **차별적 배제 모형**: 주류 사회 유지 + 이주민 문화 흡수 거부(권리 부여 배제)
2. **동화모형**: 주류 사회 유지 + 이주민 문화의 수렴(주류 사회 동화 시 권리 부여)
3. **다문화주의**: 주류 사회와 이주민 사회의 공존(이주민 사회에 권리 부여)

캐슬과 밀러(Stephen Castles, and Mark J. Miller)는 「The Age of Migration」[14]에서 통합을 세 가지로 구분하였다. 첫째, '차별적 배제 모형(Differential Exclusionary Model)'은 다문화주의를 거부하고 특정 이주민의 권리를 배제하는 정책이다. 특정 3D 업종과 같은 분

13) 출입국·외국인 정책본부(www.immigration.go.kr) 법령 참조함. 이남철 외, 「사회통합을 위한 결혼이민자의 인적자원개발 및 활용」, (2012, 한국직업 능력개발원). pp.23-24. 재인용.

14) Stephen Castles, and Mark J. Miller, 「The Age of Migration,」 4th Edition, (New York: 2009, Guilford Press.)

야에서만 노동자를 받아들이고 이들에게 선거권과 같은 권리를 부여하지 않는 것이다. 한국의 고용허가제도를 사례로 들 수 있다. 둘째, '동화 모형(Assimilationist Model)'은 외국인이나 노동자들이 자국의 문화, 언어, 사회적 특성을 포기하게 하고 주류 문화를 받아들이도록 하는 것이다. 용광로 모형(Melting Pot Model)이라고도 불린다. 이 정책은 언어 동화와 인종 동화 정책을 사용한다. 한국의 다문화주의 정책에서 한국어 습득 프로그램을 사례로 들 수 있다. 셋째는 문화적 다양성을 인정하는 '다문화주의 모형(Multicultural Model)'으로서 샐러드 볼 모형(Salad Bowl Model)으로도 불린다. 이 모형에서는 소수 종족의 문화를 주류 사회에서 공존(Symbiosis)하게 한다. 미국의 다문화정책이 여기에 속한다.

표를 통한 비교 **다문화주의의 3가지 유형 구체화**

	차별적 배제 모형	동화 모형	다문화주의 모형
개념	다문화주의 거부 정책 이주민의 권리 배제	주류 문화로 소수문화 흡수 언어동화·인종동화 정책 Melting pot 모델	문화적 다양성 인정 모델 Salad bowl 모델
특징	노동력 유입국 사회가 외국인 노동자·이민자를 3D 직종의 노동시장과 같은 특정 경제적 영역에만 받아들임 복지 혜택, 국적 또는 시민권·선거권·피선거권 부여 등 사회적·정치적 영역에는 절대 받아들이지 않음 특정 종족집단 정치적 배제 ㉥ 이라크의 쿠르드족 문제	외국인 노동자나 이민자가 출신국의 언어·문화·사회적 특성을 완전히 포기하여 주류 사회의 성원들과 차이가 없게 되도록 함 외국인 노동자를 일방적으로 유입국 사회에 통합시키는 정책	이민자가 그들만의 문화를 지켜가는 것을 인정하고 장려하며, 정책 목표를 소수민족의 주류 사회와의 공존(symbiosis)에 두는 모형 다양한 문화를 가진 이민자 집단을 사회 속에 급속히 통합시킬 수 있음
외국인에 대한 태도	가장 배타적	중간	가장 우호적
국적 부여 원칙의 관련성	혈통주의(jus sanguinis, 부모가 그 나라 국민이면 국적 부여)와 친화력 강함	거주지주의(jus domicili, 일정 기간 이상 거주하면 국적 부여)와 친화력 강함	출생지주의(jus soli, 태어난 곳을 기준으로 국적 부여)와 친화력 강함
사례	독일·오스트리아(1950~60년대): 외국인 노동자 수입 시 국민으로 받아들일 가능성 사전에 차단 한국·일본: '산업연수제도', '연수취업제도' 실시. 노동조합 가입 불가, 사업체 이동 불가. 차별배제의 극치.	소련의 인종동화주의 정책, 한국의 다문화주의정책에서의 한국어 습득 프로그램 프랑스 유형: 공화주의적 동화 모형으로서 혈통에 기반을 둔 독일의 시민권 모형과 다름	미국 유형: 문화적 차이와 민족공동체의 존재를 용인하는 자유방임주의적 접근 캐나다·오스트레일리아·스웨덴 유형: 국가가 소수민족 집단의 동등한 권리 확보를 위하여 조치를 취함

이 모형에서 한 걸음 더 나아가 국제이주기구는 총 4개의 모형을 제시하였다. 앞서 본

캐슬과 밀러 모형에 '쌍방향통합 모형(Two-Way Integration Model)'을 하나 더 추가한 것이다. 동화 모형이 주류 사회로 소수 문화를 수렴시키는 것이라면 쌍방향통합 모형은 이민자와 수용국이 쌍방향으로 적응하도록 하는 것이다. 주류 문화를 유지하면서 이주민 문화가 공존할 수 있도록 하는 것이다. 반면, 다문화주의(Multiculturalism) 모형은 하나의 주류 사회를 지향하지 않고 다양한 소수 문화들의 공존을 지향한다. 아래 표는 국제이주기구의 이민자 사회통합 모형들을 구분한 것이다.

표를 통한 비교

국제이주기구의 이민자 사회통합 모형[15)]
격리 모형 — 동화 모형 — 쌍방향 통합 모형 — 다문화주의 모형

캐슬과 밀러의 3가지 모형은 각기 장단점이 있다. 먼저 차별적 배제 모형은 주류 사회의 일체감을 유지할 수 있는 장점이 있다. 혈연이나 언어 중심의 시원론적 민족주의가 강하거나 이주민이 소수인 경우, 경제가 폐쇄적인 경우에 있어 차별적 배제 모형은 소수자보다 다수자들을 중심으로 정치를 운영하고자 하므로 배타적 민족주의 정체성 유지에 유용한 것이다. 그러나 만약 이주민이 많아지고 이들이 실제 공동체를 위해 기여한 것이 많은데도 배제된다면 이들의 사회적 불만과 사회 갈등은 높아질 것이다.

동화 모형 또는 동화주의는 자국의 가치에 타문화를 융합하게 하고 수렴시키는 정책이다. 동화주의는 주류 사회를 유지하면서 이주민을 수렴시킨다는 장점이 있다. 이주민들을 주류 사회에 편입할 수 있는 사회 구성원으로 만들면서 원주민 중심의 사회 가치체계를 유지한다는 장점이 있다. 반면, 다른 문화의 가치를 인정하지 않고 단일 가치로 수렴하게 한다는 점에서 다원성 붕괴와 다문화집단에 대한 자유부재 문제를 가져온다. 또한 다문화인들에 대한 정체성부정을 강요함으로써 정주민과 이주민간 충돌을 가져올 수 있다.

다문화주의는 이주민들의 가치와 문화를 인정하고 정부가 이를 제도적으로 보호하는 정책이다. 이 정책은 언어와 문화를 유지하게 한다는 점에서 특정 집단과 개인의 '자유 보장'이 가능하고 문화적 다원성에 노출함으로써 문화적 변용을 꾀할 수 있으며 '다원성 보장'이라는 장점이 있다. 반면, 정주민의 주류 사회 문화가 거부되는 역차별 문제가 있고 이로 인해 정주민들의 불만에 의한 사회통합의 어려움을 겪는다. 앞서 본 사례들뿐만 아니라 러시아와 호주의 백호주의는 전형적인 다문화주의에 대한 반발로 볼 수 있다.

국가들은 위의 모형들을 혼용하여 정책으로 사용하고 있다. 아래의 표는 국가별 다문화주의 정책 중 사회통합정책에 관한 비교표이다. 이 표를 통해 국가들이 어떤 정책방안을 사용하는지 비교할 수 있다.

---

15) 조화성(2010). "한국의 다문화제도화 방안: 한국 결혼이민자 사회통합 모델의 검토 - 쌍방향 통합 모형의 적응", 「한국민족연구원 민족연구」 제44권, p.6. 이남철외, p.24재인용.

표를 통한 비교 **국가별 사회통합 프로그램**

국가	프로그램 내용
덴마크	• 2001년 유럽 최초로 이민자 사회 통합부를 신설하여 다양한 취업교육, 사회적응교육 제공 • 사회통합법(1999년 제정, 2004년 개정)에 의해 3년간 지자체에서 주당 37시간씩의 언어 · 문화 · 직업훈련(직업지도) 등 적응교육 실시. 영주권을 받을 때까지 상호 계약에 의해 실시하고, 교육 의무를 위반할 경우에는 적응 수당을 30% 감액 지급.
프랑스	• 2003년 외국인 차별금지법 제정 • 2004년 환영 및 사회통합계약법(CAI) 시행을 통해 정부가 인권과 언어교육을 지원
스위스	• 연방정부 차원의 통합 증진 프로그램을 실시하여 언어교육, 지역사회 통합, 맞춤 서비스 제공 등에 역점
노르웨이	• 2005년부터 노르웨이어 수강과 기초교육(총 300시간) 의무화
네덜란드	• 언어교육이 의무는 아니나, 이민자들이 언어교육을 받은 후 시험에 통과하면 소요비용을 상환해 줌
호주	• 연간 400~800시간의 무료 언어훈련 제공 • 이민자들을 위한 무료 통역 · 번역 서비스(TIS)를 전화 또는 현장에서 무료 제공(전화 서비스는 24시간 가동) • 2004년부터 청년 이민자 지원 프로그램을 실시하여 일, 교육 훈련, 지역사회에 통합시키는 서비스 제공 • 외국인의 기술을 인증해 주는 전문 웹사이트 운영
스페인	• 2005년 1.2억 유로의 이민자 사회통합기금을 마련하여 지자체들이 이민자들을 위한 각종 사회통합 프로그램에 활용할 수 있도록 지원
벨기에	• 이민자들의 사회통합에 핵심이 국적 취득이라는 판단 하에 2000년에 국적법 개정. 3년 이상 거주자에게 벨기에 국적 부여.
스웨덴	• 외국인 취업이 원활하도록 6개월 간 외국인과 사업주를 지원하는 잡센터의 상담원이 지정되고 수습기간 동안 잡센터에서 임금 지급 • 학력 과잉인 외국인을 보다 적합한 일자리에 고용하기 위해 훈련시키는 사업주에게는 잡센터에서 훈련기간 중의 임금을 지급
독일	• 2005.1월 신이민법 시행을 통해 이민자들의 사회통합을 대폭 강화 • 이민자들은 연간 630시간의 통합교육을 의무적으로 이수해야 하는데, 이 중 600시간은 독어 교육, 나머지는 기초소양 교육임. • 정부가 참가자 1인당 매 시간에 2.05유로의 지원금 지급

자료: 주OECD대표부(2007). 「OECD 국가의 외국인력정책 동향과 시사점」, p.39/ 이남철외, 「사회통합을 위한 결혼이민자의 인적자원개발 및 활용」, (2012, 한국직업 능력개발원). pp.13-14.

3. 다문화주의와 관련된 정치적 쟁점들

(1) 자유주의 다원주의와 다문화주의의 관계

자유주의와 다문화주의는 조화로운 관계를 설정하기도 하지만 갈등적인 관계가 되기도 한다. 다문화주의는 족적(ethnic) 소수자들이나 인종(race)적 소수자의 문화를 인정하자는 것이다. 다문화주의는 다문화가정 혹은 이주민 개인의 자유뿐 아니라 그 개인이 속한 공동체의 문화적 다양성 역시 존중하자는 것이다. 자유주의의 다원주의 입장에서 문화적 도덕적 다양성을 받아들인다면 자유주의는 다문화주의를 포용한다.

자유주의가 다문화주의와 상충되는 측면도 있다. 자유주의는 존재론적으로 개인을 강조하는 반면, 다문화주의는 공동체의 문화를 개인보다 강조하는 입장이다. 개인을 강조하는 자유주의 입장에서 특정한 문화적 공동체나 인종적 공동체가 가지는 문화적 요소나 관습 혹은 규율은 개인의 자유를 무시할 수 있다. 예를 들어 프랑스 정부가 아랍 여성들에게 부르카 착용을 금지한 것은 아랍 문화가 아랍 여성 개인의 자유를 무시할 뿐 아니라 프랑스의 가치인 자유와도 어울리지 않기 때문이다. 이 점에서 집단 중심의 다문화주의는 개인 중심의 자유주의와 상충될 수 있다.

서구식 자유주의는 합리주의를 기반으로 한다. 따라서 자유주의가 받아들일 수 있는 다문화주의는 합리주의에 기반을 둔 정도에 불과하다. 다문화주의의 지향 가치가 합리주의적 자유주의의 수용 한계를 넘어선다면 자유주의는 다문화주의를 거부한다. 그런데 이 논리는 인간 합리성 차원의 보편성을 강조한 자유주의의 서유럽 문화가 다른 문화에 우선한다는 것이며, 서유럽문화를 중심으로 다문화주의를 끌어안는 것이다. 이 점에서 자유주의는 문화 제국주의적 요소가 강하다. 서구 자유주의를 서유럽에 국한된 하나의 문화로 볼 때 서구 자유주의에 이론적 우월성을 부여하는 것 역시 제국주의적 편견에 불과한 것이다.

(2) 다문화주의와 민족주의와의 문제

배타적 의식에 토대를 둔 객관론 입장의 민족주의와 다문화주의는 충돌한다. 민족주의를 역사와 문화와 혈연 공동체로 이해하는 보수주의적 관점의 민족주의에서 다문화주의는 다른 역사와 다른 문화와 다른 혈연집단의 문제일 뿐이다. 따라서 민족주의를 시원론적·객관론적 관점에서 혈연, 언어, 역사와 같은 객관적 기준을 통해 이해할 경우 민족주의와 다문화주의는 충돌한다. 유럽과 미국에서 있었던 이민자들의 총기난사 사건은 사회적 동화가 얼마나 어려운지 보여준다. 이 점은 한국 역시 마찬가지이다. 한국도 시원론적·객관론적 관점에서 민족주의를 이해하기 때문에 다문화를 받아들이기 어렵다.[16)]

---

16) **민족주의와 제국주의**: 민족주의는 유럽에서 영토를 확장한 영토민족주의, 자유주의자들을 흡수하는 자유민족주의, 노동자를 끌어안는 통합민족주의로 변화되었다. 통합 민족주의가 되었을 때 민족주의는 민주주의와 동일하게 된다. 즉, 부르주아와 프로레타리아 모두가 민족구성원이 되는 것이다. 민족=국민=인민이 동일해진다. 유럽에서 이 시기가 19세기 말이다. 이때 유럽국가들은 부르주아와 프로레타리아의 내부적인 대립을 피하기 위해서 외부로 관심을 돌린다. 외부로 관심을 돌려 외부에서 분배의 몫을 키운다. 이것이 제국주의이다. 따라서 유럽의 민족주의는 제국주의화된다. 이 반대로 아시아와 아프리카는 반대 입장에서 제국을 거부하고자 한다. 이렇게 하여 아시아와 아프리카에서도 지도자들이 민족주의를 활용한다. 이때 저항적민족주의가 만들어진다. 제국주의를 등에 업은 '팽창적' 민족주의는 다문화주의를 인정하지 않는다. 제국은 다른 민족주의를 무시하기 때문이다. 반면,

반면, 민족주의 입장을 자유주의적 관점(근대화론/개인 선택에 의한 민족주의)에서 이해할 경우 다문화주의와 민족주의는 상충하지 않을 수 있다. 민족 구성원을 정치적 결정으로 가릴 경우 민족은 정치적 의지의 산물이다. 따라서 다른 문화와 인종 집단에 속했던 이주민도 정주하는 국가의 구성원이 되겠다는 의지를 가지면 같은 민족 구성원이 될 수 있다. 미국에서 시민권을 받기 위해 국가에 대한 선서로 사회계약의 구성원이 되는 것이 대표적이다.

(3) 정체성의 정치

민족주의와 다문화주의의 관계는 정치적 공동체에 있어서 가장 중요한 문제인 정체성의 정치 즉, 정체성의 경계 문제를 불러온다. 정치 공동체의 구성원을 결정하는 기준으로 정치적 '결단'과 혈연·역사 등의 역사적 '운' 중 무엇을 택할 것인지가 중요하다. 이 결정은 정체성 형성에 있어 합의를 보아야 하는 문제인데 정체성 구성은 지속적인 재생산을 거친다. 예를 들어 이민을 갈 것인지에 의해서도 영향을 받을 뿐 아니라 사회 구성원의 변화와 사회적 담론의 영향도 받는다. 정체성은 국가 단위로도, 국가보다 작은 단위의 지방(local)으로도, 국가를 넘어서는 유럽·아시아 등의 지역(region)으로도 형성할 수 있다. 예를 들어 한국 선거에서는 영남과 호남이라는 지방 정체성이 국가 정체성보다 중요하게 작동한다. 또한 유럽은 유럽인이라는 인식이 과거 로마 이후 지속적으로 남아있지만 동아시아에서는 동아시아를 하나의 정체성이 작동하는 공간으로 사고하지 않는다.

다문화주의는 정치에 있어서 누구까지를 공동체 구성원으로 설정할 것인지의 문제를 다룬다. 공동체가 구성되었다면 구성원들 사이에는 정체성을 공유해야 하는데, 이때 정체성은 역사적이고 문화적인 요소들에 의해 형성되는 간주관적인 인식이라 할 수 있다. 역사적이고 문화적이라는 것은 긴 시간을 같이 해야 한다는 것이며 간주관적이라는 것은 정주민과 이주민이 상호 주체적이라는 것이다. 즉, 정주민도 대상이 될 수 있어야 하고 이주민도 대상이 될 수 있어야 한다.

다문화주의와 정체성의 정치가 작동하려면 간주관적인 조건을 달성해야 한다. 즉, 사회적 구성원 간에 '평등'이 향유되어야 하는 것이다. 주체와 주체 간에 평등이 보장되어야 간주관성을 논할 수 있다. 주체 간 평등을 확보하기 위해서는 사회적 평등과 경제적 평등을 일정하게 보장해야 한다. 이는 국가가 단지 다문화를 인정하고 주류 문화로 흡수하지 않는다는 소극적 조건을 넘어 적극적으로 사회·경제적 평등을 향유할 수 있는 조건을 만들어야 하는 것이다.

다문화주의는 정체성의 정치에서 난해한 문제이다. 정주민이 이주민의 다른 정체성을 받아들이고 같은 공동체 구성원이라는 점을 받아들여야 한다. 사회적 합의를 통해 누구까지를 공동체의 구성원으로 볼 것이며 공동체 구성원 간의 관계는 어떻게 규정할지가 중요하다.

저항적민족주의는 다른 식민지를 경험한 국가와 공감이 있다. 따라서 다른 국가와 사회의 문화에 대해 관대할 수 있다.

예를 들어 한국은 2014년 지방선거에서 일정 기간 국내에 거주한 노동이주자들에게 지방선거 투표권을 동아시아 최초로 부여하였다. 이는 이들을 공동체 구성원으로 인정할 뿐 아니라 이들에게 공동체의 운명을 결정하게 한 것이다. 결혼이주자들을 동화주의로 할 것인지 다문화주의로 통합할 것인지가 정주민-이주민 사이의 정체성의 규정이다.

다문화주의의 통합 대상과 통합 방식을 설정한 후에야 공동체가 지향하는 사회적 가치와 공공선이 무엇인지를 정해갈 수 있다. 키케로 시대 로마의 공화주의 사상은 '태어난 조국'이 아닌 '살아가는 조국'을 강조했다. 이때 공화국은 정치적 결정의 산물이다. 다문화를 포함한 일국의 정체성, 살아가는 조국으로서의 정체성은 공화주의의 토대가 된다.

(4) 국가의 도덕문제에 대한 중립성

다문화주의는 국가[17]가 문화와 선호와 가치에 대해 판단하는 것이다. 이를 위해 국가는 무엇이 올바르고 올바르지 않은지를 결정함으로써 도덕에 개입한다. 다문화주의는 이주민이 공동체 구성원임에도 불구하고 이들을 거부하고 사회적 차별을 가하는 것이 정의롭지 못하다고 판단한다. '부정의=부도덕'이라는 점에서 다문화가정에 대한 사회적·경제적 차별은 국가 공동체의 부도덕함으로 볼 수 있다. 부도덕함은 개선해야 하므로 정치공동체가 좋은 공동체가 되려면 부정의 문제를 해결해야 한다. 정의를 위해 국가가 나서야 하는 것이다.

국가가 사회 내 도덕문제의 개선을 위한 간섭이 가능하다는 입장이 완전주의 입장이다. 국가는 신학에서 나오는 완전체인 신처럼 도덕과 공공선에 대해 판단내릴 수 있다. 공동체 이념의 체현 상태인 국가는 무엇이 정의롭고 무엇이 정의롭지 못한지 결정하며 이렇게 결정된 것을 국가는 실행한다. 다문화에 대해 국가는 사회적 편견과 경제적 불평등 문제를 시정하고 개선한다. 대한민국에서 다문화주의에 대한 홍보나 다문화가정에 대한 지원이 여기에 속한다.

다문화주의에 대한 국가의 지원은 다문화문제를 사회적 차별과 억압의 문제이자 도덕 문제로 전환시킨다. 국가는 차별을 철폐하기 위해 개입하며 적극적 국가의 모습을 보인다. 예를 들어 한국은 다문화가정 지원 프로그램을 가지고 있다. 다문화가정 전액 보육료 면제, 다문화가정 영유아 국공립 어린이집 1순위 입소, 결혼이민자 고용업소 사업주에 1인 결혼이민자 고용 당 640만 원 지원, 결혼이민자 제빵자격증과 미용자격증 시험 베트남어와 중국어실시정책, 결혼이민자 지자체 특별공무원채용정책(ex, 대구시 공무원 5% 특별 다문화가정 채용) 등이 한국 정부가 채용하고 있는 정책이다.

자유주의자들은 이러한 다문화주의에 대한 국가의 개입정책을 비판한다. 자유주의자들의

---

17) **권력의 실체로서 국가**: 여기서 국가는 공동체를 운영하고 정책을 결정하고 권력을 행사하는 실체이다. 단순히 공동체가 속한 영토적 공간으로서의 의미가 아니라 집행하는 실체로서 국가는 대체로 행정부이지만 입법부가 입법하고 사법부의 개입도 가능하기에 국가라는 권력 실체는 다소 넓게 정의된다.

비판의 요지는 국가 개입이 첫째, 개인의 자발적인 도덕적 선택에 대한 자유를 무시할 뿐 아니라 둘째, 국가가 도덕 문제인 사회적 가치를 사회적 합의와 관계없이 우선적으로 결정하고 셋째, 개인의 의사에 관계없이 강요한다는 것이다. 넷째, 국가의 개입 정책과 재분배 정책은 시장 질서를 왜곡하여 자유주의가 강조하는 경제적 자유(소유권적 자유와 소유권 이전의 자유)마저 박탈할 수 있다. 예를 들어 다문화가정을 위해 특정 일자리를 다문화가정에 먼저 배분하면 같은 서민층인 한국 태생의 정주민들을 불리하게 처우하는 것이다. 게다가 개인들의 도덕적 판단 이전에 사회의 도덕적 판단을 내세우면서 도덕적 비판까지 가하는 것이다.

(5) 분배 문제

다문화주의는 사회적 차별에 집중하게 하여 실질적 문제인 분배 문제를 등한시하게 한다. 다문화주의에 대한 사회적 차이를 인정하면서 실제로는 경제적 차별문제를 당연시할 수 있다. 계층과 계급의 문제는 자본주의 구조상 중요한데 이러한 계층 문제를 사회적 차이에 대한 문제로 희석함으로써 자본주의의 구조적 문제를 은폐하는 것이다. 예를 들어 다문화가정이 사회적 차별에 얼마나 노출되어 있는가를 지적하면서 실제로 이들의 계층적 취약성은 적게 고려되는 것이다. 이 문제에 대한 고민은 다음에 나오는 차이와 인정의 정치에서 자세히 다룬다.

4. 차이에 대한 인정(recognition)의 정치

(1) 이론적 배경

현대 정치사상은 1971년 규범 이론의 부활을 가져온 롤즈의 「정의론」에서 탄생했다. 정의에 대한 롤즈의 공적은 자유주의 내에서 자유주의를 포기하지 않으면서 분배적 정의를 달성하고자 한데 있다. 경제적 분배론에 매몰된 정치사상을 다른 관점에서 보게 한 것은 사회적 차원의 '인정'의 정치이다. 분배가 경제적 불평등이라면 집단의 차이에 대한 무시는 사회적 불평등 문제이다. 이에 따라 경제적 불평을 어떻게 복지정책 등으로 해결할 것인가를 다루는 '평등한 분배'에서 사회적 불평등 속에 어떻게 개인이 자신의 '존엄성'과 '존경'을 받을 수 있는지의 문제로 관심을 이동하는 주장이 탄생하였다.

악셀 호네뜨(Axel Honneth)에 따르면 인정의 정치가 주목 받게 된 것은 보수적 정부가 재분배 정책을 수행하지 않아 생긴 정치적 환멸 때문이라고 한다. 또한 사회적으로 사람들의 다름에 대한 도덕적 양식이 증진되어 나타난 결과이기도 하다. 재분배보다 우리와 다른 이들을 인정할 것인지가 중요하게 된 것이다.

인정의 정치가 최근 주제만은 아니다. 과거 제국주의 시기 민족해방운동이나 흑인 노예해방운동 역시 자신들의 존엄성을 위한 투쟁으로 '인정의 정치'로 볼 수 있다. 일찍이 헤겔은 인간은 인정을 받기 위한 존재라고 하여 인정투쟁론[18]을 주장했다. 현대의 '인정의 정치'이론가들 역시 헤겔의 인정이론을 계승한 것이다.

(2) 인정의 정치 이론[19]

캐나다 철학자인 찰스 테일러(Charles Margrave Taylor)에 따르면 인간은 두 가지 가치를 가지고 있다. 첫째 가치는 시민권의 토대이면서 동등한 대우를 받고 싶어 하는 '존엄성'이다. 이는 인간의 공통적인 특성에 기인하는 것으로 보편적인 인간이기 때문에 받아야 하는 것이다. 존엄성이라는 가치에 따라 모든 사람은 보편적인 인간으로서 누릴 수 있는 자유와 평등을 향유할 수 있다.

둘째 가치는 '진정성'이다. 진정성은 보편적인 인간으로서 가지는 가치가 아니라 '나(I)'라는 자아의 특수성과 독특성에 기인한다. 진정성은 내가 선호하는 사적인 문화나 기호를 중시하게 만든다. 내가 무엇을 선호하는지 파악하는 과정에서 정체성(identity)이 구성된다. 물론 나의 정체성은 나와 타자 사이의 대화 속에서 구성되는 것이므로 완전히 개인적인 것으로만 볼 수는 없다.

대화 속에서 정체성이 구성되기 때문에 정체성은 인간의 보편적인 가치인 '존엄성'과 특수한 자아의 가치인 '진정성'이 양립할 수 있는 접점을 모색하게 해준다. 즉, 인간이라면 받아야 하는 존엄성인 자유와 평등이 인정되는 속에서 각자 개인의 차이를 인정할 수 있다. 자유롭고 평등한 대화 속에서(존엄성이 인정되는 가운데) 다른 사람과 나 사이의 차이와 특징(진정성)이 드러난다. 이렇게 함으로써 '존엄성'과 '진정성'의 문제는 해결할 수 있는 것이다.

상호 주관성 관점에 있어 악셀 호네뜨(Axel Honneth)의 접근 역시 비슷하다. 인간은 상호주관적 존재로 '존경'과 '인정'이 필요하다고 보았다. '존경'은 보편적인 것으로 존엄성과 관계되고 '인정'은 자아의 특수함을 인정하는 것과 같다. 양 가치는 동떨어진 것이 아니다. 가령 '추한 한국인'이라는 비판에는 보편적 한국인에 대한 무시와 함께 나 자신에 대한 무시를 함께 담고 있다.

호네뜨는 존경과 인정 문제에 대한 해법을 헤겔의 인정 투쟁에서 찾고자 했다. 인정은 3가지로 나타난다. 먼저 추상적인 법을 통해 보편적인 존경을 받는다는 '법적 인정'이 있다. 또한 개별적 특수성을 인정하는 '사랑'도 있다. 마지막으로 보편적 존경과 함께 특수적 인정을 함께 해야 하는 '국가의 인정'을 들 수 있다. 즉, 법적으로 다문화와 같은 소수자를 인정하고 이것을 국가가 받아들인다는 것이다.

---

18) **헤겔의 인정투쟁**: 헤겔이 볼 때 인간은 권력추구의 존재도, 부를 추구하는 존재도 아니며 다른 인간으로부터 인정을 추구하는 존재이다. 주인은 노예로부터 자신을 인정받기 위해 노예를 대등한 존재로 만들어 노예를 해방한다. 이렇게 해방된 노예에게서 인정받을 때 주인-노예관계에서 받던 강요된 인정과 다른 인정을 받는다. 주인이 노예를 해방하는 것은 더 많은 부를 포기하고 인정을 받기 위한 것이다.

19) 설한 "자유주의, 공동체주의, 정체성 주장 - 인정으로서의 자유주의적 평등 개념의 확장" 「평화연구」 제21권 제1호, 2013.04, 247-284에서 주로 발췌함.

(3) 인정의 정치와 재분배의 정치

인정의 정치는 사회적 인정에 그칠 수 있다. 즉, 사회적으로 차이가 있다는 것을 인정하는 것에만 그치고 실제 경제적 불평등 문제를 해결하지 않는 보수적 결과를 초래할 수 있는 것이다.

이런 점에서 낸시 프레이저(Nancy Fraser)는 사회적 인정과 경제적 평등 문제에 가교를 놓는다. 앞선 인정의 문제가 심리적인 간주관성의 문제(호네뜨)나 선함의 문제(테일러)인데 비해 낸시 프레이저는 인정의 문제를 재분배 문제와 분리시켜서는 안 된다고 본다. '평등'과 '차이'는 분리될 수 없는 문제라고 주장하는 그녀는 확장된 개념을 통해 인정의 문제를 사회적 신분의 문제로 전환시켰다. 즉, 그릇된 인정은 집단 정체성을 폄하하거나 나쁜 변형을 가져오는 것이 아니라 동등한 지위를 가진 사람으로서 사회생활에 불참하게 하거나 사회적 예속을 가져온다. 실제 사례로 한국이나 태국의 성적 소수자들의 문제를 들 수 있다. 이들은 일반적인 직장에 다닐 수 없어 보통 야간업소에서 일을 한다. 정상적인 사회생활을 불가능하게 함으로써 경제적으로도 차별받는 것이다. 따라서 '차이'의 문제는 단순한 선호 문제에서 분배 문제를 아우르는 '정의'의 문제로 전환된다.

낸시 프레이저의 접근은 공공기관 등에서 인정 문제를 정의 차원에서 다룰 수 있게 해준다. 예를 들어 성전환자의 주민등록번호를 바꿔줌으로써 자신이 원하는 일을 할 수 있는 기회를 제공할 수 있는 것이다, 그러나 개인들의 선호 문제를 공적 문제로 이해하게 한다는 비판을 불러온다. 즉, 문화는 선호와 관련된 것이고 사적 문제인데 이것을 도덕과 정의 문제로 전환시키며 공적 문제로 만드는 것이 필요한지에 대해 비판의 여지가 있다. 프레이저의 이론은 여러 가지 각도에서 비판받지만 그럼에도 불구하고 사회적으로 인정해주는 척하면서 불평등문제를 은폐하려는 시도를 막는다는 점에서는 의미가 있다.

(4) 다문화에 대한 인정의 정치의 장단점

다문화주의에 대한 인정의 정치는 장점과 단점을 모두 가진다. 먼저 장점은 정의, 권력, 진실의 3가지 문제와 관련되어 있다. 먼저 정의차원에서 볼 때 다문화가정은 사회적 약자이며 사회적 소수자로서 집단적 무시와 멸시를 경험한다는 문제가 있다. 인정의 정치는 첫째, 이들에 대한 차별과 억압문제를 해결하기 위한 조건으로서 인식 개선을 제시한다는 점에서 정의에 부합한다. 둘째, 인정을 통해 주체간의 평등을 향유하게 함으로써 피권력자이자 대상이었던 다문화가정과 결혼이주민들을 권력에 노출시키고 국가 권력을 이루는 주체로 부상시킨다. 셋째, 다문화주의는 새로운 갈등이라는 사회적 진실을 밝힘으로써 사회가 '불편한 진실'을 받아들이게 만든다.

반면, 다문화주의에 대한 '인정의 정치'는 몇 가지 문제점을 가진다. 첫째, 다문화주의에 대한 인정은 국가의 강요를 통해 족적 일체감을 가지는 것을 거부하게 만든다. 자칫하면 '가해자 한국인-피해자 다문화가정'의 도식을 만들 수도 있고 다문화를 못 받아들이는 사람을 비도덕인 사람으로 비난할 수 있다. 둘째, 다문화주의가 가진 문화적 우월주의가 문제될 수 있다. 여성결혼이주민을 상품으로 취급하는 등의 문제를 가져올 수 있는 것이다. 셋째, 사회통합에 노력하지 않으려는 이주민까지 공동체 구성원으로 받아들여야 하는지에 문제가 있다. 넷째, 다문화 이주자들에게 주는 혜택으로 한국 원주민들이 역차별 받을 수 있다. 특히 저소득 노동계층에서 원주민과 이주민 간에 경쟁이 있는 경우가 이에 해당한다.

향후 늘어나는 이주민들을 한국 정치의 공동체 구성원으로 포함하고 통합하기 위해서는 다문화주의에 대한 인정이 필요하다. 사회적 갈등을 줄이기 위해서는 통합정책이 성공적이어야 하는데, 킴리카의 이론에서 두 가지 방안을 적용할 수 있다. 우선 다문화주의는 국가의 인정을 받아야 한다. 이는 법과 제도를 통해 보호를 받아야 하는 것이다.

정치공동체는 합리적 판단에 의해서 작동한다. 하지만 반드시 정치공동체가 합리적 판단에 의해서만 구성되고 유지되는 것은 아니다. 정치공동체 이전에 사회공동체와 문화공동체를 유지하는 것이 중요하다. 역사를 공유하고 언어를 공유하는 것은 개인이 사회에 대해 귀속감을 가질 수 있는 방법이기 때문이다. 문화적 차원의 정체성 공유가 정치적 결단 이전에 존재할 수 있는 것이다. 따라서 문화적 정체성을 공유하려는 사회 구성원들의 합의, 의식, 태도가 있어야 한다.

이주민과 정주민 간의 다름에 대한 인정과 공존의 원칙을 위해서는 관용이 중요하다. 그리고 다문화주의가 일방적인 강요가 되지 않도록 하는 사회적 담론과 합의 과정이 필요하다. 한국의 다문화주의가 더 많은 담론화가 필요한 이유이다.

제3절 한국의 복지논쟁

1. 복지 이슈화의 배경

최근 한국 정치에서 가장 논쟁적인 주제는 '무상' 시리즈로 불리는 복지논쟁이다. 한국은 지난 기간 성장 위주로 정치경제를 운영해왔다. 분배보다는 성장이 중요하고 성장 이후에 분배가 이루어질 수 있을 것이라는 발전주의 논리가 작용했기 때문이다. 그런데 한국 경제가 세계 15위 정도가 되고 세계 경제위기가 빈번하게 되었으며 성장 효과가 계층별로 차이를 가지게 되자 성장만을 바라보는 관점에 제지가 걸렸다. 더 많은 성장을 위해서는 분배정책에 변화를 가져와야 하고 이를 통해 실질적으로 수요를 증대시켜야 한다는 논리가 힘을 얻게 된 것이다.

신자유주의는 능력 중심으로 경제현상을 본다. '카지노 자본주의'와 같이 누가 판돈을 많이 거는지에 따라 승부가 결정된다. 사전에 얼마나 많은 자본을 축적하고 게임에 진입했는지에 따라 게임의 결과가 결정되는 것이다. 따라서 신자유주의에서 양극화는 불을 보듯 자명하다.

소비는 인구가 더 많은 노동층에서 수행한다. 공급을 담당하는 자본가 계층에서도 소비하지만 이들의 소비에는 한계가 있다. 양극화는 수요를 담당하는 노동, 자영업층의 조건은 더욱 열악하게 하고 자본층의 경제적 부의 축적은 촉진시킨다. 이는 몸에 피가 부족한 것처럼 경제의 순환을 저해한다. 수요가 공급을 따르지 못하기 때문에 주기적으로 경제 불황이 오는 것이다.

실제 한국에서도 복지 수요는 늘고 있다. '잠실 세 모녀 사건'은 한국의 복지 취약계층이 얼마나 절박한지를 사회적 이슈로 남겼다. OECD 국가 중 자살률 1위와 노인 자살률 1위라는 오명은 한국의 복지를 무시해왔던 과거 성장주의의 어두운 면이다. 특히 복지가 문제가 된 것은 1997년 외환위기 이후 사회적 안전망의 부족 때문이다. 그리고 2008년 미국 금융위기는 중산층도 얼마나 취약한지를 극명하게 보여 주었다. 이런 상황에서 2010년 마이클 샌델의 「정의란 무엇인가」가 100만부 이상 팔린 것은 분배와 정의에 목마른 한국 상황을 방증한다.

이런 수요에 대해 정치권이 반응하면서 복지정치는 한국에 중요한 이슈가 되었다. 정치권이 복지 이슈를 선거 정치와 연결하면서 복지수요는 한국 정치 표면에 부상하였다. 2009년 김상곤 경기도 교육감이 취임하면서 무상급식을 추진하였고, 이는 좌파 사회주의 정책과 포퓰리즘 정책이라는 논란을 가져왔다. 이런 분위기는 2010년 6월 지방선거에서 '무상급식'을 논쟁의 중심에 서게 하였다.

복지는 자유주의에서 개인의 능력과 의지에 맡겨두었던 분배를 개인적 문제가 아닌 사회적 문제로 전환하게 한다. 이러한 국가의 개입와 재분배 정책을 정당화하기 위해서는 이념적 자원이 강력해야 한다. 복지로 인해 세금을 더 내는 계층을 설득하고 조세를 강제하기 위해서는 사회주의와 사회민주주의에 의한 이론이나 공화주의에 기반을 둔 이론적 자원이 강력해야 한다. 복지는 사회주의의 공격에 자유주의가 소극적으로 대응한 주제이다. 그런데 공화주의에서 배운 것처럼 사회주의의 쇠락 이후에는 공화주의가 그 자리를 대체하려 하고 있다.

2. 한국 복지정책의 역사와 현황

(1) 한국 복지정책의 역사

2009년 들어와서 복지 이슈가 정치권의 선거 이슈가 되었다. 복지가 중요하다는 것은 1997년 동아시아 외환위기시 이미 사회적으로 논의되었다. 이후 복지예산은 지속적으로 증대했다. 하지만 정치의 중심에는 있지 않았다. 정치의 중심에 서게 된 것은 정당들이 복지를 중심으로 정책 논쟁을 하게 된 2010년 이후이다.

그렇다면 복지에 대한 필요가 과거에도 있었음에도 불구하고 2010년경에 와서 중요하게 논의된 이유는 무엇인지 살펴보아야 한다. 복지에 대한 수요는 지속적으로 있어 왔다는 점에서 정치적 공급과 관련된 부분을 중심으로 볼 필요가 있다.

첫째는 한국 선거에서 정치적 경쟁이 이념과 계급을 중심으로 전개되고 있다는 점이다. 2002년 대통령선거를 기점으로 지역주의보다 이념이 중요하게 부각되었다. 진보와 보수는 계급을 대표로 하는 갈등구조이다. 이런 갈등 구조는 계급적인 이슈인 복지와 성장이라는 주제에 민감하게 반응한다. 특히 양극화가 사회의 중심 담론이 된 상황에서 대기업과 중소기업, 정규직과 비정규직, 수출산업과 내수산업의 차이, 서비스업과 제조업 간의 임금 격차와 직업 안정성이 정치의 중심 갈등축이었다. 경제구조 변화와 사회적 균열구조 변화는 정치적 대립 축을 계급적 대립으로 하는 인식 변화를 가지고 온다.

둘째 요인은 국가 제도가 복지문제에 점차 적극적이 되고 있다는 점이다. 과거 한국은 복지문제에 대해 소극적이었다. 이승만 정부, 박정희 정부에서 복지는 정치의 주요 관심사가 아니었다. 박정희 정부에서 군사원호법, 경찰원호법, 공무원 연금법을 만들었는데 이는 특정 수혜자 집단의 충성심을 확보하기 위한 것이었다. 반면, 박정희 정부에서는 수출주도정책을 시행하기 위해 농민, 노동자, 도시빈민에[20] 대해서는 철저하게 반복지적 정책을 택했다. 이 시기에 제정된 생활보호법, 재해구호법, 자활지도사업에 관한 임시조치법은 선별주의에 입각해 사회불안을 억제하고 최소한의 사람들에게 최소한의 복지혜택만 제공함으로써 노동 상품화를 이루고 산업화에 기여하기 위해 만들어졌다. 1987년 민주화 이후에 최저임금법과 국민연금법이 처음 시행되었고 의료보험법과 산업재해보상법이 확대 개정되었으며 장애인 고용촉진 등에 관한 법률과 사내복지법이 새로 제정되었지만 복지는 선별적이고 국가의 역할은 소극적이었다.

1997년 동아시아 외환위기는 복지문제를 뒤돌아보는 계기가 되었다. 사회적 양극화 문제가 제기되면서 김대중 정권은 '생산적 복지'를 내세우면서 사회복지비용을 늘리고 국민기초생활보장제도 등 사회보험을 확대했다. 정부차원에서 처음으로 복지국가란 개념이 구체적인 논의 대상이 되었고 복지에 대한 국가의 역할도 증대하였다. 그러나 이들 정책들도 진정한 국가 책임 복지를 담보하지는 못했다. 사보험 등 민간 역할은 강화되었고 소득 불평등은 악화되었으며 근로연계 복지가 모색된 데서 알 수 있는 것처럼 김대중 정권의 사회복지정책은 신자유우의적 성격을 갖고 있다는 비판적 평가가 제기되었다.[21]

김대중 정권과 노무현 정권은 기업의 비용 절감을 위한 노동 유연성을 추구하였고 비정규직을 양산했다. 노동의 불안정을 가져왔고 사회적 안전망이 부족한 상황에서 노동의 불안정성 증대는 삶의 질을 악화시켰다. 이 시기에 들어와 시민적 자유와 정치적 민주주의는 확

20) 홍익표, Ibid.,pp.195-196.
21) 김연명, 「한국복지국가 성격논쟁 I」, (서울: 인간과복지, 2002),p.321-327.

대되었지만 사회적 기본권은 여전히 취약한 상황에 머물렀다. 노동 배제 정책은 여전히 지속되었다. 이런 상황에서 이명박 정부는 친시장주의 정책과 비즈니스프렌들리 정책을 채택하여 감세를 통한 정부의 재정능력 악화와 복지예산 기반 약화를 가져왔다. 또한 4대강 사업은 재정적 기반을 더욱 취약하게 만들었으며, 공적 부조의 수혜대상은 축소되었고, 가정의 최저생계비나 비정규직 축소 노력도 부족하였다.[22)]

(2) 한국 복지정책의 현황: OECD 최하위 복지수준

2008년 기준 한국의 사회복지 지출 수준[23)]은 국내총생산(GDP)의 10.95%이며, 복지 주체의 분담 비율은 공공복지가 75%, 법정 민간복지가 5%, 자발적 민간복지가 20%를 차지하고 있다. 이 수치는 OECD 국가들 중에서 멕시코(7.6%)를 제외하면 가장 낮은 수준이다. OECD의 평균이 23.7%이며 스웨덴이나 벨기에, 프랑스는 30%를 넘는다. 한국의 공공복지 지출수준은 국내총생산 대비 8.3%로 경제협력개발기구 평균인 20.6%의 절반도 못 미친다. 특히 공공복지재정에서 조세가 차지하는 비율은 0.45%로 경제협력개발기구 평균인 2.9%와 큰 차이가 난다.[24)] 따라서 위의 지표로 볼 때 한국은 복지를 조금 더 늘릴 필요가 있다. 하지만 뒤에서 보듯이 복지 확대에 대한 저항도 강력하다.

3. 복지의 개념과 복지유형의 이론

(1) 복지의 개념 정의들

복지에 대해서는 다양한 개념 정의가 있다. 윌렌스키(Harold L. Wilensky)는 복지를 "국가가 정치적 권리를 지닌 모든 국민에게 최소한의 수입, 영양, 건강, 주택, 교육을 보장하는 것"으로 정의내린다. 미쉬라(Ramesh Mishra)에 따르면, 복지란 "국민들의 삶과 관련된 최소한의 전국적 기준을 유지하기 위해 국가의 책임을 제도화하는 것"이다. 아사 브리그스(Asa Briggs)의 정의는 "복지국가는 시장의 역할을 조절하기 위해 조직된 권력이 최소한 세 가지 방향으로 신중하게 사용되는 국가이다. 첫째, 개인과 가족들에게 그들의 노동이나 재산의 시장가치에 상관없이 최소한의 소득을 보장하며, 둘째, 그렇지 않을 경우 개인과 가족들의 위험으로 이어지는 '사회적 우연성(예를 들어 질병, 노령, 실업)을 최소화하고, 셋째, 지위나 계급에 상관없이 모든 시민들에게 합의된 사회적 서비스의 범위에 따른 이용 가능한 최선 수준의 제공을 보장하는 것"이다.[25)]

---

22) 홍익표, Ibid.,p.197.

23) **사회복지 지출의 의미**: 빈곤층지원, 국민건강보장, 노령·실업문제 등을 정부재정과 사회보험, 퇴직금과 기업연금을 포함한 법정민간 복지, 성금모금등 자발적 민간복지로 조장하는 비용을 말한다.

24) <한겨레>, 2010년 2월 12일, 홍익표, "복지에 반하는 정치", 「한국 정치를 읽는 20개의 키워드: 신자유주의부터 포퓰리즘까지」, (서울: 오름, 2012),p.186. 재인용.

25) 홍익표, Ibid. p.188.

위의 정의들을 통해 종합적으로 정리하자면 복지란 사회적 시민권의 하나로 전체 국민들에게 일정 수준 이상의 삶의 질을 보장해주는 것을 의미한다. 사회보장제도를 구축하고 운영하여 사회적 연대 기능을 수행하는 것으로 국가를 상정하는 것이다. 인간에게 닥칠지 모르는 경우를 가정하여 최소한의 수입을 보장함으로써 자신의 인생이 '운'에 지배되지 않게 하는 것이다. 이는 인간이라면 누구나 경험하는 삶의 불확실성을 다소나마 극복하게 하려는 것이다.

만약 노동자가 심각한 부상을 입을 경우 부상을 입은 노동자와 그의 가족들은 생계를 유지할 방법이 없게 된다. 이런 상황은 생활을 위해서는 누군가의 자비에 의존해야 하는 상황을 만든다. 공화주의 입장에서 볼 때 공동체 구성원 간의 사회적 유대가 사라지는 것이다. 특히 신로마공화주의에서 이런 상황은 지배와 예속의 상황이 되는 것이다.

(2) 에스핑안데르센(Gosta Esping-Andersen)의 복지유형론

에스핑안데르센은 복지 유형을 '권력자원론'을 통해 설명했다. 그는 '탈상품화'와 '계층화'의 유형을 통해 복지국가를 구분하였다. 노동의 탈상품화란 노동의 상품화를 배제하는 것이다. 즉, 노동자가 자본주의적 시장경쟁의 법칙에 의존하지 않고 생계를 유지하는 것을 말하는데, 이는 국가가 복지를 위해 지급하는 급여 정도에 의해 결정된다. 계층화란 국가의 복지에 대한 관여를 통해 사회의 계층을 재조정하는 것을 의미한다.

에스핑안데르센은 복지국가를 세 가지로 구분하였다. 자유주의, 보수주의적 조합주의, 사회민주주의가 그것이다. 먼저 자유주의는 미국이 대표적이다. 자유주의는 탈상품화 수준이 낮고 계층이 이중적으로 구분된다. 복지는 주로 국가보다는 민간에 의해 이루어진다. 계층 간 복지의존이 다르기 때문에 선별적 복지를 사용한다. 가족이 실패한 경우에 한해 국가는 최소한의 개입 원칙을 가진다. 이처럼 국가의 최소 개입과 시장에 의존하는 복지로 인해 계급대립이 강하다. 미국에서 의료 복지체계 개선을 위해 오바마 대통령이 노력했던 것을 보면 자유주의에서 복지 확대가 얼마나 어려운지 알 수 있다. 이는 미국이 자유주의 경향이 강한 나라이기 때문이다.

둘째로 보수주의적 조합주의는 프랑스와 독일이 대표적이다. 이 모델에서 탈상품화는 어느 정도 실현되고 있으나 사회계층화에서 평등주의적 성격은 약하다. 국가의 분배 정책은 생계 유지에 있기 때문에 사회계층 변화를 추구하지는 않는다. 조합주의적 성격이 있어 조합에 속한 계층의 복지와 그렇지 못한 계층의 복지에는 차이가 있다. 국가와 가정이 복지를 공동으로 담당하며, 보충원칙에 의해 가정이 먼저 사회서비스를 제공하고 이것이 안 될 경우 국가가 개입한다. 여성에 대해서는 높은 차별을 보이기 때문에 취업률과 출산율이 낮다는 문제를 가지고 있다.

셋째는 사회민주주의로 스웨덴, 덴마크, 핀란드를 사례로 들 수 있다. 노동운동이 강한 전통을 가지고 있어 탈상품화가 높게 되어 있고 계층 간 차이가 약하다. 전 국민을 대상으로 하고 계층화에서 보편주의가 강하며 복지를 사회적 기본권으로 인식한다. 국가 조합주의 방식으로서 특정 조합을 중심으로 하지 않는다. 고용률이 높고 사회 불평등도가 낮다는 특징이 있다.

아래의 표를 통한 비교는 위의 세 가지 유형을 더 세부적으로 구분한 것이다. 국가별 복지정책의 차이를 통해 한국이 향후 선택할 복지모델이 어떤 국가에 가까운지 정할 수 있다.

표를 통한 비교 **국가별 모델 비교**[26)]

미국식 잔여적 선별적 복지모델	운영 원리: 로빈훗 모형. 부자에게서 돈을 거두어 빈자에게 나누어 주는 방식. 잔여적·선별적 모델의 특징은 부자와 빈자를 나누어 모든 이들에게 복지혜택이 돌아가지 않는다는 점. 문제점: 낙인효과(부자와 빈자를 나누며 시혜자와 수혜자를 구분하기에 복지 수혜층이 가난한자로 낙인됨). 복지예산 수혜를 받기 위한 엄격한 재산조사. 가장 낮은 단계의 복지제도.
영국식 기본보장 모델	운영 원리: 기초적인 보장을 모든 사람들에게 제공한다는 점에서 미국모델과 다름. 전 국민 의료제도를 시행하여 이 부분에서는 보편성 확보. 문제점: 복지수준이 낮다는 점에서 복지를 통한 재분배효과는 크지 않음. 사회적 위험으로부터 국민을 충분히 보호하지 못함.
유럽식 조합주의 복지 모델	운영 원리: 직업 집단을 중심으로 독립적인 복지 프로그램을 가짐. 조합주의에 기초하여 조합을 이룬 이들에게 국가가 복지혜택 제공. 문제점: 조합에 가입되지 못한 이들의 복지수준이 낮음. 일반적으로 국가가 제공하는 복지 수준은 높지만 직업 활동 시의 불평등이 퇴직 이후에도 그대로 유지됨.
북유럽식 보편주의 복지모델	운영 원리: 중산층을 포함한 모든 국민들이 조세를 통한 복지 재정 조달에 기여하고 동시에 복지 혜택을 받으므로 복지는 국민의 권리가 됨. 스웨덴과 덴마크를 포함한 스칸디나비아국가들이 대표적. 국민을 위험으로부터 보호한다는 연대주의 정신에 기초. 문제점: 세금 조달 문제와 국민적 합의 문제. 50% 대의 높은 수준의 소득세와 같이 비용부담을 받아들여야 하는 문제가 있음.

4. 한국의 복지 부정론과 그에 대한 평가[27)]

복지는 경제에서 투자-공급-수요-투자가 연달아 이어지며 시장의 크기가 커지는 선순환 현상을 가지고 있다. 예를 들어 복지예산을 증대하면 이로 인해 경제의 가장 기초가 되는 가정경제의 실질소득이 늘어난다. 실질소득 증대는 수요 증대로, 수요 증대는 통화의 승수효과에 의해 최초 복지예산이 투입된 것보다 더 많은 수요를 가져온다. 이러한 수요 증대는 다시 공급 증대를 가져옴으로써 선순환구조의 경제를 만들 수 있는 것이다. 이를 위해 국가

26) 신광영 "다양한 사회적 위험으로부터 국민을 보호하는 복지는 국방" 「한국사회대논쟁」(서울: 메디치미디어, 2012),p.243-244.

27) 홍익표, "복지에 반하는 정치", 「한국 정치를 읽는 20개의 키워드: 신자유주의부터 포퓰리즘까지」, (서울: 오름, 2012)를 정리함.

는 가계에 안전망을 보장하여 미래의 불안을 줄여주고 가계는 실질소득 증대를 통해 수요를 창출할 수 있다.

여기서 문제되는 것은 과연 노동 의지를 가지고 열심히 일을 하여 소득을 올린 이들의 세금을 거두어 노동 의지가 없거나 사회적으로 기여하지 않은 이들에게 재분배해도 되는가에 있다. 또한 이것이 일을 하지 않으려는 인간의 게으른 본성을 자극하는 것이 아닌가에 대한 우려도 있다. 그리고 이를 너무나도 잘 아는 정치인이 복지 수혜자들을 자극해 표를 극대화하는 포퓰리즘에 사용할지도 모른다. 마지막으로 국가 예산이 한정되어 있을 때 '총과 버터(gun & butter)' 문제가 작동한다는 것이다. 군사예산으로 총을 많이 사면 버터량이 줄 수밖에 없다는 논리이다.

이하에서는 한국이 복지를 늘리는 것이 바람직하지 않다는 4가지 주장과 논거에 대해서 알아보고 각 주장의 문제점을 살펴보기로 한다. 먼저 결론을 내리자면 4가지 주장은 논리와 근거가 약하다. 물론 대한민국이 북한의 위협으로 인해 국방비에 지출을 많이 하고 있는 것이 현실이지만 2016년 정부 예산 편성에서 복지 관련 예산이 거의 120조에 육박하는 것도 사실이다. 최근 논의의 핵심은 복지예산은 늘어나고 있지만 국민들이 조세 부담에 대한 저항이 크기 때문에 증세하지 않고 과연 이 늘어난 복지예산을 해결할 수 있는가에 있다.

(1) 복지폐해론

복지폐해론 논리는 다음과 같다. 복지를 제공하면 노동자의 노동 동기가 약화하고 저축과 투자가 감소함에 따라 생산위축이 초래된다. 따라서 복지는 경제적 · 사회적 문제를 초래한다는 것이다. 이 주장은 다음과 같은 실증 근거를 가지고 있다. 1970년대 서유럽 경기침체가 과도한 복지국가 혹은 복지병에 기인한다는 것이다. 또한 2011년 그리스 위기를 사례로 하여 그리스처럼 복지를 강화하는 것이 국가위기를 가져온다는 것이다.

하지만 이 논리에는 몇 가지 문제가 있다. 첫째, 1970년대 경기침체의 경우, 오일쇼크라는 외부 요인을 의도적으로 배제하고 있다. 1970년대가 수요 중심의 위기 또는 공황이라기보다는 오일쇼크라는 공급측 문제가 더 크게 작용하였음에도 불구하고 이를 간과하고 있는 것이다. 둘째, 복지가 노동동기 약화, 저축투자 감소, 생산위축 초래를 낳는다는 주장에 대해 학자들 간에 합의가 없다. 이는 사례들마다 다를 수 있고 사람마다 차이를 보일 수 있다. 셋째, 그리스 위기 역시 복지 문제보다는 그리스에 만연한 부정부패와 탈세와 정부의 관리 부실에 근거한다. 그리스의 경우 지하경제가 GDP의 20%에 이르고 고소득층이 대부분 탈세하며 자영업자의 70%가 소득세를 탈루하고 있다. GDP 대비 4.5%의 과도한 국방비 지출과 2004년 아테네 올림픽의 무리한 추진도 재정위기를 가져온 것이다. 취약한 경제력에도 불구하고 EU통화동맹에 참여하여 수출과 경기부양을 위한 자율적인 환율정책과 통화정책을 불가능하게 한 것과 정부의 감세와 규제 완화라는 신자유주의 정책도 적자경제를 만들어 낸 것으로 평가된다. 따라서 1970년대 국가 실패론이나 그리스 위기는 사례로 유용하지 않다.

(2) 성장저해론

성장저해론 논리는 복지를 통한 재분배가 성장을 저해한다는 것이다. 이 입장은 분배가 불평등할수록 저축·투자가 높아지고 성장이 빠르다고 전제한다. 즉, 기업들이 더 많은 소득을 가질 때 투자가 높아지면서 성장을 가져온다는 것이다.

이 주장 역시 문제점이 있다. 복지국가가 성장을 저해한다는 주장에 대한 실증적 근거가 없는 것이다. 이보다는 분배가 잘 된 나라일수록 성장이 빠르다는 실증연구가 많다. 앞서 설명했듯이 분배가 잘 된 나라에서 수요가 높아 오히려 성장률이 더 높아진다는 것이다.

오히려 대안 주장이 강력하다. 즉, 불평등이 성장에 유해하다는 것이다. 이 입장은 다시 3가지 논리적 기초를 가지고 있다. 첫째, '조세-재분배 경로'를 통한 논리이다. 소득 분배가 불평등할수록 다수의 가난한 사람들이 있고 이들은 정부에 대해 소득 재분배 정책을 위해 세금을 많이 거둘 것을 요구하는데, 이 경우 지나친 과세가 오히려 성장을 막을 수 있다. 둘째, 소득 분배가 지나치게 불평등할 경우 사회적·정치적 불안정이 커져 투자가 활발히 일어나지 않음에 따라 성장을 저해할 수 있다. 셋째, 신용시장이 정보의 비대칭성 문제를 갖고 있는 상황에서 지나친 불평등은 가난한 사람들로 하여금 교육 투자를 위해 융자받는 것을 어렵게 만든다. 이는 빈민들의 교육 투자를 낮춤으로써 경제성장을 저해하게 한다.

(3) 복지 포퓰리즘

이 주장의 논리는 '복지정책 = 포퓰리즘'의 전제를 가지고 있다. 복지정책은 무책임한 포퓰리즘으로 국가 전체의 공익을 추구해야 하는 민주주의를 악화시킨다. 따라서 복지는 수요측 문제가 아니라 공급측에서 표를 얻기 위한 인기영합주의에 불과하다.

하지만 이 주장의 문제점은 민주주의의 오해에서 비롯된다. 다수의 지배로서 민주주의는 기본적으로 포퓰리즘적 요소를 가지고 있다. 힘없는 자들을 반영하는 것이 포퓰리즘이라면 복지는 힘없는 이들이자 민주주의에서 대표되지 못한 이들을 대표하는 과정으로 이해할 수 있다. 이것을 민주주의에서 배제하는 것은 민주주의의 실체를 잘못 이해한 것이다.

(4) 국가안보론

이 주장의 논리는 복지 증대가 국가안보 취약으로 이어진다는 것이다. 한국은 국가안보가 중요하기 때문에 복지 예산 증대는 국가안보를 위한 예산의 축소를 가져오고 이는 국가안보를 취약하게 만든다.

이 주장의 문제점은 안보 개념[28]을 지나치게 좁게 보고 있다는 것이다. 안보에 대한 개

---

28) **현실주의와 자유주의 안보관 비교**: 현실주의는 안보를 지키고자 하는 가치에 대해 '위협(threat)'의 개연성이 낮은 상태라고 한다. 이때 위협은 의도적인 것만을 포함한다. 반면, 자유주의는 지키고자 하는 가치에 대해 '손상(damage)'의 개연성이 낮은 상태라고 한다. 여기서 손상은 의도하지 않은 것을 포함한다. 지진에 의한 후쿠시마 원전 사고는 손상은 맞지만 위협은 아니다. 현실주의는 타국

념을 확장하면 복지 증진을 오히려 안보 증진으로 해석할 수 있다. 예를 들어 '포괄 안보'(경제, 사회, 환경, 에너지 등 다방면의 안보)[29]와 '인간 안보'(공포와 기아 등으로부터 인간 자체의 안보 확보)[30]로 안보관을 확대하면 복지 확대는 기아, 질병, 실업, 범죄와 같은 인간 안보를 확대하는 효과를 낼 수 있다.

5. 한국 복지의 방향

한국은 낮은 복지 수준을 보인다. 한국에서 그리스식 복지를 걱정할 것은 아니다. 복지를 해보지 않았는데 복지병을 걱정하거나 복지과잉론을 문제 삼을 필요는 없다. 한국의 복지 지출은 OECD평균의 1/3에서 1/6에 불과하다. 게다가 예산 문제를 이유로 복지를 거부하는 것은 4대강 사업과 감세정책을 감안할 때 설득력이 떨어진다는 비판도 있다.

이론적으로 볼 때 분배정책이 형평성을 만들면 지속적 성장이 가능한 선순환관계를 만들 수 있다. 실증적으로 볼 때 많은 데이터가 복지 확대와 경제 성장 간에 선순환관계가 있음을 보여준다. 복지가 실질임금 상승을 통해 가처분 소득을 늘리며 경제성장을 견인할 수 있는 것이다. 게다가 한국의 양극화 지표들을 볼 때 복지 증대는 저임금 계층의 실질임금을 상승시키는 효과가 크게 나타난다. 이들의 소비탄력성은 높지 않기 때문에 실질 소득이 일부 오른다고 해도 대체로 생계를 위해 사용할 것이며, 이는 수요 증대로 이어질 가능성이 높다.

마지막으로 복지 이슈를 두고 한국에서 선별적 복지냐 보편적 복지냐를 두고 논쟁해왔고 현재도 진행 중이다. 2015년 3월 홍준표 경남도지사는 무상급식 예산 지원을 중단한다고 선언했다. 선별적 복지를 통해 보다 실질적 지원을 할 수 있다는 이유로 복지예산 지급을 중단한다는 것이다. 이 사례는 한국에서 복지를 두고 여전히 사회적 합의가 불안하다는 점을 보여준다.

정치사상에서 복지를 다룬 이유는 복지를 바라보는 가치관이 무엇인지를 이론적으로 다루기 위해서이다. 복지는 사회적 연대의식과 사회권으로서의 기본권을 어떻게 받아들일 것인가에 달려있다. 이를 해결하기 위한 이론적 자원으로서 공화주의의 '연대의식'이 필요하다. 공동체의 유대감이나 연대의식과 같은 자원이 있어야 복지를 개인 수준의 문제나 경제적 계급 간의 차이가 아닌 공동체 전체의 문제로 이해할 수 있다. 복지에서 주로 다루는 교육과

이 가하는 위협을 자국의 군사력으로 지키고자 한다. 반면, 자유주의는 타국, 비국가행위자가 가하는 손상의 가능성을 다양한 방식으로 지키고자 한다. 현실주의의 대표적인 안보 이론이 국가 안보이고 자유주의의 대표적인 안보 이론이 인간 안보이다.

29) **포괄 안보의 의미**: 탈냉전 이후 군사력뿐만 아니라 경제, 환경, 에너지 등 다양한 분야에서 위협과 손상이 발생할 수 있다고 보는 안보관이다. 안보 이슈의 영역별 확장이라 할 수 있다.

30) **인간 안보의 의미**: 1994년 UN개발계획(UNDP)에서 처음 만든 안보관이다. 국가가 아닌 인간을 안보의 중심에 두고 차별과 부족, 공포로부터 인간을 자유롭게 하기 위해 사용한 안보관으로서 사회적 차별, 경제적 빈곤과 같은 7개 문제에서 인간의 안전을 추구하는 자유주의 안보관이다.

육아는 국가의 미래와 관련된 공동체의 문제이다. 공화주의 논리가 강해질수록 자유주의의 대응 논리 역시 강해질 수밖에 없다. 법을 통해 명확한 복지의 원칙을 세우자는 것과 같은 논리로 대응한다.

다음 절에서 간단히 살펴볼 법치주의는 자유주의가 보수적으로 사회를 운영하기 위한 논리이자 민중주의에 대응하기 위한 논리이다.

제4절 법치주의의 강화와 다른 수단에 의한 정치 강화

1. 논의 배경

최근 한국 정치에서 사법부는 두 가지 다른 현상에 직면하고 있다. 하나는 사법부의 권위가 약화되는 현상이다. 다른 하나는 '다른 수단에 의한 정치'를 통해 사법부의 정치적 능력이 강화되는 현상이다. 전자는 사법부에 대한 시민들의 불신으로 대표된다. 영화 "도가니"나 "부러진 화살"은 사법부의 불신을 보여줄 뿐만 아니라 사법부에 대한 불만을 드러낸다. 한국에서 재벌에 대한 솜방망이 처벌은 사법부가 법치를 선택적으로 한다는 점에서 사법부 불신을 강화한다. 후자는 2004년 대통령 탄핵과 행정수도 이전에 대한 헌법재판소 판결과 관련되어 있다. 국민의 대표를 대신하여 정치적 결정의 중심에 서는 '다른 수단에 의한 정치'가 강화되는 모습을 보인다.

이렇게 이율배반적인 것은 사회기관들에 대한 신뢰도 조사를 통해 해석할 수 있다. 사법부의 신뢰가 점차 하락하고 있지만 입법부와 정당에 대한 신뢰도보다는 높다. 게다가 2014년 세월호 사건과 2015년 메르스 사건에 대한 정부의 미흡한 대처 능력은 정부의 신뢰도 역시 떨어뜨렸다. 이런 상황에서 사법부가 그래도 좀 더 신뢰 받기 때문에 대의기관을 대체하여 정치의 중심에 서더라도 시민들의 저항이 적은 것이다. 이것이 한국 민주주의를 바라보는 유권자들의 인식이다.

2. 법치주의의 의미와 법치주의와 민주주의 간 관계

(1) 법치주의의 기본 원리들

법치주의는 몇 가지 구성 요소들을 가지고 있다. 법치주의에는 넓은 의미에서 '법의 최고성', 인치에 대비되는 법치, '법 앞의 평등', '최고법으로서 헌법의 구속' 및 이를 위한 '위헌심사 가능성'을 포함한다. 영국에서 만들어진 법치주의의 핵심은 왕을 포함하여 모든 사람이 법 앞에 평등하다는 것이다. 모든 이가 평등하다면 법의 지배를 따르는 것은 자의성을 따르는 것이 아니게 된다. 또한 법을 자신이 구성하거나 자신이 선택한 대표가 구성했다면 자신이 자신에게 구속되는 것이 된다. 앞서 보았듯이 자유주의는 자유 보호를 위한 제한의 논리로서 법치주의를 사용하였고 공화주의에서 법치주의는 권력의 실현과 권력의 재구성을 위한 것이다.

법치주의는 형식적 법치주의와 실질적 법치주의로 구분된다. 형식적 법치주의는 법의 내용과 관계없이 '법의 공포 방식'에 초점을 두는데 비해 실질적 법치주의는 '법의 내용'을 문제 삼는다. 형식적 법치주의가 자유주의를 토대로 한다면 실질적 법치주의는 민주주의를 토대로 하여 법치주의와 민주주의를 연결하고자 한다.

(2) 사법심사와 사법심사의 적극성

법치주의에서는 사법심사가 중요하다. 사법심사란 대의기구가 만든 법률을 헌법이라는 원칙에 비추어 평가하는 것을 의미한다. 사법심사를 하는 이유는 헌정주의를 지키기 위해서이다. 여기서 헌정주의는 헌법을 통해 기본권을 보장하겠다는 원리를 의미한다. 따라서 사법심사란 법률을 헌법에 맞추는 것이다.

사법심사의 정치적 의미는 크다. 입법부와 행정부에서 만든 법률은 다수의 지지를 얻은 것을 정책으로 만든 것이다. 이 법률의 정당성은 선거를 통해 승리한 정당과 대표들에 의해 만들어진다. 그런데 선거 게임에서 다수에게 패배한 소수는 자칫 입법을 통해 자신들의 기본권이 침해당하는 것을 우려한다. 따라서 소수자들은 헌법이라는 광범위한 약속과 사법부라는 기득권을 보호해줄 수 있는 보수적인 제도를 이용해 입법부와 행정부를 중심으로 한 다수 세력을 견제하고자 하는 것이다. 2004년 대통령 탄핵의 경우도 민주주의의 선거결과를 뒤집기 위한 것이고 행정수도 이전 판결 역시 공약 이행을 뒤집은 것이다.

사법 심사에 대한 입장은 사법 소극주의와 사법 적극주의로 구분된다. 법률을 헌법에 비추어 해석하는데 있어 적극적 해석과 소극적 해석으로 갈리는 것이다. 헌법은 커다란 골격만을 만들기 때문에 실제 법률이 헌법에 위반되는지 여부는 해석하는 법관에 달렸다. 이 중 '사법 소극주의'는 법치주의에서 법의 엄격한 적용을 구현하고자 하는 입장이다. 법치주의가 구현되는 영역을 법에 규정된 영역으로 좁히는 입장이다. 반면, '사법 적극주의'는 사법부가 공공 정책에 영향을 주기 위해 협소한 법적 결정을 초월해 과감한 법적 판결을 내리는 것이다.

헌법이 법적 권리이자 정치적 약속이기 때문에 헌법재판소와 사법부가 적극주의를 지지하는 것은 정치적 해석에 사법부가 많이 관여함으로써 사법부의 정치적 역할을 키우겠다는 것이다. 이때 사법부는 인민의 대표로 선출되지 않았음에도 인민들의 실제 삶에 영향을 미치는 입법에 적극적으로 관여한다는 점에서 문제될 수 있다.

사법부가 사법심사를 하기 위해서는 헌법에 대한 해석을 해야 한다. 헌법 해석에 대한 입장도 나뉜다. '문언주의'는 헌법 해석에서 헌법 문구들을 있는 그대로 해석하자는 입장이다. '원의주의' 입장은 헌법 제정시 제정권자들의 목표와 취지를 중심으로 해석하자는 입장이다. 문언주의는 문장에 국한하여 해석하지만 원의주의는 목적과 의도를 미루어 짐작하기 때문에 사법부의 적극적인 정치 관여를 가져올 수 있다.

(3) 민주주의와 법치주의의 관계

민주주의와 법치주의는 다른 이론들이 그렇듯이 두 가지 상반된 관계가 있다. 첫째는 상호 독립적 혹은 조화적 관계이다. 조화적 관계의 근거는 먼저 양자가 원리상 독립적이라는 것이다. 법치주의와 민주주의는 상호독립적일 수 있도록 원리 간에 차이가 있다.

민주주의는 인민의 지배를 의미한다. 민주주의는 어떤 방식으로 인민의 의사를 물어 다수의 의사에 도달할 것인가를 정하는 과정을 강조한다. 또한 민주주의는 정치체제로서 인민의 다수지배를 보장한다. 또한 소수가 절대적 소수가 되지 않는 규칙을 만든다. 반면, 법치주의는 법을 통한 지배를 의미한다. 법치주의를 통해 국가 권력의 자의적인 영역을 배제하고 개입의 범위와 근거를 제시하고자 한다. 법치주의는 법적 안정성을 추구하며 인치가 아닌 법치를 통해 통치의 안정성을 확보하고자 한다.

표를 통한 비교

민주주의와 법치주의
법치주의: 법에 의한 지배 / (법관)전문가 주의 / 보수성
민주주의: 다수의 지배 / 민중주의 / 변혁성

양자의 논리가 다르기 때문에 민주주의와 법치주의는 상호 강화할 수 있다. 먼저 '민주주의 → 법치주의'의 보강이 가능하다. 민주주의가 결정을 내리면 법치주의는 법제화를 수행한다. 법에 의한 민주적 통치를 구체화하는 것이다. 이로써 민주주의는 법에 의한 정당성을 보장한다. 반면, '법치주의 → 민주주의'의 보강도 가능하다. 법에 의한 자유 보장이 민주주의의 자기 결정권을 보장하는 것이 대표적이다.

하지만 양자는 상호 충돌관계를 가질 수도 있다. 먼저 양자는 추구하는 가치와 운영 기제의 차이로 인해 충돌한다. 민주주의가 법치주의를 공격하는 몇 개의 세부적인 논리가 있다. 첫째, 법치주의의 극단화는 사법부의 강화를 넘어 자칫 법 만능주의로 연결될 수 있다. 이때 인민의 지배는 사라지고 오로지 기존에 만들어진 법의 지배를 받아야 한다. 둘째, 엘리트주의로 귀결될 가능성이 높다. 법치주의는 법률 전문가들로 구성된 사법부의 통치로 연결된다. 대부분의 시민은 법을 자세히 알지 못하기 때문에 법을 잘 아는 이들 즉, 법률 전문가에 의해 지배받게 된다. 이는 소수 지배 혹은 소수의 독재 가능성을 가져온다. 정치학의 가장 중요한 질문처럼 사법부가 강화되면 사법부를 견제할 세력이 사라진다. 절대 권력에 대한 "Who guards guardian?"의 문제가 제기되는 것이다.

반면, 민주주의를 다수 민중들의 지배로 이해할 경우 법치주의는 민주주의를 공격한다.

첫째, 민중주의가 강화되면 다수의 독재 가능성이 증대한다. 만약 제한되지 않은 다수결주의를 사용한다고 가정해보자. 다수결에 의해 법률을 무한정 고칠 수 있으면 민중들의 열망은 민중들에게 불리하다고 생각하는 기존 제도를 붕괴시킬 것이다. 둘째, 민중주의가 강화될 경우 소수의 기본권이 배제될 수 있다. 토크빌과 한나 아렌트가 우려했던 것처럼 민주주의라는 이름의 결정으로 기본권을 배제할 경우 전체주의로 갈 수 있는 것이다.

두 가지 입장 차이에도 불구하고 일반적으로 법치주의는 민주주의에 보완적이라 볼 수 있다. 시대나 국가 그리고 특정 상황에 따라 법치주의 강화가 보수주의로 귀결되어 진보적 입장의 민주주의와 충돌하거나 역의 관계가 성립할 수는 있다. 하지만 사회적 합의를 통해 민주주의를 운영하면서 민중주의로의 전환을 걱정하고 사법부의 비대화를 우려하는 정치공동체에서는 법치주의와 민주주의가 공존한다.

3. 정치의 사법화 현상들: 의미와 문제점

(1) 사법부 입법

사법부 입법이란 의회에서 제정한 법률에 대해 헌법재판소가 위헌판결을 내려 법률의 존립 근거를 제거함으로써 사법부가 실질적인 입법권을 행사하는 것을 의미한다. 사법부 입법의 문제점은 대표성 있는 기관인 입법부의 결정과 법률을 대표성이 없는 사법부가 무효화한다는 것이다. 더 큰 문제는 사법부에 대한 책임을 추궁할 방안이 없다는 것이다. 게다가 소수의 재판관이 의회와 대통령이라는 다수의 결정을 무시한다는 점에서 민주주의 원리에 배치된다.

사법부 입법의 대표적 사례들은 다음과 같다. 인구 편차와 관련된 선거법에 대한 헌재의 판결, 기초의회의원 선거에서 특정 정당의 지지 표방금지에 관한 판결, 비례대표제에 대한 한정 위헌판결로 1인 2표로 변경 판결 등의 사례들은 의회가 만들 법안을 사법부가 판결을 통해 강제한 것으로서 실제 사법부가 법률을 입법한 것이나 다름없다.

(2) 사법부 정책 결정

사법부 정책 결정은 사법부가 판결을 통해 정부의 중요 정책을 결정하는 것을 의미한다. 대표적 사례로 행정수도이전특별법에 대한 위헌 판결을 들 수 있다. 이 사례는 대선 공약으로 대표성을 얻은 행정부의 정책 결정을 사법부가 철회한 것이다. 사법부 정책 결정의 문제점은 사법부가 행정부의 정책 결정을 대체할 경우에도 사법부는 비용이나 책임을 지지 않는다는 점이다.

(3) 다른 수단에 의한 정치

자유주의 부분에서 보았듯이 '다른 수단에 의한 정치'[31]란 정치세력이 권력경쟁을 선거와 같은 민주적 결정수단을 사용하지 않고 사법부를 사용하는 것을 의미한다. 여당이 '사정(司正)'정국을 만드는 것이나 야당이 특검 제도의 사용을 주장하는 경우가 대표적이다. 다른 수단에 의한 정치의 문제는 원(元)수단인 대표 기구들 사이의 정치적 경쟁과 대표성이 약화된다는 것이다. 이로 인해 대의기구에 대한 회의감이 증대하여 악순환에 빠진다.

(4) 권리 신장의 사법화

권리 신장의 사법화는 사법부가 사회의 기본권을 향상시키는 것을 의미한다. 헌법소원 등을 통해 사법부가 시민들의 기본권을 보호하는 것이다. 대표적 사례로는 민주화 이후 등장한 헌법재판소가 권리구제형 헌법소원을 통해 기본권을 수호하는 것이나 국가인권위원회의 활동을 들 수 있다. 하지만 권리 신장의 사법화가 가지는 문제점은 권리 보호라는 긍정적 기능과 함께 한국의 2001년 낙선운동 판결에서처럼 정치적 권리를 침해할 수도 있다. 사법부가 기득권을 가진 소수자의 이익만 보호할 수 있다는 점이 문제될 수 있는 것이다.

(5) 사법부의 정치적 역할 증대에 대한 논쟁

정치적 차원에서 정치사법화는 몇 가지 문제를 가진다. 첫째, 법의 지배와 민주주의를 동시에 위협할 수 있다. 법의 지배가 민주주의의 기능을 대체할 경우 민주주의도 훼손되지만 법의 지배가 존립할 수 있는 공간도 훼손된다. 법이 보수화되고 기득권을 보호하는 기능만을 가지게 될 때 법치주의가 보호하고자 하는 자유 자체가 침해된다.

둘째, 분배적 정의가 악화된다. 정치의 사법화는 분배적 정치의 실현을 악화시킬 수 있다. 법치주의를 강조하다 보면 기득권 중심의 분배구조를 유지하고 비기득권층을 보호하는 복지정책 등 분배 정책에 비우호적 판결을 내릴 수 있다. 이것은 사회 정의에 대한 불만을 가져오고 사회적 갈등을 늘린다.

셋째, 민주주의 대표들의 공간인 입법 활동의 공간을 침해한다. 사법부의 강화는 입법 활동을 제약함으로써 입법부의 정치적 역량을 약화시킨다. 대표를 선발한 이유는 사회적 가치에 대한 대표들 간의 타협과 해결책 탐색에 있다. 그런데 사법부는 선출되지 않은 이들이고 이들이 대표들의 공간을 침해한다면 민주주의는 현실적으로 작동하기 어렵다.

넷째, 정치의 범죄화를 가져올 수 있다. 법치주의가 강화되다 보면 사법적 판단을 통해 정치인을 무능한 인간으로 낙인찍고 정치를 부패한 것으로 각인시킬 수 있다. 이는 한국의 정치적 무관심과 낮은 투표율, 낮은 정당 신뢰도에 더 큰 부담을 준다.

이런 문제들에 대한 이론적 해법은 원 수단으로서 대의민주주의 작동 가능성을 증대시키는 것이다. 정치의 사법화는 전 세계적인 현상이다. 따라서 다른 수단에 의한 정치나 사법부

---

31) **다른 수단에 의한 정치**: 마틴 쉐프터와 벤자민 긴스버그의 개념이다. 미국에서 정치경쟁을 피하고자 언론과 사법부를 활용하는 현상을 설명한다. RIP모형이라고도 불린다. Revealation(폭로) → Investigation(조사) → Prosecution(기소)의 과정을 거치기 때문이다.

의 역할 강화 자체를 부정하기는 어렵다. 사법부도 자신의 견해를 낼 수 있기에 사법부의 정치적 결정에도 귀를 기울일 수 있다. 하지만 본질적으로는 원 수단을 회복시켜야 한다. 현재 다른 수단에 의한 정치나 사법부에 의한 정치 강화가 대의민주주의에 대한 실망에 기인하는 문제라고 하면 원 수단에 대한 대표성을 증대시키고 응답성을 높이는 방식의 제도화가 필요하다.

마지막으로 2014년 12월 19일에 있었던 헌법재판소의 통합진보당 해산문제를 생각해 볼 수 있다. 자유주의가 방어적 민주주의라는 논리를 가지고 민주주의의 대표 제도인 정당을 해산한 것이다. 민주주의 공간은 인민의 심판에 의해 좌우된다. 선거에서 인민의 지지를 받지 못하면 정당의 기능은 사라진다. 그럼에도 불구하고 통합진보당이 한국 자유민주주의에 위협이 되기 때문에 정부가 제소하고 헌법재판소가 해산하였다. 통합진보당의 해산으로 한국은 정당해산을 한 3번째 국가가 되었다.[32] 통합진보당에 대한 지지와 관계없이 이론적으로는 법치주의가 민주주의의 공간을 대체한 것으로 볼 수 있다. 방어적 민주주의는 자유주의의 논리를 가지고 민주주의에 대해 '방어'라는 논리로 적극적인 개입을 하는 것이다. 이 사례는 한국에서 법치주의와 민주주의 간의 관계가 단지 이론적인 것만은 아니라는 점을 명확히 보여준다.

---

32) **정당해산심판의 사례들**: 독일에서는 히틀러를 추종하는 '사회주의 제국당'에 대하여 1951년 11월 독일 정부가 정당해산을 독일 헌법재판소에 청구하였고 1952년 10월에 해산되었다. '독일 공산당'의 경우는 1951년 11월에 위헌정당확인청구를 냈고 1956년 판결을 통해 해산되었다. 터키에서는 1988년부터 6차례의 정당해산이 있을 만큼 정당해산이 빈번하게 있었다. 한국은 정당해산을 한 3번째 국가가 되었다. 2013년 11월 5일 법무부는 통진당의 목적과 활동이 헌법에 반한다며 정당활동금지 가처분소송과 함께 정당해산심판을 청구하였고 2014년 11월 25일까지 18번의 변론을 거쳐 최종적으로 2014년 12월 19일에 해산선고가 나왔다.

P·A·R·T

II

민주주의의 조건들

2. 국제정치학

PART II – 2 국제정치

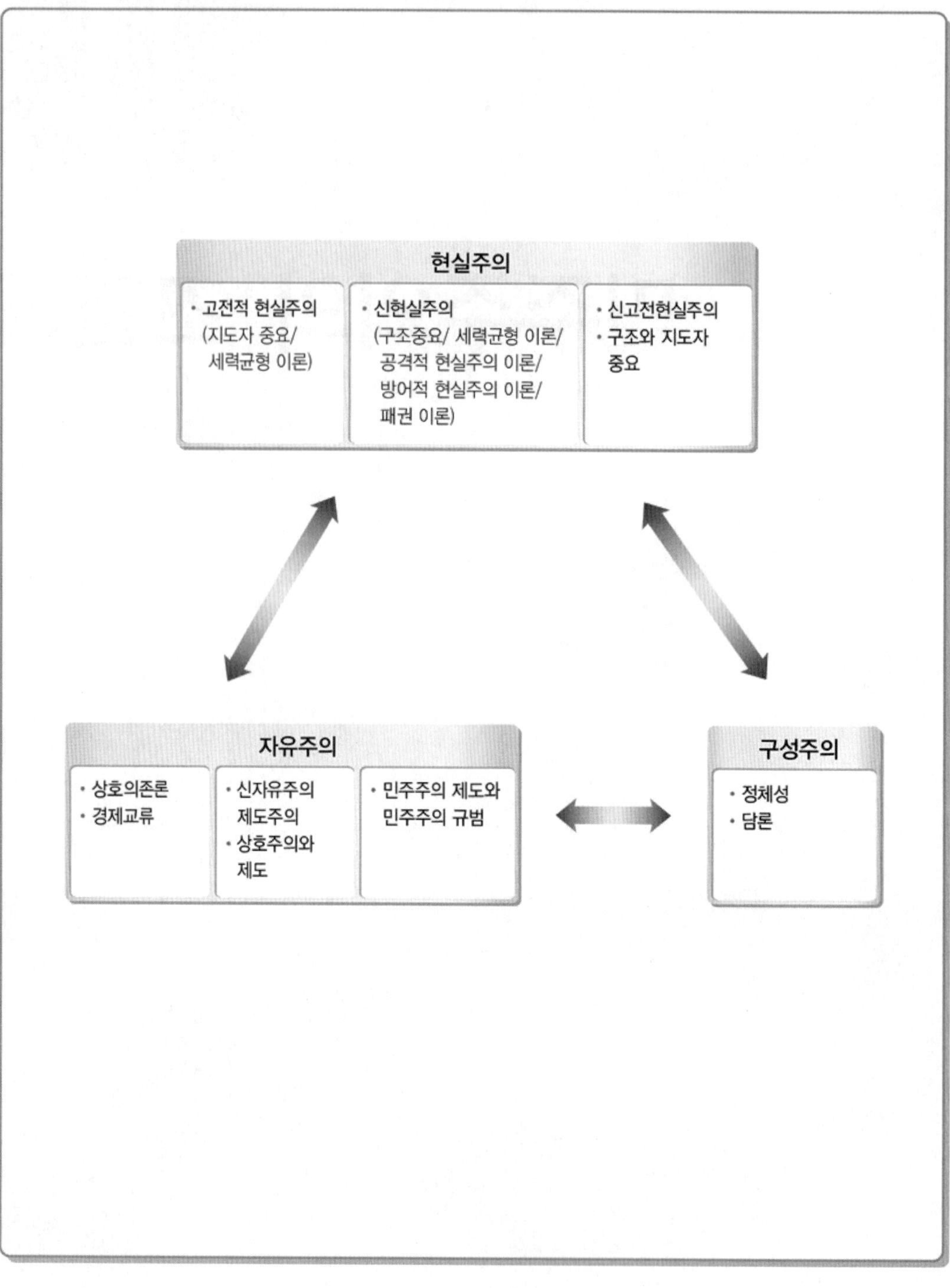

제 1 장 국제정치학의 현실주의

수험적 맥락

국제정치학은 한국에서 중요하다. 과거 안보 때문에 중요했는데 최근에는 정치경제에서도 중요하다. 국제정치학은 정치학과는 다른 논리를 가지고 있다. 그래서 이론들의 논리 정리가 되어야 현실에서 안보와 정치경제 설명이 가능하다. 현실주의이론은 모든 이슈를 설명하는 가장 중요한 이론이기 때문에 특히 정리가 잘 되어 있어야 한다.

수험적 중요주제

1. 지정학: 대륙국가(육군력 강조) vs. 해양국가(해군력 강조)
2. 모겐소의 고전적 현실주의: 국가이익과 지도자의 신중성(prudence)
3. 왈츠의 신현실주의 이론: 세력균형이론
4. 상대적 국력가설 vs. 신자유주의 (절대적 이익중시)
5. 방어적 현실주의 vs. 공격적 현실주의
6. 패권관련 이론들: 세력전이론과 패권변동이론
7. 신고전현실주의와 이익균형이론
8. 위협균형이론

2016년 1월 6일 북한의 4차 핵실험과 2월 7일 장거리미사일로 추정되는 은하 4호 발사가 있었다. 이에 한국정부는 고고도미사일방어체계인 사드에 가입할 뜻을 내비쳤다. 이러자 중국은 강력하게 항의를 하면서 내정간섭에 가까운 외교적 개입을 했다. 중국의 반응에 대해 미국 역시 강경한 입장을 택했다. 러시아 역시 미국 사드에 반대하고 나섰다.

이런 주변 국가들의 대립에 더해 주한미군의 사드배치를 두고 국내에서 찬반논란이 일었다. 진보입장에서는 미국의 안보에 대한 의존이 늘며 중국만을 자극할 뿐이라고 주장을 하고 보수 입장에서는 한국안보를 위해서는 필수적이라고 주장을 한다.

2015년 3월 중국이 아시아인프라투자은행을 창설하자 중국 영향력 증대에 맞서 미일동맹을 강화하면서 미국은 한국에 사드 배치를 요구하였다. 당시 한국은 이를 거부하였다. 그런데 왜 북한도발이 있는 2016년 2월에 들어와서 중국의 강력한 반발에도 불구하고 사드배치를 고수하는 것일까?

만약 미국이 중국과의 관계가 악화되는 것을 막고 대북제재에서 중국의 적극적인 역할을 끌어들이기 위해 중국에게 한국 사드배치를 양보하여 사드배치를 포기할 경우, 한국은 중국과 관계악화와 미국의 방기로 그저 닭 쫓던 개가 지붕쳐다보는 격이 될 것이다. 한국의 안보에 대한 문제에서 한국이 주도권을 쥐지 못하고 미국의 정책결정에 영향을 받게 되는 이유가 무엇일까? 앞의 질문과 함께 이 질문에 대한 답은 국가들이 가진 목표 즉 '국가이익(national interest)'이 무엇이고 국가이익을 달성할 수 있는 수단으로 어느 정도 '국력(power)'을 보유하고 있는지에 달려있다. 강대국이 아닌 '상대적 약소국' 혹은 '중견국가'로서 한국은 미-중간 갈등을 힘을 통해서 견제할 방법이 없고 아직도 미국의 핵우산에 안보를 맡고 있기 때문이다.

향후 사드 논의가 어떻게 진행될 것인지는 미국의 국가이익과 중국의 국가이익 그리고 한국의 국가이익과 이들 국가들의 권력분포양태를 지켜보아야 할 것이다. 국가이익과 권력은 쉽게 변하지 않는 성향이 있기 때문에 이것을 객관적으로 파악하게 되면 일정기간 상대국가의 행동방식을 예상할 수 있는 것이다. 국제정치학은 이렇듯이 국가들 간의 관계를 설명하고 예측하기 위한 객관적인 지식을 제공하기 위한 것이다.

국가간 관계 파악에 있어서 국가이익과 권력외에 협상력도 고려되어야 한다. 중견국가들이 강대국을 상대로 한 협상에서 더 많은 이익을 얻은 경우들이 있다. 과거 고려 시대 서희가 거란을 상대로 침략한 거란군을 철수하게 하고 옛 고구려 영토를 수복한 사례도 있다.

한편 국제기구에서 만든 국제법을 활용하는 것도 중요하게 되었다. 4차 핵실험이후 3월 2일 UN안보리는 북한에 대한 제재결의안 2270호를 만장일치로 통과시켰다. 이 제재 결의는 북한에 대해 가장 강력한 제재를 담고 있다.[1] 이처럼 국가들이 합의하여 만든 규칙인 국제법이나 국제규범이 실질적인 영향력을 가질 수 있기 때문에 국제관계를 단순한 힘의 관계로만 볼 필요는 없다.

---

1) **대북안보리결의 2270조:** 안보리결의안 2270조는 제재사상 처음으로 북한 광물을 수출금지하였다. 북한의 석탄과 철광석, 금, 티타늄, 바나듐, 희토류 수출을 금지하였다. 또한 북한에 대한 로켓 연료를 포함한 항공유 공급을 금지했다. 다른 조치들로는 다음과 같은 내용이 있다. 192개 유엔 회원국들의 북한으로 유입-유출되는 화물검색의 의무화. 안보리 결의 위반 북한 외교관에 대한 의무적추방. 소형 무기를 포함한 모든 재래식 무기의 대북 수출금지. 핵과 탄도미사일 활동과 관련된 북한 정부, 노동당 소속 기관, 단체에 대한 자산동결 조치와 북한 은행의 회원국 내 지점 개소 금지.

제1절 국제정치의 역사와 학문적 목적

어떤 학문체계를 접하든지 맨 처음 던지는 질문은 다음과 같다. 이 과목이 혹은 이 학문이 도대체 무슨 말을 하고 싶을까하는 점이다. 국제정치학의 목적은 국가라고 하는 정치공동체가 운영되는 환경으로서 국제환경, 세계환경이 어떤 원인에 의해서 어떻게 변화하는지를 체계적으로 고려하는 것이다. 국가공동체는 국내정치에 의해서만 영향을 받는 것은 아니다. 한국에서 1997년 동아시아외환위기로 인해 정권교체가 일어나고 비정규직이 생기고 노숙자가 탄생했던 것처럼 국내정치요인이 아닌 외부환경요인에 의해서 정치적 변화와 경제적 변화가 생길 수 있다. 이처럼 국내정치를 고려할 때 국내정치에 영향을 미치는 국제환경을 체계적으로 고려하는 것은 필수적이다.

1. 국제정치학의 역사

국제정치학이 학문으로서 처음 거론된 것은 1900년대 초의 일이다. 그 이전까지는 국가들 간의 관계를 정식으로 연구하는 작업은 사람들의 관심을 끌기 어려웠다. 이는 에릭 홉스봄(Eric Hobsbawm)이 이야기 하는 1814년 이후의 100년간의 평화에 기인하는 면도 컸지만 국가 간의 관계에 대한 연구보다는 국가자체에 대한 고려에 좀 더 집중했기 때문이기도 하다. 웨스트팔리아 체제(1648년 30년 종교전쟁을 끝내기 위한 회의이후의 국가 간의 관계를 움직이는 특징들)로 불리는 근대 국가체제가 형성되고 나서도 국가들 간의 실질적 주권에 기인한 행동과 그의 중요성은 실제 20세기에 들어와서야 그 주목을 받게 된다. 또한 실질적으로 국제정치학이 하나의 분야로서 체계를 세운 것은 2차 세계대전이후 현실주의이론이 만들어지면서이다.

(1) 이상주의의 등장

현대국제정치학이 체계화되기 이전 국제정치학이 하나의 독자적인 학문분야로 인정받기 시작한 것은 제 1차 대전의 종결이후이다. 1차 대전이 일어나기 전까지 국가들은 평화를 추구하지 않았다. 서구 국가들은 '국가 이익'을 추구 했다. 그 과정에서 만약 국가들 간의 힘의 분포상태가 비슷해서 세력균형이 맞아 떨어지면 평화는 세력 균형 상태의 부산물로 얻을 수 있는 것이었다. 이 당시 국가들의 신념은 독일의 전략가 클라우제비츠가 이야기한 "전쟁은 수단을 달리한 정책의 연속"이란 이야기에 아주 잘 담겨있다. 국가들에게 전쟁은 선택가능한 정책이었다. 보복을 위해서 뿐 아니라 영토확보, 식민지 노예확보, 채무변제를 위한 전쟁이 가능했다. 19세기의 제국주의는 힘의 사용을 당연시했고 전쟁은 목적을 달성하기 위한 하나의 방안이었다.

권력정치와 동맹정치의 남용으로 1차 대전이 벌어졌다. 1차 대전이후 이상주의자들이 국제정치를 주도하였다. '국가이익'보다는 '평화'가 중요한 가치가 되었다. 이상주의이론은 전쟁을 막을 수 있는 국제적 약속으로서의 '국제법'과 국가들이 수행한 비밀외교와 동맹을 대체할 수 있는 국제연맹이라는 '집단안보' 장치에 주목하게 되었다. 이상주의자들은 인간의 선천적인 선함을 믿었고 전쟁을 사회적인 제도의 부재나 법규의 부족이나 문제해결기제로서 제도나 조직의 오작동으로 파악했다. 이상주의는 제도와 법규를 바꾼다면 인간의 '선함'과 사회적 '악함' 사이의 긴장을 해결해줄 수 있을 것으로 보았다. 대표적으로 미국 이상주의의 아버지 우드로 윌슨은 국제법, 국제기구, 민족자결주의, 민주주의 정치체제를 통해서 평화를 만들 수 있을 것으로 보았다.

(2) 현대국제정치학의 등장: 현실주의의 탄생

이상주의자들의 평화구축을 위한 국제기구의 건설(국제연합), 국제법규의 정비(외교관계에 관한 규칙, 부전조약), 군축회담(런던군축회담)의 설립과 같은 노력에도 불구하고, 1919년에 끝난1차 대전이후 1939년 독일의 폴란드침공으로 20년 만에 2차 세계대전이 발생하면서 이상주의는 현실주의이론에 의해서 대체되었다. 패러다임전환이 일어나면서 현실주의이론이 국제정치학에서 독보적인 입장을 가지게 되었다. 현실주의자들은 인간이 선하지 않고 이기적이라고 생각했다. 이기적 인간은 상대방을 복종시키거나 자신의 안전을 확보하고자 권력을 추구하게 된다. 현실주의자들은 누구도 어떤 특정가치와 어떤 정치체제가 우월하다고 주장할 수 없기 때문에 국가나 국가지도자가 자신이 신봉하는 가치 혹은 종교를 강요하거나 정치체제의 우월성을 강제하는 것은 전쟁의 원인이 된다고 보았다. 국제정치에서 국가들은 종교와 가치를 스스로 결정할 수 있고 각기 다른 정치체제를 선택할 수 있기 때문에 타국가에게 자국의 가치관이나 정치체제를 강요하면 안된다. 국가들이 국제정치에서 고려할 것은 국가 간의 상대적인 권력의 차이가 되어야 한다.

1945년 이후 국제정치학이 하나의 분야로 주목을 받게 된 것은 이전과 달리 국가들 간의 관계를 고려하지 않고 정치를 영위하기 어렵기 때문이다. 2차 대전 중 소련은 2천만명이상이 사망했다. 이 수치는 중간크기의 국가 전체인구정도가 된다. 전쟁은 국가자체를 몰락시킬 수 있기에 이를 막기 위한 체계적인 분석이 필요하게 되면서 안보를 다루는 현실주의가 주류를 차지하게 되었다. 엄청난 크기의 전쟁은 파괴만을 가져오는 것이 아니라 새로운 필요와 창조를 이루어낸 것이다.

이후 국제정치학은 고전적 현실주의가 주류를 차지하면서 냉전시기 미국의 대외정책의 지침이 되었다. 그러나 1950년대에서 1960년대, 1970년대를 거치면서 고전적 현실주의는 자유주의 통합이론과 외교정책결정론에 의해서 공격을 받았고 방법론적인 부족함으로 행태주의로부터 비판을 받았다. 현실주의의 이론적 지배력이 약해지던 1979년 케네스 왈츠(K.

Waltz)에 의해 과학주의입장을 택하면서 신현실주의가 만들어졌다. 신현실주의는 현실주의의 아성을 다시 세우게 된 뒤에도 신자유주의와 10년간 '신현실주의 vs. 신자유주의'논쟁을 진행했다. 그러나 1991년 소련의 붕괴와 단극으로의 전환은 극성을 가지고 설명했던 신현실주의이론을 아연실색하게 만들었다.

1990년대 자유주의는 민주평화이론이 체계화되면서 늘어난 민주주의국가 수에 의해 지지를 받고 있다. 또한 신자유주의는 다자주의로 업그레이드가 되었다. 탈근대이론 분야에서 구성주의도 체계화되었고 신현실주의도 탈냉전을 설명하면서 권력정치와 안보문제뿐 아니라 정치경제현상을 설명하고 있다, 1990년대 중반이후 국제정치학은 신현실주의와 민주평화이론과 구성주의가 3파전을 벌이면서 여전히 누가 이론적 타당성이 높은지에 대한 패러다임 논쟁을 벌이고 있다.

2. 국제정치가 추구하는 목적과 가치: 평화와 안정

국제정치학은 주로 전쟁을 방지하는 것에 관심을 가지고 '국가안보'를 다루어왔다. 전쟁을 피하고 '평화'를 달성하는 것을 목표로 한 것이다. 그런 점에서 탈냉전은 전쟁 없이 냉전을 종결짓고 국제체계는 단극으로 전환되었다. 또한 탈냉전이후 국가간 전쟁을 통해서 국가가 몰락한 사례는 없다. 그리고 1962년 쿠바미사일위기를 극복하면서 '위기'관리와 예방뿐 아니라 핵사용의 '억지(deterence)'를 성공적으로 수행했다. 따라서 국가지도자들은 전쟁의 반대개념으로서 평화를 만드는 데 성공적이었다.

하지만 국제정치학에서 국가지도자와 세계여론 지도자들에게 조언을 하는 것은 단지 전쟁의 방지로서의 '소극적 평화'만은 아니다. 사회적 억압과 차별과 같은 '구조적인 폭력'으로부터의 해방이라는 '적극적 평화'도 추구해야 한다는 주장도 있다. 한편으로 국가들 간의 질서가 유지된다면 부분적으로 분쟁과 제한적 전쟁도 감내할 수 있다는 입장에서 '안정(stability)'을 중요하게 보는 입장도 있다. 게다가 분쟁과 안보중심의 냉전시대가 저물고 나서 경제와 번영의 탈냉전시대에는 국가들 간의 경제적 '번영'이 중요한 시대가 되었다는 주장도 있다. 과거 사회주의국가들이 번성할 때 보다 힘이 약해졌지만 국가간 분배적 평등과 '정의(justice)'가 반영되어야 한다는 주장도 여전히 있다.[2)]

평화, 안정, 번영, 평등을 국제정치학이 다룬다면 국제정치학은 국가들 내부의 자유와 안전을 위한 전제조건을 이룩하는 것에 관심이 있는 것이다. 특히 안정이 이룩되었을 때 국가라는 정치공동체는 내부의 사안에 집중할 수 있기 때문에 안정이라는 조건을 구축하는 것이

2) **마르크스 계열 이론의 계보**: 마르크스 주의이론들은 과거 1970년대 종속이론과 세계체제론의 설명력이 약해지게 되었다. 그러나 1980년 캐나다 학자인 로버트 콕스의 그람시이론을 계승한 '비판이론'이 자본의 헤게모니를 강조하면서 주목을 받았다. 또한 2000년대 들어와서 네그리와 하트에 의해서 자본의 통합을 지칭하는 '제국'론과 이런 자본주의의 심화를 견제하자는 '다중(multitudes)' 주장하는 이론으로 명맥을 이어가고 있다.

중요하다. 그런 점에서 국제정치는 국내정치의 ‘조건’을 구축한다.

제2절 국제정치의 기본 도구들

1. 패러다임

(1) 패러다임의 의미

국가간 관계 혹은 세계 관계를 살펴보기 위해서는 렌즈가 필요하다. 2014년 러시아의 크림반도침략은 크림반도를 지배하고 있던 우크라이나에게는 침략과 영토상실의 고통을 가져오지만 크림반도에 살고 있는 과거 러시아인들에게는 역사의 회귀이자 러시아로의 복귀로 받아들여진다. 마찬가지로 미국의 방어미사일체계(MD)는 미국에게는 방어무기 자산의 증대이지만 중국과 러시아에게는 힘의 비대칭성이 증대하는 것이자 공격무기로서 미사일의 속도와 정확성을 더 높이기 위한 핑계에 불과할 수 있다. 따라서 같은 사건이라도 어떤 관점에서 해석하는가에 따라 의미가 달라진다.

국제정치학은 이렇게 세상을 살펴보는 렌즈를 몇 개가지고 있다. 현실주의 패러다임, 자유주의패러다임, 구성주의패러다임이라고 부르는 이론체계가 그 렌즈들이다. 여기서 사용되고 있는 패러다임(Paradigm)은 세상을 보는 일련의 가정들을 의미한다.[3] 자연과학과 달리 국제정치학이라는 학문에서는 한 가지 정상과학이 있는 것이 아니다, 각 패러다임들이 서로 타당성을 주장하며 이론적 논쟁을 하고 있다. 따라서 인간, 국가, 국제체계로 대표되는 현상에 대해 누가 현상설명력이 높은지를 두고 다투고 있는 ‘패러다임간 논쟁’이 국제정치학의 본질이다.

앞서 국제정치학의 역사를 간략히 보았듯이 국제정치학은 현실주의 패러다임이 이상주의를 몰아낸 제 1차 패러다임 논쟁을 거쳐 행태주의 방법론과 전통주의방법론상의 제 2차 패러다임 논쟁을 거쳤다. 1980년대 까지 현실주의와 자유주의 패러다임간 격렬한 논쟁이 있었고 1970년대와 1980년까지 마르크스주의가 가세하여 ‘패러다임간 논쟁(interparadigm debate)’을 거쳤다. 그러나 소련붕괴이후 마르크스이론은 이론적인 지지기반이 급격히 붕괴하였다. 이 자리를 대안이론으로서 구성주의이론이 차지하면서 최근에는 제 3차 논쟁으로 근대이론과 탈근대이론간 논쟁을 이끌고 있다. 그럼에도 불구하고 학문으로뿐 아니라 정책

---

3) **패러다임의 의미**: 패러다임은 과학철학의 개념으로 한 가지 주류시각이 세상을 설명하는 정상과학의 영역에 있을 때 주류패러다임이 된다. 그러나 이 주류패러다임이 더 이상 세상을 설명하기 어렵게 되는 경우 다른 패러다임에 의해 대체된다. 자연과학은 이런 패러다임의 급격한 변화를 거치면서 학문적 발전을 하게 된 것이다. 천동설이 지동설에 의해 대체되고 뉴튼의 법칙이 아인슈타인의 상대성이론에 의해 대체된 것이 대표적인 사례이다.

적 차원에서 현재는 '현실주의 vs. 자유주의 vs. 구성주의'의 논쟁이 진행되고 있다.

(2) 패러다임과 이론의 차이와 사용방식

패러다임에서 중요한 것은 언제 패러다임으로 분석을 하고 언제 이론으로 세상을 분석하는지를 구분하는 것이다. 국제정치를 바라볼 때 패러다임 접근은 근본적인 가정으로 세상을 보는 것이다. 즉 전쟁의 문제와 분쟁의 문제를 인간의 본원적인 권력욕구로 설명하거나 무정부적인 국제체제의 속성으로 설명하는 것이다. 패러다임 접근은 너무 본질적인 이야기이고 변화를 만들어낼 수 없는 이야기이다. 마치 인간이 물을 마시지 않으면 살 수 없다는 이야기와 같다. 따라서 국가의 영향력이 유지될 것인가 세계화는 어떻게 진행될 것인지와 같은 추세나 본질적인 이야기를 할 때 필요하다.

그러나 실제 어떤 일이 "왜(why?)"일어났는가는 패러다임과 같이 거대한 가정으로는 해결할 수 없다. 국제정치에서 분석하는 모든 사건들은 지도자인 인간이 선택을 한 것이다. 따라서 그런 선택(전쟁을 결정했거나 도발을 감행했거나 유화조치를 취했거나와 같은 의도한 행동을 한 선택)을 하게 만든 동기를 찾아야 한다. 그것이 개인적 성품의 문제인지 아니면 국가지도자로서 부여받은 역할 때문인지 아니면 국제체제가 양극이거나 다극이라서 어쩔 수 없는 선택이었는지를 찾아야 한다. 이러한 결정요인은 국제정치학의 개별 이론들이 제시하고 있는 독립변수 즉 설명요인에 의해서 설명할 수 있다. 예를 들면 민주평화이론은 '민주주의의 권력분립제도'나 '민주주의가 가진 규범'이 작동해서 어떤 행동을 하게 하거나 어떤 행동을 하지 못하게 만든 것이다. 그러므로 대체로 특정 이슈는 패러다임이라는 근본적인 가정보다는 이론에 의해서 설명될 필요가 있다.[4)]

(3) 패러다임의 시각 차이

세부적인 이론의 내용을 설명하기 앞서 개괄적으로 현실주의, 자유주의와 마르크시즘을 다룬다. 구성주의는 시각상의 차이라기보다는 어떻게 국제문제를 인식하는가와 관련되어 있기 때문에 시각이나 정향(orientation)상으로는 자유주의에 가깝다. 구성주의를 빼고 현실주의와 자유주의와 마르크시즘 입장을 간단히 비교한다.

첫째, 현실주의(Realism, 정치경제학에서 중상주의)는 현상유지(status quo)를 중시한다. 또한 가치로서 질서(order)[5)]를 중시한다. 현실주의는 힘의 정치와 군사력 중심의 안보 분야에

---

4) **패러다임과 이론간 차이**: 예를 들어 북한이 미사일 실험을 한다는 것을 설명한다고 해보자. 이 경우 패러다임의 설명은 김정은이 '권력적인 인간'이고 북한이라는 국가가 '권력추구적'이라서 그럴 것이라고 할 수 있다. 하지만 이것은 늘 그래왔을 권력추구 욕구이기 때문에 도대체 왜 안하던 일을 하는지를 설명할 수 없다. 갑작스럽게 미사일 실험을 하게 한 결정을 설명하기 위해서는 변수(variable)라고 하는 설명요인이 필요하다. 예를 들어 미국에 대해 협상을 위한 위협카드로 미사일을 발사한 것이라고 하면 '위협인식'이라는 요인으로 설명해야 한다. 위협인식은 위협을 통해서 설명하는 왈트(S. Walt)의 위협균형론이 적용될 수 있다.

5) **무정부상태의 의미**: 무정부상태가 무질서상태는 아니다. 베트남이나 중국의 자전거 출퇴근 행렬을

서 설명력이 높다. 행위자로서 국가를 중시하며 국가들이 자신의 상대적 위치에 민감하다고 생각한다. 현실에는 무정부 상태(anarchy)와 전쟁(필요악)의 가능성이 상존한다고 본다. 현실주의 패러다임내 고전적인 현실주의의 경우 국제정치의 안정을 위해서는 지도자의 신중함(prudence)이 중요하다고 본다. 반면 1979년 왈츠의 신현실주의가 등장한 이후의 신현실주의 계열의 이론들은 구조(structure)의 중요성을 강조한다. 여기서 구조란 강대국의 숫자인 극성(polarity)을 의미한다. 신현실주의자들은 양극이냐 다극이냐의 강대국숫자가 전쟁과 안정을 결정한다고 본다.

둘째, 자유주의(liberalism, 다원주의와 제도주의로도 표현)는 점진적 과정을 통한 현상의 개혁과 진화를 중시하며 가치로서 '자유(liberty)'[6]를 중시한다. 이 입장은 상호의존과 상호혜택을 통해 상호간의 이익이 발생한다고 주장하며 절대적인 부의 증대가 상대적 부의 증대보다 중요하다고 본다. 자유주의이론가들은 안보분야보다는 국제 정치 경제 분야에서 설명력이 높다고 주장한다. 또한 정치경제에서 비교우위를 통한 물자와 서비스의 교환에 기반한 자유무역과 자유사상의 교류를 중시한다. 이들이 볼 때 국가간 전쟁은 비극적인 실수이며, 국제적인 협약이나 기구를 통해서 미리 방지되거나 최소화되어야하며 될 수 있다. 세부이론으로 가면서 자유주의는 국내정치제도로서 '민주주의'나 경제, 사회적 교류를 의미하는 '상호의존'의 증대나 국제적인 '제도'를 강조하면서 국가들 간의 협력을 모색하고자 한다.

셋째, 혁명적 세계관의 마르크스주의(marxism)는 혁명적이고 급격한 변화를 통한 현상의 변혁을 중시한다. 이들이 중시하는 가치는 '정의'이다. 분배적 정의의 차원에서 국제관계는 국내사회의 계급처럼 중심부국가(국내정치에서 부르주아)의 주변부국가(국내정치에서 프로레타리아)에 대한 착취적 측면이 강하다고 본다. 이 입장에 있는 이론가들은 자유주의처럼 점진적 변화는 기득권세력의 저항으로 불가능하다고 보고 근본적인 관계 개선으로 혁명을 역설한다. 국가 간의 전쟁이란 경제 관계의 산물이므로 경제 관계의 변화가 전쟁 문제 해결의 열쇠라고 본다. 주변부국가들은 중심부국가의 경제적 구조에서 벋어나서 수출형 경제가 아닌 수입대체산업을 키우는 것이 필요하다고 본다.

그렇다면 이 3가지 입장에 대해 어떤 입장을 택해야 하는가? 실제 세계 정치에서는 다양한 방법으로 위의 세 가지 시각이 모두 뒤섞여 있다. 예를 들어 미국의 보수적 현실주의적 정치인이 자유무역을 선호하거나 유럽의 사회민주주의자가 자유와 정의를 동시에 중시한다. 자신의 국제관계에 대한 시각을 만들 때 중요한 것은 무엇이 더 우월하게 현상을 설명하는가를 찾아내는 것이다. 이를 위해서는 다양한 패러다임의 주장을 경청하고 그 중 논리적인

보면 교통경관과 관계 없이 일정한 흐름을 가지고 움직인다. 지하철이 혼잡할 때 문을 나누어 타는 경우도 질서를 잡기 위한 노력의 사례이다. 이런 방식으로 인간은 자신의 필요에 의해서 정부가 없더라도 질서를 만든다. 현실주의자들은 국제정치에서 국가들이 힘의 위계를 따르면서 나름대로의 규칙을 준수한다고 본다. 이때 안정(stability)이 만들어지는 것이다.

6) **자유의 의미**: 자유는 liberty와 freedom으로 쓰인다. 그리스와 로마의 역사적 맥락차이를 반영하는데 한국에는 이 두 가지 개념을 구분할 기준은 없다.

이론을 골라내는 지적인 작업이 필요하다. 국제정치학이 국가지도자의 판단력을 돕는 학문이라면 근거가 부족하지 않은 균형잡힌 시각을 가지는 것이 중요하다.

2. '국제'와 '정치'에 대한 인식

(1) 국제정치의 개념차이: 현실주의와 다른 패러다임들의 구분선

국제정치를 파악하기 위해서는 먼저 '국제'와 '정치'의 각각의 개념을 파악할 필요가 있다. 먼저 '국제(international)'의 의미를 살펴보자. 국제란 'inter'와 'nation'이란 용어가 결합된 것으로 'nation들 간' 즉 '민족국가들 간'이라는 뜻이다. '국제'라는 용어를 사용하는 것은 주된 행위자로서 민족국가를 가정하는 것이다. 즉 '국제'는 민족국가를 중심으로 국가들이 주도하는 공식적인 국가간의 관계인 것이다.

반면에 '세계(world)' 혹은 '지구(global)'라는 용어는 '국제'와 달리 변화적이거나 급진적 시각을 반영한다. 세계나 지구라는 용어는 국가들 간의 관계라고 하는 '국제'와 달리 민족국가라는 관념적이고 법적인 관계가 약화되면서 기존의 주요한 행위자인 국가 이외의 다양한 행위자들(예를 들어 다국적 기업, 초국가기구, 국제비정부 기구 등)간의 관계가 증대된 것을 설명하기 위한 개념이다. '지구'적인 정치는 민족국가간의 관계가 변화하면서 새로운 질서로서 '세계화' 혹은 '지구화(공히 globalization)'의 특징을 개념화하기 위한 것이다. 이 관계를 뛰어넘어서 개인이나 자본이 직접 국가 간의 관계에 영향을 주고받는 하나의 질서를 그리고자 만들어진 개념이 '세계'이다.

(2) 정치의 개념 차이: 현실주의와 다른 패러다임들의 구분선

그렇다면 국제정치에서 '정치'는 어떤 의미인가? 정치학의 권위자인 이스턴(D. Easton)에 따르면 정치는 '가치의 권위적 배분'이다. 이것은 국내정치를 표현한 가장 유명한 개념 정의이다. 국내정치에서는 중앙정부 또는 정치적 권위체가 물리적 힘을 독점한 상태에서 사회의 가치나 역할이나 부담 등을 강제적으로 배분한다. 이러한 가치의 권위적 배분은 국가에 국민들이 권위와 권력을 부여했다는 전제와 국가는 상위적 존재이고 국민은 하위적 존재(권위적 측면에서)라는 전제를 가지고 위계적 질서(hierarchy)가 구성된 것을 가정한다.

그러나 국제 정치에서 정치라는 용어는 이와 동일하지는 않다. 국제무대에서는 주역이 국가이고 국가 위의 상위권위체는 없다. 따라서 국제무대에서 '주권평등의 원리'라는 법적인 측면에서 각 국가들은 동일한 권위의 향유자로서 어느 누구도 다른 국가의 간섭을 받지 않고 다른 국가에 간섭할 권리도 없는 것이다.[7)]

---

7) **주권의 의미**: 주권은 근대국가가 만들어질 때 도입된 개념이다. 중세에서 근대로 넘어오면서 서구국가들은 각자 자신의 종교에 대해 선택할 수 있고 정치내부의 문제와 국가간의 지향하는 가치에 대해 간섭을 하지 않겠다고 합의를 한다. 이렇게 해서 근대국가들은 각자 자신의 권리의 '배타성'과 '독립성'을 상호승인하게 된다. 법적으로 강대국이나 약소국은 모두 동일하게 주권에서 평등하지만

국제정치에서 '국제' 보다 '정치'라는 개념을 정의하기가 곤란한 것은 이러한 국제무대의 특성에 기인한다. '무정부상태(anarchy)'라고 하는 국가 간의 권위의 부재 상태에 대한 해석의 차이로 인해서 '정치'라는 의미의 해석이 달라지기 때문이다. 현실주의는 무정부 상태 속에서 국가들은 오로지 자신이 원하는 방식으로만 행동 할 뿐임을 들어 국제무대에서 국가들을 진공상태 속의 하나의 원자로 상정한다. 이 경우 국가들은 다른 원자인 국가들의 의사를 반영하지 않고 오로지 자신의 계산대로 행동한다.

반면 자유주의는 국가들이 무정부상태 속에서도 일정하게 제약을 받는 국제사회의 규칙이나 도덕이 존재한다고 한다. 따라서 국가들 사이에도 적절한 정도의 제약을 다루는 규칙으로서의 정치라는 개념이 존재한다고 한다. 또 맑스주의자들 혹은 구조주의자(structuralist)들은 정치라는 것은 이미 세계자본주의의 구조적 속성에 잠식되어 있기 때문에 정치 자체의 의미를 상실했다고 주장한다. 그들은 세계 자본주의의 자본가 집단 혹은 자본가들이 주로 속해 있는 국가군들에 의해서 국제 문제가 규정되므로 실제 정치가나 외교관의 역할은 이들의 이해를 반영하는 정도에 그친다고 한다. 이러한 이론적인 관점의 차이로 인해 국제 '정치'라는 용어이외에 국제 '관계(relation)' 혹은 세계 '체제(system)' 등으로 불리기도 한다.

3. 행위자

현실주의가 국가를 중심으로 세상을 보는데 비해 자유주의자들은 국가 외에 개별 지도자나 시민들과 다국적 기업과 테러리스트도 고려되어야 한다고 본다. 현실주의는 국가라는 등장인물들의 상호작용에 의해 '국제'정치가 결정된다고 보고 특히 그 중에서도 강대국들이 중요하다고 본다. 반면에 자유주의는 '세계'정치의 무대에서 국가와 비국가 행위자들이 연결되어 무대를 연출한다고 본다.

(1) 국가 행위자와 국제체계

국제관계에서 중요 행위자가 국가라는 점은 부정되기 어렵다. 국가는 주권을 행사하는 정부에 의한 통제와 일정한 주민과 영토로 구성된 실체이다. 자유주의도 신자유주의적 제도주의에서는 국가가 중요하다고 인정한다. 여기서 말하는 국가는 정부만을 지칭하지는 않으며 국민을 포함하여 고려된다. 실제 국가의 정책 결정은 정책결정자인 자연인에 의해서 만들어진다. 하지만 국제관계를 이해하는데 있어서 의인화 작업은 국가들 간의 관계를 서술하고 예측하는 것을 훨씬 수월하게 만든다. 즉 "국가가 국가이익을 추구한다"라는 진술처럼 국가를 마치 살아있는 인물로 묘사하는 것은 우리의 국제정치이해를 돕는 것이다.

현실적으로 국가가 어떤 행동을 하는가를 이해하는 데 국가 지도자가 중요하다. 명칭에 관계없이 국가지도자는 국가를 대표해서 행동한다. 대통령이나 수상 외에도 외무장관 등도

실제 국가들의 힘의 관계에서는 평등하지 않은 것이다.

국가를 대표해서 행동한다. 여기에 더해 중요한 업적을 이룬 개인도 국가에 기여하는 경우가 있다.

'국제체계(International system)'란 모종의 상호작용 규칙이나 유형에 따라 틀이 맞춰진 국제 관계이다. 상호작용은 명시적일 수도 있고 묵시적일 수도 있다. 구성원의 권리와 의무, 구성원들의 통상적 행동과 반응 등이 규칙의 내용을 이룬다. 주권을 가진 국가들이 대등한 사이에 관계를 이루고 있다는 의미에서 현대 국제 체계는 400년 이상 지속되어 왔다. 한편 민족주의(민족이 국가를 가져야 한다는 사고)는 프랑스 혁명이후 발생하여 200년 동안 지속되어 왔다. 이런 와중에 생기게 된 민족단위와 정치단위의 불일치는 갈등과 전쟁의 원인이 되었다. 국제정치는 이런 조직원리 사이의 충돌을 해결하는 방법에 관한 논의이기도 하다. 현실주의처럼 힘으로 이런 불안정을 제어할 것인지 아니면 자유주의처럼 국제제도를 통해 해결할 것인지를 두고 이론적이고 정책적인 힘겨루기를 하고 있는 것이다.

(2) 비국가 행위자

전통적으로 국가가 가장 중요한 행위자였지만 최근에는 비국가 행위자의 중요성이 커지고 있다. 이들은 몇 개의 비국가 행위자 그룹으로 구분된다. ① 국내 행위자(substate actors: 국가 내에서 외교정책에 영향을 주는 집단과 이익 단체와 개인) ② 초국가적 행위자(transnational actors: 다국적 기업처럼 국가의 규제를 무시하고 우회하여 영향을 줄 수 있는 행위자) ③ 비정부 기구(nongovernmental organization: 정부와 관계없이 공적인 문제를 해결하기 위한 사적 단체들로 카톨릭 교회, 그린피스가 대표적임) ④ 정부간 기구(intergovernmental organization: 정부들 간에 협의를 거쳐서 만든 단체로 UN이 대표적임). 그리고 정부간 기구와 비정부간 기구를 통틀어서 국제기구라고 한다. 비국가행위자의 영향력이 상대적으로 증대되었다는 것은 국가의 영향력이 그만큼 축소되었다는 것을 의미한다. 따라서 '국제'라는 관점보다 국가를 넘어서는 존재들을 포괄해서 다루는 세계라는 개념이 더 타당하다는 것을 보여주는 것이다.

4. 분석수준과 분석영역

(1) 분석수준

분석수준이란 국제정치 현상의 원인을 파악하는데 있어서 중요한 문제를 찾아내는데 사용하는 눈높이를 말한다. 즉 분석수준이란 관찰된 현상의 원인을 어떻게 확인하고 처리할 것인가를 처리하는 도구이다. 전쟁의 원인이 개인적 수준의 요인들인 개성, 특이점 등에 의해서 결정되는 것인지 아니면 국제체제 수준의 양극, 다극이라는 극성에 의해 결정되는 것인지를 다루는 도구이다. 전쟁과 특정 사건의 원인을 설명하는 다양한 요인들을 어떤 눈높이로 맞추어서 정리할 수 있는지에 관한 묶음틀이다.

분석수준은 왈츠의 책 「Man, the State and War」에서 처음 제시된 이후 지속적으로 이론가들이 발전시킨 것이다. 그는 자신의 학위논문을 책으로 펴낸 「Man, the State and War」(1959)에서 전쟁의 원인에 관해 세 가지 이미지(처음에 사용할 때는 분석수준이 아니라 이미지라는 용어를 사용했음)을 제시했다. 그가 제시한 세 가지 분석수준은 국제체계수준(세 번째 이미지로 위계적/무정부적 속성과 극성), 국가수준(두 번째 이미지로 국가의 공격적/방어적 성격), 개인수준(첫 번째 이미지로 인간의 공격적 속성과 같은 본성과 개인의 특성)으로 구분된다.

분석수준은 국제정치를 다룰 때 사건의 원인을 구획해서 파악할 수 있는 도구이다. 예를 들어 북한 핵개발에 대해 개인수준에서는 김정일이라는 요인을, 국가수준에서는 북한의 비민주주의 속성, 군사국가의 성격, 경제난과 같은 요소들을 설명할 수 있다. 마지막으로 국제체계 수준에서 양극의 붕괴로 인해 소련이라는 초강대국인 동맹의 지원이 사라진 것을 요인으로 들 수 있다. 따라서 분석수준은 사안을 파악하고 논리적으로 분석해내는 도구로서 활용할 수 있다. 분석수준을 이용할 때는 분석의 눈높이를 구분하는 것도 중요하지만 무엇이 더 중요한 요인인지를 걸러내는 것 역시 중요하다. 이것을 '분석의 우위'라고 하는데 앞의 예에서 북한 핵개발에서 김정일의 요인이 중요하다면 분석의 눈높이 중 가장 중요한 것은 개인수준이 되는 것이다.

(2) 분석영역

분석수준처럼 분석영역도 사안을 파악하고 논리적으로 설명하는데 유용한 도구이다. 분석수준이 원인에 대한 다양한 요인을 나눌 수 있는 상자들이라고 비유하자면 분석영역은 어떤 사건들의 영향이 어디에 미치는지를 설명하는 상자들이다. 분석영역은 어떤 사건의 여파가 정치, 경제, 사회문화의 3가지 영역에 어떻게 적용될 수 있는지를 다룬다. 앞의 예를 계속 사용하면 북한 핵개발로 인해 국제'정치' 영역에 미치는 영향, 국제'경제' 영역에 미치는 영향, 국제'사회'에 미치는 영향을 나누어서 보는 것이다. 물론 이렇게 구분하는 도구는 어디에 가장 영향이 강하게 미치는가와 영향력의 정도의 차이를 구분해 보기 위한 것이다.

분석수준과 분석영역이라는 분석도구는 국제정치를 보는 도구이자 사고하는 틀이다. 즉 국제정치를 연구하는 사람들은 가장 단순한 국제체계, 국가, 개인이라는 도구와 정치, 경제, 사회문화라는 도구를 사용하면서 국제적 사안들을 분석해낸다. 물론 좀 더 깊숙한 연구를 하는 이들은 이것을 세련되게 수정해서 사용하고 있다.

제3절 현실주의 사상의 뿌리

현실주의이론은 오랜 철학적 전통을 가진 이론이다. 현실주의는 있는 그대로의 현실을 보는 것이 필요하다고 주장하는 사조이다. 이 이론은 인간의 이기심, 권력추구 욕구, 국가들의 중요성과 국제정치로서 무정부상태를 강조한다. 1948년 모겐소의 고전적 현실주의이론이 체계적인 이론을 구축하면서 이후 발전된 현대 현실주의이론들을 만든 사상적이고 이론적 뿌리를 간단히 다룬다.

현실주의이론은 그리스시대의 투키디데스의 역사저술에서 볼 수 있다. 그는 스파르타와 아테네의 전쟁을 기록하였다. 현실주의이론의 시조인 투키디데스는 국제정치의 비관적 관점과 비극성의 관점에서 전쟁을 "있는 그대로(real)" 볼 수 있게 해주었다. 스파르타의 아테네에 대한 전쟁의 원인은 "힘을 얻기 위한 무기경쟁"으로 파악했다.[8] 펠레폰네소스 전쟁의 원인으로 투키디데스는 스파르타의 아테네 힘의 팽창에 대한 '두려움'이 전쟁의 원인이라고 본 것이다. 마치 냉전시기와 유사하게 고대 그리스는 160개 정도의 도시국가(polis)와 2개의 초강국인 아테네와 스파르타가 있었다. 대륙국가 스파르타는 해상제국 아테네의 성장을 두려워했고 시간이 지나면 아테네가 더욱 성장할 것으로 보고 패권국가 아테네에 대해 스파르타가 먼저 전쟁을 시작하였다. 투키디데스는 양극체제 불안정을 주장한 최초이론가이다. 그런 점에서 그는 1970년대 양극체제안정논쟁의 선구자라고 할 수 있다.

심화 학습

투키디데스와 멜로스 대화

투키디데스의 책에서 강대국 아테네와 약소국 밀로스간의 대화가 나온다. 이 대화는 국제정치학에 가장 많이 인용된다. 강대국과 약소국의 본질을 보여주기 때문이다. 아테네인들은 다음과 같은 말로 국제정치에서 강대국과 약소국사이의 관계본질을 이야기한다.

"국가간의 관계에 있어 정의는 동등한 힘을 가진 그러한 국가들 사이에서만 가능한 것이다. 정의라고 하는 것은 아름다운 이름일 뿐이다. 정의를 말하기 위해서는, 권리를 말하기 위해서는 동등한 힘이 필요하며, 이러한 힘이 없을 경우에 정의라고 하는 것은 한낱 아름다운 수사에 지나지 않는다. 강대한 국가는 자기가 얻고자 하는 것을 얻으며, 약한 국가는 그것을 인정할 수 밖에 없는 것이다.(The Stronger do what they can, the weaker suffer what they must)"[9]

8) 도널드 케이건, op. cit., p.23.

역사에서 아테네는 저항하는 밀로스를 공격했다. 결국 아테네인들이 말했듯이 강대국은 자신이 원하는 것을 얻었다. 위의 대화는 강대국과 약소국의 관계에서 힘의 본질이 무엇인지를 이야기 해준다.

1. 마키아벨리의 지도자 미덕

마키아벨리는 정치와 종교, 도덕이 분리되어야 한다고 주장했다. 최근 신공화주의에서 해석되는 공화주의자가 아닌 국제정치에서 마키아벨리는 권력의 중요성을 강조한 이론가이다. 그는 자신이 살았던 16세기의 이태리의 통일을 희망했다. 당시 이태리는 5개의 국가들로 분열되어 있었고 로마시대의 영광에서 점차 멀어지고 있었다. 따라서 다시 강력한 이태리를 만들기 위해서는 이태리 통일이 필요했고 통일을 위해서는 권력정치가 중요했다. 특히 분열된 이태리 도시국가들의 통일을 위해서는 강력한 지도자(prince)가 필요했다. 마키아벨리의 이론은 권력을 갖춘 지도자를 강조하기 위해서 '포르투나(Fortuna)'와 '비루투(Virtu)'라는 개념으로 구성되었다. 변덕스러운 운명의 여신이 이태리와 같은 약소국에게는 중요한 환경변화를 가져온다. 따라서 운명의 여신을 극복하려면 권력 특히 미덕(Virtu)이라고 하는 남성다움으로 상징되는 용기를 가진 지도자가 필요한 것이다.

2. 홉스의 사상

현실주의 국제정치이론은 토마스 홉스에게서 가장 많은 영향을 받았다고 해도 무방하다. 그는 1640년대 청교도혁명기 영국의 상황에서 강력한 국가를 통해서 안정적인 질서를 만들고자 했다. 그의 무정부상태에서 중앙정부를 만들어내는 주장은 신에 의한 국가가 아니라 인간에 의해 만들어진 국가를 이론적으로 체계화했고 사회계약론의 시초가 되었다.

홉스는 인간을 권력추구적이라고 보았다. 죽어서야 끝이 나는 인간의 권력추구는 인간의 본능이다. 자연 상태로서 인간은 무정부상태에 놓여있다. 갑작스러운 죽음을 피하고자 하는 인간은 생존이라는 가장 중요한 가치를 위해 자신들의 무력사용권한을 더 강력한 국가에 위임한다. 그리고 인간들 간의 폭력사용 자제를 계약하고 국가는 이 계약의 집행과 약속이행을 책임진다.

홉스의 이론은 국제정치에서 인간의 권력추구본성과 무정부상태라는 가정으로 사용된다. 국제정치는 사회계약을 통해 무정부상태를 극복하고 위계질서(Hierarchy)를 이룩하지 못하기 때문에 국가들에게 생존을 추구하는 '자력구제(self-help)'의 원리로 작동하게 되는 것이다. 고전적 현실주의자 모겐소는 홉스의 인간관을 계승하여 인간의 권력 지향성에 초점을

---

9) 아테네와 밀로스간의 대화는 강성학, "국제정치이론과 세계의 앞날" 「새우와 고래싸움」, (서울: 박영사, 2004), pp.296-299.

두고 이론을 구축했다. 신현실주의자 왈츠는 무정부 상태라고 하는 구조에 초점을 두고 이론을 구축했다.

제4절 지정학이론

최근 신지정학이 부상하고 있다. 과거 제국주의를 통해 영토를 확보하려고 했던 19세기는 지정학의 시대였다. 20세기 냉전시기는 지정학을 대체해서 '이념'간 경쟁이 지배했다. 탈냉전이 되자 다시 세계도처에서 영토분쟁이 문제가 되면서 다시금 지정학의 시대가 열리고 있다고 하여 신지정학이 논의된다.

지정학은 현대적 현실주의이론이 정립되기 이전에 만들어진 이론이다. 지리적 요소가 정치에 어떻게 영향을 미치는가 하는 것은 중국의 춘추전국시대나 서양의 그리스시대에도 중요했다. 하지만 지리적 요인이 미치는 영향을 체계화한 것은 지리적팽창이 주를 이루었던 19세기이다. 그런데 최근 석유와 같은 에너지 자원문제는 지정학을 새롭게 필요로 하고 있다. 대륙국가 중국이 '일대일로'정책을 주창하면서 해군력을 증강하고 있다. 중국은 이어도, 남사군도, 서사군도에서 영토분쟁중이다. 게다가 중국과 인도까지 가세하여 우주라는 공간을 확보하기 위한 경쟁중이다. 2016년의 사드는 대륙국가 중국에 대한 해양국가 미국의 방어정책이 한반도에 확장된 것이다. 이처럼 지리적 요건은 변함없이 중요하기 때문에 과거 이론이지만 지정학에 대한 고려가 필요하다.

1. 지정학의 의미[10)]

지정학은 말 그대로 지리적 공간을 연구하는 분야이다. 이 지리적 공간 안에 지질, 기후, 지형등과 함께 자원과 인적인 요소를 연구한다. 지리의 정치적의미를 살펴보는 것이다. 예를 들어 러시아는 얼지 않는 부동항이 필요하고 이를 위해 흑해로의 진출을 꾀하게 된다. 반대로 흑해에 있는 국가들은 러시아의 남하를 방지하기 위한 전략적 고려가 필요한 것이다. 따라서 흑해에서 해협이 가지는 정치적 의미가 생긴다.

지정학은 루돌프 쉘렌(Rudolph Kjellen: 1864-1922)에 의해서 용어가 만들어졌다. 이후 프리드리히 라첼(Friedrich Ratzel, 1844년 -1904년)은 유기체이론으로 지정학이론을 구체화했다. 그의 유기체 이론은 국가의 성장을 생명체의 성장과 같이 설정한 것이다. 생명체가 성장하기 위해 영양분이 필요하듯이 국가들도 자원과 인구확대를 위해서 지리적공간이 필요한 것이다.

10) 김명섭,"지정학" 「정치학이해의 길잡이: 국제안보」(파주, 법문사, 2008)

2. 해양력이론: 마한의 이론

지정학에서 해양력을 강조한 이론가는 미국의 해군제독인 앨프리드 세이어 마한(Alfred Thayer Mahan, 1840년-1914년)이다. 미해군 제독이자 해군대학의 교수였던 마한은 자신의 경험과 유럽의 역사에 기반하여 해양력의 중요성을 강조했다. 그는 "해양력을 지배한 국가가 세계를 지배한다."고 주장한다. 여기서 해양력(sea power)은 해군력과 물류와 해운을 합친 개념이다. 그의 주장의 핵심은 다음과 같이 요약될 수 있다.

마한은 1889년 자신이 해군대학의 교장으로 있을 때 「해양력이 역사에 미치는 영향」을 저술했다. 해군의 역사를 볼 때 지리적으로 불리한 조건과 역량에도 불구하고 영국이 세계 패권이 될 수 있었던 것은 영국이 해군력을 쥐고 있었기 때문이다. 식민지를 통해서 물자를 공급하고 이것을 지켜낼 수 있는 해군력이 있었기 때문에 영국은 유럽에서 작은 영토와 부족한 인구에도 불구하고 세계 패권이 될 수 있었다. 반면에 대륙에서 비교되는 프랑스는 해군력을 키우지 않게 되면서 19세기 들어 식민지를 상실하게 되었고 결국 영국에 지배력을 내주게 된 것이다. 따라서 미국은 해양력을 키워야 한다. 해양력은 자국의 항구 보호와 해양수로 확보에 있어 중요한 것이다.

해양력강화를 위해 마한은 4가지 제안을 했다. 첫 번째 미국이 해양수로를 지키기 위해서는 대양해군을 육성해야 한다. 두 번째 해외에 해군기지가 있어야 한다. 대양해군이 대양에서 해군력을 가지려면 기지는 필수적이다. 세 번째 미국이 태평양과 대서양을 이동하려면 파나마운하를 건설해야 한다. 마지막으로 하와이를 식민지로 만들어야 한다.

마한의 해양력이론은 현재도 중요하다. 현재 미국해군, 한국해군, 중국해군과 일본해군도 마한을 배우기 때문이다. 해군력경쟁이 치열한 현재 동북아시아는 마한 이론이 여전한 것이다.

3. 대륙세력 주장이론: 맥킨더이론

마한이 해양의 중요성이라는 논리를 통해서 해군력을 강조했다면 영국의 지정학자 핼포드 맥킨더(Sir Halford John Mackinder, 1861-1947)는 대륙세력의 중요성에 눈을 돌렸다. 1890년대 철도기술발전으로 많은 장비와 병력을 철도를 통해서 이동시킬 수 있게 되었다. 해양을 통해서만 대규모로 물자 수송이 가능한 것은 아니게 된 것이다. 넓은 대륙지역을 활용할 수 있게 되자 대륙세력의 중요성이 새롭게 부각된 것이다.

영국의 지정학 이론가인 맥킨더는 독일지정학에 영향을 받았다. 그는 1904년에 '추축지대(pivot area)'개념 혹은 '심장지역(Heart Land)'개념을 제시하였다. 맥킨더 주장의 핵심에는 심장지역이 되는 가장 중요한 지역이 있다는 것이다. 심장지역이 되는 곳은 동유럽과 러시아이다. 심장지역이 되는 대륙의 중심을 장악하려면 먼저 동유럽을 지배해야 한다. 따라서 맥킨더의 논리는 다음과 같다. 동유럽을 지배한 자가 동부유럽과 러시아로 구축된 심장지역을 지배한다. 이렇게 심장지역을 지배한 국가가 세계를 지배한다. 그런데 전제주의(despotism)국가가 심장지역을 지배하게 되면 전제주의가 세계를 지배하게 될 것이다. 러시아와 같은 전제주의의 세계지배는 영국의 자유민주주의를 위협할 것이다. 따라서 민주주의를 지켜내기 위해서 영국은 심장지역을 지키는 것이 중요하다.

4. 주변지역이론: 스파이크만의 이론

해양과 대륙 패의 양극단이 아닌 대륙의 주변지역을 강조한 이론도 있다. 니콜라스 존 스파이크만 (Nicholas John Spykman 1893-1943)은 주변지역(Rimland)이론을 제시했다. 그는 1944년 「평화의 지리학」에서 맥킨더 이론의 약점을 언급하면서 심장지역과 주변지역의 결합을 방지하자고 주장했다. 주변지역은 심장지역이라고 하는 동유럽과 러시아와 시베리아를 제외한 유라시아 대륙 지역을 의미한다. 심장지역을 둘러싼 이 지역은 초승달지역으로도 불린다. 구체적으로 북유럽과 서유럽에서 시작하여 중동과 인도를 연결하여 동남아시아와 한반도를 지나 유라시아 대륙의 가장 동쪽의 캄차카반도까지를 연결한 공간으로 연결하면 초승달모양의 공간이 주변지역이 된다. 스파이크만은 내부초승달지역과 외부초승달지역을 나누었다. 유럽에서 캄차카반도까지 유라시아 대륙에 연결된 지역이 내부초승달지역라면 유라시아 지역에서 떨어진 공간인 아프리카, 오세아니아 대륙, 일본과 미국이 외부초승달지역이 된다.

유럽에서 중동과 아시아로 이어지는 주변 지역은 기후가 농업활동에 유리하고 인구밀집지역이며 해상진출이 편하다는 장점이 있다. 따라서 미국은 미주대륙만을 방어하기 불가능하기 때문에 주변지역을 연결하여 심장지역이 성장하는 것을 막아야 한다. 이 지정학논리는 냉전시기 봉쇄정책으로 연결되었다. 냉전시기 러시아와 동구진영의 사회주의블록을 견제하는 데 있어서 미국이 중심이 되어 초승달지역들인 유럽과 중동과 동남아시아 국가들과의 동맹을 넘어 한국과 일본과의 동맹을 통해 대 러시아 포위망을 연결하여 봉쇄정책을 만든 것이다. 스파이크만의 이론은 냉전시기 미국의 외교관 조지 케난(George Kennan)이 봉쇄정책을 세우는 데 영향을 미친다.

5. 공군력강조이론: 세버스키이론

알렉산더 드 세버스키(Alexander P. de seversky 1894-1974)는 '결정지역(area of decision)'이론을 통해 공군력을 강조했다. 결정지역이란 한 국가의 공군력이 타국가의 공군력을 물리쳐 지배할 수 있는 지역범위를 의미한다. 즉 제공권을 결정할 수 있는 공간을 의미한다. 그의 이론에 따르면 이 지역을 지배하는 것이 세계의 지배권을 가진다는 것이다. 1차 대전이후 발전한 공군력은 해양과 대륙으로 갇혀 있던 2차원 공간에서 하늘이라는 3차원 공간의 중요성을 강조하게 했다. 실제 2차 대전에서 영국이 독일에 대해 제공권을 유지할 수 있었다는 사례나 미국이 일본의 제공권을 장악함으로서 전쟁에 승리할 수 있었다는 점은 공군력의 중요성을 방증한다. 이후 냉전시기 미국과 소련이 제공권을 장악하기 위해 고도의 공군기술에 투자한 것은 이 이론이 정책에 미친 영향이다.

현실적으로 한반도는 지정학의 중요성을 잘 보여준다. 한반도의 지정학적 중요성의 핵심은 대륙세력과 해양세력이 교차한다는 것이다. 1980년대부터 '도련선'개념에 기초하여 대륙세력인 중국이 해군력을 극대화하면서 2016년 현재는 현상타파적인 움직임을 보이고 있다. 일본 역시 공격무기인 공중급유기나 상륙함을 증대하고 있다. 이런 힘의 충돌은 센카쿠열도에서 나타나고 있다. 지정학의 영향을 많이 받는 한국은 이런 상황에서 지정학적으로 대비할 필요가 있다. 해양세력미국과의 동맹을 유지하면서 대륙세력의 장기적인 위협에 대한 대비가 필요한 것이다.

제5절 모겐소의 고전적 현실주의

모겐소는 현실주의 이론의 대부이며 현대적 의미의 현실주의이론을 만든 이론가이다. 1948년에 그가 쓴 「Politics Among Nations: The Struggle for Power and Peace」는 권력과 국가이익을 중심으로 한 현실주의 이론의 토대를 형성하였고 1950년대와 1960년대를 주름잡는 가장 강력한 이론이 되게 하였다. 그러나 세력균형에 대한 체계적인 이론부족은 이후 왈츠에 의해 개선되었다. 세력균형을 이론화한 책이 왈츠의 「Theory of International Politics」이다. 모겐소 이론은 체계적으로 정리된 이론이 아니라 역사적 사례와 철학적 논증으로 무장되어 있다. 행태주의이론처럼 독립변수와 종속변수간의 체계적인 입증보다는 교의(maxim)들로 구성되어 있다. 따라서 모겐소의 주장 중에서 중요한 부분만을 정리한다.

1. 모겐소이론의 6가지 원칙

모겐소는 유태인으로 전쟁이전에 미국으로 망명했다. 유럽에서 히틀러의 권력정치의 폐해를 직접 경험한 모겐소는 미국이 전후 자유주의정책을 사용할 것을 거부하고 현실주의논리를 통해 미국국제정치학을 새롭게 구축하였다. 인간에 대한 철학적 이해와 역사적 경험에 기초하여 국가지도자들에게 6개의 원칙을 제시해주었다. 다음은 6개의 원칙이다.

"첫째, 정치는 인간본성에 바탕을 둔 객관적 법칙에 의해 지배받는다." 이 원칙은 정치를 설명하고 예측하기 위해서는 인간에 대한 이해 특히 인간성에 대한 이해에서 출발해야 한다는 것이다.

"둘째, 국제정치의 주요지표는 권력으로 정의되는 이익관계(the concept of national interest defined in terms of power)이다. 국가이익이 중요한데 이것은 권력으로 이해할 수 있다." 국제정치를 파악할 때 국가의 이익이 되는지를 고려해야 한다. 어떤 행동을 하고 있는지와 어떤 행동을 할지는 '국가이익'의 기준에서 이해될 수 있다. 그리고 국가이익은 권력으로 치환된다.

"셋째, 권력으로 정의되는 국가이익은 객관적이지만 고정불변은 아니다. 권력(=이익)은 맥락적으로 이해되어야 한다." 모겐소 이론이 과학을 추구하지만 자연과학적 방법과 다른 것은 권력이 다양한 맥락에서 각기 다르게 이해될 수 있다는 점이다.

"넷째, 도덕적 중요성을 인정하나 국가에는 그대로 적용될 수 없고 시간과 장소에 따라 변형되어 적용되어야 한다. 특히 지도자는 정치적결과에 대해 고려할 수 있는 신중성(prudence)이 필요하다." 인간을 다루는 이론이기 때문에 인간이 가지는 도덕성을 무시하지 않는다. 그러나 지도자가 가진 도덕은 개인적인 차원의 가치관과 달라야 한다. 지도자는 자신의 선택이 가져오는 결과를 충분히 고려하는 리더십이라는 덕목이 중요하다. '신중성'은 최선의 결과를 가져올 수 있는 지도자의 판단능력을 의미한다.

"다섯째, 특정국가의 도덕적 열망을 세계지배의 도덕적 열망과 동일시하면 안된다." 특정국가는 자신이 가진 도덕을 기준으로 외교를 수행하면 안된다. 또한 도덕적 열망으로 과도한 개입을 해서는 안된다. 권력이라는 객관적 기준이 아닌 도덕적 기준은 과도한 개입을 가져오게 한다.

"여섯째, 정치영역의 독자성이 있다." 모든 인간이 정치적이지 않다. 세상에는 권력추구적인 인간 뿐 아니라 재력을 추구하는 인간 명예를 추구하는 인간이 있다. 하지만 정치는 정치만의 논리가 있다. 따라서 정치에서는 법적이고 도덕적 접근을 거부해야 한다.

2. 모겐소의 세력균형이론

모겐소는 대외정책의 3가지유형을 '현상유지정책'과 '제국주의정책'과 '위신정책'으로 구분하였다. 첫 번째, 현상유지(status-quo)정책은 국가는 현재 가지고 있는 힘을 '유지'하려 하는 것이다. 두 번째, 제국주의(imperialism)정책은 국가는 기존 체제인 현상을 타파하여 힘을 '확장' 하려하며 제국주의를 지향한다. 모겐소 이론의 특이한 점은 세 번째, '위신(prestige)정책'이다. 국가는 힘의 과시를 통해 '위신(지위)'을 향상시키려 한다. 이것은 국가도 다른 국가에 대해 '인정'을 추구한다는 것이다. 북의 핵실험과 핵보유국가군에 속하려는 노력이 이 정책 사례에 속할 수 있다.

모겐소는 국제정치에 있어서 안정을 가져오는 방안으로 '세력균형(BOP: balance of power)'을 주장했다. 인간이 추구하는 힘은 힘을 통해서만 막을 수 있다. 지도자인 인간이 권력을 추구하기 때문에 국가도 권력을 추구한다. 국가의 권력추구 역시 권력을 통해서 막아야 한다. 이것은 국가간 권력이 대등해졌을 때 모험적 정책이 불가능해져 평화가 구축된다는 것이다.

모겐소의 세력균형이론은 의지주의입장의 세력균형이다. 세력균형이 자주국방(내적 균형화 internal balancing)을 통한 권력의 대등화이거나 동맹(외적 균형 external balancing)을 통한 균형달성이거나 모두 정책결정자의 의지에 의한 것이다. 이점은 구조에 의한 설명을 하는 신현실주의와 차이다. 특히 동맹형성에 있어서 지도자의 판단과 결정이 중요하다고 본다. 1953년 한미동맹을 체결한 이승만대통령의 판단과 노력이 지도자의 의지에 의한 세력균형의 사례이다.

하지만 역사적 사례들을 보았을 때 모겐소는 세력균형에 내재적 취약성이 있다고 보았다. 취약성의 3 가지원인은 첫째, 불확실성 (uncertainty: 측정이 곤란하여 확실치 않음)과 둘째, 비현실성(unreality: '여유로운 마진'이 있을 때 세력균형이 됨. 따라서 현실에서는 세력균형이 이야기 될 때는 세력균형이 없음)과 셋째, 부적합성(inadequacy: 세력균형만으로는 불안정하기 때문에 이념(ideology)이 세력균형을 보완해야 함. 이념간 유사성이 있을 때 동맹관계의 불안정성이 줄어듦)이다. 이로 인해 세력균형이 제대로 작동하지 않을 수 있다.

3. 모겐소이론과 한국

모겐소이론에서 강조되는 것은 지도자의 분별력과 신중함(prudence)이다. 신중한 지도자에 의해 국가가 운영되어야 한다. 특히 주변국들에 비해 상대적 약소국인 한국은 지도자의 국제정세이해와 대비가 중요하다.

다른 한편 동북아시아 지역의 세력균형의 유지가 한국에는 중요하다. 현상유지국가인 한국은 패권국가인 미국과 현상유지에 대한 이해를 공유하고 유지할 필요가 있다. 한미동맹이 여전히 중요한 이유이다.

모겐소를 통해서 대한민국은 북한에 대한 이해를 명확히 할 수 있다. 모겐소 이론에서 인간의 불완전성, 권력욕구를 배울 수 있다. 그런 점에서 권력추구적인 차원에서 북한을 이해할 수 있다. 규범적 접근이전에 객관적인 현상분석이 중요하다. 또한 상대방인 북한의 입장에서 역지사지가 필요하며, 대북정책은 북한 입장의 이해에 기반하여야 한다.

모겐소를 활용한다는 것은 행태주의의 과학적 접근대신에 역사적 접근을 따른다는 것이다. 과학주의적 접근보다는 역사와 인간에 대한 이해에 기반을 두고 대외정책을 만들 필요가 있다는 것을 받아들이는 것이다. 예측력과 설명력의 부족이라는 점에서 과학주의의 한계는 탈냉전으로 명확해졌다. 그런 점에서 인간사회의 이해는 역사에서 유추하는 것이 더 나을 수 있는 것이다.

제6절 구조적 현실주의

1979년 왈츠의 저서 「Theory of International Politics」이후 구조적 현실주의가 현실주의의 주류가 되었다. 1960년대 이후 자유주의로부터 공격받던 현실주의를 구하면서 현실주의를 국제정치에 중심에 다시 서게 한 사람이 바로 왈츠이다. 그는 1980년대 '국제정치의 학장(Dean of International Politics)'로 불렸다. 인간성, 권력의지와 같은 불투명한 개념이 아니라 구조(structure)하에 의해 국제정치가 움직인다는 점을 주장함으로서 1979년 이후 현실주의, 자유주의, 구성주의의 모든 분야에 구조의 중요성을 심어주었다.

신현실주의는 구조를 중심으로 하기 때문에 구조적 현실주의로도 불린다.[11] 신현실주의에 의해 무정부상태(anarchy)라는 조건과 강대국의 분포도(polarity)가 국제정치를 결정하는 중요한 요인으로 설명되면서 안보갈등과 전쟁의 패턴은 새로운 관점에서 설명되었다. 1979년 왈츠의 책 이후에는 구조를 중심으로 국제정치를 파악하는 것이 국제정치의 중심을 이루게 되었다. 왈츠는 국가들을 현상유지적으로 보면서 방어적현실주의의 기반을 만들었다.

표를 통한 비교

고전적현실주의: 지도자(국가이익/ 권력계산) ⇒ 국가의 대외정책
신현실주의: 구조(무정부상태/극성) ⇒ 국가들의 관계 패턴

1. 기본 논리: 무정부 상태와 안보딜레마

신현실주의는 구조를 국제정치학에 도입해서 설명한다. 구조란 무정부상태와 극성을 중심축으로 한다. 무정부상태로 인해 국가들은 의도하지 않은 안보딜레마에 빠진다. 안보딜레마에 의해서 국가지도자의 의지와 상관없이 전쟁이 벌어질 수 있는 것이다. 이 논리는 왈츠이전의 저비스(R. Jervis)와 이후 방어적현실주의자들에 의해 체계화되었다. 왈츠를 다루기 이전에 무정부상태가 가져오는 효과인 안보딜레마의 논리를 살펴본다.

---

11) **신현실주의의 범위**: 신현실주의는 왈츠가 만들었지만 왈츠이론만 신현실주의는 아니다. 극성을 통해서 설명하는 방어적 현실주의, 공격적 현실주의, 패권이론, 상대적 국력가설도 신현실주의에 속한다. 왈츠는 신현실주의중에서 세력균형이론을 대표한다.

표를 통한 비교 안보딜레마와 안보경쟁

안보딜레마	광의-한 국가의 안보증진 노력이 타국가의 안보를 불안하게 하는 현상 협의-한 국가의 안보증진 노력이 '의도하지 않게' 타국가의 안보를 불안하게 하는 현상
안보경쟁	한 국가의 의도된 안보증진 노력으로 타국가를 불안하게 하고 타 국가 역시 안보를 증진하려는 현상

안보딜레마는 존 헐츠(J. Herz)가 개념을 만들었다. 이후 저비스가 안보딜레마를 구체화하였다. 안보딜레마의 정의는 "한 국가의 안보증진 노력이 의도하지 않게 다른 국가의 안보불안을 가져오는 현상"이다. 만약 의도없이 안보를 불안하게 하는 것이 아니라면 그것은 안보정책의 성공이라고 볼 수 있다. 안보딜레마가 발생하면 안보 불안을 느낀 상대방 국가는 안보를 보호하기 위해서 자국의 군사력을 늘린다. 이런 상황이 되면 최초의 군사력증대를 꾀한 국가가 안보가 불안하게 된다.

더 많은 군사력을 늘리게 되는 상황이 반복적으로 벌어지면서 군비경쟁이 가파르게 진행된다. 이것은 '작용–반작용' 과정으로 설명된다. '자국의 힘의 증대 ⇨ 타국의 안보불안 ⇨ 타국의 안보증진 노력과 힘의 증대 ⇨ 자국의 안보불안'이 작동한다. 이것은 군비증강(escalation)의 결과를 가져오며 결과적으로 모든 국가들은 더 많은 무장으로 더 불안한 상황이 된다. 군사력을 증강시키면 경제복지예산이 줄어들어 국가경제의 효율성을 약화시킨다.

표를 통한 비교 이론 별 안보딜레마 완화방안

이론명칭	완화기제	결과
방어적 현실주의	첫째, 공격방어균형에서 '공격–공격'전략 대신 '방어–방어'전략으로 변경 둘째, 공수구분가능성의 증대	안보딜레마의 완화
공격적현실주의	강대국간 필연적 안보경쟁	안보경쟁의 지속
신자유주의	제도를 통한 불신감소(미래의 그림자 확대로 협력가능성 증대)	안보딜레마완화
구성주의	정체성의 변화로 무정부상태변경(홉스식 무정부상태에서 칸트식무정부상태로 변경)	안보딜레마의 궁극적 해결

안보딜레마가 발생하는 원인은 세 가지이다. '무정부 상태(anarchy)'와 상대방에 대한 '불신(distrust)'과 군사력의 '공수 양면적 속성'에 기인한다. 안보딜레마를 완화시킬 수 있는 방안은 각 3가지 원인을 처리하는 것이다. 구성주의자 알렉산더 웬트(A. Wendt)는 무정부상태의 문화를 바꿔서 정체성의 변화를 가져올 수 있다고 본다. 신자유주의자들은 불신을 해결하여 안보딜레마를 해결할 수 있다고 본다. 방어적 현실주의자들인 로버트 저비스는

군사력을 공격과 방어로 구분할 수 있으며 방어위주전략을 통해서 안보딜레마를 완화할 수 있다고 본다. 공수균형(offense-defense balance)과 공격/방어구분가능성(offense-defense differentiation)이 어떻게 선택되는지에 따라 안보딜레마는 완화될 수 있는 것이다. 이는 후술한다.

방어적현실주의는 안보딜레마논의를 동맹으로 확대하였다. 동맹 파트너 국가의 안보증진 조치가 상대동맹국가의 불안을 가져온다는 것이다. 이로 인해 동맹사이에도 안보딜레마가 생긴다는 것이다. 아래 표를 통한 비교는 동맹안보딜레마에 관한 논의를 정리한 것이다. 한국은 한미동맹으로 인해 미국 안보정책의 변화에 영향을 받는다. 방기될 수도 있고 연루될 수도 있는 것이다.

표를 통한 비교 **동맹안보딜레마**

의미	동맹국가의 안보증진 ⇨ 동맹파트너의 안보불안	동맹국가의 공세적전략(↑) → 연루가능성(↑) 동맹국가의 방어적전략(↑) → 방기가능성(↑)
다른 경로의 논리	적대국가의 안보증진 ⇨ 동맹국가의 안보전략변화 ⇨ 동맹파트너의 안보불안	적대국가의 공세적전략(↑) → 동맹국가의 공세적전략(↑) → 연루가능성(↑) 적대국가의 방어적전략(↑) → 동맹국가의 방어적전략(↑) → 방기가능성(↑)
극성과의 관계	극성(독립변수) ⇨동맹안보딜레마변동(종속변수)	다극 ⇨ 강대국간의 동맹안보딜레마 양극 ⇨ 두 라이벌간 관계중요. 동맹안보딜레마 덜 중요 단극 ⇨ 패권국가에 의해 방기와 연루가 결정

2. 왈츠의 신현실주의

왈츠는 국제무정부상태라는 조건과 국가들이 생존을 추구한다는 조건을 갖추면 세력균형은 자연히 달성된다고 보았다. 그는 기존의 이론들이 국가를 중심으로 설명하는 개체중심의 환원론을 택하고 있다고 보았고 이를 배격하고자 했다. 환원론이 아니기 위해서는 구조를 통해서 설명해야 한다고 보았다. 즉 구조가 개체인 국가들의 행동을 결정한다는 것이다. 그는 구조를 중요하게 여겼기 때문에 구조적 현실주의라고 불리기도 하였다.

그가 복잡하게 설명하고 있는 구조는 3가지 요소로 이루어져 있다. ① 질서 구성원리(Ordering principles) ② 단위 특성(the character of units) ③ 능력의 배분 상태(the distribution of capabilities)가 각각 그것이다. 국제정치는 질서원리가 무정부상태이고 이런 무정부상태에서 국가들은 대체로 유사한 기능들(입법, 행정, 사법기능과 같은)을 수행한다. 따라서 국가간 차이는 능력의 배분 상태 즉 국력 분포에 달린 것이다. 국력분포는 강대국의 분포상태이고 이것은 다른 말로 극성(polarity)이다. 즉 체제운영을 결정하는 강대국이 하나(단극 unipolar)인가 두 개(양극 bipolar)인가 세 개 이상(다극 multipolar)인지에 의해 국가들의 행동패턴이 달라진다는 것이다. 이 중 왈츠에게 중요한 것은 질서 구성 원리로서 무정부상태인 'anarchy'와 '능력의 분포상태'이다.

그를 방어적인 현실주의로 구분하는 이유는 무정부상태에서 국가들이 생존을 극대화한다고 가정하기 때문이다. 국가는 생존을 우선시한 나머지 자신의 안전(security)을 확보하는데 온 힘을 기울인다는 것이다. 따라서 국가는 성격이 다른 국가가 공격만 하지 않는다면 방어적이 된다는 것이다. 국가의 과도한 군사력증강을 통한 권력극대화는 다른 국가들에 의해 반드시 상쇄되기 때문에 국가는 현재 상황을 유지하는 것이 합리적이 된다. 따라서 국가는 자신의 지위를 유지하기 위한 노력을 하면서 '안보극대화(security-maximize)'하고자 한다. 즉 자신이 보유한 가치를 확보하는 것에 집중하지 보유하지 않은 가치를 확보하기 위해 '권력극대화(power-maximize)'를 하지는 않는 것이다. 이 부분이 공격적 현실주의와 극명하게 차이가 나는 부분이다.

표를 통한 비교 **안보극대화와 권력극대화**

안보(security) 극대화	현상유지적 국가가정	기존 보유한 이익과 가치를 유지하고자 하는 성향	방어적 현실주의
권력(power) 극대화	현상타파적 국가가정	미보유한 이익과 가치를 확보하고자 하는 성향	공격적 현실주의 / 고전적현실주의

그는 안보를 극대화하는 국가들 사이의 체계는 자동적인 세력균형에 의해 안정이 된다고 보았다. 왈츠의 자동적 세력균형의 논리는 다음과 같다. 무정부상태에서 국가는 자조체계(self-help rule)에 빠지게 된다. 국가는 생존을 우선시하기 때문에 생존을 위해서 능력(capability: 현실에서 사용가능한 힘)의 극대화에 나서게 된다. 이 과정에서 국가는 '모방화 혹은 동질화'(1등 국가를 모방하여 경제, 정치, 안보발전을 이룸)하게 된다. 이후 국가들은 균형화를 추구한다. 이것은 국가가 1등인 강대국에 대해 편승정책 대신에 균형정책을 추구한다는 것을 의미한다. 여기서 편승과 균형은 구분된다. 편승이 제 1위 강대국의 편에 서는 것이라면 균형은 제 1위 강대국에 대항하는 것을 의미한다. 이런 상황에서 생존을 위해서 균형을 추구하는 국가들에 의해 자연스럽게 균형에 도달하게 된다. 그리고 이 체제는 양극구조가 될 것이고 양극이 국제체제를 안정시킬 것이다.

국가가 방어적이기는 해도 국가들 간의 협력은 어렵다. 그는 "협력은 가능하나 달성하기 어렵고 유지하기는 더욱 어렵다. 국가의 협력여부는 국가들의 권력에 달렸다"고 주장했다. 국가들의 협력이 불가능하지는 않지만 곤란한 이유는 국가 간의 '기만(cheating)'[12]의 가능

12) **루소의 사슴사냥 게임**: 왈츠는 루소의 사슴사냥우화를 가져와서 국가간 협력곤란을 설명했다. 5명의 사냥꾼 모두가 협력을 하면 사슴을 잡지만 한 사람이라도 눈앞에 나타난 토끼를 잡는 것이 눈에 보이지 않는 사슴을 잡는 것보다 유용하다고 생각한다면 (단기적이익이 장기적이익보다 앞서게 되면) 다른 사슴사냥꾼은 사슴을 몰아도 결국 배신을 한 사냥꾼의 자리가 비어서 사슴을 놓치게 된

성이 높고 국가들이 서로의 몫을 강조하는 '상대적 이득(relative gain)'에 민감하기 때문이다. 그리고 여기서 '상대적 이득'을 더욱 체계적으로 발전시킨 것이 그리코(J. Grico)의 상대적 국력가설(상대적 국력차이로 국가들이 협력이 어렵다는 가설)이다.

3. 구조적 현실주의이론과 한국

저비스의 이론은 남북한 군비경쟁을 완화할 수 있게 해준다는 점에서 정책적인 의미가 크다. 저비스의 이론은 군사정책과 군사무기를 어떻게 구비할 것인가에 따라 안보딜레마를 완화시킬 수 있는 가능성을 제시했다. 이는 현실주의도 받아들일 수 있는 군비통제정책으로 연결된다.

좀 더 구체적으로는 북한을 방어위주로 변화시키는 정책과 북한의 공격의도를 파악할 수 있는 능력을 증대할 필요로 구분될 수 있다. 특히 공수구분가능성 차원에서 군사전략적으로 북한의 기습공격이나 미사일발사에 대처할 수 있는 정찰탐지 능력확보가 중요하게 되었다. 최근 북한 미사일과 핵으로 인해 한국이 킬 체인사업이나 한국형미사일방어 등을 가능하게 하기 위해 군사위성과 고고도정찰기도입이 중요하게 되고 있다.

하지만 왈츠이론은 한국의 입장에서는 비관적 측면이 있다. 한국은 상대적 약소국으로서 극성에 영향을 미치기 어렵다. 따라서 신현실주의 논리를 받아들이면 한국은 국제정치의 주체보다는 객체에 국한될 가능성이 있다.

제7절 상대적 국력가설

1980년대 신현실주의와 신자유주의간의 논쟁에서 왈츠이론을 방어하면서 왜 국가들의 협력이 어려운지를 정교하게 다듬은 이론가가 그리코이다. 그는 신자유주의주장(신현실주의의 가정을 받아들이지만 신현실주의와 달리 협력이 가능하다)을 비판하였다. 그의 비판 요지는 신자유주의가 신현실주의를 오해하고 있다는 것이다. 그의 논지는 무정부상태와 국가에 대한 가정을 신자유주의자들이 잘못 받아들임으로서 신현실주의와 다른 결론인 협력의 용이성에 도달하였다는 것이다. 이후 로버트 커헤인(R. Keohane)과의 논쟁 등을 거쳐 1980년대의 '신현실주의 vs. 신자유주의' 논쟁이 완성된다.

다. 이런 상황은 다른 사냥꾼들에게도 배신의 유혹이 된다. 더 큰 이익이 되는 사슴대신에 작은 이익인 토끼에 만족하게 되는 것이다.

표를 통한 비교

정치: 개인적 선호를 사회적 선호로 만들기 위한 제도화
전제조건: 다원적 가치를 가진 개인들의 집합(사회) + 사회적 가치결정필요 + 규칙설정 + 규칙에 대한 사회적 합의
정치학의 전통적관점: 통치자의 통치기술훈련
정치학의 현대적관점: 시민의 민주주의 운영방식 이해와 참여방법

1. 상대적 이익가설의 주된 주장

그리코(J. Grieco)는 왈츠의 '상대적 이익(상대적 국력과 동일)'개념을 체계화하면서 신자유주의를 공격하였다. 1980년 대 이론 발전과정에서 신자유주의자들은 신현실주의를 받아들이면서 협력가능성이 높다고 주장하였다. 신자유주의는 신현실주의의 첫 번째 기본 가정인 무정부상태의 중요성을 받아들였다. 두 번째 국가중심성과 국가의 단일성과 합리성가정도 수용하였다. 그럼에도 상호주의(reciprocity)와 제도를 통해서 중앙권위의 부재인 무정부상태에서 국가간 협력이 가능하다.

그리코는 신자유주의의 가정에 문제가 있다고 주장한다. 신자유주의가 받아들였다는 두 가지 가정이 신현실주의의 이론을 잘 못 이해 한 것이기 때문이다. 신자유주의는 신현실주의의 무정부상태가정인 '무정부상태 = 보호의 부재(lack of protection)'가 아니라 '집행력부재(lack of enforcement)'로 파악한다. 신자유주의의 무정부상태인 '집행력의 부재'는 국가들의 생존과 관련된 문제가 아니라 기만당했을 때 이에 대한 처벌력이 있고 없고의 문제이다. 그러나 신현실주의의 가정상 무정부상태는 언제 생존이 위협받을지 모르는 보호의 부재문제이다.

신현실주의는 국가를 위치적 존재로 보는데 비해 신자유주의는 원자적 존재로 파악한다. 국가들은 원자적 존재로 합리적인 에고이스트이다. 국가들은 가장 큰 개별적인 이득만을 추구하는 목표를 가지고 있다. 국가는 완전한 이기적인 행위자로 자신의 이득과 효용만을 고려하지 상대방과의 이득관계를 고려하지 않는다. 따라서 신자유주의에서 국가들의 협력이 어려운 이유는 '상대적 이익' 고려보다 국가들이 언제든지 '기만'당할지 모르기 때문이다.[13)]

신현실주의에서 두 가지 가정은 정확히 '보호의 부재'로서 무정부상태와 '위치적 존재'로

---

13) **기만과 상대적 이익의 관계:** 신현실주의는 두 가지로 인해 국가들 간의 협력은 어렵다고 본다. 첫째, '기만(cheating)'이다. 무정부상태가 전쟁상태일 때 국가들이 타국에 의해 기만당하는 것은 생존과 직결된다. 이로 인해 국가들은 보수적으로 행동하게 된다. 장기적 게임을 고려하기 보다는 단기적 게임으로 국가간 관계를 생각하게 된다. 기만문제를 해결한다고 해도 두 번째 '상대적 이익(relative gains)'문제로 협력은 어렵다. 상대적 이익가설은 국가 상호간의 협력이 가능해도 협력이후 협력의 몫을 나누는 분배문제가 생긴다는 것이다.

서 국가이다. 보호의 부재로서 아나키는 '폭력의 사용이나 폭력의 위협을 제어하고 다른 국가를 파괴하거나 노예화하는 것을 막을 수 있는 포괄적 권위체의 부재'를 의미한다. 이 경우 국가에게 가장 중요한 것은 국가의 생존이다.

신현실주의에서 국가는 위치적 존재이다. 무정부상태라는 조건이 국가들을 생존을 추구하게 만든다. 따라서 국가들을 다른 국가에 대한 상대적인 능력의 침식에 민감하게 만든다. 따라서 국가들의 궁극적 목적은 다른 국가들의 상대적 능력증대를 저지하는 것이다. 이에 따라 국가의 목표는 권력의 극대화가 아니라 자신의 위치를 유지하는 것이다. 국가가 위치에 대해 민감한 것은 국가들이 협력을 하기 어렵게 만든다. 만약 상대방국가가 협력을 통해 더 많은 이익을 얻게 되면 자신의 권력에서의 자리를 빼앗기게 되기 때문이다. 이것이 상대적 이익을 중요하게 고려하게 하는 것이다.

신현실주의는 상대적 이익을 중요하게 본다. 국가들의 위치는 국가들이 자신의 이득만을 고려하지 않고 상대방과의 이득의 차이를 고려하게 만든다. 국가의 위치에 대한 고려는 상대적 이득의 문제를 야기한다. 모든 국가가 중상주의적 사고를 통해서 제로섬적(zero-sum) 사고[14]와 공격적 전략을 가진다는 것을 의미하는 것은 아니다. 중요한 것은 국가들이 상대국가의 잠재적 성장과 그로 인한 잠재적 적국으로의 등장가능성을 고려하는 것이다. 이점에서 국가는 공격적이기 보다는 방어적임을 보여준다.

신현실주의는 신자유주의와 달리 '기만'외에도 '상대적이익' 때문에 협력이 어렵다고 주장한다. 따라서 협력이 어려운 이유는 신현실주의에서 2가지가 된다. 신현실주의는 절대적 이익이 불가능하다고 주장하고 신자유주의는 상대적이득을 고려안한다고 주장하는 것이 아니다. 국가들이 상대국가에 대해 상대적이익을 더 민감하게 고려하면 절대적 이익이 있다고 해도 협력이 어렵다는 것이다. 반면에 신자유주의는 절대적이익의 크기가 커지면 상대적이익에 대한 고려를 덜 하게 된다는 입장이다.

아래의 표를 통한 비교는 신현실주의와 신자유주의의 논쟁을 정리한 것이다. 양 이론의 차이는 궁극적으로 무정부상태에 대한 가정차이에 근거한다.

표를 통한 비교 **세신현실주의와 신자유주의 비교**

신현실주의와 신자유주의의 주된 논쟁3가지(협력가능성 / 기만과 상대적이익 / 재도의 역할)	신현실주의: 협력곤란 / 기만과 상대적이익으로 협력어려움 / 제도의 부차적 역할
	신자유주의: 협력용이 / 기만 해결가능과 절대적이익이 강조 / 제도에 의한 협력가능성
신현실주의와	신현실주의의 상대적이익 강조 전제조건: 보호부재의 무정부상태 + 위치

14) **제로섬게임과 논제로섬게임**: 몫을 나누는데 있어 누군가가 가져간 만큼 다른 사람이 덜 가져가게 되는 상황이다. 반대말로 non-zero sum 상황이 있다. 한 사람이 차지하는 몫과 상관없이 다른 사람도 원하는 만큼 차지하는 상황이다.

<table>
<tr><td rowspan="2">신자유주의의
중요 가정 2가지</td><td colspan="3">적 존재로서 국가 → 결과: 상대적이익 > 절대적이익</td></tr>
<tr><td colspan="3">신자유주의의 절대적이익 강조 전제조건: 집행력부재의 무정부상태 + 원자적 존재로서 국가 → 결과: 절대적이익 > 상대적이익</td></tr>
<tr><td rowspan="2">신현실주의와
신자유주의의
상대적이익과
절대적이익 논리비교</td><td colspan="3">신현실주의 논리: 전쟁상태의 무정부상태 → 국가안보위협 → 상대국가의 국력과 자국국력 비교 → 교역을 통한 경제적 이익의 차이 → 국력변화 → 절대적이익보다 상대적이익중시(zero-sum 논리)</td></tr>
<tr><td colspan="3">신자유주의 논리: 전쟁상태가 아닌 무정부상태(집행력부재의 상태) → 국가들은 안보보다 경제중시 → 국가간 협력통한 절대적 이익의 크기 중요 → 상대적이익보다 절대적이익 중시(positive-sum 논리)</td></tr>
<tr><td rowspan="2">무정부상태입장차이</td><td colspan="3">신현실주의 = 전쟁상태(홉스 가정).
보호의 부재(lack of protection)상태</td></tr>
<tr><td colspan="3">신자유주의 ≠ 전쟁상태(로크 가정)
집행력부재(lack of enforcement)상태</td></tr>
<tr><td rowspan="2">기만에 대한 입장차치</td><td colspan="3">신현실주의: 기만은 생존과 직결됨.</td></tr>
<tr><td colspan="3">신자유주의: 기만은 일시적인 협력의 중단. 게임의 지속성강조</td></tr>
<tr><td rowspan="2">국가에 대한 입장차이</td><td colspan="3">신현실주의: 국가는 위치적 존재로 권력의 서열을 중요하게 여김. 자신은 좀 더 높은 권력서열로 올라가고자 함.</td></tr>
<tr><td colspan="3">신자유주의: 국가는 원자적 존재로 수평적이고 대등한 상태로 가정</td></tr>
<tr><td rowspan="2">제도에 대한입장차이</td><td colspan="3">신현실주의: 제도는 권력의 반영물. 강대국이익에 따라 제도가 운영. 제도는 종속변수</td></tr>
<tr><td colspan="3">신자유주의: 제도는 한번 만들어지면 독립적인 영향력을 가짐. 경로의존성과 규범의 효과. 제도는 독립변수거나 매개변수</td></tr>
<tr><td rowspan="2">국가의 목적과 고려요인</td><td colspan="3">신현실주의: 안보를 강조함. 상대국가의 능력이 중요고려요인</td></tr>
<tr><td colspan="3">신자유주의: 경제를 강조함. 상대국가의 의도가 중요고려요인</td></tr>
<tr><td rowspan="2">역사와 상대국가에
대한 인식의 고려 기준</td><td colspan="3">신현실주의: 과거의 그림자</td></tr>
<tr><td colspan="3">신자유주의: 미래의 그림자</td></tr>
<tr><td rowspan="2">협력에 대한 입장차이</td><td colspan="3">신현실주의: 협력은 달성하기 어렵고 유지하기는 더욱 어렵다.</td></tr>
<tr><td colspan="3">신자유주의: 국가간 협력의 가능성이 높다.</td></tr>
<tr><td rowspan="3">방법론차이
(구성주의 포함)</td><td>신현실주의</td><td rowspan="2">경제학토대</td><td rowspan="2">합리주의, 외생적이익규정, 고정된 무정부상태, 고정된 국가이익</td></tr>
<tr><td>신자유주의</td></tr>
<tr><td>구성주의</td><td>사회학토대</td><td>성찰주의, 내정적이익규정, 변화가능한 무정부상태, 변화가능한 국가이익</td></tr>
</table>

2. 상대적 국력이론과 한국

상대적 국력가설은 남북관계에서 협력의 2가지 제한요소가 있다는 점을 보여준다. 남북한 간의 군비통제나 경제교류에 있어서 첫 번째 기만의 문제와 두 번째 상대적 이익의 문제로 인해 협력이 제한된다. 김대중 정부와 노무현정부에서 제기되었던 북한 퍼주기 논쟁은 남한이 북한에 대해서 상대적 이익의 관점에서 손해를 본다는 점을 문제 삼아 협력이 제한된 것이다.

두 번째로 FTA와 경제교류에서 상대적 이익의 문제를 생각해볼 수 있다. 다차원적인 FTA 추진정책을 펴는 한국은 타국가들과의 경제적 이익에 민감하다. 다른 국가들 역시 마찬가지이다. 그런 점에서 한국은 상대적 이익을 덜 민감하게 만드는 방안을 강구하면서 한국의 외교적 위상을 강화해야 한다.

제8절 방어적 현실주의 (defensive realism)

1978년 저비스의 논문 “Cooperation Under the Security Dilemma”과 1979년 왈츠의 책 「Theory of International Politics」은 방어적 현실주의라고 하는 현대적 현실주의의 한 분파를 만들었다. 이후 공격적 현실주의를 주창하고 나선 미어샤이머에 의해서 ‘방어적 현실주의 vs. 공격적 현실주의’의 논쟁이 벌어져서 1990년대 이후 현실주의의 큰 논의를 이끌고 있다. 두 이론은 같은 현실주의 틀 속에서 다른 외교정책적 함의를 던지고 있기 때문에 비교가 된다. 방어적 현실주의는 국가를 현상유지적으로 상정하고 국가들 간의 관계를 설명한다. 하지만 모든 국가들이 현상유지적이라면 왜 전쟁이 발발하는지를 설명하기 어려운 문제도 있다.

1991년 소련의 붕괴로 인해 현실주의는 할 말이 없어졌다. 양극을 주장하던 구조적 현실주의자들은 단극의 세상이 된 것과 제국이었던 소련이 국력극대화를 택하지 않고 스스로 제국을 해체한 사례에 아연실색하게 된 것이다. 그러나 1990년대 중반 다시 현실주의는 부활하였다. 그리고 방어적 현실주의, 공격적 현실주의, 신고전현실주의라는 세 개의 축을 중심으로 국제문제를 다시 설명하기 시작했다.

표를 통한 비교 **방어적 현실주의간 비교: 왈츠와 저비스 / 에버라**

왈츠이론	국제체계를 다루는 이론	무정부상태중요	현상유지적 국가가정
저비스 / 에버라 이론	개별국가의 안보정책을 다루는 이론 (개별국가 차원에서의 안보정책)	무정부상태는 중요하지 않음. 국가들의 안보정책이 중요	현상유지적 국가(방어적) / 현상타파적국가(공격적)가 구분

1. 저비스(R. Jervis)의 이론

저비스는 안보딜레마(어느 한 국가의 안보증진 노력이 다른 국가의 안보를 해치는 상황)를 통해서 국가들의 관계를 설명하였다. 그는 안보딜레마가 약화될 수 있다고 보았다. 그가 볼 때 안보딜레마에 영향을 미치는 요인은 지리적 요소, 개별국가의 믿음(belief), 공격방어균형(offense-defense balance), 공격방어(수비)구분가능성(offense-defense differentiation)이다.

이 중 뒤의 두 가지 요인이 중요하다. 먼저 '공격-방어균형'이란 공격이 상대적으로 유리할 때 공격적인 정책을 유도하고 전쟁발발가능성이 높아진다는 것이고, 방어가 상대적으로 유리할 경우는 방어정책을 유도하여 전쟁이 자제된다는 것이다. 그리고 '공격-방어차별화'란 공격무기와 방어무기를 구별할 수 있는가의 문제이다. 공격과 방어의 구분가능성은 군사력을 어떻게 준비하고 배치하는가와 함께 어떤 무기를 구비하고 미사일을 보유 혹은 축소할 것인가를 가능하게 해준다. 이를 통해 상대방의 의도를 파악할 수 있다. 그가 제시한 두 가지 요인을 종합해서 보면 안보딜레마가 안전한 상황과 심각한 상황이 구분될 수 있다. "방어우위+공수구분가능상황(이중안정상황)"이 가장 안보딜레마가 낮은 상황이다. 반면 "공격우위+공수구분 불가능상황(이중위험상황)"이 가장 위험한 상황이 된다.

방어적 현실주의가 다른 현실주의이론들에 비해 특별한 것은 국가들 간 협력가능성을 제시한다는 것이다. 특히 안보딜레마를 해결할 수 있는 제도적 장치들을 만들 수 있다고 주장한다. 예를 들어 핵확산방지, WMD제한분야 등의 제도적 협력이 가능하다고 주장한다. 그런 점에서 단순화를 무릅쓰고 이론별 국가의 협력가능성의 크기를 설명하면 다음과 같다. "신자유주의(국가+비국가행위자의 협력)>방어적 현실주의(국가의 협력)>공격적 현실주의(국가 간 상대적이익에 의한 갈등)"

저비스의 방어적 현실주의는 '힘(power)' 보다 '군사적 능력(military capability)'을 중시한다. 왈츠가 '능력(capability)'이라는 사용가능한 '힘'을 강조했다면 저비스는 군사력으로 힘을 좁혀서 볼 것을 주장한 것이다. 즉 저비스는 왈츠의 구조적 현실주의의 입장을 따르면서도 구조에 있어서 힘(power)보다도 군사적 능력 특히 군사적 임무를 수행하는 능력으로 전환하여 군사력이 전쟁에 영향을 미치는 것을 보고자 했다.

저비스의 이론은 이후 동맹안보딜레마로 확대되었다. 크리스텐센과 스나이더에 의해 왈츠의 극성에 대한 논의에 안보딜레마가 첨가되면서 동맹을 맺을 경우 원치 않는 전쟁에 끌려들어가는 연루(chain-ganging)와 동맹국의 의무를 회피하는 책임전가 혹은 방기(buck-passing)가 일어날 수 있다고 보았다. 즉 구조보다는 안보딜레마로 인해서 동맹에 영향을 미치게 된다는 것이다. 동맹의 파트너가 공격적 전략을 가진 경우 다른 동맹파트너는 동맹을 통해서 원치 않는 전쟁과 분쟁에 연루되는 것이다. 반면에 동맹파트너가 방어적 전략을 가진 경우 다른 파트너는 책임회피를 경험하게 되는 것이다.

2. 반 에버라(Stephen Van Evera)의 이론

반 에버라는 그동안의 방어적 현실주의의 이론들을 체계화하였다. 그는 현존 국제정치이론 전쟁억지에 대한 연구는 많았지만 문제를 푸는 데는 진전이 별로 없었다고 문제를 제기한다. 전쟁에 관해 밝혀진 여러 연구들은 조작적 작업이 안되기 때문에 이것을 경감시키거나 반대조치들(countermeasures)로 치유하기 어렵기 때문이다. 대표적으로 인간본성, 무정부의 속성, 힘의 분포도 등이 있다. 이런 설명요인들은 원인이 될 수 있지만 이것을 정책처방을 통해서 수정할 수 없는 것이다. 따라서 군사력과 군사전략에 초점을 두면 현존하는 문제들을 해결할 수 있다.

에버라가 방어적 현실주의를 정리한 전쟁의 원인들은 다음과 같다. 첫 번째, 잘못된 낙관주의(false optimism)이다. 결과가 좋을 것이라는 낙관주의에 빠질수록 승리가능성으로 인해 전쟁가능성이 높아진다. 두 번째, 선제공격(jumping the gun)이다. 선제공격이 유리하다고 믿을수록 전쟁가능성은 높아진다. 세 번째, 권력변동(power shift)이다. 국가들 간 상대적 국력의 변동이 있을 때 전쟁을 할 수 있는 기회의 창(window of opportunity)이 열린다. 이런 경우 전쟁에서 승리할 것이라는 객관적인 조건이 높아지기 때문에 전쟁가능성이 높다. 네 번째 자원의 확보(cumulative resource)이다. 전쟁에 사용될 수 있는 자원이 확보되고 축적될수록 싸우고 이길 수 있는 전쟁가능성은 높아진다. 에버라 이론에서 핵심은 쉽게 이길 것이라고 생각하게 되는 '인식(perception)'이다. 잘못된 인식 즉 오인(misperception)이 안보딜레마를 만들 수 있다. 따라서 잘못된 인식을 변화시키는 것이 중요하게 된다.

3. 방어적 현실주의와 한국

방어적 현실주의는 남북한의 안보딜레마를 이해하게 하고 개선의 방향을 제시한다. 남한은 방어위주 전략이고 북한은 공격위주의 전략이다. 이는 안보딜레마를 강화하고 군사력증강을 유도한다. 이론적으로 볼 때 남북한 간의 군비통제를 통해서 북한의 군사력을 방어위주전략으로 바꾸면 안보딜레마 완화가 가능하다. 이것은 다시 정책으로 연결될 수 있다. 방어적 현실주의에 관심을 가지는 이유이다.

다른 한편 방어적 현실주의는 중일간의 안보딜레마의 이해와 개선방안을 제시해준다. 미국과 협조를 통해서 한국이 동북아 안보대화를 주도하면서 중일간의 군사정책변화를 유도한다면 상대적약소국으로서 한국의 입지를 키울 수 있다.

방어적 현실주의에서는 지도자의 인식을 강조한다. 에버라의 이론에서 보는 것처럼 지도자가 힘의 관계를 인식하는 것이 전쟁과 분쟁에서 가장 중요하다. 이런 점에서 지도자가 한반도와 동북아시아의 구조를 읽어내는 것이 중요하다. 즉 지도자의 심리적인지가 중요하기 때문에 대북정책에 있어서도 북한 지도부에게 일관된 신호를 보내는 정책이 중요하다. 이것으로 오인(misperception)의 가능성을 줄여주어야 한다.

제9절 패권이론들

단극시대 미국을 이해하고 단극시대의 특징을 파악하기 위해서는 패권과 관련된 제반이론의 이해가 필요하다. 현실적으로 단극질서의 안정성과 변화가능성에 대한 논의 뿐 아니라 구체적으로 어떤 국가가 체제의 변화세력이 될 것이고 이에 대응하기 위해 미국외교정책은 어떻게 짜일 것인지를 파악하는 것이 중요하다.

그런데 여기서 주의할 것은 과거의 패권이론들이 주로 1970년대와 1980년대에 만들어진 이론들로 이 당시 이론적 맥락은 미국패권의 쇠퇴가 어떤 영향을 가져올 것인가였다. 그러나 1990년대 이후 미국의 단극시대를 설명하기 위한 최근 패권이론가들은 미국의 힘이 강해진 것이 어떤 결과를 가져올 것인가를 이론적으로 고민한다. 하지만 2008년 미국경제위기와 그루지야에 대한 러시아의 공격을 미국이 저지하지 못한 두 가지 사건은 미국의 약화를 극명하게 대표한다. 이후 미국 패권의 하락의 원인과 영향에 대한 관심이 늘어나고 있다. 과거 이론이지만 세력전이론과 패권변동론의 논리를 파악하여 패권이해의 기초를 다진다.

1. 세력전이론

1958년 올간스키(Organski)는 세력전이이론을 만들었다. 그의 이론은 왈츠의 신현실주의보다 빠르다. 패권이 다른 패권국가에 의해 바뀌는 권력전이(power transition)에서 올간스키는 "왜 패권국가가 바뀌는가?"를 질문한다. 이 이론은 이론적 가정이 중요하다. 법적으로 국제정치는 무정부상태지만 실제 국가들은 권력의 위계체제에 놓여있다고 가정한다. 이 위계체제는 지배국, 강대국, 약소국, 식민지의 4개의 서열로 구분된다. 두 번째 가정은 산업화시기로 국한한다. 산업혁명은 국가들의 성장속도에 차이를 가져왔다. 따라서 산업화이전에도 성장속도에는 차이가 없고 모든 국가들이 산업화가 완성되어도 성장속도에 차이는 없게 된다.

세력전이론의 설명요소 혹은 변수는 두 가지이다. 첫 번째는 국가의 성장속도의 차이다. 잠재적 도전국가의 성장속도가 빨라지면 빨라질수록 세력전이가능성은 높아진다. 두 번째는 성장하는 국가가 패권국가가 운영하는 체제에 대해 느끼는 불만족도이다. 성장속도가 빠른 나라들 모두 패권국가에 대해 도전하는 것은 아니다. 성장속도가 빠른 국가들 중에서 패권체제에 대해 만족하는 국가는 도전하지 않는 반면에 체제에 대해 만족하지 않는 국가는 패권국가를 뛰어 넘으려 한다. 따라서 불만족도가 높으면 높을수록 세력전이가능성은 높다.

세력전이론은 패권국가에 대해 도전국가가 도전을 하여 전쟁을 거쳐 패권이 바뀐다. 그러나 1940년대 영국은 미국으로 패권이 넘어갔지만 미국이 영국에 전쟁을 거쳐 패권을 빼앗아 간 것이 아니다, 이 사례는 패권국가가 '유연성'을 가질 경우 도전국의 도전에 대해 전쟁 없이도 패권자리를 양위할 수 있다는 것을 보여준다. 유연성은 부차적인 설명요인이 된다.

세력전이론은 이후 추가적 설명요소가 보강되었다. 먼저 동맹세력전이이론은 일국의 성장속도가 아니라 동맹을 통해서도 세력전이를 만들 수 있다고 주장한다. 동맹세력전이론은 산업화이전시기에도 동맹을 통해 세력차이를 벌일 수 있기 때문에 적용될 수 있다. 다른 추가이론으로 지역체제에의 적용된 연구도 있다. 렘키에 따르면 지역에서 지역패권과 지역강대국에도 적용가능한 것이 밝혀졌다. 다른 패권이론은 국제체제수준에서 패권의 변동을 설명하지만 세력전이론은 지역수준에 적용될 수 있다는 차이가 있다.

2. 패권변동론

패권이론은 (자유주의성향으로 해석되는) 경제학자인 킨들버거(C. Kindleberger)에 의해서 처음 만들어졌다. 1930년대 경제공황이 지속된 이유를 공공재를 제공할 능력과 의지를 가진 단일한 패권국가가 없는 것이 문제였다고 본 것이다. 그는 패권국가가 자국뿐 아니라 타국에게도 유용한 공공재를 제공한다는 공공재패권이론을 제시하였다.

자유주의에 대항한 현실주의 패권이론은 길핀(R. Gilpin)에 의해 제시되었다. 현실주의 정치경제학을 탄생시킨 길핀은 패권변동의 원인이 무엇일까를 문제제기했다. 패권변동을 설명하기 위해 길핀은 3가지 가정으로 '구조화된 무정부상태'와 '합리적 행위자로서 국가'와 '국가의 팽창적 속성'을 들었다. 그가 볼 때 국가들은 위계가 구조화된 무정부상태(ordered anarchy)에 있다. 권력관계에서 위계적인 것이다. 또한 국가는 합리적 행위자이다. 따라서 이 모델은 경제학의 합리성모델에 기초한 것이다. 합리적 선택이론에 따라 국가의 행위는 이익의 계산에 의해 수행된다. 마지막으로 국가는 현상타파적인 성격을 가지고 있다.

이런 가정에 기반해 패권국가는 점차 힘이 약해진다. 반면에 도전하는 국가의 국력은 상승하게 된다. 패권국가가 쇠퇴하는 이유는 내적인 요인과 외적인 요인 두 가지에 기초한다. 패권국가의 국력을 쇠퇴시키는 내적요인은 기술혁신의 유인책이 떨어지고, 투자가 감소하고 생산이 공동화되는 것이다. 패권국가를 약화시키는 외적요인은 패권국가외의 국가들이 안보비용에서 무임승차를 하는 것이다. 군사비를 적게 사용하고 이 비용을 경제에 집중할 수 있기 때문에 도전국가는 패권국가를 힘의 차원에서 따라잡을 수 있는 것이다. 게다가 도전국가는 낙후의 이점을 가진다. 패권국가가 아닌 낙후된 국가는 패권국가의 기술을 모방하기 용이하기 때문에 적은 비용으로 경제를 발전시킨다. 그러나 패권국가는 새로운 기술을 만들기 위해 많은 기술발전과 연구개발(R&D)에 투자해야 하는 것이다.

길핀 이론에서 도전국가는 합리적 선택이론을 차용해서 체제변동여부를 결정한다. 체제변동을 시도할 때 이익과 비용을 계산하는 것이다. 도전국가는 체제변동의 이익이 클 경우에 현상타파를 시도한다. 길핀에 따르면 국제질서에 안정을 가져오는 것은 패권국의 존재와 함께 패권국가가 제시하는 이데올로기를 다른 국가들이 동의하는 것이 필요하다. 또한 패권국가는 다른 국가들과 나눌 수 있는 공동의 이익이 많아야 한다.

현실주의이론가로서 길핀은 킨들버거의 '선의적 패권(benign hegemony)'을 거부한다. 길핀은 패권국가가 '악의적 패권(malign hegemony)'이라고 보았다. 악의적 패권은 패권국의 이익이 있을 경우에만 공공재를 제공한다고 보는 것이다. 반면에 선의의 패권은 경제적 보상을 하면서 다른 국가들로부터 경제적 대가가 아닌 평판을 추구한다고 본다. 이런 가정의 차이는 현실주의와 자유주의의 철학적 입장 차이를 반영한다.

3. 패권이론과 한국

패권이론 중 세력전이론은 중국의 대미 세력전이 가능성을 고려하게 한다. 중국의 성장과 현 체제에 대한 불만족도의 증대는 중국이 미국에 대해 체제변동을 시도할 가능성을 증대시킨다. 이런 상황이 도래하여 미-중간 경쟁과 분쟁이 생길 경우 한국은 고통스러운 선택을 강요받는다. 한국의 안보파트너 1위인 미국과 경제파트너 1위인 중국 사이에서 한국은 딜레마에 처할 것이다.

다른 고민은 중일간의 경쟁이다. 중국과 일본이 지역패권경쟁을 할 경우 한국에는 큰 부담이 된다. 게다가 중일간의 군사력경쟁은 민족주의와 병행하게 되며 자존심 경쟁으로 연결된다. 동북아 역사상 중국과 일본이 동시에 성장한 경우가 없기 때문에 중일의 권력경쟁은 부담스러운 것이다.

또 다른 고민은 미국의 패권약화에 따른 한국의 안보비용분담 증대와 관련되어 있다. 미국의 패권약화는 안보라는 공공재에 대한 부담의 강화로 연결될 것이다. 미국은 부담나누기(burden-sharing)전략으로 한국의 안보부담금 증액을 요구할 수 있다. 실제 2019년 미국의 트럼프대통령은 한국에 방위비를 증액할 것을 요청하였다.

제10절 공격적 현실주의 (J. Mearsheimer)

미어샤이머는 국제정치학계에서 가장 획기적인 주장을 많이 내놓는 학자이다. 그는 냉전 초기 핵확산이 유럽의 안정을 가져온다고 주장하여 세간의 관심을 받았다. 2000년대 들어와서 미어샤이머는 「강대국국제정치의 비극」이라는 책을 만들면서 공격적 현실주의를 집대성했다. 강대국은 본질적으로 경쟁적이기 때문에 비극적이라는 그의 주장은 중국의 성장이라는 현상을 목전에 둔 동아시아에는 상당히 중요한 함의를 가진다. 냉전이후의 국제정치가 여전히 불안하고 안보를 중요하게 보아야 한다는 그의 주장은 방어적 입장(현상유지적인 국가를 상정)의 이론가와 구분되면서 '방어적 현실주의 vs. 공격적 현실주의'논쟁을 불러일으켰다. 이 논쟁은 안보정책논의로 구체화되어 진행되었다. 국제관계를 바라보는 또 다른 관점을 제공한다는 점에서 이론적 의미를 가진다.

표를 통한 비교

방어적 현실주의: 무정부상태(자체는 위험성 없음). 국가들의 전략과 무기체계/ 상대방에 대한 정보부족 ⇒ 안보딜레마 강화/ 완화
공격적 현실주의: 무정부상태(자체가 위험) + 불신 + 일정한 무장 ⇒ 국가들의 두려움 ⇒ 권력(상대적권력)극대화 ⇒ 안보딜레마 필연

1. 공격적 현실주의의 가정

미어샤이머는 무정부상태를 독립변수 혹은 설명요인으로 설정하여 국제정치를 설명한다. 그는 무정부상태가 중요하다고 한 구조적 현실주의이론에 구체적으로 어떻게 무정부상태가 영향을 미치는지를 설명한 이론가이다. 그가 볼 때 국제무정부상태가 중요한데, 국제무정부상태가 국가의 행동을 결정하기 때문이다.

무정부상태에서 국가들이 가지는 목표에 대한 가정으로 그는 국가들이 최소목표로 '생존'을, 최대 목표로 '지배'를 설정하고 이 목표 중 최대목표인 지배를 추구한다고 보았다. 최대 지배를 선택하는 이유는 국가들이 무정부상태에서 생존력을 강화하기 위해서이다. 이 점에서 모겐소의 고전적 현실주의의 권력이론과 차이가 있다. 모겐소는 인간이 본능적으로 권력을 추구한다고 보았다. 여기서 권력은 그 자체가 목적이다. 반면에 미어샤이머는 생존이 목적이고 생존을 위한 수단으로 어쩔 수 없이 권력을 추구한다고 보았다.

미어샤이머는 국가들을 두렵게 만드는 요소로 3가지를 들었다. ① 무정부 상태와 상위권위체부재 ② 국가들이 항상 공격할 수 있는 일정한 군사력보유 ③ 상대국가 의도의 불확실성이라는 세 가지 요소이다. 이 요소들로 인해 생존에 대해 두려운 국가들은 권력을 추구하게 되고 강대국들의 이런 권력추구는 결국 강대국 간의 경쟁으로 이어지기 때문에 비극이 되는 것이다.

2. 이론의 주요내용

첫째, 두려움의 증폭으로 힘의 증대를 설명한다. 자조(self-help)구조 속에서 국가들에게 동맹이란 일시적일 뿐이다. 따라서 국가는 스스로를 강하게 만들 것이다. 이때 가장 이상적인 상황은 패권이 되는 것이다. 국가들이 자신의 힘을 극대화하는 것이 상대방 국가에 대해 공격적으로 행동하게 만드는 것이다. 요약컨대 강대국들은 공격적 의도를 가지고 있다.

둘째, 안보딜레마와 상대적 이익의 증대가 중요하다. 안보딜레마는 공격적 현실주의의 기본 논리이다. 남의 안전을 해치지 않고서는 자신의 생존가능성 증대가 곤란하기 때문에 이 논리에 따르면 가장 좋은 방어는 좋은 공격이다. 여기서 국가들이 힘의 증대를 한다고 할 때 힘은 상대적인 힘이다. 따라서 국가들은 물질적인 능력의 분포상태에 우선적으로 관심을 가진다. 절대적인 힘을 증강하는 국가는 권력자체가 수단이 아닌 목적이 되는 것이다.

셋째, 국가는 공격과 방어중 하나를 선택하되 공격선택시 계산된 공격을 지향한다. 공격성에는 동기뿐 아니라 이를 실현할 수 있게 하는 능력도 중요하다. 더 막강한 국가와 대적하게 되면 공격적 행동을 자제하고 세력균형으로 돌아갈 것이다. 합리적 행위자로서 강대국들은 공격적 행동을 고려할 때 세력균형상태를 면밀히 검토하고 또한 상대방이 자신의 행동을 어떻게 판단 할 것인가를 심사숙고할 것이다. 즉 이익과 비용을 따지는 합리적 선택을 한다.

넷째, 힘의 분포도와 두려움이 중요하다. 힘이 두려움에 영향을 미친다. 국가의 실질적인 힘은 육군에서 나온다. 핵은 파괴력으로 인해서(억지가능성) 공격받을 것이라는 두려움을 줄여준다. 바다로 둘러싸여 있는 경우 국가들의 두려움은 줄어든다. 국제체제에서 힘의 분포도가 두려움에 영향을 미친다. 가장 위험한 상황은 잠재적 패권국이 포함된 다극체제이고 이를 '불균형적 다극체제'라고 부른다. 양극이 상대방을 가장 덜 두렵게 만드는 구조이다.

다섯째, 국가의 최우선 목표는 생존이며 이를 위해 안보의 중요성을 강조한다. 경제적 번영, 이데올로기의 해외증진, 통일, 인권 등은 국가들이 추구하는 하위 목표가 될 수 있다. 공격적 현실주의에서는 국가의 행동이 세력균형과 배치되지 않는 한도 내에서 다른 목표를 추구한다고 가정한다.

여섯째, 자국의 이익증대와 세계질서의 창조사이의 충돌로 국제협력은 어렵다. 때에 따라 국가들은 협력할 수도 있다. 하지만 상대적인 이득의 문제와 기만의 문제가 국가들 간 협력을 방해한다. 세력균형의 논리는 강대국들이 동맹을 형성하거나 공통의 적에 대항해서 협력하게 만든다. 경쟁하는 세상에서도 국가들은 협력을 하는 것이다. 그러나 아무리 협력이 많다고 해도 안보경쟁이라는 압도적인 국제정치의 논리를 뛰어넘을 수는 없다. 무정부상태가 지속되는 한 국가들의 경쟁은 지속될 것이다.

일곱째, 중국봉쇄의 필요성이 있다. 동북아시아는 불안정한 다극구조이고 이 중에서 중국의 부상이 가장 우려된다. 따라서 미국에 도전할 수 있는 중국의 부상과 권력추구를 억제하기 위해 중국에 대한 '관여(engagement)정책'을 버리고 '봉쇄정책'[15]으로 돌아가야 한다.

---

15) **관여정책과 봉쇄정책의 의미**: 관여정책은 한 국가의 위협을 관리하기 위해 그 국가에 대해 보상과 함께 사전적인 관리를 하는 정책이다. 김대중정부의 대북포용정책이 관여정책의 대표적인 사례이다. 관여는 사후에 개입하는 것 보다 적은 비용으로 관리를 하기 위한 정책이다. 반면에 봉쇄정책은 보상이 없이 제재만을 가하는 정책이다. 제재를 통해서 장기적으로 봉쇄당하는 국가를 말라 죽게하게 하는 정책이다. 냉전시기 미국이 소련을 향해서 사용한 정책이 대표적이다.

아래는 방어적 현실주의와 공격적 현실주의를 비교한 표이다. 정책적 차이가 큰 것은 가정이 다르기 때문이다. 만약 북한에 대해 대한민국정부의 정책방안을 만들어야 하는 상황이라고 가정하고 각각의 입장을 대입해 보면 좀 더 현실적으로 이해할 수 있을 것이다.

표를 통한 비교 **방어적 현실주의 vs 공격적 현실주의**

	방어적 현실주의	공격적 현실주의
무정부상태와 중요성	무정부상태 완화 가능	무정부상태 중요 무정부상태에 의해 국가들 행동 결정
국가의 가정	현상유지적 국가 가정	현상타파적 국가 가정
국가의 목표	생존 추구를 위한 안보극대화	생존 추구를 위한 권력극대화
설명요인	Jervis: 공수균형·공수구분 가능성 Evera: 정복에 대한 낙관주의	Mearsheimer: 무정부상태, 일정한 공격력 보유, 상대 의도 불확실
안보딜레마	완화 가능	필연적 안보딜레마와 안보경쟁
세력균형	균형 가능	국가의 확장정책으로 균형 곤란
정책	정책중요 구체적인 군사력 변화 정책으로 협력 가능	정책중요 팽창주의 국가에 대한 봉쇄정책 중요
제도	상대방에 대한 의도 전달에 있어 제도 중요 신자유주의와 달리 제도의 독자성 인정하지 않음	제도는 권력의 부산물
협력 가능성	상대적으로 협력 가능	협력 불가능이 아니라 협력 곤란 국가들이 상대적 이익을 중시

3. 공격적 현실주의와 한국

공격적 현실주의 역시 극성이론이고 강대국중심이론이다. 한국은 국제정치를 주도하기 어렵고 객체화될 가능성이 높다. 그런 점에서 다른 극성이론처럼 공격적 현실주의이론도 한국을 무기력하게 만들 수 있다.

공격적 현실주의가 제안하는 가장 국제정치적인 주장은 중국의 부상에 대한 미국의 대응과 중국의 절제부분이다. 공격적현실주의는 중국성장에 대해 중국견제를 주장하는 미국 보수주의자들의 입장을 옹호한다. 반면에 후진타오가 주장한 중국의 화평발전론(peaceful development)은 이런 미국보수파에 대한 중국내의 외교적 대응방안이다. 더 큰 발전을 위한 중국의 절제정책인 것이다. 이런 상황에서 미중간의 갈등가능성에 대해 한국이 어떻게 대비책을 만들 것인지와 어떤 논리를 만들어 둘 것인지가 중요하다.

마지막으로 공격적 현실주의를 북한에 적용하고 해석할 수 있다. 공격적 현실주의는 말 그대로 강대국중심의 이론이다. 그러나 공격적 현실주의이론의 조건을 완화해서 북한에 적용해볼 수 있다. 이런 경우 북한의 공세적 군사력증강과 핵보유정책과 미사일 등 비대칭전력증대 정책을 설명할 수 있다. 해석하자면 이런 북한 행동은 북한의 무정부상태의 불안감과 권력증대노력으로 해석이 가능하다. 이런 경우 남한의 대응방안은 국제적 공조를 통한 북한에 대해 봉쇄정책을 추진하는 것이다.

제11절 신고전(전통)현실주의

1990년대 들어 과학적 이론에 대한 한계로 실증주의이론에 대한 설명력에 문제가 있다고 지적되었다. 특히 냉전의 붕괴는 과학적 연구라고 하는 데이터중심의 연구에 타격을 가했다. 이러한 상황에서 과학적 접근보다 과거 전통적현실주의 혹은 고전적 현실주의로 돌아가자는 움직임이 일어났다. 이것이 신고전현실주의(neo-classical 혹은 neo-traditional realism)로 나가게 되었다. 사회학과 역사학에 기반을 두고 국가들이 권력(이익)에 의해서 움직인다고 보면서 국제정치의 변화를 설명하였다.

특히 신고전현실주의는 국가의 외교정책을 국내적 요소를 동원해 설명하게 되었다는 점에서 특별하다. 그런 점에서 '국제정치이론'보다 '외교정책이론'이라고 평가할 수 있다. 특히 실패한 외교정책의 원인을 분석하면서 어떤 국내적 요인에 의해 외교정책의 실패가 있었는지를 보여준다. 특히 과거처럼 힘의 분포도로서 구조나 세력균형과 같은 동맹요소의 거시적 분석보다 지도자의 인식과 같은 심리적 요소를 통한 미시적설명을 도입한다. 그런 점에서 심리적 설명은 전통적인 합리성을 전제한 설명의 문제점을 비추고 그 대안이 될 수 있는 것이다.

표를 통한 비교

고전적 현실주의: 인간적 요인(지도자의 판단력/ 지도력) ⇒ 국가의 대외정책(현상유지/ 현상타파/ 위신정책)
신현실주의: 구조(무정부상태/ 극성) ⇒ 국가들간의 관계
신고전현실주의: 구조(독립변수: 무정부상태/ 극성) ⇒ 국가내부(국가의 동원능력/ 국가들의 성향/ 고위관료들의 인식/ 지도자의 인식) ⇒ 국가의 대외정책

1. 등장배경

신고전현실주의는 말 그대로 '신' '고전'현실주의이다. 즉 신현실주의를 계승하지만 고전적

현실주의를 통해서 신현실주의 개선하고자 했다. 신현실주의가 지나치게 구조결정론적 시각을 띄고 있다는 점과 행태주의적인 방법론에 문제가 있다는 것이다. 따라서 구조를 보면서도 국내정치를 들여다보자고 주장한다.

신고전현실주의가 등장하게 된 두 번째 요인은 외교정책과 관련되어 있다. 신현실주의자 왈츠는 자신의 이론이 외교정책이론이 아니라 국제체제에 관한 이론이라고 주장한다. 하지만 국제정치는 국가들이 어떤 결정을 왜 내리는지를 설명해야 한다. 따라서 신고전현실주의는 신현실주의가 말하는 구조적 제약 속에서 국가들의 외교정책이 어떻게 국내정치의 다양한 요소들에 의해 구성되는지를 설명하고자 한다. 그런 점에서 신현실주의가 봉착한 외교정책을 통해 국가들의 행동을 설명할 수 없다는 문제에서 신고전현실주의는 국가들의 행동을 구체적으로 분석할 수 있게 해준다.

2. 신고전적 현실주의의 핵심내용

이들은 국제체제와 국내정치를 동시에 고려하자고 한다. 이를 단순화하면 "국제체제+국내정치 → 대외정책"으로 표현할 수 있다. 그들이 볼 때 설명요인이 되는 독립변수는 '국제체제(아나키와 국가의 위치와 상대적인 물질적 능력)'이다. 독립변수에 영향을 받으면서 종속변수의 결과를 변화시키는 요인이 매개변수이다. 신고전현실주의는 매개변수로 '국내정치(의사결정자들의 힘의 분배에 대한 인식/국내의 국가구조로 국가와 사회의 관계와 자율성/국가들의 이익과 선호)'를 들고 있다. 국내정치가 국제구조를 어떻게 해석하는가에 따라 외교정책의 결과물인 종속변수로서 '국가의 대외정책(국가의 대전략, 군사독트린, 대외경제정책, 동맹선호, 위기시의 행동)'이 결정된다. 이것을 한마디로 하면 구조적 조건인 '힘의 분포와 위협'에 대한 '국내적 인식'에 따라 '외교정책'의 대응을 선택하고 국내적 지지를 동원하게 된다.

3. 대표이론: 랜달 스웰러의 이익균형론

표를 통한 비교 균형의 기준

세력균형	고전적현실주의 신현실주의	power를 기준으로 동맹체결. 자동적 세력균형 vs. 의지적 세력균형
위협균형	위협균형이론	Threat perception을 기준으로 동맹체결. power = threat일 경우는 세력균형과 동일 power ≠ threat일 경우는 세력균형과 차이
이익균형	신고전현실주의	interest (현상유지/ 현상타파)에 따라 동맹체결. power ≠ threat ≠ interest 일 수도 있음. ex) 강대국인데 위협이 적고 현상유지국가
공포의 균형	핵억지이론	balance of terror. 핵무기의 파괴력에 의한 terror으로 균형화

정치체제의 균형	민주평화이론	민주주의라는 정치체제에 의한 균형 민주주의와 민주주의간 동맹
정체성균형	구성주의	정체성을 공유하는 국가간 동맹 자유민주주의와 자유민주주의간 동맹

랜달 스웰러는 국가들의 행동 동기는 위협이나 안보달성이라는 목적이 아니라 '이익(interest)'이라고 보았다. 즉 현상유지와 현상타파의 이익에 따라 국가들이 행동한다. 국가들은 힘의 균형을 추구하는 것이 아니라 이익의 균형을 추구한다. 예를 들어 현상타파 국가간에 동맹을 형성하는데 역사적 사례로 독일과 이태리의 추축국 동맹이 대표적이다. 이러한 랜달 스웰러의 설명은 왈츠의 방어적이고 현상유지적인 국가가정을 수정한 것이다. 그가 볼 때 국가들은 이익에 따라 방어적인 국가와 공격적인 국가가 있을 수 있다.

랜달 스웰러는 구체적인 국가들간의 관계를 분석하기 위해 국가를 '힘의 크기'와 '현상유지/현상타파'라는 2가지 기준으로 구분하였다. 이렇게 구분된 국가 중(8가지 유형)[16]에서 중요한 4가지 유형이 있다. 첫째, 사자유형이다. 이 국가는 현재 보유하고 있는 것에 만족한 현상유지 국가로 위협적인 세력에 대해 균형을 추구하거나 책임전가의 경향이 있다. 둘째, 늑대유형이다. '제한적이지 않은' 목적을 가진 현상타파국가로서 국제질서를 바꿀 수 있는 능력을 가지고 있는 야심적인 국가이다. 세 번째 자칼유형이다. '제한적인' 목적을 가진 현상타파국가로 현상유지를 타파할 능력은 없고 현상타파하려는 국가에 합류하여 이들이 남긴 이익의 일부분을 취하려는 자칼편승을 한다. 네 번째 양유형이다. 국제체제에서 힘이 없는 국가이며 현재 소유하고 있는 이익에 만족하는 국가로 세력균형을 지지하나 좀 더 나은 위치에 놓이게 된다면 유화편승을 하거나 미래추세에 편승할 수 있다.

스웰러는 국가들의 이익과 함께 힘을 고려했을 때 국가들이 어떤 형태로 분포되었는지가 국제정치를 결정한다고 주장한다. 실제로 그는 '삼극(tri-polar)'이라는 분석틀을 제시하여 2차대전을 분석했다. 미국은 패권국가이지만 현상유지와 현상타파에 무관심한 '타조'에 해당했다. 독일은 강력한 국가로서 유럽지배라는 무제한적 현상타파를 추구했고 소련은 강력한 국가로서 동유럽으로의 영토확장이라는 제한적 현상타파를 추구했다. 따라서 이 3극 구조는 현상유지국가가 현상타파를 막지 못했기 때문에 2차 대전을 초래하게 된 것이다.

스웰러는 현실주의이론이 국제정치를 보는 방식과 이론화에 기여하였다. 스웰러 이론은 왈츠가 그린 방어적인 자기보존의 국가이익을 확대하여 '이익을 위한 기회'를 확보하는 것으로 현실주의 이론을 확대하였다. 또한 '과소균형(underbalancing 적절한 때에 세력균형을 맞추

16) **랜덜 스웰러의 8가지 국가 유형**: • 사자유형 – 무제한적 현상유지 국가 + 강대국 • 타조유형 – 무관심한 국가 +강대국 • 늑대유형 – 무제한적 현상타파 국가 + 강대국 • 여우유형 – 제한적인 현상타파국가 + 강대국 • 자칼유형 – 제한적인 현상타파국가 + 상대적 약소국 • 비둘기- 제한적 현상유지국가 +상대적 강대국 • 매 / 부엉이 –무제한적 현상유지국가 +상대적 강대국 • 양유형 – 현상유지국가 + 약소국.

는 것에 실패하는 것)'현상을 분석하였다. 위험에 직면한 국가가 동맹을 체결하거나 군사적 능력을 증대시키지 않는 것으로 이런 현상은 국내정치적 요소들(①위험의 정도와 성격에 대한 엘리트의 합의 ②중앙정부의 리더십에 있어서의 내적 분화의 정도를 의미하는 엘리트의 결집력 ③사회적 결집력으로 국민의 분화정도 ④정권이나 정부의 정치적인 반대에의 취약성)에 의해 만들어질 수 있다는 점을 지적한 것이다. 이런 과소균형화로 인해 국제정치의 안정을 달성하는 데 실패한다는 것이다.

신고전현실주의 중에는 전망이론으로 구체화한 이론도 있다. 국가의 미래가 어떤지에 따라 국가의 행동이 현상유지적이 될 수도 있고 현상타파적이 될 수도 있다. 미래전망이라는 심리적 요인에 의해 국가의 대외정책이 결정된다는 것이다. 이때 미래의 기준이 되는 '준거점'에 따라 국가의 미래가 '손실영역' 즉 어둡다고 생각하면 국가지도자는 미래의 다가올 위협을 줄이기 위해 확률이 낮을 지라도 위험한 정책을 선택할 수 있는 것이다. 반면에 미래가 '이익영역' 즉 밝다고 생각하면 국가지도자는 현재보다 미래가 더 좋아질 것이기 때문에 굳이 현상유지정책을 버릴 이유가 없는 것이다. 1990년 중반이후 북한이 미래에 대한 전망이 어두워지면서 강경한 도발 정책을 취하는 것이 대표적인 사례이다.

표를 통한 비교 **안보딜레마와 안보경쟁**

이론명칭	갈등의 양태
방어적 현실주의	안보딜레마(공격의도 없음)
공격적 현실주의	안보경쟁의 필연(패권추구 국가간 경쟁)
신고전 현실주의	안보경쟁의 중요(현상타파 국가의 공격의도가 중요)

4. 신고전현실주의와 한국

상대적 약소국인 한국의 경우 신고전현실주의는 국제체계요소와 국내요소를 동시에 고려함으로서 한국의 주체성을 부분적으로 설명할 수 있다. 구조중심주의 접근의 무기력성을 어느 정도 극복할 수 있게 해준다는 점에서 한국의 입장이 고려될 수 있는 여지가 있다.

신고전현실주의이론은 외교정책결정과정의 중요성을 설명할 수 있다. 신고전현실주의는 국내적으로 외교정책결정이 힘의 관점에서 어떻게 결정되는지를 설명할 수 있게 해준다. 북한이나 중국과 일본의 외교정책결정에서 국제체계요인과 국내요인을 동시에 고려할 수 있고 지도자의 심리 등을 고려할 수 있게 해준다. 이것은 국제정치와 외교정책에 대한 이해를 확장시켜준다.

신고전현실주의는 국가들의 현상유지와 현상타파의 이익균형에 대해 고려할 수 있게 한다. 이익균형론은 동북아시아에서 6개의 국가들 간의 이익과 선호를 파악할 필요가 있게 만든다. 중국, 일본, 북한은 차이가 있지만 현상타파정책을 부분적으로 추진하고 있다. 그러나 한국과 미국은 현상유지를 원한다. 이런 점에서 한미동맹의 중요성이 부각된다.

마지막으로 국제정치에서 지도자 역할의 중요성을 고려할 수 있다. 고전적 현실주의와 마찬가지로 신고전현실주의 역시 지도자의 중요성이 부각되는 이론이다. 앞서 고전적 현실주의에서 본 것처럼 한국은 분별력있는 지도자가 중요하다.

제12절 세력균형(balancing)이론과 단극체제의 미래

1. 세력균형이론의 의미

세력균형이론은 거의 유일한 국제정치의 독자적인 이론이다. 다른 이론들이 경제학이나 심리학이나 사회학에서 파생된 이론들이라면 힘의 관계를 다루는 세력균형이론이야 말로 거의 유일한 국제관계에 관한 독자적 이론이라고 할 수 있다. 세력균형이론은 국가들 사이에 행위의 법칙성을 제시하는 국제현상에 관한 이론이다. 세력균형이론은 두 개 이상의 국가들이 존재하는 국제 환경에서는 세력균형의 원리에 의해 국제관계가 지배된다고 한다. 세력균형이 존재하여 어느 한 세력이나 국가에도 힘이 쏠리지 않는다면 국제정치는 안정을 이룬다는 것이다.

세력균형을 달성하는 방식으로 현실주의는 자국의 국력을 증강하는 방법인 내적 균형화(internal balancing)와 동맹을 체결하는 외적 균형화(external balancing)를 제시한다. 이 이론은 권력의 서열에서 1등 국가가 힘이 압도적이라면, 2등 국가와 3등 국가는 힘을 합하여 1등 국가를 견제해야 한다고 주장한다. 우월한 힘을 가진 영국이 18세기에 유럽에서 수행했던 것처럼 균형자(balancer) 역할을 수행하여 유럽에서 어느 편으로도 힘이 집중되는 것을 막는 독특한 균형화도 있다.

최근에는 랜달 스웰러와 같은 신고전현실주의에서 이익에 기반을 둔 이익균형론을 제시하기도 한다. 이 입장에 따르면 국가들의 이익을 현상유지와 현상타파로 구분할 수 있다고 본다. 그리고 '현상유지'국가들이 질서를 그대로 유지하려는 경우 국제관계는 안정이 되지만 '현상타파' 세력들이 주도적으로 질서변화를 꾀할 경우 국제질서는 불안정하게 된다.

2. 세력균형의 조건

캐플란(M. Kaplan)은 국제체제를 6가지로 구분하여 체제이론을 국제정치분야에 도입한 이론가이다. 그는 보편적 국제체계, 위계적 국제체계, 전단위 거부권체계, 세력균형체계, 연양극체계, 경양극체계로 구분하고, 이 체계들의 원칙을 규정함으로서 국제정치에 있어서 개별 국가들을 초월하는 체계적인(systemic)인 작동원리를 밝히고자 했다. 그의 이론이 오래된 이론이고 이후 왈츠의 공격을 받아 신현실주의에 의해 묻혔지만 동북아 세력균형을 설명하는데는 유용한 이론적 자원을 준다는 점에서 간단히 그 조건을 살펴보자.

그가 제시한 세력균형체제의 유지 조건은 다음과 같다. 첫째, 자국의 능력을 증대하기 위해 행동하지만 싸움보다는 교섭을 선택한다. 둘째, 자국의 능력을 증대시킬 수 있는 기회를 잃기보다는 싸움을 선택한다. 셋째, 체제의 기본적인 행위자인 국가들을 제거하기보다는 싸움을 중단한다. 넷째, 체제 내의 다른 멤버에 대해서 우월한 지위를 획득하려는 연합이나 국가에 대항한다. 다섯째, 초국가적인 조직 원리를 추구하는 행위자를 억제한다. 여섯째, 체제의 기본적인 행위자인 국가가 패배하거나 억제되면, 세력균형체제 안에서 일정한 역할을 수행하는 파트너로 인정하여 다시 체제 안으로 수용한다.

캐플란의 세력균형체제의 원칙은 실제 세력균형의 원리가 작동했던 유럽의 역사에서 유럽협조체제라고 하는 1815년 이후 유럽의 질서를 설명한 것이다. 유럽의 역사로부터 세력균형이 작동하기 위한 조건들을 모색하면 좀 더 현실적인 조건을 찾을 수 있다.

첫째, 유럽의 5개 강대국들, 영국, 프랑스, 러시아, 오스트리아, 프러시아가 거의 균등한 힘을 가지고 있었다. 둘째, 영국은 해양국가로서 지정학적으로 보호받을 수 있었고 유럽대륙에 대해 영토적인 야심이 없었기 때문에 균형자(balancer)역할을 수행할 수 있었다. 영국의 유명한 수상이었던 팔머스톤 경의 말처럼 영국에게 '어제의 친구가 내일의 적이 될 수' 있을 만큼 적과 친구의 구분은 의미가 없었다. 단지 영국에게는 자신의 국가이익이 문제될 뿐이었다. 영국은 대륙 내의 힘이 집중될 경우 그 반대편에 서서 대륙의 세력균형을 유지하고자 했다. 이런 세력균형의 유형을 반자동적인 세력균형이라고 한다.

세 번째 조건은 유럽의 국가들이 추구하는 목적이 한정적이라는 점이었다. 종교전쟁을 거치면서 이념에 기반을 둔 극단적인 정책추구가 얼마나 많은 살육과 비참한 결과를 가져오는지 경험한 유럽 국가들은 이념과 원칙의 충돌을 우려했다. 이점은 미국이 자유민주주의를 강조하면서 외교의 전면에 이념을 내세운 것과 대비된다. 이런 이유로 유럽의 외교는 힘에 기반을 한 외교로 보고 미국의 외교는 이념에 기반을 둔 외교로 구분하기도 한다.

네 번째 조건은 하나의 유럽에 대한 도덕적 공감대를 들 수 있다. 신구교가 분리되었음에도 불구하고 공통의 종교원리를 기반으로 한 지역공동체를 가지고 있었다. 즉 기독교가 로마에 의해 공인된 이후 로마제국이라는 제국적인 정치질서와 기독교라는 정신적인 질서가 하나의 유럽인식을 만들었고, 이는 로마의 분열과 동로마 서로마의 분할이후에도 지속되었다. 이러한 공감대는 유럽국가들 간 협상의 기초로 작용한다.

다섯째 조건으로는 유럽이 다른 지역으로도 팽창할 수 있었다는 것이다. 즉 아시아와 아프리카, 아메리카로의 식민지 확보노력은 유럽 국가들로 하여금 좁은 유럽에서의 각축전보다 넓은 지역에서의 영토와 자원 확보를 모색할 수 있게 해주었다. 그러나 중부유럽의 프러시아에 의해 독일제국이 탄생하고 독일의 빌헬름2세가 1890년 이후 식민지 경쟁에 뛰어들면서 유럽적인 안정도 깨어지게 된다.

마지막으로 세력균형이 유지되려면 국가 간의 세력분배의 변화가 완만한 속도로 진행되어야 한다. 산업혁명 이전 유럽 국가들의 성장속도에는 큰 차이가 없었기 때문에 급격한 세력의 변화를 경험하지 않았다. 그러나 1890년대 철강과 화학제품을 필두로 한 2차 산업혁명의 발전은 미국과 독일을 빠른 속도로 강대국으로 만들었다. 이때 국가들의 성장 속도에는 차이가 생기게 된다.

동북아시아에서 세력균형을 유지하기 위해서는 위의 조건들이 충족될 필요가 있다. 그렇다면 동북아시아지역은 유럽의 조건을 충족하고 있는가하는 의문이 제기된다. 결론적으로 동북아는 유럽의 과거 역사적 조건과는 매우 다르다고 할 수 있고 그래서 동북아의 국제정치 동학은 유럽보다 역동적이라고 할 수 있다.

3. 정책수단과 세력균형의 방법

세력균형은 크게 3가지 방법에 의해 달성된다. 첫 번째는 자국을 강화하는 방법이다. 여기에는 자국의 군비를 증강하는 방법과 타국과 동맹을 체결하는 방법이 있다. 전자를 내부적 균형(internal balancing)이라고 하고 후자를 외부적 균형(external balancing)이라고 한다.

두 번째 방법은 상대방을 약화하는 방법이다. 여기에는 분할지배(divide & rule) 방식이 속한다. 국제정치적으로 분할 지배는 경쟁 국가를 분할하거나 분단 상태를 만드는 것이다. 정치학에서 분할 지배는 한 지역을 지배하게 되었을 때 그 점령지 국민을 분류하여 자신에게 충성하는 파와 충성하지 않는 파로 구분하고 다시 충성하는 파도 몇 부류로 구분하여 유인책을 부여함으로서 지배지역 국민 간에 경쟁하도록 하는 방식이 정치적인 분할지배방식으로 구분된다. 이와 유사하게 국제정치에서는 한 나라를 약화시키기 위해 영토를 나누어 다른 국가들이 지배하는 방식을 들 수 있다. 2차 대전의 패전으로 독일을 동독과 서독으로 나누어 관리한 경우를 들 수 있다.

세 번째 방안으로는 어느 쪽도 강해지지 못하게 하는 것이다. 여기에는 군비축소와 보상정책이 있다. 보상은 한 나라가 새로운 영토나 권익을 획득했을 때 경쟁관계에 있는 국가들이 비슷한 크기의 영토나 권익을 획득하도록 하여 세력균형을 유지하는 방법이다. 군비를 증강하거나 감축하는 것(armament and disarmament)에서 군비감축은 두 가지 역설을 가져올 수 있다. 첫째는 '불충분의 역설(irony of insufficiency)'로 군비감축은 언제나 상대의 힘의 증강을 가져오기 때문에 충분하지 못한 결과를 가져온다. 두 번째는 '불확실의 역설(irony of uncertainty)'로 이는 의도의 불확실함이나 측정의 곤란으로 인해서 생긴다.

세력균형에 다양한 방안이 있다는 것은 정책 수단으로 세력균형을 사용할 수 있다는 것이다. 이는 세력균형화 정책이 평형을 창출하거나 또는 평형유지를 위한 정책이라는 것이다. 여기에는 세력균형정책이 안정과 평형을 달성할 수 있다는 입장과 세력균형이 오히려 불안정을 가져오기 때문에 힘의 집중상태가 바람직하다는 패권이론의 입장이 있다. 앞서 보았듯이 모겐소는 세력균형자체가 가지는 내재적 한계를 지적하기도 하였다.

또한 세력균형정책이 어떻게 만들어지는가에 대해서 입장이 나뉜다. 키신저로 대표되는 입장이 자유의지론(voluntarism)으로 세력균형은 정치가에 의해 창출된다는 점을 강조한다. 반면에 케네스 왈츠의 입장으로 대변되는 것이 결정론(determinism)이다. 이 입장은 자유의지와 무관하게 세력균형은 국가 간 체계 내의 속성이다. 국가의 행동 및 상호작용의 결과는 균형을 유지하려는 경향을 가지고 특히 세력균형으로 귀결된다. 이는 국제관계에서의 반복적 현상이고 체계의 자동기능적 성격(mechanistic quality)이라고 할 수 있다. 이것은 동질화의 과정 혹은 모방화의 과정을 거치고 균형화과정을 거치기 때문이다. 이 두 입장의 중간에 모겐소가 있다. 그는 '세력균형과 이를 유지하기 위한 정책은 주권국가로 구성된 사회에 있어서 피할 수 없는 일인 동시에 안정을 초래하는 데도 불가결한 요소'라고 주장했다.

4. 적대적 세력균형과 협력적 세력균형

세력균형도 적대적 세력균형관점과 협력적 세력균형으로 구분된다. 리차드 리틀(R. Little)에 따르면 세력균형은 반드시 적대적 세력균형만이 있는 것은 아니다. 그는 "Deconstructing the Balance of Power: Two Traditions of Thought"에서 적대적 세력균형 (Adversarial Balance of Power)과 협력적 세력균형(Associative Balance of Power)으로 세력균형을 나누었다. 이 입장은 폴 쉬로더의 19세기 유럽세력균형의 구분과 맥락이 같다. 역사적으로 볼 때 유럽 국가들이 타국의 국력보다 우위에 서기 위해서 항상 세력균형을 구축한 것은 아니다. 패권국가가 등장할지 모르는 상황에서 상대 국가를 견제하기 위해 국가들의 합의를 통해서 세력균형을 달성할 수도 있다고 본 것이다. 그런 점에서 적대적 세력균형은 현실주의이론에 기반하지만 협력적 세력균형은 국제사회학파의 국가들 간 규범을 강조하는 이론에 기반한다. 적대적 세력균형이 1차대전이전 유럽국가들이 수행했던 것처럼 자국의 이익을 위해 상대를 견제하기 위한 세력균형정책이라고 한다면 협력적 세력균형은 나폴레옹전쟁이후 유럽국가들이 패권국가등장을 막기 위해 협력을 합의한 세력균형이라고 할 수 있다.

최근 중국의 경제성장과 해군력증강에 대해 미국이 아시아로의 회귀와 재균형정책을 사용하는 것은 홉스식 경쟁구조에 기반한 '적대적 세력균형'이라고 할 수 있다. 미국과 중국은 해군력증강으로 상징화되는 정책간 경쟁은 패권의 유지와 패권에 대한 도전이라는 점에서 적대적인 세력균형화로 볼 수 있다.

이와 달리 협력적 세력균형은 국가들 간의 합의와 규율이 작동한다는 것이다. 미중 간에도 핵 억지가 작동하며 더 강력한 권력증대와 군사적 대결의 귀결을 원치 않기 때문에 미중 간에도 강대국간 질서가 만들어지고 있다. 미국과 중국이 2016년 3월 북한에 대한 안보리제재에 합의한 것이나 테러문제에서 한 목소리를 내는 것이나 2015년 12월 파리당사자 총회에서 향후 기후변화협약을 새로 합의한 것은 미중 간에 관리 하는 질서가 있다는 점을 입증한다. 미국과 중국이 상호 관리하는 정책을 학습하고 있다면 이 지역내 질서가 홉스식 적대적 세력균형만 작동하는 것은 아니고 국가들 간의 약속이 작동하는 그로티우스[17]식 협력적 세력균형이 작동할 수도 있는 것이다.

5. 최근 세력균형의 논의: 단극안정론과 단극질서 변동가능성

하지만 최근 논의는 세력균형이 정말 국제체계의 일반적인 법칙일까 하는 점이다. 역사적으로 세력균형은 단지 특정한 시기의 중국(춘추전국시대)과 유럽(그리스시대, 15세기 이태리, 17세기-19세기 유럽)과 미국과 소련의 냉전기간에 걸쳐서만 있었다. 나머지 기간은 실제로 제국적인 지배방식(중국 제국, 로마제국 등)이 역사에 있어서 지배적이었다. 따라서 근대 국제질서라는 것은 유럽인들이 볼 때 세력균형이 보편적인 원리일 수 있지만, 실제 보편적인 측면에서 시기적으로나 공간적으로 일반적인 형태는 아니었다. 따라서 지금 미국의 단극적인 질서 혹은 미국의 제국적 질서는 어쩌면 인류공동체의 일반적인 형태로의 복귀일지 모른다.

이러한 제국논의와 함께 국제정치학자들은 세력균형부재에 대해 다양한 해석을 시도해왔다. 단극의 형성과 세력균형에서의 이탈은 세력균형의 복귀 시점의 논쟁과 안정성-불안정성 논쟁을 거치면서 발전해왔다.

단극과 안정성 혹은 불안정성논의는 이미 1990년대 말부터 미국의 국제정치 분야의 핵심 논쟁으로 들어온 주제로, 이미 2009년 현재는 수차례의 논쟁을 거친 주제이다. 1990년대 말 국제정치학자들은 단극(unipolar) 혹은 일극이 곧 세력균형으로 복귀할 것이라고 믿었다. 이 때 형성된 첫 번째 논쟁은 언제 다극으로 복귀할 것인가에 관한 논의였다. 그러나 9.11을 기점으로 미국의 일방주의적 군사행동으로 인해 단극은 붕괴하기 보다는 더 강화되는 것이 아닌가에 대한 생각을 가지게 되었다. 그래서 2002년과 2003년은 국제정치의 저명한 학자들이 모여 왜 세력균형으로 복귀하지 않는가에 대한 논쟁을 통해서 이 주제의 두 번째 논쟁을 이끌었다. 이 때 나온 유명한 책으로 폴(T. V. Paul)이 주도한 「BALANCE OF POWER」와 아이켄베리(G. John Ikenberry)의 「America Unrivaled」가 있다. 위협의 부재나 미국의 외교정책, 힘의 크기 차이와 같은 다양한 설명들이 시도되면서 각 이론가들은 자신들의 이론의 시험대로 미국 단극의 유지를 설명했다.

그런 과정에서 시카고대학에 있는 페이프(Robert Pape)교수와 폴(T. V. Paul)교수 등 몇몇 학자들은 International Security라는 국제정치 안보분야의 최고 권위 있는 잡지에 군사

17) **그로티우스**: 국제법의 아버지이다. 영국학파인 국제사회학파가 이론적 스승으로 삼고 있는 그로티우스는 국가들 간의 약속은 지켜져야 한다고 주장하였다. 국가의 의지에 의해 만들어진 국제법과 자연법에 의해서 만들어진 국제관습법은 국가들을 규율하는 규범이다. 전쟁, 외교, 강대국간의 세력균형에서 국가들은 국가간 사회적 규범을 따르게 되는 것이다.

력 균형인 경성균형(hard balancing)과 구분되는 연성균형(soft balancing)이라는 개념을 만들어서 현재 질서가 군사균형은 아니지만 정치적으로 미국으로의 균형을 추구하고 있다는 연성균형(soft balancing)논의를 이끌었다. 이 논의는 단극질서와 관련된 세 번째 논쟁으로 아직도 진행 중이다.

세 가지 큰 논쟁과 함께 연관된 두 가지 의미 있는 논의도 주목할 필요가 있다. 하나는 미국이 단극질서 아래서 외교정책의 대전략(grand strategy)이 부족하다는 점과 그로 인해 미국외교가 대실패를 경험하게 될 것이라는 구체적인 미국외교정책의 논의이다. 미국 내에서 좌파지식인으로 영향력 있는 노암 촘스키(Noam Chomsky)나 우파에서 좌파로 전향한 찰머스 존슨(Chalmers Johnson)이 주도적으로 미국외교정책의 문제점을 지적하고 있다. 이뿐 아니라 우파에서는 외교분야 최고 권위 잡지인 Foreign Affairs를 발행하는 미국외교협회의 회장을 지낸 리차드 하스(Richard Haas)도 미국 외교의 전략부재를 비판했다. 특히 이 논의에는 부시행정부의 외교적인 무능력이 한몫을 거들었다.

관련된 두 번째 논의이자 현재 더 큰 논쟁을 이끌어가는 주제는 바로 '제국(empire)'논의이다. 근대 국제질서를 이루고 있는 대략 비슷한 나라들 사이의 세력균형이 가능했던 것은 역사의 일부분일 뿐이기 때문에, 과거에도 그랬던 것처럼 미래의 국제질서 역시 제국이라는 질서 속에서 살아갈 것이라는 것이 이 논쟁의 핵심이다. 따라서 현재 미국의 우월한 힘은 군사적으로뿐 아니라 경제적, 문화적으로도 지배적인 영향력을 발휘할 것이라고 한다.

2008년 미국의 경제위기로 미국의 패권이 약화되는 모습을 보이고 있다. 2008년 베이징 올림픽은 미국패권의 대항마로 중국이 부상하고 있는 것을 알려주었다. 'G-2'체제라는 용어나 'Chimerica'라는 개념은 중국이 부상하면서 양극체제로 바뀌고 있는 것에 대한 논의를 이끌고 있다. 그럼에도 불구하고 중국성장이 15개나 되는 국가들과 국경을 마주한 지정학적 조건의 불리함, 중국내부 경제의 성장잠재력의 소멸, 권위주의정부를 지속하기 어려울 것이라는 예상, 55개 소수민족의 동화주의정책의 모순으로 중국이 미국을 따라잡지 못할 것이라는 비판적 견해와 함께 여전히 세력균형이 없는 이유에 대한 논의는 진행 중이다.

6. 세력균형 부재에 대한 구체적인 설명

2004년에 나온 「BALANCE OF POWER: theory and practice in 21st century」에서는 세력균형 부재와 관련된 여러 주제를 다루고 있다. 조금 오래 된 논의이지만 극성의 미래를 예측하기에 여전히 유용한 지침을 주기 때문에 개략적으로 살펴본다.

먼저 폴(T. V. Paul)은 최근의 단극시대의 세력균형을 파악하기 위해서는 전통적인 세력균형의 개념으로는 부족하다고 하면서 개념을 확대할 것을 제안한다. 그는 균형화정책은 3가지로 나눌 수 있다고 한다.

첫 번째는 '경성균형(hard balancing)'으로 이는 공개적인 군비증강과 공식적인 동맹의 형성이다. 내/외부균형(internal/external balancing)이 여기에 속한다.

두 번째는 '연성균형(soft balancing)'이다. 여기에는 제한된 군사력 증강, 국가들 간의 비공식적이거나 암묵적이거나 임시적인 안보의 이해를 공유하는 것과 국제기구를 이용하여 임시적인 연대를 구축하거나 위협국가의 힘을 제한하는 것이 포함된다. 연성균형이란 강대국이 패권국가에 대해 경성균형에 들어가기 이전에 강대국들간 정치, 안보, 경제적 협력을 통해서 패권국가에 대해 신호를 보내는 균형정책을 의미한다. 패권국가가 더 힘이 강해지거나 일방주의가 강해지는 것에 대응하기 위해서 자국의 국력증대나 동맹체결이 아닌 조치들을 통해서 강대국들은 패권국가에 대해 세력균형이 얼마든지 가능하다는 신호를 보낸다. 이러한 조치에는 군사훈련의 실행, 경제적 협력증대, 영토거부, 국제기구에서 거부권사용 등이 있다.

미국의 패권에 대한 거부로 나타나고 있는 연성균형화들은 다양하게 존재한다. 중국과 러시아의 연례해군훈련은 중국과 러시아의 미국에 대한 견제가능성을 보여준다. 특히 중국과 러시아가 중심이 된 상해협력기구(SCO)에서 미국패권을 거부하는 것은 동맹의 경성균형은 아니지만 언제든지 경성균형으로 바꿀 수 있다는 것을 보여주는 것이다. 중국이 역내포괄적경제협력(RCEP)을 기반으로 하여 아시아자유무역지대(FTAAA)를 구성하고자 하는 것도 미국을 견제하는 연성균형화로 볼 수 있다.

세 번째는 '비대칭적인 균형화(asymmetric balancing)'로 약한 국가나 비국가 행위자들이 위기상황을 만들거나 테러리즘을 이용하는 것이다. 상대적으로 힘이 약한 국가나 테러리스트들은 경성균형을 통해서 미국을 견제할 수 없다. 자신의 목적을 달성하기 위해서는 불균형한 권력관계에서 패권국가에 위협을 가하는 정책을 사용한다. 대량살상무기나 테러리즘을 활용해서 패권국가를 견제하는 것이다. 북한이 미국을 상대로 핵무기와 운반수단인 미사일의 사거리를 늘리는 것이 대표적이다.

잭 레비(J. Levi)는 세력균형이 과거 유럽의 대륙 국가들을 중심으로 만들어진 이론이기 때문에 지금은 새로운 차원의 이론적 접근이 필요하다고 한다. 미국의 해양세력으로서의 역외균형(off-shore balancing: 지역에서 떨어진 채 균형을 유지하는 균형자)을 고려하면 유럽식의 세력균형은 이 현상을 분석하기에 적절하지 않다. 유럽 국가들은 미국이 지역 외에서 유럽내 세력균형만을 추구하기 때문에 굳이 미국을 견제할 필요가 없는 것이다.

크리스토퍼 레인(C. Layne)은 헤게모니 안정이론을 비판하면서 하나의 지배적(dominant) 국가가 존재하는 것은 안정의 원천이 아니라 위협과 불안정의 원천이 된다고 본다. 또한 위협균형이론에 대해서도 비판하면서 헤게모니 국가는 그 국가의 능력으로 인해서 언제나 위협적이라고 주장한다. 그는 조만간 미국에 대항하는 경성균형(hard balancing)을 보게 될 것이라고 주장한다. 그의 군사균형화 조치가 발생할 것이라는 예측은 악순환적인 설명방식을 택한다. 먼저 미국의 우월적인 지위는 테러단체의 폭력행위를 불러오고 여기에 미국이 대처하면서 테러와의 전쟁을 선포하게 된다. 헤게모니 국가인 미국의 대테러 전쟁은 과잉확장을 가져올 것이고 이는 다른 강대국의 국가이익과 상충하게 된다. 따라서 미국에 대항하는 균형화가 실현된다. 역사적으로 볼 때 패권국가에 대해서 항상 견제를 하는 길항세력(countervailing power)이 등장한다고 보는 크로스토퍼 레인은 미국의 패권에 대해서 반드시 길항세력이 등장할 것이라고 주장한다.

로버트 아트(R. Art)는 유럽이 미국패권에 대해 어떤 정책을 취할 것인가에 대해 '위험회피 정책 혹은 양다리 걸치기(hedge)'정책을 추구할 것이라고 본다. 국가들은 심리적인 위협보다 물리적인 안보 위협에 더 두려움을 많이 가진다. 특히 정치적, 경제적으로 국가의 성장과 지위 상승이 가져오는 부정적인 효과에 대해 염려를 많이 한다. 이런 점에서 유럽 국가들은 미국에 대해 경성균형(hard balancing)을 취하지는 않을 것이다. 왜냐하면 미국의 안보우산에 의존하고 있기 때문이다. 대신에 유럽 국가들은 위험을 분산시키는 정책을 추구할 것이다. 하지만 유럽 국가들도 미국의 일방주의에 대해서는 연성균형(soft balancing)정책을 추구함으로서 미국 영향력을 상쇄시킬 것이다.

정책적으로 관심을 가지고 있는 헤징에 대해 조금 더 부연 설명하도록 한다. 헤징정책은 위험분산전략 혹은 양다리 전략이라고 할 수 있다. 한 국가가 잠재적으로 위협이 될 수 있는 국가에 대해서도 안보협력을 점진적으로 구축하는 것이다. 두 개의 경쟁국가들 사이에서 등거리 외교를 수행하는 것이다. 따라서 특정 국가를 지지하지 않고 상황에 따라 안보협력을 변화시킬 수 있는 정책을 의미한다.

대표적으로 아태지역에서 인도가 수행하는 미국과 중국사이의 안보협력관계는 양다리 걸치기 외교라고 할 수 있다. 인도는 전통적으로 관계가 나빴던 중국에 대한 견제를 위해 미국과의 안보정책강화를 하면서도 경제적 협력과 안보문제해결을 위해 중국과도 안보협력을 추진하고 있다. 미국과 중국간 관계가 악화될 경우 헤징정책을 사용하는 국가들이 있다면 이들 국가들이 어느 진영으로 갈지 알 수 없다.

독일 언론인이자 국제정치학자인 요셉 요페(Josef Joffe)는 미국에 대한 세력균형이 없는 이유로 미국이 활용하는 비스마르크식 동맹을 들었다. 미국은 과거 독일의 비스마르크가 주변국가들을 동맹으로 관리하였듯이 현재 많은 국가들을 동맹과 군사적 제휴관계를 통해서 관리하고 있는 것이다. 실제 미국에 도전을 가할 수 있는 잠재력이 있는 독일과 일본을 동맹으로 관리하고 있는 것이다.

윌리엄 월포스(W. Worforth)는 미국 패권에 대한 도전은 힘의 차이로 인해 불가능하다고 주장한다. 힘의 크기가 너무 크기 때문에 다른 국가들이 모방화와 균형화를 통해서 미국을 견제할 수 없다는 것이다. 한편 힘의 크기뿐 아니라 위협의 부재를 균형화부재의 원인으로 보는 입장도 있다. 머스탄두노(M. Mustanduno)는 미국이 힘은 강하지만 다른 국가들에게 위협이 되지 않는다고 보았다. 따라서 위협을 느끼지 않는 국가들이 미국을 균형화하지 않는 것이다.

7. 세력균형에 대한 대안: 위협균형과 편승이론18)

2차 세계대전 후 세계패권국으로 등장한 미국에 대하여 서유럽지역에서의 동맹은 세력균형차원에서 패권국인 미국을 견제하기 위해 형성되지 않고, 오히려 소련을 견제하기 위해 미국을 중심으로 이루어졌다. 이를 설명하기 위해 첫째, 세력의 불균형의 방향으로 동맹관계가 발생한다는 편승이론과 둘째, 세력을 기준으로 한 세력의 균형이 아닌 다른 기준(위협)에 의한 균형이 이루어진다는 견해로서 위협균형이론이 있다.

표를 통한 비교 **왈트의 위협균형이론**

균형의 기준	국력(세력균형이론)	상대국가의 능력(권력)에 대응
	위협(위협균형이론)	상대국가의 의도와 위협에 대응
위협에 대한 대응방식	편승 (within threat)	위협에 대한 유화정책 사용
	균형 (against threat)	위협에 대한 군사적 대응책 사용
위협평가 지표	지리적인접성	가까울수록 위협인식 높음
	공격능력	공격능력(무기)가 많을수록 위협인식높음
	공격의도	공격의도가 높을수록 위협인식높음
	총체적국력	잠재적 국력이 높을수록 위협인식높음

균형화(balancing)에 대비되는 개념으로 편승(bandwagoning)이론이 스테판 왈트(S. Walt)에 의해 정교화되었다. 원래 왈츠(K. Waltz)도 편승에 대해 이야기 했지만 그는 편승보다 국가들은 균형화를 추구할 것으로 보았다. 왈트는 국가들이 약한 쪽에 합류하여 세력이나 위협의 균형을 추구한다는 것과는 반대로 보다 강한 쪽에 합류하는 편승을 선택한다고 본다. 그는 냉전기 중동국가들의 사례를 연구하여 편승이 되는 것과 편승의 기준으로 위협이 중요하다는 점을 밝혔다. 여기서 편승은 가장 강력한 국가와 동맹을 체결하는 것이다. 반면에 균형화는 가장 강력한 국가의 반대편에 서는 것이다.

국가들이 편승과 균형화 중에서 무엇을 선택할 것인가는 그 당시의 정세가 중요하다.19) 만약 균형이 지배적인 경우에는 국가들은 균형화를 택한다. 이 때 균형화를 당하게 되는 강

---

18) **위협과 편승의 관계**: 동맹을 만들게 되는 계기에는 힘의 계산과 위협의 계산이 있다. 왈츠가 힘을 설명했다면 왈트는 위협을 설명했다. 동맹의 체결양태를 설명할 때 왈츠는 국가들이 균형을 선택한다고 설명한데 비해 왈트는 편승의 논리를 제시하였다. 이렇게 보면 '힘/위협' × '균형/편승'의 4가지 유형이 만들어질 수 있다.

19) **위협계산과 정세분석**: 국가가 다른 국가를 위협인지를 파악하기 위해서는 먼저 위협구성요소 4가지를 분석한다. 그리고 나서 주변국가들이 어떤 정책을 가지고 있는지에 대한 정세를 계산하는 것이다. 즉 주변국가들이 편승을 할 경우 편승을 할 것이고 균형화를 취하는 상황이면 균형화를 따를 것이다.

한 국가는 반대동맹의 결성 방지를 위해 위협을 최소화하는 노력을 해야 한다. 반면에 당시 분위기가 편승이 지배적인 경우 국가들은 강한 국가에 편승하고자 한다. 이때 국가들을 더욱 편승하도록 하려면 더 강력하고 호전적인 모습을 보여서 위협을 증폭시키는 것이 중요하다. 따라서 당시 분위기는 약한 국가가 무엇을 선택할 것인가 뿐 아니라 강한 국가도 무엇을 선택할 것인지를 알려준다.

스테판 왈트(S. Walt)의 설명에 따르면 위협에 대항하는(against threat) 대항동맹이 형성될 수도 있고 위협에 투탁하는(within threat) 편승동맹이 체결될 수 있다. 위협에 자신의 몸을 맡기는 경우는 위협이 너무 크고 실제적 위협이 되며 주변으로 부터 지원을 받을 수 없는 경우에 위협을 받는 국가는 최소한의 주권을 인정받지만 상당한 자율성을 상실할 것을 감안하고 동맹을 체결하는 것이다. 반면에 위협국가에게 대항하는 동맹형성도 가능한데 현재 대항연합이 장기적으로 자신의 생존조건을 극대화해준다고 믿는 경우 균형화가 가능하다. 즉 강한 국가에 편승해서 주변의 약소국을 공격할 경우 승리는 보장되지만 결국 강대국이 나중에 자신을 다시 공격하려고 할 때 도움을 받을 수 있는 조건이 사라져버리게 될 것이다. 따라서 왈츠식의 이런 논리에 따르면 국가들은 균형화를 추구한다.

또한 편승의 목적도 두 가지이다. 공세적인 편승과 방어적인 편승이 있다. 방어적 목표의 편승은 위협이 되는 적국에 자국을 맡기는 것이다. 유화정책을 사용해서 부상하는 국가로부터 잠재적인 위협을 피하려는 경우가 여기에 해당된다. 반면에. 공격적 목표의 편승은 전시에 전리품 획득을 위해서 동맹을 체결하는 경우이다. 러시아가 1945년 연합국의 편에 서서 일본에 전쟁을 선포한 경우나 이태리가 1940년 프랑스에 선전포고를 한 경우를 들 수 있다.

왈츠가 편승동맹을 설명하면서 국력을 중심으로 설명했다면 왈트는 국력보다는 그 국력을 어떻게 느끼는가 하는 위협(threat)을 기준으로 동맹을 체결한다고 하여 위협균형이론(balance of threat)을 주장했다. 즉 주변국가가 힘은 약하지만 위협이 된다고 느낄 경우 위협에 대항하기 위해 다른 국가들과 동맹을 체결한다는 것이다. 양 이론의 가장 큰 차이는 객관적인 지표인 '권력'이 중요한 것인지 권력을 위협으로 이해하는 '인식'이 중요한지 여부이다. 1차 대전과 2차 대전에서 연합국이 힘이 약한 독일을 상대로 동맹을 체결한 것은 공통적으로 독일을 위협으로 인식했기 때문이다.

왈트는 위협균형을 형성할 때 고려하는 것으로 4가지를 제시한다. '종합국력(aggregate power)', '지리적 인접성(proximity)', '공격능력(offensive capability)', '공격의도(offensive intention)'가 그것이다. 종합국력이 높을수록 위협이 증대한다. 지리가 가까울수록 위협이 증대한다. 공격능력이 증대하면 위협이 증대하고 공격의도의 증대 역시 위협을 증대시킨다. 왈트의 이론적 공헌은 위협을 측정할 수 있는 지표를 만들어 주었다는 것이다.

왈트는 국가들이 균형을 추구하는 것이 일반적이라고 보았다. 단지 특별한 조건 하에서 편승이 발생한다고 했다. 따라서 편승 발생조건을 살펴보면 첫 번째로 약소국일 경우에 편승을 선호한다. 약소국은 균형화할 수 있는 능력이 부족하기 때문이다. 또한 약소국일수록 지리적 조건에 민감하다. 두 번째 강한 국가의 경우 보상의 증가를 고려해서 강대국가 중 더 약한 쪽에 합류한다. 전쟁에서 승리한 이후 국가는 전리품을 나누는데 상대적으로 약한 국가와의 동맹이 더 많은 보상을 약속할 것이다. 세 번째로 비슷한 국력을 가진 국가는 균형을 택하기 쉽다. 네 번째로 강대국에게 위협을 받은 경우 약소국은 편승을 택하기 쉽다. 다섯째로 전시에 전세가 우세한 쪽에 편승이 용이하다.

위협균형이론은 세력균형이라는 국력지표, 즉 물리적인 지표대신에 그것을 어떻게 느끼는게 중요한가라는 점을 부각시켜서 세력균형이 보기 어려운 부분들을 보완해서 설명해준다.[20] 또한 현실적으로 설명하기 어려운 동맹현상을 설명하는데 도움을 준다. 그리고 국가간 세력의 변화가 없는 경우에도 위협인식의 변화로 인한 동맹관계의 변화 역시 설명할 수 있는 장점이 있다. 하지만 위협은 인간이 느끼는 관념적인 것이기 때문에 위협의 정도를 측정하기 어려운 문제가 있다. 하지만 현실주의에서 관념을 문제 삼아서 이론을 전개함으로서 현실주의 설명력을 높였다는 점에서 의미가 크다.

---

20) **위협균형과 세력균형 구분**: 동맹을 체결하는 기준으로 '세력'과 '위협'이 있다. 이것은 계산의 기준이다. 반면에 동맹의 배열형태로 '균형(balancing)'과 '편승(bandwagoning)'이 있다. 균형은 1등 국가의 반대편에 서는 것이다. 편승은 1등 국가와 함께 동맹을 체결하는 것이다. 위의 2개 기준에 따르면 총 4개의 동맹이 있다. 세력균형/세력편승/ 위협균형/ 위협편승의 4가지가 만들어질 수 있다.

제 2 장 자유주의와 구성주의

수험적 맥락

한국은 동북아시아에서 상대적 약소국(weaker state)이다. 강대국들 사이에서 한국은 현실주의이론을 따르면 주체(강대국)가 되어 국제관계를 주도하기보다는 객체가 되어 강대국들에 의해 운명이 결정될 수 있다. 그런 점에서 군사력과 경제력만으로 국제관계를 보는 현실주의를 벗어나서 한국의 발언권을 높이는 방안을 자유주의나 구성주의에서 찾아보고자 한다. 그래서 현실주의이론의 대안으로 자유주의와 구성주의의 논리가 무엇인지를 탐구한다.

수험적 중요주제

1. 기능주의이론: 지역통합의 수요(민간부문)적 측면의 강조
2. 외교정책결정이론: 앨리슨 모델, 그룹사고 모델, 양면게임이론
3. 상호의존이론: 경제-사회적교류와 국제관계의 변화
4. 신자유주의: 상호주의와 제도를 통한 협력
5. 민주평화이론: 민주주의제도와 규범의 효과
6. 구성주의: 정체성과 지식의 중요성

이상주의가 현실주의에 의해 이론에서 사장된 뒤 미국의 주류 국제정치학이론은 현실주의였다. 냉전이라는 환경은 서유럽 안보의 불안, 1949년의 소련의 베를린 봉쇄, 1949년 중국공산화와 1950년 한국전쟁으로 군사적 냉전으로 까지 확대되었다. 이런 상황은 열전(hot war)은 아니지만 냉전(cold war)이라는 정치, 경제, 사회문화적 대립속에서 권력의 명확한 이해에 따른 대책을 필요로 했기에 현실주의가 정책을 위해서도 소비될 수 있었다.

그러나 1950년대 유럽 통합의 움직임은 이전과 다른 유럽질서의 구축이었다. 또한 한국전쟁을 비롯한 일련의 사건들의 의사결정과정은 현실주의이론이 상정하는 국가의 단일성이라는 의인화를 받아들이지 못하게 하였다. 실제 인간이 결정을 내리면서 겪게 되는 심리적인 부분, 조직적인 부분, 정보의 부족 등은 정책결정과정이라는 중앙정부의 블랙박스를 열어

보게 하였다. 통합이론과 외교정책결정론이 1950년대 이후 등장하면서 현실주의의 국가단일성과 국가중심성을 공격하기 시작했다.

이런 과정 속에서 1970년대 베트남전은 패권국가 미국조차 군사력을 가지고 정치적 목적을 달성할 수 없다는 것을 보여준 것이다. 게다가 1973년부터 오일파동이 벌어졌을 때 예전 영국의 영향권에 있던 이들 국가를 군사력으로 제압하지 못하는 상황을 맞이하였다. 이런 상황에서 자유주의 학자들은 '군사력=정치적권력'의 가정이 잘못되었다고 생각하고 현실주의의 한계를 지적하였다. 다국적기업이나 종교조직과 같은 초국가적 행위자들의 등장은 전통적으로 국가중심성을 가정한 이론적 가정에 문제제기를 하게 된다.

이런 변화된 환경을 설명하기 위해 로버트 커헤인(Robert Kohenane)과 죠셉 나이(Joseph Nye Jr.)는 상호의존이론을 통해서 고전적 현실주의의 이론적 아성에 도전을 하게 된다. 초국가주의를 통해서 전통적으로 이해되던 'A 국가- B 국가'의 관계를 'A 국가-A 시민사회- B 시민사회 - 비국가기구들'의 관계로 확장한 새로운 패러다임을 제시한 것이다.

또한 다국적 기업의 등장, Neo-Marxist들의 등장, 강대국과 약소국간의 수직적 관계에 대한 이론 등장, 인간의 충성심(애국심)에 대한 이해가 달라지게 된 상황이 가세하면서 국제관계는 더 이상 외교관들만의 영역이 아니다라는 생각이 대두하게 되었다. 즉 국가중심적 가정과 이론적 설명력에 한계가 제시된 것이다.

이러한 상황에서 NGO의 증가 등 변화된 국제사회를 이해하기 위한 새로운 국제관계 패러다임의 필요성이 제기되었다. 두 명의 학자가 이런 시대 분위기 속에서 이러한 요구에 답하여 새로운 패러다임을 내놓는다. 이들이 사용한 초국가적 관계(Transnational(ism) Relation)라는 용어는 레이몽 아롱(Raymond Aron)이 처음 사용한 개념이다. 이들 자유주의자들이 현실주의자인 아롱에게서 영향을 받은 것을 보여준다. 1971년의 논문을 확대하여 1977년에 이들은 「Power and Interdependence」라는 책을 통해 상호의존이론의 체계를 세웠다.

체계적인 자유주의의 현실주의를 넘어서려는 노력은 1980년대에 들어 행태주의과학으로 무장한 신현실주의와의 논쟁 속에서 '신자유주의 제도주의'이론으로 발전된다. 또한 1990년대에 는 민주평화이론이 부상하여 발전하였다. 그리고 1991년에 「International Organization」에서 '다자주의'이론을 특집으로 하여 자유주의의 제도주의를 다자주의로 확대하였다. 그 이후 자유주의에서 제도론과 국제기구를 연구하는 이론가들이 글로벌 거버넌스라는 이론을 통해서 자유주의의 영역을 넓히고 있다.

현실주의와 자유주의의 다툼 속에서 탈냉전이후 무너진 사회주의국가들의 위상처럼 마르크시즘도 이론적 입지가 줄었다. 이 사이에 지식사회학으로 무장한 구성주의가 뛰어 들어 하나의 대안 패러다임으로 자리를 잡아가고 있다. 구성주의는 인식론에 기반하여 국제정치를 새롭게 이해하자는 이론체계로 정체성이라는 설명요인을 검증하는 어려움이 있지만 변화를 설명할 수 있다는 장점을 가진 이론이다.

2장에서는 자유주의의 이론을 사상적 계보에서 출발하여 연대기적으로 서술한 뒤 구성주의에 대한 내용을 설명하도록 한다.

제1절 자유주의의 사상적 기반

자유주의도 과거 평화론을 주장했던 이들부터 이론적인 스승들이 많다. 하지만 현대 자유주의자들에게 영향을 미친 이론가인 로크와 칸트에 국한하여 다룬다.

1. 존 로크(J. Locke)

존 로크는 자유주의 입장에서 사회계약론을 설명한 이론가이다. 로크 역시 홉스처럼 무정부상태를 이론의 출발로 삼았다. 그러나 홉스가 '무정부상태=전쟁상태'로 본 것과 달리 로크는 무정부상태는 전쟁상태와 전쟁이 아닌 상태로 구분하였다. 따라서 무정부상태가 있다고 하여 필연적으로 전쟁이 발생하는 것은 아니다.

전쟁상태가 아닌 자연상태는 인간의 자연권(소유와 안전이라는 자유를 확보할 수 있는 권리)을 추구하기에 불편한 상태이다. 반면에 자연상태가 전쟁상태가 되는 것은 필연적인 것이 아니기 때문에 국가가 적대적인 의도를 가지고 전쟁이 선포했을 때 전쟁상태로 돌입되는 것이다. 이 점은 이후 자유주의자들이 무정부상태를 이해하는 방법이기도 하다. 홉스와 갈라섰기 때문에 자유주의자들은 무정부상태를 지나칠 정도로 생존의 문제에만 매달릴 필요가 없다고 보는 것이다. 실제 탈냉전이후 국가가 다른 국가의 생존을 빼앗을 정도로 전쟁을 시도한 예가 거의 없다.

로크의 사회계약은 자연권을 보호하기 위해 인간이 국가와 직접적으로 계약을 체결하여 국가를 세운다. 로크는 이런 국가와 시민 간 계약에서 국가가 계약을 위반할 경우 시민은 저항권이라는 권리를 가지고 국가를 거부할 수 있다. 시대를 뛰어넘는 혁명에 대한 발상을 한 것이다.

기본적으로 인간은 자연권을 보호하기 위해 국가를 세우고(사회계약으로) 이러한 국가가 인간의 자연권을 침해하면 사회가 혁명을 통해 정부를 바꿀 수 있는 혁명권을 가지고 있다고 주장하였다. 로크의 혁명의 논리는 국내정치에서 미국혁명에 활용되었다.

로크는 인간의 자연권을 보호하고 헌법을 지켜나가기 위해 헌정주의를 제시하였다. 사회계약에서 이런 헌법에 반대하는 의사가 없다면 묵시적 동의로 간주한다. 따라서 민주정치는 만장일치가 아닌 묵시적 동의에 의한 것이다. 이런 묵시적 동의는 국제관계에서도 발생한다. 국가들도 국제조약을 통해서 국가간 계약을 할 수 있는 것이다.

국가의 합리적 행위는 법을 지키는 것이다. 자유와 안전이라는 자연권을 위협하는 침략자에 대해 수행하는 방어전쟁은 정당한 전쟁이다. 로크는 침략자는 죽일 수 있으며 정복의 대상이 될 수 있다고 강조하면서 기독교관점에서 정전론(Just war)을 주장한다. 이와 같은 맥락에서 침략자에게 동조, 합의, 동일한 입장을 취하는 자 역시 응징하여야 한다.

로크는 집단안보(Collective Security)를 주장했다. 현대 UN에서 말하는 집단 안보 개념과는 다른 개념으로서 침략자에 대한 집단적 대응을 의미한다. 국가들이 침략자에 대해서 공동으로 대처하는 것이다.

로크에 따르면 사회계약으로 세워진 국가에서 '계약'이 가장 중요하다. 그러므로 모든 국가는 약속을 반드시 지켜야 한다. 약속을 위반하는 국가는 응징의 대상이 되어야 한다. 그런 점에서 국가는 합의한 조약을 지켜야만 하는 것이며 국가 간에는 자연법이 적용되어야 한다. 이로서 로크는 자유민주주의 평화론의 출발점이 되었다. 하지만 로크 이론은 국제사회에 영향을 크게 미치지 못하였다. 그의 사상은 국가내의 체제와 명예혁명을 정당화하는데 사용되었다.

2. 임마누엘 칸트(I. Kant)

칸트는 자유주의와 이상주의이론의 사상적기초를 구축하였다. 그는 1795년 '평화를 위한 조약'을 통해서 평화 건설 주장하였다. 주장의 핵심은 국제사회에 헌정질서를 구축하여 세계평화를 만든 다는 것이다.

칸트는 인간이 윤리를 통해서 내면을 통제할 수 있다고 보았다. 하지만 인간간의 관계를 안정화하기에는 법이 필요하다. 인간 사회에서 개인들이 자신의 자유를 추구하면 다른 이의 자유를 악화시킨다. 개인 자신의 자유가 다른 이의 자유와 충돌하지 않고 일치할 수 있는 것은 법에 의해서 가능하다. 법이 가지고 있는 예측가능성은 자유를 추구하는 개인들이 예측가능한 범위에서 자유를 추구할 수 있게 한다.

칸트는 국가들간의 관계 역시 이처럼 법에 의해서 규율될 수 있다고 보았다. 1795년 바젤조약체결을 직접 목도한 칸트는 법에 의한 평화에 신념을 가지고 영구평화론을 제시한 것이다. 「영구평화에 대하여」에서 칸트는 영구평화를 위한 조약을 제시한다. 칸트는 평화의 조건을 예비조항, 확정 조항, 추가조항의 세 항목으로 나누어 기술하고 있다.

먼저 예비조항은 진실에 토대를 둔 평화조약, 민족자결권의 존중, 반식민주의, 상비군의 폐지, 내정간섭금지, 상호신뢰를 해할 전쟁 중 적대행위의 금지로 구성되어있다. 이들 예비조항들은 평화를 위해서 금기시 되어야 할 것들로 비밀스러운 평화조약, 내정간섭의 금지, 상호신뢰를 해할 전쟁 중 적대행위의 금지조항은 즉시 철폐되어야할 항목이며 나머지 항목들은 상황에 따라서 주관적으로 확대적용하거나 집행을 연기할 수 있다고 보았다.

이보다 중요한 것이 확정조항이다. 예비 조항이 '해서는 안된다'의 형식을 갖춘데 비해서 확정조항은 '해야만 한다' 혹은 '하지 않으면 안된다'의 형식으로 구성되어 있다. 확정 조항은 3개의 조항으로 구성되어 있다. 구체적 조항 내용을 살펴보면 다음과 같다. 첫째, 모든 국가에 있어서 시민적 체제는 공화제이어야 한다. 둘째, 국제법은 자유로운 제국가의 연맹에 토대를 두어야한다. 셋째, 세계시민법은 보편적인 우호의 제 조건에 한정되어야 한다.

첫 째 조항인 공화정이란 국민들이 선택한 정부가 통치하는 나라로 민주평화론의 출발점이 된다. 이때 공화주의는 현재 인민이 통치하는 국가라는 점에서 민주평화론으로 이어진 것이다. 인민들은 전쟁에서 비용이 많이 드는 반면 국왕은 전쟁에서 혜택이 큰데 비해서 비용은 별로 들지 않는다. 따라서 인민의 의사가 반영되는 공화주의국가에서는 전쟁결정이 어렵다.

두 번째 조항은 자유로운 제 국가들 사이의 연맹에 토대를 둔 국제법적 질서를 제시하고 있다. 국가의 정치형태가 민주주의로 변화한다고 전쟁을 완전히 막을 수는 없다. 타국가에 의해 시도된 전쟁에 대해 민주주의도 대응을 해야 하기 때문이다. 따라서 국가간 분쟁을 해결할 수 있는 국제법과 국제연맹이 필요하다. 이런 체계는 루이 14세 이후의 유럽 연합안의 계보를 잇는 유럽의 연맹적구조로 연결된다. 칸트가 국제연맹과 국제연합의 이론적 스승이 되는 것이다.

세 번째 조항은 자유교역에 기반을 둔 세계인민법을 주장했다. 1차 대전 이전 유럽은 교역과 이동이 자유로웠다. 이런 세계인민법 덕분에 인민은 특정국가의 지도자에게 자신의 생활을 의존하지 않아도 된다. 게다가 칸트는 '환대권한(hospitality)'을 제안했다. 어느 지역에서든 그 지역에 머물겠다면 그 지역주민들은 음식과 숙박을 제공해야 한다. 이러한 권한은 자신이 사는 지역에 타국 시민이 왔을 때도 적용된다. 이렇게 하면 시민들은 국가정책이 마음에 들지 않는다면 다른 국가로 이주할 수 있다. 만약 자유로운 시민들을 만들 수 있다면 전쟁을 개시할 때 군주는 충성스러운 시민들을 동원하지 못할 수 있다. 충성을 맹세하지 않는 시민들이 있을 때 전쟁은 불가능한 것이다.

칸트가 제시한 2개의 추가조항이 있다. 제 1 추가 조항은 신의 섭리에 의해 평화는 올 것이라는 것이다. 자연에 의해서 전쟁이 만들어지니 인간은 국제법을 통해서 전쟁을 막을 수 있다고 보았다. 그런 점에서 칸트는 역사발전을 믿었다. 칸트는 국가들 사이의 무역, 통상, 상호관계 과정을 중요시 하였고 이를 통해 역사는 진행 하며 평화는 올 것이다. 상업적 정신은 자연이 만들어낸 것으로 상업적 정신을 따른다면 인간은 전쟁을 피할 것이다. 이것이 자연, 신의 섭리이다.

제 2 추가 조항은 전쟁문제는 철학자에게 자문을 구하라는 것이다. 왕이 철학자가 되는 것은 불가능하다. 왜냐하면 권력은 이성의 자유판단을 부패시키기 때문이다. 따라서 권력을 가진 왕은 철학자들이 공개적으로 말할 수 있게 환경을 조성해야 한다. 철학자들을 의심해서는 안된다. 왕은 독자적인 생각을 가진 철학자들의 전쟁에 관한 의견에 귀를 기울여야 한다.

칸트의 사상은 이후 비엔나회의에서 부분적으로 제도를 구축하는데 활용된다. 따라서 칸트는 국제헌정주의(International constitutionism)의 아버지가 되었다. 1980년대 마이클 도일은 칸트의 아이디어를 경험연구에 연결하여 민주주의국가간 전쟁부재를 설명하였다. 이후 부루스 러셋과 같은 국제정치에서의 신칸트주의자들은 칸트의 3가지 확정조항에서 '민주주의'와 '국제기구' 그리고 인민의 교역에 기반을 둔 '상호의존'으로 변수를 추출하여 3가지 요인들 각각이 평화에 기여하는 것을 입증하였다.

제2절 지역통합이론(1950년대 이론)

기능주의이론은 현대적 관점에서 현실주의의 주장인 국가 중심성을 공격한 이론이다. 기능주의의 핵심적인 아이디어는 국가들의 독점적인 통치가 작동하기 어렵고 비국가행위자들이나 초국가행위자들에 의해 국가의 기능 상당부분은 담당하게 될 것이라는 점이다. 그런 점에서 사회적 통합에 대한 수요가 존재한다면 국가라는 공급자의 역할에 대한 기대가 적어질 수 있고 국가 중심적인 국제정치의 안보경쟁과 안보갈등을 탈피할 수 있다는 것이다.

통합이론에서 말하는 '통합(integration)'은 민간 측의 수요에 의해 경제와 사회분야가 결합되는 것을 의미한다. 경제통합은 첫째, 무역특혜협정(Preferential trading arrangement). 둘째, 자유무역지역(Free trade area). 셋째, 관세동맹(Custom union). 넷째, 공동시장(Common market). 다섯째, 경제동맹(Economic union)이 있다. 이것을 구분하는 핵심은 '내부결속'과 통합에 참여하지 않은 국가에 대한 '차별성'에 있다. 내부결속에서 어느 정도까지 경제적 협력을 만드는지는 외부에 있는 국가에게는 그만큼 경제적 기회비용의 상실이 된다. '통합'과 달리 '통일(unification)'은 정치적 결정을 강조하는 것이다. 동서독은 1991년 통일이 되었지만 한 동안 경제와 사회의 갈등으로 '오씨'와 '웨씨'라고 동독인과 서독인을 구부하여 부르기도 하는 등 통합에 어려움을 겪었다.

1. 미트라니(David Mitrany)와 기능주의

미트라니의 기능주의이론은 통합이론을 최초로 이론화 한 것이다. 2차 대전중이던 1943년 「Working Peace System」에서 과거 국제연맹으로 대표되는 헌정주의는 평화를 구축하는 것이 불가능하다고 보았다. 따라서 정치적 의지에 의해서만 만들어지는 헌정주의적 계획보다는 민간의 필요를 강조하는 기능주의(Functionalism)를 제시함으로서 공급중심이 아닌 수요중심이론으로 전환하였다.

기능주의란 인간의 필요 즉 수요를 강조하면서 수요가 공급을 만들어 낸다고 보는 입장이다. 미트라니 역시 인간의 가장 기본적인 욕구를 충족시키는 것이 평화를 가져올 것으로 보았다. 민간의 통상, 생산과 같은 기본적인 욕구는 국가가 아닌 국제기구의 전문가들에 의해서 결정되어야 한다. 민간 욕구충족에 관한 문제를 담당하는 기능을 정부에서 축소시키자는 것이다.

미트라니는 국가들간의 갈등이 영토적 기준인 국가와 충성심의 기준인 민족주의가 불일치하기 때문이라고 보았다. 유럽과 같이 국가경계와 민족경계가 불일치한다면 이것을 하나의 공동체로 만든다면 안보불안을 줄일 수 있다. 그런데 민간의 욕구는 국가 경계에 의해 제한되지 않는다. 국제하천을 관리하고 여행과 통상과 같은 요구를 충족하게 하려면 배타적인 국가관료들 보다는 국제기구의 전문가들이 해결해 주는 것이 현실적이 된다.

이러한 그의 계획은 1945년 유엔의 창설과 더불어서 제도가 마련되었다. 특히 UN System혹은 UN Family를 구축하는데 역할을 하였다. UN Family란 유엔 주도로 창설된 국제기구 및 프로그램을 통칭한다. 예를 들어 WHO, WTO, UNESCO, UNICEF 등이 여기에 속한다. 기능주의의 이론적 토대위에서 만들어진 특정 분야의 관련 국제 전문 기구를 통해서 전문적인 지식 정책이 결정되고 있다. 정치적 결정을 하지 않는다는 것이다.

핵심개념은 분기(ramification)에 있다. 분기란 마치 핵분열처럼 한 분야의 협력이 다른 분야의 협력을 폭발적으로 유도한다는 것이다. 민간의 수요에 대해 한 번 협력이 이루어지면 이와 연결된 다른 분야에서의 협력이 증대하게 된다. 이런 과정을 거치면 더 많은 분야의 협력을 가능하게 하기 위한 경제통합이 되는 것이다. 이런 주장의 핵심은 국가들의 정치적 결정을 약화시키고 국제기구 등의 영향력을 키우는 것이다. 전통적인 국가 중심성을 거부한다는 점에서 전통정치학을 거부하는 것이다.

2. 어네스트 하스(Ernst Haas)와 신기능주의(Neo-Functionalism)

신기능주의를 만든 하스는 유럽통합이 지체되는 상황을 보면서 경제적 수요 만에 의해서 통합이 확대되는 것이 아니라 교착된 상황을 해결하기 위한 정치적 결정이 필요하다고 보았다. 하스는 이전의 기능주의이론가인 미트라니와 유럽통합의 아버지인 (Jean Monnet)에게 영향을 받았다.

하스는 국제사회가 평화롭게 변화하는 면에 초점을 맞추었다. 즉 국제사회는 평화적변화(Peaceful Change)가 가능 하다. 유럽의 통합적기구들(ECSC,EURATOM,EEC)이 기능하는 것을 보고 유럽이 정치적으로도 통합이 가능할것이라는 입장을 제시한 것이다. 미트라니와 달리 통합에 있어 정치를 배제 할 수 없다고 본 것이다. 제기구들을 통해서 하나의 초국가적 사회로 통합해 나갈 수 있다. 이는 정치지도자의 결단에 의해서 가능하다. 정치지도자의 의지를 기능주의에 대입 시켰다는 점에서 통합이론에 전통적 정치관점을 되살린 의미가 있다.

당시 유럽의 사회적 상황은 소련에 대항하기 위해 유럽의 단결을 강조하였던 상황이며 미국은 유럽을 지원하고 있었다. 경제적 수요를 통해서 현실주의자들이 강조하는 힘에 기반한 통합이나 세력균형에 의한 불안전성을 극복하고자 한 것이다, 그러나 현실주의자 스탠리 호프만의 "이러한 현상은 오직 유럽에서만 가능한 현상이다"라는 지적처럼 유럽적 특수성을 반영하는 것일 수 있다.

하스의 통합이론은 EU의 이론적 뒷받침이 된다. 그러나 그는 1976년 통합이론이 더 이상 국제사회에 적용되지 않을 것이라고 스스로 한계를 인정했다. 이 시기에 유럽통합이 진척되지 못하는 것은 프랑스에서 샤를 드골의 등장 때문이었다. 프랑스의 식민지 였던 알제리가 프랑스를 상대로 전쟁을 하려 하자 이에 대한 해결책으로 프랑스는 드골을 대통령으로 임명하였다. 드골은 알제리를 해방시키고 프랑스 국가 제1주의로서 대외정책을 펴나간다. 이러한 그의 정책은 프랑스를 NATO에서 탈퇴하게 하고 독일을 견제하기 위해 러시아와 우호적 관계를 지향함으로서 반미적 정책을 펴나가게 된다. 이러한 드골의 프랑스 대외정책은 더 이상 유럽이 통합되어 가는 것을 멈추게 했다. 결국 이것을 인식한 하스는 더 이상 유럽에서 그의 통합이론이 적용될 수 없음을 인정한 것이다.

그러나 그의 이론과 상관없이 80년대 일본의 등장으로 유럽은 경제적 지위에 대해 위협을 느끼게 되었다. 유럽국가들은 일본에게 국제사회의 지위를 빼앗기지 않기 위해 유럽 통합의 강화 필요성을 느끼게 된다. 이러한 노력이 유럽연합(EU)을 탄생시킨다. 통합이론을 포기하고 하스는 이후 국제기구에 의한 새로운 지식의 보급으로 국제사회가 평화롭게 변화할 수 있다고 주장하였다. 이러한 입장은 하스 이전 이론가인 칼 도이치(K.Deutsch)에게 영향을 받은 것이다.

3. 칼 도이치(K. Deutsch)의 거래주의와 안보공동체이론

도이치는 거래주의와 커뮤니케이션이론을 통해 통합을 설명한다. 그는 「대서양에서 다원적 공동체」라는 책을 편집하고 서문을 작성하면서 북미국가와 유럽국가인 대서양 국가들의 통합가능성을 제시한다. 그가 제시한 두 가지 안보공동체는 두 가지 모델로 구분된다. 첫 번째는 융합안보공동체(amalgamate community)와 두 번째는 다원적안보공동체(pluralistic security community)가 그것이다. 융합안보공동체는 정치적 통일(unification)을 달성한 공동체로 주권이 하나로 흡수된다. 13개의 주가 미합중국을 만든 것이 사례이다. 두 번째 다원적안보공동체는 주권을 따로 가진 국가들이 안보에서만 협력을 하는 것이다. 대표적으로 북미방공사령부를 함께 사용하고 있는 미국과 캐나다를 들 수 있다.

도이취이론은 지역통합을 소통과 거래주의를 통해서 설명한다. 대서양에서 통합이 될 수 있는 첫 번째 요인은 언어를 통한 소통이다. 대서양이 통합이 수월한 것은 민족주의가 형성될 때처럼 언어의 공유가 중요하다. 그런데 유럽은 언어의 유사성으로 인해 의사소통이 수월하기 때문에 통합이 수월하다는 것이다. 두 번째로 통합이 가능하기 위해서는 다방면의 거래 증대가 필요하다. 국가간의 다양한 교류의 증대는 양적인 차원에서 증대하여 질적변화를 가져오게 된다.

도이취의 이론에서는 전제조건이 중요하다. 전제조건이 충족되면 지역통합이 수월하게 된다. 도이취가 제시한 통합의 전제조건은 다음과 같다.

① 가치 및 이데올로기를 공유할 수 있어야 한다. ② 구성원간의 유사한 삶의 방식(독특한)을 가지고 있어야 한다. ③ 강력한 경제유대와 이런 관계를 통해 이득을 가져온다는 기대를 가지고 있어야 한다. ④ 정치와 행정적 능력이 신장되어 그 기능이 잘 발휘되어야 한다. ⑤ 우월한 경제적 성장이 있어야 한다. ⑥ Social Communication의 자유가 보장되어야 한다. ⑦ 정치지도자가 폭넓게 분포되어 있어야 한다. 이는 다원주의가 보장되어야 한다는 것이다. ⑧ 사람들의 이동, 이주가 자유로워야 한다. ⑨ 다양한 무역, 교역이 가능해야 한다. ⑩ 국가들의 정책적 행동양식이 서로에게 예측가능해야 한다. 이는 법치국가임을 의미이며 무역을 가능케 해주는 환경을 의미한다.

위의 조건들이 통합을 만든다면 유럽은 이것이 가능하지만 다른 지역에는 적용하기 어렵다. 다양한 조건들 중에서 중요한 것은 다원주의사회가 되고 경제발전이 이루어져야 하는 것이다.

도이취의 의사소통을 강조하는 통합이론은 국가간 의사소통에 기반한 정체성 공유가 되어야 한다. 그런 점에서 도이치는 구성주의에도 영향을 미쳤다.

제3절 1950년대 외교정책결정이론

1. 외교정책이론의 출현

1950년대 한국전쟁의 결정과정을 분석한 스나이더의 선구적 연구는 국가의 정책결정이 현실주의자들이 주장하는 것처럼 내부적으로 다양한 의견이 없이 단일하며 합리적으로 국가이익을 위해 부처간의 의견차이가 없는 것이 아니라는 점을 밝혔다. 실제 인간은 당구장의 당구공과 같이 단순히 외부적인 압력에 일관되게 대응하는 것이 아니라 심리에도 영향을 받고 자신이 속한 부처의 이해관계와 부처간 흥정에 의해서 자신이 생각하는 국가이익을 조정하기도 한다. 따라서 외교정책결정이론은 1950년이후 현실주의의 가정인 '합리성' '단일성' '가장 중요한 행위자'가정을 공격하였다. 주로 자유주의에 의해서 발전한 외교정책결정모델은 국가가 실제로 어떻게 정책결정을 하는 지를 드러낸다.

왈츠는 1979년 자신의 책인 「국제정치이론 Theory of International Politics」에서 명시적으로 자신의 이론은 국제관계를 다루는 국제정치이론이지 외교정책결정이론은 아니라고 주장했다. 국제정치이론은 국가들이 움직이는 패턴을 다룬다. 즉 극성에 의해서 국가들이 움직이게 되는 관계를 일반화하는 것이다. 이때 어떤 국가가 어떤 방식으로 내부적으로 반응하는지는 중요하지 않다. 이보다는 국가들 간의 관계를 패턴화함으로서 일반이론을 만들고자 하였다. 왈츠는 이런 문제의식에서 세력균형이 자동적으로 형성되는 것을 설명했다. 반면에 외교정책결정론은 한 국가내부를 들여다보는 것이다. 따라서 국제정치이론이 국제체계 수준에서 관계를 설명하는 것이라면 외교정책결정론은 국가수준에서 내부를 들여다 보는 것이다. 이를 표로 비교하면 아래와 같다.

표를 통한 비교

국제체계이론: 극성 → 국가간 대외정책의 패턴
외교정책결정이론: (외부 자극) → 국내정치(정책결정과정) → 대외정책
신고전현실주의: (외부자극) → (정책결정과정: 극성계산 + 국내정치과정 + 지도자인식) → 대외정책

2. 외교정책결정이론의 발전

외교정책결정 모델에 있어서 스나이더(Snyder, Bruck, Sapin)를 중심으로 한 '작용-반작용-상호작용모델 (Action-Reaction-Interaction Model)'이 제시되었다. 결정자를 중요하게 다루면서 정책결정자가 처한 환경과 개인적 특성을 통해서 외교정책이 결정되는 것을 분석하였다.

스나이더의 연구는 외교정책의 효시로 볼 수 있다. 그는 외교정책이 결정되는 과정을 통해서 현실주의가 가정한 '당구공모델'1)을 비판하였다. 국가가 외부환경에 일관되게 대응하기 때문에 현실주의는 대외정책결정에 있어서 정부내부의 블랙박스를 들여다 볼 필요가 없다. 이에 대해 자유주의는 국가 블랙박스를 열어보았다는 점에 의미가 있다. 블랙박스를 열어서 실제 정부에서 무슨일이 진행되었는지를 보면 외교정책이라는 것이 다양한 조직내에서 일련의 정책결정과정들간의 합에 의해서 만들어진다는 것을 알 수 있다. 또한 외교정책은 의인화된 국가가 결정하는 것이 아니라 결정자인 사람에 의해 결정된다. 마지막으로 결정은 '과정'에 의해서 만들어지기 때문에 결정과정을 연구하는 것이 필요하다.

외교정책결정이론은 이후 일반 의사결정 분야로 부터 영향을 받았다. 특히 허버트 사이먼(H. Simon)의 '제한적 합리성(bounded rationality)'이 외교정책모델에 준 영향이 크다. 이 모델에 따르면 의사 결정시 이익 극대화보다는 욕구 충족의 충분한 적정화 수준에 그친다.

1) **당구공모델의 의미**: 당구공모델은 아놀드 울퍼스(A. Wolfers)라는 학자가 설명한 개념이다. 당구게임에서 당구대에 당구공이 외부충격에 의해 움직이는 법칙이 있는 것처럼 국가의 외교정책도 다른 국가가 가하는 외부충격에 대한 대응에 의해서 움직이게 되는 것이다. 이때 당구공 안을 들여다 볼 필요가 없다.

이에 따르면 현실주의가 상정하는 합리적행위자모델의 국가이익 극대화는 실제로 나타나지 않는 것이다.

또한 린드블롬(C. Lindblom)의 '증분주의(incrementalism)'도 영향을 주었다. 증분주의는 사물의 변화는 급격한 전환이기 보다는 완만한 증가의 경향이 지속되면서 변화한다고 본다. 이처럼 외교정책결정도 점진적으로 나타나는 것이다. 이로 인해 정책결정에서 점진적인 '과정'이 중요하게 된다.

이런 일반이론에 도움을 받아 외교정책에 대한 실제 사례연구들이 나타나 이론을 입증하였다. 스나이더와 페이지(Snyder & Paige)는 1950년 미국의 한국전쟁 개입 결정 사례 분석하였다. 이 분석을 통해서 정책결정 주체를 국가가 아닌 인간과 인간의 상황인식이라고 구체화시켰다. 한편 저비스(R. Jervis)도 1970년대에 사례 분석을 통해 정책결정자는 자신만의 독특한 자기중심적 인식틀을 갖고 세계를 해석한다는 사실 밝혀냈다. 외교정책결정자 개인의 상황에 대한 인식과 오인을 통해서 합리적선택이론을 공격하였다.

1960년대 제임스 로즈노(J. Rosenau)는 분산된 외교정책결정에 관한 이론들을 국가간 비교가 가능하게 하는 틀을 제시하였다. 그리고 그는 이 틀이 아직은 체계적인 것이 아니라 '예비이론'이라고 하였다. 국가의 크기와 경제발전정도와 국내정치의 민주화여부라는 세 가지 조건에 의해서 총 8개의 유형이 구분된다. 그리고 8개의 유형에 대해서 외교정책에서 아래의 5가지조건들이 각각 어느 것이 더 중요한지가 결정된다고 보았다. 일반화를 하자면 대국과 소국에서 대국은 국제환경이 4번째로 중요한 정도이지만 소국은 2번째 결정요인이 될 만큼 중요하다. 경제가 발전하면 소유권을 명확히 해야 하기 때문에 법에 의한 국가의 개입과 개입범위가 중요해진다. 즉 법치주의가 발전하게 되는 것이다. 법치주의국가는 주어진 역할에 대한 기대가 작동하기 때문에 역할변수가 중요한 반면에 법치주의가 확립이 되지 않은 국가에서는 역할보다는 개인적 차원의 변수가 중요하다. 이것은 분화되지 않은 국가들의 특징이다. 마지막으로 정치적으로 개방이 된 민주주의국가는 사회라는 민주주의 여론의 역할이 중요해진다. 반면에 폐쇄적인 권위주의 체제에서는 사회적 변수는 가장 낮은 수준에서 영향을 미친다. 아래의 표는 정책결정에 영향을 미치는 다섯 가지 요인에 대한 설명이 있다. 아래요인들은 일반화하여 국가의 대외정책결정에 영향을 미치는 것을 설명할 수 있다.

심화 학습

로즈노의 다섯 가지 요인

① 개인차원의 변수: 지도자의 인성, 신념, 유년기 경험 등 심리적 요소를 다룬다. 개인특성(idiosyncrasy)이 정책결정에 영향을 미치는 것을 보여준다. 윌슨의 경우 민주주의에 대한 신념이 1차대전에 참여하게 만들었다.

② 역할차원의 변수: 개인보다 주어진 역할의 임무가 중요하다. 부시 대통령 시절 콘돌리자

라이스는 부시 1기 외교에서는 국가안전보장회의(NSC)에 있다가 부시 2기에는 국무부장관이 되었다. 역할이 변화하자 라이스는 강경외교에서 온건외교로 전환하였다.

③ 정부차원의 변수: 정부형태를 대통령제도와 내각제도의 차이로 설명할 수 있다. 민주평화이론이 대표적이다. 국내정치의 갈등이 있으면 이것을 외부로 전환하기 위해 공세적인 외교를 펼친다는 '관심전환가설'도 이 수준의 설명이다.

④ 사회차원의 변수: 사회적 요인들인 경제적 조건, 자원과 인구와 같은 사회적 요인, 군산복합체등이 외교에 영향을 미친다. 마르크스주의자들이 경제적 조건을 가지고 설명하는 것이 대표적이다.

⑤ 체계차원의 변수: 국제환경의 특징을 가지고 설명한다. 단극이 되면서 북한이 외부환경변화를 핵무기개발로 풀어가려는 것을 사례로 들 수 있다.

3. 분석수준별 외교정책결정모델들

외교정책결정에 있어서 개인을 중심으로 한 모델들이 있다. 개인의사결정 모델로 불리는 모델들은 분석 대상을 정책결정자 개인으로 둔다. 개인의 특성인 심리상태, 생물학적 특성, 성격, 인식구조를 가지고 설명하는 것이다. 이때 개인의 특성을 설명하기 위해서는 보편적인 합리성이 가정하는 접근과 달라야 한다. 따라서 분석의 대상이 되는 개인들이 가진 비합리성과 제한적 능력에 주안점을 둔다. 예를 들어 개인의 인지적 제약 같은 경우가 대표적이다. 앞서 본 사이먼의 '제한적 합리성'을 들 수 있다.

심리학에 도움을 받아 발전된 이론에 따르면 도식(schema)에 의해서 정보가 처리된다. 이런 경우 개인들의 인간심리에 의해 정책을 결정하는 것이지 이성을 통해서 결정하는 것이 아니다. 이런 이론들에는 '과오지향적 직관(error-prone intuition: 정책결정자의 무의식적으로 저지르는 과오나 심리적 경향)'으로 설명하거나 '동기유발(motivational forces: 정책결정자의 판단에 동기 유발시키는 요인은 그의 신념체제, 이미지)'을 가지고 설명하거나 프로이트의 '죽음본능이론'과 같은 이론들이 있다. 저비스의 '오인모델'도 이 수준에 속한다.

두 번째는 조직차원에서 외교정책이 결정되는 모델들이다. 집단의사결정 모델이 대표적이다. 이 모델에서는 소규모 집단이 연구 대상이 된다. 개인이 혼자있을 때와 달리 특정사회에서 사회적심리 혹은 집단심리가 작동하는 것을 분석한다. 어빙 재니스(I. Janis)는 집단사고(groupthink)[2)3)]를 통해서 비합리적인 결정을 설명하였다. 소규모집단이 되면 그 집단에서

---

2) **집단사고모델(groupthink model by I. J. Janis)**: 실제 정책결정에 있어서 소수집단의 응집성을 강조한 모델이다. 자신들끼리의 친밀도를 지키기 위해 잘못된 결정에 대해 반대를 하지 못하게 되는 집단심리를 설명한다. 외부로부터의 격리되고 특정집단 지도자가 자신의 견해 강조할 때 집단의 응집성을 유지하고 만장일치로 정책을 합리화하는 것으로 나타난다. 대표적인 예로 1961년 쿠바의 피그스만 사건을 들 수 있다.

3) **집단사고의 증상과 해법**: 집단사고는 8개의 증상이 있다. 잘못불가의 환상, 합리화의 환상, 도덕성의 환상, 적에 대한 상동적인 태도, 동조압력, 자기검열, 만장일치의 환상, 자기보호와 집단초병현상, 해

동조적 의견에 대한 압력이 작동하고 낙관주의와 모험주의가 발생할 수 있다. 이런 상황에서는 소규모집단에 대한 반대 입장은 배제되게 된다. 소속감이 작동하여 집단사고가 작동한 대표적인 경우로 케네디행정부에서 쿠바에 대한 피그스만 사건을 들 수 있다. 그리고 일본의 진주만 공격 역시 어전회의를 거치면서 누구도 미국에 대한 선제공격에 거부의견을 내지 않으면서 파국으로 몰아갔다.

구조적 수준에서 설명하는 외교정책결정이론에는 신고전현실주의이론이 있다. 극성이 독립변수로 작동하면 이런 국제적 힘의 관계를 해석하는 국내정치의 분열과 지도자의 오인 등이 잘못된 정책결정으로 이끈다.

4. 앨리슨모형

그래함 앨리슨은 미국과 소련간 1962년 10월에 있었던 쿠바미사일위기를 분석하였다. 그의 연구는 3가지 모델을 동원하여 위기를 해결해가는 과정들을 각각 나누어서 설명하였다. 한 가지 사건에서도 정책결정이라는 것이 다양하게 나타날 수 있다는 점을 보여주었다. 체계적인 설명과 함께 예측가능한 3개의 모형을 제시하였다는 점에서 여전히 분석에 활용되는 이론이다.

표를 통한 비교 **앨리슨 모델**

합리적행위자모델	합리성에 기초한 이익극대화
조직과정모델	SOP를 통한 만족화
관료정치모델	부처간 흥정과 협상과정

앨리슨의 모형 3가지를 각각 들여다보면 다음과 같다. 첫 번째 모형은 '합리적 모형' 혹은 분석적 모형이다. 이것은 현실주의에 기반한 모형이다. 이 모델은 완전정보가정에서 모든 정책 대안을 나열하고 정책을 수평적으로 비교한다. 핵심은 '효용극대화(interest maximizing)'를 추구한다는 것이다. 이것이 가능하기 위해서는 지도자의 가치관이 개입하지 않아야 하고 시간을 가지고 정책을 최대한 비교하여야 한다. 이 모델은 쿠바미사일위기 초반에 실제 소련이 미사일을 배치하였는지를 알아보는데 활용되었다.

두 번째 모형은 '조직과정모형'이다. 조직과정모델의 핵심은 조직이 만든 '표준운영절차(SOPs: Standard Operating Procedures)'에 의해 외교정책이 결정되는 것이다. 표준운영절차란 국가가 다양한 상황에서 일관된 대응을 하기 위해서 표준 지침을 만들고 이를 따르는 것이다. 관료주의가 작동하기 때문에 한 번 만들어진 표준운영절차는 새로운 환경에도 불구

결방안으로는 외부전문가 초빙, 지명 반론자 지정, 지도자가 먼저 의견 제시 안 하는 것 등이 있다.

하고 기존에 있는 정책방안으로 대처하게 된다. 따라서 합리적선택모델과 달리 가지고 있는 정책방안 중에서 가장 만족할 만한 정책에 대입해서 정책을 마련한다. 이는 정책에서 '이익의 최적화'보다는 적당한 정도에서 '만족화(satisficing)'를 추구한다. 만족화모델은 허버트 사이먼에 의해 발전된 '제한된 합리성'이론에 의해서 만들어진 것이다. 즉 모든 대안을 알 수 있을 정도로 합리성이 작동하는 것은 아닌 것이다. 결론적으로 조직과정모델은 관료들이 만들어둔 정책대안 중에서 가장 만족스러운 것을 선택하는 것이다. 실제 쿠바위기상황에서 공중폭격안이 지지를 받았다. 하지만 낮은 성공률로 인해 차선책인 해상봉쇄 정책이 선택된 것이다. 짧은 시간 안에서 다양한 대안보다는 주어진 대안사이에서 선택한 것이다.

세 번째 모델은 관료정치모델이다. 이 모델에 따르면 부처간 이익이 국가이익보다 중요하다. 합리주의 모델이 국가이익을 극대화한다고 하는 데 비해 이 모델은 각 부처의 이익이 국가이익보다 더 중요하다고 본다. 정책결정은 부처 간 밀고당기기의 타협과 흥정에 의해서 만들어지는 것이다. 실제 쿠바미사일위기에서 군부는 공중폭격을 적극적으로 찬성했다. 반면에 국무부의 맥나마라는 온건한 입장을 주창하였다. 존 F. 케네디대통령은 지지율 때문에 군사적인 조치가 필요했다. 동생인 로버트 케네디는 공중폭격을 반대하였다. 결국 해상봉쇄방안은 강경한 선택대안인 쿠바공습과 온건한 선택대안인 협상방안사이의 타협에서 나온 결과이다.

각각의 모델들이 상정하는 정부조직을 바라보는 관점이 가장 크게 차이가 난다. 합리적행위자 모델은 최고정책결정자를 중심으로 참모들이 똘똘 뭉치고 각각의 부처를 통제함으로서 조직이 통합적이라고 본다. 따라서 현실주의의 국가 단일성 명제가 타당한 것이다. 정책결정에서 조직의 목표 공유도가 높다. 따라서 내부분열이 적기 때문에 정책의 일관성을 유지하기 좋다.

반면에 조직과정모델은 조직이 느슨하지만 존재한다. 관료정치모델의 경우 조직은 있지만 조직내 개인들의 영향력이 중요하게 된다. 조직과정모델이 조직이 만들어둔 표준운영절차에 따라 정책이 결정된다면 관료정치모델에서는 흥정에 나선 부처의 지도자가 중요하다. 이런 조직구성에서 조직과정모델은 조직내 목표공유도가 높을 수 없다. 하지만 관료정치모델보다는 높다. 관료정치모델에서 개인이 조직을 옮기면 그 개인은 옮긴 조직에서 자신의 이익을 추구하기 때문에 조직보다는 개인의 협상력이 중요하게 되는 것이다. 이런 조직구성은 정책의 일관성을 낮춘다. 따라서 표준운영절차를 통해서 만들어진 정책보다 관료들간의 흥정에 의해서 만들어진 정책이 비일관적이게 된다.

5. 양면게임이론(Two-level game theory)

(1) 양면게임이론의 대두 배경

양면게임이론은 최근 외교정책론에서 가장 관심을 많이 받고 현상분석에 사용되고 있다. 이 모델이 관심을 받는 것은 국내정치와 국제정치가 연계된 복잡한 현상을 설명할 수 있기 때문이다. 한국에서 2008년 미국산소고기 수입문제는 국내정치와 국제정치가 연계된 대표적인 사례이다. 과거 한국이 우르과이 라운드(UR)에 참여하여 쌀 시장을 개방할 때 역시 국내정치의 농민단체와 국제정치에서 쌀 수출 국가들과의 협상이 동시에 진행되었다. 정부는 국내정치세력과 협상하면서(level Ⅱ), 상대국가와도 협상(level I)을 동시에 진행한다. 국내정치의 압력이 협상에 영향을 미칠 뿐 아니라 국제압력에 의해 국내정치를 침묵하고 양보하게 만들어야 하는 경우도 있다. 1993년 쌀 시장 개방협상의 경우는 국제압력에도 불구하고 한국은 쌀 시장의 관세화가 아니라 수량제한을 얻어냈다. 2008년 미국산소고기협상의 경우 한국정부는 미국정부와 합의하여 수입소의 월령과 수입부위를 다시 조정하였다. 이처럼 국내정치의 저항을 무기로 하여 외교관은 타국과의 협상에서 자국의 이익을 지킬 수 있다.

이런 점에서 양면게임은 동태성이라는 특징을 가지고 있다. 또한 국내와 국제를 고려하게 함으로서 국제정치와 외교정책을 연결하게 해준다. 또한 국가간 협력의 가능성을 설명하면서 국가간 협력에서 분배의 몫을 결정하는 협상도 설명해준다. 따라서 협상이론으로 활용할 수 있는 여지가 있다.

양면게임이 부상할 수 있게 된 것은 환경변화의 영향이 크다. 세계화와 민주화와 냉전종식은 민간 부분의 외교정책에 대한 영향력의 증가와 함께 외교이슈에서 안보가 아닌 경제가 중요할 수 있게 했다. 세계화는 경제문제의 중요성을 부각시켰고 민주화는 민간의 요구를 정부가 무시할 수 없게 만들었다. 냉전의 종식은 안보만능주의 안보지상주의적 사고를 변화시킨 것이다.

(2) 양면게임의 기준 및 전제

이런 배경에서 양면게임은 두 가지 기준을 가지고 작동한다. '효율성'과 '분배'라는 기준이 동시에 고려된다. 즉 협상에 도달해서 우리 국가와 상대국가의 이익을 증대시키는 것을 원활히 하는 것이 효율성의 문제이다. 이렇게 형성된 협력의 결과물을 어떻게 나눌 것인지가 분배의 문제이다. 그런 점에서 양면게임이론은 효율적인 협력을 설명하는 '국제협력'이론이자 분배에 관련된 '국제협상'이론이다.

국제문제와 국내문제가 연계되어 있다는 점은 과거에도 있었다. 다만 이것을 개념적으로 명확히 만들어 준 로버트 푸트남(R. Putnam)은 연계가 되어있는가는 중요한 문제가 아니라고 보았다. 관건은 "어떤 이슈"에서 "어떻게" 연계되어 있는지 이다. 따라서 모든 이슈가 양면으로 설명될 수 있는 것은 아니지만 연계가 되어있는 경우 국내와 국제의 논리를 모두 가지고 설명하는 것이 필요하다.

양면게임은 전제가 중요하다. 국가의 대표인 외교관이 나가서 국가간 협의를 만들게 된다면 이것이 국가내에 영향력을 가져야 한다. 어떤 국제적 합의든 이것이 실현되려면 명시적 혹은 묵시적 '비준'이 필요하다. 국민의 대표인 의회가 행정부의 결정을 인가해주는 비준이 작동해야 국내적으로 법적인 효력을 가질 수 있으며 중앙정부를 국민의 대표인 국회가 통제할 수 있게 된다. 이처럼 비준이 되는 것은 오직 민주주의 국가에서이다. 비민주주의국가가 양면게임에 적용되지 못하는 이유이다.

(3) 윈셋의 개념

양면게임의 핵심 개념은 윈셋(win-set)이다. 주어진 상황에서 국내적 비준을 얻을 수 있는 모든 합의의 집합을 윈셋(win-set)이라고 한다. 이는 합의 가능영역의 문제이다. 아래 그림에서는 A와 B라는 나라가 있고 선분은 양국이 협력을 통해서 얻을 수 있는 파이의 전체크기이다. 여기서 A라는 나라의 의회가 행정부의 협상자에게 허용해줄 수 있는 크기를 C라고 해보자. 그렇다면 A국가의 윈셋은 B점에서부터 C점까지가 될 것이다. 즉 협상을 통해 모든 것을 다가져올 수 있는 B점에서부터 최소 양보할 수 있는 C점까지가 될 것이다. 반면에 B국가는 C2점까지가 양보범위라면 B국가의 윈셋은 A점부터 C2점까지가 될 것이다. 이때 겹치는 부분 즉 C점부터 C2점까지가 합의가능영역이 된다. 협상은 이 영역에서 이루어 질 것이다.

그림 Ⅱ-2 2-1 **윈셋의 크기와 협력이득의 분배**

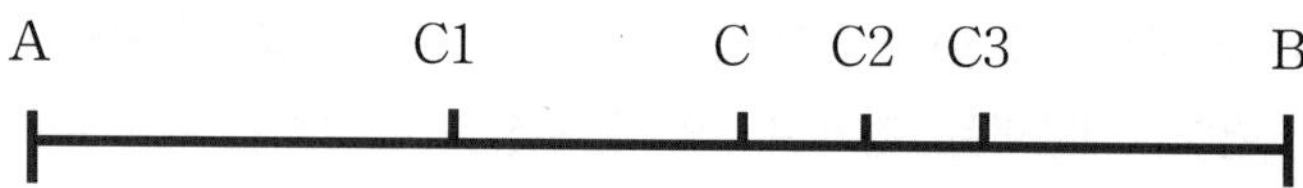

윈셋의 교차부분이 중요하다. 윈셋이 만약 교차되지 않는다면 합의가능영역이 없는 것이다. 위의 그림에서 A국가의 윈셋이 C2점에서 B라고 하는 점까지라고 하고 B국가의 윈셋이 A점에서 C점까지라고 한다면 A국가와 B국가의 윈셋이 겹치는 부분은 없는 것이다. 이럴 경우 합의에 도달할 수도 없고 두 나라는 각국의 의회에서 비준에 부칠 것도 없는 것이다. 이때는 협상이 결렬된다.

윈셋이 클수록 합의 가능성이 증대한다. 윈셋이 커진다는 것은 내가 가져올 수 있는 것에서 양보할 수 있는 범위가 넓어진 것이다. 반면에 윈셋이 작아질수록 국가가 얻게 되는 이익은 커진다. 왜냐하면 윈셋이 작아졌다는 것은 그만큼 의회가 비준을 해줄 수 있는 최소한의 양이 증가했다는 것이다. 즉 A 국가의 윈셋이 전체 파이 100개에서 50개(위의 그림 C점)였다가 윈셋이 60개(위의 그림 C2점)로 이동한 것이 윈셋의 크기는 준 것인데 이것은 국가입장에서는 최소한 얻을 것이 많아진 것이다. 50개에서 비준할 수 있던 사안이 최소한 60개가 되어야 비준을 하게 되었다는 것이다.

윈셋의 상대적 크기가 합의된 이득문제를 결정한다. 따라서 전략적으로 상대방의 윈셋은 늘리고(양보할 수 있는 몫을 늘리는 의미) 자신의 윈셋(자신의 양보는 줄이려는 의미)은 줄이려고 한다.

(4) 윈셋의 결정요인

윈셋의 결정요인은 3가지에 영향을 받는다. 첫째, '국내집단의 이해 및 제휴관계'가 있다.

이것은 이슈가 동질적인가 이질적인가의 문제이다. 국내에서 한 이슈를 두고 상반된 주장이 존재할 때, 즉 이슈가 이질적이라 입장차이가 갈리는 경우에 윈셋이 축소된다. 즉 양보못하겠다는 사람들이 많아질수록 그들의 표를 의식한 국회가 비준을 하기 어려워지는 것이다. 비준이 어려워지기 때문에 비준이 가능한 영역이 줄어들고 윈셋이 줄어드는 것이다.

둘째, '국내제도'요인이다. 국가의 강성도에 있어서 대외적으로 강한 국가(강대국)가 대내적으로 약한 국가(대내 자율성이 낮은 국가)가 될 수도 있다. 국내집단으로부터 자유로우면 협상력이 저하된다. 즉 국가가 국민들의 요구를 잘 들어주지 않아도 되면 대외적 협상에 국내정치를 명분으로 양보를 받기 어렵다. 반면에 국가 자율성이 낮으면 국제협상력은 증대한다. 즉 국가가 국민들의 요구를 들어주지 않을 수 없는 경우 정부는 협상에서 최대한의 것을 얻어오지 않으면 국회에서 비준을 얻기 어려워지는 것이다. 다른 경우로 여소야대현상으로 여당이 소수파로 있으면 비준이 어려워지기 때문에 대외협상에서 정부는 자신의 협상이 국내에서 비준되기 어렵다는 구실을 들어서 국가이익을 극대화할 수 있다.

셋째, '전략'요인이다. 전략은 크게 두 가지로 구성된다. 자국의 윈셋 축소전략과 상대국가의 윈셋 확대전략이 2가지 전략이다. 예를 들어 위의 그림에서 A국가가 윈셋을 C에서 C2로 축소하면 양보할 수 있는 범위는 줄어들게 될 것이다. 이때 윈셋이 줄어든다는 것은 협상이 타결만 되면 A국가는 가져갈 수 있는 것이 많아지는 것을 의미한다. 반면에 A국가가 B국가의 윈셋을 A에서 C2까지에서 A에서 C3까지로 넓힌다면 B국가는 양보를 더 많이 할 수 있게 될 것이다. 그리고 교차되는 합의가능영역은 C2에서 C3로 바뀔 것이다. 따라서 A국은 더 많은 것을 얻지 않으면 비준이 어렵고 상대방 B국가는 더 많은 부분을 양보할 수 있게 된 것이다.

(5) 양면게임의 유용성

양면게임의 유용성은 국내와 국제 요인의 상호작용을 분석한다는 것이다. 또한 세계화와 민주화라는 변화된 환경 속에서 설득력 높다. 하지만 이 모델의 한계 또한 명확하다. 먼저 양면게임은 현실주의에서 활용하는 협박 수단을 고려하지 않는다. 두 번째는 대등한 국가사이와 강대국과 약소국간의 적용에 차이가 있다. 국가들이 대등한 국력일 경우에는 양면게임을 통한 협상이 작동할 수 있으나 경제대국과 경제소국 사이에는 이런 협상력이 적용되기 어렵다. 경제소국은 대국에 의해 일방적으로 강제당할 수 있다. 한국의 쌀시장개방이 사례이다. 세 번째는 안보문제는 중앙정부가 자유롭게 결정하기 때문에 국내정치에서 민간의 영향이 적다. 대표적으로 차세대전투기도입사업을 들 수 있다. 네 번째는 민주주의가 아닌 국가인 경우 독재자는 비준을 필요로 하지 않기 때문에 적용이 곤란하다. 남한과 북한의 협상에서 북한의 경우 약속을 쉽게어기는 것은 국내비준이 필요없고 법치주의가 작동하지 않기 때문이다. 2013년 개성공단폐쇄나 2016년 개성공단의 몰수를 사례로 들 수 있다.

아래의 표는 양면게임에서의 협상전략과 양면게임이 작동하는 방식을 그림으로 그린 것이다.

표를 통한 비교 **양면게임의 협상전략4)**

행위주체	행위객체	전략의 종류	전략의 목표
정 부	자국민 개인, 집단	발목잡히기	국내 강경파에 대한 공개적 약속을 통해 자국의 윈셋을 축소, 협상력의 제고를 노림.
		정치쟁점화	사안을 정치쟁점화하여 비활성 국내집단을 활성화함으로써 윈셋을 축소하고 협상력의 제고를 노림.
		고삐늦추기	뒷거래를 통하거나 사안의 성격을 새로이 정의하여 윈셋을 확대함으로써 정책자율성을 제고함.
	외국내 개인, 집단	표적 사안연계	사안을 연계시킴으로써 타국의 비활성집단을 활성화하여 세력간의 균형을 변경시킴으로써 타국의 윈셋을 확대, 상대적 협상력의 제고를 노림.
		메아리	사안의 일반적 이미지의 변화를 통하여 상대국의 윈셋을 확대. 상대적 협상력의 제고를 노림.
	외국정부	정부간 담합	정치적 자산을 상호교환, 각자의 윈셋의 확대를 통하여 합의를 용이하게 함.
국내의 개인, 집단	외국정부	초국가적 로비	외국의 정책결정자의 정책선호의 변경을 통하여 정책변경을 꾀함.
	외국내 개인, 집단	초국가적 제휴	비정부간 차원에서의 제휴를 통해 상대국의 윈셋을 확대하고 나아가 국가차원의 협상력 제고를 꾀함.

그림 Ⅱ-2 2-2 양면게임으로서의 국제협상의 관계5)

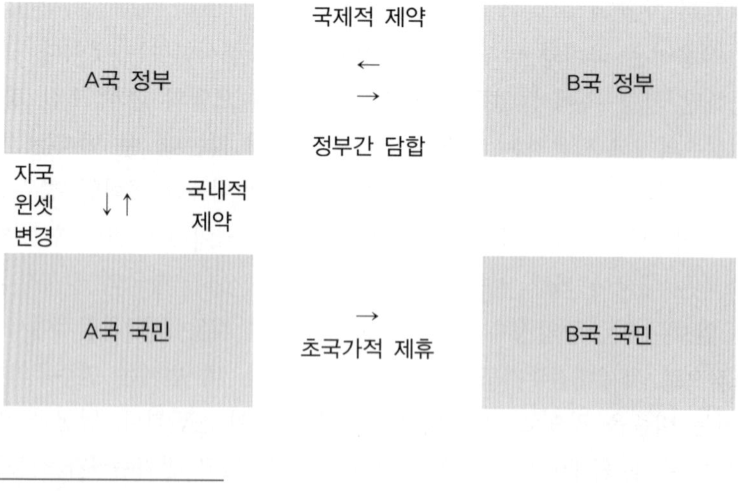

4) **김태현 "양면게임이론과 국제협상**: 비교외교정책론의 관점에서" 김달중 편, 「외교정책의 이론과 이해」(서울: 오름, 1998).
5) 상게서.

제4절 상호의존이론: 1970년대 이론

1. 이론적 배경

미국의 베트남전에서 고전을 하는 상황은 군사력만 갖고는 정치적 평화를 이룰 수 없다는 문제를 제기 하게 한다. 또한 1970년대의 오일쇼크는 세계의 큰 위협이 되었다. 이러한 상황은 기존에 생각되었던 정치적 영향력(Political Effect)이 군사력(Military power)과 같다는 생각이 더 이상 적용되지 않을 수 있게 만들었다.

또한 다국적 기업의 등장과 네오마르크스주의자(Neo-Marxist)들의 등장이나 강대국과 약소국간의 수직적 관계에 대한 이론이 등장한 것이나 인간의 충성심(애국심)에 대한 이해가 달라지게 된 상황 등이 전개되면서 국제관계는 더 이상 외교관들만의 영역이 아니라는 생각이 대두하였다.

이러한 상황에서 NGO의 증가 등 변화된 국제사회를 이해하기 위한 새로운 국제관계 패러다임의 필요성 제기되었다. 두 명의 학자(Robert Keohane, Joseph Nye Jr.)가 이런 시대 분위기 속에서 이러한 요구에 답하여 새로운 패러다임을 내놓았다. 이런 관점에서 상호의존론은 국제주의적 관점에서 현실주의를 논리적으로 반박하는 자유주의이론이다. 그리고 '권력' 문제를 다루기 시작한 자유주의이론이라는 특성이 있다.

2. 이론적 주장

상호의존이론가들은 좌파이론이 주장하는 종속(dependency) 혹은 의존이라는 개념을 거부한다. 종속 혹은 의존이란 어떤 외부의 힘에 의해 무엇이 결정되거나 심대하게 영향을 받고 있는 상태를 의미한다. 그러나 상호의존이론가들이 볼 때 국제관계는 의존이라는 일방적 관계보다 상호의존이 되어 있다. 여기서 상호의존(interdependence)이란 의존에 상호성이 있는 상태로 양쪽이 모두 영향을 주고받는 상태를 의미한다. 가정상 상호의존은 '완전한 의존(종속)'과 '완전히 평등한 의존(대등한 상황)'이라는 양극단으로 구분된다. 실제 현실은 이 양극단사이에 있게 되는 것이다.

상호의존이론은 국제정치에 두 가지 이상적인 형태가 있다고 주장한다. 첫째, 복합적 상호의존(자유주의의 이념형)상태이고 둘째는 총체적 권력모형(현실주의의 이념형)이다. 실제 현상은 이 두 가지 개념과 이념형 사이에 존재한다. 현실주의가 전통적인(traditional) 모델이라면 자유주의는 현대적인(Modern)이론이다. 두 가지 이상적인 형태는 아래의 표에 자세히 나와있다.

총체적 권력모델은 현실주의를 반영하고 복합적 상호의존은 자유주의를 반영한다. 이들의 주장은 현실은 완전히 한 가지에 의해서 설명될 수 없으며 실제는 두 가지 이념적 모델 사이에서 어디에 더 가까운가에 의해서 설명된다. 즉 군사분야 등은 여전히 총체적 권력모델이 설명을 잘하고 통화분야 등이나 해양법 분야는 자유주의의 세계에 가깝다. 따라서 현실주의가 말하는 것처럼 모든 분야가 현실주의적으로 설명되는 것은 아니다.

	목적	수단
Traditional school(현실주의적 세계관)	국가안보(national security)	군사력(military force)
Modernist School (자유주의적 세계관)	물질적 혜택(material benefits) * 경제를 강조	협상(bargain)

여기서는 2가지의 상호의존이 있다. 나이와 커헤인은 상호의존의 정도가 권력의 차이를 결정한다고 보았고 더 의존할수록 권력을 덜 가지는 것으로 보았다. 이때 상호의존은 두 가지 형태로 나타난다. 첫 번째는 '민감성 상호의존'이다. 이것은 정책 변경 시도 전에 변화를 꾀할 수 없는 상태이며 사전적인 것으로 "새로운 정책마련 이전에 외부변화에 치러야 하는 대가"를 의미한다. 두 번째는 '취약성 상호의존'이다. 이것은 정책변경 후에도 변화를 꾀할 수 없는 상태이며 사후적인 것으로 "새로운 정책 이후에도 치루어야 하는 대가"를 의미한다. 민감한 상황에서 강대국은 취약성이 적은 나라를 의미하고 약소국은 취약성이 큰 나라를 의미한다. 이런 점에서 상호의존의 증대는 국가의 영향력 약화와 정책결정력 약화를 가져온다. 거미줄 같은 상호의존의 증대는 국가의 독자적 결정력을 약화시킨다는 점을 강조한다. 따라서 국가로부터 다른 초국가행위자나 초정부행위자로 권력이 넘어가고 있다는 점을 지적하는 이론이다.

상호의존을 조금 더 부연해보자. 상호의존이론에서는 협상(bargain)에 유리한 국가가 강한 국가이다. '상호(mutual)'의 의미는 국가 간에 동일한 상태를 가정하는 것이 아니다. 정도의 차이가 있는 불균등한 상태의 상호의존을 가정한다. 이 때문에 협상(bargain)능력이 달라지고 이것이 국가의 강약을 결정한다.

표를 통한 비교 **상호의존의 두 가지 핵심 개념**

상호의존의 가장 중요한 두 가지 개념의 구분이 핵심.

* **민감성**: 관계증대로 인해 발생하는 의존효과. 정책변경시도 이전에 치르게 될 것으로 예상되는 비용. 사전적인 의미.
* **취약성**: 관계의 비대칭성으로 인해 생기는 의존효과. 정책변경이후 치르게 되는 비용. 사후적인 의미.

과거에는 국내문제를 국가 내에서 처리했으나 오늘날에는 국내문제 역시 다른 나라에 영향을 끼치게 된다. “한 나라의 결정에 대한 다른 나라의 영향 정도”를 민감성(sensitive)이라 부른다. 민감성이 높을수록 의존도가 높은 것이다. 다시 말해 A가 B에 매우 높은 민감성을 갖는다는 얘기는 높은 의존도를 갖는 관계라는 것이다.

관계를 맺으면 민감해질 뿐만 아니라 의존성의 차이에 따라서 취약성(vulnerability) 역시 차이가 난다. 다시 말해 더 많은 의존을 하는 국가가 취약성이 더 높다. 취약성을 확인하는 방법은 관계를 끊는 것이다. 협상시 민감성이 높은 관계에서 취약성이 낮은 쪽이 유리하며, 이것이 강한 국가이다. 즉 서로 영향을 많이 주고받는 관계에서 관계 변동에 따른 피해가 적은 쪽이 강한 국가이다.

상호의존이론은 이처럼 종속이론에서 말하는 불평등의 문제를 제시하면서 무력을 사용하지 않더라도 협상력을 통한 힘의 차이가 있음을 개념화하였다. 그들의 책 제목 「Power and Interdependence」처럼 힘을 제시하였으나 이것은 무력이 아닌 흥정의 힘을 주장한 것이다. 협상력의 차이가 힘의 차이가 된다. 협상력은 결국 국가의 민감성과 취약성에 의해 결정된다.

3. 정책처방

나이와 커헤인이 주장하는 복합적 상호의존의 특징은 첫째, 다중채널이 존재한다는 것이다. 다중 채널이라고 하는 국가간, 초정부간, 초국가간의 채널이 중요하며 비국가행위자들이 국제정치에 직접 참여하는 것을 강조한다. 둘째, 문제영역(issue area)간 서열이 부재하다는 것이다. 현실주의자들이 주장하듯이 군사안보가 더 이상 지배적인 의제가 되지 못한다.

마지막으로 상호의존은 어떤 것을 강조하는가? 상호의존이론은 정치과정을 강조한다. 정치과정에서 ‘연계 전략’이 중요하다. 행위자의 목표가 문제영역에 따라 변화하기 때문에 어떻게 이슈들을 연계하는가가 중요하다. 또한 어떤 것을 쟁점으로 삼는가로 정치적 변화를 꾀할 수 있기 때문에 ‘의제설정’이 중요하다. 그리고 ‘초국가 및 초정부적 관계’를 증대하여 관계망인 채널을 증대하여야 한다. 마지막으로 ‘국제기구의 역할’이 강조된다.

상호의존이론에서도 ‘국제 레짐’을 강조하였다. 하지만 레짐은 1980년대 신자유주의에서 좀더 체계적으로 발전하게 된다. 레짐은 제도(institution)와 혼용해서 사용하기 때문에 레짐에 대해 간단히 살펴보면서 어떻게 신자유주의적 제도주의로 연결되었는지도 같이 알 수 있다.

상호의존론자들은 국제사회의 변화는 국제레짐(International Regime)의 변화 때문이라고 주장했다. 레짐의 정의는 현실주의이론가인 크래스너(S. Krasner)의 개념을 인용할 수 있다. 그는 패권안정론을 주장한 이론가로 레짐이 무엇인지를 ‘명시적이거나 묵시적인 규범, 원칙, 규칙, 의사결정 절차의 일체’로 정의했다. 이 정의에는 법이 포함되지 않았는데, 이 의미는 레짐이 법의 강제성을 포함하지 않음을 의미한다. 결국 국제 레짐에 참여하는 국가들은 그들의 국가이익을 위한 자발적인 참여를 하는 것이다.

이러한 레짐은 헤게모니 국가가 만들며 이 국가는 그들의 이익뿐만 아니라 공공선(public good)을 목적으로 만든다. 헤게모니가 사라져도 이러한 레짐(regime)은 지속되는데 그 이유는 이를 따르는 것이 국가들에게 이익이 되기 때문이다. 이것이 커헤인의 「After Hegemony」에서의 주장이다. 이후 레짐은 신자유주의이론에 가서 제도로 발전하게 된다.

그렇다면 레짐의 역할의 역할은 무엇인가? 첫째, '교섭의 장' 역할을 한다. 권력은 더 이상 복잡하고 상호중층적으로 연계되어 있는 문제를 해결하기 위한 수단이 되지 못하므로, 상호간 이익을 조정하고, 대화 · 타협 · 흥정의 창구가 필요하다. 이 역할을 레짐이 수행한다. 둘째, '정보의 공급처' 역할을 한다. 레짐은 그 나름의 생명력을 갖고 점증하는 흥정에 대한 기대에 힘입어, 정치적 의제설정과정에 개입하기까지 한다.

표를 통한 비교 **자유주의 주요 이론들의 정책방안 비교**

이론 이름	주요 변수	정책방안
상호의존이론	민감성상호의존과 취약성 상호의존	경제교류의 증대 / bonding정책 혹은 penetration정책(국내지지 세력확보)
신자유주의이론	제도(regime / institution)와 상호주의(reciprocity)전략	제도구축 / 상호주의 전략의 활용
민주평화이론	민주주의제도와 규범	민주화지원

상호의존이론은 현실주의의 총체적권력모델을 거부하고 교류모델을 중심으로 설명한다. 제도가 신자유주의 제도주의에서 설명이 구체화되었기 때문에 상호의존이 독자적이기 위해서는 교류의 확대라는 상업적 자유주의모델로서의 입지를 가지는 것이 중요하다.

제5절 신자유주의: 1980년대 이론

1980년대 현실주의가 신현실주의이론으로 부상하면서 이론화가 되자 자유주의자들은 게임이론이라는 방법론을 가지고 신현실주의의 가정을 흡수한 뒤에도 자신들의 주장이 타당할 수 있다는 점을 밝히고자 하였다. 악셀로드는 상호주의를 기반으로 한 '맞받아치기 전략(TFT: Tit -for -Tat)'이 다른 행위자들의 어떤 전략에도 대응을 잘 한다는 점을 들어 상호주의전략만으로도 국가들간 협력가능성을 제시하였다. 이런 이론을 토대로 신자유주의자들은 상호주의(reciprocity)전략을 지속적으로 유지함으로써 '제도(institution)'안으로 끌어들여서 이를 통해 무정부상태의 제약조건 속에서 국가들의 협력가능성을 보여주고자 했다. 신자유주의는 1980년대 신냉전이라는 분위기 속에서도 미국과 소련이 INF(중거리미사일 폐기)조약을 체결하는 안보의 사례나 GATT체제 속에서도 국제무역분쟁을 해결하고자 하는 제도들의 유지사례를 통해서 국가들 간의 협력이 가능하다는 낙관적인 그림을 보여주었다.

1. 신자유주의의 이론적 수정과 주장

신자유주의는 신현실주의의 두 가지 가정을 흡수하였다. 첫 번째 '무정부 상태' 가정과 두 번째 '국가의 중요성' 가정이다. 이런 점에서 보면 신현실주의의 '3S' 가정(structure, state, survival 강조)을 흡수한 것이다. 자유주의가 인간보다 국가를 강조했다는 점에서 신자유주의는 다른 자유주의이론가들로부터 신현실주의의 아류라고 비판받기도 하였다.

신자유주의자들은 신현실주의가 그린 국제정치의 암울한 가정과 다르게 국가들간의 협력의 가능성이 높다고 보았다. 이들은 조화와 협력을 구분하였다. 조화(harmony: 이해의 상충이 없는 상태)와 협력(cooperation: 이해가 상충될 수 있는 상태)을 구분하면서 의식적인 노력인 협력의 중요성을 강조하였다. 이들이 협력을 강조했다는 것은 이상주의와 달리 국가들의 의도적인 노력이 필요하고 중요하다는 점을 강조한 것이다. 이들이 주장하는 협력에는 '조정(coordination)'이 있는데 이것은 공동손실을 회피하기 위한 것이다. 예를 들어 환경재해를 예방하기 위한 국가들의 공동노력이 대표적이다. 다른 협력으로는 '협조(collaboration)'가 있다. 이것은 공동이득을 창출하는 것이다. 대표적으로는 경제통합을 통한 시장의 확대를 위한 국가들의 공동 노력이 있다.

2. 이론적 주장: 상호주의전략과 제도와의 연관[6]

신자유주의는 상호주의 전략(reciprocity)을 중요하게 보고 이를 제도적으로 보완하는 것에 후순위를 둔다. 여기서 상호주의는 악셀로드(R. Axelrod)가 제시한 게임전략으로서 '맞받아치기 전략(TFT전략)'이 중요하다. 상호주의는 행위의 연계성, 질적 상응성, 양적 상응성 세 가지가 중요하다. 이것은 상대행위를 연계시킬 만큼 시간적으로 근접(연계성)해야 하며 상대 호의에 호의로 대해야하며 악의에는 악의로 대해야 하고(질적 상응성) 상대방의 행동에 맞추어 상대가 한 정도만큼 대응(양적 상응성)해야 한다는 것을 의미한다.

상호주의를 어떤 방식으로 사용할 것인가를 두고 '포괄적 상호주의'와 '구체적 혹은 엄밀한' 상호주의로 구분된다. '포괄적 상호주의'는 시간의 확대, 이슈 확대, 행위자 확대를 강조한다. 즉 상대방의 조치에 대한 대응이 장기간이 될 수 있고 다른 이슈에서 보상받을 수 있고 다른 행위자들과 연계시킬 수 있다는 것이다. 김대중 정부의 대북포용정책에서 남한이 북한에 대해 사용한 전략이다. 이에 비해 '엄밀한 상호주의'는 시간의 범위, 이슈의 범위, 행

6) **신자유주의의 구분**: 신자유주의는 3가지 입장으로 구분하기도 한다. 상호주의전략을 강조하는 전략론자, 제도를 강조하는 제도론자. 그리고 전략과 제도를 혼합한 절충론자가 있다.

위자 범위를 좁힌 것이다. 보수진영에서 대북포용정책을 비판하면서 제시한 방안이고 이명박정부의 정책이 이 개념에 좀 더 가깝다.

심화 학습

신자유주의 이론 심화–케헤인과 오이의 이론7)

(1) 로버트 커헤인(R. Keohane)

① 국가들간의 협력이 빈번함: 보호무역 주장 집단의 요구에도 불구하고 자유무역이 유지되는 사례나 국가들간 군비경쟁의 자제사례가 있음.

② 협력이 어려운 이유: 무정부상태가 원인이 아니라 높은 정보비용과 정보의 비대칭성이 원인. 이때 제도가 중요함. 제도는 정보비용과 정보의 비대칭성을 완화함.

③ 협력의 의미: 공통의 이익을 추구하기 위해 국가들이 의도적으로 집행하는 정책 조정. 협력은 조화도 아니고 부조화도 아닌 상황에서 공통의 이익을 추구하기 위해 협상을 통해 정책 조정이 필요한 상황을 의미.

④ 경제학 논리의 도입: 시장 실패이론의 도입. 코스정리를 이용하여 소유권이 불확실한 경우와 정보비용이 높은 경우 외부성 때문에 발생하는 것을 설명함. 국제정치에도 동일하게 소유권 귀속대상을 명확하게 하고 정보비용과 비대칭성문제를 해결.

⑤ 제도의 중요성: 첫째, 제도는 기대의 안정화를 통해 상당정도의 정보를 획득하고 정보 비대칭성을 완화할 수 있음. 둘째, 제도는 대화의 기회를 제공하고 협상을 위한 장을 마련함. 이를 통해 장기적인 이익을 중요하게 만든다. 셋째, 소유권을 설정하여 국가의 관할권을 명확히 함. 넷째, 미래행동을 제한 할 수 있다. 제도의 규정으로 인해 자신의 행동을 제약하는 것이고 상대 국가의 행동 역시 제한하는 것이다.

⑥ 국제제도의 지속성: 첫째, 제도의 초기비용이 높기 때문에 제도를 유지 보수하는 것이 더 효과적이다. 둘째, 작동하는 국제제도는 제도적 관성을 가진다. 예를 들어 국제원자력 기구는 핵보유 국가들이 증대하였으면서도 새로운 제도를 만들지 않고 기존 제도를 사용하고 있다. 셋째, 제도를 변경하는 조항 때문에 변경이 어렵다. 유엔안정보장이사회의 변경사례를 들 수 있다.

(2) 케네스 오이(K. Oye)

① 무정부상태에서도 국가들의 협력: 협력의 조건을 연구함.

② 특정상황 + 선호체계 + 전략 → 국제협력이 결정됨.

③ 3가지 상황변수:

첫째, 이익갈등이 혼재 되어 있는 '선호체계'와 둘째, '미래의 그림자'와 셋째, '참여국가의 숫자'이다.

첫째, 선호체계는 국가간 게임 상황이 어떻게 배열되어 있는지와 관련되어 있다. 선호체계에는 죄수의 딜레마게임과 사슴사냥게임 치킨게임과 교착상태(deadlock)의 4가지가 있다.

---

7) 이근욱, 『왈츠이후』 8장, 9장 중요 내용을 보고서형식으로 요약하였다. 내용이 복잡하여 간결하게 정리하였다.

둘째, 미래의 그림자는 국가 간의 관계가 장기화될 수 있고 이를 통해 더 많은 이익을 상호간에 누릴 수 있다는 것이다. 반면에 현실주의가 강조하는 과거의 그림자는 과거 역사를 보고 정책결정을 하는 것으로 협력을 어렵게 만든다.

세 번째, 참여국가의 수가 늘면 무임승차자가 생기기 때문에 어느 정도까지는 참여자를 늘리되 일정 수를 넘기지 않는 것이 좋다. 참가국의 수는 이후 던칸 스나이덜(D. Snidal)에 의해 K 라고 하는 수식에 의해 구해질 수 있게 발전되었다. 즉 수식으로 계산할 때 K라고 하는 적정국가의 수가 있다는 것이다.

④ 국제협력 전략: 3가지 조건에 대한 정책들을 제시하였다.

첫째, '선호체계'와 관련해서는 '사안연계전략'을 통해 다른 상품교역에서의 이익창출 등으로 국가의 선호체계를 변화시킬 수 있다고 보았다. 또한 기술과 같은 외생적인 변화에 선호체계가 변화한다.

둘째, '미래 이익의 기대'를 바꾸는 전략으로는 쟁점을 분할하는 전략을 제시하였다. 군축과 같은 경우에 개별사안을 분리하여 조금씩 협력을 반복하는 방안이 실제 사례이다. 또한 사안이 분할되면 상호주의원칙을 사용하는 방안도 있다.

셋째, '참여국가의 수'와 관련해서는 다자협력 대신 양자협력에 집중하는 방안이 있다. 또한 참여국가의 수를 줄이는 방안도 제시되었다. 참여국가의 수를 줄임으로써 무임승차가능성을 축소하는 것이다.

3. 정책처방

신자유주의는 국가들이 상호주의를 지속시킴으로서 이를 제도화할 수 있다고 본다. 이렇게 제도가 만들어지면 제도는 제도의 독자적인 힘에 의해 국가의 결정구조에 영향을 미친다. 그리고 게임이 지속될 것이라는 전망이 생겨서 '미래의 그림자(shadow of future: 게임이 지속될 것이라는 장기적인 기대를 늘림)'가 늘어나면 제도를 통해서 더 높은 이익을 기대하는 국가들을 협력으로 유도한다. 따라서 제도가 국가들 사이의 협력을 유도하는데 중요하게 된다.

그러나 신현실주의자들은 제도의 효과가 지나치게 과장된다고 비판을 한다. 신자유주의자들이 볼 때 제도의 효과는 제도의 목표가 국가들에게 얼마나 반영되었는가에 의해 결정된다. 제도는 '국가들의 거래비용감소', '정보 제공', '국가들이 따라야 할 원칙과 규칙명시', '감시와 처벌의 틀 제공'이라는 기능으로 효과를 낸다. 제도가 얼마나 효과가 있는가와 별개로 제도와 힘의 관계도 논의대상이다. 이 부분은 권력이라는 요소가 제도설립과 운영에 어떤 영향을 미치는가의 문제이다. 즉 패권국가가 제도를 만드는 것이 더 유용한지 아니면 몇 나라들에 의해 제도를 구성하는 것이 유용한지에 대한 논의이다.

상호주의전략을 사용하고 이를 제도화하는 것을 강조하는 제도주의이론은 국제경제문제를 해결하는 G-20회의와 북한 핵문제를 다루는 6자회담이라는 주제가 중요하게 제기되고 있는 시점에서는 매우 유용한 분석도구이자 전략자원이다. 게다가 한국의 외교력이 발휘될 수 있는 시험대라는 점에서도 중요하다.

심화 학습

국가간 협력에 대한 신현실주의 vs. 신자유주의논쟁의 흐름

(1) 현실주의 주장

① 협력의 어려움 주장. K. Waltz는 협력으로 인한 대외 의존도 증대와 협력이득에 관한 분배로 인해서 곤란 주장

② 입증

• 게임이론에서 PD게임: 공격적 동기와 방어적 동기로 배반 전략이 우월전략이 됨.

• 공공재의 과소공급설명: 비배제성으로 인해 무임승차하고자 함.

• M. Olson의 집단 행동딜레마: 집단적으로 공공의 이익보다 사적인 이익추구. 집합적 이익(공공재)저생산과 선별적이익(사용재)과도 생산으로 인한 집단적 무임승차.

③ 결론: 국가내의 정치와 달리 정부부재의 문제로 인해 개인적 합리성과 집단의 합리성이 불일치

④ 현실주의의 대안: 준정부적 존재인 패권통한 해결. 힘을 통한 강제와 유인책 제공

(2) 자유주의 국제협력이론의 반박

① 협력가능성 제시-현실주의에 대한 반발로 레짐이론의 등장으로 레짐을 통한 해결

② 1984년 R. Axelrod의 『Evolution of Cooperation』 발행으로 새로운 협력이론의 전개

③ 무한반복게임을 통해서 '미래의 그늘(Shadow of Future)'을 제공하여 협력유도가능주장

④ TFT 전략은 모든 전략에 대해 최선의 전략이 될 수 있음.

(3) Joseph Grieco의 지유주의 반박

① 자유주의자들의 현실주의몰이해: 2가지 잘못된 이해

• 국제무정부성에 대한 잘못된 이해: '보호의 부재'가 아닌 '집행의 부재'로 이해

• 국가에 대한 잘못된 인식: '위치적 존재'가 아닌 '원자적존재'

② 협력의 곤란: '상대적 이익'에 민감해서 협력곤란

(4) Duncan Snidal의 그리코에 대한 재반박

① 상대적 이익 해결가능

• 다수가 존재하는 다자주의에서는 국가들의 상대적 이득문제 해결 가능

• 다자주의가 제도적 탄력성을 가지고 이해를 유연하게 조정하게 될 때 그리고 포괄적 호혜성을 가질 때 국가들은 다자주의를 통해서 협력유도 가능

4. 다자주의로 확장

1992년 International Organization에서는 다자주의를 특별호로 다루었다. 이것은 제도

가 다자주의화라는 규칙을 갖추면서 더 진화된 것을 설명하기 위한 것이다. 미국의 자유주의자이자 구성주의이론가인 러기(J. G. Ruggi)는 '다자적 제도'(multilateral institution)와 '다자주의의 제도'(the institution of multilateralism)를 구분하였다. 전자가 공식적인 조직형태에 주안점을 두는 반면 후자는 국가간의 관계가 어떻게 조직화되는가하는 좀 더 실질적인 맥락을 다루고 있다. 구체적으로 '다자적'은 3개의 행위자가 모인 제도를 의미하는데 비해 '다자주의'는 3개의 행위자를 넘어 이 제도를 활용하는 행위자들에게 '일반화된 행위원칙'이라는 규칙이 작동하는 것이다.

제임스 카포라소(J. Caporaso)는 "International Relations Theory and Multilateralism: The search for Foundation"논문에서 다자주의의 실현이란 '불가분성', '일반화된 행위원칙', 그리고 '포괄적 상호성'을 다자주의의 특징으로 제시하였다. 불가분성은 제도가 문제해결에 있어서 필수적이라는 인식을 가지는 것이다. 일반화된 행위원칙은 규범을 의미한다. 포괄적호혜성은 제도를 통해서 구성원들이 이익과 비용을 나누는 것이다.

다자주의의 핵심은 구성원을 대등하게 다룬다는 것이다. 따라서 다자주의제도가 작동하는 것은 강대국과 약소국의 일방적관계가 작동하는 것과는 다른 것이다. 2차 대전 이후 미국이 유럽을 끌어들여 다자주의 동맹인 NATO를 구성했던 것에 비해 동아시아는 한미동맹과 미일동맹과 같이 양자적 동맹을 활용한 것은 미국이 유럽 국가들은 대등한 국가로 인정한 것에 비해 동아시아 국가들은 대등한 행위자로 인정하지 않았기 때문이다.

다자주의는 최근의 현상만은 아니고 오랜 기간을 통해 진행되어 온 것으로 국가 간의 소유권의 정의와 유지, 그리고 공동의 손실을 막기 위한 조정(coordination)과 공동의 이익 실현을 위한 협조(collaboration)문제의 논의를 중심으로 전개되어 왔다. 다자주의는 미국이 탈냉전시기 국제정치를 운영하는 데 있어서 활용할 수 있는 방안으로서 의미가 있다. 또한 동아시아에서 다자주의 안보대화제도가 없어 유럽안보협력기구(OSCE)와 같은 다자안보제도구축을 통해서 지정학적인 영토 분쟁이나 환경안보등의 안보등을 해결할 필요가 있다. 그런 점에서 다자주의는 동아시아지역에서도 의미가 크다고 할 수 있다. 다만 이 지역은 지정학경쟁이 치열하고 민족주의가 강하게 작동하고 있으며 정치체제가 다르기 때문에 다자주의제도를 경성적인 조직이 아닌 느슨한 형태의 연성다자주의를 활용해야 한다.

5. 글로벌 거버넌스로의 영향

신자유주의의 제도론은 글로벌 거버넌스에도 영향을 주었다. 글로벌 거버넌스는 국가의 배차적인 통치에 대항하기 위한 것이다. 즉 배타적인 통치(Government)와 달리 거버넌스는 공유된 통치와 관리(Governance)로 정의된다. 거버넌스이론은 국가간 기구와 비정부기구를 포함하여 국가와 비국가행위자들이 문제해결을 위해 최적의 조합을 만드는 것을 의미한다. 현실주의의 국가중심성을 거부하면서 자유주의의 거버넌스 이론가들은 UN과 비정부기구인

NGO를 정치의 중심무대에 세우고자 한다.

글로벌 거버넌스는 단일한 국가가 해결할 수 없는 다양한 문제에 대해 기능적인 주권으로 마치 레고블록을 세우듯이 다양한 행위자가 조합을 만들어내는 것이다. 이때 조직을 운영하는 것은 제도론의 관점에서 설명할 수 있다. 국제제도가 거버넌스의 운영토대를 만들어 주는 것이다. 가장 대표적으로 유한킴벌리가 추진하는 몽골방품림조성사업의 경우 기업체인 유한킴벌리와 한국외교부와 몽골중앙정부가 참여하고 몇 학교가 참여하고 UN의 전문기구와 NGO의 전문가들이 동참하고 있다.

거버넌스이론은 국제기구를 연구하는 이들에게 관심이 많다. 특히 UN과 같은 정부조직과 NGO같은 비정부조직을 연구하는 이들에게는 새로운 자원으로서 의미가 있다. 하지만 주요한 안보문제등에서 국가가 주도하고 있는 부분이 많다는 점에서 비판을 받을 수 있다.

제6절 민주평화이론: 1990년대 주목받는 이론

탈냉전이후 가장 관심이 많은 이론적 주제가 민주평화이론이다. 이 이론은 '규범적 측면'을 강조하기 때문에 국제정치에 규범이 중요하다고 주장하는 규범론자들의 입장도 반영하고 '국내정치제도'를 설명하기 때문에 비교정치학을 하는 정치학 연구자의 구미에도 맞는다. 게다가 데이터 분석을 통해서 실증적 접근을 하고 있어서 미국의 학문적 풍토와도 잘 어울리기 때문에 전세계적으로 관심이 많다. 그리고 현실적으로는 미국의 외교가 민주주의를 표방하기 때문에 정책적 측면에서도 주목을 받고 있는 이론이다. 더욱이 1960년대 말에 10여개의 불과하던 민주주의 국가수가 2010년대에는 120개 이상으로 확대되었다는 민주주의 확산 현상도 민주평화이론에 현실적으로 관심을 가지게 한다.

그러나 민주평화이론은 논란의 소지를 많이 가지고 있다. 첫째, 다른 나라를 민주주의와 비민주주의로 구분하면서 '좋은 나라' '나쁜 나라'로 구분하는 양분법적 논리를 가진 점. 둘째, 민주주의를 보편적으로 개념정의할 수 있는가의 문제. 셋째, 다른 나라를 민주화하기 위해서 내정간섭을 해야 하는 문제. 위의 문제들은 이 이론을 더욱 논쟁적으로 만들고 있다.

표를 통한 비교

상호의존이론: 상호의존의 증대: 민감성과 취약성의 증대 ⇒ 국가능력약화 ⇒ 평화
신자유주의: 상호주의 / 제도 ⇒ 국가들의 이익/비용계산변화 ⇒ 국가간 협력 / 평화
민주평화이론: 민주주의제도 / 민주주의 규범 ⇒ 민주주의국가간 평화

1. 민주평화이론의 등장배경: 마이클 도일의 현대적 해석

마이클 도일(M. Doyle)은 현대적으로 칸트의 이야기를 재해석했다. 하지만 민주주의끼리 싸우지 않는다는 논리는 그리스 시대의 좋은 정치체제와 나쁜 정치체제 구분 이후 지속되어 온 논쟁이다. 민주주의와 평화의 문제를 구체화한 임마누엘 칸트의 아이디어를 계승하여 공화주의 정부는 평화를 추구할 수 있다는 입장을 다시 부활시켰다.

그가 부활시킨 칸트의 이론은 자유주의적 국제주의로 칭해진다. 이 이론에서는 이성적 인간의 공동체구성을 통한 평화창출을 주장하면서 '공화주의헌법', 국제연맹의 토대를 둔 '국제법', 인간이익을 실현하는 자유교역에 기반을 둔 '세계시민법'이 영구평화를 만드는 방안으로 제시된다.

2. 민주평화론의 내용

민주평화이론의 핵심명제는 두 가지이다. 첫째, 민주국가 간의 전쟁 부재이다. 이것은 정확하게 하면 "민주주의가 안 싸운다"가 아니라 "민주주의끼리 안 싸운다"이다. 둘째, 민주주의와 비민주주의 간 전쟁을 다룬다. "민주주의와 비민주주의는 비민주주의 국가 간에 싸우는 것 만큼 싸운다."라고 주장된다.

민주평화론은 이외에도 부가적인 몇 가지 명제들을 가지고 있다. 첫 번째 명제는 민주화과정에 있는 국가의 불안정성과 호전성이다. "민주주의로 막 이행하는 나라는 내부권력기반을 장악하기 위해서 호전적이 된다."고 주장되는 이 명제는 권력 장악을 위한 내부적인 투쟁으로 민주화과정이 오히려 외부위협을 과도하게 이용할 수 있다고 주장한다.

두 번째 명제는 민주주의 국가의 전쟁 결정의 어려움과 결정후 제약부재 명제이다. 이 명제는 민주주의 국가는 초반에 전쟁을 결정하는데 시간을 지체하지만 전쟁이 결정된 후에는 전쟁종결이 어렵다고 설명한다.

세 번째 명제는 민주승리론이다. 이 명제는 민주주의가 비민주주의와 싸울 경우 승리한다고 주장한다. 이 주장은 다시 세분화하여 "민주주의 국가는 동의를 거쳐 전쟁을 하기 때문에 총력전을 펼친다"는 주장과 "민주주의 국가의 지도자는 다음 선거를 위해 손쉬운 승리가 보장되는 전쟁만을 선택한다"는 주장으로 나뉜다.

심화 학습

민주평화론의 몇 가지 논리

(1) 전쟁 개시(war inititation)의 문제를 설명

① 규범외부화(norm externalization)설명: 민주적인 분쟁해결의 국내규범이 외부화됨. 즉

규범적 설명. 인권보호규범도 작동.

② 책임성(responsibility)설명: 제도가 책임추궁하기 때문에 전쟁곤란. 민주주의는 지도자가 짤림(지위가 짤림) 단 비민주주의도 짤림(목이 짤림). 권력분립(separation of power)도 작동함.

③ 투명성(transparence): 정책결정이 국내와 대외적으로 공개되어 불안을 줄임.

(2) 전쟁의 결과(War outcomes)를 설명

① 민주주의 승리론은 두 가지 요소

- selective effect(선택효과: 승리할 것 같은 국가와의 전쟁만을 선택)
- military effectiveness(군사적 효율성: 전쟁결정에 동의시 총력전 가능)
- 민주주의간 동맹: 민주주의국가간 동맹은 신뢰가 있지만 비민주주의 동맹은 신뢰가 없음.

(3) 민주화과정론

① 민주주의의 정도와 평화의 정도간에는 covariation이 있음. 즉 (독립변수)민주주의의 척도가 0-10까지이면 척도가 증대하면 평화지수도 증대해야 함.

② 그러나 맨스필드와 스나이더는 민주주의로 전환되는 과정과 완성된 민주주의가 구축된 상황을 구별함.

③ 이것은 정치학의 민주주의 이론가들이 나누는 방식으로 민주주의 이행(transition)과 민주주의 공고화(consolidation)를 구분하는 방식임.

④ 이행은 권위주의에서 민주주의로의 전환을 의미함. 여기서는 보통선거권과 자유로운 선거 복수의 정당이나 후보 등이 요건이 됨. 공고화는 민주주의가 발전하여 사람들이 비민주주의로 후퇴할 행동(예 쿠테타)을 하지 않고 그러한 태도(예 쿠테타에 동조하는 태도)를 가지지 않는 경우에 형성됨.

⑤ 민주화과정의 위험성을 제기하는 이들은 U자형 곡선을 그림. 즉 민주주의가 아닐 때 평화롭다가 민주화과정에서 민주주의 척도가 증가하면 불안정하다고 민주주의가 완전히 자리잡을 때 다시 평화를 만들 수 있다고 함.

⑥ 왜 민주화과정은 위험한가? 여기에는 민주화 과정에서 국내정치의 주도권경쟁이 설명요인이 됨. 다양한 세력간의 주도권경쟁과 이를 위한 민족주의 이용가능성 등이 평화를 파괴할 수 있음.

3. 러셋의 두 가지 모델

브루스 러셋(B. Russett)은 민주주의가 다른 민주주의와 싸우지 않는 것을 두 가지 모델을 들어 설명한다. 첫 번째는 '규범적 모델'이다. 민주주의의 규범이 전쟁을 방지한다는 이 주장은 규범외부화(norm externalization)로 설명할 수 있다. 좀 더 부연하면 민주주의 국가가 가지고 있는 민주적인 분쟁해결의 국내규범이 외부화되어 국가 간 분쟁에도 적용되기 때문에 민주주의끼리 싸우지 않는다는 것이다.

두 번째 모델은 '구조적 혹은 제도적 모델'이다. 이 모델은 민주주의의 제도가 전쟁을 방지한다고 한다. 이 설명은 권력분립(separation of power)과 책임성(responsibility)을 통해서 설명한다. 즉 권력이 분리되어 있기 때문에 전쟁결정에 견제가 가능하다는 것이 첫 번째 설명이라면 제도가 책임을 추궁하기 때문에 전쟁이 곤란하다는 것이 두 번째 설명이다. 민주주의 국가에서 전쟁의 패배는 지도자의 지위를 불안하게 할 수 있기 때문에 민주주의가 쉽게 전쟁을 선택하지 못한다는 것이다.

최근에는 민주주의의 제도에서 책임성추궁이나 권력분립의 세부적인 변수와 민주주의 규범변수를 가지고 자유무역을 더 선호하는 것을 설명하는 것으로 확장되었다. 민주주의의 경우 인민의 의사 반영이 되고 이익집단을 만들 수 있고 자유무역규범을 선택하기 때문에 자유무역을 권위주의보다 선호한다. 또한 환경협력에 있어서 환경규범을 지지하는 규범과 민간의 요구를 반영할 수 있는 정치제도를 가졌다는 점에서 권위주의보다 환경보호를 더 선호한다고 주장한다. 하지만 미국이 자국의 산업을 위해 교토의정서를 거부한 것처럼 민주주의가 오히려 환경협력에 부정적일 수 있다는 주장도 있다.

4. 이론의 구체화

(1) 민주평화론의 주요 논리

민주평화론의 논리는 '민주주의간에는 전쟁을 하지 않는다.'와 '민주주의와 비민주주의간에는 전쟁을 한다.'를 중심으로 한다. 이런 명제는 전쟁의 개시(war initiation)와 관련되어 있다. 민주주의가 전쟁을 하지 않는 것은 두 가지 이유에 근거한다. 첫째는 '규범외부화(norm externalization)'라고 하는 규범적 설명이다. 국내정치를 평화롭게 해결했던 국내규범이 국가간의 관계에도 적용된다는 것이다. 규범적 설명에는 민주주의가 가진 내생적 평화설명도 있다. 또한 규범적으로 민주주의 국가가 인권을 중시하는 것도 전쟁을 방지한다. 전쟁이 인권을 파괴하기 때문에 전쟁을 피하려고 하는 것이다.

둘째는 '책임추궁성(responsibility)'을 가지고 제도적으로 설명하는 것이다. 제도가 지도자의 전쟁결정에 대한 책임추궁하기 때문에 지도자는 정치적 지지가 낮아질 것을 우려하여 전쟁을 결정하기 곤란한 것이다. 요약하면 민주주의에서 지도자는 지위를 잃을 수 있기 때문에 전쟁결정이 어렵다는 것이다. 제도론은 '권력분립(separation of power)'을 통해서 지도자의 전쟁결정을 막을 수 있다고도 본다. 정책결정자의 전쟁시도가 제도적으로 견제될 수 있는 것이다.

최근에는 민주승리론이 부상하고 있다. 민주승리론은 전쟁의결과(War outcomes)과 관련되어 있다. 이것을 설명하는 두 가지 요소가 있다. 첫 번째는 선택효과(selective effect: 승리할 것 같은 국가와의 전쟁만을 선택)로 설명하는 것이다. 쉬운 전쟁만을 골라서 하기 때문에 전쟁이 어렵다는 것이다. 두 번째는 군사적효율성(military effectiveness: 민주주의에서 인민이 전쟁결정에 동의시 총력전이 가능해서 비민주주의에 대해 승리한다)로 설명한다. 세 번째는 민주주의국가는 민주주의라는 동맹국가에 의해 지원을 받을 수 있다는 설명이다. 비민주주의는 동맹을 체결해도 실제 전쟁이 발생하면 지원을 하지 않는 것과 대비된다. 그러나 미국은 1973년 베트남에서 패전을 하였다. 패권국가이자 민주주의국가인 미국이 약소국이자 비민주주의국가인 베트남에게 패배한 것은 이론들에 대해 강력한 반증사례가 된다.

(2) 민주과정론 입장에서의 비판

민주평화이론을 비판하는 입장에서 '민주화과정론'이 있다. 민주주의가 자리를 잡으면 국가간 관계는 평화로워지지만 민주주의가 만들어지는 과정이 오히려 국가간의 안보질서를 불안하게 된다는 것이다. 실제로 통계를 보면 민주주의의 정도와 평화의 정도간에는 항상성(covariation: 지표가 같은 방향으로 움직임)이 있다. 즉 독립변수인 민주주의의 척도가 증대하면 평화지수도 증대해야 한다.

그러나 맨스필드와 스나이더는 민주주의로 전환되는 과정과 완성된 민주주의가 구축된 상황을 구별한다. 이것은 정치학의 민주주의 이론가들이 나누는 방식으로 민주주의 이행(transition)과 민주주의 공고화(consolidation)을 구분하는 방식이다. 이행은 권위주의에서 민주주의로의 전환을 의미한다. 여기서는 보통선거권과 자유로운 선거와 복수의 정당이나 후보등이 요건이 된다. 공고화는 민주주의가 발전하여 사람들이 비민주주의로 후퇴할 행동(ex,쿠테타)을 하지 않고 그러한 태도(ex, 쿠테타에 동조하는 태도)를 가지지 않는 경우에 형성된다.

민주화과정의 위험성을 제기하는 이들은 U자형 곡선을 그린다. 즉 민주주의가 아닐 때 평화롭다가 민주화과정에서 민주주의 척도가 증가하면 불안정하고 민주주의가 완전히 자리잡을 때 다시 평화를 만들 수 있다. 따라서 민주주의의 확대가 일시적으로 불안정을 만들 수 있다. 그렇다면 왜 민주화과정은 위험한가? 여기에는 민주화 과정에서 국내정치의 주도권경쟁으로 설명한다. 구체제의 권위주의세력이 얼마나 강력한지와 민주주의세력이 대안이 될 수 있는지에 따른 주도권경쟁이 민족주의를 활용하여 주변지역의 문제를 가지고 지지를 얻을 수 있는 것이다. 1994년 잭스나이더의 「Myth of Empire」의 과두적인 정치체제가 어떻게 제국주의로 확장해나갈 수 있는지에 대한 논리와 동일하게 작동한다.

(3) 민주평화론의 세부논리

민주평화이론은 민주주의자체의 논리에 의해서 전쟁이 결정되는 것인지 아니면 민주주의 '간'의 문제인지에 대한 논의가 있다. 이것은 민주평화이론을 '민주주의간(dyadic) 설명'과 '민주주의 자체(monadic) 설명'으로 구분한다. 실제 분쟁발생은 비민주주의의 내부에서 발생한다. 따라서 분쟁의 발생과 관련해서 민주주의 자체가 중요할 수 있다. 그러나 분쟁의 심화와 갈등이 전쟁으로 가지 않는 것은 '민주주의간의' 관계가 중요하다. 즉 민주주의라서 안싸우는 것이 아니라 민주주의끼리 안싸우는 것이다.

민주평화이론은 1990년대 가장 발전한 이론이다. 1990년대 중반 통계를 활용해 칸트의 이론을 체계화한 러셋과 같은 이들은 '신칸트학파'라고 부른다. 이들은 '민주주의', '국제제도', '상호의존'의 3가지가 모두 국제평화에 기여했다고 주장했다. 몇몇 연구자들은 최근에 민주주의와 상호의존만을 가지고 양자효과를 설명하기도 한다.

1990년대 민주평화이론이 부상한 것은 미국의 외교정책의 중심축에 민주주의가 작동하기 때문이다. 미국의 외교정책은 냉전기에도 민주주의를 강조했고 탈냉전기에도 민주주의 강조하고 있다. 다만 차이가 있다면 냉전기에는 봉쇄정책을 수행해 비민주주의를 고사시켰다는 것이다. 민주평화이론은 좋은 정체에 기인한 국제정치이론이지만 이 이론 역시 분화가 되어 있다. 공세적 민주주의 전략과 방어적 민주주의 전략으로 구분되는 것이다. 민주주의를 강조하고 구축하기 위해서 군사력을 적극적으로 사용하여 개입할 것인지를 기준으로 한 구분이다. 부시는 공세적 민주주의 전략을 선택하여 이라크전쟁을 시작하였다. 이라크 전쟁은 2013년 3월 20일로 10주년이 되었다. 미국은 이라크에서 1조 달러이상을 사용하였고 국가재정악화로 금융위기를 맞이했다. 이라크북부에서 이슬람단체인 IS가 국가를 주장하면서 다시금 테러의 본산이 되어 미국을 괴롭히기도 했다.

민주주의 정치체제만으로 협력을 만들어낸다는 민주평화이론의 주장은 획기적인 것이다. 민주주의는 1국에 의해서 선택될 수 있는데 이것만으로 평화가 창출되기 때문에 국가간 제도와 상호의존이 없이도 평화가 가능한 점에서 특별하다.

(4) 민주평화론에 대한 비판

구조적 현실주의가 볼 때 몇 가지 문제가 있다. 첫 번째, 국제적인 힘의 관계인 극성이 민주주의 정치체제보다 중요하다. 두 번째 아무리 민주주의국가간이라고 해도 무정부상태를 극복하는 것이 곤란하다. 세 번째 민주주의 역사가 너무 짧기 때문에 경험주의이론으로서 사례가 부족하다. 만약 민주주의간 전쟁이 벌어진다면 귀납적인 이론인 민주평화론은 설명력이 약해질 수 밖에 없다. 네 번째, 왈츠는 민주전쟁론을 가지고 비판한다. 민주평화이론에 따르면 모든 나라가 민주주의가 되어야 전쟁이 사라지고 평화가 도래한다. 따라서 평화도래를 위해서 비민주주의 국가를 강제로라도 민주주의로 만들어야 한다. 이것은 논리적으로 평화를 위해 전쟁을 하게 만드는 것이다.

민주평화이론에 대한 비판은 문명충돌론에서도 있다. 문명론에 따르면 민주주의에 대한 인식의 차이가 있기 때문에 민주주의는 보편적이기 어렵다. 또한 민주주의에 대한 문화차이로 인식할 수 있다. 즉 보편적인 민주주의를 구축하기 어렵기 때문에 독립변수가 되는 민주주의의 경계가 확정되기 어렵다는 것이다.

5. 억지와 청중비용

민주평화이론에 따르면 민주주의가 덜 싸운다. 하지만 핵억지이론에 따를 때 민주주의국가의 지도자가 강경한 발언을 할 경우 그 발언에 발이 묶여 지도자는 원치 않는 분쟁에 개입할 수도 있다. 이것은 제임스 피어론(James D. Fearon)의 청중비용(audience costs)으로 정리할 수 있다. 억지에서 다룰 수 있지만 민주주의의 정권유형과 관련되어 있어 민주평화이론 설명의 연장선상에서 다룬다.

청중비용이란 일국의 지도자가 강경한 발언을 하고 이것을 철회할 때 치루는 비용을 의미한다. 위기 상황에서 자신의 의지를 관철하기 위해 지도자는 강력하게 대응할 것임을 발언한다. 이 경우 지도자는 국내청중들이 자신의 발언철회로 인해 선거에서 표를 이용해서 책임을 추궁한다는 점을 고려하게 된다. 위기시 국가들은 강경정책을 사용하겠다는 신호를 보낸다. 이 신호보내기에서 자신이 감수해야 하는 비용이 더 크다고 여겨지는 경우 더 강력한 의지를 가지고 있다고 판단할 수 있다.

신호보내기 게임에서 비용은 크게 두 가지이다. 첫 번째는 강경정책을 제시할 때까지 든 비용이다. 두 번째는 강경정책을 돌이켰을 때 드는 사후적 비용이다. 이때 후자가 청중비용에는 중요하게 된다. 첫 번째 비용은 관측될 수 있는 데 비해 두 번째 비용은 추론으로 측정하는 비용이다. 두 번째 비용은 국가 지지도의 약화 등을 고려해야하는 상황이다.

청중비용은 자신과 상대방이 계산을 할 때 정권유형과 관련되어 있다. 민주주의 국가에서는 청중비용은 유권자가 지도자를 처벌할 수 있을 뿐 아니라 정보가 명확하기 때문에 유권자는 지도자의 정책변경에 대해 정확한 판단이 가능하다. 따라서 지도자는 자신이 강경발언을 한 뒤 이것을 철회할 경우 치르게 될 정치적 비용으로 인해 강경정책을 철회할 수 없는 것이다.

민주주의국가에서 청중비용이 중요하게 되는 이유는 몇 가지 있다. 첫째, 지도자의 정책철회와 정책선회는 국가의 명예와 평판을 중요하게 여기는 국가에서 지도자의 정책판단능력을 의심하게 된다. 따라서 민주주의에서 지도자의 정책철회는 어렵다. 둘째, 민주주의 내에는 야당과 같은 정치적 경쟁자가 있기 때문에 이런 상황을 이용하여 지도자는 강경정책을 공개적으로 천명하고 야당의 반대나 정치적 지분 약화를 빌미로 자신의 발을 묶을 수 있다. 셋째, 민주주의에서는 정보가 공개되기 때문에 민주주의국가 지도자는 정책전환을 쉽게 할 수 없다. 즉 지도자는 자국국민을 속일 수가 없다. 넷째, 민주주의에서 일반 유권자들은 외교정책에도 관심을 가지기 때문에 안보문제가 선거정치에 사용될 수 있다고 주장한다.

위의 것을 다 정리하면 주인대리인의 관계, 책임성의 정치, 언행일치여부에 따른 선거결과, 국회 내 야당의 의석수, 자유로운 정보미디어 환경, 연성뉴스(사실자체 보도보다 사실 해설을 강조하는 뉴스)의 역할이 작용하여 민주주의국가의 지도자들이 강경정책을 활용할 수 있게 한다.

반면에 독재국가에서도 청중비용이 높을 수 있다는 주장이 있다. 첫 번째 논리는 독재국가의 지도자가 민주주의 국가의 지도자 보다 책임을 나눌 수 있는 여지가 없기 때문에 독재국가가 오히려 쿠데타나 숙청으로 이어질 수 있다는 것이다. 두 번째 논리는 독재국가의 지도자는 마초와 같은 이미지를 가지고 있는데 강경정책의 철회는 이러한 이미지를 붕괴시키고 이것이 정치적 저항과 쿠테타로 이어진다. 세 번째 논리는 처벌의 수준과 관련해 민주주의국가에서 지도자는 처벌이 재선 실패정도이지만 독재국가에서는 숙청이나 사형과 관련되어 있다. 따라서 이런 논리의 연장선상에서 독재국가의 지도자도 민주주의국가의 선거와 같은 청중비용은 아니지만 국내정치에서 청중비용을 고려하게 된다.

청중비용이 어떤 정치체제에서 더 작동하는가에 대한 논쟁은 대체로 세 가지 조건으로 모아진다. 첫 번째, 지도자에 대한 처벌의 용이성이다. 처벌이 용이하면 청중비용을 많이 고려하기 때문에 지도자는 강경정책 철회가 어렵다. 두 번째, 지도자 처벌로 인한 승리연합이 존재하는지 여부이다. 즉 대안이 존재하는 민주주의에서 처벌은 더 용이하다. 이런 경우 강경정책철회가 어렵다. 세 번째, 자국의 청중비용이 타국에 의해 관측될 수 있는지 여부이다. 민주주의는 정보가 투명하기 때문에 타국에 자국의 청중비용을 좀 더 명확하게 알려줄 수 있다. 이것을 가지고 협상에서 위협수단으로 사용할 수 있다.

6. 정책처방

민주평화이론은 전쟁을 피하고 평화를 만들기 위해서는 민주주의가 확대되어야 한다고 주장한다. 한국에 있어서 민주주의가 확대되는 것은 중요하다. 북한과 중국이라는 비민주주의 국가들이 동북아시아에 있는 상황에서 민주주의가 확대되는 것이 평화를 가져온다면, 한국은 국제제도를 만들지 않고 군사력증강이 없어도 평화를 달성할 수 있다는 점에서 획기적인 일이다. 그러나 민주주의가 만들어지는 과정은 2011년 리비아에서 카다피에 저항하는 민주파 인사들과 카다피를 지지하는 이들 간의 내전이 보여준 것처럼 매우 폭력적이며 지역질서에 불안정을 가져올 수 있다. 그런 점에서 비민주주의 국가들인 중국과 북한에서 민주주의 인사들이 내부에서 자라면서 민주파의 힘이 강해지는 것을 외부 민주주의국가들이 지원하는 것이 중요하다. 이라크전쟁에서 본 것처럼 미국이라는 외부세력이 민주주의를 만들려고 하는 시도는 오히려 내부의 정치적 불만을 더욱 가중시킬 수 있다.

제7절 구성주의이론

1. 구성주의이론의 등장과 구조와 행위자간 관계

탈냉전은 국제정치학의 엄청난 도전이다. 국가중심성과 권력확대 가정이 깨지면서 과연 과학주의를 통해서 설명하는 것이 타당한지에 대해 회의감을 가지게 되었다. 이것은 국제정치의 주류이론들을 다시 해체해보고 재구성을 통해서 국제정치의 운영원리를 찾아볼 필요가 생긴 것이다. 이 과정에서 새로운 주장으로 나온 것이 구성주의이다. 구성주의는 그런 점에서 신현실주의의 이론체계에 대한 강력한 도전을 하는 것이다.

특히 알렉산더 웬트(A. Wendt)는 행위주체로서 단위(Agent)를 활용하여 국가로 고정하지 않으면서 변화를 가져올 수 있는 주체를 강조하였다. 단위는 구조를 변화시키면서 국제정치에 변화를 가져올 수 있는 것이다. 이것을 '구조-단위의 문제'로 보고 구조인 무정부상태는 국가들에 의해 만들어진다고 보았다. 알렉산더 웬트는 신현실주의를 개체환원론이라고 비판하고 월러스타인의 세계체제론을 구조결정론으로 하여 양자를 비판하면서 구조와 개체를 동시에 보아야 한다고 주장했다. 이때 왈츠를 개체환원론으로 본 것은 왈츠가 주장한 구조의 3요소중 '무정부상태'와 '단위의 특성'이 고정되어 있기 때문이다. 그렇다면 능력의 분포상태인 극성만이 설명요인이 되는데 강대국의 수는 개체적 설명이지 구조적 설명은 아닌 것이다.

표를 통한 비교 신현실주의와 구성주의

신현실주의	구조 중심이론	구조(무정부상태, 극성) ⇨ 국가들의 행동결정	
	이익의 외생성	주어진 이익에 따라 국가행동(안보>경제>문화)	
	도구적 이성중시	경제학이론에 따른 도구적 합리성에 따라 행동	
구성주의	구조 ⇔ 개체	구조(무정부상태) ⇔ 국가들의 행동	
	이익의 내생성	정체성이 이익을 규정	
	성찰성 중시	사회학이론에 따른 성찰적 합리성에 따라 행동	
	정체성유형	홉스적	적대적 정체성. 개별안보추구
		로크적	경쟁적 정체성. 집단안보추구[8]
		칸트적	협력적 정체성. 협력안보추구

2. 지식사회학의 특징

지식사회학에 기반을 한 구성주의[9]는 어떤 것을 배울 것인지에 따라 세상을 이해하는 방

8) 집단안보와 협력안보: 국가들이 개별적인 안보인 군사력증대나 동맹보다 집단안보장치가 우월하다고 생각할 때 집단안보가 체결된다. UN을 중심으로 운영되는 안보체제로 친구들과 잠재적인 경쟁자들이 구성할 수 있다. 반면 협력안보는 유럽에서 만들어진 안보이론으로 적대적인 국가들까지 공존을 위한 대화를 통해 안보를 추구하는 것이다. 집단안보보다는 정체성이 더 친구에 가까워진 것이다.

9) **구성주의의 구조화이론과 성찰성**: 구성주의는 사회학으로 무장한 이론이다. 구성주의가 도출되기 까지 다양한 이론들이 활용되었다. 먼저 구성주의는 에밀 뒤르켐을 통해서 일반 사회현상에서 사회구조가 어떻게 작동하는지와 주체(agent)에 관심을 가지게 되었다. 또한 기든스(A. Giddens)의 구조화(Structuration)이론을 인용하여 주체가 구조를 변화시킬 수 있다고 주장할 수 있는 틀을 만들었다. 이것을 위해서는 하버마스(J. Habermas)의 성찰성과 의사소통이론을 가져왔다. Communication

식이 달라진다고 본다. 또한 이해방식의 변화는 실제 현실운영을 변화시킬 수 있는 것이다.

국제정치학은 경제학이 사용한 합리적 분석방법의 도움을 많이 받아왔다. 경제학적 분석은 국가가 보편적으로 규정된 국가이익에 따라 행동한다고 주장한다. 그리고 경제학의 분석방식은 기본적으로 국가의 선호를 외부에서 규정하고 이를 변화시키지 않는다. 게다가 국가를 원자적인 존재로 상정하기 때문에 상호적인 관계 속에서 생겨날 수 있는 변화를 고려하지 않는다. 경제학의 이런 방법론적인 문제들을 극복하기 위해서 구성주의는 사회학적 이론을 통해 국제정치를 설명한다. 따라서 구성주의의 가장 큰 의미는 사회학이론을 국제정치에 도입하였다는 것이다. 웬트(A. Wendt)의 책 제목은 「Social Theory of International Politics」이다. 왈츠(K. Waltz)의 제목 「Theory of International Politics」과 비교해보면 그 차이를 확연히 알 수 있다.

그만큼 구성주의는 국제정치를 사회적 관계로 파악한다. 따라서 국가를 사회적 존재로 파악한다. 여기서 사회적 관계라는 것은 사회적 의미, 즉 문화적 맥락이 중요하다는 것이다. 사회적 의미 안에서 어떻게 행동하는가는 관계 속의 맥락에 의해 결정되어지기 때문이다. 즉 '적절한(appropriate) 행동'을 했는지는 누구와 자리를 함께 했는가에 의해 결정된다. 자신보다 연배가 높은 어른과 있는 상황에서 반말을 섞어서 농담을 하게 되면 적절한 행동으로 보이지 않을 것이다. 이런 점에서 구성주의가 사회적 이론으로 설명한다는 것은 사회적 관계 안에서 사회적 구조인 규범이나 관념 등이 어떻게 작동하는가를 설명한다는 것이다. 동방예의지국이라는 사회적인 규범이 앞의 사례에서 작동하고 있는 것이다.

이런 접근은 그동안 합리주의이론이 상정하는 경제적 가정과는 거리를 두겠다는 것이다. 경제적 이론은 자신의 이익과 비용을 기계적으로 계산하는 것이 중심이고 국가를 원자적으로 설정하였다. 반면에 구성주의이론은 "상호적 관계 내의 국가"로 설정하고 있다.

구성주의이론은 왈츠 이론과 같이 힘의 분포를 설명하는 이론에 대해서도 비판할 수 있다. 왈츠는 능력의 분포(distribution of capability)를 중심으로 국제정치를 설명했다. 신현실주의는 물질주의이론(material theory)이다. 하지만 물질은 반드시 관념에 의해서 해석되는 것이지 자체적으로 의미를 가지지 않는다. 우리가 사용하는 돈이나 명품은 사회적으로 받아들이기 때문에 의미를 가지는 것이다.

---

action 개념을 인용하여 의사소통을 통한 합의에 의해서만 진리가 된다는 주장을 편다. 이것은 고정된 합리성으로 이성을 설정하는 것이 아니라 심의를 거쳐서 합리성이 결정된다고 보았다. 또한 로티(R. Rorty)이론을 통해서 진리는 상호작용의 결과이며, 이를 토대로 정책을 수행해야 한다는 실용적 외교를 주장한다. 이런 논리에서 의사소통을 통해 담론이 구성되고 정체성이 만들어지는 것이다.

3. 구성주의의 주요내용[10)]

(1) 관념의 분포와 분석단위의 문제

구성주의의 가장 핵심적인 설명은 '관념의 분포(distribution of idea)'를 통해서 국제정치를 설명한다는 것이다. 현실주의가 '능력의 분포(distribution of capability)'로 설명을 하고 민주평화론이 '정체의 분포(distribution of regime type)'로 설명하는 것과 대조된다. 관념이 국가행동을 결정하는 것이다. 예를 들어 1980년대 고르바초프의 소련도 쇠퇴하는 국가이고 펠레폰네소스전쟁기 스파르타도 쇠퇴하는 국가였다. 그런데 소련은 평화적 공존과 개혁정책을 선택하고 스파르타는 전쟁을 선택하였다. 이것의 차이는 당시 상황을 읽어내는 관념(Idea)에 있다.

다음으로 어려운 문제는 구성주의의 분석 단위에 관련된 것이다. 가장 어려운 질문 중의 하나는 "구성주의의 분석단위는 무엇인가? 국가자체인가 국가내부인가?"이다. 이에 대한 답은 구성주의는 국가 자체가 분석단위라는 것이다. 하지만 국가 자체의 이익을 가지는 '자아'가 있다고 간주한다. 그리고 국가들간의 자아가 다를 수 있다고 간주한다. 반면에 신현실주의자 왈츠(Waltz)는 자아가 동일하다고 가정한다. 왈츠는 국가를 생존-안보추구적 자아로 상정했고 이것은 모든 국가들이 그렇다는 것이다. 하지만 구성주의는 자아의 '내생적 구성' 혹은 '내생성'을 강조한다. 이를 단순화하면 "자아구성 → 이익구성"이 되는 것이다. 이와 달리 이익의 외생적 규정은 경제학이 사용하고 있는 합리주의 이론의 가정으로 무차별곡선으로 상징화되는 보편적 이익의 선호규정이 대표적이다.

구성주의는 단위(agent)를 중심으로 크게 두 가지로 나뉜다. 사회중심의 구성주의와 개체중심의 구성주의가 그것이다. 사회중심의 구성주의는 민족주의와 같이 단위를 개인이 아닌 사회의 특징을 가지고 설명하는 것이다. 한일 간의 배타성의 사례가 여기에 속한다. 개체중심의 구성주의는 지도자의 아이디어가 세계를 바꾼다고 설명한다. 고르바초프에 의한 신사고로 탈냉전이 생긴 것이나 독일의 빌리 브란트가 폴란드에서 보인 진정성 있는 사과가 유럽에서 독일에 대한 인식의 변화를 가져온 사례가 있다.

(2) 무정부성에 대한 인식차이

구성주의자 웬트는 무정부상태에 대한 인식의 차이가 있을 수 있다고 보았다. 무정부성도 다를 수 있는데 무정부성은 어떻게 다를 수 있는가? 웬트의 답은 무정부상태(Anarchy)의 문화가 다르기 때문에 무정부에 대한 인식도 다를 수 있다는 것이다. 즉 무정부상태의 문화(culture of anarchy)가 다른 것이다. 예를 들어 '한국과 북한 사이의 무정부성'과 '한국과

---

10) 이근욱, "알렉산더 웬트", 「왈츠이후 30년」(서울: 한울출판사, 2009)을 주로 참조하여 요약정리하였음

미국 사이의 무정부성'과 '한국과 일본 사이의 무정부성'은 다르다.

웬트는 아나키를 3가지로 구분한다. 첫째, 홉스적 아나키는 적대감이 문화의 특성이고 생존이 목적이다. 이것의 대표적인 이론가는 공격적 현실주의자 미어샤이머이다. 둘째, 로크적 아나키는 경쟁이 문화의 특성이고 공존이 목적이다. 커헤인의 신자유주의 제도주의가 대표적이다. 셋째, 칸트적 아나키는 우정이 문화의 특성이고 영구평화가 목적이다. 도일과 러셋의 민주평화이론이 대표적이다.

아나키를 다르게 느낀다면 안보를 해결하는 것 역시 달라질 수 있다. 홉스적 문화에서 경쟁적으로 안보를 달성하는 국가들도 문화를 바꾸어 로크적 문화가 되면 개체적으로 안보를 확보할 것이고 칸트식 문화가 되면 협력적으로 안보를 달성하게 될 것이다. 이렇게 되면 간주관적 인식에 의해 공동운명체(collective identity)가 만들어질 수도 있다. 예를 들어 미국과 캐나다는 1958년 북미방공사령부를 구성하여 소련의 핵공격에 대비하였다. 이것은 미국과 캐나다가 운명공동체가 된 것을 의미한다.

(3) 지식과 규범의 중요성

구성주의는 지식의 중요성을 강조한다. 예를 들어 "일한관계, 일중관계, 일미관계"라는 표현을 한국에서 쓰는가라고 반문해보자. 한국에서는 "한일관계, 중일관계, 미일관계"로 사용한다. 하지만 일본은 위의 용례를 사용한다. 이것은 사람들이 어떻게 배우는가와 관련해서 지식의 재생산이 중요하다는 점을 보여주는 것이다. 특히 구성주의는 지식의 자기실현적 예언(self-fulfilling prophecy)이 중요하다고 본다. 즉 "무정부상태의 공포는 자조체계를 구성하여 강대국간 경쟁을 필연화시킨다"라는 홉스식의 주장은 그것을 이론적으로 받아들이면 그대로 강대국 경쟁은 현실화되어 나타난다. 따라서 어떤 이야기를 어떤 방식으로 해갈 것인가에 관련된 담론이 중요하며 담론을 생산하고 확대하는 지식인들이 중요하게 된다.

구성주의에서는 규범이 중요하다. 구성주의는 규범을 다음과 같이 설명한다. 초기에는 국가들이 규범을 어길 때 주변국가의 군사적 보복에 대한 두려움이 있다. 그리고 이후에는 자신에게 이익이 되기 때문에 규범을 준수한다. 하지만 최종적으로 규범을 준수하는 것이 옳다는 관념과 정체성이 내면화되어 규범을 준수하게 된다. 이것은 이익에 의한 행동에서 관념의 정착으로 옮겨가는 것이다. 국제정치의 사례는 아니지만 어느 날 오토바이 교통사고를 목격했다고 가정해보자. 과속하던 오토바이가 우회전하려다가 트럭과 충돌하였고 운전자가 사망한 것을 보았다. 그럼 이 장면을 본 사람은 이런 광경을 보면서 첫 번째는 규범을 이탈하여 과속을 하면 본인도 다치거나 죽을 수 있을 것이라는 공포가 생긴다. 즉 규범 일탈시 받게 될 처벌의 공포를 느낀다. 두 번째 단계로 속도와 신호지키기를 할 경우 얻게 되는 상호이익으로 규범을 지킨다. 세 번째 규범의 내면화단계를 거치는데 이 단계에서는 규범을 지키는 것에 따른 만족감을 느낀다. 그래서 늦은 밤에도 신호를 지키면서 규범을 지킨 것에 만족한다. 요약하면 무엇을 배움으로써 생긴 '지식'은 규범을 형성하고 규범이 내생화된다

(4) 정체성의 형성과정

구성주의는 정체성을 중요하게 생각한다. 주체들 간의 간주관적(intersubjective)인식이 주체들의 이익을 해석하게 하고 주체들이 어떤 특정 행동을 결정하도록 하기 때문에 간주관적인 인식인 상호정체성이 중요하다. 그렇다면 정체성은 어떻게 형성과정을 거치는가가 중요한 문제가 된다. 웬트의 설명은 두 단계에 걸쳐있다. 첫째, 자연선택이 존재한다. 즉 무정부성에서 국가들은 희생과 소멸이 되고 이기적인 국가만이 살아남는다. 하지만 이것은 강대국에는 적용이 안 된다. 둘째, 문화적 선택이 있다. 국가들은 성공적인 개체의 행동양식을 모방하고 학습한다. 이렇게 함으로서 국가들에게서 수용변화가 일어난다. 이것은 일종의 사회화과정이다. 예를 들어 중국의 문화나 한자 등을 학습한 동아시아국가가 중화질서를 받아들이는 것을 생각해 볼 수 있다.

자연선택과 문화적 선택에 따라 국가의 정체성이 결정되고 정체성에 따라 이익이 결정된다. 또한 다른 나라의 정체성과 이익도 자연선택과 문화적 선택에 따라 결정된다. 이렇게 만들어진 정체성을 가진 국가들 간의 관계에서 내용의 구체화가 이루어지는 것이다. 그리고 그 내용이 국제체제를 해석하게 만든다. 이를 도식화하면 다음과 같다.

"자연선택 / 문화선택 → 국가의 정체성 / 이익 → 내용의 구체화(상호의존, 공동운명, 동질성, 자제와 토의) → 국제체제(사회적 맥락, 사회적 의미와 맥락의 결정)"

(5) 정책처방

구성주의는 변화를 설명할 수 있는 이론이다. 국제정치에서 특히 동북아에서 적대적인 군사경쟁구조를 벗어나서 유럽과 같은 협력안보를 달성하기 위해서는 변화가 필요하다. 구성주의는 인식을 통해 변화를 이룰 수 있다고 주장한다. 그러기 위한 첫걸음으로 국가들이 주권을 승인하는 일을 하라고 권한다. 국가가 주권을 승인하는 것은 적대적 관계에 있으면서도 상호 국가로서 인정을 하지 않던 관계를 상호 국제사회의 구성원으로 받아들인다는 것을 의미한다. 이렇게 정체성을 변화하기 위한 구체적인 노력이 있고 나면 관계개선을 취하는 조치와 관행들이 국가들 사이의 인식을 변화시킬 것이다. 그리고 달라진 인식은 정체성의 변화로 이어질 것이고 국가의 이익해석을 거쳐서 구체적인 외교정책결정으로 나타나게 될 것이다.

이렇게 변화를 설명하고 인식의 변화를 설명하는 구성주의이론은 남북한의 관계변화, 북미관계변화, 한일 관계변화와 같은 숙제를 가지고 있는 동북아 질서를 살펴보는데 중요한 이론적 자원을 제공한다. 그런 점에서 새로운 질서를 상상하는 이들에게는 강하게 어필하는 이론임에 틀림없다.

정책결정을 좀 더 구체적으로 설명하면 알렉산더 웬트는 권력정치의 제도적 변형(institutional transformation of power politics)을 강조한다. 홉스식 무정부상태에서 적대적인 안보를 추구하는 국가들이 로크식 무정부상태나 칸트식 무정부상태로 가기 위해서는 인위적인 노력이 필요하다. 이미 만들어진 관계에서 기득권을 가진 사람들이 있기 때문에 이들의 저항을 줄이면서 변화를 꾀하기 위해서는 노력이 필요한 것이다.

먼저 홉스의 정체성에 기반한 국가간의 관계는 주권승인에 의해 국가간의 상호승인을 거쳐야 한다. 주권을 인정했다는 것은 사회적관계로 받아들이겠다는 것이다. 이 다음 단계에서는 구체적으로 정체성을 변화시킬 수 있는 정책이 필요하다. 이 때 정체성의 변화는 'character planning'능력에 의해 극복될 수 있다.

행위자의 'character planning'은 크게 네 단계로 살펴볼 수 있다. 제 1단계에서 행위자들은 기존의 정체성에 대한 합의를 무너뜨린다. 제 2단계에서는 자아와 타인의 관계에 관한 기존의 생각이 비판적으로 검증되고, 이를 토대로 상호작용의 구조도 비판적으로 검증된다. 제 3단계에서 자아는 타인이 새로운 정체성을 형성할 수 있도록 유도한다. 자아는 자신의 역할을 먼저 바꾸어 타인도 자아가 원하는 방향으로 역할을 변형할 수 있도록 유도한다. 이것이 바로 altercasting이다. 제 4단계는 타인이 실제로 행동을 바꾸는 단계이다. 이러한 네 단계의 과정을 통해 자아는 협력의 한계를 극복하고, 타인과 자신의 안보를 긍정적으로 인식하는 새로운 정체성을 확립한다. 협력적 안보체제에 맞는 정체성을 형성하기 위한 간주관적 기초가 행위자들의 'character planning'에 의해 마련된 것이다.

위의 이론을 현재 북한 문제에 적용하면 남북관계와 북미관계 개선을 위해서는 먼저 북한에 대한 국가승인이 있어야 한다. 한국은 1991년 남북기본합의서에서 국가승인과 유사한 관계 규정을 거쳤지만 국가보안법은 여전히 북한을 반란단체로 설정하고 있다. 따라서 국가간 승인이 되어 통일부가 아닌 외교부에서 북한을 다루는 방향으로 가야 한다.

그리고 남과 북은 정체성을 변화시키기 위해 'character planning'을 착수할 필요가 있다. 남과 북이 가진 기존 정체성을 붕괴시키고 새로운 관계를 위해 양자 간의 정체성을 재고해야 한다. 북한이 남한에 대한 정체성을 변화시킬 수 있도록 노력한 뒤 구체적인 실행으로 옮겨야 한다. 이런 과정을 거쳐서 남북은 냉전적 정체성을 붕괴하고 탈냉전적 정체성을 형성할 수 있다.

과거 김대중정부와 노무현정부의 대북정책은 남과 북 양자 간의 정체성 붕괴와 남과 북의 새로운 정체성 형성과정을 가지지 못했다. 오히려 남한내에서만 북한 옹호파와 북한 반대파로 남남갈등이 만들어졌다. 정체성의 변화시도에도 불구하고 남북관계가 근본적으로 바뀌지 못한 것은 2002년 다시 핵문제를 일으킨 북한의 정체성전환이라는 것이 없기 때문이다. 이것은 2002년 서해교전에서도 잘 드러난다. 월드컵 경기 중인 평화 상황에서 교전을 일으킨 것은 북한이 여전히 선제공격을 통해서 군사적 우위를 쥐고자 하는 냉전적 정체성을 변화시키지 못하고 있다는 것을 보여준다. 이후 2008년 금강산 관광객 피살사건, 2010년의 천안함사건과 연평도포격, 2015년 목함지뢰 도발을 연속선상에서 보면 북한의 정체성변화가 어렵다는 것을 알 수 있다.

제 3 장 국제정치이론과 현안적용

수험적 맥락

국제정치의 독자적인 논리체계인 무정부상태에서 국가들은 권력의 크기에 의해 자신의 목적달성여부가 결정된다. 국가들은 자신이 원하는 것을 얻기 위해 권력을 키운다. 국가들에게 직접적인 위협은 타국가의 군사적 위협이다. 국가들이 직접적인 위협에 대응하는 방법 역시 군사력이다. 현실주의의 군사안보와 국가안보관은 이 논리에서 도출된다. 국제정치의 현안은 권력이 중요하기 때문에 권력부터 다룬다.

권력은 자국이 가지려고 하는 것이 있고 타국과 함께 추구하는 것이 있다. 상대국가의 국력 증대와 그에 따른 위협에 대응하는 첫 번째 방법은 자국의 국력을 키우는 방안으로 '내적 균형(internal balancing)'이다. 군사력 증대와 필요한 경우 핵능력을 갖추는 것이다. 이런 방안이 좋은지 알지만 시간이나 경제적 부담으로 내적균형을 추구할 수 없다면 국가들은 '외적 균형(external balancing)'을 추구한다. 동맹을 통해 자국의 부족한 국력을 보충하는 것이다. 이 장에서는 내적 균형을 위한 방안으로서 '권력'과 함께 '핵'을 먼저 다룬다. 그리고 외적균형방안으로서 '동맹'을 다룬다. 마지막으로 군사력을 통제 혹은 축소하는 방안들을 다룬다.

북한 핵문제, 동북아시아의 안보경쟁이라는 조건에 더해 최근 유행하고 있는 한국의 중견국가외교와 공공외교방안을 위해서 3장의 중요개념과 이론들을 정리해야 한다.

수험적 중요주제

1. 연성권력과 스마트파워의 개념과 한국 정책방안
2. 중견국가외교와 공공외교전략
3. 핵억지 이론과 핵확산논쟁
4. 동맹의 형성이론과 동맹유지이슈로서 동맹안보딜레마
5. 군비통제와 군비축소비교

제1절 권력론

1. 권력의 중요성

(1) 정치에서 권력의 중요성

정치학은 가치의 배분을 다루는 학문이다. 정치에 관한 개념 중 가장 유명한 것은 데이비드 이스턴(D. Easton)이 정의한 "가치의 권위적 배분"이다. 사회에 희소한 가치를 배분하자면 배분 방식을 두고 다양한 이해관계가 걸릴 것이고 반대세력이 생겨나기 마련이다. 따라서 배분과정에서 갈등을 해결하기 위해서는 반대세력을 설득하고 필요할 경우 강요하는데, 이때 필요한 것이 권력이다. 예를 들어 시가지 정비를 위해 무허가 포장마차를 정비해야 한다면 생계가 걸린 포장마차 주인들은 반발할 것이다. 이 경우 정부는 이들에 대한 대책을 마련하면서 정책을 밀어붙일 것이고 공권력을 동원하기도 할 것이다. 따라서 정치는 배분을 위한 게임의 규칙을 만들고 이를 강제하기 위한 방법들을 사용해야만 하기에 권력이 필수적이다.

권력은 강제력이 될 수 있는 '물리적인 힘(force)'과 함께 권력 사용을 정당하다고 느끼게끔 하는 '정당성(legitimacy)'이 필요하다. 국내정치에서 국가는 '권위(authority)'를 통해 정당성을 확보한다.[1] 만약 정당성이 없다면 국가나 정부는 폭력배 집단과 차이가 없을 것이다. 실제로 역사를 통해서 사회적 변화를 들여다보았던 찰스 틸리는 국가를 폭력집단과 구분 짓는 것은 오직 정당성에서만 찾을 수 있다고 주장하였다. 주장의 핵심에는 국가가 전쟁을 만들고 전쟁은 국가를 만들었다는 것이다. 절대주의 국가를 만들기 위해 전쟁을 수행하고, 전쟁 과정에서 다시 근대 국가의 내부 작동방식인 근대 상비군 제도와 관료제도, 수취체계를 구축하였다. 이런 정부체계는 효율적으로 전쟁을 결정할 수 있게 한 것이다.

(2) 국제정치에서 권력의 중요성

표를 통한 비교 **무정부상태와 위계상태**

무정부상태	국가와 국가 중재자나 조정자 없음 ⇨ 국가들의 권력이 목적달성여부를 결정함
위계상태	단위체 위의 상위 권위체가 있음. 예를 들어 연방정부(상위권위체) 내에서 각 주정부(단위체)들의 분쟁은 연방정부가 중재 조정함. 상위권위체 ⇨ 단위체 분쟁조정

1) **권위와 권력 구분**: 권위는 권력과 다른 것이다. 권위는 어떤 행동을 하는 행위자가 그렇게 해도 된다는 믿음이다. 권력은 없지만 권위를 가진 경우로 종교 지도자의 예를 들 수 있다. 권위에 대해서 막스 베버는 3가지 권위의 근거를 들었다. 전통적으로 물려받는 권위, 지도자의 카리스마에 의존한 권위, 합리적인 사회에서 법적 권위가 3가지 요인이다. 이런 권위가 작동하면 권력을 덜 사용해도 된다.

그렇다면 국제정치에서 권력은 왜 필요한가? 국제정치 역시 배분 문제를 두고 다투기도 하고 흥정하기도 한다. 자원 확보를 위해 바다에 배타적 경계선(EEZ)을 획정하기도 하고 관세문제를 두고 협상하기도 한다. 영토 분쟁에서는 자국 소유라고 믿는 영토를 확보하기 위해 폭력 사용을 주저하지 않는 경우도 있다. 따라서 이런 모든 경우에 있어서 자신의 의사를 관철시키는 것으로서 권력은 중요하다. 게다가 이보다 훨씬 더욱 중요하게도 국가의 생존과 국민의 안전을 지키는 데 있어서도 권력은 중요하다. 이런 차원에서 볼 때 권력은 '수단'적이다.

고전적 현실주의는 홉스가 말한 인간이 가진 권력 본능에서 권력 추구 동기를 찾는다. 인간이 국가를 운영하고 이들 인간이 권력 추구적이기 때문에 국가는 권력을 추구하는 것이다. 반면, 왈츠는 루소의 '사슴사냥'으로 대표되는 국제체계라는 조건적 사고에 기반한다. 상호불신이라는 조건에서, 왈츠는 홉스의 인간의 권력 의지보다는 권력을 추구해야만 하는 자연상태에 초점을 두고 생존(안보확보)이라는 방어적 목적에서 국가가 권력을 추구한다고 보았다. 이러한 왈츠 입장에 반대하면서 미어샤이머의 공격적 현실주의는 국가가 무정부상태라는 조건과 상대방에 대한 불신이라는 조건, 강대국이라면 일정 정도 무장한다는 조건을 통해 국가가 다른 국가보다 상대적으로 더 많은 권력을 추구하며 그 극단에 패권이 되고자 하는 목표가 있다고 주장한다.

고전적 현실주의와 공격적 현실주의는 국가가 공격적이라고 보는 점에서 동일하지만 전자가 인간의 권력 욕구라는 개체적 원인에 집중했다면 공격적 현실주의는 무정부상태라는 구조적 원인에 집중했다는 차이가 있다.[2] 반면에 왈츠의 방어적 현실주의는 국가가 무정부상태를 극단적으로 불안하게 보는 것은 아니고 자신의 안보(국가안보로 영토, 인민, 주권의 확보를 강조하는 안보관)를 강조하는 정도에서 현상 유지적인 방어적 국가들로 가정된다. 공격적 현실주의가 권력 추구적이고 현상 타파적으로 국가를 상정한 것과 다른 것이다.

그러나 문제는 국제정치에서 권력이 물리력과 정당성 두 가지 모두를 구비하기는 어렵다는 점이다. 국가들은 상대방 국가가 행사한 힘의 사용이 정당하다고 믿지 않는다. 독일은 게르만족을 통합하겠다고 1938년 체코를 병합했다. 하지만 체코에는 게르만족이 아닌 사람들이 더 많았다. 독일의 행동은 정당한 행위는 아니었고 그렇게 판단할 만한 최고 권위를 가진 기관 역시 부재하다. 이런 면에서 분권적인 국제정치에서 정당성을 확보하는 것은 대단히 어려운 문제이다. UN에서 어떤 행위를 불법으로 규정하거나 UN의 이름으로 규탄하는 것 역시 국가들의 의사일 뿐 국가 위의 상위 권위체로서 국제기구 자신의 이름으로 무엇을 규정하는 것은 아니다. 국제정치에서 모든 국가들을 만족시킬 수 있는 권위 있는 결정의 정당성이 부족하더라도 자신의 의사를 관철시키는 강제력의 의미에 가까운 권력은 중요하다.

---

2) **인간본성과 구조간 관계**: 만약 인간 본성이 불변이라면 이것도 사회과학 개념으로서 구조라는 개념을 사용할 수 있다. 그런 점에서 고전적 현실주의는 '인간 본성'의 구조로 신현실주의는 '국제체계'의 구조로 각각 설명한다는 구분법도 있다.

한편 패권국가의 경우는 자신의 결정을 다른 국가들이 따르고 정당하다고 믿게 해야 하기 때문에 물리적인 힘뿐 아니라 정당성도 고려되는 것이다.

2. 국내정치와 국제정치의 차이: 권력의 다른 접근

(1) 국내정치

국내정치는 위계적인 조직으로서 중앙 정부가 구성된다. 토마스 홉스(T. Hobbes)에 따르면 죽음의 공포로부터 해방되기 위한 인간들의 합리적인 이해관계가 자신들의 자연권(자기보전의 권리)과 이를 지킬 수 있는 폭력수단을 사용하지 않겠다는 약속을 서로 하고 이를 제 3의 행위자인 국가에 위임한다. 즉, 합리적인 인간들은 정의롭지 않은 죽음을 피하기 위해서 자신들이 사용할 수 있는 폭력을 사용하지 않겠다고 상호 간에 약속하고 이를 이행하기 위해 제 3자인 국가에 권력을 넘겨주는 것에 합의한다. 국가는 권력을 부여받고 인간의 안전을 보장해준다. 질서를 붕괴시켰을 때 그 처벌받을 결과에 대해 사전적인 법적 예측가능성과 사후적인 처벌력을 통해서 중앙정부는 인간의 폭력 사용 가능성을 줄이는 것이다. 위임된 권리를 부여받은 정부는 사회성원들의 안전을 확보해주는 것으로 국가 구성을 하게 된다. 따라서 정부는 강력한 처벌 권한으로 사전에 개인들의 폭력 사용과 폭력에의 의존을 막고, 정부는 법을 통해서 살인자나 질서 위반자를 찾아내 동일하게 처벌받아서 죽을 수 있다는 공포를 제공함으로써 실제 사후적으로 무력을 독점하여 국내질서를 유지할 수 있다.

국내정치에서 정부는 구성원인 개인들로 하여금 자신의 안전 확보만이 아닌 자신들의 분야를 특화할 수 있는 기회(기능적 특화)를 제공한다. 정부에 의해 생존이 보장되기 때문에 개인들은 자신이 원하는 일을 할 수 있는 것이다. 만약 개인 간 분쟁이 생기면 의회가 만들어 놓은 법을 통해 해결하면 되고 선거나 정당과 같은 제도를 통해 의견을 조율하면 된다. 이런 과정을 거쳐 독일의 정치학자 칼 슈미츠(C. Schmitt)가 말한 "정치란 적과 동지의 구분"의 대결적인 정치를 민주적 과정을 통한 타협과 조정의 정치로 바꾸게 한다.

(2) 국제정치

하지만 국제정치는 국내정치와 다르다. 중앙정부가 없는 상태 즉, 홉스(T. Hobbes)의 무정부 상태가 지속되는 것이다. 국가들로 구성된 국제체제는 국가들 간의 사회적 계약을 통해 무력사용을 포기하고 이를 3자에게 위임하지 않는다. 대표적인 예가 UN에는 독자적인 군대가 없다는 점을 볼 수 있다. 따라서 국가들의 상위권위체로서 국내정치의 정부와 같은 leviathan(괴수로 묘사된 폭력 독점의 강권적 권위체)이 없다.

이런 상황에서 국가 간에 희소한 가치를 둘러싼 갈등을 해결하는 방식이 국제정치에서는 국내정치와 다르게 작동한다. 국제체계에서 생겨나는 분배 문제 즉, 자원 확보와 조정 문제(ex. 중일 간 다오위다오와 같은 영토 및 석유 등의 에너지 자원과 인구 확보)를 해결하는 데 있어 국가들은 자신의 힘으로 문제를 해결하는 자력구제체제(self-help system)에 놓여 있다. 자력 구제에서 국가들은 자신의 역할을 분야별로 특화하기 보다는 대체로 비슷한 기능들을 수행하면서 생존을 극대화하고 권력 확대를 통해 우월한 지위를 확보하고자 한다. 왈츠가 말한 대로 무정부상태라는 '질서 부여 원리(ordering principle)'가 작동하고 '단위의 기능적 분화(character of units)'가 이루어지는 것이 아니라 대체로 국가들이 유사한 기능을 수행한다. 이 경우 국가는 자신이 보유한 힘의 크기에 따라 자신이 할 수 있는 일을 하거나 자신이 감내해야 하는 일을 감내해야만 한다.

(3) 국제정치에서 권력의 중요성

표를 통한 비교 현실주의 이론들 권력 비교

현실주의명칭	강조권력	권력구성요소
고전적현실주의	권력(power)	모겐소의 9가지 구성요소 (1) 유형적 요소: 지리적 요소, 자연자원, 공업능력, 군비, 인구 (2) 무형적 요소: 국민성, 국민의 사기, 외교의 질, 정부의 질. ⇨ 무형적 요인을 권력에 포함.
신현실주의	능력(cacability)	행태주의적 권력으로 측정가능한 권력 + 실제 가용한 권력. 능력의 구성요소 3가지: 군사력(군사비, 군사력 배치상황) 경제력(GDP, 철강 생산량) 인구(전체인구, 도시화비율)
방어적현실주의	군사적능력 (military capability)	권력중 군사력에 집중 군사력과 무기를 공격무기와 방어무기로 구분. 군사력을 변화시킴으로서 안보딜레마를 완화할 수 있음.

다시 정치의 본질로 돌아와 보자. 정치는 희소한 가치의 배분 과정이다. 모든 구성원이 원하는 대로 가질 수 없을 만큼 자원이 부족한 경우 구성원 간에 자원을 둘러싼 경쟁이 생기기 마련이다. 자원을 둘러싼 경쟁에서 구성원들은 자신들의 목적이 양립 가능하면 타협하고 협상과 거래를 통해 자원을 어느 정도씩 나눌 수 있다. 하지만 목적이 양립하지 않을 경우 구성원 간에는 갈등이 생기고 이것이 공개화되면 분쟁이 된다. 만약 분쟁을 적당한 방식으로 해결할 수 없고 추구하는 목적이 강력하다면 인간은 폭력을 사용해서라도 자신이 원하는 가치를 확보하고자 한다. 이 과정을 비폭력 방식으로 해결하려면 중재자가 있어야 하고 중재자가 필요한 경우 권력을 사용해 분배를 규정하고 이에 따르지 않은 사회구성원을 처벌해야 한다. 국가가 세금을 걷으면서 세율을 조정하는 것이 대표적이다. 또한 노사간 분쟁에서 합의점을 찾아주고 파업을 불법으로 규정하거나 경찰력을 동원해 파업을 저지하기도 한다. 따라서 국내정치에서는 중앙정부가 사회적 약속을 강제하기 위해 권력이 필요하다.

국내정치에서 가치배분 과정과 절차에 반대하는 세력에 대해 정부는 설득과 보상 또는 물리력을 혼용해서 사용한다. 이 과정에서 정부가 보상이나 강제력을 통해 의지를 관철하는 것 모두 권력적 현상이다. 한미 FTA에 대해 정부가 시민들을 설득하거나 농민 시위에 경찰력을 동원하는 것은 모두 정당한 권력 현상이다.

그러나 국제정치에서는 이런 기능을 수행할 중앙정부가 없다. 즉 국가 위의 상위 권위체를 통해 물리적인 폭력이 독점되고 그 결정을 정당화할 만한 권위가 독점되어 있지 않다. 따라서 국가들은 자신의 목적을 관철하기 위해 독자적으로 폭력을 사용할 수 있고 주권에 기반하여 이러한 무력사용의 정당성을 주장할 수 있다. 근대 국가들 간의 약속은 주권을 통해 국가들의 행동 방식과 질서 운영 방식을 정당화하면서 국가의 국내질서에 대한 배타성과 대외적 독점성을 상호 인정한다.

중앙권위체의 부재에서 국가들의 분배구조를 둘러싼 갈등은 권력을 통해 해결되는 경우가 있다. 국가의 외교력은 설득력이 주가 되지만 이 외교력은 물리적 힘에 의해 뒷받침된다. 국가들의 목표 즉, 국가이익이라는 것이 양립하지 않을 경우 최종적으로 국가는 물리적인 힘에 의존한다. 국가 간 목적의 비양립성(예, 한국과 일본이 독도에 대한 영유권 주장)이 공식화되면 분쟁이 되고 무력을 사용하여 분쟁을 해결하고자 할 때 전쟁이 된다. 만약 국가의 목적이 너무나 강렬하여 다른 국가와의 타협가능성이 없을 경우 국가는 무력사용도 불사하는 것이다. 그런 점에서 국제정치에서 권력은 상대방을 설득하고 결정에 영향을 미치는 능력으로서 설득력과 강제력 모두 중요하다.

3. 국제정치 패러다임별 권력관

국제정치 패러다임별로 권력을 바라보는 관점이 다르다. 이론별 입장 차이를 통해 어떤 권력이 강조되는지를 살펴본다. 이것은 향후 어떤 권력을 통해 대응할지에 대해 정책 간 차이를 만든다.

표를 통한 비교 **권력에 대한 패러다임변화 비교**

쟁점	현실주의	자유주의	구성주의
권력의 기반	경성권력중심 (군사력, 경제력 중심)	경성권력+연성권력	지식권력과 담론(구성적 권력) (권력 해석이 쟁점)
이슈간 권력	이슈의 위계성(상위정치와 하위정치구분) / 군사력의 fungibility(대체가능성)	이슈간 서열부재, 이슈간 대등 / 군사력의 fungibility 부재	issue 해석이 중요
권력의 주체	국가가 주도	국가와 비국가 행위자	국가와 구조 동시 고려
특성	강제적 속성	영향력의 속성과 분석	지식권력

(1) 현실주의의 목표와 수단으로서 경성권력

현실주의 입장에서는 무정부 상태와 그로 인한 국가 생존이 가장 중요한 가정이다. 따라서 국가는 생존이라는 1차적 목표를 달성하고 다른 국가에게 자신의 의지를 관철시키기 위해 권력이 중요하다. 이를 위해서는 실체적인 권력으로서 경제력과 군사력이라는 '경성권력(hard power)'이 중요하다. 상대에게 보상을 가하거나 처벌 가능성을 가져다주는 경성권력은 국가들의 목표가 되기도 하고 국가이익을 달성하는 수단이 되기도 한다.

현실주의 패러다임 내의 세부 이론들마다 권력을 보는 입장이 다르다. 고전적 현실주의 입장에서 권력은 인간의 권력 욕구로 인해 그 자체가 하나의 '목적'이다. 고전적 현실주의는 권력 극대화(power - maximize)를 가정하는데 이는 인간이 생래적으로 다른 이를 지배하고자 하는 본성을 가진 것에 기반한다. 따라서 권력은 수단적인 면과 본질적으로 추구되는 가치로서의 목적적인 면이 공존한다.[3)]

구조적 현실주의 특히 왈츠(K. Waltz)류의 방어적 현실주의에서는 국가는 생존이 중요하고 이를 위해 안보 극대화(security-maximize)가 가장 중요하다고 가정한다. 왈츠는 권력이 국가들의 목표가 아니라 생존이 국가들의 목표라고 보았다. 생존을 위해 자신이 가진 가치를 위협으로부터 지키는 안보 확보가 중요한 것이다. 권력은 생존과 안보를 확보하기 위한 수단인 것이지 권력 자체가 목적은 아니다.[4)]

여기서 더 나아가 1990년대의 방어적 현실주의에서는 권력을 단지 군사력으로 한정하자고 주장한다. 다른 현실주의이론들이 권력을 너무 막연하게 보기 때문에 국가들이 막연하게 두려워하는 것이라면, 국가가 군사력을 어떻게 배분하고 공격적 군사력과 방어적 군사력 중 어느 것에 집중하는 지에 따라 상대방이 느끼는 불안감은 달라질 것이다.[5)]

현실주의에서 전반적으로 강조하는 권력은 경성권력이고 여기에는 경제력과 군사력이 중요하다. 이는 국가 권력의 기반을 이룬다. 경제력이 뒷받침될 때 군사력의 의미가 강조될 수 있다. 경성권력의 핵심적인 두 자원인 군사력과 경제력은 '당근과 채찍' 논리를 뒷받침할 수 있는 장치이다.

현실주의자인 에드워드 카(H. Carr)는 '여론을 주도하는 능력'을 강조하기도 했다. 이 점

---

3) **모겐소의 권력**: 권력의 구성요소로 유형적인 군사력, 공업능력, 인구 등을 들었고 무형적인 요인으로 국민의 사기, 정부의 질과 외교의 질을 들었다. 이 부분은 행태주의 국제정치 이론에서 비판을 받지만 실제 권력 현상에서는 중요하게 고려된다. 베트남 민족주의의 사기가 의욕이 없던 미국을 패배하게 만든 것이 사례이다.

4) **능력과 권력 구분**: 능력은 실제 사용될 수 있는 권력을 의미한다. 대체로 경제력과 군사력과 인구라는 요인들이다. 이것은 과학적인 방식으로 측정할 수 있다. 행태주의 방법론에 기반한 왈츠 이론은 이처럼 측정 가능한 물질적인 도구만을 권력으로 측정하였다.

5) **방어적 현실주의의 권력관**: 저비스나 스테판 반 에버라의 이론에서 권력은 군사력이다. 공격 능력과 방어 능력으로 구분될 수 있는 군사력에서 어느 부분을 통제할 것인지가 중요하다. 최근 미국의 미사일방어계획에서 미국이 주장하는 논리는 방어용 미사일이 전적으로 방어용이라는 것이다.

은 자유주의에서 말하는 영향력이자 선호를 변화하는 능력인 연성권력과 맥락이 유사하다. 하지만 현실주의에서 이런 힘은 결국 경제력과 군사력을 어떻게 사용하는가에 의해 결정된다고 보는 점에서 연성권력과는 다르다.

(2) 자유주의와 영향력 수단으로서 연성권력

자유주의 이론은 초기에는 권력 정치를 부정했다. 이들은 유럽의 권력정치가 국제정치의 불안정을 창출한다고 보아 권력을 의도적으로 부정하고 무시했다. 권력보다는 제도적 · 법적 문제를 통해 국제 문제를 파악하고자 했다. 자유주의는 권력으로 세상을 바라보는 전통적인 정치학 입장을 버리고 경제적 관점이나 사회적 관점에서 세상을 바라보자고 주장했다. 통합이론이 주장하는 것처럼 경제적 수준에서 교류 증대는 국가보다 국민들의 이해관계에 훨씬 부합할 것이기 때문에 국제정치에서 국가를 중심으로 하는 권력정치를 몰아낼 수 있을 것으로 보기도 했다. 따라서 경제 교류를 증대시킴으로써 더 많은 물질적인 자원과 이익이 필요한 사람들로 하여금 국가를 뛰어넘는 경제 공동체로의 통합을 가능하게 할 것으로 파악한 것이다.

자유주의에서 사회적 관점을 보는 입장은 도이취(K. Deutsch)의 거래주의가 대표적이다. 이 이론은 의사소통을 중시하고 교류 증대와 지도자 간 인식 공유가 일어나면서 각 국가들이 안보문제를 국가 자체적으로 해결하려는 시도를 포기하고 안보공동체로 간다고 주장한다. 이 입장에서 권력은 중요하지 않게 된다.

상호의존이론으로 발전한 자유주의에서는 권력이 중요하게 고려된다. 나이(J. Nye)와 커헤인(R. Keohane)의 「Power and Interdependence」에서 이들은 상호의존이 권력을 만들어내는 요소라고 보았다. 상호의존이론의 핵심은 비대칭적 관계의 상호의존이 권력의 원천이라는 것이다. 상호의존이론은 국가들 사이의 권력 관계에 어떤 차이가 있으며 비국가 행위자의 권력이 어떻게 증대하게 되었는지를 설명하면서 군사력이 아닌 다른 양태의 권력이 중요하다고 주장하였다.

국가 혹은 비국가행위자와 국가 간 관계가 증대하여 민감성과 취약성이 높아지면 어느 한 국가의 정책변경에 따라 받는 피해가 그 국가에게도 돌아오게 된다. 따라서 국가는 쉽게 정책을 변경하기 어려워지며, 특히 군사적 도발과 같은 행동을 하기 어렵게 되는 것이다. 결론적으로 상호의존이론은 관계증대가 가져올 수 있는 양태 변화를 민감성과 취약성으로 개념화하여 이를 권력 특히 협상력으로 본 것이다.

한편 자유주의 권력이론에서 러셋(B. Russett)과 나이(J. Nye)는 1980년대 미국 쇠퇴를 주장하는 입장을 반박하면서 권력의 다른 측면을 부각시켰다. 먼저 러셋은 권력의 결과에 대한 통제능력을 부각하면서 미국의 문화적인 패권을 볼 필요가 있다고 주장했다. 나이는 연성권력 이론을 통해 선호도를 변화시키는 힘을 강조하였다.

자유주의 이론들에서 권력이 가지는 공통적인 특징은 권력은 그 자체로서 목적이 있기보다는 외교정책 목표를 달성하기 위한 수단으로서 의미가 강하다는 측면이다. 최근 자유주의가 강조하는 연성권력은 다른 국가들로부터 매력적으로 보이게 만드는 힘이다. 이는 국가의 가치와 문화, 개발과 원조 관련 외교정책, 인적 네트워크 구축 등의 자원을 통해 확보될 수 있다.

(3) 구성주의의 권력: 담론[6]과 지식력

구성주의는 권력의 인식적 측면을 부각한다. 권력은 그 자체로서 의미가 있는 것이 아니라 인간들 사이의 관계 안에서 어떤 의미로 규정되고 해석되는지가 중요하다. 북한의 미사일과 영국의 미사일이 미국인들에게 다르게 인식되는 것은 물질적 자원으로서 미사일이 문제가 아니라 미사일을 어떻게 인식하게 만드는지에 대한 상호간의 정체성과 인식 때문이다. 즉, 미국은 북한을 적대적으로 보기 때문에 미사일도 적대적인 것이다. 반면에 영국은 적대적이지 않기 때문에 미사일의 의미가 다른 것이다.

구성주의는 인식의 힘을 강조한다. 따라서 대중들의 인식을 결정하게 하는 지식권력이 중요하다. 세상을 어떻게 이해하는지에 대한 지식체계가 결국 권력을 장악한다. 그런 점에서 지식과 지식에 기반하여 어떤 주제를 어떻게 살펴볼 것인지를 정하는 담론이 권력의 가장 중요한 원천이 된다. 따라서 권력은 담론을 주도하는 국가뿐만 아니라 지식인들에게도 있다.

학문 분야에서 미국 사례를 살펴보면 구성주의의 지식력이 얼마나 중요한지 알 수 있다. 거의 모든 분야에서 미국은 지식을 점유하고 독주하고 있다. 전 세계의 가장 중요한 싱크탱크는 미국에 속해 있다. 이들이 만들어내는 이론과 개념들로 국제무대가 주로 움직인다. 미국의 보수주의 재단에서 만든 중국 위협론과 중국의 대응 논리인 화평발전론은 미국이 세계 담론을 어떻게 주도하는지 잘 보여준다. 그런 점에서 구성주의가 강조하는 담론을 장악하는 것에 각 국가들은 어떻게 담론을 구성하거나 대응할지 정하는 것이 중요하다.

4. 정치학에서 권력의 유형

권력이 국제정치학의 중심에 있다면 권력은 하나의 형태로만 존재하지는 않을 것이다. 권력 현상에는 두려움에 기인하는 것도 있고 자발성에 기인하는 것도 있으며 개체의 의지와 상관없이 작동하는 것도 있다. 따라서 다양한 권력의 유형을 분류하여 국제현상을 더 넓게 볼 수 있다.

---

6) **담론의 의미**: 담론은 하버마스에 따르면 공적 문제를 논의하는 언어들로 구성되어 있다. 하버마스는 인간의 언어는 두 가지 기능을 한다고 보았다. 생존을 위해 필요한 일상적인 언어가 있는가 하면 공공 문제를 다루는 언어인 담론이 있다. 인간 공동체가 어떻게 운영될 것인지에 대해 정해가는 과정을 강조하는 비판 이론가로서 하버마스는 담론 검증 이전에 믿기 어렵다는 점을 강조한다. 따라서 지식을 무턱대고 믿는 것이 아니라 성찰성 즉, 심사숙고하여 검증하였을 때 사실로 믿는 경향에 의해 지식이 구축된다고 보았다.

표를 통한 비교 권력의 개념과 의미

권력 개념	핵심 의미	자원
1차원권력: 강제형권력, 결정형 권력	(대상이)원하는 것을 하지 못하게 하거나 원하지 않는 것을 (주체가)하게 하는 능력	군사력, 경제력
2차원권력: 메타파워, 비결정형권력	의제를 넣거나 빼는 능력	국가의 지위, 협상력
3차원권력: 연성권력, 포섭적 권력	선호를 통제, 변화하는 능력	문화, 이념과 가치관, 대외정책

(1) 1차원적 권력: 결정형 권력, 강제형 권력

1차원적 권력은 로버트 달(R. Dahl)의 권력관으로 권력은 객체의 의사에 반하는 결과 산출에 객체가 스스로 나서게끔 강제(결정)할 수 있는 주체의 '능력'으로 정의된다. 이 관점에 따르면, 권력의 행사 능력과 행동 목적성, 권력 행사로 나타나는 결과, 이 결과를 실제로 가져오려고 한 행위자의 의사가 중요하다. 즉, 의도하지 않은 결과는 권력일 수 없으며 그 결과를 가져와서 눈에 띄는 어떤 현상으로 나타나도록 해야 하는 것이다. 그리고 그런 결과를 가져오게 하는 수단이 필요하다. 이 접근은 권력의 실제 행사와 잠재 능력을 구분하는 것이 중요하다고 지적한다. 잠재 능력이 있다고 해서 실제 행사에 반드시 나서는 것은 아니다. 1차원 권력은 행태주의 권력관으로 잠재력이 아니라 실제 사용한 것과 측정 가능한 것을 다룬다.

(2) 2차원 권력: Meta power로서 의제 통제력

2차원 권력은 정치학에서는 바크라크와 바라츠(Bachrach & Baratz)가 사용한 개념이다. 이 개념은 사용된 권력보다 사용되지 않은 잠재력을 강조한다. 실제로 사용되지 않았지만 이미 의제 설정을 장악하여 권력을 행사하는 숨겨진 권력을 의미한다. '비결정성(non-decision)'을 통해 '결정'적 권력의 표면적 행사만을 강조하는 것을 거부한다. 관료 부처 등에서 가지고 있는 권력으로 인해 실제 의사결정 과정에는 권력 행사가 드러나지 않는 현대 정치 현상을 파악하기 위한 개념이다.

크라스너(S. Krasner)는 2차원 권력을 국제정치에 도입했다. 로버트 달의 1차원적 권력관은 국제정치에서 의제 설정의 중요성과 의제 설정 과정에서의 권력을 제대로 반영하지 못하는 문제가 있다. 만약 의제가 설정되기 전에 권력이 작동하여 의제 자체에서 특정 이슈를 빼버린다면 표면적으로 의제가 되어 협상이 진행되고 이것을 관철하는 것은 이미 권력이 작동되고 난 후의 일이다. 따라서 표면적으로 강제하기 이전에 이미 권력자는 자신이 불리하거나 자신의 이익에 합당하지 않은 것은 빼버린다. 권력을 보기 위해서는 강제되거나 결정되기 이전 단계에 권력이 작동하는 것을 보아야 한다.

크라스너는 Regime(넓은 의미의 국제 제도로서 국가들의 이해가 명시적으로든 묵시적으로든 수렴되는 원칙, 규칙, 규범, 의사결정절차)을 이용하여 쟁점화 이전의 의제 설정 단계에서 작동하여 자신에 반하는 쟁점을 의제에서 배제하는 능력을 2차원 권력으로 정의한다. 즉, 강대국과의 의제 설정과정에서 약소국으로 하여금 강대국이 불편해 할 사항 자체를 아예 의제 설정에서 배제시켜 버리게 만드는 권력으로 1차원 권력처럼 결과를 표면에 나타나게 만들지는 않는다. 이렇게 결정을 가져오지 않는다는 점에서 '비결정성'(non-decision)을 가진다고도 하고 비결정적 권력이라고도 부른다.

2차원 권력이 발생하는 권력의 원천은 국제체계 내에서의 국가의 위치이다. 예를 들어 세계 경제에서 차지하는 국가의 위치로 인해 강대국은 자신이 직접 행사하는 의도한 권력이 없다해도 자신에게 유리하게 의제를 설정할 수 있다. 이 관점은 베트남전에서의 미국의 패배를 어떻게 해명할 것인가의 고민에서 나왔다. 1차원 권력으로 볼 때 미국의 패배는 설명되기 어렵다. 미국은 가장 강력한 군사력을 갖춘 국가였음에도 베트남의 공산화를 막지 못했고 결과적으로 베트남에 패배함으로써 미국에게 첫 번째 패배를 가져왔다. 그렇다고 미국에게 권력이 없다고 할 수 있는가? 크라스너는 그렇지 않다고 대답한다. 그가 볼 때 미국은 아직 국제사회에서 가장 강한 국가로서의 위치에 있으므로 국제제도에서 충분한 영향력이 있다는 것이다.

(3) 3차원 권력: 연성권력(soft power) 혹은 포섭적 권력(co-optive power)

1차원 권력에 대한 또 다른 비판은 1990년 조셉 나이에 의해 제기되었다. 조셉 나이는 미국의 패권 쇠퇴에 대한 논쟁에서 미국의 패권 쇠퇴를 부정하고 연성권력이라는 다른 유형의 미국 패권이 있다는 점을 미국 정책 결정자들에게 조언을 한다. 연성권력에 대한 책이 나온 시점이 1991년이라는 것은 탈냉전으로 변화하는 국제질서에 대한 대응 방안의 성격도 있는 것이다. 즉 탈냉전으로 가는 미국에게 하드파워인 군사력 중심의 전략만으로는 패권 유지에 부족하며, 새로운 유형의 권력을 개발하고 정책화해야 미국의 국제질서 관리가 훨씬 용이해진다는 것이다.

연성권력이란 "이념, 문화, 자본의 수출과 영향력 확대 등을 통해 상대방의 이익과 선호체계를 변화시키는 능력"을 의미한다. 연성권력은 의제설정 이전의 단계에서 이미 상대방의 취향과 선호를 자국과 동질화하게 함으로써 상대방 국가를 포섭하는 능력을 의미한다. 그런 의미에서 비강제적 권력의 특징을 가진다.

연성권력은 그 뒤에 더 많은 이론적 발전을 가져왔다. 2007년 공화당과 민주당의 초당적 입장에서 국제전략연구소의 조셉 나이를 중심으로 하여 연성권력과 경성권력을 결부시킨 스마트파워(Smart Power) 개념을 만들기도 했다.

2005년 노무현 대통령이 제기한 '동북아 균형자론'은 한국이 균형자(balancer)가 되기 어렵다는 것을 배우게 하였다. 이 논쟁 결과로 한국은 경성권력인 군사력과 경제력이 아니라 연성권력에 보다 정책적으로 집중해야 한다는 점을 배웠다. 한국 외교정책이 연성권력론에 집중한 것도 이 때문이다.

(4) 권력과 관계된 분류와 중요 개념들

1) 권력의 비대체성(infungibility)

모든 정치 목적 달성을 가능케 하는 권력 자원이란 없으며 정책 결정의 맥락-상황적 특수성-에 따라 권력 자원의 역할・중요도가 차이 난다. 데이빗 볼드윈(D. Baldwin)은 권력의 '맥락'적 분석을 한 대표적인 학자이다. 그의 주장의 요지는 "상황적 맥락에 따라 효율적인 권력자원은 상이하다(Power is specific rather than fungible)"는 것이다. 즉, 군사력을 사용할 때 효과적인 맥락이 있는가 하면 효과적이지 않은 맥락이 있다. 예를 들어 1994년 쌀시장 개방과 관련된 협상에서 한국의 군사력은 협상 결과에 영향을 미치지 못했다.

권력은 권력 전환이 중요하다. 즉 권력 자원이 곧바로 권력이 되는 것은 아니며 권력 전환이 일어나야 권력이 된다는 것이다. 따라서 권력 보유와 사용 간에는 괴리가 있을 수 있다. 만약 권력 전환 과정에 기능장애 요소들이 생긴다면 그 행위자는 실제 권력을 행사할 수 없다. 따라서 이 경우 권력의 비대체성과 기능장애로 인해 미국이 베트남에서 패한 것과 같은 비현실적인 권력의 역설이 발생할 수 있는 것이다. 1차 대전에서 러시아는 많은 병사들이 있었고 하사관들이 있었다. 하지만 장교들은 제정시대의 독재 분위기 속에서 다른 사람들의 이야기를 듣지 않고 자신이 생각한 방식대로 전투를 했다. 따라서 유능한 장교가 없었고 여기에 더해 레닌이 러시아 내부에서 끊임없이 전쟁을 거부하면서 병사들의 사기를 꺾어놓았다. 이런 상황에서 러시아의 잠재적인 권력 자원은 실제 권력 행사로 전환되지 못하였고 많은 병사들은 자국 장교를 살해하고 도망쳤다. 결국 러시아는 브레스트-리토프스크조약을 체결하여 독일에 치욕적인 항복을 하며 전쟁을 끝냈다.

2) 권력의 관계설과 실체설의 문제

권력을 능력 문제로 보는 경우는 마치 권력이 경제학의 화폐처럼 실체로 존재하며 그것은 보편적인 모든 행위자에 통용된다고 믿는 경향이 있다. 그러나 권력은 행위자와 행위자 사이의 관계 속에서만 의미가 있을 수 있다. 이 경우 권력은 실체적이라기보다 관계적이다. 예를 들어 경제제재 카드를 사용하겠다고 미국이 위협할 수 있는 것은 미국이라는 시장의 규모와 그로 인해 상대방 국가가 가지게 되는 이해관계가 크기 때문이다. 만약 이 경제 규모가 권력이고 특히 실체적이라면 경제제재에 대한 언급만으로도 미국은 실제 권력행사가 가능해야 하며 모든 국가에 다 가능해야 한다. 그런데 경제제재는 미국과 교류가 많은 나라들과 교역량이 많은 나라들에게는 큰 효과가 있지만 교류가 적은 나라에는 큰 효과가 없다. 북한이나 이라크 사례는 경제제재에도 불구하고 이들 국가가 얼마나 잘 버티는지와 오히려 내부적으로 정치적 단합을 하는 것을 잘 보여준다. 따라서 이 경우는 실제 권력 작동이 잘

안 이루어진다. 따라서 이런 경우 권력의 실제 작동은 국가 간 관계에 따라 달라진다고 할 수 있다.

3) 구조적 권력

구조적 권력은 수잔 스트레인지(Susan Strange)의 개념이다. 이 권력은 국제체계 속에 초국가적 존재가 있다는 가정에서 시작한다. 초국가적 존재인 제국은 제국의 목적 및 고의성과 관계없이 권력 사용과 행사가 가능하다는 주장이다. 구조적 권력이란 개체의 의도나 고의와 관계없이 작동하는 권력으로 체계에서 제국이 차지한 위치로 인해 구조적으로 행사되는 권력을 의미한다. 구체적으로 말하면 국가가 정책을 구성하고 행동에 나설 때, 그 영향은 안보, 통화, 생산, 지식의 4대 구조를 타고 고려하지 않은 영역과 행위자에까지 전파된다. 실제 유명한 사례로는 1960년대 미국의 존슨 행정부의 '위대한 사회'라는 복지정책과 그로 인한 세계의 물가불안을 들 수 있다. 즉, 미국 복지예산 증대는 자본 황금기인 1960년대에 미국 내 소비를 증대하고 다른 나라들의 물자에 대한 수요를 증대함으로써 다른 국가들의 수출을 확대하게 하여 인플레이션을 가져온 것이다. 따라서 미국의 위대한 사회정책은 다른 나라들의 경제를 고려한 것이 아님에도 미국 경제의 위치와 규모가 가지는 제국적 성격으로 인해 의도하지 않게 권력 행사가 일어난 것이다. 따라서 구조적 권력에서는 세계 질서 내에서 대국의 구조적 역할과 비중이라는 권력의 원천이 중요하다.

구조적 권력은 다음과 같은 점에서 개체적 권력과 차이가 난다. ① 목적성・고의성을 결여한 구조적 위치의 역할・비중을 power의 범주에 넣는다. ② 권력을 관계보다는 구조 안에 자리하는 실체로 파악한다. ③ 권력 행사의 주체보다 객체(소국)의 관점에서 power를 바라본다.

5. 연성권력 이론 심화

(1) 연성권력의 개념과 특징

연성권력은 조셉 나이(J. Nye)가 1991년 「Bound To Lead: The Changing Nature Of American Power」라는 책을 통해 국제정치학에 최초로 도입한 개념이다. 이 글에서 나이는 미국 쇠퇴를 주장하는 사람들에 대항해 미국의 권력 쇠퇴를 거부한다. 권력의 군사적 측면과 경제적 능력만이 아니라 미국이 얼마나 다른 국가들의 선호를 이끌 수 있는지가 중요하다. 나이가 말하는 연성권력이란 강제나 명령에 의해서 무엇을 얻는 것이 아니라 "상대방의 선호를 조작하여 얻고자 하는 것을 얻는 능력"을 말한다. 이것은 상대방에 대해 논쟁과 설득을 넘어 상대방이 자신의 가치에 대해 매력을 느끼게 만드는 것을 의미한다. 나이가 의미하는 연성권력은 우파적 관점으로 좌파의 안토니오 그람시(A. Gramsci)가 주장하는 이념을 통제하는 힘인 헤게모니(Hegemony)와 유사하다. 이때 헤게모니는 라틴어에서 가져온 개념이다. 상부구조인 의식세계를 장악한 지배세력의 힘을 의미한다. 즉 노동자가 노동자적 삶에서 개선을 위한 투쟁보다는 이 질서를 용인하게 하는 것이다. 노동자의식을 가지지 않게 하는 문화, 종교, 정치의 정당화를 가져오는 힘을 의미한다.

연성권력의 특성은 3가지로 요약할 수 있다. 첫째, '요소의 포괄성'이다. 연성권력의 행사영역은 군사적 요소나 경제적 요소가 중요한 정치 · 경제 영역만이 아니라 사회 영역까지를 포괄한다. 둘째, '행위자의 다양성'이다. 연성권력은 국가라는 국제정치의 기본 단위를 넘어 민간 사회조직이나 개인에게까지 권력 자원을 부여한다. 이는 국가에 대한 '비배타성'으로 해석할 수 있다. 즉 개인들도 소프트파워를 가지고 있고 이를 통해 국가나 조직의 정당성을 높이기도 한다. 실제 12,000명의 규모를 가지고 일본해를 동해로 표기하도록 영향력을 행사한 반크 (VANK: Valuntary Agency Network of Korea)를 들 수 있다. 셋째, '비경합성'이다. 연성권력은 다른 권력들에 비해서 경합성이 낮다. 예를 들면 군사력은 경쟁 국가 간에 경합적 성격이 강하기 때문에 한 국가의 군사력 증대는 다른 국가의 군사력 약화를 의미한다. 하지만 어떤 국가를 선호한다고 해서 다른 국가를 선호하지 못하는 것은 아니다. 그러나 소프트파워 역시 정당성을 두고 경쟁하는 경우가 있다. 특히 패권 질서의 유지와 도전이라는 관점에서 중국의 연성권력 증대는 미국의 연성권력에 대한 도전이 될 수 있다.[7)]

연성권력은 정책적으로 유용한 지침이 될 수 있다. 그러나 학문적인 차원에서 개념의 모호성으로 인해 비판을 받으며, 이로 인해 측정 곤란 및 정책지표 설정이 곤란하다는 한계를 지닌다.

(2) 연성권력 자원

연성권력 자원은 크게 다음의 세 가지로 구분한다. 첫째가 문화이고, 둘째가 정치적 가치관과 이념, 셋째가 대외정책이다. 문화는 삶의 의미를 형성하는 보편적 가치관과 관행을 의미한다. 문화는 삶을 살아가는 방식이다. 미국 영화와 햄버거 가게는 자유주의 문화를 다른 국가들에게 노출시킨다. 그리고 미국 내 유학생들은 젊은 시절 미국 문화에 적응하면서 교육을 받은 뒤 본국으로 돌아간다. 이들이 정책결정을 주도할 때는 미국식 문화가 이들의 가치관에 영향을 미치고 있을 것이다.

'정치적 가치관'과 '이념'은 문화와 다르다. 가치관은 정치체제를 운영할 때 중요하게 고려할 가치들 간의 논리적 연결이다. 자유주의와 민주주의와 같은 이념이 여기에 속한다. 가치관과 이념은 다른 국가들에게도 세상을 운영할 수 있는 지침이 된다. 프랑스 혁명이 제시한 '자유 · 평등 · 박애'의 이념이 현재까지 국가들이 운영하는 기준이 되고 있는 것이 한 사례

7) **중국 연성권력 평가**: 중국의 연성권력은 문화, 가치관을 제공하지 못한다는 점에서 단지 국가가 대외정책을 활용하는 정도에서 작동할 수 있다. 그러나 미국은 현재 패권국가로 자유 민주주의 가치관과 미국식 문화로서 세계 공용어처럼 된 영어를 활용할 수 있다. 그리고 수십만 명의 유학생을 통해 미국식 가치를 전달하면서 인적 네트워크를 가지고 있다. 그런 점에서 중국은 미국 패권에 대해 연성권력으로 도전하기 어렵다.

이다. 냉전시기 미국이 소련과 대립할 때 이념을 기반으로 하였다. 그런데 소련은 자유화 운동에 직면하여 헝가리와 체코에 군대를 보냈다. 이들 국가들의 자유화를 무력으로 진압한 것이다. 이 사례는 이념이라는 연성권력이 얼마나 중요하며 이것이 없을 때 적나라한 경성권력을 사용해야 한다는 것을 보여준다.

'대외정책' 측면은 또 다른 것이다. 보편적 가치의 제시 등은 결국 한 국가의 외교정책으로 표출된다. 국가의 연성권력은 현실적으로 어떤 정책을 사용하는지에 의해 나타난다. 예를 들어 '개발'을 강조하면서 개발도상국에 대한 원조자금을 삭감하거나 자국 경제와 연결하여 공적 원조자금을 제공하는 경우 자금 지원은 경성권력 자원에 머문 것이지 이것으로 타국의 호감을 만들지는 못한다.

최근에는 연성권력을 '구조적 측면'과 '행태(정책)적 측면'으로 구분하는 논의도 있다. 이 논의에서는 연성권력에서 이념과 가치를 제시할 수 있는지와 정책적으로 호의와 매력을 이끌어 낼 수 있는지는 서로 구분되어야 한다고 본다. 이를 중국의 연성권력 분석에 도입하면 중국은 (가치관과 문화차원에서) 구조적 연성권력은 제시하지 못하고 있고 행태적 차원에서 정책적으로 연성권력을 증대하는 전략으로 기여외교들을 하고 있다고 본다. 하지만 이러한 정책 노력도 중국이 영국과 프랑스 같은 강대국을 상대로 하기보다는 아프리카나 중남미 국가와 같은 약소국과 개도국을 상대로 한다는 점에서 중국 연성권력의 한계는 명확하다.

(3) 연성권력과 경성권력의 관계

남은 문제는 연성권력과 경성권력을 어떻게 연계할 것인가 하는 점이다. 스마트파워 논의가 나오기 전까지 연성권력론은 경성권력과의 관계에 대해 일반적인 주장을 폈다. 그 주장의 논리는 다음과 같다.

환경 변화는 소프트파워와 군사력으로 특징화되는 경성권력과의 관계를 중요하게 만들었다. 탈냉전기 군사력은 사용가능성이 많이 완화되었다. 그럼에도 불구하고 군사력은 아직 테러리즘 대응에서 보이는 것처럼 가장 중요한 권력자원이다. 특히 탈냉전이 안보 문제를 완화시켰지만 모든 지역과 모든 국가에 동일하지 않다. 현재 동북아시아는 여전히 안보와 군사력이 중요하다.

문제는 언제 그리고 어떤 방식으로 양 권력을 연결할 것인가 하는 점이다. 예를 들어 미국이 2001년 대테러전쟁에서 아프가니스탄을 공격했을 때와 1991년 이라크의 쿠웨이트 침공에 대한 전쟁을 수행했을 때 미국의 소프트파워는 오히려 강화되었다. 미국은 패권국이자 국제질서의 안정자로서 추앙을 받았다.

그러나 2003년에 있었던 이라크 전쟁은 미국의 강한 하드파워를 보여주었지만 전 세계적인 반미감정을 더욱 격화시켰다. 이는 미국의 소프트파워를 약화시키는 결과를 가져왔다. 중동권 국가들뿐 아니라 유럽의 프랑스와 독일 그리고 러시아를 미국에 등 돌리게 하였다. 베트남에서 최초 반전 시위자 2만 5천에서 50만을 만드는데 4년이 걸린데 비해 유럽에서만도

전쟁 결정과 함께 150만의 반대자들이 나타났다.

미국의 소프트파워 약화는 2003년 이라크 전쟁에서 터키가 미국의 영내 사용권을 거부함으로써 하드파워 사용 능력에 제약을 가져왔다. 정당성이 떨어지자 지지를 받지 못하게 되었고 이는 미국의 전비를 막대한 정도로 부풀렸다. 1991년 1차 걸프전에서 미국은 전체 예산의 20%만으로 전쟁을 수행했다. 걸프 전쟁에 사용된 전비 610억 달러에서 540억 달러를 우방이 분담했고 나머지를 미국이 부담했다. 그러나 미국은 이라크 전쟁에서만도 1천억 불 이상의 전비를 들이면서 전쟁을 수행했고 이에 필적할 만한 액수를 들여 재건과 평화 유지를 도모하고 있다. 2013년 철군할 때까지 1조 달러 이상의 비용을 들였다. 미국의 국방비 부담은 이후 다른 국가들의 문제에 미국이 개입할 수 없게 하였다.

따라서 하드파워가 없는 소프트파워도 문제가 될 것이고 소프트파워가 부족한 하드파워도 문제가 될 것이다. 그러므로 양자를 어떤 이슈에서 어떤 방식으로 결합할 것인가 하는 것이 중요한 문제이다.

표를 통한 비교 **연성권력과 스마트권력**

권력명칭	권력특성과 자원	중요사항
연성권력	권력 특성 3가지(행위자의 다양성, 자원의 다양성, 비경합성) 권력자원 3가지(문화, 이념과 가치관, 정책)	구조적연성권력(가치관 +문화) 개체적연성권력(정책자원)
스마트권력	권력의 자원간 결합방식(연성권력: 잠재적 테러리스트관리 + 경성권력: 테러리스트에 사용) 권력의 사용방식 (리더십에 의한 결정)	스마트파워의 5가지 방안: ① 동맹과 파트너와 제도강조 ②국제개발 ③공공외교강조 ④경제통합강조 ⑤ 기술과 혁신

(4) 스마트파워(Smart Power)로의 확장

1) 스마트파워 논의 배경

2007년 미국의 국제전략문제 연구소는 스마트파워 위원회를 공화당과 민주당인사로 구성했다. 2008년 대선을 얼마 안 남기고 스마트파워에 관한 리포트를 제출하면서 국제사회에서 미국의 영향력 하락 문제를 제기했다. 부시 행정부 외교가 대테러 전쟁에서의 독단적 외교로 대외 신뢰가 저하되었고 동맹에 대한 양자 택일식 접근이 문제가 있다는 점을 지적했다.

이 보고서는 과거 미국이 가지고 있던 연성권력 요인을 무시하고 경성권력에만 지나치게 의존한 경향이 미국의 대외 신뢰를 하락하게 만들고 더 나아가 미국의 안보를 위협하게 되었다고 지적하였다. 또한 최근의 대테러전은 실제 아이디어와 관념의 전쟁인데 이런 전쟁에서 미국은 경성권력만으로는 승리할 수도 없고 이런 도전에 대처하지도 못한다고 비판했다. 이렇게 된 것은 미국의 정책 결정자가 연성권력을 단지 문화적인 힘 정도로 이해한 오류에서 비롯한 것이다.

2) 스마트파워의 의미와 특징

스마트파워는 연성권력과 경성권력을 결합한 것이다. 따라서 연성권력만을 강조하여 경성권력을 무시하는 것도 아니고 경성권력을 강조하여 연성권력을 무시하는 것도 아니다. 과거 냉전기에 미국은 실제로 연성권력과 경성권력을 골고루 잘 사용한 경험을 가지고 있다. 냉전기의 미국은 소련을 봉쇄하고 공격을 억지하는 경성권력과 마샬 플랜과 패전국 독일・일본을 민주주의 국가로 바꾼 연성권력을 가지고 있었다. 2004년 쓰나미 피해 때 미 해군이 보여준 환경 이재민을 구조하는 모습은 미 해군이라는 경성권력 자원이 어떻게 연성권력을 강화시키는가도 보여준다.

1991년 미국이 이라크로부터 쿠웨이트를 보호했을 때 경성권력 사용은 연성권력을 강화해 주었지만 2003년 이라크 공격시에 미국의 더 강력해진 경성권력은 연성권력을 약화시켰다. 따라서 관건은 필요한 경성권력과 필요한 연성권력을 어떻게 조합하는가 하는 점이다.

3) 스마트파워 강화 방안

스마트파워를 강화할 구체적인 방안으로는 다섯 가지가 제시되었다. 첫째, 동맹과 파트너십, 제도(Alliances, Partnership, and Institution)를 강조한다. 동맹을 중요하게 관리해야 하고 동맹이 아니더라도 파트너 관계를 강화하고 국제제도를 활용하는 방안이 중요하다. 둘째, 국제개발(Global Development)이 중요하다. 국제적인 발전을 통해 부를 분배해야 하고 저발전국가들이 미국을 지지할 수 있게 해야 한다. 셋째, 공공외교(Public Diplomacy)를 강화해야 한다. 넷째, 경제통합(Economic Integration)을 강조하였다. FTA와 같은 경제적 통합을 강화해야 한다. 다섯째, 기술과 혁신(Technology and Innovation)이 중요하다. 기술 발전과 혁신을 이루고 이를 확대 재생산할 필요가 있다.

조셉 나이는 스마트파워의 아이디어를 발전시켜 2008년 「Power to Lead」라는 책을 출판했다. 이 책에서 나이는 미국이 패권 국가로서 국제질서를 운영하기 위해서는 연성권력과 경성권력을 모두 잘 활용해야 하며 이를 활용하기 위해서는 리더십이 필요하다고 주장했다. 결국 정치지도력인 리더십이 효과적인 권력운용을 위해 필요하다는 것이다. 여기서 리더십이 중요한 것은 연성권력과 경성권력을 잘 조합하려면 판단력이 필요하기 때문이다.

(5) 한국과 연성권력

동북아시아에서 한국은 경성권력으로 경쟁하기는 어렵다. 대신 부족한 경성권력을 연성권력을 통해 보완하고자 한다. 실제 한국은 국력을 평가할 때 사용하는 D.I.M.E(Diplomacy, Intelligence &Information, Military, Economy) 기법으로 볼 때 경제력은 GDP로 13위이고 군사력은 군사예산으로 10위에 달하는 강국이다. 그러나 외교력과 정보능력(대북 정보에서 전략정보 100%, 전술정보 97%를 미국에 의존)이 약하다. 특히 문제되는 것은 한국이 그동안 대미 중심적인 외교와 안보 중심적인 외교를 수행했고 주변 지역 중심의 편중된 외교를 수행함으로 인해 한국의 경성권력에 미치는 연성권력을 가지지 못했다는 점이다. 네덜란드와 같은 중견국가(middle power)와 비교해도 한국의 외교력은 뒤처진다.

한국에 어떤 권력이 얼마나 필요한지는 우리의 주변 상황에 달려 있다. 동북아 상황이 안정적이고 군사력 관리와 상호 감축이 중요하다면 한국은 군사력 집중의 필요가 적다. 그러나 현재 동북아는 중국의 급속한 군사력 증대 및 군 현대화와 함께 일본의 군사 현대화와 첨단 무기체계로의 변화에 직면하고 있다. 또한 대양해군을 표방하는 중국·일본과 함께 미국·러시아라는 전통 군사강국 사이에 존재한다. 따라서 한국은 이들과의 군사력 경쟁보다는 최소한의 국방력을 통한 자기 방어 능력을 확보하는 것이 중요하다.

그러나 궁극적으로 이러한 군비 경쟁이나 군사력 증대는 지역 불안정을 유도하고 이를 강화할 것이다. 따라서 이러한 질서를 조정하고 새로운 질서로의 변동을 이끄는 역할이 필요하다. 이는 한국이 새로운 권력을 갖출 것을 요구한다. 한국이 미국과의 정치적 결속관계를 기준으로 해서든 아니면 한국의 독자적인 외교능력을 통해서든 지역 안정과 이해 조정자(mediator) 혹은 촉진자(facilitator) 역할을 담당하기 위해서는 한국이 다른 국가들을 설득할 수 있는 힘이 필요하다. 이러한 힘은 일정한 군사력과 경제력의 뒷받침을 받은 상태에서 국가들이 제시한 이념이나 가치에 의해 만들어진다. 그러나 강제력과 보상능력이 부족한 경우에도 외교적 협상능력과 대안 제시 능력, 중간 입장으로서의 조정 능력 등이 강할 경우 국가는 상대적으로 약한 군사력과 경제력을 가지고도 충분히 국제적인 조정자나 매개자가 될 수 있다. 국제법의 국가이자 외교 회합의 국가인 네덜란드가 대표적인 사례이다.

따라서 한국은 군사력을 증대하거나 경제력으로 주변 국가들과 경쟁하는 것보다는 협상력과 조정 능력 등을 키우고 그것을 국제사회에 제시하는 것이 중요할 것이다. 최근 중국은 북한 핵문제에서 주도적인 외교력을 보이면서 외교력의 자신감을 보이고 있다는 점이 중요한 사례가 될 듯하다.

연성권력이 중요하다면 한국은 정책적으로 연성권력을 키우는 것이 필요하다. 문화외교를 수행하는 것과 공공외교를 통해 한국의 이미지를 개선하는 것이 방안이 되겠다. 그러나 한국은 다른 국가들에게 아직은 보편적인 '가치관'을 제공하기 어렵다. 그렇다면 연성권력의 구조적 측면이 어렵기 때문에 정책적 차원에서 연성권력을 키울 필요가 있다.

한국은 외교정책에서 소프트파워를 증대해야 한다. 개도국에 대한 개발 원조자금의 낮은 기여는 한국의 국제적 위상을 낮춘다. 우리와 비슷한 국가들 중 네덜란드 같은 경우는 GNI 비율로 1%를 넘는 ODA를 기부한다. 반면 2011년 기준으로 우리는 GNI 기준 0.07%대의 실적을 보였다. 따라서 원조자금과 국제기구에 대한 분담금 비율을 증대할 필요가 있다. 최근 한국은 ODA를 0.3%까지 증대하는 것을 목표로 설정하였다.

여기에 더해 한국은 국제회의 등을 의도적으로 자꾸 개최함으로써 외교 분야에 대한 특화를 노려야 한다. 학술회의나 track I(정부 간 회의)의 국제회의 개최 등을 통해 외교적 준비와 운영능력을 키울 필요가 있다. 특히 2010년 G-20 정상회의나 2012년 핵안보정상회의의 성공적 개최는 회의개최자로서 한국의 이미지를 강화하는 것이 가능하다는 선례이다.

마지막으로 소프트파워는 국가만의 문제가 아니므로 사회단체들과의 연대를 통해 이를 증대할 필요가 있다. 민간 부문의 유연성을 겸비하면 국가 간 문제 해결에 있어 도움을 얻을 수 있을 뿐 아니라 다른 외부 단체들과의 연계도 강화할 수 있다는 장점이 있다.

(6) 한국과 스마트파워

한국은 최근 G-15(세계 15대 파워그룹)에 들어가는 것을 목표로 하고 있다. 우리의 경성권력 자원과 IT 인프라에도 불구하고 15위권 진입이 낙관적이지만은 않다. 이는 한국이 국제사회에 대한 기여가 부족하기 때문이다. 하지만 한국은 주변의 중일이라는 군사 강국과 북한의 핵무기와 재래식 무기의 위협이라는 안보적 위협을 가지고 있다. 따라서 이런 관점에서 한국에 스마트파워가 주는 함의 역시 크다.

한국은 한미동맹을 강화할 필요가 있다. 중국 위협에 대한 안보적 대비나 외교적 입지 강화 전략으로써 한국은 미국과의 현재 동맹을 강화 발전시킬 필요가 있다. 하지만 이 과정에서 한미동맹은 주변국가인 중국과 일본의 우려와 불신의 대상이 되어서는 안 된다. 다른 국가들에게 한국의 선의(good will)를 보일 필요가 있다. 이를 위해서는 한국이 추구하는 가치가 국제적 가치와 부합한다는 점을 외부에 인식시킬 필요가 있다.

한국은 한미동맹을 강화할 필요가 있다. 중국 위협에 대한 안보적 대비나 외교적 입지 강화 전략으로서 한국은 미국과의 현재 동맹을 강화 발전시킬 필요가 있다. 하지만 이 과정에서 한미동맹은 주변국가인 중국과 일본의 우려와 불신의 대상이 되어서는 안 된다. 다른 국가들에게 한국의 선의(good will)를 보일 필요가 있다. 이를 위해서는 한국이 추구하는 가치가 국제적 가치와 부합한다는 점을 외부에 인식시킬 필요가 있다.

한국은 중일과 대비해서 침략 경험이 없다는 역사적 장점을 살릴 필요가 있다. 경성권력의 부족한 부분을 한국의 지도력을 통해 메워가는 방안을 모색하는 것도 중요하다. 이를 위해서는 외교력이 관건이고 외교력은 다시 얼마나 많은 원조자금과 같은 경제적 수단을 가지고 있는지와 평화봉사단 같은 민간 영역에 대한 국가 차원의 지원 및 민간부분의 지도력 수준에 달려있다.

마지막으로 비전통 안보 분야와 에너지, 기후 분야 등에서 한국의 입지를 키우기 위한 민간부문과의 협력과 공조가 필요하다. 무엇보다 중요한 것은 경성권력과 연성권력을 혼합해 사용할 수 있게 만드는 지도력이다. 정치지도자가 헤드타워가 되어 외교의 대원칙을 정하고 방향을 수립해야 한다.

6. 연성권력에서 공공외교로의 전환

2011년은 한국 공공외교 원년으로 정해졌다. 공공외교가 관심을 받고 있는 것이다. 앞서 본 것처럼 한국의 부족한 연성권력 때문이다. 연성권력을 확보하기 위해 공공외교가 대외정책에서 중요하게 부상한 것이다.

(1) 공공외교와 전통외교의 구분

공공외교는 전통외교와 구분할 수 있다. 전통외교가 국가나 국제행위자의 대표들 사이의 관계라면 공공외교는 다른 사회의 일반대중 및 비공식적인 특정 집단, 기구, 개인을 대상으로 한다. 또한 전통외교는 그 목적이 국제문제를 평화적으로 푸는 기술로서 주요한 기능이 협상을 통해서 국제관계를 관리하는 것이었다. 그러나 공공외교는 타 국가 정부에 대해서가 아니라 타 국가 사회에 대하여 자국 이미지를 개선하기 위해 여론을 조작 또는 조정하는 것이다. 즉, 상대 국가의 '의견을 장악하는 힘'이다. 전통적인 외교가 주로 국력(경성권력)인 군사력과 경제력에 의해 뒷받침되는 것이라면 공공외교는 소프트파워를 중심으로 한다.

(2) 공공외교의 개념과 특성

공공외교는 1960년대 중반 플레처 스쿨의 학장이자 전직 미국외교관이었던 에드먼드 귈리언(Edmund Gullion)이 처음 만든 용어이다. 냉전기에 만들어진 이 용어는 미국의 생활방식을 타국에 알리는 것을 목적으로 하였다. 그런 점에서 공공외교는 문화홍보와 뚜렷이 구분되는 것은 아니었다.

공공외교에 대한 정의는 폴 사프(Paul Sharp)를 인용할 수 있다. 그에 따르면, 공공외교란 "국민들의 이익을 증진하고 가치를 높이기 위하여 다른 국가의 국민들과 직접적인 관계를 맺는 과정"이다. 대체로 공공외교란 "국가의 목표와 정책뿐 아니라 사상과 이상, 제도와 문화에 대한 이해를 증진하기 위하여 정부가 타국 대중과 의사소통하는 행위"로 규정할 수 있다. 협의의 공공외교는 자국 정부가 타국 민간을 대상으로 한 국가 이익 확보노력이다. 반면에 광의의 공공외교는 민간외교를 포함한다. 즉 자국 민간세력이 타국 민간이나 타국 정부를 행한 외교까지도 공공외교로 보는 것이다. 이렇게 확장된 공공외교는 성공사례가 많아지면서 정책 유용성이 높아진다.

(3) 한국의 공공외교전략

첫째, 문화 외교를 통해 연성권력을 증대할 수 있다. 정부와 비정부 부문에서의 외교력을 통해 문화적 접근을 해야 한다. 최근 싸이가 한국의 이미지를 개선하는 것이나 박지성, 조수미씨와 같이 스포츠나 문화계 인사들이 한국에 대해 좋은 이미지를 구축하는 것 역시 공공외교에 속한다. 이는 연성권력을 강화함으로써 국가의 외교를 수월하게 한다. 국가 이미지를 개선하기 위한 방안들은 이미 다른 나라들에서 사용되어 왔다. 미국과 중국, 일본 등 주요 선진국들은 국가 이미지 업그레이드를 위한 전략의 일환으로 해외의 현지 대중을 사로잡기 위한 다양한 공공외교를 앞다퉈 추진하고 있다.[8] 한국도 '다이나믹 코리아'를 통해 빠른 발전을 이룩한 대한민국의 이미지를 강화하고자 하였다.

둘째, 국제기여 외교를 해야 한다. 공적원조(ODA)에 있어서 한국은 OECD 국가 중 유일하게 수혜국에서 수여국으로 바뀌었다. 과거의 경험과 현재 발전의 이미지를 이용하여 한국의 국제적 공여를 늘림으로써 연성권력을 강화해야 한다. 한편, 평화유지군 파병과 인도적 지원 및 재건 업무를 확대하여 한국이 국제 사회에서 받은 지원을 되돌려주는 것이 필요하다.

셋째, 정보화 분야들에서 규칙 제정자나 규범 창출자 외교를 해야 한다. 한국은 정보화 인프라를 이용하여 이 분야에서 새롭게 창출되는 표준을 구축하는 데 있어서 표준 제정자나 규범 구축자 역할을 수행할 필요가 있다. 새로운 분야에서 한국의 입지를 강화하는 것이 필요하다.

한반도 상황에 비추어 인간안보와 같은 분야에서 한국의 학문적이고 실천적인 입지를 강화할 수도 있다. 그리고 국제회의를 개최하여 한국을 국제회의의 중심으로 이미지를 잡을 수 있다. 스위스의 제네바가 대표적인 사례이다. 한국은 비무장지대를 활용해 이를 공원화하거나 국제회의장을 만들어 평화 이미지를 구축하고자 한다.

7. 권력이론에서 보는 한국의 외교적 목표

한국은 지향할 수 있는 다양한 목적을 가지고 있다. 균형자(balancer), 촉진자(facilitator), 중재자(mediator)와 중개자(intermediator)도 고려될 수 있다. 회의 주최자(convener)와 창발자(initiator)도 대안이 될 수 있다.

한국은 미중 간 경쟁이라는 지정학적 여건과 G-2로 변화하는 극성 및 세계화와 분산된 지역화라는 환경에 처해 있다. 이런 상황에서 한국은 하드파워 중심의 전략을 구사하기 어렵다. 경제력과 군사력이라는 종합권력이 다른 국가들에 비해 약하다는 제약 조건은 한국이 "자신의 체급보다 강력한 펀치를 날리기" 위해 연성권력을 좀 더 집중하게 만든다.

한국이 하기 어려운 선택지는 '균형자'이다. 균형자는 경성권력이 필요하며 동맹의 유연성이 필요하다. 그러나 이것은 한국이 선택할 수 있는 입장이 아니다. 또한 제도를 처음 구축하는 '창발자' 역할을 한국이 고려할 수는 있으나 부족한 경성권력으로 어렵다. 한국은 중견

---

8) **국가별 공공외교전략**: 9.11 이후 미국은 국무부에 '공공외교 및 공보담당 차관'직을 신설하였다. 프랑스는 프랑스 언어 문화교육원인 '알리앙스 프랑세즈'를 통해 프랑스어 보급 사업에 주력해 왔다. 호주와 캐나다 등은 중진국 지위에 맞는 선택과 집중의 공공외교를 추진해 성과를 거뒀으며, '청정 자연', '평화' 등 국가이미지를 쌓기 위해 경쟁해왔다. 일본은 외무성이 공공외교를 총괄 조정하고, 일본재단(Japan Foundation)이 구체적 사업을 시행하고 있다.

국가들과의 연대를 통해 제도 구축에 나설 수 있다. 이것은 '규범 창출자' 역할과 중복된다. 인간안보 주제 등에서 한국은 중견국가들과의 협력을 통해 제도와 규범 구축에 나설 수 있다. 이런 점에서 '회의소집자' 역할을 적극적으로 모색할 수 있다. 또한 '중재자'나 '중개자' 등 '가교 역할'을 수행할 수도 있으며, 지역 국가들과의 인적인 네트워크를 활용할 수 있다.

가장 현실적인 방안으로 '촉진자'를 선택할 수 있다. 강대국이 만든 질서를 구축하는 데 있어서 초기 역할을 통해 입지를 강화하는 것이다. 2010년 G-20 정상회의나 2012년 핵안보정상회의가 대표적인 사례이다.

제2절 핵무기와 핵억지

북한으로 인해 한국은 핵문제에 직접적으로 연결되어 있다. 핵이 과거 냉전시대의 문제도 아니며 다른 지역의 문제도 아니다. 핵은 대한민국의 생존과 직결된 문제이다.

북한은 1953년부터 핵을 보유하고자 했다. 1956년 소련에서 원자로를 받으면서 실제 핵정책이 시작되었다. 이런 북한이 실제 핵을 가지기 위한 고폭 실험 등의 역사는 길다. 그러나 실제 국제사회에서 문제가 된 것은 1990년대 들어와서 북한 영변의 원자력발전소사찰과 관련해서 비핵확산방지(NPT)협정을 탈퇴하면서이다. 1993년 1차 핵위기가 발생했고 극적인 위기 해결 과정을 거쳐 제네바협정이 미국과 북한 사이에 양자조약으로 체결되었다. 이 시기 클린턴 정부는 북한이 조기 붕괴될 것으로 보고 쉽게 북한에 양보하였다. 그러나 시간이 지나면서 민주당의 클린턴 행정부는 의회에서 공화당이 다수를 이루며 대북약속을 이행하지 않았고 시간을 끌었다.

9.11 테러는 미국 안보정책의 판을 바꾸었다. 미국은 북한 의도가 무엇이든지 중요하지 않게 되었다. 북한의 핵능력이 중요하게 되면서 북한은 테러와 연결될 수 있는 '악의 축'으로 분류되었다. 부시 행정부는 2002년 8월 15일 선제공격 독트린을 선포하였다.[9] 북한은 2002년 켈리가 방북했을 때 플루토늄 폭탄이 아닌 농축 우라늄 폭탄을 가지고 있다고 발언을 하였다. 이것은 제 2차 핵위기를 발생시켰다. 이로써 북한 핵문제는 플루토늄과 농축 우라늄을 포함하게 되었다.

2006년 1차 핵실험과 2009년 2차 핵실험을 한 김정일이 사망한 이후에 김정은이 권력을 승계하면서 북한은 2013년 3차 핵실험과 2016년 4차 핵실험을 실시했다. 게다가 북한은

9) **선제공격독트린의 의미**: 선제공격독트린은 과거 '핵선제 불사용 원칙'으로부터 이탈한 것이다. 과거 미국은 핵을 가지지 않은 국가에 대해서는 어떤 경우에도 핵공격을 가하지 않겠다는 '완전 핵선제 불사용 원칙'과 핵보유국에 대해서는 제한적으로 핵선제 공격을 가할 수 있다는 '제한적 핵선제 불사용 원칙'을 가지고 있었다. 그런데 미국이 핵선제공격으로 바꾸면 상대방 국가가 핵을 보유한 국가이건 그렇지 않건 미국은 필요에 따라 핵으로 먼저 공격을 가한다는 것이다.

'은하' 혹은 '광명성'이라고 불리는 발사체를 통해 미사일의 사거리 능력을 늘리고 있다. 북한의 위협이 더 현실화되면서 미중 간 갈등을 촉발하는 독립적인 원인이 되고 있다. 북한 핵문제를 해결하기 위해서는 핵에 관한 이론들과 핵정책 역사를 살펴보아야 한다.

1. 핵과 국제관계

핵은 지도자들에게 '핵사고'라는 새로운 사고를 만들어주었다. 핵은 전략적 사고를 가능하게 해주었고 이 과정에서 RAND 연구소와 게임이론의 형식논리가 주목을 받게 되었다. 이때 발전한 것이 비겁자 게임이다, 비겁자 게임에서는 상호 배신의 두려움이 크지만 위협을 상호간에 피하는 협력 정책도 피한다. 누군가는 비겁자가 되어 물러나야 하고 다른 누군가는 위협 게임에서 승자가 된다.

아래는 비겁자 게임을 보여준다. 국가들이 위협을 구사하면서 누가 먼저 위기를 회피하는지가 중요하게 된다. 이때 두 국가는 절대로 피해가 큰 (배신전략, 배신전략)을 구사하지 않는다. (협력전략, 협력전략)도 선택하지 않는다. 이 게임에서는 게임의 해(solution)가 없다. 따라서 국가들은 전략을 세워서 자신은 배신하면서 상대 국가는 협력하도록 유도한다. 그런데 이 게임에서는 평판이 작동하기 때문에 게임이 지속되면 국가는 더욱 물러나기 어렵게 된다. 신자유주의에서 주장하듯이 '미래의 그림자'가 길어지면 협력가능성이 커지는 것이 아닌 것이다.

그림 Ⅱ-2 3-1 비겁자 게임

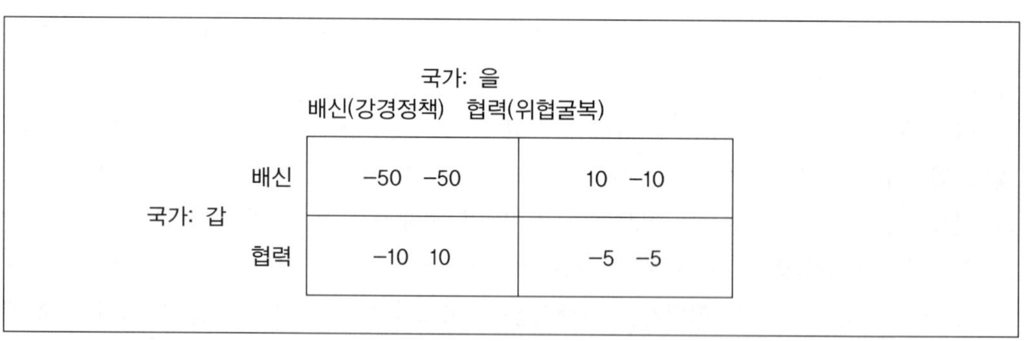

		국가: 을 배신(강경정책)	국가: 을 협력(위협굴복)
국가: 갑	배신	−50 −50	10 −10
	협력	−10 10	−5 −5

두 번째 핵은 국가 간 수준에서 동맹에도 영향을 미친다. 핵을 보유한 국가 간의 게임이 아니라 핵보유국과 그렇지 않은 국가 간에 동맹을 체결할 경우 과연 핵보유국이 동맹국을 위해 상대방의 핵공격을 감내할 수 있을 것인지가 문제이다. 냉전 시기 미국이 유럽과 동아시아 국가들을 핵으로 보호하였다. 핵우산 혹은 확장억지(extended deterrence)가 문제되는 것이다. 확장억지에서는 핵억지의 신뢰성이 문제된다. '청중비용' 이론은 확장억지를 약속한 민주주의 국가 지도자가 자신의 발언으로 인해 핵억지력을 가질 수 있는가에 대한 것이다.

이때 핵우산으로 막아주는 이유는 미핵보유국이 핵을 가질 경우 핵확산으로 'N-problem'을 가져오기 때문이다. 핵보유국이 늘어나면 핵과 관련된 경우의 수가 많아져 관리가 어려워진다. 특히 핵을 보유하고자 하는 국가들은 대체로 주변에 안보경쟁이 있기 때문에 한 국가의 핵보유는 지역 핵확산이라는 악몽이 될 수 있다.

세 번째로 국가 간 수준에서 볼 때 핵은 군비경쟁과 관련된다. 국가 간 수준에서 핵은 군비통제의 중요한 대상이다. 핵감축만이 문제가 아니라 안정을 가지기 위한 통제가 필요한 것이다. 군비통제에서 핵은 두 가지 확산을 피하고자 한다. 첫 번째는 '수평적 확산'으로 핵보유국의 수가 증대하는 것이다. 두 번째는 '수직적 확산'으로 핵무기의 질적인 능력 상승을 의미한다. 또한 핵은 국가 간 전쟁에도 영향을 미친다. 파괴력으로 인해 전쟁 가능성은 줄었지만 만약 핵전쟁이 벌어질 경우 전쟁의 참혹성은 높아진다.

표를 통한 비교 **공격무기와 방어무기**

공격무기	공격에 유리한 무기는 속도를 강조함. 기습에 유리. 예를 들어 자주포
방어무기	방어에 유리한 무기는 화력중심. 예를 들어 일반 야포.

마지막으로 핵은 군사 무기 와 군사 전략에 영향을 주었다. 핵은 공격 무기와 방어 무기를 구분하게 하였다. 과거 무기들은 공격성과 방어성을 모두 가졌지만 핵은 방어무기가 아니라 공격무기의 의미를 가진다. 이런 공격무기인 핵을 어떻게 활용하는지에 대한 전략적 고려가 핵억지를 달성하게 한다.

표를 통한 비교 **핵전략 용어 구분**

공격목표	대민간인 전략 (counter-value strategy)	상대국가가 참기 어려운 가치(도시와 민간인)를 파괴하는 것을 목표로 하는 전략.
	대군사전략 (counter-force strategy)	상대국가의 군사시설(항구, 공항)만을 공격하는 것으로 민간인에 대한 공격보다는 사용할 수 있다는 신뢰성을 높이는 전략.
억지방안	deterrence by punishment	처벌에 의한 억지로 나도 공격을 받지만 엄청난 충격을 주어 상대방도 파괴한다는 전략.
	deterrence by denial	거부에 의한 억지전략으로 이것은 상대방의 공격을 피하는 전략. 미사일방어(MD)전략이 여기에 해당함.

2. 냉전시기 핵억지이론

핵억지(Nuclear deterrence)는 핵공격에 의한 보복의 '두려움'으로 상대방이 하려는 행위를 사전적으로 하지 못하게 하는 것이다. 이때 중요한 것은 심리적인 '위협'이 작동하여 무엇을 하지 못하게 하는 것이다. 따라서 사전적으로 하지 못하게 하는 정책이 실패하면 억지는 깨지는 것이다. 억지는 다른 개념들과 구분된다. '방어(defence)'는 공격에 대해 대처하는 것으로 사후적인 것이다. '강제(compellence)'는 두려움을 통해 하고 싶지 않은 일을 하게 만드는 것이다. 억지에 금지의 의미가 있다면 강제는 행동을 하게 만드는 것이다.

핵억지는 공포의 균형(balance of terror)[10)]으로 설명된다. 핵 억지는 심리적인 것이기 때문에 이 균형은 심리적인 변화에 의해 깨질 수 있다. '전망이론'에 따르면 현재의 위험과 미래의 위험을 비교했을 때 현재가 위험해도 나중보다 위험을 극복할 수 있는 가능성이 조금이라도 있으면 핵보유국은 핵을 가진 상대방에 대하여 모험적인 행동을 할 수 있다.

핵억지가 되려면 핵의 2차 공격능력(second-strike)이 필요하다. 즉 공격자가 1차 공격(선제공격 first -strike)을 통해 완벽하게 방어자를 무력화할 수 있으면 공격자에게 유리하다는 인식이 있어 억지는 불가능하다. 따라서 1격에도 무기 중 일부를 남겨 상대방에게 타격을 가하고 이 타격이 상대국가에게도 치명적이어야 1격의 유혹을 벗어날 수 있다.

이처럼 억지가 달성되기 위해서는 ① 합리성, ② 공격능력, ③ 공격할 것이라는 신뢰성, ④ 의사소통이라는 4가지 조건이 필요하다. 행위자가 합리적인 이성에 근거하여 전략적 사고를 해야 하며 상대방에게 타격을 가할 수 있는 공격력이 있어야 한다. 핵억지는 상호간 공멸을 막기 위한 것이기 때문에 국가들은 자신의 목적을 명확히 전달하여 상대방이 양보하거나 타협점을 찾을 수 있는 의사소통 수단이 있어야 한다. 마지막으로 엄청난 희생에도 불구하고 국가가 핵무기를 사용할 수 있다는 신뢰성이 필요하다.

심화 학습

기대효용이론과 핵억지 조건

1. 기대효용이론: 메스퀴타의 기대효용모델

기대효용이론은 합리주의에 기반한 이론으로 행위자의 합리성을 전제로 기대치(expectation)와 효용(utility) 간의 관계를 통해서 설명한다. 합리적인 국가를 상정하고 합리적인 국가는 특정 행동을 할 때 이 행동이 가져올 결과에 대한 기대확률을 계산할 수 있다고 상정한다. 또한 국가는 특정 행동에 따른 결과가 가져올 주관적인 만족도인 효용을 계산할 수 있다. 이러한 행동은 선택된 행동으로 인해 포기해야 하는 다른 행동의 기회비용을 계산함으로써 효용 간 비교가 가능하다. 만약 동맹을 체결한다면 동맹을 체결하지 않거나 다른 국가와 동맹을 체결할 때의 효용과 비교하여 기대효용이 클 경우 동맹체결은 합리적인 결과가 된다. 동일한 논리로 핵을 보유하여 얻는 이익과 핵보유에 드는 비용을 비교할 경우 핵보유는 합리적 선택에 의해 결정될 수 있다.

10) **테러와 테러리즘 구분**: 테러(terror)는 공포를 의미하고 테러리즘(terrorism)은 공포를 야기하는 행동을 의미한다. 최근 국제안보에 걱정을 가져오는 것은 테러리즘이라는 행동이다.

2. 억지의 성공조건

첫째, 합리성이 전제되어야 한다. 억지가 되려면, 전제조건으로서 합리성을 확보해야 한다. 핵공격 피해가 계산되어야 이에 따라 억지가 가능해지는 것이다. 만약 합리성이 제한되거나 비합리적인 정서 등이 개입된다면 억지의 예측가능성은 작동하지 않는다. 실제 냉전기 소련의 수소폭탄은 최고 파괴력이 60M ton에 이르렀고 이것은 2차대전 기간 중 모든 국가들이 사용한 화약 전체 양의 20배에 해당하는 파괴력을 갖추었다. 게다가 1960년대 이후 다탄두 미사일(MIRV)을 구축하여 10개의 탄두를 하나의 미사일로 운반하기도 했다. 높은 파괴력은 위기 상황에서 더 강력한 군사적 분쟁이나 핵전쟁의 비용을 크게 하여 피억지국으로 하여금 충돌을 회피하게 한다.

둘째, 의사소통이 되어야 한다. 억지는 핵무기를 사용하지 않을 때 실제 유용하기 때문에 상대방과의 의사소통을 통해 핵무기 사용 가능성을 낮추어야 한다. 특히 상대방의 의지와 자국의 의지가 확인되어야 한다. 이런 조건을 활용한다면 상대 국가와 교신을 끊어 모든 책임이 상대 국가에 있다고 압력을 행사하여 타국을 억지할 수도 있다. 미소 간 냉전 시기 최고 지도자 간의 핫라인이 가설된 것은 의사소통의 중요성을 보여준다.

셋째, 능력 확보가 필요하다. 기대효용 상 억지가 작동하려면, 2격 가능성으로 인해 적대국가의 선제공격 유혹을 줄여야 한다. 냉전 시기 미국이 3주 체제(triad)를 만들고 전략폭격기(bomber)와 대륙간탄도미사일(ICBM)을 늘리고 잠수함발사미사일(SLBM)을 늘리면서 특히 잠수함발사미사일을 제 2격 수단으로 삼은 것은 발견되지 않는 잠수함에서 발사한 미사일이 소련의 주요도시를 폭격할 수 있기 때문이었다.

넷째, 의지와 신뢰성이 중요하다. 기대효용은 기대치를 통한 사전예측이 중요하다. 따라서 상대방이 무력을 사용할 것이라는 기대가 확실히 성립해야 기대효용에 기반한 억지가 가능하다. 결국 억지라는 것은 누구의 의지가 더 강한가에 달려 있다. 가장 위험이 강력했던 쿠바 미사일 위기에서 미국의 의지가 더 강력했기 때문에 소련은 핵위기 상황에서 물러나는 전략을 택한 것이다. 실제 케네디 대통령은 비상대책기구인 엑스콤을 구성하고 전시상황까지 고려하였다. 현대에 이르기까지 미국이 핵전략을 시기별로 바꾸고 의회에 대해 4년에 한 번씩 공개적으로 보고하는 것은 핵무기 사용 가능성을 표명하는 것이다. 또한 2016년 북한의 핵실험과 장거리 미사일이 될 수 있는 발사체로 인한 위협에 키리졸브 훈련이나 독수리훈련을 하면서 핵항모, 스텔스폭격기, 핵잠수함을 공개하는 것도 의지를 보여주는 것이다.

위의 조건들이 잘 작동한 사례로는 쿠바 미사일 위기가 있다. 이 사례에서는 미국과 소련이라는 국가들이 의사소통을 하면서 강력한 2차 공격력과 함께 사용 의지를 보인 지도자들이 있기 때문에 억지는 성공하였다. 반면에 소련과 중국의 1969년 분쟁은 핵을 보유한 국가 간에도 재래식 분쟁 가능성이 있다는 점을 보여 주었다. 또한 1999년 인도와 파키스탄 간의 카길 전쟁의 경우도 실제 핵을 보유한 국가 간에 재래식 전쟁이 벌어질 수 있다는 점을 보여준다. 이런 점에 비추어 볼 때 핵억지의 이론적 조건이 미국이나 소련과 같은 서구 국가 간의 경우와 대규모 2차 공격력을 보유한 경우, 서구 국가와 비서구 국가 간 혹은 비서구 국가 간의 경우 억지가 작동하지 못할 수 있음을 보여준다. 이로 인해 핵확산과 관련되어 신낙관론과 신비관론이 제시되기도 했다.

1970년대와 1980년대 냉전기 핵억지에 대해서는 크게 두 가지 접근법이 있다. 합리주의 이론은 게임이론이 대표적이다. 반면에 인지모델은 저비스가 대표적이다. 인지모델을 통해 저비스는 핵에 대한 합리적 억지이론을 비판하였다. 이에 따르면 정책결정자의 주관적 판단이나 신념 등에 의한 '동기있는 편향(bias)'나 환경적 요인 등에 의한 '동기 없는 편향'에 의해 합리적으로 상대방의 신호를 못 읽을 수 있다. 이것은 합리주의가 말하듯이 쉽게 억지가 달성되지 못한다는 것이다.

3. 탈냉전의 도래와 핵억지의 변화

탈냉전은 미국과 소련의 동질적인 소수 국가들 간의 핵 안정성에 변화를 가져왔다. 탈냉전 시기 핵확산 문제를 가져오고 있는 인도와 파키스탄은 종교적 갈등과 영토 분쟁이 있다. 이스라엘과 이란·이라크 간에도 지역 분쟁의 긴 역사가 있고 적대적 정체성이 오랫동안 대항해왔다. 북한의 핵실험 역시 냉전이 여전한 한반도라는 상황에서 전개되고 있는 것이다.

탈냉전 시대 핵문제는 첫째 서구 국가 간 정신적인 동질성의 붕괴, 둘째 행위자 수의 증대, 셋째 핵능력의 불균형이 작동하면서 복잡하게 되었다. 특히 최근 문제가 되는 국가들의 경우 제 2격 능력이 부족한 것이 문제가 된다. 2격의 부족은 핵보유국의 선제공격으로 1격 능력을 제거하려는 유혹을 가지게 할 수도 있고 1격만 가지고 있기 때문에 공격무기인 핵무기를 위기상황에서 먼저 사용하도록 하는 유혹이 강해질 수도 있다. 어떤 경우에도 위기를 해결하기 어려워진다.

이런 상황에서 과연 핵무기 확산이 안정을 가져올 것인지에 대한 논의가 진행중이다. 한반도에 중요한 논쟁이기 때문에 자세하게 다룬다.

(1) 핵무기 확산과 지역 안정성 논쟁

핵무기 확산 논쟁은 1980년대부터 진행되었다. 이 논쟁은 핵확산이 안정을 가져온다는 낙관론과 불안정을 가져온다는 비관론으로 나뉜다. 이 논쟁은 3가지 기본 가정을 공유한 상태에서 논쟁을 진행했다. 세 가지 가정은 다음과 같다.[11] 첫째, 한 국가가 핵무기를 개발하는 동안 어떤 형태의 예방공격(preventive attack) — 재래식 공격, 핵무기 공격을 불문하고 — 을 받지 않아야 한다. 둘째, 국가는 2차 타격을 통해 보복할 수 있는 전력(second-strike capability) 을 확보해야 한다. 2차 타격 전력은 위기 시에 선제공격(preemption)의 인센티브를 없애주기 때문이다. 셋째, 핵무기 사고가 발생하거나 허가를 받지 않고 핵무기를 이용하는 일은 없어야 한다.[12]

이런 가정 하에서 낙관론자들의 이론적 근거는 크게 두 가지에 근거한다. 첫 번째는 핵

11) Sagan and Waltz 1995, 20
12) 하경석, 정성윤, "핵확산 논쟁과 북핵문제: 다차원적 분석" 「한국정치연구」 제24집 제1호(2015)

전쟁의 고비용성이다. 핵의 능력이 강력하기 때문에 정책결정자는 핵전쟁을 피하게 될 것이라는 점이다. 이로 인해 국가들은 확실한 억지를 위한 2차 공격력을 확보하고자 할 것이고 예방공격의 유인이 적을 것이며 핵무기 사고 등을 통제하고자 할 것이다.

두 번째는 핵확산으로 인한 핵억지가 수월해지기 때문이다. 핵능력을 구축하는 것이 용이한데 특히 2차 공격력을 확보하는 것이나 예방공격이 쉽지 않으며 핵무기의 사고가능성을 통제하는 것이 수월하다. 따라서 확실하게 1격에서 상대국가를 제거할 수 있다는 확신이 없으면 억지는 작동하게 된다.

반면에 비관론자들은 핵무기 확산이 불안정을 가져올 것이라고 주장한다. 비관론의 근거는 두 가지가 있다. 첫 번째는 국가들의 동질성과 이질성을 가지고 설명하는 것이다. 미국과 소련이 중심이 되었던 냉전기의 억지가 중동국가들과 같은 국가들에 그대로 적용되지는 않는다. 남아시아나 중동국가들은 종교 등을 이유로 전쟁을 했고 종교적 신념이 강해질 경우 이들의 핵보유는 전쟁을 막기 어려울 수도 있다.

두 번째 이유는 핵무기의 작동 실패와 사고 가능성을 통한 설명이다. 몇 가지 역사적 사례를 가지고 볼 때 핵무기 통제가 쉬운 것은 아니라는 점이다. 미사일 실험을 핵무기로 오인한 경우나 핵물질이 유출된 사례나 핵발전 시설이 사고를 당한 쓰리마일아일랜드 사고나 체르노빌 사고 등을 볼 때 핵은 통제가 용이하지 않은 것이다.

(2) 신낙관론과 신비관론 대립

1980년대의 합리적 선택 이론에 기반한 '낙관론과 비관론 논쟁'과 달리 탈냉전 시대는 다른 국가들 즉 인도, 파키스탄, 이스라엘과 같은 국가들이 핵을 보유하면서 새로운 논쟁이 생겼다. 미국과 소련과 같은 국가들과는 달리 합리성이 작동할 것인지와 같은 문제들이 지적되면서 새로운 논쟁이 생겼다.

신낙관주의의 주장은 비록 강대국들의 핵전력 지휘통제 체제는 병폐가 있었지만 새로운 핵확산 국가들에서는 이러한 지휘통제 문제를 겪을 가능성이 낮다는 것이다. 소위 '소량 확산론자'로 불리는 이러한 학자들의 논지는 피버(Peter Fever)에 따르면 다음의 다섯 가지 핵심 주장에 기반하고 있다. 첫째, 새로운 핵국가는 적은 수의 핵탄두만 보유할 것이다. 대량 무기고는 비용이 너무 소요될 뿐만 아니라 많은 수의 핵탄두가 필요하지도 않기 때문이다. 둘째, 작은 무기고는 안전하다. 작은 무기고는 단순하기 때문에 불법적 사용과 탈취로부터의 보호가 용이하다. 셋째, 작은 무기고는 비관론자들의 주장처럼 취약하지 않다. 국가들은 큰 위험 부담 때문에 예방전쟁을 감행하기가 거의 불가능하므로 걱정할 필요가 없기 때문이다. 그리고 무기고가 작을수록 파괴되지 않을 가능성이 더 높다. 넷째, 확산국의 불안정한 국내정치 상황은 위험요소이기 보다는 핵무기 사용의 통제력을 높이는 계기가 된다. 권위주의 국가일수록 국경 내부 단속과 통제가 더욱 적극적으로 이루어지며 자국의 핵무기를 근거리에서 보호할 수 있는 역량이 갖추어지기 때문이다. 다섯째, 지휘부의 불투명성은 핵무기 통제를 온전하게끔 한다. 지휘통제의 불투명성은 중앙 지도부로 하여금 강력한 통제권을 행사하게끔 하고 작은 무기고의 이점을 극대화시킨다. 불투명성이 학습을 방해하지는 않는다.13)

신낙관주의자들의 이러한 '최소억제(minimum deterrence)' 주장과 논리에 대해 핵확산에 반대하는 학자들은 "신비관주의"(neopessimism)로 대응한다. 신비관주의자들은 새로운 핵보유국이 초강대국들이 가졌던 지휘통제의 병폐보다 더 심각한 문제를 안고 있다는 논리를 제시하며, 향후 핵보유국이 초래할 문제가 더 크다고 주장한다. 첫째, 국가들이 핵무기를 보유하더라도 운송체계(air delivery)의 안정성에 대한 우려가 있기 때문에 미사일을 개발할 것이다. 둘째, 핵무기 지휘통제의 불투명성은 더 심한 병폐를 낳는다. 1990년의 인도-파키스탄 핵위기가 그 증거이다. 셋째, 지속적인 지정학적 불안정성이 존재하는 지역에서는 작은 무기고라도 무기화하려는 움직임이 조직적 차원에서 진행될 수밖에 없다. 넷째, 국내정치적 불안정성으로 인해 핵무기 장악력이 손실될 경우 더 심각한 국제적 위기 고조상황이 발생된다. 다섯째, 핵무기가 미숙한 민간 통제나 군 리더십에 의해 좌우될 경우 확고한 민간 통제 국가보다 핵무기를 높은 수준의 전시대비태세에 놓을 가능성이 높다. 신비관론자들은 이러한 주장을 통해 소량 핵무기의 확산도 국제사회의 불안정성을 증가시킨다는 주장을 펼치고 있으며, 이러한 양측의 주장은 여전히 팽팽히 맞서고 있다.14)

(3) 낙관론과 비관론의 적용: 북한에의 적용

위의 이론적인 논쟁을 국가에 적용하여 평가할 수 있다. 북한의 핵실험과 핵능력 증대로 인해 북한이 제 2격을 갖출 수 있는지와 예방공격 가능성이 있는지에 대해서는 고려할 수 있다. 점차 북한이 핵능력(소형화와 무기체계 탑재 가능성)을 갖추어 가고 있다. 또한 중국의 비호 하에 있는 북한에 대해 핵시설을 예방공격하는 것은 어렵다. 그런 점에서 북한과 미국간 억지가능성은 높아질 수 있다. 그러나 김정은이 집권 이후 보여준 북한 군부 지도부에 대한 대규모 숙청과 김정은의 조급한 행동을 고려할 경우 핵통제 가능성에는 문제가 있을 수 있다. 또한 신비관론의 입장처럼 북한의 '열악한 통제능력'과 '국내정치의 불안정'과 '지역질서의 지정학적인 불안정'을 고려하면 북한의 핵보유는 지역안정보다는 불안정을 가져올 것이다.

---

13) 이 문단 전체는 하경석, 정성윤, "핵확산 논쟁과 북핵문제: 다차원적 분석"「한국정치연구」 제24집 제1호(2015)

14) 이 문단 전체는 하경석, 정성윤, "핵확산 논쟁과 북핵문제: 다차원적 분석"「한국정치연구」 제24집 제1호(2015)

4. 탈냉전 시기 핵 관련 이슈들

(1) 핵확산 금지조약(NPT: Non-Proliferation Treaty)의 유지

1968년 핵확산 금지조약(NPT)이 만들어졌다. 핵확산을 막기 위한 다자 간 비확산 레짐이다. 그런데 NPT에는 검증수단이 없기 때문에 국가가 자발적으로 국제원자력기구(IAEA)와 협의하여 사찰을 받아야 한다. 이 레짐에서는 기존 핵보유국의 핵보유를 인정하고 다른 국가들은 핵보유를 포기하는 것을 약속하였다. 핵무기를 포기한 국가들은 그 대가로 핵의 평화적 이용기술을 제공받았다. 그러나 2010년 NPT조약 재협상이 있었다. 이는 핵보유국들의 실질적 지원이 없고 몇몇 국가들(이스라엘, 인도, 파키스탄)이 핵보유를 인정받았기 때문이다.

(2) '억지 불가능한 위협'과 테러리즘의 연결

핵확산은 역사적·문화적으로 이질적인 국가들의 핵보유로 동질성에 기초한 핵억지 이론의 기반을 저해하고 있다. 행위자의 증대도 문제이다. 이런 상황에서 9.11테러는 핵무기와 테러리즘이 연결될 수 있는 가능성을 제시하였다. 실제 동구권 국가들의 붕괴와 함께 국제무기 암시장에서 핵무기 도면이 유출되면서 미국은 테러리스트나 불량국가(rogue state)들로 이전되는 것을 걱정하게 되었다. 따라서 '핵보유국+핵개발 시도국+핵개발 의도국+테러리스트' 등의 다양한 연결 조합에 대한 우려가 증대하고 있다.

(3) 비확산과 반확산정책

9.11테러 이후 미국은 핵정책을 변화시켰다. 특히 2002년 부시 독트린 일명 '핵 선제공격 독트린'이 발표된 것이다. 이는 핵을 가지지 않은 국가에 대해서도 미국이 핵을 먼저 사용할 수 있다는 전략으로 미국의 핵정책이 방어적인 것에서 공격적으로 바뀐 것이다. 이것은 확산정책에 있어서도 '비확산(non-proliferation)'에서 '반확산(counter-proliferation)' 정책으로 변화한 것이다. 비확산이 외교적인 방법을 사용하는 것이라면 반확산은 군사적인 방법을 사용하는 것이다.

비확산 정책을 강행하기 위한 대표적인 제도적 장치는 NPT 체제이다. NPT체제는 핵을 보유하고자 하는 국가들과 기존 핵보유국 간의 합의에 기반하여 기존 핵보유국의 핵보유를 인정하고 다른 국가들의 핵보유 동기를 금지한 것이다. 이러한 약속을 위해 기존 핵보유국들은 핵 보유의지를 가진 국가들에게 핵공격에 대한 안전보장을 약속하고 핵의 평화적 이용을 지원할 것을 약속한다. 만약 국가들이 핵개발을 시도할 경우 IAEA는 안보리를 통해서 제재를 가할 수 있다. 이외에도 핵능력을 통제하기 위해 핵 공급 그룹과 바세나르 협약과 같은 제도들을 가지고 있다.

지금까지의 핵보유 시도 국가들에 대한 주변 국가들의 강한 외교적 항의와 경제적 제재에도 불구하고 제재 효과가 크지 않았다. 북한과 같은 나라들이 '불투명한 확산(opaque proliferation)'혹은 '조용한 확산(silent proliferation)을 통해 장기적으로는 핵보유에 다가가는 것이다. 따라서 이들 국가들에 대한 강력한 군사력 사용의 강압외교나 실제 군사력을 통한 응징이 필요한 것이다.

부시 행정부에서는 미국에 대한 '직접 위협' 문제와 '비대칭적 위협' 문제가 제기되었다. 9.11로 본토 공격 가능성이 제기된 것이다. 이런 상황에서 불안해진 미국은 핵문제를 의도 중심에서 능력 중심으로 이해하기 시작했다. 과거 억지정책은 상대방이 자국에 대해 공격을 할 것인가에 대한 '의도'를 파악하는 것에 초점을 두었다. 그러나 9.11 이후 핵 게임의 행위자가 많아졌기 때문에 미국이 상대해야 하는 국가들의 각각의 '의도'를 파악하기 곤란해졌다. 따라서 미국은 상대방이 어떤 무기를 가졌는가와 가질 수 있는가의 '능력'을 기준으로 외교정책을 수립하게 된 것이다. 이로 인해 부시 행정부는 새로운 전략 방안으로 '신삼중점(New Triad)을 강조하였다. 첫 번째, 공격능력 확보를 위해 '소형 핵무기와 재래식 핵과의 연계'이다. 두 번째, 방어 능력 확보를 위한 '미사일방어체계(MD)구축'이다.[15] 셋째, 안보 인프라를 구축하는 것으로 'C_4 IRS(Computer, Communication, Command and Control + Intelligence + Reconnaissance + Surveillance)'과 같은 명령체계와 정찰 정보체계를 구축하는 것이다.

하지만 오바마 행정부에 들어와서 핵 선제공격 독트린은 폐기되었다. 오바마는 핵없는 세상을 만드는 것을 목표로 하였다. 이로 인해 2010년 핵안보정상회의를 개최하였다.

---

15) **THAAD논의**: 2016년 대한민국이 미국에 관심을 표명한 고고도 미사일 방어 계획은 미사일 방어 계획의 일환에 있는 것이다. 1991년 걸프전이 터지면서 미국 해외 파병 사상 최초로 미사일에 의한 사상자가 발생하자 요격미사일 체제의 필요성이 제기되었다. 당시 스커드 미사일을 요격하기 위해서 사용된 패트리어트 미사일의 성능이 기대에 못 미친다는 사실이 밝혀지면서 1993년 집권한 클린턴 정부는 기존의 전략 방어 기구(SDIO)를 탄도미사일 방어기구(BMDO)로 개편하여 본격적 미사일 체제 구축에 돌입하였다. 냉전시기 방어무기를 제한하겠다는 탄도미사일 방어체계(ABM)의 약속을 깬 것이다. 미국은 자국 본토방어(NMD)와 동맹국가 방어(TMD)를 다루던 미사일 방어체계를 MD로 일원화하여 다루고 있다. 미국의 방어 능력 강화가 과연 기술적으로 가능한지와 이것이 새로운 군비경쟁을 가져오는 것이 아닌지에 대한 우려를 가져왔다. 특히 중국의 기술력 부족 상황에서 중국의 대륙간 탄도미사일만을 노린 것이 아닌지에 대한 비판이 있다. 이런 상황에서 한국은 미사일방어의 초고도 방어 미사일인 SM 3 미사일을 구입하여 이지스함에 비축하지 않았다. 또한 패트리어트 체계를 가지고 저고도 방어에 치중하였다. 그러나 고고도 미사일에 대한 대비책이 약하다는 점을 들어 THAAD를 미국이 배치하기를 요구하고 나선 것이다. 북한 위협에 대해 선제대응하는 킬체인시스템이 더 유용하다는 비판과 중국을 지나치게 자극한다는 점이 THAAD 배치 반대의 근거이다.

현안이슈 | 북한 핵문제

1. 북한 핵으로 제기되는 문제들

(1) 핵물질 보유: 플루토늄과 농축 우라늄 모두 보유
(2) 핵장치의 설계 및 제조 고폭 실험 여부: 북한 ・140회 이상.
(3) 핵실험 여부: 6회 시행 (2006년, 2009년, 2013년, 2016년, 2017년 2회)
(4) 핵장치의 소형화와 경량화가능성: 지속적인 미사일 실험과 추가 핵실험을 통해 경량화시도 중으로 파악됨
(5) 투사수단의 확보여부: 폭격기와 미사일보유가 관건(2017년 북한은 화성 14형 로켓발사로 사정거리 10,000km 이상 투사 수단 확보)

2. 북한 핵보유원인에 대한 해석

(1) 안보상의 필요: 탈냉전과 보호자의 상실에 따른 외부위협에 대응방안
(2) 한반도 조기 석권을 위한 한국군 공격용
(3) 비군사적 측면으로 에너지 확보와 외교적 타협용.(영변에 있는 발전시설이 대략 3가지 종류임. 이 중 5MW는 1년에 2개정도 핵폭탄가능한 플루토늄가공할 수 있는 물질확보, 50MW는 10-20개정도. 200MW는 40-50개 이상의 핵폭탄 제조 가능)
(4) 군사적 용도와 비군사적 용도 결합설: 다목적 카드설
(5) 시기와 여건에 따른 변화설. 브루스 커밍스(B. Cumings)는 북한이 에너지 수급에서 핵무기 개발로 전환주장.
(6) 국내용: 북한군부를 통치하기 위한 수단설, 선군정치를 부각시키기 위한 설, 국내정치동요를 막고 북한김일성-김정일정권의 정당성 부각설.

3. 대응 방안에 대한 논쟁

(1) 북미 양자 대화방안: 1차 핵위기에서 처럼 통미봉남(通美封南: 북한이 미국과는 소통을 하고 남한은 배제한다는 전략)의 문제가 제기됨.
(2) 6자회담 복귀안: 다자주의제도인 6자회의로 끌어들여서 북한에 대한 다자적인 보상과 다자적인 제재를 가할 수 있는 틀을 이용하자는 방안.
(3) 강압정책: 회유할 수 있는 방안과 함께 제재가능성을 압박함으로서 상대방이 “이미 시행한 것을 되돌리는” 방안. 군사력사용의 위협이나 제한적 군사력증강으로 압박하면서 불응시 제재를 위협하고 요구를 수용할 시 보상안을 제시하는 방안.
(4) 보상을 통한 핵포기: 우크라이나와 같이 보상을 통해서 핵을 포기하게 하는 방안.
(5) 국제제재를 통한 핵포기: 리비아와 이라크같은 경우 실제 제재를 받았고 이라크는 1981년 오시리크 원전을 이스라엘이 선제공격함.
(6) 핵보유 묵인 :미국이 파키스탄에 했던 방식으로 전략적인 이해 때문에 핵보유를 용인하는 것.
(7) 자발적 폐기 방안: 남아공은 정권교체이후 핵프로그램을 폐기함.
(8) 유화정책: 북한을 핵보유국가로 인정하고 핵에 대한 보상을 통해서 핵을 폐기하게 하는 방안.
(9) 북한을 핵보유 국가로 인정할 것인가에 대한 논쟁. 대체로 인정하지 말자는 입장.
(10) 북한에 대한 경제제재가 실제로 효과가 있을 것인가에 대한 논쟁. 경제제재는 이미 북한이 많이 경험했기 때문에 실제 효과가 크지 않을 것이라는 주장이 있음. 또한 제재로 인해 북

한 내부의 결집이 더 이루어질 수도 있다. 마지막으로 제재를 하는 국가의 기업이 손해가 클 수 있다는 점에서 비판적인 입장이 있다.

(11) 정부의 방안: 이명박정부는 ‘비핵개방 3000’으로 선핵포기 후보상안을 제시. 핵을 포기한다면 거대한 보상을 제시함. 박근혜정부도 유사하게 북핵불용원칙을 가짐.

4. 6자 회담의 재개 가능성

2003년부터 시작한 북한 핵문제를 풀기위한 다자제도인 6자 회담이 재개되지 못하고 있다. 이미 4차례에 걸친 회담이 있었기에 6자회담의 약속으로 복귀한다면 북한 문제를 좀 더 원활하게 해결할 수 있는 주장이 있다. 반면에 북한이 미국과의 양자 대화를 원하고 실제 효과가 더 클 것이라는 반박도 있다. 아래는 6자 회담에서 약속한 내용들이다. 2018년 4.27판문점선언에서 기존 합의 준수를 약속했지만 2019년 4월 현재 비핵화는 답보상태이다. 지향점 차원에서 6자회담의 약속을 살펴본다.

(1) 2005년 4차 6자 회담(9.19 공동성명) 내용 요약

① 핵무기 관련:

한반도 비핵화가 목표/ 북조선은 핵무기와 핵프로그램 포기하고 NPT와 IAEA안전조치 복귀 / 미국은 한반도에 핵무기없으며 북조선공격하거나 침략할 의사 없음 확인/ 남한은 비핵화선언재확인/ 북한의 평화적핵에너지 사용권한과 북한에 경주로 제공문제 논의

② 북조선과 미일관계:

6개국은 UN헌장준수 / 북미간 상호주권존중과 평화적 상호공존과 관계정상화조치취할 것/ 북한과 일본의 관계정상화

③ 경제협력 및 에너지제공:

6개국은 에너지등 경제 협력/ 5개국은 북한에 에너지 제공할 것의 의지천명 / 남한 은 북한에 200만 kw 전력을 제공하는 7월의 제안을 재확인.

④ 평화체제 협상

6개국은 동북아에서 평화안정지속의 공동노력 / 남북한은 한반도 영구평화체제를 위한 별도포럼 합의

⑤ 안보 협력 및 합의 실현 조치논의: 6개국은 안보협력방안 모색합의

⑥ 5차 육자 회담개최 합의

(2) 2007년 2.13합의문(9.19공동성명을 위한 초기조치)

Ⅰ조항. ‘행동 대 행동’ 원칙에 따른 단계적으로 공동성명 이행: ‘말 대 말’ → ‘행동 대 행동’의 단계로 이전.

Ⅱ조항. 초기단계의 조치 명시: (북한) 재처리 시설을 포함한 영변 핵시설을 폐쇄, 봉인/ IAEA 요원 복귀초청. (미국) 북한 테러지원국 해제과정개시. (의미) 초기단계 이행 조치는 “동결 대 경제적 보상”이 핵심이 아니라 북의 “핵포기의 첫단계 행동조치”와 미국의 “대북적대정책 포기의 첫 단계 행동조치”의 동시 이행이 핵심.

Ⅲ조항. 실무그룹설치: 5개의 실무그룹 설치. 한반도 비핵화(중국이 의장국), 북미관계 정상화, 북일관계 정상화, 경제와 에너지 협력(한국이 의장국), 동북아 평화와 안전에 관한 기구(러시아가 의장국)

Ⅳ조항. 모든 현존하는 핵시설의 불능화를 포함하는 다음 단계 기간 중 중유 100만톤 상당의 경

제 에너지 인도적 지원이 제공. 5개국은 북한에 대해 긴급 에너지 지원을 하는데 시작은 중유 5만 톤부터이다. 60일 이내에 이를 개시한다.

V조항. 차후 장관급 회담 개최.

VI조항. 직접 관련 당사국들의 한반도 평화체제에 대한 별도의 포럼.

VII조항. 차기 6자회담을 3월 19일로 명시.

제3절 동 맹

한국은 2009년 미국과 포괄적 동맹에 합의하였다. 2000년대 초반 남북관계가 개선되면서 외교의 중심이 미국에서 북한으로 넘어간 것에서 정책 전환이 일어났다. 이명박 정부의 미국 중심 정책에도 불구하고 북한을 통일로 이끌기 위한 한중관계의 필요성으로 한국은 중국과의 관계 역시 2008년 '전략적 협력 동반자 관계'로 격상하였다.16)

북한 문제를 해결하고 한반도 신뢰 프로세스를 원활히 작동하게 하는 데 있어서 중국 역할을 강조한 박근혜 정부는 2015년 중국의 전승절 행사에 참여하여 우리나라 대통령으로서는 처음 열병식을 참관하면서 중국과의 관계 강화를 드러냈다. 미국과 일본의 한국의 '대중국경사론'이 강화된 것이다. 그러나 2015년 미국은 일본과의 신가이드라인에 대해 합의하였고 일본 역할을 지역 내에 국한시키지 않고 전 세계로 확대하였다. 미중 간 갈등뿐 아니라 중일 간 갈등의 파고가 높아지면서 한국은 외교적으로 입장을 명확히 할 것에 대한 요구가 강해지고 있다. 2015년 3월 중국 주도의 AIIB를 가입하는 것과 미국의 THAAD 배치 요구 사이에서 한국이 시달렸던 것은 향후 지역질서 변동에 따른 외교적 부담의 예고편으로 볼 수 있다.

2016년 3월 북한의 김정은은 서울 모형을 두고 군사훈련을 벌이는 등 대남 군사압박을 가하고 있다. 매년 북한에 대한 한미훈련이 진행되면 북한이 보여주는 신경질적인 반응이지만 북한의 비대칭적인 위협능력(미사일, 핵무기, 대량살상무기를 통해 위협을 가할 수 있는 능력)을 감안할 때 무시할 수 없는 것이다. 2016년 2월 북한의 은하 4호가 발사된 뒤 한국 정치권에서는 독자적인 핵무장론이 나왔다. 이런 상황에서 한국은 미국이라는 동맹카드를 계속 쥐고 있어야 하는지, 독자적인 핵무장과 함께 자주국방의 길로 가야 하는 것인지 아니

16) **1996년 이후 중국 외교관계의 단계 분류**: 단순 수교 → 선린우호 → 동반자 → 전통적 우호협력 → 혈맹의 5단계.
동반자 단계 분류: 협력 동반자 → 건설적 협력 동반자 → 전면적 협력 동반자 → 전략적 동반자 → 전략적 협력 동반자 → 전면 전략적 동반자 관계로 세분.

면 지역 집단안보장치나 안보협력 대화체에 의존해야 하는 것인지에 대한 안보정책 논의가 있다.

단기적으로 북한 위협과 장기적으로 중국에 대한 위협 가능성을 고려할 때 한미 동맹의 필요성과 역할 설정이 중요하다. 동맹 이론을 통해 한미 동맹의 역사와 미래 방향을 살펴본다.

1. 동맹에 관한 이론들

(1) 동맹의 정의

다양한 안보 수단 중 동맹이 다른 안보 수단과 무엇이 다른지가 중요하다. 동맹의 정의는 왈트(S. Walt)의 정의를 많이 인용한다. 그는 동맹이란 "자주 국가들 간의 안보협력을 위한 공식적 · 비공식적 노력"이라고 하였다. 여기서 중요한 것은 3가지이다. 첫 번째, 행위자로서 '자주국가들간'의 관계이다. 따라서 비국가행위자나 국가승인을 받지 못한 행위자와의 동맹은 실제 동맹이 아니다. 두 번째, 목적으로서 '안보협력'을 위한 것이다. 경제동맹은 실제 동맹이 아니다. 세 번째, 공식적일 수도 있고 비공식적일 수도 있다. 이는 문서의 형식과 관계없이 동맹의 '신뢰성'이 중요하다는 것이다.

동맹은 하나의 제도이다. 제도로서 동맹은 '기대의 안정화' 즉 신뢰성이 중요하다. 동맹에서 신뢰성이 있어야 상대방 국가가 공격계산을 할 때 동맹국의 지원을 감안하여 승리 확률을 계산하기 때문이다. 따라서 동맹은 문서 형식과 관계없이 신뢰성이 중요하다. 미국과 이스라엘은 공식적인 문서가 없지만 동맹이다.[17] 또한 한미동맹에는 상호방위조약이지만 군사도발을 받았을 때 '즉각적 개입' 조항이 없다. 반면에 '북중상호원조협약'에는 '즉각적 개입' 조항이 있다. 하지만 중요한 것은 실제 동맹국가가 지원할 것인지에 대한 '자국–동맹국–적대국'간의 기대치이다.

(2) 동맹의 양태

동맹은 여러 가지로 분류될 수 있다. '평시동맹–전시동맹'이나 '양자동맹–다자동맹'이나 '협상(entente: 전쟁 발생 시 사후에 지원 여부를 결정하는 것)–중립조약(자국도 돕지 않지만 상

---

17) **이스라엘로비와 미국의 지원**: 미국은 이스라엘에 1년에 30억 달러 이상을 지원한다. 이 중 군사원조가 18억 달러에 해당하며 이것은 이스라엘 국방비의 20%정도에 달한다. 미국은 또한 이스라엘의 핵개발을 묵인하였고 이로 인해 중동에서 다른 국가들의 비난의 대상이 되었다. UN 안보리에서 미국이 채택을 막기 위해 행사한 거부권은 2012년 3월까지 32회에 달한다. 이런 상황을 보고 미국의 포린 폴리시(Foreign Policy)는 "미국은 이스라엘의 위성국가" 라고 비꼬았다. 이런 상황이 되는 것은 미국 내 유태인의 인구는 적지만 영향력 있는 의회와 학계에 포진한 이들이 많기 때문이다. 또한 AIPAC(미국–이스라엘 공공정책위원회)가 회원만 10만 명으로 이들의 로비력이 뛰어나기 때문이다. 2006년 미어샤이머와 왈트의 「이스라엘 로비」는 이스라엘이 미국정책에 미치는 영향을 부시 행정부에 대한 로비로 설명했다.

대진영도 돕지 않는 것)- 방위조약(군사적 지원을 사전에 약속하는 것)'과 같이 공약 정도에 따른 구분도 있다. 이는 동맹의 자율성 정도로 나타난다. 자율성은 '협상 > 중립 > 방위조약'의 순이다. 한미상호방위조약은 한국이나 미국이나 자율성은 낮지만 상호이익은 크다.

중요한 구분 중의 하나는 힘의 결합 방식에 따른 것이다. 제임스(James Morrow)는 '강대국-강대국', '강대국-약소국'간 분류로 구분한다. '국력결집모형(capability-aggregate model)'은 힘이 유사한 강대국 간 동맹이다. 상호의존 하에서 상대방을 지원하고 상대의 지원을 받는 것이다. '자치안보교환모형(Security -autonomy trade-off model)'은 강대국과 약소국 간 동맹으로 강대국은 안보를 제공하고 약소국(스스로 안보를 확보할 수 없는 국가)은 자율성을 제공한다. 여기서 '자율성'은 약소국의 기지를 이용하고 국내정치에 관여하여 강대국이 약소국의 주권 일부를 이양 받아 안보정책을 짜는 것이다. 한국에서는 '작전통제권'과 매향리의 '주한미군의 폭격기지'가 이 이슈를 다루었다. 약소국의 국력이 증대하여 스스로 안보를 달성할 수 있게 되면 자연스럽게 강대국에게 위임한 자율성을 넘겨받게 되는 것이다.[18)]

동맹은 목적에 따라 구분된다. 균형동맹은 제 1위 국가를 견제하기 위한 동맹이다. 반면에 편승동맹은 제 1등 국가와 같은 편에 서는 것이다. 편승은 공격적 목표(전리품 획득의 극대화)와 방어적 목표(위협으로부터 생존도모)에 의해 가능하다. 한미 동맹은 전형적인 편승동맹이다. 따라서 한국이 중국과 동맹을 체결한다면 그것은 균형동맹이 될 수 있다.

동맹의 기능은 '대적 게임'과 '대내 게임'으로 구분할 수 있다. 폴 쉬로더(P. Schroeder)는 동맹이 적대 국가를 억제하는 것뿐 아니라 동맹을 통해 동맹 국가를 내부적으로 관리하는 것이 중요하다는 점을 제시하였다. 미국은 1968년 1.21사태와 1983년 10월 9일에 있었던 아웅산 테러 사건에서 한국의 보복을 막아 약소국 간 대립에 의해 강대국 간 전쟁으로 가는 것을 막았다.

(3) 동맹 형성의 목표

국가들이 동맹을 체결하는 목표는 몇 가지로 구분될 수 있다. 먼저 국가 수준에서 설명하는 모델에는 '개별적 · 합리적 선택'이 있다. 이 부류의 모델들은 국가가 합리적 판단에 따라 동맹을 체결한다고 주장한다. 이때 동맹은 자주국방이나 집단안보와 같은 대안들과 기회비용 차원에서 비교한 뒤 선택된다. 대표적인 모델로는 브에노 드 메스퀴타의 '기대효용이론'이 있다. 국가는 전쟁이 벌어졌을 때 이길 확률을 고려하여 효용이 높은 쪽과 낮은 쪽을 비교한 뒤 기대효용이 높은 쪽으로 동맹을 형성하는 것이다.

---

18) **치안보교환모델**: 한미동맹이 전형적인 자치안보교환모델이다. 그런데 한국은 1990년대 이후 국방력을 강화하였기에 한미동맹에서 미국에 대한 의존도가 낮아지고 자율성이 높아질 것으로 기대한다. 하지만 북한의 비대칭위협이 증대하고 있다는 점과 장기적으로 중국의 성장과 중일간 갈등 가능성을 감안할 때 미국에 대한 안보의존은 여전히 높은 편이다. 2016년 THAAD논의는 미국의 정보력과 군사기술력에 대한 한국의 의존도를 보여준다.

라이커의 규모의 동맹 이론도 여기에 속한다. 정당 이론가인 라이커의 아이디어를 동맹에 적용하면 동맹은 두 가지 요건을 고려하여 만들어진다. 첫 번째는 '승리 가능성'이고 두 번째는 '분배의 몫'이다. 첫 번째 조건만 중요하면 동맹은 사이즈를 키워야 한다. 그러나 전쟁 이후 승리의 몫(spoil)을 나누는 것을 고려하면 동맹의 규모는 무한정 커질 수 없다. 동맹은 승리할 수 있는 가장 작은 규모에서 형성된다. 이것은 한국에서 중추적 동반자 모델로 소개되어 한국의 중견국 외교와 연결된다.

심화 학습

Riker의 규모의 원칙, 중추적 동반자 모형

1. 고려 요소: 승리 가능성 + 분배 문제 ⇒ 최소 승자 연합(pivot role 중요)
2. 중추적 동반자 중요: 중추적 역할을 수행하는 상대적 약자의 중요성.
3. 정당 사례연구: 일본의 정당구조에서 사회당의 입지. 전체 100석의 의석을 가진 의원내각제 국가에서 A정당이 49석의 의석을, B정당이 48석의 의석을, C정당이 3석을 보유했을 경우 C정당이 어느 정당과 연합하는가에 따라 정부구성이 달라짐. 이때 C정당이 중추적 역할 수행.
4. 규모의 동맹에 대한 역사적 사례: 나폴레옹 저지를 위한 4개국 동맹의 와해
5. 반박 사례: 2차대전기 대독일 대일본에 대항한 미소동맹과 연합국
6. 한국의 중추적 동반자 가능성: 한국의 경우 주변 강대국 사이에서 중추적 동반자 역할이 군사 분야에서는 쉽지 않다. 국제정치의 힘의 관계가 정당 간 의석관계보다 복잡하기 때문이다.

동맹 형성 목표에 대해 개별적인 국가 수준이 아니라 극성 차원에서도 설명할 수 있다. 구조적 현실주의는 다극이 양극보다 동맹이 유연하다고 주장한다. 동맹의 유연성은 방기 가능성으로 동맹간 관계를 위험하게 만들 수도 있지만 계산을 복잡하게 하여 전쟁 시 승리 가능성을 낮출 수도 있다. 극성이 동맹 형성에 어떤 방식으로 계산되는지는 복잡한 것이다.

동맹을 설명하는 데 있어서 구성주의는 '정체성'과 '문화의 공유'가 동맹을 형성한다고 주장한다. 리세 카펜(Risse-Kappen)은 민주적 평화론에서 민주적 동맹론으로 연구를 확장하였다. 민주주의라는 국가들의 정체성이 동맹 상대를 선택하는 것이다. 한편 찰스 쿱찬(C. Kupchan)은 동일 지역의 소속감이 동맹에 중요하다고 본다. 이것은 서유럽의 북대서양조약기구(NATO)가 동유럽 국가들까지 확장되는 것에 반대하는 사례에서 잘 드러난다. 또한 터키의 참가로 서유럽의 정체성에 혼란이 생기는 것이다.

동맹이 형성되는 것과 동맹이 지속·유지되는 것은 별개의 문제이다. 동맹은 살아있는 생명체와 같아 동맹이 길어지면 예상하지 못한 새로운 위협과 함께 동맹국 간의 정치변화라는 새로운 요인들이 생기기 때문이다. 동맹에 규정되지 않은 새로운 이슈로서 역할이 분배

되는 '잉여 통제력'이 생기면 이것을 가지고 동맹국 간에 부담과 이익을 나누어야 한다. 예를 들어 미일 동맹에서 미국은 일본에게 지구적 차원의 안보 역할을 요구하고 있다. 미국의 경제적 부담과 중국과의 갈등 가능성을 감안해 일본의 자위대 확대와 집단 자위권의 확대는 새로운 역할과 부담이 된다. 이때 새로운 역할 부담이 잉여능력이다. 동맹국 간에 부담이 늘어나면 동맹국은 상대국이 탈퇴하는 것을 막고 관리비용을 줄이는 것이 필요하다. 예를 들어 2003년 이라크 전쟁에서 미국은 동맹국 탈퇴를 막으면서 전쟁 부담을 동맹국에게 전가시키고자 했다.

(4) 동맹 안보딜레마

신현실주의에 따르면 동맹이라는 안보 협력도 지속되는 것이 어렵다. 신현실주의에서 볼 때 극성에 따라 동맹국 간에는 '연루와 방기'의 '동맹 안보딜레마'가 생기기 때문이다. 양극일 때 극성을 이룬 국가는 피후원국에 대해 연루와 방기를 걱정하지 않게 한다. 양극을 이룬 국가가 가진 군사력이 크기 때문에 약소국인 피후원국의 군사력이 안보에 있어서 덜 중요하기 때문이다. 반면에 동맹이 유동적인 다극구조에서 국가들은 언제 버려질지 언제 연루될지를 파악하기 쉽지 않다. 따라서 다극 구조에서 연루와 방기로 인해 '동맹'이 오히려 부담이 될 수 있다.

심화 학습

연루 – 방기의 동맹딜레마

1. 연루와 방기는 반비례 관계: 방기의 위협이 늘면 연루의 위협은 줄어들고 연루의 위협이 늘면 방기의 위협이 줄어듬.
2. G. Snyder의 분류

① 동맹 상대국에 '강한' 지원과 공약 – 방기↓, 연루↑, 대항 동맹도 강화됨.

예 1차 대전의 독-오 동맹. 독일의 지원으로 오스트리아에 연루됨.

② 동맹 상대국에 '약한' 지원과 공약 – 방기↑, 연루↓, 동맹 변경 가능성↑

예 2차대전 전 영불 동맹. 영국은 프랑스에 대한 지원을 주저함. 2차 대전을 막지 못함.

③ 적대국에 강경 입장 - 적대국 도발 방지. 안보경쟁 악순환. ①번 유형과 유사

예 1905년 모로코 사태에서의 영국. 독일이 프랑스에 대해 위협을 하지 못하게 함으로써 독일이 프랑스 도발 방지.

④ 적대국에 유화 - 적대국 긴장완화. ②번 유형과 유사

예 1938년 체코에서의 프랑스는 동맹국 체코를 독일에 넘겨줌.

동맹이 장기간 유지되면 동맹 부담을 나누는 문제가 중요해진다. 예를 들어 동맹국 간에 핵무기를 어디에 배치할 것인지와 재래식무기를 어떻게 배치할 것인지는 다르다. 핵무기는

핵억지를 확장적으로 제시하는 국가들에게는 어디에 위치하는지와 관계없이 안보 확보라는 공공재를 제공할 수 있다. 반면에 재래식 무기는 핵처럼 상대방에게 억지를 통해서 안보를 보장하는 것이 아니다. 실제 사용될 때 의미가 있는 재래식 무기는 '군사력 희박 효과'를 가진다. 군사력을 특정 지역방어에 사용하면 다른 지역의 방어력이 떨어지는 것이다. 예를 들어 냉전 시기 미국이 win-win 전략을 구사하면서 유럽이 첫 번째 보호전장이 되었고 동아시아가 다음 보호전장이 되었다. 이것은 유럽에 재래식 무기를 주로 배치하게 하여 동아시아 동맹국들은 재래식 무기로 보호받기가 상대적으로 어렵게 되는 것이다. 최근 한국의 고고도 미사일 방어체계는 재래식 무기를 통한 보호와 관련되어 있다.

(5) 동맹 연장 시 고려 사안

미국은 단극을 유지하고 있는 상황에서 중국과 같은 지역패권 의지를 가진 국가로부터 도전을 받고 있다. 이런 상황에서 미국은 자국만의 힘으로 중국을 견제하지는 않는다. 반면에 중국은 미국과 같은 동맹 체제를 가지고 있지 못하다. 이것은 안보 기반의 차이다. 미국이 패권국가를 유지하기 위해서는 동맹의 연장과 동맹 역할 부담이 중요한 것이다.

동맹 연장 시 고려될 수 있는 것은 첫째, 외부 위협의 인식 변화이다. 외부 위협이 변화하면 동맹이 유지될 수 있다. 둘째, 강대국이 다른 지역에 동맹을 보유하였는지 여부이다. 다른 동맹국에 대한 신뢰도가 문제될 경우 동맹 자체의 이익보다 높게 평가될 수 있다. 셋째, 국내정치에서 지도자의 교체나 지도부에서 신세대 등장 같은 것을 들 수 있다. 한국에서 2002년 대선이후 노무현 대통령과 386세대의 집권은 세대정치를 통해 한미동맹에서 자치권을 강조하면서 미국과의 관계 개선에 나서게 하였다. 동북아 균형자론이 나온 것도 같은 맥락으로 볼 수 있다. 넷째, 동맹의 제도화 정도를 들 수 있다. 동맹이 제도화되어 있는 경우 제도 자체가 하나의 기득권이 되기 때문에 동맹변화가 어렵다.

2. 동맹의 유형

(1) 동맹의 일반 유형: 균형동맹, 편승동맹, 양자동맹

동맹은 강대국에 대한 대항차원(against power)에서 균형정책이나 강대국에 대한 편승(within power) 차원에서 체결된다. 또한 동맹은 양자적으로도 만들어질 수 있고 다자적으로 만들어질 수도 있다. 앞에서 본 것처럼 동맹은 현재 시점에서 미래에 대한 약속이다. 미래 위협을 예견하고 현재 약속을 하는 것이다. 따라서 공약 정도에 따라서도 동맹의 기능과 역할은 달라진다. 간혹 공격 동맹이 만들어지는 경우가 있다. 2차 대전 직전 독일-이태리-일본의 3국 동맹은 공격 동맹으로서 독일이 유럽을 지배하고 일본이 아시아를 지배하는 것을 약속하였다. 이 사례는 국가의 현상타파 목적이 강력한 경우에 공격 동맹이 가능하다는 점을 보여준다.

양자동맹이 아닌 다자동맹은 동맹을 구축할 때 국가 간 수를 늘려 다자적인 국가 간의 동맹으로 구축하는 것이다. 20세기 이전 유럽 국가들의 경우 동맹은 1차 대전 이전 '3국 동맹(독일-오스트리아-이태리)'과 같이 다자적인 형태를 많이 가지고 있었다. 또한 2차 대전 이후 미국은 북대서양동맹조약(NATO)를 통해 다자동맹을 구축하였다.

다자동맹의 장점은 힘의 결집을 통해 안보를 확보하기 용이하게 만들었다는 점이다. 다자동맹이 구축될 경우 잠재적인 적국은 상대해야 할 국가 수가 늘어나기 때문에 안보에 위협을 가하기 어렵다. 반면에 다자동맹은 국가들의 협력의지를 유지하고 동맹의 시험대에서 이 의지를 보여야 하는 단점이 있다. 다자동맹이 오히려 책임 회피와 방기(abandonment)를 야기 할 수 있다. 또한 라이커가 이야기했듯이 규모의 동맹 문제가 생기는 것이다. 즉 승리 가능성과 승리 이후 전리품 분배 문제에 있어서 동맹이 무한대로 커지기 어렵다는 것이다. 나폴레옹 전쟁에서 프랑스를 제외한 4국 동맹(영국-러시아-오스트리아-프러시아 간 동맹)의 경우가 대표적으로 동맹 내부의 분열을 보여준다. 또한 2차 대전에서 미국과 소련이 유럽 전선에서의 상륙작전 작전 수행방식을 두고 갈등한 것도 사례라고 할 수 있다.

(2) 중립정책

중립정책은 어느 한 편에 서지 않는 정책이다. 어느 한 편에 서지 않는다는 것은 두 진영 사이에서 어느 한쪽하고도 동맹을 체결하지 않는 것이다. 중립정책은 자국과 동맹을 체결하지 않지만 잠재적인 적국과도 동맹을 체결하지 않기에 동맹효과를 가져온다. 2차 대전 이전에 독일과 소련의 중립조약이 대표적이다. 독일의 경우 러시아의 간섭이 없다는 약속을 받음으로써 서부 전선에 집중할 수 있게 된 것이다.

중립정책은 친한 국가 간에도 동맹을 체결하지 않기에 경쟁하는 국가 입장에서는 자국 안보에 위협을 가하지 않는다. 반면에 중립조약을 체결할 경우 잠재적인 우호국가보다 잠재적인 적대국에 유리하다는 단점이 있다. 친구를 돕지 않겠다고 약속했기 때문이다. 중립은 강대국의 보장이 있을 때 현실화될 수 있다. 대표적인 경우가 1차 대전에서의 벨기에를 들 수 있다. 벨기에의 중립 보장을 영국이 했기에 독일의 벨기에 공격은 영국을 전쟁에 불러들였다.

(3) 제휴(alignment)관계

동맹전략 이전에 정치적인 제휴관계를 체결하는 방안도 있다. 제휴관계는 현재 동맹은 아니지만 장기적으로 동맹을 구축할 수 있는 여지를 가지는 정도에서 타국과의 정치적 협력을 하는 정책이다. 최근 미국이 중국을 견제하기 위해 인도에 대해 사용하는 정책이 대표적이다. 또한 한미 동맹과 미일 동맹을 중심으로 한 한국과 일본의 관계도 제휴관계라고 할 수 있다. 유사시 미국은 일본 기지를 활용해야 하기 때문에 일본은 한국 안보와 연결되어 있다.

제휴관계를 설립하는 것은 장기적으로 동맹을 구성할 수 있거나 동맹 체결을 거부할 수 있다는 점에서 안보 확보와 함께 자율성 확보가 동시에 가능해진다. 하지만 단점으로는 제휴관계는 신뢰성이 없기 때문에 실제 위협이 가해졌을 때 동맹과 같은 안보 확보가 어려울 수 있다.

(4) 집단안보 정책

자유주의에서 제안하는 동맹정책으로 다자동맹의 한 가지 유형이다. 집단안보 정책은 모든 국가들을 동맹국가로 받아들이고 회원국들은 타 회원국을 위해서 무력을 사용하며 자국의 이익을 위해 무력사용을 포기하는 정책이다. 적대국을 만드는 동맹을 대체하고 집단적으로 동맹을 관리하는 정책으로 현실주의의 균형화정책을 대체하고자 한다. 집단안보(collective security)는 잠재적인 적이 구성원 내부에 있다는 점에서 잠재적 적을 외부에 두고 있는 NATO의 집단방어(collective alliance)와는 다르다.

(5) 한국에 적합한 동맹정책

자주국방이 자주적으로 자국의 안보를 지키는 좋은 방안이다. 하지만 비용이 많이 든다. 그리고 동북아시아에 한국은 다른 강대국을 상대로 자주국방으로 안보를 확보하는 것이 쉽지 않다. 따라서 자주국방이 아닌 동맹이 필요하다. 이런 상황에서 현실주의 정책을 선택하고 싶지 않다면 자유주의의 군축이나 집단안보, 다자 안보대화 체제를 사용할 수 있다. 그러나 힘의 변동이 크고 민족주의가 강한 이 지역에서 이런 자유주의 처방은 수사적인 의미를 넘어서기 어렵다.

따라서 한국은 여전히 동맹을 가장 중요한 안보수단으로 삼아야 한다. 문제는 어떤 동맹을 선택하는가이다. 한국은 대미 편승정책이 현재로서는 가장 현실적이다. 미국은 가장 힘이 강력한 국가로 한국의 안보 파트너로서 적합하다. 왈트에 따르면 지리적으로 인접하지 않으며, 한국에 대한 공격의지가 적고, 북한에 대한 공격 능력과 전체 국력이 강하다. 한국은 장기적으로 중국 성장과 위협 가능성에 대하여 일본과 인도와의 제휴관계를 확대하면서 중국을 관리할 수 있는 방안을 만드는 것도 중요하다.

한국에게 균형화 정책은 한국이 중국과의 동맹을 통해서 미국을 견제하는 정책이다. 이 경우 중국은 지리적 인접성과 역사적인 요인에 의해 위협 가능성이 높다. 중국이 비민주주의라는 점에서도 동맹은 부담이 될 수 있다. 다자동맹은 현재 시점에서 미국을 중심으로 한 동맹 에 일본을 끌어들이는 것이다. 하지만 한국의 민족주의 감정과 일본의 민족주의 정책으로 인해 어렵다. 중국이 요구하는 중립정책은 현재 미중 갈등 상황에서 한국이 선택한다고 해서 중립이 유지될 보장은 없다. 자칫 한미 간 균열만을 만들 수 있다. UN과 같은 국제적인 집단안보 뿐 아니라 동북아시아국가들 간의 집단안보 정책 역시 작동은 어렵다.

3. 한미 동맹

한미 동맹은 1953년 체결되었고 1954년 비준되었다. 이승만 대통령의 노력에 의해 동맹을 형성한 것이다. 미국이 동맹체결을 거부하였기 때문에 이승만 대통령은 반공 포로 석방과 같은 극단적인 방안을 사용하였다. 이 점에서 한미 동맹은 구조적 현실주의의 자동적 세력균형으로는 설명할 수 없고 지도자의 의지를 가지고 동맹을 설명해야 한다.

한미 동맹은 1953년 전쟁 당시 공산주의의 재침을 막기 위한 것으로 반공산주의 동맹이다. 한편 이승만 대통령은 일본이 다시 한반도로 돌아올 것으로 예측하고 미국을 통해 일본의 재침을 막고 싶었다. 반일본적 요인이 있었기 때문에 미국이 주장한 한미일 간 관계 개선은 어려웠다. 박정희 정부 시기 쿠데타에 의한 정부 구성의 취약성을 해결하고 미국에 대한 지원을 받기 위해 박정희 정부는 1965년 한일국교정상화를 택했다.

한미 동맹은 편승동맹이다. 한국은 강대국 미국(1등 국가)과 동맹하여 소련(2등 국가)과 북한을 견제하였다. 또한 한미 동맹은 전형적인 '강대국-약소국' 간 동맹으로서 자치안보 교환모델이다. 한국은 미국으로부터 안보를 보장 받고 자율성을 넘겨 준 것이다. 하지만 한미 자치안보 교환동맹은 한국의 안보능력 강화에도 불구하고 자율성이 높아지지 않는 특이점이 있다. 이것은 한국에 대한 직접적인 안보 위협(북한)과 간접적인 안보 위협(중국의 성장과 동북아 불안정)에 기인한 것이다.

최근 북한의 위협과 중국의 북한 지원이라는 상황, '미일 vs. 중러' 간 경쟁은 한국이 독자적으로 안보를 확보하기 어려운 조건이 지속될 것임을 예견하게 한다. 이런 상황에서 자유주의적 대안은 멀고 현실주의의 조언이 좀 더 구체적일 수 있을 것이다.

현안이슈 | 전시작전 통제권 이슈

1. **개념**: 한반도에서 전쟁이 일어났을 경우 한미 연합군의 작전을 통제할 수 있는 권한. 이때 효율적인 작전을 위해 한국군이 연합군내에 편제되어 있기 때문에 한국군 운용과 관련되어 어떤 명령체계로 작전을 벌이는가의 문제.

2. **작전 통제권의 구분**: 평시작전통제권과 전시작전통제권

3. **한미 작전통제권의 역사**

(1) 1950년 7월 14일 이승만 대통령의 서한: 이승만대통령은 한국전쟁 발발 직후인 7월 14일에 맥아더 유엔군 사령관에게 국군의 작전지휘권(Command Authority)을 현 작전상태가 계속되는 동안 이양(assign)한다는 내용의 서한을 보냄.

(2) 안보리사후 추인: 이 서신은 7월 25일 유엔사무총장에게 전달되어 안전보장이사회에 제출됨으로써 사후 추인을 받음.

(3) 1954년 한미 합의의사록(1954. 11. 17): 'UN사령부가 대한민국의 방위를 위한 책임을 부담

하는 동안 대한민국 국군을 UN사령부의 작전지휘권 아래 둔다'라고 규정하여, 유엔군사령관이 지속적으로 한국군의 지휘권 규정함.

(4) 유엔사에서 한미연합사로 이전(1978년 11월 7일): 한미연합사령부(CFC)가 창설되면서 한국군에 대한 작전통제권은 유엔군사령부로부터 한미연합사령부로 이관됨.

(5) 평시작전통제권의 한국 합참의장에게 환수(1994년 12월 1일): 평시작전통제권은 1988년 초부터 미국과 작전통제권 환수에 대한 협의를 시작한 후 1992년 말 '1994년 평시작전통제권 이양'에 합의했다.

(6) 한・미 정상회담(2006년 9월)에서 전시작전통제권 전환 기본원칙에 합의

(7) 한・미 국방장관회담(2007년 2월)에서 2012년 4월에 전작권을 전환하기로 결정.

(8) 한・미 양국 정상(2010년 6월)은 안보상황의 안정적 관리와 내실 있는 전작권 전환을 위해 전환 시기를 2015년 말로 조정.

(9) 한미 연례안보협의회(SCM: 2014년 10월)에서 북한의 핵과 미사일 위협 등에 대비할 수 있는 여건을 갖출 때까지 전환을 미루기로 하고 2020년대 중반에 재결정하기로 결정.

제4절 군비통제와 군비축소

남한은 60만 명 이상의 병력을 보유하고 있고 북한은 120만 명 이상의 병력을 보유하고 있다. 남한은 전체 인구의 1.2%에 해당하지만 북한은 5%에 해당하는 군인을 보유하고 있다. 이는 남과 북 모두에게 경제적으로 부담이 되는 군사비 문제를 안기게 한다. 또한 북한이 핵과 화생방 무기를 보유하고 있다는 점에서 대량 살상무기에 대한 군비를 통제할 필요가 있다. 북한을 통일 대상으로 본다면 북한의 군사력을 관리할 필요가 있다. 동북아시아에서 해군력 증강이라는 요건도 군비통제의 필요성을 부각시킨다.

1. 군비통제와 군비축소의 의미

군비통제(arms control)와 군비축소(arms reduction)는 다르다. 군비축소가 자유주의에 기반한다면 군비통제는 현실주의의 전략적 사고에 기반한다. 군비통제란 "국가 간의 갈등, 전쟁의 도구 및 결과에 대하여 임의적으로 한계를 설정하려는 국가의 모든 행위 또는 국가 간의 모든 합의 행위"로 정의된다. 이런 군비통제는 광의와 협의로 구분할 수 있다. 광의의 군비통제는 무기뿐 아니라 군비통제를 가능하게 하는 '조건'까지를 포함하는 것이다.[19] 따라

19) **군비통제의 의미**: 광의의 군비통제에 포함되는 개념들은 다음과 같다. ① 군비통제 또는 군비관리(Arms Control): 군비축소, 감축, 삭감 및 제한을 망라. ② 군축 또는 군비해제(Disarmament):

서 전면군축과 군비해제를 포함한다. 반면에 협의의 군비통제는 통제대상이 되는 국가에게 상대방으로부터의 공격을 충분히 억제하기 위한 군사력 보유를 허용하는 국가 간 합의를 의미한다. 이것은 군축처럼 줄이는 것만을 의미하지는 않다. 예를 들면 중성자탄 보유제한은 군비축소는 아니지만 군비증대도 아니기 때문에 통제에는 포함된다.

2. 군비통제 혹은 군비축소의 아이디어

자유주의는 군비축소의 아이디어를 "무기가 있어서 싸운다."에서 시작한다. 따라서 성경 구절처럼 "무기를 녹여서 보습을 만들자"를 통해 무기 대신에 경제 효용이 높은 편을 선택하는 것이 좋은 것이다. 무기는 최종소비재이기 때문에 소비에 승수효과를 가져오지 못한다. 반면에 보습이라는 생산품을 만들면 소비승수 효과로 인해 투입한 비용보다 많은 경제적 이익을 가져올 수 있다. 이것은 Gun & Butter Problem으로 연결된다. 같은 예산에서 무기를 늘리면 버터를 구입할 비용이 줄어든다. 따라서 군사 예산을 삭감하면 복지예산을 늘릴 수 있는 것이다.

현실주의는 인간이 싸우기 때문에 무기가 필요하다고 본다. 무정부상태가 전쟁상태라면 인간은 필연적으로 싸울 수밖에 없다. 무기를 가지는 것은 생존추구에 있어서 필연적인 것이다. 전쟁상태라는 불안한 상태에서 자기보전을 위해서는 무장해야 한다. 이것이 '자기보전의 권리(right of self-preservation)'이고 국제정치에서는 자조체계(self-help)의 룰이다.

그럼에도 불구하고 군비통제는 쉽지 않다. 첫 번째는 상대 의도에 대한 불확신이 있기 때문이다. 두 번째는 기만의 문제이다. 군비 대상을 설정하고 비율을 설정하는 것뿐 아니라 약속 이행과 이행 부재 시 제재의 어려움 등이 협력을 곤란하게 만든다.

3. 대량 파괴무기 저지를 위한 노력과 한계

대량 파괴무기는 기존의 재래식 무기와 구분되는 핵, 생물, 화학무기를 포함하는 무기 체계로 살상과 파괴 능력의 방법 및 규모에서 재래식 전력과 구분되는 무기체계로 정의할 수 있다. 대량 살상무기는 약자로 ABC/M 혹은 NBC/M으로 구분할 수 있다. 핵무기(Atomic weapons/ 혹은 Nuclear weapons)과 생물무기(Biological weapons)와 화학무기(Chemical weapons)와 운반체계인 미사일(Missile)이 포함된다.[20]

현군비의 부분적인 축소 또는 완전한 제거 또는 폐지를 포함. 군비해제의 의미는 전쟁을 일으킬 수 없을 정도로 무장을 해제한다는 의미 포함. ③ 군비삭감(Arms Reduction): 전쟁의 가능성을 배제하지 않으면서 자발적으로 시행하는 감축으로서 보유무기 및 병력의 수량적 감축. ④ 군비제한(Arms Limitation): 특정기간 또는 비특정기간의 군비수준을 어떤 일정규모 이상으로 늘리지 않도록 규제하는 것.

20) **핵의 수평적 확산과 수직적 확산**: 수평적 확산은 핵 보유국가수가 증가하는 것이다. 수직적 확산은 기술발전으로 핵의 파괴력이 높아지는 것이다.

동북아시아의 경우 군비통제는 필요하다. 안보딜레마와 군비경쟁의 위험성과 불량국가나 테러리스트의 유입 가능성이 높기 때문이다. 이러한 군비통제는 이론적으로도 뒷받침된다. 신현실주의는 강대국의 이익과 권력이 제도 형성과 운영에 반영된다고 본다. 이는 미국과 같은 국가의 이익이 다자 군비통제 형성의 핵심이다. 반면에 신자유주의는 강대국의 이익에 의해 형성되기도 하지만 레짐 자체의 원칙에 의해서도 운영된다고 본다. 구성주의는 강대국들의 정체성을 통해 다자주의 군비통제 제도를 설명한다.

국가들이 합의기준을 찾는 것의 어려움과 이행 확인 및 검증·처벌 강행이 다자 군비통제 제도의 난점이다. 그러나 국가들은 군비통제의 필요성으로 인해 몇 분야에서는 제도화를 구축하고 있다. 부족한 부분을 메워가는 것은 향후 국가 지도자들이 노력해야 할 몫이다.

현안이슈 | 대량살상무기확산방지를 위한 제도화

1. 핵확산

① 관리 체제: NPT(핵확산금지조약)과 NSG(Nuclear Supply Group 핵공급그룹)등을 통해서 관리.

② 기술진보의 문제: 기술 진보로 핵물질보유국가의 확대(수평적 확산)와 핵능력의 증가(수직적 확산)가 일어남.

③ 문제점: IAEA등은 특정한 제재수단이 없고 UN 안전보장이사회와 강대국에 맡겨졌다는 점은 문제임. 미국의 이스라엘 정책이나 파키스탄정책(이라크 전쟁의 협력을 대가로 묵인)에서 보이듯이 확산을 용인한다는 점에서 선택적인 문제가 있음.

2. 생물무기

① 생물무기의 특징: 유전공학의 발달로 인해 생물무기의 중요성과 위험 부각. 실제 미국의 탄저균테러.

② 이중용도: 민간용과 군사용으로 동시에 사용으로 인해서 제재의 곤란성.

③ BWC(생물무기 금지협정)의 문제점: 검증수단의 미비로 인해 제도의 규범력과 제재력이 약함.

3. 화학무기

① 화학무기의 특징: 가난한자의 핵폭탄일 만큼 저렴한 생산가능.

② CWC(화학무기 금지협정)의 제도적 특징: 검증의 까다로움과 엄격함(Anytime Anywhere 원칙: 회원국가가 원하는 경우 어떤 시간에서든 24시간내에 장소를 불문하고 사찰받아야 함)에 따라 최대 생산국들인 북한, 이라크, 시리아등이 가입안하고 있음.

4. 탄도미사일

① 운반수단의 문제: 대량살상무기의 사용을 위한 운반수단으로 특히 단거리와 중거리 미사일의 확산이 문제.

② 기술력의 문제로 인해 장거리 대륙간 탄도탄 개발은 용이하지 않음. 또한 단기간의 자체적 기술 확립이 곤란하므로 기술과 부품의 수출입이 많음. 대표적인 경우가 북한의 중동과 파키

스탄에의 미사일 수출임.

③ MTCR체제: 탄두 무게 500Kg/ 사정거리 300Km로 통제되나 가입여부가 재량임. 또한 미사일 자체는 국가의 주권적 사항이기에 통제곤란.

④ 한국은 한미미사일사거리 협정을 통해서 사거리를 늘렸음. 그리고 수직적이동을 하는 탄도탄만을 관리하기 때문에 수평으로 이동하는 크루즈 미사일은 대상이 아님.

5. PSI

① PSI 의 취지: PSI는 대량파괴무기의 국제적인 비확산을 강화하기 위한 것으로 우려국가에 의한 WMD 및 미사일 관련 장비, 물자, 기술의 국제적 이전을 공중 및 해상에서 차단하는 수단 확보하는 것.

② 출범: 2003년 6월 11일 스페인 마드리드에서 미국주도로 11개국이 PSI선언을 채택. 여기에 참여한 국가들은 이 조치의 군사적 성격 등으로 인해 실행수단에 있어 신중함을 요구함.

③ PSI는 많은 국가들이 참여하여 통제규정의 강화와 정보교류를 증진하고 실제 문제에서 군사적 조치도 불사할 의지를 보여야 함.

④ 이명박정부에 들어와서 2009년 5월25일 북한의 2번째 핵실험 이후 다음 날인 5월 56일에 한국은 PSI에 전면 참여했다.

P·A·R·T

민주주의의 조건들

3. 정치경제론

PART II – 3 정치경제

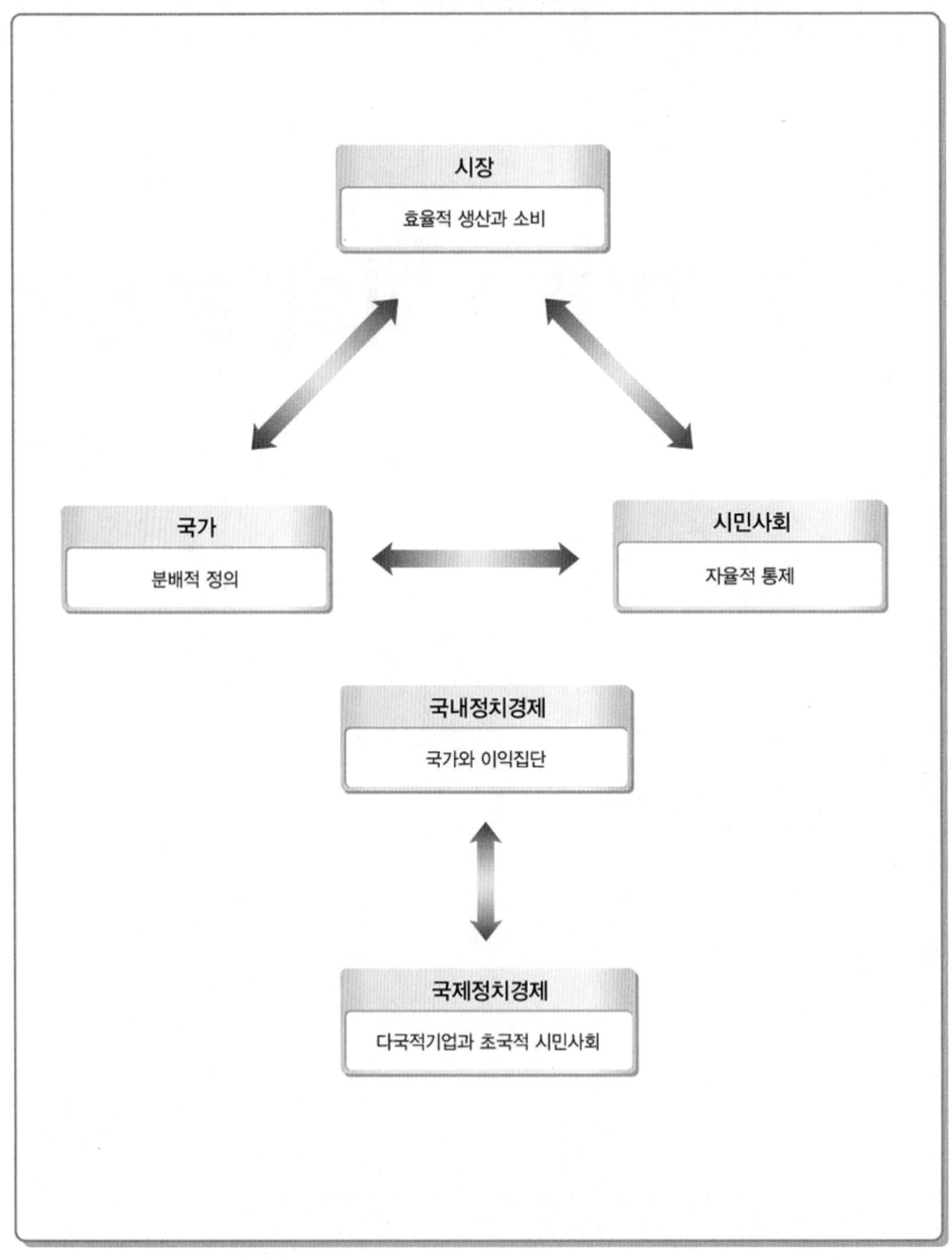

제 1 장 정치경제론

수험적 맥락

민주주의를 구성하는 중요 요인은 경제적 실적 즉 경제성과다. 경제는 민간의 영역이지만 경제적 성과를 나누는 분배는 국가의 영역이다. 정치경제학의 시조는 칼 마르크스이다. '정치경제론 = 분배문제'라는 것이다.

정치경제는 국가의 민간에 대한 개입과 민간의 자율성을 다룬다. 각기 다른 입장에서 논리를 만들기 때문에 민간의 자율성을 강조하는 이론과 국가의 개입을 강조하는 이론을 정리해야 한다. 이는 자유주의와 민주주의의 논리이기도 하다.

1997년 동아시아외환위기를 경험한 이후 분배구조에 대한 관심이 높아졌다. 신자유주의의 강화로 인한 양극화가 원인이다. 자산과 소득의 양극화로 부의 편중이 강화되는 것이다. 이를 해결하기 위한 국가의 적정한 개입이 필요하고 이를 위한 논리가 필요하다. 그런 취지에서 최근 정치경제학의 관심이 늘고 있다.

수험적 중요주제

1. 민주주의와 경제발전사이의 관계논쟁 2. 국가이론을 통한 국가의 민간에 대한 자율성 논쟁	3. 국가와 시장사이의 관계논쟁

제1절 정치경제학 일반론

1. 정치경제학의 기본 논리

이런 가정을 하나 해보자. 정부가 국민들의 소비를 증대하여 전체적인 경제성장을 도모하고 싶어졌다. 그래서 정부는 이자율을 낮추고 신용카드 발급기준을 완화하고 신용카드 사용에 대해 소득공제를 늘리는 방안을 잡았다. 정부는 중앙은행 기준금리를 인하해서 시중 은행들의 이자율을 낮추었다. 그리고 시중은행과 카드사들에게 신용을 늘려주도록 했다. 얼마지나지 않아서 정부의 정책방안이 효과를 나타내기 시작했다. 국민들은 낮아진 이자로 주택 담보 대출을 늘리기 시작했다.

정부정책으로 주택가격이 상승하게 되었다. 정부는 주택을 보유하지 못한 국민들이 느끼는 불안을 해소하고자 주택시장에 개입을 한다. 정부의 주택가격안정화 정책이 취해지면서 주택공급에 대한 유인을 느끼지 못한 건설업체는 신규물량건설을 주저하거나 보류한다. 주택의 공급은 부족하게 되고 주택가격이 상승하면서 주택구입을 망설이는 사람들은 새로운 문제에 부딪친다.

임대주택의 가격이 상승하는 것이다. 전세가격이 상승하고 낮은 이자율에 저축보다는 임대소득이 더 나을 것이란 생각에 전세를 월세로 돌리는 집주인들이 늘어난다. 이런 상황에서 무주택자들의 불만은 폭증한다. 게다가 주택시장의 가격안정에 따라 주택보유자들의 불만도 증대한다. 그런데 민주주의 국가에서는 선거라는 정치적 주기가 맞물린다. 선거는 대표선발과 경제 문제를 연결시킨다. 정부를 구성하고 있는 여당과 대통령 혹은 수상은 경제문제를 해결하지 못하면 정부를 경쟁하는 정당에 넘겨주어야 한다.

이 장에서 우리가 다루려는 것은 경제문제와 관련된 정치문제이다. 즉 경제와 정치가 어떻게 상호작용하는지를 다룰 것이다. 핵심은 왜 정치와 경제가 연결되는지와 어떤 입장에서 정치경제학을 파악하는지가 이다. 또한 경제적 측면에서 국내문제가 어떻게 국제문제와 연결되는지를 다룰 것이다.

행위자 차원에서 정치경제학은 국가와 시장의 논리이다. 자본주의를 대표하는 시장과 민주주의를 대표하는 국가사이에서 어떤 이론이 더 우위에 있는지는 결국 어떤 행위자를 더 강조할 것인지와 연결되어 있다. 이 때 중요한 이론적 자원은 '국가자율성'이다. 국가가 시장과 사회로부터 얼마나 자율적으로 국가 전체이익을 결정하고 이를 사회에 관철할 수 있는지가 중요하다. 시장에 대한 국가의 개입의 정도는 결국 사회적 합의에 의해 만들어진다.

비교정치적 관점에서 국가들의 경제성장의 전략은 다르다. 국가가 주도적인 입장에서 경제를 성장시키는 경우가 있는가 하면 국가는 시장에게 많은 부분을 위임하고 단지 규칙만 정하는 방식으로 성장을 유도할 수 있다. 국가가 어떤 산업을 신성장동력으로 선정하고 시장을 어떻게 설정할 것인지는 짧은 역사적 관점에서 평가되지 않는다. 최근에는 시민사회를 정치경제학에 가세시켜 분석하는 흐름이 있다. 따라서 정치경제학에서 시민사회는 어떤 역할을 부여받는지도 살펴본다.

일국의 정치경제는 최근 교류의 증대로 인해 외부적 영향에 취약하게 노출되어 있다. 이에 따라 정치경제학은 국제정치경제학으로 확장된다. 정치경제의 분석눈높이를 국제수준으로 확대하면 가장 눈에 띄는 것은 FTA와 같은 지역무역협정의 증대현상이다. WTO의 확대가 도하에서 가로막힌 상황에서 왜 지역주의는 증대하는 것인지를 살펴보는 것은 최근 국제정치경제에 가장 뜨거운 주제를 건드리는 작업이 될 것이다.

국제정치경제학으로 정치경제가 넘어오게 되면 3가지 영역을 다루게 된다. 하나는 무역과 관련한 분야이고 두 번째는 금융과 관련된 분야이고, 마지막 세 번째는 투자와 관련된 분야이다. WTO와 FTA가 무역과 관련된 분야라고 하면 이 분야의 중요한 이슈는 자유무역과 공정무역이다. 금융분야는 국제수지와 관련해서 어떤 환율제도를 사용할 것이고 국가들은 어떻게 협조할 것인지를 다룬다. 마지막으로 투자분야에서는 부족한 자금을 조달하기 위해서 국가가 다국적 기업으로부터 '직접 투자'를 받을 때 어떤 조건에서 받을 것인지를 다룬다. 또한 최근에는 주식투자와 같은 간접투자가 국가에 미치는 영향도 다룬다.

그런데 분야별로 국가가 어떻게 협력을 할 것인지를 다루는 것은 국제정치학에서는 안보(security)와도 관련이 있다. 만약 경제교류를 통해서 다른 나라를 부유하게 만들었는데 이 부유해진 나라가 무기를 늘려서 나의 안보에 위협을 가하는 경우를 상정할 수 있다. 이런 문제의식에서 경제적 교류증대의 의도되지 않은 효과인 외부효과를 다루는데 그것이 안보에 미치는 외부효과를 다룬다. 즉 '안보외부효과'를 살펴볼 것이다.

표를 통한 비교

(국내)정치경제학: 시장(효율성의 생산과 소비) vs. 국가(형평성의 분배) → 역학관계조정(국가 vs. 시장)
(국제)정치경제학: 교환관계(상품과 화폐와 투자) → 조정규칙설정(국가 vs. 국가 / 국가 vs. 시장)

2. 정치경제학의 범위

(1) 정치경제학의 기본 접근

정치경제론이 다루는 영역은 두 가지이다. 산출이라는 경제적 활동과 이런 산출을 나누는 분배라는 정치적 활동이 그것이다. 정치경제론은 우선적으로 현실에 있어서 가장 중요한 분야인 경제적 활동을 다룬다. 경제적인 영역에서 어떻게 생산되고 어떻게 소비되는지를 본다. 하지만 물자의 교환과 함께 그 물자가 어떤 방식으로 사회적으로 분배되는지를 보는 것 역시 정치경제학의 본연의 임무이다. 즉 어떤 방식으로 생산하고 어떤 방식으로 분배를 결정하는 것이 사회적으로 바람직한지를 다루는 분야가 정치경제학이다.[1)]

정치경제학은 크게 국내정치경제학과 국제정치경제학의 두 가지를 다룬다. 국민경제단위 내부에서 어떤 경제적 조건에 처해졌고 어떻게 경제적 주체들이 활동하는지를 다루는 것이 국내경제학이라면, 시장의 전세계적인 확장으로 인해 국민경제를 뛰어넘는 국제경제적 조건

1) **정치경제학의 이론적 토대:** 분배문제를 다루는 데 있어서 국가의 시장에 대한 기능을 통해 정치경제학의 토대를 형성한 이론가는 칼 마르크스이다. 그는 생산과 투자 분야의 이윤율증가와 소비분야를 담당하는 노동자의 임금증가율의 차이가 수요와 공급의 주기적 불일치를 만든다고 보았다. 자유주의계열의 아담 스미스가 말한 수요-공급의 일반균형이 불가능하다는 것이다. 일반균형의 자연적 도래가 어렵다는 논리는 이후 케인즈에 의해 거시경제학의 탄생을 가져온다.

과 기업과 정부를 포함한 경제주체들의 활동을 다루는 것이 국제경제학이다. 여기에 분배와 교환의 규칙을 국내적·국제적으로 규율하면 국내정치경제와 국제정치경제가 된다. 물론 시장이 전세계적으로 확장되어 국내-국제의 구분이 수월하지는 않다. 하지만 이론적으로 양자는 구분될 수 있다. 예를 들어 현대자동차라는 기업이 국내생산과 국내판매를 하는 것과 외국에서 생산하고 외국에서 판매하는 것은 현실적으로 명확하게 구분할 수 없지만 어느 정도 구분이 가능하기는 한 것이다.

행위주체의 측면에서 정치경제학은 시장과 국가라는 추상적 실체들의 활동범위와 제도를 다룬다. 이론사적인 관점에서 볼 때 정치경제학은 우선 시장과 국가 사이의 관계를 중심으로 시장의 실패와 국가의 실패 논의를 거치면서 어떻게 시장과 국가의 관계를 조율해갈 것인가에 초점을 맞추어 왔다. 최근 논의는 시민사회를 포함해서 어떻게 거버넌스를 구축할 것인가로 발전하고 있다. 이 때 중요한 것은 국가의 개입정도와 시장의 자기 통제의 정도를 정하는 문제이다. 즉 국가 이론에 대한 모델들에서 보듯이 국가의 소비와 생산부문에 대한 개입의 정도를 선정하는 것이 중요하게 된다.[2][3]

이론적인 관점에서 국가가 생산부문에 얼마나 관여하는지나 소비부분에 얼마나 개입하는지를 정하는 것 못지않게 현실적으로 어떻게 시장과 국가가 관계를 맺고 있는지 역시 중요하게 고려될 사항이다. 이론의 영역을 넘어서 현실의 영역에서 한 사회는 특정한 역사적, 지리적, 문화적 조건에 놓여있다. 따라서 각 국가는 이론적으로 동일한 모델을 지향하더라도 그 운영방식은 차이가 나기 마련이다. 영국과 미국은 시장중심주의를 사용하고 있지만 정치경제의 운영방식은 다르다. 마찬가지로 대한민국과 대만은 과거 국가주도의 발전주의 모델을 사용했지만 그 운영의 방식은 재벌중심체제와 중소기업 중심체제로 달랐다. 따라서 각 국가의 구체적인 정치 경제의 활동을 국가와 시장의 관점에서 파악하는 것이 중요하다.

국가와 시장에 대한 상호제도적 규정 방식에 대해서는 비교가 가능하다. 즉 한국의 정치경제운영방식이 마음에 들지 않으면 다른 나라 사례와 모델을 통해서 개선할 수 있기에 비교정치경제학은 현실적으로 중요해진다.[4]

---

2) **국가의 시장기능에 대한 개입도 순서**: 사회주의국가 > 발전주의국가 > 케인즈적 국가 > 신자유주의국가

3) **국가의 시장주체와 사회주체에 대한 자율성(autonomy)의 측면**: 네오베버리안국가(국가주의모델, 현실주의모델) > 구조적 맑시즘 > 다원주의모델(자유주의모델) > 도구적 맑시즘.

4) **1998년 코포라티즘 논쟁**: 1997년 동아시아외환위기를 경험하고 한국은 발전주의국가모델이 아닌 새로운 형태의 국가운영방식이 필요했다. 그러나 한국은 국제통화기금(IMF)로부터 조건부로 차관을 빌려오는 대가로 민영화와 재벌구조조정과 같은 신자유주의정책처방을 강행하게 된다. 이 상황에서 기업과 노동의 구조조정을 위한 방안으로 북구유럽에서 사용한 '사회코포라티즘'을 활용해보자는 주장이 제기되었다. 이를 계기로 한국에서 과연 유럽의 코포라티즘이 활용될 수 있는가의 논쟁은 결국 김대중정부 시절 노사정위원회로 결실을 보게 되었다. 그러나 한국의 정치경제운영방식과 맥락에 맞지않으면서 노사정위원회는 '국가-자본-노동'의 3자 연합구조로서 제대로 기능을 하지 못하게 되었다. 이처럼 '비교'는 정치경제의 운영에 있어서 새로운 시도를 가능하게 한다.

(2) 정치경제의 국제정치경제로의 확대

비교정치의 관점에서 우리의 정치경제적 모델과 다른 국가의 정치경제적 모델을 비교할 때 신경 써야 할 것은 이들 경제체제가 작동하고 있는 '세계 경제적 조건'이다. '세계 경제적 조건'을 보고 한 나라가 그 조건에 잘 적응하는 것을 넘어서 그 조건을 창출해가고 주도해간다면 이 경제체제는 선도 분야(leading sector)[5]를 장악하게 될 것이고 경제적으로 가장 선진적인 경제체제가 될 것이다. 따라서 비교를 통한 경제체제의 성장과 정치적 분배구조의 정립은 세계적인 수준의 경제적 조건에 대한 고려를 동반한다. 이로서 정치경제는 국제정치경제의 범위로 확대된다.

국내경제조건에 대한 사회적 합의를 위해 민주주의가 개입하면서 경제적 조건을 규율하는 정치적 결정과 제도화를 (국내)정치경제학이 다루었다면, (국제)정치경제학은 세계적인 경제구조와 경제운영에 의해 형성된 재화와 효율에 대한 분배의 문제에 대한 정치적 결정과 제도화를 다룬다. 그러나 한 사회내의 경제적 조건을 규율하기 위한 정치적 공간이 국민국가로 한정되어 있는데 비해서 세계적인 경제적 조건을 규율하기 위한 정치적 공간은 한정되어 있지 않다. 즉 경제는 세계적인 범위에서 활동하지만 정치적 결정을 내리는 민주주의는 일국의 수준으로 결정되어 있다. 다른 말로 세계은행의 총재나 IMF와 같은 조직을 운영하기 위해 세계대통령을 우리가 선출할 기회는 없는 것이다.

따라서 경제적 활동이 세계적 수준에서 이루어지면서 더 많은 자본과 더 좋은 조건을 향해 나가는데 비해 이를 규율할 수 있는 세계적 수준의 조직과 행위자는 없다. 오로지 민주주의는 국민국가수준에서만 정당하게 작동할 뿐이다. 한 나라가 다른 나라 경제운영방식에 대해 결정할 수 없기 때문에 국제경제를 운영하는 것에 변화를 주기 위해서는 (민주적 결정이 주체인)개별 국가들 간의 협력이 필요하다. 개별국가들 간의 합의에 의해서 형성된 제도가 경제활동에 대한 규율과 조정의 역할을 담당한다. 이것은 '세계적 시장과 일국적 민주주의(국가)'의 긴장으로 표현될 수 있다.

표를 통한 비교

현실주의: 패권국가의 국력 → 국가간 분배규칙설정(통상, 금융, 투자분야. ex, 미국과 IMF와 WTO)
자유주의: 강대국가들간 이익 → 제도구축 → 국가간 분배규칙설정(통상, 금융, 투자 ex, 미국경제위기와 G20정상회의)

---

5) **선도분야:** 선도분야란 새로운 경제활동을 가능하게 하면서 부가가치를 창출할 수 있게 하는 분야이다. 예를 들어 1990년대 미국은 IT를 통해서 경제를 다시 부활시켰다. 최근 새로운 선도분야를 각광을 받고 있는 것이 바이오산업이다. 이 분야를 장악하고 주도권을 가지면 세계경제를 주도할 수 있고 세계패권의 자리에 오를 수도 있다.

(3) 국제정치경제의 3분야: 무역, 금융, 투자

정치경제의 범위를 확대하여 국제정치경제로 넘어오게 되면 3분야를 다루어야 한다. 첫째, 상품을 국제적으로 교환하는 교역과 무역의 분야이다. 둘째, 상품의 이동에 따르는 화폐의 교환과 교환가치를 결정하는 금융과 통화의 분야이다. 마지막으로 상품생산을 위한 외부적 투자를 다루는 국제투자분야이다. 최근 한국의 공공외교로 떠오른 개발(development)과 원조(aids)도 장기적인 차원에서의 투자기 때문에 투자분야에 속한다.

표를 통한 비교 **국제정치경제**

분야	논쟁점	이슈
통상, 무역	1. 타국가와 자유무역이 국가 전체의 부를 증가시킴 2. 자유무역이 국가 내부의 분배 문제를 야기함 3. 자유무역을 옹호하거나 거부하는 이익집단의 정치가 발생 4. 요소이동성이 높은 경우 자유무역으로 계급전체가 피해를 봄. 반대로 요소이동성이 낮은 경우 특정 산업분야만 피해를 봄 5 특정국가의 경제발전의 조건(외인론 vs. 내인론)	1. 자유무역과 보호무역의 효과(국가간 /국내) 2. 국내정치의 자유무역과 보호무역 옹호논리 3. 외인론과 내인론에 따른 국가들의 경제발전
금융, 수지	1. 고정환율제와 변동환율제의 경제적 효과 2. 고정환율제 유지의 어려움과 변동환율제도의 어려움 3. 변동환율제와 금융세계화의 관계 4. 금융위기에 대한 대응방식(IMF개편, 치앙마이이니셔티브)	1. 국내정치의 변화(대중민주주의의 도래)와 고정환율제붕괴 2. 금융위기의 원인들과 대처방안
투자	1. 직접투자(다국적기업)가 투자결정요인(to host country: 투자 유치국) 2. 국내정치의 다국적기업 투자 진출 결정요인(from mother country: 투자 모국)	1. 다국적 기업의 투자 결정요인
개발(투자분야)	1. 공적 개발원조에서 공적개발협력으로 변화	1. 한국의 공적개발원조의 개선책 2. SDG(지속가능한 발전)의 논리

먼저 국제정치경제는 국가와 국가 간의 관계를 다루는 데 있어서 교역이 중요하다는 전제에서 출발한다. 자유무역은 국가들의 부를 증대시켜준다. 자유무역은 국가와 국가간 부의 이전과 그에 따른 권력의 이전을 가져온다. 그런데 자유무역이 이론적으로 유리함에도 불구하고 현실에서 국가들은 보호무역을 선호한다.[6] 핵심은 국가가 무역의 자유화를 가로막는

6) **보호무역과 자유무역 이론**: 가장 단순한 이론은 스톨퍼-사무엘슨 모형이다. 이 모형에 따르면 노동과 자본 계급중 어느 계급이 그 나라에 많은지와 어느 계급이 정책결정력이 있는지에 따라 자유무역과 보호무역이 결정된다. 즉 자본이 많은 나라에서는 자본재가 가격경쟁력이 있기 때문에 자본가

장벽을 제거하여 경제적인 성장을 유도할 것인지 국내 분배구조의 변화를 위해서 보호무역을 가할 것인지에 있다. 최근에는 상품화 이전 단계에서 공정하지 않은 경쟁이 있다는 것을 전제하고 이런 공정하지 않은 조건을 해결하고자 하는 '공정무역(fair trade)'논쟁도 주목을 받고 있다.

국가들 간의 교역은 반드시 화폐교환을 가져오기 때문에 통상은 금융과 연결되어 있다. 화폐의 교환과 관련해서 다양한 국가들의 화폐의 가치를 어떻게 정할 것인가의 고정환율제와 변동환율제도 역시 중요하다. 국가들은 자유무역의 발전을 위해 기축통화에 자신들의 화폐의 가치를 묶어두고자 하여 고정환율제도[7]를 선호한다. 하지만 고정환율제도를 시행했을 경우 고정환율제도의 기축통화를 보유한 국가는 정치적 부담이 엄청나게 커진다. 기축통화 국가는 국제적 거래 증대에 발맞추어 통화량을 증대해주어야 한다. 하지만 이것은 기존 화폐의 가치를 떨어뜨리기 때문에 다른 기축통화 보유국가들의 불만을 산다. 따라서 안정적으로 더 많은 화폐를 공급하는 것과 통화가치를 유지하는 신뢰성사이에서 딜레마에 빠진다. 이런 현상을 '트리핀의 딜레마'라고 한다. 만약 기축통화국가가 자신의 기축통화지위를 포기하게 되면 변동환율제도를 사용하게 된다. 이것은 화폐를 시장가치에 맡겨두는 것이다. 하지만 이 제도 역시 환투자와 국가의 상황변화에 따른 화폐가치의 변동이라는 위험성을 가진다. 따라서 금융분야는 국가들이 자신들의 화폐가치를 어떻게 정할 것인지에 대한 협력이 중요하다.

금융분야에서 중요한 문제는 일시적이거나 구조적인 금융흐름의 경색이 생길 때 이 문제를 해결하는 방법과 관련되어 있다. 일시적인 자금 도달의 어려움을 해결하기 위해 미국은 1944년 브레튼우즈에서 새로운 경제체제를 구축할 때 국제통화기금(IMF)을 창설했다. 그런

들이 수출을 통한 자유무역을 선호하고 노동자들은 보호무역을 선호한다. 두 번째 모형은 케언즈(Cairns)의 산업간 모델이다. 산업에서는 수출산업과 수입대체 산업에서 어느 산업이 정책결정에 영향이 큰가에 따라 자유무역과 보호무역이 결정된다. 이 보다 세밀한 접근은 계층집단의 '이익집중성(concentration of interest)'을 통한 설명이다. 이익이 강한 집단은 이익을 보호하기 위해 집단을 만든다. 국가로부터 지대(rent: 인위적 장벽에 의해 얻게 된 이익)을 받는 집단은 보호장벽을 만들기 위해 집단화를 하고 집단구성원의 수(number)를 무기로 정치인들의 표를 공격하여 보호무역법안을 만들거나 자유무역법안을 철회하게 한다. 반면에 자유무역으로 혜택을 보는 이들은 이익이 집중되어 있지 않기에 경제적 손해를 감수하면서도 특별히 조직을 만들지는 않는다. 이런 보호무역의 논리는 '집단 → 국가'에 압력을 행사하여 보호무역을 만든다고 전제한다. 하지만 '국가'가 독자적으로 보호무역을 선택할 경우도 있다. 전략적 경쟁모델에서 상정하듯이 미국과 유럽국가들이 항공기 시장을 두고 보조금경쟁을 하거나 유치산업보호론이 다루듯이 특정 산업의 초기 정착을 위해 국가가 개입하여 산업체를 보호할 수도 있다. 이때 패권국가가 공공재를 제공할 의지를 가지고 자신이 다소 손해를 보더라도 자유무역을 강요한다면 자유무역질서를 세울수도 있다.

7) **고정환율제도**: 고정환율제도는 특정화폐를 중심이 되는 기축통화로 하여 화폐가치의 변동을 억제하는 제도이다. 이 반대에는 변동환율제도가 있다. 예를 들어 1$=1,000원으로 고정환율제도를 사용하면 지금 계약할 때 가격을 3개월 뒤 거래처로부터 지불을 받게 될 경우에도 달러 가치에는 변화가 없게 된다. 그러나 변동환율제도의 경우 3개월 뒤 받은 외국화폐를 자국화폐로 교환할 때 가치가 달라지기 때문에 이익을 보고나 손해를 볼 수 있게 된다. 따라서 안정적인 무역을 위해서는 고정환율제도가 유리하다.

데 국제통화기금은 미국이 운영의 주도권을 가지고 있어 미국식 경제운영방식인 워싱턴 컨센서스를 기금을 빌리고자 하는 국가들에게 강요한다. 이는 1980년대 중남미의 위기와 1990년대 동아시아 외환위기를 처리하는 과정에서 문제가 되었다. 1997년 동아시아 금융위기 이후 일본은 미국을 대체하여 자국의 화폐를 중심으로 아시아통화기금(AMF)를 창설하려 하였으나 미국의 반대로 실패하게 되었다. 이후 일본은 통화스왑(통화교환)이라는 형태로 바꾸었고 이런 노력들이 2010년 아세안국가들과 한국, 중국, 일본의 1,200억불의 통화교환협정인 치앙마이이니셔티브로 나타나게 되었다.

국제정치 경제 분야의 3번째 축은 투자 분야로 '직접투자'와 '간접투자'로 나뉜다. 직접투자는 기업이 자본을 대고 생산에 참여하는 다국적 기업과 관련되고 간접투자는 기업자체를 운영하는 것이 아니라 타국기업에 대해 주식과 금융의 투자를 말한다.[8] 직접투자는 노동력 확보와 국내총생산증대에 기여하지만 그만큼 국가가 기업에게 어떤 조건을 제시할 것인가 하는 점이 중요해진다. 따라서 다국적 기업 유치국가와 다국적 기업 간의 협상이 중요하다. 반면에 간접투자는 고정된 투자를 하는 것이 아니기 때문에 유출과 유입이 자유로운 장점이 있지만 단기성 투자자금으로부터의 공격에 취약한 면이 있다. 또한 어려운 상황에서 거대자본이 들어와서 헐값에 기업을 매입하여 비싼 값에 매도하는 경우 국부 유출이라는 문제에 직면하기도 한다. 한국에서 외환은행매각과 관련된 론스타의 사례가 대표적이다.

이처럼 국제정치경제분야는 3가지로 나뉘어져 있다. 그리고 과거에는 교역이 중요했지만 현재는 화폐와 금융 뿐 아니라 투자분야의 중요성이 점점 더 커지고 있다. 세계화는 국제적 영향력이 국내에 미치는 범위를 확대했다. 따라서 이 분야들에서 정치적 결정을 어떻게 제도화하고 그 제도화를 통해서 좀 더 효율적인 생산과 소비를 보장하면서도 국제적으로 공정한 분배를 이룰 것인지가 국제정치경제의 핵심이라 하겠다.

여기서는 국제정치경제학의 설명을 줄이기 위해서 국제정치경제학의 두 중요한 분야인 통상분야와 금융분야의 중요 이슈를 표로 정리하였다.

표를 통한 비교 **경제협력간 비교**

다자주의: 다수 국가들의 무역에 대한 공통규칙과 보편성(ex, 세계무역기구 WTO)
지역주의: 지리적으로 인접한 국가간 특혜무역협정(RTA).[9] 지역주의에는 양자적 지역주의도 있고 다자적 지역주의도 있음. (ex, 한미 FTA, 유럽연합 EU)
양자간 무역협정: 양국간에 체결된 자유무역협정과 특혜 무역협정. 지역주의에 포함됨.
최근 논의: 다자주의(ex, WTO)와 지역주의(ex, EU)간 갈등

---

8) **직접투자와 간접투자의 구분**: 실제 모든 직접투자가 공장을 이전하는 것은 아니다. 다른 국가의 기업의 주식을 사서 경영권을 가져오는 경우도 있다. 따라서 주식의 10%이상을 구매하는 경우를 직접투자라고 하고 그 이하를 간접투자로 구분하기도 한다.

9) **지역무역협정과 특혜무역협정**: 지역무역협정(Regional Trade Agreement)는 최근에 특혜무역협정

표를 통한 비교 **정치경제설명이론**

신현실주의 패권이론: 패권국가의 국력에 의해서 자유무역을 강요하고 제도를 구축. 악의적 패권국가(malign hegemon)를 가정. 패권국가이익에 의해 자유무역과 제도가 결정.
자유주의 공공재패권이론: 패권국가의 협상력과 이익에 의해 자유무역과 제도를 구축. 선의의 패권국가(benign hegemon)를 가정. 패권국가는 경제적 이익이 적어도 평판을 위해서도 공공재를 제공함.
신자유주의 과두모델(K- group model): 패권국가가 아닌 몇 개의 주도적인 국가들에 의한 자유무역과 제도구축.

표를 통한 비교 **안보외부효과**

현실주의: 경제교류 → 안보분야 의도하지 않은 불안증대(부정적 안보외부효과 존재). 경제는 안보에 종속됨.
자유주의: 경제교류 → 안보의 불안을 축소(긍정적 안보외부효과 가능). 경제와 안보(정치)간 분리

3. 정치경제학 접근법과 이론들[10)]

(1) 정치경제학의 기본 토대: 개인과 사회간 관계

표를 통한 비교

정치사회학: 사회적 요소(민족, 문화, 계급) →개인선택(ex, 교육의 개인적 효과)
정치경제학: 개인적 요소(합리적판단) →사회선택(ex, 유권자의 사회적 선택)
(절충안) 구조화이론: 개인 ↔ 사회

정치경제학은 정치사회학적 접근과 다르다.[11)] 정치사회학이 사회적 요소민족, 계급들의

(Preferential Trade Agreement)로 불린다. 무역협정을 체결한 국가들간에 특혜를 규정하였기 때문에 특혜무역협정이라고 부른다.

10) **정치경제를 구분하는 기준들**: 아래에서 보게 될 정치사회적 접근법과 정치경제적 접근법외에도 다른 방식으로 정치경제를 구분하는 견해들이 있다. 먼저 경제와 정치를 기준으로 무엇을 우위에 놓을 것인가에 대한 구분은 '경제우위의 정치경제학'과 '정치우위의 정치경제학'으로 구분할 수 있다. 경제우위의 정치경제학에는 신고전파 경제학과 마르크스주의 정치경제학이 들어간다. 정치우위의 정치경제학에는 민족주의적 접근과 베버주의이론이 들어간다.
이와 달리 카포라소(J. Carporaso)는 권력중심접근법, 국가중심접근법, 정의중심접근법이라는 3가지로 정치경제를 분류하였다. 첫 번째, 권력중심접근법은 사회관계 내의 '권력관계'를 독립변수로 하여 종속변수인 '경제현상'을 분석한다. 두 번째, 국가중심접근법은 독자적 실체로서의 '국가'를 독립변수로 하여 '경제현상'이라는 종속변수를 분석한다. 세 번째, 정의중심접근법은 정치경제의 이면에 있는 정의와 권리의 문제를 다루어야 한다고 주장한다. 이 접근법은 두 가지 전제를 달고 있다.

특징으로 설명하는 데 비해 정치경제학은 개인적 측면의 합리적인 판단을 통해서 설명한다. 이론적으로 자유주의를 기반으로 하는 정치경제학은 인간의 합리성을 통해서 개인행동을 설명한다. 특히 자신에게 이익이 되는지를 선별할 수 있는 도구적 합리성을 통해 설명한다.[12] 그런데 개인의 합리적 선택이 반드시 집단적인 합리적 선택을 가져오는 것은 아니다. 이 점은 대표적으로 '죄수의 딜레마'[13]현상에 의해 설명될 수 있다. 사회를 강조하면서 개인의 선택을 무시하는 문제나 개인만을 강조하여 사회적 요인을 무시하는 문제를 해결하기 위한 이론적 노력으로 '구조화이론'이 있다. 구조화이론은 개인의 선택에 의해서 사회가 영향을 받

첫째 전제는 모든 개인에는 국가에 의해서도 시장에 의해서도 침범되면 안 되는 본연의 권리가 있다는 것이다. 둘째 전제는 개인적 권리 및 사회정의의 원칙은 정치권력이나 경제적 효율성으로 환원될 수 없는 실체를 가진다는 것이다.

국제정치경제학자인 로버트 길핀(R. Gilpin)은 이와 다른 분류를 보여준다. 그는 자유주의, 민족주의, 사회주의의 틀로 정치경제를 구분한다. 먼저 경제적 민족주의는 국가이익에 따라 경제적인 결정을 한다고 주장한다. 이런 접근의 예로는 중상주의, 독일역사학파, 국가론자, 보호무역론자 등을 들 수 있다. 두 번째, 경제적 자유주의는 정치와 경제는 접근하는 원리가 다르다고 본다. 즉 사적영역과 공적영역이 명확히 구분되고 각 영역을 주관하는 주체와 운영방식이 다르다는 것이다. 예를 들면 고전학파, 신고전주의이론, 합리적 선택이론 등을 들 수 있다. 이들 자유주의자들은 다음과 같은 전제를 달고 있다. ① 모든 사회체계의 기초는 개인이다. ② 정보추구를 한다는 점에서 볼 때 개인·가계·기업은 능력적인 측면에서 합리성과 평등성을 가진다. ③ 시장에서 이해관계는 조화(harmony)된다. ④ 진보적 경제와 퇴보적 정치로 경제는 빠르게 발전하지만 정치는 퇴보한다. 세 번째 입장은 마르크스주의이다. 이들은 계급투쟁에 의한 정치경제현상을 설명한다. 안청시, 정진영, "현대 정치경제학의 연구대상과 주요이론들"『현대정치경제학의 주요 이론가들』(서울: 아카넷, 2000).

11) 정치사회학적 구분과 정치경제학적 구분은 임혁백,『시장, 국가, 민주주의』(서울: 나남, 1994).

12) **정치경제학의 가정들**: 첫째, 안정적인 개인의 선호를 가정한다. 개인은 시간과 장소에 관계없이 보편적이고 안정적인 선호를 가진다. 모든 인간은 어느 시대인가와 어느 공간에 있는가에 관계없이 일정한 선호(자유에 대한 동경, 물질적 이익확보 등)를 가진다. 둘째, 이기주의적 인간을 가정한다. 자유주의철학에 기반을 둔 이 가정은 인간을 원자화된 개인으로 상정하고, 이들의 선호를 분석한다. 셋째, 집단적 합리성의 가정을 가지고 있다. 집단적 합리성가정은 개인의 선택이 집단적으로도 합리적 선택이 될 수도 있다고 주장한다. 하지만 이 가정은 합리적 개인의 선택이 사회적으로는 비합리적인 결정에 도달할 수 있다는 문제에 봉착한다.

13) **죄수의 딜레마게임의 의미**: 죄수의 딜레마는 게임이론에서 발전된 이론적 상황이다. 이 모델의 가정은 이렇다. 두 사람의 죄수가 잡혀서 서로 다른 방에서 심문을 받게 되었다. 각 죄수에게 주어진 선택방안은 두 가지이다. 상대방과 공범으로 자백을 하고 이 자백의 대가로 자신은 감형되는 것과 범죄사실을 부인하는 것이다. 범죄사실을 두 죄수 모두 부인할 경우 두 죄수는 증거가 없어서 일정기간 뒤에 석방될 것이다. 하지만 만약 자신은 범죄사실을 발설하고 상대가 부인할 경우 자신은 감형되어 석방되고 나머지 부인한 동료는 형이 늘어날 것이다. 반면에 자신이 상대동료를 믿고 부인했는데 상대 동료가 나를 배신하고 자백을 하게 되면 나는 긴 형을 살아야 하고 상대동료는 감형되어 석방될 것이다. 두 죄수가 모두 자백을 하면 둘은 서로 범죄를 인정한 것이 되어 형량대로 형벌을 받게 될 것이다. 두 죄수가 완전히 절연된 상태에서 심문에 들어간 상황에서 각 개인들은 자백을 하는 것이 개인적으로 최선의 선택이 된다. 하지만 두 사람의 자백은 두 사람 모두를 고려한 사회적 결과에 있어서는 둘 다 부인을 한 경우(일정기간 이후 석방)보다는 바람직하지 않은 결과(형량대로 형벌집행)이라는 결과를 가져온다. 따라서 이 모델은 개인의 합리적 선택이 어떻게 사회적으로 불합리한 결과를 가져오는지를 보여주면서 개인적 선택에 의한 공공재창출의 어려움을 설명해준다.

고 사회가 구성되지만 또 한 편으로 그렇게 구성된 사회가 개인의 선택에 영향을 미칠 수 있다고 보는 것이다. 이렇게 보면 구조화이론에서 개인에게 구조가 되는 사회는 개인의 행동을 '제약'하는 동시에 개인의 행동을 '가능'(구성)하게 만들어 주기도 한다. 예를 들어 '지구가 아파요'라는 구호는 아이들이 지구와 환경을 위한 행동을 할 수 있는 관념을 구성한다. 구조화이론은 정치학의 심의민주주의와 국제정치학의 구성주의에서 이론적인 발전을 하면서 개체와 구조간 관계를 폭넓게 바라보게 한다. 결론적으로 표를 통한 비교에 나오는 것처럼 세 가지 관점은 이론가가 세상을 볼 때 어떤 측면을 더 강조하는가의 문제가 된다.

(2) 국가와 시장의 관계변화

1) 시장과 국가의 역할 구분

앞서 정치사회학과 정치경제학은 인간과 사회간의 관계를 규정한 것이다. 정치경제학의 두 번째 고려할 부분은 국가와 시장의 관계이다.

표를 통한 비교 **시장과 국가의 작동원리**

시장: 자본주의의 중심 기제 / 자유확보의 중요 / 사적이익과 효율성 강조
국가: 민주주의의 중심 기제 / 분배정의확보의 중요 / 공적이익와 정당성 강조

정치경제학은 시장과 국가 간의 관계를 다룬다. 시장은 자본주의를 운영하고 자본주의의 철학적 기조인 자유주의의 가장 중심적 주체이다. 시장은 자유를 확보하고자 하는 이들에게 사적자유를 보장해주는 제도적 장치이다. 존 로크에 의해서 사적 소유권은 자유의 근원이자 사회계약을 통한 국가 운영의 원리가 되었다. 이후 아담 스미스와 같은 이론가들에 의해서 시장은 국가의 개입배제를 강조하고 시장의 효율성에 기반을 둔 자유가 강조되었다. 시장은 능력있는 생산자와 소비자에 의해 효율성이 달성되기 때문에 국가의 간섭은 능력있는 이들의 효율성달성을 방해한다. 시장주의자들의 국가에 대한 기본논리는 '자유방임'이다.

반면에 정치의 공간은 자유라는 가치보다는 분배적 정의가 중요하게 되었다. 생산에 참여하거나 그렇지 못하거나 사회구성원들은 공동체내에서 분배구조에 민감하다. 정치가 가치의 권위적 배분이라면 정치를 수행하는 국가는 분배적 정의를 고려할 수밖에 없다. 이때 국가는 분배규칙을 제정하고 집행하는 데 있어서 정당하다는 구성원들의 합의에 기초하여야 한다. 그 정당성은 국가를 인민이 구성한다는 원리에 기반한다. 민주주의에서 선거를 통해 정부를 구성하고 분배규칙에 대해 타협을 보게 되면 국가는 인민이 부여한 권력을 활용하여 분배게임을 사회구성원들에게 부과한다. 이때 생산에 직접 참여한 이들은 국가의 개입으로 인해 자신이 확보한 부에 왜곡이 일어나는 것을 거부하려고 할 수 있다. 반대로 최근 양극화논리처럼 한 계층으로 사회적인 부가 집중되면 부를 확보하지 못한 이들의 강력한 저항이 일어날 수 있다.[14] 이처럼 부를 가진 생산자들과 소비자들의 자유로운 선택을 강조하는 시

장은 공공성보다는 사적인 이익을 보호하고자 하며 국가는 전체 구성원들의 공공선이라는 관점에서 시장에 개입하고자 한다. 특히 1930년대 대공황시기 전 세계적인 시장의 실패경험은 국가의 시장에 대한 개입 논리를 강화하면서 시장주의자들과 국가주의자들 간의 날카로운 대립이 지속되고 있다.

2) 중상주의와 자유주의의 관점에서의 역사

표를 통한 비교 **자유주의(시장강조)와 중상주의(국가강조)의 비교**

자유주의: 자본가의 효율적인 생산보장 중요/ 국가 실패가능성/ 시장에 의한 분배
중상주의: 국가에 의한 생산과 소비 개입/ 시장 실패가능성 / 국가에 의한 분배
역사: 중상주의(15세기 스페인포르투갈에서부터 왕과 귀족) → 고전적 자유주의(17세기 영국의 부르주아와 시장) → 케인즈주의(대공황이후 국가의 개입) → 신자유주의(1970년대 자본가와 시장강조) → 신자유주의 vs. 국가개입주의

역사적으로 볼 때 시장과 국가의 관계는 중상주의와 국가우월적 논리에서 출발하였다. 초기의 중상주의는 국가가 안전을 확보하기 위한 군대의 육성과 부의 확보를 주장했다. 절대주의 국가의 부의 확보는 금과 은 같은 재화를 모으는 데 있다고 보고 제국을 경영하였고 식민지로부터 이러한 재화를 강탈하여 축적하는 것을 정책으로 삼았다. 제국경영은 주로 국왕과 친분이 있는 귀족을 중심으로 이루어졌다.

16세기 이후 유럽의 신흥상공인들인 부르주아들이 차츰 등장하면서 중상주의에 반기를 들었다. 이들은 부의 축적을 국왕과 귀족 중심의 제한적인 방식에 의해 운영할 것이 아니라 개인에게 기회를 부여함으로써 더 효율적인 부의 증대를 가져올 수 있다고 주장했다. 자유주의의 논리는 이들 신흥상공인들의 입장을 반영한다. 대표적인 이론가로 아담 스미스를 들 수 있다.

영국은 자유주의자들의 목소리가 우세하여 자유주의중심의 정책을 펼쳤고 국제무역에서도 자유무역론이 우세하였다. 절대우위론과 상대우위론[15]을 근거로 하여 어떤 경우에서 자유무

---

14) **보이지 않는 생산기여**: 부부로 이루어진 가정 내에서 한 사람이 나가서 일을 하고 다른 사람이 가사 노동을 할 때 나가서 일을 하고 일 즉 생산의 대가로 급여를 받은 사람은 전적으로 자신의 노동력만으로 생산을 한 것은 아니다. 가사분담이 있었기에 생산활동에 적극적으로 참여할 수 있었던 것이다. 이러한 논리로 한 사회의 사회구성원들도 직접적인 생산에 참여하지 않더라도 생산에 기여할 수 있다. 이런 논리를 가지고 사회내 분배게임에서 자신의 몫을 주장할 수도 있다.

15) **절대우위론 vs. 상대우위론**: 자유무역을 가져올 때 국가간 부가 증대할 것이라는 주장에서 절대우위론은 특정 생산의 우위에 있는 국가가 만든 것을 무역을 통해 분배를 하면 교역을 한 국가간에는 더 많은 생산이 일어날 것을 주장한다. 예를 들어 미국이 자동차에 절대우위가 있고 중국이 신발에 절대 우위가 있으면 미국은 자동차만을 만들고 중국은 신발만을 만들어서 상호 교역을 하면 자국에 절대 우위가 있는 재화에 더 많은 생산을 한다. 반면에 리카르도의 상대우위론은 특정국가가 다른 국가보다 어느 분야에서도 절대우위에 있지 못하지만 특정 물건에서 상대적으로 우월한

역을 통해서 이득을 얻을 수 있다고 본 것이다. 이는 당시 영국이 산업화의 가장 선봉에 있어 상품무역에서 이점을 가지고 있었기 때문에 가능했다.

반면에 신흥국가인 독일에서는 융커라고 불리는 지주들이 강력했고 신흥중산층의 입지가 약했기에 중산층의 논리인 자유주의에 기반한 자유무역을 통해서 경제적인 부를 확보하기 어려웠다. 따라서 국가의 경제력의 확보는 자유무역을 통해서가 아니라 다른 나라와의 교역을 줄이고 자국의 상품을 생산하여 산업을 성장시키는데 있다고 보았다. 이러한 이론을 가장 잘 뒷받침 한 이론가로 독일에서는 리스트(Friedrich List)가 있었고 미국에서는 알렉산더 해밀턴이 있었다. 해밀턴은 '유치산업(infant industry)'을 보호하여 미국 산업을 성장시키자고 했다. 독일의 리스트는 국가의 산업생산력을 지속적으로 강화할 필요가 있다고 주장했다. 또한 국가의 산업생산력 특히 공업 분야에서 생산력을 증대하기 위해 국가의 의도적인 개입이 필요하며 이를 위해 국가의 보호무역정책을 강조했다. 리스트식 중상주의적 입장을 '경제국가주의(economic nationalism)'라고 한다.

현대의 중상주의는 '신중상주의'라고 하여 다른 형태로 운영된다. 20세기 후반이후 전략적 무역이나 수출자율규제와 같은 형태 혹은 '금융중상주의'처럼 경상수지흑자를 통한 막대한 외환자금으로 시장에 개입하여 자국의 화폐를 평가절하함으로서 자국 상품의 수출을 촉진하거나 유동성을 증대하여 낮은 금리로 자국기업들에게 실질적으로 보조금을 지급하는 형태의 중상주의정책이 사용되기도 한다.

1929년 미국발 공황은 시장우선의 자유주의를 강력하게 공격하였다. 일반균형이 작동할 것이라고 본 시장이 균형을 맞추는 것에 실패한 것이다. 수요는 공급을 따라 가지 못했다. 노동자들이 다수를 차지하는 소비 영역에서 임금상승율보다 자본의 이윤증가율이 늘면서 과도한 생산을 소비가 따라가지 못하게 된 것이다. 이에 1930년대 경제학자 케인즈는 수요를 인위적으로 늘리는 정책을 강조했으며 수요증대를 위해서 국가개입을 이론적으로 뒷받침했다. '보이지 않는 손'인 시장의 실패를 '보이는 손'인 국가가 나서서 수요와 공급에 균형을 맞추는 것이 필요함을 역설하여 이전까지의 경제학과는 다른 거시 경제학을 만들었다.

케인즈주의와 중상주의에 저항하면서 1970년대 신자유주의가 부상하게 되었다. 신자유주의는 2차 대전이후 창설된 몽페를랭 협회에 기반을 두고 있다. 여기서는 하이예크[16]나 밀튼 프리드만과 칼 포퍼 등이 속해있었다. 이들의 논리는 당시에는 학문의 주류를 차지하지는

경우 이 분야에 특화를 하고 교역을 해도 국가간 전체적으로 생산이 증대한다는 논리이다.

16) **하이예크의 이론**: 하이예크는 시장질서를 강조하였다. 하이예크는 질서를 2가지로 구분했다. 질서 중에 인위적인 조직에 의해서 만들어지는 질서가 있는가 하면 자연발생적으로 형성되는 질서가 있다. 시장은 자연발생적인 질서를 이룬다. 따라서 자연발생적으로 만들어진 질서에 대해서 외부에서 개입하는 것은 자연적 질서를 깨뜨리는 것이다. 이런 논리의 연장선상에서 하이예크는 국가의 개입을 거부한다. 즉 자연적 질서인 시장질서에 대한 국가의 개입은 특수한 이익을 보장하기 위한 방편이 되기 때문에 정당화될 수 없다. 국가의 기능은 시장질서를 보장하는 정도로 한정되어야 한다. 즉 정부는 가치의 실현을 위해 자유계약과 재산권보호 등에 피해를 주는 방해적 요소를 제거하는 것에 역할을 한정해야 한다.

못했지만 1970년대 이후 세계경제불황과 오일쇼크에 따른 스태그플레이션의 영향으로 이론적으로 부상하게 되었다. 특히 영국의 대처와 미국의 레이건정부에 의해서 시장 중심적이고 공급중심적인 이론이 활용되면서 학문적으로나 정책적으로 강력한 영향력을 가지게 되었다.

신자유주의는 신고전주의이론의 부활이라고 불린다. 1930년대 이전 이론으로 신고전주의 이론에는 대표적으로 시카고 학파[17]와 지대[18]추구를 강조하는 버지니아 학파[19]가 있다. 다른 한편 한계효용을 강조했던 오스트리아학파도 신자유주의의 이론적 토대를 만든 이론이다.

영미식의 시장중심적 성향을 가진 신자유주의는 과거 시장 실패를 비판했던 '공공재국가이론'[20]들을 다시 반박하면서 국가 실패를 전면에 내세웠다. 공공재국가이론이 시장실패를

17) **시카고 학파의 주장**: 이들은 민주적 정치공동체는 경제적 이해관계가 없는 사람마저도 결정에 포함시키기 때문에 거래비용이 증대한다고 주장한다. 민주주의의 정치적 과정은 시장과 달리 정보를 가지지 않은 사람들도 포괄적인 이슈에 투표하도록 하기 때문에 정확하게 시민의 선호를 반영할 수 없는 문제가 있다. 따라서 민주주의논리가 시장의 작동과정에 개입하는 것은 경제적 효율성을 저해한다. 이는 시장의 주체들 간의 분배게임으로 정치경제를 국한시킨다.

18) 지대(rent)란 생산요소 투입으로 얻는 총수익과 그 생산요소 공급가격 사이의 차액을 의미하는 현대 경제학 용어를 의미한다. 정치학에서 지대는 국가의 개입으로 인해 발생한 이익 즉 불로소득을 의미한다. 국가가 나서게 될 때 시장에서 혜택을 볼 수 없던 이들이 이익을 보게 된다. 이것을 지대라고 한다.

19) **버지니아 학파의 주장**: 이들은 국가가 지대를 발생시키는 주체이고 국가의 존재 자체가 모든 사회구성원들로 하여금 지대를 추구하도록 유도한다고 본다. 국가의 개입은 지대추구로 이어지며 이는 사회적인 순손실을 초래하는 것이다.

20) **공공재이론의 시장실패 논리**: 공공재이론의 시장실패는 3가지 이유가 있다. 첫째 경우로 기술개발로 규모수익의 체증현상이 벌어지고 자연적 독점이 벌어지는 경우이다. 예를 들어 핸드폰이나 LCD TV의 경우처럼 초기의 막대한 투자가 들지만 이런 투자는 이후 다른 기업의 진입장벽이 될 때 자연적인 독점이 형성되고 독점은 시장실패를 가져온다. 두 번째 경우는 시장 밖의 외부효과의 문제가 있어서 시장이 효율적으로 작동하기 어려울 때이다. 외부효과는 의도하지 않은 결과가 나타나는 것으로 이런 의도치 않은 결과들에 의해서도 시장은 제대로 작동하기 어려울 수 있다. 이 경우에도 시장외부상황에 대한 통제가 필요한데 이것을 시장이 할 수 없는 것이다. 세 번째 경우는 공공재의 비경합성(어떤 사람이 사용해지만 다른 사람의 사용도 가능한 것)과 배제 불가능성(공공재 산출에 참여하지 않은 사람도 배제할 수 없는 것)의 문제로 인해서 공공재 창출이 어려운 경우이다. 특히 배제불가능성은 합리적인 행위자로 하여금 공공재 산출에 나서지 않고도 공공재의 혜택을 보도록 유도하는 경향이 있다. 이외에도 시장의 문제점에는 시장이 윤리문제에 관심이 없다는 점을 들 수 있다. 즉 시장은 사회적 정의(공정하게 나누는 문제)의 문제를 해결하지 못한다. 왜냐하면 시장은 인간의 필요에 대응하는 것이 아니라 소비자의 구매력에 대응하기 때문에 구매력이 있는 소비자와 생산자사이의 관계만을 다룬다. 그러나 소비력이 부족해도 필요한 재화가 있는데 이러한 문제에 대해서 시장은 침묵한다.

시장실패와 비윤리성의 문제에 대해 공공재 국가론은 국가를 시장의 실패를 치유하는 수호자로서 등장시킨다. 국가는 공공재를 공급하고 시장의 불균형을 치유한다. 예를 들어 국가는 공공재 산출을 위해 세금을 부과하고 특정행위자체를 금지하는 것으로 독과점을 금지시킨다. 또한 국가는 시장질서를 왜곡하는 불성실한 계약자를 처벌한다. 또한 제도를 형성하여 거래비용을 감소시키고 공공재 공급에 있어서 무임승차자를 제재한다. 이때 제기되는 문제는 "왜 국가가 공공재 생산과 공급에서 시장보다 우월한가?"이다. 이 문제에 대한 설명은 국가는 보편적인 회원권(영토내에 인민은 국가의 성원이 되는 것으로 시장질서에는 생산자와 소비자만이 참여하는 것과 구분됨)과 강제력(질서를 위반한 행위자에 대해 처벌할 수 있는 능력으로서 검찰, 경찰, 국세청등의 기관들이 실제 이런

공격했다면 1970년대의 불황을 사례로 하여 신자유주의는 반격에 나섰다. 시장이 실패할 수 있지만 국가실패보다 더 그 가능성이 낮을 뿐 아니라 덜 치명적이라는 것이 이들의 주장이다. 따라서 시장을 통한 자유의 확보를 넘어서 정부와 정치를 시장질서에 따라 운영하는 것이 필요하다고 본다. 이러한 논리는 미국의 '워싱턴 컨센서스'[21]로 대표된다. 미국식모델인 워싱턴 컨센서스의 중요 내용은 금융시장의 탈규제, 민영화, 사회보장제도와 노동조합, 노동시장보호의 약화, 정부의 축소, 상위소득자에 대한 감세. 국제적인 상품과 자본시장의 개방, 자연실업률로 가장된 완전 고용의 포기를 들 수 있다.[22]

미국모델은 유럽의 복지모델에 비해서 더 낮은 실업률, 더 높은 인구 대비고용비율, 더 빠른 성장이라는 장점이 있다. 반면에 소득불평등비율이 높다는 점, 빈곤이 심화된다는 점, 생산성이 낮다는 점, 더 긴 노동시간에 대비해 노동이 보호받지 못한다는 점 등이 문제가 된다.[23] 심각한 문제는 경제가 나빠질 때 하위소득계층이나 사회적 약자를 보호할 수 있는 사회안전망이 없다는 것이다. 따라서 2008년 경제위기와 같은 상황은 즉각적으로 이들에게는 생존위협이 되는 것이다.

이런 경우 사회는 극단적인 경쟁으로 갈 수 밖에 없다. 이것은 생존을 둘러싼 문제가 된다. 개인 소득이 높아지면 상대적으로 생존가능성이 높아지겠지만 그렇지 않을 경우에 사회적 열패자가 되기 수월하다. 그러나 이러한 위험상황을 개인의 능력과 재능의 문제로 치부해버림으로써 사회와 개인간의 조화를 붕괴하게 만들고 원자적인 입장에서 개인을 이해하게 만들어 버리는 것이 신자유주의의 폐해이다. 개인은 사회와 화합하기 힘들게 되고 사회를 원망하고 반사회적 존재가 되거나 사회적 열패자로서 불합리한 구조를 받아들이게 되어 정치적 변화를 꾀할 수 있는 의지를 상실한다. 이것은 정치적 대표성을 더욱 악화시킴으로서 정치공동체에서 정치적 해결 가능성을 낮춘다. 신자유주의가 정치를 장악할 때 생기는 문제는 이처럼 사회적 약자가 스스로 자신의 대표를 통해서 사회적 문제를 해결할 수 있는 가능성을 포기하게 만든다는 점이다. 또한 개인화 혹은 '사사화'를 통해서 사적공간으로 침잠해가는 개인들을 만듦으로써 인간자체를 무기력하게 만들거나 정치적 전체주의나 시장적 권위주의에 취약하게 만든다. 이러한 점에 신자유주의는 인간의 자유를 약화시키는 딜레마를 가지게 된다.[24]

처벌력을 가지고 있음)을 가지기 때문에 시장보다 우월하다는 것이다.

21) **워싱턴컨센서스 vs. 베이징컨센서스**: 워싱턴컨센서스는 미국식 시장중심의 질서를 의미한다. 반면에 중국의 정치경제운영방식을 미국 학자인 라모가 명칭화한 베이징컨센서스는 국가가 주도해서 시장을 만들고 규제한다는 특징이 있다. 저발전국가들의 롤모델이 되고 있는 베이징컨센서스는 부족한 재원을 국가가 통제하여 집중적으로 사용한다는 점에서 현실적인 대안으로 제시되고 있다. 그러나 베이징컨센서스는 한국발전모델을 모델로 하고 있고 한국의 발전모델은 일본의 메이지모델을 일본의 메이지모델은 프러시아모델을 기반으로 한다는 점에서 중국의 독자적인 모델은 아니다.

22) 홍익표, 『한국정치를 읽는 20개의 키워드』, p.26-27.

23) Ibid., p.27.

24) **신자유주의의 가치 일원성의 폐해**: 신자유주의는 시장이 만능이며 시장의 원칙을 다른 원칙보다 강

시장만을 강조하거나 국가만을 강조하는 논리는 문제가 있다. 폴라니[25]가 지적한 것처럼 시장과 국가는 독립적인 존재가 아니다. 시장과 국가는 상호규정력을 가진 제도인 것이다. 따라서 현재의 시장중심 논리나 국가중심 논리는 상호관계의 한 부분을 의도적으로 무시하는 것이다.

정치경제학이 칼 마르크스에서 출발했다는 점에서 1970년대 논쟁이 오로지 우파들이 독점한 것은 아니다. 1970년대 마르크스를 재해석하려는 일군의 학자들은 네오맑시스트들로 불린다. 자본주의가 필연적으로 많은 노동자를 양산하여 붕괴될 수 밖에 없음에도 붕괴되지 않고 유지되는 이유를 전통 마르크스주의자들이 수요증대를 위한 제국확대나 허위의식에 의한 노동자들의 세뇌에서 찾았던 것과 달리 이들은 국가를 원인으로 보았다. 이런 관점을 '자본주의재생산국가'라고 한다.

자본주의가 자생적이고 자발적인 재생산에 필요한 조건이 부족함에도 불구하고 건재한 이유는 바로 국가라는 기구가 자본주의의 부족한 부분을 메워주기 때문인 것이다. 국가는 자본주의의 위기 관리자로 기능하는 것이다. 즉 시장이 제대로 기능하지 못할 때 국가가 개입하게 되고 이런 개입은 경제문제를 정치문제로 만들게 된다. 이런 경제관계의 정치화로 인한 새로운 위기가 만들어지고 자본주의국가는 실패하게 된다. 즉 국가는 국가라는 조직을 유지하기 위해서 자본을 필요로 한다. 그러나 민주주의를 위해서는 다수 인민의 지지를 필요로 하기도 한다. 따라서 다수의 지지를 확보하기 위한 국가의 정치적 차원에서의 시장개입은 자본의 이해에 반하게 된다. 그러나 국가가 자본의 편에만 서게 되면 정치적 지지기반이 흔들리게 된다. 따라서 국가는 경제적 존립의 기반(자본주의)과 정치적 존립의 기반(민주주의)사이에서 딜레마에 놓이게 된다. 따라서 국가는 정치경제에 대한 개입에 있어서 독특한 전략이 필요하다. 예를 들어 구조적 마르크스주의자인 풀란차스는 국가의 이중적 기능에 주목했는데 국가는 자본가들을 계급적으로 조직화하고 노동자들에 대해서는 혁명적 세력이 되

조함으로서 다양한 가치를 받아들이는 것을 포기하게 만든다. 가치 다원성을 거부하며 시장과 경제 논리만을 강조하기에 가치다원주의를 거부하는 문제가 있다.

25) **칼 폴라니의 이론**: 폴라니는 시장과 국가의 조화를 강조했다. 폴라니는 시장의 자기 조정적 기능이 작동하지 않을 때 사회를 스스로 파괴할 수 있다고 보았다. 시장을 악마의 맷돌로 비유한 것은 시장의 자기파괴적 속성을 강조한 것이다. 제어되지 않는 시장에 대해 사회가 '자기 방어'를 하기 위해서 국가는 시장에 개입해야 한다. 폴라니는 시장을 지나치게 강조하는 자유주의와 시장을 무시하는 사회주의 모두를 이상화하는 것에 거부했다. 시장의 자유와 시장에 대한 통제가 조화되고 시장과 국가 간의 관계에도 조화가 필요하다고 보았다.

폴라니의 이론적 작업은 3가지로 요약될 수 있다. 첫째, 시장은 국가의 의식적 개입과 간섭에 의해 생긴 제도이지 자연발생적 조직이 아니다. 둘째, 자기조정적 시장의 작동과정이 사회에 파괴적 효과를 가져온다. 시장은 임금을 통해 인간생활을 규제하고 지대를 통해 자연을 지배하며 화폐를 통해 생산조직을 통제한다. 하지만 노동조합과 자본의 소유권제한과 정부의 통화정책으로 자기조정적 시장경제는 종언을 고하게 된다. 셋째, 국내질서와 국제질서는 상호연관된 복합체이다. 이 복합체는 국내적으로 자기조정적 시장과 자유주의 국가, 국제적으로 국제금본위제와 세력균형체제라는 4개 기둥으로 형성되어 있다.

지 않도록 계급해체를 시도한다고 보았다. 이 논의는 1970년대 국가를 불러들이면서 국가논쟁을 불러왔다.

4. 정치경제의 기본 논리: 자본주의와 민주주의의 작동원리

정치경제학은 시장이라는 주체를 운영하는 방식으로서 '자본주의'와 국가라는 주체를 운영하는 방식으로서 '민주주의'를 다룬다. 자본주의가 민주주의와 이념적으로 조화로울 때 문제가 되지 않지만 양자사이에 갈등이 강화되는 경우에는 문제가 발생한다. 실제 역사 속에서 자본주의와 민주주의는 갈등과 조화의 끊임없는 부침(up and down)이 있어왔다. 자본주의와 민주주의의 어떤 작동방식이 갈등의 근원인지를 찾아보고 갈등을 조정하고 약화시킬 수 있는 방법을 찾아볼 필요가 있다. 정치와 경제의 기본 논리는 방법론부분에서 이미 설명했기에 자본주의와 민주주의의 관계에 집중하여 설명한다.

(1) 자본주의와 민주주의의 관계

표를 통한 비교 **자본주의와 민주주의 관계**

배링턴 무어: 자본주의발전 → 민주주의 발전
요세프 슘페터: 자본주의 발전 → 민주주의 발전과 관계 없음
린드블롬: 모든 민주주의 = 모든 자본주의. 자본주의의 민주주의에 대한 발생론적 우선성

표를 통한 비교 **경제발전과 민주주의 관계**

근대화이론: 자본주의발전 → 민주주의 발전
거쉔크론주의: 자본주의 발전 → 권위주의 발전
신근대화론: 자본주의 발전 → 권위주의로의 후퇴 방지 or 민주주의의 후퇴방지

시장경제를 강조하는 자본주의와 인민의 평등을 위한 국가의 개입을 강조하는 민주주의는 가치와 지향하는 이념과 개인, 사회, 세계에 대한 가정들이 다르다. 하지만 자본주의의 탄생의 역사가 자유주의의 탄생의 역사를 추동하고 자유주의의 탄생이 근대 민주주의를 일구어낸 것처럼 자본주의나 민주주의는 모두 전제적 권력으로부터의 자유확보에 의해 형성되었다는 점에서 동일하다. 따라서 전제적인 권력으로부터의 자유확보는 양 이념을 조화시켜줄 수 있는 접착제이다. 또한 민주주의가 다수의 지배인 것처럼 자본주의도 소비자주권을 기반으로 해서 다수의 지배를 관철하고자 한다. 자본주의에 따른 경제적 성장이 부르주아를 만들어냈고 부르주아들이 지향한 자유주의가 민주주의를 만들었다.

이와 달리 자본주의의 발전은 소수의 자본가뿐 아니라 다수의 노동계급을 양산하게 되고 이들 노동계급에 의해서 민주주의가 만들어질 수도 있다. 따라서 경제성장은 민주주의를 만

들 수 있는 계급구조에 변화를 가져옴으로서 민주주의와 우호적인 관계에 설 수 있다. 또한 경제성장은 부의 증대를 통한 관용의 확대를 가져와서 민주주의에 필요한 정치문화를 창출할 수도 있다는 점에서 자본주의는 민주주의에 긍정적으로 기여할 수 있다. 게다가 신근대화이론의 주장처럼 일정정도의 경제적 발전은 민주주의의 역행을 막기도 한다. 아담 쉐보르스키(A. Przeworski)는 실증분석을 통해 국민소득이 6,055불(이 수치는 아르헨티나가 민주주의로 이행할 때의 국민소득임)을 넘어선 경우에는 민주주의로 이행한 국가들이 권위주의로 재역전되지 않는다는 것을 밝혔다.

자본주의와 민주주의사이의 관계는 일반적인 원리의 특징상 양자가 어떤 관계를 가지는가 뿐 아니라 한쪽이 다른 한쪽에 대해 어떻게 영향을 미치는지도 중요하다. 자본주의와 민주주의사이의 인과관계를 달리해서 볼 때 양 이념이 미치는 효과가 다르기 때문이다. 이런 점에서 정치경제학에서 중요한 논쟁사항 중 하나는 자본주의의 발전과 민주주의사이의 관계이다. 자본주의의 발전을 경제발전으로 보면 경제발전이 민주주의를 가져오는지 아니면 민주주의를 후퇴시키는지와 함께 민주주의는 경제발전에 어떤 영향을 끼치는지를 살펴볼 수 있다.

자본주의와 민주주의의 관계에 대해 자본주의가 민주주의를 가져왔다고 보는 배링턴 무어[26]를 들 수 있다. 그 반대로 자본주의와 민주주의의 관계를 부정한 이론가는 요세프 슘페터[27]를 들 수 있다. 반면에 자본주의가 민주주의에 이전에 발생을 위한 조건이라고 주장한 린드블롬의 주장도 있다. 국가들을 보면 모든 민주주의는 자본주의이지만 자본주의를 받아들인다고 반드시 민주주의가 되는 것은 아니다. 그러나 민주주의가 되기 이전에 자본주의가

---

26) **배링턴 무어 이론**: 자본주의에 의한 민주주의를 설명하는 이론가이다. 배링턴 무어(B. Moore)는 자본주의와 민주주의의 관계에 있어서 “부르주아 없이 민주주의 없다.(Without BG, No Democracy)”는 명제를 던진 이론가이다. 자본주의가 발전하고 시장이 성장함으로서 자본가계급인 부르주아가 형성되고, 이렇게 형성된 부르주아세력이 민주주의를 추동해냈다는 것이 무어의 설명이다. 따라서 그가 상정하는 독립변수는 ‘상업의 발전정도, 국가 구조, 농민의 혁명적 잠재력’이고 이를 통해서 ‘민주주의’라는 종속변수를 설명한다. 프랑스와 영국 등은 부르주아에 의해 민주주의를 만들어 냈지만 독일과 일본은 위로부터의 혁명으로 민주주의보다 전체주의를 형성하게 되는데 이것은 지주와 부르주아 세력이 모두 약하기 때문에 국가에 의해 경제발전이 주도된 결과이다. 반면에 러시아와 중국의 경우 지주는 강력하고 부르주아의 힘은 미약한 상황에서 혁명가들이 농민을 동원하여 사회주의 혁명을 일으키게 된다. 따라서 비교사회학적 관점에서 경제발전의 정도로 생겨난 사회구조 내 부르주아의 힘의 우열을 통해서 민주주의를 달성하는 것을 설명한다.

27) **슘페터의 이론**: 자본주의와 민주주의관계 부정한 이론가는 요셉 슘페터(J. Schumpeter)이다. 그는 자본주의와 민주주의의 관계를 부정했다. 그가 볼 때 민주주의는 가장 좁은 의미에서 엘리트를 선출하는 것에 그친다. 이에 비해 자본주의구조는 효율성을 가진다. 이때의 효율성은 완전경쟁시장에서의 정태적 효율성이 아닌 실제 거대 법인 기업들이 주도하는 ‘창조적인 파괴’에 기인하는 동태적 효율성이다. 슘페터는 자본주의의 기업들의 혁신에 의해 결국 자본주의는 붕괴되고 사회주의로 이동할 것으로 보았다. 그가 붕괴할 것으로 본 자본주의는 개인기업가적 자본주의만을 의미하는 것이고 그가 말하는 사회주의는 생산활동에 대한 공적인 통제가 이루어지는 경제체제를 의미한다. 자본주의가 되었든 사회주의가 되었든 어느 것도 민주주의와는 크게 관련이 없다고 보았다.

있어야 한다는 점에서 자본주의는 민주주의의 선행조건이다.[28]

자본주의와 민주주의간 관계를 좀 더 구체적으로 다루면 자본주의에 따른 경제발전이 민주주의에 어떤 영향을 미치는지가 중요하다. 경제발전과 민주주의간에는 3가지 입장이 있다. 먼저 경제 발전이 민주주의를 유도한다고 보는 입장으로 근대화이론을 들 수 있다. 이들은 경제 발전이 선행되어야 민주주의가 만들어질 수 있다고 본다. 경제발전은 도시화, 계층의 형성, 교육수준의 증대, 노동계급의 결집, 자유주의이념의 확대라는 중간 매개고리를 통해서 민주주의에 기여한다.

하지만 이 입장의 반대편에서는 경제발전이 권위주의를 가져온다는 비판을 제기한다. 이 입장에서는 거쉔크론류의 설명이 대표적이다.[29] 경제발전을 위해서 민주적 정부가 아닌 권위주의적 정부가 필요하다는 입장이나 신속한 성장을 위해 자율적인 국가의 개입이 필요하다. 경제발전은 민주적 정부보다는 권위주의적 정부와 친화성이 있다는 것이다.

신근대화이론은 경제발전이나 산업화가 민주주의를 추동하는 것은 아닐지라도 경제발전이 이루어진 국가에서 민주주의가 살아남기 용이하거나 민주주의가 역행하지 않는다고 한다. 경제발전이 자연스럽게 민주주의를 유도한다고 보기는 어렵다. 하지만 앞서 본 아담 쉐보르스키의 주장처럼 일정한 경제발전수준에 도달하면 민주주의가 후퇴하지는 않는다.

반대로 민주주의가 경제 발전에 미치는 영향을 고려할 수 있다. 이 관계 역시 상반된 입장이 있다. 민주주의의 확대가 경제발전을 가져올 것이라고 보는 입장에서는 정치적 자유의 보장이 있을 때 경제적 자유의 보장도 가능하다고 본다. 소유권을 비롯한 경제적 자유는 결국 정치적자유에 달려있다. 정치적 자유 없이 경제적 자유만 부여된 경우 이 경제적 자유와 소유권은 지배자의 은총의 산물로 언제든지 철회될 수 있다. 게다가 정치적 자유의 보장은 사적영역을 자유롭게 하여 기업들이 경제활동에 전념할 수 있게 한다. 이는 기업가의 기업가 정신을 부추김으로서 경제발전을 유도할 수 있다.

하지만 민주주의가 경제발전을 억제할 것이라는 입장도 있다. 이런 입장에는 두 가지 다른 이념적 기반이 있다. 하나는 신자유주의이고 다른 하나는 민주주의 자체를 부정하는 권위주의이론들이다.

신자유주의는 3가지 세부적인 이론이 민주주의의 경제발전에 대한 기여를 공격한다. 먼저 정치적 경기순환이론은 이기적 정치인과 유권자의 근시안적 계산에 의한 민주주의의 경제문

28) **자본주의와 민주주의 논쟁의 북한의미**: 자본주의가 민주주의의 선행조건이라면 북한이 민주화가 되려면 자본주의의 발전이 선행되어야 한다. 따라서 북한 경제를 대외경제에 노출시키고 자본주의의 경제적 성과를 북한주민들이 누릴 수 있게 하는 것이 민주주의를 만들기 이전에 수행해야 할 과제이다.

29) **거쉔크론류의 반박**: 제 3세계에서 경제발전은 민주주의가 아닌 권위주의를 가져온다. 저발전된 국가들에게 민주주의국가공간은 열려있지 않음. 저발전된 국가들은 자원의 효율적 사용을 위해서 중앙정부의 효과적인 개입과 독재만이 가능함. (예) 싱가포르의 리관유와 경제성장(금융의 중심, 물류의 중심으로 550만명의 국가가 1인당국민소득을 현재 56,000불까지 높여서 아시아 1위이자 전 세계 8위 기록함. 하지만 태형과 사형을 가지고 있는 독재국가를 유지함.)

제에 대한 부적절한 개입과 그에 따른 비효율성을 지적한다. 두 번째는 자중손실이론인데 이 이론은 시카고학파의 입장으로 국가규제는 반드시 사회적 효율성의 상실을 초래한다고 주장한다. 세 번째는 지대추구 사회이론으로 버지니아학파의 입장이다. 이들은 민주적 정치과정은 근본적으로 비효율적인 자원 배분기구일 뿐만 아니라 형평의 원리에도 맞지 않으며 극단적으로 얘기하면 낭비적이라고 주장한다. 이들의 입장의 공통점은 국가의 개입은 실패를 가져올 것이고 이보다는 시장이 우월하다는 것으로 민주적 원리를 동원해서 국가의 개입을 정당화할 수 없다는 것이다.

반면에 권위주의적 자본주의론은 민주주의가 경제정책을 사회집단의 자기이익추구적인 경쟁으로 만든다는 것이다. 따라서 민주주의는 경제성장보다는 분배에 매달리게 한다. 이는 경제발전을 위해서는 민주주의보다는 권위주의가 더 적실하다는 것이다.

(2) 세계화와 민주주의간 관계

경제발전과 민주주의간의 관계의 또 다른 측면은 세계화와 민주주의간의 관계이다. 이 주제는 세계화를 강조하는 입장이 자본주의를 강조하는 입장이라고 볼 때 자본주의의 세계적 확대와 민주주의간의 관계이기도 하다. 세계화가 민주주의를 만들어낸다는 입장과 역으로 민주주의에 부정적으로 기여한다는 입장이나 민주주의가 세계화를 이끌어 낼 수 있다는 입장과 민주주의가 세계화를 거부하게 된다는 입장으로 세계화와 민주주의 관계는 나누어질 수 있다. 이들의 논리는 지금까지 본 논리와 유사하다.

앞에서 본 것처럼 세계화와 민주주의의 이론적 관계 보다 중요한 것은 실제 현실에서 나타나는 관계이다. 세계화와 민주주의의 상관관계에 대해서 아이헨그린(B. Eichengreen)교수와 르블랑(D. Leblang)교수는 이런 경쟁적 주장들을 실증 분석하였다. 이들은 1870년에서 2000년까지 많게는 156개국의 자료를 실증적으로 비교검증하여 세계화와 민주주의 간에, 그리고 민주주의와 세계화 간에 긍정적인 관계가 있다는 신자유주의자들의 주장을 뒷받침하였다.[30)]

이 보고서에서 나온 결론은 다음과 같다. 첫째, 민주주의가 독재보다 무역개방과 자본자유화로 측정되는 세계화를 더욱 촉진한다. 무역개방에 있어서 민주주의 국가일수록 더 적극적이다. 단지 브레튼우즈체제에서 민주주의가 독재체제보다 더 자본통제를 강화하는 경향이 있었다. 하지만 이것은 통화당국이 임금과 실업 간의 상쇄관계를 고려했기 때문이고 일반적으로는 민주주의가 무역개방에 적극적이었다. 두 번째는 브레튼우즈체제를 제외하고 무역개방은 민주주의를 촉진하는 것으로 나타났다. 그러나 민주주의에 대한 무역개방의 긍정적 기능은 민주주의가 무역개방을 촉진하는 것만큼 강력하지는 않았다. 1차 대전과 2차 대전 사이와 포스트-브레튼우즈체제 시기에 자본자유화가 민주주의에 긍정적으로 작용하는 것으로 나타났다. 다른 시기에서 자본자유화와 민주주의 간에는 통계적으로 유의미한 효과를 발견

30) Barry Eichengreen and David Leblanc, "Democracy and Globalization", Unpublished paper. 임혁백, Ibid, 재인용.

하지 못했다.[31]

이들의 통계적 회귀분석의 결론은 다음과 같다. 첫째, 더 많은 무역개방을 추진하는 독재는 독재체제를 지속시킬 가능성이 크고 더 많은 무역개방을 추진하는 민주주의도 민주주의를 지속시킬 가능성이 크다. 둘째, 자본통제가 민주주의에 미치는 영향은 통계적으로 유의미하지 않다. 그러나 자본이동을 폐쇄하는 민주주의는 독재로 전환될 가능성이 크다. 경제적으로 그리고 금융적으로 개방적 경제를 가진 나라는 민주주의를 지속할 가능성이 크다.[32]

이들의 결론은 민주주의와 세계화사이의 상관관계가 자유주의자들이 말하는 것처럼 나타날 가능성이 높다는 것을 보여준다. 상대적으로 민주주의가 세계화에 미치는 영향의 강도가 세계화가 민주주의에 미치는 영향의 강도보다 더 높다는 것이 발견되었지만 양자 관계는 상호긍정적이다.

하지만 이런 낙관적 견해에 대한 반박도 만만치 않다. 폴라니의 후예들은 세계화가 국민국가의 능력을 약화시키고 세계화로 인한 사회적 불평등은 민주주의의 사회적 기반을 위협하는 삼중고(trilemma)를 초래한다고 주장한다. 즉 국민국가체제, 민주정치, 세계화가 양립불가하다는 것이다. 이들의 주장은 이 3가지 중 두 가지는 같이 갈 수 있지만 3가지가 동시에 진행되는 것은 불가능하다는 것이다.[33]

먼저 세계화는 국민국가의 능력을 잠식하고 이들의 능력에 제한을 가한다. 즉 세계화가 국민국가에 '골든 스트레이트자켓(황금 죄수복)'을 입힘으로서 국민국가를 구속한다. 이로서 국민국가가 시장경제로부터 인민을 보호할 수 있는 사회적 장치를 해체한다. 신자유주의에 따른 불평등의 심화와 함께 사회안전망의 부재는 민주주의 토대를 약화시키는 것이다. 이런 것이 현실적으로 나타나는 양태를 그려낸 것이 마틴과 슈만(Martin & SChumann)의 '20 : 80'의 사회이다. 20%의 고임금 고기술 노동력만이 영구적인 고용을 보장받고 나머지 80%는 소득감소, 임시고용, 금융안전의 상실에 직면한다는 것이다. 이런 상황에서 IT에 기반한 대기업의 유치는 대기업에 유리한 양보를 해야 하지만 이런 기업들의 고용감소로 인해 복지, 교육, 재훈련을 노동에 제공해야 하는 문제에 부딪친다. 하지만 이런 복지지출의 증대는 곧바로 재계와 신자유주의자들의 반박에 부딪친다. 이런 상황에서 민주정부는 사회개혁을 추진할 동력을 상실하게 되고 민주정치의 물질적 기반을 상실하게 된다.[34]

민주주의를 공격하는 세계화에 대해서는 저항도 만만치 않다. 세계화에 대한 저항의 정치가 남미, 아프리카, 아시아에서 수많은 반자본주의적 운동을 불러일으키고 있다.[35] 그러나 만약 신생민주주의국가가 자본유치 등을 위해 반자본주의운동에 대해 통제를 가하거나 억압

---

31) 임혁백, Ibid. p.3.
32) 임혁백, Ibid. p.3.
33) 임혁백, Ibid. p.4.
34) 임혁백, Ibid. p.5.
35) **세계화에 대한 저항**: 시애틀라운드나 월가에서 있었던 시위와 멕시코의 사피스타 운동 등을 들 수 있다.

할 경우 이들의 저항은 더욱 거세어질 것이며 이것은 신생민주주의국가의 민주주의 존립자체를 위협할 수도 있다. 따라서 세계화는 이들 나라들에서 복지문제와 노동자의 권리를 희생해가면서 진행되어서는 안 된다. 이들 국가들에서 세계화가 반드시 민주주의에 불리한 것만도 아니다. 오히려 세계화가 거시경제정책의 불안정을 가져오고 이에 대한 불만은 기존 권위주의 정부를 붕괴하게 만들 수도 있다. 인도네시아에서 수하르토 정부가 1997년 동아시아 금융위기에 의해서 붕괴된 것이나 1997년 한국에서 정권이 교체된 것은 세계화의 부정적 파장이 민주주의에 기여한 것을 보여준다.

길스(Gills)는 세계화와 민주주의 간에는 변증법적인 관계가 있다고 주장한다. 신자유주의적 세계화가 진행이 되면 이로 인한 불평등에 저항하는 비판적 운동이 일어나게 된다. 그리고 이들은 민주적 참여와 자유를 확보하는 투쟁에 나서게 된다. 이는 결국 세계화가 낡은 기득권을 파괴하고 영토를 기반으로 하는 정치적 대의제 민주주의를 넘어서는 글로벌 민주주의를 출현하게 할 수 있다. 이렇게 민주주의의 세계화가 일어나면 세계화된 민주주의는 글로벌 환경, 글로벌 평화, 글로벌 긴급구제, 글로벌 시민권리 등의 글로벌 시민사회를 가능하게 함으로써 '세계화의 민주화'를 이끌게 될 것이다.[36)]

세계화론자들이 사회보장제도와 높은 세금이 경제성장에 도움이 되지 않는다고 한 주장에 대한 비판도 있다. 사회민주주의자인 샤프(Scharpf)는 실증 분석을 통해서 전반적인 세율의 인상은 경제성장에 악영향을 끼친다고 하여 신자유주의 입장을 옹호한다. 하지만 조세정책을 좀 더 깊숙이 들여다보면 비숙련노동자에 대한 고율의 세금은 경제성장을 해치는 반면에 소비세, 법인세는 경제성장에 중립적이거나 한계적으로 긍정적이라는 사실도 발견했다. 특히 법인세를 높이는 것과 투자율의 증대사이에 긍정적인 상관관계가 있다는 놀라운 사실도 발견하였다. 또한 사회보장지출은 경제성장에 부정적으로 작동하지만 사회보장이 GDP증가에 기여하는 정도를 고려하면 사회보장은 반드시 경제성장에 부정적인 것만은 아니다. 따라서 그의 결론은 덴마크, 스위스, 오스트리아, 네덜란드의 사례에서는 세계화론자들의 주장이 맞지 않는 것으로 나타나며 이는 경제성장이라는 세계화를 진행시키기 위해서 반드시 평등주의적 복지정책을 포기해야 하는 것은 아닌 것으로 나타난다.[37)]

이상의 논의는 세계화가 민주주의에 자연스럽게 도움이 되는 것이 아니지만 국민국가에 제약만을 가하는 것은 아니라는 점을 보여준다. 국민국가는 어떤 조세정책을 택하고 어떤 사회보장네트워크를 선택하는가에 따라 세계화의 제약에서 벗어나 자신들이 민주적으로 위임받은 사안을 다룰 수 있다. 실제 세계화를 주장하는 이들이 제시하는 것은 대의정부에 의한 민주주의가 아니라 세계화라고 하는 시장과 경제정책분야의 전문가들이 운영하는 '기술지배화(technologicalization)'이다. 즉 세계화는 복잡한 환경변화에 가장 효율적으로 대처하기 위한 경제전문가로 구성된 기술관료적 정부로 대의제 정부를 대체하는 것이다.

---

36) 임혁백, Ibid. p.5.
37) 임혁백, Ibid. p.6.

이런 상황은 대표로 구성된 의회보다 위원회를 중심으로 정치적 문제들이 다루어지고 토의됨으로써 대의제 민주주의의 근간을 더욱 약화시킨다. 대의민주주의를 작동시키는 정당, 의회와 민주적 정부가 세계화시대에 주변화되면서 기술관료들의 입지는 강해진다. 그러나 이런 경향에 대한 반작용으로 민중주의가 강화된다. 세계화의 피해자들이 표를 이용하여 직접정치를 강화하는 것이다. 이로서 국가는 국민투표적민주주의로 정당성을 확보하게 된다. 이런 점에서 세계화의 증대가 반드시 원하는 결과를 만들어내는 것은 아니다.

(3) 경제적 세계화와 한국현실

세계화는 민주주의에 현실적으로 문제를 일으킬 수 있다. 세계화는 부의 재분배로 인해 사회구성원간의 갈등을 만든다. 민주주의는 이런 갈등을 해결해야 하며 해결의 중심에 국가가 있다.

세계화라는 외부적 환경의 변화는 한국 내에 정치, 경제, 사회적 갈등을 종합적으로 야기한다. 먼저 '경제적 측면'의 갈등의 첫 번째 측면은 세계화의 수혜자와 피해자간의 갈등을 들 수 있다.[38] 두 번째 측면은 경제 교류증대와 함께 교역물품의 위생과 관련된 갈등도 늘어난다. 대표적으로 2008년 한미FTA 체결과정에서 미국산소고기의 검역과 위생문제를 들 수 있다.

경제적 갈등으로 나타나게 되는 가장 첫 번째 '사회적 갈등'은 양극화의 증대와 그에 따른 사회적 갈등의 강화이다. 세계화 자체보다는 기술진보가 소득격차를 벌리는 주범이라는 주장은 세계화보다는 세계화 속에 파생된 진보된 기술의 배분이 더 문제가 될 수 있음을 보여준다. 한국에서 문제는 사회안전망이 부족한 상황에서 양극화가 진행된다는 점이다. 게다가 점차 높아지는 주거비용과 교육비용으로 사회불안이 가중된다. 이런 불안이 심리적으로 빈곤층으로 하락할 수 있다는 불안감으로 이어지면서 사회갈등을 강화하고 있다. 사회갈등의 두 번째 측면은 결혼이주민과 노동이주민으로 강화되는 다문화주의의 갈등이다.

세계화는 '정치적 측면'의 갈등도 야기한다. 세계화를 통제하고자 하는 정치공동체로서 국가의 주권과 경제적 권리간 충돌이 일어난다. 게다가 정치는 민족주의라는 정서를 이용해 세계화의 경제적 논리에 대항한다.

이런 갈등을 관리하기 위해서 민주주의를 보호하는 국가는 무엇을 할 것인지가 중요하다. 한국은 과거 선진국을 따라잡는 추격전략[39]을 사용하였다. 그러나 권위주의 시절 국가의 노

---

38) **세계화와 계층간 갈등유도**: 세계화에 대한 자본과 노동식으로 수혜자관계를 구분하는 것 보다는 산업간 모형을 통해서 수출산업과 수입대체산업 간의 혜택차이를 명확하게 볼 수 있다. 세계화는 한국에서 수출산업을 강화시키면서 내수시장을 위축시킨다. 또한 수출산업이 대체로 대기업중심으로 이루어져 있기 때문에 대기업과 중소기업 간의 경제적 이익의 차이도 만들어낸다. 수출산업분야의 대기업은 원가절감을 위해 중소기업의 이윤을 줄이면서 중소기업간 경쟁을 유도한다. 갈등은 대기업간의 격차와 대기업과 중소기업의 격차 강화, 중소기업의 도산위험성 증대 노동시장의 정규직 비정규직의 분화로 나타난다.

39) **한국 추격 전략의 특징**: 첫째, 한국정부는 시장을 억압하거나 반대로 시장에 전적으로 의존하지 않고,'전략적 가격왜곡'정책(getting the prices wrong)을 특징으로 하는 독특한 시장 개입정책을 펼

동을 무시한 추격전략은 수월했지만 민주화는 이익집단과 거부집단을 만들었다. 자유무역을 옹호하거나 거부하는 세력을 만들었고 국가의 규칙을 규정하는 능력은 높지 못했다.

현재 상황에서 국가 혹은 정부는 창조적인 역할이 필요하다. 정부의 창조적 역할을 위한 5가지 제안[40]이 있다. 먼저 첫 번째, '조정능력의 강화'이다. 정부는 다양한 이해상충자들의 이해관계를 조정하는 역할로 자신의 위상을 설정해야 한다. 특히 정부부처간의 경쟁과 협력도 조율하는 메커니즘이 필요하다. 국가와 정부는 생산체계, 고용제도, 노동시장, 금융체계, 정부의 역할 등에서 조정과정들을 연계시키고 조정해야 한다. 두 번째는 '지속적 세계화를 위한 제도적 기반의 확립'이다. 세계화의 피해자들 특히 노동자들의 저항에 부딪힐 수 있다. 이들의 저항에도 불구하고 세계화를 지속하기 위해서는 사회안전망을 만들면서 세계화를 진행해야 한다. 세 번째는 '정책 결정의 효율성과 민주적 정당성 사이의 균형'이다. 한국정부는 과거 대외협상에서 국민들에 대한 민주적 정당성을 확보하는 것보다 타국가와의 협상에서 효율성을 강조하였다. 가장 대표적인 것이 우루과이 라운드의 쌀 시장개방문제와 한미 FTA이다. 이런 점에서 정부는 국민들에 대한 대내협상의 중요성을 인식하고 대외협상에 대하여 주요행위자들이 사전적으로 견제할 수 있는 제도화된 틀을 만들어야 한다. 네 번째는 '글로벌 환경변화의 전략적 활용'이다. 다자주의인 WTO와 지역주의인 FTA가 동시에 진행되는 상황에서 통상정책의 기회를 찾아야 한다. 마지막으로 '새로운 글로벌 거버넌스 수립과정에 참여'가 제안될 수 있다. 2008년 미국발 위기로 글로벌 거버넌스의 필요성이 증대된 것처럼 한국은 금융위기나 지역위기를 해결하기 위한 거버넌스는 구축해볼 수 있다.

쳤다. 이것은 한국정부가 단순히 거시경제를 조정하는 것을 넘어서 자원의 생산적 배분을 위한 산업분야에 대한 개입도 수행했다는 것이다. 둘째, 한국정부는 적극적인 산업정책을 시행하기 위해 분배보다 성장을 우선순위에 놓았다. 셋째, 한국정부는 경제정책의 결정에서 실행과 감독에 이르기까지 정책을 독립적으로 수립하고 실행할 수 있는 상대적 자율성을 유지하였다. 상대적 자율성으로 인해 국가는 포획되지 않고 독자적으로 어젠더를 주도할 수 있었다. 넷째, 한국은 경제기획원과 같은 선도부처를 중심으로 한 위계구조를 형성하여 정부부처 간 또는 정부와 기업 간 관계를 효과적으로 조직하고 관리하였다. 또한 정부와 기업 사이에 존재하는 광범위한 비공식 네트워크를 통해서 정부가 정책에 대한 민간 기업의 협조를 구할 뿐 아니라 시장의 신호를 효과적으로 파악하는 통로의 역할도 수행하였다. Joseph Wong, "Global Governance, National Strategies: How Industrialised States Make Room to Move under the WTO" Review of International Political Economy 12, 5: 723-749. 이승주 "세계화시대의 정부 역할" 이숙종, 장훈 공편, 『세계화 제 2막: 한국형 세계화의 새 구상』(서울: EAI, 2010), pp.66-67에서 재인용.

40) 이승주, Ibid., pp.73-85.

제2절 국가론의 복귀: 현대 국가론

1. 국가론의 재등장 배경

정치학에서 가장 기초적 개념과 행위자는 국가이다. 그러나 국가에 대한 관심은 행태주의 혁명이후 주류정치학의 관심에서 멀어졌다. 행태주의의 연구단위는 개인과 집단으로 옮겨졌기 때문이다. 또한 정통 마르크시즘에서 볼 때 국가는 몰락할 존재였다. 그러나 몇 차례 공황과 불황에도 불구하고 국가는 유지되었을 뿐 아니라 강화되었다. 게다가 개인과 집단만으로 분석할 수 없는 현상들이 생겼다. 이제 국가는 폐기 대상이 아니라 분석의 대상이 되었다. 자본주의 위기를 맞이하여 국가가 케인즈적 경제정책을 수행하면서 국가는 역할을 조정하였다. '왜 자본주의는 몰락하지 않는가?' 라는 문제의식으로 후기 마르크스주의자들이 국가를 불러들이면서 1970년대 국가론이 부활하게 되었다.

2. 현대국가론

현대 국가론은 국가와 시장사이의 관계차원에서의 분류와 국가와 사회사이의 관계에 따라 분류될 수 있다. 국가와 사회의 관계 특히 국가와 계급간의 관계를 중심으로 본다면 국가론의 핵심은 누가 권력을 가지고 있는가이다. 이런 관점은 크게 자유주의의 다원주의 이론과 마르크스주의계열의 이론들 그리고 보수적 입장의 국가주의로 구별된다. 하지만 계급관계와 사회세력과 국가간의 관계를 다루는 조합주의이론과 관료적 권위주의이론과 신자유주의이론도 여기서 다루고 넘어가도록 한다. 시장에 대해 어느 정도 국가가 개입할 것인지에 대한 모델들은 현대 국가론 이후에 다룬다.

(1) 자유주의 - 다원주의 국가이론

표를 통한 비교 **국가의 정책결정요인**

다원주의 국가이론: 개인, 이익집단 → 국가정책결정(국가 자율성 부족)
도구적 마르크스주의: 자본가계급 → 국가정책결정(국가 자율성 부재)
구조적 마르크스주의: 자본가계급 + 국가관료 → 국가정책결정(국가의 상대적 자율성)
네오베버리안(국가주의): 정치리더 + 국가관료 → 국가정책결정(국가의 높은 자율성)

자유주의적 다원주의이론의 핵심은 사회의 다양한 집단과 개인들이 국가에 선행한다는 점이다. 사회가 국가정책을 결정하기 때문에 국가는 정책결정의 자율성을 가지지 못한다. 사회세력의 종속변수로서 국가가 상정된다. 다원주의는 개인들이 사회를 구성한다는 방법론적 개인주의(methodological individualism)에서 출발한다. 개인들은 무질서한 사회 속에서 질서를 찾아간다고 믿는데 이것을 가능하게 해주는 것은 '시장'이라는 보이지 않는 손이다.[41] 따라서 무질서 속에서도 충분히 질서를 찾아갈 수 있는 개인들은 사회에서 자연스럽게 조화될 수 있다. 특히 교회나 지역공동체 시민단체 등에 교차되고 중복된 멤버십은 갈등을 계급적으로 극화하지 않고 다양한 이익집단간의 경쟁구도로 만들 것이다. 이렇게 만들어진 집단이 정치에서 가장 중요한 단위가 된다.

다원주의에서는 정치영역도 시장과 같이 균형과 조화의 존재로 인식한다.[42] 그러므로 국가의 기능은 최소화된 정도에서 개인들의 협상을 보장하는 규칙을 만들고 규칙위반에 대해 제재를 가하는 것이면 된다. 그리고 국가는 중립적이고 공정한 심판의 역할을 수행하면 되는데 심판으로서 국가는 다양한 이익집단간의 갈등과 대립을 조정하고 중립적이고 공정한 역할을 수행하는데 그 의미가 있다. 하지만 이 이론은 미국처럼 다원화되고 선진화된 국가만을 설명할 수 있다는 약점이 있다. 특히 좌파의 계급 정치가 없는 '미국적 특수성 혹은 미국 예외주의(American exceptionalism)'로 인해 서구 국가들에서도 통용되기 어려운 면이 있다.

(2) 계급 국가이론

1) 마르크스주의

먼저 마르크스와 마르크스의 견해를 수용한 고전적인 마르크스주의자들은 국가를 경제의 종속변수로 보면서 국가는 특정 시점의 경제관계인 계급관계의 반영이라고 본다. 마르크스는 사회가 경제관계인 '하부구조' 혹은 토대(foundation)와 정치, 법률, 종교, 도덕 등으로 구

---

41) 임석준, "국가와 권력", 『정치학』(서울: 박영사, 2001), p.65.

42) **다운즈와 정치경제적 접근**: 앤서니 다운즈(A. Downs)의 공간경쟁모델은 경제적 분석방법을 동원하여 정치현상 분석을 시도한 최초의 이론가이다. 그의 접근은 정치도 시장과 같은 논리에 의해서 작동한다고 보고 경제적 분석틀을 정치현상분석에 도입한 것이다. 그는 경제학적 분석방식을 동원해서 민주주의를 분석한 이론가이다. 특히 공간경쟁모델을 통해 공공선택이론을 제시한다. 공간경쟁모델이란 이념적으로 진보와 보수라는 기준에 따른 일차원공간에서 어떻게 정치적 수요자인 유권자와 정치적 공급자인 정당이 선거승리를 위해 경쟁하는지를 보여주는 모델이다. 즉 이념적으로 진보와 보수 성향을 가진 유권자들은 자신의 선호를 명확하게 드러내고 이렇게 드러난 유권자들의 선호의 합(유권자의 수)에 정당이 반응하여 정당의 정치적 이념지향성을 최대한 표를 확보할 수 있는 이념적 공간에서 설정한다는 것이다. 이때 완전정보와 이념이라는 단일기준과 행위자들의 합리적 선택이라는 가정이 깔린다. 이런 조건이 충족되면 유권자도 합리적 선택에 의해 자신의 이념에 가장 가까운 정당과 정치지도자를 선출하고 정당도 가장 표를 극대화할 수 있는 이념위치에 입각해서 정책을 만들어 낼 것이다. 이런 합리적 선택은 정당체계와 정당간 경쟁을 설명할 수 있다. 이론적으로 완전정보가정에는 문제가 있다는 약점이 있지만 그럼에도 직관적 설명과 단순화한 분석이라는 장점을 가진다.

성된 '상부구조'로 이루어진다고 보았다. 유물론적 관점을 취하는 마르크스주의는 하부 토대가 상부구조를 결정하므로 상부구조로서 국가는 계급투쟁의 산물이며 지배계급의 이익을 보장하는 도구인 것이다. 그의 견해에 따르면 자본과 노동간 계급투쟁이 종식되면 국가도 소멸될 것으로 보았다. 사회주의를 넘어 공산주의가 된다면 프로레타리아의 독재도 필요없게 되면서 분배기구로서 국가가 필요없게 되기 때문이다.

마르크스의 주장은 다양하게 나타난다. 그는 『공산당선언』에서는 "근대 국가는 부르주아의 공동 관심사를 논의하기 위한 집행위원회에 불과"하다고 보았다. 반면에 『브뤼메르의 18일』에서는 보나파르트 나폴레옹 (나폴레옹 3세)가 어떻게 집권하는지를 분석하면서 사회세력들이 힘의 균형을 형성할 때 국가는 상대적 자율성을 가진다고 주장했다. 후기 마르크스주의자들인 도구적 마르크스주의자들은 전자를, 구조적 마르크스주의자들은 후자를 이론적 근거로 삼고 있다.

2) 그람시의 국가이론

그람시는 이탈리아 공산당의 창당멤버로 활약했으나 무솔리니의 탄압으로 1937년 사망할 때까지 옥중생활을 하였다. 당시 집필한 『옥중수기』는 마르크스와는 다른 그람시의 국가관을 제시한다. 그람시는 당시의 이탈리아 노동운동의 실패와 러시아 혁명 이후 공산주의 운동의 실패를 보면서 마르크스의 이론과 프롤레타리아 혁명의 불가피성에 대해 회의를 가지기 시작했다. 그는 마르크스가 지나치게 하부구조만을 강조한 점을 비판하면서 상부구조의 중요성을 지적했다. 즉 상부구조의 이념상의 우위는 '헤게모니'를 형성하게 되면 실제 현실에서 경제적 어려움에도 불구하고 노동자들은 사회주의를 받아들이기 보다는 기득권질서를 받아들이는 것이다. 그람시가 개념화한 '헤게모니'[43]는 정치와 이념의 독자성을 보여주는 것이고 이로 인한 인민들의 동의(consent)구조가 중요해지는 것이다.

이렇게 규정된 헤게모니는 계급 동맹체계를 의미하는 것이다. 노동자계급은 다른 계급과 사회세력까지를 포섭하고 이들의 요구를 반영하여 이들을 사회주의 혁명의 동반자로 만들어야 한다. 그리고 이런 동맹체계의 정당성을 향유하기 위한 사회주의 이념을 개발하고 기득권을 가진 자본주의이념에 대한 대체하는 전략인 '진지전(a war of position) 전략'이 중요해진다. 그람시는 국가와 시민사회를 구별하면서 시민사회가 생산관계와는 별도로 실제로 헤게모니를 행사하는 영역이라고 보았다. 그가 볼 때 시민사회는 국가의 배후에 선 강력한 보

43) **헤게모니의 의미**: 인식과 동의의 힘을 나타내는 헤게모니는 러시아의 마르크스주의자인 플레하노프(Plekhanov)에 의해 처음 사용되었다. 이는 러시아의 황제체제인 짜르체제를 무너뜨리기 위해 노동자계급이 농민과 동맹을 맺고 이들을 리드하는데 사용하고자 했던 개념이다. 이것이 레닌에 의해 대중으로부터 지지를 획득하기 위한 혁명전략으로서 노동자의 행동논리로 쓰였다. 이 개념을 그람시는 정부권력을 획득하기 전이나 후나 계급의 정치적 리더십을 의미하는 것으로 확장했다. 따라서 단지 전략이 아닌 혁명 이전이나 이후 모두에서 사회적으로 나타날 수 있는 이념적, 정치적 상태로 규정된 것이다. 이로 인해 헤게모니 개념은 마르크시즘에서 생산력과 생산관계와 계급과 국가와 같은 수준의 큰 개념으로 전환된다. 김용욱, p.72.

루같은 존재였다. 따라서 혁명은 단지 하부구조를 장악하는 일사불란한 '기동전(a war of movement)'에 의해서만 수행되는 것이 아니며, 지식인들의 이념형성을 통한 상부구조의 헤게모니 지배가 중요한 것이다.

이렇게 형성된 그의 이론은 하부구조와 상부구조에 관한 마르크시즘의 근본적인 딜레마를 풀지는 못했지만 그의 이론은 국가와 시민사회의 관념을 좀 더 체계적으로 분석할 수 있게 만들었다.

3) 현대적 마르크시즘

현대적 관점에서 다시 마르크시즘을 재해석한 주장은 도구주의자들과 구조주의자들로 나뉜다.

① 도구주의적 마르크시즘: 밀리반드(Ralph Miliband)

도구주의적 마르크시즘은 자본가 지배계급이 사회를 지배하기 위해서 국가를 도구로 사용한다고 주장한다. 이들은 마르크스의 『공산당 선언』을 재해석하여 마르크스가 이야기한 "근대국가는 부르주아 계급의 집행위원회"라는 주장을 따른다. 밀리반드는 『The State in Capitalist Society』에서 자본주의 사회는 소유하고 통제하는 계급과 일하는 계급으로 구분된다고 보고 그 중 응집력이 강한 자본가 계급이 국가를 통제한다고 주장한다. 자본가 계급이 국가를 통제하는 이유는 첫째, 국가 관료는 중상류 계층인 자본가 계급에서 충원되고 둘째, 국가 관료는 자본가 계급과 빈번한 접촉이 있으며 셋째, 공공정책을 수행함에 있어 국가 관료는 기업의 협조에 의지하기 때문이라고 한다.[44]

② 구조주의적 마르크시즘

구조주의적 국가이론은 마르크스의 『브뤼메르 18일』의 재해석을 통해서 자신들의 이론을 구축한다. 이들은 도구주의자들이 국가를 단순한 자본가 계급의 도구라고 보는 관점을 비판하면서 이론을 출발한다. 구조주의 이론은 프랑스의 인류학자인 레비-스트라우스(Claude Levi-Strauss)의 영향을 받았는데 그들의 주장은 겉으로 보이는 사회적 관계의 배후에는 "보이지 않지만 존재하는(invisible but present)"구조가 자리잡고 있다는 것이다. 다시 말해서 국가의 행위는 국가 권력을 장악하고 있는 사람들보다는 사회의 구조에 의해서 결정된다는 것이다.[45] 이런 관점에서 구조주의는 도구주의를 두 가지 측면에서 비판한다. 첫째, 도구주의는 겉으로 보이는 사회관계의 현상에만 집착해 국가의 이데올로기적 역할을 무시한다. 둘째, 도구주의는 국가가 자본의 일반적인 이익을 위해서 때로는 특정 자본가의 이익에 반하는 행위를 취할 수 있다는 점을 인식하지 못했다고 주장한다. 산업화시기에 노동법을 제정하여 근로시간을 12시간으로 규정한다거나 아동노동을 금지한 것은 국가가 자본가들의 직접적인 이익과 상충하는 것이다.

---

44) 임석준, pp.66-67.
45) 임석준, p.67.

구조적 마르크스주의 이론의 핵심개념은 국가의 '상대적인 자율성(relative autonomy)'이다. 상대적 자율성은 국가가 지배자본가 계급의 직접적인 통제로부터 어느 정도 자유롭다는 것을 의미한다.[46] 따라서 국가는 하부구조인 계급역학관계의 단순한 반영물이 아니며 지배계급의 도구는 더더욱 아닌 것이다. 국가는 토대로부터 일정 정도 독립되어 있고 지배계급으로부터도 상대적 자율성[47]을 보유한다. 국가는 보이지는 않지만 억압적 기제와 이데올로기를 동원하여 자본주의 체제를 유지하며 이를 위해 때때로 지배계급의 단기적인 이익을 억누르는 정책을 수행한다.

구조주의 이론가들은 자본주의 국가의 상부구조 역할을 중시하는 그람시, 알튀세, 풀란차스 등의 '정치적 구조주의'와 오페, 오키너 등의 '경제적 구조주의'로 나뉜다. 정치적 구조주의자인 알튀세는 사회의 구조를 ① 생산력과 생산관계로 나눠지는 경제적 하부구조 ② 정치와 법 그리고 이데올로기로 구성된 상부구조로 나눈다. 그리고 자본주의의 재생산에 있어서 상부구조인 국가의 기능이 중요하다고 주장한다. 국가는 관료, 경찰, 감옥, 군대와 같은 억압적 기제와 교회, 학교, 가족, 정당, 노동조합, 매스컴과 같이 사적인 영역에서 작동하는 이데올로기적 국가 기제로 구성된다. 억압적 기제는 국가권력을 장악하려는 프롤레타리아를 폭력적으로 억압하는데 사용되고 이데올로기적 기제는 자본주의에 적합한 사회적 규범을 생산한다고 보았다. 주장의 핵심은 자본주의 이면에 숨은 민주주의라는 허상이 있고 그 뒤에 착취를 정당화하는 교육, 매스컴 등이 있다는 것이다. 이에 따라 마르크스에게서 허위의식이었던 이데올로기는 알튀세에게 있어서는 자본주의 사회에 질서를 부여하는 적극적 기능수행장치가 된다.[48]

오페(Clauss Offe)나 오코너(James O'Connor)의 경제적 구조주의는 마르크스와 베버의 이론을 결합해서 국가를 관료적 체제로 파악한다. 자본주의사회에서 국가의 기능은 크게 축적기능과 정당화기능으로 구분할 수 있다. 경제적 부를 늘리는 축적기능은 자본가와 국가의 이해관계에 부합한다. 또한 노동자의 불만을 달래기 위한 정당화기능을 수행하기 위해 국가는 다양한 복지정책을 실천한다. 그러나 두 가지 목표 사이에는 상충관계가 있다. 축적을 높이면 노동자의 불만을 사게 되어 정당성은 떨어진다. 반면에 정당성을 높이면 복지예산은 증대하고 축적은 저하된다. 이것은 자본주의 국가의 궁극적인 문제인 것이다.

오코너는 결국 자본주의 국가는 '재정 위기'에 봉착하게 될 것이라고 주장한다.[49] 경제문제에 대한 국가의 개입은 경제의 정치화를 가져올 것이고 이는 국가의 실패를 초래 할 수

---

46) 임석준, p.67.
47) **국가 자율성 의미**: 자율성이란 국가가 부르주아계급이나 여타의 사회세력으로부터의 간섭과 압력을 배제하고 독자적으로 자신의 정책을 관철하는 능력의 정도를 의미한다. 완벽한 절대적인 자율성은 어느 나라에도 존재할 수 없기 때문에 자율성의 정도는 상대적이다. 즉 어떤 국가가 조금 더 자율성을 보유했는가의 문제이다. 하지만 자율성이 있다고 국가가 능력이 있다고 할 수는 없다. 국가가 자유롭게 국가기능을 수행하지 않을 수도 있기 때문이다.
48) 임석준, p.68.
49) 임석준, p.69.

있다. 이에 따라서 자본주의 재생산과 유지는 실패할 수 있는 것이다. 따라서 단기적인 자본계급의 이익에 상반되는 상대적 자율성을 가진 국가라고 해도 장기적으로 자본계급의 이익으로부터 자유롭지 않기 때문에 국가는 위기를 가져올 가능성이 높다.

(3) 국가주의 이론

베버의 문제의식을 공유하고 네오 마르크스주의자와 논쟁을 했던 국가주의이론을 네오-베버리언 국가이론[50]이라고도 부른다. 이들의 문제의식은 자유다원주의의 집단, 행태주의의 행태, 구조기능주의의 구조, 정치체계이론의 체계, 정치문화론의 문화로는 현대 국가의 역할 증대를 설명하기 어렵다는 것이다. 국가의 역할 증대를 설명하기 위해서 국가자율성을 가지고 설명하는 이론이 필요하게 된다. 네오베버리언들이 볼 때 국가는 자율성을 가지고 스스로 목표를 설정하고 그것을 실현할 능력을 보유한다. 이 모델에서 국가는 사회의 부산물이 아니라 자율적이며 독립적인 행위자로 상정되는 것이다.

국가의 독자성을 주장하는 국가주의는 국가의 자율성과 국가의 우위를 중시한다. 정책결정이나 사회변동에 있어서 독자적인 역할을 하는 국가는 자신의 독자적인 이익과 선호를 가지고 있다고 본다. 또한 '국가이익'이라는 명분하에 그것을 실행할 능력을 가지고 사회세력의 저항에도 불구하고 집행할 수 있는 조직으로서 국가를 그린다.[51]

대표적인 이론가로서 테다 스카치폴(T. Skocpol)은 『국가와 사회 혁명』에서 혁명은 단순한 계급적 모순, 사회의 긴장의 반영물이 아니며 혁명의 과정에서 국가, 특히 엘리트와 관료가 중요한 자율적인 역할을 통해 국가 자신의 목표를 추구한다고 주장했다. 또한 크라스너(S. Krasner)는 국가중심적으로 외교정책을 접근하여 합리적인 행위자인 국가는 외교정책 결정에서 자율성을 보유한다고 주장했다. 미국은 국익(national interest)에 기반해 자본가들의 반대에도 불구하고 베트남전에서 자유민주주의를 지키는 정책을 유지했다는 사례를 제시한다. 이런 국가주의 이론의 연구범위는 국가의 상대적 자율성의 범위를 벗어나 국가의 상대적인 능력(relative capacity)을 측정하는 연구로 발전하였다. 이 과정에서 국가주의 이론은 '강한국가(strong state)론'과 '약한국가(weak state)론'[52]으로 이어졌으며, 더 나아가 제3세계의 산업정책과 경제발전의 연구에 응용되었는데 그 중 대표적인 것이 발전국가(developmental state) 이론이다.[53]

---

50) **네오베버리언의 의미**: 네오베버리언이라고 불리는 이유는 네오맑시스트들이 국가론을 주도하면서 경제중심적인 설명을 하자 베버관점을 불러와서 그들 네오맑시스트와 다투었기 때문에 새로운 베버주의자라고 불렀기 때문이다.

51) 임석준, p.69.

52) **강한 국가와 약한 국가 논쟁**: 강한 국가와 약한 국가는 국제정치에서 강대국과 약소국 구분과 다른 것이다. 강한 국가 약한 국가 논의는 국가가 사회에서 얼마나 자율적인가에 대한 논의이다. 따라서 사회로부터 자율성이 높을수록 강한 국가가 되는 것이다. 국내적으로 강한 국가가 반드시 국제정치에서 강대국은 아니다. 대표적인 경우가 북한이 되겠다.

53) 임석준, p.70.

발전국가 이론은 국가주의 전통에 의거한 동아시아의 급속한 산업화를 설명하기 위한 이론이다. 발전국가이론은 국가가 고도의 자율성과 강한 능력을 가지고 있다고 상정한다. 산업화를 달성해야 하는 국가들의 경우 성립되지 못한 경제구조와 발달하지 못한 자본가계급에도 불구하고 국가가 주도적으로 경제성장을 견인하는 것이다. 대표 이론가인 찰머스 존슨(C. Johnson)은 일본의 통상성(MITI) 연구를 통해서 일본의 고도성장을 설명했다. 일본은 부족한 자본을 계획적으로 관리해서 경제성장을 이루어 냈기에 일본의 통상성과 같은 성장의 기관차 역할을 하는 선도기구(pilot agency)가 발전국가에서 중요하다. 그는 동아시아의 발전국가들이 해외자본으로부터 자국 자본을 보호하고 장기발전전략을 세우고 여신, 수출, 외환 등의 도구를 통해서 단기이익을 추구할 수 있는 사적 자본가들을 인도해나갔다고 주장한다.54)

지금까지 논의된 이론들을 국가와 사회의 관점에서 단순화의 위험을 무릅쓰고 도식화해 보면 다음과 같다.

표를 통한 비교 **국가자율성과 중립성을 기준으로 분류한 국가 유형55)**

	사회의 공공이익 실현	특수이익 실현
국가의 자율성 없음	다원주의 국가	도구주의 마르크스주의 국가
국가의 자율성 있음	중상주의 국가 동아시아 발전국가	구조주의 마르크스주의 국가 남미 관료적 권위주의국가

표를 통한 비교 **다원주의, 계급, 국가주의 이론의 쟁점과 권력의 문제56)**

	국가의 주요 기능	국가의 본질	권력의 분포
다원주의 국가이론	다양한 이익집단의 요구를 종합하여 사회적 합의 도출	국가는 경합하고 중첩된 사회조직들이 활동하는 장(field)	권력은 분절되어 있으며 사회에 산재해 있다.
계급 국가이론	경찰, 군대 등 공식적 조직과 학교, 가족 등 비공식적 조직을 이용해서 기존 계급관계를 유지하고 재생산함	자본가 계급의 이익을 실현하는 무매개적 사회 반영체(도구주의) 정치적으로 제도화된 사회적 관계(구조주의)	권력은 생산수단을 소유하고 통제하는 자본가 계급에 집중되어 있다.
국가주의 국가이론	국가 자신의 독자적 이익을 추구함	사회로부터 독립된 영역과 독자적 이익을 지닌 대규모 조직의 집합체	권력은 명확한 위계적 패턴으로 이루어진 국가라는 실체에 존재한다.

54) 임석준, pp.70-71.
55) 임석준, p.72.
56) 임석준, p.72.

(4) 조합주의 국가이론: 유기체적 국가이론

조합주의(corporatism)는 그 어원을 코퍼스(corpus), 즉 신체라는 낱말에 둔다. 조합주의자들은 마르크스주의자들이 국가를 2개의 계급으로 나누었던 것과 달리 노동자와 자본가계급이 국가에서는 한 몸이며 하나의 유기체로 설명한다. 그런 점에서 조합주의는 국가와 국가내의 계급간 타협을 이루어내려는 국가를 설명하는 이론이다. 국가를 하나의 유기체로 보려는 보수적 관점은 사회주의에 대한 대항물로서 카톨릭교회를 비롯한 보수파들의 지지를 받았다. 이탈리아에서 무솔리니는 보수파들의 지지를 힘에 입고 1927년 조합국가를 창설하였다.[57)]

조합주의는 경제와 사회에 대한 국가의 독자적 성격과 역할을 규정한다. 조합주의는 국가를 유기체로 인식하며 국가가 국가의 구성요소에 속한 타집단이나 개인보다 우월하다고 본다. 조합주의에서 국가는 자율성을 가지며 도덕적이기도 하다.

현대의 조합주의는 국가가 사회의 이익 갈등을 조정하고 해결하는 주체로 기능한다고 본다. 이것은 현대 국가의 역할 증대에 초점을 맞추어 이 부분을 설명하려는 시도이다. 조합주의는 필립 슈미터에 의해서 '국가조합주의(state corporatism)'와 '사회조합주의(societal corporatism)'로 나누어진다. 사회조합주의는 서구 선진국가들에서 나타난다. 특히 북구 유럽 국가들에서 자본과 노동의 정상조직(peak association)을 인정하고 이들 정상조직과 국가가 합의를 통해서 경제를 운영한다. 국가는 정상조직의 대표성을 인정하고 이 정상조직이 자본과 노동계급을 통제할 수 있다고 보고 국가와의 타협을 사회에 관철할 수 있게 되는 것이다. 사회조합주의의 정상조직은 국가조합주의에서 국가가 정상조직을 조직화하는 것과 차이가 난다. 국가조합주의는 파시스트 국가와 같은 비민주주의 국가가 국가를 통치하고 사회를 운영하기 위한 한 가지 방식에 불과하나 사회조합주의는 민주주의 국가에서 이익집단의 이익을 대표하는 것이다.

(5) 제 3세계 국가론

1945년 이후 제국주의의 식민지에서 독립되었거나 새로이 국가를 형성한 나라들에서는 서구 국가유형과는 다른 유형의 국가들이 나타난다. 새롭게 등장한 국가들이 어떤 구조를 가질 것인가와 어떤 국가가 바람직한가에 대한 대대적인 선전에도 불구하고 이들 국가는 서

57) **이태리 무솔리니의 조합주의**: 실제 무솔리니의 파시스트 정권은 곡물, 야채, 과일, 설탕, 화학제품 등 22개의 업종별 조합을 창설하여 이들 조합에 고용주, 피고용인, 경영인, 자본주등 모든 관련 이익집단의 대표자를 포함시켰으며 이들 조합들로부터 800명의 대의원을 선출하였다. 각 조합에서는 고용주와 피고용주가 동등하게 대표가 되고 각 조합에는 국가를 대표하는 파시스트 당원이 참가하였다. 이것이 소위 파시스트의 '조합의회'이다. 무솔리니의 이념은 최초에는 반자유주의, 반부르주아, 반기득권이었고 이 반대편에 있는 노동자와 농민의 편에 서겠다고 했지만 실제 권력을 장악한 뒤에는 부르주아, 토지소유자, 공무원, 군부와 연합했으며 노동자 등의 계급적 이해는 제도적 틀 속에 가두고 기득권의 이해를 반영하는 도그마로 변질되었다. 김용욱, pp.77-78.

구 선진국들인 제 1세계의 자유민주주의도 아니고 소련과 동유럽권인 제 2세계의 사회주의도 아닌 독특한 정치유형을 보인다. 이런 국가에 대한 유형화로 유명한 것이 오도넬의 '관료적 권위주의이론(bureau-cratic authoritarian state theory)'[58]이다. 또한 이들 국가의 유산인 식민지로부터 물려받은 과도한 국가의 행정장치들과 국가의 폭력장치가 미약한 시장이나 시민사회를 압도한다는 '과대성장 국가이론'[59]을 들 수 있다. 과대성장국가이론은 제 3세계 국가들의 식민지경험이라는 경로 의존적(path-dependence) 속성을 강조하는 이론이다.

(6) 신자유주의 국가 - 작지만 강한 국가

신우파로도 불리는 신자유주의는 다양한 분파의 이론들로 결합되어 있다. 다양한 이론들 사이 의 공통점은 자본에게는 작은 국가, 그러나 사회적 이탈자인 노동에 대해서는 강한 국가를 지향한다는 점이다. 역사적으로 신자유주의는 1970년대의 케인즈 복지국가의 폐해를 '국가의 실패'로 규정하고 시장원리를 정치원리에 도입하고자 하는 이념이다. 신자유주의에 대해서는 앞서 설명을 하였고 아래 참고에서는 신우파의 다양한 부류를 구분해두었다.

---

58) **관료적 권위주의 모델**: 오도넬은 1960년대와 1970년대 라틴 아메리카 국가들에서 나타난 유형을 관료적 권위주의로 규정하였다. 이 이론은 경제의 산업화와 근대화가 민주주의 발전으로 이어진다는 근대화이론의 공식을 부정하고 신흥공업국의 경우에 근대화는 권위주의적 군사정권으로 이어진다고 주장했다. 산업화의 심화에 직면한 신흥국가들에서는 민주정부는 기존경제체제를 유지하고자 하는 민중의 반발 등으로 새로운 산업구조 창출에 실패한다. 따라서 경제발전을 위해 군부가 기술관료를 등에 업고 국가권력을 차지하여 국가, 국내자본, 외국자본의 '3자 연합(triple alliance)' 중심으로 종속적 발전을 추동하는 관료적 권위주의체제를 형성한다는 것이다. 이런 접근은 신흥국가들이 해외자본에 의한 종속이라는 굴레를 벗어날 수 없다는 점을 지적한다. 그리고 이런 구조에 대한 분석은 종속이론으로 이어지게 된다. 산토스는 『종속의 구조론』에서 1954년에서 1967년 사이에 미국이 라틴아메리카에 투자한 총 자본이 33억 610만 달러였는데 여기서 얻은 이익금 124억 300만 달러 중에서 본국에 송금한 액수가 108억 3900만 달러였다는 사실로부터 남미의 빈곤이 미국에 대한 종속 때문이며 종속의 결과가 투자국의 이익을 위한 것이라는 논리를 선명하게 입증하였다. 그러나 이들 종속이론은 1970년대와 1980년대를 풍미하다 탈냉전 이후 사회주의실험의 종합적 실패 속에서 이론적 입지를 잃어버렸다. 김용욱, pp.79-80.

59) **과대성장 국가론**: 과대성장 국가론은 파키스탄의 정치경제학자 함자 알라비(Hamza Alavi)의 개념으로 탈식민지사회내 국가를 분석하는 데 사용된다. 우리나라에서는 최장집 교수에 의해 도입되었으며, 알라비의 논문이 번역되어 있기도 하다. 식민지에서의 국가는 중심부 부르주아지가 식민지 사회의 각계급을 지배할 목적으로 중심부 사회의 국가 상부구조를 흉내 내어 만든 것이므로 식민지사회 자체가 지닌 하부구조에 비해 과대성장되어 있다는 것이다. 이는 식민통치를 위해 제국주의 국가의 잘 발달된 국가기구가 식민지 사회에 이식된 결과, 독립 이후에도 경제적 토대나 사회적 기반보다 과도하게 강한 국가가 지배적인 역할을 하게 되었음을 의미한다. 최장집, 『민주화 이후의 민주주의』(서울: 후마니타스, 2002), p.45.

심화 학습

신자유주의 분류

1. 신우파 혹은 신자유주의 등장 배경

근대 자유주의의 흐름은 양차대전과 대공황을 맞으면서 전체주의와 사회주의의 도전에 직면하게 된다. 이런 상황은 자유주의와 민주주의를 결합시키면서 자유민주주의를 확고하게 만든다. 또한 경제적 자유주의에 대한 비판과 수정 속에서 사회적 평등을 강조하는 복지적 자유주의와 수정 민주주의의 득세를 가져온다. 케인즈주의의 열풍 속에서 국가의 적극적 복지정책과 경제 간섭이 정당화되었다. 그러나 자유방임적인 경제적 자유주의의 흐름은 명맥을 유지해오다가 1980년대에 다시 부흥하기 시작한다. 여기에 더해서 롤즈와 같은 평등주의적 자유주의자 혹은 정치적 자유주의자가 등장하면서 사적 영역과 공적 영역사이의 긴장관계에 대한 방안을 제시한다. 이런 상황 속에서 자유주의는 좌파적 견해를 가진 자유주의와 우파적 견해를 가진 자유주의로 분화하기도 한다. 하지만 사회주의의 대립이 사라지고 민주주의의 물결이 휩쓸게 되자 이제 자유주의에 대적할 만한 이론체제는 존재하지 않게 되었다. 이에 과거 경제적 자유주의의 흐름 속에 있던 신우파(The New Right)자유주의 혹은 신자유주의가 득세를 하게 되었다.

2. 신자유주의

큰 흐름으로서 신우파는 상당히 다양한 분파를 지니고 있다. 먼저 경제적 자유주의인 신자유주의를 한 축으로 하고 있다. 이들은 시장의 효율성과 우월성을 주장하면서 사회적 시민권의 확대를 반대한다. 또한 국가의 과도한 개입이 비효율의 원천이라고 공격하면서 국가의 개입과 확대를 반대한다. 시장이 실패할 지라도 그보다 더 심각한 것은 국가 혹은 정부의 실패이기 때문이다. 최선은 아니더라도 시장이 개인의 존엄성을 인정하는 유일한 도덕적 기제라고 주장한다.

3. 신보수주의

또 다른 부류로는 신보수주의를 들 수 있다. 신보수주의는 신자유주의의 경제관을 공유한다. 하지만 마약, 동성애, 낙태 등의 사회문제에 있어서는 이것을 거부하는 보수적 시각을 지니고 있다. 이러한 사회적 악의 철폐를 위해서 가족과 공동체의 윤리 등에 의존한다는 점에서 개인을 중시하는 신자유주의와 다르다. 또한 신보수주의는 태생이 냉전적 질서이므로 외부의 악의 세력을 척결하기 위한 강력한 외교, 힘에 기반을 둔 외교를 주장한다. 자신과의 이념적 정치적 특성을 공유하지 못하는 국가들에 대한 강경한 정책을 선호한다는 특성을 가지고 있다.

4. 공공 선택학파

또 다른 부류로는 공공선택학파가 있다. 이들은 시장에서의 가격경쟁 메커니즘이 정부와 정치영역에는 부재한 것이 문제라고 주장한다, 즉 시장의 이윤동기 기제가 부족한 정치인과 관료들이 공약을 남발하고 예산을 증액하는 등의 정책을 사용함으로서 불필요한 정부의 확대가 일어났다고 본다. 따라서 이러한 예산의 증대는 결국 필요 이상의 세금 징수와 사회적 비용부담으로 나타날 것이다. 그러므로 개인의 권리보호를 위해서 정부기구의 제약이 필요하다고 한다.

5. 자유지상주의자

또 다른 부류로는 자유지상주의(libertarianism)를 들 수 있다. 노직(R. Nozick)으로 대표되는 이 부류는 사유재산에 기반을 둔 권리와 자율적 선택의 절대성을 강조하며, 이에 대한 국가의 개입을 거부한다. 극단적으로 무정부적 자유주의자인 로스바드(Murray Rothbard)의 경우엔 기본적 공공재 제공을 위한 최소정부마저도 부정하고 이런 영역까지도 민영화할 것을 주장한다. 반면에 노직은 최소정부를 인정한다. 이는 개인의 사유재산을 보호하기 위한 필요성 때문이다. 그러나 이 영역을 넘는 국가의 재분배 정책은 정당화될 수 없다. 그것은 국가가 개인의 노동력에 기반한 소유물을 강탈하는 것으로 그만큼의 노동이 탈취당하는 국가에 의한 강제노역과 같다.

6. 신자유주의 비판

이러한 신자유주의의 흐름은 개인에 대한 지나친 강조라는 점에서 공동체주의로부터 공격을 받는다. 여기에 대표적인 학자가 맥킨타이어이다. 공동체주의의 논리는 공화주의에 기반하고 있는데 공화주의자들도 신자유주의에는 개인의 공적 덕성이 부족하다고 비판하고 있다. 또한 경제적 자유의 지향으로 인해서 공적인 부분의 자율성을 상실한다고 하여 평등주의적 자유주의자 혹은 정치적 자유주의자들로부터도 공격을 받고 있다. 대표적인 학자가 롤즈이다. 여기에 더해서 하버마스와 같은 토의민주주의론자나 심의민주주의론자들도 사적 영역의 확대의 위험성을 경고하고 있다. 탈근대론자인 로티도 신자유주의이론의 경직성과 허구성을 폭로하면서 자유주의를 압박하고 있다.

3. 국가론의 현실적 함의

국가론의 핵심은 국가가 사회에 개입하는 것 보다는 국가가 시장에 개입하는 것에 있다. 그런데 국가가 경제문제에 개입하는 양태는 다양하다. 어떤 나라는 국방과 관련된 서비스와 같은 특정 서비스만을 제공하지만 다른 나라는 국가가 직접 산업체를 소유하고 최대고용자 역할을 하기도 한다. 이것은 국가들마다 추상적 실체로서 국가(정부)와 추상적인 실체로서 시장의 경계가 다르게 설정되어 있다는 것을 의미한다. 이에 따라 이론적으로 국가가 경제에 개입하는 것을 5개로 유형화하면 아래 그림과 같다.

그림 Ⅱ-3 1-1 국가와 경제의 경계[60]

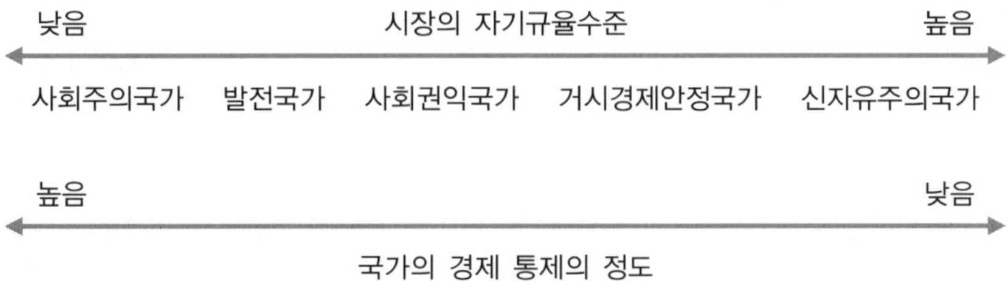

60) Block, 1994, p.692. 임석준, p.73에서 재인용

(1) 신자유주의 국가(공공재 국가)

공공재 국가는 시장에 대한 믿음이 높은 국가로 시장이 가장 효율적인 주체라고 생각한다. 따라서 국가의 역할은 시장에서 제시할 수 없는 것인 공공재를 제시하는 역할로 한정되어야 한다. 따라서 공공재 국가의 현실적인 유형은 국방과 치안만을 담당하는 야경국가(night watchman state), 자유방임(laissez-faire)국가,[61] 그리고 신자유주의 국가 등을 들 수 있다. 자유방임을 강조한 아담 스미스는 군주의 3가지 의무로 ① 국방 ② 정의를 실현할 수 있는 행정부의 설립 ③ 공공사업과 공공제도의 설립과 유지를 들었다. 특히 공공사업에서 개인들이 생산하지 못하는 재화를 창출하는 것이 중요하다고 했는데 이것이 현재 공공재로 불리는 것이다.

(2) 거시경제 안정국가

국가의 역할에 대한 두 번째 견해는 경기 사이클의 충격을 완화하자는 것이다. 이 견해는 어느 정도 시장이 자기 규율적이지만 경제가 호황과 불황을 반복하기 때문에 국가가 경기 사이클을 완만하게 조정하는 정도로 시장에 개입해야 한다는 것이다. 이것은 경제학의 케인즈 이론을 차용한 것이다. 케인즈 이론은 고전 경제학이 제시했던 시장의 자연스런 조화를 부정하고 소비가 부족할 수 있다고 보았다. 따라서 국가는 부족한 소비를 채워주어야 한다. 이를 위해 정부는 지출을 늘리고 공공고용을 통해서 노동자들의 실질임금을 증대해서 소비를 촉진한다는 것이다. 정부의 지출 증가와 고용의 증대는 승수효과를 통해 다른 사람의 고용을 증대하는 효과도 가져올 것이다.[62]

(3) 사회권익국가

사회권익국가는 우리가 흔히 이야기 하는 복지국가이며 앞의 두 모형보다 국가가 더 적극적으로 시장개입을 한다. 사회권익국가에서는 부의 재분배가 중요하다. 마샬(T. H. Marshall)은 복지국가의 등장이 시민권 의식이 심화되는 과정이라고 주장한다. 그는 영국의 사례를 통해서 시민권의 쟁취과정을 시민적, 정치적, 사회적 시민권의 3단계[63]로 보았다. 그

---

61) **자유방임주의의 의미**: 프랑스 절대군주정의 시대는 루이 14세의 "짐이 곧 국가다 (L'Etat, C'est moi)"라는 말로 대표된다. 또한 루이14세의 재상이 상인들에게 정부가 해줄 수 있는 역할에 대해 물었을 때, "우리를 내버려 둬 달라"(Laissez nous faire)라고 말한 일화가 유명하다고 한다. 이는 근대 절대주의가 군주의 중앙집중적인 권력과 국민개개인의 자유방임주의적 경제논리가 병존, 혼재했던 시기임을 보여준다. 임석준, pp.74-75.

62) 임석준, pp.75-76.

63) **마샬의 3가지 시민권**: 마샬의 3가지 시민권에서 시민적 시민권(civil citizenship)은 국가의 자의적 힘으로부터 시민들의 권리를 보호하는 것으로 18세기에 나타났다. 여기에는 언론, 사상, 신앙의 자유, 재산 소유의 권리, 자유계약의 권리 등이 속한다. 두 번째 정치적 시민권(political citizenship)은 선거를 통해서 정치권력에 참여할 수 있는 권리를 의미하며 이것은 19세기에 나타났다. 세 번째 단계인 사회적 시민권(social citizenship)은 20세기에 등장한 권리이다. 경제적 복지와 안정을 누

리고 사회적 시민권을 경제적 복지와 안정을 누릴 수 있는 권리라고 하면서 이런 사회적 시민권을 보장해주는 국가를 복지국가라고 부르고 복지국가가 지향하는 정치체제는 사회민주주의(social democracy)라고 한다. 이에 따라 국가는 더욱 시장에 개입하게 되고 누진세 등 각종 조세정책을 통해서 시장에서 제공되는 것 이외의 수입을 노동자들에게 제공함으로써 노동을 시장으로부터 보호하는 "노동의 탈상품화(decommodification of labour)"[64]역할을 한다.

(4) 발전국가

발전국가는 국가의 적극적 경제 개입에 의해 성공적인 경제성장을 이룰 수 있다고 주장한다. 신중상주의(neo-merchantilism) 이론으로도 불리는 발전국가는 '투자의 사회화(socialization of investment)'를 통해서 국가가 시장에 개입한다. 투자의 사회화란 신생국가에 대한 시장의 신뢰가 없는 상황에서 내부와 외부 민간세력이 투자를 꺼리기 때문에 국가가 앞장서서 투자를 하는 것이다. 국가는 대규모 사회투자가 필요한 교통, 통신, 전력, 연구개발에서 국가의 투자를 확대하여 기업투자를 유도하고 국가의 경쟁력을 높인다는 것이다. 발전국가는 국가가 소비분야에 개입하는 것을 넘어 일정하게 생산분야에 간섭을 한다는 점이 특징이다.[65] 한국과 싱가포르 같은 1980년대 발전한 동아시아국가들의 사례는 발전국가의 성공사례로 '내재적 자율성(Embeded Autonomy)'[66]과 같은 개념을 통해서 칭송하였다.

릴 수 있는 권리를 의미하며 국민연금, 실업수당, 의료보험 등의 제도를 통해서 보장된다. 임석준, p.77.

64) **노동의 탈상품화**: 노동이 탈상품화된다는 것은 노동자가 자신의 노동력을 상품으로 사용하지 않아도 생활을 할 수 있는 것이다. 즉 국가의 급부를 통해서 인간다운 삶을 살 수 있게 하는 것이다. 노동자가 노동을 할 수 없어 노동시장에 자신의 노동을 상품으로 내놓지 못할 경우 인간으로서 삶을 살 수 없다. 이처럼 인간이 인간으로서 소외되는 것을 막는 것이 노동의 탈상품화이다. 스웨덴과 같은 국가에서 복지를 통해 노동자를 보호하는 것이 전형적인 노동의 탈상품화라고 할 수 있다. 임석준, pp.76-77.

65) **발전국가모델의 심화**: 발전주의모델의 가장 대표는 일본모델이고 일본 통산성이다. 일본의 통산성과 일본관료제도는 전후 일본경제를 복구하고 발전시키는 데 있어서 주도적인 역할을 수행하였다. 이들은 경제를 정치에 종속시키면서 국가 지원과 규제를 정하였고 일본의 국제 경쟁력을 높이고 세계경제를 '지도하는 고지'를 차지하기 위한 특정 산업부문의 보호와 조정을 수행하였다. 일본 제도의 특징으로는 유치 산업보호 정책을 통한 기간산업을 육성한 정책과 소비보다 저축을 강조하여 기초자본을 형성한 일본의 우편저축 제도의 높은 저축률을 들 수 있다. 또한 효율적인 생산을 담보하기 위한 일본의 종신고용제도의 특징을 들 수 있다. 여기에 더해 일본기업의 특별한 지배구조를 통해 이중 노동 시장(재벌 기업은 종신 고용과 연공서열에 따른 임금과 이해 당사자 모형 유지하나 중소기업과 여성들은 이런 대우를 못 받음)을 형성하고 있었다. 또한 재벌중심구조에서 재벌은 계열 은행을 통한 자금을 마련하는 방식을 구축하고 있었고 여기에 정부의 보증이 뒤따랐다. 일본의 기업은 판매와 성장에 초점을 두었는데 이것은 미국의 기업이 이윤을 극대화하여 주주들의 이해를 반영하는 것과 차이가 있었다. 또한 기업간 교차 출자 통해 계열회사를 운영하는 재벌구조를 갖추었다. 이런 구조는 정부가 특정기업들 다수를 통제하는 것이 아니라 몇몇 재벌을 주도적으로 조정하면서 재벌의 성장을 가져올 수 있도록 조정해주기 용이한 구조를 형성한 것이다.

66) **내재적 자율성의 의미**: 이것을 피터 에반스(P. Evans)는 일본이라는 발전주의국가의 정부관료와

그러나 1997년 동아시아 외환위기로 이들 국가들이 경제 위기에 빠지자 '정실자본주의(Crony Capitalism)'[67]로 비판을 하게 된다.

(5) 사회주의 국가

사회주의 국가의 핵심은 시장의 부정의를 극복하기 위해서 국가의 역할을 더욱 확대하자는 주장이다. 국가는 생산과 소비 전 영역에 걸쳐서 민간을 대체하여 역할을 수행하는 것이다. 마르크스에 의하면 시장경제는 경제적 불평등을 초래하고 인간의 기본적인 신념체계마저 무너뜨린다. 이런 불평등과 인간 소외를 해결하기 위해서는 사유재산제도를 폐기해야만 한다. 프로레타리아 계급의 지배를 위해 공산당이 전위조직으로서 국가를 장악하는 것이 사회주의단계라고 하면 계급지배가 사라지고 국가 자체가 사라져 모든 지배관계가 폐지되는 것이 공산주의이다. 마르크스에 따르면 사회주의를 넘어 공산주의가 되면 국가는 폐기되어야 한다. 그러나 실제 사회주의 국가에서는 국가가 폐기되기 보다는 국가가 전 부문을 강력히 통제하는 체제를 구축했다. 시장경제가 가격체계에 의해서 자원이 분배되는데 비해서 사회주의 국가의 계획경제(planned economy)에서는 몇몇 관리자, 즉 계획자에 의해서 자원이 분배된다.[68]

위의 5가지 국가의 역할은 다음 표에 정리되어 있다.

표를 통한 비교 세국가-경제의 이념형, 주요주장, 그리고 현실적 유형들

국가 이념형 (Ideal Type)	주요주장	현실적 유형
신자유주의 국가 (공공재 국가)	시장에서 모든 재화가 공급되기 때문에 국가는 최소한의 역할, 즉 시장에서 생산할 수 없는 공공재만 공급한다.	• 19세기 영국의 야경국가 • 21세기 신자유주의 국가

민간 연계 현상을 '내재된 자율성(Embedded Autonomy)'로 개념화하였다. 이 개념의 핵심적 의미는 국가가 자율성을 가지되 사회 속에서 착근된 자율성을 가진다는 것이다. 즉 재벌들의 결정조직들과 통상성의 관료들이 동경대학이라는 학맥에 근거해서 끈끈하게 연계된 채 국가가 시장을 조정한다는 것이다. 또한 이러한 일본의 경제성장을 따라하면서 다른 아시아 국가들이 성장하는 것을 마치 기러기가 V자 형태로 날아가는 모습과 같다고 해서 'Flying Geese Model' 이라고도 한다. 한 국가가 선도하고 다른 국가들이 이를 추종하는 모습을 상징화한 것이다. 그러나 이 동아시아 모델은 1997년 동아시아 외환위기로 이 발전모델을 추종한 국가들이 동반 하락하자 비판을 받게 되었다.

67) **정실자본주의 개념**: '정실자본주의(Crony Capitalism)'는 정경유착으로 표현되는 것처럼 혈연, 학연, 지연 등의 온정주의적 파벌성을 이용하여 자본주의를 운영하는 것을 의미한다. 1997년 외환위기로 발전국가들이 경제위기를 경험하자 자유주의이론가들이 이들 국가들을 정실자본주의로 비판할 때 사용한 논리이다. 하지만 동아시아 발전주의 모델은 최근에 중국의 성장과 베트남 등의 성장에서 다시 활력을 받고 있다.

68) 임석준, p.78.

거시경제안정국가	시장은 호황과 불황의 사이클을 반복할 수 있기 때문에 국가는 경기 사이클을 완만하게 조정하는 정도에서 시장에 개입해야 한다.	제 2차 대전에서 1970년대 까지 대부분의 서구 선진국가들
사회권익 국가	국가는 각종 재분배 정책을 통해 사회의 약자들을 시장으로부터 보호한다.	사회민주주의 국가 (스웨덴, 노르웨이, 핀란드 등의 북유럽 국가)
발전 국가	국가는 산업정책 등을 통해서 시장에 개입한다.	• 17-18세기 중상주의 국가 • 20세기 동아시아
사회주의 국가	시장은 불평등, 부정의를 창출하기 때문에 국가가 근본적으로 통제해야 한다.	• 구소련, 중국(1949-1978) • 북한 등의 사회주의 국가들

4. 현실에서 국가

국가론에서 어떤 형태의 국가를 선택하는지는 단순한 모형의 비교만이 아니다. 국가가 시장에 비해 강력한 자율성을 가질 것인지나 국가가 시장에 어느 정도 개입할 것인지는 결국 한 국가의 국민들이 정하는 문제이다. 한국은 네오베버리안식 모형처럼 국가가 사회와 시장에 대해 자율성을 가지고 있다. 실제 2003년말 이슈가 된 이라크전쟁에 대한 추가파병건의 경우 사회의 강력한 반대에도 불구하고 정부가 주도적으로 결정하여 3,000명 선의 병력파병을 결정하였다. 이 이슈에서 재벌로 상징화되는 시장은 정책결정에서의 영향력이 절대적이지는 않았다. 과거 한국이 권위주의정부형태를 가지고 있을 때 국가는 강력한 자율성을 가지고 있었다. 하지만 민주화이후 정부는 민간 사회의 요구를 반영하게 되면서 국가(정부)의 자율성은 약화된 것이다. 한국의 경우 시장의 힘이 강해지면서 국가의 시장 개입은 약화되고 있다. 그러나 복지이슈를 두고 국가개입에 대한 사회의 요구가 강해지면서 한국은 케인즈주의국가보다 강한 사회권익국가로 전환되어야 한다는 진보진영의 요구도 있다. 결국 한 국가가 어느 정도 자율성을 가지고 어느 정도 시장에 개입할 것인지는 국가구성원들의 선택에 의한 것이다.

제3절 정치경제의 구체적인 현실

1. 국가와 시장 사이의 관계설정

(1) 국가와 시장의 관계의 일반화 곤란

표를 통한 비교

신자유주의: 미국식 모델이 가장 탁월함 → 다른 국가들의 미국 모델로 수렴
자본주의 다양성이론: 국가별 경로의존성 → 미국식 모델은 미국에 타당 / 타국의 수렴은 어려움

자본주의의 중심축은 시장이고 민주주의의 중심축은 민주적 공간인 공론의 장이다. 그러나 민주주의는 공론화된 이슈를 결정하고 그 결정에 따른 정책집행을 위해서 민주적으로 선출된 정부의 개입을 필요로 한다. 이런 점에서 자본주의와 민주주의의 현실적인 관계와 양자의 운영은 시장과 국가사이의 관계에 의해서 규정된다.

시장의 실패를 치유하기 위한 국가와 약탈적 국가를 막기 위한 시장과 사회의 견제가 맞물리면서 시장과 국가의 관계가 형성된다. 하지만 실제 시장의 운영과 국가의 개입정도는 한 국가의 역사와 문화 등에 영향을 받는다. 그런 점에서 역사적으로 다양한 국가들의 경험이 국가와 시장사이의 관계에 내재되어있다. 또한 주변국가와의 지정학적 환경, 자연자원의 보유정도, 국가와 민간사이의 과거 역학관계 등이 모두 국가와 시장사이의 관계규정에 영향을 끼쳐왔다. 따라서 국가들마다 특수한 조건이 국가와 시장의 관계에 영향을 미쳐왔다. 이러한 각 국가가 처한 상황의 특수성으로 인해 국가와 시장 사이의 관계에 관한 일반이론의 구축은 어렵다. 즉 모든 국가에게 보편적으로 적용될 수 있는 정치경제모델이 존재하지 않는다는 것이다. 이는 신자유주의가 주장하는 것처럼 미국식 신자유주의 모델을 모든 국가가 받아들이고 이 모델로 수렴되는 것이 불가능하다는 것이다. 최근 신자유주의적 모델로의 수렴 주장에 대한 거부로서 나타나고 있는 '자본주의의 다양성' 논쟁은 이런 특수한 국가들의 상황과 역사적 패턴의 지속성을 근거로 하고 있다.

고전학파 경제학 이래 이 입장을 따르는 신고전학파 경제학까지 자유주의 이론가들의 주장의 공통점은 국가와 시장의 분리에 있다. 즉 국가는 공적 영역이고 시장은 사적인 영역이기 때문에 국가의 시장에 대한 개입은 배제되어야 한다는 것이다. 국가 개입이 최소화되어야 한다는 논리에 기반해서 1950년대에는 역으로 정치문제를 경제적 분석방법으로 설명하

는 부류가 등장했다. 올슨과 다운스와 애로우 등 대표적인 신정치경제론자들은 경제학분석 방식인 생산과 소비의 시장 논리를 정치학에 적용했다.

이들 접근은 시장모델 한계점이 드러나면서 이론적 곤경에 처하게 되었다. 이들이 생각하는 '균형'이라는 것이 실제 역사에서 일반적이지 않다는 점과 시장에서 인간이 배제되었다는 점이 문제가 되었다. 실제로 1870년대의 대불황기와 1930년대의 대공황은 역사적으로 볼 때 주기적인 불균형 현상이 벌어진다는 점을 명확하게 드러낸다. 게다가 50년을 주기로 한 이 주기는 1970년대 오일쇼크와 스태그플레이션이 오면서 더 강하게 들어맞게 되었다. 그리고 2008년 미국발 금융위기는 다시 한 번 시장의 균형에 문제가 있다는 것을 보여주었다. 게다가 시장을 움직이는 실체인 인간의 심리적 요소[69]를 고려하지 못하는 것도 문제이다.

(2) 시장과 국가의 운용에 대한 국제적 비교: 자본주의 다양성 논쟁

앞서 정치경제의 역사에서 시장과 국가의 관계변화를 살펴보았었다. 국가와 시장의 관계를 횡단면으로 구분해볼 수 있다. 즉 같은 시기에 여러 국가들이 다른 형태의 정치경제를 운영하고 있는 것을 보면 신자유주의자들의 시장에 대한 수렴화가설이 타당하지 않다는 점을 검증해볼 수 있다. 또한 신자유주의가 강화되는 시점에서 한국의 바람직한 정치경제모델이 무엇인가를 살펴보는 데 있어서도 다양한 운영방식은 한국에도 반드시 신자유주의를 따를 필요가 있는 것은 아니라는 논리를 제시한다.

'자본주의 다양성 논쟁'에서 나타나는 논쟁의 핵심은 신자유주의가 말하는 영미식 모델로의 수렴화가 바람직하지 않다는 것이다. 국가들의 경제운영은 역사적 유산이 다르기 때문에 국가들의 정치경제작동방식은 다를 수밖에 없다는 것이다. 역사적 제도주의가 말하는 것처럼 '경로의존성'이 작동한다는 것이다.

자본주의 다양성 논쟁에서 제시되는 모델은 대체로 5개[70]이다. 첫 번째, 앵글로 색슨의 자유시장 모델이 있다. 이 모델의 대표 국가는 미국과 영국이다. 이들 나라들은 노동시장과 상품시장에서 규제가 적다. 또한 상품시장에서 높은 경쟁성을 가지고 있고 노동 시장이 유연하기 때문에 노동자들의 기업이직이 잘 되는 특징이 있다. 그리고 여기에 더해 금융시장이 발달되어 있다. 이들 나라의 기업들은 주주중심지배구조로 기업의 성장이나 장기투자보다는 주주에게 할당된 배당이 중요하기 때문에 기업이윤이 중요하다. 이직이 용이하다는 점에서 노동자들은 특정한 기술보다 일반적인 기술을 습득하는 것이 중요하며 이를 위한 교육 부분의 경쟁이 치열하다.

---

69) **인간심리와 경제와 정치간 관계**: 시장에서는 합리적 주체를 상정하고 인간심리를 부차적으로 본다. 그러나 경제심리학에서도 이야기 하듯이 경제 현상에는 인간의 심리적 요소가 매우 중요하게 나타난다. 인간의 불안하다는 심리가 경제에 반영되면 시장은 균형적으로 움직이지 않게 되는 것이다. 이런 심리를 반영하여 공동체를 운영하는 데 있어서 중요한 것이 정치이다. 공동체의 불만과 정서를 고려하면서 정치를 운영해야 하기 때문에 국가의 개입은 시장에서 볼 때 불가예측적이다.

70) 권형기, "세계화 시대 자본주의 다양성" 『정치학이해의 길잡이: 정치경제』(파주: 법문사, 2008)

두 번째 모델로는 사회민주모델이 있다. 대표적인 나라로는 스웨덴, 덴마크, 핀란드를 들 수 있다. 이들 나라의 특징은 노동시장이 유연하다는 것이다. 따라서 노동자들의 이직이 수월한데 이것은 사회보장과 같은 복지에 기반을 두고 있다. 앞의 모델이 노동자 개인의 능력에 초점을 두고 노동시장의 유연화를 이루는 것과 대비해서 사회민주주의 국가들은 사회적 안전망이 형성되어 있는 상황에서 노동시장이 개방적이다. 이들 나라는 사회적 평등이라는 가치를 중요하게 여긴다는 점 역시 미국이 자유를 강조하는 점과 차이가 있다. 사회적 평등을 달성하는 데 있어 특히 육아와 노인보호 등의 사회보장이 잘 되어 있다.

세 번째 모델은 유럽대륙형이다. 여기에는 독일, 프랑스, 네덜란드가 속해있다. 이들 나라들에서 노동은 임노동을 보호하지만 사회복지는 낮은 편이다. 또한 노동시장의 규제로 인해 노동력의 구조적응력이 낮다. 즉 노동시장이 보호받기 때문에 이직에 대한 두려움이 적지만 노동세력은 변화에 취약하다. 이로 인해 노동생산성을 낮춘다. 금융체제 역시 은행을 중심으로 이루어지기 때문에 주주를 중심으로 재원을 조달되지 않고, 안전성 위주의 투자가 주를 이루게 된다. 이는 신기술에 기반한 혁신적 기업의 성장에 불리하게 작용한다. 따라서 노동생산성이 떨어지고 혁신적 기업을 만들어내기 어렵다는 점은 유럽 국가들의 미래가 어둡다는 것을 의미한다.

네 번째 모델은 지중해국가 모델이고 여기에 대표적인 국가는 이태리, 스페인, 그리스가 포함되어 있다. 이들 국가들은 유럽 내에서도 경제기반이 취약한 나라들이다. 노동시장이 경직되어 있기 때문에 노동생산성이 떨어지고 상품시장은 높은 규제로 인해 저발전되어 있다. 또한 금융시장 역시 저발전되어 있기 때문에 기업성장을 지원하기 어렵고 기업들의 지배구조는 비효율적이다. 특히 이들 국가의 대부분의 수입원이 관광수입에 기반한다는 점은 이들 국가의 경제적 발전에 장기적으로는 저해가 되고 있다. 최근 유럽의 경제위기들의 주요 온상지들인 PIGS(포르투갈, 이태리, 그리스, 스페인)라고 불리는 국가들이 이 모델에 속한다.

마지막 모델은 아시아 모델이다. 이들 나라들은 초기 성장단계에서 대만을 제외하고는 국가가 대기업을 중심으로 경제를 발전시켰고 국가주도적인 금융구조를 이루고 있다. 회사들은 고유의 기술획득에 집중적으로 투자하고 있고 사회보장구조는 낮다. 특히 동아시아 위기 이후 노동시장이 정규직과 비정규직으로 이원화되면서 사회보장의 취약성이 크게 문제가 되고 있다. 여기에 더해 금융시장이 덜 발달해 있다는 점 역시 경제위기에 금융분야가 여전히 취약할 수 있음을 보여준다.

정치경제에 있어서 시장과 국가 사이의 관계에 대한 '자본주의 다양성'에 기반한 횡적인 분석은 국가들의 정치경제의 운영방식이 다르다는 점을 보여준다. 특히 노동시장, 상품시장, 금융시장 등이 어떻게 발전되어 있는지와 국가가 어떤 방식으로 이들 제도를 만들었는지의 차이를 확연히 보여준다. 게다가 이들 국가들은 전통적으로 국가와 시장체계가 구성된 방식들에 여전히 영향을 받고 있다. 미국은 자유를 위해 이주민들이 모인 나라답게 여전히 자유와 사적영역의 최대한 확보를 중요한 가치로 삼고 있다. 그리스와 스페인 등은 과거의 유산을 이용하여 조상들에게 감사하지만 지나치게 조상에 의존한 탓에 국제시장에서 경쟁력이 떨어지게 되었다. 이런 요소들은 시장의 경로의존적 속성이 강하다는 점을 예증한다. 따라서 한국의 정치경제모델의 재설정에 있어서 지나친 미국방식의 추종보다는 한국의 역사적 경로를 파악하면서 이 중에서 좋은 부분을 찾아내고 나쁜 부분을 고쳐가는 것이 필요하다.

2. 국가와 시장과 시민사회의 바람직한 관계: 협력적 거버넌스

과거 정치경제는 국가와 시장만으로 설명하였다. 그러나 현대 정치경제에서 시민사회는 주요한 정치경제행위자로 활동하고 있다. 예를 들어 소액주주운동을 하는 시민단체를 구성하거나 시민단체의 소비자불매운동 등을 볼 수도 있다. 시민들이 협동조합을 구성하여 생산과 소비를 연결하기도 한다. 따라서 정치경제를 원활하게 작동하기 위해서 시장과 국가만이 아니라 시민사회와의 관계 규정이 중요하다. 시민사회의 비판과 감시가 시장과 국가를 좀 더 생산적 연계로 이끌 수 있게 해줄 수 있다. 정실주의와 같은 배타적 연계나 상호약탈적 혹은 상호 파괴적인 관계설정이 아니라 생산적인 연계를 만들기 위해서는 국가 - 시장 - 시민사회의 상호견제와 지원이 필요하다. 중요한 것은 각 행위자의 역할이 어떻게 규정되는가이다.

3가지 부문의 역할을 이야기 할 때 필요한 것은 각 부문이 처해있는 환경적 변화를 먼저 읽어내는 것이다. 또한 세계화와 정보화라는 거대한 변환 앞에서 지금까지의 사고의 틀을 넘어서는 새로운 접근을 통해서 각 부문의 역할 규정을 해볼 수도 있다.

(1) 국가의 역할

21세기 시대는 국가에게 새로운 압력을 가하고 있다. 국가의 배타적 경계선이 약해지고 비국가 행위자들의 역량강화로 국가의 역할 자체가 도전을 받고 있다. 또한 영토에 기반한 통치권이 약화되면서 중앙집중적인 권력구조는 분권화를 거치고 있고 민간부문으로 국가 자신의 역할을 상당부분 이양하고 있다. 특히 신자유주의가 강화되면서 이런 경향은 더욱 강화되고 있다.

이런 상황이 신유목민주주의[71]를 만들고 있다. 신유목민주주의에서 국가는 새로운 형태의 민주주의를 구현하기 위해서 3가지 역할이 요구된다. 먼저 '분권 국가'이다. 세계화와 지방화의 압력은 국가가 중앙집권적으로 문제를 해결하기 보다는 권력을 분산하여 요구되는 상황에 대응하는 것이 필수적이게 만든다. 분권국가는 보충성의 원리에 따라 민족 공동체의 일반이익과 직결되지 않은 권력과 자원은 우선적으로 지방에 이전하는 것을 목표로 한다.[72]

---

71) **신유목민주주의의 의미**: 임혁백, 『신유목 민주주의』에서 신유목 민주주의를 위해서 국가, 시장, 시민사회의 역할을 제시한다. 신유목 민주주의는 시론적인 형태이지만 최근 일어나는 정치, 경제, 사회적 변화를 민주주의 내에서 다루어보려는 거시적 관점의 접근이다. 이런 거시적인 틀의 제공은 다른 제도들을 조화시키는데 있어서 지침을 제공한다는 점에서 교훈적(heuristic)이다.

두 번째는 '촉매국가'이다. 과거 정치를 표현하는 것 중에서 그리스어 'Kibernete'는 '국가를 조정하다'라는 뜻과 함께 '항해하다'라는 뜻을 담고 있었다. 이처럼 국가는 조정하는 것이 중요하다. 촉매국가는 발전주의 국가가 했던 것처럼 국가가 생산과 소비부문을 주도하고 시장을 형성하고 지휘하는 것이 아니라 시장과 다양한 사회세력들이 자신들의 목소리를 내면서도 공동으로 항해할 수 있게 조정해주는 것이다. 이 과정에서 국가 기능의 핵심은 여러 세력간의 네트워킹을 촉매하며 행위자간의 협력 능력을 키우는 것이다.

세 번째는 '가상국가'이다. 정보화의 빠른 발전으로 이제 국가는 일국의 영토를 넘어 전세계를 상대로 한 다양한 경제활동을 전개하고 이를 통해 경제적 번영을 구가하려는 가상국가(virtual state)가 되어야 한다. 이 가상국가는 로즈크랜스(Rosecrance)의 개념으로 국가기능으로서 연구개발과 지식 등을 중시하고 인적 자본에 대한 투자 등을 강조한다.

(2) 시장의 역할

국가 다음으로 보아야 할 행위자는 시장 부문이다. 한국은 1980년대 이래로 발전국가경향이 점차 약화되어 왔고 동아시아 외환위기를 기점으로 IMF로부터 차관을 빌려오면서 IMF의 조건을 따르면서 신자유주의로 급격하게 이동하였다. 국가를 대표하는 중앙정부에도 신자유주의의 성과주의 바람이 강하게 작용하고 있으며 시장은 승자와 열패자를 구분하는 능력사회를 사회부문에도 강제하고 있다. 청년실업과 비정규직 문제 그리고 사회적 안전망의 부재는 젊은 세대에게 더 강한 경쟁을 강조하면서 한국은 실력주의사회와 능력중심의 사회로 몰아가고 있다.

미국식의 성공신화를 바탕으로 한 신자유주의는 효율적인 생산을 가져올지 모르지만 시장우월적 질서는 몇 가지 문제점을 가지고 있다. 첫째. 시장은 승자 독식사회를 낳고 승자독식사회는 시장 경쟁의 승자와 패자간의 간극을 확대함으로서 사회적 응집력을 약화시키고 사회적 균열을 강화한다. 승자와 패자의 구분은 시민적 덕성을 감소시키고 사사화(privatization)를 강화한다. 둘째, 시장체제의 효율성은 유효한 경쟁의 존재에 있다. 그러나 경쟁이 존재하지 않는 경우 시장체제는 독점이나 카르텔 등에 취약하게 된다. 만일 반독점, 반카르텔 법과 제도가 부재할 경우 경쟁자들은 경쟁하기보다는 단합하게 되고 이는 경제력 집중과 독점을 강화할 것이다. 이런 경제력의 집중은 민주주의의 물질적 기초를 위협하게 된다. 셋째, 법의 지배에 의해 뒷받침되지 않는 시장은 무질서한 시장, 약육강식의 법칙만이 존재하는 마피아 시스템으로 변하게 된다.[73]

---

72) **한국의 분권국가 사례**: 실제 한국에서는 참여정부에서 분권국가에 돌입하는 몇 가지 법안이 만들어졌다. 참여정부의 3대 분권법이라고 할 수 있는 지방 분권 특별법, 국가 균형발전특별법, 신행정수도특별법이 그것이다.

73) **정치경제의 마피아체제와 블레이드 러너 사회의 의미**: 마피아 경제는 실제 구소련에서 분리된 러시아에서 볼 수 있다. 이렇게 사회에 의해서 통제되지 않는 발가벗은 시장의 법칙이 지배하는 사회는 '칼날위에서 경쟁하는 블레이드 러너(Blade Runner) 사회'가 될 가능성이 높다. 이런 사회는 이윤

시장우월적 질서의 가장 큰 문제는 자본주의의 초기 상황에서의 사회적 운을 지나치게 강조하는 것이다. 즉 시장질서에서 선취점을 가지고 태어난 사람들은 경쟁의 구조에서 초기부터 우월한 지위에서 게임을 진행한다. 그러나 초기 자원이 부족한 상황에서 태어난 사람들은 그 부족한 자원으로 인해 심각한 경쟁에 내몰리게 된다. 이는 사회적 재화와 가치를 배분하는데 있어서 공정성, 즉 정의(justice)의 문제를 가져오게 된다.

신자유주의의 시장 우월적 질서에 대한 대안으로는 '사이버 공동체(cyber-woodstock)'모델을 고려해 볼 수 있다. 이 모델은 정보, 인간, 돈의 흐름, 가족과 공동체, 공적 업무에 대한 참여 등의 가치가 공유되는 강한 공동체를 지향한다. 정보화에 기반하여 개인들의 참여를 통해서 사적 소유권보다는 공유된 가치를 강조하는 입장이다. 이것을 가능하게 하기 위해서는 시민친화적인 시장질서를 수립하는 것이 중요하다. 시민사회의 참여를 통해 시장을 규율함으로서 시장을 무자비함을 축소하는 것이다.

(3) 시민사회의 역할

정치경제에서 새롭게 부상하는 영역이 바로 시민사회 부문이다. 특히 시민사회는 1970년대 이래로 새로운 민주주의의 희망으로 자리잡아왔고 한국에서도 민주화이후 그 성과를 뚜렷하게 보여주고 있다. 시민사회의 양적, 질적 성장과 시민사회의 자율성 증대와 활동영역의 확대는 시장의 문제를 해결할 수 있는 가능성을 제시한다.

먼저 시민사회가 수행해야 할 중요한 역할은 '감시자'로서의 역할이다. 시민사회는 국가를 이루고 있는 정치인들과 관료에 대한 감시자 역할 뿐 아니라 시장과 기업에 대한 감시자 역할을 수행해야 한다. 이렇게 함으로써 '국가-시장-시민사회의 협치'로서 결사체 민주주의를 강화할 수 있다. 이때 시민사회는 시장과 국가가 떠맡은 부담을 덜어주면서 대안적 정부의 기능을 수행할 수 있다. 이렇게 되면 세계화시대에 비이윤추구적인 '사회적 경제'가 출현할 수 있다. 실제로 이 역할은 사적 이윤을 추구하지 않고 공동체와 타자를 생각하는 시민 결사체나 '사회적 기업'에 의해서 담당되어야 할 것이다. 시민사회는 참여를 증대하면서 심의적 거버넌스를 구축하는 방향으로 민주주의의 운영방식에도 변화를 꾀할 수 있다. 시민사회가 주도할 심의민주주의는 시장질서에 의한 이기적 이해추구를 벗어나 성숙한 다원주의적 토론 문화를 정착시키고 시민들로 하여금 문제를 스스로 해결하려는 자치문화를 내면화, 습관화하도록 교육과 훈련을 가능하게 할 수 있다.

(4) 3자의 역할 정리

위의 논의는 결국 국가와 시장과 시민사회는 연계가 어떻게 이루어지는가의 중요성을 다시 한번 확인시켜주었다. 이 논의를 통해서 두 가지 중요한 결론을 내릴 수 있다. 첫째, 이제 정치경제는 국가와 시장만의 영역이 아니라 개별 시민들의 영역으로 자리잡아야 한다.

극대화의 기업과 이기적 개인이 만들어 낼 수 있는 최악의 미래상이다.

실질적으로 영향을 받는 시민영역이 주체적으로 자신들의 목소리를 반영하는 것이 필수적이 되었다는 것이다. 둘째, 정치학의 본질적인 명제인 권력은 항상 누군가에 의해 견제되어야 한다는 것이다. 국가-시장-시민사회의 3파전은 권력게임을 좀 더 복잡하게 만들었지만 3자 간의 복잡한 견제구조를 형성하여 권력의 집중이 가져올 수 있는 위험성을 막을 수 있게 해준다. 물론 현실 경제에서 이 3자가 연대하여 지대를 추구할 수도 있지만 이론적 관점에서는 권력제한의 가능성이 좀 더 열린 것이다.

심화 학습

사회적 기업

최근 정치경제학에서 시민사회와 기업의 연계와 관련해서 주목을 받고 있는 주제가 사회적 기업이다. 기업활동과 함께 사회적 서비스를 제공한다는 점에서 시장과 시민사회의 중간적 형태를 띤 새로운 실험이다.

사회적 기업이란 사회 서비스 제공이나 취약계층의 일자리 창출 등을 주 목적으로 하는 기업으로, 시장원리에 입각한 자본주의의 새로운 시도로 평가되고 있다. 이윤 창출을 부차적 목적으로 본다는 점에서 일반기업이 일차적인 목적을 이윤극대화에 둔다는 점과 다르다. 즉 빵을 만들기 위해 고용을 하는 것이 아니라 고용을 만들기 위해서 빵을 생산한다는 취지로 이해할 수 있다. 이런 점에서 사회적 기업은 지속 가능한 사회공헌을 추구한다.

사회적 기업은 일자리 창출과 같은 사회적 역할을 수행하면서 이윤을 창출하려는 비영리단체와 영리기업의 중간형태이다. 유럽에서 1970년대 이후 등장한 것으로 한국에서는 박원순 변호사의 '아름다운 가게'가 등장한 2000년대 이후 시도되어지고 있다. 1999년 아름다운 재단이 만들어지고 2002년 아름다운가게가 안국동을 시작으로 하여 재활용품을 팔고 그 수익으로 제3세계를 지원하는 방식으로 영국의 '옥스팜(Oxfam)'모델을 따르고 있다,

3. 한국의 시장과 국가의 관계 역사와 미래

(1) 동아시아 경제발전의 설명

한국은 앞서 본 것처럼 동아시아 국가그룹에 속한다. 동아시아 국가들 중 경제발전에 성공한 국가들의 경우에 있어서 경제발전에 대해서는 여러 주장들이 있다. 동아시아 지역국가들의 경제발전을 설명하는 시각을 대비해보고 한국에 대한 설명 역시 적실성을 가지는지 따져 보자. 동아시아의 경제적 성장을 설명하는 데는 5가지 설명이 제시되어왔다.[74)]

74) **동아시아 경제발전과 향후 연구방향**: 이 책에서는 동아시아 경제발전에 관한 이론적 분석 5가지를 소개하고 향후 연구방향에 대해 4가지를 제시한다. 이 4가지의 과제는 한국도 풀어야 할 숙제이기 때문에 주의를 기울여야 한다. 여기서 제시되는 새로운 4가지 영역은 다음과 같다. 첫째, 동아시아 위기 이후 개혁과정에 대한 경험적 분석의 필요성. 둘째, 동아시아의 향후 방향과 비전제시와 연관된 규범적인 정책 함의를 찾을 필요성. 셋째, 민주화와 경제발전 및 개혁 간의 상호관계에 대한 이

5가지 설명 중 첫 번째 입장은 외부적인 요인 즉 국제경제적 요인으로 설명하는 '국제정치경제론의 시각'이 있다. 한국의 경제발전이 국제적 경제조건이 있었기 때문에 한국이 경제성장을 이루어냈다는 것이다.[75] 두 번째 입장은 '신고전주의 시각'으로 이 입장은 '시장'을 강조한다. 즉 시장에 의해서 동아시아 국가들이 발전하였다는 것이다.[76] 세 번째 입장은 '국가중심적 시각'이다. 이 입장은 베버식 모델을 적용하여 국가의 자율성을 통해서 경제발전을 설명한다.[77] 네 번째 입장은 '제도주의 시각'이다. 제도주의는 국가와 시장의 이분법적인 구분의 논의 자체에 문제가 있기 때문에 양자를 '제도'라는 관점에서 동시에 분석해야 한다고 주장한다.[78] 다섯 번째 입장은 '문화주의 시각'이다. 동아시아 국가들이 가진 교육열과 성실함과 같은 문화적 요소가 경제발전을 가져왔다는 것이다.[79]

슈로 이는 정치개혁과 경제개혁의 동시진행이라는 숙제로 인해서 중요하다. 특히 한국에서 2007년 대통령 선거에서 국가-시장 패러다임이 등장했다는 점은 특별하다. 넷째, 굿 거버넌스의 모색으로 다양한 행위자간 역할의 조율문제. 임혜란, "동아시아발전의 정치경제", 『정치학이해의 길잡이 4: 정치경제편』(서울: 법문사, 2008).

75) **동아시아 발전과 국제정치경제 시각**: 이 입장은 동아시아국가들의 경제적 성장을 외부적 요인인 원조와 상품생산주기요소로 설명한다. 즉 외부자본의 유입과 선진국경제에서 개도국으로 넘겨지는 특정분야(철강이나 조선산업이 대표적임)를 동아시아 국가들이 잘 받았기 때문에 경제성장이 가능했다는 주장이다. 하지만 이런 입장은 국제적 조건만을 지나치게 강조함으로서 지역 국가들마다 가지는 특이성을 설명하기 어렵다. 일례로 한국과 대만은 대기업중심구조와 가족기업중심구조로 내부적인 특성이 있고 이런 특성들 속에서 경제성장을 다른 방식으로 이루어냈다. 따라서 이 시각은 동아시아의 개별국가의 성장을 견인한 외부적 조건이 있고 그 외부적 조건 아래에서 지역 간 생산분업체제 및 생산네트워크 차원에서 동아시아경제가 발전한 것을 설명할 수 있다. 예를 들면 한국은 일본의 자본재를 수입하여 이것을 다시 가공하는 방식으로 수출정책을 폈고 이를 통해 경제발전을 이룬 것이다.

76) **동아시아 발전과 시장주의 시각**: 이 입장은 국가의 간섭이 최소화되고 시장에 의한 자원의 효율적 배분으로 경제적 성장을 이루었다고 주장한다. 하지만 이 모델은 한국과 대만에서 국가를 중심으로 경제를 발전했고 시장이 만들어졌다는 점에서 적용되기 어렵다.

77) **동아시아 발전과 국가중심적 시각**: 시장이 아닌 국가가 자율성을 가지고 시장에 개입함으로서 경제발전을 이루었다는 것이다. 이 모델의 핵심은 전략적 산업정책에 있다. 즉 자율적인 국가가 소비적 목표보다 생산적 목표를 중시하여 특정한 전략산업에 대해 다양한 인센티브를 제공하고 집중투자를 하고 국제 경제에 노출시킴으로서 국가의 특정산업을 육성하고 이를 통해 경제성장을 이룩한다는 것이다. 하지만 이 접근은 지나치게 국가를 부각시키면서 국가와 다른 제도사이의 관계를 들여다보지 못한다. 실제 정치경제는 국가와 시장이라는 제도간의 관계인데 이 제도적 관계를 못 보여주는 문제가 있다.

78) **동아시아 발전과 제도론적 시각**: 제도론적 관점에서 볼 때 국가나 시장도 제도의 하나이다. 특히 시장은 자기 완결적인 존재가 아니고 국가라는 제도의 역사적 개입에 노출되어 만들어진 인위적인 제도이다. 이런 관점에서 제도주의는 한 국가의 국가와 시장이라는 제도간의 다양한 네트워크 관계를 분석하고자 한다. 이런 네트워크를 통해서 지역국가들 간의 특이성이나 이질성을 설명할 수 있다.

79) **동아시아 발전과 문화론적 시각**: 베버는 청교도윤리가 서구자본주의의 발전을 가져왔다는 방식으로 문화론적 설명을 최초로 시도했다. 유사하게 문화주의시각은 동아시아에서 유교라고 하는 독특한 문화적 요소가 경제적 발전을 가져왔다고 주장한다. 공적인 것에 대한 우선과 신뢰와 성실함 등이 경제발전을 이룩했다는 유교적 문화에 의한 설명은 이 지역 자본주의의 발전에서 보이는 파벌성 등으로 인해 정실자본주의로도 비판을 받는다. 하지만 문화론적 설명을 검증할 수 있는지의 비판과 실제 문화적 요소들을 이 지역국가들이 공유한 것이 아니라는 비판을 받는다.

앞의 동아시아의 경제발전에 대한 이론적 분석들은 각각 일정한 설명력도 있지만 일정한 한계를 가지고 있다. 동아시아 국가들의 경제발전이 한 가지 모델에 의해서만 설명될 수는 없다는 것이다. 시기마다 설명력이 다르기도 하다. 한국의 정치경제가 어떻게 진행되어 왔는지를 다루는 것 역시 시기적인 차이를 가지고 설명할 수 있다.

(2) 한국정치경제발전의 역사적 과정

한국의 정치경제가 발전해 온 과정은 국가주도적인 형태에서 시장주도적인 형태로 넘어가면서 국가와 시장의 주도성이 중첩되어 나타나는 특성을 보인다. 먼저 박정희 정부기에는 국가주도적인 특성을 가지고 있었다. 1945년 이후 한국은 식민지 해방과 국가건설과정과 한국전쟁을 거치는 동안 미약한 시장과 거대한 국가로 특징화할 수 있다.

1940년대와 1950년대 국가 형성기를 거치고 1960년대는 산업화가 필요한 시기였다. 산업화시기에 경제를 발전시키는데 있어서 박정희정부의 역할[80)81)]은 대단히 컸다. 이승만정부

---

80) **박정희정권의 경제발전 논쟁**: 대한민국의 경제성장의 토대를 누가 만들었는지에 대해서는 논쟁이 있다. 이승만정부 시절부터 경제개발계획을 만들었기 때문에 박정희정부의 계획경제에 기반한 경제성장은 실제 이승만정부 시절부터 찾아야 한다는 주장이 있는가 하면 박정희시절에 실질화시켰고 그 계획을 시행할 수 있는 정치적 리더십을 갖추었다는 반론도 있다. 그리고 박정희시대의 중공업에 기반한 수출산업정책이 경제성장에 원동력이 되었다는 주장에 대해 박정희정부 이전에도 실제로 대한민국은 수출주도적이었지 수입대체산업위주는 아니었다는 비판과 수출주도적인 산업으로 변화했지만 그런 변화가 그 당시 경제발전에 오히려 부담이 되었다는 비판도 있다. 또한 박정희라는 지도자의 의도가 과연 경제발전에 있었는지 아니면 정치적 독재를 위해서 경제발전이라는 것을 시도할 수밖에 없었는지에 대해서도 논란이 많이 있다. 박정희시대 이전에는 국가의 자율성이 높은 편이 아니었고 국가가 경제발전의 단초를 잡을 수 있는 능력을 가지지 못했다. 따라서 박정희라는 지도자의 국가장악과 국가주도적인 계획을 강제할 수 있는 능력이 한국의 경제구조를 변화시킨 것은 틀림없다. 또한 박정희시대의 중화학공업전략으로의 변화는 실제로 1970년대의 오일쇼크 등에 의해 타격을 받았기 때문에 당시의 경제적 성과물은 크지 않았다. 하지만 이것은 장기적으로 한국경제의 구조를 변화시킨 것이 사실이다. 그리고 그런 장기적인 구조전환은 1980년대의 3저(낮은 달러, 낮은 유가, 낮은 금리)라는 우호적인 국제경제조건으로 인해 1980년대의 전두환정부 시절에는 한국산 제품의 국제경쟁력이 커지면서 무역수지를 흑자로 돌리게 된 것이다.
박정희라는 지도자의 본 목적이 정치적 권력의 장악이었는지 아니면 대한민국의 가난 극복이었는지에 대한 논란에서 무엇이 더 중요했는가는 논란의 여지가 남아있다. 하지만 박정희라는 지도자의 원 취지가 무엇이고 그것이 경제에 어떻게 기여했는지에 관계없이 한 가지 확실한 것은 개인적인 경제적 부의 증대를 목표로 하지는 않았다는 것이다. 이는 이후 권위주의 지도자들이 자신의 사리사욕을 채웠던 것과 비교될 수 있다.

81) **내인론 vs. 외인론**: 논쟁의 쟁점은 박정희시대의 경제발전을 위한 구조개편은 외부적 조건인 국제환경에 기인하는지의 외인론과 국가의 자율성과 국가 능력과 지도자의 리더십에 기인하는지의 내인론간의 관계이다. 박정희시대의 경제발전은 외부적 조건이 없었다면 불가능했을 것이다. 만약 1970년대로 넘어가면서 중화학공업이 선진국에서 개도국으로 넘어가는 조건이 없었다면 한국에게 경제발전을 위한 '기회의 창'은 열리지 않았을 것이다. 그러나 1970년대의 많은 개도국들이 유사한 상황에 직면했지만 실제로 경제발전을 이룬 국가들은 아시아의 몇 나라에 국한된다. 이것은 기회의 창이 열렸을 때 이를 잘 활용할 수 있는 국내적인 역량이 있었다는 것이다. 만약 내부의 능력 있는 지도자와 국가의 자율성은 갖추었다고 해도 외부적 조건이 열리지 않았다면 경제발전을 이루기는

나 장면정부의 경제발전을 위한 계획은 제대로 달성되지 못하고 박정희정부에 와서 경제발전의 기틀을 형성하였다. 박정희 정부에서 들어와서 국가주도적인 발전주의 입장을 택하면서 중화학 공업중심의 수출주도 전략을 선택하게 된다. 이 시기 박정희대통령은 경제기획원을 신설하고 경제기획원장관을 부총리급으로 격상시켰으며 전문 기술관료 발탁하여 국가가 주도적인 능력을 발휘할 수 있는 제도를 형성하였다. 또한 이는 당시 지배층이었던 군대 엘리트를 중심으로 대기업 및 기술관료의 연합구조를 형성하게 하였다. 국가의 집중적인 투자는 대기업중심의 시장을 성장시켰고 이 과정에서 저임금의 노동자들의 희생이 있었다. 그러나 산업화 시대에 국가는 시장을 형성하면서 시장의 파트너인 재벌을 형성하는 데는 성공했지만 시장제도의 근본적인 규범 및 합리적인 원리를 정립하지는 못했다.

국가에 의해 만들어진 시장이 자유화되는 계기는 실제로 1970년대에 처음 시도되었다. 박정희정부에서는 1970년대의 세계경제 위기에 대응하기 위해 신자유주의 개혁을 단행하였다. 이 때 처음으로 시장의 자유화가 시도되었지만 주도적으로 시장자유화를 꾀한 것은 1980년 정권을 장악하고 탄생한 전두환 정부 때부터이다. 이 시기 국가는 수출주도 전략에서 경제 자유화전략으로 전략을 수정하면서 시장에 대한 국가의 우위관계가 역전되기 시작하게 된다. 하지만 이런 전략적 수정이 급격하게 시장질서를 변화시키지는 못했다. 노쓰(D. North)가 주장하듯이 '경로 의존성'으로 인해 급격한 전환이 이루어지지는 못한 것이다. 따라서 기존 발전주의 국가의 거대함과 강력함이 유지되면서 시장이 성장하게 되자 '시장 권위주의'라는 국가의 변형형태가 탄생한 것이다. 즉 자본주의의 강화에도 불구하고 자유주의 정부로의 전환이나 자유주의 정부와 시장의 연계가 아닌 권위주의와 자본주의가 연계하게 되면서 권위주의정부와 재벌의 연대가 이루어진 것이다. 이런 특성은 한국의 민주화에 있어서 부르주아의 역할 특히 재벌의 역할에 대한 부정적 인식을 가져오게 만들었을 뿐 아니라 현재까지도 재벌이 민주주의 질적 심화를 저해하고 있다는 시각을 견지하게 한다.[82)]

시장자유화시기에 있어서 문제가 되는 부분은 시장개입의 규칙이 정해지지 않은 상황에서 경제자유화를 받아들였다는 점이다. 규율이 없는 상황에서 국가는 기업의 운영구조를 감

힘들었을 것이다. 이는 외부적 조건이 기회구조를 설명하면 내부적 역량과 조건이 기회를 활용하여 경제발전을 이루게 한다는 점을 명확하게 드러낸다. 따라서 한국의 경제발전을 설명하기 위해서는 외부적 조건과 내부적 조건은 모두 중요하지만 기회를 열어준 외부적 조건이 우선적으로 중요하다고 할 수 있다.

82) **김영란법과 민주주의간 관계**: 서구에서 신흥자본가(부르주아)가 중심이 되어 민주주의를 만들었다면 한국에서 재벌은 자유주의를 확대하는데 기여했지만 민주주의를 형성하고 확대하는데 기여한 것은 아니다. 재벌의 입장에서 민주주의의 강화는 노동의 요구강화로 이어질 수 있다. 또한 민주주의의 투명성은 정부와의 연계에 기반한 지대추구를 방해할 수 있다. 이와 같은 운영은 한국정치에서 재벌과 정치인의 부패 연대를 만드는 데 일조했다. 차떼기를 통한 비자금이 대표적이다. 이러한 부패구조를 해결하기 위해 '김영란법'이 제정되었다. 공직자, 언론인, 교사 등에 대한 접대를 규제하기 위한 김영란법은 한국사회에서 재벌과 자본가들이 공공성의 영역에 대한 자본을 통한 개입을 방지하기 위한 것이다.

독하고 견제할 수단을 잃어버리게 된 것이다. 또한 이시기에 한국은 ICT(information & communication technologies)산업을 육성하기 시작했고 이를 토대로 정보화 추세에 대처하려 했으나 실제 외형적인 수용만을 한 시기였다. 1980년대의 압도적인 재벌의 성장은 여전히 노동의 희생 하에 이루어졌다. 노동은 민주화를 이끌어내는데 한 축을 이룰 수 있을 만큼 양적으로 성장했는데 이것은 발전주의와 시장자유화를 통한 재벌중심의 경제성장의 의도하지 않은 결과였다.

민주화이후에 중요한 변화가 생겼다. 시민사회가 성장한 것이다. 민주화이후에서 문민정부까지를 시민성장기로 파악할 수 있다. 민주화는 잠재해있던 시민의 불만이 표출될 수 있게 했고 시민사회를 이룰 수 있는 토대가 형성된 시기이다. 하지만 국가는 시장으로부터 크게 후퇴한 시기로 국가의 후퇴 공간을 재벌이 장악하게 된다. 세계화를 지향하는 김영삼정부(문민정부)에서 재벌의 성장은 한층 가속화된다. 정치영역에서는 진보와 보수가 충돌하였고 재벌기업들은 경영자단체 협의회(경단협)를 구성하여 노사문제를 공동으로 대처하면서 영향력을 확대하였다. 이 과정에서 재벌들은 한국 경제 전체의 확장보다는 지대추구에 몰두하면서 기업을 문어발식으로 확장하였고 이로 인해 기업들은 무리한 차입과 방만한 경영을 하게 된다. 이것이 IMF 사태를 가져오게 만들었다. 이 시기를 특징적으로 정리하면 커진 시장과 규율하지 못하는 국가로 볼 수 있다.

1997년 태국발 외환위기의 여파가 한국에 닥치면서 한국 역시 IMF에 조건부대출을 받게 되었다. IMF는 자금을 빌려주면서 한국의 경제체제를 신자유주의를 강화하게 하였다. 금융시장을 개방하고 기업구조에 변화를 가져오는 방식으로 시장은 더욱 강화되면서 시장이 정치경제를 주도하는 시기가 되었다. 이 시기의 개혁은 매우 급격한 형태로 이루어졌고 기업간 합병 등의 방식을 통해 구조개혁과 구조 조정이 일어났다. 김대중 정부에서 노무현정부로 이어지면서 신자유주의정책을 계승하였고 '신자유주의적 좌파정부'라는 새로운 유형의 정권지향성을 보였다. 그리고 이명박 정부에 들어오면서 더욱 시장 친화적인 질서가 자리잡게 되었고 특히 성장률 중심의 정책은 성장의 지표가 잘 나타나는 거대 기업 위주의 정책을 취하도록 만들었다.

(3) 한국 경제과정에서 국가의 역할

그그렇다면 '국가 → 시장 → 시민사회 → 시장'으로 넘어가는 일련의 과정에서 나타나는 특성은 무엇인가? 국가가 시장을 주도적으로 형성하면서 국가는 두 가지 부문에서 문제점을 보였다. 첫째는 정치경제에서 심판자으로서의 국가의 역할이다. 둘째는 실제 플레이어로서의 역할이다. 먼저 심판자로서 국가의 기본적인 역할은 원칙과 규범을 형성하는 것인데 국가는 급속한 성장에 몰두하면서 게임의 규칙을 제정하는데 부족했다. 시장과 국가가 성장이라는 공동의 목표에 몰두하면서 규칙제정보다는 양자 모두 지대의 형성과 지대추구에 몰두하게 되었다. 이는 국가의 실패와 시장의 실패라는 두 가지를 동시에 가져올 수 있게 만들었고 그 결과 IMF사태를 맞이하게 되었다.

두 번째로 행위자로서 국가는 개입의 원칙이 없고 일관성이 결여되어 있었다. 국가는 부족한 자원을 스스로 형성하여 시장부문에 개입하게 되고 공기업을 통해서 생산부문에도 직접관여하게 된다. 하지만 이후 지속적인 성장을 위한 경쟁력강화에 실패하게 되었고 최근에는 공기업의 비효율성이 제기되고 있다. 문제는 시장을 강조하는 신자유주의를 도입한지 꽤 많은 시간이 지났음에도 불구하고 국가가 시장에서 철수할 것에 대한 장기적 계획이 부족하다는 점이다.

따라서 향후 국가의 역할 역시 게임의 틀을 짜는 심판자로서의 기능과 행위자로서의 기능 양 측면에서 접근해야 할 것이다. 앞선 이론적 분석에서 본 것처럼 발전주의 국가주도적인 모형이나 신자유주의 시장주도적인 모형 모두가 문제가 있다는 점에서 시장과 국가사이의 관계를 어떻게 규정할 것인가라는 제도주의 관점의 접근이 필요하다. 그런 점에서 먼저 국가는 심판자로서 게임규칙 형성의 측면에서 국가의 개입의 근거와 원칙을 제정하는 것이 필요하다.

국가의 제도규칙의 제정과 행위자로서의 역할을 설정하는 것에 있어서 가장 중요한 것은 시민의 요구를 어떻게 국가라는 장치 속에 투입할 것인가이다. 따라서 시민사회와 국가를 이어주는 제도적 장치의 마련이 중요하다. 가장 대표적으로는 정당을 통한 연결방식이 있다. 정당정치의 복원을 통해 국가를 강한 국가로 만들면서 시장 질서를 규율하는 방식이 제안되는 이유도 여기에 있다.[83] 이런 방식 이외에도 시민사회나 이익집단의 국가와의 연계를 통한 시장질서 구축이라는 결사체적 방식이나 조합주의적 방식이 있을 수 있다. 이 입장은 정치사회보다는 이익집단들의 타협능력과 국가의 조율 조절능력에 좀 더 무게를 두고 있다.[84]

국가가 어떤 방식으로 시장에 개입할 것인가에 대해서는 IMF이후의 한국에서의 여러 가지 실험들을 고려하면서 대안을 모색할 수 있다. IMF이후 시장이 강화되었다고 하였는데 실제로는 국가의 역할에 대한 여러 가지 실험들이 있었다. 먼저 김대중 정부에 들어와서 국가는 자유주의적 처방에 더해 질서 자유주의개념이 더해졌다. 질서 자유주의 입장에서 '규칙 제정자'로서 국가의 위상을 형성했다.

규칙 제정자인 국가는 새로운 시장 질서를 창출하고 필요에 따라서는 직접적인 개입도 불사하였다. 실제로 금융감독제도와 공정거래제도의 강화와 엄격한 집행은 과거 발전주의

---

83) **정당정치 복원론**: 최장집, 『민주화이후의 민주주의』. 이 책에서 최장집 교수님은 정당정치의 복원을 통해서 국가를 약한 국가에서 강한 국가로 만들자고 주장한다. 시민사회의 분열과 시장의 강화에 따른 규율부재를 해결할 수 있는 유일한 해법은 정당정치를 통해서 민중의 요구가 국가에 투영되는 방법밖에 없다는 것이다. 그러나 대중 정당이나 책임정당이라는 유럽식 정당정치가 과연 한국 정치현실에 타당한지에 대한 반박이 강하다.

84) **한국정치변화의 주도세력 논의**: 한국정치를 변화시킬 수 있는 것이 정당인지 시민사회인지에 대해 고려해 볼 수 있다. 현실정치에서 한국정당은 제도화가 부족하고 진성당원이 부족한 것처럼 지지가 낮다. 따라서 현실정치 개혁은 시민사회를 통해서 이룰 수 있다고 보는 입장이 있다. 최근 인터넷과 소셜미디어의 발전은 시민사회를 통한 여론이 정치에서 중요하다는 점을 방증한다.

국가에서 영국식의 규칙 국가(regulatory state: 혹은 규제국가)로의 전환을 의미하는 것이다. 또한 변형근로제나 비정규직으로의 전환 등의 노동시장 유연화정책과 자본시장 개방화 및 주식시장을 통한 자본조달방식을 강화하면서 주주자본주의를 강화하였다. 이런 조치는 영미식의 자유 시장 경제 모형으로 수렴되는 것을 의미한다.

하지만 국가와 노동의 관계에서 유럽의 사회 조합주의적 발전도 모색되었다. 실제 1998년 1월 15일 노사정 위원회가 만들어졌고 이것은 유럽식의 조합주의의 실험이다. 여기에 더해 과거 국가 개입주의적 발전 모델의 잔영도 남아있다. 실제 IMF사태이후 기업간 빅딜을 통한 산업합리화와 IT 산업을 진흥하기 위해 5년마다 정보화 촉진 기본계획을 수립한 정책은 국가가 여전히 시장질서를 주도한다는 점을 보여주는 것이다. 즉 발전 국가의 산업 정책적 개입도 여전한 채로 신자유주의와 유럽식 실험과 동아시아 발전국가가 중첩적으로 나타나고 있는 것이다. 그리고 노무현 정부 들어와서 네덜란드식의 사회협의주의 모델의 논쟁 등은 이런 중첩된 모델의 혼재 속에서 한국적 방안을 모색하기 위한 시도였다고 볼 수 있다.

(4) 한국정치경제를 위한 국가와 시장의 바람직한 관계

위의 논의에서 나타난 것처럼 관건은 국가가 과거의 유산들에도 불구하고 어떻게 제도적으로 국가와 시장사이의 관계를 조정하면서 시민사회를 포괄하는 거버넌스를 만들어 내는가에 있다. 현재 시장은 강해져 있고 시민사회는 진보와 보수로 구분되어 있으며 국가는 자율성이 부족할 뿐 아니라 국가의 정책을 만들고 집행하는 능력은 부족하다. 따라서 현 구조에서 국가를 유능하게 하면서 시장으로부터 자율성을 확보하게 하는 것이 관건이다.

한국의 경제구조는 국가의 개입이 얼마나 중요한지를 보여준다. 한국 경제는 OECD 24개 국가 중 무역의존도에서 5위와 GDP 대비 제조업비율이 3위를 기록하고 있다. 이는 한국이 여전히 제조업 중심의 수출 지향적 개방 경제구조라는 것을 보여주는 것이다. 이런 구조는 스웨덴 핀란드와 같은 북구 유럽의 경제 강국들과 유사한 특성을 보이는 것으로 국제환경 변화에 민감하고 취약하다는 것을 의미한다. 즉 환경변화에 대해 발 빠른 적응력이 있어야 제조업중심의 수출지향적인 구조를 변화시키면서 경제적으로 생존할 수 있다. 모토롤라나 소니같은 기업의 파산은 세계 시장의 빠른 경쟁을 보여준다. 이런 빠른 변화에 적응하기 위해서는 기업 역시 발 빠른 대비가 필요하며 이것은 노사간의 합의와 조정에 의해 달성될 수 있다. 이것이 한국이 거시적인 조합주의보다는 미시적 조합주의를 통해서 국가가 자본과 노동사이를 중재해야 하는 이유이다.

좀 더 구체적으로 한국의 정치경제적 변화방향은 다음과 같다. 한국의 높은 대외의존도와 높은 수출의존도는 기업의 장기적 성장을 위한 투자에 유리한 금융구조로의 전환도 모색하도록 요구한다. 즉 이윤중심의 미국식 주주중심 자본주의에서 일본식의 이해관계자 자본주의로 발전시킬 필요가 있는 것이다. 기업과 관련된 투자자 뿐 아니라 연관업체들도 경제적 결정에 참여할 수 있게 함으로서 대기업의 장기 투자를 가능하게 하고 중소기업과의 상생관계도 만들 수 있다.

둘째로 조합주의를 통해 거대 자본과 거대 노동의 타협을 이루는 것 뿐 아니라 산별 노동조합 중심으로 노사관계접근을 전환할 필요가 있다. 한국의 경우 한국노총과 민주노총으로 구분이 되어 있어 전체 노동을 아우르는 '정상조직'으로서의 노조를 기대하기 어렵다. 오히려 노조는 산업별이나 개별기업으로 분산되고 파편화되어 있다. 따라서 한국 현실에 맞는 현실적인 방안으로의 접근이 필요하다. 또한 고용안정성 보다는 고용가능성 차원에서 접근할 필요가 있다. 즉 기업자체의 고용보장이 아니라 노동자의 생애 전체를 통한 접근으로 시각을 바꾸어 다양한 고용의 기회를 제공하는 것이 필요하다.

세 번째로 사회보장제도의 내실화가 요구된다. 복지와 같은 사회서비스의 확보가 중요하다. 마지막으로 산업 정책 목표를 대기업의 국제경쟁력을 높이면서 고용흡수력이 좋은 경쟁력 있는 중소기업 육성을 병행하는 것이 필요하다. 대기업에 편중된 경제구조는 대기업의 횡포에 취약한 경제여건을 만들었고 이에 따라 시장규칙형성이 어렵게 되어있다. 하지만 현재의 경제구조에서 대기업에 반하는 정책을 수행하는 것 역시 어렵다. 따라서 중소기업을 육성하고 지원함으로서 경제구조를 점진적으로 변화시키면서 대기업과의 상생적인 연대를 모색하게 하는 것이 중요하다.

이러한 모든 경제정책의 목표를 달성할 수 있는 방법은 정치 능력의 확보에 달려있다. 따라서 정당정부를 강화하는 방안으로 갈 경우 정치개혁을 통한 대표성이 높은 정치지도력 확보가 선결조건이다. 현재의 정치대표체계에 대한 불만을 감안하고 시민사회의 요구를 반영하는 방안으로 갈 경우는 정치개혁이 필수적이다. 새로운 정치대표와 정책지향적인 정당 그리고 책임추궁이 가능한 선거제도의 구축이 모색되어져야한다. 한국 정당이 유럽처럼 당원중심의 대중정당이 아니라 정당에 대한 지지자들을 중심으로 운영되어야 한다면 시민사회와 여론을 반영하는 응답성 높은 정당운영이 필요하다.

이상에서 살펴본 것을 정리하면 한국의 정치경제에서 국가의 역할을 어떻게 규정하고 시장에 대한 규칙을 어떻게 세울 것인가와 시민사회의 갈등과 요구를 어떤 방식으로 반영할 것인가가 정치경제의 핵심이다. 이런 정치경제적 조건은 다음 파트의 민주주의를 운영하는 선결조건으로서 중요하다. 이제 관심을 민주주의로 돌릴 차례이다.

P·A·R·T

III 민주주의

PART III 민주주의

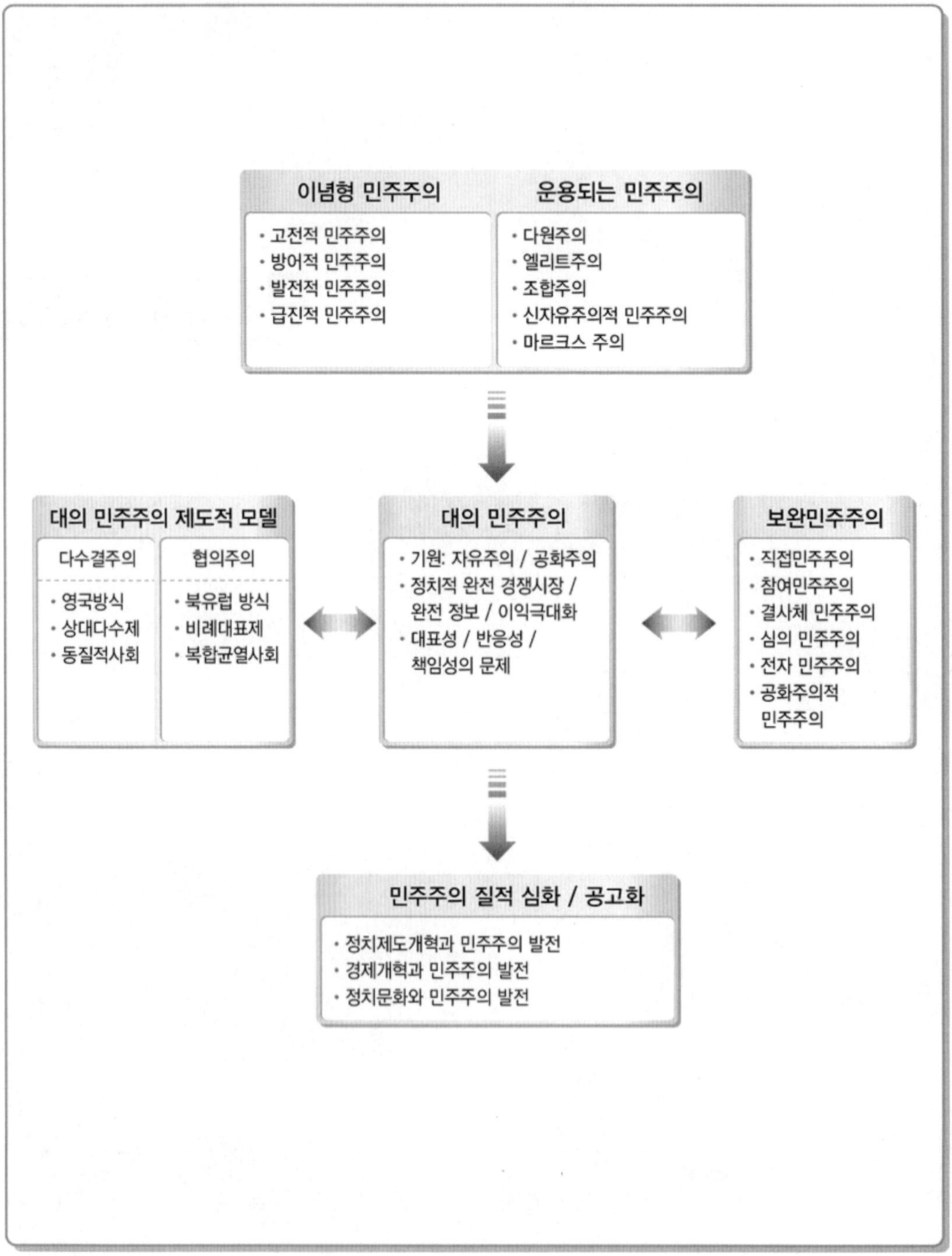

이념형 민주주의
- 고전적 민주주의
- 방어적 민주주의
- 발전적 민주주의
- 급진적 민주주의

운용되는 민주주의
- 다원주의
- 엘리트주의
- 조합주의
- 신자유주의적 민주주의
- 마르크스 주의

대의 민주주의 제도적 모델

다수결주의	협의주의
• 영국방식 • 상대다수제 • 동질적사회	• 북유럽 방식 • 비례대표제 • 복합균열사회

대의 민주주의
- 기원: 자유주의 / 공화주의
- 정치적 완전 경쟁시장 / 완전 정보 / 이익극대화
- 대표성 / 반응성 / 책임성의 문제

보완민주주의
- 직접민주주의
- 참여민주주의
- 결사체 민주주의
- 심의 민주주의
- 전자 민주주의
- 공화주의적 민주주의

민주주의 질적 심화 / 공고화
- 정치제도개혁과 민주주의 발전
- 경제개혁과 민주주의 발전
- 정치문화와 민주주의 발전

우리는 PART I에서 정치학의 개념 및 방법론과 최근의 정치환경에 관한 내용들을, PART II에서 다양한 정치사상과 국제정치 이론을 배웠다. 이제 PART IV의 비교정치에 들어가기 전에 PART III에서는 민주주의에 관한 내용을 다루고자 한다. 민주주의는 다른 주제들과의 연관성이 높고 민주주의라는 용어 자체가 너무나 다양한 어감과 의미로 사용되고 있다. 따라서 민주주의를 독립된 영역으로 설정하기가 쉽지는 않으나 이 책에서는 다음과 같은 이유로 민주주의를 독립된 PART에서 다루기로 하였다. 첫째, 민주주의는 제도와 이념으로 구성되어 있으며, 둘째, 현대는 민주주의의 시대라 볼 수 있고, 셋째, 정치학의 구도에서 민주주의는 정치체제가 지향해야 할 원칙과 방향이자 이를 달성하기 위한 수단이기 때문이다. 즉 민주주의는 이념으로서 원칙을 제시해 줄 수 있고 현실에서 작동해야 하는 제도로서 정치 운영의 기본적인 토대와 정치제도들을 이어줄 수 있다. 또한 민주주의 시대라 칭해질 만큼 민주주의가 중요한 상황에서 어떻게 하면 좀 더 나은 민주주의를 만들지에 관하여 시간과 관심을 두고 다룰 필요가 있다.

우리는 먼저 제1장에서 너무나 다양한 민주주의의 정의와 원리에 대해 공부한 뒤, 이런 원리가 구체적인 제도로 진입해 들어올 때 어떤 제도로 나타나는지 배울 것이다. 민주주의를 실제 작동 가능한 제도로 이해할 때 현대 국가들에서 민주주의는 대체로 대의민주주의를 기본으로 한다. 대의민주주의는 역사성과 현실적 요인들에 의해 다양한 각도에서 도전받아왔다. 대의민주주의를 보완하기 위한 다양한 노력을 살펴보는 것이 제2장의 중심 과제이다. 제3장에서는 민주주의로 전환된 국가들에서 민주주의를 정착시키고 민주주의의 질(quality)을 높이기 위한 노력으로서 민주주의의 공고화(consolidation)에 대해 알아본다. 마지막으로 현대 사회에서 중요한 경제구조와 민주주의의 정치구조가 어떤 관계를 맺어야 하는가를 다룰 것이다.

제 1 장 민주주의의 의미와 역사

수험적 맥락

민주주의는 현대 정치의 근간이다. 그런데 민주주의는 수식어를 많이 가지고 있다. '대의'민주주의, '참여'민주주의처럼 민주주의의 양태를 규정하는 개념들이 많다. 따라서 민주주의는 오용되기 쉽다. 이장은 무엇이 민주주의를 이루며 무엇이 민주주의가 아닌 체제를 지칭하는지를 규정한다. 과거 시험 유형이지만 민주주의와 비민주주의 구분은 의미있는 주제이다.

2019년 현재 전 세계에는 민주주의국가가 130개로 비민주주의국가 70개 보다 많다. 게다가 2011년 튀니지를 시작으로 중동에서 '아랍의 봄'으로 지칭되는 민주화가 진행되었다. 민주주의가 비민주주의보다 많이 선택되었다는 것은 민주주의가 장점이 많다는 것이다. 따라서 민주주의의 어떤 특성이 비민주주의보다 민주주의를 우월한 체제로 만드는지를 규정할 필요가 있다. 일반이론 차원에서는 정리가 필요한 부분이다.

민주주의는 '인민에 의한 지배(rule by people)'이다. 민주주의는 역사적으로 볼 때 '인민'의 범위, '지배'방식과 '에 의한'의 규정력이 점진적으로 변화해왔다. 민주주의의 역사를 통해 모델들을 배우는 것은 규칙적으로 작동하는 민주주의를 체계적으로 이해하기 위한 것이다. 부르주아중심의 민주주의에서 대중민주주의로 변화, 다수결주의와 협의주의사이의 관계, 다수의 결정과 소수의 보호라는 정치적 규정의 범위 획정문제가 현실적으로 민주주의의 가장 중요한 쟁점이다. 1 장은 포괄적이며 추상적인 민주주의의 이론들을 정리하는 것을 목표로 한다.

수험적 중요주제

1. 민주주의 모델들의 구분: 이론적 특징과 현실적용
2. 민주주의 비민주주의의 구분
3. 민주주의의 장점과 단점: 로버트 달 이론 정리
4. 정치경제차원에서 민주주의 :국가의 생산과 소비분야의 개입범위

제1절 민주주의 의미와 원리

1. 민주주의의 다양한 의미

정치학에서 답하기 가장 곤란한 질문은 '민주주의란 무엇인가?'에 관한 것이다. 민주주의(民主主義)를 사전적 정의에 따라 민주(民主)와 주의(主義)로 나눌 때, '민주(民主)'는 글자 그대로 국민이 주인이라는 것이고 '주의(主義)'는 굳게 지키는 주장이나 방침 혹은 체계화된 이론이나 학설로서 영어의 이즘(ism)에 해당한다. 따라서 민주주의는 국민이 주인이거나 주권이 국민에게 있다는 주장이자 이념 체계를 말한다. 민주주의를 이런 단순한 언어의 해제로 받아들이면 민주주의는 쉽게 정의되고 가슴 뭉클하게 만드는 강력한 이념적 사조이다. 그러나 실제 민주주의는 이것과 다르며 다양한 양태와 뉘앙스가 민주주의의 정확한 의미를 보기 어렵게 한다.

(1) 민주주의에 대한 인식차이

민주주의에 대해 이해하는 방식은 언어로도 나타난다. 한국어사전에서 민주주의란 "국민이 권력을 가지고 그 권력을 스스로 행사하는 제도. 또는 그런 정치를 지향하는 사상"으로 정의되며, 기본적 인권, 자유권, 평등권, 다수결의 원리, 법치주의 따위를 그 기본 원리로 한다. 한편, American Heritage Dictionary에 따르면 민주주의란 "1. government by the people, exercized either directly or through elected representatives. 2. A political or social unit based upon democratic rule. 3. The common people, esp. as the primary source of political power. 4. Rule by the majority."로 정의된다. 이에 따르면, 민주주의란 인민에 의한 직접적 방식이나 선출된 대표를 매개로 한 정부 또는 정치적 조직이거나 정치적 권력의 주요 원천으로서 동등한 인민이나 다수의 지배, 공동체 내에서 개인의 동등성의 원칙을 의미한다.

브리태니카 백과사전에 따르면 민주주의는 다음과 같다. 그리스어의 'Democracy'는 '데모스(demos)'와 '크라토스(kratos)'의 합성어로서 '인민에 의한 지배'를 의미한다. 민주주의의 개념은 현대에 이르러 다음과 같은 다양한 의미로 사용되고 있다. 첫째, 정치적 의사결정권이 다수지배의 원칙에 따라 전체 시민에 의하여 행사되는 통치형태. 흔히 '직접 민주주의'라고 알려져 있다. 둘째, 정치적 의사결정권이 일반 시민들이 선출하고 일반 시민들에 대해 책임을 지는 대표자들에 의해 행사되는 이른바 '대의제 민주주의'. 셋째, 대의제 민주주의의 제반 요소와 더불어 시민들이 언론·출판·종교의 자유와 같은 기본적인 인권을 향유할 수 있도록 헌법상의 권리보장이 마련되고 있는 자유주의적·입헌주의적 민주주의. 넷째, 사유재산의 불공정한 분배에서 파생하는 사회적 · 경제적 불평등을 최소화시키는 데 초점을 맞춘 정치적 · 사회적 체제로서의 민주주의.

(2) 민주주의의 역사성

표를 통한 비교 **세민주주의의 기본적 분류**

민주주의 이해 1	서구식이해	다수결주의: 정치적 결정에서 다수와 소수의 구분 인민에 의한 지배 :국가의 연원으로서 인민의 통치
	동양식 이해	민주(民主): 인민이 실질적 통치 (for the people을 by the people과 혼동)
민주주의 이해 2	절차적 이해	자유주의에 근거한 민주주의 민주주의의 최소적 정의(minimalist) 민주주의를 제도적 차원에서 이해(절차로 파악) 소극적 자유 + 형식적평등의 결합
	실질적 이해	급진주의(루소와 칸트와 마르크스)에 근거한 민주주의 민주주의의 최대적 정의(maximalist) 민주주의를 내용적 차원에서 이해(결과로 파악) 적극적 자유 + 실질적 평등의 결합
체제 구분법	개인자유인정	자유주의 vs. 전체주의(개인의 자유 부재)
	자본소유주체	자본주의(자본의 개인소유인정 ⇨ 법치주의의 중요: 개인의 영역과 공적 영역의 법적 구분) vs. 사회주의(자본의 국가 귀속)
	정치적결정권 보유	민주주의(개인의 공동체 운명결정권부여) vs. 비민주주의(독재자, 과두적 지배)
링컨의 공식	of the people	인민의 지배(통치). 국가의 주권은 인민에게서 나옴. 주권재민(在民)의 원리.
	for the people	인민을 위한 지배(통치). 국가의 권력사용과 통치는 인민을 위한 것임. 위민(爲民)사상
	by the people	인민에 의한 지배(통치). 국가의 권력은 인민에 의해서 수행되어야 함. 직접통치사상.

민주주의의 의미가 넓다는 점은 민주주의가 역사 속에서 가지고 변형되어 왔기 때문이다. 민주주의는 두 가지 기본 틀을 가지고 있다. 첫 번째, 누가 '인민'[1]인가에 관한 주체의 문제이다. 두 번째 어떤 방식으로 통치하는 가에 관한 통치방식의 문제이다. 이 두 가지 원칙은 포괄적인 것이기 때문에 역사를 통해서 끊임없이 변화해왔다. 예를 들면 민주주의에서 인민은 세금을 내는 성인남성에서 노동자와 여성으로 확대되어왔다. 통치방식에 있어서 과거 도

1) **인민과 국민의 구분**: 민주주의에서 인민은 demos를 의미한다. 일반적으로 사용하는 국민은 nation이다. 인민은 공동체내에서 태어난 사람을 의미하는 데 비해 국민은 국가에 구성되는 구성원을 의미한다. 국민이 군국주의와 민족주의의 산물이라면 인민이라는 용어는 자연인을 의미한다.

시국가 아테네에서 수행하던 직접민주주의에서 이제는 대표를 통해 통치하는 대의민주주의로 바뀌어왔다.

민주주의에 역사성이 있다는 것은 민주주의가 살아있는 생명체와 같다는 것이다. 서양의 역사뿐 아니라 한국의 역사에서도 민주주의는 살아있는 생물과 같다. 1960년 한국의 시민들과 학생들은 1953년 한국전쟁이 휴전이 된지 7년이 채 되지 않은 때에 민주주의를 위해 4, 19민주화 혁명을 일으켰다. 권위주의 독재시기인 1979년과 1980년에 민주화투쟁을 거쳐 1987년 다시 시민들이 민주화를 가져왔다는 것은 민주주의를 부활시키고자 하는 한국인들의 의지를 보여주었다. 또한 한국 민주주의의 작동방식에 대한 불만들은 2000년 시민들이 낙천낙선운동을 통해 대의민주주의의 중심 축인 정당과 의회를 견제하게 만들었다.

이처럼 민주주의는 시대적 상황과 정치공동체 구성세대의 변화와 그들의 가치관 변화에 따라 변화한다. 그러나 변화들 속에서도 인민을 어디까지로 설정할지와 어떤 방식으로 통치할 것인지의 원칙은 민주주의의 중요한 원칙으로 자리잡고 있다.

다양한 의미에도 불구하고 민주주의라고 지칭하는 원칙이 있다. 민주주의는 구성원인 인민이 있고 이들이 정부를 구성하는 것이다. 따라서 인민은 정치권력의 원천으로서 중요한 것이다. 직접민주주의가 아니라면 인민은 권력을 직접 행사하는 것이 아니며 정부를 통해 권력을 행사한다. 민주주의는 어원을 보아도 정치체제로서 의미를 가진다. 민주주의의 용어인 democracy에서 접미사인 cracy는 통치체제를 의미한다. 다른 이념들의 접미사가 'ism'으로 끝나는 것과 대비된다.[2] 접미사가 다르다는 것은 민주주의가 '이념'으로 출발한 것이 아니라 제도로 출발했기 때문이다. 즉 다른 이념들이 근대의 산물인데 비해 민주주의는 고대 그리스시대에 만들어진 개념이다.

언어가 일상에 사용되는 의미를 가장 잘 대변해 준다고 할 때 국어사전과 영영사전의 정의는 그 시대를 사는 사람들이 받아들이는 상식적 수준의 이해를 반영할 것이다. 위에서 살펴본 바와 같이 한국어 '민주주의'와 영어 'democracy'는 서로 다른 의미를 갖고 있으며 이는 한국 사람들이 바라보는 '민주주의'와 미국사람들이 바라보는 '민주주의'가 다름을 뜻한다.[3]

---

2) **정치체제로서 민주주의**: 민주주의가 cracy로 끝이 나는 반면에 다른 이념들은 ism으로 끝이 난다. 예를 들어 자유주의(liberalism), 보수주의(conservatism), 공동체주의(communitarianism), 공화주의(republicanism), 민족주의(nationalism), 사회주의(socialism), 전체주의(totalitarianism), 권위주의(authoritarianism)을 볼 수 있다. 민주주의의 시작이 정치체제라는 것은 민주주의에 있어서 정치체제 즉 제도로서의 작동이 중요한 것이지 민주주의의 이념적 측면이 중요하지 않다는 것이다. 이는 민주주의를 '제도'관점에서 이해하는 절차적민주주의가 민주주의의 근본적인 토대를 이루고 있다는 반증이다.

3) **민주주의의 인식의 특수성과 보편성**: 민주주의를 이해하는 방식이 국가와 문화마다 다르다고 하면 민주주의는 그 국가의 특수한 상황을 반영하는 것이다. 마치 싱가포르의 리관유 총통이 '유교민주주의'를 이야기 하면서 싱가포르의 권위주의를 싱가포르에서는 민주주의라고 설명하는 것과 같다. 그러나 이런 식으로 민주주의를 정치체제의 정당성을 설득하는데 사용하면서 비민주주의운영을 민

심화 학습

민주주의 의미[4)]

1. 시민의 권력 의지로서 민주주의

감자 마름병으로 1845년부터 1852년 아일랜드 대기근이 발생했다. 이때 125만 명이 사망했다. 그러나 같은 시기인 1847년 아일랜드의 4천척이나 되는 배가 영국으로 식량을 운반해갔다. 생산이 아니고 분배가 문제라는 것이다. 자원배분을 잘 못하여 사망자가 늘어난 것이다. 이 사례는 시민이 스스로 자원배분에 대해 통제하는 것이 민주주의의 핵심이라는 점을 잘 보여준다. 즉 시민이 결정했다면 이들은 '아사'하지는 않았을 것이다. 여기서 시민의 '자기 지배의 중요성'이 부각된다.

2. 그리스의 민주주의에서 미국으로 연결

미국은 공화주의를 지향했지만 아이디어는 민주주의에 있었다. 선출한 소수의 대표에게 권력을 위임하며 더 많은 시민을 국가정책결정자로 늘렸다. 그러나 미국의 연방주의자(Federalist)들은 그리스식 민주주의는 피하고자 했다. 즉 '인민의 통치 =가난한자들의 통치'는 거부했다. 민중에 의해 정치체제가 휘둘리는 것을 막고자 한 것이다. 미국의 공화주의자들이 미국 내 지주층이었다는 점을 고려하면 이해가 되는 일이다. 미국의 국가 건설 이후 유럽에서는 보통선거권의 확대를 위해 투쟁을 하면서 민주주의가 확대되어 왔다.

부연설명 1: 미국의 대통령제를 가진 민주주의 실험은 이후 유럽정치에도 영향을 주었다. 유럽도 입헌주의에 기초하여 왕이 결정하던 체제에서 점차 내각을 중심으로 체제를 운영하는 방식으로 바뀌게 된다. 영국도 그렇고 군주주의가 강했던 독일에서도 비스마르크 이후 빌헬름 2세 시기 입헌주의가 되었다. 미국 민주주의가 전 세계에 미친 영향을 보여주는 것이다.

부연설명 2: 미국의 연방주의자들은 공화주의자들로서 민주주의를 지지했지만 '마지못한 민주주의자들'이었다. 이들은 인민의 지배 자체를 방지하고자 했다. 이들은 수평적 권력 분립(입법, 행정, 사법의 분리)과 수직적 권력분립(연방과 지방)을 이용하여 다수의 민중이 통치를 독점적으로 할 수 없게 만들었다. 그런 점에서 미국식 공화주의(미국이라는 공화국에서 민중과 시민의 공존을 모색함)는 최소한의 민주주의이다.

3. 기근과 민주주의

1983년부터 1985년까지 에티오피아에서는 100만 명이 아사했다. 당시 대통령인 멩기스 하일레 마리암 대통령은 GNP의 46%를 군사비에 사용했다. 이웃 국가인 보츠와나의 경우는 아사자가 안 나왔다는 점과 비교해 볼 수 있다. 1984년 기준 에티오피아의 1인당 식량생산량이 보츠와나보다 3배 정도 높았다. 그러나 보츠와나는 취약계층에게 식량배분을 하고 일자리 공급을 하였기에 기근이 안 생겼다. 그런 점에서 민주주의가 강조하는 배분이 중요한 것이다.

주주의라고 지칭하는 것에는 문제가 있다. 따라서 민주주의라고 이야기 할 때는 민주주의라고 하는 정치체제가 가진 보편적닌 속성이 있어야 한다. 그래야 북한과 같은 비민주주의가 자신들의 체제를 민주주의라고 지칭할 수 없다. 그런 점에서 정치학에서 민주주의의 보편적속성을 찾으려는 노력은 어디까지를 민주주의라고 할 수 있으며 어디서부터는 민주주의라고 할 수 없는지를 정해준다.

4) 유규오, EBS 다큐프라임, 『민주주의』(서울: 후마니타스, 2016)

4. 아마르티아 센의 연구 주제: 배분장치의 중요성

기근(famine)이 직접 사람들을 굶어죽게 하는 것이 아니다. 배분장치가 망가져서 아사자가 기근이 생기고 아사자가 나온다. 이런 문제를 피하기 위해 민주주의는 시민이 선거를 통해 권력과 자원배분을 하겠다는 것이다.

5, 최저임금상승운동

최근(2017년) 미국 최저임금을 15불로 올리는 운동을 진행 중이다. 미국의 최저임금은 7.25 달러인데 연봉으로 계산 시 1만 5천 달러이다. 열악한 자원배분으로 인해 최저임금을 받는 이들은 사회내에서 계층이동자체가 불가능해진 것이다.

6. 민주주의의 동력으로서 갈등

샤츠슈나이더의는 정치에서 중요한 것으로 사회의 갈등이 드러나야 한다는 점을 지적했다. 민주주의는 인민들의 갈등의 수는 줄이고 대신 갈등의 강도를 높이는 것(이익의 결집)이 중요하다. 그는 갈등을 민주주의의 엔진으로 보았다. 민주주의는 갈등을 해결하는 과정을 만드는 것이다.

상탈 무페는 민주주의는 갈등을 내부적으로 표출하기 때문에 내전(civil war)으로 이어지지 않는다고 한다. 사회를 구성하는 데 있어서 민주주의가 아닌 다른 한 가지 방식은 권위주의질서를 만드는 것이다. 그러나 이 체제는 갈등을 억압한다. 이런 억압은 추후에 터지기 마련이고 내전으로 연결된다. 갈등은 서로 합의할 수는 없지만 갈등하는 상황자체를 인정하게 만든다. 이런 관용의 정신이 중요하다.

부연설명 3: 샤츠슈나이더의 편향된 동원 명제는 정당의 사회갈등의 동원을 중요하게 본다. 정당은 사회적 갈등을 단순화한다. 갈등의 수는 줄이고 갈등의 강도는 높이는 것이다. 이것을 통해서 정당은 특정 갈등을 해결하는 중심 기제가 되는 것이다. 여기서 정당의 '동원론'이 나온다. 사회갈등이 있어서 정당이 반영한다는 '기능론'의 반대이다.

7. 갈등과 정당

정당은 갈등을 골라내는 장치이다. 아담 쉐보르스키는 정당이 갈등을 조직하여 사회적 갈등을 명확히 한다고 주장했다. 갈등은 외부적으로 세력을 분화시키지만 내부적으로는 결속을 다진다. 이때 갈등의 치환이 중요하다. 즉 어떤 이슈를 사회적 갈등으로 만드는 지가 중요하다. 예를 들어 2016년 미국선거에서 트럼프는 이민, 보호무역, 다문화를 가지고 백인 중하층의 지지를 끌어냈다. 1980년 미국 대선에서 레이건 대통령은 그동안의 복지문제를 인종갈등문제로 치환하였고 흑인들이 복지정책을 남용하여 백인이 괴롭다는 것으로 선거 전략을 만들었다. 이것으로 공화당은 1980년대 미국남부에서 공화당을 지지하는 복음주의자들을 끌어 모을 수 있었다. 이것을 Bible Belt라고 한다.

8. 부의 불평등

미국에서 명문대학 진학에 있어서 최상위계층의 진학률은 74%이다. 반면 최하위층은 3%이고 중하위층은 6%이다. 이것은 부모의 부가 자식의 교육수준에 영향을 미치는 것을 보여준다. 이런 지표의 핵심주장은 분배적 불평등으로 인해 계층이동이 불가능하다는 점이다.

또 다른 불평등의 지표가 있다. 2015년 기준 세계구호단체인 옥스팜Oxfam의 기준에 따르면 전세계 상위 1%가 나머지 99%의 보다 많은 부를 가지고 있다. 상위 62명의 재산이 하위 50%의 재산보다 많다.

여기서 핵심은 불평등의 원인이다. 토미 피케티는 경제성장율과 자본수익율 간 격차를 가지고 불평등을 설명했다. 세계경제 성장률(노동자의 임금증가율도 이 지표에 해당)은 1.5%정도에 머문다. 반면에 자본 수익률을 4-5%수준을 유지하고 있다. 노동자들의 임금증가와 자본증가 간의 차이를 보여주는 것이다.

불평등의 대표적인 시대로 미국의 도금 시대를 들 수 있다. 1870년대부터 1929년 대공황까지 기간으로 이 기간동안 상위 1%가 국가 전체 부의 40%를 가졌다. 반면에 20세기 중반 자본주의 황금기는 부의 불평등이 축소되었다. 국가가 세금 부과를 통해 부의 불평등을 감소시킨 것이다. 그런데 이 시기에 경제 성장률이 높아졌다. 경제성장률이 자본수익을 추월하는 현상이 벌어진 것이다. 결론은 국가의 개입을 통한 경제성장의 지속이 필요하다는 점이다. 그러나 노암 촘스키는 "생산성이 높아질 때 최저임금도 같이 높아졌던 관계가 1970년 이후에는 나타나지 않는다"고 한다. 이것은 신자유주의의 영향 때문이라고 볼 수 있다.

9. 민주주의가 자본주의에 대해 우선할 수 있는 방안

신자유주의가 강화되는 것은 자본주의가 민주주의보다 우선시된다는 의미이다. 역으로 민주주의가 자본주의에 대해 우월하려면 먼저 정부의 신뢰도가 높아야 한다. 신뢰성이 높은 국가의 세금 부과를 통해 소득 재분배가 이루어져야 한다. 그리고 이런 재분배가 경제성장을 가져오는 선순환관계에 있어야 한다. 이런 국가의 신뢰회복을 위해서는 관료정부가 아니라 정당정부가 구성되어야 한다. 정당정부가 자본주의의 탐욕을 절제시켜야 한다.

부연설명 4: 미국에서는 1990년대 이미 정부의 신뢰에 대한 논쟁을 진행하였다. 정부의 신뢰가 낮다는 것이 논쟁의 결론이다. 정부의 낮은 신뢰는 정부의 정책결정에 대한 정당성을 약화시킨다. 낮은 정당성으로 인해 정부는 재분배 정책을 집행할 수 없는 것이다. 게다가 미국 신자유주의 이론의 득세는 미국 정부의 민간 영역의 개입을 더욱 어렵게 만들었다. 이로서 미국은 OECD국가 중 가장 복지 수준이 낮은 국가에 있다. 반면에 미국의 오바마 정부는 몇 가지 사회개혁정책을 수행했다. 이것은 미국 내 진보진영의 지지를 받았기 때문에 가능했다. 한국의 경우도 부의 불평등문제, 갑질 문제와 미투 운동과 같은 사회적 불평등문제를 해결하기 위해서는 정부의 신뢰가 중요하다. 그러나 한국은 정당정치의 방향이 정당정부 방향보다는 원내정당화 쪽이다. 정당을 약화하는 방향으로 정당정치개혁이 진행중이다. 이런 경우 제도적으로는 정당이 정부와 의회를 조정하는 기능을 수행하지 못한다. 정당이 제도개혁에서 답이 아니라면 대통령제도자체를 수정하여 정부 자체의 능력을 키우는 제도방안이 제시될 수 있다. 그도 아니면 대통령의 리더십이라는 인치적인 요소를 강조하는 방안이 제시될 수 있다.

10. 한국 헌법의 경제민주화 조항 119조 2항

한국 헌법에도 과도한 불평등을 막기 위한 정부의 역할 규정이 있다. 이것을 활용할 필요가 있다. 제헌 헌법에는 노동자의 이익균점권이 있었다. 이것은 이익공유의 정신이자 민주주의와 공화주의의 가치다.

부연설명 5: 1987년 민주화 이후 정치경제는 이 부분을 강조할 수 밖에 없다. 특히 '97년체제'라고 하는 동아시아 외환위기를 경험한 뒤에는 더욱 분배문제가 중요하다. 2010년대 저성장시대에는 분배문제가 헌법적 가치의 핵심이다.

11. 미국의 주주자본주의에 대한 저항

미국으로 대표되는 주주자본주의는 주주와 CEO의 이익을 위해 소비자나 이해관계자를 배제한다. 1965년 미국 최고경영자의 평균연봉이 노동자소득보다 20배 많았는데 2016년 현재 296배가 많다. 이런 회사의 이익을 위해 고객에게는 더 많은 수수료를 물리고 직원들의 고용에 대해서 더 낮은 임금을 지불한다. 대표적으로 월마트의 경우 직원 연평균 임금이 1만 7천 달러이고 시간당 10달러 정도 된다.

이런 상황을 개선하고자 '기업 내 민주주의' 실험이 있다. '직원지주제'이다. 미국에서는 직원지주제를 사용하는 기업에 혜택을 준다. 직원지주제란 직원이 주주가 되는 것이다. 자신의 기업이라고 생각하기 때문에 직원들이 훨씬 생산성을 높이게 된다. 혜택을 공유하며 기업운영의 결정에도 민주주의가 적용되는 것이다. 여기서 관건은 "기업이라는 조직에는 민주주의의 운영원리가 적용되어서는 안 되는가?"이다. 직원지주제는 민주주의가 기업까지 확장된 것이다. 이것은 실질적 민주주의의 한 형태이다.

부연설명 6: 미국은 주주중심의 정치경제모델을 사용한다. 주주들이 기업의 정책결정을 주도한다. 따라서 기업은 단기적 이익에 민감하다. 미국 기업이 장기투자를 하기 어렵고 M&A에 몰두하게 만드는 이유이다. 그래서 직원들에게 주식을 넘겨줌으로서 의사결정구조에 참여하게 하는 것이다. 그런데 이런 조치는 '직장 내 민주주의'에는 부합한다. 하지만 미국 기업이 이전을 할 경우에 생기는 지역주민들과의 관계에서 지역주민들의 생계문제를 도외시 할 수도 있다. 기업이 이전하면 지역 경제가 죽기 때문이다. 그런 점에서 직원지주제는 '공유가치'를 기반으로 한 경제운영방안은 아니다. 그럼에도 불구하고 신자유주의가 강한 미국에서 직원주주제도는 의미 있는 방안이다.

12. 노동자의 자기결정권과 민주주의의 자기 지배가능성

여기서 더 나간 것이 독일 기업들이 하고 있는 '공동결정제도'이다. 이 제도는 임원과 직원이 회사운영을 공동으로 결정하는 것이다. 5명이상의 직원을 둔 기업들은 직원평의회를 구성하도록 되어 있고 직원 수가 2,000명이 넘는 경우 노사가 같은 수로 참여는 감독이사회를 두도록 되어 있다. 즉 법으로 자본과 노동이 동등한 권리를 가지도록 규정하고 있다.

이것의 핵심은 노동자가 생산의 구성요소가 아니라 인간으로 대우받는 것이다. 가장 잘 아는 분야에서 노동자들은 자신들의 의견을 통해 기업운영을 결정한다.

부연설명 7: 독일에서 좀 더 '직장 내 민주주의' 즉 '작업장 민주주의'가 발전한 것이다. 작업장 민주주의는 참여민주주의의 중요한 형태이다. 이런 방식으로 참여민주주의를 확대하기 위해서는 시민들의 합의와 타협이 중요하다. 그리고 이것은 한 사회의 지향점으로서 어떤 가치가 중요한지에 의해 결정된다.

지금까지 분배의 중요성을 설명하면서 직장내 민주주의까지 논의를 확장했다. 민주주의를 단지 소극적 자유를 부여하고 형식적인 평등을 부여하면 된다고 생각했던 '절차적차원'의 이해를 확장하여 '실질적차원'으로 확대한 것이다. 여기서 중요한 점은 실질적 민주주의도 결국 이를 구현할 수 있는 장치와 제도가 있어야 한다는 것이다.

2. 정치체제로서 민주주의: 아테네와 민주주의의 시작

민주주의는 개념 규정이 다양하다. 이는 민주주의에 대한 평가를 달리 하게 만든다. 특히 민주주의에 대한 다양한 규정과 민주주의를 이해하는 방식 중에서 사회주의자들의 아이디어를 받아들여 민주주의를 이념으로 이해하는 이들과 민주주의를 제도로 이해하는 이들 간의 대립이 대표적으로 '민주주의 논쟁'을 만든다. 민주주의가 역사적인 개념이기 때문이다. 민주주의에 대한 논쟁에서부터 민주주의를 보완하기 위한 정책으로 무엇이 필요한가에 이르기까지 가장 필요한 것은 우선 민주주의가 무엇인지를 아는 것이다. 즉 민주주의의 역사적 변천 과정이 어떠했는지를 살펴보는 것이다.

민주주의의 초기 역사는 민주주의가 제도로 출발했다는 점과 민주주의가 좋은 정치체제를 의미한 것은 아니라는 점을 말해준다. 민주주의가 어떻게 형성되었고 어떤 의미를 가지는지를 알기 위해서는 민주주의를 최초로 운영했던 그리스의 아테네를 살펴볼 필요가 있다.

그리스에서 정치이론은 인간의 삶이 정치체제와 불가분의 관계에 있으며 정치체제가 어떠한가에 따라 인간의 삶이 결정된다고 보았다. 따라서 그리스의 정치이론은 정치체제에 대한 분석이 주를 이룬다. 그렇다면 어떤 정치체제가 인간의 삶에 가장 좋은 정치체제인가? 이 부분에 대한 가장 체계적인 분석은 아리스토텔레스에 의해 이루어졌다. 아리스토텔레스는 정치체제를 통치자의 수와 통치자의 목적, 즉 공익을 추구하는 순수형태와 사익을 추구하는 부패형태로 나누어 6가지로 분류했다. 그리고 그는 최선의 정부형태를 이상적 견지에서 군주제도와 귀족제로 보았고 현실적인 세계에서 가장 바람직한 것은 법제적 민주정(Polity)이라고 보았다.

표를 통한 비교 **아리스토텔레스 정치체제 분류**

통치형태 / 통치자수	순수형태	부패형태
1인	군주정치	폭군정치
소수	귀족정치	금권적 과두정치
다수	법제적 민주정치(polity)	빈민정치(democracy)

위 표에 나오는 6가지 유형의 정치형태는 아리스토텔레스가 살았을 그 당시의 관념으로 상상해낼 수 있는 정치체제의 모든 것이었다. 따라서 여기서 민주주의란 이념으로서의 의미보다는 정치체제로서 현실적인 제도이다. 실제 아리스토텔레스가 바람직하다고 주장했던 polity라는 것은 다수의 민중과 소수의 귀족이 혼합되어 민중의 독선이나 귀족의 독재로 흐르지 않는 정치체제를 의미했기 때문에 현재 우리가 사용하는 민주주의라는 개념과 차이가 난다.

위의 표에서 보이듯 아리스토텔레스는 민주주의(democracy)를 부패한 정치체제로 보았다. 이것은 아테네 민주주의의 절정기가 지난 뒤 아테네사회에 퍼져있던 민주주의에 대한 이해를 반영한다. 민주주의(democracy)라는 용어는 demos와 kratos가 결합한 것으로서 그리스인들(아마도 아테네인들)이 만들었다. 그런데 이 demos라는 개념은 보통의 모든 아테네인들을 의미하기도 하지만 때때로 보통 사람 혹은 가난한 사람들을 의미했다. 이는 democracy라는 단어가 보통 사람들에 대한 귀족의 혐오감을 보여주는 별칭으로 사용되었던 것을 보여준다.[5)]

민주주의가 긴 역사를 가지고 있기 때문에 우리가 빠지게 되는 오해는 민주주의를 초역사적인 것으로 이해하는 것이다. 마치 민주주의는 모든 역사를 관통해 지금 우리가 보고 있는 민주주의의 형태들을 모든 시간과 모든 장소에 걸쳐서 볼 수 있을 것이라는 오해이다. 하지만 민주주의는 지속적으로 이어져 온 정치제도가 아니다. 그것은 꽤 오랜 기간에 걸친 노력으로 새롭게 부활한 제도이며 갑자기 고안된 것이 아니라 점진적으로 퍼져간 것이다.[6)]

민주주의에 대한 아테네 정치의 공헌을 들자면 자치(self-rule)라는 관념을 심어주고 그것을 유산으로 남겨주었다는 것이다. 하지만 제도로서 실행되지 못하고 있던 민주주의는 그 이후 자유주의적 운동과 이를 뒷받침하기 위한 제한정부의 구성, 그리고 자유를 이루는 근간으로서의 인권과 법의 개념으로 다시 정치제도로서 복귀할 수 있게 되었다. 그리고 그 과정에서 사회주의의 평등적 관점의 논쟁을 거치면서 정치영역만이 아닌 경제와 사회문화영역에서의 평등성을 주창하는 정치형태이자 이념이 된 것이다. 즉 민주주의의 긴 흐름 속에서 민주주의는 초기의 정치제도 구성의 원칙, 자치의 원칙을 넘어 인민의 권리와 그 권리의 확대를 위한 하나의 이념적 모습을 띠게 되었다.

3. 민주주의의 역사적인 변천과 운용 방식[7)]

정치제도에서 시작된 민주주의는 역사적으로 새로운 이념들과 만나면서 변화해왔다. 민주주의가 역사적으로 어떻게 발전해왔는가를 이념형으로서 단순화해서 살펴볼 수 있다. 이 과정에서 우리는 민주주의에 어떤 수식어가 붙게 되는지와 그것이 어떤 의미를 가지는지를 알

---

5) **가난한 이들의 정치체제로서 민주주의**: 그리스에서 민주주의는 바람직한 체제라기 보다는 부정적인 의미를 가졌다. 이런 민주주의의 부정적의미가 근대에 들어와서 긍정적인 것으로 의미가 변화한 것이다. 로버트 달, 민주주의(서울: 동명사, 1999), p.28. 현대적 관점으로 보면 그리스의 민주주의라는 용어는 현대 '민중주의(populism)'와 유사하다.

6) **민주주의의 단절과 부활**: 민주주의는 그리스시대로 끝이 나고 이후 12세기 유럽에서 민주주의와 유사한 형태의 협의제도가 생기면서 부활하였다. 현대적으로 의미있는 민주주의는 근대에 들어와서 자유주의를 이론적으로 무장한 신흥상공인들이 유권자로 확대되면서 나타나게 된다. 로버트 달, pp.23-24.

7) **데이비드 헬드와 민주주의의 역사적인 변천과 운용방식 구분**: 민주주의를 고전적 민주주의, 방어적 민주주의, 발전적 민주주의, 인민민주주의의 방식으로 구분한 것은 데이비드 헬드(D. Held)의 견해를 따른 것이다. 데이비드 헬드, 『민주주의의 모델』(서울: 인간사랑. 1993).

아보게 될 것이다.

표를 통한 비교 **데이비드 헬드의 민주주의 역사적 모델**[8)]

1. 고전적 민주주의	아테네민주주의의 직접민주주의 시민의 지배체제(입법, 행정, 사법) 현대 직접민주주의의 롤 모델
2. 공화주의[9)]	제국 로마의 민주주의(키케로의 공화주의) 태생적 조국이 아닌 법적 조국을 강조한 민주주의 마키아벨리에 의해 키케로 계승(보호공화주의) 루소가 계발공화주의(정치참여를 통해 시민을 계발)
3. 방어(보호)적 민주주의	근대 자유주의자들에 의한 민주주의 대의민주주의중심(대표를 통한 의회구성) 인민의 자유를 '보호'하는데서 시작하는 민주주의 현대소유권적 민주주의와 법치(신우파) 민주주의로 연결
4. 발전(계발)적 민주주의	존 스튜어트 밀을 대표로 하는 민주주의 정치참여를 통해 인민의 잠재적 능력향상 현대적으로 참여(신좌파)민주주의로 연결
5. 급진민주주의	마르크스의 민주주의이론 인민의 직접통치를 강조 개인에서 계급으로 관점을 전환함 국가와 정치자체를 종식시키는 민주주의 현대 네오마르크스주의(도구적/ 구조적 마르크스주의)에 영향

(1) 고전적(classical) 민주주의

앞서 본 고대 그리스, 특히 아테네의 직접 민주주의가 가장 대표적이다. 아테네의 민주주의는 기원전 594년경 솔론의 개혁에서부터 시작한다. 솔론은 소유한 재산을 기준으로 시민계층을 4개로 나누고 각 계층에게 차등적 권리를 부여했고, 아테네가 겪은 빈번한 전쟁으로 하층계급도 참정권을 부여받아 민회에 참석하고 배심원이 될 수 있는 기회를 가졌다. 그 뒤 아테네 민주주의의 아버지라 불리는 클레이스테네스가 정치적 실권을 민회로 옮기면서 아테

8) **데이비드 헬드의 민주주의 모델**: 헬드는 자신의 책『민주주의의 모델들』3판(2006년도 판)에서 과거 분류법을 수정하였다. 그는 과거 4개로 구분한 모델에 공화주의를 도입하여 5개로 구분하였다. 그리고 공화주의를 보호공화주의, 계발공화주의로 구분하였다. 그리고 과거 발전민주주의자인 루소를 발전공화주의로 다시 분류하였다. 이것은 공화주의의 이론적 발전을 반영한 것으로 보인다.

9) **공화주의의 계보**: 헬드의 분류상 그리스공화주의는 계발공화주의(정치참여 ⇨ 인간의 능력신장. 참여자체가 목적)로 파도바의 마르실리우스에 이어졌다고 루소에게 전수된다. 루소는 최초의 여성주의이론가인 울스턴크래프트에게 직접 연결된다. 또한 루소는 마르크스와 엥겔스에게도 직접적이지는 않지만 영향을 준다. 반면에 로마공화주의는 보호공화주의(정치참여 ⇨ 정치적 이익보장. 참여의 수단적 의미)이론이다. 이 이론은 마키아벨리로 이어진다. 최근 신로마공화주의(약한 공화주의)와 직접 연결된다. 한편 마키아벨리는 몽케스키외와 메디슨에게 직접적이지 않지만 영향을 준다.

네 민주주의의 기본 골격이 형성되었다. 그리고 기원전 450년경 페리클레스의 지배 하에서 민주주의는 절정을 이루게 된다.

도시국가였던 아테네가 (직접)민주주의가 될 수 있었던 것은 몇 가지 특성에 기인한다. 아테네는 몇 개의 부족이 연합한 하나의 연합체였다. 각 부족은 독립성을 가지고 있었고 자체의 민회와 재판소를 가지고 있었다. 또한 도시국가 아테네는 인구가 많지 않은 소규모 공동체였다. 아테네의 인구는 외국인과 노예를 제외하면 15만에서 20만 명 정도 되었고 그 중 시민은 3-4만 명 정도 되었다. 중심에는 도시를 형성하고 있었고 주변에는 시골이 형성되어 있었다. 또한 도시민들은 노예 덕분에 국정에 참여할 시간적 여유를 가질 수 있었다. 이런 조건들은 아테네가 민주주의를 운영할 수 있는 기반이 되게 하였다.

하지만 아테네의 직접민주주의에는 중대한 약점들이 있었다. 첫째, 이 체제에서 시민권은 소수엘리트들에게 제한되었다. 시민권은 부모가 시민이었던 남성의 생득적 권한이었다. 대부분의 성인인 여성, 노예, 외국인 거주자들은 시민권으로부터 배제되었다. 또한 노예제도가 만들어 준 시간적 여유가 공적문제에 전념할 기회를 주었고 당연히 노예를 인정했다는 점에서 민주주의의 반테제(anti-thesis)로도 비판받는다. 둘째, 참여는 저조했는데 다수의 시민들은 출석에 대한 보수지급 제도를 도입한 후에도 대체로 의회집회에 참여하지 않았다. 셋째, 아테네의 제도는 현대의 소규모공동체에서 조차도 시간과 비용이 너무 많이 들고 복잡한 방법이었을 만큼 실질적이지 못했다. 넷째, 자치원칙이 언제나 명백하고 일관적인 정책을 만들지는 않았다. 영구적인 관료제의 결핍은 궁극적으로 비능률적인 통치를 낳았고 그리하여 결국 펠로폰네소스전쟁에서 패한 후 아테네는 쇠퇴하였다.[10)]

아테네의 직접민주주의는 현대의 대의 민주주의에 대한 반성과 그에 따른 보완적인 기제로서 의미를 가진다. 그러나 직접민주주의의 이념적 흡인력에도 불구하고 작동 가능성에 대한 문제는 여전히 남는다. 따라서 그것은 지방수준의 작은 공동체에서의 가능성에 좀 더 무게를 두고 논의되고 있다. 그리고 이론적 논의를 넘어 현실적인 견지에서 미국의 뉴잉글랜드의 타운쉽 집회와 스위스의 칸톤(canton)에서 기능하는 지역 의회가 현재 남아있는 모형으로서의 의미를 가진다.

10) Rod Hague와 Martin Harrop, p.74.

심화 학습

민주주의자료: 아테네민주주의 작동방식[11)]

핵심 사안: 아테네의 직접민주주의 운영방식 ⇨ (현대정치의)입법, 행정, 사법작동운영원리 ⇨ 현대 참여민주주의에 미치는 영향

1. 그리스의 귀족정치

그리스는 원래 민주주의는 아니었다. 귀족중심의 통치를 하고 있었다. 다수의 시민은 채무노예상태에 가까웠다.

2. 시민과 귀족 간의 타협과 민주주의

시민들의 불만이 높아지자 지배자였던 솔론은 개혁으로 시민과 귀족의 타협을 이루었다. 귀족은 채무노예인 시민을 해방해주었다. 채무로 노예가 되는 것을 금지하였다. 노예가 아닌 이들에게 시민권이 부여되었다.

3. 입법부(민회: Eclesia)구성

민회는 아테네 최고 의사결정기구였다. 민회를 중심으로 민주정이 시작된다. 민회에 참여할 수 있는 이들은 20세를 넘긴 이들로 2년간 군사복무를 마친 남성들로 구성된 시민들이다. 민회는 최소 6천명이 되면 개최되었다. 초기에는 1년에 10회가 개최되었으나 후반으로 가면서 40회까지 개최되었다.

민회는 정치적 결정 대부분을 담당하였다. 법의 제정, 외국과의 선전포고, 외국인에 대한 시민권 부여, 공무원임명, 도편추방제[12)]를 결정하였다. 민회에 참여하는 이들 중 선착순으로 6,000명까지는 급료가 지급되었다.

4. 행정부구성

행정부는 1,100명으로 구성된 공무원들이 담당하였다. 이들은 선거나 추첨으로 임명되었다. 군사력에서 핵심 전문가인 장군은 추첨을 하지 않았지만 추첨 제도를 통해서 시민들 중에서 대표를 선발하였다. 대부분 추첨을 하고 100명 정도를 선거를 통해 뽑았다. 이때 공무원이 되는 시민들의 연령은 30세였다. 이것은 경험이 필요하다는 점을 반영한 것으로 보인다. 임기는 1년이었다. 아테네 민주주의에서 가장 약점은 이 행정부의 연속성이 보장되지 않는 것이다. 근대 관료제도는 연속성을 가지고 어떤 사람이 새로운 관료가 되어도 체제운영의 차이가 없게 만든다. 그런데 이런 연속성 있게 전문적인 행정부가 없었다는 점은 정치체제가 유지되는 것에 한계로 작동하였다.

11) 진병춘, 『대한민국, 누구를 위한 민주주의인가?』, (서울, 트러스트북스, 2017),pp.21-28.

12) **도편추방제**: 권력자가 될 시민 중에 권력남용의 우려가 있는 이를 시민들이 깨진 도자기에 기록하여 제출하는 방안이다. 이렇게 하여 6,000명이상이 우려를 표시한 경우 10년간 아테네에서 추방되었다. 이것은 아테네인들이 권력의 속성을 잘 알고 있었고 통제장치를 사전 예방적 차원에서 활용한 것이다. 실제 추방된 이들이 11명 정도 되었다.

부연 설명 1: 공화주의의 버나드 마넹은 "선거는 민주적인가?"라는 질문을 하고 선거 제도의 엘리트적 속성을 비판한다. 그의 주장에 따르면 보통시민을 반영하는 정치체제를 운영하는데 추첨 제도도 유용하다. 다만 전문적인 기술을 요구하는 안보 분야는 선거를 가지고 있는 것이 유용하다.

부연 설명 2: 근대 행정제도의 중요성을 확인할 수 있다. 15만 명에서 20만 명 정도의 정치체제에서 민주주의는 체계적인 관료가 없이도 운영이 되었다. 그러나 1천만 명이 넘는 정치체제에서는 관료들이 체계적으로 운영하는 국가기구라는 장치가 없이는 시스템은 붕괴하게 되기 마련이다. 매번 민주적으로 관료를 선발하게 될 때 영속성도 없으며 관료적 효율성도 없게 되며 관료적 책임성도 없게 된다. 그런 점에서 현대 정치를 운영하기 위해서는 정책결정기구로서 정부와 관료 조직으로서의 장치(apparatus)가 필요하다. 다만 행정부의 비대화와 관료주의로 인해 관료를 통제하는 것이 중요한 정치적 문제로 남는다.

5. 사법부의 구성

사법부도 민주주의로 구성되었다. 배심원단은 아테네의 10개 부족들 중에서 각 600명이 선출되고 이렇게 선출된 6,000명 사이에서 재판이 열리면 추첨을 통해서 구성된다. 재판은 개인간의 다툼과 공적 사안을 심판하였다. 원고와 피고는 한 번 씩 배심원단에게 호소할 기회가 주어지고 이후 배심원단이 유무죄가 결정된다. 유무죄가 결정된 다시 한 차례씩 반론할 기회를 준 뒤에 배심원단이 형량을 결정한다. 소크라테스도 이 과정을 거쳐서 사형을 언도 받았다. 이 부분은 그리스가 현재 사법재판제도가 엘리트주의, 전문가 주의에 의존하는 것과는 차이를 보여준다. 즉 시민들이 사법영역까지를 결정한 것이다. 시민의 상식이 중요하게 사법적 판단을 내린 것이다.

부연설명 3: 현대 자유주의자들은 민주주의가 침범할 수 없는 공간으로서 사법부를 만들었다. 사법부 즉 미국의 연방대법원이나 한국의 헌법재판소는 헌법을 최종규범으로 하여 입법부가 만든 법을 평가하는 사법 심사를 수행함으로서 헌법이 규정한 약속을 지킨다. 만약 자본주의가 발전하여 재산을 많이 보유한 소수와 재산을 많이 보유하지 못한 다수로 나뉜다면 이때 사법부는 자산가인 소수를 보호하는 역할을 수행한다. 피오리나는 이것을 사법부에 대한 자본가들의 헤게모니를 지키는 마지막 수단이라고 하였다. 즉 헤게모니 보존명제로 설명이 가능하다. 그런 점에서 헌정주의와 헌정주의를 포함한 법치주의는 자유주의의 산물이다.

6. 추첨에 의한 정부

추첨은 더 나은 사람을 선출하는 것이 아니라 대등한 자를 선출하는 것이다. 그런 점에서 추첨은 선거의 엘리트주의를 피하는 민주주의 장치이다. 최근 추첨(selection)으로 선거(election)을 대체하자는 공화주의자들의 논리는 추첨이 "더 나은" 사람을 선발하지 않고 평범한 사람을 선발하여 보통사람들의 통치인 민주주의의 원리에 부합하다는 것을 토대로 한다.

(2) 방어적(protective) 민주주의 혹은 보호 민주주의[13)]

방어적 민주주의는 자유주의를 통해서 민주주의가 구현된 것이다. 또한 미국식 공화주의 이론도 방어적 민주주의에 기여했다. 부르주아를 중심으로 한 자유주의(혹은 미국식 공화주의)가 (평등한)인민의 지배민주주의로 구현된 형태이다. 민주주의가 17~18세기에 부활했을 때 민주주의는 고전적인 그리스 민주주의와는 다른 형태로 나타났다. 이 때 민주주의는 인민이 정치에 참여할 수 있는 메커니즘이라기보다는 정부의 침해로부터 시민 자신을 보호할 수 있는 장치로 간주된 것이다. 르네상스와 종교개혁을 거치며 근대로 진입하는 과정에서 발생한 자유주의 이론은 개인의 이익이 중심이 되는 세계 속에서 어떻게 정부가 유지되며 어떤 형태를 취해야 할 것인가의 문제를 다루었다. 홉스는 강력한 보호적 국가만이 인민과 시민의 위험을 해결할 수 있을 것으로 보았지만 문제는 이 강력한 국가가 과연 자연상태에 있는 다른 위협보다 덜 위협적인가 하는 것이었다. 이에 대하여 로크와 몽테스키외의 이론은 국가로부터 개인들의 자유를 어떻게 보호할 것인가와 그를 위한 권력을 어떻게 제한할 것인가로 맞추어졌다.

자유를 보호하기 위해서는 국가나 동료시민의 자의적 행위로부터 자기의 이익을 보호할 수 있는 공식적으로 평등한 능력인 정치적 평등이 필요하다. 하지만 로크와 몽테스키외 이론은 자유와 정치적 평등 사이의 관계를 체계화하지는 못했다. 보호민주주의 이론은 미국 헌법의 제정자인 제임스 매디슨과 19세기 '영국 자유주의'의 두 대변가인 벤담과 밀이 체계화하였다. 자유민주주의의 보호이론은 이들 손에서 가장 중요한 사상적 정밀화를 거친다. 시민들에게 정치적 결정을 선택・인정・통제할 만족스런 수단을 부여하는 정치적 메커니즘(중요한 것을 꼽자면 비밀투표, 정기적 선거, 잠재적 대표자들 간의 경쟁)을 통해 통치자는 피치자에게 책임을 져야한다는 논리가 바로 그 작업의 결과였다.[14)]

메디슨은 미국을 하나의 연방으로 구성하는 미국 헌법을 만들면서 어떤 정치원리를 통해 미국이라는 국가를 구성할지 설계한 이론가이자 정치인이다. 그는 자신이 속한 재력가의 이해를 빈곤한 다수 인민이 무시하거나 강탈하는 것을 두려워했고 그의 이런 사고는 인간의 파벌(faction) 구성을 당연한 것으로 받아들이되 파벌 간 경쟁을 통해 한 파벌에 의한 지배(혹은 계급에 의한 지배)를 방지하고자 했다. 다수의 전제를 막는 것을 핵심으로 하는 그의

---

13) **보호 민주주의 또는 방어적 민주주의의 의미**: 민주주의는 '인민에 의한 지배(rule by people)'이다. 인민에 의한 지배는 '인민(people)', '지배(rule)', '에 의한'으로 구분될 수 있다. 이 중 보호 민주주의나 방어적 민주주의는 공히 protective democracy이다. 데이브 헬드의 『민주주의 모델들』에서 과거는 방어적민주주의로 번역했는데 최근 보호민주주의로 번역하고 있다. 영어 표현상의 차이는 없다. 이때 보호민주주의는 인민을 국가나 교회라는 사회적 조직으로부터 보호하는 것을 목표로 한다. 인민이 보호받아서 자신이 독자적인 목소리를 낼 수 있을 때 민주주의 토대가 만들어진다. 자유주의가 인민에게 자유를 부여한 것이 민주주의에 미친 영향이라고 볼 수 있다.

14) **자유주의에 기반한 민주주의**: 근대에 와서 민주주의는 자유주의를 통해서 인민의 '지배방식'이 결정되었다. 자유보호를 위한 정부를 구성하기 위해서 민주주의라는 정치체제 구축이 필요하였다. 헬드, p.71.

정치이론의 중요 기제는 선출된 대표에 의한 '정치적 대표체계'와 '규모의 미덕(규모를 키우면 한 집단이 전체 사회를 지배할 수 없게 될 것)'으로, 이를 갖춘 대규모의 영토와 방대한 인구를 포함하는 '공화국 체계'를 구성하고자 하였다. 그러므로 대표를 통한 통치인 대의제도가 중요해지게 되었고, 이런 맥락에서 볼 때 메디슨은 '마지못한 민주주의자'였다.[15]

벤담과 밀의 공리주의의 핵심은 인간은 욕구를 충족하고 고통을 회피하기 위해 행동한다는 것이다. 즉 만족 또는 효용의 극대화와 고통의 극소화이다. 이들 공리주의는 효용극대화를 위해 자유민주주의 국가에 대한 가장 명백한 정당화논리를 제공한다. 효용극대화를 위해서 자기이익을 극대화할 수 있는 자유시장이 필요하고 자유시장을 지키기 위해서는 정기적인 자유선거와 군주권력을 폐지시킬 필요가 있었다. 게다가 재산이나 사회의 안전을 위협하는 세력으로부터 사회의 안전을 확보하기 위한 방안으로 국가의 개입이 필요했다. 따라서 사회질서를 위반한 이들에 대한 '인간경영'이란 측면에서 '감옥체계'가 필요했던 것이다.[16] 그리고 이런 논리는 아담스미스에 이르러 경제학이 공리주의와 결부되면서 중앙집중화된 정치권력의 중요성과 유권자가 통제하는 선택적인 국가 '개입'이 공공선을 극대화할 수 있다는 독창적인 논리구조를 형성하게 된다.[17]

이렇게 형성된 자유주의에 기초한 민주주의는 대의제도와 결합하게 되었고 정치는 정부활동과 제도를 의미하는 좁은 영역으로 한정(최소강령적 민주주의, 절차적 민주주의)되었다.[18] 따라서 사회적인 문제들이나 경제문제들은 비정치적인 문제로 남게 되는 단점을 가지고 있다. 자유주의 전통이 모든 것을 포괄하는 정치권위로부터의 자유라는 '소극적 자유'를 통해 시민권력을 확보하는데 성공한 것은 뛰어난 업적이다. 하지만 자유란 개인이 자신이 하고자 하는 일을 선택하고 그것을 추구할 수 있는 '실질적인 능력'인 적극적 자유를 말하는데, 이 시기 자유주의이론은 적극적 자유까지 이론이 전개되지는 않았다.

보호적 민주주의를 구성한 자유주의에서는 절차적 평등이라는 논리에 기초하여 모든 구

---

15) **매디슨과 민주주의**: 매디슨은 공화주의자로서 유산자들의 이익을 보호하고자 한 이론가였다. 그는 민주주의에 우호적이지 않았다. 매디슨식의 민주주의가 미국에서 자리잡고 있기 때문에 민주주의 발전이 어렵다고 로버트 달이 경고한 이유이기도 하다. 헬드, pp.72-77.

16) **벤담의 원형감옥(panopticon)과 푸코의 권력편재설**: 새로운 감옥구조로서 도처에 감시의 눈길을 가지고 인간을 교화하고자 하는 것이었다. 시민들의 공리를 위해서 광인들이나 범법자를 가두는 것이 필요했다. 원형감옥은 원형으로 된 감시탑을 통해 간수는 늘상 수감자를 감시할 수 있다. 이후 간수가 없어도 상시적으로 감시를 당한 수감자는 감시당하는 것과 같이 행동에 제약을 받게 된다. 이런 원형감옥논리를 푸코는 현대사회에 미시적인 권력이 사회에 도처에 편재해 있다는 논리로 확장한다.

17) **자유주의와 최소국가**: 자유주의 입장에서 개인들의 자유를 위해서도 국가는 최소한의 공공선을 구성해주어야 한다. 예를 들어 안전을 확보해주어야 개인들의 노예가 되거나 죽음으로 내몰리지 않을 수 있기에 자유를 위해 국가의 역할이 필요하다. 다만 국가의 개입범위는 축소될 필요가 있으며 시민들의 통제를 받아야 한다. 헬드, pp.78-79.

18) **자유주의와 최소적 관점의 민주주의**: 자유주의는 민주주의를 좁게 규정하고자 한다. 자유주의의 핵심은 인민의 자유보장이기 때문에 민주주의를 통한 국가의 확대를 거부한다. 따라서 절차적 차원의 민주주의, 최소강령적 민주주의를 지지한다.

성원이 동등하게 자신의 이익을 보장받아야 한다. 그러나 이 문제는 두 가지의 추가적인 문제를 남긴다. 하나는 모든 성인들은 (성, 인종, 신념, 부에 관계 없이) 자기 이익을 보호하는 동일한 비중의 방법, 즉 보통선거권을 가져야 하는가의 문제이다. 둘째, 개인이익이 자유민주주의의 정치적 메카니즘에 의해 과연 평등하게 보호될 수 있는지, 즉 정치적 메카니즘이 권력의 평등한 분배를 이룩하는지의 문제이다. 첫 번째 문제는 19세기에서 20세기까지 벌였던 포괄적인 선거권확대운동과 관계가 있다. 둘째는 마르크스주의자과 급진주의자들과 페미니즘의 중심과제가 되었다.[19] 이 논의는 민주주의가 구성원인 '인민'의 범위와 어떻게 통치할 것인지의 두 가지로 구성되어 있다는 점을 확인시켜준다.

심화 학습

헬드의 보호(방어적)민주주의 심화

I. 보호민주주의 이론: 자유와 권력분립중심으로

보호민주주의는 홉스, 로크, 몽테스키외의 자유주의를 토대로 하며 이 이론들의 핵심적인 목표는 2가지이다. 첫째, 국가에게 강제력을 독점하게 만드는 논리를 제공한다. 둘째, 강제력을 가진 국가가 시민의 권리와 의무와 연결되어야 한다는 점이다. 이는 개인에게 '자유'를 부여하면서 국가에게 '권력'을 부여하는 두 가지 목적이 결합되어야 했다. 따라서 자유와 국가의 연결을 중심으로 보호민주주의를 설명한다.

1. 보호민주주의의 주요내용

보호민주주의의 주요내용은 3가지로 요약할 수 있다. 첫째, 보호민주주의의 역사. 둘째, 개인의 자유 중 어느 부분이 강조되는지 여부. 셋째, 어떻게 정부구성을 하려고 했는지 여부.

첫째, 보호민주주의의 역사는 다음과 같다. 보호민주주의는 자유주의를 토대로 형성된 민주주의이론이다. 보호민주주의는 근대 자유주의에서 개인의 자유를 도출하는 것에서 민주주의와 연결하고자 했다. 먼저 자유주의의 내용에 앞서 민주주의의 개념규정이 필요하다. 모든 민주주의는 '인민에 의한 지배(rule by people)'이다. 이때 주체로서 '인민(people)'과 통치방식으로서 '지배(rule)' 그리고 '에 의한(by)'로 구분된다. 통치의 주체, 통치방식과 영역, 복종에의 의무가 이 3가지 내용의 중심축이다.

보호민주주의는 '인민(people)'을 '시민(citizen)'으로 설정하였다. 이때 시민은 모든 인민은 아니었으며 국가에 일정정도 기여할 수 있는 이들(납세자들)을 의미했다. 시민을 강조한 자유주의에 기초한 보호민주주의는 목표는 두 가지였다. 첫째, 국가의 종교로부터의 분리다. 둘째, 시민들의 이성과 선택의 자유를 통해 정치의 간섭으로부터 사적영역을 보호하는 것이다. 간섭의 배제는 국가권력으로부터 개인의 자유를 보호하는 한편 종교적 불관용으로부터도 개인의 자유를 보호하는 것이다. 즉 국가건설(종교로부터)과 시민의 사적영역 건설(국가로부터 사적공간의 확보)이 중요했다.

---

19) 헬드, p.81.

양자(국가건설과 사적영역의 건설)는 양립하기 어려운 논리이다. 국가를 만들면서 시민의 사적공간을 형성하는 것은 권력과 자유의 관계라는 두 가지 어려운 과제를 달성해야 하기 때문이다. 이 두 가지 목표를 가능하게 한 것은 '사적동기에 의한 선택'과 사적동기를 가진 다른 타인으로부터 지배받지 않게 하기 위해 '책임 있는 제도를 구축' 하는 것이다. 즉 '자유의 확보'와 '권력의 제도화'이다.

자유주의로 대표되는 보호민주주의자들은 먼저 자유를 통해서 종교로부터 근대국가를 구축하는 일을 진행했다. 마키아벨리 이론은 공화주의로 분류된다. 하지만 그는 국가라는 정치가 종교와 구분되어야 한다고 주장했다.

이후 학자들에 의해 시민들에 의한 정부구성이 논리적으로 전개되었다. 토마스 홉스의 사회계약론에 따른 리바이어던의 구성은 개인들의 안전과 자유를 확보하고자 하는 동기에서 개인들이 동의를 하고(사회계약) 이를 확증하기 위해 정부를 구성한다. 안보확보를 목표로 하는 홉스 이론은 그러나 강력한 국가를 도출하는데 성공했지만 이후 개인에게는 안전외의 자유를 부여하지 못하고 시민(citizen)을 신민(subject)으로서의 의무만 강조하게 하였다. 그런 점에서 홉스는 개인에게 자유를 부여한 완전한 자유주의자로 구분되지는 못한다.

둘째, 보호민주주의에서 자유의 내용이다. 보호민주주의에서 중요한 자유는 '소극적 자유'이다. 간섭의 배제를 의미하는 '소극적 자유'는 자유주의의 기본적 논리이며 보호민주주의의 기본 논리이다. 자유주의에 토대를 둔 보호민주주의의 핵심적 가치는 자유다. 이때 자유는 존 로크에 의해서 도출되었다. 로크에게 자유는 소유권(property)이다. 로크의 소유권은 생명, 자유, 재산에 대한 권리이다. 하지만 맥퍼슨은 로크가 소유권이라는 개념을 사용함으로서 물건에 대한 배타적사용이라는 좀 더 좁은 의미로 축소하고자 하였다고 해석하였다. 로크의 이론은 소유권적 자유주의, 신자유주의로 계승 발전할 수 있는 여지를 만들었다. 로크의 논리는 자연 상태가 전쟁상태가 아닌 상황에서 개인은 자신의 노동을 통해 신이 부여한 물건을 자신의 소유물로 만든다. 신이 부여한 물건과 자신의 노동이 만나 자신의 소유권이 창출된다.

소유권은 타인의 간섭과 강탈로부터 자유로워야 한다. 무정부상태인 자연 상태에서 인간은 타인의 재산에 손을 댈 수 있지만 이런 도둑질을 방지할 수 있는 제도는 없다. 따라서 사람들은 이러한 불편한 상태를 극복하고자 국가(정부)를 구성한다. 이때 국가는 개인의 자유를 보호할 목적으로 만들어진다. 따라서 정치는 개인자유라는 목적을 달성하기 위한 수단적인 것이지 그 자체로서 목적이 될 수 없다. 개인들은 타인의 간섭과 침탈로부터 자신의 자유를 보호하기 위해 국가라는 권력체를 구성하였지만 한편으로는 국가로부터도 간섭을 배제해야 하는 상황이 된 것이다.

셋째, 권력분립으로 상징화되는 정부의 구성 즉 권력의 구성이다. 개인들의 자연권인 소유권을 보호하기 위해서 정부는 필요하지만 너무 강력한 정부는 개인의 자유 확보라는 원리에 위배된다. 따라서 시민의 자발적인 선택이 유지되면서도 정부의 권력이 제대로 행사되려면 정부가 너무 강력해서는 안 된다. 로크는 2권 분립을 통해서 정부가 구성했다. 모든 정부의 목적은 '자유, 생명, 재산'의 보호이다. 주권을 통한 정부의 권력도 결국 이 목적을 이루기 위해서는 추상적인 실체로서 정부로 권력이 귀결되는 절대권력을 막아야 한다. 전제정을 거부하기 위해서 정치권력은 그 사용여부를 인민의 수중에 두어야 한다. 입법부는 인민의 대리인으로서 법을 제정한다. 반면에 사법부를 포함한 집행부는 법체계를 집행한다. 이때 집행권의 명확화를 위해서는 헌법에 따라 군주와 인민들 간의 합의가 만들어지고 그 합의를 지켜야 한다. 집행권은 입헌군주가 법제정권은 인민으로 구성된 의회가 가짐으로서 공적권력은 제한될 수 있다. 그러나 만약 정부가 시민들의 사회계약을 위반 할 경우 최종적으로 '저항권'을 통해서 공적권위를 부정할 수도 있었다. 자유를 위해 특정조건에서 정부는 부정될 수 있었던 것이다.

로크는 '누가 인민인지' 그리고 '정치적 신탁이 부여되는 조건'에 대해서는 명확하게 설명하지 않았다. 그는 자유를 만든 이론가이지만 인민의 지배라는 차원에서 정확히 민주주의를 설명하지는 않았다. 베이비드 헬드의 주장처럼 로크는 "주의 깊은 조건에서만 민주주의자"로 간주될 수 있다.

권력분립론은 몽테스키외에 의해 더 구체화되었다. 그는 자유를 확보하기 위해서는 권력은 분립이 필수적이라고 보았다. 권력을 나눌 때 절대적 권력은 불가능하게 된다. 입법, 행정, 사법으로 권력을 구분한 몽테스키외는 절제를 강조했다. 그는 과거 공화주의제도는 절제가 가능하지만 공화주의가 무너진 상황에서는 공화주의를 대신해서 권력을 구분함으로서 절제를 이룰 수 있다고 보았다. 그는 자유 확보는 반드시 제도와 연결되어야 한다고 보았다. 그리고 권력만을 산술적으로 나누는 것으로 부족하여 각 권력이 '견제와 균형'을 할 수 있는 힘의 배분도 중요하다고 보았다. 힘이 나눠지만 한 쪽 권력이 지나체 크다면 자유확보가 어렵기 때문에 각 권력체들은 상호 견제를 할 수 있을 정도의 힘을 가져야 한다. 몽케스키외 역시 인민과 법제정자 중에서 '법 제정자를 강조했다는 점'과 '아주 소수만을 인민의 범위로 한정했다는 점'에서 민주주의자보다는 자유주의자 성향이 강하다.

2. 보호민주주의의 약점

보호민주주의이론도 약점이 명확하다. 첫째, 보호민주주의는 자유를 통해 인민이 전제 권력에 대해 거부할 수 있게 해주었지만 '정치적 평등에 대한 고려는 부족'했다. 보호민주주의가 자유주의를 토대로 하기 때문에 개인을 공동체에서 구분하여 독립적 선택을 하게 만들고 이를 통해 사적공간을 구성한 것은 역사적인 발전이다. 그러나 이렇게 자유를 확보하게 된 개인들은 정치적 결정에 있어서 모두 동일한 권력을 가진 것은 아니다. 어떤 인민이 다른 인민보다 우월하게 정치적 권력을 구성하고 좀 더 많은 자유를 확보할 수 있다면 이는 '인민에 의한 지배'를 불평등한 지배로 만든다. 자유는 부여되지만 권력이 차등적인 상황에서 자유가 부여되는 것이다. 이런 경우 어떤 이는 민주주의를 통해 자기지배라는 원리를 구현하지만 다른 이는 권력 부족으로 자기 지배를 구현할 수 없다.

둘째, 보호민주주의는 자유를 부여하고 권력을 구분하지만 구성된 권력이 어떻게 사용되는지를 잘 다루지 못한다. 특히 통치자가 피치자에게 어떻게 책임을 지는지를 설명하지 못한다. 만약 권력을 부여하였고 권력을 구분하였지만 그 권력이 피치자가 원하는 대로 사용되지 못하고 이런 경우에도 시정하거나 책임을 묻지 못한다면 이런 정치체제는 민주주의라고 할 수 없다.

이런 두 가지 문제를 해결하기 위해 '권력의 평등성'과 '정치적 책임성'을 확보하려는 매디슨의 이론과 제레미 벤담과 제임스 밀의 양적 공리주의가 등장한다. 하지만 이들의 이론도 누가를 인민으로 할 것인지와 어떤 방식으로 참여를 통해서 공리를 확보할 것인지에 대해서 설명이 부족하다. 이후 질적 공리주의자 존 스튜어트 밀을 통해 발전민주주의를 살펴보아야하는 이유이다.

(3) 발전적(developmental) 민주주의: 존 스튜어트 밀 중심

자유주의를 기반으로 한 방어적 민주주의에서 민주주의의 평등성을 강조하면서 발전적 민주주의가 등장한다. 프랑스혁명 이래로 낡은 관습과 전통을 깨뜨리면서 어떻게 인간의 발전을 위한 민주주의제도를 형성할 것인가가 특별한 관심사가 되었다. 적극적으로 참여하는 시민을 창출하기 위한 민주주의의 필수불가결성을 강조하는 발전적 민주주의 사상은 급진적 해석과 자유주의 해석 모두를 받아들였다. 이 민주주의 이론은 루소의 영향을 가장 많이 받았으며 이후 마르크스주의자들과 무정부주의자, 참여민주주의 등을 주창하는 신좌파에게 영향을 끼쳤다. 그런 점에서 발전적 민주주의는 제도보다 이념차원에서 민주주의를 확대시켰다.

루소는 전통적인 자유주의의 사회계약론이나 19세기 자유주의의 투표에 의한 정부구성과 법적 제약에 대한 관념을 비판적으로 보았다. 그는 인간이 순진무구한 자연상태에서 내쫓겨 타락한 사회상태로 들어왔다고 보면서 이전까지의 사회계약론을 거부했다. 그는 "영국인들은 스스로 자유롭다고 믿고 있지만 그들은 의회구성원의 선거시에만 자유롭고 구성원이 선출되자마자 인민은 노예화된다. 그들은 아무런 존재도 아니다"는 말로 자유주의의 자유관과 주권관을 공격했다. 그는 "시민은 그들이 직접적이며 계속적으로 그들 공동체의 생활을 형성하는 일에 참여 할 때 자유롭다"는 말로서 직접적인 민주주의를 주장했다. 일반의지에 따라 주권자가 된 이들은 자신이 내린 명령하는 법에 대한 복종하는 것이기 때문에 진정한 주권자가 되며 주인이 되는 것이다.[20]

루소의 발전적 민주주의는 1960년대 이후 유럽에서 신좌파사상가들에게 영향을 주었고 민주주의에서 참여민주주의와 풀뿌리 민주주의를 발전시키는데 기여하였다. 하지만 그가 말한 '일반의지'의 개념이 복잡하고 독재를 옹호할 수 있다는 점과 일반의지로 인해 전체주의로 정치체제를 전환할 수 있다는 측면에서 비판받을 수 있다.[21]

좀 더 온건한 발전적 민주주의로는 존 스튜어트 밀을 들 수 있다. 국가가 과대하게 성장할 것을 두려워한 그는 국가의 과대성장과 몇몇 영향력 있는 인물들에 의해 위장된 '전제적 권력(despotic power)'이 용인할 수 없다는 점을 통해 민주주의이론을 발전시킨다. 그는 민주주의의 중심적 미덕이 민주주의가 가장 높고 조화로운 개인 능력을 발전시키고 증진시키

---

20) **루소와 자기지배적 민주주의**: 루소는 민주주의를 자기지배의 원리로 본다. 소외된 이들이 정치에서 스스로를 통치하게 하는 것이 민주주의가 되는 것이다. 이전까지의 민주주의에서 소외된 이들과 경제적으로 어려운 이들은 자신들이 정치체제내에서 주인이 되어본 적이 없다. 이들에게 자신의 삶과 운명을 통제하게 할 수 있게 해주는 것이 민주주의에서 필요하다는 것이 루소 이론의 핵심이다.

21) **일반의지의 문제점**: 사회구성원 전체의 의지를 의미하는 일반의지가 있다면 이것이 실제 무엇인지를 결정하는 과정이 필요하다. 만약 일반의지가 구체적이기 되기 위해서 실제 특정 가치나 정책으로 나타나려면 일반의지가 무엇인지를 구현하는 지도자가 있어야 한다. 추상적인 가치에서 실제 가치로 전환할 때 막연하게 일반의지를 아는 이들이 자신들의 의지가 무엇인지를 알게 하는 지도자 즉 입법가가 있어야 한다. 이 입법자가 자신의 의지를 강요할 수 있다는 점에서 독재가능성이 있다. 헤이우드, p.152.

는데 있다고 보았다. 따라서 민주주의는 정치에 대한 참여를 통해 자신의 이해를 높이고 감수성을 강화시키며 더 높은 개인적 발전을 가져오는 하나의 교육적 경험이다. 이를 위해서 문맹자를 제외하고 대중의 참여를 확대시킬 필요가 있다고 보았고 여성으로까지 확대할 것을 제안했다.

하지만 그는 형식적인 정치적 평등을 부정하고 복수 투표권(일반노동자는 1표, 숙련노동자는 2표, 대학 교육받은 자와 지식인은 5-6표)을 제안했다. 이는 토크빌이 보였던 '다수의 폭정'에 대한 전형적인 자유주의자들의 두려움에 기인한듯하다. 자칫하면 민주주의는 획일성과 대세 순응주의(conformism)를 증진시키고 정치를 타협으로 변질시킬 수 있다. 이것은 토론을 통한 지혜의 증진과 대안의 모색을 방해한다. 간단히 말해 다수가 항상 옳은 것은 아니다. 지혜는 단순한 거수장치에 의해 결정될 수 없다. 따라서 밀의 이념은 심의 민주주의(deliberative: 토론과 심의를 중시하는 민주주의) 혹은 "의회 민주주의"[22]를 지지하고 있다. 즉 과두제적일 수 있는 의회를 중심으로 하는 의회민주주의를 지지하기도 한다.

그런데 최근 데이비드 헬드는『민주주의 모델들』에서 민주주의 분류를 수정하였다. 그는 공화주의를 따로 떼어서 분류하면서 민주주의에 대한 기여에서 공화주의를 구분한다. 즉 민주주의는 고전적민주주의, 공화주의, 자유민주주의(보호적민주주의, 발전적민주주의), 직접민주주의의 4가지 모델로 구분된다는 것이다. 이런 분류에 따라 루소는 공화주의의 두 가지 형태인 '보호적'공화주의, '발전적'공화주의에서 발전적 공화주의로 분류된다. 이러한 분류는 최근 공화주의의 발전이라는 학문적인 유행을 반영하는 것이다.

표를 통한 비교 **발전적 민주주의의 두 모형(과거 책을 반영)**

	급진모형(루소)	온건모형(존 스튜어트 밀)
공통점	자유주의의 자유확장(소극적 자유 → 적극적 자유: self-rule) + 민주주의의 평등확장(형식적평등 → 실질적 평등)	
정당화 원칙	자기 지배를 구현하기 위한 평등의 획득	정치참여를 통한 인간의 능력의 극대화

22) **의회민주주의의 의미**: 국민에 의해 선출된 협의적 의회를 통해 작동하는 민주주의 지배형태이다. 이 협의적 의회는 정부와 피통치자 사이를 간접적으로 연결해 주고 있다. 이러한 의미에서 민주주의는 본질적으로 책임이 있고, 대의적인 정부를 의미한다. 그리하여 의회민주주의는 엘리트 지배와 민중참여의 균형을 맞춘다. 즉 정부는 국민에게 직접적으로 책임을 지는 것이 아니라, 국민에 의해 선출된 대표자에 대해 책임을 진다. 이러한 제도가 지니는 매력은 대표자들이 그들이 받은 교육과 협의하고 토론하는 기회로 인해 아마도 시민들이 가장 원하는 이익을 정의하기에 시민 자신보다 더 능력이 있다는 것이다. 존 스튜어트 밀과 에드먼드 버크와 연관된 고전적 의회민주주의의 형태에서 의원은 선거구민의 이익을 위해 생각하도록 요구된다. 하지만 현대의 정당정치는 의회민주주의와 정당위임민주주의(mandate deomcracy)에 대한 이념을 융합시켰다. 의회민주주의에 대한 설명은 헤이우드, p.154.

심화 학습

헬드의 발전민주주의자 존 스튜어트 밀

I. 발전민주주의 이론: 자유와 대의정부중심으로

존 스튜어트 밀은 '마지못한 민주주의자'인 보호민주주의자들과 달리 "분명한" 민주주의자이다. 그는 개인은 어디까지 자유를 누릴 수 있는 지 특히 정치영역에서 상이한 이해관계를 가진 이들 사이에서 어디까지 자유를 누릴 수 있는지를 논의했다. 그리고 이러한 정치적 참여가 어떻게 인민의 개인성을 발전시키는지를 다루었다. 그의 논리의 핵심은 소극적 자유를 '적극적 자유'(적극적인 자유라는 개념은 실제로는 더 뒤의 토마스 힐 그린에 의해 만들어졌지만 여기는 소극적인 의미보다 확장된 의미를 강조하기 위해서 사용한다.)로 전환하는 것과 '대의정부'를 구성하려고 한 점과 여성도 인민의 범위로 확대한 것이었다.

1. 발전민주주의의 주요내용

발전민주주의는 자유를 적극적 자유(토마스 힐 그린의 개념이나 앞의 보호민주주의와의 구분을 위해 사용)로 규정하고 정부형태는 대의민주주의로 설정하였다. 구체적인 논리를 상술한다.

존 스튜어트 밀을 대표로 하는 발전민주주의는 개인에게 자유를 부여하면서도 사회적 권위와 조화를 이루려고 하였다. 직접(급진적) 민주주의자(사회주의나 무정부주의자)들이 사회와 정부의 권위를 거부하고 개인에게 절대적인 권력을 부여했다면 발전민주주의는 인간의 자유가 나갈 수 있은 범위 즉 인간이 개인 말고 사회에서 추구할 수 없는 자유의 범위를 명확히 하였다. 추구할 수 없는 범위를 명확히 한 뒤 이것을 제외한 자유는 모두 인정해야 한다는 방식의 논리를 만들었다.

밀이 사회와 개인의 자유간의 경계에 대해 정교하게 만든 것은 개인이 '할 수 있는 것'과 '할 수 없는 것'을 구분하기 위함이다. 즉 개인이 모두 무제한적 자유를 가지면 그러한 개인의 무제한적 자유 활용은 다른 개인의 자유를 침해한다. 논리적 귀결 상 무제한적 자유는 역설적으로 모든 이의 자유를 부정하게 된다. 그렇다면 사회 속에서 개인들이 살아갈 때 개인의 자유에는 제한이 필요하다. 하지만 자유가 중요한 만큼 제한 부분을 명확히 해야 한다.

더 많은 이의 자유 확보를 위해 사회, 정치적 간섭은 정당화된다. 하지만 사회, 정치적 간섭은 어떤 행위 혹은 불이행이 의도적이거나 의도적이지 않거나 '타인에 관련'되어야 한다. 또한 자유의 제한은 타인을 '해칠'때에만 정당화된다. 즉 자유의 간섭은 자유 자체를 보호하기 위한 것이다. 따라서 자신과 관련된 부분에 대해서는 절대적인 자유를 가진다.

밀의 '타인관련 행위'와 '자신관련 행위'의 구분은 사상, 의견, 토론, 출판의 자유가 중요하다는 점과 논리적으로 연결된다. 또한 그는 선호나 무엇을 추구할 권리를 강조하였다. 그리고 타인에게 위해를 가하지 않는 한에서 결사와 조합의 자유를 강조하였다.

밀의 이러한 구분은 인민의 '적극적인 자유'와 관련된다. 인민은 '무엇을 하지 말 것'과 '간섭을 받지 말 것'으로부터 자유로운 것이 중요하지 않다. 즉 소극적 자유가 가장 중요한 것이 아니다. 인간은 주어진 조건이 다르다. 인간들의 각기 다른 조건에서 국가가 아무것도 안한다고 하면 자신의 능력을 키울 수 있는 여건이 안 되는 이들은 국가의 부작위(간섭 배제)로 인해 그들의 역량을 개발할 수 있는 기회를 놓치게 된다. 국가가 작위로 누군가에게 간섭하는 것만이 문제가 아니라 국가가 아무 것도 하지 않음(부작위)으로서 구조적으로 불평등한 이들이 자신의 발전기회를 놓친다. 이것이 자유에서 더 문제다.

밀에게 정치의 참여는 인민의 발전과 계발에 필수적이다. 참여함으로서 인민은 자기이익을 보호할 수 있다. 또한 참여를 통해서 개인의 능력을 확장할 수 있는 것이다. 밀의 이 논리는 여성의 정치참여인정으로 이어졌다. 성별(gender)이 다르다는 것이 인간에게 무엇을 할 수 있거나 없거나를 결정하는 기준이 될 수 없다. 따라서 여성도 자신의 능력을 발휘하기 위해서는 정치참여가 필수적이다. 사회적 편견과 관계없이 여성도 자신의 생각을 말하고 사회적 가치로 전환할 수 있어야 하는 것이다.

둘째, 인민의 참여를 보장하면서 밀은 정치체제구성에서 대의정부를 제안했다. 밀이 살던 세상(자유론의 초판이 1848년에 출판됨)은 과거 그리스의 폴리스처럼 도시국가가 아니다. 게다가 농업으로 단순화할 수 있는 계급사회도 아니다. 따라서 커진 국가 규모에 복잡해진 다원적인 이익을 조정하는 행정관료 체계가 발전한 '근대'사회이다. 이런 사회에서 직접 민주주의자나 사회주의자들이 생각하는 것처럼 인민이 국가를 지배한다는 것은 민주성원리에는 부합할지 모르지만 정치체제의 효율성원리에는 부합하지 않는다. 따라서 숙련성과 전문성이라는 관료적인 장점을 가지면서도 개인들의 자유를 침해하지 않는 정부를 만들어야 한다. 특히 다양한 의견이 발휘되고 의회를 통해서 논의되는 과정을 가지면서도 관료제 정부를 통제하는 것이 필요하다. 이는 대의정부를 통해서 이룰 수 있다.

대의정부는 의회와 관련된다. 정부는 유능한 관료를 통해 집행부를 운영하면서도 인민은 의회에서 자신들의 대표를 선출하여 집행부를 통제하는 것이다. 효율적인 체계인 관료제에 인민의 지배가 관철되는 것은 정책효율성을 떨어뜨린다. 이는 행정체계의 약화로 이어질 것이며 사회전체적인 이익을 감소시킬 것이다. 따라서 행정체계를 그대로 두면서 인민들이 구성하는 대의제도라는 의회를 통해서 행정부를 견제하는 것이 제도적 배열에서 바람직하다. 의회는 다양한 견해가 토론될 수 있는 토론장의 역할을 하면서 국민의 승인과 동의를 확정하여 정치체제의 정당성을 부여한다. 그리고 의회는 집행부의 직위에 대한 임명권을 가질 뿐 이며 전문적인 입법의 세부사항을 관리하거나 작성해서는 안 된다. 이것은 행정체계를 약화시킬 뿐이기 때문이다. 이때 국가(정부)는 책임성을 추구하면서도 전문성을 결합할 수 있는 것이다. 이렇게 구성된 정부는 개인과 관련된 사안이 아니라 타인관련 사안에 대해서만 개입함으로서 자유와 권위를 조합을 이룰 수 있다.

2. 발전민주주의의 약점

밀의 발전민주주의는 세 가지 점에서 약점이 있다. 첫째, 제도적인 평등성의 부족이다. 밀은 민주주의자로서 '보통선거권'을 주장했다. 당시 여성의 정치참여주장은 획기적인 것이었다. 그러나 그는 노동자들이 자신과 같은 지식인과 동등하게 투표하고 동등하게 결정권을 가지는 것을 거부했다. '복수 투표제'를 주장한 밀의 논리는 평등성이라는 차원에서 문제가 있다. 특히 '발전과 계발'은 부족한 것에서 "나쁜 것에서 더 나은 것으로 나간다"는 개념이다. 이는 발전을 평가하는 평가자가 있다는 것이다. 이러한 평가자는 민주주의라는 인민의 평등이 보장되어야 하는 체제에서 더 우월한 존재로 전제 된다. 따라서 이런 가정은 민주주의의 평등성원리를 깨뜨린다.

둘째, 밀이 자유시장경제와 국가의 최소한의 개입을 강조한 부분은 후대 1970년대 강화된 신자유주의의 논리적 토대가 된다. 인간의 자기완성을 위해서 국가는 적극적이어야 하지만 이런 경우를 제외하고 국가의 개입은 축소될 필요가 있다. 즉 국가는 선택적이며 최소한의 개입을 통해서 인간의 효율성을 강화해야 한다. 이것은 다른 이들의 안전, 결핍으로부터의 자유라는 요구를 거부하게 한다.

셋째, 밀은 여러 개인들의 다양한 경쟁적 목표들이 추구되기 위해서는 국가가 중립적이어야 한다고 주장한다. 그러나 한편으로 여성과 소수인종보호를 강조한다는 점에서 그의 이론은 이후 개혁주의적입장과 개입주의적 국가관으로 해석되고 정당화될 수 있다. 이것 자체는 문제가 아니다. 국가는 '결핍으로 인해' 개인이 타인에게 위해를 가하는 상황을 막을 필요가 있다. 지나친 빈곤이나 기근을 예로 들 수 있다. 한 사회에서 개인이 타인에게 위해를 가할 수 있는 상황을 피하기 위해 복지정책 등이 필요한 이유가 된다. 그러나 논리적인 문제는 이런 상황이 되었을 때 어떤 특정가치나 목표가 왜 다른 가치나 목표보다 우월해야 하는 지이다. 자유주의의 이론 내에 있으면서 특정 가치를 더 우월한 가치로 상정한다면 이론상 자유주의의 가치의 대등성을 위반하게 되는 것이다.

(4) 급진적 민주주의 혹은 직접민주주의와 정치의 종언[23)]

급진적 민주주의는 인민민주주의(people's democracy)라고도 불린다. 인민민주주의는 2차대전 이후 소비에트 모델에서 발생한 공산주의 정권에서 유래한다. 엄밀하게 인민민주주의는 마르크스의 이론을 계승한 다양한 민주주의를 지칭할 수 있다. 북한의 인민민주주의 공화국이란 국호를 보면 북한도 인민민주주의처럼 보이므로 여기에 들어가야 할 것이다. 그러나 북한이 사회주의 이념을 따르는 국가라고 볼 수는 없다. 북한은 사회주의를 모방한 전체주의와 일본의 천황적 구조가 섞여있는 기묘한 형태의 국가이지 인민이 주인이 되고 사회가 국가에 우선하면서 평등한 세상을 꿈꾸는 마르크스의 국가는 아니기 때문이다.

급진적 민주주의는 마르크스주의적 입장의 민주주의로 단지 외형적 평등만을 확립하였던 '정치적' 민주주의와는 대조적으로 공동소유를 통해 초래되는 사회적 평등의 목표를 가지고 있다. 마르크스는 자본주의 전복이 진정한 민주주의를 번성하게 만들 것으로 보았고 완전한 공산사회는 '프롤레타리아 독재'라는 과도기를 지나야 가능할 것으로 보았다. 그 과도기가 무엇인지를 정확하게 알 수는 없지만 1871년의 파리꼬뮨에 대한 묘사에서 그 실마리를 찾을 수 있을 것이다.

급진적 민주주의는 실제 마르크스자신보다 레닌의 이념에 의해 더 많은 영향을 받았다. 레닌이 행한 1917년의 슬로건 "모든 권력은 소비에트로"는 자치민주주의의 이념을 생생하게 지켰지만 실제 현실에서는 소비에트 러시아의 권력은 재빨리 볼세비키당의 수중에 떨어졌다.

---

23) **직접민주주의와 인민민주주의 구분**: Held의 책은 직접민주주의와 정치의 종언이라는 제목으로 마르크스와 엥겔스를 설명하고 있다. 반면에 헤이우드는 이 부분을 소개하면서 인민민주주의라는 공산주의모형을 용어로 들고는 마르크스의 이론과 레닌의 이론체계를 설명한다.

그리고 이 당은 '노동자계급의 전위대'로 선전되었다. 국가구조를 무너뜨리기 위해 전위적 정당이 권력의 최상부에 있어야 한다는 이론은 이후 다른 공산주의 국가에도 영향을 미쳤다.[24] 하지만 공산당으로의 권력의 집중은 "누가 공산당을 인도(guard)할 것인가"의 문제를 해결하지 못했다.[25]

표를 통한 비교 **급진적 민주주의(인민민주주의)의 두 모형**

<table>
<tr><th colspan="3">직접민주주의와 정치의 종언</th></tr>
<tr><th></th><th>사회주의</th><th>공산주의</th></tr>
<tr><td>정당화 원칙</td><td colspan="2">• '모든 사람의 자유로운 발전'은 각자의 자유로운 발전과 더불어서만 실현될 수 있음
• 자유는 착취의 종식, 궁극적으로 완전한 정치적·경제적 평등을 필요로 함
• 평등만이 자신의 능력에 따라 '각자 일할 수 있고 필요에 따라 분배받을 수' 있도록 모든 인간의 잠재성이 실현될 조건을 확보할 수 있음</td></tr>
<tr><td>핵심적 특징</td><td>• 공공업무는 피라미드 구조로 조직된 코뮌이나 평의회에 의해 규제됨
• 정부 고용인원, 사법 공무원 행정가는 수시로 선거를 통해 공동체로부터 권한을 위임받고 소환됨
• 공공직위는 노동자 임금 이상의 급료를 받지 못함
• 새로운 정치질서를 유지하기 위한 인민의 민병대는 공동의 통제에 따름</td><td>• 모든 형태의 '정부'와 '정치'는 자율규제로 대체
• 모든 공공업무는 집단적으로 운영
• 모든 공공문제 결정원칙은 합의(consensus)
• 잔여 행정업무는 선거나 윤번제로 배분
• 모든 군대와 강제력은 자체적인 감시로 대체</td></tr>
<tr><td>일반 조건</td><td>• 노동계급들의 단결, 부르주아의 패배
• 모든 계급 특권의 종식
• 계급들의 모든 잔재 소멸
• 모든 기본욕구의 충족, 사람들의 비노동
• 활동에 종사할 충분한 시간을 갖도록 생산력의 실질적 발전 필요
• 국가와 사회의 점진적 통합</td><td>• 계급의 모든 잔재 소멸
• 물질적 빈곤과 사유재산의 폐지
• 시장, 교환 및 화폐 제거
• 사회적 분업 종식</td></tr>
</table>

24) **사회주의국가에서 정당과 국가의 관계:** 사회주의 국가에서 정당이 국가의 위에 있다는 점은 민주주의국가에서 어떤 정당도 국가 밑에 있다는 점과 대비된다. 따라서 사회주의 국가에서는 공산당을 지배하는 수상이나 주석이 국가위에 군림한다. 그러나 민주주의 국가에서는 헌법으로 보장된 국가구조의 최상부에는 누구도 올라갈 수 없다.

25) **보호자 논쟁:** 정치학에서 인민의 보호를 위해 권력 집중이 이루어지면 보호자 논쟁이 생긴다. 인민을 보호하겠다는 취지의 이론들은 그 보호자를 견제할 수 없는 문제가 있다. 플라톤의 철인군주나 루소의 입법자와 같이 공산당의 경우도 권력 독점으로 인해 견제 되지 않는 권력이 되는 것이다. 헤이우드, p.156.

(5) 사르토리의 민주주의 역사

사르토리는 민주주의가 지나온 과정을 체계화하였다. 그는 민주주의의 역사적 과정을 설명하면서 사회환경의 변화에 따른 민주주의의 변화가능성을 보여주었다. 그에 따르면 민주주의는 인민에게 권력이 부여된 직접민주주의로부터 시작된다. 공간적 규모에서 직접민주주의가 가능했던 시기에서 민주주의는 단절된다. 단절의 과정이 지나고 근대국가가 되었을 때 민주주의는 더 이상 직접민주주의가 가능하지 않게 된다. 근대가 되면서 자유주의이론과 자유주의를 지향하는 시민들에 의해서 민주주의가 다시 부활하는 것이다. 자유주의가 민주주의를 이끌면서 민주주의는 자유와 사적이익을 보호하고자 하는 '보호적 민주주의'가 된다. 자유주의가 발전하면서 상인층이 아닌 인민들까지를 포함하고자 하는 민주주의가 주장된다. 여성과 자본가가 아닌 기층민까지를 민주주의에 넣고자 하는 '발전적 민주주의'가 등장한 것이다. 이 시기는 다시 인민에게 권력을 부여하고자 하는 민주주의 시기이다. 이후 20세기에 들어와 민주주의는 대중민주주의가 되며 대중들의 이익에 부합하는 정치가 강조된다. 1차대전 이후 보통선거권의 확대로 노동자와 인민을 중심으로 한 대중정당의 등장은 민주주의를 명망가 중심의 '의회민주주의'에서 대중들과 유사한 이들을 대표로 선출하는 정당민주주의로 바꾸었다. 이제 인민들의 요구를 반영하여 더 많은 표를 확보하는 것이 중요하게 된 것이다. 1929년 미국발 대공황은 계급 타협이 없이는 경제가 지속적으로 순환되는 것이 어렵게 만들었다. 계급 타협이 중요하게 되면서 노동자들은 사회주의를 포기 하는 대신 자본가들과 보수층으로부터 양보를 얻어낸다. 유럽에서 사회민주주의가 등장하게 된 것이다. 케인즈의 아이디어를 가지고 수요와 공급의 불일치를 해결하였던 민주주의는 1970년대 스태그플레이션을 경험하게 된다. 경제분야에서 공급이 중요하게 되면서 공급자 중심의 신자유주의가 강조된다. 경제의 강화는 민주주의의 토양이 되는 분배적 정의를 악화시키게 되면서 민주주의는 위기에 빠지게 된다. 이렇게 살펴본 민주주의의 전 과정은 민주주의가 고정된 것이 아니라 민주주의의 주인인 인민이 처한 상황에 따라 변화하였음을 보여준다. 아래 표는 사르토리의 주장을 정리한 것이다.

표를 통한 비교 **사르토리의 민주주의 역사**

Demo-Power	• 고대 그리스의 인민 지배 시기. 인민에게 권력이 있는 시기.
Demo-Protection	• 근대 보호국가 시기의 민주주의로 자유주의를 토대로 한 민주주의 • 개인의 자유를 지키기 위해 개입 범위를 확정한 법치주의(rule of law)가 중요 • 사적 이익이 강조되는 시민적 영역을 공적영역으로부터 보호할 필요
Demo-Power (≠Demo-Killing)	• 다시 그리스로 회귀한 시기. 발전적 민주주의의 시기. • J. S. Mill의 공리주의나 루소식의 인민주권은 인민의 지배 의미 • 맥퍼슨: 'life and time of democracy'로 명명(「발전적 민주주의」)

	• 민주주의가 권력 장악에 이은 인민 상해가 되어서는 안 됨. 민주주의는 극단적인 갈등의 순화를 목표로 함.
Demo-Appetite 혹은 Demo-Demand	• 대중민주주의의 등장. 유럽의 1920~60년대 계급 타협의 민주주의 • 인민에게 부와 성장을 어떻게 안겨줄 수 있는가가 중요한 문제(국민의 요구 충족) • 민주주의의 조건 중요. 종교를 탈피해서 세속화될 필요가 있음. 종교와 언어 등은 identity에 기반을 두는 데 이런 정체성에 기반을 둔 정치는 정체성의 변화가 없는 한 순화되기가 어려움. • 종교의 세속화는 사람들로 하여금 이익(interest) 중심의 정치를 가능하게 하고, 이익 중심의 정치는 이익의 조정을 통한 계급 타협을 가능하게 함
Demo-Distribution 혹은 Welfare Democracy	• 사회민주주의의 시기 • 권력의 권위적인 배분 중요(분배의 정치 출현). 복지정책 중요.
Demo in Deficit (fiscal crisis of demo)	• 신자유주의시대 민주주의 • 분배의 정치(복지정책)는 과도한 예산 사용으로 인해 파산 민주주의 혹은 적자 민주주의를 만들 수 있음 • 경제적 부가 중요한 기준이 되면서 지갑의 권력 혹은 금고의 권력인 부의 권력이 무력의 권력보다 중요해짐.

4. 현재 운용되는 민주주의

이념적인 민주주의 혹은 고전적 모형은 민주주의의 현대적 모델에 영향을 미치면서 민주주의를 변화시켰다. 아래의 그림은 데이비드 헬드의 설명으로 고전적 민주주의가 현대 민주주의로 어떻게 변형되고 영향을 미쳤는가를 보여준다.

현재 민주주의는 무엇이 가장 바람직한가와 함께 실제 민주주의가 어떻게 작동하고 있는가를 두고 논쟁중이다. 민주주의는 다양한 방식으로 해석되고 운영된다. 현재 운용되는 민주주의로 다원주의, 엘리트주의, 조합주의, 신우파, 마르크스주의가 가장 중요하게 논의될 수 있다.[26)]

26) **민주주의 운영기준**: 헤이우드는 5가지 민주주의가 현대적 관점에서 운용되는 민주주의로 중요하다고 한다. 헤이우드의 민주주의 선정의 기준은 경제구조와 정치 사이에 어떤 접점을 찾아내야 하는가로 보인다. 즉 경제양식에 대한 국가의 개입 정보와 수단을 어떻게 할 것인가에 대한 분류이다. 하지만 민주주의의 분류기준은 이것만 있는 것은 아니다. 위의 데이비드 헬드의 구분에 따르면 현대적 민주주의는 경쟁적 엘리트 민주주의, 다원주의, 법치적 민주주의, 참여민주주의를 들고 있다.

그림 Ⅲ 1-1 민주주의의 변형들

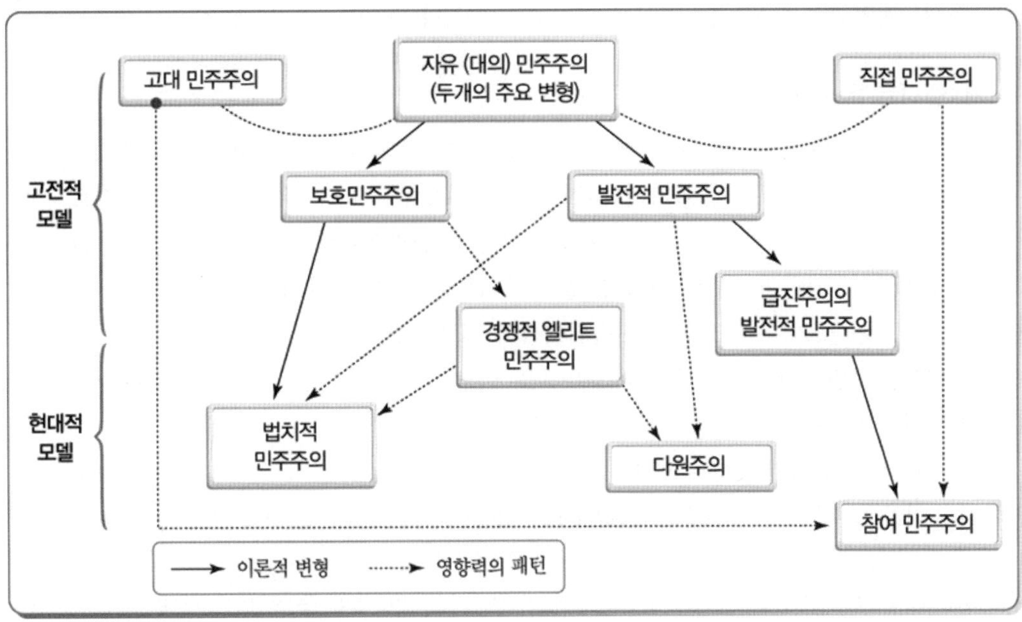

(1) 다원주의[27)]

다원주의의 이념적 기초는 로크와 몽테스키외에서 찾을 수 있다. 하지만 다원주의 이념의 최초의 체계적 발전은 연방주의자였던 매디슨을 들 수 있다.[28)] 그의 관심은 파벌의 통제문제로 그는 다수주의나 민중주의로 인한 개인의 권리 침해를 우려했다. 따라서 앞서 본 것처럼 다원주의는 반드시 민주주의와 결부된다고만 할 수 없다. 연방주의자들이 자신의 재산과 이득을 보호하기 위해 고안한 제도는 권력분산을 확보하기 위한 양원제와 연방주의에 기초해 분리한 정부제도였다. 이런 다원주의는 현대적으로는 로버트 달에 의해 발전했다. 그는 초기에는 참여와 경쟁에 기반한 다두정(polyarchy)[29)]의 이론에서 후기에는 신다원주의를 주

---

27) **다원주의의 정의**: 헤이우드는 다원주의를 다음과 같이 정의한다. 다원주의라는 단어는 두 가지 의미에서 사용된다. 넓은 의미에서 다원주의는 다양성 혹은 다수(많은 사물의 존재)에 대한 믿음이다. 기술적 의미로서 다원주의는 정당경쟁(정치적 다원주의), 다양한 윤리적 가치(도덕적 다원주의) 혹은 다양한 문화적 규범(문화적 다원주의)의 존재를 나타내는 것으로 사용될 수 있다. 규범적 의미로서 다원주의는 다양성이 건강한 것이며 바람직하다는 점을 시사하고 있다. 왜냐하면 일반적으로 다양성은 개인의 자유를 안전하게 인도하고, 토론・논쟁・이해를 증진시키기 때문이다. 좀 더 좁은 의미에서 다원주의는 정치적 권력의 배분에 관한 이론이다. 다원주의는 권력이 한 엘리트 혹은 지배 계급의 수중에 집중되기보다는 사회에서 넓게, 고르게 분산되는 것을 주장하고 있다. 이러한 형태에서 다원주의는 일반적으로 '집단정치(group politics)'이론으로 간주된다. 이 '집단정치'에서 개인은 일반적으로 자신이 속해 있는 조직집단의 구성원이라는 점을 통해 대변되며, 모든 집단은 정책과정에 접근할 수 있다. 헤이우드, p.157.

28) 헤이우드, p.157.

29) **다원주의적 민주주의(Pluralist democracy)의 의미**: 헤이우드는 다원주의적 민주주의(Pluralist

장했다. 신다원주의에 따르면 경제적 불평등과 불평등한 소유구조는 정치권력을 집중시키고 다수에게서 정치권력을 빼앗는 경향이 있다고 비판했다.

(2) 엘리트주의[30]

엘리트주의이론은 민주주의나 사회주의와 같은 평등주의 이념에 대한 비판으로 발전하였다. 엘리트주의는 사회생활의 불가피한 현상이나, 치료해야 하고 유감스러운 특징으로서 엘리트지배라는 사실에 주목한다.[31] 여기에는 고전적 엘리트이론가(파레토, 모스카, 미헬스)와 현대적 엘리트이론가들이 있다. 현대적 엘리트 이론은 밀스의 파워엘리트이론과 슘페터식의 경쟁적 엘리트이론[32]이 대표적이다. 슘페터식의 엘리트간의 경쟁을 민주주의로 보게 되면 민주주의에서 국민은 정치인 선택의 자유만을 가지게 된다. 대신 그들은 권력을 엘리트의 수중에서 가져올 수 없고 그 구조를 변화시킬 수 없다.

이런 엘리트간의 경쟁모형은 앤소니 다운즈(Anthony Downs)의 공간 경쟁모형으로 발전한다. 이 이론은 '경제적 민주주의론(economic theory of democracy)'[33]으로 불린다. 정치경

---

democracy)를 다음과 같이 설명하고 있다. 다원주의적 민주주의라는 단어는 때때로 정당 사이의 선거경쟁에 바탕을 둔 민주주의 제도를 지시하는 자유민주주의와 교환하여 사용되었다. 좀 더 특수하게 다원주의적 민주주의는 국민의 요구를 접합하고 정부의 대표성을 확실하게 하기 위해 조직화된 집단과 이익 집단의 능력을 통해 작동하는 민주주의 형태와 연관된다. 이것으로 다원주의적 민주주의는 의회민주주의와 어떤 다수결의 형태에 대한 대안으로서 간주된다. 건강한 다원주의적 민주주의를 위한 조건은 다음과 같다. ① 경쟁집단 사이에서 정치권력의 폭넓은 분산이 존재한다. 특히, 엘리트집단은 존재하지 않는다. ② 구성원에 대해 책임을 지는 집단 지도자를 가진 높은 수준의 내적 대응성이 존재한다. ③ 집단에게 정책에 접근할 수 있게 할 정도로 충분하게 분산된 중립적 정부기구가 존재한다. 헤이우드, p.159.

30) **엘리트주의의 의미**: 헤이우드는 엘리트주의를 다음과 같이 정의하고 있다. 엘리트라는 단어는 원래 가장 높은 사람, 가장 좋은 사람 혹은 가장 탁월한 사람을 의미 하였고, 아직도 이것을 의미할 수 있다. 하지만 중립적 혹은 경험적 의미에서 사용되는 엘리트라는 단어는 소수와 연관되며, 권력·부 혹은 특권이 정당하게 혹은 그렇지 않은 방법으로 소수의 수중에 집중된다는 점과 연관된다. 엘리트주의는 한 엘리트 혹은 소수에 의한 지배에 대한 믿음 혹은 실천이다. 규범적(normative)엘리트주의는 엘리트 지배가 바람직하다는 점을 시사하고 있다. 요컨대 정치권력은 현명한 소수 혹은 계몽된 소수의 수중에 귀속되어야 한다는 점이다(모스카, 파레토, 미헬스에 의해 발전된). 고전적 엘리트주의는 (규범적인 믿음이 종종 들어있기는 하지만) 경험적이라는 점을 주장하였고, 엘리트지배를 불가피한 것, 즉 변화시킬 수 없는 사회생활의 요소로 간주하였다. 현대적 엘리트주의도 경험적 분석을 발전시켰다. 그러나 이 현대적 엘리트주의는 엘리트지배의 원인에 관해 좀 더 비판적이며 차별적이다. 라이트 밀스(C.W.Mills: 1916-1962)와 같은 현대의 엘리트주의자는 엘리트 지배를 설명하고 이에 도전한다는 희망 속에서 엘리트 지배를 부각시키는데 관심을 가졌다. 헤이우드, p.160.

31) 헤이우드, p.159.

32) **슘페터의 경쟁적 엘리트이론**: 경제학자인 슘페터는 민주주의를 가장 최소로 규정한다. 민주주의는 단지 인민의 지도자 선출로 국한되는 것으로 충분하다. 공급 측에서 대안으로 대표들이 충분히 있다면 수요측의 인민들은 투표를 통해서 대표를 선출하면 된다. 이러한 민주주의는 인민에게 최소한의 권리만을 부여하며 정치에서 단지 선거만을 강조한다. 인민이 대표에게 책임을 지우거나 인민이 주체적으로 정치과정에 개입하고 기존 정치에 대한 불만을 해결할 방식을 제시하지 않는다.

제의 가장 원형적인 모습으로 경제학의 수요와 공급의 설명방식을 정치학에 도입했다. 선거는 경제의 화폐처럼 유권자와 정치인 사이의 정치적수요(요구)와 공급(정책)을 결정해준다. 선거 경쟁으로 정치시장이 형성된다. 즉 유권자의 지지가 가장 높은, 표가 가장 몰려있는 지점에서 정당들 간의 경쟁이 형성된다는 것이다.

이런 방식의 엘리트주의는 민주주의에서 어떤 가치와 원칙이 중요한가보다는 민주주의 과정이 어떻게 작동하는가를 기술하고자 하는 하나의 시도로 출현한 것이다. 이렇게 되면서 민주주의는 대중투표를 위한 경쟁적 투쟁으로 묘사되면서 정치적 결정을 하는 하나의 수단 이상의 의미를 가지기 어렵다. 자연히 정치의 내용은 중요사항이 아니며 그에 따라 정치인에게 정치적 내용을 채울 수 있는 재량을 부여한다. 그러면서 민주주의는 일반시민의 관심으로부터 점차 멀어지게 된다. 이것은 대의 민주주의의 위기로 귀결된다.

(3) 조합주의

조합주의 국가는 파시즘체제에 연유하는 것을 국가론에서 배웠다. 하지만 조합주의는 파시즘이 아닌 민주주의국가에서도 나타난다. 신조합주의 혹은 자유주의적 조합주의는 – 필립 슈미터의 개념으로 이야기 하면 사회조합주의 – 는 '삼자 연합정부(tripartite government)'로 나타난다. 이 삼자 연합구조에서는 정부와 특권화된 집단(사적 정부: Private government/정상집단: Peak association)인 고용자 집단과 노동자 집단사이의 관계를 구축한다. 삼자연합정부에서 노동자와 고용자간의 협약을 정부가 중개하고 보장함으로서 대의기제가 아닌 직접 협약을 통한 이해관계조정을 꾀한다. 이런 조합주의는 북구유럽의 소규모 선진 경제권에서 현저하게 드러났었다.

체제의 특징은 개인의 이해관계가 대표체계인 정당과 의회를 통해서가 아니라 조합이라고 하는 단체를 통해 해결된다는 점이 특징이고 이로 인해 '조합다원주의(corporate pluralism)'라고 불리기도 했다. 이런 설명은 다원주의라는 용어로 인해 경쟁집단간의 경쟁을 특징으로 하는 민주주의의 한 형태로 보이게 하지만 실제로 민주주의를 약화시키는 면이 강하다. 먼저 이 조합주의 양식은 체제 내부자와 체제 외부자를 구분시킨다. 사적 정부로 정부로부터 특권을 받은 집단과 그렇지 못한 집단사이에서 내부자인 특권을 받은 집단만이 정치적 목소리를 낼 수 있다.[34] 정부 조합주의의 경우 정부가 선택한 정상집단은 실제로는 정

---

33) **다운즈의 공간경쟁모델**: 민주주의가 작동하는 공간에 이념적 기준이 좌와 우로 존재하고 이 이념공간을 두고 공급자인 정당과 수요자인 인민들간의 수요 –공급이 작동하는 것을 설명한다. 인민의 수요가 먼저 공간적으로 규정이 되어 좌를 지지하는 이들과 우를 지지하는 이들의 수요가 파악이 된다. 그러면 공급측의 정당은 중위수 투표형태에 따라 가장 많은 표를 얻을 수 있는 공간에 정당의 지지 이념을 구성한다. 이처럼 수요와 공급을 통해서 정당정치가 수행됨을 설명함으로서 정당체계를 설명할 수 있다.

34) **조합주의와 한국 노사정위원회**: 한국의 노사정위원회에서 노조를 형성할 수 없거나 노조의 대표성이 약한 비정규직은 노동문제에서 아웃사이더가 될 수 있고 그런 경우 정규직과 대기업 중심의 노조의 목소리만이 반영될 수 있다는 점이 이런 견지에서 고려되어야 한다. 한국노총과 민주노총으로

부나 국가 목소리를 반영하는 어용단체가 될 것이다. 사회조합주의의 경우에도 정부와의 이해 담합으로 경제집단의 목소리보다는 국가의 목소리를 더 반영할 수 있다는 단점이 있다. 그리고 의회주의와의 충돌가능성도 있다. 조합주의는 대의제 기제가 아닌 정부와 경제 집단과의 협상을 중시하기 때문에 의회 입법을 무시하거나 우회할 수 있다는 단점이 있다. 마지막으로 조합주의가 작동하기 위한 조건으로서 정상조직 내부의 통제력을 확보해야 하는 문제가 있다. 하지만 이런 경우 조직의 엘리트성이 강화될 수 있다.

(4) 신자유주의(신우파) 관점

1970년대 이후 '시장실패'를 공격한 국가와 국가개입주의에 대해 '국가실패'를 주장하는 신우파적 관점이 등장한다. 이들은 국가에 대한 이익단체 등의 압력으로 인한 과부하를 비판한다. 신우파의 이론적인 반격은 선거에 의한 경기 변동의 우려나 지대추구적인 국가나 공공선택이론과 같은 다양한 시각에서 이루어졌다. 이들은 민주주의를 축소하고 민주주의의 자리를 효율적인 기제인 시장으로 대체하려고 한다.

(5) 마르크스주의

마르크스주의 입장은 정치권력이 경제권력의 배분에 영향을 받는다는 점이다. 따라서 경제적 불평등과 정치적인 평등사이에는 필연적으로 긴장이 초래 될 수밖에 없다. 정치적 조건은 경제적 조건에 의해 영향을 받을 수밖에 없기 때문이다. 엘리트 이론처럼 마르크스주의 역시 권력은 소수에 있다는 생각은 동일하다. 하지만 엘리트이론이 그 주체로서 '권력 엘리트'를 설정한다면 마르크시즘은 '지배계급'을 상정한다는 차이와 엘리트이론이 부, 사회적 신분 등의 다양한 권력을 그린다면 마르크시즘은 경제적 요인에 의한 권력에 집착한다는 차이를 가지고 있다.

유럽공산주의(유로코뮤니즘)가 혁명이념을 포기하고 합법적이고 민주적인 '사회주의로의 길'을 선택했음에도 불구하고 위르겐 하버마스나 클라우스 오페와 같은 신마르크스주의자는 자본주의적 민주주의 모순과 내재적 불안정성에 주목한다. 이 관점에서 대중의 복지요구는 공공지출을 증대하고 경제영역과 사회영역에 대한 국가의 책임 범위를 확장한다. 그러나 이것은 자본주의의 생존을 위협하게 된다. 국가의 개입증대에 따른 재정 적자나 재정 위기는 세금의 부담을 증대시키고 이는 기업가의 투자와 경제활동 의욕을 저하시킬 것이기 때문이다. 점차 늘어나는 정부차용은 높은 인플레이션을 유도할 것이고 결국 자본주의적 민주주의는 민주주의의 요구나 강요 그리고 경제 위기로 인한 자본주의의 요구로 인해서 정당성의 딜레마와 위기를 겪게 될 것이라는 것이 이들의 주장이다.

정상조직이 구분되어 있고 대기업 노조가 따로 운영되는 상황에서 정상조직을 갖춘 노동조직은 구성되기 어려운 상황이다. 따라서 자본가와 정부를 상대로 협의를 하고 협의를 관철시킬 수 있는 노조의 부재는 한국에서 조합주의의 적용이 어렵다는 것을 보여준다.

제2절 민주주의 개념 정의의 문제

우리는 민주주의가 역사적인 개념이고 현대에 들어와서 더 많은 의미로 변화하고 분화되는 것을 보았다. 현대에 들어와서 민주주의의 가장 중요한 문제는 민주주의로부터 공격받는다는 점이다. 즉 '민주주의가 민주주의를 공격하는' 현대의 상황은 한편으로 우리를 혼란스럽게 만든다. 과거 민주주의는 민주주의를 공격하는 외부의 적들과 경쟁하였기에 민주주의의 다양한 내용과 분화에 대한 고민은 적었다. 당시에는 민주주의를 전체주의, 사회주의, 권위주의 등으로부터 지켜내는 것이 중요했기 때문이다. 특히 사회주의와의 경쟁기인 냉전기에 그 대립은 워낙에 강렬하였기 때문에 민주주의는 사회주의권이 아니라면 누구나 환영하는 모습을 보이기도 했다. 하지만 냉전의 열기가 진정되고 새로운 국가들이 정치형태를 변화시키는 과정 속에서 내부적 민주주의에 대한 관심은 더욱 증대하게 되었다. 1968년 68혁명을 기점으로 한 서구 선진국의 민주주의에 대한 새로운 시각이나 1970년대 시작된 민주화의 물결은 민주주의가 무엇인가를 성찰하게 하는 중요한 계기가 되었다.

민주주의가 무엇인가라는 이 장의 맨 처음 질문으로 돌아가면 문제는 더욱 복잡해진다. 민주주의는 이제 민주주의를 구축하고 있는 국가들과 민주주의를 만들어가고자 하는 국가들 모두에서 질문에 봉착했고 그 속에는 새로운 것을 만들어야 하는 숙제와 익숙한 것을 낯설게 보아야 하는 숙제가 섞여 있기 때문이다.

우리는 민주주의란 무엇을 의미하는가에 대한 개념의 문제를 해결해야 한다. 예를 들면 민주주의는 권위주의와 무엇이 다르며 한편 민중주의(populism)[35]와 무엇이 다른지를 규정할 수 있어야 한다. 그러기 위해 우리는 왜 민주주의가 민주주의로부터 공격받는지에 대한 논의 이전에 민주주의가 다른 정치체제로부터 공격받는 것을 먼저 볼 것이다. 그리고 민주주의의 개념 규정과 관련해서 어떤 민주주의가 어떤 민주주의를 공격하게 되는지를 살펴볼 것이다. 주의할 점은 이 부분 역시 이념형이라는 점을 염두에 두어야 한다는 것이다.

---

35) **민중주의와 민주주의 관계**: 민중주의는 대중의 인기에 영합하는 기회주의적 선동정치를 의미한다. 민주주의국가는 인민을 정치의 중심에 두기 때문에 대중의 인기를 필요로 한다. 따라서 표를 확보하기 위해서 정치체제가 감당할 수 없는 공약을 하는 경우 선동주의 정치가 된다. 민주주의가 민중주의로 변질되기 쉬운 이유이다. 그러나 민주주의에서 인민들은 자신들의 사익을 추구하면서도 공동체의 공공선을 붕괴시키지 않으려고 하며 지도자는 인민들을 동원하는 것에만 주안점을 두지 않으며 공동체가 다양한 집단에 의해 견제가 될 때 민중주의를 피할 수 있다.

1. 민주주의와 민주주의가 아닌 것

민주주의가 무엇인가를 알아보는 데 가장 좋은 방법은 민주주의라는 정치체제의 외연(外延: extension)을 규정하는 것이다. 즉 민주주의를 어디까지로 정할 것인지에 대한 경계를 설정하는 것이다. 이런 정치체제의 외연설정은 그 개념규정을 어떻게 하는가에 대한 전체 구조를 나타내기 때문에 본질적으로 특성들을 이야기하는 개념규정 다음에 할 수 있는 것이다. 따라서 외연을 가장 단순하게 정해서 민주주의를 편하게 정의내리는 방식은 특징들을 직접 이야기 하는 것이 아니라 민주주의가 아닌 것들을 정치체제에서 떼어내는 방식이 될 것이다. 이런 방식은 다양한 민주주의 기제들을 모두 포함할 것인가 아니면 적은 부분만을 공유하면 민주주의로 볼 것인가에 대한 논쟁에서 민주주의를 자유롭게 해준다. 민주주의가 아니게 하는 아주 확고한 조건들이 충족된다면 그것은 어떤 민주주의인가를 말해주지는 못해도 그것이 민주주의인가의 여부는 말해줄 수 있기 때문이다.

비민주주의에 대해 설명하기 전에 간략히 민주주의를 규정하는 것이 필요하다. 민주주의는 '인민의 지배'를 의미하며 '다수의 지배'[36]를 의미한다. 또한 다수가 지배할 때 민주주의는 다수가 사전에 결정되어 있거나 구조적으로 결정되어 있으면 안 된다. 다수의 지배가 인민의 선호 변화에 따라 바뀔 수 있는 것을 의미한다. 아담 쉐브로스키는 '불확실성의 제도화'[37]로 이것을 개념화하였다. 정권교체의 가능성이 있으며 다음 선거에서 누가 사회의 다수가 될지가 사전에 결정되어 있지 않다는 것이다. 즉, '전환가능성(convertibility)'이 있다고 본다. 한국에서 1997년 대선과 2007년 대선은 정권교체를 통해 민주주의의 전환가능성을 보여준다. 다른 한편으로 민주주의가 '한시성'을 특징으로 하고 있다는 것이기도 하다.

정부와 지배자가 전환될 수 있다는 것은 민주주의가 '한시성'[38]을 가진다는 것이다. 이는 선거를 통해 사회적 갈등이 해결되는 것이 아니라 잠정 보류되는 것을 의미한다. 다음 선거

---

36) **다수(majority)의 의미**: 민주주의가 다수의 통치라고 하면 여기서 다수가 정확히 어떤 의미인지에 대해서는 입장의 차이가 있다. 자유주의의 다수결주의는 다수를 더 많은 사람으로서의 대다수(great many)로 본다. 반면에 사회주의에서 다수는 프로레타리아 계급을 의미한다. 루소식 인민민주주의에서는 모든 구성원을 의미한다. 자유주의를 토대로 하는 자유민주주의국가들에서는 다수를 대다수라는 의미로 이해한다. 만약 대다수라는 의미로 볼 때도 과반수 이상을 의미하는지 절대적인 수치(예를 들어 2/3이상)를 의미하는지에 대해서는 입장차이가 있다.

37) **불확실성의 제도화의 의미**: 민주주의는 선거이전에 결과가 결정되어 있지 않다는 것이다. 어떤 집단과 어떤 가치가 사회적 가치가 될지는 선거를 해보아야 알 수 있다. 그리고 사전에 결정되지 않아야 사회구성원은 정치체제에 대해 정당하다고 여긴다. 그러나 선거 결과 후에는 공약을 이행함으로서 사후적 확실성을 가진다. 반면에 비민주주의는 독재자가 당선이 이미 결정되어 있고 선거는 확인장치가 되기 때문에 사전적 확실성이 작동한다. 그러나 선거 이후에서는 사후적으로 약속을 지키지 않게 된다.

38) **린쯔와 한시적 정부**: 후안 린쯔는 민주주의 정부는 한시적이라고 보았다. 정권교체의 가능성이 민주주의 정부를 한시적으로 만든다. 따라서 지나치게 경쟁적이고 적대적인 정책은 정권교체 이후 복수의 정치를 가져올 수 있다. 정치적 관용과 절제가 필요한 이유이다.

까지 기다리면 정권교체가 가능하기 때문에 자신들의 지향가치를 포기할 필요는 없다. 자유주의의 논리에 따르면 사회에는 의견이 다양하게 존재할 수 있다. 그리고 타인의 외압에 의해 자신의 가치를 포기할 필요도 없다. 다양성이 보장된다면 사회구성원들은 다른 가치간의 공존을 받아들여야 민주주의를 폐기하지 않는다. 이것은 서로가 '다름에 대한 인정(agree to disagree)'을 받아들인다는 것이다. 관용(tolerance)이 민주주의에서 필요하게 되는 것이다. 이렇게 정의할 수 있는 민주주의는 자유주의를 중심으로 한 절차적차원에서 민주주의를 설명하는 것이다. 그러나 민주주의를 실질적차원에서 이해하면 위의 민주주의 정의는 불충분하게 될 것이다. 민주주의와 민주주의가 아닌 것은 무엇이며 민주주의는 어떻게 달리 이해되는지 살펴보도록 한다.

(1) 비민주주의 체제

1) 전통적인 비민주주의 체제

현재 민주화는 3번째 물결이 장기간에 걸쳐 기세를 높이고 있다. 이는 과거 반동으로 치달았던 국가들 중 상당수가 민주주의로 전환되고 있다는 것이다. 따라서 현재 체제의 관점은 과거 비민주주의가 득세할지 모른다는 비관론에서 후쿠야마식의 민주주의 승리를 주장하는 낙관론으로 돌아섰다. 이제 민주주의는 다른 정치체제보다 효능과 정당성 면에서 더 우월한 체제라는 것을 입증하는 숙제를 가지게 되었다. 이것은 민주주의를 더 확산시키고 때에 따라서는 강제적인 확산을 위해 혹은 장기적인 확산의 지원을 위해 필요한 과제이다. 우리가 비민주주의 체제들의 유형과 특성을 살펴볼 필요가 여기에도 있는 것이다.

비민주주의 체제는 대체로 ① 전통적인 권위주의 통치, ② 공산주의 국가, ③ 파시즘 국가, ④ 군부 통치의 네 가지 유형으로 분류할 수 있다. 첫째, 전통적인 권위주의 통치는 과거 왕권과 같은 지도자 개인의 가부장적 통치(patrimonial rule)를 의미한다. 즉 지도자의 국민 – 실제로는 신민(subjects) – 에 대한 책임은 전적으로 지도자 개인에게 달려있는데 이 구조는 마치 부모가 아이에게 수행해야하는 은혜와 같은 것이다. 그들의 지배에 대한 정당화는 신성이나 천부의 권리 같은 것들에 의존했다. 현재는 아프리카나 아랍의 국가들에서만 발견되는 정치형태이다.

둘째, 공산주의 국가는 국가를 몰락시키고 평등한 사회를 건설하기 위해서 전위조직으로서의 공산당이 중요한 정치체제이다. 레닌의 전위적 공산당이 인민의 평등을 확보하기 위한 잠재적 조치라고 받아들여졌지만 실제로 국가는 사라진 것이 아니라 당의 후견구조 속으로 들어가게 되었다. 당은 국가를 통해 사회를 지배하게 된 것이다. 이렇듯이 당의 소수세력이 권력을 장악했다는 점은 민주주의의 이념과 상반되었다. 게다가 이념이 강한 구조를 가지고 있었던 공산주의에서는 정치가 우선이 되어 경제문제를 해결하고자 했으며 경제적 문제의 만성적인 결함과 부패를 해결하고자 하는 노력으로 당을 쇄신하려던 시도는 실패로 돌아가게 되었다. 글리슨(A. Gleason)은 냉전기에 공산주의와 사회주의를 정치체제 면에서 전체주의로 통칭해서 설명하던 견해를 공산주의를 서구역사에서 치욕스런 파시즘과 연관시키기 위한 일종의 연계로 본다.39)

셋째, 파시즘은 양차대전 사이에 존재했던 특정한 정치유형이다.40) 이 체제는 사회적 혼란을 해결하기 위해 민족을 내세우며 더 나아가서는 히틀러처럼 인종을 내세우기도 한다. 이들은 사회를 하나의 유기적 구성물로 보고 이 유기적 구성물의 중요한 이념을 민족이나 인종에서 찾았다. 그리고 이 강력한 이데올로기는 다른 어떤 개체나 개별적 주체도 사회전체를 위해 희생해야 한다는 점을 강조한다. 이 논리로 국가는 사회의 모든 영역에 침투하였다.

파시즘은 공산주의가 민족보다 계급을 앞세웠던 것에 비해 민족을 우선한다는 점에서 다르다. 즉 파시즘은 계급적 대립을 민족주의의 형제애를 통해 망각하게 만들고자 했다. 또한 공산주의가 당을 국가위에 두고 당에 의한 지배를 수행하도록 한데 비해 파시즘은 당의 조직을 무시했고 당보다는 '지도자 원칙'을 강조했다. 따라서 파시스트 국가에서 정당은 지도자가 권력을 잡기 위한 수단이다. 반면에 공산주의 국가는 국가의 행정기제가 항상 당의 통제를 받고 당이 지방단위까지 그 통제력을 행사한다는 점에서 차이가 있다. 마지막으로 파시즘은 공산주의에 비해 이론적으로 조야하다. 그들의 이론적 미비는 파시즘이 이념을 통한 선동에 무게를 두었고 이를 위해 인종이나 민족적 정서와 같은 기제를 매개로 선동하는데 무게를 두었기 때문이다. 그들의 목표는 무산자들의 지배구조인 공산주의로부터 자신들의 조국을 지키는 것이었고 이를 위해 극단적 민족주의를 표방하였다.41)

전체주의에 대해서는 칼 프리드리히(C. Friedrich)의 설명이 유명하다. 그는 전체주의체제의 특성을 다음과 같은 것들로 정의했다. ① 관제혁명적 이데올로기가 그 사회를 규율함 ② 강력한 규율을 가진 강한 단일지배정당이 존재 ③ 테러적 경찰에 의한 주민 통제방식 ④ 대중매체에 대한 완벽한 통제 ⑤ 경제에 대한 중앙집권적 통제방식 ⑥ 정치와 경제, 국가와 사회의 공적인 영역과 사적인 영역이 분리되어 있지 않음 ⑦ 단일 이데올로기적 통제에 의한 대중동원.

넷째, 비교정치학에서 흔히 군부통치로 이야기되는 권위주의 통치도 비민주주의 통치체제이다. 특히 2차 대전이후 신생국가들에서 민주주의 실험이 실패하고 과거 국가기제가 강하게 남아 있는 상태에서 몇몇 장군이나 군사조직이 쿠데타를 통해 정권을 탈취하여 정치체제를 권위주의로 전환한 국가들이 권위주의 분류에서 관심을 받았다. 이 점에서 라틴 아메리카의 군부 권위주의의 특징을 통해 '관료적 권위주의모형(官僚的權威主義: bureaucratic

39) Rod Hague와 Martin Harrop, p.108에서 재인용.

40) 실제 프랑코(F. Franco) 치하의 스페인이나 살라자르(A. Salazar) 치하의 포르투갈에서 파시즘 정권이 1970년대까지 남아있었으나 이들은 군대와 교회에 근거를 둔 '보수적 권위주의'체제였다. Rod Hague와 Martin Harrop, p.113.

41) Rod Hague와 Martin Harrop, pp.113-116.

authoritarianism)'을 이론화한 후안 린쯔(Juan Linz)의 권위주의에 대한 정의는 주목할 만하다. 그는 권위주의체제의 특징을 다음과 같이 들었다. ① 제한적 다원주의 사회구조 ② 정치에 있어서 전체주의적 이데올로기 대신 정치가의 신념(mentality)에 의존 ③ (전국적·조직적) 정치동원의 결여 ④ 지도자 또는 소수집단이 한계가 불분명한 권력을 행사하는 점.

넓게 본다면 군부통치는 로마시대로까지 거슬러 올라갈 수 있다. 하지만 핑크니(R. Pinkney)의 설명처럼 군부통치는 "군대를 권력기반으로 한다는 점에서 매우 새롭고 본질적으로 지난 50여 년에 속하는" 매우 특징적인 형태인 것이다. 군부 통치는 위의 공산주의나 파시즘에 비해 국가권력의 침투가 전 사회에 미치지 못했다. 게다가 군부통치는 공산주의와 파시즘이 가졌던 국가와 사회의 개조라는 목표가 없었고 단지 개인의 권력 충족이나 권력을 통한 공금의 횡령에 지나지 않는 경우도 있었다. 게다가 이들이 성장할 수 있었던 중요 요소 중의 하나는 냉전이라는 특수한 역사였다. 냉전기 미·소 초강대국은 동맹이 필요했지 그들이 어떤 내부적 속성을 가진 국가인가는 중요하지 않았고, 오히려 이들에 대한 정치, 외교, 경제적 후원을 마다하지 않았다.[42]

이런 국가들에 우리가 아직 관심을 가지는 것은 아직 이 체제에서 완전히 이탈하지 않은 국가들이 있기 때문이기도 하지만 이보다는 오히려 민주주의로 이행한 공산주의 국가들이나 권위주의국가들에서 왜 정치개혁과 같은 민주주의의 질적 심화가 곤란한가 하는 점을 알아보기 위해서이다. 이들 국가들이 직면한 역사적 경험과 이로 인한 역사적 유산이 어떤 영향을 미치는가 하는 것은 확실히 민주화로 이행하고 있는 많은 국가들과 민주주의 관문을 막 넘은 신생민주주의국가들과 이제 관문을 넘어야 한다고 생각되는 국가들 모두에게 중대한 문제가 되고 있다. 이 점에서 이 분야에 대한 연구는 한국의 민주주의를 질적으로 심화시키고 공고화, 더 나아가 안정화하려는 노력에 있어서도 중요하다.

2) 현재적 관점의 주요 비민주주의 체제

위의 양태와는 달리 두 가지 비민주주의 체제는 아직도 우리의 관심을 끌어당긴다. 하나는 전 세계 비민주주의 국가 70여개 중에서 과반수를 차지하고 있는 아랍국가들 특히 이슬람 국가들이다. 그리고 나머지 하나는 공산주의를 유지하면서 자본주의 실험을 하고 있는 가장 거대한 인구의 중국이다. 과연 비민주주의 국가들 중 숫자상으로 압도적이거나 인구상으로 우월한 이들이 민주주의로 전환될 수 있을 것인가는 민주주의라는 이론과 현실에 대한 중대한 질문이다.

먼저 아랍국가는 지역적인 개념으로 아라비아만과 북아프리카에 지리적으로 분포된 국가들이다. 이 국가들 중 성숙한 민주주의 국가는 없다. 이슬람국가는 지리적이 아닌 종교적인 것으로 서남아시아까지를 포함한다. 이들 이슬람 국가들이 민주주의의 제3의 물결을 타기란 쉽지 않아 보인다. 우선 종교가 세속의 문제와 분리되어 있지 않고 이란과 같이 극단적으로

42) Rod Hague와 Martin Harrop, p.118.

는 신정주의(theocracy)를 표방하기도 한다. 이에 더해 야일라(A. Yayla)의 지적처럼 "모든 이슬람 국가들에서 정책 결정은 지나치게 집중화되어있으며, 권력 공유 메커니즘은 매우 적으며, 시민사회는 극도로 약하고 사회의 자발적 힘은 지극히 제한되어 있다"는 점도 미래의 전망을 어둡게 한다.[43] 여기에 더해 아랍국가들에서 민주주의가 자생하기 어려운 조건들이 있다. 첫째, 서구국가들의 식민지 유산과 토착국가의 전통 부재라는 요인이다. 둘째, 중동정치는 석유자원 등으로 열강의 전략이 중요하게 영향을 미치는 정치적 요소가 있다. 셋째, 이슬람의 근본주의가 서구중심 세속화를 반대한다.[44] 그러나 2010년 튀니지에서 민주화를 가져온 재스민 혁명[45]과 2011년 이집트에서의 민주화로 이어지는 '아랍의 봄'은 이슬람교내에서도 민주주의가 가능함을 보여주었다.

두 번째로 볼 것은 중국이다. 중국의 성장은 놀랄만한 것이다. 그들은 1978년 개혁개방으로 들어서서 경제성장의 성과물을 끊임없이 갈아치우고 있다. 중국은 가장 많은 외환보유고를 가지고 있고 1990년대에서 2000년대까지 연평균 10%에 육박하는 높은 경제성장률과 13억의 인구가 주는 시장성으로 인해 세계의 공장으로서의 위치와 가장 거대한 시장으로서의 잠재력을 가지고 있다. 이 거대한 제국은 확실히 대약진 운동의 실패와 정치를 통한 변화를 꾀하려던 문화대혁명의 혈흔을 딛고 일어서고 있다. 그러나 최근 중국의 경제성장율은 떨어졌고 정부도 이것을 정상적인 상황으로 받아들이자고 하며 '신창타이(新常態: 미국식으로 하면 New Normal)를 주장하고 있다. 권위주의 국가인 중국의 경제성장이 지속되지 않을 경우에도 과연 인민들이 권위주의지속을 받아들일 것인지가 문제가 되고 있다.

중국은 아직 정치적으로 사회주의를 완전히 포기한 것은 아니지만 정치우선의 사상 대신 경제우선사상을 받아들여 국가의 통제 완화와 개인의 사적소유를 보장하는 자본주의구조를 받아들이고 있다. 개인소유의 보장으로 인해 심각한 빈부의 차이와 이를 방조하는 정부는 더 이상 중국이 사회주의국가가 아님을 입증한다. 하지만 아직 일당독재국가이며 당이 법위에 있다는 점은 자유주의국가가 아니라는 점도 여실히 보여준다. 중국은 시장구조를 모든 것에 도입한 것이 아니라 중앙의 통제력을 약화시킴으로서 지방의 각 성들이 자유롭게 외부기업들과 계약을 체결하고 부를 증대할 수 있게 하였다. 중국의 이 독특한 실험의 성공여부는 결국 경제성장의 지속과 권위주의적인 통제방식이 얼마나 공존할 것인가라는 조건과 만약 경제발전이 어느 단계에 도달하게 된다면 사회의 불만을 해결할 수 있는 새로운 방식을

43) Rod Hague와 Martin Harrop, p.125

44) Rod Hague와 Martin Harrop, pp.125-126.

45) **재스민혁명과 튀니지 국민 4자 대화 기구**: 튀니지의 국화가 재스민이라 재스민 혁명이라고 부른다. 튀니지 청년 무하메드 부아지지의 분신항거로 촉발된 튀지니의 민주화는 민주주의를 만들고자 하는 대안세력이 존재하는 것이 얼마나 중요한지를 보여준다. 특히 튀니지의 노동, 산업, 인권, 법률의 4부문의 대표들로 이루어진 시민단체인 국민4자대화기구(TNDQ: Tunisian National Dialogue Quartet)가 민주화를 주도하였다. 이들은 2015년 노벨평화상을 수상하였다. 북한의 민주화를 고려하는 경우 북한 내부의 민주화를 추동하는 대안세력이 존재해야 함을 반증하는 사례이다.

개발해낼 수 있는가라는 조건에 달려 있다.

(2) 준민주주의

위에서 우리는 비민주주의 즉 민주주의가 아닌 체제들의 유형을 살펴보았다. 민주주의가 아닌 체제들의 특성을 골라내는 것은 상대적으로 용이한 작업이다. 하지만 우리는 민주주의 정의에서 이보다 어려운 주제를 만난다. 그것은 '준민주주의(semi-democracy)'[46]라는 개념이다. 이는 민주주의와 권위주의(포괄적인 의미로서)의 중간에 있는 정치형태로 민주주의의 특성과 권위주의의 특성을 모두 보유하고 있다. 따라서 민주주의의 정당성이 전적으로 없다고 할 수도 없다. 이에 따라 순수한 형태의 민주주의에 대한 이론적 논쟁의 기반을 만들어 낸다.

이 독특한 정치체제는 민주주의 공고화와 관련되어 중요하다. 즉 비민주주의에서 민주주의로 전환되는 이행(transition)을 지나 민주주의가 정착화되는 공고화(consolidation)에서 신생민주주의국가는 민주주의에 역행하는 움직임에 봉착해서 다시 비민주주의로 후퇴할 수 있다. 이런 경우 이행은 실패하며 이 지점에서 문제가 되는 것은 민주주의의 생존(survival)의 문제이다. 반면에 민주주의로 이행을 성공했음에도 정착되고 발전하는데 실패하는 경우도 있다. 이런 경우 문제는 민주주의의 질(quality)이 된다. 그런데 이런 단순화된 문제를 비켜가는 것이 바로 준민주주의이다. 이것은 민주주의가 권위주의로 복귀하는 것은 아니지만 민주주의가 공고화되지 못하면서 나타나는 하나의 결과물인 것이다. 카로더스(T. Carothers)의 지적처럼 동유럽의 국가들에서는 "민주주의와 독재 사이에 불안정한 중간적 토대로서 발전하고 있는 공통적인 조건"이 되고 있다.[47] 따라서 준민주주의는 민주주의 이행을 지나면 민주주의 공고화가 필연적으로 귀결될 것으로 보는 낙관적인 견해에 대해 때로는 민주주의가 형해화 될 수도 있다는 경고를 보낸다.

준민주주의를 이해하는데 있어서 중요한 점은 민주주의와 권위주의를 정부를 조직하는 유일한 방법이자 서로 모순되는 방식으로 간주해서는 안 된다는 점이다. 오히려 각각의 원칙은 때때로 불명확하나 한 정치체제에서 공존할 수 있다. 인도네시아의 사례연구나 라틴아메리카의 사례에 대한 '불완전한 민주주의들(faulty democracies)'이 보여주는 예나 사하라사막 이남의 국가들에 대한 사례들에서 이런 방식의 결합은 쉽게 찾아볼 수 있다.

---

46) **준민주주의의 의미**: Rod Hague 와 Martin Harrop은 준민주주의에 대한 개념정의를 다음과 같이 내리고 있다. 준민주주의는 안정적인 결합 속에서 민주주의 요소와 권위주의 요소들을 혼합하고 있다. 지배자들이 선출되기는 하지만 이들은 개인의 권리에 대한 존중을 별로 갖지 않고 통치하며, 종종 야당이나 심지어 비공식적 집단을 괴롭힌다. 이와는 대조적으로 신생민주주의(new democracy)는 아직도 공고화할 시간을 가지지 못했던 민주주의다. 즉 민주주의는 '동네에서 유일한 게임'이 되지 못했다. 실제로 신생민주주의와 준민주주의는 유사한 성격을 보여주고 있다. 하지만 신생민주주의는 권위주의 지배로 회귀하지 않는다고 가정하기 때문에, 이 민주주의는 성숙한 민주주의나 아니면 준민주주의로 발전할 것이다. 그러나 신생민주주의가 권위주의로 회귀불가능한지는 따져볼 일이다.

47) Rod Hague와 Martin Harrop, p.94.

준민주주의에서는 두 가지 변형을 구분하는 것이 중요하다. 첫째는 선출된 정당이나 지도자는 정치적 경쟁을 위한 틀을 세우지만 비자유주의적 방식으로 통치한다. 이는 오도넬(G. O'Donnell)의 '위임 민주주의(delegative democracy)'[48]로 대표되는 형태로, '대통령선거에서 이긴 사람들은 누구든지 그가 적당하다고 판단하는 대로 통치할 자격이 주어진다. 이는 단지 기존 권력관계들의 견고한 요소들과 헌법적으로 제한된 임기에 의해서만 강제된다'는 특징을 가진다.[49] 가장 대표적으로는 러시아의 옐친과 푸틴이 역임했던 특별한 대통령제도를 들 수 있다. 이 민주적 독재자들은 준경쟁적(semi-competitive)인 선거를 통해 정당성을 획득한다. 자신의 권력기반을 통해 선거를 치루고난 뒤 이들은 의회와 사법기관을 미미한 것으로 만들어버린다. 이런 민주주의는 때때로 '비자유주의적 혹은 선거 민주주의'로 칭해진다.[50]

두 번째 형태의 준민주주의는 앞의 유형과 반대로 너무 적은 권력을 가지고 있다. 여기서 선출된 지도자는 독재자라기보다는 꼭두각시들로 실제 권력은 군부집단, 관료집단 혹은 기업가 집단이 가지게 된다. 이는 마치 중세의 강력한 영주에 둘러싸인 군주와 흡사하다. 이런 경우 민주주의에서 선거는 확립되어 있지만 최종결정권을 행사하지는 못한다. 태국이나 터키 그리고 파키스탄에서처럼 군부가 국가의 후견인 역할을 하고 '조용한 거부권'[51]을 행사한다. 이런 민주주의는 때때로 '지도(후견인)민주주의'나 심지어는 '겉치레민주주의'로 칭해진다. 키르키스탄이나 우즈베키스탄과 같은 탈소비에트 공화국의 국가들이 여기에 속하는 예인데 이런 경우 선거는 최고의 지도자라는 엘리트 선택을 충족시키기 위한 국민투표일 뿐이다. 이 경우 대통령은 독재자보다 무능하기 때문에 민주주의는 실패하게 된다.[52]

그렇다면 신생국가들에서 나타나는 준민주주의는 단지 과도기적인가 아니면 지속성을 가지게 될 것인가? 이에 대해서는 신생민주주의에서 많이 나타나는 준민주주의가 단지 민주주의를 성숙시키기 위한 과도적인 단계라는 낙관론과 준민주주의는 포악한 독재가 받아들여지는 것이 용이하지는 않지만 빈곤하거나 종족갈등이 많은 국가들에서 쉽게 나타나는 것이기 때문에 이들 국가가 민주주의로 진척될 가능성은 희박하다는 비관론으로 견해가 나뉜다. 만약 가난한 신생국가가 외부지원이 필요하고 이를 위해 국제기관으로부터 사회 안정에 관한

48) **위임민주주의**: 대통령이 국회의원보다 자신이 더 많은 권력을 위임받았다고 주장하면서 의회를 우회하여 인민을 직접상대하는 정치운영방식을 의미한다. 위임민주주의에서는 대통령이 의회가 제정한 법률대신에 대통령이 정한 대통령령을 통해서 통치를 한다. 이처럼 대통령의 포고령을 강조하기 때문에 포고령주의라고도 한다. 민주주의 국가에서도 대통령이나 국가 지도자가 권력독점을 할 때 나타날 수 있는 정치형태이다.

49) Rod Hague와 Martin Harrop, p.95에서 재인용.

50) Rod Hague와 Martin Harrop, pp.95-96.

51) B. Gill, J. Rocamdra and R. wilson(eds.), Low Intensity Democracy: Political Power in the New World Order (Boulder,co and London: Pluto, 1993), Rod Hague 와 Martin Harrop, pp.96-99에서 재인용.

52) Rod Hague와 Martin Harrop, p.99.

엄격한 조건을 충족해야 한다면 준민주주의는 국내세력과 국제세력사이의 하나의 안정된 타협일지도 모른다. 그렇게 볼 때 케이스(W. Case)의 주장처럼 준민주주의가 "더 발전된 민주주의로 진전중인 유일한 간이역은 아닌 것"이다.53)

표를 통한 비교 **비민주주의와 준민주주의 통치 형태**

권위주의 통치	• 전체주의와 달리 사회와 국민들을 변형시키려 하지 않는 비민주적 통치.
가부장적 권위주의 통치	• 과거 왕권과 같은 지도자 개인의 가부장적 통치(patrimonial rule) • 충성심은 가족승계를 통해 전해온 신성한 권력을 주장하는 개인 통치자에게 있음 • 부족장, 군주 또는 대통령은 마치 확대된 가족의 가장인 것처럼 백성 통치
사회(공산)주의 국가	• 국가를 몰락시키고 평등한 사회 건설을 위해 전위조직으로서 공산당이 중요한 정치체제 • 공산당이 권력을 독점한 정치체제로 모든 것을 포괄하는 관료제 국가 • 이론적으로는 계급 없는 사회라는 마르크스의 비전을 수행하는 것이 목적 • 실질적으로는 당이 사회적 통제를 통해서 그 지위를 보호하려 함
전체주의 (파시즘)	• 전권을 가진 지도자들에게 대중들이 열정적인 동의와 순종을 보임 • 민족을 영광스럽게 하고 용맹한 국가를 옹호하려는 반 자유주의적 원리 • 이탈리아의 무솔리니가 옹호하였으며 나치 독일의 민족 사회주의(National Socialism)의 기초인 아리안 인종주의에 의해 보완됨
군부통치	• 군대 출신의 지도자로 구성된 혁명위원회를 통해 통치하는 군부에 의한 정부로 권위주의의 한 유형 • 라틴아메리카의 훈타(Junta)체제가 대표적임. 1987년 후반 아프리카 국가들의 절반이 군부통치 아래 있었음
준민주주의	• 민주주의의 질적 문제로서 권위주의도 아니고 완전한 민주주의도 아닌 정치체제 • 위임민주주의(O'Donnell): 위임 받은 대표가 시민의 이익을 정치과정에 반영하여 정당성을 획득하는 것이 아니라 단지 대표가 위임을 받았기에 자신의 행위를 정당화하려는 것 • 지도민주주의: 후견인 민주주의로 군부 등이 실제 섭정 • 겉치레민주주의: 헌법상 장식적 민주주의만 보유

2. 민주주의의 장점과 분화: 민주주의를 어떻게 이해할 것인가?

민주주의를 이해하는데 있어서 가장 곤란한 점은 확실하게 민주주의의 이상과 실제를 구분하기 어렵다는 점이다. 많은 글들과 많은 이야기 속에서 우리는 민주주의를 이상적인 정치체계로 이야기하는 경우와 민주주의를 실제 정치체계로 마구 섞어서 이야기 하는 것을 본다.

그런데 문제는 여기서 그치는 것이 아니라는 점이다. 민주주의를 이상과 실제사이에 구분없이 사용할 경우 가장 큰 문제는 우리가 다루는 정치현상을 파악하는 잣대에도 차이가 난다는 점이다. 즉 민주주의를 이상으로 다루면 우리는 어떠한 민주주의가 더 좋은 민주주의

53) Rod Hague와 Martin Harrop, p.100.

인지 혹은 더 바람직한 민주주의인가에 대한 '가치 판단' 혹은 '도덕적 판단'을 해야 한다. 그러나 민주주의를 제도로 이야기 하게 되면 우리는 어떤 민주주의를 (구체적으로)만들 수 있는가에 관한 '경험적 판단'을 하게 된다. 가치판단과 경험판단이 뒤섞여있는 것이 일반적인데 문제는 가치판단이 강해지면 경험판단이 흐려지게 왜곡되기 쉽고, 경험판단이 강해지면 가치판단을 왜곡하거나 묵인하는 경향이 있다는 점이다. 즉 어떤 민주주의가 되어야 하는가라는 문제로 어떤 민주주의가 실제로 될 수 있는가하는 문제를 우회하거나 그러한 논의 자체를 무시함으로써 가능한 현실적인 민주주의에도 도달하지 못한다는 것이다. 반면에 실현 가능한 민주주의에 대한 결론이 나기까지 민주주의에 대한 어떠한 가치판단도 내리지 못한다는 식의 견해는 과학이나 경험적 방법의 이름을 빌어 민주주의의 발전 자체를 부정할 수 있다. 따라서 민주주의 이해의 어려움은 이상과 실제(제도)의 혼합 그 자체보다는 그것이 정치적으로 이용될 수 있다는 점에 있다.

따라서 민주주의의 이상과 현실을 구분하는 것도 중요하지만 민주적 이상 혹은 목표들과 현실이 어떠한 관계를 가지는지를 이해하는 것이 필요하다. 로버트 달은 『민주주의』(원제 On democracy)에서 민주주의를 이상과 현실로 나누고는 이상부분에서 ① 민주주의란 무엇인가? ② 민주주의는 왜 필요한가? 라는 질문을 던진다. 그리고 현실부분에서는 ③ 민주주의는 어떤 정치제도들을 필요로 하는가? ④ 어떤 조건들이 민주주의에 우호적인가? 라는 질문을 던진다.

그가 던진 질문은 민주주의를 이해하는 하나의 유기적 연관 고리를 보여준다. 또한 이후 장들에서 보게 될 민주주의의 다른 주제들의 기본 토대를 구축하게 해줄 것이다. 그리고 우리가 이번 장의 제 3절에서 다루게 될 민주주의의 기준을 이해하는데도 도움이 될 것이다.

(1) 로버트 달의 민주주의

로버트 달은 민주주의가 이상적인 견지에서 다른 것들보다 낫다는 판단을 받기 위해서는 다음의 질문들에 답해야 한다고 주장한다. 즉 왜 민주주의가 필요한가? 민주주의가 최선의 정치체제라는 믿음의 근거는 무엇인가? 민주주의 덕분에 가장 만족되고 있는 가치는 무엇인가? 유의할 점은 이런 질문은 민주주의가 왜 지지받아왔고 그 긴 역사를 살아남아서 지금까지 이어지면서 발전하였는지를 묻고 있는 것은 아니라는 점이다.

그가 민주주의의 보편적인 기준으로서 다음의 다섯 가지 요소를 제시한다. ① 효과적 참여(effective participation): (협회에 의해)[54] 정책결정이 채택되기 전 어떤 정책이 채택되어

---

54) **로버트 달의 다원주의와 민주주의간 관계**: 로버트 달은 민주주의의 중요성을 설명하면서도 거대한 국가가 왜 민주적 결정을 해야 하는가에 대한 추상적이고 복잡한 이야기를 피해 구체적으로 어떻게 작동하는 것이 바람직한지를 보여주고자 한다. 이를 위해 그는 하나의 협회에서 회원이 자신의 협회가 민주적이라고 믿을 수 있는 근거를 제시해 본다는 설정을 제안한다. 이런 추상화의 하락은 실제 민주주의의 이해에 도움이 될 뿐 아니라 현실적으로 작은 조직까지도 포괄하는 기준을 형성할 수 있다는 장점이 있다. 하지만 그 접근은 다원주의를 지향하는 입장을 반영하여 다원적인 수준

야 하는지를 다른 성원에게 알릴 수 있는 동등하고 효과적인 기회를 가져야 한다. ② 투표의 평등(voting equality): 정책에 관한 결정이 최종적으로 내려져야 할 순간에 이르렀을 때 모든 성원들은 평등하고 효과적인 투표의 기회를 가져야만 하며, 모든 투표는 평등하게 간주되어야 한다. ③ 계몽적 이해(enlightened understanding): 합당한 시간적 제약 내에서 각 성원은 관련된 정책대안들과 이 대안들이 가져올 수 있는 가능한 결과들을 이해할 수 있는 동등하고 효과적인 기회를 가져야만 한다. ④ 의제의 통제(control of the agenda): 성원들은 어떻게, 그리고 만약 선정을 해야 한다면, 어떤 문제들이 의제에 상정되어야만 하는지를 결정할 (자신들에 의해 주도되는) 배타적 기회를 가져야만 한다. 이렇게 하여 앞에서의 세 가지 기준에 의해 요구되는 민주적 과정이 폐쇄적이지 않게 되는 것이다. 협회의 정책이란 협회의 성원들이 변경하기를 선택한다면 언제나 변경할 수 있는 것이다. ⑤ 성인들의 수용(inclusion of adults): 대부분의 성인들 중 영구적 거주자들만이 앞의 네 가지 기준이 시사하는 완전한 시민의 권리를 향유해야만 한다. 하지만 이 원리는 20세기에 이르기 전에는 대부분의 민주주의 옹호자들에게는 받아들여질 수 없는 것이었다.[55)]

달의 위의 5가지 보편적 기준은 민주주의를 구성하는데 필요한 속성들이다. 즉 민주주의라는 개념의 내포(內包: 개념이 적용되는 범위에 속하는 여러 사물이 공통으로 지니는 필연적 성질의 전체를 의미함)를 의미하는 것이다. 그러고 나서 달은 민주주의가 왜 다른 통치방법보다 더 나은가를 10개의 결과물을 들어 설명한다. 우리의 관심은 민주주의를 어떻게 구분할 것인가의 문제이므로 포괄적인 기준과 현실적으로 측정할 수 있는 제도에 관심의 초점을 맞추는 것이 필요하다.

로버트 달은 제3부에서 대규모 민주주의는 어떠한 정치제도를 필요로 하는가를 논한다. 민주적으로 통치된다는 것이 무엇인지를 알기 위해서는 이상적인 민주주의의 기준을 내내 충족하지는 못하더라도 지속적으로 나아갈 어떤 정치적 합의(arrangement: 잠정적인 것으로 민주주의 비민주주의에 모두 존재할 수 있음), 관행(practices: 좀 더 습관적인 것으로 영속성이 있는 것으로 간주하려는 경향이 있음), 혹은 정치적 제도(institution: 한 세대에서 다음 세대로 전해지며 오랫동안 정착된 것으로 인식됨)들을 가지고 있는 것이 필요하다.[56)] 즉 민주주의가 실제로 작동하고 있다는 것을 경험적으로 알 수 있는 방법은 무엇이고 그 기준은 무엇인가 하는 점이다.

로버트 달은 필요한 정치제도를 6가지로 제시하고 있다. ① 선출직 공무원(Elected Officials): 정부의 정책 결정에 대한 통제권은 시민에 의해 선출된 공직자에게 주어져 있다. 그렇기 때문에 현대의 대규모 민주주의체제는 대의적이다. ② 자유롭고 공정하며 빈번한 선

에서의 민주주의를 그려내고 있다는 단점을 가질 수 있다. 즉 조직과 정부가 과연 같은 수준에서 비교 가능한지의 문제와 같은 것이다.

55) 로버트 달, 『민주주의』(서울: 동명사, 1999), pp.58-59.

56) 로버트 달, p.118.

거(Free and Fair Elections): 선출직 공무원들은 빈번하고 공정하며 억압이 비교적 적은 선거에서 선출된 사람들이다. ③ 표현의 자유(Freedom of Expression): 시민들은 공직자, 정부, 정권, 사회경제적 질서, 그리고 지배 이데올로기에 대한 비판을 포함하여 광범위하게 정의되는 정치적 문제에 대하여 가혹한 처벌의 위험 없이 자신들의 의사를 표현할 권리를 가진다. ④ 선택의 여지가 있는 정보원(Alternative Information): 시민들은 다른 시민이나 전문가, 신문, 잡지, 서적, 원거리 통신매체 등으로부터 선택의 여지가 있고 독자적인 정보원을 추구할 수 있는 권리를 갖는다. 더욱이 대중의 정치적 신념과 태도에 영향을 미치려 하는 정부나 혹은 어느 특정의 정치적 신념과 태도에 영향을 미치려 하는 정부나 혹은 어느 특정의 집단의 통제 하에 놓여있지 않고 선택이 가능한 정보원이 실제적으로 존재하며 이러한 정보원은 법에 의해 효과적으로 보호된다. ⑤ 결사의 자율성(Associational Autonomy): 민주주의적 정치제도가 효과적으로 작동하는 데 필수적으로 요구되는 것들을 포함하여 자신들의 다양한 권리를 성취할 수 있도록 시민들은 정당이나 이익집단을 포함하는 상대적으로 독자적인 결사나 조직을 만들 수 있는 권리를 갖는다. ⑥ 융합적 시민권(Inclusive Suffrage): 그 국가에 영구거주하며 그 국가의 법 적용을 받는 성인 어느 누구에게도 다른 사람에게 부여되며 위에서 열거한 다섯 가지 정치제도에 필수적인 권리들이 부여되는 것이 부인되지 않는다. 이것들은 자유스럽고 공정한 선거에서 공직자를 선출할 권리, 선출직 공직에 출마할 수 있는 권리, 자유로운 표현을 할 수 있는 권리, 독자적인 정치조직을 조직하고 참여할 수 있는 권리, 독자적인 정보원에 접근할 수 있는 권리, 그리고 대규모 정치제도가 효과적으로 작동하는데 필요한 다른 자유들과 기회들에 관한 권리를 포함한다.

중요한 점은 이 제도들이 '국가'라고 하는 큰 단위에서 필요하다는 점이다. 즉 민주적 국가에서 필요한 모든 제도들이 국가보다 작은 단위에서도 항상 필요한 것은 아니라는 것이다. 예를 들어 동아리나 마을 회의 같은 작은 공동체에서 반드시 선출직 공직자가 있어야 하는 것은 아니다.

로버트 달은 『민주주의』에서 민주주의에 우호적인 조건[57]들을 제시하고 책의 결론으로 나아간다. 민주주의 분화에서 현대 민주주의의 대가인 로버트 달의 주장을 먼저 살펴본 것은 그의 지적과 같이 민주주의는 가치로서 다른 정치체제보다 바람직한 것으로 받아들여져야 하는 이유와 그것이 구체적으로 작동하기 위한 조건이 다를 수 있고, 이를 맞추기 위한 노력에도 불구하고 양자 사이에는 긴장이 놓일 수 있다는 점이다. 또한 민주주의는 진공에서 자라는 것이 아니기 때문에 민주주의의 발전을 위해서는 정치적, 경제적, 사회적 조건이 필요하다는 점 역시 고려할 수 있다.

---

57) **로버트 달의 민주주의조건**: 그는 민주주의에 필요불가결한 조건들로서 ① 선출된 공직자들의 군대 및 경찰에 대한 통제 ② 민주주의에 대한 신념과 정치문화 ③ 민주주의에 적대적인 강력한 외국의 통제의 부재와 민주주의에 우호적인 조건들로서 ④ 현대의 시장 경제와 사회 ⑤ 하위문화의 온건한 다원적 공존 등을 들었다. 로버트 달, p.194.

우리는 다음 장들에서 현실적인 민주주의로 가장 대표적인 대의민주주의와 이를 보완하고자 하는 다양한 양태의 민주주의를 배울 것이고 이 속에서 민주주의의 원리와 제도간의 간극에 대해 좀 더 자세히 살펴보게 될 것이다. 또한 민주주의 공고화라는 주제에서 민주주의가 공고화되기 위한 다양한 조건과 제도적 수정에 대해 살펴볼 것이다. 민주주의 이상과 목표는 그것이 가능한 조건과 제도를 통해 구체화 될 수 있기 때문에 경험적으로 과연 어떤 조건이 그리고 어떤 제도가 모색되어야 하는지를 다룰 것이다. 그리고 민주주의의 마지막 장에서 민주주의와 경제사이의 관계를 다루면서 정치경제적 측면에서 민주주의의 문제를 파악하고자 한다. 민주주의는 결국 평등성의 문제인데 경제 발전이 이 평등을 보장할 수 있는지의 문제를 들여다 볼 것이다.

이러한 이 장 뒷부분의 작업이 왜 필요한지에 대한 윤곽을 보여주는데 있어 로버트 달의 논리는 매우 유용하다. 그 뿐 아니라 우리가 민주주의를 조금 더 도식적으로 분화하는데도 유용하다. 이제 우리는 민주주의가 지향해야 할 점으로서 절차적 수준의 민주주의와 실질적 수준의 민주주의를 다룰 것이다. 제도와 이념으로서 민주주의의 이념적 극단을 보면서 왜 각 민주주의가 우월하다고 주장되며 상대 민주주의의 결손 혹은 결핍을 이야기 하는지 살펴보자. 그런 뒤에 경제문제에 대해 민주주의가 어느 정도 개입하고자 하는지를 가지고 민주주의를 분화시키도록 한다. 이 모든 이야기의 출발은 역시 민주주의가 이상적인 것과 제도적인 것 사이에 존재하고 있다는 점이다.

아래의 표는 로버트 달의 주장을 요약한 것이다. 민주주의가 왜 중요한지에 대한 설명 뿐 아니라 어떤 제도가 있을 때 민주주의가 되는지를 제시했다는 점이 중요하다.

표를 통한 비교 **로버트 달의 민주주의**

민주주의의 이점	• 전제정치 방지: 잔인하고 악덕한 독재자들에 의한 통치를 예방 • 본질적 권리들: 비민주주의 체제와 달리 일련의 기본권들을 시민에게 보장 • 일반적 자유: 어떤 대안체제보다도 더 광범위하게 개인적 자유의 영역 보장 • 자기 결정: 사람들에게 자기 결정의 자유를 행사할 수 있게 하는 최대한의 기회 제공 • 도덕적 자율성: 도덕적 책임감을 행사할 수 있도록 하는 최대한의 기회 제공 • 인간계발: 다른 어떤 대안체제보다도 인간의 발달을 보다 완전하게 촉진 • 본질적인 개인적 이익들의 보호: 자신이 선택한 법 하에서 살아가도록 함으로써 국민 자신의 근본적 이익들을 보호 • 정치적 평등: 상대적으로 보다 높은 정도의 정치적 평등 보장 • 평화 추구: 현대 대의제 민주주의 국가들은 서로 전쟁을 하지 않음 • 번영: 민주적 국가들은 비민주적 국가들보다 더 번영하는 경향 • 달은 이상의 점들을 고려할 때 민주주의는 대부분의 우리들에게 다른 어떤 가능한 대안보다도 훨씬 더 나은 도박이 될 것이라고 주장
민주주의의 운영 기준	• 효과적 참여(effective participation): (협회에 의해) 정책결정이 채택되기 전 어떤 정책이 채택되어야 하는지를 다른 성원에게 알릴 수 있는 동등하고 효과적인 기회를 가져야 함

	• 투표의 평등(voting equality): 최종적으로 정책 결정을 내려야 할 순간에 모든 성원들은 평등하고 효과적인 투표의 기회를 가져야만 하며, 모든 투표는 평등하게 간주되어야 함 • 계몽적 이해(enlightened understanding): 합당한 시간제약 내에서 각 성원은 정책대안들과 각각의 가능한 결과들을 이해할 수 있는 동등하고 효과적인 기회를 가져야만 함 • 의제의 통제(control of the agenda): 성원들은 어떻게 그리고 어떤 문제들이 의제에 상정되어야만 하는지를 자신들이 주도하여 결정할 수 있는 배타적 기회를 가져야만 함 • 성인들의 수용(inclusion of adults): 대부분의 영구적 성인 거주자들만이 앞의 네 가지 기준이 시사하는 완전한 시민의 권리를 향유해야만 함
필요한 정치제도	• 선출직 공무원(elected officials) • 자유롭고 공정하며 빈번한 선거(free and fair elections) • 표현의 자유(freedom of expressions) • 선택의 여지가 있는 정보(alternative information) • 결사의 자율성(associational autonomy) • 융합적 시민권(inclusive suffrage)

(2) 절차적 민주주의와 실질적 민주주의

민주주의 공고화와 관련해서 (비교)정치학에서 어느 나라까지를 민주주의 국가로 포함할 것인지, 그리고 이들 나라에서 민주주의가 지속적으로 생존할 수 있는지에 대한 논의의 출발점은 민주주의를 어떻게 정의하는가의 문제이다. 민주주의의 정의는 기준을 필요로 하고 이 기준에 따라 많은 나라들은 민주주의에 속할 수도 있고 민주주의의 영역에서 배제될 수도 있다. 또한 이 기준은 그 나라의 민주주의를 만족할 만한 것으로 받아들일 지와 그래서 정치개혁의 정도와 분야를 어떻게 설정할 것인지에 관한 문제를 규정한다.

즉 민주주의의 분화의 첫 번째는 민주주의를 어떻게 규정하고 그 기준으로 무엇을 설정할 것인가의 문제이다. 여기에는 절차적 수준으로 민주주의를 파악하고 실현가능한 제도에서 경험적인 것으로 민주주의를 한정하려는 절차적 민주주의[58]가 있다. 자유주의에 기반을 둔 절차적 민주주의는 형식적 평등과 소극적자유를 통해 민주주의를 정치영역으로 한정하고자 한다. 이들은 인민에 의한 통치(by the people)[59]가 구체적으로 작동하는 것을 중시한다.

58) **자유주의와 절차적 민주주의**: 절차적 민주주의는 민주주의에 대한 자유주의관점을 반영한다. 모든 구성원들이 자유를 가지고 있고 자유에 기초하여 자신의 선호를 결정했다면 특정인의 선호가 더 우월해야 하는 이유는 없다. 만약 모든 구성원의 선호가 동일하다면 어떤 선호가 사회적으로 더 많이 지지를 받는 지를 정하면 사회적 선호를 만들 수 있다. 민주주의를 통치형태로 볼 때 민주주의는 사회적 선호를 결정하는 중립적인 제도를 구축하면 되는 것이다. 따라서 민주주의의 절차, 제도, 그리고 운영의 과정이 중시된다.

59) **링컨의 민주주의 공식**: 링컨은 남북전쟁에 참전한 전사자들에게 헌사를 하면서 민주주의를 3가지 의미로 설명하였다. 인민에 의한 통치(by the people), 인민의 통치(of the people), 인민을 위한 통치(for the people)로 민주주의를 정의한 것이다. 인민에 의한 통치는 인민자치, 국민자치를 의미한다. 인민의 통치는 주권이 인민 혹은 국민이 주권을 가지고 있다는 원칙을 의미한다. 인민을 위한 정치는 인민과 국민을 위한 결과를 강조하는 민주주의이다.

이들은 민주주의의 최소강령론자로도 불린다.[60] 로버트 달의 다두정(polyarchy)이론이 대표적이다.[61]

반면에 민주주의를 이상이나 가치로 이해하고 법 앞의 평등이 아닌 실질적인 평등을 달성하기 위한 것으로 민주주의의 영역을 경제적 영역으로 확장하고 사회의 전 부문으로 민주적인 질서를 넓히려는 실질적 민주주의[62]가 있다. 이런 접근을 하는 사람들은 민주주의의 최대강령론자[63]라고 불린다. 실질적 민주주의는 민주주의를 확장해서 이해하고자 하는 급진주의 입장에 있다. 이들은 실질적 평등과 적극적 자유를 강조한다. 그리고 이들은 가지지 못한 인민들을 위한 정치(for the people)를 강조한다. 인민을 위해서는 정치뿐 아니라 직장과 학교와 가정에서도 민주주의가 필요하다. 민주주의의 내용을 문제로 삼는 것이다.

실질적 민주주의와 절차적 민주주의 논쟁은 민주주의를 가치로 볼 것인가 아니면 제도의 문제로 볼 것인가를 중심으로 한다. 또한 이 논쟁은 민주주의를 어떻게 규정할 것인가 (절차적 수준에서 제도중심의 정치적 민주주의인가 아니면 실질적 수준의 이념중심의 포괄적인 민주주의인가)와 어느 영역까지 넓힐 것인가(공적인 영역인 정치에 한정할 것인지 아니면 사적 영역인 사회와 경제문제에도 확장할 것인지)를 논쟁의 중심에 둔다. 여기에 더해 민주주의를 측정 가능한 것으로 볼 것인지 아니면 지향점으로 볼 것인지에서도 쟁점이 있다. 그리고 이 분화는

---

60) **로버트 달과 절차적 민주주의**: 앞서 본 로버트 달은 민주주의를 제도관점에서 이해했다. 그가 제시한 민주주의 작동을 위한 6개의 제도는 제도로서 민주주의를 이해할 때 실제 민주주의의 구현장치들이다. 절차적 민주주의는 어떤 장치가 있을 때 민주주의가 작동하는지를 설명하기도 하지만 평가할 수 있게 해준다.

61) **다두정(polyarchy)**: 다알은 민주주의라는 단어가 가진 규범적속성을 배제하고 제도적 차원에서 이해하기 위해 민주주의라는 용어 대신에 다두정이라는 용어를 사용한다. 다두정이 되기 위해서는 두 개의 중요한 과정이 작동해야 한다. 첫 번째는 '참여(participation)'이다. 인민의 참여가 민주주의를 만들기 때문이다. 두 번째는 '경쟁(contestation)'이다. 경쟁이 없고 대안이 없을 때 민주주의는 작동할 수 없는 것이다. 이 두 가지가 무엇이 먼저 작동하고 무엇이 뒤를 따르는지에 따라 민주주의 발전이 다르다. 한국의 경우 1987년 민주화로 '참여'는 늘었지만 정당간 경쟁은 여전히 부족한 상황이기 때문에 '경쟁'의 차원이 약한 다두정이라고 볼 수 있다.

62) **급진주의와 실질적민주주의**: 실질적민주주의는 루소와 같은 급진적인 관점과 마르크스의 사회주의를 이론적 토대로 한다. 시민이라고 불리는 기득권을 가진 상류층이 아닌 인민이라고 하는 기층민을 정치에 중심에 두고 이들이 실제 자신들의 운명의 주인이 되게 하기 위한 정치개혁과 경제적 분배를 개선하기 위한 민주주의이다. 따라서 실질적관점의 민주주의는 민주주의가 가져야 하는 내용을 강조하며 특정한 정치적, 분배적 결과가 보장되어야 한다. 실질적 민주주의에서 '실질'이라는 용어는 규범적이기 때문에 민주주의를 선택할 때 우선적으로 고려하게 된다. 그러나 '실질'이 무엇이며 어느 정도 되어야 실질적으로 "만족할 수 있는" 민주주의가 될지 알기 어렵다는 점과 한국이 자유주의를 지향하기 때문에 사회주의 아이디어를 있는 그대로 가져오기 어렵다는 점에서 주의깊게 내용을 들여다 보아야 한다.

63) **최대강령론과 민주주의의 확장**: 손호철교수의 "한국민주주의 20년: 성과와 한계 그리고 위기"의 논문에서 한국민주주의를 평가하기 위한 기준으로 정치적 민주주의(정당정치와 대표선출), 사회경제적 민주주의(양극화와 복지), 생산자민주주의(노동자의 경엽참여), 일상성민주주의(여성의 정치참여), 대외적 민주주의(한국의 미국에 대한 협상력과 자주성)이라는 5개의 민주주의를 제시한다. 이것이 대표적인 최대강령적 관점에서 민주주의의 적용범위를 넓힌 것이다.

또한 바람직한 민주주의는 무엇이며 민주주의의 공고화를 위한 기준으로 어떤 것이 바람직한가의 문제(진보적인가 아니면 보수적인가 하는 정치이념의 문제)에서도 차이를 보인다. 게다가 절차적 민주주의와 실질적 민주주의는 민주주의 전체의 이해에 있어서 민주주의를 '과정'차원으로 이해할 것인지 '결과'차원으로 이해할 것인지 에서도 견해 차이를 보인다.[64)]

절차적 민주주의를 실현 하는 방법은 구체적인 제도를 구축하는 것이다. 슘페터의 주장처럼 단지 선거만을 구성한다고 주장할 수도 있다. 실질적 민주주의의 제도화 방안은 직접민주주의를 구현하는 것이다. 이 경우 모든 인민들은 대표를 뽑지 않고 직접 법의 제정, 시행, 공무집행에 참여해야 한다. 실질민주주의가 이념적으로 바람직해보이지만 정치에 주는 부담이 너무 크다. 따라서 최소강령적 접근과 최대강령적 접근을 피하면서 중간적 입장에서 해법을 제시하는 견해도 있다. 라이블리(Lively)는 책임성(accountability)이 민주주의에서 중요하다고 본다. 최대강령민주주의는 구현하기가 어렵다. 반면 최소강령민주주의는 민주주의가 협소하다. 대표를 선출하는 것에서 대표에게 책임을 추궁하게 함으로서 민주주의 확장을 꾀할 수 있다.

절차적 민주주의와 실질적 민주주의는 각기 장점도 있지만 단점도 있다. 먼저 민주주의를 제도로만 한정하게 되면 민주주의는 보수적인 구조에 갇히고 장기적으로 이는 일반 인민이나 민중의 요구를 반영하는 데 불완전한 장치가 될 것이다. 반면에 민주주의를 이념으로만 여기게 될 경우 민주주의는 자칫 닿을 수 없는 영역에 대한 이상향으로 비춰지고 그것은 도달할 수 없는 민주주의에 대한 자포자기식의 실망을 가져올 수 있다. 게다가 민주주의를 실질적 수준에서만 이해할 경우 민주주의는 당위의 영역과 규범의 영역이 되면서 민주적 제도가 현실적으로 어떻게 작동하는가보다는 왜 이렇게 되지 않는가에 대한 '도덕적 접근'[65)]을 불러일으킬 것이다. 이는 현실정치를 무시하게 만들고 민중주의적 이데올로그(Ideologue)나

---

64) **과정차원의 민주주의와 결과차원의 민주주의**: 과정차원의 민주주의는 단지 인민이 지배할 때 인민들의 의사결정이 일어날 수 있는 공간을 만들어 주는 것이다. 어떤 특정집단이 사전에 자신들의 선호를 사회적 선호로 만들지 않게 해야 하며 다른 집단의 선호가 더 많다고 하면 이들의 선호가 사회적 선호가 될 수 있도록 권력 장악과 정권변화라는 '전환가능성'을 가져야 한다. 이를 위해 민주주의는 특정집단에 우호적이지 않게 중립성을 가져야 한다. 반면 실질적 민주주의는 결과를 강조한다. 특정한 사회적 분배와 특정 가치가 사회에 구현되어야 한다. 이것은 어떤 특정가치와 기준이 다른 이들의 기준보다 우월하고 정당하다는 것을 전제로 한다. 예를 들어 분배적 평등이 자유보다 중요하기 때문에 개인들의 자유로운 생산과 소비보다 국가가 분배정책을 사용해 경제적 평등을 이루어야 한다는 주장은 평등이라는 가치를 자유라는 가치보다 우선시 하는 것이다. 이때 '자기 지배'를 이론적 기준으로 제시할 수 있다. 인민을 위한 통치인 'for the people'이 강조되는 것이다. 그러나 결과를 판단하기 위한 지도자가 있어야 하고 인민을 위한 통치에서 인민이 무엇을 원하는지를 아는 지도자가 필요하기 때문에 결과차원의 민주주의는 독재로 전환될 위험이 있다.

65) **정치의 도덕적 이해와 도덕의 정치화**: 정치를 도덕적으로 이해하는 것은 정치의 현실을 곡해하고 과도한 해석을 할 수 있게 한다. 한국정치는 과거 유교의 영향으로 정치와 도덕의 구분이 명확하지 않다. 반면에 자신들이 지향하는 도덕적 기준이나 이념적 기준을 강요하는 도덕의 정치화는 정치현실에서 갈등을 강화한다. 반공주의가 극화되었던 냉전시대의 논리가 반공이 아닌 다른 가치들을 모두 좌익으로 몰고 정치적 권력을 이용해서 처벌을 한 것이 대표적인 도덕의 정치화이다.

선동가들과 혼합될 경우엔 더 큰 파장이 나타날 수 있다. 즉 현실정치를 부정하고 이상으로서 정치를 개조하기 위한 급격한 정치개편의 열기를 불러일으키거나 급격한 사회개혁을 꾀하게 된다. 그러나 현실정치에 대한 올바른 이해 없는 이상적인 개혁은 구호에 그칠 것이고 이것은 '열망과 실망의 사이클'[66]을 반복하면서 오히려 정치를 사라지게 만들 것이다.

민주주의를 제도의 문제로 좁게 정의하면 국가 간 민주주의를 비교할 수 있는 표본이 늘어나게 되는 장점이 있다. 게다가 내부적으로 유형분류를 한다면 민주주의 간의 차이를 좀 더 구체적으로 볼 수 있는 장점이 있다. 이는 구체적인 제도 수정을 가능하게 해 줄 것이고 이것은 비교정치의 가장 중요한 기능 중 하나이다. 반면 민주주의를 이념으로 파악할 경우 분석영역이 확장되어 경제부문의 산업민주주의나 가정 내의 민주주의나 학교 내의 민주주의를 파악하는데 장점이 있다. 하지만 이들 영역에서 요구되는 민주적인 방식의 수준이 국가에서 요구되는 수준과 같아질 수 없다는 단점과 그래서 오히려 국가의 비민주적 운영의 문제에 대한 관심을 다른 영역으로 확산시켜서 민주주의의 중대한 결함을 못 보게 할 수 있다

표를 통한 비교 **실질적 민주주의와 절차적 민주주의**

실질적 민주주의	절차적 민주주의
• 급진주의, 사회주의, 직접민주주의에 토대	• 자유주의, 대의민주주의에 토대
• 결과로서 민주주의 • 자기 지배로서 '가치' 강조	• 과정으로서 민주주의 • 다수의 지배 구현의 '제도'로서 민주주의
• for the people의 원칙	• by the people의 원칙
• 정치, 경제, 사회, 국가간 민주주의로 확장	• 정치영역에서의 민주주의
• 적극적 자유 + 실질적 평등중심 → 민주주의 확장 • 다양한 영역에서 시민의 참여강조	• 소극적 자유 강조 + 절차적 평등 → 정치영역에서의 민주주의 • 대의제도에 대한 시민참여강조
• 참여민주주의 • 루소식 사회계약론 / 마르크스이론	• 대중민주주의나 엘리트민주주의 • 다알의 다두정
• 민주주의의 내실화의 장점 • 보호자주의(독재자화)의 위험성	• 분석의 장점과 제도개선의 장점 • 협소한 민주주의의 문제점

66) **열망과 실망의 악순환**: 한국정치에서는 제도화가 부족하고 인물 차원에서 이해하는 경향이 강하다. 이로 인해 한국정치에 대한 불만이 생기면 새로운 지도자가 나타나 이 문제를 해결해주기를 바라는 '열망'이 증대한다. 반면에 실제 지도자가 집권을 한 뒤에는 제도적 장치가 부족하여 개혁이 어렵다는 점을 보게 되면서 지도자와 한국정치에 대한 '실망'이 늘어나게 된다. 이 과정이 점차 빨라지면서 '열망 – 실망'의 악순환이 늘게 된다. 이 과정에서 인민들은 더 많은 도덕기준을 적용하고자 한다. 따라서 한국민주주의는 도덕주의와 민주주의가 결합하게 된다. 한국 민주주의에 대한 도덕주의와 민중주의의 결합은 최장집, "민주주의에 대한 오해와 헤게모니", 『민주주의의 민주화』(서울: 후마니타스, 2006), pp.68-73. 한국 민주주의를 '열망과 실망'의 악순환으로 설명한 것은 최장집, "노무현정부와 한국민주주의: 열망 – 실망의 악순환을 끊을 수 있나", 『민주주의 민주화』 참조.

는 단점이 있다. 따라서 우리는 민주주의를 이해하는데 있어서 절차적 민주주의를 넘어서 실질적 민주주의가 존재하는 것과 같은 위계구조를 부여하는데 주의해야 한다. 즉 실질적 민주주의론과 절차적 민주주의론이 상하 위계구조를 갖는 것이 아님에 유의해야 한다. 즉 각각의 민주주의 이론은 장단점을 가지고 있고 이념형적인 두 가지 민주주의를 어떻게 조화시키는가 하는 것이 남겨진 그 시대와 그 사회의 숙제인 것이다.

(3) 민주정치의 이념분화: 자유민주주의와 사회민주주의

민주주의의 분화에서 두 번째로 볼 것은 자유민주주의와 사회민주주의의 관계이다. 양자는 개인과 국가와의 관계를 어떻게 설정할 것인가의 문제이다. 즉 개인의 자율성을 어디까지 인정할 것이며 어떤 가치가 개인을 중시한다고 할 수 있는가와 어떤 가치가 개인의 자유를 제약한다고 할 수 있는가의 문제이다. 이 문제는 정치경제적인 문제로서 개인의 사적인 영역으로 시장을 어느 정도까지 인정하고 어디서부터를 공적인 문제로 다루어 국가가 개입할 것인가의 문제이다. 즉 사적 기제인 시장과 공적 기제인 국가와의 관계를 어느 선에서 조율하는가 하는 것으로, 결국 이 분화는 시장과 국가와의 관계를 어떻게 설정하는가의 문제인 것이다.

이념형으로서의 자유민주주의와 사회민주주의를 설정하기 위해서 우리는 이념형적으로 다음과 같은 그림을 그릴 수 있을 것이다.

그림 Ⅲ 1-2

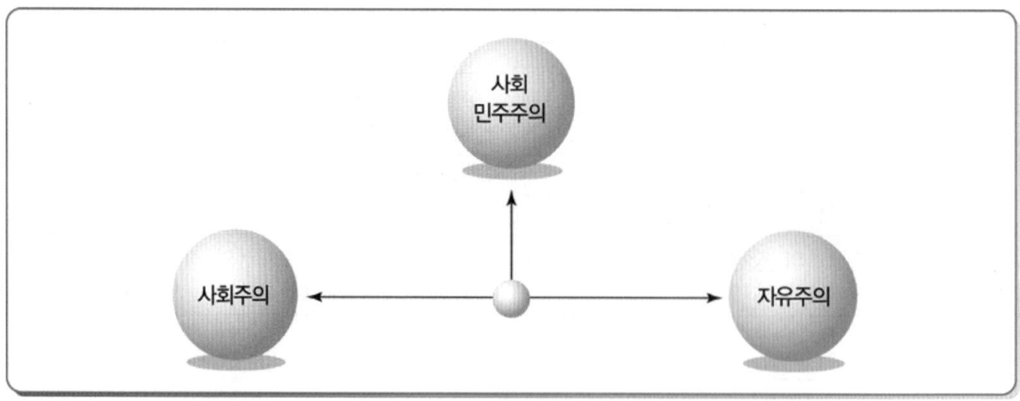

<그림 Ⅲ 1-2>에서 화살표는 이념적으로 볼 때 사회와 개인에 사이의 관계를 설정하는 것이다. 화살표의 오른쪽은 개인을 중시하는 자유주의를 설정하고 왼쪽 은 사회를 중시하는 사회주의를 설정할 수 있다. 그리고는 화살표의 가운데 지점 O를 설정하고 O의 위로(수직방향으로) 화살표를 하나 그리자. O에서 출발한 화살표를 O를 회전축으로 해서 오른쪽으로 움직인다면 O에서 나온 화살표는 90도를 이동하면 자유주의 축과 만나게 될 것이다. 역으

로 O에서 출발한 화살표는 왼쪽으로 움직이면 90도를 이동하면 사회주의 축과 만나게 될 것이다. 이 경우 O에서 출발한 화살표가 자유주의 축과 가까워질수록 자유민주주의에 가까워지고 이는 자유주의의 원리가 더 많이 반영된 민주주의가 된다는 것이다. 역으로 O에서 출발한 화살표가 사회주의 축에 근접할수록 이는 사회주의에 가까워지면서 국가와 개인사이의 관계가 사회를 중심으로 형성된다. 따라서 O에서 출발한 화살표가 어느 쪽에 가까워지도록 움직일 수 있을 것이다. 이런 상황을 이론적으로 설정하면 자유민주주의의 극단적인 영역은 O에서 출발한 화살표가 자유주의 축에 닿는 것을 설정할 수 있다. 그리고 사회주의체제는 O에서 출발한 화살표가 사회주의 축에 닿는 상황이 설정될 수 있다. 그리고 O에서 출발한 화살표가 수직으로 올라와 있는 상태를 이론적으로는 사회민주주의로 상정할 수 있다.

이런 상황에서 우리는 이상적인 형태로서 자유민주주의, 사회주의, 사회민주주의의 좌표를 구획할 수 있을 것이다. 그렇다면 이상적인 형태로서 3가지 지점은 각각 이론적으로 어떻게 설정될 수 있는지 살펴보자.

표를 통한 비교

자유민주주의: 개인중심 생산 + 개인중심 소비
사회민주주의: 개인중심 생산 + 개인과 사회의 소비
사회주의: 사회중심 생산 + 사회중심 소비
영국의 제 3의 길: 사회민주주의와 자유민주주의 중간 형태
발전주의: 사회민주주의보다 사회(국가)가 생산에 관여 많음

1) 자유민주주의

자유민주주의는 개인을 사회에 우선하는 존재로 설정한다. 그리고 개인들의 자유로운 교환의 장인 시장을 사적 기제로 여겨 최대한으로 국가의 간섭을 배제하고자 한다. 따라서 자유민주주의는 생산과 소비 모두를 시장에 일임함으로써 생산의 주체도 개인에게 돌아가고 소비의 주체도 개인에게 돌아간다. 생산과 소비는 아담 스미스 이후 '보이지 않는 손'인 시장에 의해 자연스럽게 달성된다.

개인을 중시하는 자유민주주의는 그 정당성을 2가지 근거에서 획득하고자 한다. 첫째는 '개인효용의 극대화'론이고 둘째는 '개인능력의 극대화'론이다. 전자는 19세기 공리주의자(양적 공리주의)가 제시한 것으로 이 이론은 효용소비자로서의 인간을 상정한다. 인간의 행복은 개인의 선택의 자유를 확대해 얻을 수 있다. 이를 위해서는 개인 간의 자유경쟁이 지배적인 시장사회를 형성하는 것이 중요하다. 하지만 이 이론은 개인들의 자유의 가치를 효용과 만족이라는 도구적 혹은 경제적 차원에 한정한다는 약점이 있다. 그런 점에서 자유민주주의를 정당화할 수 있는 좀 더 도덕적인 근거가 필요하다.

후자인 '개인능력의 극대화'론은 존 스튜어트 밀(J. S. Mill)과 현대의 신자유주의자들

(neo-liberalist)에 의해 주창되었다. 밀의 유명한 언술인 "배부른 돼지보다는 배고픈 소크라테스가 낫다"는 언급은 인간을 단지 효용과 관련해서만 파악하는 양적 공리주의를 공격하기 위한 것이었다. 이 이론에서 개인의 자유는 효용보다는 인간의 자기계발과 관련된다. 특히 신자유주의에서 주창되는 인간능력의 극대화론은 개인은 각자에게 고유한 특성이나 능력이 있고 이 특성과 능력을 개발하는 것이 삶의 목적이라고 본다. 그리고 좋은 사회(good society)란 인간의 이와 같은 능력을 극대화해 주는 사회이고, 국가의 인위적 간섭은 개인의 자기계발을 억압하는 것으로 부정되어야 한다. 인간은 자신이 가진 자연적 능력을 이용하고 발전시키기 위한 최대한의 자유를 향유해야 하고 사회는 이를 보장해야 하고 정치는 이를 억제해서는 안 된다는 것이 자유민주주의의 주장이다.

하지만 맥퍼슨(C. B. Macpherson)은 이에 대해 비판적인 견해를 가지고 있다. 자유민주주의에서는 시장사회에서 개인의 기여도에 비례해서 분배가 이루어진다. 이때 기여도는 노력이나 필요성보다 "부"에 입각한 기여도의 비중이 압도적이다. 즉 이런 경우 투자로 불리는 부의 초기 분배가 후기 분배를 결정하면서 효용 증가에 따른 분배는 빈익빈 부익부 현상을 강화한다. 따라서 자유민주주의에서 효용의 공평한 극대화는 없는 것이다. 자유민주주의가 옹호하는 사회인 자본주의 시장사회는 국가의 개입이 없이는 생산수단을 가진 사람들의 부와 재산이 무한정 축적될 수 있다. 그리고 이렇게 축적된 부는 개인의 능력을 나타내는 기준이 되면서 다시 사회적 부와 가치 분배에 영향을 미치는 재생산구조를 가지고 있다. 따라서 이와 같은 근원적인 불평등을 해결하지 않으면 절대다수의 능력은 결코 극대화되지 못한다.

결국 자유민주주의의 핵심 문제는 법적으로 보장된 자유의 평등성과 자유의 불평등한 향유능력사이의 문제이다. 태어나면서 운에 의해 재산을 가지지 못했거나 정신적인 육체적인 약점을 가지고 있는 경우 자유민주주의는 평등한 정치적 발언권을 보장하고 기회를 보장한다는 명분 하에 실제로는 불리한 선천적인 구조를 변화하려는 어떠한 노력도 하지 않는 것이다.

2) 사회주의

왼쪽 극단에 있는 이념적 형태로서의 사회주의는 자유주의와 대비 되는 것으로, 개인을 중시하는 자유주의는 자본주의 구조에서의 개인 자신의 노동으로부터의 소외와 인간 소외를 해결할 수 없다고 본다. 이들에게 문제가 되는 것은 국가라기보다는 자본주의 계급 속에 존재하는 불평등성이다. 따라서 (부르주아 계급의)개인이 (프롤레타리아 계급의)개인을 구속하고 강제하는 자본주의구조를 무너뜨리고 사회를 통해 필요한 만큼의 생산과 소비를 가능하게 하는 체제를 강조한다. 따라서 사회주의에서는 생산과 소비의 주체는 개인이 아닌 사회가 된다. 따라서 계획경제와 생산수단의 국유화와 분배구조를 그 특징으로 한다.

하지만 사회주의가 가장 간과한 것은 생산의 사회화는 결국 사회발전 뿐 아니라 개인 발전을 가져올 수 없다는 것이다. 계획경제에서 어느 부분을 생산할 것이고 어느 만큼을 생산할 것인지 그리고 그 생산에서 개인들은 얼마만큼의 효용을 얻고 자아를 얼마나 실현하는지 하는 부분을 몰랐던 것이다. 또한 개인의 필요한 만큼의 소비라는 것은 인간의 속성을 잘못 읽어낸 것이다. 인간은 필요한 만큼만 소비하는 것이 아니다. 어느 단계를 지나면 인간의 소비욕구는 물질적인 것을 초월한다. 또한 인간은 항상 누군가보다 우월하고자 하기 때문에 그것은 계층구조나 계급구조를 형성할 수밖에 없다. 그러므로 이런 계급구조에 대한 조망과 소비와 생산에 대한 사회주의의 이념은 이상적이기는 했지만 그 실현은 불가능할 수밖에 없었다.

3) 사회민주주의

사회민주주의는 사회주의적 방식을 포기하고 선거와 같은 제도적 민주주의를 받아들인 사회주의의 노선전환이다. 사회주의가 표방했던 생산의 사회화는 자본주의 국가의 근간인 소유권을 박탈하는 것으로 이는 자본가들과 자유주의자들의 공격을 받을 수밖에 없었다. 따라서 유럽의 사회주의자들은 노선을 선회하면서 제도정치에서 주류가 되고자 했다. 자본주의의 생산방식인 시장구조를 용인하는 대신 자본주의가 가진 태생적 한계인 재생산문제를 사회주의적 방식으로 해결하고자 한 것이다.

즉 이들은 고전적인 사회민주주의를 수정하여 정치적인 부문에서만의 민주주의가 아닌 경제영역과 사회영역으로 확장된 민주주의를 지향했다. 또한 케인즈적 정책으로 보이는 것처럼 국가의 소비증대를 통한 소비의 사회화조치를 통해 사회적 민주주의를 지향했다. 그리고 작업장에서 노동자의 의사가 반영될 수 있는 구조를 통해 통제의 사회화를 달성하고자 했고 이는 경제적 민주주의로 나타났다.

하지만 1970년대 이후 사회민주주의는 쇠퇴하기 시작했다. 사민주의 쇠퇴에는 포스트 포디즘으로 불리는 소량생산 소량소비의 자본주의 생산조직방식의 변화가 원인이 되었다. 소량생산 소량소비구조는 대규모 공장 중심에서 소규모 공장구조로의 변화를 가져왔고 이는 계급구조의 변화를 낳았다. 제조업 노동자는 감소하게 되고 노동계급은 숙련노동, 반숙련노동, 미숙련노동으로 층화되었다. 이로 인해 전통적인 노동자의 노동당 지지구조는 변화하게 되었다. 이는 노조원 축소에 따른 노동운동의 조직력 쇠퇴를 가져왔고 지지층의 변화에 따른 정책정당간의 경쟁에서 프로그램의 위기를 야기했다. 이제 노동자=노동당의 등식구조는 무너졌고 정당은 이념적인 수렴 속에서 정책 간의 큰 차이를 내기 어렵게 된 것이다.

4) 논의의 정리

자유민주주의와 사회민주주의의 전통적인 논의는 상당히 중요한 논쟁의 지점을 남긴다. 노동의 문제와 자본의 제약의 문제를 과연 사적인 문제로만 인식할 수 있는가나 복지문제가 과연 공적인 국가 개입의 대상이 될 것인가 된다면 어디 까지를 공적으로 볼 수 있는지 등이 실제 중요한 문제로 남는 것이다. 이는 한국이 세계화와 개방화를 선택했고 1997년의 외환위기 이후에는 개방화가 좀 더 강화된 것과 관련해서 중대한 함의를 던진다. 즉 민주주의라는 국내정치의 문제는 이제 국내시장과 자본만이 아닌 외부 시장과 자본을 상대해야 하는 문제에 부딪친 것이다. WTO의 강화나 다각적인 FTA의 체결은 이 추세를 강화하고 있다. 여기서는 이론적인 자유민주주의와 사회민주주의의 경계만이 문제가 아니라 과연 시장과 국가 사이의 영향력과 개입과 불개입의 경계도 중요한 문제가 될 것이다.

(4) 민주주의의 작동평가 기준

민주주의를 바라보는 기준이 다르다는 것은 민주주의의 평가기준도 다르다는 것이다. 실질적 민주주의와 절차적 민주주의, 자유민주주의와 사회민주주의도 현실에서 민주주의 작동에 대해 평가가 다르다. 지금까지 본 민주주의를 평가할 수 있는 기준으로서 필립 슈미터는 3가지 기준을 제시한다. 아래의 그림은 필립 슈미터의 기준이다.

그림 Ⅲ 1-3

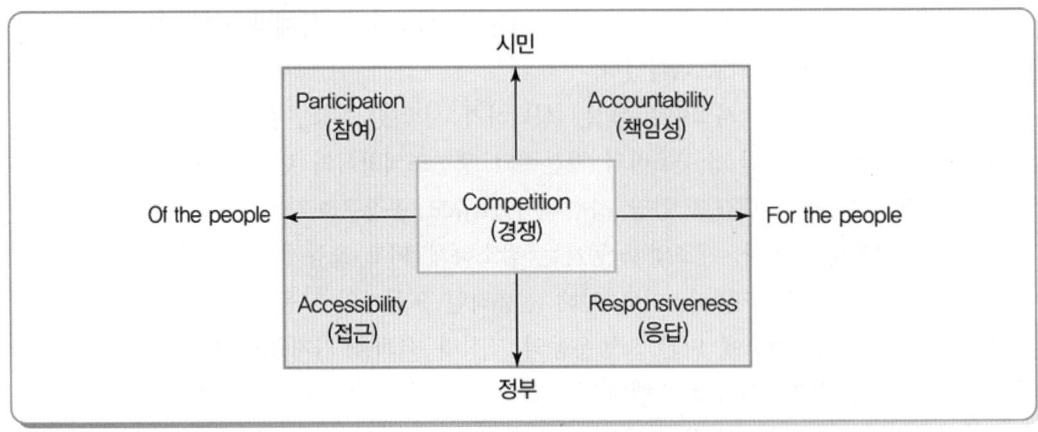

먼저 모든 민주주의에 경쟁성이 작동해야 한다는 점에서 경쟁성을 첫 번째 기준으로 제시했다. 그리고 두 번째 기준은 시민과 정부의 행위자를 축으로 한다. 세 번째 기준은 민주주의의 지향점으로서 '인민의 통치'와 '인민을 위한 통치'이다. 시민들이 인민주권 혹은 국민주권의 원리에 부합하려는 참여가 필요하다. 시민들이 인민을 위한 통치를 위해서는 인민들이 다양성에 기반하여 경쟁을 하여야 한다. 정부는 인민주권과 국민주권을 위해서는 인민들이 접근할 수 있는 기회를 제공하여야 한다. 반면에 인민을 위한 통치를 위해서는 인민이 요구하는 것에 응답해야 한다. 이 모든 과정의 중심에는 경쟁이 필요하다. 이러한 기준은 그 국가가 민주주의에 부합하는가를 평가할 수 있는 현실적인 자원을 제공한다.

(5) 어떤 민주주의인가: 한국 민주주의의 방향

민주주의는 무엇인가로 시작한 이번 장은 결국 민주주의의 역사와 이론을 통해 민주주의가 얼마나 다양한지를 살펴보았다. 민주주의가 민주주의를 공격하는 시대가 되는 역설 속에서 민주주의가 무엇인지, 즉 어떤 요소를 그럼에도 불구하고 지켜야 할 것인지에 대한 논의는 처음에 다룬 민주주의란 무엇인가라는 질문보다 훨씬 복잡한 영역으로 우리를 밀어놓았는지도 모른다. 무엇으로부터 민주주의를 보호할 것이고 그 보호의 대상은 어떤 가치이고 어떤 제도인가는 쉽게 결정되는 것은 아니다. 어쩌면 그것을 결정해가는 과정이 실제 민주주의인지 모른다.

한국에서는 무엇이 지켜져야 할 민주주의의 가치인가와 우리가 부족하다고 생각되는 민주주의가 무엇인가를 두고 논쟁중이다. 보수적이고 제도적 수준의 민주주의와 이념적이고 급진적인 민주주의사이에서 어떤 민주주의가 우리에게 필요한 민주주의인가를 두고 사회가 점진적인 변태(變態, metamorphosis)의 과정을 거치고 있는 것이다. 그런 점에서 한국의 민주주의가 어떤 민주주의가 되어야 하는가에 대한 한국의 이념적 고민이 증대하는 것은 바람직한 현상이라고 할 수 있겠다.

제 2 장 제도로서 민주주의

수험적 맥락

민주주의를 구체적인 제도로 이해하면 제도를 만들기 위한 논리가 필요하다. 2장은 먼저 민주적 결정을 위한 '다수결주의와 협의주의'라는 제도를 살펴본다. 한국에서 다수결주의를 기초로 대통령 선거, 의회선거, 지방선거가 운영되고 있기 때문에 이 원리를 정확히 이해하는 것이 중요하다. 게다가 최근 협의주의 논의가 등장하여 한국적 타당성을 논의하고 있다. 여기에 더해 대의민주주의라는 구체적인 근대민주주의 작동원리를 수정하자는 이론적, 현실적 실험들이 있다. 보완적 차원에서 어떤 민주주의가 대의민주주의에 대해 보완이 가능한지를 살펴보는 것은 이론적으로도 현실적으로도 중요하다.

수험적 중요주제

1. 대의민주주의의 도입의 배경과 원리
2. 합리적 선택이론(사회적 선택이론)과 그 비판들
3. 레이파트의 협의주의와 다수결주의
4. 보완민주주의 1: 직접민주주의의 가능성
5. 보완민주주의 2: 참여민주주의의 가능성
6. 보완민주주의 3: 결사체민주주의의 가능성
7. 보완민주주의 4: 심의민주주의의 가능성
8. 보완민주주의 5: 전자민주주의의 가능성
9. 보완민주주의 6: 공화주의적 민주주의의 가능성

실제 작동하는 제도적 관점에서 민주주의에 대한 평가는 다양하다. 민주주의가 무엇이어야 하는가의 문제에서 민주주의가 실제 작동하고 있는가와 그렇다면 어떤 방식으로 작동하는가의 기준으로 전환하면 민주주의에 대한 평가는 달라진다. 여기서 문제되는 것은 현실적으로 '민주적이게' 하는 방식이다.

이런 관점에서도 역시 민주주의는 논쟁이 많은 주제이다. 민주주의의 작동에 대해 민주주의가 과도하다고 주장하는 경우도 있고 민주주의의 결손을 논하기도 한다. 또한 민주주의가 투입 부문에 너무 매달려 있다는 견해와 민주주의를 지나치게 산출 부문의 효율성 개념으로 이해하려 한다는 견해가 대립하기도 한다. 민주주의가 대의적으로 운영되면서 대표와 유권자간의 괴리를 비판하고 유권자와 시민의 직접적 민주주의를 주장하는가 하면, 대표와 시민의 중간 매개체로서 시민단체 등을 통해 민주주의를 운영해야 한다는 견해가 맞서기도 한다. 이외에도 민주주의가 최적의 대안을 만들어내기보다는 산술적 이해만을 반영하기에 이해구조를 변화시키는 구성적 관점의 민주주의가 주창되기도 한다.

민주주의가 민주주의를 공격하고 그 사이에서 민주주의는 변화한다. 현재 대부분의 국가에서 작동하고 있는 민주주의는 '과잉'민주주의와 '산출'민주주의를 대표하는 대의민주주의이다. 근대 국가단위로의 정치체계 성장은 직접민주주의가 아닌 대의민주주의의 보편화를 이끌었다. 하지만 대의민주주의는 그 구성 원칙, 민주주의의 결핍과 대표와의 문제 등으로 인해 1970년대부터 위기론에 빠져들었다. 이 위기는 이론적 논의뿐만 아니라 유럽과 미국 등 선진민주주의 국가들에서 나타난 정부에 대한 불신과 투표율 저하 현상 등 현실적으로 대의민주주의가 진정한 시민의 의사를 반영할 수 있는가에 대한 의문을 가져왔다.

이러한 대의민주주의의 위기에 대하여 해법을 찾기 위해서는 먼저 대의민주주의가 어떤 원리와 환경에서 만들어졌는지 살펴보아야 한다. 그리고 나서 대의민주주의의 자체적인 모순 및 한계와 운영상의 문제점을 각각 나누어 찾아보아야 한다. 이 과정에서 과연 대의민주주의는 폐기해야 하는 것인지 아니면 단점에도 불구하고 용도 폐기 대신에 부분 수정을 통해 지속적으로 사용해야 하는 것인지 여부를 따져보아야 한다. 이 관점에서 서구에서 논의되어 왔고 현실적으로 실험되어 온 대안 민주주의들을 살펴본다. 각 민주주의 이론들은 대의민주주의의 부족한 부분을 보완해줄 수 있는 원리와 제도를 갖추고 있으나 약점 역시 보유하고 있다. 따라서 각 대안 민주주의들과 대의민주주의 사이의 관계를 어떻게 설정할 것인지가 핵심이다. 이때 우리는 각 민주주의를 배타적으로 볼 필요는 없다. 민주주의는 고무찰흙처럼 다양한 양태로 변화하고 뒤섞일 수 있기 때문이다.

제1절 민주주의 구체적 모습: 대의민주주의

(1) 대의민주주의의 이념

근대국가 단위가 되는 시점에서 민주주의는 도시국가 크기의 공동체에서 기능하던 양식으로는 더 이상 작동하기 어려웠다.[1] 절대주의 국가가 형성되고 강력한 국가로부터 자신의

1) **근대국가의 규모와 민주주의**: 직접민주주의가 작동하기 위해서는 시민들이 협의를 하고 정책을 결정할 수 있는 공간과 동시에 시간을 쓸 수 있어야 한다. 그러나 근대 국가는 도시 국가 아테네와 규모가 달랐다. 이런 규모의 확대는 민주주의를 직접민주주의로 운영하는 것을 불가능하게 하였다. 공간은 동시에 민주적 결정을 할 수 있는 시간에도 제약을 가져왔다. 그러나 국민국가시대의 민주주의에 시간과 공간적 제약을 받았다는 것이 근대 국민국가에서 직접민주주의가 불가능하다는 것은 아니다. 만약 기술이 공간과 시간의 제한을 제거해준다면 직접민주주의를 선택할 수 있을 것이다.

세금이 자의적으로 강탈당하는 것을 막기 위한 노력은 자유주의를 형성하게 되었고 이것은 민주주의의 작동 이념이 되기도 하였다.

자유주의자들은 자신의 기여와 무관한 자들의 영향력행사에 불만을 가지고 있었다. 그들은 강압적인 국가에 대한 저항을 통해 제한적인 국가를 형성하려는 목표를 가졌다. "대표 없이 과세 없다"의 논리는 자신의 신성한 재산을 제한하는 국가의 역할은 (대표를 통해 표출되는) 자신의 결정을 통해서만 가능하도록 제한을 가하고자 하였다. 하지만 자유주의자들은 완전한 민주주의자는 아니었다. 이들은 참정권의 완전한 확대를 반대했는데 여기에는 밀(J. S. Mills)이나 버크(E. Burke)가 대표적이었다. 이들의 주장을 단순화시키면 자유주의를 통해 국가를 제한하고 싶었으나 민주주의를 확장하는 데는 반대한 것으로 볼 수 있다. 자신들이 국가에 대해 내는 세금만큼의 정치적 결정권을 얻고자 하는 '세금납부자선거체제(régime censitaire)'[2)]를 주장한 것으로, 세금을 내지 못하는 무산자층이 세금을 납부하는 자신들 유산자층과 동등하게 정치적 목소리를 내는 것을 거부하는 것이었다. 따라서 자유주의 입장에서는 제한적이고 보호적인 국가(protective state)를 형성하고자 하였으나 보호적 민주주의 혹은 방어적 민주주의(protective democracy)를 만들고 싶지는 않았던 것이다.

자유주의의 아이디어는 선거권이 확장되는 과정에서 엘리트에 의해 매개되는 민주주의를 만들었다. 그 근거에는 정치적 대표의 비범한 능력이나 일반유권자의 규모, 정보 취합능력의 부족 등이 제기되었다. 선거권이 확장되는 과정에서 민주주의는 자유주의와 결합하여 절차적 평등이 보장되는 한에서 엘리트를 어떻게 선출하는가의 문제가 되었다. 따라서 대표자와 인민 사이에는 선거와 투표를 매개로 하는 계약관계가 형성된 것이다.

대의민주주의는 공화주의적 아이디어에도 기인한다. 미국이 어떤 정치형태를 이루어야 하는가의 문제를 두고 벌인 논쟁에서 존 제이(J. Jay)와 제임스 매디슨(J. Madison)과 알렉산더 해밀턴(A. Hamilton)등 연방주의자들은 '연방주의 논설'(Federalist Paper)의 기고문을 통해 미국의 향후 정치형태를 연방으로 할 것을 주장한다.[3)] 이들은 당시의 미국 헌법 비준에서는 직접민주주의보다는 대의민주주의 정치체제가 필요하다고 보았다. 이들 주장의 근거는

2) **세금납부자 선거체제의 의미**: 선거권과 피선거권을 일정금액 이상의 납세자에게만 제한적으로 부여하는 체제를 의미한다. 보통선거권이 주어지기 이전까지 유럽과 미국에서 시행되었다. 프랑스의 경우 1948년 모든 남성에게 보통선거권이 주어지기 전까지 하원에서의 선거권과 피선거권은 각각 직접세 300-1,000프랑 이상의 세금 납부자로 제한되어 있었다. 이것은 프랑스 전체 인구의 1%를 넘지 못했다. 최장집 교수는 한국은 역사적인 세금납부자 선거체제를 거치지 않고 1948년에 일거에 보통선거권이 주어지면서 한국 민주주의의 제도와 실제가 일치하지 않는 '조숙한 민주주의'를 형성했다고 분석한다. 최장집, 『한국민주주의의 조건과 전망』(서울: 나남출판사, 1997), p.20. 『민주화 이후의 민주주의』, pp.72-73.

3) **미국 공화주의와 민주주의의 관계**: 미국의 공화주의자들은 자신들의 권리를 무산자들이 강탈하는 것에 대한 두려움을 가졌다. 따라서 무산자들의 직접민주주의보다는 대표를 통해서 무산자들의 정서에 기반한 정치를 통제하는 것을 이론화하였다. 대의민주주의를 선택한 이들의 입장은 민주주의적이라기 보다는 자유주의적이었다.

크게 두 가지로 볼 수 있는데 첫째는 일반 민중과 인민의 정서성으로 인한 일시적 반응은 중우정을 초래할 가능성이 있다는 것이었고, 둘째로는 정보 전달 능력의 제약으로 인해서 의견집약에 필요한 기술이 부족하다는 점이었다.

특히 매디슨[4]은 연방제의 주장을 인간의 본성인 파벌(faction)의 가능성에서 찾았다. 파벌의 지배 가능성, 즉 일반 민중들의 다수에 의한 지배는 자신과 같은 소수 계급의 재산권과 권리를 침해할 것이기 때문에 제거해야 한다고 본 것이다. 그러나 정치 본성상 파벌은 필수적인데 비해 이를 제거하고자 하는 장치들은 그 실현 가능성이 없다고 생각했다는 점에서 매디슨은 뛰어난 안목을 가진 정치이론가이자 정치인이었다. 그는 연방으로의 통합을 하나의 대안으로 제시했는데 미국의 규모는 하나의 파벌이 지배하기에는 너무 클 것이기 때문에 파벌 간 경쟁이 다수의 지배를 막아줄 수 있을 것이란 생각이었다. 따라서 다수의 지배를 방지하기 위한 대표를 통한 정치가 필요한 것이다. 연방과 공화주의의 아이디어는 거대파벌과 거대집단에 의한 정치적 지배를 막기 위해 대표를 통한 정치를 주장하면서 대의민주주의를 구성한 것이다.

매디슨은 파벌을 막기 위한 여러 겹의 제한장치가 필요하다고 보았다. 이런 아이디어는 조직 간의 견제와 균형으로서 다른 대표 조직 간의 수평적인 견제와 균형 뿐 아니라 연방과 주 사이의 수직적 균형으로도 나타났다. 이렇게 구현된 것이 미국의 대통령제도와 연방제도이다. 대통령제도는 대통령과 의회에 대한 국민의 대표선출로 발생하는 이원적 정당성을 통해 몽테스키외의 견제와 균형의 원리를 구현하고자 한 것이었다. 그리고 유럽과 같은 귀족제도의 유산이 없음에도 양원제도를 구성하여 연방과 하원을 분리하는 방식과 주와 연방간의 권력의 분화제도의 연방구조는 어느 세력도 완벽하게 국가를 독점하지 못하게 하는 제도적 장치였다.

(2) 대의민주주의의 원리와 작동방식

표를 통한 비교

대의민주주의: 대표를 통한 민주주의, 간접적 민주주의, 정당과 의회를 중심민주주의
직접민주주의: 인민에 의한 민주주의, 직접민주주의, 국민투표중심 민주주의

4) **매디슨 민주주의**: 매디슨 민주주의는 민주주의를 좁게 정의한다. 무산자들의 개입을 피하고자 하기 때문에 사회주의적 민주주의와 실질적 민주주의와는 입장이 상반된다. 매디슨적 민주주의가 작동하고 있는 미국식 민주주의의 문제점이 생기는 이유도 민주주의를 너무 좁게 정의하는데 있다. 로버트 달은 미국헌법과 민주주의 관계에서 매디슨적 민주주의의 문제점을 제시하였다.

1) 대의민주주의의 의미[5)]

대의민주주의는 '선거'를 통해 시민들의 집합적인 의사를 확인하고 선출된 대표를 통해 시민의 집단적 의사를 실현하려는 민주주의의 양식으로 정의할 수 있다. 이것은 고대 그리스의 민주주의가 작동했던 조건을 갖추지 못한 근대 국가단위의 정치체제에서 이룩해 낸 가장 획기적인 제도적 혁신이었다. 그리고 대의민주주의는 국민의 지배를 근대 국가라는 특수한 환경에서 실현하기 위한 지난 천년의 제도적 발명이었다.[6)] 대의민주주의에서 시민들은 지배하지만 자신의 대표를 통해 간접적으로 지배한다. 이 점에서 대의제는 간접 민주주의이다. 그리고 과거 그리스처럼 면대면의 접촉을 통한 심의를 통한 방식으로 의사가 확인되는 것이 아니라 '투표를 통해' 시민들의 의사가 집합되는 - '다수의 지배'라는 용어처럼 의견이 상정되고 수적으로 결정되는 - 선호 집합적인 민주주의이다.

2) 대의민주주의의 조건

이 '간접적이고 선호집합적인 민주주의'가 근대 민주주의의 기본적인 제도적 틀인데 이 제도는 사회적 선택이론의 가정에 기초하고 있다. 즉 평등한 개인들의 자유로운 집단적 선택의 결과가 바로 국민의 의사이며 이러한 집단적 선택이 정치적 공동체의 복지를 극대화하는 점과 일치할 때 대의정치는 정당화된다. 여기에는 두 가지 조건이 필요하다. 첫째는 인민의 대표는 완벽한 대리인이어야 한다는 것이다. 이것은 정치경제학에서 주인-대리인 문제로 나타나게 된다. 둘째는 대표를 통해 표출되는 인민의 의사는 집단적인 인민의 합리적 선택이어야 한다는 점이다. 이것은 정치적 (완전)경쟁시장이 상정되어야 한다는 것이다.[7)]

---

5) **대의민주주의와 엘리트민주주의의 관계**: 대의민주주의는 엘리트민주주의로도 불리면서 비판을 받는다. 엘리트민주주의는 엘리트의 지배와 민주주의가 양립할 수 있다는 입장으로 이전까지의 민주주의와 엘리트주의의 대립을 절충한 것이다. 엘리트 민주주의에서 유명한 이론으로 막스 베버(M. Weber)의 '실용적 민주주의'와 슘페터(Schumpeter)의 '경쟁적 엘리트 민주주의론'을 들 수 있다. 먼저 막스 베버(M. Weber)의 '실용적 민주주의'는 관료제도의 모순을 극복하기 위한 정치인 선출로서 민주주의를 파악한다. 즉 정치인 선출제도로서의 민주주의에 관심을 가지고 있다. 그의 이론의 특징은 ① 제도로서의 민주주의 혹은 수단으로서의 민주주의에 관심을 가진다는 점 ② 민주주의를 지배의 정당화 기제로 파악한다는 점 ③ 제도의 맹점을 개인의 책임윤리로 보충한다는 점을 들 수 있다. 그의 이론은 민주주의의 규범적 측면을 무시한다는 비판을 받을 수 있다. 슘페터(Schumpeter)는 민주주의를 "민주주의적 방법이란 정치적 결정에 도달하기 위하여 사람들이 국민의 지지표를 얻기 위한 경쟁에 의해 결정권을 획득하게끔 보장하는 제도적 장치"로 정의한다. 그의 이론의 특징은 ①엘리트 통치 전제하에 국민의 선거권만 부여 (인민의 통치→인민에 의해 승인된 통치) ② 공공선 등은 존재하지 않는다. ③ 민주적 방식의 결정이 반드시 인민을 위한 것일 수 있는가의 문제제기 ④ 경쟁의 중요성은 이후 다원주의에도 영향을 미침 ⑤ 현실적이고 효율적인 방법으로 평가하고 측정하기 유용함을 들 수 있다. 하지만 워커(Walker) 교수가 지적하듯이 자칫 정치체계의 안정과 효율성이 중심이 되어 정치의 동태성을 경시할 수 있다는 문제점과 엘리트민주주의는 일정 정도 인민의 정치적 무관심을 필요로 하는데 정치 발전을 위해서는 정치적 무관심보다 시민의 적극적 참여가 중요하다는 문제점이 있다.

6) 임혁백, 『세계화시대의 민주주의』(서울: 나남, 2000), p.158.

이 구체적인 조건은 다음과 같은 경우에 가능한 것으로 보인다. 시민은 완전정보를 가지고 있어야 하고 자유로운 선택이 보장되어야 한다. 시민들의 의사는 결집될 수 있고 결집된 시민의사는 대표를 통해 완전하게 표출될 수 있어야 한다. 즉 사회의 어떤 의견도 고의로 무시되거나 대표되지 않으면 안 된다. 이런 과정에서 정치경제학적으로 보면 대표는 자신의 정책이 누구의 의사를 반영할 것이고 어떤 정책을 만들 것인지를 명확하게 하여야 한다. 즉 완전정보로 유권자와 대표의 정보가 완벽히 소통된다면 대표자가 되려는 정치인은 당선을 위해 표의 극대화가 필요하므로 유권자의 선호를 가장 많이 반영하기 위해 노력할 것이다. 그리고 선거는 유권자와 대표간의 관계가 완전한 대리인이 될 수 있도록 강제해야 한다.

위의 조건을 다시 세분화해서 나누어 보면 다음과 같다. ① 완전 정보 가정 (이것은 유권자와 대표 모두에게 해당된다.) ② 자유로운 시민 가정 ③ 이익표출과 이익집약 가정 ④ 대표의 득표 극대화 가정과 의사 반영 가정 ⑤ 정치적 완전경쟁시장 가정 ⑥ 인민의 의사에 대한 대표의 완벽한 대리인 가정 ⑦ 선거의 완벽한 매개 가정 ⑧ 개인의 합리적 선택과 집단적 합리적 선택의 동일화 가정. 따라서 대의민주주의가 제대로 작동하기 위해서는 이와 같은 세부적인 가정들이 이론을 넘어 현실에서 작동해야 한다.

3) 대의민주주의의 실현 가능성과 한계

위의 조건들을 하나씩 살펴보면서 대의민주주의의 가능성을 타진해보자. 먼저 대의민주주의를 작동시키기 위해서는 유권자와 대표가 모두 완벽한 정보를 가져야 한다. 하지만 이것은 이론상의 문제이고 정치에서는 합리적으로 판단할 수 있는 정도의 정보면 족하다. 유권자들의 선호와 대표의 선호는 정보화의 효과로 좀 더 명확하게 알 수 있게 되었다. 하지만 여전히 유권자는 대표의 실제 선호를 정확하게 알기 어려운 한계가 있고 이것은 이후 주인과 대리인의 문제로 나타나게 된다.

두 번째인 자유로운 시민의 가정 역시 중요하다. 시민은 자신이 원하는 바를 정확하게 알 수 있고 그것을 정치적 견해로 반영할 수 있어야 한다. 하지만 사회적, 경제적 조건이 공평한 정도의 자유를 보장해줄 수 있는가 하는 문제가 있다. 개인의 자유로운 의견 표출이 가능하고 이것이 사회적으로 결집되어야 결집된 이해가 정치에 반영될 수 있는 기본조건이 형성된다. 따라서 세 번째 가정은 두 번째 가정과 연결되어 있다. 만약 개인들이 사회적 경제적 이유로 자신의 의견을 자유롭게 표출하지 못한다면 사회는 이것을 정치적인 이해로 만들어낼 수 없다. 사회의 문화와 도덕의 잣대가 성적 소수자나 국내 이주민들의 의사를 무시하거나 억압하는 구조를 가지고 있다면 이들은 개인적 의사를 자유롭게 표출하기 어려울 것이고 이들의 이해의 결집 역시 불가능할 것이다. 사회적 의사라는 수요가 없다면 대의민주주의는 상상하기 어렵다.

네 번째 가정은 대표의 표 극대화 가정과 유권자 의사 반영 가정이다. 이것은 대표가 사

7) 임혁백, pp.158-159.

회적인 요구와 이해를 반영하는 촉매제로 표를 극대화한다는 것이다. 사회적 요구가 곧 표로 환산되기 때문에 대표는 득표를 극대화함으로서 실제 대표 자리를 보유하게 된다. 하지만 이것이 가능하려면 다섯째 조건인 정치적 완전경쟁시장의 가정이 충족되어야 한다. 정치적 완전경쟁시장이 되었을 때 사회의 요구(수요)는 원하는 의사를 반영하는 대표(공급)와 만난다. 그런데 수요를 반영하는 공급으로서 정치적 대표가 없다면 실제 국민의 의사를 반영하는 대의민주주의라고 할 수 없다. 그런데 현실에서 대표는 표를 극대화하려는 유인이 있지만 표의 극대화만이 전부가 아닌 경우가 많다. 표를 극대화하여 국민의 의사를 반영하는 것보다 특정한 정치적 지위에 더 초점을 둘 수도 있고 정책을 만들어내는 것으로서 영향력 확보에 초점을 두기도 한다. 이렇게 지위를 확보하려 하거나 영향력을 확보하는 것을 목표로 한다면 유권자의 의사를 산술적으로 판단해서 이것을 엄격하게 반영하지 않을 수도 있는 것이다. 예를 들어 노무현 전 대통령이 제안했던 대연정은 국민의 의사가 아니라 정책을 형성하고 정책을 집행하는 것을 용이하게 하기 위한 것이었다. 따라서 대표 혹은 대표 단체가 유권자의 의사를 완전히 반영하지 않을 수 있는 것이다. 정치적 시장에서 대안의 수가 줄어든다면 대의민주주의는 형해화될 수 있다. 최근 정당의 카르텔 정당화는 이런 점에서 대의민주주의의 작동조건을 악화시킨다.

여섯째 조건은 인민의 의사에 대한 대표의 완벽한 대리인 가정이 충족되어야 한다는 것이다. 유권자가 대표에게 선거를 통해 권력을 위임한 경우 대표는 인민의 의사를 그대로 반영해야 한다. 하지만 선거와 투표장치가 대표에게 모든 구체적인 사안을 귀속시키는 것은 아니다. 즉 대표는 권력을 집합적으로 행사하도록 위임 받은 것으로 구체적인 사안에서는 재량권을 가질 수 있다. 따라서 대표의 재량행위는 실제 유권자의 의사와 합치되지 않을 수 있다. 특히 전문적인 사안이 늘어나는 현대에서는 대표들은 몇 가지 현안이 되는 주제들에 대해서만 공약을 제시할 뿐이다. 따라서 그 외의 사안들이나 공약의 구체적인 실시와 관련된 기술적 사안들은 재량행위가 될 수 있다. 여기서 주인과 대리인의 문제가 불거진다. 대리인인 대표가 무조건 주인의 의사를 따를 수도 없지만 주인의 의사를 무시해서도 안 되는 것이다. 구체적으로 우리가 투표라는 행위를 할 때 우리는 대표에게 어디까지를 하라고 위임했는가 하는 문제와 개인들의 의견의 합이 과연 그 정도로 구체적인 위임을 가능하게 할 수 있는가의 문제가 남는다.

일곱째 조건은 선거가 완벽한 매개가 될 수 있다는 가정이다. 인민과 대표를 이어주는 기제로 선거밖에 없다면 과연 선거는 대표가 그 의사를 무시했을 때 처벌장치로서 작동할 수 있는가, 그리고 대표가 의사를 수용했을 때 보상기제로서 작동할 수 있는가 하는 문제를 남긴다. 선거는 과거의 평가이자 미래에 대한 보상으로서 기능하기 때문에 선거라는 기제가 잘 작동한다면 대표를 통제할 수 있다. 하지만 선거는 그러한 기능을 수행하는데 있어 미흡한 장치이다. 선거의 처벌력은 단지 1회적인 정치적 처벌에 그친다. 게다가 대안이 부재할 경우 선거는 처벌장치로 기능하지 못한다. 최근 한국에서처럼 당정분리를 통해 대통령이 당적을 포기하는 경우 대통령은 단임이라는 구조로 인해 개인적으로도 평가받지 못하고 정당 차원에서도 평가 받지 못한다. 이런 경우 선거는 통제장치로서 제대로 기능한다고 보기 어렵다.

마지막 여덟째 가정은 개인의 합리적 선택과 집단적 합리적 선택이 동일화된다는 것이다. 즉 개인적인 선택들이 사회적으로도 최적의 선택이 된다는 것이다. 그러나 죄수의 딜레마게임에서 보는 것처럼 어떤 상황에서는 개인의 합리적 선택이 사회적으로 비합리적 결과를 가져올 수 있다. 또한 투표의 패러독스이론에 따르면 선호가 일관성이 없을 때 순환다수가 형성되어 독특한 인민의 의사를 표출할 수 없다.[8] 여기에 더해 애로우는 모든 구성원을 만족시킬 수 있는 방법은 없다는 것을 '불가능성 정리'[9]를 통해 주장하였다.

대의민주주의의 작동에 대한 이러한 문제점들 외에도 대의민주주의는 다음과 같은 한계를 가질 수 있다. 첫째, 시민과 대표간의 거리가 좁혀지지 않고 확장되는 경향이 있다. 대의민주주의는 슘페터식의 엘리트 민주주의 개념을 내포하고 있고 여기서는 시민과 대표간의 분업을 전제로 한다. 이런 엘리트민주주의에서는 시민의 능력부족을 들어 정치적 분업을 정당화한다. 따라서 시민의 정보부족, 냉담성, 조작의 용이성 등으로 대중의 정치참여는 위험한 것으로 간주된다. 이는 대중의 정치에 대한 냉소주의를 강화시킨다. 또한 정치를 정치전문가에게 일임하는 것으로 시민의 역할을 한정하는 경향이 더욱 강해진다.[10]

---

8) **투표의 패러독스**: 투표의 패러독스란 정치인들이 인민이 내린 집단적 선택을 충실히 이행할 의지가 있다 해도 인민들이 사회적 복지를 극대화 할 수 있는 합리적이고 독특한 집단적 선택에 도달할 수 없다면 민주주의는 불가능하게 된다는 것이다. 이것은 선호의 비전이성(일관성 부재)으로 인한 것이다. 만약 투표자 A, B, C가 후보(또는 정책) x, y, z에 대해 아래의 표와 같이 선호를 가지게 된다면 투표는 순환이 되거나 순환적 다수를 형성하여 독특한 다수결의 균형점을 만족시키는 합리적 선택은 불가능해진다. 이 이론은 콩도르세(Marquis de Condorcet)에 의해 제기되어 현대 이론가들에 의해 발전해오고 있다. 임혁백, 『시장, 국가, 민주주의』, pp.36-37.

〈표〉 순환적 다수

순위 \ 투표자	A	B	C
1	x	y	z
2	y	z	x
3	z	x	y

9) **애로우의 불가능성 정리**: 애로우의 불가능성 정리는 민주적 선택의 일반적인 가능성이 없을 수 있음을 보여준다. 애로우에 따르면 민주적 선택이 가능하려면 전이성 (선호의 일관성: transitivity)과 함께 ① 범위의 무제한 ② 파레토최적 또는 만장일치 ③ 무관한 대안으로부터의 독립 ④ 비독재성이라는 4가지 요건을 충족해야 한다. 그러나 이 4가지 요건을 충족시키는 사회적 선택은 불가능하다. 왜냐하면 만약 전이성 ($x>y$, $y>z$이면 당연히 $x>z$가 되는 것) 을 가정한다면 단봉적 선호를 요구하는데, 이것은 범위 무제한의 요건에 위배된다. 사회적 복지를 극대화 할 수 있는 독특한 대안을 발견하기 위해서는 어떤 한 대안이 결정적일 것을 요구하나, 이는 비독재성의 요건을 위배하게 된다. 이 모형은 라이커(W. Riker)에 의해 더욱 발전되어 모든 투표는 투표자의 선호와 관계없이 자의적인 결과를 산출해 낸다고 주장되었다. 임혁백, 『시장, 국가, 민주주의』, pp.37-39.

10) 임혁백, 『세계화시대의 민주주의』, p.161.

이런 경향은 두 번째 문제와 결합된다. 즉 정치가 분업의 원칙에 따르게 되면서 정치는 전문가의 몫이라는 의식이 팽배해지면 의사를 결정하는데 있어 강력한 특수이익집단이 토론을 지배할 가능성이 높아진다. 특히 이익집단은 전문매체나 언론기관을 장악하여 자신들의 이해를 전문가의 이름으로 정당화할 수 있다. 이렇게 결정된 소수의 이해는 투표에 의해 '다수의 이름'으로 위장될 수 있다. 이런 경우 대의민주주의가 가지게 되는 다수결주의는 소수를 배제하고 다수의 독재를 심화시킬 수 있으며 이것이 대의 민주주의가 지닌 세 번째 위험이다. 게다가 대의민주주의는 의견의 경쟁을 거쳐 산술적으로 결정하는 과정으로, 여기에는 고대 민주주의가 가지고 있던 공공성 개념이 부족하다. 엘스터(Elster)에 따르면 고대 그리스의 민주주의가 토론과 심의에 바탕을 둔 광장(forum)민주주의라면 현대의 선호집합적 민주주의는 분산적인 경쟁을 통해 갈등하는 사적이면서 이기적인 이익(선호)간의 균형을 추구하는 시장민주주의인 것이다.[11]

게다가 대의민주주의가 다수결로 문제를 해결하고자 하는 경우 사회를 통합하기보다는 사회를 갈등과 분열로 몰아갈 수 있다. 집단적인 의사의 표출과정은 사회의 균열을 정치 표면에 드러나게 만들 것이고 이에 따라 공동체의 시민사회는 다수와 소수로 나뉘어 다투게 된다. 따라서 투표제도를 통해 사회의 의견을 집계(aggregate)하기 위해 잠재적인 갈등이 현재적 갈등으로 증폭될 가능성이 높아진다.

(3) 대의민주주의의 문제점

대의민주주의가 작동하기 위한 조건들은 복잡한 여러 가지 가정과 절차를 거쳐야 한다. 이것은 대의민주주의가 최초 만들어질 당시의 시대적 고민을 반영하면서 발전해온 역사적 경험에 기인한다. 초기의 대의민주주의는 진보적 관점에서 절대왕정으로부터 개인의 자유를 확보하기 위한 것이었다. 그러나 유럽과 같은 선진국에서 일반 민중 모두에게 투표권이 부여된 20세기 초엽의 대중민주주의 시대에 대의민주주의는 급진적인 민중주의자들로부터 자유주의의 기본가치인 자유와 재산권을 확보하기 위한 보루로 작동하였다. 따라서 1970년대에 들어와서 새로운 가치관으로 무장한 유럽의 새로운 세대의 정치적 의견을 담기에 대의제는 너무 낡은 제도처럼 되어 버렸다. 대의민주주의는 이제 서구 선진국가에서 너무나 오래된 제도로서 그 수명이 다한 것인지를 두고 다시 변환의 순간을 맞이하게 된 것이다. 그렇다면 대의민주주의의 문제는 무엇인가?

대의민주주의가 무엇이 문제인지는 민주주의의 제도로서 어떤 기능을 수행하지 못하는지와 그리고 그것은 어떤 가치를 반영하지 못하는가의 문제인 것이다. 문제점에 대해 3가지의 가치기준으로 평가해 볼 수 있다. 민주주의의 '대표성(representativeness)', 민주주의의 '반응성(responsiveness)', 민주주의의 '책임성(accountability)'[12]의 문제라는 3가지 기준을 통

---

11) 임혁백. 『세계화시대의 민주주의』, pp.161-162.

12) **민주적 책임성**: 민주적 책임성(accountability) 개념은 회계분야에서의 장부, 석명(account) 개념

해 대의민주주의의 문제를 알아보자.

1) 대표성의 문제

대의민주주의는 간접민주주의로 대표의 대표성 확보가 가장 중요하다. 대표를 선출하는 이유는 앞서 본 것처럼 자유주의의 원리와 공화주의의 원리에 기반을 둔다. 그러나 대의민주주의의 관건이 되는 대표성은 다음과 같은 것들로 인해 한계를 가진다. 먼저 대표성 확보의 관건인 '대표'의 문제는 앞서 본 것처럼 완전경쟁 시장의 달성가능성과 시민과 대표간의 정보 비대칭성의 상존, 그리고 대표의 재량권으로 인해 악화될 수 있다.

또한 대표성을 확보하기 위한 '선호' 표출의 문제는 다음과 같은 문제를 가질 수 있다. 첫째, 선거 방식상의 문제로 선거의 비민주적 성격을 들 수 있다. 그리스의 순번제나 추첨방식과 달리 선거제도는 능력을 우선시하는 엘리트적인 속성이 강하다. 엘리트적 속성은 무산자나 민중의 대표성을 확보하기 곤란하다. 둘째, 투표에 근본적 문제가 있을 수 있다. 투표는 선호의 강도를 반영하지 못한다. 강한 선호나 약한 선호 모두 동일하게 취급될 수 있는데 어떤 이에게 이 투표는 생사가 걸린 문제일 수 있으나 이런 강도가 반영될 수 있는 방법은 없다. 우리나라에서 판교 신도시를 만들기 위해 원거주인들에게 이주 보상금으로 700만원을 주기로 결정하고 이들의 의사와 관계없이 철거가 진행된 것은 선호의 강도가 어떻게 무시될 수 있는지를 보여준다. 게다가 선거에서 기권자가 많은 경우나 유권자들이 자신의 선호를 있는 그대로 표출하는 '진실한 투표(sincere voting)'를 하기 보다는 사표(死票) 방지 심리로 '전략적 투표(strategic voting)'를 하는 경우도 문제가 된다. 투표율의 저하와 기권자의 증가는 자칫 대표로 하여금 적은 지지율로 많은 거부자를 통치하게 만들 수 있다. 단순다수제도와 같은 선거제도는 유권자들의 심리에서 사표가 되는 두려움을 키울 수 있어서 엄격하게 유권자의 의사가 반영되지 못하게 하는 심리적 효과가 있다.[13]

그밖에도 대표성에 문제를 가져오는 것은 앞서 본 것처럼 정치적 경쟁 시장의 성립 여부나 평등한 토론 가능성도 고려할 수 있을 것이다.

과 그 어원을 같이 하는데, 이는 역사적으로 영국 국왕이 조세를 부과하려 할 때 그 사용내역을 밝히도록 한데서 유래한다. 오늘날에는 이 개념이 더욱 확장되어 정치적 결정과 실행 전반에 걸쳐 적용되고 있으며, 해명의 책임(answerability)과 그에 따른 보상·처벌의 집행(enforcement)이라는 두 차원모두를 포괄하는 의미로 사용된다. 그리고 민주적 책임성은 "누구에게 책임을 지다"라는 의미(accountability to)가 내재되어 있다는 점에서 단순히 "무엇에 대해 책임이 있다"라는 의미로만 사용되는 책임성(responsibility to)과는 구분된다. Andreas Schedler, Conceptualization of Accountability, 임경훈 "대의민주주의의 원리와 대안", 『현대 정치의 이해』(고양: 인간사랑, 2005), p.51에서 재인용.

13) **듀베르제의 법칙**: 듀베르제의 법칙은 선거제도와 정당체계 사이의 상관관계를 보여준다. 듀베르제에 따르면 어떤 선거제도를 선택하는가가 정당에 대해서는 '제도적 효과'를 통해 진입여부의 계산에 영향을 주고 유권자에 대해서는 '심리적 효과'를 통해 투표여부를 결정한다고 한다. 그 결과 상대다수제도는 양당제를 형성한다고 한다.

2) 반응성의 문제

대의민주주의는 유권자의 위임과 대표의 정책표출이라는 교환관계를 상정한 민주주의 형태이다. 따라서 이 교환을 중심으로 하는 계약관계는 대표의 반응성 혹은 호응성으로 평가될 수 있다. 대표를 선출했다 하더라도 대표가 유권자의 의사에 응답하지 않는다면 대의민주주의는 작동할 수 없다.

그러나 대의민주주의는 국가기능의 확대와 환경의 변화 등에 대응하는데 역부족인 모습을 보일 수 있다. 의회를 중심으로 하는 대의민주주의 기제는 과거 신분 사회를 지나는 근대국가 초기에 나타나는 산업화로 야기된 문제들 - 예를 들면 계층화, 복지문제, 계약관계의 자유문제 - 을 푸는 데에는 적절한 구조였다. 20세기 정당의 발전은 대의제도의 발전에 기여하면서 경제문제와 사회문제 등의 해법을 모색하기도 했다. 하지만 산업화의 진전과 그에 따른 복잡한 문제들의 증대와 탈산업화 속에서 새롭게 제기되는 다양한 선호와 가치의 문제를 풀어가기에 대의민주주의는 한계를 보인다. 전문화된 주제는 관료가 주로 해결하고, 일상성 속의 정치문제를 풀기에 전통적인 대의장치는 그 부피가 너무 큰 것이다. 역으로 세계화된 환경에서 국제적인 문제를 풀기에는 너무 작은 단위로 보이기도 한다.

호응성의 문제는 대표에 대한 위임의 모호성 문제로 인해 불거지기도 한다. 위임의 모호성은 대의장치로 볼 수 있는 대통령제도나 의회제도에서 모두 일어날 수 있고 정당차원에서도 문제가 될 수 있다. 구체적으로 보면 대통령제도의 경우 권력분립의 원리에 기반하여 국민은 대표를 두 번 뽑는다. 대통령과 의회에 대한 이중 위임은 애초의 의도였던 견제와 균형의 장치로서보다는 대통령과 의회가 모두 통치의 정당성을 주장하면서도 그 책임은 상대측에 돌릴 수 있는 빌미로 작용하기도 한다. 특히 대통령 소속정당과 의회다수당이 불일치하는 경우 책임 전가는 더욱 눈에 띤다. 의원내각제를 운영하는 나라에서도 문제는 있다. 의원내각제에서 수상을 통한 정부 운영은 최고 통치자로서 수상에 대한 민주성의 부족이라는 점과 여러 정당이 집권당을 형성하는 정당연합의 경우 위임의 문제에 직면할 수 있다는 점이다. 정당을 통한 대표성 역시 타 정당에게 비난의 화살을 돌리거나 정부에 대한 책임전가식으로 위임을 모호하게 할 수 있다. 이런 방식으로 정당은 자신을 지지한 유권자의 요구에 대해 반응하지 않을 수 있는 것이다.

마지막으로 통제장치의 부족이나 통제장치의 미흡한 작동 역시 저반응성 혹은 무반응성의 문제를 야기한다. 만약 권력을 위임받는 절차는 있으나 권력을 회수하는 방식이 제대로 구현되지 못하는 경우가 생길 것으로 예상된다면 대표는 위임한 시민의 요구에 따르지 않을 것이다. 따라서 반응성의 문제는 책임성의 문제와 연관시켜서 고려해야 한다.

3) 책임성의 문제

어떤 직위나 어떤 기관이든 권력을 부여받았을 때는 그에 따르는 책임 또한 같이 부여받게 된다. 간접적인 민주주의인 대의민주주의에서는 대표가 대표성을 갖는가, 반응성을 갖는가 하는 것은 결국 책임추궁이 가능한가와 관련되는 것이다. 대의민주주의에서 대표에 대한 책임추궁은 주로 선거를 통해 달성된다. 선거는 두 가지 방식으로 기능한다. 하나는 '전망적 투표(Prospective Voting)'로 향후 어떤 미래를 그릴 것인지를 믿고 맡기는 것이다. 다른 하나는 '회고적 투표(Retrospective Voting)'로 이것은 그동안 무엇을 했는지를 평가하는 것이다. 피오리나(Fiorina)의 주장처럼 회고적 투표는 보상(reward)과 징벌(punishment)의 두 가지 기능을 수행한다. 정부의 업적과 관련해 긍정적인 평가를 할 경우 유권자는 보상의 차원에서 여당을 선택할 것이고, 부정적인 평가를 할 경우 징벌차원에서 야당을 선택할 것이다.

선거를 통한 책임추궁은 정확한 정보와 사실관계에 근거해야 한다. 하지만 이런 책임추궁 방식에는 한계가 있다. 실제 대의민주주의는 정보의 제약, 대표자를 감시하는 비용, 많은 우연적 요인들로 인해서 사후에라도 대표자의 의도나 행동을 분명히 알아내는 것이 불가능하다는 약점을 가지고 있다. 정보 비대칭성의 문제로 인해 책임 처벌이 곤란한 것이다. 게다가 특별한 범법행위를 하지 않는 한 유권자는 주기적 선거 외에는 처벌의 방도가 없고 처벌한다고 해도 대표를 뽑지 않는 정도에 그칠 것이다.[14] 나아가 만약 제도자체가 재선의 기회를 제약 - 전형적인 예로 한국 대통령제도의 단임 규정을 들 수 있다 - 하거나 대표가 출마 자체를 포기 하게 되는 경우, 또는 정당의 지속성이 떨어지거나 집권 연합이 수시로 바뀌는 경우 유권자들은 정치인이나 정당에 대해 책임을 물을 수 있는 기회를 원천적으로 박탈당하게 될 것이다.[15]

현실적으로 투표가 보상과 처벌기제로 쓰이는지 여부를 따져 볼 필요가 있다. 그런 점에서 대한민국의 경우 회고적 투표가 과연 작동하는가의 문제를 생각해볼 수 있다. 회고적 투표에 관한 여러 연구는 한국에서도 회고적 투표가 작동하는 것을 보여준다.[16] 하지만 회고적 투표가 작동하기 위해서는 정당의 연속성과 제도화가 관건이다. 미국처럼 선거 사이에 정당이 연속적으로 존재할 때 대통령의 업무수행에 대한 평가를 할 수 있다. 하지만 대통령이 소속정당으로부터 당적을 이탈할 경우 책임추궁의 가능성이 제거된다. 게다가 우리나라처럼 대통령이 바뀔 때마다 정당의 명칭이나 구성이 바뀌는 경우 회고적 투표는 작동하기 어렵다.[17]

물론 책임추궁장치에는 선거와 같은 수직적인 기제만 있는 것은 아니다. 권력 분립으로서

---

14) 임경훈, "대의민주주의의 원리와 대안", 『현대 정치의 이해』(고양: 인간사랑, 2005), p.51.

15) 임경훈, p.52.

16) **한국에서의 회고적 투표경향**: 박경산 교수는 1995년 지방선거에서 유권자의 회고적 선택이 나타났다고 보았고 박찬욱 교수도 15대 총선에서 회고적 투표의 경향이 있었다고 주장했다. 하지만 강원택 교수는 한국의 정당지지의 지역분할구도로 인해 회고적 투표가 나타나기 어렵다는 점을 지적한다. 강원택, 『한국의 정치개혁과 민주주의』, pp.276-277. 또한 최장집 교수는 대통령의 당정분리로 인해 회고적인 선택이 불가능하다고 본다. 최장집, 『어떤 민주주의인가』(서울: 후마니타스, 2007).

17) 강원택, "이원적 정통성의 갈등과 정치안정", 『한국의 정치개혁과 민주주의』(고양: 인간사랑, 2005), p.358.

의 수평적인 기제나 확대된 수평적 기제로서 언론과 사회단체들을 통한 감시도 대의민주주의에서 책임성을 추궁할 수 있는 방법이다. 그러나 한국을 포함한 신생민주주의 국가에서 문제가 되고 있는 위임민주주의(delegative democracy)의 경우 주기적인 선거에 의한 책임성만 확보될 뿐 수평적 책임성은 무시당할 수 있다. 위임민주주의에서 제왕적 대통령은 선거 승리를 완전한 인민의 위임으로 간주하여 의회, 사법부 등의 수평적인 견제장치를 거추장스럽게 여긴다. 이런 경우 공식적인 제도가 아니라 비공식적, 사인화된 네트워크를 통해 정치를 운영하면서 일종의 선거 독재를 낳게 된다. 따라서 대의민주주의에서 책임성을 증대하기 위해서는 상시적, 다층적인 수평적 책임성의 기제를 활성화해야 한다.[18]

(4) 대의민주주의의 장점과 미래

1) 대의민주주의, 보완인가 대체인가?

대의민주주의의 작동요건과 문제점은 대의민주주의가 현대 민주주의의 장치로서 썩 만족스러운 장치는 못 된다는 점을 보여준다. 그렇다면 대의민주주의를 포기해야 하는가? 아니면 그럼에도 불구하고 우리는 대의민주주의에 대한 희망을 지켜야 하는가? 만약 대의민주주의를 포기한다면 어떤 대안이 대의민주주의를 대체할 수 있을 것인가?

우리는 이 질문에 대한 답을 두 가지 방향에서 찾아볼 수 있을 것이다. 하나는 대의민주주의 자체가 가지고 있는 장점을 따져보는 것이고 다른 하나는 다른 대안적 민주주의들의 장단점을 따져보는 것이다. 우선 결론부터 이야기 하면 대의민주주의는 대체되어야 하기보다는 보완되면서 민주주의의 근간으로 남아야 한다. 즉 대의민주주의가 가진 약점에도 불구하고 현대 정치체계들의 규모나 정치가 풀어야 하는 과제들을 고려할 때 대의민주주의는 민주적 방식의 뿌리로 유지되어야 하고 부족한 부분은 새로운 방식의 정치적 제도들을 통해 보충하는 것이 바람직하다. 이런 결론을 도출하기 위해 우리는 먼저 대의민주주의의 장점을 살펴본다. 그리고 다음 절에서 대의민주주의를 보충할 수 있는 새로운 민주주의 기제들을 살펴보면서 왜 대의민주주의가 대체가 아니라 보완되어야 하는지를 살펴보도록 하겠다. 그리고 민주주의제도의 선택에 있어서 기준은 보수적이어야 하는지 아니면 개혁적이어야 하는지를 알아본다.

2) 대의민주주의의 장점

많은 비판에도 불구하고 대의민주주의가 나름의 '효율성'과 '정당성'을 보유한 인류의 위대한 발명품중의 하나임을 부정할 수는 없다. 먼저 효율성의 측면에서 살펴보자. 대의민주주의는 의사결정에서의 비용절감을 가져올 수 있다. 의사결정에 드는 비용은 두 가지인데, 첫째는 결정에 도달하는데 드는 비용이고 둘째는 결정기구와 결정대상이 되는 집단이 다를 경

---

18) 임경훈, pp.52-53.

우 후자가 감내해야 하는 외부위험의 비용이다. 만일 국왕 1인이 결정을 하는 경우 결정비용은 줄지만 참여의 배제로 인해 후자의 비용은 극대화될 것이다. 반면에 만장일치에서는 결정비용은 극대화될 것이고 위험부담은 줄어들 것이다. 따라서 대의민주주의는 의사결정비용을 증가시키지 않고도 외부적 위험부담을 급격히 감소시키는 장점이 있다. 따라서 다수결주의는 제한될 필요는 있을지언정 제거되어야 하는 것은 아니다.[19]

보통선거권과 그에 기초한 실질적 선거경쟁 그리고 다수결주의는 절차적 평등이 보장된 공정한 제도이다. 전원합의제방식이 민주적인 것으로 보일 수 있겠지만 전원합의제는 현상유지를 위한 소수의 독재의 위험을 내포하고 있다. 즉 1명의 반대로 99명의 선호가 무시되고 좌절될 수 있기 때문이다. 크리스티아노(T. Christiano)는 『The Rule of the Many』에서, 투표의 불완전함을 감안한다 하더라도 민주주의를 효용극대화나 선호취합의 관점에서가 아니라 평등한 권력배분의 문제로 파악할 때 다수결주의는 정당한 것이라고 하였다.[20]

대의민주주의에서의 투표가 공정하고 경쟁적이기 위해서는 사전에 그 결과가 확정적이지 않아야 한다. 불확실성은 정치에서 영원한 패자도 영원한 승자도 남기지 않음으로써 민주주의 장치에 대한 구성원의 공통의 이해관계를 구성할 수 있다. 즉 변환성 혹은 변환가능성(소수가 다수가 될 수 있는 가능성)을 통해 간접적이기는 하지만 소수파 인민이 배제되지 않는 상태에서 제한된 다수의 지배가 가능해진다. 이것은 우리의 정치적 문제를 총칼과 같은 무력이 아닌 투표용지라는 제도를 통해 안정적으로 풀 수 있게 해주는 장점이 있는 것이다.[21]

아래는 지금까지 살펴본 대의민주주의를 표를 통해 정리한 것이다. 대의민주주의에 대한 논의가 복잡하기 때문에 다시 한 번 정리해본다.

표를 통한 비교 **대의민주주의의 이론정리**

핵심의미	• '선호집약적 민주주의'와 '간접민주주의': 선거를 통해 개인 선호를 사회적으로 취합. 이념과 선호를 대표로 하여 통치자를 선출함. 대표(의회, 대통령)를 통한 통치.
이론적 토대	• 자유주의: 대표를 통해서만 공동체의사 결정. 개인의 자유를 보유하면서 정치적으로 대표를 통해서 국가의 사적영역 개입을 통제하고자 함. • 미국 공화주의: 미국의 연방주의자의 파벌에 의한 지배 방지. 무산자 통치를 방지하기 위해 국가에 대한 수평적 견제(의회 vs 행정부)와 수직적 견제(국민 vs 정부/ 연방 vs 주정부)를 강조.
가정 및 작동방식	• 첫째, 유권자와 대표 간 완전 정보 가정: 유권자의 선호와 대표의 정책을 서로 알아야 함 • 둘째, 자유로운 시민 가정: 자유로운 선택이 가능하기 위한 조건 • 셋째, 이익표출과 이익집약 가정: 개인이 아닌 집합적으로 이해가 표출되어야 함 • 넷째, 대표의 표 극대화 가정 및 대표의 유권자 의사 반영 가정: 선출되기 위해 대표는

19) 임경훈, p.57.
20) 임경훈, p.57-58.
21) 임경훈, p.58.

	득표 극대화라는 합리적 선택을 하고 선출 이후에는 다음 선거를 위해 유권자의 의사 반영 • 다섯째, 정치적 완전경쟁시장 가정: 여러 대안이 있어야 선호에 따른 선택 가능 • 여섯째, 인민의 의사에 대한 대표의 완벽한 대리인 가정: 대표는 대리인으로 유권자의 의사를 정책에 반영해야 함 • 일곱째, 선거가 유권자의 선호와 대표의 선호를 완벽하게 매개한다고 가정(but, 투표의 패러독스와 순환적 다수, 애로우의 불가능성 정리는 이를 이론적으로 비판) • 사회적 선택이론의 가정: 개인의 합리적 선택과 집단의 합리적 선택은 서로 동일하다고 가정
대의민주주의의 문제점	• 대표성: 선호표출 문제, 투표의 엘리트적 속성, 투표의 선호 강도 반영 문제, 진실한 투표(원하는 대표를 선택하는 행위)와 전략적 투표(사표 방지를 위한 투표)의 구분 문제 • 반응성: 대의기관의 문제점. 의회가 무대의회로 전락하며 거수기화되는 문제, (행정부와 의회 간 또는 상하원 간) 대표의 위임과 책임 전가, 책임 추궁 장치확보 곤란 • 책임성: 전망적 투표와 회고적 투표로서 선거의 통제장치 역할 부족. 유권자와 대표간 정보의 불일치. 재선에 대한 제약 • 동태성의 부족: 대의민주주의의 보수화와 새로운 이슈반영 어려움 • 다수결주의와 힘의 정치: 다수자들이 소수자 무시. 구조적 다수와 구조적 소수의 문제
장점	• 효율성: 결정 도달 비용과 독재자의 결정으로 인한 외부 위험 비용 간 고려시 효율적임 • 정당성: 절차적 평등을 통한 공정성확보 • 정치적 부담감소: 평범한 시민들에게 결정 과정의 부담을 해소, 정치의 안정성 · 효율성 증대

(5) 대의민주주의의 제도적 모델[22)]

대의민주주의는 실제 작동하는 구체적인 장치들로 인해 다양한 모습을 띠고 있지만 크게 구분해보면 웨스트민스터모형 또는 다수결주의(Westminster Model · Majoritarianism)와 협의주의 또는 비례대표주의(Consensus Model · Proportionalism)의 두 가지로 나눌 수 있다. 이 구분은 라이파트(Arend Lijphart)에 의해 구체화되었는데 이 두 가지 모형은 선거와 인민에 대해 각기 다른 의미를 부여하며, 책임의 문제와 위임의 문제 등에서 상이한 견해를 보인다.

1) 다수결주의의 제도적 모델

다수결주의는 권력 집중형 구조를 띠고 있고 영미권에서 주로 사용된다. 여기서는 책임성과 위임명령이 핵심으로, 선거는 인민이 대표자와 정책 결정에 직접적으로 영향을 미치는 결정적인 수단이고 대표자는 자율적이기보다는 다수파에 의해 통제되는 존재이다. 선거는 정책결정자를 바꿀 수 있는 기제이므로 유권자는 누구에게 책임이 있는지 분명하게 알아야 한다. 따라서 선거에 승리한 정당은 명확히 정부와 정책을 지배할 수 있어야 한다. 이렇게

22) **대의민주주의와 다수결주의**: 대의민주주의는 다수결주의와 비다수결주의로 구분된다. 다수결주의를 통해 다수를 대표하는 대표를 선출하는 방식과 협의주의와 연방주의를 사용하는 비다수결주의방식이 있다. 비다수결주의의 협의주의와 연방주의는 다른 표현으로 consensus방식으로 불린다.

선거를 규정하면 권력 집중은 바람직한 것이다. 집중되어 있는 권력과 권력소재는 정책에 대해 누가 책임을 질 것인지를 명확하게 해줄 것이다. 만약 정책이 연합정권에 의해 만들어 진다거나 선거 이후 정당 간 연합 등의 협상이 있게 되면 유권자의 정부 선택권이 갖는 의미는 약화될 것이다. 따라서 다수결주의는 선거와 권력 집중, 그리고 정책결정 사이를 직접적이고 분명하게 연결하고자 한다. 회고적으로 책임 추궁이 가능하고 전망적으로 대안 정부를 파악할 수 있는 다수결주의의 전형적인 예는 양당제적 경쟁 구도에서 잘 나타난다.[23)]

2) 협의주의의 제도적 모델: 협의민주주의

비례대표주의 혹은 협의주의(Consociationalism)[24)]는 권력 분산형 구조를 띠고 서유럽에서 대표적으로 사용된다.[25)] 비례대표주의의 핵심가치는 대표성과 반응성이다. 여기서는 다수파의 전횡을 우려하여 다양한 방식으로 권력을 분산, 제한하려 한다. 선거는 다수파를 발견하고 권력화하는 것이 아니라 사회의 모든 분파들의 선호가 정책결정 영역에서 일정하게 대표되게끔 기능해야 한다고 본다. 사회의 제 분파는 자신을 대표할 수 있는 후보자나 정당을 찾을 수 있고 이들 분파의 규모에 비례해서 대표자가 선출되고 영향력이 행사되어야 한다. 선거 이후 대표들에게 연합과 협상의 자율적 권한을 허용한다는 점에서 선거와 정책결정의 관계는 간접적이다. 다당제와 비례대표제는 권력을 공유하게 하는 제도적 장치이다.[26)]

두 가지 모형은 어떤 방식으로 정책을 결정할 것인가 하는 정부 운영방식에만 국한된 것은 아니다. 이런 방식의 운영은 실제로 사회의 갈등을 반영한 결과물일 가능성이 높다. 라이파트는 유럽의 소국을 연구한 결과 정당의 체계가 실제 사회의 균열(cleavage: 사회의 갈등

---

23) 임경훈, pp.60-61.

24) **합의주의와 협의민주주의**: 합의주의는 협의민주주의로도 사용된다. 협의는 협의체(consociation)이라고 하는 조직을 강조한다. 즉 각 분야의 협의기제들을 활용하고 이들에게 권력을 공유하면서 정치를 운영하는 것이다. 심의민주주의라는 용어와 협의민주주의라는 용어에서 심의와 협의가 한국어로 보면 유사해보이기 때문에 혼동이 된다. 심의는 심사숙고하고 진지하게 토의를 하는 것이다. 반면에 협의체는 제도장치를 의미한다. 한편 협의주의는 결정방식에서 consensus를 활용하기에 다수결주의와 달리 consensus방식이라고 한다. 다수결주의는 대표를 선정할 때 더 많은 지지를 받는 대표를 선출하여 누가 다수인지를 결정하지만 협의주의는 비례주의를 활용하여 지지를 받는 이들을 모두 대표로 만든다. 그런 점에서 협의민주주의를 심의민주주의와 유사한 것으로 볼 것은 아니다.

25) **협의주의와 연방주의**: 협의주의국가들은 연방주의를 많이 사용한다. 권력의 공유에 있어서 연방은 국가와 주정부를 분리하기 때문에 다양한 세력과 분파들의 권력공유를 가능하게 한다. 그러나 연방주의는 중앙과 지방의 권력을 나누는 것을 핵심으로 하기 때문에 반드시 협의주의의 원리라고 할 수는 없다. 아래의 그림은 협의제민주주의와 연방주의를 구분한 것이다.

	Consociational Democracy	Federalism
Principle	① Grand Coalition: power-sharing (권력공유) ② Segmental Autonomy (부분의 자율성) ③ Proportionality (비례주의) ④ Minority Veto (소수자 거부권)	Guaranteed Division of Power between central and regional government (중앙과 지방정부권 권력분립)

26) 임경훈, p.61.

선)을 반영한다는 점을 밝혀내었다. 국가 내에서 계급과 종교 등의 사회적 균열선이 교차되는(cross-cutting) 경우 갈등의 지점들은 늘어나고 사회는 복합균열을 가지게 될 것이다. 반면에 종교와 계급 등의 사회적 균열선이 일치하는(overraping) 경우에는 사회의 균열지점이 늘지는 않지만 사회적 균열과 갈등의 강도는 깊어진다고 보았다. 라이파트는 그 사회에서 어떤 갈등구조가 역사적으로 형성되어 왔는지에 따라 정당체계와 정당의 권력 획득기회인 선거제도 등이 달라진다고 보았다.

예를 들어 사회가 다양한 균열을 갖고 있는 복합균열 국가인 경우 다수결 모델의 적용은 문제를 야기할 수 있다. 다수파와 소수파가 정치적 승자와 패자로 고착됨으로써 사회의 수직분할을 심화시킬 것이기 때문이다. 이런 사회에서 다수결주의(rule of majority)는 다수의 독재(tyranny of majority)로 인식될 개연성이 높다. 이런 경우 대표되지 않고 구조화된 소수는 공동체의 통합(integrity)자체를 위협하게 될 것이다. 대표적인 경우가 네덜란드,[27] 벨기에,[28] 스위스,[29] 오스트리아[30]이다.

따라서 복합균열을 가진 나라들에서는 다수결주의보다는 협의주의 혹은 협의민주주의(Consociational Democracy)를 사용한다. 협의민주주의에서는 다음과 같은 원칙에 기반하여

---

27) **네덜란드의 협의주의 운영사례**: 네덜란드는 종교, 이념, 지역과 언어의 갈등을 가지고 있다. 그러나 정치공동체의 지도자들간 협의와 절충으로 벨기에와 달리 분열의 골이 깊지 않다. 사회에서 공존에 대한 관용의 정신이 강하고 정당중에서도 배타적인 권력을 가진 정당이 존재하지 않는다. 네덜란드에서 '바세나르협약'은 노동자와 사용자간의 협약에 의해 정치경제를 조정하였던 것도 이런 정치적 성향과 관련되어 있다.

28) **벨기에의 협의주의 운영사례**: 벨기에의 경우 북부 네덜란드어권과 남부프랑스어권의 대립이 심화되면서 국가분열의 위기로 가고 있다. 내각과 의회도 두 개의 언어공동체간에 나누고 있다. 언어공동체를 중심으로 지방분권화가 나뉘어져 있으며 이들간 발생한 이익갈등을 해결하기 위해 연방총리 5명과 연방각료 6명 등으로 구성한 협의회가 있다. 또한 헌법의 개정에는 양원에서 2/3이상의 찬성이 있을 때 가능하게 하고 있다. 그러나 1970년대 경제가 어려워지면서 내부에서 다른 언어공동체에 기반을 둔 민족주의가 강화되고 있다.

29) **스위스의 협의주의 운영사례**: 스위스의 경우 언어, 종교, 종족 집단이 다르다. 스위스는 칸톤이라는 지방단위와 연방간의 권력 분화가 잘 되어있다. 연방주의를 통해 권력을 나누고 있는데 칸톤은 준주권적인 자율성을 보유하고 있다. 비례주의 투표를 통해서 정당들이 권력을 공유한다. 연방각료 7명 선발도 비례주의를 활용해서 선발한다. 3명은 프랑스어권에서 1명은 이탈리아어권에서 선발하는 것을 불문율로 가지고 있다. 스위스에서는 대통령이 중요하지 않고 7명의 연방각료들이 집단통치를 하는 데 각 정당들이 2명이나 1명의 각료를 내고 있다. 스위스 협의주의에서 눈여겨 볼 부분은 국민국가의 패권주의를 거부한다는 것이다. 특정문화를 옹호하거나 하나의 언어, 하나의 종교를 기반으로 한 국민국가가 되는 것을 거부하는 데 있다. 이것은 문화집단간 상호존중을 만들어낸다.

30) **오스트리아의 협의주의 운영사례**: 오스트리아는 정당이 발전하기 전에 Lager라고 하는 정치집단을 중심으로 정치가 운영되어 왔다. 카톨릭보수집단, 도시 프로레타리아집단. 독일민족주의집단의 3개 집단이 정치를 운영해왔다. 2차대전이후 연합국이 오스트리아를 중립국가로 만들고 외국군에 의한 통치를 받으면서 정치세력간 대연정의 합의가 있었다. 집단 중심의 정치는 정치의 안정성을 만들고 있다. 비례대표주의를 사용하고 있으며 두 개의 주요 정당을 중심으로 한 다당제를 이루고 있다. 주요한 사회경제적 결정은 이익집단을 중심으로 결정된다. 정부는 이익집단과의 합의를 통해서 정책을 결정한다.

정치를 운영한다. 첫째, 대연합정부를 표방한다. 협의민주주의는 권력의 분점을 핵심으로 한다. 따라서 단순다수원칙에 의한 선거의 승자독식구조를 감소시키고 경쟁이 지배하는 영역을 의도적으로 감소시키고자 한다. 즉 의도적인 비정치화를 통해 경쟁의 결과에 관계없이 권력 분점이 가능한 제도적 장치를 마련하는 것으로, 대연합 정부는 어떤 한 집단이 다른 집단들을 일방적으로 지배하는 것을 허용하지 않으며 모든 집단으로 하여금 정부를 구성하게 하여 당파적 감정을 억제시키고 합의(consensus)를 강조함으로써 안정을 이루는 방법이다.

둘째, 상호 거부권(veto)을 부여한다. 소수파에게 거부권의 부여는 협의주의가 추구하는 '공동다수'를 형성하는 중요한 수단이다. 소수파는 자신의 핵심적 이익 보호를 위해 거부권을 행사할 수 있으며, 소수파의 거부권 남용을 억제하기 위해서 다수파의 거부권 또한 보장되는 상호 거부권제도를 통해 사회적 소수와 다수간의 절제를 통한 정치적 융합을 달성하고자 한다. 헌법에 소수자들을 보호하기 위해서는 가중 다수결주의를 명시할 수 있다.

셋째, 비례주의원칙을 가진다. 관직 임명과 희소자원의 배분에 있어서 비례주의를 채택함으로써 소수파를 보호하려는 것으로 실제권력을 공유하게 되는 것이다. 비례주의를 사용하게 되면 다수결주의처럼 인물중심으로 대표를 선출하고 지역의 대표를 선택하는 대신 비례대표제도를 활용하여 정당투표를 할 수 있다. 대선거구제인 전국을 선거구로 하여 정당의 지지를 얻어 정당의 지지에 비례하여 의회의 의석을 부여할 수 있다. 또한 의석에 비례하여 행정부의 요직을 나눌 수 있다. 연립정부를 구성할 수 있는 것이다.

넷째, 부분의 자율성을 보장한다. 종교와 언어, 인종과 같은 문화의 차이가 심한 이들 나라에서 하위문화공동체와 문화집단은 국가 공동의 문제에 있어서는 비례적인 영향력을 행사하지만 각 문화 집단의 배타적인 영역 내에서는 자율권을 보장받는다. 이를 통해 문화의 공존을 가능하게 해서 공동체의 통합성을 유지하고자 한다.

하지만 이런 협의주의 혹은 협의민주주의 역시 단점[31)]을 가지고 있다. 먼저 이 제도는 사회적 갈등이 상존하고 있고 이들 간의 갈등은 쉽게 해결되기 어렵다는 점을 전제로 하고 있기 때문에 갈등을 해결하고자 하는 것이 아니라 갈등의 장기적 공존을 목표로 한다. 따라서 갈등에 대한 숙명론적 인식은 장기적으로 문제를 악화시킬 수 있는 잠재력을 가지고 있다. 또한 다양한 균열을 인정하고 공존을 위한 대표성을 중시하는 구조이므로 제도 운영의 효율성이 낮다는 점도 지적될 수 있다. 합의에 도달하기까지의 시간과 비용의 문제 뿐 아니라 중요 사안에서조차도 정책의 표류(policy immobility)를 경험할 수 있다. 또한 협의에 도달하는 문제에 대해 대표자에게 협상을 위임하는 제도양식이므로 엘리트에 대한 지나친 신

---

31) **협의민주주의의 단점**: 연정이 되면 오히려 선거를 통한 권력 이전을 어렵게 한다. 또한 집단간 이해의 차이와 갈등을 고착화할 수 있다. 권력표류의 문제가 생길 수 있다. 각 집단간 타협을 막는다는 단점도 있다. 집단간 분열이 지역으로 떨어져 있을 경우 각 집단의 불만이 분리이탈로 이어져 정치적 갈등이 정부실패가 아니라 국가실패로 이어질 수 있다. 마지막 비판은 민족집단으로 갈등구조가 만들어진 경우도 동일하다.

되도 문제가 될 수 있다. 실제로 대표자들이 단기적인 정치적 목표를 위해 담합할 수 있는 여지를 가지고 있는 것이다. 여기에 더해 제도적 측면의 분석에 초점을 두면서 제도의 형식과 실제 정치권력 사이의 불일치를 간과할 수 있는 제도 우선주의의 문제도 제기된다.[32)]

라이파트의 대의민주주의 운영양태의 분류는 문화에 따라 민주주의의 형태가 달라질 수 있다는 점을 제시한다. 다양한 사회적 갈등과 역사를 가지고 있는 국가들에서 협의적 방식은 사회 내 소수의 역사적이고 문화적인 유산을 유지하면서도 전체 정치공동체로서 국가를 유지하기 위한 노력의 산물로서 의미가 크다 하겠다. 그리고 국가들은 세부적인 제도들을 통해 사회와 국가사이의 갈등을 해결해가고 있는 것이다.

3) 다수제 모델과 협의제 모델 비교정리

다수대표제도와 협의주의라는 두 가지 모형은 매우 다양한 제도들의 조합이다. 정부형태, 의회와 행정부의 관계, 정당의 수와 경쟁형태, 정당의 기율, 선거제도, 양원제, 연방제도, 의회의 의사결정방식, 사법부의 위헌심사권, 이익대표체계의 특성 등이 실제 작동방식에 영향을 미친다. 따라서 운영상의 실제모습에서 국가들은 혼합형의 모습을 띤다. 대의민주주의의 제도적 개선을 염두에 둔다면 두 모델 사이에 상충하는(trade-off) 경향이 있다는 점을 유의해야 한다. 즉 대표성과 책임성이 반비례관계에 있을 수 있는 것처럼 어떤 한 가치를 증대하기 위한 제도의 도입은 다른 지점에서 약점을 초래할 수 있다.[33)] 아래의 표는 두 모델을 비교한 것이다.[34)] 한국에서 최근 협의주의와 협의민주주의에 대한 관심의 증대는 사회균열의 증대로 인해 한국에서도 단순다수결주의를 지양할 필요가 있다는 논의가 있어서이다. 한국에서 협의주의를 받아들이기 위해서는 단순히 비례대표의석수를 늘리는 것만으로 안 되고 의회와 정부간 관계, 정당체계, 연방정부등 다양한 제도변화가 필요하다.

표를 통한 비교 **민주주의에 대한 두 가지 이상향(Lijphart)**

	다수제 모델	협의제 모델
사회의 특징	동질적인 사회	균열된 사회
입법부의 권한관계	단원제 의회	양원제 의회

32) **협의민주주의와 한국**: 협의민주주의가 도입된 초기에는 협의민주주의를 한국의 지역주의에 도입해보자고 주장하는 견해가 있었다. 즉 소수파의 배려 측면에서 남한 내 분열구조에서는 지역구조에 대입해볼 수 있고 남북한의 통일 이후 분열구조에서는 남북 간의 분열구조에 적용할 수 있다는 것이다. 소수파인 북한에 대해 비례의 원칙과 비토권, 문화적 자율성 등을 인정하자는 것이다. 하지만 이 주장은 자칫 한국의 지역구조나 통일 이후의 정치 구조를 상존시키거나 구조화시킨다는 점(즉 통일이 되어도 남과 북을 지역문제로 분리해서 분권화시킨다는 점)에서 비판적으로 보아야 한다는 주장이 있다. 그러나 최근 한국에서 협의제민주주의를 다루는 것은 다문화주의로 인한 사회균열의 증대, 향후 북한문제로 인한 사회통합의 문제와 연방주의의 활용이라는 필요 때문이다.

33) 임경훈, pp.62-63.

34) 다음 페이지의 표는 레이파트가 비교한 것을 요약한 것이다. 원래 비교틀은 아래와 같다.

정당체계	양당체계	다당제 (다차원 이슈 수용)
선거체계	다수대표제	비례대표제
중앙정부－지방정부의 관계	중앙집권적인 단방제	지방분권, 연방제

제2절 대의민주주의에 대한 보완적 민주주의

1. 보완인가 대체인가

대의민주주의의 위기에 대한 논의는 서구 정치(학)가 시발이 되었다. 대의민주주의는 그 초창기부터 볼 때 수 백년에 걸친 노력의 결과물이자 역사적 산물이다. 하지만 이제는 오래되어 손을 보아야 할 민주주의의 양식이기도 하다는 것이 대의민주주의의 위기에 깔려 있는 생각이다. 하지만 우리 한국은 어떤가? 우리의 입장도 서구 정치와 정치학의 입장과 동일할 수 있을까? 우리가 대의민주주의의 노쇠를 걱정할 만큼의 오랜 민주주의의 역사를 가지고 있는가?

최근 새로운 민주주의 방식과 제도에 대한 관심이 높다. 2000년대 들어와서 더욱 적극적인 시민사회의 활동이나 지방분권화에 따른 주민소환제도의 도입, 인터넷을 통한 공론의 장

	Majoritarina Democracy	Non-Majoritarina Democracy
Principle	Decision Making by "50 percent Plus one"	Decision Making by "50 percent Less one"
Ideal type of each democracy	1. Concentration of executive Power 2. Executive dominance(행정부의 의회에 대한 권력독점) 3. Unicameralism(단원제) 4. Two-party system(양당제) 5. One-dimensional Party system (socioeconomic Policy: 단일한 사회균열) 6. Plurality system of election(선거의 다수결주의) 7. Unitary and Centralized government(단방제와 중앙집중정부) 8. Unwritten constitutional and parliamentary sovereignty 9. Exclusive representative democracy (배타적인 대의민주주의)	1. Exucutive power sharing(연립정부와 행정부 권력공유) 2. balanced executive-legislative relations(의회-행정부간 권력분산) 3. Strong bicameralism(양원제) 4. Multiparty system 5. Multi-dimensional party system (Socioeconomic issue + religion, language, ethnicity: 다원적 사회균열) 6. Proportioanl representation(비례대표주의) 7. Federalism and decentralization (연방주의와 분권화) 8. Written constitution and Minority Veto(성문헌법과 소수자거부권)

의 형성 등은 과거 정당과 대표를 통해 정치를 풀어가던 모습과는 다른 방식의 민주주의의 양식이자 제도이다.

한국에서도 민주주의의 위기[35]는 너무 일상적인 용어가 되었다. 2007년 대통령선거에서 보인 정치적 무관심과 투표율의 하락은 전형적인 예가 될 것이다. 하지만 그 반대로 새로운 참여를 이야기하고 한국 민주주의의 희망을 이야기하려는 또 다른 목소리들을 만난다. 같은 해인 2007년 태안의 기름유출사고 이후 나타난 자원봉사활동에서 놀라울 정도의 자발적인 사회적 동원을 볼 수 있었다. 기존 제도는 무시되거나 관심 밖으로 밀려나고 새로운 참여의 통로에 대한 관심의 증대는 우리에게도 대의민주주의와 새로운 유형의 민주주의 사이의 관계를 고민하도록 요구한다.

또한 대의민주주의에 대한 보완책도 다양하게 나타난다. 민주주의의 희망으로 어떤 곳에서는 참여민주주의가 다른 곳에서는 심의민주주의가 때로는 직접민주주의가 이야기되기도 한다. 참여민주주의가 이제는 한물 간 것 같은 주장이 나오고 마치 새로운 민주주의가 있는 것처럼 대안에 대한 대안이 제시되기도 한다. 너무 많은 민주주의 이야기들이 존재적 우월성을 주장하면서 다투고 있는 것이 지금 우리의 현실이기도 하다.

어떤 민주주의가 우리 현실에 필요한 민주주의일까? 이 질문에 대한 답을 찾기 위해 이 절에서는 서구에서 주로 논의되고 실험되면서 한국에도 영향을 주고 있는 민주주의의 장치들을 살펴보고 이것들이 가지는 함의를 알아본다. 하지만 개별적인 민주주의에 대한 함의를 살피기에 앞서 한국의 입장에서 대의민주주의를 어떻게 볼 것이고 그에 대한 대응의 차원에서 이런 새로운 민주주의에 대한 논의가 가지는 보편성과 특수성은 무엇인가를 고려할 필요가 있다.

여러 보완민주주의들을 살펴보기 전에, 먼저 앞서 본 대의민주주의의 다수결 결정방식과 비례주의적 결정방식의 구분에서 다루었던 협의주의 혹은 협의민주주의[36]는 이미 대의민주주의의 다수결 결정방식과 비례주의적 결정방식의 구분에서 설명했기 때문에 따로 다루지는 않도록 한다.

---

35) **민주주의 위기론과 대의민주주의 위기론**: 포괄적인 의미에서 민주주의가 위기인지 대표를 통한 대의민주주의가 위기인지를 명확히 해야 한다. 현재 논의는 대의민주주의에 대한 위기론이다. 대의민주주의를 위기로 볼 것인지 위기정도는 아니고 민주주의에 대한 불만이 표출되는 정도로 보아야 하는지에 대해 '위기론 vs. 회의론'이 대립하고 있다.

36) **협의민주주의의 한국 적용 가능성**: 장훈 교수의 2001년 고려대 특강자료. 여기서 장훈 교수는 다음과 같은 3가지 질문을 던지면서 협의민주주의의 한국에의 적용가능성을 거부해야 한다고 한다. 첫째, 한국에서 지역균열이 과연 극복할 수 없을 정도로 시민사회에 고착된 것인가? 둘째, 한국 정치엘리트들의 도덕성과 타협역량은 과연 신뢰할 만한가? 셋째, 국정의 교착과 비능률을 과연 한국시민들은 얼마나 감내할 수 있는가?

2. 직접민주주의

표를 통한 비교

대의민주주의: 정당, 의회를 중심으로 한 민주주의
직접민주주의: 인민을 중심으로 한 민주주의

직접민주주의는 참여민주주의의 가장 실질적인 형태이다. 최초의 민주주의였던 그리스 아테네의 민주주의가 직접민주주의였고, 직접민주주의는 과거 이상적 민주주의의 원칙을 복원하려는 민주주의이다. 민주주의가 인민의 지배로 이해될 때 직접민주주의는 인민의 지배를 가장 이상적으로 구현하는 민주주의로 볼 수 있다. 뿐만 아니라 직접민주주의는 국가차원에서 국민투표와 국민발안과 같은 제도와 지방차원에서 주민투표와 주민발안과 같은 구체적인 제도 기제를 갖추고 있다. 직접민주주의는 국민투표나 국민발안, 국민소환처럼 국민이 직접 정책을 결정하고 법을 만드는 입법자가 되고 심판자의 역할을 할 수 있다는 점에서 민주주의의 이상과 원칙에도 가장 부합한다고 볼 수 있다. 하지만 과연 직접민주주의의 이런 이상적인 모습이 바람직한 결과만을 가져올 수 있는가?

(1) 대의민주주의와 직접민주주의의 관계

직접민주주의가 민주주의의 이상인 자신에 의한 통치를 가능하게 해주는 것은 사실이다. 하지만 과연 직접민주주의는 대의민주주의보다 현실적이고 작동 가능한 민주주의가 될 수 있을까?

1) 직접민주주의의 장점

헤이우드는 이상적으로만 직접민주주의와 대의민주주의를 비교한다면 각각은 장점도 있지만 동전의 양면처럼 단점도 있다고 지적한다.[37] 헤이우드가 분류한 두 가지 민주주의의 장점은 다음과 같다. 먼저 직접민주주의가 지니는 장점은 다음과 같다. ① 직접민주주의는 유일하게 순수한 민주주의 형태로서, 그것은 시민이 자신의 운명에 행사할 수 있는 통제를 강화한다. ② 직접민주주의는 더 잘 알고 정치적으로 더 훈련된 시민을 만드는 교육적 유익함을 가지고 있다. ③ 직접민주주의는 공중으로 하여금 자기 잇속만 차리는 정치가에 의존하지 않고 자신의 견해와 이해관계를 표현할 수 있게 한다. ④ 직접민주주의는 사람들이 그들 스스로 만든 결정을 더 잘 받아들인다는 점에서 지배가 정당하다는 점을 보장한다.

---

37) 헤이우드, p.143.

2) 대의민주주의의 장점

반면에 대의민주주의가 가지는 강점은 다음과 같다. ① 대의민주주의는 실천적인 민주주의 형태를 제공한다(직접적인 대중 참여는 소공동체에서만 이루어 질 수 있다). ② 대의민주주의는 평범한 시민에게 결정과정의 짐을 덜어 준다. 그리하여 정치에서 분업을 가능하게 만든다. ③ 대의민주주의는 더 나은 교육, 전문지식 및 더 큰 경험을 가진 사람의 수중에 정부를 두게 한다. ④ 대의민주주의는 평범한 시민을 정치로부터 일정한 거리를 두게 함으로써 안정을 유지한다. 그럼으로써 평범한 시민으로 하여금 타협을 수용하도록 장려한다.

헤이우드의 직접민주주의와 대의민주주의의 각각의 장점은 상대방의 단점이 되는 것을 보여준다. 이런 대칭적 관계는 결국 어떤 민주주의도 그 자체로 완벽할 수 없으며 민주주의 작동을 위해서는 끊임없는 정치적 상상력과 실천적인 노력이 필요하다는 것을 보여준다. 그렇다면 조금 더 구체적인 직접민주주의의 작동방식과 한계를 찾아보고 이를 통해 현재 우리는 직접민주주의로부터 어떤 정치적 상상력을 부여받을 수 있는지 알아보자.

좀 더 직설적으로 이야기해서 직접민주주의에서 문제의 핵심은 "직접민주주의는 대의민주주의와 어떤 관계에 있는가"를 넘어서 "직접민주주의의 어떤 부분이 대의민주주의가 가져올 수 있는 민주주의의 결손을 보완해 줄 수 있는가"와 "직접민주주의의 어떤 부분이 민주주의에 위협이 될 수 있는가", 그래서 "(사용한다면) 간접민주주의를 보완하는 방법은 어떤 기제에서 찾아볼 수 있을 것인가"가 될 것이다.

(2) 직접민주주의의 발전

우리나라에서 지방자치제의 활성화와 함께 주민투표나 주민발안제도나 주민소환제도가 도입되고 있는 현실은 한국에서도 직접민주주의가 발전하고 있다는 점을 예시한다. 스캐로우(Scarrow) 연구에 의하면 1970년대 이후 최근까지 조사대상국 중 15개국(전체 비율상 65%)에서 공식적인 직접참여제도가 도입되었다.[38] 이것은 비단 우리만의 문제가 아니라 직접민주주의가 민주주의국가들에서 전반적으로 확대되고 있다는 점을 보여준다.

1) 직접민주주의의 발전과 확대의 배경

그렇다면 왜 직접민주주의가 확대되고 있는가? 여기에는 몇 가지 이유를 들 수 있다. 첫째, 포퓰리즘의 확대를 들 수 있다. 정당과 정치인에 대한 불신과 불만이 증대하면서 20세기 초 미국 진보주의 시대의 포퓰리즘이 부활하고 있다. 영국과 캐나다 등에서도 이런 움직임이 활발하다. 둘째, 포스트모더니즘의 영향을 들 수 있다. 새로운 문화를 추구하고 새로운 정치를 추구하는 포스트모더니즘의 영향으로 특정정당과 거대정당의 권위에 대한 거부가 늘어나면서 시민들은 직접적 참여방식을 선호하게 되었다. 또한 이런 변화에 순응하는 정치인

---

38) 주성수, "직접민주주의는 대안인가?", 『민주주의 대 민주주의』(서울: 아르케, 2006), p.52.

들의 정치 개혁안으로 직접민주주의 제도가 도입되고 있다. 셋째, 테크놀로지의 변화를 들 수 있다. 인터넷 등의 정보 제공매체의 발달로 쉽게 정보를 획득할 수 있게 되었고 직접적인 참여의 요구가 증대하였다. 넷째, 시민정치행태의 변화와 새로운 정치문화의 발전도 들 수 있다. 직접결정에 대한 시민들의 의욕과 확신이 증대하고 있고 이것이 정치인의 역량에 대한 불신 증대와 동시에 작동하고 있다.[39]

현실적으로 늘어나고 있는 직접민주주의에 대한 이론적 배경으로는 루소의 『사회계약론』을 들 수 있다. 루소는 여기서 국민들이 직접민주주의를 실시하는 소도시 국가의 이상형 공동체를 서술하고 있다. 직접민주주의자인 페이트먼(Pateman)은 루소가 모든 사람들에게 수용될 수 있는 유일한 정책은 혜택과 부담이 균등하게 공유되는 정책으로 보기에 시민들의 직접적인 정치 참여는 정책결정 체제의 정치적 평등의 효과를 제고시키는 역할을 한다고 지적했다. 참여를 강조하는 루소 이론의 긍정적 기능으로 다음의 것들을 들 수 있다. ① 시민 개인에 대한 교육의 기능 ② 집단 의사결정에 대한 시민 개개인의 능동적 수용 ③ 강한 공동체에 대한 소속감. 하지만 루소도 완벽한 직접민주주의가 가능할 것으로 보지는 않았다. 그렇지만 루소의 '일반의지(general will)'는 공익을 위해 다수 인민들의 법률제정의 가능성을 실현하기 위한 시민교육으로서의 직접민주주의를 지향하는 핵심개념이 된다.[40]

2) 직접민주주의의 사례

루소의 영향은 영미권과 유럽국가들에 미쳐 현재 이들 대부분의 국가들은 국가 수준에서 국민투표, 국민발안, 국민소환과 지역 수준에서 주민투표, 주민발안, 주민소환과 같은 직접민주주의제도를 갖추고 있다. 특히 지방수준에서 풀뿌리 민주주의 형태로 직접민주주의가 복원되고 있다. 실제로 직접민주주의는 지방차원에서 잘 실현되는 것이 세계적으로 공통된 역사이다. 그리고 실제로 소규모 공동체에서 실제 작동 가능한 민주주의로서 실현가능성이 높다는 가설이 있으며, 이는 뉴잉글랜드 타운과 스위스 코뮌 등의 자치공동체에서 확인되고 있다.[41]

직접민주주의가 잘 작동하고 있는 사례로는 유럽과 미국 그리고 스위스를 들 수 있다. 먼저 '유럽지방자치헌장'에서는 보충성의 원칙을 명문화했다. 보충성의 원칙은 "공적 책임은 일반적으로 시민들에게 가까운 행정당국에 의해 수행되는 것이 바람직하다"는 규정에 나타나 있다. 이것은 시민에 가까운 수준에서 공조직을 구성할 수 있고 권한 집행 역시 하위수준에서 수행할 수 있도록 유도하는 효과가 있다.[42] 두번째 사례로는 미국의 주민발안과 주민투표를 들 수 있다. 과거 20세기 초 이익집단들에 의한 정치 부패가 심각했던 상황을 지

39) 주성수, p.52.
40) 주성수, p.53.
41) 주성수, p.54.
42) 안영훈, "중앙-지방정부간 관계에서 보충성의 원리의 의미와 적용", 한국행정학회춘계학술회의 발제문. 주성수, p.55. 재인용.

방정부는 시민의 정책참여를 통해 타파하였다.[43] 이런 제도는 시민들에게 주인의식을 가져오고 거버넌스와 입법절차에 신뢰를 부여하는 효과가 있다.[44] 세 번째로 스위스의 풀뿌리 민주주의는 세계적인 모델로 꼽힌다. 26개 칸톤들의 연합인 정치체제에서 현재 2,867개의 코뮌이 유지되고 있다. 이 조직은 150년 이상의 전통을 가지고 있고 행정과 재정의 자치권을 가지고 있으며 소득과 재산에 대한 고정적인 세금 부과 권한 등의 재정적 자치권을 누리는 세계 최고 수준의 풀뿌리 조직이다.[45]

(3) 직접민주주의의 양태와 기능

1) 직접민주주의의 양태

직접민주주의는 크래머(Kramer)에 따르면 “공동체의 전체 성인이 그 집단이나 공동체의 정책을 형성하는 일에 법적 책임을 가진 주체가 되는 민주주의”로 정의된다. 하스켈(Haskell)은 “직접민주주의는 시민들이 투표 또는 직접대면이나 전자도구를 통해 심의와 토의에 의해 정책의 결정 또는/그리고 정책의 형성에 직접관여 하는 것”이라고 정의한다. 이처럼 직접민주주의 역시 어느 부분을 강조하는가에 따라 제도의 양태가 조금씩 다를 수 있다.[46]

일반적인 직접민주주의의 제도로는 보통 다음의 3가지가 주로 사용된다. 첫째, 국민발안제도로 여기에는 입법발안과 헌법 개정 청원이 포함된다. 둘째, 국민투표제도로 이는 다시 4개의 유형으로 ① 헌법 개정이나 이미 만들어진 법 혹은 정책의 도입을 위한 투표 ② 폐지에 관한 승인이나 반대를 위한 투표 ③ 법에 의해 강제적으로 하는 투표나 의회나 정부에 자문을 구하기 위한 투표 ④ 의회 집권세력이 알아서 시행하는 투표가 포함된다. 셋째, 국민소환제도로 이는 선출직 공무원을 파면시키는 제도이다.[47]

이보다 조금 더 넓게 정의하는 유럽의회에 따르면 직접민주주의제도는 다음과 같이 구분된다. 첫째, 정보와 협의적 참여제도로 여기에는 공청회 참여나 시민 배심원제도, 정부와 의

---

43) **미국의 직접민주주의의 역사**: 미국의 직접민주주의는 19세기 말 정당정치가 상업적 이익과 이익집단의 로비로 부패한 상황에서 진보주의자와 포퓰리스트들의 요구로 만들어졌다. 포퓰리스트들은 산업 혁명과 농업의 상업화, 자본 집중으로 인한 피해를 받은 농민들과 노동자들로 이들이 포퓰리즘을 주장하면서 엘리트와 자본에 의한 정당정치에 반기를 제기했다. 이들은 국민당이라는 정당을 조직하기도 했다. 진보주의자들은 대의민주주의의 심각한 결함을 극복하기 위한 대안으로 시민들의 참여에 의한 주민투표, 주민발안, 주민소환 등 직접민주주의적 방법들을 제시하였으며 이를 통해 대의민주주의를 보완할 수 있다고 확신했다. 이런 일환으로 주민소환제도와 같은 지방정부 개혁이 미국에서 가장 먼저 일어날 수 있었다. 실제로 근대적 형태의 주민소환제는 1903년 미국의 캘리포니아주 로스앤젤레스(LA)시에서 처음 도입됐다. 1909년에는 하퍼 LA 시장이 처음으로 주민소환제로 쫓겨나는 불명예를 기록했다.

44) 주성수, p.55.

45) 주성수, p.55.

46) 주성수, p.56.

47) 주성수, p.57.

회위원회 출석 발언권, 시민배심제와 시민 패널과 같은 심의적 기제들이 포함된다. 둘째, 정책결정참여제도로 국민발안과 국민투표뿐 아니라 시민 의회제도와 서비스 이용자로서 시민들이 '이용자 이사회(user board)'에 참여해서 의사결정을 하는 제도 등이 있다. 셋째, 정책집행참여제도에는 지방정부들이 시민들의 프로젝트 참여를 지원하는 다양한 공모제도 등이 있다.

직접민주주의에 대한 비교연구에 따르면 지난 30년 간 32개국에서 실시된 41개의 국민투표분석에서 법적 구속력이 있는 것은 30건, 없는 경우는 11건, 그리고 헌법적 강제성을 가진 것이 15건, 국민발안에 의한 투표가 4건 그리고 정부나 의회가 자문을 구하기 위해 실시한 것이 가장 많은 22건으로 나타났다고 한다.[48] 유럽의회는 확대되는 직접민주주의와 대의민주주의 사이의 관계를 조사한 결과 다음의 두 가지 원칙을 확인했다. 첫째, 시민들의 주민발안의 권리는 지방차원에서 가장 직접적으로 잘 행사될 수 있으며 주요 지방업무들은 그 효율성을 상실하지 않고 보다 효과적인 시민참여를 유도해야 한다는 것이다. 둘째, 그럼에도 대의민주주의는 지방민주주의의 기초로 남아야 한다는 점이다.[49] 이런 원칙은 많은 사례와 실험을 통한 검증이라는 차원에서 중요하다.

2) 직접민주주의의 기능

직접민주주의의 확대는 어떠한 면에서 긍정적으로 기여하는가? 먼저 직접민주주의는 대의민주주의의 민주주의 결손을 보충한다. 둘째, 시민의 정치적 소외를 감소시키고 정부 등 국가기관의 정통성과 투명성을 제고하며 시민사회에서 시민교육기능을 수행한다. 셋째, 공론적인 정치를 가능하게 한다. 넷째, 자칫 무시될 수 있는 정치적 견해 표출의 기회를 제공한다. 다섯째, 정치적 대표성이 취약한 사회적 약자의 입장을 논의 할 수 있게 해준다. 여섯째, 정치권력의 독점을 방지하고 균등한 분포를 지향하는 것 역시 장점이다. 일곱째, 지방민주주의의 핵심가치로서 인정받는 것 역시 중요하다. 실제 20세기 초 미국의 지방정부의 개혁의 사례는 부패가 심각한 당시의 정치 상황을 시민 참여적 정치로 전환시켰던 중요한 사례이다. 현재 미국에서 지방자치제도는 선거제도에 의해 구속된 의회의 정치가 할 수 없는 것, 점진주의와 수동성으로 인해 법원이 할 수 없는 것을 가능하게 해 준다.[50]

(4) 직접민주주의의 한계

직접민주주의 역시 단점을 가지고 있다. 우선 직접민주주의는 복잡한 정책이슈에 대해 찬반양론식의 투표의 단순화로 문제를 풀려는 단점이 있다. 또한 공공 토론은 온갖 조직에 의한 왜곡이 난무할 수 있다. 이에 대해 심의민주주의자들은 직접민주주의에는 심사숙고가 없

48) 주성수, p.58에서 재인용.
49) 주성수, pp.59-60.
50) 주성수, p.60.

다는 점을 들어 비판한다. 반면에 대의민주주의자들은 합리성이 부족한 일반국민 다수에 의해 감정적 결정이 내려질 수 있다는 점을 들어 비판한다.[51)]

구체적으로 제도들의 문제점을 살펴보도록 하자. 먼저 주민소환의 경우 한번 결정된 처벌은 회복이 안 된다. 이익집단들은 이를 무기로 주지사와 시장 등을 압박할 수 있다. 만약 소환조건이 법적으로 구체화되어있지 않고 최소의 규정으로 소환이 가능하다면 강력한 이익집단에 포획되는 결과를 가져올 것이다. 주민투표도 정치적 이익 집단의 동원의 위험이 존재한다. 게다가 주민투표로 거부된 (의회 발의)법안은 재생 불가능하기 때문에 좀 더 깊이 있는 심의가 필요하다. 주민발안의 문제는 더 심각하다. 주민들이 만드는 법안과 의원이 만드는 법안이 정통성을 두고 충돌할 수 있기 때문이다. 이 때문에 대의민주주의와 주민발안인 직접민주주의가 보충 역할을 수행하는지 대안 역할을 수행하는지에 대한 논쟁을 불러일으킨다. 케인과 밀러(Cain & Miller)는 주민발안은 대의민주주의에 심각한 위협이 되며 찬반양론의 획일성으로 인해 다양한 민주주의의 기회를 상실하게 만들고 민주주의의 가치인 공개성, 책임성, 전문성, 공정성을 저해한다고 비판한다. 또한 엘리스(Ellis)의 경우는 주민발안의 상업화에 대해 경계해야 한다고 주장한다. 실제 미국에서는 주민발안을 대행하는 전문적인 업체가 등장해서 동원, 캠페인, 설문조사 등에 이르기까지 직접민주주의를 변질시키는 일이 비일비재하다. 미국의 실제 여론조사(1995년 오레곤주 실시)에서 응답자의 13%만이 주민발안에 대해 만족한다고 답하였고, 75% 이상은 특수 이익집단들이 유급서명집단들을 이용해서 손쉽게 표결에 부치고 있다고 답하였다[52)]는 점은 직접민주주의가 민주주의의 이상의 측면만을 부각시키는 제도가 아닐 수도 있음을 보여준다.

(5) 직접민주주의 vs 대의민주주의

표를 통한 비교

1. **인민의 정보보유여부**: 시민들은 불충분한 정보로 서둘러 결정. 정보원은 TV 정도뿐. 정보 취득 의지도 취약함.(by Magleby) vs. 인민들은 판단의 어려움을 겪지만 이념적 성향과 상반된 결정을 할 만큼 비합리적이지 않음.(by Page & Shapiro)
2. **특정집단에 대한 취약성**: 직접민주주의가 대의민주주의보다 특정집단에 취약하지는 않음.
3. **사회적 약자의 권리 위협여부**: 직접민주주의가 더 위협적이지는 않음
4. **거버넌스의 호응성**: 대의민주주의 〉 직접민주주의

그렇다면 위에서 본 것처럼 장단점을 모두 갖춘 직접민주주의는 대의민주주의에 위협이 되는가? 실제로 미국의 직접민주주의는 민주주의의 결손을 해소하기도 하지만 지나친 포퓰

51) 주성수, p.62.
52) 주성수, pp.63-66.

리즘으로 인해 대의민주주의에 위협이 된다고 보는 대립설이 있다. 위에서 본 것처럼 미국의 주와 지방정부의 주민발안 분석의 연구는 직접민주주의가 대의민주주의에 위협이 된다는 점을 보여준다. 반면에 의회와 시민 사이의 직접적인 협의가 대의민주주의를 위협하기보다는 강한 정통성을 부여한다는 보완설의 입장이 있다. 유럽의회의 연구는 스위스에서 의회결정의 95%가 그리고 다른 5%의 정책 결정도 직접민주주의의 수단에 의존해 이루어졌다고 한다.[53)]

대의민주주의와 직접민주주의의 관계에 대한 논쟁의 핵심은 4가지로 볼 수 있다. 첫째, 시민들은 직접민주주의를 하기에 충분한 정보를 가지고 있는가? 둘째, 직접민주주의와 대의민주주의 어느 편이 이익집단에 더 취약한가? 셋째, 직접민주주의는 대의민주주의에 비해 사회적 약자의 권리를 더 위협하는가? 넷째, 대의민주주의와 직접민주주의 어느 것이 호응적 거버넌스에 더 기여하는가?[54)] 위의 4가지 질문에 대한 상이한 견해가 충돌하고 있는 것이다. 그렇다면 우리는 이 질문에 어떤 답을 가질 수 있는가?

1) 정보의 충분성 논의

첫째 질문인 "시민들은 직접민주주의를 하기에 충분한 정보를 가지고 있는가?"에 대해서는 시민이 적절한 정보를 갖추고 투표한다는 입장과 그렇지 않다는 입장이 대립한다. 대립설의 입장에서는 시민의 직접민주주의 참여에 대한 시간이 부족하고 관심이 부족하다고 본다. 특히 시민이 후보를 선출하는 것과 직접민주주의의 대안을 결정하는 것 사이에서 후자가 시민에게는 더 어려운 문제라고 한다. 반면 포퓰리스트들은 의원들도 입법과 정책 결정에 필요한 충분한 정보를 갖추고 있는 것은 아니라고 한다. 마글비(Magleby)는 경험적 조사를 통해 직접민주주의에서 시민들은 불충분한 정보를 갖고 서둘러 결정하고 있고, 정보원은 TV 정도에 지나지 않으며, 다른 정보를 취득하려는 의지도 취약하다고 지적한다. 반면에 페이지와 사피로(Page& Sapiro)는 시민들이 상당한 수준의 심사숙고를 하는 합리적 인물이라는 "합리적 대중"이론으로 반박한다. 이에 대해 논쟁을 정리하는 하스켈(Haskell)의 주장은 시민들은 직접민주주의에서 투표할 이슈에 대해 정보 부족 등으로 판단의 어려움을 겪고 있지만 그렇다고 자신들의 이념적 성향과 상반된 결정을 할 정도로 비합리적이지는 않다는 것이다.[55)]

2) 이익집단에 대한 취약성 논의

둘째 질문인 "직접민주주의와 대의민주주의 어느 편이 이익집단에 더 취약한가?"는 대의민주주의와 직접민주주의 중 어느 것이 더 이익집단의 농간에 연루되기 쉬운지에 대한 문제이다. 직접민주주의가 이익집단이나 포퓰리스트의 농간에 의해 오염되고 있다는 주장은

53) 주성수, pp.62-63.
54) 주성수, pp.67-73.
55) 주성수, pp.68-69.

1970년대 말 미국 주들의 조세저항 주민발안 운동을 그 실례로 들고 있다. 또한 로젠덜(Rosenthal)은 미디어 광고나 캠페인이 정보 전달보다는 현혹시키는 수단이 되어 선전과 이익의 조작도구로 작용하면서 시민들의 의견을 현혹시킨다고 주장한다. 반면에 포퓰리스트들은 과거 이익집단위주의 정치 전통을 붕괴시킨 미국의 역사를 통해 직접민주주의가 오히려 이익 집단에 덜 취약했다고 주장한다. 여기에서 논쟁을 정리하는 하스켈(Haskell)은 직접민주주의에서 시민들이 현혹되는 일이 적지 않지만 어리석은 비합리적 판단을 할 정도는 아니라고 한다. 실제로 시민자체의 취약성이 문제가 아니라 정치권력을 장악하려는 정치인들의 사익추구와 이익집단의 이해가 맞물리는 것이 문제라고 보아야 할 것이다.[56)]

3) 사회적 약자고려 논의

셋째 질문은 "직접민주주의는 대의민주주의에 비해 사회적 약자의 권리를 더 위협하는가?"이다. 이에 대해서는 양자가 팽팽히 맞서고 있다. 직접민주주의에는 사회적 약자 보호장치가 없다는 비판은 직접민주주의가 약자의 견해를 듣고 반영하지 않고 바로 표결로 간다는 것을 강조하는 것이다. 반면에 대의민주주의에서는 청문회나 위원회같은 제도가 이런 장치로 기능한다고 한다. 직접민주주의자들은 (게이와 레즈비언이나 불법이민자들과 같은) 약자를 차별하려는 주민발안이 지지를 받지 못했다는 점을 들어 대의민주주의보다 사회적 약자에 대한 차별이 더 심한 것은 아니라고 하면서, 또한 법원이 사회적 약자를 차별하는 주민발안에 대해 심판자 역할을 하기 때문에 심각한 문제가 아니라고 반박한다. 하지만 직접민주주의가 비판의 대상이 되어 있는 법원을 심판자 역할로 규정한 것은 하나의 아이러니라고 할 수 있다.[57)]

4) 호응성 논의

넷째 질문은 "대의민주주의와 직접민주주의 어느 것이 호응적 거버넌스에 더 기여하는가?"이다. 여기서의 핵심은 하나의 입법이나 정책 그 자체가 아니라 다른 정책과의 관계에서 나타나는 결과로 평가해야 한다는 점이다. 대의민주주의 옹호론자들은 직접민주주의의 주민발안이나 주민투표는 다른 입법과 정책들과 어떻게 어울릴지를 내다보지 못한다고 본다. 예를 들어 세금인하 같은 정책은 국가에 대한 교육의 질적 향상을 위한 투자와 충돌할 것이다. 특히나 주민발안은 의회와 행정부의 리더십을 약화시키고 다양한 이해집단 사이의 조정과 타협을 상실시키는 심각한 문제를 가져올 수 있다. 반면에 직접민주주의 옹호론자들은 대의민주주의의 입법과정과 정책 결정은 먼저 정치적 동기가 공공선의 추구보다는 사익추구적인 것으로 이익집단에 포획되어 있는 구조에 기반한다고 비판한다. 결론적으로 하스켈(Haskell)에 따르면 어느 것이 다양한 시민들의 관심과 이해와 견해를 반영하는가의 문제에

56) 주성수, pp.70-71.
57) 주성수, p.71.

서 직접민주주의보다는 대의민주주의가 더 효과적이라고 한다. 즉 대의민주주의가 더 대표적인 제도라고 한다. 시민은 결정에 대한 참여의 동기와 불참의 동기를 동시에 가지고 있는데 하스켈에 따르면 이것은 일종의 패러독스인 것이다. 따라서 이에 대한 최상의 대안은 입헌적 입장으로 정기적인 선거를 통해 정치인과 공직자로 하여금 자신들의 행동에 책임을 갖고 책무를 다하게 하는 처방인 것이다.[58]

(6) 바람직한 직접민주주의를 위하여: 심의민주주의의 보완

직접민주주의의 가장 큰 문제는 대표성과 정통성의 문제이다. 다수의 시민이 아닌 소수에 의해 주도되는 (주민발안과 주민투표의) 직접민주주의가 다수에 의해 대표되는 의원들의 역할을 결코 대신할 수 없다는 점에서 민주적 대표성이 문제가 되는 것이다. 시민의 관심에 따른 자발적인 참여가 전제되지 않을 때 참여민주주의는 민주주의의 위험한 한 국면이 될 수 있다. 이런 직접민주주의의 문제에 대한 개혁방안으로 심의적 기제를 동원한 심의민주주의를 통해 직접민주주의를 보완하자는 견해가 제시되고 있다. 이상적으로만 볼 때 심의민주주의는 심사숙고를 통해 대표성과 정통성의 문제를 해결해줄 수 있는 것으로 보인다. 단 심의민주주의도 특정집단의 편향성과 지식의 부족과 결정의 지연이라는 비용을 치루게 된다는 단점을 가지고 있음을 상기할 필요가 있다.[59]

3. 참여민주주의

표를 통한 비교

대의민주주의: 정당, 의회를 중심으로 한 간접적 민주주의. 자유주의에 근거.
참여민주주의: 시민을 중심으로 한 직접적 민주주의. 진보적 이론에 근거.

현대는 '참여민주주의의 시대'이다. 일견 '참여민주주의의 시대'라는 용어는 우리를 고취시키고 민주주의의 새로운 지평을 넓혀주는 것처럼 느껴진다. 그동안의 민주주의에 대한 무관심이나 민주주의의 정체라는 잘못을 덮어주고 새로운 민주주의에 대한 우리의 '참여'를 늘려줄 것으로 기대되기 때문이다. 한국에서 2000년대 이후 증대된 시민사회와 시민단체 활동, 촛불시위나 집회로 표현되는 새로운 정치적 의사표시는 그간 무시되었거나 은폐되었던 시민의 요구와 이해가 정치의 장에 직접 표출될 수 있다는 점을 보여준 극명한 예이다. 하지만 황우석사태 등의 일련의 사건에서 나타난 집단주의에 대한 우려나 노사모나 대통령의 국정홍보처 강화와 개인 홈페이지의 정치적 이용 등에 대한 민중주의의 우려는 참여의 또 다른 면을 보여준다.

58) 주성수, pp.72-73.
59) 주성수, pp.74-75.

문제는 '참여'라는 민주주의의 수식어가 담고 있는 범주와 그 가치가 무엇인가 하는 점이다. 실제 우리가 논의하는 새로운 양태의 민주주의는 거의 다 참여민주주의의 틀 속에 포함된다. 시민들의 직접적인 결정인 직접민주주의, 시민단체나 이익집단을 통한 정치를 중시하는 결사체민주주의나 시민의 직접 토의를 통한 선호의 변화를 꾀하는 심의민주주의나 정보화를 통한 전송민주주의 혹은 전자민주주의 역시 참여민주주의의 한 유형이다. 게다가 '참여'라는 용어는 대의민주주의의 투표 역시 참여를 전제로 한다는 점에서 대의민주주의를 참여민주주의의 대당(對當)으로 볼 수 없게 한다. 그렇게 되면 참여민주주의는 민주주의의 모든 것을 포함하게 되는 수식어의 모순을 가진다. 참여가 없는 민주주의가 민주주의일 수 있겠는가?

따라서 우리는 참여민주주의가 나온 배경인 1970년대의 역사적 배경과 참여민주주의가 어떤 민주주의들의 궤적 속에서 형성되었는지를 먼저 밝혀내야 한다. 그렇지 않으면 우리는 '민주주의 = 참여민주주의'라는 보편적이고 공허한 논리에서 빠져나올 수 없다. 게다가 앞서 본 것처럼 '참여'라는 용어가 가진 가치 개입으로 인해 정치적인 동원과 이데올로기의 문제로 귀결될 수 있다. 즉 참여민주주의의 범주를 명확하게 하지 않는다면 참여민주주의를 주장하는 것은 상대방의 주장을 참여의 부족, 고로 비민주적이거나 엘리트 중심적이거나 보수 혹은 수구적인 정치체제라고 비난하면서 자신의 주장의 모호함에 대한 일종의 변명이 되는 이중 장치로 기능할 수 있는 것이다.

그러므로 우리는 참여민주주의의 시대를 산다는 열정에서 한걸음 뒤로 물러나와 도대체 '누구의' '어느 분야'에 대한 '어떤 방식'으로의 참여인지와 그것이 지향하는 궁극적 가치가 참여민주주의와 대립되는 민주주의들과는 어떤 점에서 다른지를 따져보아야 한다. 그렇지 않다면 참여민주주의는 제도로서 어떤 의미를 가지는가보다 누가 누구를 공격하는데 이용하는 이데올로기인가의 문제를 벗어날 수 없다. 원칙과 그 원칙을 구체화시키는 제도의 명확한 구분만이 참여민주주의를 공허한 논의에서 구해줄 것이다. 이런 작업을 위해 우리는 먼저 민주주의이론의 역사의 흐름을 살펴야 할 것이다.

(1) 참여민주주의의 역사적 궤적

참여민주주의는 여러 갈래의 민주주의이론으로부터 영감을 얻고 이론을 축적 발전시켜왔다. 우선 참여민주주의는 고대 그리스 민주주의의 자치의 원리를 계승했다. 또한 급진적인 민주주의의 평등성으로부터도 영향을 받았다. 여기에 더해 자유민주주의에서 발전적 민주주의의 영향을 받은 신다원주의로부터도 영향을 받아들였다. 따라서 다양한 이론들의 뿌리를 흡수하면서 신우파라고 불리는 법치적 민주주의에 대항하는 입장으로서 신좌파계열의 민주주의로 성립했다. 참여민주주의의 역사적 궤적은 아래의 <그림 Ⅲ 2-1>과 <그림 Ⅲ 2-2>에 표시해두었다. 그리고 대립적 관점에 있는 신우파의 법치적 민주주의와 신좌파의 참여민주주의의 입장 차이 역시 아래의 <표를 통한 비교>에 요약했다.

그림 Ⅲ 2-1

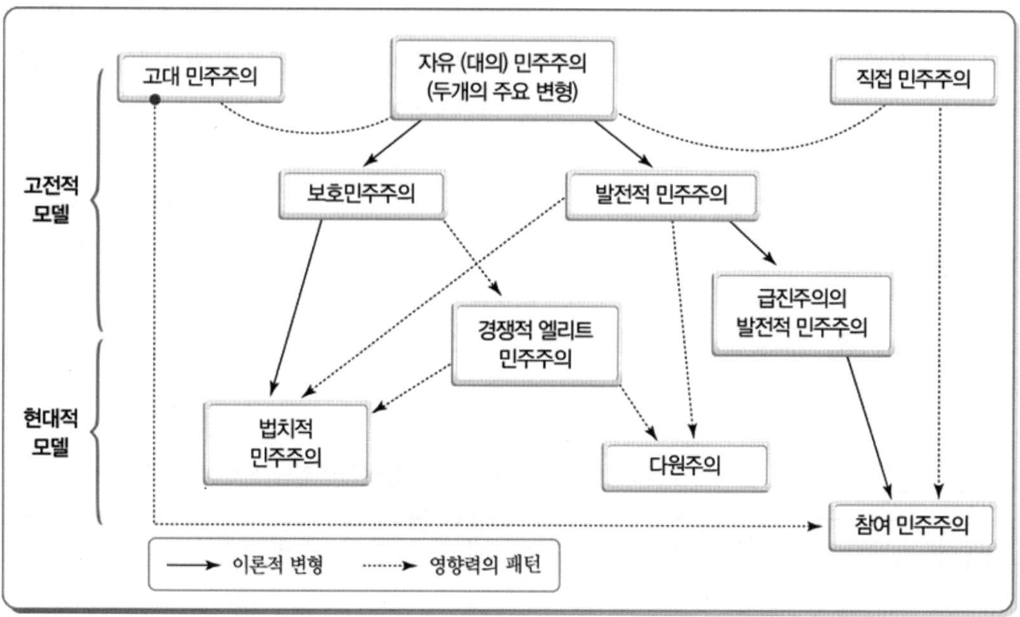
고대 민주주의
자유 (대의) 민주주의
(두개의 주요 변형)
직접 민주주의
고전적
모델
보호민주주의
발전적 민주주의
급진주의의
발전적 민주주의
경쟁적 엘리트
민주주의
현대적
모델
법치적
민주주의
다원주의
참여 민주주의
이론적 변형
영향력의 패턴

그림 Ⅲ 2-2

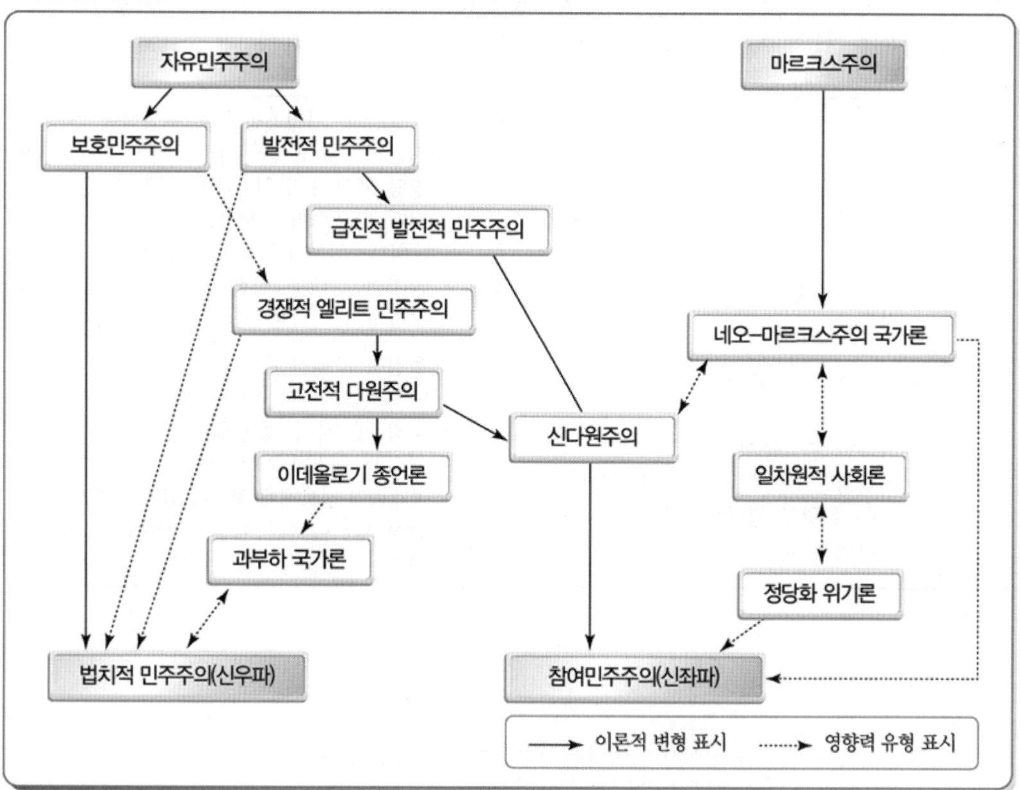
자유민주주의
마르크스주의
보호민주주의
발전적 민주주의
급진적 발전적 민주주의
경쟁적 엘리트 민주주의
네오-마르크스주의 국가론
고전적 다원주의
신다원주의
이데올로기 종언론
일차원적 사회론
과부하 국가론
정당화 위기론
법치적 민주주의(신우파)
참여민주주의(신좌파)
이론적 변형 표시
영향력 유형 표시

현실적으로 참여민주주의는 1920년대부터 등장한 각종 시민운동이 1970년대 환경운동 등에 힘입어 시민사회의 지지를 얻으면서 신사회운동(new social movement)으로 위상을 갖추고 정부에 압력을 행사하게 되었다. 그리고 1960년대 미국과 유럽에서 확산되었던 학생들의 신좌파(New Left)운동이 시들해진 자리를 시민사회운동이 대신 차지하면서 포스트모던 시대의 새로운 삶의 방식을 찾고 직접 참여와 자치적 공동체의 중요성을 일깨웠다. 그리고 이 환경운동 중심의 운동은 여성운동이나 소비자운동으로 확대되어 갔다. 그리고 투표나 공청회 등의 전통적인 방식과 다른 서명, 시위, 파업 등의 새로운 방식이 시민들의 적극적이고 직접적인 참여의 효과를 과시하면서 신사회운동을 중심으로 하는 참여민주주의를 확대하고 있는 것이다. 또한 정보통신기술의 발전으로 참여민주주의는 전자민주주의의 영역까지 포괄해가고 있다.60)

표를 통한 비교 **법치민주주의(신우파민주주의) vs 참여민주주의(신좌파민주주의)61)**

	법치민주주의	참여민주주의
정당화 원칙	• 다수결 원칙은 자의적 정부로부터 개인을 보호하는 것뿐만 아니라 자유를 보존하는 데에도 효과적이고 바람직한 방식임 • 정치적 삶이 개인의 자유와 창의력 문제가 되기 위해 다수결의 지배는 정의롭고 현명하게 기능해야 하고 이를 위해 반드시 법의 지배에 의하여 제한되어야 함	• 자기발전을 위한 평등권은 정치적 효율성을 기르고 집단적 문제에 대한 관심을 불러일으키며 통치 과정에서 지속적인 관심을 가질 수 있는 양식 있는 시민의 형성에 공헌하는 '참여사회'에서만 성취할 수 있는 것
핵심적 특징	• 입헌적 국가: 명확한 권력 분립을 포함하는 영미식 정치전통을 모델로 함 • 법의 지배 • 시민사회와 개인적 삶에 있어서 국가 간섭의 최소화 • 완전에 가까운 가능한 범위의 자유시장 사회	• 작업장과 지역공동체를 포함하는 사회의 핵심제도를 규제하는데 시민이 직접 참여 • 정당 관료가 당원들에게 직접적인 책임을 지게 함으로써 정당체계 재조직 • 대의제·의회제 구조 속에서 '참여정당' 기능 • 정치적 형태를 실험할 수 있는 가능성을 보장하기 위하여 공개적인 제도체계 유지
일반 조건	• 자유주의원칙이 지도하는 효과적인 정치지도력 • 과다한 관료통제의 극소화 • 이익집단 (특히 노조) 역할 제한 • 모든 유형의 집단주의적 위협 극소화 (가능하면 불식)	• 물질적 자원의 재분배를 통해 많은 사회집단의 빈약한 자원의 토대를 직접 개선 • 공적 및 사적 생활에서 무책임한 관료의 권력을 극소화(가능하면 제거) • 공개적인 정보체계(정보에 입각한 결정 보장) • 남성뿐만 아니라 여성이 참여하는 기회를 가질 수 있도록 어린이 보호설비 재검토

60) 주성수, "대의민주주의를 넘어서 참여민주주의의 시대로", pp.30-31.
61) 헬드, 『민주주의 모델』, pp.280-281. pp.292-293.

(2) 참여민주주의의 의미

1) 참여의 개념 및 가치

'참여'란 사회의 보통 구성원이 의사결정의 결과에 영향을 미치거나, 영향을 미치고자 하는 행동을 말한다. 참여민주주의 논의에서 참여는 그 범위, 외면, 양식, 강도, 질의 다양성을 인정하는 바탕에서 메이슨(Mason)이 말한 대로 광범하고 유효한 참여를 의미한다고 할 수 있다.[62]

참여의 기능은 구성원의 참여를 통하여 사회적 일체감이 증대되고 사회 내 분포하는 권력을 공유할 수 있는 본래적 가치 이외에도 아리스토텔레스의 "인간은 정치적 동물이다"라는 언명의 함의처럼 정치참여를 통하여 인간의 자기개발을 도모하고 도덕적 자아실현을 가능케 하는 것을 들 수 있다. 또한 참여는 자기 사익의 추구에서 공공선을 이익구조로 받아들임으로써 인간으로 하여금 스스로 공익을 추구하게 한다. 이는 정치참여가 가지는 '변형적 교육적 성격'에 기인한다.

2) 민주주의와 정치참여: 민주적으로 건전, 지속 가능한 참여[63]

정치란 희소자원을 둘러싼 개인 간의 갈등의 조정과정이라는 측면과 공동체의 공유된 삶의 양식이라는 양면성을 띤다. 자유주의자들은 자기이익 추구적인 관점을 가지고 있는 반면에 급진주의자들은 자기희생적 관점에서 정치를 파악함으로 공동체 중심적인 사고를 가진다.[64] 하지만 양자의 시각은 모두 정치를 탈정치화한다는 문제를 가지고 있다. 따라서 참여는 자기이익 추구적인 공동체의 구성원을 정치화(politize)하여 시민들의 상호 연관성을 자각시킨다. 즉, 개인의 자아실현과 함께 참여와 연대의 지속적 추구는 장기적 과정을 통하여 개인의 이익과 공동체의 선(good)을 동시에 증진시키는데 기여한다.

참여 자체가 교육적 효과를 가짐으로써 사적인 것을 공적인 것으로 인식하게 하여 이익을 재구성하고 관심을 변화시킬 수 있다. 이런 과정에서 의식의 전환이 일어날 수 있고 참여에 대한 가치를 재인식할 수 있다. 이 과정은 개인을 정치에서 창조적인 주체로 형성할 수 있다. 또한 이 과정은 인간의 자아를 실현하고자 하는 참여민주주의의 기본가치로 이어진다. 피트킨(Pitkin)에 따르면 참된 자아실현은 인간관계 속의 연대를 통해 가능해진다. 이러한 인식의 전환은 참여를 다른 인종 등에 대한 배타성을 주장하지 않는 건전한 양태의 참여로 만들 수 있다. 또한 참여에 대한 인식의 변화 속에서 지속적인 참여를 통한 변화를 꾀할 수 있게 된다.[65]

---

62) 강정인, '대안민주주의', 『참여민주주의와 한국 사회』(서울: 창작과 비평, 1997).
63) 강정인, Ibid.
64) 강정인, Ibid.
65) 강정인, Ibid.

또한 참여는 그 영역을 확장하여 정치참여 조건을 모색한다. 그러므로 정치의 범주를 경제사회로 넓힌다. 또한 정치의 영역을 국가 내에 한정시키지 않고 국제정치영역으로 확장시킨다. 이런 것을 가능하게 해주는 것은 NGO의 특성인 네트워킹화와 국제화이다. 따라서 이러한 영역의 확장은 실질적 민주주의로의 민주주의의 외연과 내포를 확장시키며 대중의 수동성을 극복하게 해준다.

3) 참여민주주의

참여민주주의는 인간을 모든 정책 결정에 활동적으로 참여해서 자아실현을 성취하는 정치적 동물로 보는 '아리스토텔레스의 민주주의'를 의미한다. 또한 참여민주주의는 자신이 소속된 조직에서 자아성취를 중시하는 '루소의 민주주의'를 의미한다. 참여민주주의는 민주주의를 활성화시키는 것을 목표로 한다는 점에서 혁명적이다. 그것은 1960년대 미국의 참여운동처럼 권력의 재분배를 목표로 지배자와 피지배자의 구별을 없애자는 운동의 지향점이었다. "민중에게 권력을"이란 슬로건이 이런 지향점을 가장 잘 보여 줄 것이다.[66]

참여민주주의는 중앙정부의 집중을 비판하고 시민들이 자신들의 자치 거버넌스에 참여할 것을 주창한 제퍼슨(Jefferson)의 이론에 영향을 받았다. 또한 미디어의 악영향에 의한 시민들의 정치적 냉담과 저참여를 문제시했던 밀스(Mills)로부터도 영향을 받았다. 그리고 강한 민주주의 이론가인 바버(Barber)로부터도 영향을 받았으며[67] 좌파이론가인 풀란차스 등에게서도 영향을 받았다. 최근에 와서는 사회적 자본이론가들에게도 인정을 받으면서 영역이 확장되고 있다. 따라서 우리는 과거 대의민주주의가 가지고 있던 수동성을 거부하면서 직접 자신이 결정하는 자치의 원리를 중심으로하여 공적 문제와 사적 문제를 하나의 틀에서 묶어내려는 이론적 노력으로서 참여민주주의를 이해하고, 그 관심영역과 대상과 수단에는 이론가들마다 차이가 있다는 점에 주목해야 한다. 따라서 앞서 본 신좌파적 관점에서 출발하는 참여민주주의를 기본적으로 이해하면서 참여민주주의의 확장에 따른 민주주의의 개선가능성과 그 위험 여부를 동시에 고려하는 것이 필요하다.

(3) 참여민주주의의 가능성

1) 분석 차원의 확장

참여민주주의는 민주주의의 영역을 확장하고자 한다. 참여민주주의는 어느 한 부문에서의 참여의 촉발과 분출로 민주주의가 달성될 수 없다고 본다. 민주주의는 사회경제적 차원, 정치적 차원, 탈제도적 차원에서 상호 연관성을 맺고 있기 때문에 이들 영역에서 유기적으로 참여가 활성화 될 때 진정한 의미의 참여민주주의가 이루어지는 것이다.[68] 이는 정치적 참

66) 주성수, p.33.
67) 주성수, p.34.
68) 강정인.

여를 위해서는 사회경제적 조건이 모색되어야 하고 다양한 수준의 정치 참여가 동시에 고려되어야 한다는 이야기이다. 또한 참여를 지나치게 협소하게 대의제도와 같은 기존의 제도틀로 한정할 필요가 없다. 새 술은 새 부대에 담는 것이 필요하듯 새로운 요구는 새로운 제도를 통해 푸는 것이 바람직할 것이다. 따라서 세 가지 차원(사회・경제적 차원, 정치적 차원, 탈제도적 차원)[69]을 동시에 고려 할 필요가 있다.

2) 참여의 영역별 고찰

① 사회・경제적 차원

사회・경제적 차원의 참여민주주의의 대표적 케이스로 페이트먼(Pateman)과 바크라크(Bachrach)는 기업 내 민주주의를 옹호하거나 노동자의 참여가 중시되는 산업 민주주의를 제시하고 있다.[70] 실제 인간은 활동의 대부분을 작업장에서 일을 하면서 보낸다. 이는 인간에게 경제가 그만큼 중요해졌다는 것이다. 따라서 경제영역이 더 이상 사적 부문에 머무르지 않고 공공영역의 대부분을 차지하면서 경제부분의 민주화는 시급한 과제가 되었다. 현실적으로도 한국과 같이 노사갈등이 심각하고 빈부격차가 심화되어가는 현실 속에서 작업장민주주의로 대표되는 산업 민주주의는 중요한 의미를 갖는다.

② 정치적 차원

국가를 중심으로 하는 정치적 영역에서의 참여민주주의는 기존 대의제의 참여기제를 적극적으로 활용하거나 지식정보화시대 및 IT기술의 발전이라는 기회적 요소를 활용하여 달성될 수 있다. 즉, 대의제의 상징이라고 할 수 있는 선거제도를 선거권자들의 참여를 확대하는 방향으로 개선하고 선거과정에서의 활발한 통제와 감시를 장려해야 한다. 또한 헌법상 보장되고 있는 지방자치제도의 활성화를 통하여 생활 영역에서의 직접 참여를 가능케 하고 참여의 적정 수준 및 내용을 담보할 수 있다. 여기에 더해서 주민발안과 주민소환 등의 제도에 대한 참여적 기제의 활용방안을 구체적으로 모색해 볼 수 있다.[71]

한편, 지식정보화시대의 도래로 사회 구성원의 정치, 사회의식이 급속하게 성장하고 IT기술의 보급, 확산은 참여의 기술적 제약 문제를 해결할 수 있기 때문에 전자민주주의의 구현도 모색할 수 있다. 실제 미국에서 실행된 인터넷 투표 등이 실례가 될 수 있다.

③ 탈제도적 차원: 국제적 수준과의 연계

국가적 수준과 국제정치적 수준에서 국가를 민주적으로 압박하고 통제하여 민주주의로

69) **참여영역의 확장**: 강정인 교수는 "대안민주주의"에서 참여의 영역을 ① 시민사회 내의 사회경제적 조건 ② 국가 ③ 국제정치수준으로 나누어 시민사회 내에서 경제적 조건이나 시민사회의 문제를 다루고 국가영역에서 선거제도나 지방자치제도등을 다루면서, 헬드의 이론(Cosmopolitan Democracy)을 통해 국제정치 영역에서 초국적 조직과 같은 위로부터의 압력과 국제시민사회운동 등의 아래로부터의 압력에 대처하는 것이 필요하다고 주장한다.

70) 강정인.

71) 강정인.

견인하는 시민운동이 탈제도적 차원에서 이루어질 수 있다. 이는 기존 제도로 포괄하기 어려운 문제를 기존의 접근방식이 아닌 새로운 방식으로 접근하자는 것이다.[72] 실제 이러한 시민운동이 국제정치차원에서 전 지구적으로 활성화될 때 효과가 배가될 수 있다. 현실적으로 반세계화운동이 실례가 될 것이다.

(4) 참여민주주의의 한계

모든 민주주의이론이나 제도가 그렇듯이 완벽한 민주주의는 없다. 따라서 참여민주주의이론역시 이론적 약점과 제도적 결함을 가지고 있다. 제대로 작동하는 참여를 위해서는 참여의 조직 차원에서 사안에 따라 요구되는 능력, 전문성이 적절히 배치되어야 하고, 방법론적 차원에서는 단순한 요구로서의 참여가 아닌 스스로 결정하는 방식으로의 참여가 제도화되어야 한다. 즉 참여가 실제 작동하여 그 기능을 발휘할 수 있도록 조직화될 필요가 있다. 그러나 복잡해진 현실사안들에 대한 전문적인 능력을 확보하는 것은 그리 쉬운 일이 아니다. 또한 조직화가 전문성을 갖추지 않은 시민에게 얼마나 현실적인지는 따져보아야 한다. 실제 우리나라에서 참여연대 등 시민운동이 지나치게 엘리트 중심적이라는 점이나 그로 인한 일반대중과의 거리는 이런 참여의 조건을 충족하고 있다고 보기 어렵게 한다.

또한 참여민주주의의 높은 가능성 및 그 가치에도 불구하고 현실에서는 참여자의 사익추구경향, 무임승차, 기회주의적 속성으로 인하여 그 의미가 퇴색할 수 있다는 점도 지적되어야 한다. 예를 들어 작업장민주주의 등의 경우 과격한 노조에 의해 무산되는 경우가 있는데 이는 노조나 시민사회가 반드시 공익에 부합하는 것은 아니라는 점을 예증한다. 또한 과도한 시민단체의 난립도 지적할 수 있다. 여기에 더해 적정 수준을 넘은 과도한 참여는 오히려 바람직한 의사결정을 저해하는 부정적 효과를 양산할 수 있다. 무엇보다 문제가 되는 것은 민주주의에 대한 가치가 배제된 채 다수의 이익에 편승하는 포퓰리즘(populism)에 의하여 동원되는 경우 오히려 참여는 민주주의의 위기를 초래할 수 있다는 점이다. 이러한 참여들은 가치를 배제하기 때문에 생겨나는 문제이다.

(5) 대의민주주의의 대안으로서의 참여민주주의

앞서 대의민주주의의 위기를 살펴보았을 때 우리는 대의민주주의를 '대표성'과 '반응성' 그리고 '책임성'이라는 측면에서 살펴보았다. 같은 기준으로 참여민주주의가 대의민주주의에 대한 대안이 될 수 있는지를 원칙적 차원에서 살펴보도록 하겠다.

1) 대표성의 문제: 새로운 이해와 요구의 반영가능성

참여민주주의는 자발적 참여를 통한 민주주의를 지향한다. 이는 시민사회와 같은 공적인 문제를 풀어가고자 하는 제 3의 영역을 하나의 기반으로 하여 '자기 참여'와 '자기 발견적인

72) 강정인.

민주주의'를 추구한다. 따라서 대의민주주의의 위임적 성격과 그로 인한 대표성의 약화를 참여민주주의는 대표성의 증대를 통해 보완할 수 있다.

2) 반응성의 문제: 작은 단위의 민주주의와 생활 속의 민주주의

참여민주주의는 직접적인 정부정책과 입법 등에 대한 참여와 교육을 통해 정부와 대표의 반응성을 높임과 동시에 시민사회의 기제를 통한 자기통제의 원리로 직접적으로 반응성을 높일 수 있다. 이러한 응답성은 비단 정치 영역에서만이 아닌 산업민주주의자들이 주장하는 것처럼 작업장의 수준까지 확대 될 수 있을 것이다. 나아가 학교와 가정과 같은 소규모 공동체의 사회적인 문제까지도 포괄할 수 있다. 이런 점에서 참여민주주의는 다차원적인 영역에서의 반응성을 높임으로서 민주주의에 기여할 수 있다.

3) 책임성의 문제: 직접민주주의와 자기 책임성

참여민주주의의 가장 높은 가치 중의 하나는 자신의 통치에 대한 자신의 책임이 될 것이다. 직접적인 참여를 기반으로 하는 참여민주주의는 자기 책임성에 따라 민주주의의 책임성을 증대한다. 여기에 더해 기존 대표에 대한 통제기제로 작동함으로써 민주주의의 통제가능성과 그에 따른 책임성을 증대시킬 것이다.

하지만 이론적인 견지와 이상적인 견지에서 보았을 때 그렇다는 것이지 현실에서 참여민주주의가 반드시 이렇게 작동하는 것은 아니다. 참여민주주의의 높은 이상적 가치와 다양한 제도에도 불구하고 참여가 어떤 목표에 의한 것인지 그리고 참여주체간의 조화는 어떻게 달성될 수 있는지와 기존의 제도와 어떻게 제도적으로 연관되어질 수 있는지 등의 다양한 요인들에 의하여 결과는 달라질 것이기 때문이다. 바이마르공화국이라는 가장 민주적인 정치체제에서 히틀러가 대대적인 지지를 받으면서 권력을 장악했다는 것은 민주주의가 위험할 수 있다는 점을 우리에게 잊을 수 없는 교훈으로 던져준다.

(6) 한국에서 참여민주주의와 대의민주주의의 관계: 대체냐 보완이냐

이상의 논의를 통해 우리는 참여민주주의에서 무엇을 배울 수 있는가? 우리의 정치에는 지역주의의 잔존이라는 전근대적인 요소가 아직도 남아있고 정치인의 비리문제나 파벌 문제로 시민과 대표간의 거리 역시 좀처럼 좁혀지고 있지 않다. 반면에 16대 총선과 17대 총선에서의 시민사회의 움직임이나 자원봉사 등에서 보이는 시민의식이 새로운 시대에 대한 기대를 높이는 것 역시 사실이다. 그러나 이런 것들을 근거로 참여민주주의를 대의민주주의를 대체하는 것으로 놓을 수는 없다.

대체여부를 판단하기 위해서 우리는 먼저 한국 민주주의의 역사적 조건을 따져보아야 한다. 현재 한국은 서구가 참여민주주의 초기에 보인 것과 같은 대의민주주의에 대한 부정과 대체차원에서 참여민주주의의 논쟁을 하는 것이 아니다. 우리의 짧은 대의민주주의 역사를 볼 때 우선 고려될 것은 우리 현실에서 좀 더 잘 작동할 수 있는 대의 기제를 만드는 것이 될 것이다. 여기서 대의민주주의를 포기하고 참여민주주의로 가자는 주장은 아직 정착되지 않은 제도에 대한 성급한 결론을 가져올 가능성이 있다. 우리의 대의민주주의는 아직 성장통이 더 필요할 수 있다. 많은 부분들이 정착되어가고 있고 수정되어가고 있다. 민주주의를 환경과 가치관 속에서의 과정적 산물로 본다면 우리의 민주주의는 이제 민주주의의 질적인 심화를 위한 보완적 기제를 어떻게 안착해가는 제도들에 결부시킬 것인가의 숙제를 가지고 있는 것이다.

여기에 더해서 한국의 참여민주주의 도입에 대한 한계가 확실히 존재한다. 앞서 본 참여민주주의 한계들 - 참여자 능력의 한계와 사익추구경향, 무임승차, 기회주의적 속성, 과도한 참여와 민중주의로의 변질 우려 - 에 대한 대응책을 통해 참여민주주의가 올바른 방향으로 정립되어 갈 수 있도록 노력할 필요가 있다. 이런 점에서 장기적 관점에서 정치에 대한 교육은 대의민주주의와 참여민주주의 모두에게 중요하다고 하겠다.

4. 결사체민주주의

표를 통한 비교

대의민주주의: 정당과 의회 중심의 간접적 민주주의
결사체민주주의: 이익집단과 결사체 중심의 민주주의

이제 우리는 다른 측면에서 민주주의를 살펴보고자 한다. 그것은 살라몬(Salamon)이 주장하듯이 19세기의 민족국가의 등장에 버금갈 만한 또 하나의 변혁인 결사체(association)의 혁명과 관련된 것이다. 급속한 결사체의 확산과 이를 통한 민주주의의 구축을 꾀하는 결사체민주주의는 최근 다시 발견된 민주주의이론으로 이것은 개인중심의 자유주의와 집단을 중시하는 사회주의에 대한 대안으로 등장했다. 하지만 새롭게 부상하고 있는 이 이론은 결코 새로운 것은 아니고 이미 19세기부터 발전되어 온 이론이라 할 수 있다.[73)]

결사체민주주의가 어떤 원인에 의해 작동하고 어떤 이론적인 지지를 받는지 알아보는 것은 다양한 유형의 결사체를 분류하고 각각의 의미를 규정하는데 있어서 필수적인 작업이라 하겠다. 결사체민주주의가 어떻게 작동하는지에 대한 제도적 모색을 통해 현실적으로 어떤 기여를 할 수 있는지 알아보고 한국에서의 함의를 생각해 보도록 한다.

73) 정상호, “결사체민주주의의 원리와 쟁점”, 『민주주의 대 민주주의』, pp.123-124.

(1) 결사체의 개념과 유형화

1) 개 념

결사체를 통한 민주주의를 이해하기 위해서는 먼저 결사체가 무엇을 의미하는지를 알아야 한다. 결사체의 논의가 폭발적으로 늘어나고 있지만 개념의 합의는 아직 확립되어 있지 않다. 따라서 우리는 다양한 이론가들의 논의 속에서 결사체의 윤곽을 잡아야 한다. 먼저 코헨과 로저스(Cohen & Rogers)는 결사체를 개인과 가족을 국가와 선거 등 공식적인 제도에 연결시켜주는 다양한 영역에서의 비가족 조직으로 정의한다. 이들의 개념은 자연발생적인 1차적 결사와 구분해서 2차적 결사를 사용하고 있다. 허스트(Hirst)는 결사체를 개인과 가족을 국가와 시장에 연결시켜 주는 모든 매개 집단으로 정의한다. 베버는 결사체를 개인적 선택에 의하여 가입한 회원들에 한하여 유효성을 갖는 확정된 규제절차를 갖고 있는 조직으로 정의하였다. 알몬드의 정의 역시 베버식의 도구적 관점을 갖추고 있는데 그는 전문성과 조직화의 정도를 통해 '비결사적 이익집단(non-associational interest group)'과 '결사적 이익집단(associational interest group)'으로 구분한다. 이런 정의들에서 우리는 결사체를 개인, 가족, 국가, 시장, 자연공동체와 구분되는 자발성에 기초한 사회집단으로서 개인이나 가족을 국가에 연결시켜주는 매개조직으로 정리할 수 있다.[74)]

따라서 위의 정의를 보게 되면 자연발생적 조직이 아닌 자발성에 기초한 사회조직은 모두 결사체에 포함된다. 그렇다면 공익을 추구하는 시민사회와 집단적인 사익을 추구하는 이익집단을 동일한 틀에 넣고 결사체민주주의를 논의해야 하는가라는 문제에 부딪친다. 즉 아리스토텔레스가 이야기한 시민들로 구성된 정치와 미국식의 다원주의를 동일하게 보아야 하는 문제에 빠지는 것이다. 이런 문제는 결사체민주주의를 다루는 문헌들에서도 자주 발생하는 문제이기도 하다. 이런 문제는 이익집단이 사익과 공익을 추구하는 두 가지 조직을 모두 포함하고 있기 때문이다. 매캔지(Mackenzie)는 이익집단의 유형을 '당파적 이익집단'과 '촉진적 이익집단'으로 구분한다. 해고피안(Hagopian) 역시 '범주적 이익집단'과 '촉진적 이익집단'으로 유형화한다. 당파적 이익집단이나 범주적 이익집단이 상대적으로 사적인 이익을 추구하는 단체로 볼 수 있는데 이들의 활성화를 주장하는 민주주의를 공익을 추구하는 촉진적 이익집단 중심의 민주주의와 동일하게 놓는 것은 이론적으로도 문제지만 현실적 정책상에서도 문제를 낳을 수 있다.

이에 따라 결사체민주주의라는 포괄적인 민주주의를 다시 4개의 이론으로 구분하자는 견해도 있다. 4개의 이론은 공동체주의, 시민사회론, 사회자본론, 결사체민주주의가 각각 그 이론들이다. 이들 이론은 각기 다른 역사적 맥락과 학문적 맥락 속에서 발전해 왔다.[75)]

---

74) 정상호, p.123-124.

75) Sigrid Abingdon Roßteutscher, Democracy and The role of association: political, organizational and social context (Routledge. 2005) 정상호, p.125. 재인용.

결사체민주주의는 다양한 민주주의의 이론적 배경 속에서 다양한 민주주의 제도를 주장한다고 볼 수 있다. 유럽의 사회조합주의 전통에 기반한 이론과 미국의 자유다원주의에 기반한 이론이 다르고, 이익 결사체인지 시민결사체인지에 대한 접근 역시 다르다. 이를 도식화하면 아래와 같다.[76]

표를 통한 비교 **결사체들의 구분**

		사상적 기반	
		유럽의 사회조합주의	미국의 자유다원주의
강조된 결사체	이익결사체	조합주의적 이익결사체	다원주의적 이익집단이론
	시민결사체		다원주의적 시민결사체

먼저 이렇게 다양한 결사체로 인해 다양한 결사체민주주의 정의가 가능하다는 점을 받아들일 필요가 있다. 그리고 결사체민주주의 안에 이 모든 것을 다 집어넣는 것과 세분화된 모델들을 가려내고 분류해서 지정한 의미에서 결사체민주주의를 구체화하는 것은 이론적 입장과 정책적 입장을 반영한다. 포괄적인 정의는 결사체의 숫자를 늘려 결사체의 확대라는 현상을 설명하고 긍정적 역할을 부가하고자 한다. 반면에 결사체민주주의를 좀 더 분획하는 것은 결사체 중에 어떤 결사체가 현재 필요한지에 대한 논의를 세분화하고 그에 따른 역량의 집중을 꾀할 수 있다.

따라서 우리는 먼저 결사체를 좀 더 넓은 의미에서 정의하고 그 의미를 알아본 후 결사체들의 세분화된 유형화를 통해 결사체 내부의 분화와 분화의 의미를 알아보도록 한다.

넓은 의미에서 결사체민주주의는 기존의 대의제적 정치과정이 시민사회의 다양한 이익과 관심을 집약하고 중재하는 능력에 한계를 보이고 그에 따른 과부하 정부(overloaded government) 현상이 심화되는데 대한 대안적 민주주의라는 배경을 가진다. 결사체민주주의는 시민사회 내에 결성된 포괄적 결사체로 하여금 단순히 시민적 관심과 이익을 표출하는 차원을 넘어서서 국가와의 직접 협의를 통해 정책결정과정 및 집행과정에 개입하도록 함으로써 결사체에 강력한 공적 기능을 부여하고자 한다. 이런 분류에서 결사체민주주의는 거대규모의 코포라티즘(조합주의)과 협의적 코포라티즘(조합주의)의 기제를 포괄하고 있다.

2) 유형화

결사체민주주의를 파악하는 다양한 접근방법이 있다. 먼저 다원주의 시각에서 결사체의 비판, 견제, 감시, 민주주의의 교육 등의 역할을 강조하는 입장이 있다. 반면에 결사체를 통한 정치적 참여를 강조하는 참여민주주의의 입장도 있다. 심의민주주의의 입장은 결사체를 통한 토의와 공적 영역의 확장을 꾀한다. 이에 비해 사회적 자본이론은 결사체의 경험을 통

76) 정상호, p.126.

한 신뢰와 협조의 규범을 강조한다. 합리적 선택이론에서는 결사체의 공적, 민주주의적 역할에 대해 건전한 회의주의를 제기한다. 역사제도적 접근은 특권에 대항하는 약자의 정치적 역량과 자원으로서의 결사체를 강조한다. 반면에 집합 행동의 딜레마 극복을 위한 제도적 고안으로의 입장도 있다. 시장과 국가와 대비되는 정치경제 거버넌스 유형으로서 결사체민주주의를 주장하는 이론도 있다.

결사체민주주의에는 결사체 자체를 강조하면서 결사체와 민주주의 사이의 관계를 규명하고자 하는 협의적 결사체민주주의가 있고 다원주의적 시민결사체를 모두 포괄하는 광의적 결사체민주주의가 있다. 협의의 결사체민주주의는 대안적인 이익대표체계 혹은 대안의 민주적 거버넌스로서 심의민주주의, 전자민주주의 등과 마찬가지로 독립적인 민주주의의 운영체계로서의 가치를 가진다고 한다. 즉 조합주의적 이익결사체가 협의적 관점에서의 결사체민주주의이다. 좀 더 구체적으로 보면, 슈트렉과 슈미터(Streeck and Schmitter)는 결사체 거버넌스를 가장 체계적으로 발전시킨 '사적 이익정부(Private Interest Government: PIG)'를 제시한다. 국가의 허가와 보조 하에서 사적 이익집단들에게 공적인 책임을 위임함으로서 이들이 자신들의 특수한 이익보다는 공적인 이익(public interest)을 도모하고 공공정책적 역할을 담당하게 만드는 구조로서 "사적 이익집단의 공적인 활용(public use of private organized interest)" 혹은 "규제된 자율규제(regulated self-regulation)"의 개념으로 묘사된다.[77]

반면에 광의의 결사체민주주의는 학문적으로나 공론에서 결사체에 중요한 지위를 부여하고 있는 다양한 목소리를 지칭하는 것이다. 여기에는 지역공동체를 강조하고 자발적 자원활동과 시민적 참여를 강조하는 공동체주의(communitarianism), 미시적으로 익명의 개인들을 중재하는 다양한 사회조직들의 민주적 기여를 강조하는 시민사회의 패러다임(civil society paradigm), 신뢰와 사회적 상호작용의 네트워크를 강조하는 사회자본(social capital)이론 등이 여기에 모두 포함된다. 재미있는 것은 광의나 협의적 결사체 이론은 교류가 적음에도 불구하고 다음의 두 가지를 공유한다는 것이다. 하나는 대의민주주의가 심각한 문제를 노정한다는 것이고 둘째는 결사체적 전환(associative turn)이 대안이 될 수 있다고 주장한다는 점이다.[78]

(2) 결사체민주주의 이론에 있어서 '시민'의 문제

결사체민주주의가 어떤 기능을 수행하고 어떤 단점이 있는가를 알아보기 앞서서 결사체의 구성에서 핵심이 '시민사회' 혹은 '시민결사체'의 개념이란 점을 이야기 할 필요가 있다. 그것이 '사회(society)'로 표현되거나 '결사체(association)'로 표현되거나 양자는 '시민(civil)'이라는 개념을 공유한다. 따라서 우리는 결사체민주주의를 공부하면서 '시민'에 대한 개념을

77) 유석진 · 김의영 · 임혜란, "정치경제", 『정치학의 대상과 방법』(서울: 박영사, 2005), p.275.
78) 정상호, p.128.

먼저 살펴보아야 할 것이다. 뒤의 PART Ⅳ의 7장 시민사회론에서 더 자세히 다루겠지만 간단히 정의하면 시민사회란 '공공성'을 추구하는 비국가적 자율공간에서 활동하는 자발적 단체를 의미한다.

(3) 결사체의 주요 기능

1) 결사체의 장점

결사체민주주의는 대의민주주의가 정치의 수동화와 참여의 부족을 만든다는 점과 저대표 현상, 민주주의의 재생산부족의 문제를 가지고 있다는 점과 무책임성의 문제 그리고 정부에 과도한 부담을 준다는 점을 지적하고 이에 대한 대안으로 등장한 것이다. 따라서 결사체민주주의가 추구하는 것은 결사체를 통해 대의민주주의의 대표문제와 책임의 문제 등을 해결하는 것이다.

결사체민주주의가 가지는 장점으로 첫째, 대표의 기능을 들 수 있다. 결사체를 구성함으로서 소외될 수 있는 일반시민의 요구와 공적인 요구를 대표할 수 있다. 특히 대표성의 평등차원에서 장점이 있다. 결사체를 통해 권력자원이 부족한 하층계급이나 소수세력의 대표성을 강화시킴으로써 평등을 오히려 강화할 수 있다.

둘째, 공적인 혹은 공공 정책적인 기능을 수행한다는 것이다. 결사체들은 정책결정자에게 신뢰할 만한 정보를 제공하고 정책 형성과 실행과정에서 정부의 짐을 덜어줄 수 있다. 이는 대안적 정부(alternative governance) 이론으로 나타난다. 즉 시민사회나 집단의 이익과 관심을 단순히 정부에 중재해 주는 차원을 넘어서서 정책결정과정 및 때로는 집행과정에 깊이 개입함으로써 사회적 통치(social governance)의 기능을 강화시킨다는 것이다. 결사체민주주의는 이를 통해 과부하정부(overloaded government)에 의한 민주주의의 위기를 해소 할 수 있다고 한다. 또한 정책결정자들에게 시민사회의 정보를 정확하게 전달함으로써 정책결정의 시기적 적실성, 효율성, 신뢰성을 높일 수 있다. 여기에 더해 참여를 통한 시민결사체의 강화와 함께 넓은 틀에서 참여민주주의의 미덕을 살릴 수 있다.

셋째, 결사체의 사회화 기능을 들 수 있다. 시민교육과 시민의식(civic consciousness)을 함양함으로서 참여를 확대하는 선순환관계를 구축할 수 있다. 이를 통해 시민사회의 공적기능은 갈수록 강화될 수 있는데 국가의 권력에 대항하는 시민사회 구축과 함께 시민들에게 시민성을 함양할 수 있는 교육기능 역시 강화될 것이다.

2) 결사체민주주의에 대한 비판과 재반박

시민결사체의 한계도 지적된다. 결사체민주주의가 가질 수 있는 약점으로는 결사체의 지대추구와 집단 이기주의의 해악, 불평등한 정치적 영향력의 문제가 제기된다. 또한 저소득층의 참여 능력의 부족과 참여의 기회를 제한한다는 점도 문제이다. 이에 더해 사회적 자본에서 배타적 결속적 사회 자본의 증대로 사적 신뢰만을 증진할 수 있다는 점도 눈여겨보아야

한다.[79)]

결사체민주주의에 대한 한계를 좀 더 거시적인 틀에서 들여다 보기 위해서는 결사체민주주의의 이론적 쟁점 차원에서 살펴볼 필요가 있다. 이론적 쟁점은 크게 세 가지 부분으로 분획해 볼 수 있다. 첫째 쟁점은 결사체는 모두 민주적인가에 관한 근본적인 회의이다. 결사체의 민주주의와의 친화성을 자연스러운 것으로 간주하거나 혹은 이를 신화화하려는 경향에 대한 이론적 논쟁이다.[80)] 둘째 쟁점은 결사체에 관한 국가의 역할(내재적 긴장)이다. 이 쟁점은 결사체의 성격 변화를 위한 제도설계 즉, 인위성(artifactuality)의 주체와 관련해서 국가가 전략의 주체인가 아니면 시민의 자발적 참여에 의한 것인가에 관한 것이다.[81)] 세 번째 쟁점은 결사체민주주의와 다른 민주주의 혹은 이익대표체계와의 연관성과 관련(외재적 긴장)된다. 즉 결사체민주주의와 대의민주주의와의 보완관계나 결사체민주주의와 코포라티즘과의 관계나 결사체민주주의와 공화주의와의 관계 그리고 결사체민주주의와 다원주의의 관계의 문제이다.[82)]

결사체민주주의에 대한 비판에 대응하여 결사체민주주의자들은 우선 결사체민주주의에 대한 이상형을 비판하기에 앞서 보다 현실적인 평가가 필요하다는 점을 지적한다. 특히 결사체민주주의를 다른 민주주의와 비교해봤을 때 결사체민주주의는 보다 민주적이고 효율적인 거버넌스 기제가 될 수 있다는 것이다.

둘째, 결사체민주주의자들은 기존 모델에 대한 우월성보다는 기존 모델과의 상호보완성을 강조한다. 결사체민주주의는 대의민주주의의 지역적·개인적 대표방식을 보완할 수 있다. 또한 결사체민주주의의 원리와 대의민주주의가 충돌할 경우 의회에게 최종 권한을 부여하는

79) **사회적 자본의 두 가지 유형**: 로버트 퍼트남(R. Putnam)은 사회적 자본을 두 가지로 구분한다. 하나는 배타적 혹은 결속적(bonding) 사회자본이고 다른 하나는 포용적 혹은 교량적(bridging) 사회자본이다. 배타적 사회자본은 사적인 지대를 추구한다는 점에서 포용적 사회자본과 다르다.

80) **결사체 성격 논쟁**: 첫 번째 이론적 쟁점은 다시 4가지 입장을 가지고 있다. 첫째, 이익집단이론으로 이익결사체가 가장 대표적인 결사체라고 주장한다. 여기서는 이익집단의 평등성을 자연스러운 것으로 간주하는 것을 비판한다. 둘째, 시민사회를 근본적으로 선한 것으로 보는 토크빌 식의 자유다원주의적 시민사회론에 대한 비판이다. 좌파적 관점에서 시민사회는 부르주아의 지배가 관철되는 영역인 것이다. 셋째, 시민사회가 언제나 민주주의에 대해 긍정적인 효과가 있다는 전제에 대한 비판이다. 피오리나의 경험적 연구는 결사체의 참여가 증가한다면 정치과정에서 극단적인 주장을 하는 조직화된 소수의 수중에 정책결정이 떨어진다는 것을 보여주었다. 넷째, 결사체가 늘 긍정적이거나 부정적인 것이 아니라 그것이 뿌리를 두는 맥락(context)이 중요하다는 역사-제도학파의 비판이다. 정상호, pp.139-141.

81) **국가와 결사체간 관계 입장**: 두 번째 쟁점은 다음의 두 가지 견해를 공유한다. 첫째, 결사체 주창자들 모두가 인정하는 점은 결사체의 특징과 성격은 고정되거나 자연적인 것이 아니라 정치제도가 만들어 낸 기회와 인센티브의 산물이며 따라서 정치와 공공정책에 따라 변한다는 것이다. 둘째, 국가의 주요기능을 관련 결사체에 분권 위임하되 그것의 집행과정에 대한 감시와 조정기능은 오히려 강화되고 있다는 점이다. 두 번째 논쟁의 대표적 학자로 코헨과 로저스는 국가를 중시하는 입장으로 '국가주의적 결사체민주주의'로 구분되고 허스트는 시민사회를 강조하는 '사회적 결사체민주주의'로 분류된다. 정상호, pp.142-144.

82) 정상호, pp.144-148.

방법으로 이 문제를 해결할 수 있다고 본다. 게다가 이익 집단 정치 모델과 상호 보완적으로 공존이 가능하다고 본다. 시민 결사체들은 다원주의가 내포하고 있는 기업가 집단의 특권이나 이익집단 간의 세력 불균형문제에 하나의 해법을 제시할 수 있고 과도한 이익갈등에 대한 견제기능과 시정 및 중재 역할을 수행할 수 있다고 본다. 또한 결사체민주주의는 사회조합주의적 협의에서 소외될 수 있는 일반 소비자와 시민의 이익과 공적인 요구를 대표할 수 있는 장점이 있다. 반대로 조합주의와 다원주의가 결사체민주주의의 한계를 보완할 수도 있다. 실제 조합주의의 국가 통제가 결사체의 결함을 보완할 수 있다. 또한 다원주의의 경쟁과 견제 메커니즘을 통해 불평등의 문제를 해결할 수도 있는 것이다.

세 번째 반박은 파벌의 해악을 인간 본성으로 여긴 것에 비해 결사체민주주의는 시민사회의 이기적이고 비민주적인 부분들을 시정해 갈수 있는 결사체의 '인위성(artifactuality)'을 받아들일 수 있다는 것이다. 인위성은 결사체의 속성을 정책적 개입과 인위적 노력을 통해 변화시킬 수 있다는 입장이다. 따라서 인간본성과 같은 고정적인 시각에서 정치를 바라볼 것이 아니라 변화가능성의 관점에서 정치와 사회를 볼 수 있다는 것이다.

결사체민주주의에서 중요시되는 시민사회의 순기능과 역기능은 시민사회가 신사회운동과 새로운 정치의 주체로 얼마나 중요한지를 보여준다. 또한 그것이 만능열쇠가 아니라는 점 역시 보여 준다. 따라서 한국의 시민사회의 성장과 결사체의 증대를 통한 민주주의의 진척은 순기능을 강화하고 역기능을 줄일 수 있는 방안의 모색에 달려있다고 할 수 있다.

(4) 한국에서의 결사체민주주의

코헨과 로저스는 결사체민주주의의 문제점을 4가지로 제시한바 있다. 먼저 인민주권의 침해가능성으로 조직과 회원의 갈등가능성이다. 이것은 과두제의 철칙이 얼마나 강력하게 현실을 지배할 수 있는가를 보여준다. 둘째, 정치적 평등의 문제로 기존의 기능적 전문집단이 정부의 파트너로 우대받을 확률이 크다는 것이다. 셋째, 분배적 형평의 악화를 들 수 있다. 조직화가 어려운 저소득층이나 사회적 약자에게 소득수준의 악화를 가져올 수 있다는 것이다. 마지막으로 시민의식과의 충돌가능성인데 결사체는 덜 정치적인 조직에만 (국가가)공적 권한을 위임하는 경향이 심화될 수 있고 한편으로는 경쟁적인 집단의식을 과잉 고취할 수 있다는 것이다.[83] 이런 한계점은 한국에도 그대로 적용될 수 있다.

먼저 한국 시민사회를 지나치게 비관적으로만 혹은 낙관적으로만 볼 필요는 없다. 한국 시민사회의 성장은 괄목할 만하다. 이제 한국은 '동원적 시민사회'를 넘어 '제도적 시민사회'를 구축하고 있다. 한국의 시민사회는 전두환 군부정권 초기 '방어적 시민사회'와 유화국면 후 '출현적 시민사회'를 지나 1985년 2. 12총선 후 '동원적 시민사회'로 나타났다. 그리고 민주화 이후 '제도적 시민사회'로 나타났다.[84] 한국에서 민주화 이후 시민사회의 양적 증가는

---

83) 정상호, pp.148-149에서 재인용.

84) 임혁백, pp.334-339. 여기서 임혁백 교수는 민주화 이후 한국 시민사회의 특징을 다음과 같이 평

눈에 띄게 증가했다. 이런 시민사회의 성장은 2000년의 16대 총선에서 낙천낙선운동으로 그 정점에 도달했다. 그리고 17대 총선과 16대 대선에서도 시민사회의 활동은 대의제 민주주의에 대한 질책과 대안으로 나타났다.

긍정적인 입장에서 민주화 이후 시민사회 운동의 두 가지 방향에 주목하는 견해는 첫째, 시민사회가 특정 정책적 분야에서 시민적 이해와 관심을 조직하고 이를 정책적으로 실현하려는 압력단체적 운동을 특징으로 한다고 본다. 둘째, 시민사회 운동의 방향으로서 '종합적 시민운동(encompassing civil association)' 또는 '포괄적 시민운동(catch-all civil association)'으로 불리는 시민 결사체 운동을 제시한다. 가장 현실적인 예로 경실련이나 참여연대를 들 수 있을 것이다.[85] 하지만 부정적인 입장에서는 시민사회가 국가에 대항하는 역할을 완성하고 난 후 현재는 시민사회의 보수적 헤게모니가 강화되면서 보수적 시민사회 대 진보적 시민사회의 구조가 나타나고 있다고 한다.[86]

한국의 시민사회에 대한 입장을 긍정적으로 볼 것인지 아니면 부정적인 것으로 거부할 것인가 하는 식의 이분법적인 시각은 의미가 없다. 이보다 시민사회라는 민주주의의 하나의 기제를 어떻게 잘 활용하고 위에서 본 부정적 여파를 줄일 것인가를 따져보는 것이 건설적인 논의를 이끌어 줄 것이다. 여기에는 제도적인 방안의 모색과 함께 다른 민주주의 장치를 통한 보완이 같이 고려 될 필요가 있을 것이다.

5. 심의민주주의

표를 통한 비교

대의민주주의: 선호집약적 민주주의, 합리성에 기반한 민주주의
심의민주주의: 선호재구성 민주주의, 성찰성에 기반한 민주주의

(1) 심의민주주의의 등장 배경

대의민주주의의 위기를 대표성의 문제와 함께 선호집약의 경쟁성이 가지는 문제로 파악한다면 대의민주주의 자체는 이것에 대한 해법을 찾을 수 없다. 대의민주주의의 결정방식은 특히 그것이 다수결 방식을 사용한다면, 지지자의 크기인 권력의 크기가 '무엇이 공적으로

가했다. ① 시민사회의 자율성 증가 ② 시민사회의 활동범위 확대 ③ 제도적 시민사회 급성장, 동원적 시민사회 급격히 퇴조 ④ 시민적 덕성을 갖추지 못한 '지대추구적인' 시민 결사체 번성. 이에 비하여 주성수 교수는 한국시민사회의 특징을 다음과 같이 보고 있다. ① 점진주의적 세계관에 입각한 사회운동 전개, 성장과 사회적 평등 동시 추구 ② 대결보다는 협력지향적 ③ 사회 제 계층간 광범위한 연대 모색, 운동주체의 탈계급화 모색 ④ 절차적 정당성에 기초한 합법, 평화운동 ⑤ 지역 분산적, 분권적, 자생적 ⑦ 사회적 공공선 추구.

85) 임혁백, p.340.

86) 최장집, 『민주화이후의 민주주의』, pp.227-230.

우선되어야 하는가'를 결정하게 된다. 하지만 여기에는 힘의 논리가 다수결주의라는 제도를 통해 관철되는 것 외에 소수자와 다수자의 이해를 조정하고 수렴하고 이를 통해 새로운 대안을 제시하려는 노력은 부족한 것이 사실이다. 따라서 공익 혹은 공공선은 실제로 조금 더 우월한 사익과 사적인 이해관계를 반영할 가능성이 높아지게 되는 것이다.

여기에 더해 새로운 정치적 갈등의 해결 방안으로서 대의기제는 한계를 가지고 있다. 예를 들어 환경, 낙태, 시민 불복종, 소수자 등에 대한 차이의 인정문제 등은 수적인 이해로 다룰 수 있는 전통적인 이해관계가 아니다. 이것은 삶의 존재 조건 자체의 문제거나 삶의 궁극적 가치인 개인의 존엄성 확보와 관련된 문제이다. 과연 이런 문제를 우리는 대표에게 위임하는 것으로 문제를 해결할 수 있는가? 그리고 그것으로 만족하는 것이 바람직한가?

이런 관점에서 대의민주주의를 비판하는 입장에 대한 대안으로서 심의[87]민주주의가 주목받고 있다. 토의 또는 심의를 통해 집단적 결정을 하고자 하는 심의민주주의는 자유주의가 가지고 있는 개인의 자유에 대한 지나친 의존성이 도덕적 고려를 간과하게 한다는 점을 비판하면서 자유롭고 평등한 시민들 간의 이성적 토론을 통한 집단적 결정을 내세운다. 여기서 우리는 자유주의에 대한 철학적 관점에서의 도전으로서의 심의민주주의와 시민들의 토론과 심의라는 제도적 장치의 중요성으로서의 심의민주주의 그리고 공익의 재구성이라는 구성주의적 관점에서의 심의민주주의를 살펴본다.

(2) 심의민주주의 이론

1) 고전적 이론의 역사

심의민주주의는 고대 그리스 시대로부터 그 뿌리를 가진다. 페리클레스의 연설에서 나타나는 민주주의에 대한 자부심은 이를 잘 보여준다. 이후 심의민주주의는 존 스튜어트 밀(J. S. Mills)의 영향을 받는다. 그는 오류에 근거한 인간을 상정하고 토의를 통한 인간의 능력을 보완하고 제도하고자 했는데 이런 제도화는 의회를 통해 나타난다. 그는 토의를 통해 무엇보다 자기완성을 위한 자기 교정의 중요성을 강조했다.[88]

하지만 근대에 이르러 자유주의의 영향을 받아 공적 토의를 부정하는 이론들이 만연하게 되었다. 그 대표적인 예로 슘페터의 '엘리트민주주의 이론'이나 다운즈의 합리적 선택에 기반을 둔 '공간 경쟁 모형' 또는 달의 '다원주의 모형'을 들 수 있다. 자유주의는 개인의 이성

---

87) **심의의 의미**: 심의는 단순한 논의를 넘어서는 것이다. 단순히 의견을 교환하는 것이 아니라 심도 깊은 사고와 논의를 통해 진실을 찾는 것이다. 대의민주주의가 단순히 인민의 의견을 교환하는 것이라면 심의민주주의는 인민의 의견과 선호를 재구성하고자 한다. 따라서 심의를 하기 위해서는 틀릴 수 있으며 틀린 것을 고칠 수 있는 자세가 요구된다. 이는 경제적 합리성의 이익의 외생적 규정이라는 가정을 깨뜨려야 한다. 즉 자신의 이익이 심의과정을 거쳐 다시 구성될 수 있도록 선호가 내생적으로 규정될 수 있어야 한다. 이것은 성찰성이라는 인간의 합리성에 대한 수정을 통해서 가능해진다.

88) 오현철, "토의민주주의: 이론 및 과제", 『민주주의 대 민주주의』, p.103.

을 통한 보편적·합리적 선택을 강조한다. 즉 모든 사람은 이성을 통해 자신의 선택을 할 수 있고 이것은 보편적인 것으로 시공을 초월한다. 따라서 모든 인간은 보편적인 선호를 가지게 될 것이기 때문에 이런 선호를 어떻게 취합해서 결정하는가의 문제가 남는 것이다. 따라서 집단적 선호를 도출하기 위한 공적 심의나 토론은 상대적으로 중요하게 다루어지지 않았다.

이러한 주류 자유주의 이론에 대한 비판으로서 20세기 후반 하버마스와 롤즈에 의해 심의민주주의는 부활하게 되었다. 급진주의자인가 자유주의자인가에 대한 이들의 입장 차이에도 불구하고 하버마스와 롤즈는 모두 "정치적 선택이 정당화되기 위해서는 그 선택이 자유롭고 평등하며 합리적인 행위자들이 목적에 대해 토의한 결과여야만 한다"고 보았다.[89]

2) 심의민주주의 이론

심의민주주의는 '지속적 선호의 변화'를 통해 '합의된 집단의사를 형성'하는 것을 의미한다. 심의민주주의가 공통적으로 내세우는 기본 토대의 이면에는 이론가들마다 다양한 심의민주주의의 기능과 양태에 대한 접근들이 있다. 따라서 대표적인 이론가의 견해를 통해 심의민주주의의 다양한 측면을 살펴보는 것은 의미있는 일이 될 것이다.

① 하버마스: 심의민주주의에 대한 철학적 토대 제공

하버마스는 경제체계로 대표되는 사적 영역과 행정권력으로 대표되는 공적영역이 아닌 제3의 영역으로서의 공론의 장[90]이자 생활세계를 구축한다. 그는 경제 체계와 행정 권력으로 구성된 체계에 의해 생활 세계가 식민화된다고 보았다. 따라서 이러한 식민화에 저항하

---

89) 오현철, p.105.

90) **하버마스의 공론장**: 하버마스는 공론장을 중심으로 유럽에서 여론형성과 민주주의를 설명하였다. 근대가 되어 부르주아들이 문화를 이야기하던 살롱이나 맥주집과 같은 공간이 점차 정치적 공론의 장이 되었다. 이 공론의 장에서는 공공성과 공개성을 기반으로 담론이 형성된다. 이 공간의 담론이 국가를 운영하는 방식에 영향을 미치는 것이다.
좀 더 부연해보자. 공동체의 가치를 논의할 수 있는 공간으로서 공론장은 부르주아 사회의 발전 속에서 만들어졌다. 부르주아가 '사적영역'을 통해서 경제적 정보를 얻으면서 공론의 장이 구성되기 시작한다. 경제적 이익을 얻기 위해서 정보를 교환하는 장에서 부르주아는 교양적 공론장으로 발전한다. 왕과 귀족의 '과시적 공론장'과 달리 부르주아는 자신들의 문화적 교양을 상호 교환하는 공간으로서 영국의 커피하우스, 프랑스의 살롱, 독일의 다과회에서 문화적 토론을 공적으로 즐겼다. 이들은 문화인으로서 자신들의 교양을 과시하면서 즐겼다. 사적공간에서 경제적 이익을 위해 출발하여 문화적 공간을 확보한 공론의 장은 공적인 문제를 논의하는 장으로 확대되었다. 개인적 자유와 인권과 소유권을 확보한 부르주아는 자신들의 공동체에 관련된 문제를 논의하는 공간으로 공론의 장을 확대했다. 이제 공론장은 가족이나 시장의 사적공간도 아니며 국가의 공적공간도 아닌 제 3의 영역에서 공적인 논의를 할 수 있는 공간이 되었다. 공적공간의 공간속에서 소통은 의사소통을 통해서 이루어진다. 의사소통은 생활을 위해 필요한 언어가 아닌 공적인 문제를 논의하기 위한 논의로서 담론에 의해서 구축된다. 담론 속에서 사실이 무엇인지를 검증하는 것이 중요하다. 개인들의 선험적 가치로 공적인 문제를 다루지 않고 심의를 통해서 공동체의 공적인 문제에 대한 합의를 만들어 간다.

고 제 3의 영역을 남겨두기 위해 (시민영역에서의)담론[91]과 의사소통의 힘을 중요하게 보았다. 공적인 합의 이전에 의사의 형성과 의견의 교환을 통한 담론의 구성이 중요하게 된다. 하버마스에게 담론은 '성찰적 이성'을 갖춘 사회적 개인들 사이의 토론을 통해 형성되는 것이다.[92] 실정법의 정당성은 언제나 이처럼 합리적이라고 추정되는 의견 형성과 의지 형성의 절차로부터만 도출될 수 있다. 즉 제도 권력은 의사소통권력에 복종하여 시민들의 동의하에서만 행사 될 수 있는 것이다.[93]

하버마스는 양면적 토의를 제시한다. 시민의 자유로운 토의 정치가 '법률적 제도화', 즉 '정치 담화와 법률 담화의 제도화'로 전환된다는 것이다. 즉 의회 내의 토론과 의회 밖의 시민사회의 공적 토론이 교차하게 되는 것이다. 여기서 핵심은 제도화된 공론 영역의 중추인 의회이다. 하지만 하버마스는 국가기구에 대항하는 시민사회의 공론장의 역할을 강조하면서도 최종적인 의사결정 권한을 여전히 국가기구에 위임함으로써 여전히 국가가 결정하고 시민사회가 지지, 견제하는 전통적인 '정치적 노동분업' 원리를 충실히 따르고 있다는 점에서 롤즈와 차별성이 없다는 비판을 받고 있기도 하다.[94]

② 롤즈의 이론: 질서 정연한 입헌 민주주의로서의 심의민주주의

롤즈는 심의민주주의의 세 가지 핵심 요소로서 ① 토의를 인도하는 공적 이성 ② 보편적으로 공적 이성을 따르고 정치 행위 속에서 공적 이성의 이상을 실현하려는 시민들의 지식과 열망 ③ 이를 위한 공공 정책에 대한 근본적인 문제와 이슈에 대한 정연하고 진지한 토론의 3가지를 제시한다.[95] 그의 이론의 독특성은 공적 이성의 개념에 있다. 하버마스가 거의 모든 주제를 토론을 통해 해결하고자 했다면 롤즈는 '공적 이성'[96]의 개념을 가지고 논의 되어야 할 주제를 한정한다. 즉 공적이성은 시민사회와 대학이나 교회 등의 많은 협회의 비공적 이성을 배제한다. 단지 논의는 '헌법의 본질적인 요건들'과 '기본적 정의의 문제들'에 국한된다. 그리고 공식적 회의, 의회, 사법부에 가장 잘 적용된다. 이것은 롤즈가 『정치적 자유주의』에서 어떻게 가치다원주의를 해소할 것인가에 대해 제시한 해법에서 잘 드러난다.

---

91) **담론의 의미**: 생활을 위한 의사소통과 공적 의사소통을 위한 의사소통이 있다. 이중 공적의사소통을 위한 언어활동을 담론이라고 한다.

92) **의사소통을 위한 3가지 전제조건**: 첫째, '공중성' 둘째, '공개성' 셋째, '자유와 평등의 원칙'이 필요하다. 첫째, '공중성'은 공공의 문제를 다루는 것이다. 소통의 장에서 공적인, 공개적인 문제를 논의, 토론, 소통을 하는 것으로 사적인 문제를 토의하지 않고 나라의 일, 공적인 일, 공권력문제등을 토의하는 것이다. 둘째, '공개성'은 공공의 문제를 논의할 때 공개적으로 한다는 것이다. 소통을 위해서는 광장에서 공개적으로 주장을 하는 것이다. 셋째, '자유와 평등의 원칙'은 정치적 논의를 할 수 있는 정치적 자유로서 언론, 출판, 집회, 결사의 자유가 보장되어야 한다는 것이다.

93) 오현철, pp.106-107.

94) Dryzek, Deliberative Democracy and Beyond(Oxford: Oxford University Press, 2000), 오현철, "민주주의의 새로운 공간" 한국정치학회보 제 41집 제2호에서 재인용.

95) 오현철, p.107.

96) **롤즈의 공적 이성의 의미**: 롤즈의 공적이성은 개인들 간의 공존을 목적으로 하여 사회구성원 간의 협력을 통해 사회가 유지된다는 것을 받아들이는 민주적 시민의 이성을 의미한다.

그는 가치다원주의에서의 공존은 개인들이 종교적, 도덕적, 철학적 이유로 자신이 가지고 있는 신념을 정치적 장에서 주장하지 않을 때 가능하다고 보았다. 공존을 위해서는 앞의 종교, 철학적인 부분을 배제하고 '정치적인 것'에 국한해서 협력의 조건을 정하고 이것을 헌법과 법률로 정하는 것이 필요한 것이다. 따라서 이런 합의가 도달될 수 있도록 모든 신념이 인정될 수 있는 영역이 '중첩적 합의'의 영역이다.[97]

공적이성은 모든 정치적 질문에 적용되는 것이 아니라 '헌법의 본질적인 요건들'과 '기본적 정의의 문제들'에만 국한된다. 공적이성은 공식적인 회의, 의회 연단에서 발표할 때의 의회 의원들, 공무와 공적 결정을 내릴 때의 행정 집행자, 사법심사제가 있는 입헌적 민주주의에서의 대법원에 잘 적용된다. 특히 법관은 자신의 의견이 아니라는 점에서 공적 이성의 표본이 되는 것이다. 하지만 이런 주장은 롤즈가 결국 미국 연방대법원 판사들의 심사숙고만이 심의민주주의로 보는 것일 뿐이라고 비판을 받게 만든다.[98]

③ 코헨(Cohen)의 이론: 하버마스와 롤즈의 이론적 절충

코헨은 하버마스와 롤즈의 장점을 함께 취한다. 하버마스가 타인의 합리적인 동의를 끌어낼 수 있는 한 자기 이익을 자유롭게 주장할 수 있게 허용한 반면, 롤즈는 '정의의 원칙'[99]과 '공적 이성'을 도입하여 사적 이익을 배제한 공적 판단을 강조한다. 그는 토의의 제도화를 강조하여 의회 밖의 토의를 강조한 하버마스를 뛰어넘는다. 여기에 더해 사법부에 한정된 롤즈를 넘어서 다른 국가 기구와 다양한 결사체로 확장하고자 한 것이다. 특히 결사체 중에서 정당의 역할을 강조하였다. 무엇보다 코헨의 공로는 토의와 민주적 의사결정과정을 강조한 점에서 찾을 수 있는데 그는 하버마스식의 "더 나은 논증의 힘 외에는 어떤 강제도 없다"는 점을 강조하여 제도 속에서 어떻게 토론이 그 힘을 발휘할 수 있는지를 보여준다.[100]

④ 이론적 정리

이외에도 심의민주주의에 대한 다양한 관점들이 있지만 대부분의 이론가들은 입법부, 사법부, 대중매체, 작업장, 삶의 공간, 직능단체, 노동조합, 문화제도, 사회운동 등이 모두 토론

---

97) 김만흠, 『그림으로 이해하는 정치사상』(서울: 개마고원, 2005), p. 236.

98) 오현철, p.108.

99) **롤즈의 절차적 정당성으로서 공정성**: 롤즈는 현대 사회의 정의의 원칙은 절차적 정당성에 있다고 보았다. 이런 절차적 정의는 단순 절차정의같은 방식으로 달성될 수 있다. 즉 A와 B라는 두 사람이 파이를 나누기로 하고, 먼저 A가 파이를 자르고 그 뒤에 B가 원하는 것을 먼저 선택하는 룰을 만들었다고 가정해보자. 이런 경우 A는 B의 선택 이후에 자신이 선택할 것이기 때문에 최초에 파이를 나눌 때 자신의 몫을 크게 분배한다면 자신이 손해를 볼 것을 알 것이다. 만약 이런 방식으로 사회적 가치를 분배하는 룰을 형성한다면 정의는 달성될 수 있을 것이다. 이런 정의를 확보하기 위해 그는 '원초적 상황'이란 가정을 만든다. 원초적 상황에서는 '무지의 장막'이라는 정보차단장치가 있다. 이 경우 참여자들은 사회적 재화를 분배할 때 자신이 가장 나쁠 수 있는 상황을 고려해서 분배게임에 참여할 것이다. 이런 조건은 실질적으로 사회적 안전망을 형성하게 될 것이다.

100) 오현철, p.108.

장이라는 데 의견이 일치한다. 또한 정치과정을 자유주의와 달리 자기이익적 경쟁 이상의 것으로 보는 점도 동일하다. 사뮤엘 프리만(Samuel Freeman)에 따르면 이러한 이념이 실제 제도로 적용될 때 심의민주주의는 '자유로운 정치적 토론, 입법과정에서의 공개된 토의, 공동선의 추구'로 요약된다. 하지만 심의민주주의는 자유주의나 정체성의 정치(인종이나 성적인 부분에서처럼 자신의 정체성을 강조하고 자신의 문화를 강조하는 정치)처럼 단일한 핵심주장을 하는 것은 아니며 민주주의의 이상이나 특정한 모습에 대해 동일한 의견을 가지고 있는 것은 아니다.101)

하지만 주의할 것은 심의민주주의로 받아들일 수 없는 주장들을 걸러내는 것이다. 즉 개인들이 '합당성, 합의 지향, 반대자 존중' 등에 우선적으로 동의하는 것으로 토의를 간주해서는 안 된다. 이런 경우 '토의를 통한 동의'로 심의민주주의를 좁혀서 왜곡된 동의나 결과로서의 동의에 가치를 지나치게 부여하는 문제가 나타나기 때문이다. 심의민주주의는 이런 상황에서조차도 논증이 전진을 만들어낼 수 있음을 보여주어야 한다. 또한 지나치게 타자를 존중하는 것으로 전제한다면 토의 장소까지 사람들을 불러오기 위한 파업, 시위, 상징적인 위해, 시민불복종을 행하는 것은 정치영역에서 빠져버리는 문제가 있다.102)

(3) 심의민주주의의 현실적 작동

1) 심의민주주의 이념의 제도화

하버마스는 양면적 토의정치론을 통해 토의의 무대로서는 시민사회의 공론영역을, 토의결과를 실행하고 실천하는 영역으로는 제도정치의 영역을 상정했다. 이것은 심의민주주의가 어떻게 제도화되어야 하는가의 문제를 남긴다. 하버마스가 볼 때 심의민주주의가 실현되기 위해서는 다음의 세 가지 조건이 충족되어야 한다. ① 동등한 시민들 간의 자율적 의사소통에 필요한 권리체계의 수립 ② 공통된 목적에 대해 토의로 형성된 의견들의 법적 표현 획득 가능성 ③ 법적으로 구체화된 이해들이 국가의 행정장치들을 조종하도록 책임 부여.

이런 심의민주주의는 모든 이들이 참여하거나 대표들이 참여하여 만드는 집합적인 의사결정이란 점에서 민주적이고, 참여자들이 논증을 통해 의사결정을 내린다는 점에서 토의의 성격을 가진다. 즉 제도화란 결국 토론자들의 의사소통적인 힘이 국가권력으로 전환되는 것을 의미한다. 따라서 이를 달성하기 위한 조건이 중요해진다. 먼저 시민의 광범위한 참여가 필요하고 정보에 근거한 공적 판단이 필요하다. 그리고 충분한 토의 기회를 가져야 한다. 여기에 더해서 시민사회의 발전, 공론장의 활성화, 시민들 간의 합리적 연대 등이 필요하다.103) 그리고 이렇게 결집된 의사가 반영될 수 있는 구체적인 제도의 확보가 필요하다. 특

---

101) 오현철, p.110.

102) 오현철, p.110.

103) **심의민주주의 조건**: 오현철, pp.112-113. 임혁백 교수는 심의민주주의의 조건으로 ① 평등의 조건: 심의과정 참여에서 동등조건. 따라서 기존 정보·자원 배분구조개선 필요 ② 자유의 조건 : 종

히 토의장치가 어떻게 구체적으로 작동할 수 있는가를 제시하지 못한다면 심의민주주의는 공론의 장의 논리에서 벗어나기 어렵다.

답안을 위한 사 례

심의민주주의의 제도장치들과 현실사례

1. 구체적 제도화 기제: 심의 투표, 공론의 날 행사, 의회에서의 심의, 합의 회의, 심의 투표(심의를 거친 뒤 투표를 함)
2. 현실적 역할: 정치적 역할, 도덕적 역할, 인식론적 역할
3. 한계: 엘리트적 속성, 공간과 시간의 제약. 심의 공간의 기득권세력의 장악가능성
4. 미래와 한국: 심의민주주의는 한계가 있음에도 유용한 대안. 단위차원을 낮추면 특히 유용
5. 시민배심원제 사례: 울산시 북구 '음식물자원화시설건립'에 시민배심원제 도입. 구청, 민주노동당, 주민의 3자가 40명을 배심원으로 추천하여 이들이 견학과 정보를 바탕으로 패널토론 형식의 공청회를 거쳐 공사의 중단 또는 계속 여부를 최종 결정.
6. 브라질 포르토 알레그로시 참여예산제 사례: 시의 예산편성과 심의 · 집행 · 평가 등에 시민참여 보장. 16개 지구마다 주민총회 통해 예산요구안을 작성→각 지구에서 2명씩 뽑힌 평의원들이 예산배분의 우선순위를 결정하고 시민들은 예산집행과정을 감시. 정치에서 배제되었던 빈곤층의 삶의 질을 개선하고 시민의 정치의식 높임. 130만명의 인구가 있고 시 예산의 22%을 결정함. 문화공연에 이어 시민참여자가 발언하고 시담당자가 발언을 하는 순서로 진행이 됨.

2) 심의민주주의의 현실적 역할

워렌(Warren)은 심의민주주의는 정치과정에서 정치적 역할, 윤리적 역할, 인식론적 역할을 해야 한다고 한다. 이 토대를 기반으로 3가지 역할을 개괄하면 다음과 같다.[104] 첫째, 정치적 역할에는 다음의 기능들이 포함된다. ① 심의민주주의는 토의 과정이 개인들의 선호, 의견, 상호 이해, 윤리적 지평, 타인의 입장에 대한 정보와 평가에 영향을 미친다고 가정하고 실제 그 효과가 입증됨. ② 탈전통적 정당성을 중시함: 과거 민족주의, 애국심 등에 기반해 충성심을 획득하던 전통적인 정치문화보다 심의민주주의에 의해 성취되는 정당성이 더 바람직함. ③ 정체성의 정치와 같은 이슈에서 도덕적 충돌을 윤리적으로 강제함: 낙태문제

교, 사상의 자유 ③ 이성의 조건 등을 들고 있다. 또한 심의민주주의 목표를 '정보의 저수지화'로 정보비대칭성을 극복하는 것으로 본다. 여기에 더해서 현실적으로 심의민주주의가 작동하기 위해서는 ① 참여자의 현재적 지식과 정보 보유 ② 헌법적 차원의 참가에 대한 자유와 평등보장 및 교육기회보장 ③ 시민들의 이익의 공유 ④ 상대에 대한 배려 및 존중 ⑤ 기존의 대의제 민주주의 기구에 토대라는 5가지 요건을 들고 있다. 임혁백, "심의민주주의", 『세계화시대의 민주주의』, p. 165-170.

104) 오현철, pp.112-117.

나 성적 소수자문제 등에 대해 자유주의와 공화주의는 해법을 제시하지 못하는 반면 심의민주주의는 이런 가치 다원적인 사안들도 토의를 통해 그 도덕성 여부를 판단해야 한다고 주장함. ④ 통치 가능성의 증대: 상이한 도덕적 견해를 가진 사람들 사이에서조차도 정치적 갈등을 해결하는 능력을 고양함. ⑤ 절차주의의 중시를 통해 도덕적 결정이 사전에 이루어지지 않게 함으로서 도덕적 논증에도 정치적 공간을 열어줌.

실제 펑(A. Fung)과 라이트(E. O. Wright)의 연구에 따르면 심의민주주의 이념이 실현된 사례에서는 주민들에게 직접 당면 문제들에 대한 공적인 의사결정을 내리는 제도적 기회를 제공함으로써 기존의 대의 기구가 직면한 문제들을 토의로 해결하고 참여 의식을 고취시켰다고 하는 실증연구도 있다. 이는 심의민주주의가 제도적으로 작동한다면 그 장점이 있다는 점을 보이는 것이다.

둘째, 윤리적 역할은 도덕적 충돌이 논의되도록 허용하는 절차이론이라는 점이다. 이것은 정당화의 조건을 제공한다는 점과 분화된 사회구조에서 도덕적 통합이 가능하지도 않을 뿐 아니라 바람직하지도 않다는 점 때문이다. 따라서 도덕적 논의가 이루어질 수 있는 것 자체가 중요하다.

셋째, 인식론적 역할은 하나의 주장을 개인들이 납득할 때 확립된다. 정치 과정에서 적절하게 구성된 과정으로부터 도출된 결정들이 전문가들만의 결정보다 더 큰 타당성을 갖기 때문에 심의민주주의가 의사결정을 위한 가장 합리적인 방식이 된다. 이 과정에서 전문가와 일반인의 의견이 보완된다. 만약 분업에서 전문가의 견해가 신뢰할 수 있다면 도출된 결정들의 권위는 더욱 확대될 것이기 때문이다. 따라서 전문가와 일반 시민사이의 수평적 의사소통 구조가 중요하다.

3) 심의민주주의의 한계

마케도(Macedo)는 심의민주주의가 다음과 같은 점들로 인해 비판받고 있다고 한다.[105] 첫째, 토론에 기반한 의사결정 과정에 대한 지나친 강조가 현실정치에서 이루어지는 이미지화된 토론에 정당성을 부여 할 수 있다. 그리고 일상의 억압적 대화가 심의민주주의의 도덕적, 민주적 기초를 침식할 수 있다. 둘째, 도덕적 불일치의 근원일 수 있는 이익과 권력의 불균등성에 적절한 관심을 보이지 못하고 있다. 셋째, 의제가 지나치게 일반적이다. 따라서 개인적 신념이나 공동체의 믿음, 종교적 신념이 개입될 여지를 남기지 않는 문제를 가지고 있다. 넷째, 소수집단이나 정체성 정치와 같은 대안적 정치 유형의 정당성을 부인한다. 따라서 심의민주주의는 배제가 아니라 포섭의 논리를 펼 때에만 정당성을 획득할 수 있다. 다섯째, 토론 이외의 정치적 행동을 위한 공간을 제거하는 문제가 있다. 교육, 조직, 동원, 시위, 로비, 캠페인, 모금활동 등은 비토론적이지만 민주주의의 중심에 있는 것들이다. 여섯째, 엘리트의 활동에 기반할 것이고 동양의 유교사회에 적절할 것이다. 따라서 심의민주주의는 문

105) 오현철, pp.117-118.

화적 한계선이 분명히 존재한다. 일곱째, 모든 당파가 타당하거나 공정한 것으로 수용할 수 있는 토의적 관점이란 존재하지 않는다. 따라서 심의민주주의론은 타당성, 상호성, 객관성, 불편부당성 혹은 공정성이라는 도덕적으로 고양된 근거를 추구하고 확보하려는 자유주의의 한 변종에 불과하다. 여덟째, 제도디자인 문제와 정책 평가의 문제를 구분하지 못한다. 정책 평가 기준으로 제도 작동을 평가해서는 안 된다. 민주주의 제도는 내재적 성격이 아니라 그 제도의 유용성에 의해 평가되어야 한다. 아홉째, 민주주의의 절차적 요소와 내용요소를 구분하여 이론을 전개하지 못한다.[106]

(4) 심의민주주의의 미래

하지만 이 비판들의 많은 부분은 심의민주주의에 대한 오해에서 비롯되었거나 심의민주주의의 이론적 발전에 의해 이미 해결되었거나 아직 논쟁 중에 있다.[107] 굿만과 톰슨은 심의민주주의가 그럼에도 불구하고 중요한 이유를 다음과 같이 제시한다. 심의민주주의는 집단적 결정의 정당성을 확보해준다는 점과 공적 이슈에 대한 관심을 고양한다는 점과 상호의사존중의 의사 결정을 조성한다는 점과 실천을 통해 과거의 실수에 대한 교정을 가능하게 해준다는 장점이 있다는 것이다.[108]

따라서 심의민주주의에 대한 비판을 불식시키고 장점을 극대화하기 위해서는 워렌(Warren)의 주장처럼 다음의 조건을 충족시키려는 노력이 필요하다. 먼저 사회적으로 민주주의의 장을 확대할 필요가 있다. 또한 문화적 측면에서 권위적이고 교조적 태도를 감소시키려는 노력 역시 필요하다. 또한 경제적 영향력이 정치 사회 영역을 지배하지 않도록 하기 위한 경제적 안정장치와 제도가 모색되어야 한다. 정치적으로 외부적 위협으로부터의 안전이 보장되어야 하고 언론, 출판, 집회, 결사의 자유와 토의에 필요한 대표체계와 의견형성 체계가 구축되어야 한다.[109]

(5) 한국에의 함의

한국 역시 지금까지 보아 온 것처럼 선출된 대표는 시민의 요구에 응답하지 않는다는 문제가 있다. 여기에 더해 세계화로 인하여 중앙정부의 문제해결 능력과 범위가 약화된 것도

---

106) **임혁백 교수의 심의민주주의 평가**: 임혁백 교수는 심의민주주의의 장점과 한계를 다음과 같이 지적한다. 유용성은 ① 사회문제해결 능력 높음: 문제해결과 해결방식에 있어서 정당성, 윤활성이 높음. ② 대표의 정책수행에 정당성 부여. ③ 민주주의의 학교기능 : 민주주의 교육 통해 문화고양. ④ 이타주의적이고 공동체 지향적 행동 장려 : 상대성 원칙 인정. 반면에 한계로는 다음의 것들이 지적된다. ① 결정성의 부족 ② 참가자의 지대추구행위 무임승차 문제 ③ 강자우선시 경향과 구조 ④ 심의 가능한 공간이나 규모의 제약 또는 파벌화 ⑤ 과정자체에서 편협성 있는 무리나 참가자가 특권화 가능 (합의에서 양보안함).

107) 오현철, p.118.

108) 오현철, p.119.

109) 오현철, pp.119-120.

사실이다. 또한 최근 토론프로그램이나 제도들의 증대는 토론을 통한 공적인 결정이 중요할 뿐만 아니라 실제적일 수 있다는 점을 보여준다. 게다가 한국의 정보통신기기의 발달도 심의민주주의에 대한 기대를 증폭시킨다.

하지만 심의민주주의가 한국에서 시행되어 민주주의의 질적인 상승을 가져오기 위해서는 넘어야 할 고비들도 많은 것이 현실이다. 우선 심의민주주의가 거대한 규모에서 작동하기 어렵기 때문에 지방자치단체나 작업장 민주주의 등에 시도해 보는 규모의 문제를 들 수 있다. 그리고 시민들의 문제로서 심의민주주의가 제대로 작동하기 위한 시민의 토론과 심의 능력, 정보 능력의 문제를 따져보아야 한다. 특히 토론이나 심의가 장기간 일어날 수 있는 다원적인 가치의 문제에 대해 우리가 얼마나 관용을 가지고 토의를 지속할 수 있는가 하는 점이 지적될 수 있다. 그런 면에서 우리의 정치문화에 대한 고려와 발전방향을 심의민주주의논의와 병행해 나갈 필요가 있다.

우리나라의 심의기제들이 어떻게 구체적으로 작동하면서 심의민주주의의 원칙을 달성할 수 있을지를 알아보는데 있어서 우리는 비교정치의 도움을 얻을 수 있을 것이다. 다른 나라들의 선구적인 제도적 실험을 통해 우리가 배울 수 있을 것이기 때문이다. 앞서 본 표의 브라질 포르토 알레그로시의 사례가 유명하다.

6. 전자민주주의

표를 통한 비교

대의민주주의: 전통적 공간에서 선호집약적 민주주의
전자민주주의: IT의 발전에 기반하여 공간확대하고 쌍방향적 속성의 민주주의

(1) 전자민주주의의 의미

우리는 정보통신 혁명이라는 거대한 흐름 속에 살고 있다.[110] 정보통신혁명은 우리의 일상생활을 지배적으로 변화시키고 있다. 뿐만 아니라 경제의 새로운 활력으로서 논의가 되기도 한다. 하지만 정치적으로 무엇보다 중요한 점은 정치의 거대한 변화를 야기해서 기존 민주주의가 가지고 있는 공간적 시간적 제약을 해소시켜 줄 수 있을 것이란 점이다. 따라서 정보통신혁명이 가져오는 전자민주주의에 대한 구현은 그간 대의민주주의가 가지고 있던 민주주의의 민주적 결핍(democratic deficit)과 정통성의 위기를 해결 할 수 있을 것으로 전망된다.

110) 「Megatrends」의 저자 내스빗(J. Naisbitt)은 10개의 거대한 흐름(trend) 중 2개가 정치영역에 있다고 한다. 이는 ① 참여민주주의의 경향: 70년대 미국 국민투표, 국민발안권 확대로 이런 참여민주주의 성향이 사회 일반까지 확산된 경향 ② 중앙집권에서 지방분권화 경향이다.

전자민주주의를 중요한 민주주의의 양태로서 논의하게 만드는 두 가지 변화가 있다. 하나는 정보통신혁명으로 민주주의가 작동하는 사회·정치적 환경이 획기적으로 변화했다는 것이다. 정보처리과정의 속도변화는 현실사회를 급속하게 변화시켰고 이것은 행정부 수준에서는 행정부의 행정업무의 공개나 정보공개와 의사 수렴으로, 정치체계 수준에서는 입법부나 정당의 지지도 취합이나 선거운동과 입법과정에서의 전자표결절차 등으로 나타나고 있다. 이 뿐 아니라 시민들은 과거 선거기간에만 등장하는 투표권자에 지나지 않았던 '소극적 시민'으로부터 자신들의 의견을 표현하고 조작할 뿐만 아니라 일상적인 정치과정에 개입하는 '적극적 시민'으로 변화하였다.[111]

두 번째 변화는 대의민주주의로 대표되는 현대 민주주의의 위기에 대해 민주주의의 사상과 실천에 새로운 활력을 불어넣을 수 있는 수단을 제공한다는 점이다. 대의민주주의의 아이러니는 대의민주주의가 이데올로기 대결에서의 최후의 승자로 위치하게 됨과 동시에 대의민주주의의 활력을 상실하고 있다는 점이다.[112] 사회주의나 전체주의 등의 도전에 대해 민주주의가 우월하다는 점은 역사가 입증해주었다. 하지만 대의민주주의로 대표되는 자유민주주의는 엘리트적인 속성으로 시민과 엘리트간의 거리를 벌리고 시민들을 통치의 대상에 국한시킨다는 점에서 비판받는다. 이런 대의민주주의를 극복하면서 민주주의에 대한 활력을 부여하고자 하는 시도에 전자민주주의는 확실히 하나의 희망이다. 그것은 그간 대의민주주의에 대한 많은 비판에도 불구하고 국민국가단위에서 대의민주주의를 선택할 수밖에 없었던 공간적, 시간적 문제를 해소해 줄 것으로 전망되기 때문이다. 과거 미합중국의 헌법을 제정할 때 직접민주주의보다 대의민주주의를 채택한 이유 중의 하나였던 인민의 정보전달능력 취약성과 그에 따른 의견 집약 기술력의 부족이라는 문제가 해결될 수 있는 것이다. 또한 미국의 전자투표실험에서 보이는 것처럼 과거 인민의 투표를 제약하려던 유권자 등록과 선거제도를 개선할 수 있기도 하다.

하지만 다양한 민주주의의 논의와 마찬가지로 민주주의를 바라보는 시각과 민주주의를 구체적으로 실현하는 주체나 방식 그리고 이들을 매개하는 정보통신혁명과 매체에 대한 다양한 인식들은 전자민주주의에 대한 평가를 달리하고 있다. 이들은 전자민주주의가 대의민주주의에 대한 대안이 될 수 있다는 입장과 대의민주주의를 보완할 것이라는 입장과 이런 입장에 대해 회의적으로 보는 입장으로 나뉘어 논쟁을 하고 있다. 우리는 이들의 논의가 주장하는 방식을 살펴보고 구체적으로 전자민주주의가 어떻게 나타나고 있는지를 보면서 한국에 주는 함의를 고려해본다.

---

111) 조영재, "전자민주주의: 논쟁, 현실, 전망", 『민주주의 대 민주주의』, pp. 155-156.
112) 조영재, p.157.

(2) 전자민주주의의 논의

표를 통한 비교

평등화가설: 자유주의에 기반. 정보화가 정보격차를 줄여서 시민참여를 증대
정사화가설: 정보화는 정보격차를 심화시키고 시민참여증대를 가져오지 못함

1) 대안민주주의의 실현수단 1: 직접민주주의

전자민주주의에 대한 최초의 논의는 직접민주주의의 실현이라는 장밋빛 기대에서 출발했다. 달버그(Dahlberg)에 따르면 정보통신혁명이 직접민주주의를 실현시킬 수 있는 수단을 제공할 것이라는 믿음은 1970년대 미국의 케이블 TV의 발전과 함께 시작되었다고 한다. 당시 미국 오하이오주 컬럼버스시의 쌍방향 상업케이블방송이었던 'Qube'는 공적인 문제를 다루던 케이블 방송프로그램들을 통해 시청자들의 의견을 구했고 이 때 시청자들은 TV에 부착된 소형 블랙박스의 버튼을 통해 자신의 의견을 표명할 수 있었다. 이것은 직접민주주의의 가능성을 예견케 했는데 이때 미래학자 앨빈 토플러는 비록 원시적인 형태이지만 향후 보다 발전된 정보통신기술을 통해 직접민주주의를 실현시킬 수 있는 역사적 출발점이 될 것으로 예견했다.[113)]

베커는 흔히 원격민주주의(teledemocracy)라고 불리는 이런 논의는 미국 뉴잉글랜드의 타운쉽에서 연유한 '전자 마을 회의(electronic town meeting)'라는 모델을 통해 더욱 구체화 되었다고 한다. 이것은 Qube 방식보다 진일보한 것으로 과학적으로 무작위 추출한 표본대상들에게 정보를 제공한 후 원격투표를 하도록 하였다. 투표자들이 적절한 정보를 가지고 결정을 할 수 있도록 필요한 시간과 정보를 제공한 것이다.[114)]

이런 모형들이 주로 라디오나 TV나 신문 등에 의존했다면 인터넷의 발전은 컴퓨터를 전자민주주의의 핵심적 위치에 세우게 되었다. 인터넷을 기반으로 한 원격회의나 개표결과를 집계하는 소프트웨어가 직접민주주의 실험에 성공적으로 활용되기도 했다. 이런 입장의 정점에 있는 것이 '국민투표적 민주주의(plebiscitary democracy)'이다. 정보통신의 발달로 일상적인 투표가 관련사안과 적용범위와 관계 없이 가능해진 것이다. 이렇듯이 전자민주주의를 직접민주주의의 실현수단으로 사용하고자 한 입장은 피치자를 통치자로 바꾸게 될 것이고 그만큼 '인민에 의한 통치'라는 민주주의의 이상에 가까이 다가가려 할 것이다.[115)]

---

113) 조영재, pp.159-160.
114) 조영재, p.160.
115) 조영재, p.160-161.

2) 대안민주주의의 실현수단 2: 심의민주주의

심의민주주의와 대의민주주의를 결합시키려는 시도 역시 중요하다. 심의민주주의 주장의 핵심은 민주적 정당성이란 단순히 자유로운 선택(투표)과 이 선택을 집계하는 것(정책 결정)에 있는 것이 아니라 자유롭고 평등한 조건 속에서 합리적인 토론을 통해 공적인 결론에 도달하는 과정 즉 '심의(deliberation)'에 있다는 것이다. 여기서 심의란 "단순한 토론(debate)이나 의견교환(discussion)과 달리, 개인적인 이해관계와 의견들이 더 높은 차원의 것으로 합의되고 통합에 이르는 것을 지향하는 의사소통이다. 즉 대화, 토론, 설득을 통하여 개인들이 자신의 의견과 선호를 계속 변화시켜가면서 합의된 집합적 의견을 만들어 가는 과정"이라고 할 수 있다.116) 이런 관점에 따르면 의견의 기계적 집계 방식에서만 다른 대의민주주의나 직접민주주의 모두 비판의 대상이 된다.117)

그렇다면 어떤 조건에서 심의민주주의는 정당화되는가? 하버마스가 심의민주주의에 대한 철학적 기반을 제공했는데 그는 '이상적인 담론 상황(ideal speech situation)'으로 다음과 같은 조건을 제시한다. 첫째, 모든 사람은 토의를 시작하고, 질문을 제기하고, 답변을 요구하고, 논쟁을 시작할 기회를 평등하게 지녀야 한다. 둘째, 모든 사람은 지정된 토의 주제에 의문을 제기할 권리를 가진다. 셋째, 모든 사람은 토의가 진행되는 방식과 절차에 대해 이의를 제기할 수 있는 권리를 지녀야 한다.118)

심의민주주의자들은 심의 가능성을 전자민주주의의 인터넷공간에서 찾고 있다. 이곳에서 공론의 장을 형성함으로서 심의민주주의를 실현하고자 하는 것이다. 이들은 인터넷이 심의와 토론에 장애가 되는 시간, 거리, 장소의 문제를 해결해 준다는 점과 심의에 참여하는 이들이 느끼는 심리적, 사회적 장벽을 익명성으로 제거함으로써 다양한 인종과 문화의 차이에도 불구하고 자유로운 심의를 가능하게 해준다는 점에 주목한다. 따라서 이들은 유즈넷 그룹, 이메일리스트, 웹포럼 등 비공식적으로 심의가 이루어지는 공간과 온라인 공론조사나 사이버 배심원제도 등의 공식적인 제도를 중요하게 본다. 이 분야에서 최초의 시도는 미네소타 지역정치의 현안을 중심으로 지역주민, 정치조직, 언론매체, 기타 사적부문을 포괄했던 '상호작용적인 온라인 공론장'이었으며, 이는 다른 나라들의 실험을 자극하고 있다.119)

3) 대의민주주의의 보완수단: 전자민주화와 평등화가설

앞선 논의들은 현실 대의민주주의의 새로운 구축에 한계가 있다. 이들은 아직 대의민주주의가 가지고 있는 핵심적인 제도들인 국회의원과 대의기구, 행정부, 정당을 대체할 만큼 종

116) 이동수, "디지털 시대의 토의민주주의", 『디지털 시대의 민주주의와 포퓰리즘』(서울: 철학과 현실사, 2004), 조영재, p. 162에서 재인용.
117) 조영재, pp.161-162.
118) 조영재, p.162.
119) 조영재, pp.162-163.

합적이고 효율적이지는 못하다. 이들은 기껏해야 대의민주주의의 작동하지 않는 틈새를 메우는 정도의 협소한 지리적 공간과 사안에 국한되어 있을 뿐이다. 그러므로 대의민주주의의 대체보다는 보완이 훨씬 현실적이라고 보여진다.[120]

전자민주화(electronic democratization)라고 불리는 논의는 전자적 수단에 의해 대의민주주의를 보완하고자 한다. 이 입장은 정치과정에서 제대로 역할을 못하는 사람들의 정치권력을 증대시킴으로서 이미 현실정치에서 주도적인 지위를 차지하고 있는 대의민주주의를 한층 고양시키려는 것이다. 이들은 대의민주주의의 문제를 대의민주주의의 구조적인 특성에서 비롯된 것이 아니라 운용상에서 비롯된 것으로 파악하고 특히나 정치 참여에 필수적인 정보나 지식의 결핍과 시민과 정부 간의 커뮤니케이션의 부족이 문제라고 본다. 따라서 전자민주화론자들은 시민과 대표자들 사이에 새롭고 대안적인 정보통신 채널을 구축하고 확대하는 것을 목표로 한다. 이들은 전자마을 회의나 전자정부프로젝트 모두 오프라인의 대의정부의 공적 업무를 보완해주는 것으로서의 의미를 가질 뿐이라고 본다.[121]

이런 관점에서 정보화가 대의민주주의의 기술격차나 정보 격차를 줄여서 참여를 촉진한다고 보는 입장이 '평등화가설'이다. 이 입장은 정보화로 디지털 격차가 줄고 정보 접근이 용이해지면서 정치에 대한 관심이 증대하여 정치 참여가 활성화되고 정치 참여층이 늘어날 것으로 본다.

4) 회의론: 전자전제정치, 공적 덕성의 상실, 전자정보 격차심화

전자민주주의에 대해 회의적인 관점[122]의 견해는 크게 3가지로 나누어진다. 첫 번째 입장은 정보 통신기술이 전자전제정치로 이어질 것으로 보는 입장이다. 이들은 앞선 긍정론자들이 정보화의 효과를 너무 일면적으로만 본다고 비판하면서 고도로 발전된 정보통신기술은 통치자들의 감시능력과 지배영역을 확장하기도 한다고 주장한다.[123] 이 논의는 벤담(Jeremy Bentham)의 원형감옥(Panopticon)논쟁을 토대로 하여 이를 현대적으로 해석한 푸코(Foucault)에 의해 구체화된다. 푸코는 도처에 권력이 편재하고 사회적 통제를 위한 원형감옥이 현대에 와서도 통제방식으로 원용된다고 한다. 이런 원형감옥은 공장과 작업장 뿐 아

---

120) 조영재, pp.163-164.

121) 조영재, pp.164-165.

122) **전자민주주의의 폐해 분석**: 임혁백 교수는 전자민주주의의 부정적인 문제를 다음과 같이 들고 있다. ① 정보 및 의견의 일방적 흐름 강화: Power bloc에 의한 가상공간장악/정보의 부익부빈익빈 현상의 심화/경제력·교육수준의 격차에 따른 Cyber-space 활용능력 불평등/지배세력 강화(국가 내/국가 간) ② 정보화와 사회적 감시: 전체주의적 통제기제로 정보사용 가능성 ③ 정보화와 중우정치 우려: 대중의 전제정 혹은 폭도정치(mobcracy)의 위험/과열민주주의(hyperdemocracy, TIME지 표현 - 여과기능의 부재로 인한 민주주의의 과열현상) ④ 정보화와 정치의 연예화 가능성: 정치의 희화화, 정보수준의 저하 ⑤ 정보과부하에 따른 일반 시민들의 정치적 무력감과 방관자의식의 강화. 임혁백, "정보통신발달과 전자민주주의"

123) 조영재, p.166.

니라 일상생활의 도처에 작동할 수 있다는 것이다.124)

그 근거로 정보통신기술자체가 감시능력을 급속히 확장했다는 점과 현대 국가가 국가자체의 존속을 위해 데이터를 지속적으로 수집하는 등 각종 통계기관을 통해 정보수집에 상당한 노력을 경주해왔다는 점과 감시의 새로운 대상으로 소비·일상영역이 형성·팽창되어 왔다는 점을 들 수 있다. 이런 요소들로 인해 감시와 통제가 강화된 결과는 민주주의에 악몽이 될 수 있다는 것이 이 입장이다.125)

두 번째 입장은 인터넷 공간이 민주주의에 필요한 시민적 덕성(civic virtue)을 배양하기보다는 감소, 해체시킨다는 것이다. 인터넷에서의 익명성은 상호신뢰, 합리적인 토론과 토론을 위한 규범, 공공성에 대한 존중보다는 개인을 원자화하여 무책임한 상호비방과 정치공세가 남발될 것이다. 게다가 인터넷에서 이루어지는 토의 역시 가벼운 잡담수준을 벗어나지 못할 것이므로 심의는 차단될 것이란 점을 들어 전자민주주의에 대해 부정적 입장에 선다.126)

세 번째 입장은 민주주의의 핵심적 가치인 평등이 심각하게 훼손된다는 입장이다. 이 비판의 핵심은 디지털 격차(digital divide)이다. 인종, 소득, 종족, 교육, 젠더 등으로 정보기술의 불평등을 가져오는 디지털 격차는 정보통신기술이 발전할수록 더욱 확대된다고 본다. 실제로 문제가 되는 것은 디지털 격차가 정치, 경제적 권력으로 확대 재생산된다는 점이다. 즉 기존의 권력관계인 엘리트와 대중 간의 관계, 대중과 대중 간의 관계에서 디지털 격차는 이들 사이의 권력불평등을 해소하기 보다는 오히려 강화된다는 입장이다. 따라서 시민들은 다시 수동적인 존재로 격하되기 마련인 것이다.127)

이 입장의 비판이 전자민주주의에 대한 가장 강력한 비판이다. 마골리스(Margolis)와 레스닉(Resnick)은 과거 가상공간은 현실공간과 다른 특성을 보였으나 최근 현실공간을 반영하는 형태로 재구성되는 과정을 특징화해서 '가상공간의 정상화(normalization of cyberspace)'로 개념화하였다.128) 이런 특징은 전자민주주의가 대의민주주의를 보완하려고 하는 정도의 소박한 시도조차도 쉽지 않다는 점을 지적하는 것이다. 가상공간의 권력관계는 현실공간의 모습에서 크게 벗어나지 못하고 오히려 현실권력이 가상공간에 구현되어 현실공간의 권력이 더욱 극대화되므로 시민은 여전히 수동적인 시민의 위치에서 벗어날 수 없는 것이다.

---

124) **파놉티콘과 원형감옥**: 홍성욱 교수는 파놉티콘의 논의가 감시의 증가라는 전제적 입장을 가져오기도 하지만 역감시를 통해 시민사회의 통제력을 증가시키는 입장도 있음을 제시한다.

125) 조영재, p.166. 홍성욱. 『파놉티콘 - 정보사회 정보감옥』(서울: 책세상, 2002).

126) 조영재, p.167.

127) 조영재, pp.167-168.

128) 조영재, p.168.

(3) 전자민주주의의 현실화

1) 행정과정에서의 전자민주주의

대의민주주의에서 집행기구인 행정부를 정보통신기술을 통해 재구축하려는 시도는 '전자정부'로 나타난다. 전자정부구축의 접근방식과 실제진행과정은 시기별, 국가별로 커다란 차이를 보이고 있다. 이는 전자정부의 기반이 되는 인프라에 차이가 있을 뿐 아니라 해당국가의 정치적 이념과 정치세력의 배열 그리고 정부와 시민사회의 관계가 반영되고 있기 때문이다.

전자민주주의와 관련해서는 다음의 2가지 측면에 주목할 필요가 있다. 첫째, 전자적 수단에 의한 정부와 시민 간 수직적 의사소통의 확대를 들 수 있다. 전자정부론 내에서 'G4C (Government for Citizens)'라고 불리며 주민, 부동산, 자동차, 기업 등에 관한 정보를 통합적으로 관리하고 공개하고 처리하는 민원관련 프로젝트가 대표적이다. 이것은 과거 공급자 중심의 일방적 행정과 달리 수요자 중심으로 전환한 행정이라고 평가받는다.[129)]

둘째, 전자정부는 정부 - 시민 쌍방향 의사소통을 증대시킨다. 전자 정부 내에서 'C2G (Citizens to Government)'로 불리는 전자적 민의 수렴과정이 대표적이다. 온라인 공청회, 온라인 게시판 등은 이러한 쌍방향 의사소통을 위한 장치들이며, 민주주의의 관점에서 전자정부가 더욱 확대하고 강화해야 할 의사소통양식으로 평가 받고 있다.[130)]

일반적으로 전자정부는 민주주의의 효율성과 정당성을 높이는 것으로 평가된다. 즉 전자정부를 통해 정부의 투명성과 업무 효율성이 제고되고, 시민에 대한 반응성이 증대한다. 하지만 이런 평가에도 불구하고 이것들은 오프라인 상으로도 가능한 사항을 좀 더 효율적이고 신속하게 한다는 의미를 가진다. 따라서 전자정부의 실험은 대의민주주의의 대체보다는 보완으로 보아야 할 것이다.[131)]

2) 대의과정에서의 전자민주주의

대의과정에서 눈여겨 볼만한 것들은 개별 정치인의 홈페이지와 정당의 홈페이지 그리고 정보를 지닌 유권자들의 공동체 또는 홈페이지를 들 수 있다. 총선연대의 온라인 활동이 대표적이다. 이들 두 영역은 정보통신기술을 통한 대의민주주의의 보완을 논하는 사람들에게 핵심적인 분석의 대상이 되고 있다. 이런 전자 공간이 시민들에게 정보를 제공하고, 참여를 확대시키며, 정치적 대표들의 시민에 대한 반응성을 증대시켰다는 많은 증거들이 있다. 하지만 이에 대한 최종적인 평가는 유보적이다. 여기에는 두 가지 문제가 있는데 하나는 정치적 대표가 주도하는 공간(국회의원과 정당의 홈페이지)과 시민이 주도하는 공간(시민단체 또는 유권자단체의 홈페이지) 이 서로 다른 방향성을 지닌 채 일방적인 의사소통에 머무르고 있다는

129) 조영재, p.170.
130) 조영재, p.170.
131) 조영재, p.170.

것이다. 즉 전자는 정치적 대표가 시민들에게 정치적 홍보와 동원을 매개하는 수단으로, 후자는 시민이 정치적 대표들에게 항의하는 수단으로 간주될 뿐 이 두 개의 공간이 매개되는 장소는 없다.[132)]

이보다 더 문제가 되는 것은 정당정치를 후퇴시킨다는데 있다. 즉 정치 대표들의 홈페이지가 활성화되는 것은 크게 볼 때 정당정치를 개인 정치차원으로 환원시키는 효과를 가지고 있는 것이다. 이런 조건에서 정당은 사회적 균열을 대표하거나 통합하는 기능을 수행하기보다는 유력 정치인 개인의 정치적 배경에 불과하게 될 것이다.[133)]

3) 일반시민들 수준에서의 전자민주주의

일반시민수준에서 전자민주주의의 핵심적 공간은 흔히 '사이버 공동체'라고 불린다. 전자민주주의를 옹호하는 사람들은 사이버 공동체가 현실사회에서 결핍되어 있는 의사소통을 복원해주고 그 결과 시민들이 민주적 정치과정에 적극적으로 결합할 수 있도록 힘을 부여할 것으로 기대한다. 하지만 이에 대한 반론도 적지 않는데 사이버 공동체가 조직에 대한 일체감이나 책임감을 만들어 내기보다는 개인의 고립화와 파편화를 가져올 것이라는 비판론도 있다.[134)]

한국의 사례 역시 양적인 측면에서는 그 성장이 뚜렷해서 민주주의에 기여할 듯이 보인다. 노사모, 국민의 힘, 박사모 등과 같은 정치참여형 사이버 공동체들과 다양한 유형의 공동체가 가상공간에 구축되어 있다. 하지만 이와 같은 사이버 공동체가 민주주의의 안정적 기반을 창출할 것이라는 기대는 아직 확증되지 않은 가설이다. 긍정적인 입장의 대표적인 이론은 사회자본론으로, 사이버 공동체는 규범, 신뢰, 협력과 같은 사회자본을 구축한다는 입장이다. 반면에 사이버 공동체가 개인의 파편화 등을 가져올 것이라는 부정적 견해 역시 존재한다. 사이버 공동체 역시 토론과 공공성에 입각한 담론을 구축하기도 하지만 다른 한편 맹목적인 신뢰와 국수주의적 담론에 의해 쉽게 좌우될 수 있다는 것을 극명하게 드러낸다.[135)]

(4) 전자민주주의의 미래: 앞으로의 전망은 어떠한가?

앞서 보았듯이 전자민주주의의 성과는 긍정과 부정적 여파 모두를 가지고 있다. 이런 추세로 보아 전자민주주의가 앞으로 어떻게 기능할지는 지켜보아야 할 것이다. 따라서 전자민주주의의 미래를 위해서 어떤 조건과 방향이 필요한지에 대한 이야기로 전자민주주의를 마무리하도록 한다.

---

132) 조영재, p.171.
133) 조영재, p.172.
134) 조영재, p.172.
135) 조영재, p.173.

1) 배타적 정당성의 부재

먼저 전자민주주의를 위에서 본 직접민주주의, 심의민주주의, 대의민주주의 보완 등의 한 가지 입장에 대해서만 옳다고 믿는 것은 온당하지 못하다. 왜냐하면 각 관점에서 주장하듯이 정보통신기술을 활용해서 의도한 목적을 달성하더라도 그것 역시 본질적으로 문제를 가지고 있기 때문이다. 대의민주주의가 보완된다 하더라도 대의민주주의는 기본적으로 엘리트적 속성을 벗어날 수 없고 직접민주주의를 실현해도 직접민주주의가 가진 정책결정과 결정내용의 질적 문제는 숙제로 남게 될 것이기 때문이다. 심의민주주의의 달성 역시 동일한 문제를 가지는데 심의를 가능하게 할 상대적으로 균질적인 사회, 정치적 조건의 문제와 심의과정 참여자들의 대표성문제는 정보통신기술이 해결할 수 없기 때문이다.136)

또한 현실의 정치체제가 결정해야 할 사안들이 매우 다양하고 복잡하기 때문에 어느 한 가지 관점에 의존하는 것은 비현실적이다. 전쟁, 합병, 외교와 같은 초국가적 사안이나 주차문제와 같은 지역사안들을 일괄적으로 해결해줄 수 있는 단일한 민주주의는 없기 때문이다. 그리고 배타적 정당성을 부여하지 말아야 할 마지막 이유는 각 관점들이 지닌 의도와 현실의 결과가 반드시 일치하지 않는다는 점을 들 수 있다. 앞서 본 전자민주주의의 부정적 폐해처럼 전자민주주의는 의도하지 않은 결과를 가져올 수도 있기 때문이다. 따라서 각 관점을 배타적으로 보는 것은 바람직하지 못하다.137)

2) 현실적 모색 방향

따라서 바람직한 전자민주주의의 위상을 확립하기 위해 우리는 현실문제로 돌아와야 한다. 이 문제를 현실적으로 풀기 위한 첫걸음은 문제의 본질이 무엇인가를 고려하는 것이다. 우리시대 민주주의의 고민은 인민에 의한 통치 원리를 어떻게 실현하는가이다. 그런데 현실에서 시민은 매우 다차원적인 유형으로 존재한다. 시민은 소비자이자 이용자이고 투표권자이기도 하며 주민이고 이해당사자이기도 한 것이다. 그런데 현재 진행되는 민주주의의 논의는 이 중 한 가지 양태에 집중한다. 대의민주주의는 투표권자로서의 시민만을 강조하고, 참여민주주의 또는 직접민주주의는 주민으로서의 시민을 배타적으로 염두에 두고, 이용자 민주주의는 서비스 이용자로서 시민을 일방적으로 강조하고, 다원민주주의는 이해당사자로서 시민을 고려하는 것이다. 따라서 전자민주주의가 작동하기 위해서는 우선 어느 한 가지 관점을 배타적으로 강조하기 보다는 다양한 관점을 포괄하는 복합적인 기획이 필요한 것이다. 따라서 전자민주주의는 결정해야할 사안과 참여 시민에 따라 선택적이고 복합적으로 고려될 필요가 있다.138)

그리고 전자민주주의가 고려할 것은 민주주의가 가진 제도적 결핍이다. 다른 민주주의들

136) 조영재, pp.174-175.
137) 조영재, pp.175-176.
138) 조영재, p.176.

의 최대의 약점인 원리와 제도사이의 간극문제를 전자민주주의는 해소해야 한다. 전화나 이메일, 인터넷이나 화상회의 등은 더 나은 민주주의를 위한 공론의 장을 확보하게 하거나 의견과 정보 교환을 도울 것이다. 따라서 전자민주주의는 이런 정보 통신기술의 장점을 다양한 민주주의 제도들과 연계할 수 있는 방안을 모색하는 방향으로 나아가야 할 것이다.[139]

7. 공화주의적 민주주의

표를 통한 비교

대의민주주의: 자유주의에 근거한 민주주의. 사적이익의 총합으로서 민주주의
공화주의적 민주주의: 공화주의에 근거한 민주주의. 공공선을 구성하는 민주주의

(1) 공화주의의 의미

공화주의가 정치학에서 관심을 받고 있다. 하지만 정치적 개념으로서 공화주의에 대한 이해는 민주주의와 비교도 안될 만큼 낮은 것이 사실이다. 공화주의의 서구 사상적 계보는 아리스토텔레스가 '인간은 정치적 동물'로서 실천적 미덕만이 진정한 의미의 인간상을 만들어 준다고 본데서부터 출발해서 로마시대의 공화국의 역사를 거쳐서 마키아벨리로 이어진다. 그리고 루소의 급진적 민주주의는 작은 소공동체 규모의 공화주의를 그리고자 했고, 미국에서 공화주의는 왕 없는 사회의 새로운 국가 건설의 원리로 토마스 제퍼슨과 제임스 매디슨 등으로 이어졌다. 그리고 공화주의 이론은 현대에 들어와서 그 계보를 이어가고 있다. 정체나 국가는 개인의 좋은 삶을 실현하는데 주도적인 역할을 해야 한다고 보는 '완전주의(국가가 도덕문제에 개입하할 수 있다는 입장)'의 입장에서부터 개인의 자아는 그가 살아가는 사회와 공동체의 전통과 문화를 포함한 사회적 관계 속에서 만들어져 간다는 것을 주장하는 '공동체주의자(Communitalianism)'와 개인의 자유는 권리라기보다는 타자에 종속되지 않는 것이고 이런 개인의 자유를 실현하기 위한 자유로운 공동체의 직접적인 건설을 목적으로 하는 '공화주의(Republicanism)'[140] 등으로 확장되었다.

서구의 공화주의 이론은 개인 위주의 자유주의가 가져온 서구사회 정치의 폐해를 극복하고자 하는 입장에서 주류 자유주의이론에 대해 비판적 입장을 띤다. 여기에는 보수적인 공동체를 주장하는 우파이론도 속해 있고 해방이라는 관점에서 비판적인 공동체를 구성하고자 하는 좌파이론도 있다. 이런 서구이론의 발전과 함께 한국에서도 1980년대 말부터 공화주의

139) 조영재, p.177.
140) **강한 공화주의와 약한 공화주의 비교:** 강한 공화주의는 공공선이 구성되어 있다고 보는 입장이고 약한 공화주의는 공공선의 시민적 구성을 강조하는 입장이다. 강한 공화주의가 공동체주의로 분류되며 약한 공화주의가 공화주의, 신로마공화주의로 분류된다. 이 절에서는 고전적 공화주의가 강한 공화주의와 공동체주의 입장이고 현대적 공화주의가 약한 공화주의의 입장이다.

에 대한 이해의 지평을 넓히려는 작업이 진행되어 역사학회나 정치학회, 철학회 등에서 서구공화주의이론의 소개와 함의에 대한 연구가 늘어났다. 최근 들어 개헌에 대한 논의가 나오면서 헌법의 중요한 축으로서 민주주의와 공화주의의 원리를 구체화시키려는 시도로 공화주의는 더욱 주목받고 있다.[141] 또한 시민사회의 활성화와 관련한 논의도 공화주의를 학문적으로 더 깊이 있게 보게끔 한다. 양극화의 심화속에서 사회주의의 대안으로 공화주의를 끌어들이려는 시도도 있다.

(2) 공화주의에 대한 관심의 증대의 사회적 맥락

우리 헌법은 한국을 민주공화국으로 규정하고 있다. 1987년 민주화 이후 너무 급하고 좁게 규정된 헌법은 개정이 필요한 상황이 되었다. 한국에서 헌법을 개정하려면 한국이 지향하는 이념들에 대한 명확한 정리가 필요하다. 그런 점에서 공화주의와 민주주의와 자유주의간의 관계 규정이 중요한 것이다. 자유주의와 민주주의간 관계는 많은 논의를 거쳐 잘 정리되어져 있다. 아래의 <표를 통한 비교>는 자유주의와 민주주의간 관계, 자유와 권력분포간 관계, 자유와 평등의 결합방식을 설명하였다.

표를 통한 비교 자유주의와 민주주의 비교

	자유주의	민주주의
주요가치	자유, 개인의 개별성 강조	자기결정권과 자기지배 강조
인간관	원자적 인간, 자유로운 개인	사회적·연대적 인간
능력과 운의 문제	불평등한 인간, 개별적 능력중시, 운의 인정	평등한 인간, 운에 의한 지배 배제.
사회와 인간	자발적·자율적 시민사회 개인 자유의 배타성 강조	개인들의 합의에 의한 사회 형성 강조
자유관	소극적 자유, 목적으로서 개인의 자유	적극적 자유
평등관	절차적·형식적 평등, 기회의 평등 보장	실질적 평등, 정치적 평등 보장
사회적가치의 결정방식	경쟁과 갈등을 통한 발전	정치적 목표로서 공익 추구
국가의 역할	제한국가와 입헌정부	실질적 평등을 위한 기본 조건 확립
결론	• 자유주의와 민주주의는 어느 한쪽을 강조하면 다른 한쪽이 경시되는 긴장관계에 있음 • 소수 지배 vs 다수 지배 논쟁으로 확대될 수 있으므로 균형을 맞추는 것이 중요	

141) 곽준혁, "민주주의와 공화주의: 헌정체제의 두 가지 원칙", 한국정치학회보 Vol. 39, No. 3, 2005. 가 대표적이다.

표를 통한 비교 자유와 권력분포간 결합방식

권력 분포 / 자유 유무	민주주의(다수 권력)	권위주의(소수 권력)
자유주의(자유 ○)	자유민주주의	연성권위주의
전체주의(자유 ×)	인민민주주의	전체주의 / 독재체제

표를 통한 비교 자유와 평등의 결합방식

	절차적 평등	실질적 평등
소극적 자유	방어적 민주주의 (자유민주주의)	
적극적 자유		발전적 민주주의 (참여민주주의)

자유주의와 민주주의에 대한 관계규정과 달리 민주주의와 공화주의에 대한 관계규정은 어렵다. 앞의 정치사상 부분에서 공화주의의 내용에 대해 설명을 했기 때문에 여기서는 공화주의와 민주주의의 관계를 중심으로 설명한다. 민주주의를 제도적 차원에서 이해하면 민주주의는 다수의 통치를 가능하게 하는 방법이자 제도들이다. 이때 민주주의는 중립의 원칙을 견제한다. 특정 계층이나 집단에 유리하게 운영되는 것을 피한다. 중립성은 가치와 민주주의의 내용에 관해서 특정한 원리를 강조하지 않는다. 따라서 어떤 내용이 민주주의의 중심이 되어야 하는가에 대해서 침묵한다.

공화주의는 이런 점에서 볼 때 민주주의의 내용을 채울 수 있다. 공화주의는 시민성, 참여, 공공선을 강조하는 이론이다. 공동체운영과 유지에 있어서 사적이익보다 공공선에 관심을 가지게 하며 공공선 달성을 위한 시민의 참여에 초점을 둔다. 따라서 한국의 개헌에 대한 논의과정에서 공화주의의 원리와 민주주의의 원리는 이념적 조절이 가능하다.

한편 신자유주의의 강화로 인해 사회경제적 양극화가 심화되고 있는 상황과 엘리트 집단에 의한 지배가 다수결주의를 무색하게 하며 다수의 구조적인 소수집단과 소수자들이 유지되고 있는 상황 역시 공화주의의 이론을 불러들이고 있다. 정당민주주의가 대표성을 충족하지 못하면서 정치권에 대한 사회의 불만이 높아지는 상황도 공화주의를 더 관심을 가지고 보게 만든다.

(3) 공화주의의 의미: 한나 아렌트의 이론

그렇다면 한국이 지향하는 민주공화국은 무엇인가? 민주주의에 대한 규정에서 보았듯이 복잡한 개념이나 원리는 우선 '그것이 무엇인가' 보다는 '그것은 무엇이 아닌가'라는 부정적(negative)접근을 하면 쉽게 알 수 있다. 단순한 방법은 무엇이 민주공화국이 아닌가를 찾는 것이다. 민주공화국이 아닌 것은 독재체제나 전체주의체제가 될 것이다. 북한이나 스탈린의 소련체제가 그 대표적인 것이 될 것이다. 그리고 이 체제는 전 인민을 정치적으로 '동원'[142] 하여 모든 문제를 정치화하는 정치과잉으로 인해 개인의 자유와 존엄이 무너진 사회이다.

하지만 이런 상식적 편견과 달리 공화주의 이론가인 한나 아렌트(H. Arendt)에 따르면 독재와 전체주의는 '정치의 과잉이 아닌 정치의 제거'이다.[143] 안병진 교수는 애니메이션 영화 '개미'의 사례를 들어 전체주의사회에서 개미(개인)들의 정치적 의지가 상실되는 것과 탈정치화를 설명한다. 감시와 처벌에 대한 상시적 공포는 개인을 고립화하고 정치적 판단능력의 상실로 이어지며 이는 전체주의자의 권력을 더욱 확장시키는 전체주의화의 악순환을 가져올 수 있다는 것이다. 그러면서 안병진 교수는 아렌트와 영화 '개미'의 주장과 질문을 좀 더 근원적인 곳으로 끌고 들어가서 2가지로 풀어낸다. 첫째, 근대 사회를 살아가는 인간들이 과연 이들보다 얼마나 더 나은가의 질문이다. 둘째, 전체주의 괴물은 예외적이거나 우연적인 것이 아니라 우리들이 필연적으로 만들었는지 모른다는 불길한 경고이자 질문이다.[144]

아렌트(H. Arendt)는 이런 탈정치화와 인간 소외문제를 설명하였다. 그녀는 근대화과정에서 사적 관심사인 경제가 중요해져 노동과 소비문제가 인간활동의 중심을 차지하게 되었다고 본다. 여기에 더해 신자유주의적 지구화는 다국적 기업의 위상과 헤게모니를 강화했다. 반면에 공적인 문제를 다루는 정치 공간은 왜소화되고 사적인 경제 논리에 침식되어간다. 실제 투표율의 저하나 선거 과정에서 상업적 컨설팅 회사의 중추적인 역할증대, 선거 기법의 정치 마케팅 경향의 증가 등은 이를 구체적으로 입증해준다. 비판적 활동으로서의 정치의 중요성에도 불구하고 근대 개인은 사적 영역에 빠져들게 되고 시민들은 탈정치화된 근대 민주주의에서 소극적 자유를 찾아 친밀성(intimacy)의 내면적 영역으로 도피하는 경향을 낳는다. 이런 근대 사회의 특징을 그녀는 '사사화(私事化: privatization)'라는 경향으로 규정했다. 사사화(privatization)는 이렇듯 '소극적 자유를 찾아 친밀성의 내면적 영역으로 도피'하는 것을 의미하는데 이것은 개인 가치를 중시하게 하고 탈정치화를 초래하여 전체주의 동원에 취약하게 만든다.[145]

젊은 시절 실제 독일 수용소에서 탈출한 경험이 있는 유태인으로서 그녀는 수용소의 삶 속에서 개인이 가지고 있는 '자발성(스스로 판단하고 자신의 판단에 따라 행위하고자 하는 성향)'이 무너지는 것이 전체주의의 특징이라고 생각했다. 인간에게 내재한 법의 관념을 제거

---

142) **정치동원**: 동원(mobilization)이란 인민을 의도적으로 정치에 끌어들이는 것이다. 동원된 인민을 직접 정치활동에 이용할 수도 있지만 정당성을 확보하기 위한 이유로 동원을 할 수도 있다. 예를 들어 북한은 핵실험을 하고 평양에 군중대회를 열어 대미선전용이나 대남선전용으로 사용하기도 한다. 또한 일상적으로 주민모임을 열어 자아반성과 주민에 대한 비판을 하는 것 역시 일상생활에 정치를 동원하는 것이다.

143) 안병진, "공화주의적 민주주의", 『민주주의 대 민주주의』, p.81.

144) 안병진, pp.81-82.

145) 안병진, pp.182-184.

하고 인간의 도덕적 자아를 살해하고 개인성을 말살시키는 3가지 방법에 의해 자발성이 상실된 개인은 수동적으로 반응하는 맹목적인 인간이 되는 것이다. 따라서 정치를 통해 인간의 자발성을 살리는 것이 주요 목적이었던 그녀는 정치를 인간들 사이의 언어를 통한 소통이라고 보았다.

자신만의 독특한 목소리를 내는 것을 '견해'라고 할 수 있는데 이런 견해는 자신의 삶에 대한 '고유성'을 나타내주는 것이다. 사람들과 이야기 할 수 있는 소통의 공간인 공적영역에서 개인은 자신의 견해를 제시함으로서 자신의 '고유성'을 확인할 수 있을 뿐 아니라 다른 견해들과의 경쟁가운데서 자신의 견해의 '탁월성'을 드러낼 수도 있는 것이다. 따라서 아렌트의 공화주의는 명령이 일방적으로 전달되고 무비판적 수용만이 있는 전체주의는 정치가 사라진 것이기에 정치의 회복은 자유로운 의견의 교환을 통해 가능하다고 보았다. 그런데 유대인들의 학살에서 보았던 것처럼 인간이 이런 의견교환을 하기 위해서는 하나의 공동체에 속할 필요가 있는 것이다. 즉 (이스라엘과 같은 국가를 포함해서) 공동체라는 것이 있을 때 한 사람은 시민으로서 권리를 가질 수 있는 것이다. 따라서 개인은 권리를 확보하기 위해 특정한 정치공동체에 속할 권리 즉 '권리를 가질 권리'가 있는 것이다. 그리고 이것은 공화주의에서 핵심인 시민권으로 나타난다.[146)]

공화주의 입장에서 정치란 그 자체로 자율적인 영역으로 인간을 가장 인간답게 하고 각자 자유로운 개성과 영혼을 표현하는 최고의 행위이다. 안병진 교수가 비유하듯이 영화 '파이트클럽'은 무기력한 대중사회의 한 구성원이자, 폭력적인 파시즘의 원동력이자 주체인 주인공의 이중적 정체성을 통해 대중민주주의시대에서의 파시즘에 대한 서구인들의 공포를 보여준다. 이것은 영화 비평가 로빈 우드가 지적한 것처럼 서구의 전형적인 무의식속에서 '스타워즈'의 다스베이다로 대표되는 전체주의적 인물이 자신들 속에 내재해 있는 것이 아닌가 하는 불안감을 표현하는 것이다.[147)] 그런 점에서 파시즘과 같은 전체주의는 과거 동원과 환호 속에 지나간 산물이 아니라 우리 속의 냉담과 냉담의 이면에 있는 강력한 열정으로 존재하는 자유에 대한 거부와 '자유로부터의 도피'의 한 현상인지 모른다.

그리고 이런 공적 영역의 축소와 사적 영역의 확대는 한국에서도 그대로 드러난다. 한국은 서구적 근대화를 따라잡기 위해 권위주의 발전국가 아래 경제 제일주의를 표방해왔다. 이때 국가는 서구 근대 사상가들이 본 시민들 간의 계약국가라기보다는 사적인 가족 단위 모델이 확장된 가부장적 국가다. 반면에 국민들은 아버지로서 인격화된 국가에 수동적으로 부속되고 탈정치화되어 전체주의적으로 동원되어 온 것이다. 김영삼 정부의 세계화 추진 이후 급속히 도입된 신자유주의 모형은 기존의 가부장적 국가가 잔존하는 속에서 국민을 자본의 경제논리에 실질적으로 포섭된 원자화된 개인으로 변모시켰다. 이는 가족국가에서 기업국가로의 전환을 의미하는 것이다. 이 점에서 '경제적 지배력 강화'와 '탈정치화'의 수렴은

146) 김만권, pp.261-271.
147) 안병진, p.84.

서구나 한국이나 같다고 보아야 한다.[148] 따라서 이런 현상의 극복은 서구나 우리나 공히 부담해야 하는 숙제인 것이다.

(4) 기존 민주주의론의 한계

1) 다원주의적 민주주의론: 시장 사회 모델

다원주의적 민주주의론에서는 정치를 희소한 자원을 둘러싼 다양한 이해 관계자들의 투쟁으로 정의하고 지지를 위한 경쟁모형을 설정한다. 이에 대해 자유주의 공화주의 이론가인 카스 선스타인(Cass Sunstein)은 이런 작동 방식이 몇 가지 규범적 지향성을 내포하고 있다고 주장한다.

첫째, 이 모델에서는 타협이 중요한 덕목이 된다. 따라서 비타협적 후보를 좋게 보지 않는다. 그러나 이런 시각은 타협을 넘어서 공적 질서구축을 위한 민주적 토론의 과정과 기존 선호의 변화가능성에는 관심이 적다. 이런 점에서 자유주의 다원주의는 '반응적(responsive)' '적응적(adaptive)'인데 비해 공화주의는 '심의적(deliberative)'이고 '전환적(transformative)'이라는 차이를 가진다.

둘째, 바크라크와 바라츠에 따르면 이 모델은 불평등한 권력관계를 기정사실화하고 그 틀 속에서 선호도간의 경쟁에 초점을 맞추는 경향이 있다. 이에 따라 제3당 등에게 불리하게 작동한다. 셋째, 이 모델은 시민들의 지지를 둘러싼 경쟁이 의미하듯 시민들의 정치에서의 역할에 일정한 제한을 가한다. 일반시민은 전문성을 갖춘 엘리트의 경쟁에 지지를 보내고 엘리트가 주도하는 것을 용인하는 것에 만족하게 된다. 따라서 시민의 정치 저참여는 부정적 현상이라기보다는 현 정치에 대한 만족으로 해석될 수 있고 오히려 시민들의 과도한 정치에의 참여가 가져올 수 있는 정치의 과열과 비이성적 판단을 경계하게 된다.[149]

그동안 다원주의적 민주주의 이론은 자유주의의 현실을 묘사하는 이론으로서 다른 민주주의이론보다 적실성이 높다고 평가되어 왔다. 그러나 공적인 질서 쇠퇴의 극복이라는 규범적 지향성의 측면에서 볼 때에는 다원주의 민주주의는 그리 바람직한 모형이 아니다. 이것은 시장 사회 모형을 정치영역으로 확장한 것이기 때문이다. 이 견해의 이론가들은 경제주의적 담론을 주도하면서 정치 주식시장이나 CEO 대통령론을 주장한다. 결론적으로 다원주의적 민주주의이론의 만개는 근대사회의 경제적 지배와 정치의 쇠퇴에 대한 해결책이기 보다는 그 문제의 정확한 징후로 보인다.[150]

2) 공동체주의 민주주의론의 전개와 그 한계

현대 사회로 진입할수록 생겨나는 여러가지 문제 (개인주의화, 정치적 신뢰의 저하, 공동체

---

148) 안병진, pp.84-85.
149) 안병진, pp.86-87.
150) 안병진, pp.87-88.

약화 등)로 인해서 다원주의 이론을 넘어서려는 시도의 하나로서 공동체주의가 서양에서는 수십 년 전부터 그리고 한국에서는 최근들어 주목받기 시작했다.[151] 다원주의가 존재론적으로 소유적 개인주의에 기반한다면 공동체이론은 사회적 관계 속에서의 인간을 강조한다는 근본적인 차이를 가지고 있다.

이 이론의 기원은 서구에서는 아리스토텔레스이고 동양에선 불교의 연기설[152]이나 유가사상[153] 등이 언급될 수 있다. 이렇게 볼 때 개인주의에 대한 경종으로서 제시되는 공동체주의적 사고는 대체로 전통과 공공선 공동체를 강조한다. 하지만 이런 강조가 공동체주의에만 국한된다고 볼 필요는 없다. 오히려 자유주의와 대립적이기 보다는 보완적이란 의미에서 '공동체주의 자유주의(comunitarian liberalism)'로도 불린다. 그간 지나치게 개인주의를 강화시킨 자유주의의 주류적 경향은 공동체주의와 논쟁을 진행하며 현재 상호 침투중인 것이다.[154]

하지만 공동체주의도 다음 두 가지 문제를 가지고 있다. 첫째, 기본 합의된 공공선의 무비판적 순응의 문제가 있다(ex. 중산층 양성부부의 핵가족을 모범으로 하는 기존 가족 제도의 무비판적 우선시). 둘째, 제도적 변혁 없는 도덕주의적 담론을 강조하는 경향이다(ex. 각종 사회 현상에 대한 시스템 변화보다 도덕적 호소로 해결책 제시). 미국의 클린턴 정부시절 현실정치에서도 공동체주의는 지나친 도덕주의의 문제를 보여주었다.

(5) 공화주의적 민주주의론의 부활

1) 고전적 공화주의

전 세계적인 헤게모니를 지니는 신자유주의에 대한 대항담론으로 공화주의가 부상하면서 주목을 받고 있다. 공화주의 어원 'res publica'는 정치공동체 구성원의 공적인 일을 지칭하는 것으로, 이 어원에 근거하여 대한민국 헌법 제1조의 '공화국'이라는 규정의 정치적 의미

---

151) 안병진, p.88.

152) **불교의 연기설**: 연기설은 부처가 깨달음을 얻은 방법 중의 하나이다. 연기설은 모든 것에는 인연이 있다는 것으로 우리의 존재는 부와 모가 만난 부모님의 인연에 기인하는 것이고 우리가 존재하고 학교를 가면 친구를 만나는 것도 우리가 학교에 가는 인연으로 인한 것이라는 것이다. 따라서 사람과 사람사의 인연이 소중하다는 점은 인간이 고립무원의 존재가 아니라는 것이고 이것은 공동체 속에서의 인간이라는 공화주의 사상과 닿아있는 것이다.

153) **유교와 인간중심사고**: 유교(유가)사상에서 인본주의는 인간에 대한 근원적인 신뢰를 중심으로 해서 인간중심적인 사고를 한다. 또한 유교는 인간과 자연을 "천인합일(天人合一)의 일원적 사유"를 기반으로 인식한다. 따라서 유교에서 인간은 다른 인간, 자연 나아가 우주와의 조화적인 관계를 설정한다고 볼 수 있다. 또한 유교가 강조하는 '예(禮)'는 문화와 전통을 중시하는 것으로 볼 수 있다. 따라서 사람과 사람 사이의 신뢰와 예를 통한 문화 그리고 이러한 문화에 따른 실천의 강조는 서구 공화주의가 주장하는 바와 닮아있다. 여기에 더해 인간과 자연 그리고 우주와의 관계를 새로운 유교적인 관점에서 살펴볼 수 있을 것이다. 또한 인간과 자연이 공존하는 생태적인 영역으로의 사고를 (유교의)고전을 통해 배울 수 있는 기회를 제공 할 수도 있을 것이다.

154) 안병진, pp.88-89.

는 다음과 같다. 정치공동체차원에서 제기되는 공적인 사안에 관해 공적 이익을 극대화하며, 단지 통치자뿐만 아니라 피통치자인 정치공동체 구성원까지 그 결정과정에 참여할 권한을 행사할 수 있고, 공적 영역을 정치적 의사 형성과 권력 행사의 토대 현장으로 운영하는 체제를 공화국이라고 한다.[155)]

아리스토텔레스, 마키아벨리, 루소, 해링턴, 제퍼슨, 아렌트로 이어지는 공화주의는 다양한 스펙트럼을 가진다. 존재론적 공화주의(정치 참여를 지고의 선으로 파악하는 입장)에서 도구론적 공화주의(정치 참여의 도구를 통해 시민적 덕성 실현) 등 스펙트럼은 다양하다. 하지만 '정치적 인간관'에서는 이들 공화주의 이론가들이 일치한다. 또한 정치 갈등을 사회의 원동력으로 인정하고 이를 어떻게 조직할 것인가에 관심을 가진다. 다원주의가 갈등에 대한 두려움을 가지고 타협을 지나치게 선호한다는 것과 대비해서 활력과 열정을 가진 정치를 조직할 수 있다. 샹탈 무페(S. Mouffe) 등이 지적하듯 갈등을 완전히 제거하고 열정을 기피하는 자유다원주의는 선한 의도와 달리 오히려 시민들의 정치에 대한 기피를 불러오고 이로 인해 보다 강렬한 향락을 불러오는 파시즘적 정치에 오히려 주도권을 빼앗길 수 있다. 반면에 공화주의는 갈등을 긍정하고 어떻게 이를 조직할 것인가로 문제를 전환한다. 이런 정치관은 입법, 행정, 사법의 갈등과 균형의 혼합정부 원리로 체현된다.[156)]

하지만 고전적 공화주의 혹은 시민적 공화주의(이탈리아에 기반)는 다음과 같은 한계를 가진다. 첫째, 선험적이거나 공유된 가치의 우선성을 강조한다. 이에 비해 개인의 자율과 다양성을 과소평가한다. 둘째, 인간 중심 세계관을 넘어 생태계를 포괄하는 타자에 대한 책임의 철학을 구현하지 못한다. 이에 비해 동양의 '인(仁)' 개념은 천지만물을 포함한다. 셋째, 남성적이고 군사주의적 덕성에 기초한 개인의 자유를 강조한다. 마키아벨리의 공화주의나 신보수주의의 덕성론이 실례가 될 것이다. 지구화의 통합이 가속화되는 상호의존의 세계 속에서 고전적 공화주의 한계는 새로운 이론적 도전에 직면하고 있다.[157)]

2) 현대적 공화주의론

현대적 관점에서는 심의적 공화주의의 새로운 경향을 주목할 만하다. 이 이론은 심의를 통해 구성된 민주적인 합의와 상호의존적이며 열린 공동체를 강조한다. 현대 공화주의의 특성을 포괄적으로 정의하고 있는 선스타인(Sunstein)은 현대 공화주의에 대한 4가지 특성을 다음과 같이 규정했다. ① 심의민주주의 ② 보편성 ③ 정치적 평등 ④ 시민권이 그것이다.[158)]

155) 홍윤기, "공화국의 유산: 시민적 앙가주망과 국민주권의 활성화", 『시민과 세계』(참여사회연구소) 제6호, 2004. 안병진, p.90에서 재인용.

156) 안병진, p.90.

157) 안병진, p.91.

158) **공화주의의 보편성**: 안병진 교수는 그의 개념 중 두 번째인 보편성은 지나치게 이성적이고 단일한 합의를 표현하는 개념에 가깝다고 본다. 따라서 '공공선들에 대한 구성적 접근'으로 전환할 필요가 있다고 본다. 또한 네 번째의 시민권 개념이 사회의 상호의존적인 관계를 보이지 못한다는 점에서 '상호의존성 인식에 기반한 시민권'이라고 부분적으로 수정하고자 한다. 그리고 이렇게 수정된 4가

① 시민적 덕성에 의한 심의적 민주주의

타협과 심의는 다르다. 심의는 기존 관습이나 기호에 비판적 거리를 두고 성찰하는 것을 의미한다. 강도 높은 토론을 통한 심의적 여론 조사방식이나 헌법 해석에 있어서 시민들의 적극적 역할은 타협이 아닌 심의적 방식을 잘 보이는 사례이다. 제퍼슨이나 아렌트 등의 미국 공화주의자들이 보이는 심의적 문제의식의 탁월함은 유럽의 루소식의 공화주의와 비교하면 잘 드러난다. 루소식의 일반의지에 의한 유기체적인 국민 그리고 유기체적 통일은 심의를 불필요하게 만들기 때문이다. 반면에 심의에 대한 강조는 시민적 덕성과 연결되는 것으로 이는 자유주의의 개인과 달리 공적 이익을 항시 염두에 둔 개인을 상정한다. 인간 복제의 문제나 지구 온난화 등의 주제에 관하여 기존 대의민주주의 엘리트들의 처리 능력에 한계가 있으므로 심의정치는 더욱 중요해질 것으로 보인다.[159)]

② 평등한 기회

다원주의는 기존의 권력관계를 기정사실화하는데 비해 공화주의는 정치적 기회구조의 평등성을 강조한다. 공화주의자들은 경제 조건이 시민 덕성의 창출 조건이라고 보고 경제적 기회의 평등의 문제에도 관심을 가진다. 즉 덕성을 갖춘 시민을 창출하기 위한 전제 조건으로 경제적 공적 질서에도 관심이 있다. 실제 한국 헌법의 '사회적 시장 경제' 조항 역시 동일한 문제의식에 기반을 둔 것으로 볼 수 있다. 이병천 교수는 이러한 사회적 시장경제의 공화주의적 의미를 "시민자본주의는 시민적 능력 신장을 도모하고 거기에 기반을 둔 참여적 통치를 지향하는 시민사회에 착근된 사회적 책임자본주의"라고 적절히 정의하고 있다.[160)] 이런 기회구조에 대한 관심은 경제적 공적 질서 창출에 있어서 국가의 역할을 중시한다.

③ 공동선들(common goods)에 대한 구성적(constitutive) 접근

공공선들의 복수형이 의미하듯 공익이란 하나도 아니며 사전에 결정되는 것이 아니라 다양한 시각과 가치를 가진 자율적인 시민들의 상호 소통 속에서 정치적으로 구성되는 것이다. 이런 점에서 현대 공화주의는 전통적 공화주의가 전통적인 가치를 중시하던 동질화 경향에 비해 개방적이다. 하지만 민주적 토론을 통해 공공선이 구성될 수 있다고 본다는 점에서 다원주의자들과 다르다. 이런 낙관적인 견해는 원자적 개인이 아닌 상호의존적인 인간관에 기반을 두고 있다.[161)]

④ 상호 의존성 인식에 기초한 시민권

현대 공화주의는 시민참여에 의한 전국적 제도들의 통제 및 지역적 자기 결정성을 강조한다. 시민의 공동체적 권력은 정당을 매개로 정치 제도로 투입 된다. 예를 들어 헌법 해석에 대한 사법부의 최종 심급제도에 의존하지 않고 자율적인 시민참여를 통해 다원적인 상상

지 개념을 통해 현대 공화주의를 설명한다. 안병진, p.91-92.

159) 안병진, pp.92-93.

160) 안병진, p.94.

161) 안병진, p.94.

력을 구현할 수 있을 것이다. 이런 시민 참여는 공적인 것에 대한 관심증대를 통해 시민적 덕성을 양성해가는 방식이다. 이 과정에서 시민들은 상호 의존된 공동 운명체를 체감할 수 있다. 이런 원리는 폐쇄적인 주권국가의 논리를 극복할 수 있게 해주고 21세기의 상호의존된 공동체의 가능성과 열린 공동체의 가능성을 제시한다. 호노한(Honohan)은 이런 상호의존성을 비유적으로 표현하여 '대학 동료(colleague)'를 들어 설명한다. 즉 대학동료란 타인보다는 가깝지만 친구보다는 덜 자발적이고 가족 보다는 덜 감정적인 연대감을 가지는 것이다. 이런 상호의존적 공동체주의는 한반도와 이를 넘어 동아시아에도 의미가 있다. 그것은 민족주의 대신에 상호의존성에 대한 인식을 기초로 동아시아의 민주적 네트워크의 가능성을 열어준다는 점에서도 의미가 있는 것이다.162)

(6) 결론: 제기될 수 있는 반론과 전망

공화적 민주주의에 대해서는 다음의 두 가지 비판이 제기 될 수 있다.

첫째, 한국 사회에서의 적실성 여부이다. 그것은 한국의 강한 공동체 의식과 어떻게 조화될 수 있는가의 문제이다. 이런 비판은 공화주의의 강조가 그간 개인을 경시하고 공동체를 강조한 한국의 사회지형을 강화할 수 있다는 우려에 기반한다. 최장집 교수가 자신의 저서 『민주화 이후의 민주주의』의 개정판에서 공화주의 부분을 삭제한 이유이기도 하다. 하지만 안병진 교수는 최장집 교수의 공화주의는 이탈리아의 시민 공화주의 전통을 가리키는 것으로 보인다고 한다. 이탈리아 공화주의는 지나치게 기존 가치에 대한 순응과 시민적 덕성 함양에 대한 교육을 강조하는 문제가 있다. 이에 비해 호노한 등이 주장하는 현대적 공화주의는 '정치적 평등'에 대한 강조를 통해 기존 제도적 틀의 변환에 관심이 있다는 점에서 차이를 보인다고 한다. 또한 현대적 공화주의는 전통적 가치, 국수주의, 민족주의에 기반한 배타주의를 낮출 수 있고 자율적 시민에 의해 결정된다는 점에서 철저히 민주적이라고 한다.163) 이러한 관점에서 본다면 현대적 공화주의는 고려 해봄직하다.

둘째, 심의민주주의적 요소가 엘리트들의 이성적 토론의 특권화를 가능하게 할 수 있다는 비판이다. 최근 심의민주주의 논의는 지나치게 이성적 합의를 강조하는 경향이 있다. 이런 경우 하층 계급의 거친 언어 등은 쉽게 무시당할 수 있다. 이같은 단점을 의식한 현대 공화주의는 공화적 민주주의의 편향과 배제가능성에 대해 민감하고, 다양한 커뮤니케이션의 방식에 대하여 개방적이다. 나아가 공화주의는 서구 이성주의의 전통이란 벽을 어떻게 넘을 것인가의 문제가 있다.164)

현재 한국 민주주의의 개혁안들에 대한 논의가 다양하다. 대통령 단임제의 폐기나 결선투표제 같은 제도에 관한 주제들 역시 중요하다. 하지만 이보다 근원적인 민주주의의 문제

---

162) 안병진, pp.94-95.
163) 안병진, p. 96.
164) 안병진, p. 97.

에 대한 문제제기가 필요하다. 미국 건국 시조들의 철학적 고민 속에서 '자유주의적 공화주의'가 탄생했듯이 우리에게도 공화주의적 민주주의가 던지는 함의가 크다.[165] 그리고 공화주의적 민주주의의 주장에서 나타난 장단점을 무조건적으로 수용하거나 부정하는 것은 피해야 한다. 민주주의는 역사적인 것으로 그 원리는 민주주의를 구현하고자 하는 사람들의 노력의 시간 속에서 변화되고 발전되는 것이기 때문이다.

제3절 결론: 다양한 도전 속의 민주주의

대의민주주의는 전세계적으로 많은 문제점이 노출되었다고 비판되고 있다. 그리고 새로운 형태의 민주주의를 제도적으로 보완하고자 하는 이론들이 민주주의의 보완과 대체사이에서 실험중에 있다. 이것은 한국도 마찬가지이다. 정당정치에 대한 실망과 의회정치에 대한 포기에 가까운 체념은 대의민주주의 이외의 새로운 민주적 장치를 찾으려고 노력하게 한다. 시민사회와 결사체가 그 대안으로 제시되면서 시민사회운동은 녹색당을 만드는 방식의 정치참여나 시민사회의 감시적 기능을 유지하는 참여를 통해 한국민주주의에 하나의 희망이 되고자 한다. 하지만 민주주의는 일국적 수준에서만 고려될 수 있는 것은 아니다. 국가수준의 민주주의에 더 큰 부담을 주는 세계적인 문제들이 있다. 민주주의가 경험하고 있는 다양한 도전들을 헤쳐가는 것은 국내적 해법을 모색하는 것과는 또 다른 차원의 과제이다. 간단히 어떤 도전들이 있는지 살펴보자.

앞선 대의민주주의 문제점을 보완하고자 하는 논의 외에도 환경의 문제를 넘어 생태의 문제와 민주주의의 관계를 파악하고자 하는 '생태민주주의'나 분권의 문제와 관련된 '풀뿌리 민주주의', 민주주의와 젠더(gender)사이의 문제 등도 현대 민주주의에서 논의되는 주제이다. 하지만 이 주제들은 아직 대의민주주의에 대한 대항적 관점으로까지 부각되지는 못하고 있으므로 각 주제를 다루는 영역에서 간단하게 다루도록 한다. 생태민주주의는 환경문제에서 간략히 살펴보고, 분권문제는 지방자치의 문제와 어떤 점에서 유사하고 차이가 나는지를 다루도록 한다. 새로운 주제로서 젠더문제를 다룰 때 민주주의의 관점에서 살펴보도록 한다. 이 장에서 우리는 민주주의를 내부의 문제가 아닌 외부영향력의 확장이라는 관점에서 정리하고자 한다. 세계화는 과연 정치적 영역에서 민주주의를 일국단위로 풀 수 있게 해줄 것인가의 문제이다. 세계적 규모의 시장 및 문화와 일국적 규모의 정치가 이 주제의 핵심이라고 하겠다.

이상에서 보았듯이 대의민주주의는 도처에서 도전을 받고 있다. 그것은 크게 대의민주주의의 내적인 모순과 변화하고 있는 역사적 환경에 기인한다고 볼 수 있다. 특히 외부 환경

165) 안병진, p. 97.

변화로서 세계화는 국민국가의 경제와 대내외적 위상에 변화를 야기하고 있다. 이에 따라 경제와 사회의 모든 분야가 세계화라는 외부적 조건에 영향을 받고 있고 이 문제들에 대한 해법을 꾀하고자 하는 국민적 운명공동체인 대의민주주의를 약화시키고 있다. 세계화의 부정적 효과를 간단히 살피면 다음과 같다. ① 인민주권의 약화 (초국적 기업 등을 통제하기 곤란하며 이들이 인민의 삶에 많은 영향을 미침) ② 혜택의 불균등성과 실질적 민주주의 약화 우려 ③ 민족, 종교, 문화 간의 충돌 야기. 한편 세계화는 ① 민주주의 가치 확산에 기여함. 전시 효과로 인해 다른 국가들의 민주주의에 노출되어 영향을 받게 된다. ② 세계적 시민사회의 등장 가능성 증대[166]라는 측면에서 민주주의에 기여하기도 한다.

세계화에 대한 대처는 앞으로 우리가 지속적으로 풀어가야 할 숙제이다. 세계화는 여러 운명공동체의 교차와 정체성의 문제를 야기하면서 기존의 틀로만 문제를 푸는 것이 어렵다는 점을 일깨우고 있다. 우리는 세계정부 구성과 같은 이상적 방식이 아닌 현실적인 민주주의의 관점에서 여기에 접근할 필요가 있다. 여기서 주목받는 것은 기존의 구조를 유지하면서도 거버넌스의 영역을 넓히는 '글로벌 거버넌스'가 될 것이다. 국가와 국가 대표들, 세계시민사회와 기업들을 포괄적으로 포함하면서 직면한 문제의 해법을 공동으로 탐색하고 해결해 가는 과정적 개념으로서의 글로벌 거버넌스는 세계화시대에 우리가 정치문제에 접근하는 중요한 틀이 될 것이다.

166) 임경훈, pp. 70-74.

제 3 장 민주주의의 확산과 공고화의 문제

수험적 맥락

민주주의이론가들은 1974년 포르투갈과 1975년 스페인의 민주화이후 민주주의로 이행하는 국가들을 보면서 과거 민주화과정에서 권위주의로 회귀하던 역사를 떠올려 민주주의를 이행(transition)과 공고화(consolidation)으로 구분한다. 민주화를 통해 민주주의로 전환되었지만 민주주의라는 것이 지속적으로 버티는 것이 쉽지 않다는 것이다. 태국을 보면 2006년 군부가 쿠테타를 통해 탁신이라는 민주적으로 선출된 지도자를 퇴출시켰다. 2011년 탁신의 동생이 다시 선거를 통해 민주적으로 지도자로 선출되었지만 2014년 군부는 다시 쿠테타로 정치게임을 뒤집었다.

1987년 민주화이후 30년 이상 민주주의를 유지하고 있는 대한민국은 민주주의가 공고화되었다. 2002년 최장집교수의 『민주화이후의 민주주의』가 던진 "한국 민주주의는 민주화 이후 퇴행하였다"는 화두로 한국 민주주의의 평가가 진행되었지만 정권교체가 3차례나 진행된 것을 보면 절차적 차원의 민주주의는 공고화되었다고 볼 수 있다. 게다가 2017년 대통령탄핵사태는 인민에 의한 정치적 책임추궁이 가능하다는 점을 보였다. 따라서 한국은 절차를 넘어서 민주주의의 내용을 문제삼고 있다. 최저임금제와 경제적 평등, 젠더 평등, 환경과 생태계민주주의가 한국 민주주의에서 다루어지고 있다. 한국의 기준에서 볼 때 '민주주의이행 = 민주주의 공고화'는 자연스러운 것이다. 그러나 태국의 사례나 2011년 아랍의 봄 이후 예멘과 튀니지 등에서 다시 권위주의로 회귀하는 사례를 보면 '민주주의이행 = 민주주의공고화'가 아님을 알 수 있다. 여전히 민주주의는 조심해서 운영하고 유지해야 하는 정치체제인 것이다.

민주주의가 매우 안정적으로 유지되는 체제가 아니라는 점에서 민주주의를 유지하고 공고화하려는 노력들이 필요하다. 최근 한국에서 민주주의 공고화 자체는 논쟁의 주제가 아니다. 하지만 민주주의를 발전적으로 이끌어 가려면 정치제도적 개선, 경제부문의 노력, 문화 분야의 개선방안들이 필요하다. 이 주제는 비교정치제도이론, 정치경제이론, 문화이론으로 이어진다. 따라서 이들 영역의 세부적인 이론들과 연결하는 것이 필요하다.

수험적 중요주제

1. 민주주의 공고화의 기준: 최소강령 vs. 최대강령
2. 민주화과정의 유형과 민주주의 공고화에 미친 영향
3. 정치제도와 민주주의사이의 관계
4. 경제발전(경제성장)과 민주주의사이의 관계
4. 정치문화와 민주주의 사이의 관계

제1절 민주주의 질적 개선의 시점에서

1. 비교정치 관점에서의 민주화

우리는 1987년 민주주의를 얻어냈다. 중요한 것은 민주주의가 자연스럽게 부여된 것이 아니라는 점과 비단 1987년 6월이라는 시간이 되어 만들어진 것이 아니라는 점이다. 민주주의는 쟁취해낸 것이고 그것이 쟁취된 시점보다 더 긴 노력으로 쟁취해낸 것이다. 민주주의는 앞선 장들에서 본 것처럼 이론으로만 존재하는 것이 아니라 그 원리와 원리를 충족시키는 제도를 확보하기 위한 역사적 쟁취의 과정인 것이다.

우리의 시야를 넓혀보면 꽤 많은 수의 국가들이 유사한 시점에서 민주주의를 확보했음을 알 수 있다. 이에 대하여 헌팅턴은 민주주의의 '제3의 물결'이라는 개념을 제시하였다. 즉 민주주의는 우리만이 얻어낸 값진 승리의 산물이 아니라 보편적일 만큼 많은 나라들이 얻어낸 것이다. 그렇다면 왜 그 시점에서 그렇게 많은 나라들은 민주주의를 확보하게 된 것일까 하는 물음이 생긴다. 만약 이들 나라들의 민주화의 원인을 종합해본다면 우리와 유사한 원인을 찾아낼 수도 있을 것이고, 우리와는 다른 요인과 맥락을 찾아낼 수도 있을 것이다. 이런 민주화의 한 흐름에 대한 비교정치연구자들의 공로로 우리는 민주주의의 제법 많은 사례를 통해서 민주주의가 어떻게 확보되고 발전할 수 있는지를 어느 정도까지는 알아내는 데 성공하고 있다. 게다가 이들 연구는 어떤 경로의 민주화가 민주주의를 안전하게 지킬 뿐 아니라 민주주의 발전에도 기여하는지를 찾아낼 수 있게 해준다. 그리고 어떤 조건이 민주주의를 질적으로 향상시킬 수 있는가에 대해서도 일정한 답을 준다.

그렇다면 이런 작업들의 도움을 통해서 우리는 우리가 답을 얻고자 하는 궁극적인 질문에 도달할 수 있을 것이다. 과연 한국의 민주주의는 공고화[1]되었는가에 대한 논의와 구체적으로 무엇을 개선해야 하는가를 중심으로 이 장을 살펴본다.

---

1) **한국민주주의 공고화 논쟁**: 최장집교수의 2002년 책 『민주화이후의 민주주의』은 한국 민주주의가 공고화되기 보다 오히려 퇴행되었다고 주장하면서 한국 민주주의의 공고화에 대한 논쟁을 불러냈다. 학계에서 몇 년간 논의가 진행되면서 민주주의를 분석하는 틀과 민주주의의 주체인 국가, 정치사회, 시장, 시민사회가 각각 민주주의를 구성하는 데 실제 도움이 되는지를 평가하였다. 그러나 민주주의 공고화를 평가하는 기준이 다양하기 때문에 합의된 결론을 낼 수 없다. 이 논쟁은 자칫 하면 논쟁을 위한 논쟁이 될 수 있다.

2. 민주주의 이행과 공고화의 문제

(1) 이행과 공고화의 개념

표를 통한 비교

민주주의의 이행 (권위주의에서 체제전환) vs. 민주주의 공고화(역행가능성의 부재)
민주주의공고화기준: 절차적 민주주의(민주주의 '생존(survival)'이 중요) vs. 실질적 민주주의(민주주의의 '질(quality)'이 중요)

민주주의를 결과로 보는 입장(최대강령적 민주주의, 실질적 민주주의)이 아니라 과정으로 보는 입장(최소강령적 민주주의, 절차적 민주주의)이라면 민주주의는 민주주의가 도달되기 이전의 열등한 상태에서 민주주의라는 우월한 상태로 갈 수 있는 발전적 개념이다. 그렇다면 그런 발전의 경로와 궤적에는 반드시 민주주의가 되기 이전에서 민주주의로 바뀌게 되는 정치체제 변화의 시점이 있다. 이 변화의 시점과 그 과정을 '민주화(democratization)' 또는 민주주의의 '이행(transformation)'이라고 부른다.

그러나 민주주의의 역사에는 민주주의로 전환된 국가들이 머지않아 다시 비민주주의로 역행한 사례들이 많다.[2] 민주주의의 발전 경로가 반드시 단선적이지만은 않으며 민주주의에서 권위주의로의 후퇴나 역전이 일어나기도 하는 것이다. 이런 민주주의의 후퇴나 역전으로부터 자유로워진 상태를 민주주의가 '공고화(consolidation)'되었다고 부른다. 민주주의 공고화를 정의하고 그 정의를 충족시키는 수많은 이론가와 이론들이 있지만 민주주의 공고화의 가장 단순한 정의는 민주주의의 역전을 누구도 생각하지 않을 만큼 민주주의가 그 사회에 뿌리내린 것으로 볼 수 있다. 그것은 행동(behavior)으로 태도(attitude)로 그리고 제도(institution)로 나타날 수 있는 것이다.

따라서 민주주의의 이행과 공고화로 과정을 분리한 것은 민주주의 자체를 하나의 완성된 결과물이 아니라 그 내부에서도 민주주의를 하나의 경로로 만들고 그 경로에 가치를 부여하고자 하는 시도로 볼 수 있다. 문제는 여기에 있다. 만약 민주주의를 제도로서 이해한다면 민주주의는 민주주의를 구축하는 일정한 제도가 도입된 순간 민주주의이다. 민주주의의 이행은 민주주의가 살아남는지 여부에 따라서 민주주의이거나 민주주의가 아닌 것이 된다. 이런 관점에서 민주주의는 '생존(survival)'의 문제와 직결되는 것이다.

민주주의를 실질적인 차원에서 이해하면 민주주의는 더 나쁜 것에서 더 좋은 것으로 개선

---

2) **민주주의에서 권위주의로의 퇴행:** 태국은 군사쿠테타가 빈번하게 발생하고 있다. 민주주의가 비민주주의로 퇴행하게 되는 경우를 보여준다. 2011년 민주화를 달성한 이집트에서는 2013년 군부의 쿠테타로 민주주의가 전복되었다. 2010년 아랍의 봄을 가져온 튀니지의 경우 민주주의의 선거체제를 유지하고는 있지만 만성적인 실업과 정치체제에 대한 불만으로 민주주의에 대한 만족도가 낮다.

되어야 하는 것이다. 즉 민주주의를 정도의 문제로 파악하면 질 낮은 민주주의와 좀 더 발전한 질 높은 민주주의가 있게 된다. 또한 이것은 경험적으로 민주주의가 그 이전의 정치체제보다 우월한 정치체제라는 것을 인정받고 이에 따라 민주주의 자체를 거부하는 것이나 다른 체제나 해결기제를 도입하는 것을 포기하는 것이다. 즉 민주주의를 개선하고 영역을 넓혀갈 것인지의 문제도 오로지 민주주의 내에서 민주적인 절차를 통해 풀리게 될 것이라는 사회 전체의 확신이 있다는 것이다. 이런 입장은 민주주의를 제도로만 이해하기 보다는 원리와 가치로 보면서 민주주의의 더 나은 '질(quality)'의 문제를 고민하고자 하는 것이다.

따라서 민주주의를 어떻게 규정하는가 하는 입장의 차이는 민주주의 이행에 관심을 더 가지는지 아니면 민주주의의 공고화에 더 관심을 가지는지에 대해 차이를 가진다. 민주주의의 이행의 문제는 생존(survival)의 문제와 직결되며 민주주의 공고화의 문제는 질(quality)의 문제와 연관되는 것이다.[3] 특히 이 문제는 민주주의를 어떻게 볼 것이고 어떤 나라까지를 민주주의로 볼 것인가인 측정의 문제와 결부되어 있다. 또한 이러한 민주주의의 측정문제는 당연히 민주주의를 어떻게 정의하는가 하는 개념의 문제와 관련된다.

(2) 최소강령과 최대강령: 제도적 이해 vs. 이념적 이해

민주주의를 무엇으로 볼 것인지 그리고 어떤 요소를 포함해야 민주주의로 볼 것인지를 두고 크게 최소강령과 최대강령으로 나뉜다. 민주주의를 제도적인 관점에서 이해하고 측정 가능한 것을 중시하는 최소강령적 관점은 민주주의의 붕괴나 침식, 완만한 사망의 방지가 목표이다. 따라서 이들은 민주주의의 생존문제와 직결된다고 할 수 있는 행위자들의 행태(behavior)에 관심이 많다. 하지만 이런 관점의 문제는 변수가 적어지면서 생기는 과소 결정론에 빠지기 쉽다는 것이다.[4]

반면에 민주주의를 원리와 이념적인 것으로 이해하려는 최대강령적 입장은 민주주의 보완과 심화가 목표이다. 민주주의를 보완하기 위해서는 제도적인 하부 구조를 구축하고 확장하는 것이 목표이다. 따라서 이들은 규범 인지적 요인인 행위자들의 태도(attitude)와 사회경제적 제도, 정치적 제도, 정치문화적 유산인 구조적 차원을 중시한다. 하지만 이들의 문제는 미래를 예측하는 변수를 동원해서 생기는 과잉결정론을 피하기 어렵다는 점이다.[5]

그러나 문제는 여기에 그치지 않는다. 비교정치적 관점에서 확신을 가지고 공고화를 이야기하기 위해서는 측정과 평가가 필요한데 그것이 생각만큼 쉬운 것은 아니기 때문이다. 경험적 판단을 해야 한다는 점과 공고화를 다루기 위해서는 우리가 현재가 아닌 미래에 대해 기대를 반영하여 예측적 판단을 내릴 수 있어야 한다. 즉 현재 가시적으로 나타나는 것 뿐만 아니라 앞으로 어떻게 될 것인지도 제시해야 하는 것이다. 따라서 보수적 관점에서는 선거제도와 같은 현재 가시적일 수 있는 것들로 미래를 예측하고자 하는 반면에 진보적 관점

3) 임경훈, 이준한, "민주주의의 공고화", 『정치학의 대상과 방법』(서울: 박영사, 2005).
4) 임경훈, "대의 민주주의의 원리와 대안", 『현대정치의 이해』(파주: 인간사랑, 2003).
5) 임경훈, Ibid.

에서는 가치를 내포하고 있는 조건과 구조를 중시하게 된다.

게다가 민주주의 공고화와 이행은 현실적으로도 차이가 크다. 그것은 과정뿐 아니라 그를 주도하는 행위자가 다르고, 행위자들이 가지는 지배전략이 다르다는 현실적인 문제를 가지고도 있다. 전환이 비민주주의 정부를 퇴장시키는 과정이라면 공고화는 민주적 정부를 건설하는 과정이기 때문이다. 민주주의로의 전환과정은 반드시 제도권정치인들에 의해서만 일어나지는 않는다. 비제도권 인사나 제도권 인사들 사이의 관계에 의해 민주주의로의 전환이 일어난다. 그리고 비제도권의 운동세력이 민주화를 펼칠 경우 그람시적 개념으로서의 '기동전(war of movement)'이 지배적 전략이 된다. 독재에 항의하는 군중의 동원과 폭력과 몸싸움이 협상과 타협에 우선시되는 것이다.6)

반면에 민주주의로의 전환이 이루어졌을 때 민주주의의 주도권은 제도권 정치인들에게 넘어간다. 민주화는 정치적 경쟁을 복원한다. '거리의 정치'가 사라지고 '제도의 정치'가 그 자리를 대신한다. 이 때 지배적인 전략은 그람시적 개념으로서 '진지전(war of position)'이다. 이는 민주주의가 장기적으로 엘리트 사이에, 엘리트와 시민 사이에 그리고 시민들 사이의 일상 속에서도 자리를 잡고 안정화되어야 한다는 것이다. 쉐보르스키가 말하는 '불확실성의 제도화'가 모든 사람들의 기대에 자리잡게 만들어야 하는 것이다.7)

(3) 민주주의 공고화에 대한 기준

표를 통한 비교 **민주주의 공고화기준**

1. **헌팅턴(Huntington)**: 두 차례에 걸친 정권교체
2. **쉐보르스키(Przeworski)**: '우리 마을의 유일한 게임(the only game in town)'으로 절차적 공고화
3. **린쯔와 스테판(Linz & Stephan)의 부분체제 접근 방법**: 다각적 분석이 필요함. ① 정치사회부문(상대적으로 자율적인 정치사회와 공익을 위한 독자적인 판단) ② 국가기구(분권화, 법의 지배, 법의 경계) ③ 시민사회부문(시민사회의 자율성) ④ 제도화된 경제사회(규제되는 시장) ⑤ 효과적인 법의 지배(입헌주의, 법치주의의 전영역에의 적용)

민주주의가 공고화되었다고 이야기할 수 있는 것을 우리는 무엇을 보고 알 수 있는가? 몇 사람의 민주주의 공고화에 대한 기준을 살펴보자. 먼저 헌팅턴(Huntington)은 두 차례에 걸친 정권교체를 민주주의의 공고화로 본다. 군터와 풀레와 디아만도로스(Gunther, Puhle, Diamandouros)는 ① 경쟁세력 간 정권교체 ② 극단적 어려움 속에서도 체제를 지지하는 것 ③ 극소수 반란세력을 패배시키고 처벌할 수 있을 것 ④ 정당제도의 급격한 변화에도

6) 임혁백, "민주주의의 기본원리와 신생민주주의의 공고화", 『세계화시대의 민주주의』(서울: 나남, 2000), pp.216-217.

7) 임혁백, pp.217-218.

민주주의 유지라는 요소를 충족하면 민주주의가 공고화된 것으로 볼 수 있다고 하였다.[8)]

쉐보르스키(Przeworski)는 민주주의 이외의 어떤 방식도 자신들의 정치적 게임의 법칙으로 받아들이지 않고 패자 역시 결국 이 게임 안에서 원하는 것을 얻으려 하는 것으로 민주주의가 '우리 마을의 유일한 게임(the only game in town)'이 된 때에 민주주의의 공고화를 말할 수 있다고 하였다. 이러한 정의들은 민주주의를 소극적으로 보는 최소강력적 입장을 띤다. 여기에 더해 린쯔(Linz)는 다른 대안이 부재하고 어떤 집단도 선택된 결정자의 행동을 비토(veto) 가능하다고 주장하지 않을 때에 공고화가 된다고 본다.[9)]

위의 규정들은 최소강령적 입장으로 민주적 제도와 규범에 대한 '자발적, 자기 강제적인 순응'을 강조한다. 이에 따라 민주주의를 민주적 경쟁의 제도화로 파악하는 것이다. 이런 입장은 슘페터식으로 민주주의를 이해하는 것이다. 이 입장은 민주주의를 구체적으로 측정하고 민주주의 국가의 숫자를 확대하는데 그리고 제도적 관점에서 민주주의를 개선하는데 유용할지 모르지만 질적 수준에서 민주주의의 공고화를 정의하기에는 부족하다.

따라서 확장된 공고화 개념이 필요하다. 콜리에와 레비트스키(Collier& Levitsky)는 민주주의가 공고화된다는 것은 다음의 요건들이 구비되어야 한다고 주장한다. ① 기본적 시민권이 보장될 것. 이 점은 입헌주의를 통한 법의 지배와 그에 따른 자유의 확보라는 견지에서 중요하다. ② 대표에 대한 민주적 책임성과 응답성을 확보하는 것. ③ 군부에 대한 문민통제를 확보하는 것. ④ 토크빌적 사회민주화로 극단적 사회 불평등이 없는 상태를 만드는 것.[10)]

민주주의를 확장할 경우 민주주의는 하나의 제도에 의해서 돌아가는 것이 아니라 다양한 제도들이 동시에 작동하는 것이다. 즉 민주주의의 부분적 제도들이 복합적으로 작동할 때 민주주의가 제대로 작동한다고 볼 수 있다. 따라서 민주주의 체제를 부분체제로 이해한다면 민주주의의 원리가 어떤 부분으로 더욱 확장되어야 하는지와 공고화에서 부족한 부분이 무엇인지를 알아내고, 한 체제의 과도한 집중이 가져오는 다른 부분체제의 과소공고화 문제를 해결하는데 도움이 될 것이다. 스테판과 린쯔(Stepan & Linz)는 부분체제 접근이 필요하다고 하면서 다음의 5가지 부분체제들의 접근을 주장한다. 첫째, 시민사회부문으로 시민사회의 자율성을 강화할 필요가 있다. 둘째, 정치사회부문으로 상대적으로 자율적인 정치사회가 필요하다. 정치사회는 유권자의 요구에 반응하는 것도 중요하지만 공익을 위한 독자적인 판단도 필요한 것이다. 셋째, 효과적인 법의 지배로 입헌주의와 법치주의를 받아들이는 것이 필요하다. 넷째, 국가기구는 분권화될 필요가 있고 법의 지배와 법의 경계에 있어야 한다. 다

8) 임혁백, pp.219-220.

9) 임혁백, pp.220-221.

10) 임혁백 교수는 민주주의 공고화의 범위를 넓혀야 한다고 주장하면서 민주주의의 공고화를 "정치·사회·경제·문화 영역에서 엘리트·대중이 공히 민주적 절차와 규범을 안정화, 제도화, 일상화, 내면화, 습관화, 정당화하는 과정"으로 정의한다.

셋째, 제도화된 경제사회로 시장에서의 (독점과 대비되는)다원주의가 확보되어야 한다. 여기서의 핵심은 시장의 자율성을 인정하는 것과 개인의 소유권을 인정하는 것이다.11)

3. 제3의 물결과 민주주의의 이행

(1) 민주주의의 이행과 과거 이론적 설명

민주주의로의 이행은 어떻게 비민주주의체제(권위주의 아시아 라틴아메리카 국가들이나 공산당 독재의 동구권국가들)에서 민주주의로의 이행이 일어났는가의 문제이다. 1970년대의 논의는 주로 주류적인 이론인 근대화이론과 신좌파이론인 관료적 권위주의이론의 대립으로 볼 수 있다.

립셋(Lipset)과 도이치(C. Deutsch), 커트라이트(Cutright)로 대표되는 근대화이론은 서구세계에서 사회경제적 근대화가 정치적 근대화를 동반한 것처럼 비서구사회의 근대화가 민주주의를 동반케 했다는 이론이다. 이 이론의 핵심은 경제적 근대화인 자본주의 발전이 정치적 근대화인 민주주의의 발전을 가져온다는 것이다. 하지만 이 이론은 경제발전이 반드시 민주주의로 가지 않을 수도 있다는 점에서 문제가 되었다. 비서구사회의 역사적 경험 - 특히 아시아의 4마리 용이라고 불린 신흥공업국들의 경험 - 은 사회와 경제체제는 근대화되었으나 정치적 근대화는 권위주의와 군부 쿠데타로 달성되지 않을 수 있음을 보여 주었다. 따라서 발전 도상에 있는 다른 국가들에서 근대화 이론의 입지는 약화되었고 이에 대한 대안이론으로서 관료적 권위주의 이론의 설득력이 높아졌다.

오도넬(G. O'Donnell)의 관료적 권위주의 이론은 근대화 이론과 반대되는 결론을 도출해 낸다. 즉 경제발전은 민주주의를 야기하는 것이 아니라 경제발전을 더욱 추동하기 위해서 권위주의로 가게 된다는 것이다. 라틴아메리카에서 보이는 변화들은 서구의 주류이론인 근대화이론의 낙관적 기대를 뒤집어 엎는 것으로 경제발전과 민주주의 간에는 역의 상관관계가 있다는 것이다.

1960년대에서 1970년대 라틴아메리카 등지에서 보여지는 경제와 정치간의 관계는 다음과 같다. 먼저 이들 국가들은 경공업중심 산업화를 택하고 있었다. 이들은 부족한 자본과 풍부한 노동으로 노동집약적이고 낮은 기술 수준의 산업화를 선택할 수밖에 없었다. 그러나 산업노동자가 증가하면서 더 이상 이들 산업으로는 경제를 발전시킬 수 없는 낮은 산업화 단계의 포화상태에 도달한다. 이에 높은 단계의 산업화로의 이행이 필요하게 된다. 이처럼 자본집약적이고 기술집약적인 높은 산업화 단계로 이행하기 위해서는 외부의 자본과 기술이 필요하나, 민간 정부는 이 문제를 해결할 수 없게 된다. 왜냐하면 민간 정부는 외국자본의 도입과 변화에 저항하는 산업 노동자나 경공업 중심의 자본가들의 요구에 민감할 수밖에 없기 때문이다. 이에 외부자본을 받아들이면서 저항하는 산업 노동자들을 억압하여 정치적 안

11) 임혁백, pp.222-223.

정을 꾀하려는 군부가 등장하게 된다. 이들은 기술관료(technocrat)들과의 담합을 통해 노동을 배제하면서 다음 단계인 2차 산업화로 이행을 하게 된다. 따라서 정치적 민주주의를 포기한 관료적 권위주의체제(Bureaucratic-Authoritarianism: 약칭 B-A 체제)가 등장하게 된다.[12)]

(2) 제3의 물결과 민주주의로의 이행

위의 1970년대 논쟁은 제3세계로 불리는 국가들에서 민주주의가 아닌 권위주의가 왜 등장하고 확대되는가에 대한 것이었다. 그러나 1975년 포르투갈과 스페인의 파시즘 체계의 붕괴를 시작으로 남미와 아시아 그리고 동구국가들이 민주주의 국가로 전환되는 현상이 벌어지게 된다. 따라서 앞선 1970년대가 민주주의의 후퇴나 역행이 문제였다면 이제부터는 민주주의로의 이행이 문제가 되게 되었다.

헌팅턴(S. Huntington)은 『The Third Wave of Democratization in the Late 20C』를 통해서 이런 현상을 민주주의의 3번째 물결로 개념화했다. 19세기 후반부터 1920년대까지 있었던 첫 번째 물결(The First Wave)은 보통선거권의 점진적인 확산과 확립을 통해서 산업 부르주아에 국한되었던 시민권이 노동자에게까지 확산되면서 형성되었다. 하지만 이 민주주의에 대한 역행도 있었는데 1920년대에서 1940년대 사이에 있었던 사회주의와 전체주의국가의 등장이었다. 2차대전 이후 1950년대까지의 두 번째 물결(The Second Wave)은 제국주의의 식민지였던 제 3세계 아시아·아프리카 국가들의 독립과 국가 건설과정에서 이들이 영미식의 서구민주국가 방식을 채택하는 일련의 과정이었다. 하지만 이 역시 역행을 경험하게 되는데 그것은 1960년대부터 1970년대까지의 권위주의 국가들의 출현이었다.

그러고 나서 1975년 이후 거대한 민주주의의 물결이 세 번째로 불어 닥쳤다는 것이다. 세 번째 물결은 1970년대 초반 스페인의 프랑코 군부 권위주의체제의 붕괴로부터 시작하여 포르투갈, 그리스, 남아메리카로 파급되었고 70년대 후반과 80년대 아시아에도 영향을 끼쳤다. 필리핀과 한국과 대만도 권위주의체제에서 민주체제로 이행되었고, 마지막으로 1989년 소련 해체와 리투아니아, 슬로바키아, 에스토니아, 그루지아 등 동구권 국가들이 탈냉전의 분위기 속에서 민주주의 체제 및 자본주의 체제를 선택하게 된 것이다.

그런데 문제는 왜 3번째 물결에는 반동이 없는가 하는 점이다. 만약 우리가 역사적 교훈을 통해서 반동을 막을 수 있다고 가정하면 우리는 세 번째 반동을 겪지 않기 위해서 어떤 조치가 필요하고 어떤 조치를 취해야 하는지가 공고화 논의의 출발점이라 할 수 있다. 즉 "민주주의의 역행(backward 혹은 counter-wave)을 막기 위해서는 무엇을 해야 할 것인가"가 문제의 출발점이다. 이는 다시 구체적인 제도가 문제인가 아니면 문화가 문제인가 등으

---

12) **관료적 권위주의의 결과**: 이렇게 등장한 관료적 권위주의로 나타난 결과는 ① 외자도입을 통한 산업화의 심화 ② 국내자본·국가자본·외국자본의 3두 체제 형성 ③ 민중부문의 탈정치화 ④ 국가조합주의와 기술관료의 역할 증대 등을 들 수 있다.

로 나뉘고 이론들은 다시 세부적 발전을 꾀하고 있다. 그러나 민주주의의 공고화는 방향성의 문제이면서 동시에 어떤 형태의 민주주의를 추구하는가에 대한 논쟁이다. 따라서 이 논의가 제도적이라 하더라도 민주주의의 개념에 대한 가치의 문제(실질적인가 혹은 절차적인가 등의 문제)를 배제하기 어렵다는 특성이 있다.

따라서 앞서 최대강령주의자들과 최소강령주의자들의 논의에서 본 것처럼 민주주의의 기준을 세우는 문제에 있어서 좁게 민주주의를 정의하고자 하는 사람들과 넓게 민주주의를 정의하고자 하는 사람들 사이에 가치와 제도적 구성을 두고 논쟁이 벌어지고 있다. 이런 이념과 제도에 대한 논의(민주주의의 방향에 대한 논의)로 민주주의에 대한 어떤 기준이 형성되면 그 기준에 따라 제도적 접근을 통해 민주주의를 정착시키려는 세부적 논의와 연구(구체적인 방안 연구)가 활발하게 진행되고 있다. 예를 들면 정당의 제도화, 정치문화적 접근, 대통령제도, 경제적 이익 대표체계의 문제, 참여민주주의의 실제 기제들이 그러한 구체화된 방안들이다.

제2절 권위주의 체제의 위기와 민주화에 대한 이론

다음단계로 우리가 보아야 할 것은 민주화로의 이행이 어떤 방식으로 진행되었는가 하는 것이다. 이것은 왜 권위주의체제가 거부되고 민주주의로 이행하게 되었는가 하는 설명과 이행기의 역사적 유산은 이후 민주주의 공고화기에 영향을 미치는지 여부, 영향을 미친다면 어떤 방식으로 영향을 미치는가에 관한 설명으로 분화된다.

1. 권위주의 붕괴와 민주주의 이행 원인

어떻게 권위주의가 붕괴되고 민주주의로 이행되는가에 대해서는 크게 3가지 설명이 있다. 첫 번째는 구조중심의 논의로 특정한 사회적 조건이나 경제적 조건이 권위주의 정당성을 무너뜨리고 새로운 정치형태인 민주주의로 전환하게 하였다는 설명이다. 두 번째는 행위자 중심의 논의이다. 이 논의는 민주화는 조건의 산물이 아니라 행위자들의 이해와 전략에 기반한 선택에 의해서 만들어졌다는 설명이다. 세 번째의 설명은 구조적 조건이 형성되고 이 조건 속에서 이해관계를 새로 조정해가는 행위자들 사이의 상호작용을 동시에 고려해야 한다는 절충적 입장이다.

이 논의는 조건이 동일하다면 민주화가 순조롭게 이행되는지 아니면 민주화로의 이행에 시민들의 열정과 희생이 있어야 하는지와 관련된 문제이다. 실제로 특정한 조건의 형성이 민주화로의 이행을 촉구할 것이다. 경제적 부의 증대와 교육수준의 확대와 같은 조건의 형성은 자유주의의 열망과 민주주의의 성취 욕구를 높일 것이다. 그러나 이런 조건만으로 민주화가 이루어지기는 힘들다. 기존 비민주주의 세력은 사회 모든 부문에서 기득권을 가지고 있기 때문에 이들은 자신들의 기득권을 상실하게 되는 민주주의를 받아들이지 않을 것이기 때문이다. 따라서 민주주의는 조건만으로 충족될 수 있는 것이 아니라 기득세력의 이해에 반하여 민주주의에 대한 요구를 결집하고 그 저항의 구심점이 되는 행위자가 필요한 것이다. 또한 그 구심점이 되는 세력은 나라마다 다르다. 따라서 비교정치적 관점에서 어떤 조건과 어떤 행위자가 만나게 되고 이것이 민주화를 가져오는지 아니면 민주주의 획득에 실패하거나 온정적인 권위주의에 남아있게 될 것인지를 살피는 것이 중요한 문제가 된다. 이런 비교정치적 각도에서 볼 때 운동, 특히 학생중심의 운동을 통해서 민주화를 만들어낸 한국의 사례는 대단히 흥미로운 것이다.

그렇다면 조금 더 자세하게 민주화가 어떤 원인에 의해서 쟁취되는지를 살펴보도록 하자.

2. 민주주의 이행 이론들[13)]

민주주의 이행의 다양한 이론들이 있다. 이 이론들은 민주주의가 어떻게 만들어졌는가에 대한 부분적 설명을 제시해준다. 하지만 이 이론들만으로는 부족하기 때문에 과거 이론들을 살펴보고 이론들 간의 재구성을 통해서 민주주의 이행의 좀 더 완결된 설명을 만들어내도록 한다.

(1) 기존의 민주화이론 비판

표를 통한 비교 **민주주의 이행관련 이론**

1. **전제 조건적 이론(theory of preconditions)**: 근대화 등의 특정 조건이 민주주의 형성. 산업화와 민주주의 문화가 전제조건이 되어 민주주의구성. but, 민주주의가 결과물이 아니라 선행조건이 될 수 있음.
2. **경제위기 이론**: 성공의 위기(권위주의 정부가 기존의 역사적 임무를 완성하게 되면서 퇴장을 강요받는 것)와 실패의 위기(권위주의 정부가 자신에게 부과된 근대화의 임무 달성에 실패할 경우에 민주화 시작)가 민주화 가져옴. but, 두 가지 조건이 모두 민주화를 가져올 경우 경제조건이 민주주의를 가져올 수 없음.
3. **계급 프로젝트 이론**: 부르주아 산물설, 프롤레타리아 산물설, 계급연합설. but, 한 사회의 어떤 계급이 주도하는지는 불명확함.
4. **정통성 위기 이론**: 권위주의의 정통성 붕괴에 따라 아래로부터의 압력에 의한 민주화. but, 아래의 압박이 없는 상황에서 민주화는 어려움 또한 권위주의 내부 분열과 대안 정치세력이 필요함.
5. **위로부터의 민주화 이론**: 권위주의 내부의 강경파와 온건파로의 분화를 통한 민주화.

13) 민주주의 이행론은 주로 임혁백 교수의 이론적 논의를 중심으로 설명하도록 한다.

but, 아래로부터의 위협 없이 민주화 곤란.
6. **대안 이론**: 전략적 선택이론과 협약에 의한 민주화

(2) 대안적 이론 모색

위의 민주화이행이론들은 민주화를 설명하는데 분석적 장점이 있지만 독자적으로는 완결된 설명을 하는 것이 용이하지 않음을 보여준다. 따라서 하나의 이론으로 민주화를 분석하는 것은 무리이고, 변수들의 상호 작용이 중요하다. 즉 민주화는 일련의 조건 속에서 위로부터의 개방과 아래로부터의 저항의 상호작용의 결과로 보아야 한다. 따라서 민주화로의 이행은 권위주의 블록내의 권력투쟁에서 개혁파가 헤게모니를 장악하고 체제 반대세력 내에서 온건파가 급진파에 대한 주도권을 확보할 때 가능하다.

한국의 민주화를 분석하는데 있어서 임혁백 교수는 쉐보르스키의 전략적 선택이론을 차용해서 한국의 민주화를 체제 내부세력과 체제 외부세력간의 선택의 문제로 본다. 하지만 이런 견해에 대해 반박하는 견해도 있다.[14] 이런 전략적 선택은 아래의 표와 같이 나타난다.

표를 통한 비교

		체제 내 세력	
		강경파	온건파
	급진파	(1) 유형 • 승자독식 무장봉기 승리: 민중혁명 무장봉기 실패: 재권위주의	(3) 유형 • 개혁적 민주화(동구): 과거 지배엘리트의 평화적 퇴장 보장, 정치지배구조의 해체, 경제와 사회체제의 개혁, sudden death 문제
	온건파	(2) 유형 • 회유·매수를 통한 권위주의의 현상유지 • 부분적 양보를 통한 완화된 권위주의	(4) 유형 • 타협적 민주화, 협약에 의한 민주화(한국): 갈등하는 엘리트들 간의 이익보장 협약 체결, 민주화 추동세력 배제, slow death 문제[15]

표에서 나타나는 1)번 유형은 민중의 무장봉기가 승리하면 민중혁명으로 나타날 것이고

14) **협약에 의한 민주화 평가**: 최장집 교수는 한국의 민주화가 협약에 의한 것은 맞지만 권위주의 세력이 강경파와 온건파로 분화된다는 것은 한국에서는 사실과 부합하지는 않는다고 한다. 최장집, 『민주화이후의 민주주의』, p.134.

15) **sudden death와 slow death의 문제**: 민주주의로 전환하였으나 저항세력에 의해 급격히 권위주의로 전환하는 경우 민주주의는 급속히 사망하는 '조기사망(sudden death)'에 빠질 수 있다. 반면에 권위주의 세력이 지속적으로 남아서 민주주의의 개혁을 방해하는 경우가 있다. 민주주의가 공고화되지 않고 질적으로 점차 후퇴를 하는 경우 민주주의는 '질식사(slow death)'에 빠질 수 있다.

실패할 경우에는 재권위주의화를 초래하게 될 것이다. 어떤 방식으로 결정이 되더라도 이것은 승자독식(winner-takes-all)의 원칙이 관철될 것이다. 즉 승리하는 쪽은 전부를 가지게 될 것이고 패배하는 쪽이 얻는 것은 전무할 것이다.

2)번 유형은 권위주의 정부가 회유와 매수를 통해 현상유지하거나 혹은 민중 부문에게 부분적인 양보를 통해 계속 지배하는 경우이다. 권위주의 강경파가 주도적이 되어 민중의 온건파에게 부분적인 정치적 자유를 부여하지만 게임의 룰은 근본적으로 바뀌지 않는다.

3)번 유형은 민중의 강경파가 주도적이 되는 경우로, 과거 지배엘리트의 평화적 퇴장을 보장하고 정치지배구조의 해체와 경제와 사회체제의 개혁을 수반한다. 기득권세력의 반발로 정착되기 어렵다는 한계로 sudden death의 문제를 가지고 있으나, 일단 정착되면 타협적 민주화 또는 협약에 의한 민주화보다 민주주의를 정착시키기 용이하다. 왜냐하면 저항세력으로서의 권위주의세력이 남아있지 않기 때문이다.

4)번 유형은 협약에 의한 민주화이다. 갈등하는 엘리트들 (권위주의 온건파와 민중부문의 온건파) 이 민주적 경쟁의 결과에 상관없이 서로 생사가 걸린 이익을 보장한다는 협약을 체결하여 민주주의로 이행하는 경우이다. 하지만 이 유형은 협약이 가지는 비민주적 성격을 가지게 되는데 이는 엘리트 중심적이 되면서 실제 민주화를 추동한 주요 민중세력이 배제되기 때문이다. 이런 비민주적 성격으로 인해 협약에 의한 민주주의는 민주주의 체제로의 전환은 용이하나 장기적으로 민주주의의 정착에 문제가 있다. 특히 민중부문의 배제와 함께 권위주의 세력이 헤게모니를 놓지 않고 저항하기 때문에 민주주의가 공고화하기 어렵고 장기적으로 질식해가는 'slow death'의 문제가 있다.

3. 한국에서의 민주화이론의 비판적 적용

표를 통한 비교 **한국 민주화 적용**

1. **한국 민주주의의 특징:** 엘리트 간 협약(권위주의 온건파 + 민주화 온건파)에 의한 민주화, 성공에 의한 민주화(경제 성공과 민주화)
2. **한국 민주주의의 문제점:**
   ① 외삽된 민주주의(externally imposed democracy): 일거에 주어진 선거권 → 대중정당 부재
   ② 반공·냉전·성장 이데올로기의 체제 편견의 동원(Schattschneider) → 보수편향적, 지역주의에 기반한 협소한 정치지형
   ③ 협약에 의한 민주화(pacted democracy) → 민주화의 이행에 있어 이행을 위한 오랜 준비와 에너지는 시민사회로부터 동원되었지만 실제로 체제의 전환이라는 결정적인 국면에서 주도적 역할을 한 것은 체제 안팎의 엘리트(권위주의 온건파, 민주화 온건파)
   ④ 강한국가 + 약한 시민사회: 노동세력과 학생을 비롯한 시민사회의 배제 → 제한된 경

쟁과 제한된 참여로 갈등 조정·통합 능력 저해

(1) 한국에서의 민주화 유형: 엘리트 간의 협약에 의한 민주화[16)]

기존의 민주화이론 중 어느 한가지만으로 한국의 민주화를 바라볼 수는 없을 것이다. 이는 한국의 민주화를 가능케 한 국내적, 국외적 변수와 정치적 지형을 파악하는 것이 한국의 민주화를 살펴보는데 중요하기 때문이다. 이러한 전제를 바탕으로 해서 포괄적으로 살펴볼 때 반드시 적실하다고 할 수는 없으나 '협약에 의한 민주화'의 유형에 제일 가깝다고 보여진다.[17)] 1987년 6·29선언은 장기화된 대치상태 속에서 제도권 야당과 집권세력내의 온건파 사이의 협약이 차선책으로 제시됨으로써 민주화 이행의 기반을 마련했다. 하지만, 이후 1987년의 7, 8월의 노동자 대투쟁은 6·29협약에서 배제되었던 노동계급에 의한 밑으로부터의 민주화운동의 성격을 띤다. 그러나 협약의 두 당사자는 재빨리 헌법 개정의 정치를 마무리 짓고 선거정치로 국면전환을 시도함으로써 밑으로부터의 압력에 대응했다고 본다. 1987년 13대 대선[18)]에서 신민당의 김영삼 후보와 평민당의 김대중 후보는 야당후보 단일화에 실패함으로서 민정당의 노태우 후보가 집권을 하였고, 이는 직선제를 통해서 군부권위주의 세력에 다시 권력을 남겨주게 되었다.

(2) 한국 민주화이론의 비판적 고찰

협약에 의한 민주화는 비민주적이고 배제적인 성격과 함께 제한된 경쟁과 제한된 참여의 문제를 야기한다. 따라서 한국의 민주화가 협약에 의한 민주화라고 전제할 때, 앞으로의 과제는 이러한 협약에 의한 '민주주의의 민주화'를 가져오는 것이다. 따라서 경쟁이 지배되는 영역의 확대가 필요하다. 즉 장외에 배제된 세력들의 참가를 유도할 수 있도록 참가를 막는 장벽들이 철폐되어야 하고, 사회경제적 개혁을 바탕으로 해서 배제된 세력들로부터 민주주의의 정당성을 확보할 수 있도록 해야 한다.[19)]

한국의 공고화 과제는 쉐보르스키의 '불확실성의 제도화'를 의미하는 '우리동네의 유일한

16) 임혁백, Ibid.

17) 경제적 성공에 의한 민주화의 설명도 가능하다.

18) **정초선거와 중대선거 개념 비교**: 정초선거(founding election)는 최초로 정당체계 등을 정립하는 선거를 의미한다. 민주화 이전에도 있을 수 있고, 민주화 이후의 정초선거도 있을 수 있다. 예를 들어 한국 정당의 정초 선거는 1953년 선거이지만 민주화 이후 1988년 총선도 민주화 이후의 정당체계를 결정했다는점에서 정초선거로 볼 수 있다. 반면에 중대선거(critical election)는 민주주의 국가에서 선거를 통한 정당체계의 재편성이 일어난 선거를 의미한다. 예를 들어 양당체계에 있던 정당체계가 다당제로 바뀌게 되는 선거를 말한다. 이와 달리 기적의 선거(stunning election)라는 개념도 있다. 민주화 이전에 권위주의 지도자가 민중의 요구를 수용하여 선거를 실시했으나 패배하는 선거를 의미한다.

19) 임혁백, Ibid.

게임'을 넘어 공고화의 개념을 확장하여 정치적 민주화뿐 아니라 사회, 경제 등의 영역에서 민주적 절차와 규범을 제도화할 필요가 있다.[20] 이를 위해 쉐보르스키는 정당 간 정권교체의 실제적 가능성, 정권교체를 통한 중대한 정책변화의 가능성, 군부에 대한 민간의 효과적인 통제, 시민문화의 형성, 민주적 정치엘리트 등의 조건을 제시하였다. 따라서 우리는 한국의 민주주의를 공고화하기에 좋은 조건들과 민주주의를 질적으로 악화시킬 수 있는 조건들을 찾아보아야 한다.[21]

(3) 민주주의 공고화의 조건

민주주의를 공고화하는 것은 위에서 본 것처럼 하나의 행위자에 의해서만 되는 것도 아니며 한 가지 구조변화를 통해서만 이루어지는 것도 아니다. 게다가 모든 국가의 민주주의는 그 국가들이 처한 역사적 상황과 지리적 요인 등이 복합적으로 영향을 미치는 것이다. 따라서 민주주의의 공고화에는 그 사회가 처한 상황과 행위자들의 의지와 결단이 필요한 것이다.

민주주의를 공고화하기 위한 조건은 위에서 보았듯이 부분체제적 접근을 제시한 린쯔와 스테판의 요인들에 국민적 통합과 군부의 문제를 첨가해서 살펴보면 될 것이다.[22] 국민통합은 언어, 인종, 종교나 문화 등으로 분할될 경우, 민주주의의 문제 이전의 국가 자체의 통일성이 문제가 되기 때문에, 국민통합은 부분체제로 접근할 수 있는 구조적 장의 문제로 중요하다. 또한 비민주주의 국가들은 대체로 폭력을 사용하는 강권적 기구를 통해서 통제를 한다. 따라서 경찰력과 군대 같은 폭력기구가 국가의 크기나 시장이나 시민사회와 같은 다른 부분의 크기에 비해 과도하게 크다. 게다가 가장 강력한 물리력을 보유한 군대는 외부 안보와 내부 안보의 최종적 보루로 작동했을 가능성이 높다. 따라서 이런 나라들에서 군대는 정치적 중립을 지키지 않고 자신들이 정치의 일부분을 차지하려고 한다. 따라서 이런 나라에서 군대를 어떻게 퇴장시키는가 하는 점은 대단히 중요한 과제인 것이다.

1) 국민적 통합(national unity)

민주주의의 공고화를 위해서는 종족과 민족적 일체감을 가지는 것이 중요하다. 종족 간의

---

20) 임혁백, Ibid.

21) **민주주의 공고화 조건들**: 임혁백 교수는 한국 민주주의 공고화의 촉진요인과 저해요인을 나누어 설명한다. 먼저 촉진요인으로는 (1) 경제적 번영: 정치적 민주주의와 경쟁적 시장경제로의 동시전환의 부담 및 번영하는 경제가 낳은 흑자민주주의(surplus democracy)는 복지국가로 나아갈 수 있는 여유 마련 (2) 종족적 동일성: 단일민족으로서 종족적 갈등 미발생 (3) 종교적 다원주의: 종교적 갈등 없음 (4) 효율적 국가체계의 존재 (5) 군부에 대한 문민통제: 성공적 군부 개혁 을 들고 있다. 이에 비해 저해요인으로는 (1) 이데올로기적 폐쇄성 (2) 지역주의와 비경쟁적 민주주의 (3) 보스주의와 정당의 사당화 (4) 정치사회의 제도화 수준: 정치사회의 이중구조화로 인한 민주적 책임성 저하 등 (5) 약한 헌정주의 (6) 지대추구적 시민결사체들의 번성 (7) 경제의 세계화와 세계기업의 자율성 (8) 한반도 분단 상황과 통일문제 등을 들고 있다.

22) 임혁백, "민주주의의 기본원리와 신생민주주의의 공고화"『세계화시대의 민주주의』, p.223.

차이를 강조하는 종족주의(ethnicism)는 이를 이용하려는 주체가 존재할 때 문제가 된다. 그러나 다종족이 반드시 문제가 되는 것만은 아니다. 다종족 국가에서 민주주의 공고화가 된 사례로 미국, 벨기에, 스페인, 스위스, 네덜란드를 들 수 있는데, 이들 국가에서는 최근 다문화주의를 통해서 다양성을 인정하고 다양한 집단 간의 공존을 모색하고 있다. 이는 이들 나라에서 관용에 기반한 민주주의가 작동하고 있기 때문인데, 이러한 사실은 종족 그 자체는 민주주의 저해의 원인이 아닐 수 있다는 점을 보여준다. 오히려 많은 경우 종족주의는 민주주의 실패의 결과이다. 다종족 국가에서 승자독식구조의 다수결 민주주의를 사용하면 소수 종족집단은 영구적으로 패자가 될 것이기 때문이다. 따라서 이런 경우 다종족이나 다양한 분파의 문제를 해결하기 위한 대안으로 협의민주주의나 연방주의적 분권화나 지방화를 시도해 볼 수 있으며, 실제로 스위스, 벨기에, 네덜란드 등은 이 같은 방법을 사용하고 있다.[23)] 한국에서 다문화주의가 늘어나는 상황은 국민적 통합이라는 측면에서 새로운 과제가 되고 있다.

2) 시민사회 활성화

민주주의의 공고화는 강력한 시민사회를 필요로 한다. 시민사회는 민주주의 공고화 연구의 주종을 이루어왔다.[24)] 슈미터에 따르면 시민사회는 “공적기관(국가)과 사적단위(기업·가족)로부터 상대적으로 자율적·자발적인 중간매개집단”이다. 이렇게 볼 때 시민사회는 국가와 정치사회 그리고 경제사회와 시장사회에 대한 ‘이중적 자율성’을 누리며 공동의 이익과 가치를 보호하고 추구할 수 있는 ‘집단행동의 능력’을 가지고 있다. 또한 래리 다이아몬드, 린쯔와 립셋은 시민사회는 국가기구나 사적 생산자들의 역할을 찬탈하거나 직접적으로 통치하려하지는 않는다는 점에서 ‘비찬탈성(non-usurpation)’을 가진다고 한다. 여기에 더해, 법규 하에서 행동한다는 점에서 ‘시민성(civility)’을 갖추고 있다고 본다.[25)]

래리 다이아몬드(R. Diamond)는 슈미터의 이러한 정의를 따르고 있다. 그도 시민사회를 ‘국가와 사적영역 사이의 자발적, 자생적, 자율적인 중간매개집단’으로 규정하면서 시민사회가 사적영역보다는 공적영역에 관심이 많으며 국가권력을 찾으려는 찬탈성은 부재하다고 본다. 대신에 국가를 통해서 국가를 변화시켜서 자신들의 공적 목표를 실현하려고 한다. 또한 종교적 근본주의 단체나 국수적 종족집단과 달리 사회의 정치적, 기능적 공간을 독점하려하지 않고 법적질서와 공유된 규칙의 틀 내에서 활동하며, 사회의 부분적 의사만을 대표하려

---

23) 임혁백, pp.223-226.

24) **시민사회 연구 경향**: 임혁백 교수는 『세계화시대의 민주주의』에서 시민사회가 민주주의 공고화 연구의 성장산업이 되고 있다고 지적한다. 이 책이 나오던 시점의 시민사회에 대한 학문적인 관심이나 현실적인 관심의 증대를 고려해볼 때 확실히 이 주장은 타당하다. 그러나 2008년에서 현재까지로 시기를 늘려 보면 여전히 시민사회에 대한 관심이 높은 것은 사실이지만 과거에 비해 중요성이나 관심은 다소 식은 상황이다.

25) 임혁백, p.227.

는 다원성을 갖는다고 본다.[26)]

시민사회의 역할은 변화한다. 비이글과 버터필드(Weigle and Butterfield)는 '출현적 시민사회', '방어적 시민사회', '동원적 시민사회', '제도적 시민사회'의 개념을 통해서 시민사회의 역할이 변화하는 것을 추적했다. 우리의 경우, 방어적 시민사회가 동원적 시민사회로 변신하여 독재에 대한 저항을 동원하는 주체로 성장하였다. 그러나 민주주의의 건설시점이 되면 동원적 시민사회의 계기는 사라지고 의회나 정당이 중심이 된다. 하지만 공고화기가 된다고 해서 이들의 역할이 사라지는 것은 아니다. 오히려 이 시기 시민사회의 역할은 더욱 중요해진다. 시민사회는 다음과 같이 다양한 방식으로 공고화에 기여한다. ① 신뢰할만한 정보를 제공하고 개인들의 요구를 중앙정부에 전달하여 민주정부의 투입능력을 높인다. ② 민주주의 제도와 절차 과정 등을 준수하게 하는 교육을 통해서 민주주의의 학교 역할을 수행한다. ③ 정부나 국가 공공기관이나 정당에 걸린 과부하를 덜어준다. ④ 사회적 협력과 사회적 신뢰와 사회적 자본을 증대한다. 이를 통해 '거래비용'을 낮추어 준다. ⑤ 불법적 권력의 찬탈이나 다수의 독재에 대한 저항의 보루 역할을 한다.[27)] 한국은 1987년 민주화이후 시민사회의 팽창을 경험했다. 운동권이 중심이었던 시민사회와 시민운동은 2000년 낙천낙선운동을 정점으로 한국정치에서 시민사회의 르네상스를 만들었다. 그러나 이후 보수적시민사회도 강화되면서 '보수적 시민사회 vs. 진보적 시민사회'의 대립이 한국정치의 중심을 이루고 있다.

3) 정치사회의 제도화

시민사회는 사회의 부분일 뿐이다. 시민사회는 전체 공동체의 이익을 대변하지는 않는다. 시민사회의 목표가 제한적이고 부분적이기 때문이다. 따라서 전체 공동체의 이해를 보장할 수 있는 정당, 선거, 의회의 정치사회가 그들의 지지자들의 이익을 정치공간에 표출하고, 결집하고, 대표할 수 있어야 한다. 하지만 이런 장치 역시 시민과 국가를 이어주는 매개물일 뿐이다. 불확실성을 보장하고 사후적 책임성을 물을 수 있지만 선거만으로는 부족한 것이 사실이다. 특히 선거에 따른 제왕적 대통령의 등장과 포고령에 기반한 정치의 가능성은 선거만이 능사가 아님을 보여준다. 따라서 신생민주주의를 공고화하는 데에는 시민에 대한 정치사회의 책임성을 제도화 할 수 있는 제도적인 혁신이 필요하다. 정치인에게는 재선의 유인을 높여야 하고 야당에게도 권력 획득을 위한 유인이 필요하다. 또한 책임성을 증대하기 위해서 더 많은 정보를 가진 시민을 조성할 수 있는 제도적 혁신을 고려해야 한다. 쉐보르스키에 따르면 독립적인 정부의 투명성 보장기관, 즉 독립적인 선거 기부금의 투명성 보장기관, 독립적인 회계감사 위원회, 독립적인 통계기관, 공영매체에 대한 감시기구 등을 '책임성 확보기관(accountability agencies)'이라고 부른다.[28)] 한국의 정치사회는 제도화가 부족하

26) 임혁백, p.227.
27) 임혁백, pp.228-228.
28) 임혁백, pp.231-233.

다. 정당지지와 당비를 내는 진성당원이 부족하다는 점과 정당부동층이 높다는 점은 유권자들이 볼 때 정당과 정치인들이 사회와 유리되어 있는 상황의 증거이다.

4) 군부에 대한 문민통치

민주화 연구가들은 군부를 다루는데 있어서 조심스러울 것을 요구하는데, 과거 권위주의의 대부분은 군부에 의한 권위주의였기 때문이다. 기득 이익을 가지고 있는 이들을 권력의 자리에서 물러나게 하는 것은 민주화에서 가장 핵심적인 일이지만 쉬운 일은 아니다. 오도넬과 슈미터(O'Donell & Schmitter)는 군부가 '민주화 체스게임'의 여왕이기 때문에 군부를 잡아먹는 것이 금지되어 있다고 주장한다. 만약 잡아먹을 경우 – 예를 들어 군의 급격한 숙청이 있을 경우 – 에는 군부가 판을 뒤집어엎고 새로운 자기 혼자만의 게임을 시작하려 하기 때문이다. 따라서 실제 많은 민주화 사례에서 군부의 평화적 퇴장에 대한 협약이 있거나 군에 대한 정치적 지분을 헌법 등에 보장하는 경우가 있었다.

하지만 군부의 평화적 퇴장을 보장하는 협약은 민주주의의 전환을 위한 고육책일지 모르나 민주주의를 공고화시키는데 방해요소가 되고 있다. 대표적으로 칠레의 피노체트의 경우를 보면 민주화 이후 군부는 후견적 권력을 행사할 수 있는 제도적 기반을 가지고 있어서 군부는 군사와 안보영역에서 선거로 선출된 공직자의 감독과 통제를 받지 않는 '유보된 영역'을 확보할 수 있었다. 게다가 피노체트는 군부의 후견자 역할과 정책적 자율성을 헌법에 명기하는데 성공하였다.[29] 한국의 경우 김영삼 정부에서 정치군인의 숙군과정을 거치면서 군부에 대한 통제에 성공하였다. 이후 군부가 정치에 개입하지 못하게 되었다는 점은 태국이나 이집트 같은 군부쿠테타를 경험한 국가들과의 차이다.

5) 헌정주의

법치국가가 민주화에 선행했을 때 민주화가 안정적으로 발전했음을 보여준다. 스테판과 린쯔에 따르면 법치주의의 확립은 시민들이 자신들이 획득한 시민권을 유효하게 행사할 수 있고 법이 정한 테두리에서 평화적으로 경쟁할 수 있기 때문에 중요하다고 한다. 그러나 제3세계는 민주주의에 비해 법치주의가 선행하지 않았다. 헌법이 경쟁과 갈등을 규제하고 해결하는 규범과 절차적 틀이라고 합의되는 헌정주의가 정치사회와 시민사회에 뿌리 내리기 전에 민주화가 일어난 것이다.[30]

신생민주주의 국가에서는 경쟁이 예측 가능하다는 믿음, 즉 장래에 동일한 경쟁규칙 (헌법)에 따라 규칙적으로 반복해서 경쟁이 이루어질 것이라는 확신이 정치인들이나 국민들에

---

29) 피노체트가 얻어낸 양보는 (1) 군과 경찰의 현직 총사령관의 영구적인 유지 (2) '군대와 경찰의 특권' 보호 (3) 테러리즘에 대한 강력한 투쟁 (4) 네 명의 군부 대표와 네 명의 민간인들로 구성될 국가 안보위원회의 의견존중 (5) 1973년과 1978년 사이에 자행된 정치적 범죄에 대한 사면의 유지 (6) 군사법원의 권한, 군대의 명령 구조, 군예산의 수정, 장군 승진을 포함. 임혁백, p.235. 재인용.

30) 임혁백, pp.235-236.

게 뿌리내려야 한다. 그러나 헌법은 중립적인 문서가 아니라 특정한 정치 세력의 승리 가능성을 사전에 결정하는 문서가 될 가능성이 있다. 따라서 헌법에 대한 선호는 이해당사자들마다 다를 수밖에 없다. 정치적 승리를 위한 헌법의 잦은 개정 시도는 헌정주의 자체를 위협할 수 있다. 이런 경우 헌법 자체가 정쟁의 대상이 된다. 따라서 신생민주주의 국가에게는 외부조건의 변화에도 불구하고 정치적 갈등을 규제할 수 있는 자율적인 힘을 키울 수 있는 '제도적 시간(institutional time)'이 필요하다. 즉 기존 헌법을 내면화, 습관화, 일상화하는 노력이 더 나은 헌법적 대안을 모색하는 것에 우선해야 한다.[31] 한국에서 2003년 대선의 결과에 대한 불만으로 대통령은 탄핵한 사례는 헌법을 게임의 규칙으로 받아들이지 못한 대표적인 사례이다.

6) 풍요의 경제와 경제사회 제도화

풍요의 경제와 민주주의 사이의 상관관계는 아직 명확하지는 않다. 1959년 립셋(Lipset)의 경제발전과 민주주의에 대한 상관관계 주장 이후 이 논의는 아직 진행 중이다. 한국, 스페인, 대만은 경제발전의 결과로 민주화를 이루어낸데 비해 싱가포르는 선진국수준의 경제발전에도 불구하고 여전히 권위주의에 남아있다. 반대로 동구권국가들과 러시아는 경제실패로 민주화에 착수했고 아직 북한처럼 경제적 실패에도 불구하고 권위주의 정부나 독재가 남아있는 경우도 있다. 마찬가지로 정치체제 성격에 따른 경제발전에 대한 효과 역시 불분명하다. 권위주의가 경제발전에 유리하다는 권위주의적 발전론자가 있는가 하면 민주주의가 경제발전을 가져온다고 하는 민주적 발전론자도 있다. 그러나 경제 실적에 대한 정치체제의 효과는 실증적으로 밝혀내기 어렵다. 그것은 경제실적이 정치체제뿐만 아니라 경기주기, 사회구조, 정책의 선택 등에 의해서 결정되기 때문이다.[32]

그러나 한 가지 확실한 것은 부유한 경제가 민주주의를 지속시킬 가능성이 높다는 점이다. 신근대화론자로 불리는 쉐보르스키의 연구에 의하면 1인당 국민소득이 6.000달러를 넘어서면 민주주의는 난공불락이 될 것이며 영구히 살아남을 것으로 예측된다고 한다. 그리고 그의 연구는 실제 국민소득이 6,055이상인 국가(1976년 쿠데타가 일어날 당시 아르헨티나의 소득수준)에서 민주주의 체제가 붕괴한 사례가 없다는 점을 제시하였다. 하지만 많은 신생민주주의 국가들은 경제가 아직 민주주의를 지속시킬 만큼 발전해있지 않다. 따라서 많은 국가들에서 민주화의 첫 번째 작업으로 경제구조개혁을 단행하려고 한다.[33]

한편 동구의 민주주의는 딜레마에 빠져 있는데 이것은 정치적 민주주의와 경쟁적인 시장경제로의 동시적 전환이 요구되는 것에 기인한다. 그런데 이런 동시적 전환은 불가능한 것이다. 엘스터(Elster)는 동구권의 딜레마를 시장경제로의 전환을 위한 가격개혁과 소유권개

31) 임혁백, pp.236-237.
32) 임혁백, pp.237-238.
33) 임혁백, p.238.

혁을 빌려서 설명한다. 먼저 자원의 희소성을 반영하기 위한 가격개혁은 파산과 실업을 초래할 수 있고 이는 민주주의 하에서 정당과 노조를 통해 개혁 저지나 역전을 가져올 수 있다는 문제에 봉착한다. 또한 소유권 개혁 역시 민주주의와 양립불가능하다. 사적 소유권제도의 도입은 소득의 불평등을 야기하기 때문에 대부분의 대중들에게 받아들여질 수 없는 것이다. 이런 주장은 오페(Offe)의 주장과도 연결된다. 오페는 민주주의 하에서 자본주의를 디자인하기가 어렵다는 점을 보인다. 그는 대부분의 국민들이 재산권제도와 시장기구의 도입은 강자들을 더욱 부유하게 하며 약자들을 시장의 희생물이 되게 할 뿐이라고 믿기 때문에 개혁은 대다수의 지지를 획득하기 어렵다고 주장한다.[34]

이런 주장들은 시장경제에 따른 비용이 높고 이것이 민주주의와 양립이 곤란하다는 점을 밝힌 것이다. 따라서 동시적 전환이 불가능하다면 이중적 전환이 순차적으로 추진되어야 한다. 그렇다면 문제는 무엇이 우선해야하는가이다. 이에 슈미터는 제도적 선택이 경제개혁에 선행되어야 한다고 주장한다. 정치·제도적 선택이 먼저 일어나지 않으면 사유화, 탈규제화, 통화개혁, 가격개혁 등의 실시가 정치적 저항에 직면할 것이며 현직 정치인들은 과거의 비민주적 관행을 연장시키려 하고 기득권이 있는 경제세력은 보조금이나 예외조치를 통해서 경제개혁을 좌초시키려 할 것이기 때문이다. 또한 슈미터는 제도-정치적 선택은 일단 결정되면 절차적으로 수정하기 어렵지만 경제적 선택은 시행착오를 거치면서 수정 또는 시정이 상대적으로 용이하기 때문이기도 하다고 지적한다.[35]

신생민주주의 공고화는 상당부분 민주정부의 경제적 실적에 의존하고 있다. 독재정부보다 경제적인 부의 창출이 높을 때 민주정부는 실제 지지를 받을 수 있다. 그러나 민주정부가 권위주의 정부보다 경제실적이 더 나을 수 있는가는 확실치 않다. 민주정부가 권위주의 정부보다 우월한 것은 산출물의 크기가 아니라 경제위기 등에 대한 대처에 있기 때문이다. 즉 민주정부의 비교우위는 경제적 실적보다는 경제위기 시에 안전망을 제공하는 능력에 달린 것이므로 경제체제의 전환비용을 공유할 수 있는 조정체제가 필수적이다. 이렇게 민주주의로의 변화 속에서 나타나는 경제적 부담과 위기를 공유하는 경제사회의 제도화는 경제사회 즉 시장에 의해서 만들어질 수는 없다. 그것은 국가의 개입을 필요로 하는 것이다. 마라발(Maravall)의 스페인 사례연구는 민주화 이후 스페인의 높은 실업률에도 불구하고 신생민주주의가 이들에게 사회적 권리를 보장해 줌으로서 민주주의에 대한 충성을 보여주고 있다는 점을 알려준다.[36] 한국의 경우 신자유주의가 강화되면서 시장에 대한 통제는 더 약화되고 있다. 높아지는 양극화지수는 한국의 경제가 민주주의에 긍정적인 것만은 아니라는 점을 제시한다.

---

34) 임혁백, p.239.
35) 임혁백, pp.239-240.
36) 임혁백, pp.240-241.

7) 효과적인 국가

민주주의의 공고화는 국가의 약화가 아닌 '국가의 강화'를 요구한다. 이것은 경직적이고 관료적인 전통적인 의미의 강권적인 국가를 말하는 것이 아니라, 시민들로 하여금 시민권을 효과적으로 행사할 수 있게 보장해주는 '민주적으로 통제된 효과적인 국가'를 말한다. 린쯔와 스테판은 민주주의를 공고화하는데 있어서는 '국가(polis)'의 권위와 '시민(demos)'의 권리가 갈등관계에 있지 않아야 한다고 한다. 이들은 "국가 없이 민주주의 없다"는 강력한 결론을 도출하는데, 이는 효과적인 국가만이 시민권의 보편적인 실현을 보장할 수 있다는 쉐보르스키의 주장에 의해 뒷받침된다. 많은 동구와 남미의 신생민주주의 국가들은 약한 국가와 약한 시민사회가 대치하고 있는 상태인 것이다.[37] 따라서 민주주의의 공고화를 위해서는 '강한 국가 대 강한 시민사회'의 관계형성이 필요하다. 시장에 대해 자율성과 능력이 있는 '강한 국가'와 국가와 시장을 견제하는 '강한 시민사회'가 필요한 것이다.

(4) 한국 민주주의 공고화의 조건과 과제

한국 민주주의는 어디까지 공고화되었다고 할 수 있는가? 그리고 어떤 부분이 민주주의를 질적으로 심화시키는데 있어서 부족하다고 보여지는가? 이 질문은 한국의 정치를 다루는 사람들 사이에 첨예하게 의견이 갈린다. 보수적 관점에서 접근하면 한국의 민주화는 이행뿐만 아니라 공고화도 달성한 것[38]인 반면, 진보적 관점에서 보면 한국의 민주화는 공고화 단계를 지났으나 아직은 민주주의의 내포의 문제에서 만족스럽지 않을 수 있다는 주장[39]도 있고 민주주의의 질적 퇴보가 있다는 주장[40]도 있다. 여기에 더해 민주주의를 정치적 민주주의, 사회경제적 민주주의, 일상성 민주주의, 작업장 민주주의, 대외적 민주주의식으로 구분하고 이에 대한 평가를 통해서 민주주의의 진전과 부족을 평가하는 견해[41]도 있다. 이런 견해의 차이는 앞서 본 것처럼 민주주의를 어떻게 이해하고 그것을 시간적 기준으로 어떻게 의미 부여하는가에 따른 것이다. 따라서 어느 한 시각이 전적으로 맞고 어느 시각은 배제되는 것이 아니라, 민주주의를 어떤 기준으로 볼 것인지 그리고 그것이 주는 이론적 · 현실적 함의가 무엇인지를 고려하면서 다양한 시각을 아우르는 것이 필요하다.

---

37) 임혁백, p.241.

38) **민주주의의 공고화와 안정화의 관계**: 김욱 교수는 한국 민주주의는 공고화되었지만 그것이 민주주의가 완전하게 안전한 것은 아니며, 그런 점에서 한국 민주주의의 과제는 이제까지 발전된 민주주의가 역행하거나 침식되지 않고 지속되도록 제반요소들을 '안정화'하는 것이라고 한다. 이런 견지에 따르면 민주주의의 공고화 다음 단계는 '안정화'라는 단계가 있는 것이 된다. 그러나 공고화에 대한 개념 규정이 어려운 만큼 안정화라는 또 다른 단계를 성정하는 것이 바람직한지는 논의의 여지가 있다. 김욱, 『한국 민주주의 이론과 실제』(서울: 한울아카데미, 2006)

39) 임혁백, 『세계화시대의 민주주의』.

40) 최장집, 『민주화이후의 민주주의』.

41) 손호철, "한국 민주주의 20년", 『한국 민주주의의 현실과 도전』(서울: 한울아카데미, 2007).

(5) 잠정적인 평가

민주주의를 어떻게 볼 것인가와 마찬가지로 민주주의 공고화 역시 다양한 시각이 있다. 또한 민주주의의 공고화 단계는 완전한 민주주의의 실현을 의미하지는 않는다. 민주주의 공고화가 민주주의의 질과 관련된 것이라면, 민주주의를 좀 더 향상시키기 위한 지속적인 노력이 필요하다. 또한 민주주의를 조금 넓혀서 본다면 정치적 제도와 정치적 결정을 위한 경제적 조건을 구비하는 것이 중요하다. 따라서 정치와 경제 그리고 사회 영역에 문제를 해결하기 위한 제도적 장치를 마련하는 것이 민주주의를 공허한 개념으로부터 구출할 수 있다.

제3절 민주화의 이행방식이 민주주의 공고화에 미치는 영향

1. 경로 의존성의 문제

민주화의 방식이 그 뒤의 민주주의의 양태에 어떤 영향을 미치는가를 다룰 필요가 있다. 즉 민주주의로의 전환의 논리가 어떻게 공고화로 연결되는지 하는 점이다. 이 점에 대해서 우리는 '경로 의존성(path-dependence)'이라는 개념을 이용할 필요가 있다. 경로 의존성이란 한 차례의 역사적 결정이나 사건이 그 뒤에 지속적으로 영향을 미치는 것으로, 한 가지 역사적 사건의 궤적의 지속성을 의미한다.

만약 경로 의존적이라면 민주화 게임에서 어떤 방식으로 민주화를 하게 되었는지에 따라 이후 공고화의 용이함이 결정될 것이다. 그러나 경로 의존성이 없다면 전환의 동학과 공고화의 동학은 다르게 될 것이다. 경로 의존적인 경우는 민주주의 전환의 게임에서 기득권층인 권위주의 세력이 남아 있게 되는지와 남아 있다면 이들에게 어디까지 권력을 부여하게 되는지에 따라 이들이 이후 공고화라는 개혁의 국면에서 어떻게 그리고 얼마나 많이 저항하게 되는지를 설명할 수 있을 것이다.

반면에 경로 의존성이 없는 경우는 전환의 양태가 어떠하였든지 간에 공고화의 게임은 다른 양태로 전개 될 것이다. 전략적 선택이론의 측면에서 보면 전환기의 주체・이해관계・전략은 공고화기의 주체・이해관계・전략과 다를 수 있다. 한국의 경우 1987년 6월의 거리에서 민주주의를 요구하던 이들과 그 요구를 수용하고 게임을 제도 속으로 전환할 때의 주체들의 이해와 전략은 2008년 어떤 민주주의를 만들 것인가를 고민하는 주체 및 이해관계와 다를 것이다. 유신기의 민주화세대와 1987년 민주화세대들이 당시 학생신분이었던 상황과 이들이 17대 의회에서 권력을 가지고 실제 제도를 운영하는 모습은 다를 것이다.

경로 의존성의 논의의 핵심은 역사라는 구조적 속성을 강조할 것인가 아니면 전략적 선택이 이야기하듯이 주체를 강조할 것인가 하는 구조와 주체간의 논쟁이라는 점이다. 이것이 중요한 것은 민주주의의 부족이나 민주주의의 위기 혹은 질식사(Slow Death)의 책임이 어디 있는가를 밝힐 수 있기 때문이다. 또한 무엇을 고칠 것이며 얼마나 힘들여 고칠 수 있는가를 살필 수 있다. 상대적으로 경로 의존성을 부정하는 경향이 개혁의 문제를 주체로 돌리면서 구체적인 개혁으로 나아가기 용이하다. 경로 의존성이 있을 수 있지만 그것을 어떻게 수정하고 교정해가면서 민주주의를 진척시키는가는 주체들의 몫이자 숙제이기 때문이다.

2. 쉐보르스키와 슈미터의 "민주화로의 전환(transition to democracy)"

두 저자가 설명하는 타협에 의한 민주화(ex. 6.29 선언)와 개방적 타협의 민주화의 구분기준은 "경제적 위기"와 "정치적 위기"의 동인 여부이다. 브라질과 한국은 정치적 위기만이 민주화의 동인이 되었다. 아래의 표는 민주화 변화의 유형들을 분류한 것이다.

표를 통한 비교 **민주화로의 전환**

	by force	by agreement
from above	① ×	② 타협 (compromise)
from bottom	③ 혁명	④ 개방적 타협

위의 표는 위로부터 민주화인가 아래로부터의 민주화인가에 대한 '주체'의 기준과 폭력적 방식인지 아니면 타협에 의한 방식인지에 대한 '방식'의 두 가지 기준을 보여준다. 주체와 방식의 기준을 통해서 볼 때 3가지 방식의 민주화 패턴이 형성된다. 이중에서 ③번과 ④번 유형의 방식은 민주화 이행과정에서 갈등이 크고 때로 폭력적이지만, 아래의 주도로 인해 민주화의 폭이 넓어져 공고화 과정에 유리한 기반이 조성된다. 즉 사회적·경제적 수준의 민주화를 추동해도 될 수 있을 만큼 민중의 요구가 강하게 나타나기 때문에 정치적 개혁을 유도하기 용이하다.

공고화 가능성을 비교해보자. 먼저 '혁명'의 유형은 민주주의로의 이행의 비용(costs)이 상당히 크다. 혁명은 많은 사람들의 피를 요구하고 사회질서의 궁극적인 변화를 가져오기 위한 고통과 파괴를 가져온다. 그러나 구체제의 완전 붕괴로 과거와의 불연속성 속에 민주주의를 구축하기 때문에 공고화의 가능성이 높고 순탄하다. 대표적인 예로 루마니아의 차우세스크 정권의 전복을 들 수 있다.

반면에 '타협'의 유형은 민주화과정에서 비용은 적지만 권위주의를 유지하게 했던 기제들인 경찰, 군대, 시민권의 제약 등이 유지되므로 공고화의 길이 순탄치 않다는 문제가 있다. 검찰과 경찰의 독립성이 낮고 노조의 활동범위가 축소된다. 또한 권위주의체제하의 고도성장을 구가한 국가는 전환된 민주체제의 경제적 성과가 낮을 경우 공고화의 장애요소로 등장할 수 있다. 특히 민주주의가 경제적 실적과 관계가 없거나 민주화 초기에 경제적 상황이

민주화로 인한 혼란과 요구의 폭발적 증가로 인해 나빠질 수 있는데 이런 초기 비용의 문제에서 새로운 민주주의를 과거 권위주의의 성과와 비교해서 민주주의에 대한 실망이 이어지거나 권위주의기의 경제로 회귀하고자 하는 경향이 높아진다. 쉐보르스키는 이런 민주화의 초기 경제적 성과의 후퇴를 '전환의 계곡' 으로 개념화했다. 이 전환의 계곡을 넘어서야 민주주의의 성과가 높아지는데, 넘어서지 못하는 경우 민주주의는 다시 역전될 수 있다는 것이다. 한국과 대만은 타협의 유형에 속한다.

3. 공고화를 위한 개혁정치의 딜레마 - 헌팅턴의 논의[42)]

헌팅턴의 『Political Order in Changing Society』는 수정주의 입장에서 근대화론을 비판한다. 그는 왜 개혁정치가 어려운지를 다음과 같이 설명한다.[43)]

첫째, 내재적 어려움의 문제이다. 민주화 세력은 개혁을 위해서는 혁명세력 및 수구세력에 대해서도 맞서야하는 양면전을 펼쳐야 한다. 하지만 두 진영 모두 포섭하거나 만족시킬 수 있는 전략의 구성은 대단히 어려운 문제이다.

둘째, 집합적 행동(collective action)[44)]의 어려움의 문제이다. 이 부분은 만수르 올슨(Mancur Olson)의 이론을 통해서 해결할 수 있을 것이다. 즉 개혁은 일종의 공공재를 생산하는 것이기 때문에 무임승차자(Free-rider)의 문제가 발생한다. 공공재가 가지는 '소비의 배제 불가능성'과 '소비의 비경합성'은 항상 공공재의 과소 생산문제를 가져온다. 특히 배제불가능성은 사람들로 하여금 비용을 부담하지 않더라도 사용에 배제되지 않는다는 기대를 가지게 함으로서 무임승차의 유혹을 낳기 마련이다. 이 이론을 개혁정치에 적용하면, 사람들은 개혁에 동참할 유인이 없다. 공공재로서 개혁의 효과는 나중에 오고 개혁의 비용은 급속히 증대하기 때문이다. 따라서 개혁에 대한 비용을 부담하지 않고 그 혜택만을 받고 싶은 무임승차자들이 늘어난다. 따라서 개혁에 거부세력이 나타나고 개혁에 대한 지지 세력의 결집은 어려워진다.

---

42) 이 부분은 중앙대학교 장훈 교수의 2001년 고려대학교 특강 내용을 중심으로 구성했다,

43) **한국정치 개혁의 어려움**: 이런 설명은 개혁의 문제를 고민하는 한국에도 전해주는 함의가 크다. 우리나라의 문민정부나 국민의 정부나 참여정부는 모두 정권초기의 개혁정치를 주장했고 그 개혁은 당시에는 성공하지 못했다해도 점진적으로 개선된 것도 있고 개선되지 않은 것도 있다. 따라서 왜 개혁이 어려운지를 알아보고 개혁 정치에 발목을 잡는 이유가 무엇인지를 살펴보면 한국 정치의 발전의 과제가 무엇인지를 살펴보는 데 유용할 것이다.

44) **만수르 올슨의 집합적 행동**: 합리적 행위자들이 집단행동을 하는 것을 설명한다. 행위자들은 공공재의 이익이 주는 혜택이 적고 공공재산출을 위한 비용부담이 크기 때문에 공공재를 만드는 행위를 기피하게 된다. 이런 무임승차 행동을 설명하는 개념으로 집합행동이 사용된다. 올슨은 '집합적 이익'과 '선별적 이익'으로 설명한다. 집합적 이익이 되는 공공재는 과소생산되고 사적인 이익인 선별적 이익은 과잉생산된다. 이런 원인은 집합적 이익에 대한 '유인(incentive)'은 적고 '처벌가능성'은 낮기 때문이다. 특히 집단이 클 경우 처벌가능성은 더욱 떨어진다. 이런 상황에서 해법은 공공재의 유인을 높이거나 처벌가능성을 높이는 것이다. 처벌가능성을 높이기 위해서는 참여자수를 줄여서 통제가능한 범위로 만들 수 있다.

셋째, 집행자의 딜레마문제를 들 수 있다. 개혁은 법·규칙의 변경을 통해 이루어지는데, 이렇게 법을 만들고 변경해야 하는 입법 및 집행담당자들은 자신들이 대상이 되는 개혁법안을 만들어야 하는 문제가 있다. 즉 입법자가 되는 정치인들이 자신들을 개혁 대상으로 하는 입법안을 과연 외부 압력 없이 만들 수 있는가 하는 문제에 부딪친다.

네 번째, 집행과정에서의 딜레마를 들 수 있다. 개혁은 빠른 개혁과 느린 개혁, 쉬운 개혁과 어려운 개혁이 구분되고, 이들 조합(package)을 구성하여 집행하여야 한다, 그러나 그 작업은 대단히 어렵다. 만일 패키지 구성에 실패할 경우 반동세력과 급진세력 모두에 의해 공격을 당하기 때문이다. 이는 개혁연합 내부의 결속을 유지하는 것과 폭넓은 세력의 참여, 지지, 동원이라는 두 가지 입장 차이에서 오는 딜레마이다. 따라서 개혁 지지세력의 증대는 전통적인 지지세력의 약화와 분열을 가져올 수 있는 것이다.

제도의 문제도 제기될 수 있다. 총선과 지방선거, 재보궐선거 등은 중간 평가의 역할을 수행한다. 이들 선거는 지지율과 여론을 반영하면서도 선거의 주기가 일치하지 않기 때문에 정치개혁에 차질이 생길 수 있다. 특히 여론의 동향을 통해서 정치 쟁점화될 경우 장기적인 개혁정책은 그 중간에 발목이 붙들릴 수도 있다.

이외에도 개혁정치를 곤란하게 하는 몇 가지 문제를 들 수 있다. 먼저 분점정부의 문제도 개혁 정치를 어렵게 할 수 있다. 대통령제도는 권력의 분립과 견제와 균형이 그 제도의 근본 취지이기 때문에 몽테스키외식의 아이디어를 국민이 가진다면 자신들의 자유를 확보하기 위해서 분점의 정부를 구성할 것이다. 즉 견제심리로 인해 대통령 소속정당이 아닌 당을 지지함으로서 국회를 통해서 대통령을 견제할 것이다. 그러므로 대통령제도는 미국과 같은 특별한 조건이 아니고서는 제대로 돌아가기 어렵다.[45] 대통령제도의 일반적인 형태가 분점정부라면 대통령제도는 개혁정치에 걸맞는 제도가 아닐 수 있다는 것이다.

게다가 대통령제도와 다당제가 결부되는 경우 대통령제도는 더욱 작동하기 어렵다는 단점이 있다. 다당제에서 정당의 수가 늘어날수록 대통령 소속정당이 의회를 장악하고 대통령과 정부를 지지할 수 있는 가능성은 줄어든다. 따라서 한국과 같이 지역을 기반으로 하면서 새로운 사회균열을 반영해야 할 경우 다당제의 가능성이 높고, 이 경우 대통령의 지도력 발휘는 쉽지 않을 수 있다.

또한 대통령의 임기의 문제는 장기적으로 개혁정치를 어렵게 할 수 있다. 대통령제도는 임기의 안정성이라는 특성이 있고 강력한 권력의 보유로 인해 임기 규정이 있다. 임기 규정이 없는 의원내각제의 수상과 비교할 때 대통령제도는 입헌적으로 장기 집권을 보장하지 않는다. 따라서 장기적인 개혁정치가 곤란할 수 있다. 만약 대통령 소속정당이 차기 대선에서

---

45) **사르토리의 미국정치 특성 3가지**: 사르토리는 미국의 '약한 정당기율'과 '낮은 이데올로기'와 '지방분권정치'라는 세 가지 특성이 (원리상 작동할 수 없는)대통령제가 미국에서 작동할 수 있게 해준다고 한다. 이런 조건을 갖추지 않은 대부분의 국가들에서 대통령제도는 실패할 운명에 놓여있는 것이다.

승리하여 이전 정부를 계승하는 경우도 정치의 연속성이 보장되기 어려운 면이 있다. 차기 대선 후보는 상대정당의 현직 대통령의 업적에 대한 비판에 대항하면서 자신을 차별화해야 하기 때문에 현직 대통령과의 유사성뿐 아니라 차별성도 부각해야 한다는 점에서 대통령제도는 정책의 연결성을 유지하기 곤란한 면이 있다.

또한 한국과 같이 단임제도로 규정할 경우 개혁정치는 더욱 곤란해진다. 다음번 선거에 나올 수 없다는 점은 현직 대통령이 결정되는 순간부터 다음 대선 후보를 누구로 할 것인지의 문제를 부각시킨다. 따라서 한국과 같은 단임 임기의 경우 대통령의 레임덕은 조기에 올 수 있고, 이 경우 장기적인 개혁정책의 수행이 곤란하다. 만약 대통령의 조기 레임덕이 가시화될 경우 차기 대통령게임이 수면에 부상하면서 현직 대통령은 새로운 시도보다는 국정을 보수적으로 유지하는 것에 만족하도록 압력을 받게 될 것이기 때문이다. 게다가 임기가 짧기 때문에 그 임기 안에서도 특히 지지도가 높은 시기인 대통령과 여론과의 밀월기간 내에 개혁 정치를 시도하고 이를 강행하여야 한다. 만약 이 기간에 어려운 개혁 이슈를 제기하고 추구하지 못할 경우 개혁정치를 추구하는 것은 외부에서의 특별한 사건이나 압력이 없는 한 곤란하다.

제4절 민주주의 공고화를 위한 경제개혁

1. 정치개혁과 경제개혁이 민주주의 공고화에 미치는 영향

먼저 민주화가 된 나라의 경우 그동안 비민주주의로 남아있는 동안 왜곡된 경제 배분구조가 자유주의로 인해 변하게 된다. 그러나 과거 경제가 가지고 있던 특성들도 경로의존적으로 영향을 미칠 수밖에 없기 때문에 경제개혁은 중요하게 된다. 문제는 경제개혁을 누가 할 것인가 하는 점이다. 경제개혁은 경제세력에 의해 일어나지 않고 기득권을 가진 이들은 경제개혁에 대해서 저항을 할 가능성이 높다. 따라서 경제개혁에 있어서 국가가 중요해진다. 그러나 경제개혁에 나서는 국가는 과거처럼 권위주의 국가가 아니라 민주주의 국가이기 때문에 민주주의 국가는 권위주의가 한 것처럼 중앙집중적 · 계획적 · 강제적으로 경제문제를 풀어갈 수 없다. 다양한 요구를 반영하면서 경제문제를 풀어가는 민주정부는 초기의 사회요구 폭발에 대해 이해를 반영해야 하기 때문에 신속한 경제개혁이 어려울 수 있고 이는 경제적 실적이 나빠지게 만들 수도 있다. 따라서 이런 경우 민주화로 이동한 국가들의 경제적 여건이 이후 경제적 개혁과 민주주의가 동시에 진전되도록 돕는다. 쉐보르스키는 실증분석을 통해서 민주화된 나라가 1인당 GNP가 6,055 달러 이상이면 권위주의로의 퇴보가 없었다고 주장한다. 이는 경제 발전이 어느 정도 이룩된 나라이어야 초기의 경제적 후퇴를 참아

내면서 민주화 경로를 지속시켜 갈 수 있다는 주장이다. 이렇게 경제발전과 민주주의의 상관성을 주장하는 입장을 '신근대화론'이라고도 부른다.

그러나 경제개혁에 앞서 중요한 것은 정치개혁이다. 정치개혁이 이루어지지 않은 상황에서 경제개혁을 밀어붙이게 된다면 경제주체들의 반발을 사게 될 것은 불 보듯 뻔한 일이다. 게다가 정치개혁이 이루어져 있지 않으면 정치를 통한 문제해결의 중심축인 대표성·투명성·책임성의 담보가 불가능하다. 따라서 사회가 나가야 할 방향 설정이 곤란해진다. 게다가 경제적 관점에서 보아도 정치개혁의 부재는 대표성이나 투명성의 부족으로 인한 사회적 자본의 부족과 신뢰의 부족을 가져올 것이다. 따라서 이런 경우 장기적으로 민주주의의 질적 심화라는 공고화의 조건을 위배하게 될 것이다. 그리고 이것은 정치의 저발전→경제의 저발전→정치의 저발전이라는 악순환 고리를 형성하게 될 것이다.

그럼에도 불구하고 현실적으로 경제문제에 민감한 사람들에게 경제와 민주주의의 관계는 대단히 중요하다. 그런 점에서 경제발전이 이루어지는 것과 민주주의의 관계를 간략히 짚어본다.

2. 경제발전과 민주주의 일반적 관계

표를 통한 비교 **경제발전과 민주주의간 관계**

1. **낙관론**: 경제발전→ 민주주의(긍정적 영향)
   ① 근대화이론: 경제발전→ 민주주의(중간경로: 도시화, 교육수준 증대, 소득 증대 등)
   ② 신근대화이론: 경제발전이 민주주의를 가져오는 것은 확실치 않으나, 경제가 발전한 경우 민주주의의 후퇴는 없음 (예) 쉐보르스키의 $6055와 민주주의 역전 불가능
2. **비관론**: 경제발전→ 민주주의(부정적 영향)
   ① 오도넬의 관료적 권위주의이론: 경제발전→ 권위주의(한국의 박정희 유신에 대한 논쟁의 이론적 근거 중 하나)
   ② 게센크론과 슈바이니츠: 민주주의의 길은 후발 국가들에게 열리지 않음. 급속한 산업화로 인해 필연적으로 권위주의 국가 형성.
3. **린드블롬**: 자본주의의 민주주의에 대한 발생론적 의존성(모든 민주주의는 자본주의 국가임. but, 모든 자본주의가 민주주의는 아님)

(1) 낙관론

경제발전이 민주주의에 기여할 것이라는 주장은 상식적으로 매우 그럴듯해 보인다. 경제가 좋아지면 사람들은 여유로워질 것이고, 사람들의 여유는 정치에 관용의 정신을 심어줄 것이다. 따라서 지갑이 두둑해지는 경제적 부유함은 사람들 사이의 이해조정도 온건하고 타협적인 방식으로 해결하게 함으로서 민주주의에 기여할 것이다. 마치 모 자동차 보험회사의

광고 카피처럼 "다 알아서 해주니까" 거리에서 소란을 피우거나 욕설과 폭력이 난무하지 않아도 되게 해줄 것이다.

낙관론은 꽤 오래된 이론적 역사를 가지고 있다.[46] 막스 베버(M. Weber)는 근대 민주주의는 자본주의적 산업화라는 독특한 조건에서만 발생할 수 있다고 보았다. 그 뒤 1950년대 정치학에서 주류를 이루었던 근대화이론가들 역시 경제발전과 민주주의 사이의 인과성에 주목했다. 먼저 립셋(Lipset)은 경제 발전에 따른 경제적 부의 증대와 중산층의 확대, 산업화와 도시화의 증대, 교육수준의 증대 등이 민주주의를 가져올 것이라고 보았다. 또한 커트라이트(Cutright)는 산업화가 분업의 확대를 가져오고 이를 통해 사회경제적 구조를 분화시킨다고 보았다. 이렇게 분화된 이해구조는 자신들의 이익을 향유하고 보호하기 위해 정치참여 욕구를 증대시킬 것으로 보았고 궁극적으로 민주화에 도달할 것으로 보았다.

그러나 이런 근대화론의 문제는 산업화가 민주화를 가져오지 않은 경험적 사례가 너무 많다는 점이다. 즉 획일적 수렴론의 한계를 지적할 수 있다. 이것은 비단 제 3세계의 경우만이 아니라 선진국 경우에도 해당하는데, 19세기 독일과 일본, 러시아가 대표적이다.

(2) 비관론

경제발전과 민주주의에 대해 비관적 견해에는 대표적으로 오도넬류의 관료적 권위주의이론이나 거쉔크론류의 설명이 있다. 먼저 오도넬(G. O'Donnell)의 관료적 권위주의 이론은 앞서 설명했듯 산업화의 심화를 위해서 민주주의 제도가 아닌 테크노크라트라고 불리는 기술관료들에 의한 권위주의화가 일어난다는 이론이다. 실제로 경제개혁이나 경제적 변화는 엄청난 경제적 저항을 가져오기 때문에 한 번 경제구조가 형성되면 시장의 힘의 의해 변화하기 어렵다. 따라서 민중의 요구를 반영하는 민주주의 정치제제에서 경제적 심화와 발전은 곤란하기 때문에, 권위주의를 통한 새로운 경제도약이 만들어진다는 것이 이 이론의 핵심이다.

두 번째는 거쉔크론(Gershenkron)식의 설명이다. 그는 1962년에 쓴 『Economic Backwardness in Historical Perspective』에서 후발국가들은 민주주의로 갈 수 없다고 주장했다. 후발국은 선진기술을 수입하고 모방하여 보다 신속한 성장을 가능하게 할 수 있는 장점이 있다. 선진국에 비해 기술개발이라든가 투자가 부족하더라도 이미 만들어진 기술을 차용해서 쓰면 되기 때문에 성장속도가 빠를 수 있다. 반면에 후진국은 신속성장의 절박성에 비해 기초자본이 부족하다는 약점을 가지고 있다. 따라서 후진국은 '보다 신속한 산업화', '보다 집중화된 산업화', '보다 국가개입적인 산업화'를 추구하게 된다. 이로 인해 국가가 강력해지고 민주주의보다는 권위주의로 갈 가능성이 높다. 따라서 이 이론의 함의는 후발국의 경우 산업화가 민주화로 직결되지 않을 개연성이 크다는 점이다.

거쉔크론과 유사한 설명을 하는 또 다른 이론가로 슈바이니츠(Karl de Schweinitz)를 들

46) 경제발전과 민주주의의 이론적 부분은 중앙대학교 장훈 교수의 2001년 고려대학교 특강내용을 중심으로 구성했다.

수 있다. 그는 1964년에 쓴 『Industrialization and Democracy』에서 민주주의는 선발산업국가, 선진자본주의국가만이 누릴 수 있는 특권이라는 강력한 주장을 했다. 그의 주장을 뒷받침하는 근거는 후발국의 경우는 ① 열악한 국제경제적 위치 탈피 ② 기술과 자본의 도입 ③ 사회적 비효율의 제거 등 세 가지 조건을 해결하기 위해 강력한 국가를 필요로 한다는 것이다. 따라서 후발국가들의 경우 구미식 민주화의 길은 닫혔고 이들은 민주화를 위해서 다른 수단을 강구해야 한다.

비관론자들의 논의가 주는 함의는 산업화가 민주화를 만들기도 하지만 이것은 선발산업국가에 한정된다는 점이다. 또한 국가주도형 산업화가 아니라 자율적·자발적 산업화만이 민주주의를 발전시킨다는 것이다. 따라서 이들 논의는 '서구형 산업화→민주화, 국가 개입형 산업화→민주화 좌절'과 같이 도식화된다.

(3) 린드블롬의 새로운 해석

낙관론과 비관론의 논쟁에 대해서 린드블롬(C. Lindblom)은 새로운 해석을 내린다. 그의 주장은 자본주의는 반드시 민주주의를 가져오지는 않지만 현존 민주주의는 자본주의 체제에서만 발생했다는 것이다. 따라서 민주주의는 자본주의에 "발생론적 의존성"이 있다는 것이다. 즉 자본주의를 통한 경제발전이 없는 경우, 민주주의는 만들어지지 않는다는 것으로 자본주의는 민주주의의 충분조건은 아니지만 필요조건이 되는 것이다.

왜 자본주의가 민주주의의 발생론적 의존성을 가지는가? 자본주의의 발전은 중세적인 봉건구조를 붕괴시키고 계급구조를 형성하기 때문이다. 여기서 형성된 부르주아지나 산업노동자는 민주화의 구조적 조건을 형성한다. 이 과정에서 부르주아지의 성장은 그들의 재산권에 대한 보호의 필요성을 증대시키고, 이로 인해 증대한 정치적 요구를 표출시키게 한다. 국가는 이들로부터 세수확보를 필요로 하기 때문에 이들을 정치적 파트너로 인정하고, 부르주아들을 제한적 의회민주주의로 포섭한다. 따라서 자본주의에서 민주주의가 만들어지게 되는 것이다.

그러나 주의할 것은 자본주의는 다양한 정치체제와 결합 가능하다는 것이다. 자본주의 발전의 고도화는 민주주의를 야기할 가능성을 높인다. 그러나 자본주의의 발전은 산업자본가뿐 아니라 산업노동자도 늘린다. 이에 따라 민주주의가 어떤 계급에 의해 주도되고, 어떻게 진행될지가 달라진다. 노동세력은 권력을 가지려 할 것이고 자본가는 노동자에 대한 권력통제를 위해서 자본주의 구조에 변화를 꾀할 수 있다. 따라서 경제발전이 민주화에 어떤 방식으로 기여하게 되는지는 계급구조와 계급 간의 역학관계를 들여다보아야 한다. 이런 논의는 계급 구조로 설명하는 무어와 뤼시마이어의 주장을 통해서 볼 수 있다.

3. 문화와 민주주의 공고화: 아시아적 가치

표를 통한 비교 **아시아가치 논쟁**

아시아가치론: 아시아적 가치(근검, 교육열) → 경제발전(문화에 의한 경제발전)
정실자본주의론: 아시아적 가치(폐쇄적인 결탁) → 경제발전 저하

경제발전과 민주주의에 관한 문제에서 고려될 것은 문화와의 관계이다. 특히 동아시아 외환위기 이후 아시아문화를 통한 경제발전이나 정치제도에 대한 설명이 늘어나면서 이 논의는 활성화되었다. '아시아적 가치'로 대표되는 이런 설명은 아시아 일부 국가들의 비약적인 경제성장에 대한 문화론적 접근을 시도하는 것이다.

이들은 일본이나 1980년대 아시아의 4마리 용이라고 불린 신흥공업국가들(NICs: 한국, 홍콩, 대만, 싱가폴) 그리고 최근 엄청난 성장세를 보이는 중국 등의 연이은 경제성장을 사례로 들어 이들의 경제성장의 공통점을 유교를 통해서 해석하고자 한다. 이들이 주장하는 '유교자본주의' 혹은 '유교벨트(Confucian Belt: 경제성장을 한 유교권 국가들의 모양을 지칭)'는 유교적 가치가 경제성장에 긍정적 기여를 했다고 보고 이들의 특성을 찾으려 한다. 이들이 보는 유교적 특성은 근검, 가족 중심의 윤리, 높은 교육열, 유능한 관료, 경제에 대한 국가의 온정주의적 개입 등이다. 이런 요소들로 인해 이들 국가들은 서구형 민주주의보다는 부드러운 권위주의(soft authoritarianism)를 선호한다고 주장한다.

하지만 1997년의 경제위기는 아시아적 가치에 대한 긍정적인 기여를 단숨에 부정적인 요인으로 바꾸어 놓았다. 인적인 유대를 강조하던 에반스(P. Evans)식의 '내재된 자율성(Embedded Autonomy: 일본의 통상성 등에서 보이는 국가의 자율성과 계획능력이 기업들과의 인적 교류나 연대에 근거해서 이루어진다는 주장으로 국가의 자율성이 사회와 기업에 자리잡았다는 주장)'이 외환위기시에 '정실자본주의(Crony Capitalism: 인적 유대로 인해 부패한 자본주의로 정경유착이라는 용어가 가장 대표적인 설명)'로 전락했다. 세계화・자유화・시장화가 대세를 이루는 세계자본주의 질서 하에서 이제 인적인 유대를 강조하는 아시아적 가치는 이 지역 국가 경제의 효과적인 적응을 가로막는 부정적 요인으로 여겨지고 있다.

그렇다면 아시아적 가치 논의를 어떻게 보아야 할 것인가? 먼저 우리는 경제성과를 문화를 통해서 접근하는 방식 자체가 타당한지 여부를 따져야 한다. 결론부터 말하자면 경제의 성장과 쇠퇴는 결코 문화결정론적으로 설명할 수 없다. 이런 설명의 이론적 뿌리는 베버에 기인한다. 그는 청교도 윤리가 서구를 부강하게 만들었다고 주장함으로서 최초로 문화론적 접근을 통해 경제업적을 평가하는 시도를 하였다. 그러나 서구 자본주의의 성장을 청교도 윤리와 연결시킨 베버의 시도는 부분적 타당성만을 지닐 뿐이다. 모든 기독교 국가들이 경제적으로 성공한 것은 아니기 때문이다. 이와 마찬가지로 아시아 경제의 부침을 결코 문화

적 요인으로 설명할 수는 없다. 문화는 인과고리에서 독립적이기보다는 상관적으로 영향을 주고받을 가능성이 높거나 아니면 경제 성과의 결과물일 가능성이 높기 때문이다.

여기에 덧붙여 아시아적 가치라는 문화와 민주주의라는 정치사이의 관계도 살펴보자. 양자사이의 관계에 대해서 헌팅턴(Huntington)은 양립이 불가능하다고 주장한다. 그는 아시아식 민주주의는 기껏해야 일탈된 민주주의에 불과하고 아시아인들이 원하더라도 서구식 민주주의 실현은 불가능할 것이라고 주장한다. 반면에 아시아적 가치를 주장하는 사람들(과거 싱가폴의 리콴유나 한국의 박정희같은 지도자도 있었음)은 서구식 민주주의는 바람직하지 않다고 주장한다. 이들은 서구식 민주주의의 부정적 병폐를 강조하면서 건전한 사회질서와 건전한 가족제도를 유지하고 효과적 경제발전을 위해서는 '온정적 권위주의(soft authoritarianism)'가 더 나을 수 있다고 주장했다.

우리는 이런 논의를 객관적으로 들여다 볼 필요가 있다. 지나치게 유교를 과장할 필요도 없고 나쁜 것으로 치부할 이유도 없다. 먼저 유교의 긍정적인 면이 있는지를 고려하고 이를 현대적으로 재해석하고 재가공하는 노력이 필요하다. 그리고 유교의 부정적 요소를 골라내서 이를 제거하는 노력이 병행되어야 한다. 먼저 유교의 긍정적인 부분은 공동체를 강조하고 근면이나 높은 교육열을 강조한다는 점이다. 이런 측면에서 유교적 요소는 공익을 창출하는데 도움이 될 것이고 이는 공익에 대한 우선적인 관심에 기초한 공동체적 민주주의의 성장에 바람직할 것으로 보인다. 하지만 폐쇄적인 인적 교류를 확대하는 지연이나 혈연과 학연구조는 민주주의와 공동체주의에 기여하기 어렵다. 또한 유교가 강조하는 가치로서 권위에 대한 복종이나 공적인 덕성의 문제는 양면적인 특성을 가진다. 지나친 복종은 개인의 인격을 무시하여 민주주의의 기본 토대를 해칠 것이다. 그러나 공적인 이익을 위한 자기 절제와 희생은 민주주의를 과도한 사익 투쟁의 장으로 만드는 것을 방지해 줄 것이다. 이런 면에서 유교의 가치를 재발견하고 재구축하는 작업은 대단히 중요하다.

심화 학습

문화와 국내정치/국제정치

1. 문화의 정치적 중요성

(1) 국내정치: 정치문화이론

국내정치에서 어떤 정치문화를 가지고 있는지에 따라 정치적 행동이 달리 나타난다. 가장 유명한 연구인 푸트남의 사회자본이론이다. 또한 후쿠야마의 신뢰(trust)도 있다. 한국의 대통령 탄핵은 정부에 대한 '신뢰'와 '사회적 자본'의 부족을 보여준다.

(2) 국제정치: 문화와 문명

국가 간의 문화가 어떻게 국가들 간의 관계를 갈등적이거나 평화롭게 만드는 지를 다룬다. 헌팅턴의 '문명충돌론'이 대표적인 갈등이론이라면 허럴트 뮐러의 '문명공존론'과 히라노 겐이치로의 '문화접변론(문화는 만나서 상호간의 변화를 꾀한다는 이론)'은 문화의 역할을 긍정한다. 또한 연성권력 이론도 역시 문화에 대한 낙관적인 입장이다. 한국은 중견국가가 되기 위해 공공외교를 강조하고 있고 문화외교에 관심이 높다.

국제정치에서 문화의제는 크게 두 가지이다.[47] 첫째, '총체적인 생활양식'이고 둘째, 정치적 의미부여차원에서 '권력자원'의 의미다. 첫째를 대변하는 것이 '문명충돌론'[48]이라면 둘째를 대변하는 것은 '연성권력'과 '문화제국주의'와 '오리엔탈리즘(서구가 동양을 이해하는 방식이자 가치관)'이다.

문명충돌론이 지나친 비관론을 가지고 있지만 최근 종교문제가 부상하는 것은 눈여겨 볼 필요가 있다. 종교근본주의의 부상과 세계정치의 탈세속화가 동시에 진행되고 있는 것이다. 종교근본주의가 세속주의를 거부하는 이유는 크게 3가지로 요약될 수 있다. 첫째, 근대성에 대한 부정이다. 서구가 말하듯이 '근대 = 발전' 이 아니고 '근대=전통의 파괴'가 될 수 있다는 것이다. 둘째, 제 3세계 국가들에서 세속적 근대화의 실패에 기인한다. 아랍 국가들의 경제적 낙후성과 정치체제 저발전을 사례로 들 수 있다. 셋째, 서구의 문화적 지배에 대한 비서구 국가들의 정체성 찾기로 볼 수 있다.

이들 종교 근본주의는 3가지 특징을 가지고 있다. 첫째, 정치사회적 문제의 해결은 종교적 전통의 엄격한 해설에서 가능하다. 둘째, 종교근본주의자들은 자신들의 목표실현을 위해 공식, 비공식적인 수단을 사용해서 권력 장악을 목표로 한다. 셋째, 정치, 사회적 문제에 대한 보수적인 견해를 견지한다. 이런 특징으로 인해 종교근본주의를 국제적 갈등을 야기한다. 특히 특정 지역(중동지역)에서의 종교근본주의가 대두하는 것이 문제가 되고 있다. 이들 지역은 '높은 종교성'과 '경제적, 사회적, 문화적 간극'이 크기 때문에 사회가 종교에 더욱 의존하고 있다.

종교근본주의로 대표되는 종교의 부활은 어떤 효과가 있을 것인지에 대해 두 가지 상반된 주장이 있다. 긍정적인 면에서는 민주주의 확산에 기여할 것이라는 것이다. 종교를 통해서 인민들의 자기 지배를 구현할 여지가 생긴다는 것이다. 반대로 부정적인 면에서는 국가간의 갈등, 국가내의 갈등, 지역간 갈등과 분쟁의 원인이 될 것이라고 본다.

2. 다양한 국내 문화이론

(1) 관용과 다원성의 중요성

관용은 다름에 대한 인정에서 출발한다. 관용이 존재할 때 사회는 다원주의사회가 되며 다양성은 인정받을 수 있다. 예를 들어 한국의 갑질과 미투운동은 구조적인 계급대립의 관점에서

---

47) 국제정치 부분은 변환의 세계정치 "11장. 세계문화질서의 변환과 한국의 매력"을 요약함.

48) **문명충돌론**: 헌팅턴의 문명충돌론은 문화본질주의에 기초하여 문명간의 갈등이 필연적이라고 주장한다. 문명의 역사는 '복합적 문명 ⇨ 19세기 서구 단일 문명이 지배 ⇨ 냉전기 양극화(자유민주주의 vs. 사회주의) ⇨ 탈냉전기 문명의 분화(8개의 문명으로 분화'를 거친다. 현재 서구문명은 약화되고 유교문명은 중국성장으로 강화되며 이슬람 문명은 종교를 중심으로 결합되어간다. 서구 기독교문명이 약화되며 중화문명이 부상하고 이슬람 문명은 국가단위적인 사고가 안 되기 때문에 문명차원에서 결합하면서 강화된다. 따라서 그는 서구 문명에 대한 중화문명과 이슬람문명의 도전을 우려하였다. 하지만 문명이 반드시 충돌한다는 결정론적 사고, 문명이 지정학의 다른 이름으로 사용되고 있다는 비판, 문명이 오히려 접변할 수 있다는 비판을 받고 있다.

해석될 수 있지만 문화적으로는 관용 부족과 다양성의 부족으로 해석될 수 있다.

(2) 사회적 자본

사회적 자본은 문화가 넓은 의미의 자본이라는 것이다. 사회적 자본론은 민주주의의 양적인 측면 보다 민주주의가 운영되는 질적 측면을 강조하였다. 신뢰와 같은 사회자본이 많은 국가는 민주주의의 운영에 있어서 제도가 효율적으로 작동한다.

사회자본이론은 푸트남(Robert D. Putnam)의 『Making Democracy Work』와 『사회적 자본과 민주주의』에서 체계화되었다. 『Making Democracy Work』에서 푸트남은 이탈리아에서 북부의 정책추진이 잘되는 반면에 남부에서 정책추진이 잘되지 않는 것을 '사회적 자본의 축적'이라는 요인으로 설명했다. 그는 사회적 자본을 사회구성원들 간의 협력적 행동을 촉진할 수 있는 '신뢰'와 '규범'과 '네트워크'라는 사회적 장치로 규정했다. 이탈리아라는 한 국가에서도 북부지역은 효율적인 정책집행이 되고 남부지역이 낙후된 것은 사회자본이라는 시민사회의 신뢰, 제도가 북부에서는 발전되어 있기 때문이다. 그는 이탈리아의 지방분권화과정에서 북부와 남부 비교연구를 통해 사회적 자본의 중요성을 부각시키는데 성공했다. 이후 많은 국가들에서 사회적 자본을 성장시키기 위한 정책도입으로 이어졌다. 그리고 이 문화이론은 시민사회의 중요성과 시민사회의 문화론으로 이어진다. 한국에서도 2000년대 낙천낙선운동이라는 시민사회 르네상스기 이후 시민사회의 중요성을 부각시키는 이론으로 활용되고 있다.

사회적 자본은 역사 속에서 만들어진다. 또한 제도들을 사용하면서 의도적으로 만들 수 있다. 게다가 사회적 자본은 사용할수록 신뢰가 증대하여 자본이 증대한다. 경제적 자본이 사용할수록 재화가 줄어드는 것과 대비된다. 이런 점들을 고려할 때 사회자본의 확대는 제도적인 차원에서 민주주의를 운영하는 것을 넘어서 민주주의의 질적 발전을 이끌 수 있다.

후쿠야마는 신뢰(trust)라는 개념으로 사회적 자본을 심화하였다. 정부와 시민의 신뢰, 시민간 신뢰, 기업과 시민간의 신뢰와 같이 다양한 분야의 신뢰 형성은 한 사회의 불필요한 정치적, 경제적 비용을 축소한다는 것이다.

퍼트남의 사회적 자본에는 '결속형(bonding)자본'이 있고 '교량형(bridging)자본'이 있다. 결속형이 폐쇄적인 이들 간의 교류와 자신들만의 이익을 챙기는 사회적 자본이라면 교량형은 다른 집단을 연결하는 다원주의를 키우는 사회적 자본이다. SNS의 활용이 늘면서 세대별로 사회적 자본이 달리 증대하고 있다. 젊은 세대를 중심으로 SNS는 네트워크를 타고 들어간다. 이는 교량형 자본을 늘리면서 다원주의 문화를 확대한다. 반면에 기성세대의 경우 특정 유튜브나 SNS를 지인들 사이에서만 사용한다. 이는 결속형 사회자본을 늘리고 폐쇄적인 네트워크를 만든다. 이는 '끼리끼리' 문화를 만든다. 한국은 인적 네트워크를 강조해온 사회이다. 결속형자본이 강하면 한국의 사회적 자본은 긍정적으로 기능하지 못한다. 제도를 통한 교향형사회자본의 확대가 필요하다. 가짜 뉴스의 범람으로 인한 한국 사회의 잘못된 진보-보수 갈등 프레임을 개선해가야 한다. 이를 위해 다원적인 시민사회와 시민운동의 참여가 한 가지 방안이 될 수 있다.

(3) 탈물질주의 가치관

1968년의 68 혁명이후 신세대들의 문화를 설명하는 개념이다. 기성세대의 물질주의적 가치관이 아니라 탈물질적 가치가 중요하다는 것이다. 과거 경제적, 물질적인 성과와 기준이 아닌 '자유'와 '자기표현'과 '삶의 질'을 결정하는 '환경문제' 등의 가치를 추구하는 경향과 관념체계를 의미한다. 자아를 드러내는 것을 중시하며 기성세대의 관념과 사고체계에 가두어지는 것을 거부한다. 유럽의 '녹색당'이나 '해적당'이 대표적인 탈물질주의 가치관에 기초한 정치를 보여준다. 환경문제의 중요성 뿐 아니라 자유로운 인터넷활동과 자료의 공유를 강조하는 것이다. 게다가 최근 플래시 몹과 같은 수단을 사용하여 전통적인 정치를 부정하는 것 역시 탈물질주의 가치관에 기인한다. 새로운 가치관을 드러낸다는 장점이 있지만 정치적 예측(선거패턴과 정당지지패턴)이 어렵다는 단점도 있다.

4. 결 론

지금까지 민주주의가 질적인 발전을 할 수 있다는 전제하에 비민주주의에서 민주주의로의 전환과 민주주의의 정착이라는 주제를 살펴보았다. 민주주의로 전환되는 국가들은 대체로 다른 역사적 환경에서 정치를 운영해왔다. 또한 그들의 경제발전 정도 역시 달랐고 정치문화도 상이했다. 그러나 1960년대 10여개 밖에 없던 민주주의 국가 수는 2016년 현재 130개가 넘는 나라들로 확장되었다.

민주주의 공고화에 관한 연구들은 정치제도와 경제제도 그리고 문화 등이 실제로 공고화에 대해 크게 영향을 주는 것은 아니라는 점을 실증분석을 통해 찾아내었다. 그럼에도 불구하고 민주주의를 좀 더 개선시키기 위한 노력은 지속되고 있다. 그러한 노력은 어떤 제도가 현재 신생민주주의 국가에 좀 더 잘 맞을 것인가를 고민하는 제도적 고민들과 어떤 방식으로 정치경제를 운영할 것인지에 대한 정치경제적 고민들 속에서 이루어지고 있다. 또한 젊은 세대들에게 어떤 교육을 하고 어떻게 사회화를 하여 정치문화를 만들어 낼 것인가에 대한 고민도 정치적 변화와 발전을 위한 노력을 배가하고 있다.

이제 민주주의가 무엇이고 구체적으로 어떻게 민주주의가 대의장치를 통해 작동하는지를 보았고 이런 장치들을 보완하기 위한 노력도 보았다. 더 나은 민주주의를 위해 민주주의가 이행되던 시점에 어떤 역사적인 상처와 흔적이 남아있었는지를 살펴보는 경로의존성은 정치제도를 변화하고 경제운영방식을 바꾸는데 있어서 하나의 중요한 요소로 작동하고 있다. 게다가 경제적 여건은 실제 민주주의 주체들에게 가장 강력하게 영향을 미친다. 따라서 민주주의를 이념적으로 당연히 있어야 하며 이렇게 운영되어야 마땅한 것으로 여기는 이념 논의에서 벗어나 구체적으로 어떻게 작동시킬 것인가에 대한 제도 논의로 들어가기 위해서는 민주주의를 작동시키는 제도적인 장치들을 살펴보아야 한다. 또한 그러한 제도들을 운영하는 이들의 현재 경제적 상황과 미래 경제상황에 대한 기대를 보아야 한다. 민주주의에 대한 우리가 가지는 기대는 이제 구체적인 제도논의로 학문적인 관심을 이동시킨다. 매우 현실적인 주제들을 다루는 PART Ⅳ 비교정치 제도론으로 관심을 전환해야 하는 이유이다.

P·A·R·T

비교정치제도론

PART IV 제도

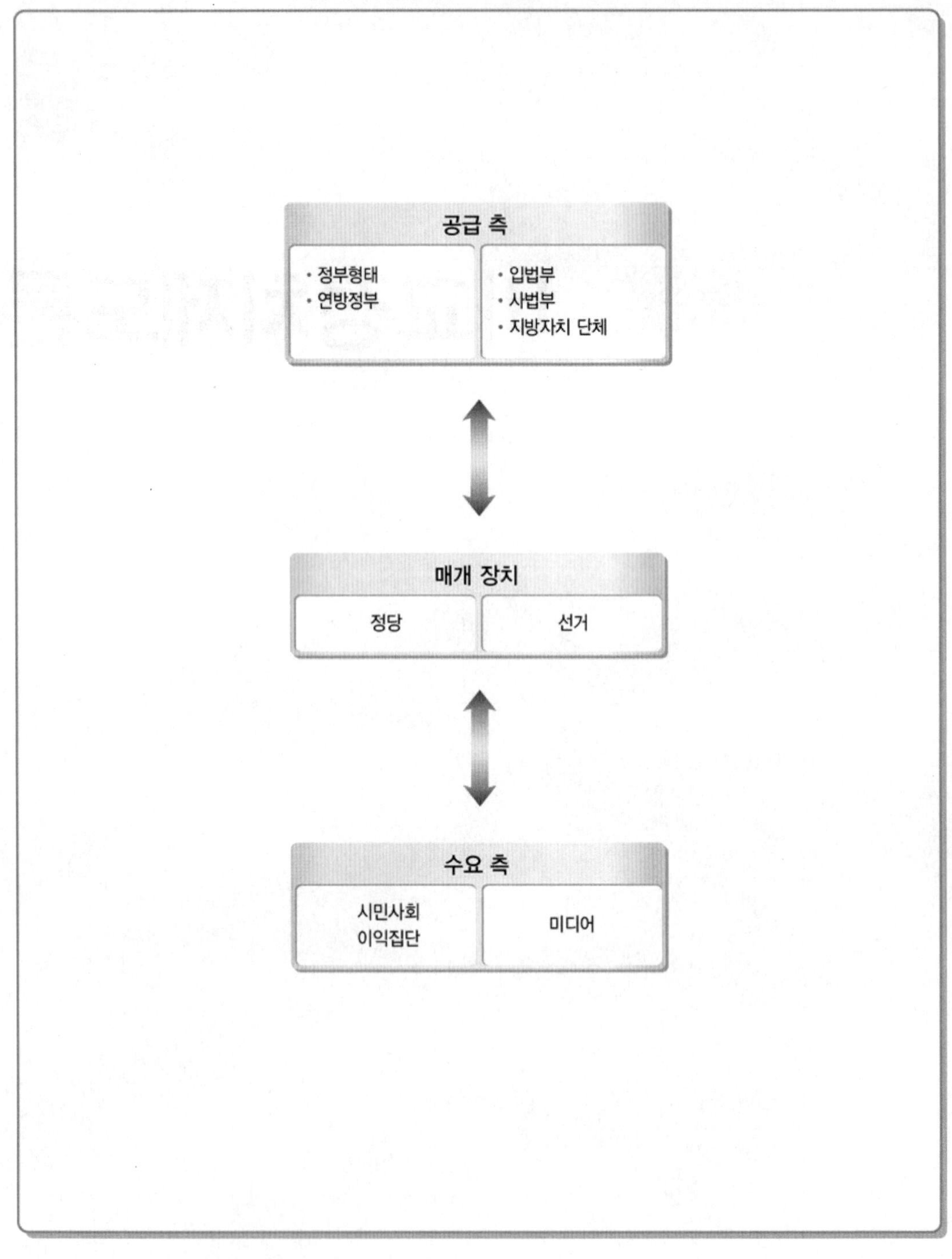

지금까지 왜 민주주의가 중요한지 살펴보았다면 이제는 실제 제도정치로서 민주주의를 현실에 구현하기 위한 구체적인 제도, 즉 정당·의회·정부 등에 관해 살펴보아야 한다. PART Ⅳ는 이처럼 현실 제도를 다루는 비교정치제도에 관한 내용을 담고 있다. '비교'라는 용어를 사용한 것은 좀 더 좋은 방향으로 민주주의 원리를 구현하려면 현재 제도를 다른 나라와 비교하거나 다른 나라에서 시험해본 제도를 국내에 도입하여 적용해봐야 하기 때문이다.

정치사상 혹은 국제정치와 다르게 비교정치학은 다른 나라들과의 비교를 통해 현 제도를 개선할 수 있는 부분을 찾아내고자 한다. 이를 위해 비교정치학은 다른 요소들의 간섭을 통제하고 특정 제도가 어떻게 정치적 결과를 만들어내는지 설명하기 위해 방법론을 발전시켜왔다. 이에 대해서는 PART I에서 자세하게 다룬 바 있다.

PART IV에서는 비교정치를 크게 '공급 측 요소들', '매개제도들', '수요 측 요소들' 이렇게 총 3가지 영역으로 나누어 살펴볼 예정이다. 이러한 영역 구분 방식은 비교정치에 대한 전반적인 이해뿐만 아니라 각 제도 간의 연결성을 이해하는 데도 큰 도움을 줄 것이다. 각 영역의 주요 내용은 다음과 같다.

먼저 '공급 측 요소들'에서는 제도를 생산해내는 주요 행위주체라 할 수 있는 정부의 주요 형태와 의회의 구성 원리에 관하여 살펴본다. '매개제도들'에서는 공급과 수요를 서로 매개해주는 주요 제도인 정당과 선거제도에 관한 내용을 담고 있다. '수요 측 요소들'에서는 정치라는 공공재를 요구하는 시민사회와 여론, 미디어 등을 다루고 있다.

이러한 각 장들을 통해 이 PART에서는 한국 민주주의 발전을 위한 구체적인 제도 변경을 다룬다. 따라서 보다 구체적이고 현실적인 주제들과 논의를 통해 좀 더 깊숙이 현실 정치에 대한 이해의 폭을 넓힐 수 있을 것이다.

P·A·R·T

비교정치제도론

1. 공급 측 요소들

제 1 장 헌법적 권력구조와 정부형태

수험적 맥락

1987년 민주화 시기 정부형태는 급하게 결정되었다. 5년 단임제 대통령제를 선택하는 데 숙고는 없었다. 그런데 2016년 총선과 2017년 대선에서 보인 것처럼 유권자들은 다당제를 선택했다. 다당제와 대통령제는 불편한 조합이다. 미국의 대통령제도는 이념이 강하지 않다는 미국 정치의 특성에서 작동한다. 그런데 한국의 다당제는 '이념+지역'이 합쳐져서 만들어진 것이다. 이념에 기초한 다당제는 유럽식 정치의 특성이다. 미국제도와 유럽제도가 결합하여 한국정치의 문제가 야기된다. 제도의 실증분석이 이야기 하듯이 대통령제도 자체가 문제가 아니라 정당체계와 결합이 문제이다. 실제 한국에서 분점정부와 정치적 교착이 문제가 되고 있다. 이런 맥락에서 정부형태 개편이 논의되고 있다. 개헌을 해야 하기에 향후 한국의 정부형태는 쉽지는 않겠지만 시민들의 숙의를 모아서 진행되어야 한다. 가장 주목받고 있는 제도개편 논의이다.

수험적 중요주제

1. 대통령제도와 다당제에 따른 분점정부와 정치적 효용성(정책 형성과 집행가능성)
2. 한국의 개헌방향에서 바람직한 정부형태: 정부형태별 운영방식과 특징 비교
3. 통일의 제도디자인으로서 연방주의 :중위연방제도
4. 비제도 요소인 대통령의 리더십

1장에서는 어떤 정부형태가 바람직한지를 중심으로 다양한 정부형태를 다룬다. 이 장은 '정부형태[1]'나 '정치적 행정부[2]', '헌법적 권력구조[3]'라 불리기도 한다. 그 명칭이 무엇이든 간에 이 장에서 다룰 것은 행정부를 어떻게 구성할 것인가와 관련되어 있다. 즉 행정부의 수장을 국민이 직접 선거를 통해 뽑을 것인지 아니면 의회선거를 통해 간접적 방식으로 뽑

1) 신명순, 『비교정치』(서울: 박영사, 2006).
2) 로드헤이그와 마틴 해롭, 『현대비교정치론』(서울: 명인문화사, 2007).
3) 진영재, "헌법적 권력구조", 『정치학이해의 길잡이』(서울: 박영사, 2008).

을 것인지 정하는 것이다. 그리고 이것을 정하는 규칙은 가장 막강한 권력을 부여하는 것이기 때문에 엄격하게 정해야 한다. 그래서 정부를 어떻게 구성할 것이고 각 헌법적 권력기관 간에 권력을 어떻게 나눌 것인지를 정하는 것이 중요하다. 대한민국처럼 민주화를 이룬 경우 그동안의 권력전횡을 막기 위해, 그리고 1987년 거리의 민주주의를 빨리 제도정치로 돌리기 위해 정부형태를 헌법에 규정하는 것을 우선으로 하여 개헌하는 경우도 있다.

이 장에서 우리가 풀어야 할 과제는 어떤 정부형태가 한국에 바람직한 것인가 하는 점이다. 민주화 이후 30년에 가까운 세월이 지난 현 시점에서 과연 한국의 상황과 정당정치의 수준 및 정치문화가 대통령제도와 잘 어울리는지 심사숙고할 필요가 있다. 그리고 장기적으로 북한 상황이 어떻게 진행될지 예측하기 어렵고 급변사태가 생길지 모른다는 점과 그런 경우 통일문제를 헤쳐가야 한다는 점 등을 고려하면서 정부형태와 권력의 배분문제를 고려해야 할 시점에 서게 된 것이다.

표를 통한 비교 **정부형태와 관련 쟁점**

1. **한국에 바람직한 정부 형태:** 대통령제(견제와 균형원리, 리더십활용, 경로의존성) vs. 의원내각제(권력집중원리, 정당정치발전, 타협의 정치) vs. 이원집정부제(권력공유의 원칙, 분점문제의 해결)
2. **한국의 개헌 방향:** (조건: 다당제)원대통령제 + 4년 중임제 + 선거주기 일치여부 논쟁
3. **한국선거제도 개편방향**

① 4년 중임제방향: 대통령 4년 중임제 + 국회의원(임기 4년)과 동시선거
② 동시선거의 장점: 연미복효과(coattail effect) → 여당에 유리 → 안정적 정국운영과 선거비용감소
③ 중간선거의 경우: 대통령 임기 중에 의회선거 → 대통령 견제

4. **대통령제에서 부통령 여부**

① 부통령제와 국무총리간 차이: 부통령(유권자 선거 O) vs. 총리(유권자 선거 X) → 대표성확보 장점 + 정당간 연대
② 비교정치 사례: 총리만 가진 국가의 수가 많음.

5. **분점정부 논의:** 다당제등장(20대 총선) → 분점정부등장 → 대통령의 의회설득 중요

제1절 정부형태 일반론

1. 정부형태의 주목 배경

현대 비교정치 2차 대전 이후 미국이 세계의 중심에 서게 되면서 시작하였다. 세계 질서를 이끌어가야 하는 미국의 현실 정치적 필요성은 다른 나라들에 대한 미국의 관심을 이끌었고 이것이 비교정치학의 발전을 가져온 것이다. 그 중에서도 미국의 경쟁국가인 소련과 사회주의권 국가들의 정치패턴을 이해하는 것과 신생국가들의 정부형태가 무엇이 되어야 하는가에 대한 관심이 비교정치학의 핵심이었다. 초기 비교정치의 관심은 주로 미국적 방식의 선전에 있었고 이것은 냉전이라는 상황에서 이데올로기의 대결이 강했기 때문이다. 미국은 냉전의 과정에서 자신들의 정치체제가 다른 나라들에도 모범이 될 것임을 주지시켜 주었다.

이를 가장 잘 설명한 이론이 근대화이론이다. 경제발전이 수렴되면서 정치적 민주주의 발전도 동반할 것이라는 근대화이론은 제3세계 국가들에서 미국의 원조와 차관을 이용해 미국식 자본주의 질서로 편입하는 것이 경제발전을 가져오는 것이고 이를 통해 정치적 발전도 보장된다는 장밋빛 약속을 심어주었다. 그러나 근대화이론은 이론적 약점뿐 아니라 제3세계 국가들의 권위주의화 현상을 목도하면서 설득력을 잃어버렸다. 헌팅턴은 서구식 접근법에 한계가 있다는 것을 밝히면서 비서구국가들이 서구국가들을 그대로 모방하더라도 역사적으로 동일한 경로를 걷지 않을 수 있다고 하였고 이 주장은 초기 근대화이론에 종지부를 찍었다.

그러나 민주화의 세 번째 물결이 도래하면서 비교정치 관점에서 다른 나라들을 살펴보는 것이 다시 중요해졌다. 특히 2차례나 민주주의의 반동을 경험한 역사적 기억은 민주주의의 후퇴를 어떻게 막을 수 있는가에 몰두하게 하였다. 그 노력의 일환으로 민주주의를 과정적 측면으로 이해하여 권위주의로부터 민주주의로의 이행(transition)과 민주주의의 정착이라는 공고화(consolidation)를 구분하는 공고화 연구가 시작되었다. 비교정치의 관심이 민주주의를 지탱하고 민주주의를 유지하는 것으로 쏠린 것이다.

실증 분석에 따르면 민주주의 생존과 관련해 어떤 정부형태가 더 낫다고 확실하게 주장할 수는 없다. 제도는 제도 나름대로의 효과가 있으며, 현실 정치에서 다른 요소들의 영향을 완전히 배제시키면서 독자적으로만 영향을 미칠 수는 없다. 따라서 각 제도가 만들어진 이론적 배경과 그 제도의 장단점을 모두 고려해야 하며, 제도의 효과가 나타나기 위한 조건으로서 정당체계나 정당정치, 정치문화와 역사적 요소 등을 종합적으로 고려해야 한다. 이야기를 풀어가는 순서 역시 이 논리를 따라가면 된다.

정부형태와 관련해서는 대통령제도, 의원내각제도, 이원집정부제도에 집중하도록 한다. 그 이유는 한국에서 대안으로 논해지고 있고 실제 대안이 될 수도 있는 제도들이기 때문이다. 아래의 표는 정부형태간 비교를 정리한 것이다.

표를 통한 비교 각 정부형태의 비교

	대통령제	의원내각제	이원집정부제
구성방식	권력의 분할과 자유의 중시 이원적 정통성. 이중위임(대통령과 의회 따로 선거). 행정부 수장, 의회 따로 선출	권력의 집중과 효율성중시 일원적 정통성. 단일위임(의회선거 → 의회의 정부 구성) 의회선거만 실시	프랑스의 역사적 산물 권력의 집중과 공유(동거정부의 경우) 대통령 제도와 내각제의 중간이 아닌 대통령제의 변형
권력운영방식	행정부와 의회의 권력 분립 견제・균형(check & balance) 대통령은 국가 원수이자 행정부의 수장으로서 임기 보장	의회가 유일한 정통성 기구 국가 원수와 행정부수반의 분리	단점에서는 대통령제도 유사 분점에서는 의회다수당 지도자가 총리가 되어 대통령과 권력 분할
특징	장관의 의원직 겸직 불가 의회해산 및 불신임 불가 의회・행정부 간 갈등 시 사법부가 결정 헌법이 최고 권력 양당제 하에서 안정적 작동	의원과 각료 겸임 불신임권과 의회해산권 존재 내각은 집단적 집합체 행정부의 의회에 대한 책임과 의회의 불신임권 양당제・다당제 모두 잘 호응	의회의 내각 불신임권 대통령이 강한 권한 보유 사례: 프랑스 동거정부, 독일 바이마르 공화국 등
장점	행정부의 안정 인지성(identifiability: 후보자를 보고 선택가능) 확보 책임성 향상	정치과정에서의 유연성. 연립정부를 위한 정당 타협 중시 전문정치인의 양성 가능성 의회 내 위원회나 예비 내각(shadow cabinet) 이용	분점정부의 교착문제의 해결 내각제도의 불안정성 탈피 내부정치의 책임을 대통령이 지지 않음
단점	독점적 정통성 주장과 낮은 지지율 문제 이원적 정통성과 분점정부 임기고정에 따른 경직성 양면적 속성: 국가지도자로서 보편적 이익 추구 vs 정당지도자로서 특수 이익 추구	연립정부 구성과 책임전가 정치적 불안정과 짧은 내각의 수명	헌법상 권한과 실제 권한 사이의 불일치 존재 분극화된 다당제 시 문제 합헌적 독재 가능성 대통령에 대한 지나친 의존 정책의 책임소재 불분명과 임기고정성 문제의 중첩
비고	사르토리의 미국 대통령제도 운영 가능요인(설득정치 요인): ① 약한 정당기율 ② 약한 이데올로기적 대립 ③ 지방분권정치		

2. 대통령제도

(1) 대통령제도의 역사적 유래

대통령제도는 미국의 발명품이다. 유럽정치로부터 종교적 자유와 정치적 자유를 찾아 신대륙으로 넘어온 사람들이 연방국가를 만들어 영국의 식민지 지배로부터 독립을 꾀했을 때 그들은 어떤 국가를 만들 것인지 고민하였다. 이 고민은 매디슨, 해밀턴, 존 제이와 같은 연방주의자들의 'Federalist Paper'라는 논문 속에 잘 표현되어 있다. 이들은 13개의 작은 주들이 각기 영국과 같은 '외부적 위협'과 '외부의 적'과 싸우는 것보다 연방을 만드는 것이 유리하다고 보았다. 그러나 연방을 형성할 경우 거대해진 권력은 자칫 유럽과는 다른, 무산자들과 민중들의 지배를 관철할 수도 있는 '내부적 위협'을 증대시킬 수 있다. 따라서 연방제도라는 새로운 원리를 창안해 외부의 적에 대항하기 위한 작은 주들을 통합하는 중앙집중화를 꾀하면서도 각 주에 자율권을 부여하여 중앙정부를 견제하도록 하고 중앙정부 역시 권력을 분리하여 시민들의 자유를 확보하게 하였다.

대통령제도는 '자유'[4]를 지향하는 정부형태이다. 자유를 누리는 정부를 새로 만들 때 이용된 이론은 몽테스키외의 3권 분립론이다. 행정부와 입법부, 사법부를 독립시키고 각 권력기관이 상대권력기관에 영향력을 행사함으로써 어떤 파벌에 의해서도 권력이 집중되지 않게 하고 권력 분립을 통한 '견제와 균형(check &balance)'으로 시민의 '자유'를 지키는 것이 바로 이 이론의 핵심이다. 따라서 미국 헌법의 아버지들은 정통성을 두 번으로 나누어 부여함으로써 견제와 균형을 이루고자 하였다.

먼저 행정부의 수장인 대통령을 민주적으로 선출함으로써 유럽의 왕과는 다른 제도를 만들었고 의회 구성 역시 국민들의 민주적 선출에 의존하게 하였다. 대통령과 의회 모두 국민으로부터 권력을 위임받았기에 상호 견제할 수는 있지만 임명 여부에 관여할 수는 없는 것이다. 즉, 의원내각제와 같이 의회가 정부를 불신임하고 정부가 의회를 해산하여 국민들의 의사를 다시 물어 의회와 내각을 다시 구성하는 방법이 아닌, 오로지 국민이 위임한 기간 동안 국민에게만 책임을 지는 정부를 구성하게 된 것이다. 또한 미국식 3권 분립 제도에서는 최종적인 법의 심판을 사법부에 맡김으로써 법의 지배를 관철시키고자 했다. 법에 의한 공정한 판단은 인민의 의사에 의존해서는 안 되기 때문에 법의 지배 영역인 사법부는 민주주의의 선출로부터 격리시킨 것이다. 법의 지배를 통해 정의를 확보하려면, 사법부는 정치적 결정으로부터 보호받아야 하고 재판을 담당하는 재판관 역시 인적 보호를 받아야 한다. 그래서 미국의 경우 연방대법원의 판사는 종신직이다.

---

4) **자유와 대통령제도의 관계**: 미국인들은 유럽의 정치에 대한 불만으로 신대륙을 찾아왔다. 미국인들에게 중요한 것은 자유를 누리면서도 안정을 확보할 수 있도록 하는 정부를 구성하는 것이다. 이를 위해 자유를 확보하기 위해 대통령을 선택하면서 의회를 따로 선택하게 함으로서 입법부와 행정부를 분리시켰다. 사법부를 독립시킴으로서 자유의 최종 보루로 기능하게 하였다.

(2) 대통령제도의 특성 및 장점

대통령제도의 기능적 특징은 다음과 같다.[5] 첫째, 행정부와 의회가 권력 분립을 유지한다. 둘째, 국가 원수인 대통령은 국민들이 선출하며 임기가 보장된다. 셋째, 대통령은 국가 원수인 동시에 행정부의 수반이다. 넷째, 대통령은 장관을 임명하며 장관은 대통령에 복종한다. 장관의 임명은 의회의 승인을 받는다. 다섯째, 대통령만이 행정부에서 가장 높다. 여섯째, 장관의 의원직 겸직은 허용되지 않는다. 일곱째, 대통령은 의회에 대해 책임지는 것이 아니라 헌법에 대해 책임을 진다. 헌법에 대한 책임은 탄핵을 통해 이루어진다. 여덟째, 대통령의 의회 해산은 불가능하고 의회와 행정부 간에는 견제와 균형이 작동한다. 아홉째, 의회와 행정부 사이의 갈등이 있을 때 결정은 사법부가 내린다. 즉, 사법부가 헌법을 통해 해석하기 때문에 헌법이 최고의 권력을 갖는 것이다. 열째, 대통령제도는 권력 독점이 아닌 권력 분리를 특징으로 하기 때문에 권력을 독점하는 핵심적 기구가 없다. 이 중 가장 중요한 특징 두 가지는 대통령과 의회가 이원적 정통성을 갖는다는 점과 각각 정해진 임기를 보장받고 선출된다는 점이다.

대통령제도의 장점은 다음과 같다. 첫째, 행정부의 안정을 보장한다. 대통령제도는 불안정한 내각제에 비해 임기가 보장된다. 하지만 실제 몇 가지 예외를 제외하면 대부분의 내각제 국가들도 안정된 정부를 유지하는 데에 성공적이다.

둘째, 인지성(identifiability)과 책임성이 높다. 인지성이란 유권자가 후보 중 누가 당선되어 집권할 것인지를 알면서 투표하는 것을 의미한다. 의원내각제는 인물이 아닌 정당에 직접 투표하거나 최종적으로 정당 간 연립 구성이 되는 경우가 있기 때문에 자신이 선택한 사람이 수상이 될 것이라는 점이 확실치가 않아 인지성이 낮다. 대통령제도는 높은 인지성으로 인해 정책에 대한 책임이 정당에 귀속되지 않고 대통령에게 돌아간다. 이로 인해 정책에 있어서 책임 혼동이나 전가가 일어나기 어렵다. 반면, 내각제는 수상 자체보다 정당에 책임이 돌아갈 가능성이 높다. 이로 인해 대통령제도는 인적 측면에서 정치를 이해하기 쉽게 하기도 하지만, 상대적으로 제도로서의 정당은 덜 발전하기도 한다.

(3) 대통령제도의 단점

대통령제도의 단점으로서 책임성에 대한 반론도 만만치 않다. 만약 대통령의 임기가 단임이라면, 현직 대통령에 대해 책임을 물을 수 있는 방법이 없다. 다음 선거에 나올 수 없으므로 선거 패배를 통해 대통령에게 정치적 책임을 물을 수 없기 때문이다. 게다가 단임제 대통령선거는 정당에 대한 심판이 아니라 그 정당이 내세운 차기 후보에 심판을 집중시킨다는 점도 문제이다. 이때 후임자는 전임자의 실정에 대해 자신과 거리를 두려 할 것이기 때문에 현직 대통령의 레임덕[6] 가능성은 더 높아진다. 1987년 노태우 후보가 당시 전두환 대

5) 신명순, Ibid.

통령과 차별화한 사례나 1992년 대선에서 김영삼 후보가 노태우 대통령에 대해 차별화를 꾀한 사례, 2002년 대선에서 노무현 후보가 김대중 대통령의 정책을 비판적으로 계승한 사례, 2004년 노무현 대통령 탄핵사례, 2008년 이명박정부에서 미국산소고기 촛불시위와 지지율 하락의 사례 등이 있다.

설사 재선이 가능하더라도 문제가 생길 수 있는데, 대통령의 목표가 재선일 경우 대통령은 정책 표류나 국정 실패 원인을 의회로 돌리기 위해 선거 직전, 의회가 확실히 거부할 법안을 발의할 수 있다. 이렇게 의회 거부를 유도한 후 정책 표류 등의 책임을 의회에 떠넘기면서 대선정국을 비난이 무성한 네거티브 전략으로 이끌어 갈 수도 있다.

이 외에도 대통령제도의 단점은 몇 가지 더 있다. 첫째, 대통령의 독점적 정통성 주장과 낮은 지지율 간에 문제가 제기될 수 있다. 상대다수제 혹은 단순다수제 하에서는 대통령 당선에 필요한 수치가 낮을 수 있는데, 실제로 2004년 대만 총통선거에서 천수이벤 후보는 차점자에 0.02%p 차이로 승리했다. 1992년 필리핀 대선에서는 피델 라모스 후보가 고작 23.6%의 지지로 당선되었다. 한국에서는 1987년 노태우 후보가 36.6%의 지지로 당선된 적이 있다. 이런 지지 부족이 문제되는 것은 지지자보다 더 많은 반대자를 안고 정국을 주도해야 한다는 점에서 정당성과 정책 효율성의 문제를 발생시킨다.

둘째, 이원적 정통성으로 인해 대통령과 의회가 대립할 경우 해법이 없다. 대통령도 국민이 선출하고 의회 역시 국민이 선출했기 때문에 양자 모두 국민적 정통성을 가진다. 그러나 대통령 소속 정당과 의회 다수당이 다른 분점정부 하에서 두 기구가 충돌할 경우 어느 기구가 더 우월하며, 어느 입장을 따라야 하는지 결정할 수 있는 방법이 없다. 하지만 최근에는 사법부가 사법심사를 통해, 그리고 헌법재판소가 기관권한쟁의나 헌법소원과 같은 헌법재판을 통해 결정하는 경우가 늘고 있다.

셋째, 임기의 고정화에 따른 경직성이 문제된다. 고정된 대통령 임기는 제도적 경직성을 낳아 정치상황 변화에 대처하기 어렵게 한다. 정부와 의회가 충돌할 경우 내각제는 불신임과 의회해산을 통해 유권자의 의사를 묻기 수월하지만, 대통령제도에서는 의회가 불신임 대신에 탄핵 밖에는 사용하기 어렵다. 게다가 대통령제도는 대통령의 개인을 보고 선출한 것이기 때문에 개인적 요소의 손상에 취약하다. 즉 대통령의 사망이나 질병에 의한 정책 판단의 오류에서 올 수 있는 정치 불안정을 해결할 수 있는 방법이 없다. 보통 대통령유고를 대비해서 임시대통령직을 수행할 고위직의 순위가 정해져 있지만 부통령제도를 가지지 않은 경우 국민들의 선출 없이 이루어진다는 문제가 있다.

네 번째 지적될 문제로는 대통령 직책이 가지는 양면성이 있다. 대통령은 한 나라의 국가 원수이면서 한 정당의 지도자이다. 따라서 국가 원수에게 기대하는 전체국민인 유권자와

---

6) **레임덕의 의미**: 영어식 표현대로 뒤뚱거리는 오리를 말한다. 즉 대통령이 임기 말이 되면 자신이 원하는 방향대로 정책을 추진할 수 없다는 것을 빗댄 표현이다. 좀 더 공식적인 표현으로 '권력의 누수현상'이라고 한다.

정당의 지도자에게 기대하는 정당지지자와 당원들의 이해가 불일치 할 경우가 생길 수 있다. 내각제의 경우에는 국가 원수를 따로 두고 있고 총리는 정당을 대변하기 때문에 대통령이 가지는 양면성 문제에 직면하지 않는다.

다섯 번째 문제는 각료의 소신정치가 곤란하다는 점이다. 대통령제도에서는 각료의 임명과 해임이 전적으로 대통령 개인에게 달려있다. 개인적 요소가 강한 대통령제도에서 각료들은 대통령 개인의 마음에 들지 않으면 언제든지 해임당할 수 있다. 해임을 당한 각료는 정치적 생명을 잃기 쉽다. 반면, 의원내각제에서는 각료가 내각을 떠나면 의회로 돌아가면 된다. 해임된 각료는 의회에 돌아가 자신의 정치적 견해를 펼칠 수 있기 때문에 내각에서 소신 있는 정책을 표방할 수 있다.

심화 학습

린즈(Linz)의 대통령제도에 대한 비판

『The Failure of Presidential Democracy: Comparative Perspective』에서 Linz는 라틴 아메리카 국가들의 사례를 통해 대통령제도에 대해 공격했다. 린즈의 비판은 5가지로 요약된다. 첫째, '승자독식구조(Winner-takes-all Game)' 문제가 있다. 대통령제도는 승리한 후보가 모든 것을 다 가져가 버린다. 반면, 내각제는 득표율에 비례하여 내각이 구성되므로 보다 민주적이다. 즉, 정당연합이 가능하기 때문에 한 정당이나 한 후보가 독식할 가능성을 줄인다.

둘째, '대통령의 임기보장' 문제이다. 임기가 보장되면 체제의 경직성을 가져올 수 있다. 특히 국민의 의사나 여론을 무시할 수 있고 임기 동안 정책 표류가 지속될 수도 있다. 노무현 대통령이 임기 초반에 탄핵에 걸린 경우나 이명박 대통령이 임기 초반에 소고기 협상 문제로 인해 촛불시위가 있었던 점은 국정 초반에 레임덕이 걸릴 수 있다는 점을 보여주었다. 내각제도라면 이는 내각 불신임과 의회해산을 통한 새로운 선거로 국민의 의사를 물을 수 있다.

셋째 문제는 대통령과 의회의 '이원적 정통성[7] 문제(dual legitimacy)'로 분점정부의 경우 심각하다. 넷째는 오도넬(O'Donnell)이 지적한 "위임민주주의(delegative democracy)"의 경향이 나타난다는 것이다. 즉 대통령은 자신의 지지가 의회보다 우월함을 들어 의회 제도를 무시하고 국민으로부터 자신이 정당성을 위임받았다고 주장하면서 행정 입법과 포고령 등을 통해 국민들과 직접 상대하려 한다. 이 현상은 민중주의를 가져올 수 있고 민중적 지지와 결합해 '민중적 독재'를 가져올 수도 있다.

마지막 다섯째 문제는 의회주의자가 아닌 외부인이 당선될 가능성이 높다는 것이다. 대통령제도는 개인적 요소가 중요하므로, 정당정치를 통해 정치적 경력을 꾸준히 쌓은 사람이 아닌, 인기를 몰고 올 수 있는 다양하고 특이한 경력의 사람이 당선될 가능성이 높다. 예를 들면 코카콜라 회사 사람이 멕시코 대통령이 된 것이나 한국의 노무현 대통령, 이명박 대통령처럼 변호사나 기업을 하던 사람들이 정치무대에서 빠르게 대통령 자리까지 오르는 경우를 들 수 있다.[8]

3. 의원내각제도

(1) 의원내각제도의 유래[9)]

의원내각제도는 영국의 역사적 관행으로 만들어졌다. 의원내각제도는 현대 권력구조의 효시이며, 의회제의 기원은 현대대의민주주의의 출발점이기도 하다. 대통령제도와 준대통령제도 모두 의원내각제도를 타산지석으로 탄생하였다는 점에서 의원내각제도는 모든 권력구조의 기원이다.[10)] 영국에서는 장기의회와 1689년 명예혁명을 거치면서 의회 주권과 의회 우위의 사상이 생겼다.[11)] 1660년 실제 왕정복고부터 왕과 신하의 관계가 아닌 왕과 의회의 관계가 중요해졌으며, 이로써 현대적 의회제도가 출범하였다. 튜더왕조에서부터 의회 통제를 따르면서 국왕에 대해 자문을 하는 기관으로 추밀원이 탄생한 것이다. 그러다 왕정복고기간에 클라렌든경은 왕이 전체적인 국사를 추밀원과 협의하는 것이 어렵다고 판단하여 왕이 상의할 위원회의 설치를 제안했고 이렇게 설치된 것 중 하나가 '외무위원회'이다. 이렇게 해서 추밀원이 국정협의기관에서 벗어나 소규모 위원회의 수중으로 넘어오게 되었다.[12)]

이 과정에서 수상에 의해 주도되는 위계질서가 필요하게 되었다. 독일 하노버출신의 국왕인 조지 1세는 영국문제보다 하노버 문제에 관심이 많아 내각위원회 참석을 게을리 했고 이는 각료의 권한을 강화하였다. 특히 1721년 휘그당의 로버트 월폴은 근대 수상과 유사한 모습을 나타내며 각의를 주재하였고, 최초로 내각체계와 수상직을 창설해 근대적 의미의 의회제에 초석을 마련했다. 이때 '각의 중의 수석'이라는 관념이 성립하면서 수상의 기원이 되었다.[13)]

영국에서는 선거법 개혁과정 속에서 정치가 발전하였다. 특히 1884년 선거법 개정으로 투표권은 주택 소유자들에게까지 확대되었으며, 이렇게 증대한 유권자를 포섭하는 리더십이

---

7) **이원적 정통성의 의미**: 유권자가 두 번의 각기 다른 선거를 통해서 행정부의 수장과 의회를 선택하는 것이다. 일원적 정통성을 가진 의원내각제는 유권자가 의회선거를 통해 대표를 선택하면 의회 다수당이 행정부를 구성하는 것이다.

8) **예비내각제도(shadow cabinet)의 의미**: 예비내각은 정당이 교체되었을 때 국정운영의 공백을 줄이고 정치인들이 정책운영을 배울 수 있도록 야당에도 정부와 동일하게 내각을 미리 정해두어 예비내각 구성원들이 실제 내각으로부터 정보도 얻고 정책운영 등에도 관여하는 것을 말한다. 이런 예비내각 제도나 의회의 연륜에 따라 승진하는 미국식 고참제도 등은 정치인들로 하여금 정치적 경력을 점진적으로 쌓도록 하는 유도기제가 될 것이다.

9) **내각제의 내각의 의미**: 내각제도(Parliamentarism) 혹은 (Parliamentary system)에서 Parliament는 단순한 의회가 아니라 내각제에서의 의회를 지칭한다. 일반적 의미에서 의회는 assembly를 사용한다. 내각제의 주된 내용은 신명순, 참고.

10) 최한수, "의회제", 『대통령 수상 준대통령』(일산: 인간사랑, 2007).

11) 김동형, "대통령제와 의원내각제도: 대통령제와 의원내각제도의 장단점비교를 중심으로". http://blog.daum.net/gilina/

12) 최한수, Ibid.

13) 김동형, Ibid.

필요해지면서 정당 간 경쟁이 생겼다. 이 과정들을 들여다보면 결국 영국의 의회제 정부는 혁명적 산물이라기보다는 역사적으로 발전되어 온 것이며, 이 과정은 군주로부터 의회의 영향력이 확대되고 내각을 구성하는 단계를 거친 것이다.[14]

(2) 의원내각제도의 특징[15]

의원내각제도의 특징은 다음과 같다. 첫째, 의회가 정통성을 지닌 유일한 기구이다. 정부의 핵심인 내각은 의회가 구성하고 내각의 지속 역시 의회의 신임에 달렸다. 둘째, 행정부의 우두머리가 국가 원수인 군주 또는 대통령과, 내각의 우두머리인 총리 두 부분으로 별개로 구성된다. 셋째, 국가 원수가 총리를 지명하고 총리는 각료를 임명한다. 국가 원수에게 총리 지명에 대한 재량은 거의 없으나 총리는 각료 임명에 재량권을 가진다. 넷째, 내각은 집단적인 집합체의 성격을 가진다. 권력을 집단으로 내각에 위임하였기 때문에 각료들은 내각 결정에 집단적인 책임을 진다. 이런 점에서 총리는 '동등한 사람들 중에서 제1인자(first among equals)'에 불과하다. 다섯째, 내각의 각료는 대부분 의회 의원이다. 따라서 각료들은 자신이 출마한 지역의 요구에도 종속된다. 네덜란드나 노르웨이의 경우에는 의원이 각료에 임명되면 의원직을 사퇴한다. 이는 각료가 군주에게 충성하던 전통이 그대로 남아 있기 때문이다. 여섯째, 행정부는 의회에 정치적 책임을 진다. 의회는 공식적인 신임투표나 중요한 정부 법안을 부결시킴으로써 정부를 사퇴하게 만들 수 있다. 따라서 내각제는 의회가 최고의 권력을 가진다. 실제로 국가마다 의회의 우월성엔 조금씩 차이가 난다. 일곱째, 총리는 국가 원수에게 의회를 해산하도록 요청할 수 있다. 여덟째, 행정부는 의회에 대한 책임을 지기 때문에 유권자들에게는 간접적으로만 책임을 진다.

(3) 의원내각제도의 유형

내각제도를 운영하는 국가들도 각국의 역사적 경험에 따라 제도 운영에 차이가 있다. 내각제도의 첫째 유형인 '총리 중심적 내각제'에서는 내각제도가 안정적으로 운영된다. 영국이 대표적인 경우로 주로 단일 정당이 정권을 구성한다. 선거제도로는 소선거구제도를 사용하여 양당제를 만들어내며 정당 규율이 강하다는 특성이 있다.

독일도 총리 중심적 내각제를 사용한다. 단 3개 정당이 연합하는 등 정당연합을 통해 정부를 구성한다. 독일제도의 특징으로는 첫째, 1953년 연방 헌법재판소에서 신나치당을 불법화하면서 반체제 정당을 허용하지 않는다는 점과 둘째, 비례대표 진입에 있어 득표율 5%와 당선의석수 3석이라는 높은 봉쇄조항을 통해 정당난립을 방지한다는 점, 셋째, '건설적 불신임제도'를 지닌다는 점이다. 건설적 불신임제도는 의회가 총리를 불신임하기 전에 모든 내각을 구성하고 불신임하는 것이 아니라 총리만을 미리 결정하고 불신임할 수 있는 것이다. 이

---

14) 최한수, Ibid.
15) 신명순, Ibid.

특성으로 인해 독일 총리는 '동등하지 않은 사람들 중에서 제1인자(first among unequals)'가 된다.

둘째 유형은 '의회 중심적 내각제'이다. 불안정하면서 효율적이지 못한 내각제로 프랑스의 3공화국이 대표적이다. 정당의 규율이 약하고 내각이 의회를 주도하지 못한다. 셋째 유형은 효율성과 안정성을 기대할 수 있는 내각제이다. 대표적인 경우로 1954년부터 1993년까지 일본의 패권정당체계를 들 수 있다. 일본의 내각제도는 양당제도 아니고 총리가 강력한 권한을 가지지도 못한다. 다당제임에도 불구하고 장기간 의회를 장악하고 효율적인 내각제를 유지하였는데 이를 가능하게 해준 것은 정당체계의 안정성이다.

결국 세 가지 내각 유형에서 볼 때 정당체계가 중요하다는 점을 알 수 있다. 정당체계의 안정성이 내각제의 작동을 결정한다. 따라서 의원내각제로 변화를 꾀할 경우 총리 중심적 내각제가 될 수 있도록 선거제도와 정당제도를 갖추는 것이 중요하다.

(4) 의원내각제도의 장 · 단점

내각제의 장점은 다음과 같다. 첫째, 정치 과정에서의 유연성을 향유할 수 있다. 총리가 정치를 잘 못할 경우 총리를 경질할 수 있다. 총리 경질에는 여러 방법이 있는데 집권당 내부에서 결정하거나 연립정부 시 연립 참가 소수 정당이 내각에 대한 지지를 철회하고 새로운 연립을 구성하거나 야당에 의한 불신임 투표 등을 들 수 있다.

둘째, 의원내각제에서는 합법적인 장기집권이 가능하다. 내각제에서는 수상의 재선이나 연임에 대한 규정이 없기 때문에 집권당 승리 시 총리는 몇 년간이라도 통치가 가능하다. 실제로 독일의 콜 총리는 1982년부터 1998년까지 16년간 집권했고 영국의 마가렛 대처 총리도 1979년부터 1990년까지 11년간 집권했다. 장기집권 가능성은 대통령제도와 비교할 때 확실한 효과를 알 수 있다. 대통령제도는 단임이나 중임일 경우 집권 기간 내에 정책실현을 노리기 때문에 대통령은 시간 제약의 스트레스에 시달린다.

특히 정당정치가 발전하지 못하고 다음 정권이 자신의 소속 정당에서 만들어진다는 보장이 없을 경우 정책 단절에 대한 우려와 후임자에 대한 불신 등의 강박관념이 생긴다. 이 경우 대통령은 정책을 서두르거나 필요 이상으로 반대 의견을 적대시할 수 있다. 또한 국내정치를 타협보다는 경쟁과 갈등으로 이끌 수 있으며 정책 집행을 위해 비용을 과다하게 지출할 가능성이 높아진다. 이 경우 신생민주주의 국가 등에서는 장기적인 정권연장을 위해 쿠데타와 같은 비합법적 방법을 동원할 수도 있다. 반면, 내각제에서는 수상이 언제나 퇴임할 수 있고 언제까지라도 재임할 수도 있다. 게다가 퇴임 이후에도 다시 복귀가 가능하다는 점에서 리더십 손상을 경험하지 않을 수 있다.

셋째, 정치 지도자들이 의회 내 위원회와 원내 활동이나 예비 내각(shadow cabinet)[16]

---

16) **예비내각제**: 야당이 정권교체가능성을 고려하여 평상시에 정권교체시 내각을 구성할 수 있도록 각 부장관등을 임명해두는 것이다. 의원내각제는 작은 정권교체가능성이 있기 때문에 예비내각을 미리

등을 통해 다양한 정치 경험을 가질 수 있어 전문 정치인을 만들 수 있게 해준다. 신진 정치인을 입문시켜 전문 정치인으로 키울 수도 있다.

반면, 내각제도 단점이 있다.[17] 첫째, 연립정부 구성과 관련해 정치 불안정을 초래할 가능성이 있다. 다수당이 만들어지지 않을 경우 연립정부를 구성해야 하는데, 정당 간 연합이 붕괴되면 정치는 불안정해질 것이다. 과거 프랑스는 1919년부터 1939년까지 20년의 기간 동안 연립정부를 40여 차례나 바꾸었다. 하지만 유럽 사례들을 볼 때 정당정치가 발전한 경우라면 연립정부가 꼭 불안정한 것만은 아니다. 독일처럼 기독교 민주당과 사회민주당이라는 두 개의 정당이 있고 중간에 자유민주당이라는 제3당이 있어서 정당 간 타협을 통한 연립정부 구성을 촉진하고 그 속에서 대화와 타협을 유도하는 경우도 있다.

둘째, 정치적 불안정과 짧은 내각의 수명으로 인해 정치 연속성이 붕괴할 수 있다. 실제 2차 대전 이후 이탈리아는 1948년부터 1987년까지 46차례에 걸친 내각교체를 경험하였으며 이때 내각의 평균 수명은 10개월이었다. 하지만 이는 의회 중심적 내각제에서 나타나는 현상이지 모든 내각제의 특성은 아니라는 점을 유념해야 한다.

4. 이원집정부제도

(1) 이원집정부제도의 의미 및 유래

이원집정부제도는 다양한 명칭으로 불린다. 듀베르제는 '준대통령제'라 불렀고 '혼합제'라고도 불린다. 영어로는 'Semi-presidentialism'이라고 불리는데 이를 그대로 번역하면 '반대통령'이라 할 수도 있다. 간혹 프랑스의 대통령과 총리가 다른 정당인 경우를 특징화하여 '동거정부' 형태라 부르기도 한다. 물론 용어들은 각기 다른 의미를 구체화하는 것이기 때문에 각 개념들이 말하고자 하는 바는 다르다. 엄밀히 이야기하면 '이원집정부제도'에서 '이원(二元)'은 동등한 양수를 뜻하는 것인데 실제 이원집정부제도는 대통령과 총리가 동등하게 권력을 분점하는 것은 아니기 때문에 정확한 의미가 아닐 수 있다.[18] 실제로 대통령 소속 정당이 다수당일 경우는 강력한 대통령제도와 같고 의회 다수당이 야당일 경우에는 총리가 내정의 실권을 쥐고 운영하기 때문에 의원내각제도와 유사해 이원정부라고 보기는 어렵다. '준대통령제도'라는 용어도 많이 쓰이지만 접두어인 '준'의 개념이 모호하다. 대통령제도에 준하는 정치체제로 보이기 때문이다. 이 장에서는 정부형태의 새로운 양태를 부각시키기 위해 이원집정부제라는 개념을 사용할 것이다.

이 개념은 1959년에 프랑스의 르몽드지의 설립자이자 언론인인 메리(Hurbert Beuve-Mery)가 만들었고 듀베르제가 학술적으로 발전시킨 개념이다.[19] 듀베르제는 이 개

구성해 두면 정권교체시 업무처리를 신속히 할 수 있다.

17) 신명순, Ibid.

18) 최한수, Ibid.

19) 최한수, Ibid.

념의 특성으로 3가지를 들었다. 첫째, 대통령이 보통선거로 선출된다. 둘째, 대통령은 상당한 권한을 가지고 있다. 셋째, 대통령이 반대하더라도 집행권과 정부권력을 가진 수상과 각료가 있고 만일 의회가 그들에 대해 반대하지 않는 한 그 직을 유지할 수 있다. 듀베르제의 개념은 가장 빈번히 인용되는 이원집정부제도에 대한 개념임에도 불구하고 두 가지 문제가 있다. 첫째, 프랑스 5공화국에 사용한 '준대통령제' 개념을 다른 나라들에 적용한 점이다. 둘째, 1986년 동거정부가 등장하기 이전의 프랑스 정부형태를 대상으로 했고 그 당시에는 대통령이 정부 운영을 주도하고 있었다는 점이다.

이원집정부제도는 프랑스에서는 대통령의 권력을 강화하기 위해 만들어진데 비해 핀란드는 이와 반대로 대통령의 권한을 약화하고 강한 의회 제도를 만들기 위해 도입했다. 오스트리아도 내각제를 운영하다가 준대통령제를 받아들였는데 대통령의 권력은 명목적인 것이었다. 과거 1960년대 중남미 국가들이 권위주의화 되었을 때 이들 국가들은 미국 대통령제도를 모방한 '모방적 대통령제'나 대통령의 강력한 우월성을 특징으로 하는 '신대통령제'를 이용하고 있었다. 이들은 독재라는 비난을 피하면서 강력한 권력을 행사하기 위해 드골의 5공화국 헌법과 이원집정부에 관심을 가졌었다. 그러나 드골이 1962년 대통령 선거를 간접선거에서 직접선거로 바꾸자 오히려 권위주의에 반대하는 사람들이 관심을 가진 경우도 있다.[20] 이런 다양한 사례로 볼 때 이원집정부제도 자체도 내부적으로 다양한 분화가 나타날 수 있어 어느 한 틀로만 분석하기는 어려울 것으로 보인다.

(2) 이원집정부제도의 특징

이원집정부제도는 대통령제도와 의원내각제의 중간적 형태가 아니라 대통령제의 변형판이라고 볼 수 있다. 보통선거로 대통령을 뽑는 것과 대통령에게 실권을 준다는 것은 대통령제의 특징이다. 그러나 의회에서 수상이 지배할 수 있게 한 것은 의원내각제의 특징이다.

이원집정부제도의 특징은 다음과 같다.[21] 첫째, 일정한 임기를 보장받는 국가 원수인 대통령을 국민들이 직접 선출한다. 둘째, 국가 원수와 총리는 행정권을 공유한다. 프랑스 헌법의 20조와 21조에 따르면 "정부는 국가정책을 결정하고 집행한다. 총리는 정부의 활동을 지도한다"라고 명시되어 있다. 셋째, 대통령이 내각을 통해 통치한다. 넷째, 대통령이 총리를 임명하고 총리는 장관을 지명한다. 대통령은 언제든지 총리를 해임할 수 있다. 총리 임명은 의회의 신임에 의존하기 때문에 대통령 소속 정당이 의회 다수당이 아닌 경우 총리를 내는 것이 현실적으로 불가능하다. 다섯째, 대통령과 총리의 권력 균형이 경우에 따라 한쪽으로 치우칠 수 있다. 단점에서는 강력한 대통령제도로 활용되나 분점에서는 문제될 수 있다. 분점의 경우 내각제처럼 의회 다수당의 지도자가 총리가 된다면, 실제 권력이 총리에게 가기 때문에 분점문제를 해결할 수 있다.

---

20) 최한수, Ibid.
21) 신명순, Ibid.

사르토리도 이원집정부제도가 대통령제도나 의원내각제도와 다르다고 주장한다. 그는 이원집정부제도에서 대통령 소속 정당이 의회 다수당일 경우도 대통령이 총리를 통해 통치해야 하기 때문에 대통령제도와 다르다고 주장한다. 반대로 대통령 소속 정당이 아닌 정당이 의회 다수당일 경우에도 강력한 권력을 보유했다는 측면에서 내각제의 대통령과는 차이가 있다고 한다.[22] 따라서 동거정부 형태인 경우에도 제도가 대통령제에서 내각제로 바뀌는 것이 아니라 국가의 제1지도자가 누가 되는지의 문제가 중요한 것이다.

(3) 이원집정부제도의 작동 방식

이원집정부제도는 특이한 방식이기 때문에 실제 작동 방식을 조금 더 살펴볼 필요가 있다. 먼저 이원집정부제 국가에서는 대통령을 어떻게 선출하고 임기를 어떻게 규정할 것인가와 같은 선출방식과 임기 등이 중요한 문제이다. 대부분의 경우 대통령은 직선제를 택하고 있다. 단지 결정방식에 있어서는 단순다수제를 택하는 나라(ex, 스리랑카)와 결선투표제를 택하는 나라들(ex, 프랑스, 핀란드, 폴란드 등)이 있다. 임기 역시 국가들마다 차이가 있지만 임기가 고정되어 있다는 점이 중요하다.

이렇게 선출된 이원집정부제 국가에서 대통령은 어떤 권한을 보유하는가? 이원집정부제도에서 대통령은 의회를 해산할 수 있다. 반대로 의회는 내각을 불신임할 수 있다. 이는 대통령제도에는 없는 특징이다. 또한 그 외에도 다양한 권력을 보유하고 있다. 예를 들어 프랑스와 스리랑카에서는 대통령이 ① 총리와 각료 임명권 ② 의회해산권 ③ 국민투표 실시 권한을 가지고 있다. 하지만 국민투표 실시 권한은 의회가 거부한 법안에 대해 국민투표를 이용하여 의회를 무력화한다는 점에서 남용가능성이 문제된다.

이원집정부제 국가에서 대통령은 총리와 장관을 어떻게 선출하는가? 총리와 장관의 선출방식도 대통령제도와 차이를 보인다. 만약 의회 다수당과 대통령 소속 정당이 동일할 때는 대통령제도에서 임명하고 선출하는 방식과 같다. 이런 상황에서 총리는 대통령 보좌 역할 정도에 머문다. 그러나 의회 다수당과 대통령 소속 정당이 불일치할 경우에는 내각제도에서 운영하는 것과 똑같다. 즉 의회 다수당이 택한 인물을 총리로 임명해야 한다. 이 상황이 되었을 때 총리는 대통령의 지시나 통제를 받지 않고 국내 문제에 있어서 전권을 행사할 수 있다.

특이한 점은 이 경우에 대통령은 총리에 대해 해임이 불가능하다는 점이다. 총리 선출에서 대통령은 총리를 지명한 후 의회의 승인을 받아야 한다. 총리와 내각이 의회로부터 신임을 받아야 하며 의회에서 불신임을 받으면 사퇴해야 한다. 따라서 대통령 소속 정당이 의회

---

22) **프랑스의 긴급조치권**: 프랑스는 대통령의 긴급조치권이라는 초헌법적인 권력이 있다. 실제 프랑스헌법 16조는 공화국의 제도, 국가의 독립, 영토의 보전이 중요하다고 할 때 대통령은 수상, 양원의장, 헌법위원회와 공식적으로 상의한 후에 이 조치를 취할 수 있다. 정치적 남용가능성 때문에 반대파들의 저항이 컸지만 실제 프랑스는 알제리 독립문제의 경우 한 번만 이 조치를 사용하였고 그 뒤에 사용하지 않았다.

다수당이 아닐 경우 대통령 정당의 인사를 총리로 기용할 수 없는 것이다. 프랑스의 경우 총리가 의회에서 선출된 후 대통령이 임명하기 때문에 반드시 대통령은 의회가 승인한 사람을 임명해야 한다. 장관 임명 절차는 이보다는 조금 복잡하다. 의회의 승인을 필요로 하는 경우(ex, 폴란드와 핀란드)가 있고 의회의 승인이 불필요한 경우(ex, 프랑스)가 있다. 특기할 사항은 프랑스에서 장관은 의원직을 겸할 수 없다는 것이다. 장관직에 임명된 의원은 사퇴해야 하고 예비 후보가 의원직을 물려받게 되어 있다. 이는 의원내각제적 요소가 반영된 것으로 볼 수 있다.

(4) 이원집정부제도의 장 · 단점

이원집정부제도의 장점[23]은 어떤 것이 있을까? 첫째, 대통령이 총리를 바꿀 수 있기 때문에 내각제에서 나타날 수 있는 정치 위기나 정권의 위기를 거치지 않고 정책을 바꿀 수 있다. 둘째, 정책 실패의 책임이 총리에게로 돌아가 대통령은 영향 받지 않을 수 있다. 특히 국가의 대표로서 대통령이 행정 대표의 책임을 지지 않아도 된다. 셋째, 대통령이 역할을 제대로 수행하지 못할 경우 총리가 더 강력하게 기능할 수 있다. 분점과 대통령의 레임덕의 경우 총리를 중심으로 정국을 타개해 갈 수도 있다.

하지만 문제점[24]도 여러 가지가 있다. 첫째, 헌법상 권한과 실제 권한 사이의 불일치가 문제된다. 대표적으로 바이마르 공화국은 법에서 규정한 것보다 많은 권력을 보유했었다. 둘째, 정당체계 문제도 고려할 수 있다. 이원집정부제를 사용하는 국가가 분극화된 다당제를 가지고 있는 경우에는 문제가 심각하다. 이 경우에는 의회와 대통령 간의 극심한 충돌이 가능하다. 정당체계 문제를 풀어가는 데 있어서 프랑스는 결선투표제라는 선거제도가 중요한 기능을 수행한다. 결선투표제도는 다당제 구조를 양당제적 모습으로 변화시키는 효과가 있다. 셋째, 합헌적 독재 가능성도 제기된다. 이 정부형태에서는 정치적 교착이 심각할 경우 대통령이 비상대권을 사용할 수 있다. 역사적으로 바이마르 공화국의 힌덴부르크 대통령은 빈번히 의회를 해산하고 선거했다. 이는 결과적으로 히틀러의 나치 정당이 원내 최대 의석을 확보하게 만드는데 기여했다. 넷째, 대통령의 개인 성격이나 능력에 지나치게 의존하는 문제가 있다. 강력한 대통령제도를 표방할 경우 대통령이라는 개인적 요소가 강해지는 부작용이 있다. 다섯째, 정책의 책임 소재가 불분명해질 수 있고 임기의 고정성에 의한 문제와 겹칠 수 있다. 권력을 두 곳으로 분산시킬 경우 정책 실패는 두 곳 모두 상대방을 비난할 수 있다.

한국에서 이원집정부제도를 사용할 것인가에 대해서는 회의적인 입장이 강하다. 한국이 이원정부제를 사용했을 때 얻는 이익 대비 비용이 더 클 것이라는 점에서 비판적이다. 한국은 전통적으로 대통령제도를 취해왔기 때문에 대통령제도를 특별히 강화할 이유가 없다. 또

23) 신명순, Ibid.
24) 신명순, Ibid.

한 의원내각제를 사용한 경험이 짧기 때문에 의회주의를 유지할 전통이나 열망도 적다. 그리고 한국의 정권교체가 민주화 이후 2번 이루어졌고 상대적으로 안정적인 다당제 구조를 가지고 있다는 점도 프랑스와 다르다. 이런 상황에서 이원집정부제도는 단점 시에는 대통령에게 막강한 권한을 부여하고 분점 시에는 책임으로부터 멀어지면서 정치적 공세를 가할 기회를 만들 수 있다. 게다가 프랑스 방식은 국회 해산과 비상대권을 줌으로써 대통령의 권한을 과도하게 만들 수 있다. 만약 여당이 계파문제를 해결하기 위해 대통령과 총리를 구분한다면 이것은 정당 내부적 분열을 더욱 부추길 수 있다. 그리고 야당이 총선 등을 통해 정국운영의 키를 쥐기 위한 방안으로 이원집정부제도를 사용할 경우에도 한국에서 빈번한 재보궐선거에 의해 안정적인 총리 위주의 정치가 어려워지면서 정치적 책임을 상호 전가할 소지가 많다. 이런 점들에서 이원집정부제도는 한국정부형태의 대안으로서 적절하지 못하다고 보인다.

제2절 민주주의 발전을 위한 정부형태

1. 신생 민주주의 국가들의 정부형태와 민주주의 공고화 간의 관련성

(1) 대통령제도의 우월성 여부

비교정치 관점에서는 신생 민주주의 국가들이 어떤 정부형태를 선호하며 그 정부형태가 이들 국가의 민주주의를 지속시키는데 도움이 되는지가 중요하다. 신생 민주주의 국가들의 경우 대통령제도를 선택한 경우가 많다. 특히 소련의 영향권에서 떨어져 나온 동유럽과 해체된 소련 연방 내에 있던 국가들 25개 중에서 헝가리, 체코, 슬로바키아만이 내각제도를 선택하고 나머지 국가들은 대통령제도나 이원집정부제도를 채택했다. 그리고 남미와 아시아의 신생 민주주의 국가들 역시 대부분 대통령제도를 선택했다. 그렇게 볼 때 신생 민주주의 국가에서는 대통령제도가 더 우월한 정부형태인가라는 질문이 제기될 수 있다. 이 질문은 한국이 신생 민주주의 국가이기 때문에 과연 한국이 대통령제도를 고집해야 하는가와 관련되어 있다.

이 질문에 대해 비교정치학자들 상당수는 '그렇지 않다'고 답한다. 대표적으로 린쯔와 발렌주엘라(Juan Linz and Arturo Valenzuela)는 『The Failure of Presidential Democracy: Comparative Perspective』에서 신생민주주의 국가들이 민주주의를 공고화하는 데 대통령제도보다는 내각제가 더 적절하다고 주장했다. 이들 연구는 1979년부터 1989년 사이의 기간에 민주정치를 실현한 국가 43개를 선택하여 이 중 어떤 정부형태가 더 많은지를 파악하는 방식으로 이루어졌다. 이들이 선정한 43개 국가들 중에는 내각제도가 34개국, 대통령제도가 5개국, 이원집정부제도가 3개 국가 그리고 집단지도체제인 스위스가 있었다. 따라서 수치상으로 볼 때 민주주의를 유지한 나라들에서 내각제도가 대통령제도보다 많게 나타난다. 하지만 이 분석에는 민주주의의 역사가 긴 서유럽 국가들이 포함되어 신생 민주주의 국가의 공고화를 다루기에 부적절한 문제가 있다.

심화 학습

신생국가들의 대통령제도

대통령제도를 선택한 신생국가들에서 보편적으로 제기되는 문제점으로는 책임성을 추궁하기 어렵다는 것이다. 먼저 대통령은 포괄적인 권한을 가진다. 즉, 의회의 동의를 필요로 하지 않는 독자적 권한이 더 많은 것이다. 예를 들어 공직 임명 동의를 거치는 각료와 공직자의 범위나 각료에 대한 의회의 견제권이 없음에도 불구하고 의회해산권을 가지는 문제도 있다. 이런 포괄적인 권한은 그 권한의 한계가 모호하다는 점에서 더 문제이다. 비민주주의 시절의 권력 남용이 민주화된 이후에도 어디까지 개입하고 어느 영역을 개입할 수 없는지 모호하게 만드는 문제가 있다. 그리고 신생국가에서 비공식적인 권력이 강한 것도 문제이다. 이는 법치주의가 부족했던 역사적 경험의 산물로 대통령이 사조직이나 후견체제를 구성하여 친위조직을 통한 정치를 하는 것이 문제이다. 이 경우 대통령은 제왕적 대통령이 될 수 있다.

대통령에게 권력이 집중되어 있고 그 집중된 권력을 제한하지 않는 것은 야당에게도 매력적인 유인이 된다. 다음번 지배 시 자신도 동일한 권력을 행사할 수 있기 때문이다. 이런 계산은 대선 게임을 극단적인 대결로 만들 수도 있다. 극단적으로는 생사여탈 문제가 될 수 있는 게임이 되는 것이다.

이런 국가들에서 빠지는 함정 중 하나가 오도넬이 이야기한 '위임민주주의(delegative democracy)'이다. 위임민주주의에서는 대통령이 의회 의원 개인들보다 더 높은 지지로 당선된 것을 빌미로 의회 제도를 무시하고 국민들을 직접 상대한다. 국민을 직접 상대함으로써 국민들의 지지를 통해 의회 법안을 무시한다. 국민투표를 상시화함으로써 국민을 직접정치에 참여하게 하고 타협의 정치보다는 표와 대결의 정치를 조장하며 자신의 지지도를 늘리기 위해 끊임없는 이익배분 정치를 한다. 이 과정은 정치 제도화 수준을 낮추며 정치를 개인수준으로 전락시킨다.

정부형태와 민주주의의 관계에 대한 다른 연구들도 있다. 레이파트(Lijphart)의 1991년 통계는 14개 국가의 작동을 평가하고 있는데 이 연구에 따르면 '대통령제도-다수결주의'의 결합은 민주적으로 기능하기에 한계가 있다고 지적한다. 그는 '다수결주의'의 결정구조보다는 '동의제 민주주의(consensus democracy: 다른 용어로 협의제 민주주의)'가 좀 더 우월하다는 것이다. 이런 연구는 서구 국가들의 사회적 갈등이 복합적으로 나타나는 경우 다수결주의가 문제가 있다는 것이다. 하지만 그의 통계적 추론은 사례 선정에 있어 서구 국가에 국한되어 있다는 점과 사례의 수가 부족하다는 점에서 신뢰성이 부족하다. 이 연구는 한국의 사회균열이 지역, 계급, 세대 등으로 많아지는 것을 감안할 때 대통령제도와 다수결주의보다는 대통령제도와 협의주의를 연결하는 것이 더 민주적으로 정치체제를 작동시킬 수도 있다는 점을 알려준다.

(2) 정부형태와 정당체계 결합의 중요성

메인워링(Mainwaring)의 연구는 이들과는 다른 결론을 내린다. 민주주의의 공고화와 관련된 문제는 대통령제도 자체와 같은 정부형태만의 문제가 아니라 대통령제도와 다당제가 결합한 것을 문제로 보는 것이다. 즉 독자적으로 권력을 쥐거나 연합정부를 구성하여 권력을 나누어 가질 능력을 보유한 유효 정당의 수가 많아지는 파편화된 정당체계가 대통령제도와 결합할 경우 문제된다는 것인데, 이 주장의 핵심은 민주주의 공고화와 관련해 정부형태만이 문제가 아니라 정당체계도 같이 고려해야 한다는 것이다.

1997년에 파워와 가시오로스키(Power와 Gasiorowski)는 1930년부터 1995년까지 제3세계 국가들 56개 사례를 찾아 정치체제와 민주주의의 생존 사이의 상관관계를 통계적으로 분석했다. 이 연구에서 저자들은 대통령제도가 의원내각제도보다 붕괴되기 쉬운 것은 아니라고 주장했다. 대통령제도의 31.3%와 의원내각제도의 25%가 민주화 뒤 두 번째 선거가 일어나기 전에 각각 붕괴하였다. 6% 정도 차이가 있지만 이는 통계적으로 의미 있는 수치가 아니기 때문에 대통령제도와 의원내각제도가 민주주의 생존과 관련하여 의미 있는 차이가 나는 것이 아니다. 또한 사례들에서 볼 때 대통령제도의 46.7%와 의원내각제도의 45.8%가 각각 정권교체 이전에 붕괴했다. 정권교체와 관련해 의원내각제도나 대통령제도가 차이를 보이는 수치도 아니다. 마지막으로 시간을 기준으로 볼 때 대통령제도의 61.5%와 의원내각제도의 63.6%가 민주화 이후 12년 안에 붕괴하였다. 하지만 이 수치 차이 역시 통계적 의미는 없는 것이다. 결론적으로 두 번째 선거기준이나 정권교체, 12년의 기간이라는 관점에서 측정했을 때 대통령제도나 의원내각제도 모두 큰 차이를 보이는 것은 아니었다.

2001년에 나온 최근 연구에서 번하드와 노드스트롬과 리녹(Bernhard & Nordstrom & Reenock)은 1919년에서 1995년 사이의 모든 민주주의 국가들에서 정치 제도와 민주주의의 생존 또는 안정성 사이의 관계를 통계적으로 분석했다. 이들의 연구 결과는 정치체제 그 자체는 결코 민주주의 생존에 영향을 주지 않는다는 것을 밝혀냈다. 이들 연구도 결국 민주주의 생존의 관건은 정부형태 자체가 아니라 대통령제도와 의원내각제도가 정당체계와 어떻게 결합하는가에 달려 있다고 주장한다.

2. 정부형태와 정당체계의 관련성

표를 통한 비교 **정부형태와 정당체계간 조응성**

평가기준	조응성: 제도간 교착가능성이 낮음. 제도간 친화성의 의미. 정치효용성: 제도들에서 제안한 법률안의 집행가능성 정치안정성: 제도들이 작동하여 제도간 낮은 충돌 가능성
대통령제	양당제와 조응성 높음(정치안정성 높음. 효용성은 타변수들과 함께 고려해야 함) 다당제와 조응성 낮음(정치안정성 낮음. 효용성은 타변수들과 함께 고려해야 함)
의원내각제	양당제와 조응성 높음(정치안정성 높음. 효용성은 타변수들과 함께 고려해야 함) 다당제와 조응성 높음(정치안정성 높음. 효용성은 타변수들과 함께 고려해야 함)
이원집정부제	양당제와 조응성 높음(정치안정성 높음. 효용성은 타변수들과 함께 고려해야 함) 다당제와 조응성 높음(정치안정성 높음. 효용성은 타변수들과 함께 고려해야 함)

위의 연구결과들에서 얻을 수 있는 결론은 결국 정부형태만으로 어느 제도가 우월한지 알기는 어렵다는 것이다. 따라서 정당체계가 어떻게 배열되어 있으며, 그 정당체계가 정부형태와 어떤 조합을 하는지 중요한 것이다. 제도 간 결합을 동시적으로 보아야 한다는 주장은 우리의 정치제도 공부에 있어 대단히 중요한 함의를 던진다. 즉 정부형태에 대한 공부는 결국 정당제도와 반드시 연계되어야 한다는 것이고 이는 제도 간 관계를 고려하면서 정치제도 개선을 모색해야 한다는 것이다. 정치제도들은 하나의 시스템을 이루고 있다. 따라서 제도들 간 관계의 동시적 고려는 시스템적 사고를 요하며, 정치개혁에 관심이 있는 학자들이나 정치인들 역시 이런 시스템적인 사고가 필요하다.

그렇다면 정부형태는 정당체계와 구체적으로 어떻게 연계되는가? 대통령제도는 어떤 정당체계와 조응하기 수월하고 의원내각제도는 어떤 정당체계와 조응하기 수월한가? 대통령제도가 안정적으로 작동하기 위한 정당체계 조건은 양당제 구조이다. 양당제는 대통령 소속 정당이 의회 다수당이 되기 수월할 뿐 아니라 정당 간 타협점을 찾기도 수월하다. 만약 양당제에서 유권자들이 대통령이 업무를 효율적으로 수행하기를 원한다면 대통령 소속 정당을 의회 다수당으로 만들어 줄 것이고 대통령의 권력을 제한하는 것이 필요하다면 반대 정당에 투표함으로써 분점정부를 구성하려 할 것이다. 그러나 이념적 거리가 먼 원심적 다당제라면 이념 때문에 정당들 간 타협이 어려울 것이고 다당제 구조는 안정적인 의회 다수당을 생산해내지 못할 것이다. 따라서 이 경우 대통령제도는 안정적으로 작동하기 곤란하다.

대통령제도가 양당제와 잘 조응하는 것과 달리 의원내각제도는 양당제나 다당제 모두 어울릴 수 있다. 양당제라면 의회의 다수를 구성하는 정당이 등장할 것이고 이들이 정부를 구성할 것이다. 유권자들도 정부에 불만이 생기면 반대 정당으로 지지를 변화시킴으로써 쉽게 정부를 재구성할 수 있다. 다당제라면 한 정당에 의한 독자적 정부구성이 쉽지 않을 것이기 때문에 정당 간 연합이 중요하다. 정부형태가 정당 간 연합을 유도하는 것이다. 따라서 이념적 차이에도 불구하고 정부구성을 위해 정당 간 연합을 위한 타협을 모색할 것이다. 실제 독일의 사례처럼 이념 차이에도 불구하고 정당연합은 형성될 수 있다.

그렇다면 정부형태가 다당제 구조에서도 정당 간 타협을 유도하고 이념 차이를 뛰어넘을 수 있게 한다는 점에서 한국에서도 의원내각제도가 바람직한가? 위의 이론적 논의를 바탕으로 한국에 의원내각제도를 도입하는 것이 필요한지는 별개로 판단해야 한다.

그 이전 논의에서 본 것처럼 민주주의 공고화와 관련해서 의원내각제도나 대통령제도 그 자체로 볼 때 생존가능성은 유사하다. 또한 제도에 대한 선호도에 볼 때 의원내각제도보다 대통령제도에 대한 선호가 좀 더 높다는 점과 한국의 지역정당구조는 정당 간 연합을 통해 지역균열을 고착화시킬 위험이 높다는 점, 한국 정당의 이합집산이 오히려 의원내각제의 정치를 짧은 정권교체를 통한 불안정으로 몰고 갈 수 있다는 점, 한국의 정당이 가지는 타협 부족이라는 문제점, 현재 한국 정당이 숫자에서는 다당제를 유지하지만 실제 유효 정당 수는 2004년 이후 2.5개 정도로 줄어들었고 이 숫자는 대통령제도와의 공존도 불가능할 듯이 보이지는 않는다는 점을 들어 의원내각제도보다는 대통령제도를 유지하는 것이 좋다고 주장할 수 있다. 한편 2016년 선거는 국민의 당이 38석 의석을 차지하면서 다당제가 되었다. 대통령제도와 정당체계가 불협화음을 낼 수 있는 상황이 된 것이다.

3. 한국적 함의: 한국의 바람직한 정부형태

이상의 내용으로 볼 때, 결국 한국은 어떤 정부형태가 바람직한가? 한국의 정부형태는 임시정부에서 사용되어왔던 대통령제도나 내각제도 등이 1948년 정부수립과 함께 대통령제도로 굳어버렸다. 독립운동가였던 이승만 박사의 대통령제도에 대한 선호와 미국의 도움을 받으면서 정부를 구성했다는 점 등으로 대통령제도를 받아들인 것이다. 그리고 4.19혁명으로 정부형태를 바꾸었던 2공화국의 짧은 경험 속에서 정당의 저발전과 의원내각제의 결합으로 인해 사회혼란을 풀 수 없었던 점이 군부 쿠데타 이후 정부형태를 대통령제도로 바꾸는 데 기여했다. 권위주의를 무너뜨리고 민주화를 이룩하는데 있어서도 민주주의는 다름 아닌 대통령의 직접선거로 정의되었고 대통령제도는 민주화 이후에도 자연스럽게 한국의 정부형태가 되었다.

1987년 6월 항쟁으로 상징되는 거리의 정치를 빨리 제도의 정치로 바꾸는 데는 권위주의자들과 온건파 민주주의자들 모두 의견이 일치했다. 정작 민주화를 가져오게 만든 거리의 투사들과 그들을 이끌었던 급진파 민주주의자들은 빠른 제도의 정치화 과정에 들어오지 못하였다. 자유주의를 기반으로 한 민주주의 지향자들인 김영삼·김대중은 권위주의 정부의 대통령후보였던 노태우와 8인 정치회의를 만들어 대통령제도를 직선으로 고치는 것으로 민주화 협약을 체결했다. 1987년 7월과 8월, 노동자들의 노조 결성과 시위 증대에 따라 다시 군부가 권위주의를 강화할지 모른다는 온건파 민주주의자들의 두려움과 강경파 민주주의자들이 정국을 주도할 경우 군부의 영향력을 발휘하지 못해 퇴로가 막힐 수도 있다는 권위주의자들의 계산이 맞물려 발 빠른 제도화를 이루게 한 것이다. 게다가 '민주화 = 대통령선거의 직선제'라는 인식을 가진 당시 중산층들은 절차적 수준의 민주주의에서 민주주의가 더 확장되는 것 자체를 원하지도 않았다. 이 상황에서 민주주의로의 약속인 1987년 헌법은 재빨리 체결되었고 그해 대통령선거와 다음해 총선을 치른 것이다.

헌법이 규정한 대통령제도는 한국 역사에서 대통령이 중심이 되어야 한다는 생각과 역사적 경로를 쉽게 바꾸기 어렵다는 점이 결부되고 과거 2명의 대통령이 임기를 늘리는 과정에서 비극을 맞이했다는 역사적 유산으로 5년 단임제도로 정해졌다. 권위주의 시절에 사용되었던 많은 권력 남용을 막는 것에 초점을 두고 의회와 사법부 그리고 헌법재판소와의 관계 속에서 대통령의 권한과 의무가 규정되었다.

1987년 민주화를 이루고 30년에 가까운 시간이 지난 시점에서 한국은 다양한 정치적 변화를 경험하고 있다. 지역에 기반을 둔 다당제에서 이념과 혼재된 형태로 변화했다. 2000년 선거부터는 교섭단체를 구성할 수 있는 정당이 2개로 축소되면서 양당제형태를 띄었다. 한편 2004년 선거에서는 신지역주의라고 하여 거주지 중심의 지역주의도 선거에서 나타났다. 하지만 2016년 선거는 정치지형을 변화시켰다. 새누리당이 호남에서 더민주당이 영남에서 의석을 가지기도 하였지만 국민의 당이 기존 민주당의 인사들을 영입하여 호남지역의 표를 가져가면서 독특한 형태의 다당제 구조를 보여주고 있다. 2004년 선거부터 단점정부를 유지하던 선거형태가 2016년 선거에서는 대통령소속정당이 의회다수당이 되지 못하게 되었다.

이런 전반적인 상황은 한국이 정부형태에 대해 진지하게 고민하도록 하는 압력이 되고 있다. 개헌할 것인지 한다면 어떤 방향으로 할 것인지부터 한국이 지향해야 할 가치를 어떻게 사회적으로 규정하고 이를 헌법 속에 녹여낼 것인지, 현재 정당체계와 정당정치의 운영수준 및 한국의 정치문화를 고려했을 때 어떤 정부형태가 바람직하며 이 형태에서 의회와 사법부의 관계는 어떻게 조정할 것인지 종합적으로 고려해야 한다.

결국 관건은 한국적 민주주의를 발전시키기 위한 정부형태와 다른 제도들과의 조화이다. 이 숙제를 풀기 위해 우리는 위의 다양한 논의를 살펴보았다. 위의 논의과정은 한국이 지향할 정부형태가 무엇인지를 고려하는 데 있어서 다른 나라들의 사례로부터 무엇을 배울 것인지 보여주었다. 이 과정에서 다른 나라의 정부형태에 대한 비교는 중요하다. 특히 다른 나라를 고려할 때 유념할 것은 '원형(proto type)'과 '이상형(ideal type)'을 구분하는 것이다.[25] 즉 좋은 정부형태와 정부형태의 기원은 다른 것이다. 미국의 대통령제도는 원형이지 이상형이 아니다.

우리에게 주어진 대안들은 다음과 같다. 첫째는 한국 대통령제도의 문제가 대통령제도의

25) **원형의 의미**: 원형은 최초의 체제 즉 기원이 되는 체제이다. 대통령제도는 미국이 원형이고 의원내각제도는 영국이 원형이다. 진영재, "헌법적 권력구조" 『정치학 이해의 길잡이』(서울: 박영사, 2008).

문제라기보다는 의원내각제적 요소와 대통령제도가 결부되었기 때문에 생기는 문제이므로 '순수한 대통령제도'로 가야한다는 방안이다. 둘째는 한국의 정부형태를 의원내각제도로 바꾸어 정당 간 타협을 유도하고 정책연대를 모색하며 정치문화 변화까지도 가져와야 한다는 방안이다. 셋째는 이원집정부제도를 통해 대통령과 총리의 권력을 나누자는 방안이다. 하지만 이 셋째 방안은 정치인들 일부가 지지할 뿐 유권자나 학자들의 지지를 받지는 못하고 있다. 따라서 논의는 대체로 순수대통령제도안과 의원내각제도안으로 좁혀진다.

두 가지 안에 대한 비교에서는 각 제도의 특징을 이론적으로 보는 것과 신생국가들에서 민주주의 생존에 어느 것이 유용한가, 정당체계와는 어떻게 관련되는가를 살펴보았다. 하지만 이런 기준 외에도 대통령제도를 선택할 것인가에 대해서는 다른 기준들이 있다. 정부형태에 대한 이론적 논의 역시 좀 더 구체적인 기준에 대한 연구로 쏠려있는 것이 사실이다. 정부형태와 관련된 연구경향으로 명명할 수 있는 기준들로 4가지를 볼 수 있다. 첫째, 의원내각제도와 대통령제도는 민주주의 성취나 경제적 업적 달성에 어떠한 제도적 차이점을 가져오는가? 둘째, 대통령제도와 의원내각제도는 정책 결정과정의 차이점을 가져오는가? 셋째, 행정부의 선거 주기와 입법부의 선거 주기는 일치해야 하는가? 넷째, 대통령제도를 택하는 경우 부통령과 국무총리가 존재해야 하는가? 이 중 뒤의 두 가지 질문은 대통령제도를 사용한다면 어떤 방식으로 운영하는 것이 좋은가에 대한 질문이다.

이 질문들에 대해 기존 연구들에서 밝힌 것은 다음과 같다. 첫째, "의원내각제와 대통령제는 민주주의 성취나 경제적 업적 달성에 어떠한 제도적 차이점을 가져오는가?"에 대해서는 실증연구(번하드, 노드스트롬, 리녹)에 따르면 경제 성장에서는 대통령제도가 유리하고 경제 수축에서는 의원내각제도가 유리하다. 둘째, "대통령제도와 의원내각제도는 정책 결정과정의 차이점을 가져오는가?"에 대해서는 세부적으로 3가지 주장이 있다. 첫째 주장은 거부권을 행사할 수 있는 행위자의 수와 관련해서 대통령제도는 이중적 정통성 문제를 가진다는 것이다. 둘째 주장은 공공재 제공과 관련해 대통령제도에서는 의회 의원들의 책임감이 적은데 이는 대통령에게 책임을 전가하려는 의식 때문이다. 셋째 주장은 정책 집행을 하는 행정관료 문제로 대통령제도에서 입법자들의 의도가 관료에게 전달되지 않을 가능성이 높다. 이는 행정부가 분리된 선거를 통해 구성되기 때문이다.

다시 큰 문제로 돌아와 셋째, "행정부의 선거 주기와 입법부의 선거 주기는 일치해야 하는가?"에 대해서는 단임제도보다는 중임제도나 연임제도를 택한 국가가 수치상 많다. 또한 대통령과 의회의 임기가 일치하는 경우가 일치하지 않는 경우보다 많다. 그리고 임기가 일치하는 경우 동시 선거를 하는 경우가 대통령 임기 중에 중간 선거를 하는 경우보다 많다. 넷째, "대통령제도를 택하는 경우 부통령과 국무총리가 존재해야 하는가?"에 대해서 총리는 부통령제도와 달리 선거를 거치지 않는다. 실제 대통령제도를 사용하는 국가들 중에서 부통령 없이 총리만 가진 국가의 수가 많다.

위의 논쟁사안은 어떤 제도이든 그 제도만의 장점과 단점이 있다는 것을 보여준다. 현실에서 제도가 사용될 때는 다른 제도들과의 결합과 관련하여 그 제도의 특징이 나타난다. 또한 제도 자체의 특성보다 제도 운영방식에 의해 제도 사용 결과가 달라지기도 한다. 실제로 사르토리는 미국의 대통령제도는 원래 작동될 수 없는 것이라고 했다. 작동할 수 없는 이 정부형태가 작동되는 것은 미국의 특성 때문인데 미국만의 특징은 3가지이다. 첫째, 이념이 강하지 않다는 점과 둘째, 정당규율이 강하지 않다는 점과 셋째, 지방의 이익분배정치(pork-barrel)가 작동한다는 점이다. 즉, 미국 대통령은 의회 의원들을 설득하여 자신의 정책을 지지하게 만들 수 있는데 이는 미국 정당의 규율이 강하지 않고 지역의 이념적 지향성이 약하기 때문에 의원이 자신의 소속 정당 의견과 다른 '교차투표(cross-voting)'를 하여도 문제되지 않는다는 것이다. 게다가 지방의 이권을 나누어 주면 의원과 대통령 사이의 정치적 결탁도 가능하다. 사르토리의 이 주장은 대통령제도라는 정부형태와 달리 미국의 정치 운영 방식이 미국의 대통령제도를 작동하게 만든다는 것이다. 따라서 운영방식과 관련된 부분도 고려하면서 정부형태를 결정해야 한다.

심화 학습

한국 대통령제도의 문제점에 대한 심화

한국 대통령제도의 가장 중요한 문제를 의원내각제도와 혼합되어 생기는 제도간섭으로 보는 견해[26]에 따르면 의회제적 요소가 대통령제도와 결부되어 운영을 어렵게 한다고 본다. 부통령을 두지 않고 총리를 둔 것과 장관에 대한 의원직 겸직 문제는 대통령제도와 결합하기 어렵다. 미국 대통령제도에서는 내각을 관장하는 총리를 임명할 필요가 없다. 또한 의회가 행정부 각료에 대해 해임을 '건의'할 수 있는 권한 역시 해임 '결의'는 아니지만 실질적으로 국회의 파행운영 등으로 해임을 '결의'하는 효과가 있다고 본다. 또한 미국과 달리 행정부가 법안을 직접 제출할 수 있다.

다른 연구에서는 대통령제도의 운영상 특성과 문제점으로 임기의 고정성, 이원적 정통성과 대통령 · 의회간의 갈등, 국외자의 출현 가능성, 국가 원수와 행정수반의 직책 간 갈등의 4가지 문제를 지적하면서 구체적인 한국 대통령제도의 문제점을 제시한다.[27] 첫째, 내각제적 요소가 외형적으로뿐 아니라 현실 정치 운영에서도 발견되는 것이다. 형식적 요소로는 총리 제도를 둔 것과 행정부의 직접 법안 제출권 문제를 들 수 있고 실질적인 운영상 문제로는 대통령이 당 총재직을 겸임해 왔던 관행이다. 대통령이 당 총재로서 기능함으로써 의회를 실질적으로 장악하여 입법부와 행정부가 융합하는 특성을 보인다. 따라서 의회가 독자적으로 행정부를 견제하는 것이 사실상 곤란하다. 게다가 한국 대통령제는 의원내각제의 정당정부적 속성을 많이 가지고 있다. 정당을 통해 정부를 구성하는 것은 개인의 특성을 강조하는 대통령제도와는 차이가 나는 것이다. 정당정부적 속성은 의원의 장관 겸임 및 당정협의 혹은 당정회의 운영에서 찾아

---

26) 박찬욱.
27) 강원택, "대통령제" 『대통령제, 내가제와 이원정부제』(서울: 인간사랑, 2006).

볼 수 있으며, 이와 함께 연립정부적 국정운영을 들 수 있다. 대통령제도의 운영원리상 부적절한 제도도 있는데 국회의 국무총리와 국무위원 해임건의안이 그것이다. 원 대통령제도에서는 장관 등은 대통령의 보좌역할을 하며 대통령에 대해서만 책임을 지도록 되어 있다. 그런데 한국헌법은 국회가 국무총리와 국무위원에 대해 해임을 건의할 수 있게 되어 있다. 그런데 이 해임 건의는 실질적으로 해임결정권처럼 되어 그간 4차례 건의안이 통과되었고 이 안들 모두는 수용되었다.

또 다른 연구는 한국의 대통령제도 자체가 제왕적인 것은 아니라고 주장[28)]한다. 미국대통령보다 법률안 제출권 등을 좀 더 보유하고 있지만 국회가 행정부의 인사에 해임건의권 등을 가지고 있고 국정감사권까지 행사할 수 있다는 점에서 제도적 권력이 강하다고 보기는 어렵다고 주장한다. 이보다는 실제 대통령들의 권력행사방식과 리더십의 사용방식이 제왕적이라고 설명되는 것이 타당하다. 하지만 과거 분점정부에서 생긴 문제라든가 노무현정부에서 위임민주주의에 대한 비판이나 포퓰리즘에 대한 비판 등의 문제의 근원은 정부형태가 아니라 지도자의 리더십과 타협적인 정당행태나 헌법하부적인 제도들의 작동불능의 문제와 정치엘리트와 일반인의 의식 등이 복합적으로 문제가 되는 것이다. 따라서 5년 단임제의 문제나 상대다수제도를 통한 대통령선거의 문제, 대통령선거와 국회선거의 임기 불일치의 문제, 총리제도의 유지와 부통령직 신설문제와 국회의원의 국무위원겸직금지와 국회의 국무위원해임건의권 문제 등을 고쳐야한다.

다른 연구[29)]는 한국의 대통령제도가 내각제도요소가 가미된 혼합형 대통령제도라고 하면서 과거 권위주의시절에 들어온 내각제적 요소들이 장식적인 측면에서 대통령의 견제권한을 보이기 위한 것으로 민주적 외관의 구색 맞추기에 불과하다고 주장한다. 그러나 민주화 이후 내각제적 요소로서 국무총리 임명동의권이나 해임건의권들이 국회와 대통령 사이의 생산적인 견제와 균형보다는 국회의 행정부에 대한 과도한 개입을 조장하여 대통령의 정책추진에 있어서 효율성과 안정성을 떨어뜨리는 경우가 많아지고 있다. 이 연구는 대통령제도 작동의 문제점의 상당부분이 국회에 있다고 본다. 국회가 의제설정이나 입법수행기능을 잘 못하고 사회내의 다양한 이해관계를 조정하지 못하고 있는 것이다. 국회는 행정부에 대한 견제와 균형을 통한 원활한 국정운영이 아닌 의회와 행정부 간에 정체와 교착이 반복적으로 나타나는 방식으로 운영되고 있다. 여기에 더해 국회의원들 역시 자신들의 자율성이 제도적으로 신장되었음에도 불구하고 국회 내에서 타협의 관행을 정착시키기보다는 과거의 대립과 투쟁의 행태에서 크게 벗어나지 못하고 있다. 게다가 지역구조에 기반을 둔 다당제는 정당간 경쟁에 있어서 구심력보다는 원심력으로 작용할 가능성이 커지며 정당연합이 구성되어도 대통령제도의 정당연합은 내각제도보다 안정성이 낮아서 행정부와 의회의 교착상태가 악화될 수도 있다는 문제점 역시 안고 있다.

다른 연구는 한국의 대통령제도가 위임적대통령제도를 가지고 있는 것이 문제라고 보며 이 문제의 근원에는 정당정치의 후진성이 한 몫을 하고 있다고 주장한다.[30)] 한국의 대통령제도가 가지는 5가지 문제는 각각 '제어가 어려운 막강 권력', '승자 독식-패자전몰의 사투인 대권경

---

28) 박찬욱, "대통령제의 정상적 작동을 위한 개헌론" 『한국의 권력구조의 이해』(서울: 나남출판, 2004).

29) 정진민, "한국 대통령제의 문제점과 극복방안" 『한국의 권력구조의 이해』(서울: 나남출판, 2004).

30) 최태욱 "막강한 대통령권력과 취약한 정당" 『프레시안』2009년 8월 2일 기사.

쟁', '이념과 정책을 뛰어넘는 정치적 구심력' '민주적 책임성의 한계' '이원적 정통성의 문제:의회 vs 대통령'이다. 그리고 대통령과 중앙에 권력이 배분된 상황에서 대선은 국민의 대표선출보다는 최고권력자를 배출하는 처절한 투쟁과정이 된다. 이렇게 대통령에 모든 것이 집중됨으로써 대통령은 이념과 정책을 뛰어넘게 되며 정당은 하나의 사조직이 될 수 있다. 정당이 제도화되지 못할 때 정당에 대한 책임추궁이 곤란하게 되며 이것은 대통령에 대해 책임을 물을 수 있는 유일한 수단인 정당에 대해 면죄부를 주게 될 것이다. 마지막으로 다당제도하에서 대통령제도는 분점의 가능성이 높고 이로 인해 국정의 교착이 빈번하게 벌어지기도 했다.

이런 문제점에 대한 지적 외에 한국 대통령제의 긍정적 측면을 지적하는 경우[31]도 있다. 이 주장에 따르면 한국의 대통령제도는 민주성과 안정성의 측면에서 상당한 발전을 이루었다고 보면서 민주성의 경우 노무현대통령시절 야당이나 시민단체의 정부비판이 가능하게 되었다. 안정성의 측면에서 군부의 정치개입이 불가능하게 되었고 탄핵사태가 있음에도 대통령의 사임까지 가지 않은 사례를 들 수 있다. 하지만 기능적 관점에서 볼 때 대통령제도는 단점의 경우에는 너무 막강한 권력을 가지게 되고 분점의 경우에는 교착을 면하기 어렵다는 문제가 있다.

위의 다양한 문제들을 정리해보면 대통령제도 자체가 가지는 문제점이 한국정치에 그대로 반영되는 측면이 있다. 예를 들어 견제와 균형의 원리에 따라 분점정부가 생기는 것을 들 수 있다. 이외에 대통령제도 자체적인 것보다는 의원내각제요소가 강하게 되면서 대통령제도를 개인적 대통령에 집중시키지 않고 정당에 집중시키게 되는 측면과 정당정부적 측면이 문제가 된다. 그리고 정당체계가 다당제가 되면서 대통령제도 운영을 방해하는 측면도 있다. 정당체계와 함께 대통령제도를 원활히 작동하지 못하게 하는 의회의 저발달과 의원들 개인의 정치운영방식이 문제가 되기도 한다. 하지만 한국의 대통령제도에서 문제가 되는 것은 대통령개인의 리더십이 핵심 문제이다. 대통령제도는 개인에게 희망을 거는 정부형태이다. 따라서 그 개인이 가진 특성이 지도력으로 발휘되어야 한다. 리더십을 행사하고 추종자들을 이끌고 사회적 갈등을 헤쳐나가야 한다. 그러나 대통령의 리더십이 지나치게 독단과 독선에 빠지게 되고 추종자를 이끌어내지 못하며 사회적 갈등의 구심점이 될 때 대통령제도는 그 한계를 드러내는 것이다.

한국의 대통령제도는 문제점을 가지고 있다. 노태우, 김영삼, 김대중정부는 집권후반기에 가서 도덕성의 문제로 레임덕에 걸렸다. 정치개혁 시도는 빈번하게 좌절되었다. 그러나 노무현정부에 와서 레임덕은 집권과 동시에 일어났다. 초유의 탄핵사태가 벌어졌고 이후 정국의 주도권을 쥐지 못한 채 정부가 운영되었다. 이명박 정부도 소고기 수입문제를 두고 촛불시위가 열리면서 초반 지지율하락을 경험했다. 그리고 이후 대운하사업문제와 4대강사업의 문제나 미디어법통과등의 문제로 한국정치의 갈등선을 오히려 증폭시켰다.

대통령제도에 문제가 있다는 것은 대통령제도를 변경할 것을 요구한다. 앞서 보았듯이 대통령제를 순수한 형태로 변화시키거나 의원내각제로 변화시키거나 이원집정부제도로 바꾸는 것 등이 제시되고 있다. 그리고 비교정치학은 어떤 제도 자체가 더 우월하다고 이야기하기 어렵다는 점을 우리에게 알려주었다. 제도변경은 다른 하부조직들과의 연관성과 정당체계와 정치문화 등이 모두 고려되어야 하기 때문이다. 역사적인 측면의 제도 선호도가 있기 때문에 제도의 변

31) 최한수, Ibid.

경은 제도변경의 효과가 비용을 초과해야 한다. 그런 점에서 의원내각제도나 이원집정부제도에 대한 선호도가 높지 않고 정당의 제도화가 이루어져 있지 않은 상황에서 대통령제도를 포기할 수 있을 것인가에 대해서는 신중하게 따져보아야 한다. 게다가 한국의 정치에 대한 인식이 지도자 개인 수준으로 맞추어져 있고 이것이 선거전략에도 중요하게 반영된다는 점 역시 대통령제도의 유지 쪽으로 방향을 맞추게 할 것이다. 만약 대통령제도를 유지한다면 대통령제도를 원형대로 복원하여 대통령개인에 대한 책임과 리더십을 향상시킬 수 있는 방향의 개선이 필요할 것이다. 중임 제도를 통해 대통령의 장기적 계획을 가능하게 하고 책임성을 증대할 수 있을 것이다. 또한 결선투표제를 이용하여 정당성을 높이는 방안도 고려될 수 있으며 정당간 연대도 모색할 수 있다. 부통령직을 신설함으로써 런닝메이트를 통한 정당간 연대 가능성을 증대해 볼 수 있고 대통령유고의 후임문제도 개선할 수 있다. 무엇보다도 이런 제도들의 개선과 함께 지도자의 리더십을 키우는 것이 현재 한국 정치에서 가장 요구되는 과제이다.

제3절 연방주의의 의미와 한국적 가능성

1. 연방 구성 이유 및 조건

(1) 연방주의 고려 이유: 통일 한국의 권력구조

정부형태를 설명하는 장에서 국가 구성과 관련한 연방제와 단방제를 다루는 이유는 딱 한 가지이다. 장래 통일을 염두에 둔 대한민국이 북한을 끌어안는 통일을 이룰 경우 연방제도가 필요할 것인가이다. 현재 대한민국의 정치・경제・사회적 상황에서는 연방이 필요하지 않다. 그런데 북한을 포용하여 통일을 이루는 상황이 되면 정치적 역사의 차이, 경제적 수준의 차이, 문화적 이질감의 문제와 함께 다수 인구의 남한과 소수 인구의 북한이라는 문제에 직면한다. 이 상황은 연방제라는 국가 조직 원리를 필요로 하는지 아니면 현재의 단방제 안에서 지방분권화 문제로 접근할 수 있는지가 이 주제에 관한 현실적인 필요성이다.

매우 명확한 이 주제(통일 한국은 연방제가 필요한가)를 다루기 위해 우리가 눈여겨보아야 하는 것은 전 세계에 22개 밖에 없는 연방들이 만들어진 이유와 연방을 선택하지 않은 국가들은 왜 연방을 선택하지 않았는가 하는 연방제 구성의 원인이다. 만약 통일 한국이 이들 국가들이 경험했던 연방제 구성 원인과 같은 문제에 봉착한다면 향후 통일 한국은 연방제를 선택해야 한다. 하지만 이런 원인을 가지고 있지 않다면 우리는 연방제를 선택하지 않아도 될 것이다. 연방제 선택과 관련해 정치적 수준의 안보 확보, 경제적 수준의 시장 확장, 사회적 수준의 다양한 인종과 언어 집단 공존이라는 3가지 요소를 볼 것이다.

연방제 선택과 관련해서 고려할 두 번째 요소는 연방을 만드는 요인들을 다른 방식으로 대체할 수 있는가 하는 '대체 수단 문제'이다. 예를 들어 경제적 수준의 시장 확대를 위한 정치공동체의 통합과 연방 구성은 최근 자유무역협정(FTA)을 통한 시장 확대라는 대안이 있다. 자유무역 확대는 시장을 확대하면서 주권을 상실하는 폭이 적기 때문에 연방주의보다 매력적일 수 있다. 이 경우 연방 구성보다 대안을 선택할 것이다.

마지막으로 연방주의의 장점과 함께 단점도 있다. 따라서 연방주의의 단점이 무엇인지 살펴보면 연방주의 선택 여부가 좀 더 명확할 것이다. 그러고 나서 우리는 연방주의가 아닌 국가들의 경우 단방주의를 사용하면서 연방주의에서 대면했던 문제를 푸는 방식을 볼 것이다. 특히 지방으로 권한을 이양하는 문제를 통해 단방주의에서 중앙과 지방 사이의 균형을 어떻게 잡는지 볼 것이다.

표를 통한 비교 **단방주의와 연방주의**

단방주의	통일이전에는 단방주의(중앙집중화아래서 지방자치제도사용)
연방주의	통일시기 연방주의 필요(권력공유체제로 연방정부와 주정부로 권한 배분) 중위연방제도 필요(재정자립도와 특정 주에 대한 집중화 방지)

(2) 연방의 구성 요인

전 세계 국가들 중에는 지방이 분리되어 떨어져 나가고자 하는 경우가 많다. 가장 대표적이며 폭력적인 방법으로 이를 규제하는 경우가 이스라엘에서의 팔레스타인 자치지역이다. 스페인에서는 바스크주의 분리 독립을 원하고 있고 캐나다에서는 퀘벡 주가 떨어져 나오고 싶어 하며, 영국에서는 스코틀랜드의 민족주의 정당들이 보다 많은 자율성을 요구하고 있다. 실제로 사회주의를 유지하다가 사회주의 정부가 무너지면서 지역들이 뿔뿔이 흩어져 버린 구소련(소비에트 사회주의 공화국 연방)과 구유고 연방도 있다. 그런가 하면 분리를 막고 하나의 국가를 유지하면서 살고 있는 벨기에도 있다.

위의 사례는 중앙과 지방 사이의 갈등이 존재하며 이들 사이의 갈등을 어떻게 조정하고 해결할 것인지 중요하다는 것을 보여준다. 만약 다수로 구성된 인종과 다수로 구성된 언어 집단이 중앙정부를 장악해 소수 인종과 언어 집단을 구조적으로 차별하는 정책을 사용한다면 소수 집단은 이 사회에서 이탈하여 새로운 하나의 정치공동체를 만들 것이다. 그러나 만약 소수 집단에게 그 집단이 거주하는 공간에서 주도적이고 독자적인 결정권을 부여한다면 이들은 따로 떨어져 하나의 소규모 공동체를 만드는 경우와 현재 정치체제에 남아있는 경우를 서로 비교하여 어느 쪽이 안전 보장 문제와 시장 형성 문제 등에 더 유리한지를 고민할 것이다.

연방주의는 지방과 중앙 사이에 권력을 나눔으로써 정치적 공간에서의 자율적 결정권 간 타협을 위해 만들어진 발명품이다. 연방에서는 법적 주권이 연방정부와 구성주들 사이에 공유된다. 어느 한 쪽이 다른 한쪽을 폐기할 수 없다. 이것은 헌법에 의해 보장받기 때문이다. 즉 연방정부와 단방정부의 차이는 지방정부가 얼마나 많은 권력을 보유했는지가 아니라 헌법에 의해 이러한 지위를 보호받는다는 데 있다. 단방정부에서 지방이 많은 권한을 가질 수 있지만 이는 중앙정부가 그렇게 '부여'했기 때문에 가능한 것이다. 연방정부에서 지방정부의 권한은 부여된 것이 아니라 상호간에 '약속'된 것이다.

연방정부가 단방정부와 달리 약속에 의해 상호간에 권한이 나누어져 있고 이것이 헌법에 보장되어 있다는 것은 중요한 문제이다. 이 점은 통일 한국이 단방을 택하고 지방분권화를 이룰 것인지 아니면 연방정부를 구성할 것인지에서 핵심 기준이 '기능을 어떻게 분배할 것인지'가 아니라 '헌법으로 상호간 약속을 합의한다'는 것에 있다는 것을 의미한다. 단방제도에서 부여된 권력은 언제든지 중앙정부가 회수할 수 있고 이는 양자가 서로 대등한 관계가 아님을 의미한다. 반면, 연방주의에서 지방정부가 가지는 권한은 부여된 것이 아니기 때문에 회수될 수 없으며 중앙과 지방은 상호호혜적 관계가 된다.

(3) 연방과 연합의 구분

표를 통한 비교

연방(federation): 하나의 독립 국가 / 중앙과 지방의 주권 공유
연합(confederation): 여러 개의 분리된 국가 / 연합 내 국가들의 국가 지위 유지

연방(federation)을 이야기할 때 구분해야 할 개념이 하나 있다. 그것은 연합(confederation)이라는 개념이다. 연방은 하나의 독립된 국가를 이루면서 중앙과 지방이 그 주권을 공유하는 것인 반면, 연합은 분리된 국가지위를 유지하는 국가들이 참여하는 좀 더 느슨한 형태의 연결제도이다. 현재 미국은 연방국가로 국제무대에서 독립된 하나의 실체이다. 내부적으로 국내문제를 해결하기 위해 권위를 어떻게 분산시켰는지는 국내문제이다. 반면, 독립국가연합(CIS)이나 유럽연합(EU)은 국제무대에서 각기 다른 구성국들로 이루어진 하나의 공동 행동기구이고 이 안에서 권위를 어떻게 분산시키면서 협력하는가는 국제정치 문제이다. 따라서 통일 한국에서 현재의 남한과 북한이 연방을 만든다는 것은 한 개의 국가로 합쳐 내부적으로 권력을 나눈다는 것이지만 연합이 된다는 것은 두 개의 국가가 공존하는 것이다. 마치 결혼을 통해 법적으로 하나의 가족이 되는 것(연방)과 달리 동거(연합)는 다른 두 법적 주체가 공동생활을 하는 것과 같다.

(4) 지방과 연방의 권한 배분: 이중적 연방제 vs 협력적 연방제

연방이 중앙과 지방 사이의 권한을 배분하는 헌법적 약속을 통해 만들어진다면 약속 방식에 따라 연방운영도 달라질 것이다. 즉 연방의 권한 분산 방법이 다른 것이다. 먼저 미국

의 경우는 중앙정부가 헌법에 규정된 권한만을 행사하고 나머지 모든 권한은 주정부에 부여한다. 반면, 캐나다는 지방정부들은 법에 규정된 권한만을 행사하며 나머지 모든 권한은 중앙정부에 부여된다. 독일 연방제에서 중앙정부는 안보, 외교, 통화정책, 우편, 철도, 항공수송, 지적재산권 등의 분야에 대해 독점적 권한을 가지며 렌더(Länder)라 불리는 지역정부들은 교육, 텔레비전, 라디오에 대해 독점적 통제권한을 갖는다. 나머지 분야는 중앙정부와 렌더가 책임을 공유한다.[32)]

연방과 주정부 사이의 관계를 좀 더 이론적으로 설명하면 '이중적 연방제'와 '협력적 연방제'라는 개념으로 구분할 수 있다. 이중적 연방제는 미국에서 고안한 것으로 국가와 주정부는 분리된 행위를 추구한다. 각 층은 헌법에 의해 부여받은 임무를 독립적으로 수행하는 것이다. 중앙정부와 지방정부는 '독립'에 기반을 두고 있다. 반면, 협력적 연방제는 독일에서 시행되는 것으로 각 층들 간의 협동에 기초하고 있다. 국가 정부는 전체 이익에 따라 파트너로서 행동하도록 예상된다. 연방주의는 협력이라는 이념에 근거하며 이러한 연대(solidarity)는 연합된 사회를 형성하기 위한 공유된 약속을 표현한다. 협력적 연방제에서의 도덕적 규범이 연대라면 이를 작동하게 하는 원리는 보충성(subsidarity)이다. 보충성 원리는 가능한 낮은 층에서 결정들이 이루어지도록 하는 것으로서 중앙정부가 전반적인 리더십을 제공하지만 실제 집행은 더 낮은 층에서 하는 것이다. 이는 지방정치와 풀뿌리 민주주의를 발전시키는데 도움이 된다.[33)]

이중적 연방제가 업무를 '분리(separation)'시키는 것이라면 협력적 연방제는 업무를 '분할(division)'하는 것이다. 자유 확보를 위해 권력을 키우지 않고 끊임없이 권력을 경쟁시켜 권력을 찢어내려고 한 미국 건국의 아버지들은 연방제도에도 권력 분립 원리를 도입한 것이다. 이로써 다수 인민의 지배 혹은 무산자와 대중의 지배를 막아낼 수 있는 보루를 형성하고자 했다. 반면, 협력적 연방제는 대륙의 특성을 반영하여 오랜 갈등을 극복하고자 하는 욕구로부터 만들어진 것이다. 실제 유럽의 많은 나라들은 비례대표제와 함께 협력적 연방제를 사용함으로써 협의민주주의를 구축하고 있다. 여기서 핵심은 이질적 집단의 '공존'인 것이다.[34)]

그렇다면 한국은 어떤 원리가 필요한가? 한국의 민주주의는 미국식 민주주의를 사용하고 있다. 대통령제도를 사용하면서 의회와 대통령 간의 견제를 중심으로 정치를 운영한다. 상대적으로 인종과 언어 등이 동질적이기 때문에 영국식의 다수주의적 방식으로 대통령과 의회를 구성하고 있다. 그러나 통일 한국의 경우를 고려한다면 사회는 현재 한국 사회와 달라질 것이다. 한국전쟁과 냉전을 통한 심리적 반목과 경제적 차이 및 북한의 김일성-김정일-김정은으로 이어지는 일가 지배체제에서 일본 천황제와 같은 종교적 전제주의의 정치적 사고

32) 손병권, "의회", 『정치학이해의 길잡이』.
33) 손병권, Ibid.
34) 최정원, Ibid, pp.74-75.

를 하는 북한을 고려할 때 사회적 이질감은 커질 것이다. 서독이 동독을 흡수 통일한 뒤 서독과 동독 사이의 경제적·사회적 갈등을 경험한 것을 볼 때 남한과 북한은 통일시 더 강한 1등 국민과 2등 국민으로 구분될 수 있다. 따라서 남한과 북한의 통일을 생각할 때 지향해야 할 가치는 '자유 확보'를 통한 남한과 북한의 분리가 아닌 '공존'을 위한 협력적 관계가 되어야 할 것이다. 따라서 중앙과 지방에 명확한 권한을 배정하는 것뿐 아니라 중앙과 지방의 관계 속에서 상호협력이 가능하게 하는 방안으로 연방제도를 만들어 볼 수 있겠다.

표를 통한 비교

이중적 연방제: 분리와 독립. 국가와 주정부가 분리되어 각자 임무를 독립적으로 수행.
협력적 연방제: 분할과 연대. 국가정부가 전체 이익에 따라 파트너로서 행동.

(5) 연방제도의 장·단점

연방은 설립 취지를 따라 거대한 영토의 제약 속에서 민주주의를 구현할 수 있게 하고, 영토에 기반을 두어 견제와 균형을 가능하게 한다. 중앙정부의 과중한 짐을 덜어주면서 단방국가의 과도한 집중을 막아주고, 외부의 안보 위협에 공동으로 대처하게 하며, 시장을 키워 경제적 이익을 증대한다. 사회적 다양성 속에서 정치적 통합을 유지하게 하고, 게다가 사회문화적 다양성을 유지하면서 경제적이고 군사적인 이익을 동시에 향유할 수 있게 한다. 그리고 연방제는 시민들에게 선택의 풍부함을 제공하는데 만약 시민들은 한 주의 거버넌스가 마음에 들지 않으면 항상 다른 주로 이동할 수 있다.[35)]

위의 장점 외에도 연방주의가 민주주의에 기여하는 면은 크다. 연방주의의 장점을 국내정치의 민주주의와의 관계에까지 확대해서 정리해보자. 연방주의는 권력 분립을 통해 다음과 같은 성격을 가진다. 첫째, 연방주의는 실용적이고 유연한 정치제도이다. 인민의 다양한 선호를 수용하면서 시민들의 필요를 충족하기 위해 유연한 정치권력의 조직과 배분을 가능하게 해준다. 둘째, 분권화는 중앙계획보다는 지방수요에 대응하는 데 효과적이다. 지방의 숙원사업과 독창성에 부응하기 위한 서비스나 행동을 지방조직들이 추진하도록 한다. 셋째, 분권화는 중앙정부의 과도한 권한을 줄일 수 있다. 넷째, 분권화는 지방정부에 있어서 참여를 통한 시민교육 수단이 될 수 있다. 다섯째, 연방주의는 공동의 평화와 안전, 경제적 번영을 실현하는데 유리하다. 외부 적의 공격에 대한 공동방어를 가능하게 할 뿐 아니라, 공동시장이나 공동통화, 관세동맹 등을 통해 경제적 번영을 모색하게 한다. 여섯째, 연방주의는 획일주의 없는 통일을 촉진함으로써 시민의 다양성을 보호하며, 연방주의의 분권화와 중앙과 지방에 대한 통치자의 결정은 민주주의 원리와도 부합한다. 분권화와 집권화를 국민이 용인하

35) 손병권, Ibid.

면서 법률에 따라 권력을 행사하도록 하면서 민주주의와 조화할 수 있다.[36)]

하지만 연방주의의 단점도 지적된다. 먼저 연방제 국가는 단방제 국가에 비해 의사결정이 느리고 복잡하다. 실제로 1996년에 있었던 35명을 사살한 총기난사사건 문제를 경험한 호주 정부가 전국적인 총기 관리를 강화하는데 있어 저항을 받으면서 정치적 어려움을 겪은데 비해 영국은 비슷한 사건이 발생했을 때 아주 빠르게 정책을 관철시켰다. 이 문제 이외에 연방정책결정에서는 문제 해결보다 타협을 모색한다는 점도 지적된다. 연방제에서 정책 결정자는 단방국가보다 늘어날 수밖에 없는데 이는 결정의 질을 나쁘게 만들 수 있다. 또한 연방제는 책임성을 복잡하게 만들 수 있다. 각 층의 정부는 다른 층의 정부에게 책임을 전가할 수 있다.[37)]

결국 연방제의 장점과 단점이 공존한다는 것은 제도 선택에 있어서 정치권력을 분산(연방국가)시킬 것인지 아니면 집중(단방국가)시킬 것인지에 대한 판단을 필요하게 만든다. 즉 우리가 지향하는 가치가 무엇인지에 따라 제도를 선택해야 하는 것이다. '효율성 vs 독재 방어와 자유 확보'로 대비되는 가치 사이에서 어떤 가치를 더 선호하여 이를 구현할 것인지에 따라 제도가 선택되는 것이다. 그렇다면 한국에는 어떤 제도가 필요할 것인가?

2. 한국적 함의: 통일 한국과 연방주의

(1) 한국에 필요한 연방 원리

한국에서 연방주의가 필요한지를 따져보기 전에 연방주의에 관한 이론 정리를 해보자. 연방주의는 단일 주권을 강조하는 절대 국가주권에 대항하면서 공유 연방주의(shared federative sovereignty)를 주장하는 이론이다. 따라서 연방주의는 '권력 분립(division of powers)'을 추구하면서도 정치체제 통합을 위해 매우 치밀한 '결사 전략(art of association)'이 필요하다. 이는 연방주의가 '다양성 속의 통일'을 추구하는 기본정신을 표현하는 것이다. 지방정부의 다양성을 보장하면서 중앙정부의 통일을 꾀하는 것이다. 즉 중앙정부와 지방정부는 누가 우월한지가 아니라 동격으로 취급된다.[38)] 지방정부와 중앙정부의 기능이 동시에 보장되기 때문에 '거대하고 강력한 정부(big government)'와 '아담하고 기능적인 정부(small government)'의 장점을 모두 살릴 수 있다. 또한 통치 거버넌스로서 연방주의는 중앙과 지역 간 '공동통치(shared rule)'와 '자치(self-rule)'를 균형 있게 조합하는 절차를 제도화[39)]할 필요가 있고 실제 연방주의는 중앙과 지역이 이런 원리들을 구현하기 위해 팽팽히 맞서며 끊임없는 평형점을 찾아내는 과정을 보여준다.[40)]

---

36) 최정원, Ibid, p.75.
37) 최정원, Ibid, p.81.
38) 윤형섭, "정치적 충원과 정치발전", 김계수 외 『현대정치과정론』(1978: 서울, 법문사), 최정원, Ibid, 재인용.
39) 최정원, Ibid, pp.83-84.

연방주의는 지방과 중앙의 권력을 어떻게 나눌 것인가의 문제를 다룬다. 반면, 영국 방식의 '다수결주의'와 벨기에나 네델란드 등의 협의민주주의를 사용하는 국가가 사용하는 '합의제'는 결정에 도달하는 방식의 문제이다. 양자를 두 개의 축으로 설정할 경우 한국은 다수제적인 방식을 사용하는 단방제국가로 구분될 수 있다.[41] 이런 한국 정치의 특징은 단방으로 인한 문제와 함께 지나친 다수결주의의 문제를 가진다.

(2) 통일 한국에서 제기될 수 있는 문제들

통일이 된다면 생길 수 있는 문제는 무엇일까? 첫째, 지역균열이 확대될 것이다. 둘째, 이념적 균열이 등장할 것이다. 셋째, 계급적・계층적 균열이 확대될 것이다.[42] 조금 더 구체적으로 보자. 통일이 될 경우 현재 지역구조에 더해 남과 북의 지역구조가 생길 것이다. 또한 경제적 지역주의가 등장하고 있는 점도 여기에 가세해 1등 지역과 2등 지역 간의 갈등이 증대할 것이고, 남한의 자유민주주의와 시장경제 중시 사상과 북한의 민족주의적 사회주의가 충돌할 것이다. 이런 갈등구조는 남한과 북한을 계층적으로 구분함으로써 북한 노동인력은 남하하고 남한 자본은 북상하도록 유도할 것이다. 현재 노동운동이 정규직과 비정규직 문제에 대해 침묵하고 외국인 노동자를 이방인으로 취급하는 것을 감안할 때 북한의 다수 노동자 문제 역시 하나의 사회적 계층문제가 될 것이다. 이 상황은 남북 노동자 간의 갈등을 심화하는 방향으로 나타나면서 지역갈등으로 번질 수 있다. 이때 단방주의를 통한 다수결주의로 정치적 결정을 내릴 경우 북한은 구조적 소수가 될 것이고 이들의 권리는 다수에 의해 무시될 수 있다. 따라서 다수의 지배와 소수의 보호를 관철해야 하는 민주주의 원리에 부합하기 위해서도 현재의 민주주의 결정방식 및 운영방식과는 다른 제도를 모색할 필요가 있다.

다수의 횡포를 방지하기 위한 방안으로는 헌법적 권리보호를 위한 헌법규정 도입, 입법부를 견제할 수 있는 사법부의 사법심사, 권력 분립을 통한 견제와 균형이 있다. 다수결주의 방식을 합의주의에 기반을 둔 협의주의 방식으로 바꿀 필요가 있고, 중앙집권적이고 권력집중적인 단방구조를 분권적이고 권력 분립적인 연방주의로 바꿀 필요가 있다.

이를 달성하기 위한 구체적인 방안들로 다음 안들이 제시되고 있다. 먼저 소수 보호를 위해 사법부의 독립을 더 강화하여 권력을 견제하는 것이다. 대통령제도를 유지한다면 대통령의 권한을 견제하기 위해 헌법재판소와 선거관리위원회의 위상을 강화하고 독립적 운영을 보장해야 한다. 헌법재판소와 선관위 구성에 있어 대통령과 국회의 영향력(재판관과 위원의 1/3씩을 지명)이 강한 만큼 이를 줄이는 것이 필요하다. 그리고 비례대표를 강화함으로써 소

---

40) P. Bachrach, The Theory of Democratic Elitism: A Critique,(Boston: Little Brown Co, 1967), 최정원, Ibid, 재인용.

41) 최정원, Ibid, pp.87-88.

42) 최정원, Ibid, p.89.

수의 입장을 좀 더 반영할 수 있게 할 필요가 있다. 또한 집행권을 분점할 수 있도록 대통령선거에 결선투표제를 도입하는 방안도 고려할 수 있다. 결선투표제도는 일정 수의 지지를 통해 당선을 만들기 때문에 소수파의 정치적 견해에 의해 당선여부가 결정될 수 있다. 게다가 결선투표제는 다당제를 만들고 이들 간의 타협을 유도하기 때문에 통일 시 지역과 계층 분할에 따른 다당제를 육성하면서도 정당 간 타협을 강제할 수 있다. 대통령제도를 유지할 경우에는 부통령을 두어 정당 간 타협을 유도할 수도 있다. 대통령제도를 고집하지 않는다면 의원내각제를 도입할 수도 있다. 특히 협의적 민주주의(consociational democracy)를 도입할 경우 대연정을 구성하는 것이 필요한데 이 경우 의원내각제도가 더 타당하다. 또한 의원내각제도는 협의적으로 운영되기 때문에 한국의 강한 다수제로 인한 문제를 해결할 수 있다.

(3) 한국에서 연방주의의 이점

단방주의의 문제를 푸는 것으로 연방주의를 고려할 수 있다. 연방을 구성함으로써 권력과 권한을 지방으로 위임할 수 있다. 연방제를 도입할 경우 양원을 두어 민의의 전체적인 반영과 지역적 고려를 동시에 할 수 있다. 연방을 만들 경우에도 북한과 남한을 두 단위로 하는 거시연방보다는 미국처럼 주(state)를 기본으로 하는 '중위연방주의'[43]가 타당하다. 남과 북을 두 단위로 할 경우 양자 사이에는 완충지대가 없기 때문이다. 완충지대의 부족은 예멘 사례와 같이 남과 북의 갈등을 지속적으로 재생산하여 결국 국가 유지를 위한 폭력 사용이나 국가 분열을 가져올 것이다. 따라서 중위연방제를 모색하는 것이 타당하다.

위에서 본 것처럼 연방주의는 분권화를 통해 민주주의 원리를 좀 더 구현하면서 공동체 속에서 다양성을 유지할 수 있게 해준다. 국가의 크기나 인구가 통일 한국의 연방주의의 근간이 되기는 어렵겠지만 안보문제를 다루면서 경제적 이익을 향유할 수 있다. 또한 강대국이 되기 위해서는 일정 이상의 인구와 영토 및 자원이 필요하다. 연방 구성을 통해 통일을 꾀할 경우 현재 '두 개의 한국'으로 분단된 상태보다는 강대국이 될 가능성이 높아질 것이다. 게다가 남과 북의 이념적 갈등과 남한 내부에서 북한 문제를 두고 벌어지는 남남갈등을 해결하면 사회적 에너지를 다른 부분으로 활용할 수 있을 것이기 때문에 통일이 필요하다. 통일에 있어 연방주의를 써야 하는 가장 큰 이유는 통일 시 나타나게 될 지역과 계층갈등 때문이다. 이런 갈등을 끌어안으면서 하나의 국가를 구성하는 것으로 연방주의는 하나의 좋은 대안이다.

(4) 한국에서 예상되는 문제점

하지만 연방주의를 유지하기 위해서는 어느 구성단위도 독자적으로 생존할 수 있을 만큼 커서도 안 되지만 너무 작아도 안 된다. 한 단위가 안보나 경제적 능력에 있어서 독립이 가능한 정도가 되면 이 단위는 자신의 경제력으로 다른 구성단위를 부양할 것이기 때문에 국

43) 최정원, Ibid, pp.96-97.

가공동체에 남기를 원치 않을 것이다. 또한 구성단위가 경제적으로 자립할 수 없을 정도가 되면 이 구성단위는 다른 구성단위들에게 부담만 줄 것이기 때문에 이 또한 연방을 유지하는데 부담이 될 것이다. 따라서 연방주의를 통일 한국에 도입할 경우 구성단위가 되는 지역들의 경제적 자립도를 향상시키는 것이 대단히 현실적인 문제가 될 것이다. 실제로 연방한국에서 가장 크게 부각될 문제는 재정과 관련하여 조세권을 누가 가지면서 조세제도를 어떻게 형성할 것인가이다. 또한 노동법 규정을 통해 사회정의를 추구할 것인지 아니면 노동시장 기능을 활성화시킬 것인지도 경제문제와 관련해 중요하다.[44]

이 문제 외에도 남북한의 이질적 문화도 문제된다. 그러나 남과 북이 다른 이념을 지향하면서 살았지만 유교문화의 요소를 공통적으로 가지고 있기 때문에 유교에 입각한 사회민주주의 비전을 정립함으로써 자유보다는 평등을 지향할 수도 있다. 남과 북의 이념적 협애성을 극복하기 위해서는 동시대적으로 공유되는 유교주의에 호소하고 유교주의에 있는 민주주의와 자본주의 요소를 끄집어내어 자유주의와 사회주의 사이의 접점을 찾아볼 수 있다는 주장도 있다.[45]

제4절 리더십

정부형태에서 고려할 것은 지도자의 리더십이다. 특히 인적인 부분을 강조하는 대통령제의 경우에 있어서 리더십은 대단히 중요하다. 의원내각제는 정당이라는 제도를 통해서 운영되는 제도인데 비해 대통령제도는 대통령이라는 인물을 선택하고 인물에게 기대를 거는 정치체제이다. 물론 영국의 대처수상과 독일의 메르켈 총리[46]처럼 의원내각제국가에서 지도자도 중요하다.

리더십에 대한 다양한 이론들에도 불구하고 리더십은 단일한 개념으로 축소되어 보편적 이론화가 어렵다. 각기 다른 지도자들의 특성이 있기 때문에 특수한 사례들로 구성되어 있기 때문이다. 예를 들어 링컨의 리더십은 링컨이라는 인물이 살았던 당시 상황과 조건들과 연결되어 있기 때문이다. 따라서 리더십에 대한 몇 가지 보편화할 수 있는 것들을 배우고 개별 사례들에서의 리더십을 살펴보아야 한다. 대통령제도를 가진 한국에서 그동안 대통령들의 리더십을 체계적으로 비교하는 것도 리더십 연구에서 중요한 접근중 하나이다. 다음 표는 리더십에서 일반적으로 이야기 할 수 있는 내용들을 간략히 정리한 것이다.

---

44) 헤이그&해롭, Ibid, pp.514-515.
45) 헤이그&해롭, Ibid, pp.514-515.
46) **메르켈 총리와 마더십**: 독일의 메르켈 총리는 75%이상의 지지로 3선에 성공했다. 메르켈 총리의 리더십의 핵심은 엄마와 같은 배려에 있다. 이것 때문에 마더와 리더십을 합친 마더십이라는 용어가 만들어졌다. 정치에서 감성과 접촉이 중요하다는 것을 보여준 것이다.

표를 통한 비교 리더십

개념	• 윌리엄 웰시: 위계적 개념으로서 엘리트 vs 수평적 개념으로서 리더 • 로버트 터커: 리더십의 정의는 '권력 추구와 행사인 동시에 무리를 돌보는 예술'. 리더십의 기능 3가지. (문제에 대한) 진단, 처방, 추종자의 지지 동원. • 다른 개념과의 구분: '보스십 혹은 헤드십 vs 리더십', '리더십 vs 팔로우십(추종력)' • 정치가(statesman: 국가이익 추구) vs 정략가(politician: 당리당략 추구) (by Richard von Weizsacker)
접근 방법	• 기능적 접근: 리더의 기능 3가지-상황진단, 상황에 대한 처방, 지지 동원 • 리더의 개인적 조건: 역사적 비전 능력(미래가치 창출과 제시), 정치적 분별 능력(정치적 판단력), 경영적 집중 능력(국정의 효율적 운영능력), 정서적 조절 능력(인민에 대한 공감대 확보능력), 도덕적 희생 능력(공적가치를 이끌기 위한 도덕성) • 리더십에 대한 사상적 접근: 현자론(지식의 중요성: 플라톤, 공자) vs 강자론(권력의 중요성: 마키아벨리, 홉스) vs 민중론(인민의 중요성: 마르크스) • 막스 베버의 리더십: 카리스마에 의한 권위, 합법적 권위, 전통적 권위
유형	• 정치체제별 리더십: 민주적 리더십(국민의 자발적 동의와 지지에 기반) vs 권위주의적 리더십(사인화된 권력을 통한 리더십 행사) vs 전체주의적 리더십(이념에 기반) • 리더십 스타일: 자유방임적 리더십(자신의 영역 외에는 무간섭) vs 변혁적 리더십(어떤 동기에 의해서든 정치적, 사회적, 경제적 측면에서 변화 추구) vs 거래적 리더십(현상유지에 관심이 있고 지도자와 추종자 간의 거래 관계를 지속)
한국에 필요한 리더십	• 한국의 갈등과 '소통' 리더십의 필요성: 보수-진보 대립, 지역 간 갈등 및 양극화로 인한 갈등 해결을 위해 다양한 의견을 듣고 이를 다각적인 방식으로 접근하고 설득하는 정치 지도자의 의사소통 능력 중요. 특히 최근 한국 정치처럼 다양한 갈등이 사회적 균열로 나타날 경우 단순다수결주의의 폐해를 더 적나라하게 경험할 수 있으므로 대의민주주의의 다양한 요구를 수렴할 수 있는 협의주의 요소와 함께 비례대표 제도를 적극 활용해 볼 수 있을 것임. • 역사적 비전을 갖춘 리더십: 남북통일이후 한국정치를 이끌 방법을 제시하고 한국정치에서 통합을 이끌 수 있는 리더십이 필요함. • 도덕성을 갖춘 리더십: 최근 한국정치에 부패문제는 지도자들이 인민들보다 도덕적이지 못하지만 인민을 이끄는 이율배반을 보여줌. 지도자의 리더십은 인민으로부터 존중받을 때 나타남.

제 2 장 의회제도

수험적 맥락

대의민주주의의 중심은 의회이다. 그런데 한국은 의회의 제도화 수준이 낮다. 의회가 정치의 중심에 있지 못하다. 의회무용론이 나오고 있는 상황에서 한국의 의회는 대표성을 확보해야 할 뿐 아니라 입법과 정부통제 그리고 사회적 갈등의 심의장치라는 요구를 받고 있다. 의회제도화를 위해서는 세부적인 제도화가 필요하다. 입법고시의 경우 의회가 주기적으로 출제되고 있다. 기출문제가 많아서 의회와 관련된 세부적인 주제들까지 준비가 필요하다.

수험적 중요주제

1. 의회의 제도화: 한국의회제 평가
2. 의회의 기능: 입법, 통제, 심의, 엘리트충원 기능
3. 의원의 자율성 논쟁
4. 본회의 중심제도와 상임위 중심제도
5. 폴스비의 전환의회와 무대의회 논쟁: 한국 의회의 지향점
6. 의회–정부–정당–시민사회간 관계
7. 의회쇠퇴론(의회 무용론) vs. 반박

제1절 의회 일반론: 구성 방식과 기능 및 제도화

표를 통한 비교

1. 의회개혁과 의회 기능과의 관계: 의회기능설정(개혁목적) → 구체적인 개혁

(1) 국회의 기능

첫째, 국민 대표기능 → 국민의 대표 vs. 지역민 대표

둘째, 토의 기능 → 국가 운영방식의 토의/심의

셋째, 입법기능 → 의회 인원이 입법기능을 수행하기에는 행정부보다 월등히 부족함.

ex) 외교부 2013년 946명 vs. 국회 외교통일위원회는 의원 24명. 의원 실무보좌관을 합쳐도 부족함.

넷째, 행정부 통제기능 → 의회의 행정부 법안통제와 국정감사와 국정조사
다섯째, 엘리트 충원기능 → 새로운 지도자와 대표를 선발함.

(2) 의회 제도화
의미: 의회가 문제풀이를 위한 하나의 제도로 인정
제도화 장치: 의원들의 전업인식, 정책전문성 향상, 규범의 자기 실행력

(3) 의회의 기능: 전환의회(의회입법) vs. 무대의회(토론장으로서 의회)

2. 의원

(1) 의원선출 기준 변화
명망가 중심의 민주주의(20세기 대중민주주의 이전/뛰어난 인물선출) ⇨ 정당중심의 민주주의(대중민주주의/비슷한 인물선출) ⇨ 의원 이미지 중심의 민주주의(선거전문가 중심 정당민주주의/의원의 이미지중심)

(2) 의원의 대표성
- 19대 국회/20대 국회 의원중 농민대표 의원 없음. 18대 의회 강기갑 의원
- 1980년대 기준 농민은 전체 가구의 27%이고 전체인구 3,800만중 1,082만명으로 28%정도였음. 2010년 4,800만중에서 6.4%로 300만 정도 됨.
- 그럼 의회의원수가 6% 정도가 되는지? 안 됨.

(3) 의원의 자율성
- 선거이후 의원의 정책결정에 있어서 자율성 논쟁
- 선출은 지역에서 받았지만 선출이후 국민을 대표해야 하는지 논쟁
- 신탁(자유결정)기능 vs. 대리(유권자에 귀속) vs. 위임모델(정당중요)

우리는 대의민주주의 정치체제 안에 살고 있다. 대의민주주의는 대표들을 통해 민주주의를 간접적으로 운용하는 정치체제이다. 현재 민주주의를 운용하는 나라들 대다수가 대의민주주의를 사용하면서 다른 보완적 민주주의를 혼용하는 것은 현재와 같은 국민국가 크기에서 가장 현실적인 민주주의 형태이기 때문이다. 그렇다면 대의민주주의가 국민을 대표하는 대표들에 의해 운영되는 민주주의라면 현실적으로 대의민주주의에서 가장 중요한 대표는 누구일까? 역사적으로 국민의 대표로 기능을 했던 의회 의원들이 될 것이다.

의원들이 가장 중요했고 지금도 중요한 대표라면 이들이 모인 제도적 공간인 의회도 가장 중요한 대표기관이 될 것이다. 그렇다면 의회는 민주주의를 운영하는 데 있어서 가장 중요한 기관으로서 인정받고 있는가? 아래의 그림을 보면 그 답이 나와 있다.

그림 Ⅳ-1 2-1 **주요기관 신뢰도 여론조사**

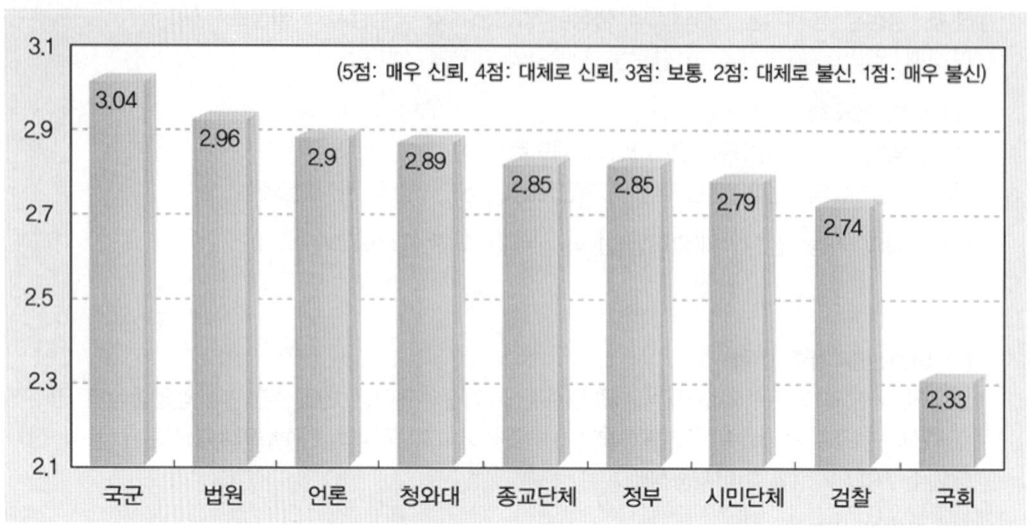

출처 : 리얼미터의 2010년 12월 10일 / '주요기관 신뢰도 여론조사결과' 아시아경제신문.

위의 그림은 주요기관에 대한 국민들의 신뢰도를 보여준다. 이 조사결과에서 국회는 2.33으로 '대체로 불신'하는 정도에 그쳤다. 다른 기관들과 비교해보아도 현격한 차이를 보일 정도로 국회에 대한 신뢰는 바닥에 있다. 의회에 대한 인식은 2016년 현재조사에서도 동일하게 나타난다.

게다가 직업군으로도 의회의원에 대한 사람들의 인식은 최악이다. 12개의 직업군을 대상으로 한 직업별 신뢰도에서 의원직은 10점 만점에 2점 정도를 기록했다. 2011년에는 국회가 교도소의 수감자보다도 신뢰할 수 없는 집단이라는 여론 조사까지 나오고 있는 실정이다.

의회에 대한 회의는 우리나라만의 문제는 아니다. 많은 나라들에서 의회는 이제 기능이 다한 골동품 취급을 받는다. 그렇다면 세계적으로 의회의 역사가 1,000년을 넘고 대한민국 의회 의 역사가 1948년을 기점으로 하여 60년이 넘은 시점에서 의회에 대한 이런 불신을 어떻게 받아들여야 할 것인가? 의회는 이제 대의민주주의에 대한 기대를 가지기 어려운 대의기구의 유산으로 전락하는 것인가? 자유주의와 민주주의의 시작을 알렸던 의회정치는 이제 3권 분립이라는 이론 속에만 존재한 채 행정부에 기대고 있는 퇴행기관이 되는 것인가?

이런 문제의식은 대의민주주의에서 의회의 기능과 위상은 어떻게 변화해왔으며 현재 의회의 위상은 어떻게 되는지를 더 탐구하게 만든다. 의회의 위상을 보기 위해서는 의회의 역사를 보아야 하며 의회가 국민들 속에서 어떤 위치를 가지고 있었으며 정당의 발전과는 어떤 관계를 가지고 있는지와 행정부와의 기능적 역학관계는 어떤지를 살펴보아야 한다. 한국의 의회가 가지는 문제가 한국만의 문제인지 아니면 전 세계적인 의회정치에 대한 기대하락을 반영하는 것인지에 대한 객관적인 의식 하에서 한국적 의회정치의 개선방안을 찾는 것이 필요하겠다. 이런 의회개혁은 위에서 본 의회에 대한 국민들의 불신을 깨뜨리면서 대의민주주의의 중심적 역학을 수행하는 쪽으로 가닥을 잡아야 할 것이다.

이런 의회개혁의 가장 최우선적인 숙제는 의회의 대표성의 증진인지 효율성과 능력의 증진인지에 대한 우선권 설정이 되겠다. 이것의 파악을 위해서는 의회의 기능들이 무엇이며 어떤 기능이 퇴화하고 있고 어떤 기능이 발전하는지를 살펴보아야 한다. 마지막으로 의회 자체의 제도화가 진행되면서 의회정치를 발전시켜야 할 것이고 이 과정에서 다른 어떤 정치제도들과 어떤 방식의 연계가 필요한지를 고려해야 한다. 즉 의회로 대표되는 한국의 대의민주주의발전과 다른 제도들이 중심이 되는 '대안' 혹은 '보완' 민주주의들과의 동시적 발전이라는 큰 시대적 고민을 반영하면서 의회정치를 들여다보아야 할 것이다.

심화 학습

한국의 의회

2014년 헌법재판소가 선거제도에 대한 조정을 권고하고 국회의원의 정수에 관한 논의가 불거졌다. 이때 가장 인상적인 주장은 안철수 의원이 국회의원을 100명으로 축소하자는 주장이었다. 대한민국의회의 의원들이 특별히 하는 일이 없는데 너무 많다는 논리에 바탕한 주장이다.

국회의원의 받는 세비 대비 하는 것이 없다는 논리에서 실제 의원은 어떤 혜택이 있는지를 살펴보아야 한다. 국회의원의 연봉은 1억 4천정도선이다. 일반 노동자 평균임금 3800만원에 3.7배나 된다. 다른 나라들과 비교해 볼 때 많은 액수인지를 보아야 실제 높은 임금인지를 알 수 있다. 한국의 원화가치로 환산했을 때 미국 의원의 연봉은 1억 8천 5백만원이고 일본 의원의 연봉은 1억 6천 만원이며 독일의원은 1억 4천 만원이고 프랑스의원은 1억 2천을 받으며 영국의원은 1억 1천 만원 정도를 받는다. 복지가 잘 마련된 북구 유럽의 경우는 구매력기준으로 7만-8만 (미국)달러 수준이다. 그런 점에서 볼 때 한국 의원들의 연봉은 높은 편이다. 이외에도 다양한 혜택과 필요경비등을 지불하기 위해 지급되는 추가 액수는 연간 9천만원정도 된다. 국가를 대표하는 이들에게 이 정도 지출하는 것을 단순 노동자와 비교하는 것은 타당하지 않다. 문제는 세비를 정하는 것을 여야합의를 통한 국회규칙으로 제정하고 있다는 점도 아니다. 국민들의 신뢰를 잃어버렸기 때문에 그만한 돈을 세금으로 지불하는 것이 아깝다는 점이다.

한국은 의원이 대표하는 유권자가 많은 편이다. 많은 나라들에서 의원수는 600에서 700명선이 가장 많다. 한국은 300명의 의원이 있고 의원 1인당 대표하는 유권자 수가 16만명으로 세계 4위이다. 미국이 69만명으로 1위이다. 국가들의 인구수가 1000만 명선인 경우가 많은데 이런 나라들에서 500명 정도의 의회를 구성하는 것이 일반적이다. 이 경우 대체로 의원은 2만명 정도 유권자를 대표하게 된다.

한국의 의원들은 9명의 유급 보좌관을 두고 있다. 미국의 상하원에서 의원보좌관의 전체 수는 11,500명이나 된다. 이 중 의회 보좌관 2000여명이 의회; 각종 위원회를 보좌한다. 대체로 의원 한 사람이 15명정도의 보좌관을 두고 있다는 점에서 의원의 실질적인 업무처리능력에는 차이가 난다. 영국과 프랑스의 경우 보좌관수는 한국의 보좌관수보다 적다. 즉 의회의 보좌관수가 반드시 의회의 정치력 척도는 아닌 것이다.

1. 입법부의 중요성

입법부는 국민대표의 상징이다. 입법부는 통치기구가 아니며 주요 결정을 내리지도 않는다. 그러나 입법부는 여전히 자유민주주의 정치의 근간이다. 그렇다면 이러한 입법부의 중요성은 어디에서 근거하는가? 입법부는 무엇을 하는가보다 무엇을 대변하는가가 중요하다. 올슨은 "입법부는 사회와 국가의 법적 권위구조를 연결시켜준다. 입법부는 대표기구이다. 입법부는 시민의 감정과 의견을 반영한다"라고 말했다.[1] 즉 입법부가 무엇을 하는가보다 국민들의 의견을 반영하는 것과 그럼으로써 동의를 확보하여 법에 권위를 부여한다는 것이 의회를 여전히 중요한 기구로 만들어준다.

신생국가의 입법부에서는 의회의 지휘가 상승한다. 권위주의에서 통치자의 명령과 포고령에 의해 움직이던 것이 의회를 통해 행정부를 견제하고 입법에 관여하고 대표를 국민이 직접 선출함으로써 유권자들이 자신에 의해 만들어진 정부를 가진다는 것은 신생민주주의 국가에서 의회를 과거와 다르게 보게 한다. 하지만 성숙한 민주주의를 갖춘 나라들에서의 의회보다는 여전히 힘이 약하다. 래리 다이아몬드가 "대부분의 신생민주주의 국가에서, 의회는 정책과정에서 성숙하고 자율적인 심의기관으로서 기능하는데 필요한 조직, 재정적 자원, 정보서비스, 경험 있는 구성원과 직원 등을 결여하고 있다"고 지적한 것처럼 이들 나라에서 의회는 아직 작동을 위한 준비가 부족한 것이다.[2] 하지만 비민주주의 국가[3]에서 그림자 제도로서 기능하는 것에 비하면 제도적으로 발전하고 있다. 이것은 한국에서도 동일하다. 따라서 다이아몬드의 주장은 한국의회가 성숙한 민주주의를 구축하기 위해 무엇이 필요한가를 잘 보여준다.

---

1) **D. Olson, Legislative Institutions**: A Comparative View(New York: M. E. Sharpe, 1994), p.1. 로드 헤이그와 마틴 해롭, 『현대비교정치론』에서 재인용.

2) 해롤드&해롭, pp.540-545.

3) **비민주주의 국가들의 의회**: 비민주주의 국가들에서도 의회가 있다. 1990년 164개 국가 중 의회가 없는 나라는 14개에 불과하고 그 중 5개만이 의회의 경험이 전혀 없었다. 권위주의 정부는 통치자가 자의적으로 정치를 운영한다. 이런 자의적 통치에 의회는 방해가 될 것이지만 그럼에도 불구하고 의회를 두는 데는 이유가 있다. 먼저 의회는 국내적, 국제적으로 정권의 정통성을 위장해주는 역할을 수행한다. 또한 반대파를 정권으로 편입하는 장치로도 사용된다. 또한 의회를 통해 주민의 불만을 제기하여 국가와 사회의 통합을 가져오게 하는 윤활유의 역할을 수행하기도 한다. 마지막으로 최소한의 정치적 충원도 가능하게 해준다. 해롤드&해롭, pp.544-545.

2. 의회의 구성[4)]

의회가 국민을 대표하는 기능을 일차로 하고 국민들의 이익을 결집하고 이익을 반영하여 법안을 만들고 행정부의 집행을 통제하는 기능을 수행하는 기구로서 여전히 중요한 기능을 수행한다면 문제는 의회를 어떻게 구성하여야 이런 기능들을 원활히 할 수 있는가로 넘어가게 된다. 즉 국회의 구성이 어떻게 제도적으로 이루어지는지 그리고 규칙은 어떻게 형성되어 있는지에 따라 국회의 기능과 그 기능에 따른 중요성이 달라진다.

예를 들어 어떤 나라는 국가의 규모가 너무 크고 지역간 인구편차가 크다면 이런 나라는 지역별 유권자의 구성만을 반영하는 의회를 가질 경우 너무 적은 인구로 전체 의석수가 부족한 지역과 너무 많은 인구로 전체의석수의 상당수를 차지하는 지역으로 구분될 것이다. 게다가 이런 지역들 간의 차이가 오로지 인구에만 의존하는 것이 아니라 인종이나 언어의 차이를 가지고 있다면 이 지역들 간의 대표성 문제는 궁극적으로 국가구성원으로 계속 남을 것인지 아니면 새로운 정치공동체를 만들어 나갈 것인지의 문제 즉 국가의 통합성문제로 직결될 것이다. 따라서 이런 국가는 오로지 인구 편차로만 의회를 구성하지 않고 양원제를 두어 상원에서 지역을 균등하게 대표하는 의회를 따로 구성할 수 있다. 실제 미국의 경우 상원 50개의 각 주 대표들 2명씩에 의해 구성된다. 따라서 인구가 많고 적음에 상관없이 상원에서 각 주는 동등하게 대표된다.

국회구성과 관련해서 중요하게 다룰 세부적인 것들로는 우선 국회의 규모 즉 의원정수를 어떻게 할 것인가와 국회를 양원제와 단원제 중 어떤 방식으로 구성할 것인지가 있다. 그리고 국회의 운영방식과 관련해서 본회의를 중심으로 운영할 것인지 아니면 상임위원회와 소위원회중심으로 운영할 것인지를 정해야 한다. 그리고 국회가 원활히 작동하게 하기 위한 지원기구들을 정해야 한다. 그리고 시간과 관련해서는 회기제도와 운영시간이 중요하다. 국회의 구조와 관련한 이런 종류의 세부적인 사항을 보면서 우리는 한국의 의회가 적절한 수의 의원을 가지고 있는 것인지와 단원제와 위원회중심주의가 적합한 것인지 그리고 국회의 활성화를 위해 어떤 지원기관이 더 필요한 것은 아닌지를 따져볼 수 있을 것이다.[5)] 그리고 회기와 운영시간이 국회의 효율성을 보장하는지도 따져 볼 수 있다. 그럼 좀 더 세밀한 사안들을 살펴보자.

(1) 의원 정수의 결정

먼저 의회의 구성원수를 늘리면 어떤 효과가 있을까? 질문을 바꾸어서 한국에서는 국회

---

4) **의회와 선거제도**: 의회를 구성하는 데 있어서 가장 중요한 것 중의 하나는 의원을 충원하는 방식 즉 선거제도이다. 그러나 선거제도는 선거제도를 다루는 장에서 대통령선거제도와 국회의원선거제도를 같이 다루도록 하겠다.

5) 조진만, “국회의 구조” 『한국국회와 정치과정』(2010, 서울, 오름).

구성원수를 늘릴 수 있을까부터 생각해보자. 우리나라에서 국회의원은 2008년 18대 총선에서 299명으로 되어 있고 비례의원은 54명으로 규정되어 있다. 2012년 19대 총선에서는 의원정수가 300명(지역 246석/비례 54석)으로 늘었다. 2016년 20대 총선에서는 지역구 253석에 비례 47석이 되었다.

국회의원의 수는 헌법에 규정된 것은 아니다. 헌법 41조 2항에서는 “국회의원의 수는 법률로 정하되, 200인 이상으로 한다”로만 규정되어 있기 때문에 국회법을 바꾸고 선거법을 개정하면 얼마든지 국회의원 수는 늘릴 수 있다. 그러나 국회의원 수 증대에는 거부가 많다. 앞서 본 것처럼 국회와 국회의원에 대한 신뢰가 낮은 상황에서 국회의원의 수 증대는 세금의 낭비라고 생각하는 경향이 크기 때문이다.

그렇다면 세금을 버린다는 생각을 잠깐 접고 이론적으로만 볼 때 국회의 구성원수를 늘리면 어떤 효과가 있을까? 국회의원이 늘어난다면 국회의원 당 대표해야 할 유권자와 국민의 수는 줄어들 것이다. 현재보다 2배로 의석을 증대하면 의원 한 사람은 현재 유권자의 1/2씩만을 대표하게 될 것이다. 이는 대표성증대를 가져올 것이다. 만약 직능대표제등을 도입해서 직업별 대표를 늘린다고 하면 사회적인 직업별로 대표가 늘어날 것이다. 그러나 대표성은 증대할지 모르지만 정책결정에 도달하는데 드는 비용은 늘 것이다. 늘어난 대표들이 저마다 자기 주장을 하고 자신의 사활적인 이해를 지켜내기 위해 의사결정을 방해하거나 극단적인 대립을 지향한다면 민의를 대표하는 국회는 생산적인 입법안제출이나 법안 통과가 어려울 것이다. 따라서 인원 확대는 대표성증대라는 장점과 효율성의 감소라는 단점을 동시에 가질 것이다. 실제 비교정치적 관점에서 보면 가장 큰 의회가 3,000명 정도로 운영되는데 비해 대체로 많은 나라들이 600명에서 700명 선을 넘지 않는다. 어쩌면 이 수가 의회를 효율적으로 운영하면서 가장 크기를 키운 것이 아닌가라는 평가가 있다.[6)]

의원 당 인구수에서 얼마만큼이 가장 적절한가에 대해서 일치된 답이 존재하지는 않는다. 국가들마다 대표성과 효율성 중 무엇을 중시할 것인가에 대한 판단이 다르고 역사적 경험이 다르기 때문이다. 하지만 비교정치는 한 가지 기준을 제공해준다. 우리와 비슷하거나 우리보다 좀 더 정치적 선진국은 어떻게 운영하는지를 보는 것이다. 실제 OECD 국가들을 중심으로 하원 1인당 인구수를 비교하면 미국이 1위로 하원 1인당 69만 명이 넘는 인구를 반영하고 있고 일본이 26만이 넘는 인구를 반영한다. 우리나라가 3위로 16만 4천 명이 넘는 인구를 반영한다. 10만이 넘는 인구를 반영하는 나라로는 호주(13만 6천), 캐나다(10만 7천), 프랑스(11만), 독일(13만 7천), 네덜란드(10만 9천), 스페인(11만 5천)이 있다. 아이슬란드는 4천 700여 명을 대표하여 가장 대표성이 높게 나타났고 룩셈부르크가 7천여 명이고 나머지 나라들은 만 명 단위를 대표하는 것으로 나타났다.[7)]

이런 비교적 관점에서 볼 때 한국의 의원수는 다른 나라들에 비해 적은 편이다. 따라서

---

6) 신명순, 『비교정치』

7) 조진만, Ibid, p.105.

향후 의회의 발전을 위해서는 의원수 증대를 고려할 수 있다. 이때 중요한 것은 의원의 수만이 아니라 의회지원체제가 어떻게 구비되었는가하는 점이다. 미국은 우리보다 4배 이상 많은 지역민을 대표함에도 불구하고 의회의 대표성이 높은 편이다. 이것은 의회를 지원하는 지원체제가 잘 구축되어있기 때문이다.[8] 따라서 향후 국회개혁의 논의는 국회의원수의 증대여부와 함께 의회지원구조를 어떻게 만들어낼 것인가가 될 것이다.

한국에서 의원수를 정하는 것은 제헌당시부터 자의적이었다. 1대 국회는 200명을 규정했다. 하지만 왜 200명을 정했는지에 대한 원인을 밝히기 어렵다. 게다가 국회의원 수를 조정하는 것이 과학적인 분석에 근거한 것이 아니라 사회적인 분위기에 의해 주로 결정되어 왔다. 박정희정부에서는 국회를 비능률의 근원으로 보고 국회의원수를 175명으로 줄였던 경험이 있다. 민주화 이후에 2000년에는 당시 외환위기의 분위기에서 국회도 구조조정을 해야한다는 측면에서 정원수를 299명에서 273명으로 의석기준으로 26석을 줄였다. 2009년 자유선진당 이회창 총재는 경제위기상황을 고려하여 국회의원 정수를 30% 줄일 것을 제안하기도 했다. 2016년 20대 총선을 앞두고 국회는 국회법을 개정하여 지역구선거에서 지역별 인구 편차를 1 : 2로 맞추면서 전체 의석수 300명을 고정시킨 상태에서 지역구 의원수 253명과 비례의원수는 47명으로 정했다. 의원정수 개정 문제는 그것이 다른 나라들과의 면밀한 비교가 없고 국회의원수 만이 아니라 의회에 대한 지원체제가 어떠한지에 대한 고려가 부족하다는 점과 의회의 대표성과 효율성 문제에 대한 엄격한 고찰이 없었다는 점이다. 따라서 향후 의회개혁은 비교정치적 도움이 절실하다.

(2) 단원제와 양원제

두 번째로 고려할 것은 국회의 구성을 단원제와 양원제 중 어느 것을 할 것인가에 대한 부분이다. 영국과 미국처럼 양원제의 전통과 역사를 가진 나라가 있는가 하면 단원제를 전통을 가지고 있는 나라도 있다. 그렇다면 양원제와 단원제의 제도적 효과는 어떤 차이가 있는가? 보통 상원제도는 영국처럼 신분의회적 전통을 반영하거나 미국처럼 공화주의적 관점에서 각 주의 선호와 이익을 보호하기 위해 만들어졌다. 따라서 상원이 있는 경우 하원의 급진적인 결정을 견제하게 되거나 다양한 계층과 주들의 이해를 대변할 수 있기 때문에 대표성이 높다. 따라서 레이파트(A. Lijphart)는 양원제가 단원제보다 안정적이고 비지배적인 정치적 결과를 산출할 가능성이 높기 때문에 장기적으로 사회적 소수의 이해를 보호하고 다수결제도의 불안정성의 문제를 해결할 것으로 보았다.[9]

하지만 양원제는 단원제에 비해 정책결정의 비용이 크다는 문제가 있다. 또한 상원을 둠으로써 상원의 의견이 실제 하원의 의견과 동일한 경우에는 불필요하고 하원의 의견과 다를 경우 무엇을 중심으로 결정할 것인가의 문제에서 한 쪽은 부차적이 되는 문제가 있다. 게다

---

8) 조진만, Ibid, p.106.
9) 조진만, Ibid, p.109.

가 행정부에 비해 의회의 입지가 약해진 현대에 와서 의회를 나눔으로써 오히려 의회를 위축시킬 수도 있다. 또한 상원과 하원간의 의견충돌시 이를 조정하는 것 역시 수월한 문제가 아니란 점에서도 비판을 받고 있다.

우리의 경우는 어떤가? 한국에서는 건국시기에 헌법기초위원회에서 양원제에 기반을 둔 의원내각제를 채택한 헌법초안을 내놓은 적이 있지만 실제로 이것이 제헌헌법에서는 채택되지 못하였다. 이후 4.19혁명과 의원내각제에 기반을 둔 2공화국의 성립으로 5대 의회에서만 양원제를 채택하였다. 하지만 1961년 5.16군사 쿠데타가 나고 나서 정부형태는 다시 대통령제도로 복귀하였고 의회의 형태 역시 단원제로 복귀하여 현재까지 지속되고 있다. 대한민국에서 단원제를 주로 쓴 이유는 국가의 규모가 작기 때문이다. 여기에 더해 신생독립국가로서 국가를 신속하게 재건할 필요가 있었다는 점, 사회의 다양한 입법적 수요를 신속하고 효율적으로 처리할 필요가 있었다는 점, 그리고 권위주의정권 시기 국가 주도 경제발전모델을 능률적으로 추진하는 데 유용한 측면이 있었다는 점 등이 지적된다.[10]

대한민국이 짧은 기간만 양원제를 사용했고 나머지 기간을 단원제를 사용해왔다고 해서 이 논쟁이 끝난 것은 아니다. 아직 논쟁의 불씨를 가지고 있는 것은 남한과 북한이 통일을 이루고 하나의 국가로 합쳐지게 될 때 정부를 구성하고 의회를 구성하는 방식이 남아있기 때문이다. 현재의 인구수를 감안한 상태에서 통일을 하게 되면 북한 지역은 구조적 소수가 될 것이다. 게다가 그동안의 문화와 경제수준 등으로 인해 남한과의 이질성을 크게 느낄 것이다. 따라서 통일의 정부형태는 연방제 정부형태를 고려해 볼 수 있다. 연방제 정부를 만들어서 북한에 대해 자치권을 최대한 보장하는 방식으로 국가의 형태를 구축할 수 있다. 이 경우 인구비례와 함께 지역비례의 방식으로 연방의회를 양원제로 만들 수 있을 것이다. 따라서 미래 한반도의 구상에는 양원제도에 관한 논의가 반드시 담겨야 한다.

(3) 본회의 중심주의와 상임위 중심주의

다음으로 고려할 것은 운영방식의 문제로서 본회의와 상임위원회 중 무엇을 중심으로 국회를 운영할 것인가 하는 점이다. 전통적인 의회의 기능과 정당을 통해 구성된 내각을 강조하는 의원내각제 국가인 영국에서는 본회의를 중시한다. 따라서 본회의는 토의를 하는 하나의 장으로서 기능한다. 반면, 의회를 행정부에 대해 견제하기 위한 수단으로 인식하는 대통령제 국가인 미국에서는 상임위원회를 통해 의회의 전문화를 꾀한다. 의회는 효율적이 되겠지만 본회의를 통해 전체 의회의원들의 토론과 심의를 중심으로 하는 방식에 비해 대표성은 떨어진다. 따라서 본회의를 중요하게 여길 것인지 상임위원회를 중시할 것인지는 결국 정부형태가 지향할 가치를 어떻게 설정하고 이 가치에 제도를 조화시키는가에 달렸다.

그런데 본회의를 중시할 것인가와 상임위원회를 중시할 것인가에서 문제가 되는 부분이

---

10) 박재창, 『한국의회정치론』(2003, 서울, 오름), 조진만, Ibid, p.111에서 재인용.

있다. 그것은 양자의 선호가 일치하지 않는 경우에 어떤 판단을 내릴 것인가 하는 점이다. 만약 본회의와 상임위원회 양자의 선호가 일치할 경우에는 상임위원회를 따라가면 대표성과 효율성 모두를 증진시킬 수 있다. 그러나 양자가 충돌할 경우 본회의의 선호를 따르면 효율성에 손상이 생기고 상임위원회의 선호를 따르면 대표성에 손상을 입게 된다.[11)]

표를 통한 비교

이익분배이론: 본회의 선호 ≠ 상임위원회 선호
정보확산이론: 본회의 선호 = 상임위원회 선호
정당이익이론: 정당선호 > 본회의 선호, 상임위원회선호

이 문제와 관련해서 미국의 의회를 중심으로 상호경쟁적인 이론이 발전해왔다. '이익분배이론(distributive theory)'은 본회의의 선호와 상임위원회의 선호가 차이를 보인다고 주장한다. 이 이론에 따르면 의원들은 재선을 목적으로 하기 때문에 선거구민에게 서비스를 제공할 수 있는 상임위원회를 선택하는 경향이 있기 때문에 여기 모인 의원들은 이익이 공유되지만 이들의 이해가 본회의와는 차이가 있다는 것이다.

반면, '정보확산이론(informational theory)'은 상임위원회가 본회의와 선호가 일치한다고 주장한다. 이 이론에서는 상임위원회가 자신이 원하는 입법을 하기 위해서는 본회의의 지지를 받아야 하고 이 때문에 본회의의 선호와 상임위원회의 선호가 다르지 않다고 한다. 즉 상임위원회가 의원들의 전문성을 통해 본회의가 필요로 하는 정보를 제공함으로써 본회의가 올바른 판단을 내리도록 보조적 역할을 수행하기 때문에 본회의와 상임위원회간의 정치적 선호의 차이는 크지 않다고 주장한다.

이런 입장과 달리 현재의 의회가 운영방식상 본회의 중심으로 운영을 하든 상임위원회 중심으로 운영을 하든 관계없이 정당을 중심으로 운영된다는 점을 들어서 '정당이익이론(partisan theory)'을 주장하는 경우도 있다. 이 이론이 주장하는 핵심은 의원들이 상임위원회에서 독자적인 선호를 내는 것이 아니라 정당이 주도적인 결정을 하기 때문에 상임위원회나 본회의나 모두 정당통제하에서 선호의 차이가 크지 않다는 것이다.[12)]

그렇다면 한국은 어떤 방식을 강조하고 있는가? 한국은 당초 제헌국회에서 전원위원회제도를 두어 본회의 중심으로 국회를 운영하였다. 제헌의회의 전원위원회는 5대 국회에서 폐지되고 6대 국회부터는 상임위원회 중심주의로 운영되었다. 박정희정부가 등장하면서 국회를 상임위원회중심으로 이용하는 것이 정치적으로 유리하다는 판단에 따라 본회의보다 상임위원회 중심으로 운영하게 되었다. 실제 상임위중심으로 국회가 운영되면 정부입장에서도 국회를 다루고 법안을 통과시키기가 수월하다. 몇몇의 전문적인 상임위원들만을 상대하면

11) 조진만, Ibd. p.113.
12) 손병권, "의회", 『정치학이해의 길잡이』.

되기 때문이다. 2000년 들어서는 본회의를 활성화하기 위한 방안으로 전원위원회제도가 다시 도입되어 현재 이용되고 있다.

심화 학습

한국의 상임위원회와 특별위원회의 운영

2016년 현재 국회에는 16개의 상임위원회[13]가 2개의 특별상임위원회(예결특별위원회, 윤리특별위원회)가 있다. 정보위원회가 12명으로 국회법에 인원이 규정된 것을 제외하면 다른 상임위원회의 인원수는 국회규칙에 따라 결정되게 되어 있다. 현 18대 국회에서는 외교통상위원회가 29명으로 위원정수가 가장 많고 환경노동위원회가 15명으로 정보위원회 다음으로 적다. 국회의원들은 복수의 상임위원회에 가입할 수 있고 위원의 임기는 2년으로 제한되어 있다. 국회 상임위원회를 오래 할 경우 이해충돌이나 부패를 고려한 것인데 이것은 다른 측면에서 국회의 전문화를 저해할 수도 있다.

그리고 상임위원회는 복수의 상임위원회 소관과 관련되거나 특히 필요하다고 인정되는 경우 안건을 효율적으로 심사하기 위해 본회의 의결로 특별위원회를 둘 수 있다. 특별위원회에는 예산과 결산문제를 다루는 예산결산 특별위원회, 의원의 자격을 심사하는 윤리특별위원회, 헌법상 국회의 임명 동의를 요하는 대법원장, 헌법재판소장, 국무총리, 감사원장, 대법관과 국회선출하는 헌법재판소 재판관, 중앙선거관리위원에 대한 임명동의관련 심사를 하는 인사청문특별위원회와 기타 특별위원회가 있다. 또한 상임위원회는 각각 특정한 안건심사를 위한 소위원회를 둘 수 있다. 국회의 효율성을 재고하기 위해서는 실제 이들 상임위원회와 특별위원회의 작동과 운영과정을 들여다보고 이들에 대한 구체적인 개선방안이 필요하겠다.

한국국회의 상임위원회는 법안의 개발과 심의를 위하여 행정부로부터 독립하여 독자적인 기능을 수행해야 함에도 행정부 주도의 법안작성에 견주어 볼 때 법안작성이나 정책의 개발능력이 떨어진다. 즉 미국방식과 같이 상임위원회가 강력하게 작동하지 못하는 것이다. 하지만 본회의는 상임위원회에서 합의된 법안이 본회의에 수정되거나 부결되는 경우가 거의 없이 통과하기 때문에 의원내각제 국가인 영국처럼 본회의를 중심으로 법안에 대한 토론, 심의, 수정의 기능도 활성화되어 있지 못하다. 게다가 상임위원회에 대한 정당의 통제는 강하기 때문에 의회와 의원의 자율성은 떨어진다. 따라서 한국의 국회개혁방안을 정할 경우 대표성을 높이기 위한

13) **한국의 16개 상임위원회**: 1. 국회운영위원회(국회운영에 관한 사항) 2. 법제사법위원회(법무부, 법제처, 감사원소관사항, 탄핵소추) 3. 정무위원회(국무조정회. 금감원, 공정거래위원회소관사항) 4. 기획재정위원회(기획재정부, 한국은행소관사항) 5. 미래창조과학방송통신위원회(미래창조과학부, 방송통신위원회 소관사항) 6. 교육문화체육관광위원회(교육부, 문화체육관광부소관사항) 7. 외교통일위원회(외교부, 통일부소관사항) 8. 국방위원회(국방부소관사항) 9. 안전행정위원회(국민안전처, 인사혁신처, 행자부, 중앙선거관리위원회, 지방자치단체소관사항) 10. 농림축산식품해양수산위원회(농림축산식품부, 해양수산부 소관 사항) 11. 산업통상자원위원회(산업통상자원부소관사항) 12. 보건복지위원회(보건복지부, 식품의약품안전처 소관사항) 13. 환경노동위원회(환경부, 고용노동부 소관사항) 14. 국토교통위원회(국토교통부 소관사항) 15. 정보위원회(국가정보원 소관사항)16. 여성가족위원회(여성가족부 소관사항)

본회의 중심으로의 개편이나 효율성을 높이면서도 상임위원회가 좀더 전문성과 자율성을 가질 수 있는 개편이 모색될 필요가 있다.[14]

(4) 지원기구

이제 의원이 실질적인 기능을 수행할 수 있는 현실적인 문제로 돌아와 보자. 대한민국에서 국회의원은 임기가 4년이다. 국회의원이 되어 자신의 지역의 중요사안을 파악하고 지역을 대표하기 위한 준비작업을 하는 데 시간이 필요하고 다음 선거에서 재선하기 위해서는 지역관리를 하고 조직을 꾸리기도 해야 한다. 게다가 이들은 적은 인원의 보좌를 받으면서 업무를 추진해야 한다. 이들 국회의원이 법으로 임기를 보장 받고 체계화된 관료기구로 구성된 행정부를 상대하는 것은 수월한 일이 아니다. 따라서 국회의원이 개별적으로든 집단적으로든 행정부를 견제하고 입법을 추진하면서 효율적인 정책을 달성하려면 개인의 특성에 의존하는 의원직 자체만을 가지고는 안 된다. 짧은 임기에 대한 압박과 지역민의에 대한 반영이라는 제약조건을 가진 상태에서 의원이 전문성을 가지기 어렵고 정보가 부족한 의원은 의회와 의원을 지원하는 기구로부터 도움이 절실하다.

실제로 1970년대 미국에서는 베트남전쟁과 워터게이트 사건으로 대표되는 닉슨 대통령과 대통령의 무소불위의 권력을 비판하는 아더 슐레진저(A. Schlesinger)의 '제왕적 대통령'[15]이라는 비판이 나오면서 의회가 행정부를 견제해야 한다는 여론이 등장했다. 그리고 의회는 행정부를 견제하기 위한 기구를 확충했다. 한국에서도 국회사무처, 국회도서관, 국회예산정책처, 국회입법조사처 등이 의회를 지원하는 기구로 기능하고 있다. 대한민국의 국회를 개선하기 위해서는 이들 지원기구의 기능을 확대하는 방안들이 좀 더 구체화되어야 할 것이다.

(5) 회기와 운영시간

마지막으로 의회와 의원들이 어떤 시간적 제약을 받으면서 활동하는가를 살펴보자. 의회는 상시적인 제도가 아니다. 의원들은 필요한 시기 동안 혹은 법으로 규정된 시간 동안 모여서 토의와 심의를 하고 법안을 상정하고 통과시킨다. 법으로 정해놓은 의회의 활동시간을 회기라고 한다. 그리고 의회가 실제로 열려 운영된 시간은 개의일수로 파악한다. 시간적 제약은 역사적으로 의회의 형성기에 국왕이 필요로 하는 때에 의원을 불러모아 자문을 구했던 경험에 근거한다. 의회가 정기적으로 회합을 하게 되었지만 의원들은 전업직이라기보다 부업직이나 명예직으로 의원직을 여겼기 때문에 상시적으로 모이지 않았다. 하지만 의회에 대한

---

14) 조진만, Ibid, pp.119-120.

15) **제왕적 대통령의 의미**: 대통령이 권력분립으로 견제 되지 않고 다른 기관에 비해 많은 권력을 행사하는 경우이다. 대통령이 정당을 장악하고 정당을 통해서 의회를 장악하며 권력을 남용하는 것을 비판하기 위한 개념이다.

전업인식이 높아지고 의회도 정기적으로 소집되면서 운영시간을 확대하는 쪽으로 바뀌어 왔다.

최근에는 의회운영시간을 최대한 확보하기 위한 회기제도 개혁과 상설의회로의 전환과 같은 방안들이 제기되고 있다. 이런 제안은 몇 가지 점에서 적실성을 가진다. 첫째, 대의민주주의에서 정부에 대한 견제와 감독기능을 원활히 수행할 수 있게 해준다. 둘째, 시간은 정보불균형문제를 치유할 수 있게 하여 관료에 대한 도덕적 해이를 해결할 수 있게 해준다. 또한 시간이 확보되면 의원들의 전문성도 증대할 수 있으며 전문성이 증대해야 내실있는 정책결정을 내릴 수 있다. 넷째, 의회를 상시적으로 운영할 때 부정기적으로 발생하는 국정현안을 신속하게 심의할 수 있다.16)

한국의 실제 국회운영은 어떻게 이루어지고 있는가? 현행 국회법은 매년 9월 1일 국회가 소집되어 100일의 정기회를 갖도록 규정하고 있다. 그리고 8월, 10월, 12월을 제외한 매 짝수월 1일에 30일의 임시회를 집회하도록 규정하고 있다. 그리고 국회휴회중에도 회의를 재개할 수 있는데 이를 위해서는 대통령의 요구가 있거나 국회의장이 긴급한 필요가 있다고 인정하거나 국회 재적 1/4이상의 요구가 있어야 한다. 하지만 현실 정치에서 정당과 정치권은 자신들의 이해를 관철시키기 위해 개회와 회기를 정치적으로 악용하여 '식물국회'를 만들거나 회기 중 의원불구속원칙을 관철시키고자 자당의 의원 보호명목으로 임시회를 계속 열리게 하는 '방탄국회'를 만들기도 한다. 이러한 국회의 문제점을 개선하기 위한 방안 중 하나로 나온 것이 '상설의회' 제도이다. 실제로 대부분의 민주주의 국가들이 상설의회를 채택하고 있다고 한다. 그리고 전 세계적으로도 정기회와 임시회로 구분하는 국가는 소수에 불과하다고 한다. 특히 민주화 이후 의원법안의 발의가 증가하고 정부법안의 수정률이 높아진 점 등을 고려할 때 국회운영시간을 늘리는 방안이 좀 더 현실적이라는 주장이 있다.17)

3. 의회의 기능

표를 통한 비교 의회의 기능

1. 대표기능	유권자들의 대표로 기능. 사회적 균열과 가치를 반영 ex) 농민과 어민의 유권자 비율(전체 유권자의 15%)대비 국회의원 1인도 없음
2. 심의기능	의회민주주의이론은 특별한 이들로 대표를 선출하여 의회에서 논의를 진행 정책입안은 행정부가 주도하고 의회는 심의를 주도함
3. 입법기능	의회가 입법의 중심역할 그러나 주로 의회는 비준을 통해서 행정부를 통제
4. 행정부통제	예산승인과 정부에 대한 감시(국정조사와 국정감사)
5. 엘리트 충원	신진 정치지도자를 발굴하고 훈련시킴

16) 조진만, Ibid, pp.124-126.
17) 조진만, "의회 운영시간의 결정요인에 대한 교차국가분석", 『한국정치학회보』 제 42집 1호.

의회의 기능 중 가장 중요한 것은 대표의 기능, 심의의 기능, 입법의 기능을 들 수 있다. 이외에도 지출의 승인이나 행정부 감시도 한다. 이 중 가장 중요한 것은 대표의 기능이다. 만약 의회가 국민들을 완전히 대표한다면 의회는 사회의 축소판인 '소우주(microcosm)'가 될 것이다.[18] 사회의 구성원들을 그대로 의회에도 반영할 것이다. 가령 한 사회가 인종이 100개가 되는 다인종사회라면 이 100개의 인종을 대표하는 대표들이 의회에 있어서 자신들의 이해를 밝혀주어야 한다. 그리고 이 과정에서 도출된 의견을 수렴하는 것은 의회를 통해 국가가 정당성을 확보하는데 중요하다. 실제로 많은 나라들에서 직능대표제를 차용해서 상원을 구성하는 경우가 있는데 이런 직능대표제도 역시 사회의 축소판을 반영하는 것이다. 하지만 이런 것은 이상에 가깝다. 만약 사회를 있는 그대로 반영한다면 알콜중독자와 부랑자와 범죄자들을 반영하는 대표를 의회에 보내야 하고 이들 대표를 선출해야 한다. 이것은 가능해 보이지도 않지만 바람직하지도 않다.

(1) 대표 기능

의회가 국민의 대표가 될 때 대표를 매개해주는 것은 정당이다. 유권자들은 확실한 정보를 가지고 있지 않으며 어떤 후보가 어떤 성향을 가졌는지 알기 어렵다. 따라서 유권자는 좀 더 손쉬운 판단을 하고 판단에 대한 책임을 추궁하기 수월하게 하기 위한 제도로 정당을 가지고 있다. 따라서 정당이 발전한 경우의 국가들에서 의원은 선출될 경우 자신의 개인적 측면에 대한 위임도 받지만 많은 부분을 정당에 빚지게 된다. 따라서 정당의 명령을 따라야 한다. 인도의 경우 의원이 자신이 속한 정당에 반하여 투표할 경우 의석을 잃어버리게 되는데 이것은 의원이 정당을 바꾸는 문제를 넘어 유권자를 기만했다고 생각하기 때문이다. 하지만 이런 극단적인 경우를 제외하면 의원에게 자유재량권이 위임된다. 독일과 프랑스의 경우 입법부 구성원들은 국가에 충성을 해야지 국가에 속한 어떤 집단에 충성을 해서는 안 된다는 헌법규정과 자신이 속한 정당에 대한 의무감 사이에서 적절한 조화를 찾아야 한다. 하지만 어찌 되었든 의회는 한 사회의 이슈를 이야기하기 위해 충분히 사회를 대표할 수 있어야 한다.

(2) 심의 기능

두 번째로 중요한 기능은 심의 기능이다. 의회의 대표들은 국가의 중요사안과 지역의 중요사안등과 같은 공적문제를 심사숙고해야 한다. 이를 통해 더 나은 공익창출이 가능한데 과거 의회는 실제로 심의가 가장 중요했다. 그러나 공적 문제를 숙고하고 공익에 대해 더 나은 대안을 창출하는 것은 의회가 사회의 이익을 그대로 대변해야 한다는 입장과는 다르다. 심의를 강조하는 입장은 대표의 식견을 필요로 하며 좀 더 엘리트에 의한 지배가 바람직하다고 여기기 때문이다. 하지만 심의의 방식도 국가들마다 다르다. 영국과 같은 나라에서

18) 해롤드&해롭, p.519.

심의는 본회의에서의 토론의 형태를 띠지만 미국에서는 위원회회의장에서의 정책토론의 형태를 띠게 된다.

(3) 입법 기능

세 번째 기능은 입법 기능이다. 대부분의 나라들에서 의회에 입법 기능을 부과하고 있다. 하지만 입법부가 입법에 대해 영향력을 실제로 행사하는 경우는 드물다. 실제 법률에 관한 입법통제권은 정부가 가진 경우가 다수이다. 민주주의 국가에서는 의회를 거쳐서 법률안이 통과되지만 의회가 발의하지 않고 이 통과과정에서 수정되지 않는 경우가 많다. 영국과 영국의 영향을 많이 받은 나라들에서는 정당이 입법을 주도한다. 따라서 정당이 주도하고 정부가 발의한 법률안을 의회는 단지 손을 조금 보고 통과시키기도 한다. 반면, 미국의 경우 의회는 입법에 상당한 영향력을 행사한다. 분점정부가 될 경우 의회는 행정부가 제안하고 하원의원이 공식적으로 발의한 법률안을 의회가 폐기처분 할 수도 있다. 게다가 미국은 하원의원만이 법률안을 공식적으로 제안할 수 있다. 그리고 만약 정부가 의원을 통해 통과시키고자 한 법률안이 있어도 미국의회는 이를 변형시킬 수 있다. 의회에서 이렇게 통과되지 못한 법안의 경우 다시 대통령과 정부는 다른 방식과 다른 이름으로 법안을 만들어 낼 수 있지만 의회에서의 통과가 수월한 것은 아니다. 또한 양원제 국가의 경우 하원을 통과한 법률안이 상원에서 수정되는 경우와 같은 일도 벌어진다. 이런 경우 법률안은 다시 하원으로 보내져서 토의와 검토를 해야 하고 상하원의 공동위원회에서 조정되기도 한다.

(4) 행정부 통제 기능

이외에도 의회의 기능 중에는 정부의 지출을 승인하는 것과 정부를 감시함으로써 행정부를 통제하는 기능도 있다. 의회는 행정부의 예산에 관해 승인을 해줌으로써 행정부를 통제할 수 있다. 만약 미국처럼 의회가 행정부의 예산에 관련된 내용을 명확하게 알고자 의회내에 예산처(Budget office)를 만들게 되면 의회는 상당한 정도의 전문지식으로 무장하고 행정부를 통제할 수 있다. 행정부의 모든 자금을 실제로 의회가 통제함으로써 의회는 행정부에게 자신이 원하는 것을 관철시킬 수 있다. 하지만 예산을 편성하는데 있어서 자신들의 정치적 이익 때문에 예산을 시한의 마지막까지 미루는 의회의 행동은 의회가 자칫 하면 공익을 실현시키기보다는 의회자신과 정당의 이익만을 관철하는 매개체가 되는 것이 아닌가에 대한 의구심을 가져오게 만든다. 하지만 정당의 규율이 강하고 대통령이 보스가 되는 경우 예산안 처리는 실제 의회의 거수기적인 역할에 그칠 수도 있다.

의회의 기능 중 다른 한 가지 기능은 행정부에 대한 감시 또는 감사의 기능이다. 다른 기능들이 상대적으로 쇠퇴한데 비해 감시 혹은 감사의 기능은 증가하고 있다. 이 감시기능을 위해서는 3가지 주요 수단이 있다. 첫째, 질문과 질의. 둘째, 긴급토론과 신임투표. 셋째, 위원회조사가 그것이다. 이 중 세번째 기능은 대통령제도에서도 사용하지만 앞의 두 가지는 주로 의원내각제도에서 사용된다. 영국에서 하원의원들은 1년 동안 무려 7만개의 질의를 보내고 1주일에 한번 '총리에 대한 질문시간'을 가진다. 긴급토론은 중요한 주제에 대한 주의를 환기시킬 때 이용된다. 그러나 무엇보다 중요한 것은 위원회조사를 통한 감시이다. 실제로 미국의 경우 국방이슈 하나에 대해서만 1998년에 14개 위원회와 43개 소위원회가 청문회를 개최하였다. 3천명이 넘는 위원회 직원들의 지원이 이를 가능하게 해준다. 하지만 이러한 미국조차도 실제로 관료업무의 몇 군데만을 감시하고 통제할 수 있다.

(5) 엘리트 충원 기능

의회의 기능 중 마지막 기능은 엘리트를 충원하는 것이다. 정치인을 배출하고 이들이 공적문제에 관심을 가지고 공적문제를 원활히 풀어가도록 선발과 훈련을 해야 한다. 엘리트를 충원하는 기능에서 엘리트 선발과정은 규칙이 까다롭다. 어떤 자격을 갖춘 사람을 선발할 것인가를 결정하는 것 자체가 정치의 핵심이기 때문이다. 예를 들어 피선거권의 연령제한이나 시민권이나 거주요건과 같은 경우는 한 사회의 지도자의 요건을 결정하는 사회의 가치관에 달렸다. 게다가 선거라는 제도장치에 무분별하게 뛰어드는 것을 막기 위해 선거공탁금의 액수를 정하는 것 역시 사회적 가치에 따라야 한다. 한국의 경우 대통령피선거권의 나이제한은 대통령이 40세이고 국회의원이 25세로 되어 있다. 선거공탁금은 대통령의 경우 5억원이고 국회의원은 천오백만원이다. 그리고 시·도지사선거는 5천만 원, 시·도의회의원선거는 300만 원, 자치구·시·군의 장 선거는 1천만 원, 기초 지방의원선거 공탁금이 200만 원이다.

정치적 충원과정은 매우 중요하다. 의회에 대한 사람들이 지지도가 높고 임기제한이 없는 경우 정치인들이 의회진출을 통해 의원을 자신의 직업으로 삼는 경우가 많다. 이렇게 직업정치인들이 의회를 장악하게 되면 정치에 대한 식견과 의욕을 가진 사람들에 의해 의회가 굴러가게 될 것이다. 다른 전문분야에 있던 사람들이 정치에 뛰어들어서 실제 정치를 잠깐 관망하다가 나가게 되면 정치는 점점 더 저발전하게 될 것이다. 그런 점에서 전문정치인을 육성하는 것이 중요하다.

정치인에게 '현직효과(incumbency effect)'[19]가 있어서 선거에서 의원직을 가진 사람이 유리하다면 재선의 가능성이 높아질 것이고 이는 직업안정성의 측면에서도 상당히 중요하다. 예를 들어 영국의 경우 평균재임기간이 20년이다. 반면, 캐나다는 6년에 불과하다. 이것은 영국에서 의원은 직업으로서 선택할 수 있지만 캐나다의 짧은 기간은 의원이나 의원이 되고자 하는 사람들에게 평생직업으로서의 장점은 없다. 현직의원의 재선가능성이 미국, 독일, 뉴질랜드의 경우 85%가 넘는다. 이것은 의원이 한번 되면 지속적으로 의원이 될 가능성이 높다는 것이고 이는 전문 정치인 육성이 가능하다는 이야기이다.

게다가 미국처럼 의회에서 다선의원일수록 위원회에서 중요한 역할을 수행하게 되는 '고

19) **현직효과의 의미**: 현직에 있는 의원이 당선에 유리한 효과. 현직에 있으면서 정치활동을 하면 그 지역에서 누가 의원이고 이 의원이 어떤 활동을 하는지를 지역 유권자들에게 알리는 것을 의미한다.

참제도'[20]를 사용한다면 직업으로서의 의원에 대한 장점은 더 높아진다. 문제는 이렇게 재선의 가능성이 높아진다는 것은 정치판이 잘 안 바뀐다는 것을 의미하기 때문에 의회자체가 보수화될 수 있다는 점이다. 하지만 한국의 의회가 70%대의 초선의원 당선율을 내는 것처럼 너무 자주 바뀌게 되면 의회의 안정성은 떨어지게 된다. 따라서 경륜이 있는 의회를 만들 것인지 젊은 피를 빨리 빨리 수혈할 것인지는 사회가 결정해야 한다.

4. 의회 제도화

의회정치가 발전한다는 것은 의회에 대한 사람들의 기대가 커지고 의회가 그 기대를 반영하는 것이다. 이렇게 하나의 정치제도로서 의회가 정치적 역할을 수행할 수 있게 되는 것을 제도화라고 한다. 의회의 발전은 결국 의회자체가 얼마나 제도화되는가의 문제이다. 물론 바로 뒤에서 보겠지만 의회정치의 발전은 '제도로서의 의회'의 발전 뿐 아니라 '행위자로서 의회'의 발전도 병행되어야 한다.

(1) 제도화의 의미

표를 통한 비교 **의회제도화 방안**

의원의 전업화	4년에 한 번 선거로 선출하여 제도적 안정성이 낮음 의원이 전업의식을 가져야 의회제도가 안정성을 가짐
정책 전문성향상	의회의 기능이 강화되어 의회자체가 문제해결기제라는 기대감이 증대해야 함
의회규범의 강화	고참제도와 같은 의회 내 규칙 확립 의원상호간의 상호성 증대필요 의원의 의정활동과 정책개발 집중을 통한 의원에 대한 기대치증대

제도로서 의회를 발전시키기 위해서는 제도화가 필수적이다. 그렇다면 제도화는 무엇을 의미하는가? 제도화는 환경과 유리되는 조직의 독자적 경계가 설정되고 조직의 내부구성이 기능적으로 분화되며 조직의 내부규칙과 규범이 자동화되는 것을 지칭한다.[21] 이 정의를 따른다면 구조기능주의적 관점에서 제도는 제도를 둘러싼 환경과 구분되어야 한다. 즉 사회환경과 경제환경 그리고 다른 정치환경으로부터 의회라는 것이 하나의 경계선을 가져야 한다. 즉 기업이나 시민단체 그리고 행정부와 다른 조직으로 구성되어야 한다. 그리고 그것이 기능을 수행하기 위해서는 제도내부가 세분화되어 세부적인 하부제도들이 작동할 수 있어야 한다. 즉 의회를 작동시키기 위해서는 의회를 이루고 있는 다른 하부조직들인 위원회나 본회의 교섭단체 등이 작동할 수 있어야 한다. 그리고 조직을 운영하는 조직의 규범이 스스로

20) **고참제도의 의미**: 재선과 3선등 다선이 되면 소관 상임위에서 높은 직책을 맡게 되는 것을 의미한다. 최고선이 상임위원회 의장이 되는데 이 경우 막강한 권력을 가질 수 있기 때문에 의원에 대한 유인이 될 수 있다.

21) 손병권, Ibid.

작동할 수 있게 되어야 한다. 따라서 조직의 운영원칙이 개인이나 특정 집단에 의해 자의적으로 변경되거나 정지해서는 안 된다.

(2) 의회제도화

제도화를 좀 더 구체적으로 설명하면 첫째, 의원직이 전업으로 인정되어 의회가 독자적인 조직으로서 외부환경과 분화되어야 하고 둘째, 효율적인 업무수행을 위해 상임위원회 등을 중심으로 정책 전문성이 향상되어야 하고 셋째, 의회내부의 규범이 강력한 자기실행력을 가져야 한다.[22] 실제 한국의회의 경우 정당의 영향력이 강하고 대통령이 당권과 대권을 쥐게 되어 정당을 장악하기 때문에 의회의 독자성이 약한데 이것은 제도화가 부족하다는 증거이다. 의회의원의 자율성을 증대하기 위해 정당구조를 원외세력을 배제하고 원내세력을 중심으로 하자는 주장은 의회의 자율성의 증대 측면에서는 긍정적이다.

앞서서 본 것처럼 폴스비는 의회의 제도화를 3가지 차원에서 이야기했다. 의원의 전문화의 차원과 의회내 업무의 분화차원과 의회내부규칙의 증가와 복잡화차원이 제도화에서 중요했다. 이런 점에서 먼저 의원직의 전업주의는 중요하다. 의원의 전업의식이 일반화되어야 장기봉직에 대한 인센티브가 제공될 수 있다. 또한 의원의 전업주의는 의원의 교체율을 감소시키고 의회의 안정적인 운영을 보장하며 의원간의 지속적인 상호작용을 보장한다. 프라이스(Price)는 미국의원의 전업주의 의식의 제고현상을 설명하면서 의회의 행정부에 대한 권한강화, 정당재편현상, 상임위원회의 고참제 도입 등을 전업의식증대의 중요한 요인으로 설명하였다. 실제 전업주의 의식에 영향을 미치는 것은 의회에서 자원확보방안, 상임위원회 제도의 정비, 행정부에 대한 의회의 실질적 영향력 증가, 안정적 선거구 증대와 이에 따른 의원교체율이 감소하는 것이다.[23]

의회의 업무가 분화되는 제도화는 위원회를 중심으로 의회가 운영되는 것이다. 이 부분은 상임위원회와 관련된 분야에서 좀 더 들여다보도록 한다.

마지막으로 의회규범의 확립과 관련해서는 3가지[24]가 중요하다. 첫째, 전문성의 제고가 중요하다. 의회의 규범이 의원의 지역관리보다는 의원의 전문성을 키우는 방향으로 갈 때 의회에 대한 유권자들의 기대가 향상될 것이다. 이런 전문성의 증대를 위한 방안중 하나는 미국에서 사용되는 '고참제도'이다. 고참제란 조직의 장을 결정할 때 조직이 필요로 하는 능력보다 경력을 위주로 하는 규범을 의미하는데 미국의 경우에는 고참제가 상임위원회 위원장 선발에 대한 거의 자동화된 불문율이다. 이런 고참제도는 상임위원회의 막강한 권력을 행사할 수 있는 상임위원회 위원장이 될 수 있게 해줌으로써 재선이 될 때 상임위원회에서 의원의 경력을 쌓게 만들어서 상임위원회에서의 장기봉직을 수행할 수 있게 한다. 둘째, 호

22) 손병권, Ibid.
23) 손병권, Ibid.
24) 손병권, Ibid.

혜성의 규범이 증대할 수 있다. 의원들은 자신의 입법이 성공하고 정책이 만들어져야 재선이 될 수 있다. 따라서 입법과 정책 달성을 위해서는 다른 의원들과의 협조적인 관계가 중요하다. 상대정당과의 협조와 타협을 추진하는 것이 향후 호혜적인 규범으로 발전하게 되는 것이다. 셋째, 신진의원들에게는 원내영향력 확보와 같은 정치적 권력 확보보다는 의정활동과 정책개발에 충실해야 하는 규범이 있다.

위에서 본 것처럼 의원의 전문화, 의회의 업무분화, 의회규범의 복잡화와 증가는 의회에 대한 유권자들의 기대를 증대시킬 것이다. 제도화를 가장 넓게 정의해서 기대의 안정화라고 볼 때 의회에 대한 기대가 안정적으로 형성된다면 의회는 대의민주주의의 여전히 가장 중요한 기제가 될 것이다. 그렇게 될 때 고려할 요소는 의회라는 제도를 운영하는 의원들이 얼마나 제도화에 기여하는가 하는 문제가 될 것이다.

제2절 의회제도의 구체적 현실

1. 의원의 목적

의회정치의 발전을 원한다면 의회라는 제도자체의 제도화도 중요하지만 이 제도를 떠받치고 있는 의원들의 역할과 기능수행이 얼마나 합리적인가 하는 측면도 개선해야 한다. 의원들이 어떤 목적을 가진 사람들로 충원되는가에 따라 정치운영방식은 달라질 것이다. 만약 의원들이 오로지 자신의 재선에 몰두하게 되면 의회는 선거정치에만 몰두할 수밖에 없다. 반면, 의원들이 정권장악만을 목적으로 한다면 의회는 여야간의 권력투쟁의 장이 될 것이다.[25] 따라서 의회를 실제 구성하는 의원들이 중요하게 된다면 이들은 어떤 배경을 가진 사람들로 충원되는지를 살펴볼 필요가 있다.

(1) 의원의 정치적 목적과 배경

엘리트의 충원배경을 살펴보기 전에 먼저 의원들은 어떤 목적을 가지는지 일별해보자. 크게 의원의 목적은 3가지로 구분된다. 첫째, 재선의 추구. 둘째, 의회 내의 영향력 행사. 셋째, 정책 작성이 그것이다. 미국 의회정치에서는 의원들의 목적에 따라 자신이 원하는 상임위원회를 선택한다고 한다. 페노(R. Fenno)의 분류에 따르면 세출세입위원회에 가는 의원은 의회 내의 영향력확보가 목표라고 한다. 이는 세출 세입은 재정과 관련된 분야이기 때문에 영향력을 확보하기가 용이한 까닭이다. 반면, 내무위원회나 우편위원회는 재선이 목적이다. 이 상임위원회는 상대적으로 한직이라서 자신의 지역구 관리가 용이하기 때문이다. 교육 및

25) 최정원, Ibid, pp.74-75.

노동위원회는 정책작성이 목적인 의원들이 주로 간다. 교육과 노동분야에 관련된 사안들은 변화하는 환경에 끊임없이 노출되기 때문에 시의적절한 정책결정이 필요하다.[26]

그렇다면 이 목적들 중에서 의원들은 무엇을 가장 중요하게 여길 것인가? 이 질문에 대해 메이휴(Mayhew)는 의원의 1차 목적은 재선이라고 주장한다. 의원직은 일시적이다. 실제로 의원이 가지는 임기동안에 이룰 수 있는 것이 많지 않을 뿐만 아니라 재선이 되어야 자신의 전문성도 향상시킬 수 있으며 정책 형성도 가능해진다. 미국 하원의 경우 2년에 한 번씩 선거를 치룬다. 이 기간에 지역관련 업무나 전문분야에서의 의원의 전문성을 키우는 것은 불가능하다. 한국의원들의 가장 중요한 목적 역시 재선이다.

그렇다면 의원들은 어떤 사회적 배경을 가진 사람들로 충원되는가? 퍼트남(R. Putnam)은 서구 국가에 대한 연구결과를 기초로 엘리트 충원에 있어서 3가지 유형을 분류하였다. 첫째는 기술적 전문성이 강조되는 충원이고 둘째는 조직능력과 설득력 등 개인의 능력이 중요시되는 충원이고 세 번째 충원은 정치지도자나 정권에 대한 충성심과 정치적 신뢰에 바탕을 둔 충원이다.[27] 그리고 가장 중요한 충원으로 전문성을 중시하는 충원을 들었다. 전문성있는 사람을 의원으로 충원하기 위해서는 이 사람이 어떤 배경하에서 전문성을 길렀는지에 대한 사회경제적 배경이 중요하다. 즉 어떤 (정치)사회화를 통해 어떤 경험을 했는지를 보아야 하는 것이다. 현실적으로 우리가 선거때가 되면 국회의원들의 경력사항을 보는 것은 그 사람의 경력과 사회적 배경을 통한 정보를 가지고 의원에 대한 판단을 내리기 위해이다. 예를 들어 법률전문가나 언론계에 있었거나 전문관료출신인 사람들의 경력 자체는 우리가 의원의 개인적 특성에 대해 부족한 정보를 추측하게 해주는 것이다.

의원을 파악할 때 고려해야 할 사회경제적 요건이나 배경은 무수히 많다. 한하르트와 웰시(Hanhart & Welsh)는 무려 126개의 사회경제적 배경을 열거하기도 했다. 그러나 이렇게 많은 배경은 오히려 문서상 분류에는 도움이 될지 모르지만 현실적인 판단을 내리는 데는 유용하지 않다. 유권자들이 판단하는데는 지나치게 많은 판단 도구들 자체가 너무 어렵기 때문이다. 그래서 주요한 판별조건으로 연령, 성별, 학력, 직업 및 경력요인 등을 살펴본다.

(2) 한국 의원의 성향과 문제점

이런 요건들을 가지고 한국의 국회의원들을 간단히 살펴보자. 먼저 연령은 40대와 50대가 전체 의원의 60% 이상을 차지하고 있다. 과거 9대부터 14대까지는 40대와 50대가 80%를 넘을 만큼 과다하게 대표되기도 했다. 18대 국회에서는 20대 의원은 한명도 없고 30대가 7명으로 17대의 23명에 비해서 많이 줄었다. 50대가 142석을 차지하고 있으며 40대가 88석을 차지하고 있다. 이것은 20,30대가 유권자의 거의 절반에 육박한다는 점을 볼 때 이들 연령대가 과소대표되고 있다는 점을 보여준다. 한국정치에서 재미있는 것은 정변과 같이

26) 손병권, Ibid.
27) 최정원, Ibid, p.75.

사회적 변동이 심할 때는 평균연령이 낮아지고 안정이 되면서는 평균연령이 높아지면서 보수화되는 양상을 보인다는 것이다.[28)]

하지만 이것이 한국만의 특성은 아니다. 정치안정기에 정치가 보수화되고 이런 보수화가 지나칠 경우 정치변동이 생기면서 새로운 정치세력이 등장하기 때문이다. 이런 관점에서도 젊은 층을 대변하는 젊은 정치인들의 정치권 진입은 중요하다. 특히 여성의 정치 진출은 남성보다도 늦기 때문에 젊은 여성을 대표하는 정치인의 육성이 중요한 과제라고 하겠다.

학력과 관련해서 한국의 의원들의 학력도 고학력화되고 있다. 16대 국회에서는 대학원이상의 학력자 비율이 26.7%였는데 17대 국회에서는 49.2%이고 18대 국회에서는 박사학위 이상의 학력자만도 25.1%로 의원수로는 75명에 달한다. 20대 국회에서 대졸은 전체 의원 300명중 98%에 달한다. 대학원 수료자가 16명이고 대학원졸업은 131명이다. 전체 의원비율로는 49%에 해당한다. 이것은 한국의 의회가 전문화되고 있다는 점에서 반가운 일이지만 이 정도의 교육을 받기 위해서는 경제력이 뒷받침되어야 하기 때문에 정치적 충원이 주로 중산층에 편향되어 있다는 문제도 있다.[29)]

직업과 관련해서 의미있게 드러나는 특징은 직업정치인이 증가하고 있다는 것이다.[30)] 정당이나 정치관련 단체의 종사자나 국회의원을 역임한 사람들이 증가하고 있는 것이다. 이것은 초선의원보다 재선의원의 비율이 증가하는 것을 의미한다. 민주화 이후 13대 총선에서는 초선 의원이 55.4%였지만 14대, 15대, 16대는 각각 46.2%, 46.6%, 44.4%로 상대적으로 재선의원보다 비율이 적었다. 17대 총선에서는 초선의원의 비율이 63.7%로 눈에 띄게 증가했고 18대 총선에서는 다시 44.8%가 되었다. 19대 총선에서는 49.3%였고 20대 총선에서는 132인으로 44%이다. 13대 총선은 민주화 이후 민주파들이 약진한 것으로 해석할 수 있고 17대 총선은 그 이전에 당시 노무현대통령에 대한 탄핵으로 인해 기존 정당들에 대한 지지도가 떨어지면서 열린우리당을 중심으로 한 386세대의 대거 국회진입이 있었기 때문으로 해석할 수 있다. 이 두 번의 선거를 제외하면 초선보다는 재임이상 의원이 상대적으로 많다는 점에서 의원의 전업화라는 제도적 효과도 생각해볼 수 있다.

직업과 관련된 다른 변화중의 하나는 법조인, 의료인이나 교육자, 기업인들, 전문직 종사자의 증가추세가 나타나고 있다는 점이다. 이런 현상 역시 양날의 칼이다. 의원이 전문화가 된다는 장점이 있지만 특정 직업이 주로 대표되고 다른 직업군은 대표되지 못한다는 약점이 있다. 20대 총선에서는 법조계인사가 49명이다. 19대의 42명에 비해서 7명이 늘었다. 교수출신이 53명이고 법조계인사까지를 포함하면 102명이다. 이는 국회의원 정수의 1/3을 넘는다. 농민, 어민, 비정규직 노동자를 대표하는 사람이 없다는 점에서 한국 유권자를 대표하는

---

28) 최정원, Ibid, p.81.

29) 윤형섭, "정치적 충원과 정치발전", 김계수 외 『현대정치과정론』(1978: 서울, 법문사), 최정원, Ibid, 재인용.

30) 최정원, Ibid, pp.83-84.

대표성은 낮다.

마지막으로 성별로 볼 때 남성의원이 압도적이다. 제헌 의회부터 18대 의회까지 전체 의원 총 4,534명 중에서 여성의원은 겨우 179명에 불과하다. 이는 비율로 4.3%에 불과하다. 그나마 17대 총선이후 제도적 개선과 함께 13%대의 여성의원진출이 가능해져서 4.3%가 나온 것이다. 서구 선진국들의 여성의원비율이 30-40%에 달하는 것에 비하면 '비교'적 관점에서도 한국의 여성의원비율은 상당히 낮은 것이다. 여성의 인구가 대체로 반정도 된다고 볼 때 이정도의 대표라면 바크라크(Bachrach)의 주장처럼 인구의 반을 공적 이익의 반영과정에서 제외함으로써 민주주의의 원리가 '근본적으로 작동하지 않고 있음'을 반영하는 것이다.[31)]

한국에서 여성의 의회진출을 위해서는 정당법의 개정이 중요하다. 16대 총선에서는 비례대표직에 여성을 30%이상 정당이 추천하도록 하는 여성공천할당제가 도입되었고 17대에서는 50%이상을 여성에게 교호순번제로 할당하도록 하였다. 이런 '적극적 조치(Affirmative Action: 기존의 차별을 해소하고 여성과 남성의 실질적 평등을 달성하고자 여성의 비율이 낮은 분야에 일정비율의 여성을 강제로 투입하는 우선조치를 말함)'에 의해 17대에서는 13.0%가 되었고 18대에서는 13.7%가 되었지만 이것은 2005년 세계여성의원비율의 평균치인 16.3%에도 미치지 못하고 있는 것이다.[32)] 2016년 20대 총선에서는 여성의원이 51명으로 17%로 높아졌다. 19대에서 45명 15%보다 높아졌다.

여기서 짚고 넘어가야 하는 것은 여성의 저대표현상을 타파하기 위해 여성의 할당제도와 함께 비례대표의석수를 증대시키는 방식으로 여성대표의 비율을 증대할 수 있다는 것이다. 특히 정당법을 고침으로써 강제적으로 이런 결과를 얻어낼 수 있다. 따라서 향후 여성의 대표성을 늘리고 젊은 유권자의 대표성을 확대하는 방향으로의 정치개혁을 유도하기 위해서는 정당법과 선거법에 손질을 가할 수 있을 것이다. 마지막으로 한국 여성의원의 경우 특이한 점은 미국처럼 여성이 총선을 거치지 않고 남편 사망 후 그 자리를 인계받아 의원이 되는 경우(전체 여성의원의 41%정도 되기도 함)가 아니라 총선을 거쳐서 당선되었다는 점이다. 이 점은 여성의원의 정당성과 자율성을 높이는 요인이 될 것이다.[33)]

의원들의 사회적 배경파악을 통해 우리는 무엇을 알 수 있는가? 지금까지 이야기된 것에 따른 결론은 대한민국의 국회가 정치적 대표성이 왜곡되거나 편중되었다는 것이다. 학력이나 경력이나 직업은 연관이 많은데 이런 요소들을 볼 때 최고학력을 바탕으로 전문직에 종사하는 이들에서 의원이 충원되는 경향이 있다. 이는 대의민주주의의 선거제도가 가지는 본질적인 문제점이기도 하고 한국의 학력과 경력에 대한 과도한 기대가 반영된 탓이기도 하

31) P. Bachrach, The Theory of Democratic Elitism: A Critique,(Boston: Little Brown Co, 1967), 최정원, Ibid, 재인용.
32) 최정원, Ibid, pp.87-88.
33) 최정원, Ibid, p.89.

다. 이런 현상의 본질적인 문제는 과다한 대표의 반대말이 과소한 대표라는 데 있다. 특정한 직업군이나 직능들이 과다하게 대표되면서 다른 직업군이 대표되지 못하는 현상이 나타나는 것이다. 또한 남성이 과다하게 대표되면서 여성이 대표되지 못하는 것이다. 의회 전문화의 취지에서 이런 현상들이 가지는 장점을 인정할 수 있지만 의회의 대표성 측면도 무시할 수 없는 가치이기 때문에 과소대표된 분야의 대표성을 증대하는 방안도 모색해야 할 것이다. 특히 정치개혁을 할 때 지역선거구보다는 비례대표제도를 변경시키는 방법은 좀 더 즉각적인 효과를 얻을 수 있을 것이다.

마지막으로 사회적 배경과 관련해서 의원들의 전문성 문제를 생각해보자. 의원이 재선을 하는 것도 중요하지만 의원이 지방의회나 정부기관 같은 공공기관에서 공직을 경험을 갖추면 행정부의 작동원리를 좀 더 명확하게 알고 이에 대한 통제방안을 마련할 수 있다. 그런데 한국의 의원들의 공직경험률이 높지 않게 나타난다. 이는 자신의 분야의 전문성은 갖추었지만 의회와 정부와 관련된 경험이 많지 않다는 것을 의미한다. 게다가 평균선수(초선, 재선과 같은 당선회수)도 16대에 2.09이고 17대엔 1.64이고 18대엔 1.94로 평균 2회 안팎으로 낮다. 미국의 경우 1980년대를 넘어서면서 평균선수가 5선을 넘어서면서 재임기간도 10년이 넘고 있다. 특히 미국에서는 다선이 될수록 경력을 인정받고 '다선의원우선원칙(seniority rule)'에 따라 다선의원이 의회운영을 주도하면서 의원의 전문성을 쌓아가는 것과 비교할 때 한국 의회의 전문성이 취약하다고 할 수 있다.[34] 이런 점에서 국회상임위의 2년 제한 조항은 전문성을 키우는데 있어서 문제점을 가지고 있는 것이다.

2. 상임위원회

(1) 위원회의 기능과 유형

미국과 같은 나라에서는 위원회제도가 발전해 있다. 미국에서 위원회는 미국 의회를 '일하는 의회(working assembly)'로 만든다. 실제로 의회 전체적으로는 전문성을 발휘하기 어렵기 때문에 의회는 전문성을 가진 소위원회를 중심으로 운영된다. 전체의회에서는 주로 토론이 의회의 대표 역할을 수행하게 하지만 현실적으로 전체회의에서 중요한 안건을 처리하는 것은 힘이 든다. 시간의 제약도 있고 의원들이 전문분야가 아닌 경우도 많기 때문에 분업의 원리를 적용한다면 위원회에서는 좀 더 전문적인 사람들이 좀 더 세세한 것들을 통제할 수 있다. 따라서 법률안을 심도 있게 살펴보고, 정부운영을 감시하고, 정책대안을 탐색하는 등 입법부의 구체적인 업무를 수행한다. 이런 위원회제도는 미국에서 잘 운영되고 있다.

미국의 경우 위원회는 3,500명 이상의 정책전문가를 고용하고 있다. 또한 이들 위원회는 자체적인 분과위원회를 조직하고 있고 1994년 기준으로 미국 상원의 20개 상임위원회가 총 87개의 분과위원회를 거느리고 있다.[35] 반면, 영국처럼 내각제 국가에서는 정부의 법안발의

34) 최정원, Ibid, pp.96-97.

를 강조하기 때문에 의회는 위원회중심으로 움직이지 않는다. 오히려 영국의 의회는 본회의 토론을 가장 중요하게 생각한다. 이런 영국정치의 분위기는 영국의 하원을 '말하는 의회(talking assembly)'로 만든다.[36]

보통 위원회는 3가지 유형이 있다. '상임위원회'는 법률안을 상세히 숙고한다. 특별조사위원회는 행정부를 감시하고 정치적 이익이 걸린 특정 문제를 조사하기 위해 임시위원회를 구성하기도 한다. 협의 혹은 조정위원회는 상원과 하원에서 통과된 법안의 차이를 조정하기 위해 만들어진 합동위원회이다. 이런 위원회의 영향력을 결정하는 것은 의원의 '전문성'과 의원들간의 '친밀성' 그리고 양질의 직원을 사용할 수 있는 '지원'이다.

(2) 본회의 중심주의 vs 위원회 중심주의

표를 통한 비교

전환의회(transformative legislature): 독자적 입법 가능. 의원입법 형태가 일반적. 의원 개개인의 역할 강조.
무대의회(legislature as arena): 정치세력 간 토론 환경 제공. 입법보다 여야 간 논쟁이 중심. 정당의 역할 강조.

의회에서 본회의를 강조할 것인가 아니면 상임위원회를 강조할 것인가는 국가들의 역사적 요인과 정부형태와 밀접하게 관련이 있다. 대통령제도에서는 '권력 분립'을 제도의 가치로 삼기 때문에 의회가 대통령과 행정부를 견제하는 것이 중요하다. 따라서 의회자체가 실질적으로 대통령과 행정부를 견제하기 위해서는 전문적인 상임위를 중심으로 의회를 운영하게 된다. 반면, 의원내각제 국가에서는 '권력 융합'이 제도의 가치이다. 따라서 내각에 힘을 보태기 위해 의회는 단지 토론하는 장으로 기능한다. 따라서 본회의에서의 토론이 중요해지는 것이다. 이런 정부형태의 가치를 구현하는 제도설계가 이루어지면 상임위원회와 본회의 관계 그리고 상임위원회에 주어지는 권한 등이 결정된다.

국가들마다 의회를 운영하는 방식과 의회의 형태가 다르다는 것은 비교정치적 관점에서 의회의 유형이 중요하게 부각될 수 있다는 것을 시사한다. 의회유형이 어떠한가에 따라 의회의 법안발의 기능이나 대행정부견제기능 등의 기능이 다를 수 있다. 의회유형분류에서 가장 일반적으로 쓰이는 기준은 폴스비(Polsby)가 제시한 기준이다. 폴스비는 의회의 종류를 '전환의회'와 '무대의회 혹은 경합장형 의회' 두 가지로 구분했다.

---

35) 헤이그&해롭, Ibid, pp.514-515.
36) 헤이그&해롭, Ibid, pp.514-515.

(3) 폴스비의 전환의회와 무대의회

전환의회(transformative legislature)란 사회적 문제 혹은 요구를 법률로 전환하기 위한 독자적 능력 발휘가 가능한 의회로 입법부가 독자적인 입법을 할 수 있는 의회이다. 대표적인 국가로는 미국을 들 수 있다. 사회의 요구를 법률이라는 형태로 변환시키는 능력이라는 점에서 예산을 포함하여 모든 법안을 의원입법의 형태로 처리하는 모델의 의회로, 의회가 독자적으로 정책을 형성하고 결정하는 능력 및 정부의 제안을 거부하거나 수정하는 능력을 가진 의회를 의미한다.[37] 전환의회에서는 의안을 실제로 법률로 전환하기 위해 논쟁을 전개하며, 거의 대부분의 법안이 의원입법의 형태로 처리되기 때문에 의회에서 정당의 역할보다 의원 개개인의 역할이 중심이 된다.

이에 비해 무대의회(legislature as arena)란 정치체제내 중요 정치세력들의 상호작용과 토론을 위한 공식화될 무대 혹은 환경을 제공하는 의회이다. 이 유형의 의회에서는 입법보다는 정권을 둘러싼 여야간의 논쟁을 의정활동의 중심에 놓는다. 정부와 정당에 의해서 정책이 결정되고 의회는 집권당과 반대당간의 논쟁의 장이 된다. 영국이 대표적인 나라로 이런 경우에는 정당이 의원보다 중요한 역할을 수행한다.

폴스비는 의회유형의 특징에 근거하여 전환 의회가 되기 위해서는 원내다수파의 구성에서 정당간의 연합의 폭과 유동성이 커야하며 원내정당이 비중앙집중적일 것 등의 조건을 제시한다. 반면, 무대의회의 경우는 의회내의 위원회 활동이 발달되어 있지 않고 정책결정의 중심이 외부에 있고 원내정당은 정부에 인재를 제공하는 역할을 한다고 설명한다. 폴스비 분류에도 문제는 있는데 의회가 변형능력도 없고 주요정치세력간의 상호작용의 공간으로서도 불충분한 제3세계 국가들에 적용하기 어렵다는 점을 들 수 있다.[38]

폴스비의 이론에서 눈여겨보아야 할 것은 의회가 어떻게 작동하는가에 영향을 미치고 있는 것이 정당의 영향력이라는 점이다. 즉 정당이 규율이 강하고 중앙집권적인 경우에는 의회는 의원중심으로 의회입법 기능을 작동시키기 어렵고 의회는 단지 정부정책을 둘러싼 정당간 경쟁의 장이 된다는 것이다. 따라서 정당의 규율이 강한 경우 의회가 견제와 균형의 논리에 따라 대통령과 행정부를 통제하는 것은 수월하지 않다. 반면, 정당의 규율이 강하다면 권력집중을 가능하게 해주기 때문에 의원내각제에서의 의회역할과 잘 어울리게 된다. 따라서 의회의 기능은 어떤 정부형태를 띄고 있는가와 함께 정당의 규율과 발달정도에 의해 결정된다.

---

37) 박찬표, 『한국의회정치와 민주주의: 비교의회론의 시각』(서울: 오름, 2002), p.29. 고경민, Ibid, p.169. 재인용.

38) 고경민, Ibid, pp.168-169.

(4) 정부형태와의 연관성

위의 폴스비의 이론은 상임위원회와 본회의 중 무엇이 강조될 것인가를 의회의 변환능력과 정당의 다수파 구성을 둘러싼 정당의 규율을 통해 설명해 주었다. 그러나 무엇보다 중요한 것은 정부형태가 어떠한가에 따라 제도작동의 원리가 다르고 정부형태와 관련된 제도작동의 원리 차이가 정당제도와 연결되어 의회의 차이를 가져온다는 것이다. 따라서 본회의가 중시될 것인지 상임위원회가 중시될 것인지는 정부형태와 정당의 규율이라는 요소를 살펴보면 된다. 마찬가지로 상임위원회를 강조하는 대통령제도 국가에서는 상임위원회의 전문성을 높이는 것이 중요한데 이를 위해 의원들을 어떻게 배정할 것인가가 가장 중요한 문제이다. 앞의 의회구성 부분에서 살펴본 본회의중심논리와 상임위원회중심논리에서 본 이론들이 적용된다.

여기에는 3가지 이론이 제시되었는데 첫째는 '정당이익이론'이다. 이 이론은 정당지도부가 상임위원회 결정에 중요한 역할을 수행한다고 주장한다. 둘째는 '정보확산이론'이다. 이 이론에 따르면 의원의 선호가 중요한데 의원의 전문성이 상임위원회에서 중요하기 때문에 의원의 전문성과 관련된 선호에 따라 상임위원회가 결정된다. 셋째는 '이익분배이론'으로 의원들은 재선이 가장 중요한 목적이므로 재선을 위해 자신의 지역구의 이익을 도모할 수 있는 방향으로 상임위원회가 구성된다고 주장한다.[39] 그렇다면 실제는 어디에 가까운가? 실제 의원들은 재선을 중시하기 때문에 전문성을 기반으로 상임위원회를 설정하기보다는 재선에 유리한 방향으로 상임위원회를 정할 것이다. 따라서 현실적으로 상임위원회가 전문화 되는 것은 의원들의 선호가 아닌 다른 요인에 의할 가능성이 높다. 외부적인 다른 요인으로는 고참제도나 현직자의 이점(incumbency advantage: 미국은 현직의원이 당선될 가능성이 90%이상이기 때문에 의원직을 유지할 가능성이 높고 이로 인해 장기적인 계획을 짜기 수월함)을 들 수 있다. 미국의 경우 장기봉직이 전문성을 확보하게 해준다는 것은 앞의 제도화 부분에서도 보았다.

상임위원회가 중요한 나라에서 제기될 수 있는 문제는 상임위원회와 본회의의 견해가 달라질 경우이다. 즉 상임위원회에서 제시한 법률안이나 정책안이 본회의의 견해와 일치하지 않을 경우가 문제가 되는 것이다. 앞선 세 가지 이론에 따르면 이에 대한 결과는 다르게 예측된다. 먼저 '이익분배이론'에 따르면 재선을 염두에 둔 상임위원회 의원들의 입장은 본회의의 입장과 다르고 이 경우 상임위원회는 의견을 굽히지 않을 가능성이 높다. 반면, '정보확산이론'에 따르면 상임위원회의 의견은 본회의에서 상정되어 통과되어야 하기 때문에 양자 사이에 의견은 크게 다를 일이 없다. 반면, '정당이익이론'은 정당지도부의 의지에 따라 이 문제의 해결가능성이 결정된다. 현실적으로 상임위원회의 법안이 본회의와 다른 경우 통과되기 어렵다는 점에서 '정보확산이론'이 '이익분배이론'보다 타당하다고 할 수 있다. 그러

39) 손병권, Ibid.

나 한국처럼 정당의 규율이 강할 경우는 정당지도부에 의해 결정될 가능성이 높다.

한국의 의회와 관련해서는 국회의 행정부 견제능력을 향상시키고 입법활동을 강화하여 '일하는 국회'를 만드는 것이 중요하다. 따라서 의회의 입법활동을 강화하기 위해서는 우리 의회가 '전환의회' 쪽으로 방향을 잡고 의회개혁을 추진할 수 있을 것이다. 그러나 여기서 걸리는 것은 한국의 정당이 지역주의와 이념에 기반을 둔 규율이 강하다는 것이다. 한국의 의회에서 여야대치가 심각한 경우 정당들은 등원거부나 본회의장 점령과 같은 방식으로 의회를 토론의 장이 아닌 투쟁의 장으로 만들기도 한다. 따라서 한국의 의회발전을 위해 의회 전문화를 꾀하고 이를 위해 상임위원회를 강화하는 것을 목표로 한다면 의원의 전문성과 함께 의원의 자율성을 증대하는 방안이 동시에 모색되어야 한다.

3. 의회의원 선거의 중요성

의회의원 선거에 대해서는 선거제도와 관련된 장에서 좀 더 자세히 상술할 것이고 여기서는 선거에서 중요한 요소 몇 가지를 짚어보고 넘어가겠다. 세 가지를 간단히 다룰 것인데 첫째는 현직의원의 이점과 관련된 것이고 둘째는 의원의 지역구 활동과 관련된 것이며 셋째는 지역 유권자와 관련된 것이다.

먼저 첫 번째 요소로 '현직의원의 이점'을 살펴보자. 미국의 경우 점차 새로운 정치도전자가 승리하거나 기존 의원이 근소한 차이로 승리하는 경우가 드물게 나타나고 있다. 미국은 예비선거라는 정당후보선발과정이 있는데 이 예비선거에서 현직후보가 당선되는 것이 90% 이상으로 나타나고 있다. 따라서 궁금한 것은 왜 현직이 선거에서 유리하게 되는가하는 점이다. 이에 대해서는 현직의원이 현직을 이용해서 벌이는 지역구사업자체가 선거에 유리할 뿐 아니라 언론 등을 통해 소개되고 활동하는 모습을 지역구민에게 알림으로써 의원의 인지도를 높이기 때문이다.[40] 특히 미국처럼 정당의 규율이 낮고 정당 간 이념적 거리가 가까운 경우에 있어서 정당보다는 현직자의 인물자체를 보고 평가하기가 유리한 특성을 가진다. 그렇다면 한국도 현직의 이점이 있을까? 앞서 본 것처럼 한국의 경우 재선 가능성이 50%대를 간신히 넘는다. 미국에 비해 현직의 이점이 높지 못한데 이것은 한국의 경우 정당의 규율이 강하고 정당위주로 국회가 운영되기 때문에 인물자체의 인지도를 높이기가 수월치 않은 것에 근거한다.

선거와 관련해서 두 번째 고려할 것은 '의원의 지역구활동'이다. 의원은 중앙정치무대에서 활동을 하고 이를 정책에 반영하는 것도 중요하지만 자신의 선거구를 잘 관리하는 것이 재선에서는 무엇보다 중요하다. 의정수행능력평가에서 높은 위치를 차지하더라도 지역 민심을 잃어버리면 당선되기 어렵다. 따라서 의원의 지역구 관리가 중요하다. 지역구 관리는 지역구 사업, 지역구 민원활동, 의정활동 홍보 등으로 구분된다. 미국의 의회의원들은 일주일 중 5

40) 손병권, Ibid.

일을 워싱턴에서 생활하고 주말에는 자신의 지역구로 돌아가 지역구 활동을 한다. 한국도 국회가 개원하면 중앙정치 무대에 있기 때문에 지역 관리 문제는 항상 중요한 사안으로 남는다.

게다가 지역구 관리는 국가차원의 이해와 불일치하는 경우도 있다. 예를 들어 한・칠레 FTA의 경우를 생각해보자. 국가적 차원에서는 FTA를 체결하여 시장을 좀 더 확대하는 것이 필요하지만 과수 농가가 밀집한 지역에서는 칠레산 과일 수입으로 인해 손해가 크다. 따라서 해당 지역의원은 지역농민 보호와 지역구 관리라는 지역정치와 자유무역 확대를 통한 국가이익 확보라는 중앙정치의 충돌을 경험하게 되고 이 중에서 판단을 내려야 한다. 실제 한・칠레 FTA는 지역의 이해를 보호하고자 하는 의원들의 거부로 3년간이나 비준이 미루어지기도 했다.

선거와 관련해서 고려할 셋째 요소는 '지역구 유권자의 구성'이다. 의원이 지역에서 재선을 노릴 경우 유권자를 모두 동일하게 대하기는 어렵다. 의원은 적극적으로 자신을 지지할 유권자들을 늘리고 자신의 반대편에 있는 유권자들의 동조를 얻어내거나 이들이 최소한 자신의 정책에 관심을 가지게 하는 것이 중요하다. 따라서 합리적인 의원은 자신의 지역구를 선거와 관련하여 구분한 뒤, 각기 다른 전략을 사용해야 한다. 이런 취지에서 페노(R. Fenno)는 『Home Style』에서 미국 하원의 선거구를 지리적 선거구, 재선선거구, 일차선거구, 개인적 선거구로 구분하였다. 지리적 선거구는 바로 지역구 경계로 결정된 영역 안의 유권자 전체를 가리키며, 재선선거구는 의원의 설득에 의해 자신을 지지해 줄 수 있는 선거구민, 일차 선거구는 이들 가운데 자신을 적극적으로 지지해 줄 수 있는 강력한 지지자나 자원봉사자, 재정 지원자 등을 포함하며, 개인 선거구는 가족, 정치적 혹은 정신적 지주, 정서적 지원자 등 의원의 최측근을 포함한다.[41] 의원은 이렇게 선거구를 다차원적으로 구분하여 유권자들에게 다른 전략을 구사하여 재선가능성을 높인다. 한국의 실제 선거에서도 선거구의 소지역이나 계층별 연령별로 지역유권자들의 선호를 구분하여 이들 유권자들에 대한 차별적인 전략을 구사하여 당선가능성을 높인다.

한국 의회의 개선과 관련하여 의회의 전문성을 높이려면, 의원의 장기봉직과 전업의식이 중요하다. 이를 위해서는 현직 의원의 이점을 높일 수 있는 방안을 모색할 수 있다. 하지만 이는 자칫 잘못하면 기득권 유지가 되거나 정치보수화를 초래할 수도 있다는 점을 유념해야 한다.

4. 의회제도와 다른 정치제도들의 관계

의회제도가 작동하는 공간은 진공상태가 아니다. 즉 의회만이 작동하는 공간이 아니고 다른 제도들과 연관되어 작동하는 공간인 것이다. 실제로 의원을 선출하여 의회를 이룬다 해

41) 손병권, Ibid.

도 유권자들이 원하는 방향대로 의회가 작동하지 않을 수 있다. 게다가 의회의 제도화나 전문화를 꾀하는 정치개혁을 추진하려 해도 의도대로 결과가 이루어지지 않을 수도 있다. 이는 의회라는 제도가 전체 정치제도 및 과정이라는 더 큰 시스템의 하부 시스템이기 때문이다. 따라서 전체 시스템 속에서 의회정치를 파악하는 것이 중요하다. 이런 큰 시스템에 대한 조망은 의회정치를 들여다보는 개별적인 정치제도 수준의 눈높이가 아닌 더 포괄적인 눈높이를 필요로 한다. 가령 민주주의를 어떻게 운영할 것인가와 한 사회의 가치를 어떤 방식의 민주주의에 담을 것인가와 같은 더 높고 추상적인 수준에서의 조감도가 필요한 것이다. 예를 들어 의회정치는 '평등' 원리를 좀 더 실현하기 위한 참여민주주의에서는 대의민주주의와 다른 위상을 부여받는 것이다.

포괄적인 민주주의 조합 문제라는 큰 그림을 보려면, 의회를 다른 제도들과 연관 지어서 들여다 볼 필요가 있다. 대의민주주의를 보완할 민주주의 장치들이 여전히 대의민주주의의 중심성을 무너뜨릴 수 없다면 대의민주주의에서 의회정치를 복원하는 것이 중요하다. 하지만 만약 이익집단을 강조하는 결사체민주주의가 대의민주주의의 상당부분을 대체할 수 있다면 의회정치는 발전된 이익집단과의 관계조율이 필요한 것이다. 따라서 우리는 민주주의 간의 관계를 어떻게 규정하고 그 속에서 제도들을 어떻게 연결할 것인지를 고민할 수도 있지만 개별 제도들의 발전 양상과 기능 수행 정도를 보면서 민주주의 간 관계를 정립할 수도 있다. 이 관점에서 의회와 다른 제도들의 관계를 어떻게 설정하는 것이 좋을지 알아본다. 대표적으로 대통령과의 관계, 행정부와의 관계, 정당과의 관계, 이익집단과 시민사회와의 관계가 있다.

(1) 의회와 대통령의 관계

의회와 대통령의 관계는 권력 분립과 견제 원리에 따라 상호 견제가 가능하다. 대통령은 의회의 법률안을 거부할 수 있으며 국회 입법을 우회하거나 무효화하기 위해 국민투표에 부칠 수 있다. 반면, 의회는 대통령의 거부권을 재적의원 2/3의 찬성으로 무효화시킬 수 있고 대통령과 행정부가 체결한 조약을 비준하는 권리를 가지고 있으며 행정부 고위공직자에 대해 인사청문회를 실시하고 이들에 대한 인준권을 가진다. 그리고 국무위원에 대한 해임을 '건의'할 수 있고 대통령을 탄핵'소추'할 수 있다. 이런 상호 견제 장치는 집중된 권력이 가질 수 있는 부패 가능성을 줄인다는 점에서 의미 있지만 상호견제가 심할 경우 정책 입안 및 집행을 어렵게 하여 정책 표류(policy immobilism)에 빠질 수 있다는 문제점이 있다. 따라서 의회와 대통령 사이의 관계를 어떻게 정립할지는 대통령제 국가에서 매우 중요한 문제이다.

한국의 국회－대통령 관계는 '정파적 국회－대통령' 관계라고 할 수 있다.[42] 즉 여당과

42) 박찬표, Ibid, 신명순, 『한국정치론』(서울: 법문사, 1993).

야당으로 나뉜 국회 안에서 대통령과 여당이 한편이 되어 야당과 대립하는 것이다. 이런 정파적 국회에서 여당은 무조건적으로 대통령과 정부를 지지하고 야당은 반대를 위한 반대를 펼치며 장외투쟁과 국회공전을 일삼는 것이다. 게다가 대통령은 여당을 자신의 무기로 하여 의회정치에 관여한다. 한국 의회정치 발전의 발목을 잡는 '정파적 대통령－의회' 관계는 내각제도가 가미된 혼합형 대통령제도, 상호불신적인 여야관계, 기율(discipline)이 강한 정당이라는 3가지 요인에 근거한다. 내각제적 요소는 권력 분립보다는 권력 융합 쪽으로 작동하여 의회가 정당을 매개로 대통령과 정부의 편에 서게 한다. 여야 간 불신 관계[43]는 정치를 제로섬으로 보게 만들며, 정당의 강한 기율 역시 의원들을 자율적으로 만들지 못하고 당론에 따라 일사분란하게 움직이도록 만든다. 이 상황에서 분점정부의 경우 대통령은 의회를 설득하여 자신이 원하는 정책안이나 법안을 통과시키기가 수월하지 않다. 단점정부에서 대통령의 법안은 의회를 쉽게 통과할 수 있으나 다른 방식으로 야당의 저항을 받는다. 2009년 미디어법 통과와 같이 본회의장을 점거하고 이를 깨뜨리기 위해 해머가 등장하는 등 폭력적 방식의 저항이 일상화되는 것은 단점 정부에서 국회 동의를 얻지 않은 법안을 힘으로 밀어붙이기 때문이다. 이런 파행을 막고자 2012년 18대 국회 본회의에서 '국회선진화법'[44]을 통과시켰다. 2012년 5월 19대 국회의 임기가 시작하면서 법률 시행되었다.

그렇다면 '정파적 국회-대통령' 관계를 해결하기 위한 방법은 무엇인가? 가장 중요한 문제는 의원의 자율성을 신장시키는 것이다. 의원이 당론에 구속되지 않고 자유로운 의정활동이 가능해야 분점에서도 정책결정이 수월하며 단점에도 의회의 행정부 통제가 가능하다. 그렇다면 어떻게 의원의 자율성을 신장시킬 수 있는가? 이 방법으로 정당 민주화가 중요하다. 정당 지도부가 장악한 공천권을 제한하여 당원들과 유권자들이 결정하는 방식으로 바꾸면 의원이 정당지도부의 눈치를 보지 않아도 된다. 또한 정당 조직 자체가 정당원들의 의견을 수렴할 수 있는 제도를 만들 필요도 있다.[45] 이런 정당의 기율 약화가 책임정당이나 정당정부를 약화시킨다는 비판[46]이 있다. 하지만 현대 정치상황이 바뀌면서 이익표출이 다원화되고 가치가 다원화되는 탈물질주의 시대를 맞이하고 있다는 점에서 정당이 과거 대중정당 시

---

43) **여야 불신의 원인**: 여야 간 불신 관계를 형성한 것에 대해서 강원택 교수는 3가지 이유를 제시한다. 첫째, 한국정치에서 정해진 게임의 룰 안에서 정치가 이루어지는 것이 아니라 게임의 룰 자체를 비합법적인 방식으로 바꾸려는 시도와 관행이 상호불신을 조장했다. 둘째, 정권교체의 경험이 일천한 점도 상호 불신을 증대시켰다. 셋째, 미래에 대한 고려가 적은 점을 들 수 있는데 이는 정당체계가 유동적이라서 정당이 살아남을 가능성이 높지 않기 때문이다. 강원택, 『한국의 정치개혁과 민주주의』(고양: 인간사랑, 2005).

44) **국회선진화법의 의미**: 국회의장의 직권상정과 다수당의 일방적 처리로 인한 국회의 몸싸움과 파행을 막고자 만들어진 법이다. 국회에서 쟁점 법안의 경우 의원의 과반수가 아니라 재적 의원 5분의 3 이상이 동의해야 신속처리법안으로 상정할 수 있도록 한 것이다. 실제 18대 국회에서는 90여 건의 직권상정이 처리되면서 폭력이 난무하기도 하였다.

45) 최준영, "국회와 대통령", 『한국국회와 정치과정』.

46) 최장집, 『민주화이후의 민주주의』(서울: 후마니타스, 2005).

대처럼 책임정당 모형을 지향하기는 어렵다.[47] 따라서 정당이 아닌 개별의원 차원에서 이익을 수렴할 필요가 있고 이 관점에서 국회가 유연하게 민의를 수렴할 수 있도록 만드는 것이 중요하다.[48]

(2) 의회와 행정부의 관계

두 번째로 의회와 행정부의 관계를 살펴보자. 앞서 본 대통령과의 관계의 연장선상에서 행정부와 의회의 관계를 살펴볼 수 있다. 전통적으로 행정부와 의회의 관계는 의회가 행정부에 대립하는 관계인 2분법적 관계로 인식되어 왔다. 이 입장은 양자 사이의 정당의 존재가 배제되어 의회가 행정부를 견제하고 통제하는 것이 바람직하다는 규범적 판단을 전제로 한다. 그리고는 '행정부 우위', '의회 우위', '견제 균형'의 유형으로 분류해 왔다. 그리고 대통령제에서는 견제와 균형의 원리가 작동하기 때문에 양자 사이의 관계는 이론적으로 엄격한 권력 분립을 전제로 하여 상호 독립과 견제를 원칙으로 한다. 의원내각제가 권력 융합을 기반으로 하여 상호의존관계를 맺는 것과 대비된다. 그렇게 볼 때 행정부와 의회 간 관계에서 의회가 행정부에 대해 자율성을 가지는 것은 대통령제도와 어울린다. 하지만 대통령제도에서도 대통령의 리더십이나 헌법 공학에 따라 의회와 행정부 간의 우위나 분점과 교착 국면을 풀어가는 방식은 다르다. 또한 의원내각제 국가에서도 의회의 대정부 자율성은 차이가 있다. 실제로 영국은 의회가 대행정부 자율성이 높지 않은 반면, 각료와 의회 요직자가 분립되고 내각이 의회의 활동 계획을 수립하지 않는 독일의 경우는 의회의 자율성이 높다. 그만큼 행정부와 의회의 관계는 정부형태에 의해서만 결정되는 것은 아니다.[49] 게다가 전통적인 관점에서 행정부와 의회가 분리되어 있다고 보는 2분법적 논리의 가정이 바뀌어 정당이 행정부와 의회 사이의 관계에 끼어들게 되면 이야기는 달라진다. 정당은 의회와 대통령 사이의 관계를 이어주며 앞서 본 것처럼 정당의 규율에 따라 의회-행정부 사이의 관계는 달라진다.

행정부와 의회와의 관계에서 대표적인 두 나라가 있다. 하나는 대통령제를 사용하고 있는 미국 모델이다. 미국에서는 행정에 대한 의회의 통제기능이 강하다. 반면, 영국 모델은 미국 모델과 대조를 이룬다. 영국에서는 100명 이상의 여당 의원이 장관 등의 직책을 가지고 정부에 참여하여 관료에 의한 행정 집행을 감독한다. 야당은 의회 심의 과정에서 정부각료를 겸하고 있는 여당 지도부 의원들에 대한 질문 형식으로 행정 통제를 수행한다. 영국은 내각이 의회의 신임에 기초하기 때문에 입법부와 행정부는 협조를 통해 정치를 운영하는 것이다.[50] 하지만 실제 의회와 행정부 사이의 관계에 영향을 미치는 것은 정당이다. 즉 행정부

47) 임성호, "원내정당화와 정치개혁" 『의정연구』(제9권 2003), 정진민, 『한국의 정당정치와 대통령제민주주의』(고양: 인간사랑, 2008).
48) 최준영, Ibid, p.287.
49) 고경민, Ibid, pp.176-181.
50) 이현출, "국회와 행정부", 『한국국회와 정치과정』, pp.292-293.

에 대립하는 독립적인 의회의 존재양식은 '행정부 vs 의회'가 아니라 '행정부와 이를 지지하는 여당 vs 야당'의 구조를 띄고 있다.[51]

최근에 행정부와 의회 사이의 관계에서 새롭게 문제가 되는 것 중의 하나는 행정부의 기능이 다층적 차원에서 전개되고 있다는 점이다.[52] EU로 대표되는 지역협정 체결과 지역주의로의 가입, 국가의 주권 중 일부를 상호 양도하는 양자적 조약 문제나 UN이나 WTO와 같은 다자기구의 가입 등은 행정부가 국가 수준을 뛰어넘어 거버넌스 구조를 다수준(multi-level)으로 확장하고 있는 것을 보여준다. 이런 현상은 행정부 견제에 대한 의회의 능력 약화라는 기존 현상에 더해 의회에 더 큰 부담이 되고 있다. 물론 행정부에 대한 의회의 조약에 대한 동의권이라는 통제장치가 있지만 이를 우회할 수 있는 약식조약 등을 체결하거나 전문영역에서의 의회 우회 현상 등이 나타나는 문제점이 나타나고 있다.

(3) 의회와 정당의 관계

의회와 정당의 관계에서 먼저 고려할 것은 정당은 여전히 현실 정치에서 가장 중요한 대의민주주의 기능을 수행한다는 것이다. 최근 대안적 민주주의나 보완적 민주주의의 기제로 NGO나 이익집단이 많이 거론되지만 이들은 아직 정당이 수행하는 포괄적인 대표성을 가지기는 어렵다. 또한 정치사회화 기능과 사회적 갈등의 반영과 동원을 통한 이해 조정의 기능과 행정부견제 기능 역시 정당에 비교하기는 어려운 상황이다. 이런 관점에서 대의민주주의에 중요한 기제로서 정당이 남아있는다면 의회와의 관련성이 높기 때문에 정당과 의회의 관계는 더욱 중요해질 것이다. 정당이 계속 중요하게 남으면서도 의회의 자율성을 확보하기 위한 방법을 찾는 것은 수월하지 않다. 원론적으로 이야기해서 정당의 발전과 관련해서 원외정당의 발전을 통해 민의수렴과 선거승리 등을 이끌어 내야 할 것이며 원내정당[53]을 발전시켜서 의회 입법활동을 수월하게 하는 동시적 발전을 꾀할 수 있을 것이다. 그리고 의원총회를 활성화하여 의원들이 자율성을 확보하고 소속정당의 지도부가 아닌 자신을 선출한 유권자들과 지역구를 대표하는 방안이 필요하다.[54] 물론 어떤 정당이 한국의 현실에 적합한 정당인가와 원외세력의 입장대변이 중요한지 아니면 원내세력의 입장반영이 중요한지에 대한 판단은 좀 더 구체적으로 할 필요가 있다.

(4) 의회와 시민사회의 관계

우리는 의회와 관련해서 대통령과의 관계 그리고 행정부와의 관계와 정당과의 관계까지

51) 이현출, Ibid, p.293.

52) 이현출, Ibid, pp.310-311.

53) **원내정당의 의미**: 정당에는 의원이 된 당원과 의원이 아닌 당원이 있다. 원내정당은 당내 의원을 보호하기 위해 국회의원이 아닌 정당원의 영향력을 축소하고자 하는 정당이다. 한국에는 원내대표가 있고 이들의 협의를 강조할 수 있다.

54) 박경미, "국회와 정당", 『한국국회와 정치과정』, pp.260-261.

를 살펴보았다. 이들은 정치적인 의미에서 수평적인 관계에 있는 행위자간의 문제였다. 그러나 의회는 유권자들의 의견을 대변하고 이들을 대표하고 이들에게 응답하며 자신의 정책에 대해 유권자들에게 책임을 추궁당한다. 따라서 의회는 자신에게 수직적 관점에서 책임을 추궁할 수 있는 유권자들과의 관계를 고려해야 한다.

그런데 정치에서 개인보다 더 중요한 것은 조직화된 집단이다. 따라서 유권자 개인의 이해를 반영하기 보다는 조직화된 유권자들을 반영하고 대표하기 수월하다. 이렇게 해서 만들어진 것이 이익집단이다. 이익집단은 개인들의 사적이익을 공유하는 사람들이 자신의 이익을 관철시키기 위해 만든 조직이다. 조직화를 하고 정부에 압력을 행사함으로써 자신들에게 유리한 방향으로 정책결정을 유도하는 것이 자유주의에 기반을 둔 다원주의정치체제이다. 미국처럼 국가의 중립성을 전제하고 다양한 집단들의 의견에 대해 반응하는 정치과정이 이 다원주의 정치체제의 대표적인 모델이다.

그러나 1970년대에 들어서 새로운 유형의 이익집단이 등장했다. 새로운 이익집단은 기존의 사적이익을 추구하던 이익집단과 달리 시민들의 공공선을 실현하고자 한다는 점에서 공익집단으로 규정될 수 있다. 이익집단의 분화를 설명하기 위해 '범주적' 이익집단과 '촉진적' 이익집단과 같은 구분이 생기기도 하였다. 이렇게 새로이 등장한 이익집단을 분석하기 위해 '시민사회론'이나 '비정부기구론(NGO)'이나 '비영리단체론(NPO)'과 같은 개념들이 만들어지기도 했다. 그리고 한걸음 더 나아가 넓은 의미에서 정치참여를 주장하는 '참여민주주의'의 기치를 내걸고 '결사체 민주주의이론'도 등장하여 대의민주주의에 대한 새로운 입장을 정립하고 있기도 하다.

하지만 앞서서 본 것처럼 대의민주주의를 대체할 수 있는 대안적 민주주의가 등장하기 어려운 상황에서 새로운 정치기제인 시민사회나 사적이익집단 등은 대의민주주의의 대표기구인 의회와의 관계정립이 무엇보다 중요하다. 따라서 이익집단과 의회와의 관계를 들여다보아야 한다. 그리고 의회와 이익집단의 양자사이의 관계를 포괄적으로 보는 것 보다는 공익집단과 사익집단을 구분하여 의회와의 관계를 파악하는 것이 필요하다.

먼저 공익집단과 의회와의 관계를 보자. 공익집단의 사회적 활동은 크게 두 가지로 구분된다. 하나는 서비스제공활동으로 소외계층이나 사회적 약자를 위한 의료, 교육, 복지서비스를 제공하는 활동이다. 다른 하나는 주창활동(advocacy)으로 살라몬(Lester Salamon)에 따르면 주창활동이란 "표출되지 않았던 문제점들을 제기해 공중의 관심을 유도하고, 기본적인 인권을 보호하며, 광범위한 사회, 정치, 환경, 윤리 및 공동체의 이해와 관심에 대해 목소리를 내는 역할"을 지칭한다.[55) 특히 의회와 관련해서 주목할 부분은 주창활동이다. 주창활동이 출발하게 된 것이 대의민주주의의 위기현상에서 비롯되었기 때문이다. 즉 정부가 불합리한 권력을 행사하거나 정부정책과 서비스가 비효율적이거나 의회와 정당이 대표성을 상실하

55) 조성대, "국회와 이익집단", 『한국국회와 정치과정』.

여 정부와 시민간의 간격이 크게 벌어지는 민주주의 결핍(democratic deficit)현상이 벌어질 때 공익집단이 그 결핍을 대신한다는 것이다.

공익집단의 주창활동 중 의회와 관계가 있는 것은 '선거참여', '의정감시 및 평가활동', '시민입법을 위한 청원활동'의 3가지이다.[56] 첫 번째 선거참여와 관련해서는 공명선거실천운동이나 정책경쟁을 유도하는 매니페스토 운동에서부터 특정정당과 후보에 대한 반대와 지지운동과 독자적인 정치세력화에 이르기까지 다양한 활동이 있다. 한국에서 유명한 사례로는 2000년 16대 총선에서 총선시민연대가 수행했던 낙천낙선운동이나 2008년 18대 총선에서 '한국매니페스토실천본부'가 시도한 매니페스토 운동이 있고 17대 총선에서는 시민사회가 낙천 낙선을 넘어서 정치에 진입할 것을 주장하는 입장도 있었다. 두 번째 공익집단의 의정감시와 평가활동은 선택한 대표들이 대표의 직무를 잘 수행하고 있는지를 감시하고 대안을 제시하는 것이다. 유명한 사례로는 1999년 참여연대와 경실련 등이 구성된 '국정감사모니터시민연대'가 있고 경실련이나 바른사회시민연대와 참여연대 등이 지속적으로 의정감시를 하고 있다. 세 번째 공익집단의 입법참여활동은 시민들이 자신의 뜻을 정치과정에 직접적으로 반영할 수 있는 통로로서 간담회, 정책 및 인사의견서, 의원발의 요청 그리고 입법청원의 형태로 표출된다. 대표적으로 시민단체들이 제시한 입법청원중 채택되거나 입법과정에 반영된 경우들은 1998년 '기초생활보장법안', 2000년 '부패방지법안', 2002년 '상가임대차보호법안' 등이 있고 이 분야 역시 경실련과 참여연대가 주도적으로 활동하고 있다.

공익단체 말고도 다양한 사익집단도 자신의 이해와 관련된 분야에 대해 감시 및 주창활동을 한다.[57] 가장 대표적인 경우로 재계의 이해를 대표하는 이익집단인 전경련(전국경제인연합회)이나 노동계의 대표적인 이익집단인 민노총(전국민주노동조합)을 들 수 있다. 전경련의 경우에도 국회의 구체적인 정책에 대해 논평을 하거나 간담회나 세미나를 개최해서 압력을 행사하는 방법을 사용하거나 민주노총의 경우 국회의 의정활동에 대해 시위 및 항의방문이나 정치적 논평을 내거나 선거에서 후보자지지와 같은 방식으로 의회에 압력을 행사한다.

의회가 대통령과 행정부와의 관계에서 그리고 정당과의 관계에서 자신의 역할을 모색하는 것이 수평적 관점에서 정치제도들 간의 권력조정이었다면 의회가 사적 이익집단이나 공적 이익집단과의 관계에서 자신의 역할을 모색하는 것은 수직적 관계에서의 영향력조정관계로 볼 수 있다. 한국에서 대통령제도를 견제와 균형의 원리에 따라 운영하기 위해 대통령과 행정부에 대해 통제권을 가지는 것이 중요한 것처럼 이익집단의 의견을 듣고 이들의 평가에 귀기울여서 좀 더 의회자신의 대표성과 능력을 키우도록 하는 것도 중요한 일이다. 게다가 시민사회의 비판과 견제는 다른 각도에서 시민사회의 의회에 대한 비판적 지지인 것이다. 따라서 시민사회의 지지에 힘입어 대통령과 행정부에 대한 견제의 기능을 더 충실히 수행할 수 있다는 점에서 시민사회와의 관계는 더 중요하겠다.

---

56) 조성대, Ibid, pp.352-363.
57) 조성대, Ibid, pp.364-365.

5. 의회정치의 쇠퇴

(1) 의회정치 쇠퇴의 경향들

미국 건국의 아버지들이 미국을 연방국가로 구성하기 위한 노력을 벌일 때 가장 큰 걱정은 과세를 결정하는 의회가 무지하고 가진 것이 없는 대중들의 손아귀에 넘어가는 것이었다. 특히 당시 미국의 지주들이었던 연방주의자들은 이런 무산자들의 지배를 통제하기 위해 공화주의원리를 동원하여 연방국가를 만들고 자유주의 원리를 도입하여 권력 분립에 근거한 대통령제도를 수립하였다. 이들은 가장 큰 걱정거리를 해결하기 위해 신분제사회가 아닌 미국에서 의회를 양원으로 갈라놓았고 상호견제를 할 수 있는 안전판을 만들었다. 그만큼 의회는 정치의 중심에 서있었다.

그러나 시대가 바뀐 1970년대 미국은 존슨행정부가 의회와 국민을 속이고 전쟁에 참전했다는 것과 잘못된 전쟁을 통제하기 어렵다는 것을 배웠다. 그리고 닉슨시대 재선을 위해 도청을 하는 대통령의 전횡을 보기도 했다. 이제 미국의 고민은 수많은 청년들의 삶을 결정할지도 모르는 대통령의 권력이 너무 많다는 것으로 옮겨졌다. 반면, 200년 전의 고민이었던 너무 강력해질지도 모른다는 의회는 이런 대통령의 전횡을 막기에는 너무 무능한 제도가 되어 있었다.

미국과 마찬가지로 서구 선진국들 역시 의회정치는 19세기를 넘어서면서 쇠퇴하기 시작했다. 특히 정당이 전성기를 구가하던 시절 의회는 정당의 부차적 기제로 인식되면서 의회의 쇠퇴를 넘어서 의회 위기론이 제기되기도 하였다. 이런 현상은 선진국가에만 적용되는 것은 아니다. 서구선진국가들이 의회를 중심으로 자유주의와 민주주의를 확대해 간 것과 달리 신생국가에서 의회는 권위적 정부의 통법부에 불과한 역할을 수행했을 뿐이다. 다른 분야의 제도화보다도 더 제도화가 더디게 진행되면서 신생민주주의 국가에서도 의회는 무능력하고 투쟁적인 제도에 불과한 것으로 인식되고 있다.

(2) 의회 쇠퇴론 반박: 의회 기능의 조정

이런 현상들은 비교정치학자들로 하여금 '의회 무용론'이나 '의회 쇠퇴론' 혹은 '의회 위기론'을 불러일으켰다. 하지만 이런 입장에 반대하는 입장은 의회의 기능이 시대적 상황에 맞게 조정되는 것이라고 반박한다. 이들의 논쟁은 '의회를 대의민주주의의 중심으로 여전히 상정하고 제도운영을 해야 하는가' 아니면 '대의민주주의를 포기하고 새로운 민주주의를 받아들이거나 대의민주주의의 중심 기제를 재설정해야 하는가'라는 좀 더 어려운 문제를 던지는 것이다.

(3) 의회 위기론의 평가

그렇다면 어느 주장이 타당한가? 먼저 의회위기론의 입장은 몇 가지 근거[58)]를 가지고 있다. 이들이 제시하는 근거의 첫 번째는 대중민주주의의 발전과 정당정치의 중요성 대두이다. 우선 20세기로 들어오면서 대중민주주의가 발달하였고 대중들의 의견을 반영할 필요가 있게 되었다. 이로 인해 대중의 의견을 매개하는 정당이 정치의 중심에 서게 되었다. 정당정치가 중요하게 되고 강력한 규율의 대중정당이 등장하자 의회는 국민과 유권자를 대표하는 것이 아니라 정당지도부의 의견을 반영하게 되었다. 또한 대표로서 의원들은 국민의 신탁을 수행하는 피신탁인(신탁모델)이 아닌 정당이 위임한 것을 따르는 종속적인 존재(위임모델)로 전락하게 되었다.59) 의회는 입법을 하고 행정부의 정책을 통제하는 장이 아니라 정당충성심을 과시하는 장이 되었다. 따라서 정치에서 의회의 중요성은 상실되고 정당이 정치의 중심에 서게 된 것이다.

의회 쇠퇴의 두 번째 근거는 행정부가 비대화되고 행정국가화현상이 나타나면서 의회의 영향력이 하락했다는 것이다. 19세기 의회가 정치의 중심에 있던 때에서 역사의 진행은 행정부를 강력하고 거대하게 만들었다. 일반적으로 행정수요는 증대하게 되었고 정부가 해결해야 할 일들은 경제문제 뿐 아니라 사회문제와 환경문제와 위생문제 등과 같이 점차 전문적이고 복잡한 분야로 확대되었다. 이런 전문적이고 복잡한 일들을 처리하기 위한 정책이나 법안발의는 점차 입법부에서 행정부로 넘어가게 되었다. 한국에서도 실제 한미 FTA체결과 관련된 체결절차와 문서를 열람하려는 심상정의원은 세련되게 만들어지고 다듬어진 관련문서 약 2만 페이지 정도를 외교부로부터 받은 사례도 있다.

의회쇠퇴를 부추기는 세 번째 근거는 이익집단의 활성화와 관계된다. 이익집단은 의회라는 대표없이 자신들의 이해를 보호할 수 있는 집단과 조직화를 통해 대안적으로 분배정치를 운영할 수 있게 해준다. 특정한 이익을 기반으로 한 집단이 형성되면 좀 더 전문적으로 자신들의 이해를 관철시킬 수 있기에 이런 결사체를 통한 민주주의를 대표를 통한 민주주의와 대체하려는 경향이 늘어난다. 따라서 의원이라는 대표를 통한 대의민주주의의 중심기제인 의회는 좀 더 부차적인 제도가 되는 것이다.

마지막으로 의회가 역할을 수행하지 못하는 요인으로는 의회내부적으로 리더십이나 응집력이 결핍된 것을 들 수 있다. 이론상 의회구성원들은 지역의 유권자로부터 위임을 받은 것이기 때문에 대통령이나 정당지도부의 눈치를 볼 필요없이 독자적인 활동이 가능하다. 이렇게 독자적으로 위임을 받은 의원들은 의회를 통해 집단적 결정을 할 경우 자신들의 위임주체를 무시하고 결정할 수 없다. 따라서 의회에서의 집단적 결정은 신속하게 능률적으로 이루어지기 어렵다. 의원들을 통할할 수 있는 리더십은 부족하고 이에 따라 조직은 응집력이

58) 고경민, Ibid, pp.186-189.

59) **신탁모형과 대리모형**: 선거를 통해 대표가 되면 유권자들의 지지를 해석하여 재량을 가지고 대표기능을 수행할 수 있다는 입장이 신탁모형이다. 반면에 유권자가 지지를 보낼 때 특정한 업무를 한정해서 지지를 보내는 것이기 때문에 대표의 재량이 없다고 보는 것이 대리모델이다. 위임모델은 정당이 표를 매개하기 때문에 정당에게 재량이 있는 것이지 대표에게 재량이 있는 것은 아니라는 입장이다.

약하다. 대통령을 정점으로 하는 행정부의 위계적 조직 속의 결정구조와 비교할 경우 의회의 리더십과 응집력은 훨씬 더 약하다. 이렇게 리더십과 응집력이 약한 의회는 정책 결정에 있어서 주도적인 지위를 얻기 어려운 것이다.

의회 위기론에 대한 반론[60]도 만만치는 않다. 반론들의 핵심은 의회쇠퇴론이 지나치게 의회기능의 일면만을 강조하거나 시대적 변화를 반영하지 않고 과거의 잣대로 평가한다는 것이다. 먼저 반론의 첫 번째는 의회기능이 변화했다는 것이다. 의회의 법안발의 능력만을 가지고 의회의 쇠퇴를 주장하는 것은 올바르지 못하다. 현재 의회는 기능을 조정하여 행정부를 견제하고 행정부의 제안을 심의하는 쪽으로 바꾸었기 때문에 의회의 중요성은 이런 관점에서 살펴야 한다.

게다가 사회가 변화했기 때문에 이런 사회변화에 따른 사회적 이해의 갈등을 표출하고 이를 반영하는 것 자체가 중요해졌다. 과거 농경사회나 산업화사회에서 대규모의 동질적인 계급이나 계층이 존재했던 시대와 달리 현재는 다원화된 이해를 가진 사람들과 계층으로 분화되었다. 따라서 이들의 의견을 조정하기 전에 이들의 주장을 정치체제에 반영하는 것 자체로도 의미가 있는 것이다. 예를 들어 한국 의회에서 성적소수자 문제나 다문화가정문제를 이슈로 삼고 이를 심의하는 것 자체로서 의회의 기능적 필요가 있다.

마지막으로 의회전성기의 시대와 지금 시대가 다르기 때문에 의회에 대한 평가기준도 달라져야 한다. 의회전성기시대와 달리 현재는 상호의존이 지엽적인 시대가 아니며 경제적 변화와 사회적 변화가 폭발적인 시대이다. 2008년 미국발 금융위기의 여파를 줄이기 위해서는 대규모의 신속한 결정과 자원동원이 필요했다. 또한 신종플루나 조류독감이나 구제역등이 급속하게 퍼지는 것을 예방하거나 통제하는데도 정부의 역할은 결정적이었다. 따라서 이런 시대적 변화 속에서 의회를 행정부와 같은 기능을 해야 하는 것으로 위상설정을 하고 의회를 비판하는 것은 타당하지 않다. 이런 비판은 실제로 존재하지도 않는 의회의 위상을 세워두고 공격하는 '허수아비 공격의 오류[61]'에 지나지 않는 것이다.

의회가 대의민주주의에 중심에 계속 남을 수 있는지 아니면 그 자리를 다른 정치제도에 넘겨주어야 하는지는 앞으로도 논쟁이 지속될 것이다. 이것은 의회 자체만이 아니라 의회를 둘러싼 정치환경과 다시 이것을 둘러싼 사회환경 전체에 대한 평가와 민주주의를 바라보는 관점을 반영하기 때문이다. 아래의 쟁점은 이 논쟁에 대한 입장을 정리해 놓고 있다.

의회에 대한 논쟁이 지속된다고 해도 의회의 중요성은 여전하다. 의회는 현대 민주주의가

---

60) 고경민, Ibid, pp.189-191.

61) **허수아비 공격의 오류**: 논리학에서 '허수아비 공격의 오류'는 원 주장을 거부하기 위해 원 주장의 왜곡된 형태나 왜곡된 주장을 표적으로 하여 원 주장을 공격하는 것을 의미한다. 즉 원래 주장을 반박하는 것이 아니라 그와 피상적으로 유사한 주장을 '환상(허수아비)'으로 만들어 공격하는 것을 의미한다. 예를 들어 "저는 두발규제에 반대합니다. 학생들의 인권을 짓밟는 행위는 더 이상 이어지면 안 됩니다."라는 진술문은 허수아비 공격의 오류를 보인다. 이 주장은 '두발 규제' 자체에 대해 반박하기보다는 반박하기 쉬운 형태인 '학생들의 인권을 짓밟다'를 반박하고 있기 때문이다.

대의민주주의를 중심으로 운영되는 한 유일한 대표기구(의원내각제의 경우)이거나 다른 대표기구와 한 축을 이루는 대표기구(대통령제의 경우)이기 때문이다. 그 기능은 사회환경의 변화와 함께 달라져왔고 달라지고 있지만 우리는 우리의 대표를 뽑고 이들이 우리의 의사를 공적인 장에서 논의해주기를 여전히 바라면서 투표장으로 향한다. 그리고 우리가 선택한 의원들과 그들로 이루어진 의회가 좀 더 전문성을 갖추고 우리의 실제 생활과 관련된 부분들을 대표하고 논의하기를 바란다. 그래서 우리는 우리의 의회개혁에 관심이 있는 것이다.

심화 학습

의회는 전 세계적으로 어떤 추세를 띠고 있는가?

의회제도 역시 비교정치의 도움을 받으면 훨씬 더 객관적 파악이 가능해진다. 앞에서 본 한국의회의 위상은 실망스럽기 그지없다. 하지만 문제는 이것이 다른 나라들과 비교했을 때도 실망스러운가 하는 점이다. 만약 의회정치의 쇠퇴가 전세계적인 추세라면 한국의회의 쇠퇴와 저발전 그리고 국민들의 불신 역시 전세계적인 추세를 따르는 것이기에 보편적이다. 하지만 전세계적인 추세보다도 더 심하게 한국의회에 대한 신뢰가 떨어진다면 그것은 한국정치의 특수한 무엇인가가 있다는 것이다. 따라서 '비교'정치는 우리에게 의회정치의 보편적 문제와 특수한 문제를 구분하게 해준다.

의회정치의 보편적 경향과 한국적 특수성 사이의 차이가 얼마나 큰 것인지를 따져보기 전에 의회정치의 전반적인 패턴을 아는 것은 중요하다. 의회를 가진 국가들에서 대체적으로 어떤 형태로 의회정치가 진행되는지를 알아보아야 우리에게 비교의 기준이 생기기 때문이다. 그렇다면 일반적으로 의회정치는 현재 어떤 발전의 모습을 보여주고 있는가?

의회정치에 대한 발전의 추세로 4가지를 들 수 있다.[62] 첫째, 사회전체와의 관계에서 의회는 특권계층을 위한 의회에서 시작해서 대중의회로 발전하였으나 근래 들어 대중의 불신 속에 위상이 추락하고 있다. 의회는 20세기 들어 대중의회로 자리잡게 되면서 대중들의 기대의 중심에 서기도 했지만 20세기 후반 들어 의회에 대한 불신이 거의 모든 나라에서 증대하면서 대의민주주의 자체에 대한 회의를 가져오고 있다. 이는 대의민주주의에 대한 대안으로서 참여민주주의에 대한 관심증대로 이어지고 있다.

둘째, 의회에서의 정당중심적 성격이 강해지다가 한동안 약해졌고 최근에는 어느 정도 회복세를 보이고 있지만 과거 대중정당 시대만큼 증대하고 있지는 못하다. 정당정치 황금기의 대중정당을 기반으로 하는 의회는 이제 탈정당화 혹은 정당체계의 와해를 경험하면서 정당과의 연계는 약해지고 있다. 물론 포괄정당 등으로 유연하게 정당들이 반응을 하면서 의회정치에도 유권자들의 변화를 반영하려는 노력이 있지만 과거처럼 정당정치를 중심으로 한 의회정치를 기대하기는 어려운 시대가 되었다.

셋째, 의회가 핵심적 권력기관으로서의 위상을 놓고 행정부와 벌이는 경쟁에서 상승-하강-

62) 이 참고 부분은 임성호 "국회의 역사적 변천", 『한국국회와 정치과정』(2010, 서울, 오름)을 요약정리함.

재상승 곡선을 그려왔다는 점이다. 의회의 초기에는 영국과 미국에서 의회는 행정부를 압도했다. 그러나 대공황과 전쟁 등은 행정부의 권력을 비대하게 만들었고 사회는 이후 더 복잡해져 관료중심적인 행정부의 위상을 더욱 강화시켰다. 의회는 입법에서 행정부의 아성을 깨뜨리기는 어려운 상황임에도 행정부감시, 지역구 사업, 선거구민을 위한 민원활동 등에서 영향력증대를 꾀하고 있다.

넷째, 의회의 제도화가 심화되고 있다. 국가들마다 제도화에는 정도의 차이가 있지만 제도화는 전반적으로 심화되어 왔다. 폴스비의 이론을 빌려서 보면 3가지 측면의 제도화가 심화되어 왔다고 볼 수 있다. 첫 번째 제도화는 의원직의 전문화로 초기 의원직이 일정한 기간 봉사하는 것이었던데 비해 현재 의원직을 하나의 직업으로 삼아 전문직업화하는 경향이 늘고 있다. 두 번째 제도화는 의회내의 업무가 분화되는 것으로 전문화가 되면서 위원회별로 업무를 분화해서 다루고 있다. 세 번째 제도화는 의회내부의 운영규칙이 증가하고 복잡화되는 것으로 일부 정치 보스의 자의적인 운영에 제한을 가하는 쪽으로 내부적 규칙이 강화되고 있는 것이다.

대한민국의 의회도 대중의회로 발전해왔지만 최근에는 불신이 증대하고 있다. 대한민국은 1948년 제헌의회 구성시부터 보통선거권을 부여함으로써 대중의회를 이룰 수 있었다. 또한 투표연령이 19세로 낮아진 것이나 정당공천을 경선제도로 변경한 것이나 일반국민까지를 포함해서 경선을 하는 것은 대중 속에 뿌리내리기 위한 노력으로 볼 수 있다. 여성의원의 비율증대를 위한 비례대표제도의 선거법개정도 일반대중의 의견을 좀 더 대표하기 위한 방안이다. 그러나 민주화 이후 국회의원선거에 대한 투표율은 지속적인 하락을 보여 2008년 18대 선거에서는 46.1%의 투표율을 보이기도 했다. 그러나 이후 투표율은 상승하고 있다. 2012년 선거에서는 54.2%로 증대했고 2016년 선거에서는 58.0%로 상승하였다.

국회와 정당간의 관계 역시 보편적인 추세와 유사한 궤적을 밟아왔다. 정당중심성이 3공화국이 되면서 높아졌지만 이후 3김 정치는 실제 정당보다는 보스들에 의한 정치운영을 가져왔다. 3김 정치이후 정당들은 응집력이 떨어진 채 계파간의 갈등을 하고 있지만 여전히 의회에는 정당이 중요하게 자리잡고 있다. 또한 민주화이후 행정부에 대한 국회의 견제력이 증대하면서 과거 권위주의 시절과는 다른 위상을 가지고 있다. 입법 기능이 행정부보다 앞서지는 못하고 있지만 국정감사와 인사청문회와 같은 제도를 이용해서 행정부를 견제하고 감시하는 기능은 증대했다.

그리고 대한민국 국회의 역시 제도적인 변화를 해왔다. 폴스비의 이론을 도입해서 각각의 제도화를 살펴보자. 먼저 전문직업화의 문제를 보자. 국회의원들이 다양한 분야에서 배출되면서 전문직업화를 이루고 있다. 국회본회의와 함께 2,4,6월에는 임시국회가 열리고 있고 최근에는 상시개원제를 도입하자는 견해도 등장하고 있는데 이는 의원들이 국회업무에 전문화를 꾀하는 방안들이다. 또한 전문성을 증대하기 위한 국회의원 보좌관수를 증대해서 1998년 이후 현재까지 의원 당 6명의 보좌관을 둘 수 있다. 2012년 19대에서는 유급보좌관은 7명이고 유급인턴 2명을 고용할 수 있게 되어있다. 20대에서도 동일하다.

또한 국회법상 1988년부터는 원내교섭단체가 정책연구위원을 임명할 수 있도록 법이 개정되었고 정책연구위원은 당해 교섭단체대표의원의 지휘감독을 받아 소속의원의 입법활동을 보좌하도록 하였다. 2004년 개정된 국회법에서는 정책연구위원의 수를 교섭단체가 2개일 때는 63인으로 3개 이상일 때는 67인으로 규정하고 있다.[63] 또한 2000년대 들어와서는 예산정책처(2004

년)와 입법조사처(2007년)가 신설되어 국가의 예산결산, 기금과 재정 운용에 관한 연구분석과 평가를 담당하면서 의정활동을 지원하거나 입법과 관련된 정보 및 자료를 제공하고 있다. 이런 제도들은 미국의 Congressional Budget Office나 Congressional Research Service등이 국회의 입법 기능을 향상시키고 대행정부관계에서의 영향력을 증대한 것을 벤치마킹한 것으로 보인다.

업무의 분화와 관련된 대한민국국회의 제도화에서는 상임위가 늘어왔고 이에 따라 의안심의가 점점 더 세분화된 구조를 이루고 있다. 2008년 국회법개정으로 기존의 과학기술정보통신위원회가 다른 위원회로 편입되면서 상임위수가 17개에서 16개로 줄었지만 소위원회가 상설화되고 활성화되고 있다. 상임위중심의 운영구조는 국회본회의를 상임위의 추인기관으로 전락시키면서 본회의 의사정족수를 줄이고 있다. 현재 국회법은 의사정족수를 재적의원 1/5으로 규정하고 있다.

제도화의 세 번째 기준인 운영규칙의 증가 면에서 보아도 제도화는 증가했다. 2009년 7월 현재 국회에 상정되어 있는 국회의사규칙(안) 및 국회의원윤리규칙(안)이 제도화를 가장 단적으로 보여준다. 국회운영전반에 걸친 종합적의사결정구조를 만들기 위해 국회운영제도개선 자문위원회가 집대성하여 만든 것이다.

그렇다면 원칙적 선에서 한국 국회의 개선방안은 무엇인가? 위의 4가지 특징을 감안한 개선방안이 필요할 것이다. 먼저 국회에 대한 대국민 신뢰회복이 중요하겠고 둘째로는 정당체제의 변화를 통해 정당이 중심이 되어 국회의 민주적 거버넌스를 끌어내야 할 것이다. 셋째로는 국회가 행정부에 보다 적절한 견제를 가할 수 있어야 하며 넷째로는 의회가 몇 사람에 의해 자의적으로 운영되지 않게 하는 제도화의 심화가 필요하겠다. 이런 대강에 근거해서 구체적인 대한민국국회의 개선방안을 모색하는 것이 실제로 중요한 문제이다.

---

63) 『대한민국국회 60년사』(2008a), 972-4. 임성호, Ibid, p.35에서 재인용.

제 3 장 공급 측의 다른 제도들

비교정치에서 공급을 이루는 요소들이 몇 가지 더 있다. 사법적 판단을 내리는 사법부와 지방자치 단체 그리고 관료제도등이 더 있다. 이 부분들도 정치학에서 중요하지만 상대적으로 각 장을 만들어서 볼 정도는 아니다. 각 제도들에서 쟁점이 되는 것이 무엇이고 어떤 개념들이 중요한지를 표로 정리하였다. 이 표들을 통해서 각 제도들을 파악하도록 한다.

1. 사법부와 소수의 지배관련

표를 통한 비교 사법부 관련 주요개념

헌법재판소	• 법률이 헌법에 합치되는지를 판단하는 특별사법기관 • 특별법원으로 설치하고 정치기관에 대한 통제 및 소수자 보호 중요 • 미국의 경우 연방대법원이 헌법재판기능을 수행함 • 헌법의 '정치적 기능 + 법적기능'의 특징을 반영
사법부 독립	• 사법부는 민주주의의 원칙이 적용되지 않음. 즉 인민의 대표로 선출하지 않음. 법관을 민중의 정치적 결정에서 보호 • 사법부의 독립을 통해서 공정한 중재와 법적 해결이 가능해짐. 법관의 임기와 보수 보장이 핵심. 공정한 재판을 위해 법관이라는 사람을 보호.
사법심사	• 입법부에서 만든 법을 사법부가 판단하여 법을 유지할 것인지 폐기 할 것인지를 결정함. • 대표자인 입법부 vs. 대표가 아닌 법전문가인 사법부 • 말버리 대 매디슨사건에서 존 마샬(J. Marshall) 판사의 판례에서 확정. 이후 사법부의 정치화를 가져옴. • 2000년 부시 vs 고어 사건. 보수적 판사들이 고어당선이 확실시되는 플로리다의 재검표를 중단시킴. 법관에 의한 대통령선출의 문제.
헌법 해석 입장	• 사법소극주의(Judical Restraint): 명문화된 법에 규정한 판결 • 사법적극주의(Judical Activism): 사법부의 가치판단이 개입한 판결 • 전통적 3권 분립의 의미 퇴색: 사법부의 정치적 해석강화는 전통적 3권 분립의 의미를 약화

사법부 견제 방식	• 사법부라는 보호자(guardian)에 대한 견제가능성이 문제: 선출직이 아니기에 인민의 통제가 어려움. 대안들이 필요. • 탄핵제도: 미국의 경우 연방판사 탄핵제도, 상원에서 축출가능 • 판례구속력: 사법행위를 제약하는 법전으로 기능하는 판례의 구속력 • 여론: 판사들의 결정과 법리 해석에 대한 학문적·비판적인 언론보도 및 평가, 혹은 판사와 변호사로 구성된 전문단체들의 권고와 훈육행위
사법부의 정치적 역할	• 논쟁 1: 전문가주의 vs. 민주주의간 논쟁 • 찬성 입장. 전문가주의: 자유주의적 관점에서 다수의 횡포 견제를 위한 사법부의 역할 강조 • 반대 입장. 민주주의: 민주주의적 관점에서 미약한 정부 역할에 대한 해법은 법정이 아닌 투표 결과에 따르는 것 • 논쟁 2: 소수의 지배 vs. 다수의 지배: 헌법재판소의 판결의 경우 소수(9명 재판관)가 다수의 대표자(대통령, 의회)결정을 번복시킴.
한국의 제왕적 사법부	• 제왕적 사법부 논쟁: 민주화 이후 헌법재판소 판결(2004년 수도이전, 대통령탄핵)이 늘어나면서 입법부의 결정을 무시하는 일이 벌어지고 있고 헌법재판소의 정치적 영향력이 더욱 증가하면서 문제됨. • 사법부의 기본권보호 기능 vs. 사법부의 민주주의 약화

표를 통한 비교 헌법의 기능

개념	국가운영에 대한 기본지침, 사회구성원들간 사회계약의 산물, 기본권보호를 위한 정부 권력의 구성과 제한원리, 경제적 분배 약속
특징 및 기능	최고법: 법의 형식을 갖추고 있으며 다른 법과 법률들에 대하여 최고법으로서의 지위 입법의 지침: 다른 입법기관이 만든 법이나 정부가 제정한 규칙, 법원의 법률에 대한 해석의 상위에 위치하여 이들 하위 법들이 갈 수 있는 방향과 갈 수 없는 영역을 규정
발전 단계	헌법 내용의 확대 역사: 행정부에 대한 제한 → 정치적 투표권의 증대와 선거의 평등성 추가 → 사회적·경제적 권리보장 → 자유주의 원리보다 평등주의 원리의 우선시
규정 내용	기본권 보호: 기본권 확대의 역사를 반영함. 권력관계 규정: 국가의 정책결정기구 조직 방식, 의회와 행정부 간의 관계, 중앙과 지방 간의 관계
한국 헌법의 문제	타율적 헌법과 그 유산: 1948년 헌법제정기 헌법으로부터의 국민소외 혹은 현실로부터의 헌법의 분리 → 헌법에 대한 국민적 무관심 야기. 이상적·형식적 근본 규범으로만 작동. 1987년 민주화 역시 소수대표 간 비공개 정치협상에서 타협을 통해 헌법 개정. (예) 8인정치회의와 6공화국헌법합의 대통령선거에만 초점을 두고 개정: 1987년 빠른 제도개혁의 필요성으로 권력관계에만 초점을 두고 사회계약을 함. 견제와 균형의 불균형: 삼권분립에 있어 견제와 균형은 한 부서가 다른 두 부서를 견제함과 동시에 견제 받는다는 쌍방적 관계를 통해 균형 실현(책임성 원리). 헌법재판소와 중앙선거관리위원회는 국민과 타부서 어디에 대해서도 책임을 지지 않는다는 점에서 문제 다른 수단에 의한 정치: 정치세력이 사법부를 정치영역으로 끌어들임. 사법부의 비대화: 첨예한 갈등 이슈, 판결 결과에 따라 관련 집단들에게 커다란 차별적 결과를 낳는 이슈 등에 대한 법원의 정치적 결정은 사회의 핵심 이슈들을 정치적 영역에서 배제함으로써 정치를 내부로부터 약화시킴.

표를 통한 비교 **법치주의(사법부) vs. 민주주의(의회)**

	법치주의	민주주의
기본원리	• 법의 최고성, 인치에 대비되는 법치 • 법 앞의 평등 • 최고법으로서 헌법의 구속 및 이를 위한 위헌 심사 가능성	• 인민의 지배 • 평등성과 공공선의 강조
유형	• 형식적 법치주의: 권력의 법 기속 및 권력 분립, 법의 명확성 원칙, 소급효금지원칙(정치적으로 법률적 처벌시한 결정) • 실질적 법치주의: 법 내용의 정당성 확보, 민주적 요청에 부합, 기본권 및 사회적 공통의 가치와 공공선 보장	• 절차적 민주주의: 대표를 선출하는 과정과 절차에 대한 동의 강조 • 실질적 민주주의: 민주적 과정만이 아니라 민주주의의 결과 강조
장점	• 대표선출을 통한 법 제정 • 법으로도 침해할 수 없는 기본권 영역 존중 • 예측가능성이 높음	• 실제적 자기 지배의 제도구축 • 법을 새롭게 규정할 수 있음 • 기득권층이 아닌 민중의 보호
법치주의와 민주주의의 관계		
• 법치주의의 민주주의 보완: 자유보장을 통한 민주적 결정, 소수 보호를 통한 민주주의의 전환가능성 충족 • 법치주의의 민주주의와의 갈등: 사법부의 법률 해석(특히 법률에 대한 위헌심사)에 따라 소수의 지배 관철 가능. 법관의 판단 중요. • 법치주의와 민주주의의 바람직한 관계: 양자 간에 상호긴장을 형성하고 이를 유지 • 민주화 이후 사법부의 정치적 결정 강화: 다른 수단에 의한 정치		

표를 통한 비교 **헌정주의와 법치주의 비교**

헌정주의	• 헌법에 기반한 통치 • 헌법의 두 가지 기능: 정부권력의 제한(제한의 원리) + 권력의 위임을 통한 통치(구성의 원리)
법치주의	• 법(헌법포함) 규정에 따라 정부를 구성하고 정치를 행하는 것 • 법의 지배의 핵심: 비인격성. 통치자를 포함 한 모든 이에게 적용. • 자유주의에 기반: 개인 자유를 위한 법에 의한 간섭 명확화 • 비민주주의에서 헌정주의는 있을 수 있지만 개인자유보호를 위한 법치주의는 작용 안 됨.

2. 지방자치제도

지방자치제도는 한국에서 1995년 다시 시작되었다. 한국정치에서 지방자치제도는 행정과 정치영역에서 어디에 위치해야 하는지에 대한 논의와 정당이 어느 정도 개입해야 하는지를 중심논의로 한다. 특히 기초의회에 대한 선거에서 정당공천을 허용한 이후 각 지방이 의회에서도 특정정당이 장악하고 광역과 기초단체까지를 장악하는 패권정당이 되면서 과도한 권력남용의 문제를 경험하고 있다. 이에 따라 지방자치차원에서 견제와 균형을 위해 공직선거법을 바꾸어 지방정당을 허용해야 한다는 주장이 강하다. 게다가 지방자치단체장들의 선심성 공약이나 과도한 예산 낭비 등이 문제가 되고 있다. 한편으로는 주민투표, 주민소환, 주민발안제도와 같은 풀뿌리 민주주의를 실험한다는 장점을 제공한다. 또한 2014년 지방선거가 있었고 4년에 한 번씩 선거를 실시함으로서 대통령에 대해 중간선거로 기능한다. 지방자치제도와 관련된 중요 쟁점과 개념을 표로 정리하였다.

표를 통한 비교 **지방자치제도 관련 이론과 쟁점**

지방정치와 정당의 역할	• 쟁점 1: 중앙정치와 지방정치의 조직화된 연결 혹은 상호조화(정당이 매개함) ㉮ 1998년 지방선거는 지방 고유의 이슈보다 전국 이슈라 할 수 있는 IMF 경제위기의 원인과 처방 등이 선거의 주요 쟁점, 2002년과 2006년 지방선거는 김대중 · 노무현 정부의 중간평가의 성격 ⇒ 여전히 지방선거와 지방정치가 불완전함을 보여주는 실례. • 쟁점 2: 지방의 중앙에 대한 예속. 중앙당이나 지역 국회의 지역구 관리가 중요하기 때문. 이에 따라 '배제론(지방선거에서 정당의 역할을 배제) vs 참여론(정당참여허용)'이 논쟁중.
지방자치제도 이론 : 배제론 vs 참여론	• 배제론의 근거: 지역개발의 특수성(행정적인 성격이 강함), 한국 정당 문제점의 지방으로의 확산, 중앙당의 선거개입으로 인해 중앙정치가 지방정치에 그대로 투영됨. • 참여론의 근거: 지방정치의 정치적 특성(지역정치를 위한 고도의 판단력과 이해관계 조정, 정치발전 비전 제시), 유사정당이나 패거리 정치 문제(적절한 규제를 받는 공당을 지방에도 허용하는 것이 허용불가로 인한 유사정당이나 패거리 등장 문제보다 나음), 지방의 독자적 정치에 대한 자신감 • 참여론이 득세: 한국 정당의 비민주성, 정책 성향의 부족, 소수 지도자에 대한 지나친 의존, 지역색 등의 문제는 있으나, 지역민들의 다양한 의사를 결집하여 이해조정과 지방현실에 기초한 발전을 도모하기 위해서는 정당 개입이 필수적이라는 입장이 우세 → 그러나 지방의 패권정당화에 대한 우려도 있음.
정당공천제 배제론 근거	(1) 후보자 공천과정(비리문제)로 연결고리인 정당 배제 필요 (2) 공천과 자금력의 부족으로 유능한 후보 출마 곤란하며 중앙당 보스에 대한 충성에 집중 (3) 지방선거가 중앙선거의 반복에 불과 (4) 지역패권정당 고착화
정당공천제 배제론 반박 논거	(1) 비리 문제는 한국정치의 고질적 문제로 정당의 지방 활동과 관계없음. (2) 다른 통제장치로 가능. 자금력이 중요하다면 후보선발 과정을 투명하게 만들면 됨. (3) 지역내 견제장치존재. 중앙당에 충성하기보다는 시민단체 활동 강화 및 메니페스토 운동 등으로 지역선거공약 개발이 활성화되고 있음. (4) 선거주기로 가능. 지방선거의 고유성 상실에 대해서는 선거주기로 조정 가능.
지방정치와 제도	• 공직선거 및 선거부정방지법 개정(2005년 통과): 유급제 도입, 소선거구제를 중선거구제로 전환, 기초의회에도 비례의원제도를 도입함으로써 여성들의 의회진출 크게 신장. 헌법재판소판결로 기초의회도 정당공천제 도입. • 문제점: 기초의회 중선거구제도 도입은 소수정당이나 무소속 후보들의 당선이 거의 없어 소기의 목적을 달성하지 못함. 유급제 도입으로 신진정치인을 발굴하는 것에는 한계.

유급제와 지방의회	• 유급제도 도입: 임시 수당적 성격이 강하였던 의원들의 보수를 정기적이며 고정적 보수체계로 변화. 의원직에 대한 인센티브 제공 • 높은 인상액 지급 기대효과: ① 지방의회의 전문성 강화 ② 지역의 광범위한 대표성 확보 • 효과는 미약: 법안발의라는 의정 성실도 측면에서 평가해 볼 때 유급제의 효과는 부진한 것으로 나타남.
결론	• 한국의 중앙과 지방의 상호보완성 중요 • 한국정당제도화 부족. 지방자치제도에서 공천제도의 문제점이 나타남.

3. 관료 제도와 공공정책

정치학에서 보다는 행정학에서 관심이 있는 주제이다. 정치적 결정을 하는 기관이 아닌 관료조직과 관료 조직으로 구성된 행정부에서 만든 정책들 중 정치학적으로 의미있는 개념들만 정리하였다.

표를 통한 비교 **관료제도의 개념과 특징**

개념과 쟁점	• 관료조직의 개념: 집단 또는 조직 속에서의 직무를 계층적으로 나누어 전문적인 지식과 기술을 바탕으로 대규모적인 행정관리 활동을 수행하는 조직 유형 • 정치학에서의 쟁점: 상하수직적인 계급조직에 입각한 통치 또는 관리제도로 정치학 관점에서 관료의 정치적 힘을 어떻게 정치적으로 통제할 것인가의 문제가 중요 • 관료제의 3가지 의미: ① 통치로서의 관료제, ② 합리적 조직으로서의 관료제, ③ 조직적 비효율성을 꼬집는 단어로서의 관료제. 다양한 의미로 사용됨.
특징	• 막스 베버(Max Weber)의 근대적 관료제의 특징: ① 공식화된 법적・제도적 원칙, ② 위계적 조직 원칙과 상부조직의 하부조직에 대한 감시와 통솔, ③ 문서주의, ④ 전문화된 교육을 받은 인력에 의해 수행, ⑤ 관료들의 전문적인 업무능력 발휘, ⑥ 안정적인 일반 규칙에 따라 진행 • 개인적 차원에서 관료의 특징: ① 공식화된 자격에 의한 충원, ② 항구적・안정적 직책, ③ 연공서열과 성과의 승진제도와 정규적인 급여, ④ 직책과 관련한 급여 제공, ⑤ 합리적 규칙에 입각한 통제시스템
관료에 대한 정치적 통제	• 관료제와 민주주의의 관계: 관료제가 민주주의의 본질인 개인의 자율과 자유를 침해할 가능성 존재. 관료제의 책임과 통제기제 중요. • 관료제 통제방법: 아래로부터의 시장적 통제(관료제 활동의 효율성 확보 목표) vs 위로부터의 계층적 통제(민주적 책임성 확보 목표) • 민주적 통제의 다른 방안들: ① 시민참여를 통한 대표성 확보, ② 성과주의 인사, ③ 관련 법규의 정교화, ④ 엽관인사의 강화. 엽관주의를 통해서 정치인이 통제할 수 있는 관료를 임명, ⑤ 정부기능의 민간위탁 등
향후 연구방향	• 이기적 관료에 대한 규제방안: 정치적 통제가 핵심이며 주로 관료들에 대한 의회 통제와 시민참여를 통한 시민의 통제방안이 주로 논의됨. ex) 세월호 사건 이후 '관피아'라고 하여 관료가 마피아처럼 권력장악한다는 비판이 있음.

표를 통한 비교 **공공정책**

개념들	• 공공정책의 의미: 사회문제 처리를 위한 정부의 결정과 행동으로서 주로 정부기관과 관료들이 만드는 것 • 정책의 의미: ① 의도적·목표지향적 행동, ② 불연속적 의사결정이 아닌 공무원들의 일련의 행동과정이나 행동유형, ③ 단순 의사표명이 아닌 실제적 수행과 관련, ④ 법률에 기반을 두며 권위적인 속성을 지니는 것
정책 유형분류 (Lowi)	• 배분정책(distributive policy): 국민들에게 서비스와 편익을 생산·제공하는 정책. 더 많은 혜택을 얻기 위한 치열한 경쟁. '돼지구유정치(pork-barrel politics)', 또는 '나눠먹기식 다툼'. • 규제정책(regulatory policy): 특정 개인·집단에게 통제나 제한을 가하여 반사적으로 불특정 일반국민을 보호하려는 정책 • 재분배정책(redistributive policy): 사회적 강자로부터 사회적 약자에게로 재산·권력·권리 등의 가치 일부를 이전시키는 정책. 정책수혜자·시혜자가 명확히 구분되어 이념 논쟁과 사회계층 간 정책갈등(policy conflict)이 가장 심함. • 구성정책(constitutional policy): 새로운 정부조직 신설이나 변경, 선거구조정 등
주요 정책 결정자	• 대통령제: 대통령과 그 측근 비서진들 + 의회 + 관료들 • 의원내각제: 수상과 내각 + 의회 + 관료들 • 민주주의 국가의 국가외 결정자: 이익집단(사적이익집단) + 언론 + 시민단체(공적이익집단)
주요 이론	• 앨리슨(Allison)의 관료정치모형: 정책결정과정에 참여하는 다양한 행위자들 간에 흥정·타협·연합·대결 등 정치적 과정을 통해 정책결정이 이루어짐. '정치적 결탁(log-rolling)', '상호편의추구(back-scratching)' 등이 나타남. • 앨리슨 조직과정모형: 조직이 만들어둔 표준운영절차(SOPs)를 강조함.

P·A·R·T

비교정치제도론

2. 매개제도들

현대는 정당민주주의 시대이다. 유권자들의 개인적 선호와 가치를 사회적 가치로 결정할 때 정당이 개인들의 가치를 결정하는데 중심에 있다. 정당이 제시하는 이념, 정책, 이미지를 보고 유권자는 자신의 모호한 가치와 선호를 명확히 이해할 수 있다. 역으로 유권자들이 위치하고 있는 이념적 지향성과 선호를 보면서 정당은 더 많은 지지를 얻기 위해 자신의 정강과 가치관을 제시한다. 이처럼 대의민주주의에서 대표를 통한 정치는 정당이 유권자와 정부의 중간과정에 작동하면서 운영된다.

만약 정당이 유권자들의 선호를 왜곡하거나 다양한 유권자들의 각기 다른 지향점으로 다투도록 특정 가치를 강조하는 '편향성의 동원'[1])을 할 경우 민주주의는 유권자중심의 인민의 지배가 아닌 정당의 지배가 된다. 게다가 특정 정당들이 정치영역을 지배하여 인민들 중 일부가 자신들이 지지할 정당이 없다고 여겨 정치의 경쟁무대에서 이탈(exit)을 한다면 이것은 민주주의에서 인민의 지배에 있어서 참여의 부족 뿐 아니라 대표성의 문제를 가져올 수 있다.

그런데 정당이 선거제도에서 자신에게 유리한 제도를 선택하여 유권자들의 의사를 왜곡한다면 이것 역시 민주주의의 작동을 왜곡하게 된다. 어떤 선거제도를 선택할 것인지는 어떤 정당에게 유리하고 어떤 정당에게 불리하다. 예를 들어 2004년 17대 총선에서 선택된 1인 2표제도는 상대적으로 소수정당을 지지하는 이들이 자신의 지지정당에게 표를 던지게 만들었다. 과거 1인 1표제도와 달리 비례대표제도에서 사표가 될 걱정이 없어지면서 소수정당을 지지한 유권자들은 지역에서는 '전략적 투표'를 하여도 정당투표에서는 '진실한 투표'를 하게 된다. 이처럼 특정 선거제도와 투표 결정방식은 정치적 결과에 차이를 만들어낸다.

여기서는 비교정치에서 '유권자 → 정부'를 이어주는 매개장치로 정당과 선거제도를 다룬다. 비교정치 파트로 치면 3장과 4장이지만 매개장치로서 독립적인 의미를 강조하기 위해 매개장치에서 각각 1장과 2장으로 다룬다.

---

1) **편향성의 동원:** 샤츠슈나이더의 개념으로 사회내의 다양한 가치와 사회균열 중에서 특정 가치를 강조하여 다른 가치를 덜 고려하게 만드는 것이다. 정당은 이러한 가치를 걸러내고 특정부분을 강조함으로서 사회가 갈등할 사회적 균열의 수는 줄이고 균열의 강도는 높이게 된다. 1987년 민주화 이후 한국정당들은 유권자들이 태어난 고향을 중심으로 정치를 이해하게 하는 지역주의를 동원했다. 이렇게 지역주의가 동원되면서 노동과 자본의 관계, 도시와 농촌 간 갈등은 사회적 갈등으로 드러나지 않게 된 것이다.

제 1 장 정당정치

수험적 맥락

현대 민주주의의는 정당을 중심으로 운영된다. 대통령도 임기가 있어 제도화 수준이 낮다. 의회도 임기가 있고 초선의원비율이 높아 제도화수준이 낮다. 대의민주주의가 안정적으로 운영되려면 정부형태, 의회가 아닌 다른 제도장치가 있어야 한다. 관료제도는 제도화 수준이 높고 안정적으로 운영된다. 관료제도를 통제하면서 인민의 요구를 정치에 반영하기 위해서는 정당이라는 제도가 필요하다. 영국처럼 정당의 생명력이 길면 정당은 대의민주주의의 중심이 될 수 있다. 그런데 한국은 정당의 제도화 수준이 낮다. 정당을 제도화하기 위한 목표, 방안들이 다르기 때문에 이 부분에 대한 관심이 높다.

수험적 중요주제

1. 정당의 기원과 정당의 목표: 기능론 vs. 동원론
2. 키의 정당이론: 유권자–정당–정부간 관계
3. 정당모델들과 한국 정당정치의 방향
4. 정당제도화: 개별정당의 제도화와 정당체계의 제도화
5. 정당체계의 이론들
6. 사회균열과 정당: 협의주의와 다수결주의
7. 한국 정당의 분당과 합당의 논리
8. 원내정당론와 책임정당론 논쟁
9. SNS와 정당정치의 변화
10. 정당민주화: 경선제도와 정책자금화의 정당에 대한 영향
11. 탈물질주의와 네트워크형 유권자와 정당정치변화

제1절 정당 일반론

Neuman에 따르면 정당은 현대 정치의 생명선이라고 한다. 그만큼 현대 정치에서 중요하다는 것이다. 현대 정치에서 정당이 중요한 것은 정당이 국가와 시민사회를 이어주는 전달벨트(transmission belt) 역할을 하기 때문이다. 이에 대해 바커(Barker)는 "정당이란 이중적 존재이다. 한쪽 끝은 사회를, 다른 한쪽 끝은 국가에 걸치고 있는 다리이다. 즉, 사회에

서의 사고나 토론의 흐름을 정치기구라는 수차에까지 끌어넣고 그것을 회전시키는 통로이자 수문이다."라고 말했다.[1)]

그만큼 현대 정치에서 정당은 중요하다. 하지만 정당은 그에 못지않게 그 기능과 역사적 사명에 대한 회의도 많다. 정당의 역할이 퇴조한다거나 그 수명을 다한 것이 아닌가에 대한 우려도 있다. 정당정치가 여전히 중요하고 그에 따라 정당을 복원하자는 '대중 정당화' 주장에서부터 정당정치를 원내정당으로 축소하자는 원내정당화 주장이나 결사체를 정당정치의 대체물로 여기는 주장까지 정당에 대한 다양한 시각들이 존재한다. 이는 어찌 보면 정당이 민주주의의 필요조건이기는 하지만 충분조건은 아니라는 점을 반증하는 것이다.[2)]

우리는 정당을 살펴보면서 정당이 자연발생적인 것도, 초역사적인 것도 아니라는 점을 볼 것이다. 정당은 인위적으로 형성된 역사적 산물로서 특정한 역사적 조건에서 인간이 집단화를 통해 정치적 의사표시를 하기 위한 제도인 것이다. 따라서 정당을 바라볼 때 정당이 보편적이 아니라는 점과 그 사회의 역사적・환경적 산물이라는 점을 기억할 필요가 있다. 이는 서구 정당 이론이 반드시 한국적인 타당성을 가지지 않는다는 것으로 정당이 작동하는 여건과 정당을 동시에 고려해야 한다는 것이다. 또한 정당은 개별적으로 작동하는 것처럼 보이지만 정당들이 운영되는 전체구조인 정치체계 속에서 그리고 정당들의 유기적 배열과 상호작용 구조인 정당체계 속에서 운영된다는 점을 명심해야 한다.

정당정치를 공부하는데 있어서 중요하게 고려할 것이 있다. 정당이 어떻게 움직이는지 보고 싶으면 정당 간 관계인 정당체계를 살펴보아야 한다는 것이다. 따라서 정당을 다룰 때는 항상 정당과 정당체계를 동시에 고려해야 하고 정당체계의 설명과 개별 정당의 설명을 각각 따로 기술할 수 있게 개별적으로도 기억해야 한다. 모든 정치현상이 그렇듯 현대 제도정치의 선진국인 유럽과 한국의 정치시간에는 간격이 있을 수 있다는 점 또한 잊어서는 안 된다. 예를 들면 1960년대 이후 유럽에서 대중 정당이 분열된 것과 달리 한국에서는 향후 바람직한 정당 모델을 대중 정당에서 찾는 입장도 있다. 따라서 이론이 주로 설명하고 있는 유럽 사례와 우리의 현실은 다를 수 있다는 점을 반드시 기억해야 한다.

이 장에서는 정당의 개념과 기원 및 정당 이론, 정당체계 이론, 한국정당이 고민하는 문제 등을 고루 살펴보면서 한국 민주주의, 특히 정당을 통한 대의민주주의의 개선 방안에 관하여 생각해보기로 한다.

1. 정당의 개념 및 역할

(1) 정당의 개념

정당이 무엇인가라는 질문에 대한 답 중 하나는 무엇이 정당이 아닌가로 답해보는 것이

1) 고경민, 『현대 정치 과정의 동학』.
2) 고경민.

다. 예를 들어 정당은 '파벌'이나 '시민사회', '시민단체', '이익집단'과 다르다. '파벌(faction)'은 공적 이익이 아니라 사회의 부분적 이익을 개별적으로 확보하기 위한다는 점에서 공익창출을 목적으로 하는 정당과 다르다. '시민사회' 혹은 '시민단체'는 권력을 쟁취하려 하지 않는다는 점에서 선거를 통해 권력을 가지려는 정당과 다르다. '이익집단' 특히 사적이익을 취하려는 '범주적 이익집단'은 이익집단 자체의 이익을 추구한다는 점에서 공익창출을 목표로 하는 정당과 다르다. 물론 정당도 정당에 지지를 보내는 이들의 요구를 반영한다는 점에서 중립적인 것은 아니지만 구성원의 포괄성과 이익 대상의 광범위함에서 다르다. '파벌'과 '이익집단'은 사적 이익을 향유하기 위한 조직이라는 점에서 동일하지만 제도화 정도에서 다르다. 영남과 포항 향우회를 중심으로 한 '영포회'는 파벌로 분류되지만 공개적으로 변호사들의 이익을 보장하려는 '대한변호사협회'는 이익집단이다.

정당이 무엇인가에 관하여 적극적으로 정의하는 방법도 있다. 먼저 정당의 목적을 통한 방법이다. 이에 따르면 정당은 이데올로기를 유지하는 것과 공직자 선출, 권력 획득이라는 목표를 가진 조직으로 정의될 수 있다. 그러나 이 중 어느 것에 더 핵심을 두는가에 따라 두 가지 입장으로 나뉜다. 첫째 입장은 이데올로기에 근거한 정당을 강조하는 입장이다. 대표적으로 버크(E. Burke)를 들 수 있다. 버크는 정당을 어떤 특정한 주의에 동의하는 사람들이 공동의 노력을 통해 국가 이익을 증진시킬 목적으로 그 주의에 따라 결합한 조직체로 정의했다.

둘째 입장은 정당의 핵심을 권력 획득으로 정의한 입장이다. 베버(M. Weber)로 대표되는 이 입장은 조직(국가)의 정책에 영향을 미치기 위한, 혹은 정책에 대한 통제력을 획득하기 위한 권력을 확보하는 것이 정당의 활동이라 정의한다. 정권 획득이나 참여를 주목적으로 결성한 자발적 조직으로 본 듀베르제(Duverger)나 공직후보 선출을 위한 선거에 후보를 내는 정치집단으로 본 사르토리(Sartori)도 정당을 권력 측면에서 본다. 이 경우 정당의 일차적 목표는 선거를 통한 공직 진출과 정권 장악이라 볼 수 있다.

정당의 목적이 아닌 다른 요소로 정의할 수도 있다. 정당의 '조직 구성'에 초점을 맞출 때 정당은 '집단'이며 '결사체'라는 특징을 가지고 있다. 그렇다면 다른 결사체와는 무슨 차이가 있는가? 브론델(Brondel)은 정당이 촉진 집단(특정 견해를 옹호하지만 동시에 사회의 모든 성원들에게 개방적인 특성을 가지는 집단)과 보호 집단(일정 부류의 사람들만을 보호하는 성원의 제한성을 둔 집단)의 특성을 모두 가진다고 본다. 앞서 부정형 정의에서 보았듯이 이익을 반영하기도 하지만 국가 전체의 공익을 반영하기도 하는 것이다.

이처럼 정당에 대한 역할이나 조직의 특성 등의 정의는 다양하다. 그리고 이 정의는 사회 환경 변화로 인해 유동적으로 변화할 수밖에 없다는 점도 고려해야 한다. 하지만 표를 극대화하고 정권을 장악하기 위한 사람들의 결합이라는 점은 유지할 것이다. 따라서 사회 환경이 변화하는데 따라 정당의 일부 기능은 완화되거나 조정되겠지만 정당 본연의 기능인 권력 창출을 위한 조직적 결합체 속성은 유지할 것이다.

(2) 정당의 기원

표를 통한 비교 **정당기원론 비교**

구분	내용
1. 제도론	의회, 선거제도(선행제도) ⇨ 정당창출: 선진국들 사례
2. 역사상황론	경제발전과 위기극복 상황(상황조건) ⇨ 정당창출:개도국사례
3. 발전이론	시민들의 의식향상과 참여욕구 상승 ⇨ 정당창출: 개도국사례

정당의 기능은 변하되 핵심적 기능은 유지될 것이라면 정당은 역사적 존재가 된다. 즉, 역사 속에서 정당이 그 기능을 달리할 것이라는 점이다. 그렇다면 역사적 관점에서 정당이 언제 어떤 계기로 만들어졌는지 살펴볼 필요가 있다. 과거 고대 그리스의 아테네에도 평원당, 산문당, 해양당이 있었고 로마에는 빈민당, 부민당, 귀족당이 있었다. 조선에는 붕당정치를 하였던 노론과 소론 같은 사색당파가 있었다.[3] 현재 우리는 이들을 정당이라 부르지 않는다. 그렇다면 우리가 현재 정당이라 부를 만한 것은 언제 어떤 계기로 만들어졌을까?

정당의 기원에 대해서는 '제도론', '역사상황론', '발전이론'의 세 가지 입장이 있다.[4] 첫째, 제도론은 19세기에 의회제도가 도입되고 선거제도가 발전하면서 참정권의 확대 속에서 대중동원을 위해 정당이 출현했다고 주장한다. 서구 정당 출현을 주로 설명하는 이론으로 이에 따르면 파벌이 먼저 생기고 이 파벌들이 의회와 선거라는 제도에 반응하여 정당으로 나타난 것이다. 실제 영국의 1832년 선거법 개정이나 1867년 선거법 개정으로 대중들에게 투표권이 넘어가면서 의회 외부에서 대중조직이 생겨난 것을 그 출발로 보는 것이다.[5] 그러나 이 입장은 어떤 파벌이 정당이 되었는지에 대해서는 설명력이 약하다는 단점이 있다.

둘째 입장은 역사발전론이다. 역사발전론은 개도국의 발전과 위기 극복 과정에서 정당이 출현했다고 주장한다. 역사적 위기들인 정통성의 위기(현존 통치체제와 지도자의 선출 규칙들이 도전 받는 것), 참여의 위기(사회경제적 변화로 여러 계층의 정치 참여 요구가 폭발하는 것), 통합의 위기(독립 등으로 민족이 통합되는 것)에 대처하는 과정에서 정당이 성립한다고 보는 것이다. 주로 개도국을 잘 설명하는 이론으로 위기가 없는 나라를 설명하기 곤란하다.

셋째 이론은 발전이론 혹은 근대화 이론이다. 이는 국민의 정치의식 향상과 참여 욕구 증대를 통해 정당 등장을 설명한다. 한 나라의 근대화는 국민들의 의식수준 향상을 가져오고 이는 다시 참여 욕구를 증대시키며, 참여 속에서 정치인들은 유권자의 지지를 확보하기 위해 정당을 형성하게 되었다고 보는 것이다. 이 견해는 발전적 관점에 있는 국가들에서 새로운 정당의 출현을 설명하기 용이하다는 장점이 있다.

위의 세 입장은 국가들이 걸어온 역사적 경로에 따라 정당이 만들어진 동기가 다를 수

3) 김윤철, pp.56-57.
4) 고경민.
5) 김윤철, p.55.

있음을 잘 보여준다. 정당의 발생론적 동기가 다르면 정당의 기능과 정당에 대한 기대도 달라지기 때문에 서구 정당과 신생 국가들의 정당을 비교할 수 있게 해준다. 하지만 이 설명들은 모두 상황론적 설명이다. 즉, 어떤 상황이 만들어지면 정당이 자연스럽게 생겨난다고 가정하는 것이다. 이런 상황론적 설명은 정당 성립에서 정치 지도자 요인을 무시할 가능성이 크다. 특히 한국과 같이 정치 지도자가 정당을 만들고 정당의 유지와 해체를 결정하는 경우에는 상황에 따라 정당이 자연스럽게 만들어졌다고 설명하는 데는 한계가 있다. 따라서 한국을 설명하기 위해서는 근대화 과정이나 역사적 위기 극복 과정과 같은 한국적 상황과 함께 한국 정치 지도자의 요소를 동시에 고려해야 한다.

(3) 정당의 기능

표를 통한 비교 정당의 기능

1. 이익집약과 표출	수요중심이론. 사회의 이익과 가치를 드러내고 정치에 반영
2. 이익의 동원	공급중심이론. 잠재적 갈등 요소를 선정하여 갈등을 강화
3. 사회갈등의 조정	정치타협책을 모색
4. 정치사회화	시민들의 정치적 견해를 형성

정당의 역할을 설명하기 위한 정당기능론은 정당정치의 약화 혹은 정당정치의 위기를 말할 때 반드시 필요한 이론적 도구이다. 만약 정당이 정당의 본래 기능을 수행할 수 없다면 우리는 다른 정치적 대안을 찾아야 한다. 그러나 정당의 핵심 기능은 유지하되 부차적인 기능이 축소되거나 변화하는 것이라면, 정당위기론보다는 정당조정론을 받아들여야 할 것이다.

정당의 첫째 기능은 '이익 표출과 집약'이다. 정치에는 국민의 의사를 투입하는 것이 필요하며, 추상적이고 다양한 이익을 구체화하여 드러내주는 '이익 표출(interest articulation)'이 중요하다. 그리고 이렇게 드러난 이익을 결집하는 '이익 집약(interest aggregation)'도 중요하다. 예를 들어 한미 FTA와 관련하여 소고기나 쌀 시장 개방이 문제될 경우 개인 농민들이 가진 이해를 구체화시키고 사회화시키는 것이 중요하다. 그러고 나서 이렇게 결집된 이해를 정치인과 정부가 얼마나 중요한지 알 수 있도록 정치체계에 투입하는 것이 필요하다. 따라서 이익의 표출과 집약은 사적 문제를 공적 문제로 전환하는 토대가 된다.

둘째 기능은 '사회적 갈등의 조정과 통합'이다. 정치는 사회균열(사회가 갈등하는 요소)의 반영, 사회균열의 극복, 사회통합을 목표로 한다. 따라서 이런 기능은 정당에게 요구된다. 사회에서 자원과 가치는 희소하고 무엇을 획득하고자 하는 인간의 욕구는 다양하기 때문에 자원과 가치에 관련된 이익을 둘러싸고 인간은 대립하게 된다. 이런 갈등을 공론화하고 토론을 통해 풀어내서 사회를 유지하는 것이 중요한 정당의 기능이다. 미국산 소고기 개방사례와 관련해서 한우낙농가와 수입유통업자 그리고 백화점과 소매상들과 소비자들 사이에는 이해가 다르고 이 다른 이해를 조화시키는 것이 필요한 것이다.

셋째 기능은 '정치사회화'이다. 정당은 정치적 재생산을 만들어내야 한다. 즉 정당에 대한 지지를 확보하고 다음 세대에서도 그 지지를 지속시켜야 하는 것이다. 이를 위해 정당은 정치적 지식 및 판단 능력의 제공, 정치적 관심의 환기를 통해 정치체계에 대한 정당성을 부여하고 이를 유지하게 한다. 재생산과 사회화 문제는 현 세대와 다음 세대를 같이 고민해야 하는 문제이다. 남북통일이나 평화공존 문제에 대한 시각의 정립은 정치사회화에 있어서 중요한 예가 될 것이다.

그 외에 '정치참여의 촉진 혹은 동원 기능'은 국민의 참여를 유도하고 정치활동에 참여하게 하는 것으로, 가장 대표적인 수단은 선거이다. 다른 기능으로 '정치 엘리트의 충원기능'은 새로운 정치 엘리트를 충원하여 국민들의 요구에 부응하는 것이다. 또 다른 기능으로 '정치체계 유지'가 있다. 이는 정치의 핵심인 정당성 확보가 관건으로 정치체계를 유지한다는 것은 혁명이 아닌 제도를 통해 정치문제를 풀겠다는 국민들의 의지가 고착되어 있어야 한다. 마지막으로 '정치적 의제설정기능'은 정치적 쟁점을 부각시킴으로써 한 사회의 가치와 방향을 정하는 것이다. 이를 위해서는 여론의 지지를 유도하고 관심을 환기시키는 것이 중요하다.

2. 정당 모델의 변화 및 특성

표를 통한 비교 **키(V.O. Key)의 정당의 3가지 의미**

첫째, 유권자 속의 정당. 유권자의 지지확보 중요
둘째, 조직으로서의 정당. 정당내부의 제도화
셋째, 정부 속의 정당. 정당과 정부간 관계로 카르텔 정당

키(V.O. Key)는 정당의 기능과 관련하여 3가지의 핵심 활동을 수행하는 조직화된 제도로 정당을 정의했다. 첫째, 유권자 속의 정당, 둘째, 조직으로서의 정당, 셋째, 정부 속의 정당이 그것이다.[6] 정당과 시민사회와의 관계를 어떻게 보고 어떻게 지지를 동원하며 시민들을 교육하고 시민들의 의견을 반영하는가 하는 것이 정당의 첫째 역할이다. 둘째는 조직으로서 자신의 의견을 표출하고 정치인을 훈련하고 양성하는 역할이다. 셋째는 정당과 국가 사이의 관계로 행정 작용을 하고 정부 정책에 대해 책임을 지는 것 등의 기능이다. 이 세 가지 정당의 핵심적 활동은 역사를 통해 변화해왔다. 그리고 세 가지 핵심적 기능 간의 중요성 역시 변화해왔다. 그런 점에서 정당 모델이 바뀌는 것은 정당 지지자인 유권자의 변화와 함께 시민사회와의 관계 정립, 국가와의 관계구조 변화 등을 의미하며 정당 조직 자체의 변화를 반영하는 것이다. 이때 주목해야 할 것은 이 변화 경로의 유형화가 실제로는 유럽 정당을 모델로 하고 있다는 점이다. 따라서 유럽적 시·공간의 특수성일 수 있다는 것을 염두에 두

6) 김윤철, pp.37-38.

면서 한국적인 적용 가능성이나 함의를 생각해야 한다.

먼저 시민사회와 정당의 관계를 이해한 입장은 듀베르제이다. 그는 원내의 간부 정당과 원외의 대중 정당 출현이 인민의 참정권 확대에 대한 대응이라고 생각했다. 그러나 이에 대해 카츠와 마이어(Katz & Mair)는 정당발전을 변증법적으로 보자고 주장했다. 이들은 대중 정당이 정당의 표준 모형이 아니라 정치 변화의 과정 중 한 가지 모형이라고 주장했다. 이들은 유럽 정당의 변화를 보면서 정당의 변화라는 것이 시민사회뿐만 아니라 국가와 정당사이의 관계에 의해서도 이루어진다고 보았다. 특히 국가의 보조금 같은 제도적 장벽은 개별 정당뿐 아니라 정당체계에도 영향을 미칠 수 있다는 점에서 중요하다면서 정당과 국가 간 관계에 주안점을 둔 '카르텔 정당' 이론을 제안했다.

듀베르제(Duverger)의 분류에 의하면 정당은 역사적 변천 과정에 따라 간부 정당에서 대중 정당으로 변했다. 유권자의 경향성이 이원화되어 좌와 우로 갈리면서 각각을 대변하는 거대조직으로서의 대중 정당이 정당 모델로 지적되었다. 듀베르제가 간부 정당에서 대중 정당까지 논의한데 비해 사르토리(Sartori)는 『Party and Party System』에서 망라형 정당까지를 논의하였다. 이후 이론은 망라형 정당에서 Cartel 정당으로 변화·발전한다. 현실 정치에서 정당들의 변화 과정을 이론가들이 1970년대 이후 특징화하여 포착한 것이다. 정당 변화 과정에서 정당이 국가와 시민 사이에서 어떤 기능과 위치를 정하며, 이를 위해 정당 내부 조직은 어떻게 구성되는지가 중요하다.

지금까지 이론적 전개를 보면 정당 변화는 다음과 같다. (1) 간부 정당, (2) 대중 정당, (3) 포괄 정당, 망라형 정당, (4) 선거전문가 정당, (5) 카르텔 정당. 이들 각각의 제도적 특징과 다른 정당으로의 변화 원인을 살펴보자.

표를 통한 비교 **정당모델의 변화**

(1) 간부 정당(19, 20C 초): 명망가 중심정당. 우리나라 지역인사 중심적 요소.
(2) 대중 정당(1920년대): 이념을 중심으로 유권자를 결집. 정책간 차이를 중심으로 계급정당과 계급투표. 정당을 중심으로 정치운영.
(3) 망라형 정당(Catch-All-Party): 이념의 수렴화로 정당이 이념보다는 정책을 중심으로 경쟁. 정책간 차이는 적음.
(4) 선거전문가 정당: 선거 이미지와 선거 전문가가 중요해짐. 여론조사 등이 핵심이 됨.
(5) 카르텔 정당(Cartel Party): 정당의 국가기관화(정당법을 통해 신생정당 진입저지)

(1) 간부 정당(19~20세기 초)

간부 정당이란 명망가를 중심으로 한 정당 형태를 말한다. 이들은 의회 의원들이 다수인 원내 중심 조직으로 이루어져 있었다. 이념보다는 학연·지연·혈연으로 묶인 느슨한 정치 집단에 가까운 정당구조를 띠고 있고 개인적 대표성을 기반으로 하며 의회 내의 간부회의를 중심으로 리더십이 작용하는 비공식적 사교모임의 경향이 높다. 우리나라의 지역 인사 등에 기반을 둔 정당과 유사하다.

(2) 대중 정당(1920년대)

1차 대전 이후 보통선거권 확대 과정에서 산업 노동자들의 정치권도 확대된다. 노동자 중심의 좌파 정당이 등장하면서 이들은 노동 조직을 당의 기반으로 하면서 수적 우세를 꾀한다. 또한 엄격한 위계질서 하에 피라미드형 조직을 만들고, 선거권 확대를 통해 대규모 당원을 가진 것을 토대로 강한 이데올로기와 규율을 가진 정당을 이룬다. 또한 관료적인 위계조직과 중앙집권적 체계를 갖춘 정당이자 계급 정당의 성격을 가지며 계급투표 성향을 고취시켜 정당을 통해 국가를 장악한다. 재원은 당비로 조달하고 정치적 정보의 전달기관이자 정치적 교육기관으로서 정당이 기능하게 된다.

좌파 정당의 조직화에 우파 정당들도 정당조직을 변화시킨다. 이를 듀베르제는 '좌파로부터의 전염'이라 불렀다. 우파의 명망가 중심 정당은 좌파에 의한 정권 탈취를 두려워하면서 자신들도 강한 이데올로기와 체계적 조직, 대규모 당원을 갖춘 형태로 변모하면서 1920년대에 대중 정당으로 바뀐다. 대중 정당화는 정당의 기능 중에서 '국가와 시민사회의 연결고리 역할'을 담당한다.7)

(3) 망라형 정당(Catch-All-Party)

오토 키르키하이머(Otto Kirchheimer)는 1966년에 "The Transformation of the Western European Party System: Political parties and Political Development"라는 논문을 통해 과거 대중 정당과는 다른 형태의 정당 모형을 제시했다. 이 모델에 따르면 서유럽 정당은 과거처럼 계급투표에 의해 안정적인 선거 결과가 만들어지던 대중 정당 시절과 달리 집단 정체성은 약화되어 정당 소속감과 동질감이 떨어졌고 사회적으로는 경제 성장과 복지 국가에 대한 중요성이 증가하여 '성장 vs 분배'라는 대립적 주장이 아니라 사회 전체 이익에 부합하는 주장을 담은 정강을 내놓아야 하는 상황이 되었다. 또한 대중매체 발달로 정당 지도자들이 유권자에게 호소할 수 있는 기회가 증가하였고 정당 자체의 정치적 교육 기능은 매체로 넘어가는 과정에서 유럽 유권자들은 적극적 참여자보다는 소비자적 행위자가

---

7) **대중 정당의 형성과정**: 대중정당이 만들어지는 것에 대해 사르토리는 정당의 공약(political appeal)과 정권 장악시 정강 실현(representation)을 통해 유권자들이 계급투표(class voting)함으로써 이 3가지 기제를 통해 국가와 시민사회가 연결되었다고 주장한다. 즉, 약속과 약속의 실현, 약속에 대한 시민들의 신뢰와 그에 따른 지지가 시민과 정당 간 관계를 통해 국가정책으로 연결했다는 것이다. 반면에 립셋과 로칸은 결빙명제(Freezing Thesis)를 통해 대중 정당의 공고함으로 설명한다. 결빙명제는 서유럽 국가들이 종교혁명, 국가혁명, 산업혁명, 러시아혁명이라는 4대 혁명을 거치면서 대표성 관문, 정당화 관문, 통합 관문, 다수결 관문을 통과하여 진보와 보수의 정당체계가 구성되었으며, 이렇게 구성된 사회적 균열은 마치 얼어버린 것처럼 변함없이 그 균열을 반복적으로 나타낸다는 것이다.

되었다. 각 정당 간의 특성 차이가 줄어들면서 정당들은 모든 주제들에 대하여 소비자에 해당하는 유권자를 만족시켜 이들을 끌어들이는 마케팅이 중요해진 것이다. 이제 선거의 핵심은 정책이나 정강이 아닌 지도자에 대한 선택에 있게 되었다. 지도자 선출로 선거의 특성이 변화함에 따라 정당의 정강이나 정책의 형성도 정당 자체보다는 정당 지도자의 특성으로 간주된 것이다.[8] 정당에 대한 제도 수준과 조직 수준의 이해에서 개인 수준의 이해로 바뀐 점이 핵심이다.

이렇게 변화된 정당은 이어서 볼 '선거전문가 정당'이라 할 수도 있다.[9] 정당이 모든 계층과 계급을 포괄하면서 정책적 색깔 없이 모든 이의 이익을 보상하려는 정책을 제시하는 것이다. 따라서 정당 강령은 더욱 약화하게 되고 이는 정당에 대한 충성심 역시 약화시킨다. 이에 따라 정당에서는 이념적 · 계급적 정체성보다는 "정책적 합의"가 더욱 중요시된다. 이런 포괄 정당은 시민사회와 사회집단의 대변자로서의 역할보다는 국가와 시민사회를 연결하는 연결고리의 역할을 담당하는 조직으로 변화한 것을 의미한다.

(4) 선거전문가 정당

파네비앙코(Angelo Panebianco)가 1988년 『Political Parties: Organization & Power』에서 만든 개념이다. 선거전문가 정당은 정당원 위주가 아닌, 선거에서 어떻게 승리할 지 결정하는 전문가들을 중심으로 운영되는 정당이다. 포괄 정당처럼 정당 이념이 수렴되고 다양한 이슈 간 충돌에서 선거의 표를 극대화하기 위해 선거전문가들이 정당을 운영하는 것이다. 이때 정치적으로는 정책보다 후보자의 이미지를 어떻게 보여주는가가 더욱 중요해진다.

(5) 카르텔 정당(Cartel Party)

카츠와 마이어(Katz & Mair)가 정치학 학술지인 『Party Politics』에 "Changing

---

8) **대중 정당의 붕괴 원인**: 대중 정당 붕괴에 대해서는 몇 가지 설명이 있다. 첫째는 대중들이 부유해졌기 때문이라며 부르주아화 경향을 지적하는 설명이다. 직업 안정성으로 소득의 안정이 이루어지면서 노동자의 노동자 인식이나 계급의식이 약화되었다는 것이다. 둘째는 노동계층의 위계적 분화로 인해 숙련노동자가 늘고 이들이 중산층으로 편입되었다는 설명이다. 다른 견해로는 물질주의적 문화가 탈물질주의적 문화로 바뀌었다는 설명이다. 잉글하트(R. Inglehart)로 대표되는 이 입장에 따르면 더 이상 물질적인 성장 여부보다는 탈물질적 가치가 정치에서 중요해졌다는 것이다. 마지막으로 유권자들이 중도 노선으로 수렴되었기 때문에 양분화된 대중 정당 구조를 지지하게 않게 되었다는 것이다. 어느 설명을 따르거나 정당이 이념적 대립을 하기 어렵게 되었고 다시 그 구조로 돌아가기는 어렵다는 점이 중요하다.

9) **선거전문가 정당과 포괄정당 간 관계**: 고경민 교수는 선거전문가 정당을 포괄 정당론에 넣어 설명한다. 포괄 정당이 됨으로써 정당이 선거 중심으로 돌아가고 그에 따라 정당인보다 선거전문가가 중시된다는 점에서는 같은 선상에 있다고 볼 수 있다. 하지만 포괄 정당은 정당의 이념 확대 혹은 이념 자체의 중도화 경향을 통한 설명으로서 키르키하이머의 개념이고 선거전문가 정당은 파네비앙코의 개념으로 정당원이 아닌 유권자인 국민이 중요해지면서 이들의 득표 극대화 전략이 정강이나 이념에 기반을 둔 정책보다 중요해진 것을 보여주는 것이다.

Models of Party organization and Party Democracy"라는 논문을 통해 만들어낸 개념이다. 과거 정당이 시민사회를 국가와 연결해주는 것이 중요했다면 이 카르텔 정당은 정당과 국가와의 관계에 초점을 둔다. 즉 시민사회 기반이 약화되면서 정당들이 카르텔을 형성하여 국가로의 침투를 강화한다. 당비를 당원에 의존하지 않고 국가 보조금을 대폭 확대하면서 선거법이나 정당법 강화를 통해 새로운 정당 출현을 억제하고 선거전문가나 여론전문가들이 실세로 등장하면서 기존 정당 운영가들은 몰락하게 된다.

카르텔 정당이 된다는 것은 정당이 점차 국가기구화 된다는 것이다. 국가로부터 받는 정당 보조금은 세금에서 지급되는 것이기에 '준 국가기관화'되는 것이다. 이렇게 되면 여당이나 야당 모두 국가 보조금을 사용하면서 정당의 물질적인 지위 간에 차이가 줄어들게 된다. 이처럼 모든 정당이 여당화되는 경향이 생기면 정당들은 정책 간 대결과 선거 득표보다도 정당 간의 공모를 더 중시하게 된다. 이렇게 정당이 국가 내부로 이동함에 따라 직접적인 이익 표출을 해야 하는 이익집단들이 기존 정당의 역할을 담당하는 소위 '네오코포라티즘' 현상이 나타난다. 카르텔 정당화에서는 정당의 쇠퇴 혹은 실패라는 개념보다 정당의 변화라는 측면에서 이 현상을 보아야 한다. 즉, 정당도 사회 환경 변화에 적응해가면서 새로운 유형으로 자신의 기능을 조정해가는 것이다.

심화 학습

다양한 정당의 위상

① 신생민주주의 국가의 정당

신생민주주의 국가들, 특히 탈공산주의 국가들은 대체로 대중 정당 기반을 가지지도, 이를 발전시키지도 못하고 있다. 공산당을 승계한 정당들이 일시적으로 성공했지만 그 성공은 오래 가지 못했다. 이들 국가들에서 정당이 발전하지 못하는 것은 탈공산화로 일거에 투표권을 부여받았기 때문에 투표권 확대를 노리는 노동자 중심의 사회주의 정당이 들어설 입지가 없고 국가 보조를 받기 때문에 정당원에 대한 재정 의존도가 낮기 때문이다.

② 권위주의 국가의 정당

권위주의 정치체제는 지도자의 개인적 리더십이나 성향에 의존하기 때문에 조직화를 꺼린다. 따라서 제도를 통한 조직화보다는 지도자의 인적통치를 강조하는 입장에서 정당정치는 큰 의미를 가지기 어렵고 지도자의 지도력에 명분을 제공하는 정도의 의미가 있다. 따라서 정당은 제도라기보다는 개인적 통제 수단으로서의 의미를 가진다.

③ 공산주의 정당

전위정당 이론으로 정당을 중시한다. 사회주의를 이루려면 노동자의 혁명적 잠재력을 불러일으켜야 하며, 노동자의 혁명잠재력을 키우려면 지도적 입장의 조직이 필요한데, 이것을 하는 것이 전위정당이다. 전위정당을 통해 자본주의 국가를 무너뜨리고 궁극적으로는 국가가 없는 사회주의 체제를 건설해야 한다. 따라서 사회주의 체제에서는 공산당만이 노동자 계급의 이익을 알 수 있다는 입장으로 정당이 사회의 모든 부분을 통제한다.

④ 전체주의 정당

파시스트 정당은 국가와 사회의 통제에 있어서 공산주의 수준의 제도화를 달성하지는 못했다. 파시스트 정당들은 이념을 가지고 있다 해도 이념보다는 지도자를 중시하고 지도자를 숭배한다는 점에서 공산주의 정당과 차이가 있다.

제2절 정당의 구체적 현실

1. 정당의 제도화

(1) 제도화의 의미

정당정치가 활성화되려면 정당이 제도화되어야 한다. 그렇다면 '제도화'는 무엇을 의미하는가? 제도화를 강조한 사회학자 탈코트 파슨즈(T. Parsons)에 따르면 제도화란 "조직과 절차가 가치와 안정을 획득하는 과정"을 의미한다. 이 정의에 따르면 제도화는 구체적인 조직이나 무형적인 절차를 중요시하는 과정을 통해 안정을 획득해가는 동적인 개념이 된다. 제도란 대단히 추상적인 개념이기 때문에 이에 대해서는 다양한 의견이 존재한다.

좀 더 구체적으로 정당문제로 좁혀보면 개념은 조금 달라진다. 헌팅턴(S. Huntington)은 "일단 출현한 정당이 그 존재 가치와 안정성을 획득하는 과정"으로 제도화를 정의했다. 다시 말해 정당이 현실 정치에서 의미를 가지게 되면서 그 의미가 지속된다는 것이다. 잰다(K. Janda)는 "한 정당이 한시적인 지도자와 구별되는 사회조직으로서의 가치를 대중으로부터 부여받는 수준"을 정당 제도화 수준이라 하였다. 그러므로 제도화란 조직으로서의 가치를 인정받는 것이다. 잰다의 개념 규정 역시 사인화를 넘어서는 조직화와 조직에 대한 중요성 부여가 안정적으로 이루어지는 것을 의미한다. 종합적으로 볼 때 제도화란 '개인 수준을 넘어 조직 혹은 절차가 중요하다는 점과 이를 통해 문제를 풀어갈 수 있을 것이라는 기대를 안정화하는 것'이다. 이를 간단히 하면 '기대의 안정화'라 할 수 있다.

(2) 정당체계에 대한 제도화: 엑스타인(H. Eckstein)의 이론

표를 통한 비교 엑스타인의 정당체계 제도화

1. 정당의 수	양당제가 정책형성과 집행의 예측가능성이 높음. 다당제가 정책형성과 집행에 있어 의도적 협력필요
2. 정당체계의 통합성	이념간의 거리나 적대감의 크기를 의미

	이념간 거리가 확대될수록 정책형성가능성 낮음
3. 현저성	정당의 호응성과 독립적 협상능력의미 정당들의 호응성이 높을수록 제도화수준 높음(정당체계수준의 문제해결에 대한 기대 수준 높음) 독립적 협상능력이 높을수록 제도화수준 높음

제도화에 관한 정당 이론을 조금 더 보자. 정당체계 수준에서의 제도화에 관해서는 엑스타인(H. Eckstein)의 이론을 볼 수 있다. 그는 정당체계가 민주주의에 어떻게 기여하는가를 설명했다. 이 이론은 정당체계에서 중요한 것을 3가지로 들고 있다.

첫째는 '정당의 수'가 어떻게 되는가이다. 정당의 수 측면에서는 양당제가 다당제보다 바람직하다. 양당제가 경쟁을 완화하기 때문이다. 하지만 다양한 균열이 있는 사회에서는 사회적 균열이 교차되는 것이 중요하다. 만약 다당제가 분극화하여 이념 간 거리가 먼 정당들로 분포될 경우 사회적 균열은 타협점을 찾지 못하고 폭력적으로 해결될 여지가 높다.

둘째 요소는 '정당체계의 통합성(party system integration)' 문제이다. 통합성은 정당간 적대감이나 갈등수준에서 나타나는 정당간의 거리를 말한다. 즉 정당 간에 적대감이 크면 통합적이지 않은 것이다. 통합성은 위의 정당의 분극화문제를 풀어가는 개념이다. 정당이 분극화되면 통합성이 떨어지는데 이런 경우 정당 간 타협은 멀어질 것이고 정당정치는 대립과 갈등 속에서 쇠퇴할 것이고 이것은 특히 신생 민주주의국가의 경우 민주주의를 장기적으로 질식하게 만들 것이다. 이와 반대로 아르헨티나, 베네수엘라의 사례는 다당제에서 양당제로 변화하면서 통합성이 증대하여 정당 간 타협 가능성이 늘어날 수 있다는 것을 보여준다. 통합성이라는 기준은 신생 민주주의 국가들에서 '정당 수'만에 의한 정태적인 판단에서 '정당 간 타협과 연대'라는 동태적 분석을 가능하게 해준다.

셋째 요소는 '정당체계의 중요성(party system salience)'이다. '현저성'으로 번역되는 Salience는 '눈에 띈다'는 의미로서 정당이 유권자의 요구를 반영함으로써 눈에 띄게 부각될 수 있음을 말한다. 정당의 salience가 중요하다는 것은 정당의 '호응성(responsiveness)'과 '독립적 협상능력'이 중요하다는 것이다. 정당체계가 눈에 띌수록 정당은 시민사회와 같은 정당 외부의 요구에 민감해진다. 정당의 Salience가 높아진다는 것이 응답을 잘하는 '호응성' 문제라면 이는 정당체계 문제일 뿐 아니라 개별 정당 문제이기도 하다. 즉 외부 요구에 잘 응답하는 정당들이 모여 있기 때문에 정당체계가 잘 응답하는 것이다. 따라서 이 개념은 헌팅턴(Huntington)의 개별 정당의 제도화 지표인 복잡성(complexity) 및 적응성(adaptability)과 같은 의미이다. 정당이 눈에 띈다는 것은 정당들이 문제를 잘 풀어내기 때문이기도 하다. 이는 정당이 유권자의 요구에 끌려 다니기만 하는 것이 아니라 독자적으로 정당 간 협약을 체결하거나 독립적인 협상능력이 높다는 것이기도 하다. 정당 간 협약과 협상을 통해 정당정치를 운영한다는 것은 정당이 보수화된다는 의미도 된다. 즉 협상을 통해 제도 이전의 정치적 요구를 제도 속으로 끌어들이는 것이다. 급진적인 좌파적 성향의 항의의 정치나 저항의 정치, 거리의 정치를 완화시키고 상대 진영과의 협상도 마다하지 않게 된다는 것이기도 하다.

엑스타인의 이론 외에도 민주화의 이행 패턴을 통해 정당체계의 제도화를 설명할 수 있다. 민주화 이전의 정당체계가 변한다는 '환치 유형(displacement patterns of party system)'과 정당체계가 지속된다는 '계승 유형(success patterns)'으로 설명하는 것이다. 예를 들어 한국의 경우 권위주의 정당(민주정의당)은 민주화 이후에도 여당으로 남았다. 이후 1990년 2월 9일 여당인 민주정의당과 제2야당인 통일민주당, 제3야당인 신민주공화당이 3당 합당으로 당을 통합해 '민주자유당'으로 당명을 바꾸었다. 그리고 민주자유당은 김영삼 대통령 집권 이후 개혁 진행을 둘러싼 당내 갈등에 더해 합당의 한 주역이었던 노태우와 전두환 두 전대통령이 구속되자 대외적 이미지 쇄신과 김대통령의 당지도력 강화를 위해 1995년 12월 6일 '신한국당'으로 당명을 바꾸었다. 신한국당(新韓國黨, New Korea Party)은 1996년 실시된 15대 총선거에서 과반수에 못 미치는 139석을 차지해 제1당이 되었으나, 이후 분점정부를 해결하고 원내 과반수 다수당을 만들기 위해 자민련과 민주당 의원들을 영입하였고 1997년 11월, 15대 대통령 선거를 앞두고 민주당과 합당, 한나라당으로 이름을 변경하였다. 정당체계의 유지는 한국 정치의 보수화를 설명해준다. 또한 게임의 경쟁이 권위주의를 넘어서도 크게 달라지지 않을 수 있음을 보여준다.

(3) 개별정당에 대한 제도화: 헌팅턴과 파네비앙코의 이론

표를 통한 비교 **헌팅턴의 개별정당제도화**

1. 복잡성	다양한 주제들 정당이 담을 수 있는 능력
2. 자율성	정당이 대통령과 외부세력으로부터 자유로운지의 능력
3. 적응성	사회적 변화와 요구에 대처할 수 있는 능력
4. 응집성	정당구성원간의 친밀도

개별정당의 제도화를 설명하는 데는 파네비앙코(Angelo Panebianco)와 헌팅턴의 이론을 살펴볼 수 있다. 헌팅턴은 제도화를 복잡성, 자율성, 응집성, 적응성으로 설명한다. 다양한 문제들을 풀어낼 수 있는 것이 '복잡성'이라면, 정당이 대통령이나 외부세력으로부터 얼마나 자율적인가 하는 것이 '자율성'이다. '응집성'은 정당원들간의 친밀도를 말한다. '적응성'은 사회적 변화와 요구에 어떻게 대처하는가를 다룬다.

파네비앙코의 이론에 따르면 정당이 어떻게 생성되었는가의 경로와 정당생성에 있어서 외부세력의 지원여부가 중요하다. 중앙에서부터 지방으로 '침투(penetration)'한 경우가 지방을 중심으로 중앙과 전국으로 퍼진 '확산(diffusion)'의 경우보다 강력한 제도화를 달성한다. 그리고 외부세력에 지원을 통해 정당조직을 정당화한 유형(external legitimation)과 스스로의 힘으로 조직을 정당화한 방식(internal legitimation)에서는 후자가 제도화가 더 강하다. 마지막으로 카리스마를 가진 지도자는 정당출범에는 도움이 될지 모르지만 제도화에는 장애로 작동한다. 파네비앙코의 이론은 결국 정당이 '어떻게(how)' 만들어졌는가에 의해 제도화 여부가 달렸다는 점에서 역사적 설명의 입장에 있다. 그러나 역사의 경로의존성을 지나치게 강조할 경우 현재의 문제를 너무 단순화하거나 현재 정치제도화의 부족문제에 대해 현재 정치세력에게 면죄부를 줄 수 있다는 문제가 있다.

2. 정당의 조직 및 운영

정당을 만들어서 선거에 나가고 정부를 구성하거나 정책을 실현하기로 마음먹었다고 가정하자. 그러면 정당을 꾸리고 정당법에 규정된 요건을 충족해서 정당설립을 신청할 것이다. 이렇게 만들어진 정당은 이제 조직으로서의 역할을 규정하고 그 역할을 수행해야 할 것이다. 정당을 제대로 이끌어 가려면 정당의 당헌당규에 따라 규칙을 정하고 정당지도부가 정당을 이끌어 갈 수 있는 지도체계를 확립해야 한다. 또한 정당의 결속력과 조직력을 키우기 위해서는 당원에 대한 효과적인 통제를 할 뿐 아니라 선거를 맞이하기 전에 선거태세를 정비해야 한다. 또한 하부조직들을 꾸려서 여러 이해집단과 다양한 계층으로부터 의견을 수렴하기도 해야 한다. 또한 경쟁하는 상대 정당에 대한 정보를 얻어서 상대 정당에 대한 경쟁력을 키우고 상대 정당에 침투하거나 상대 정당을 와해시키는 작업도 수행할 수 있다. 또한 지지도를 높여서 후보자를 당선시키고 정권을 창출하기 위해서는 정치에 대한 무관심층을 자신의 정당으로 흡수하고 새로운 선거권을 얻은 유권자들에 대한 유인책을 제공하기도 해야 한다. 이런 기능들을 크게 대별하면 선거 준비와 보조, 일단 형성된 정당을 유지하는 일, 정당의 공공정책과 전략 고안으로 나눌 수 있다.

이런 기능은 정당의 조직 원리 등에 의해 결정되는데 정당조직을 설명하는 데는 3가지 설명방법이 있다. 그것은 첫째, 선거 경쟁 접근법. 둘째, 제도적 접근법. 셋째, 사회학적 접근법이다. 이들 각각을 살펴보자.

표를 통한 비교 정당의 조직

1. 선거경쟁 접근법	선거경쟁(상대다수제 / 비례대표제) ⇨ 정당조직화
2. 제도적 접근법	정당의 발생적 특성(침투. 확산) ⇨ 정당조직화 제도화수준(자율성정도) ⇨ 정당조직화
3. 사회학적 접근법	선거가용한 자금(카르텔정도) ⇨ 정당조직화

(1) 선거 경쟁 접근법: 선거 경쟁이 정당을 조직화

선거 경쟁 접근법은 듀베르제(Duverger)와 앱스타인(Epstein)에 의해 제시되었다. 이 접근의 핵심은 정당의 조직을 다른 정당과의 경쟁과 관련해서 설명하는 것이다. 정당의 조직은 타 정당과의 경쟁에 있기 때문에 정당을 어떻게 구성하고 어느 부분에 주안점을 두는가는 결국 경쟁의 우위확보가능성에 달렸다.

듀베르제는 두 가지 배열원리를 통해 이를 설명한다. 첫 번째는 '수평적 배열(horizental plane)'의 기준으로 이를 통해 직접정당과 간접정당을 구분한다. 직접정당은 개인 당원이 정당의 구성단위인데 비해 간접정당은 조합이나 특정단체가 구성단위인 정당이다. 노동조합에 의해 형성된 영국의 노동당이 대표적인 간접정당이다. 직접정당보다는 간접정당의 조직화가 더 강하다. 둘째는 '수직적 배열(vertical plane)'이다. 정당의 조직유형화를 의미하는 수직적 배열에 따라서 하나의 정당이 구성될 수 있는 기본요소로 4가지 조직 유형을 구분한다. 4가지 조직유형은 다음과 같다. ① 간부조직: 소수의 명사에 기반을 둔 가장 고전적인 정당조직 ② 지부조직: 19세기 말 사회주의 정당들의 형태로 당원중심의 정당조직으로 대중 정당에서 나타난다. ③ 세포조직: 공산당의 기초 조직으로 소련 공산당이 러시아 혁명 이전 지하활동을 하던 시기에 적합한 유형으로 수평적 구조는 없고 수직적 구조만 존재한다. 이 유형은 세포조직간 연계 없이 독립적으로 존재하기 때문에 한 세포조직의 분열에 대해 다른 조직은 자유롭다. 조직 단위는 직업성을 기준으로 하여 공장이나 작업장에서 발전한다. ④ 전투대 조직: 파시스트나 극단적인 우익 정당의 조직으로 군대 수준의 민병대적 조직으로 군사훈련을 받고 제복을 입고 무기를 보유한다. 수직적 배열은 정당의 하부조직을 어떻게 구성하는가와 그래서 하부조직을 어떻게 효과적으로 동원할 수 있는지를 보여준다.

(2) 제도적 접근법: 정당의 발생적 특징과 정당의 제도화 수준에 의한 조직화

이 접근은 파네비앙코(A. Panebianco)가 대표이론가이다. 제도적 접근은 정당이 어떻게 조직되는가의 문제와 정당 내부의 다른 요소들 사이의 관계의 역동성에 초점을 둔다는 것이 핵심이다. 좀 더 구체적으로 이야기하면, 파네비앙코가 볼 때 정당 조직이 어떻게 형성되었는가는 '정당의 발생론적 측면'과 '각 정당의 제도화수준'이란 두 가지 변수로 설명된다. 발생론적 측면을 고려 한다는 것은 정당유형의 차이가 주로 각 정당이 형성되는 시점에서의 기원적 특성에 근거한다는 것이다. 또한 기원적 특성이 이후의 제도화를 결정한다는 것이다.

조금 더 자세히 이론을 들여다보자. 첫 번째 변수인 '발생론적 측면'에서 각 정당의 조직적 기원을 특징짓는 방법에는 크게 3가지 요인이 지적된다. 첫째, 영토적 '침투'와 '확산'을 구분하는 것이다. 영토적 침투란 중앙당이 지방조직이나 지역조직을 유지시키는 과정에서 만들어지는 것이고 확산은 지방과 중앙이 함께 조직되는 것이다. 만약 중앙당이 만들어지면서 지방으로 조직을 확대하면 중앙당의 통제력이 강할 것이나 지방조직이 중앙조직을 형성한다면 지방색이 강해지고 지방의 유력인사의 입장이 정당을 규정할 수 있게 된다. 둘째, 그 정당을 후원하는 외부조직의 존재 여부이다. 외부후원세력이 있으면 정당의 조직화는 수월한 반면에 외부세력의 입장에 정당이 끌려갈 수 있다. 셋째, 카리스마적 지도자가 정당 형성에 개입했는지 여부이다. 카리스마있는 정당보스가 있다면 조직적으로 정당을 만들 수 있을 것이나 정당이 한사람의 영향력하에 놓여서 제도화가 더디게 될 것이다.

둘째 변수인 '제도화'의 요인을 보자. 여기서 '제도화'란 조직이 어떤 목적의 수단이 되는 것을 끝내고 대신 본래 그 자체로 가치를 가지며, 조직과 조직의 목표가 분리될 수도 구분될 수도 없게 되는 것을 의미한다. 즉 제도자체로서의 의미를 가지는 것을 말한다. 이 제도화는 다시 두 가지 요인에 의해 결정된다. 첫째 요인은 환경과의 관계에 있어 정당조직이 가지는 '자율성의 정도(degree of autonomy)'이고 둘째 요인은 중앙의 자원통제와 하위 집단에 대한 권위의 분배수준으로 표시되는 '체계성(systemness)' 이다. 이 두가지 요인들이 제도화를 측정할 수 있게 한다.

파네비앙코는 이 발생론적 기원과 제도화요소를 통해 6가지 유형의 설명을 만들어 냈다. ① 영토적 침투를 통해 발전한 정당은 창당 엘리트들이 처음부터 나타난 조직형태를 통제할 수 있기 때문에 강한 제도적 기구로 발전하는 경향이 있다. ② 영토적 확산을 통해 발전한 정당은 정당의 재원을 둘러싼 창당엘리트 사이의 경쟁 때문에 제도적으로 약한 조직으로 발전되는 경향이 있다. ③ 외부로부터 정통성이 부여된 정당 즉 외부세력에 의해 만들어진 정당은 낮은 수준의 제도화를 경험하게 된다. ④ 여러 조직들의 폭넓은 후원에 의해 형성된 정당은 강한 제도화수준으로 발전된다. ⑤ 조직 내부에서 정통성이 부여된 정당은 외부에 의해 정통성이 부여된 정당에서 부여되는 제약이 없기 때문에 강한 제도화의 방향으로 발전할 수 있다. ⑥ 카리스마적 지도자는 정당의 제도화를 억제하는 경향을 가지는데 이것은 정당제도화를 지도자가 가진 권력에 대한 위협으로 인식하는데서 비롯된다.

파네비앙코의 정당조직에 대한 설명은 결국 얼마나 제도화가 되었는가에 대한 설명이다. 그리고 제도화정도는 만들어질 당시의 상황과 관련이 있다는 것이다. 이런 설명은 정당정치가 제도수준으로 어떻게 발전하는가와 그 제도로의 발전이 역사적 유산에 영향을 받는다는 것을 알려주는데 유용하다. 하지만 어떤 구체적인 조직을 가지고 어떤 기능을 수행하는지를 설명하는 데는 단점이 있다.

그렇다면 파네비앙코의 기준으로 볼 때 한국의 정당은 어떤가? 우리의 경우 명사형 정당으로 출현하여 이승만대통령과 같은 지도자들이 구심력을 가지는 정당으로 출현하였다. 그리고 나서 지방으로 침투하는 유형이다. 하지만 이승만정부에서 정당은 지도자의 개인적 요소에 눌렸다. 실제 정당정치가 중요하게 된 것은 박정희 정부에서부터이다. 5.16군사 쿠테타 이후 박정희 대통령은 민간인으로 옷을 갈아입고 정당을 통해 통치구조의 기틀을 잡게 되면서 정당이 한국 정치에서 중요하게 되었다. 이때 정당은 정당외부의 후원보다는 국가기구에 의해 형성된 경향이 강하고 카리스마적 지도자에 주로 영향을 받아왔기에 제도화가 약한 특징을 가지고 있다.

(3) 사회학적 접근법: 자원동원능력과 통제수준에 따른 조직화

사회학적 접근은 선거 경쟁에 가용한 자원동원과 자원에 대한 통제수준이 정당조직의 유형에 영향을 미친다고 주장한다. 즉 자금이나 노동 등의 자원이 정당의 조직과 유지 개선에 실제 영향을 행사한다는 것이다. 실제로 정당이 선거 경쟁에서 승리하고 권력을 획득하기 위해는 자원획득이 중요하다. 정당이 사용할 수 있는 자원이 많을수록 정당 조직도 다양하게 만들어지고 유지될 수 있는 것이다. 요약하자면 사회학적 이론은 정당의 목표를 달성하기 위해 사회적 자원을 얼마나 보유하고 어떻게 자원을 효율적으로 동원하는가에 따라 조직 자체가 달라질 수 있다는 입장이다.

자원동원과 관련된 부분에서 카츠와 마이어(Katz & Mair)의 정당이론인 카르텔정당론은 정당이 선거경쟁에서의 승리뿐 아니라 자신의 조직을 유지하고, 새로운 정당의 탄생과 진입을 억제하기위해 자원을 통제한다고 주장함으로써 연관성을 가진다. 이런 해석은 정당들간의 공유된 이득인 정당들의 공존이 상대적인 이득인 정당 간의 선거에서의 경쟁과 같이 할 수도 있다는 점을 보인다.

그렇다면 한국의 정당에 사회학적 접근법이 적용될 수 있는가? 또한 우리의 경우도 카르텔정당론이 적용될 수 있을까? 이 부분에 대해서는 한국의 정당 역시 카르텔화 되어 선거 진입의 장벽을 높이는 방식을 사용하고 있다. 정당법의 규정요건에 따라 국고 보조금은 선거 후에 득표율을 기준으로 배분하고 있기 때문에 신생정당은 처음 진입하는 선거에서 국고 보조금을 받을 수 없고 정당 등록절차도 까다롭게 되어 있다. 이런 조치들을 이용하여 정당들은 선거에서 득실과 함께 기성정당의 안정적인 공존을 동시에 누리려고 한다.

정당의 조직과 관련해서 더 고려할 부분은 후보자선정의 문제와 재정문제이다. 후보자선정을 누가 하는가는 정당내의 권력지도를 어떻게 만드는가의 문제이기 때문에 중요하다. 정당의 상부조직에서 공천권을 가지는 방식과 하부조직에서 경선을 하는 방식은 후보자 선정에 대한 권력관계가 다름을 보여준다. 또한 당의 재정과 후원의 문제 역시 권력관계에 있어서 중요하다. 이와 관련된 사안은 뒤의 이슈들에서 좀 더 살펴보도록 한다.

3. 정당체계와 정당의 유형화

정당정치를 공부할 때 먼저 고려될 사항은 개별 정당들이 정치적 게임을 진행하는 공간과 게임의 원칙이다. 게임의 구성원과 원칙이 달라지면 게임을 진행하는 과정과 게임의 결과도 달라지기 때문이다. 판돈이 적은 포커경기에 갑자기 엄청난 액수를 들고 베팅을 하는 사람이 나타나면 포커게임은 그 사람이 들어오기 전과 후가 달라질 것이다. 더 치열하게 될 것이고 액수의 부담을 느끼는 플레이어는 게임장을 탈퇴하게 될 것이다. 포커판의 게임의 룰과 행위자의 유형 등이 게임의 과정을 변화시키는 것처럼 정당들의 게임 역시 정당간의 룰과 행위자 유형 등이 중요하다. 이것을 들여다보는 것이 정당체계(party system)이다.

한 나라의 정당정치는 개별정당을 뛰어넘어서 보아야 할 때가 있다. 이때 고려될 것이 정당들의 체계이다. 정당체계는 정당과 대통령과의 관계나 정당과 의회와의 관계와 밀접한 관련이 있다. 예를 들어 정당 수가 3개 이상의 다당제가 될수록 대통령제 국가는 대통령소속정당과 국회다수당이 불일치하는 분점정부의 가능성이 높아지고 의원내각제 국가에서는 다당제는 연립 정부 구성의 문제를 중요하게 부각시킨다. 따라서 정당을 공부하는데 있어서 정당체계는 대단히 중요하다.

그렇다면 '정당체계'는 무엇을 의미할까? 정당체계를 보는 입장은 두 가지로 갈라진다. 첫째는 정당 그 자체를 투입-산출기능을 갖는 하나의 체계로 파악하는 것이다. 둘째는 복수의 정당들간의 상호작용으로 파악하는 입장이다. 즉 개별 정당자체를 체계로 보는가 아니면 정당들간의 관계를 체계로 보는가의 문제이다. 대부분은 후자의 입장을 지지한다. 대표적으로 사르토리는 정당체계를 '정당 간의 발생하는 상호작용의 체계'로 보고 래이(Rae)는 '국가의 통치권을 장악하기 위하여 노력하는 정당간의 경쟁적 관계'로 정의한다.

정당들간의 관계를 정당체계로 본다면 다음으로는 정당체계에는 어떤 형태의 정당체계들이 있을까의 문제가 고려될 것이다. 따라서 정당체계의 유형이 분류될 것이다. 단독정당이나 양당제, 다당제와 같은 형태의 정당체계들의 특성을 구분하여야 정당체계를 통한 특정한 정당정치현상을 설명하거나 향후 정국을 예측할 수 있다. 즉 유형의 분류는 정당체계의 속성을 파악하고 이 속성이 정치체계의 작동에서 어떤 방식으로 반영되는지를 알고자 한다. 따라서 유형분류의 핵심은 유형을 구분하는 '기준'과 유형이 가져오는 '특성'이라고 할 수 있다.

유형분류는 가장 기본적으로 정당의 '수'를 중심으로 한다. 그러나 정당의 '수'만으로는 정당체계의 특징을 파악하기에는 부족하다. 따라서 이론가들은 이 부족한 부분을 메우는 다른 기준들을 제시한다. 아래에서는 다양한 이론가들의 정당체계에 대한 유형분류작업을 살펴보고 그 현실 정치적 의미를 따져보겠다.

(1) 듀베르제(Duverger)의 유형화

듀베르제의 유형화 분류는 2가지 기준을 가지고 있다. 첫째, '정당의 수'이고 이 기준은 정당을 일당, 양당, 다당제로 구분한다, 둘째, '이념지향성'이다. '보수주의 vs 자유주의'의 양당제나 '보수주의 vs 사회주의'의 양당제를 설명한다. 다당제는 정당내의 의견의 내적 분열과 중첩이라는 두 가지 경향에 의해 형성된다. 즉 당내 분파주의가 극화되면 이원주의 경향이 배제되고 이원주의의 이중화를 통해 다당제가 된다고 본다. 즉 정당내부에서 분열이 생기면 정당내부에서 다른 정당을 만드는 사람들이 생겨서 다당제가 된다는 것이다.

(2) 라팔롬바라와 웨이너(Lapalombara & Weiner)의 유형화

이들의 정당체계구분은 '정당간의 경쟁성'이라는 요소와 '정권교체가능성'이라는 요소와

'정당내부적 속성'이라는 요소를 통해 이루어진다. 먼저 정당간 경쟁가능성은 '경쟁체계 vs 비경쟁체계'의 구분을 만들어낸다면, 둘째 요소인 정권 교체 가능성은 '패권정당체계 vs 정권교체 체계'를 구분하게 한다. 셋째 요소인 '정당의 내부적 속성'은 '이념적 체계 vs 실용적 체계'를 구분 짓는다. 이 요소들의 조합을 통해 다음과 같은 4가지 유형 구분이 가능하다. ① 이념적 패권정당체계 ② 실용적 패권정당체계 ③ 이념적 교체정당체계 ④ 실용적 교체정당체계.

(3) 블론델(Brondel)의 유형화

블론델의 정당체계의 유형화기준은 5가지나 된다. 이들의 조합은 '정당의 수 + 정당간 상대적 힘 + 이데올로기의 상이성과 공통성 + 지지의 자발성과 인위성 + 정당조직의 특성과 리더십 유형'으로 구성된다. 이런 5개나 되는 기준에 따라서 6개로 정당체계가 구분된다. ① 무당체계 ② 일당체계 ③ 양당체계 ④ 2.5당체계 ⑤ 일당우위 다당체계 ⑥ 대등적 다당체계가 그것이다. 이 복잡한 유형화를 다시 '정당의 수'와 '상대적인 힘'으로 기준을 줄일 경우 정당체계는 4가지 유형으로 구분가능하다. 이때 나타나는 4가지 유형은 ① 양당제, ② 3당제, ③ 다당제이고 두 개의 주요 정당이 2/3 정도 득표 하는 경우, ④ 다당제이고 두 개의 주요 정당이 대략 50% 정도 득표하는 경우가 된다. 둘째로 '이데올로기'와 '정당간의 힘의 차이'를 기준으로 할 때는 6가지 유형으로 구분된다. 이 때 6가지 유형은 ① 극단적인 양당제, ② 다른 극단으로 유권자 표가 상당히 균등하게 분포되어 있고 이데올로기 스펙트럼에서 각 정당은 대략 25% 정도 얻는 경우, ③ 2.5당체계로 중도정당존재, ④ 2.5당체계로 아주 작은 좌파정당이 존재하는 경우, ⑤ 다당제로 지배적인 좌파 정당과 분열된 우파정당들이나 ⑥ 다당제로 지배적인 우파정당과 분열된 좌파정당들의 체계이다.

(4) 사르토리(Sartori)의 정당체계

사르토리의 정당체계는 크게 두 가지 기준이고 넓게 세 가지 기준에 의해 구분된다. 첫째, '정당의 수'로 이 수는 정당이 보유한 적실성 있는 의석수로 결정된다. 둘째로 '연합의 형성가능성'과 셋째로 '경쟁성'이 기준이다. 이 중 '정당의 수'와 '경쟁성' 즉 이념간 거리가 중요하다. 이때 고려되는 것은 정당체계에 반체제 정당이 있는가의 여부와 (적실성 있는)정당간 이념적 거리가 얼마나 되는가이다. 이념간 거리가 멀수록 정당의 연합이나 연대 가능성은 떨어지기 때문이다. 이런 기준으로 사르토리는 정부가 단독으로 성립되는지 연립으로 설립되는지에 따라 정당을 다음과 같이 구분했다. 단독정부형 정당체계: 일당체제, 패권정당체제, 일당우위정당, 양당체제 / 연립정부형 정당체계: 분극적 다당제, 온건분절적 다당제, 원자적 다당제(소수난립구조)

(5) 다운즈(Downs)의 공간적 경쟁모델

다운즈는 경제학 모델을 정치학에 도입해서 정치경제모델의 원형을 만든 이론가이다. 경제학에서 수요와 공급 모델을 정치학에도 그대로 적용할 수 있다고 보고 정책에 대한 수요측에 유권자를 설정했다. 유권자들은 이념적 기준에 따른 스펙트럼 안에 배열되어 있다. 즉 진보를 표방하는 '좌'에서 보수를 표방하는 '우'까지 유권자들은 자신의 이념적 선호를 알고 이념적 선호를 지향한다. 이때 정책과 정치의 공급자인 정당은 득표를 극대화하기 위한 목표에 입각해서 유권자들로부터 가장 표를 극대화할 수 있는 이념적 위치에서 정책을 제시한다. 유권자들은 경제학적인 합리성에 따라 자신에게 가장 이익이 되는 정당과 그 정당의 정책을 지지하게 된다. 이런 공급과 수요의 일치는 마치 경제학에서 시장에 의해 조화가 되듯이 자연스럽게 정치시장에서도 조화가 된다. 하지만 이것은 이론적 세상에서 가능한 것이고 현실에서는 완전정보나 불확실성 그리고 유권자의 전략적 투표경향 등에 의해 제한을 받는다. 이론적인 입장에서 다운즈는 정당의 체계는 결국 한 사회의 유권자의 이념분포도에 의해 결정된다고 보는 것이다.

(6) 립셋과 로칸(Lipset & Rokkan)의 사회균열과 정당체계

앞에서 본 결빙명제의 주장처럼 정당체계는 국민혁명과 산업혁명을 거치면서 도시와 지방간의 갈등과 노동과 자본간의 갈등에 의해 형성된다. 또한 종교개혁으로 종교와 국가간의 관계도 영향을 받는다. 이런 갈등들에 의해 정당간 갈등구조가 형성된다는 것이다. 따라서 이 주장의 핵심은 역사적인 사회적 갈등구조가 정치적 균열을 형성하고 이것을 반영하면서 정당체계가 만들어진다는 것이다.

(7) 레이파트(Lijphart)의 유럽 소국의 사회연구

레이파트는 유럽국가들을 비교연구해서 유럽국가들에서 사회적 균열이 어떤 특징을 보이는가와 그에 따라 정치제도를 어떤 것을 선택하는가를 보여주었다. 사회적 균열은 '중복(overlapping)'될 수 있고 '교차(cross-cutting)'될 수 있다. 언어, 종교, 인종, 계급 등의 갈등이 중복(중복된다는 것은 계급과 언어와 같은 갈등 구조가 겹쳐서 나타난다는 것으로 좌와 우가 동시에 특정언어를 사용하는 집단으로 구성되어 있다는 것임)되면 이런 중복된 갈등은 정책을 통해 변화시키기가 어렵다. 반면에 갈등이 교차(교차된다는 것은 갈등구조가 다른 갈등과 다른 패턴을 가진 다는 것으로 좌와 우의 기준과는 다른 언어적 갈등선이 따로 존재한다는 것임)되어 나타나면 다양한 층위의 정치적 집단이 형성된다. 따라서 유럽의 갈등의 역사가 깊고 다양한 갈등이 교차되어 나타나는 경우 정치적 집단이 많을 뿐 아니라 이들 간의 정치적 타협가능성이 적기 때문에 이런 경우는 대체로 '다수결주의'원칙에 따르기 보다는 공동협의(consensus)에 의존하는 '비례주의'를 많이 사용한다. 또한 이런 비례주의적 원칙을 활용하는 '조합주의'방식으로 이해집단간 타협지점을 찾기도 한다. 이 주장의 핵심은 사회적 갈등구조가 교차 혹은 중첩되는가에 따라서 다수결주의와 비례주의가 선택된다는 점이다.

지금까지 이야기된 정당체계이론들을 보면 정당의 체계를 보기 위해서는 정당의 수가 얼마나 되는지와 정당간의 연대가능성 여부를 따져보기 위해 정당간의 이념적 지향성을 보는 것이 우선적으로 중요하다는 점을 알 수 있다. 이를 좀 더 경제학적인 설명틀인 합리적 선택모형으로 풀어서 정당만 보는 것이 아니라 유권자의 요소를 종합적으로 고려하는 설명도 있었고 사회적 균열구조가 역사적으로 형성되면서 이를 정당이 반영하는 역사구조적 설명도 있었다. 합리적 설명에 따르면 자신에게 이익이 되는 것과 그것이 이념적 지형을 어떻게 반영하는가에 따라서 정당에 대한 지지여부가 달라지면서 체계도 변화할 수 있지만 사회균열의 역사적 뿌리를 좇아서 설명하게 되면 정당체계의 변화를 설명하기 어려워진다. 또한 이념적 지향성이 사라졌다고는 할 수 없지만 1920년대의 보통선거권이 확대되던 시절과 현재가 다르고 이념적 기준의 정치적 중요성 역시 다르다. 따라서 과거의 이론적 설명이 하듯이 이념을 유일한 중심축으로 상정하여 정당체계를 설명하는 것에는 한계가 있다. 한국의 정당체계의 경우 민주화 이후 꾸준히 다당제를 이루고 있는데 이 다당제는 이념보다는 지역주의를 담고 있었고 2000년대 들어오면서 이념을 반영하는 특징을 가진다는 점에서도 유럽이론이 한국에 곧바로 적용되기 어려운 면이 있다.

제3절 환경변화와 한국정당정치

1. 정당체계와 사회균열 구조

(1) 사회균열과 정당체계의 관계

정당체계란 정당들이 사회의 가치에 대한 다양한 요구를 어떤 방식으로 반영하는가를 다루기 위한 것이다. 한 사회가 복지문제를 두고 갈등한다면 복지를 늘리자는 사람들과 복지를 줄이자는 사람들로 나눌 수 있을 것이다. 각 정당은 이 사람들의 요구와 이해를 반영해서 사회적 요구를 정치적 결정으로 이끌어내는 것이다. 그리고 이렇게 두 개의 집단에 대한 이해가 있다면 이론적으로 두 집단을 반영하는 두 개의 정당이 만들어질 것이고 이들간의 수적 우위를 점하기 위한 치열한 경쟁이 있을 것이다. 이것은 사르토리식 분류대로 하면 '경쟁적 양당제'를 이룬다.

정당체계가 형성된다는 것은 정당이 몇 개이며 그 정당들이 무엇을 반영하면서 경쟁의 룰을 어떻게 정하는가를 규정한다는 것이다. 이는 다운즈의 분석틀을 빌리면 공급 측인 정당의 정치적 노선 이전에 정당이 반영해야 하는 수요 측의 사회적 요구가 있다는 것이다.

이 주장은 각 개인들로 구성된 유권자들은 자신의 이해와 가치를 주장하는데 이런 개별적인 주장들은 사회적 수준에서 묶어보면 대체적으로 몇 가지로 수렴되게 된다는 전제를 깔고 있다. 정치적으로 한 사람의 유권자는 그렇게 중요한 것이 아니다. 이 유권자 개인들이 집단적으로 어떻게 묶일 수 있는가가 중요하다. 따라서 유권자 개인수준이 아닌 사회적수준의 갈등선이 무엇인지를 파악하는 것이 중요하다.

이런 관점에서 이야기할 수 있는 분석도구이자 개념이 '균열(cleavage)'이다. 균열은 갈등이 발생할 수 있는 개인들, 집단 또는 조직들의 분화로 간주된다. 즉 어떻게 사회가 가치에 대한 갈등선을 가지고 있으며 사회적으로 개인적인 갈등선이 어떻게 구성되어 있는가를 의미한다. 현실적인 사례를 들어 볼 때 한국의 사회적 균열은 이승만정부 시절에는 '여촌 야도'로 상징화되듯이 도시와 농촌이 갈라서 있었다. 그리고 박정희정부와 전두환정부에서는 '민주파 vs 반민주파'로 갈라져 있었고 이것이 민주화 이후에는 지역간 갈등구조로 바뀌게 된 것이다. 이처럼 사회가 정치적으로 가치와 역할에 대한 분배를 두고 갈라져 있는 선을 균열이라고 한다. 균열은 현재적일수도 있고 잠재적일 수도 있다. 또한 갈등으로 나타날 수도 있지만 반드시 갈등적인 것이어야 하는 것은 아니다. 어떤 경우에 균열은 갈등적으로 나타나지 않을 수도 있다. 균열은 단순한 사회적 분열을 의미하는 것이 아니라 사회경제적 특성에 의해 규정되는 집단 구성원의 정체성을 가지고 있고 이 정체성을 반영하기 위해 조직화가 되는 것을 의미한다.

(2) 사회균열에 대한 정당의 입장: 기능론과 동원론

표를 통한 비교 **기능론 vs. 동원론**

기능론: 유권자의 사회균열 → 정당반영
동원론: 정당이 사회균열의 편향적 동원 → 유권자의 사회균열형성

정당체계는 어떻게 사회균열을 처리하는가? 이에 대한 답은 이미 앞에서 보았다. 사회균열이 먼저 존재하고 이것을 정당이 반영한다는 입장의 '기능론'이 있고 사회균열을 정당이 의도적으로 만든다는 '동원론'이 있다.

기능론 주장의 핵심은 사회균열이 먼저 존재하고 이것을 정당이 반영한다는 것이다. 립셋과 로칸의 결빙명제가 대표적인데 이들의 논리는 4가지 균열(① 중심과 주변의 문화적 경쟁 ② 교회 대 정부의 균열 ③ 1차 산업과 2차 산업의 농촌과· 도시의 균열 ④ 노동자와 고용주사이의 계급갈등)이 있고 이 중 국민국가 건설과정에서 '지배적 문화 vs 종속적 문화'와 '교회 vs 정부'의 균열이 생겨났고 산업혁명의 결과로 '1차 산업 vs 2차 산업'과 '노동 vs 자본'의 균열이 만들어 졌다는 것이다. 그리고 이렇게 역사적으로 형성된 사회적 갈등선을 정당이 안정적으로 반영하면서 1960년대까지 큰 변화가 없었다는 점에서 결빙명제를 주장한 것이

다. 이 이론은 정당의 기능 중 사회적 갈등을 반영하고 이를 대표하고 극복해야한다는 점을 강조하고 있다.

반면에 동원론은 정당이 사회균열을 만들어 낸다는 입장이다. 샤츠슈나이더(Schattschneider)의 주장처럼 정당은 표를 극대화하기 위해 자신에게 유리한 정치적 갈등을 부각시킨다. 이렇게 자신에게 편향된 이해를 사회적 이해와 갈등으로 만드는 것을 '편향성의 동원'이라고 한다. 동원론은 정당의 기능 중 정당이 사회를 이끌어가야 한다는 입장을 강조한다.

두 가지 입장 중에서 무엇이 더 중요한가에 대해서는 이론적으로만 판단할 수 있는 것은 아니다. 어떤 사회의 갈등이 어떤 역사적 과정을 거치면서 만들어졌고 이것이 얼마나 정치체제에 반영되었는지 아니면 의도적으로 과도하게 정당에 의해 창출된 것은 없는지에 대한 실제 현실을 보아야 어느 이론입장이 더 설득력 있는지에 대한 판단이 가능하기 때문이다.

심화 학습

한국의 사회균열과 정당정치의 관련성에 대한 심화학습

정당은 자주 출제되는 주제이기 때문에 조금은 깊숙이 공부해두면 좋다. 특히 정당을 포함한 제도를 다루는 비교정치학은 구체적인 현실문제를 다루기 때문에 구체적인 사실관계는 좋은 답안만들기에 도움이 된다. 한국정당정치와 관련해서 한국의 구체적인 사회균열이 무엇이 있으며 이것을 정당은 반영하는지 여부에 대한 심화된 내용을 통해 좀 더 구체적인 현실정치에 대한 이해를 만들도록 한다.

한국에서의 사회균열과 정당정치와의 관련성은 이론적 입장뿐 아니라 현실정치의 입장에서도 중요한 문제이다. 만약 한국의 현실적인 갈등을 적게 반영하다거나 과도하게 갈등을 확대해석한다거나 하게 될 경우 한국의 정치는 실제 인민의 이해와는 괴리되기 때문이다. 한국의 사회갈등구조와 정당정치와의 관련성에서는 3가지 과제가 있다. 첫 번째 과제는 한국에는 어떤 갈등구조가 있는지와 이것들이 정당에 반영되는 것인지 아니면 정당이 균열을 동원하는 것인지를 파악하는 것이다. 둘째는 한국의 정치적 균열들이 중첩(overlapping)되어 있는지 아니면 교차(cross-cutting) 되었는지 여부를 따져야 한다. 마지막으로 동원을 줄일 것인지 아니면 반영을 늘릴 것인지에 대한 평가를 통해 한국 정당체계와 정당이 해야 할 방향을 제시하는 것이 중요하다.

먼저 한국의 사회적 균열은 3가지를 이야기 할 수 있다. 첫째, 지역간 갈등과 지역주의이다. 민주화이후 지역주의를 동원하면서 정당의 보스들이 자신의 득표극대화전략을 택했고 이것이 재생산되면서 지역균열을 여전히 가지고 있다. 지역주의를 병리적 현상으로 보는 견해도 있지만 합리적 선택이론으로 설명하는 견해도 늘고 있다. 서구 정당이 이념을 사회균열로 하여 정당이 이념을 반영했다면 한국의 정당은 지역을 통해 이해를 확보했다는 특성이 있다. 2002년 대통령선거나 17대 총선 그리고 2007년 대선과 2008년 총선에서는 지역주의가 다소 완화되는 모습을 보이기도 한다.

둘째, 사회균열은 계급갈등과 진보와 보수간 대립이다. 한국은 1970년대와 1980년대를 거치면서 사회구성원에서 중간계급의 비율이 현저하게 증가했다. 그럼에도 불구하고 계급균열을 반영한다거나 계급균열자체가 주요균열라인을 형성하지는 않았다. 한국 정치의 특이성은 노동자들과 중간노동자들이 늘어나는데도 불구하고 이들이 자신의 계급이나 계층투표를 하지 않는다는 것이었다. 2004년 민주노동당이 원내에 진입하기 이전에 노동자중심정당이나 진보정당은 유권자로부터 지지를 받지 못했다. 그러다 2002년 대선에서 개혁적 성향의 노무현후보를 선출한 것이나 2004년에 386세대로 대표되는 열린 우리당의 약진과 민노당이 10석이나 되는 의석을 확보한 것은 한국 정치에서 진보와 보수가 하나의 정치적 대립축을 이루었다는 것을 보여주는 것이다. 주의할 것은 과거에 '호남=진보' '영남=보수'의 지역과 계급을 등치시켜 이해하려는 입장이 있었으나 이것은 실제 유권자들을 통해 분석해보면 이런 등치가 일치하지는 않는다.

셋째, 한국의 사회균열구조는 탈물질주의와 세대간 갈등을 들 수 있다. 한국 정치에도 탈물질주의에 기반을 둔 다양한 정치적 활동이 나타나고 있다. 1980년대 이후 활발해진 소비자보호운동, 여권운동, 반핵운동 등이 그 예이다. 또한 세대간 정치도 나타나고 있다. 2002년의 장갑차사건과 2004년의 탄핵사건에서 보여진 새로운 세대의 등장은 한국사회에 있어서 새로운 세대와 새로운 가치관이 중요해지고 있음을 보인다. 그러나 탈물질주의적 가치관으로 무장한 새로운 세대의 정치적 특징은 새로운 세대들의 인적 구성비율이 높다는 점-실제 한국사회에서 20, 30대의 비율이 50%에 육박-과 이들이 부동층이 많고 기권율이 높다는 점이다. 젊은 세대가 변화 지향적이고 새로운 가치관을 보유한다는 점에서 정치적 변화를 기대할 수 있을 것이나 이들의 선호표출의 부재와 유동성은 낙관적인 기대만을 가지게 하지는 않는다.

위의 세 가지 요인과 관련해서 다시 고려해볼 것은 3가지 점이다. 먼저 각 요소는 기능론적 측면과 동원론적 측면에서 어떻게 분류될 수 있는가가 첫 번째 고려사항이다. 지역문제는 동원론적 설명이 타당하고 이념과 새로운 세대는 기능론적 측면이 타당하다. 과거 지역주의가 강했을때는 다른 요소가 눈에 띄기 어려웠다. 이것은 샤츠슈나이더의 '편향된 동원'의 결과이다. 즉 지역주의가 과도하게 정치에 동원되면서 다른 균열들이 묻힌 것이다. 그러나 지역주의가 약화되면서 다른 두 가지 사회적 균열이 반영되고 있는데 이 현상은 동시적이다. 즉 지역주의의 약화와 다른 두 가지 균열의 반영이 동시에 진행되고 있는 것이다.

둘째로 고려할 사안은 3가지 균열의 중첩성 여부이다. 위의 3가지 균열은 중첩되기보다는 교차되어 있다. 즉 지역과 이념이 다를 수 있으며 새로운 세대와 탈물질주의 가치관도 다를 수 있다. 3가지 균열이 교차되어 있다는 것은 이들의 조합이 다양해 질 수 있다는 것이고 이는 이 다양한 조합의 유권자를 만족시킬 수 있는 공급 측의 정당수도 늘어날 수 있다는 것이다. 이렇게 다양한 균열 축을 반영하는 정당수의 확대가능성은 대통령제도를 유지하는 한국 입장에서는 대통령소속정당이 의회다수당을 차지해서 1/2을 넘기기가 수월하지 않을 수도 있다는 점을 예상하게 한다.

이런 관점에서 3번째 고려요소는 정당의 변화방향이다. 서구정당이론은 사회적 변화와 이에 따른 균열의 다양화는 정당들을 변화시킬 것으로 예상한다. 변화방향에 대해서는 두 가지 입장이 맞서고 있다. 첫째로 정당체계가 소수의 거대정당구조로 갈 것으로 보는 견해이다. 대표적으로 키르키하이머(O. Kirchheimer)의 포괄 정당이론을 들 수 있다. 이 이론적 주장은 대중통합정당에서 포괄적 지지정당(catch-all party)으로 변화하고 있다는 것이다. 반대 입장은 정당정치가 파편화되면서 다당제로 갈 것으로 주장한다. 이 주장의 대표이론가로 월리넷(S.

Wolinetz)을 들 수 있다. 그는 가치균열이 더욱 다원화되었기 때문에 이 다양한 지지를 담아내는 다양한 정당이 등장할 것이고 이로 인해 다당제로 가고 있다는 것이다.

그렇다면 한국정당의 체계는 어떻게 되어가고 있는가? 한국의 지역에 기반을 둔 정당들은 이념적 입장을 표출하면서 새로운 가치 문제를 담아내려고 하고 있다. 민주화 이후의 정당체계는 지역에 기반을 둔 다당제에서 현재는 지역과 이념을 기반으로 한 다당제를 이루고 있다. 이것은 정당들이 포괄 정당화되고 있다는 것이다. 물론 민노당이나 진보신당처럼 이념을 중심으로 자기 정체성을 지키려는 정당도 있다. 하지만 유럽의 다당제론자들의 주장처럼 한국의 정당이 이념과 지역과 세대 간의 가치를 각각 담아내는 정당들로 분화되고 있지는 않다. 또한 당분간은 그렇게 분화될 것으로 보이지 않는다. 한국의 정당법이나 선거제도가 신생정당에 유리한 입장이 아니라는 점과 진입장벽을 높인 기존 정당들의 카르텔화로 인해 신생정당의 정당정치로의 진입에 대한 유인이 적다.

이론적으로 볼 때 한국의 정당은 다양한 사회균열을 반영하는 정당체계를 필요로 한다. 하지만 기성정당들의 대응력과 카르텔화 등으로 인해 신생정당이 등장하기는 쉽지 않다. 또한 유권자, 특히 젊은 유권자의 투표불참과 정치저참여로 인해서 기성정당이 정당체계를 구축하는데 도움이 되고 있다. 따라서 관건은 젊은 세대의 정치적 참여를 늘리고 이들의 요구와 이해를 반영할 수 있는 신생정당들의 등장을 유도하거나 기성정당을 변화시키는 것이다. 제도적 관점에서 이러한 개혁은 정당법이나 선거제도의 개편을 통해 이루어 질 수 있을 것이다.

2. 탈산업화와 사회균열 구조의 변화

표를 통한 비교 **탈산업화와 정당정치**

탈산업화 → 사회균열의 다양화 → 정당해체와 파편화(소수정당의 난립)
탈산업화 → 사회균열의 다양화 → 포괄정당(거대정당이 다양한 이슈 흡수)간 경쟁

전통적인 입장의 정당이론은 정당이 출현한 산업사회를 배경으로 하고 있다. 산업사회는 거대한 공장과 대규모의 노동자와 포디즘과 테일러리즘으로 무장한 막대한 생산과 수요를 전제로 깔고 있다. 이런 산업사회는 노동계층과 자본계층 혹은 고용계층과 관리계층간의 분배적 관점의 차이를 나타낸다. 성장을 중심으로 하여 국가의 시장개입을 최소화하고 친시장적 경제질서를 만들어야 한다는 자본과 고용주 입장과 분배구조 개선을 통해 경제적 복지를 달성해야 한다는 노동과 피고용자 입장이 갈린다. 이렇게 갈라선 계층간 대립은 정치에도 좌와 우로 대립구조를 형성한다. 그리고 이런 대립구조는 세대이전(세대간 계급변동의 의미)이 수월하지 않기 때문에 다음 세대로 재생산되어 나타난다. 즉 노동자의 자식으로 태어나서 고용자나 관리자로 신분상승이 수월하지 않기 때문에 노동자의 자식은 노동자정당을 지지하고 자본가의 자식은 자본가정당을 지지한다는 것이다. 그리고 이렇게 안정적으로 지지가 재생산되어 선거와 투표에서 다른 표를 던지지 않는 '유동성'이 떨어지는 것을 우리는 위

에서 '결빙명제'를 통해 보았다.

그러나 정당이론의 근간이 되는 산업사회는 막을 내리고 탈산업사회로 들어섰다는 주장이 있다. 산업사회의 발전은 이제 풍요의 시대를 지나 새로운 기호와 선호를 중시하는 산업구조로 바뀌게 된 것이다. 탈산업화 혹은 후기산업화는 기존의 포디즘적 생산방식처럼 대량생산 대량소비가 가능하지 않다고 본다. 사람들은 자신만의 독특한 것을 찾기 원하고 기업들도 이런 소비자 기호를 특화해야 한다. 또한 기업들은 각 국가별로 제품과 부속품을 특화함으로써 세계적 생산을 이루어내게 되었다. 이런 유연생산방식으로의 변화는 사회도 변화시켰다. 사회적 변화는 크게 3가지로 요약될 수 있다. 첫째, 산업구조의 개편과 계급구조의 변화, 둘째, 교육수준의 증대와 대중매체의 발달과 정보화에 따른 대중의 인식능력 변화, 셋째, 탈물질주의 가치관과 세속화 현상으로 인한 종교의 영향력 약화가 3가지 변화이다. 이제 과거와 같은 '노동계급 vs 자본계급'의 대립은 상정하기 힘들게 되었다. 또한 교육수준의 향상과 정보화에 의한 정보획득능력의 상승은 일반대중들의 정치적 판단력을 변화시켰다. 그리고 종교적 영향력이 줄어들면서 종교적 대립이 줄어들었고 정책간 연대가능성이 늘었다. 이런 변화는 기존의 좌-우 대립의 정치만이 아닌 새로운 갈등을 반영하게 되었고 다원화된 사회균열의 반영이 문제가 된다.

위의 한국 사례에서 본 것처럼 균열구조의 다원화는 정당체계의 변화와 관련된다. 즉 균열구조가 다원화되면 정당체계가 이에 따라 어떻게 변화하는가가 중요해진다. 여기에는 균열의 다원화로 정당체계의 변화가 있다고 주장하는 견해와 여전히 좌-우로 균열구조가 있다는 주장이 대립하고 있다. 다시 정당체계가 바뀐다는 입장에는 거대 정당체계로의 변화를 주장하는 키르키하이머의 포괄 정당론이 있고 정당체계의 파편화를 주장하는 달튼(Dalton)이 있다. 달튼은 잉글하트의 탈물질주의 설명을 도입하여 신생정당이 대거 진입할 것이라고 주장한다. 이런 사례로는 영국의 사민당과 자유당이나 독일과 프랑스의 녹색당을 들 수 있다.

그렇다면 유럽정당들은 어떤 모습을 보이고 있는가? 서구 정당들에서는 균열구조의 변화와 함께 정당체계의 재정렬(realignment: 새로운 정당체계로 자리잡는 것)현상이 나타나고 있다. 다시 말해 서구 정당에서는 급속한 정당체계의 붕괴와 변화를 보이지는 않는다. 이런 재정렬현상은 기성정당의 적응력 등에 기인하는 듯하다. 이런 현상에 대해 장훈 교수는 ① 새로운 정당의 성장에 의한 추동 ② 기성정당을 중심으로 한 기존 균열의 대응과 저항 ③ 양자간의 세력관계에 영향을 미치는 선거제도라는 3가지 요소를 통해 정당의 '파편화(fragmentation)' 대신에 '재정렬화' 된다는 견해를 제시한다.

'재정렬화'의 관점에서 보면 후기 산업사회의 새로운 요구와 가치는 새로운 정당에 의해 수용되는 것이 아니라 기존 정당을 중심으로 흡수된다는 것이다. 이는 기존 정당의 사회변화에 대한 대응성 즉 적응성이 중요하다는 점을 보여주는 것이다. 이런 현상의 정치적 의미는 기존 정당은 자신의 정치적 이익을 극대화하기 위해 사회적 변화에 발 빠르게 적응해간다는 것이다. 위의 논의는 정당체계의 '해체(dealignment: 선거에서 기존의 정당체계가 붕괴되는 것)'와 '재정렬'을 거치는 '중대 선거(critical election: 정당체계의 변화를 가져오는 선거)'[10] 없이도 정당체계의 내부적 조정이 일어날 수 있다고 주장하는 점에서 특색이 있다.

3. 정당정치의 쇠퇴 여부

대의민주주의에 대한 실망과 회의가 늘어나고 있다. 실망과 회의는 이론가들의 이론적 영역에서만 등장하는 것이 아니라 투표율의 하락과 촛불시위에서 보인 것처럼 정당과 의회 그리고 대통령에 대한 신뢰부족에서도 드러나고 있다. 대의민주주의의 실망과 회의는 민주주의 자체에 대한 실망과 회의로 번지기도 한다. 이는 어렵게 만들어 놓은 민주주의에 대한 역사적 업적 마저도 위태롭게 할 수 있다는 점에서 주목해보아야 할 현상이다.

그런데 대의민주주의 위기론 혹은 회의론의 중심에는 무엇이 있을까? 거기에는 정당정치에 대한 쇠퇴와 위기가 있다. 대의민주주의가 대표를 중심으로 하는 간접 민주주의라는 점에서 볼 때 대표를 선출하고 골라내는 행위의 중심에 정당이 있기 때문이다. 따라서 대의민주주의에 대한 여러 위기론의 핵심은 곧 정당정치의 위기론의 다른 말이다.

1960년대 까지 서구에서는 정당정치의 황금기를 거쳤다. 그러나 이후 정당에 대한 관심이 약화되면서 정당위기론과 탈정당화에 대한 주장이 나타나게 되었다. 정당이 대의민주주의의 중심에 설 수 없기 때문에 다른 것으로 대체해야 한다는 주장들이 늘어난 것이다. 이런 경향은 좀 더 눈높이를 높여 민주주의 차원에서 볼 때 대의민주주의에 대한 '보완민주주의'논의로 나타나게 된다. 그렇게 볼 때 핵심적 질문은 "과연 정당을 중심으로 대의민주주의를 운영하는 것은 이제 어려운 상황이 되었는가?"와 그렇다면 "다른 대안이 더 나은가?" 하는 점이다.

이 질문에 답하기 위해서는 정당위기론의 근거와 실체를 들여다보고 대안으로 제시되는 것들이 정당정치를 뛰어넘을 수 있는지를 보아야 한다. 따라서 정당위기론의 근거부터 살펴볼 필요가 있다. 주장되어지는 정당위기론의 근거로는 다음의 다섯 가지 설명이 제시된다. 첫째, 현대 사회의 가치관이나 이해가 다원화되고 정치참여의 경로와 기회가 확장되면서 정치 참여 채널로서의 정당의 기능이 쇠퇴했다. 둘째, 시민들의 정당에 대한 일체감 즉 정당일체감이 약화되었다. 셋째, 투표유동성(electoral volatility: 투표행위에서 지지정당을 바꾸는 행위)의 문제로 정당에 대한 지지가 급격하게 변화했다. 따라서 정당에 대한 안정적 지지확보가 곤란해졌다는 것이다. 넷째, 유권자들의 정치에 대한 무관심의 증대와 이에 따른 선거참

---

10) **중대 선거의 의미**: '중대 선거(critical election)'는 정당체계의 변화를 가져오는 선거를 의미한다. 즉 양당제를 다당제로 변화시키거나 온건다당제를 파편화된 다당제로 변화시키는 방식으로 정당체계를 변화시키는 선거를 의미한다. 중대선거는 '정초선거(founding election)'와 다르다. 정초선거는 정당체계의 기원이 되는 선거로 국가를 건설하고 정당체계를 구축할 때나 권위주의에서 민주주의로 전환되는 때에 만들어진다. 한국은 정초선거가 국가건설과 관련된 시기에 한 번 그리고 1987년 민주화 이후에 한 번 있었다.

여 즉 투표율의 하락현상이 나타나고 있다. 다섯 번째 신생정당이 등장하고 있고 기존 정당들이 새로운 정치 요구에 대한 미약한 반응을 보이고 있다. 정리하자면 사회환경 변화와 그에 따른 유권자들의 요구에 대해 정당은 시민들의 요구반영을 잘못하고 있고 이는 유권자들의 투표유동성으로 나타나 유권자의 수요에 기반을 둔 안정적인 정책 도출과 지지확보가 안된다는 것이다.

하지만 정당위기론을 주장하는 입장에 대한 비판도 만만치는 않다. 정당위기론에 대한 비판론자들 혹은 회의론자들은 위기론에서 제시된 현상들이 정당정치의 생존과 관련해서 결정적인가에 대해 회의적인 시각을 가지고 있다. 사회환경의 변화와 유권자의 변화들에 서구정당이 오히려 자신의 기능을 유연하게 변화시킨 것으로 보아야 한다는 것이다. 이들이 주장하는 정당위기론에 대한 반론의 근거는 다음과 같다. 첫째, 정당일체감이 낮아졌고 쉽게 정당지지를 동원하기 어려운 것은 사실이지만 이것이 곧 위기와 동일시 될 수는 없다. 정당은 여전히 선거 참여를 통해 정부권력을 획득하려고 한다. 둘째, 투표유동성의 유동적 범주는 다소 과장되어 있다고 투표 유동성이 정당 위기론과 직접 연관되어 있다는 것은 지나치게 단순한 논리이다. 셋째, 신생정당의 도전과 기성정당의 위기는 지나치게 신생정당 중심적 설명이고 기존 정당의 대응능력의 문제를 간과하고 있다.

결론적으로 이야기하면 정당들이 활동하고 있는 시간과 공간의 변화가 있기 때문에 정당정치라는 것이 황금기 때와는 다를 수밖에 없다. 그렇다고 해서 정당정치가 버려졌고 정당이 위기에 봉착했다고 주장하기는 어렵다. 정당이외의 시민사회나 이익집단 그리고 매체와 정부 자체의 직접적 기능이 강해져서 정당의 전통적 기능 일부를 가져간 것은 사실이다. 하지만 이들은 정당만큼 전국적이고 조직적으로 다양한 의견을 결집하기에는 역부족이다. 즉 이들 행위자와 제도들은 부분적 대안으로서나 보완적인 측면에서 중요한 역할을 수행한다고 보아야 한다. 대신 정당은 과거와는 다른 환경에서 다른 역할을 요구받고 있다고 하겠다. 하지만 여전히 유권자들은 선택을 할 때 정당을 매개로 정보를 골라내는 경향이 있고 정당을 책임추궁의 한 가지 방편으로 선택하고 있다.

4. 한국 정당정치의 문제점 및 해법 - 정당의 제도화평가

이제 보편적인 정당이론을 벗어나서 구체적인 한국의 정당으로 돌아와 보자. 우리가 궁금한 것은 바로 우리가 살고 있는 공간인 한국의 정당정치에는 어떤 문제점이 있는가 하는 점[11]이다. 그리고 이런 문제점을 파악하고 이들을 수정하면서 한국 정당정치의 목표를 정하

11) **민주화 이후 한국정당정치의 잔재**: 김용호교수는 민주화 이후에도 남은 한국정당의 잔재를 5대 불가사의로 표현한바 있다. 1. 여야 영수회담 제도: 여야 영수의 합의대로 국회를 통과하게 되는데 이것은 국회와 국회의원을 불필요하게 만든다. 대한민국이 여야영수만의 국가인가를 질문하게 만든다. 2. 대변인제도: 이 제도는 주로 상대를 비난하는데 사용한다. 의원들이 소관상임위에서 질문하거나 문제제기를 불필요하게 만든다. 3. 장외투쟁: 군사정권시절 탄압으로 인한 것임에도 불구하고 민주

고 그 목표를 달성할 수 있는 구체적이 방안들을 도출해야 한다. 좀 더 눈높이를 높이면 정당의 위기 극복이 대의민주주의의 위기 극복이라는 점에서 접근 할 수 있다.

표를 통한 비교 **제도화 측정**

(1) 헌팅턴의 개별정당제도화 지표기준	• 적응성: 환경의 도전에 대한 대응 → 대부분의 정당이 단명으로 소멸 • 복잡성: 수직적 · 기능적 조직 분화 정도 → 구조적 분화와 전문화가 거의 이뤄지지 않음. • 자율성: 사회집단들의 영향으로부터의 자율의 정도 → (과거 보스정당구조) 일인중심정당과 권위주의적 정권의 억압 • 응집성(정당 내): 기능상 구분, 갈등처리 과정 절차를 둘러싼 조직통합 정도 → 연고주의, 파벌주의
(2)엑스타인의 정당체계 제도화기준	• 정당의 수: 의미있는 의석수를 가진 정당의 수. 양당제 → 2016년 총선에서 다당제(대통령제도와 조응성 낮음) • 정당체제의 통합성: 정당간의 합의가능성 → 이념간 거리가 멀지는 않지만 '지역+이념'의 경쟁으로 합의가능성 낮음 • 정당체제의 현저성(salience): 유권자들이 자신의 선호를 반영하는 정당이 있는지를 아는 것이 중요. 또한 정당자체의 자율성이 필요 → 정당의 자율성 낮음.
(3) 키(V. O. Key)의 정당기준의 적용	• 유권자와 정당: 사회적 요구의 반영과 적극적인 대안창출을 통한 사회동원의 능력. ㉵ 진성당원의 부족과 다수의 정당부동층. 정당에 대한 유권자들의 낮은 기대 • 정당내부: 정당조직의 민주화와 정당의 통치능력과의 문제 ㉵ 계파정치와 정당간 갈등. 친박과 비박계 의원 구분 • 국가와 정당간의 관계 ㉵ 카르텔정당화 문제, 국고보조금 운용에서 소수 정당 불리함, 낮은 비례의석수로 인해 소수 정당 불리함

한국정당정치의 문제점을 보기 위해는 정당정치가 작동하고 있는 사회구조적인 수준과 정당체계수준과 개별정당수준을 고려할 필요가 있다. 또한 정당이라는 제도는 아래로는 시민사회에 발을 내리고 있고 위로는 국가와 연계가 되어 있기 때문에 다른 제도와의 연관성 역시 고려해야 한다. 이런 점에서 사회구조, 정당체계, 개별 정당, 다른 제도와의 연계 등을 종합적으로 고려해야 한다.

그럼 한국의 정당정치의 구체적인 문제는 무엇인가? 먼저 한국의 사회구조적 수준에서 보자. 한국의 사회구조적 수준에서 볼 때 제시될 수 있는 문제점은 2가지이다. 하나는 한국의 정치이념적 지형이 좁다는 것이고 다른 하나는 경쟁하는 게임의 룰이 지나치게 승자독식구조라는 것이다. 먼저 '이념지형의 협애화'[12]는 냉전과 한국전쟁의 과정을 거치면서 반공주

화 이후 걸핏하면 나가는데 가끔은 의회 다수당도 장외투쟁을 한다. 4. 당정협의회: 이것은 5 · 16세력이 도입한 것으로 여당을 거수기화 한다. 우리나라는 내각제가 아닌데 당정협의회를 가지고 있는 특이한 경우이다. 5. 하향식 공천제도: 54년에 도입되었고 밀실정치와 사당화를 만들어낸다. 1997년 한나라당의 경선제도와 2002년 민주당의 경선제도로 상향식 경선구조로 바뀌게 되었다. 김용호. 2001.10.13. 동아일보.

의에 따른 반공적 사고가 정치의 이념적 지형을 좁게 규정했다는 것이다. 혁신이 아닌 중도진보도 좌와 빨갱이로 규정되었던 민주화 이전의 이념적 기준이 현재까지도 유지되고 있다는 것이다. 둘째의 승자독식의 정치구조는 대통령직과 그에 따른 권력의 전취현상을 의미한다. 승자와 패자간의 확연한 구분은 게임에서 타협을 어렵게 만든다. 그레고리 헨더슨(G. Henderson)이 이야기한 중앙을 향한 강한 '소용돌이 정치(the politics of the vortex)'로 표현될 수 있다.

정당체계 차원에서는 한국정당은 지역기반으로 다당제로 분화된 틀에다 이념이 더해지면서 이념간 거리가 넓은 다당제를 유지하고 있다. 지역과 이념이 결합된 정당정치에서 분배의 문제를 합리적으로 해결하기 위한 정책은 지역주의의 정서에 걸려 정책성과를 얻지 못할 수 있다. 게다가 카르텔화된 정당구조는 신생정당의 진입을 가로막고 있기 때문에 경쟁과 협조가 정당간에 반복적으로 나타난다.

정당조직 차원에서는 제도화의 부족이 문제이다. 정당에 요구되는 시민사회의 의견이 반영되지 못하고 정당이 정부의 하수인으로 낙인찍힌 것들은 결국 정당의 제도화 부족에 기인한다. 헌팅턴(Huntington)의 제도화 지표를 적용해볼 때 한국은 제도화의 4가지 요소가 모두 부족하다. ① '적응성'의 부족은 제도화가 된다는 것은 사회적 요구에 대처하면서 살아남는 것을 의미하는데 한국 대부분의 정당은 단명으로 소멸되고 당명을 바꿈으로써 정체성의 변화를 꾀한다. ② '복잡성'은 정당이 제도화되기 위해는 구조적 분화와 전문화가 필요하다는 것인데 한국의 정당들은 구조적 분화와 전문화가 부족하다. ③ '자율성'은 정당이 제도적으로 의미있기 위해서는 보스나 정부로부터 자율성을 가져야 하는데 과거 한국 정당은 보스로부터 자유롭지 못했고 최근 한국정당은 정부로부터 자유롭지 못하다. ④ '응집성'은 정당원들 간의 유대를 의미하는데 보스가 사라진 한국정당의 문제는 계파들을 중심으로 정당이 내부적인 파벌을 만든다는 것이다.

한국정당정치에 있어서 긍정적인 신호도 몇 가지 있다. 그것은 과거 지역의 헤게모니를 가진 지역 보스들 중심의 정당정치가 약화되고 있다는 것이다. 이 현상은 두 가지로 나누어서 보아야 한다. 첫 번째는 보스정치가 퇴조한다는 것이다. 2002년 민주당의 대통령후보로 노무현후보가 경선에서 돌풍을 이끌면서 지역보스의 대통령 공천권이 사라졌다. 둘째는 보스와는 관계없이 독자적으로도 작동할 수 있는 지역정당정치의 영역이다. 지역주의는 보스의 퇴조와 함께 곧바로 종결되지는 않고 자체적인 재생산을 하고 있다. '1987년 체제'라고 하는 것을 규정할 때 '민주화체제', '지역정당체계', '보스중심 정당정치 체제'등으로 규정할 수 있는데 그 중 지역정당체계는 여전히 남아있는 것이다. 아래의 표는 한국의 지역주의에 대해 정리한 것이다.

하지만 논란의 여지가 될 수 있는 주제들도 있다. '정당간 연합'과 '당정분리'의 문제이다.

---

12) 최장집, 『한국민주주의의 조건과 전망』.

정당간 연합은 정권교체를 통해 대의민주주의를 '불확실성의 제도화'로 만든다는 측면에서 의미있다. 그리고 다당제상황에서 정당간 연합은 정당간 타협을 유도함으로써 정당정치에 발전을 가져올 수도 있다. 하지만 정당간 연합은 자신의 정치적 목적을 위해 유권자의 지지나 동의없이 이루어 질 수 있다는 점에서 문제가 있다. 대표적인 예로 노태우정부시절의 3당 합당은 차기 대선정국과 내각제도 개헌을 목표로 이루어졌고 1997년의 DJP연대는 평민당과 자민련과의 공조를 통해 김대중정부를 탄생시켰다. 2002년 대통령선거에는 노무현후보가 수도이전공약을 통해 충청연합을 만들어서 정권재창출에 성공했다. 2012년 대선정국에서도 '거대보수 연합 vs 진보의 연대'구조가 되어야 대통령선거가 경쟁적이 될 것이라는 점에서 진보 정당간 연합이나 친이계나 친박계의 보수의 연합구성이 중요해졌다.

표를 통한 비교 **한국의 지역주의**

지역주의의 발생원인	(1) 민주−반민주 대립구조 해체 → 새로운 균열의 필요: 1987년 한국은 단일민족(인종), 종교의 비정치화, 노동계급 약화(계급)로 지역 외의 다른 갈등요소 등장 못함. (2) 사회・경제적 불균형: 호남 vs 비호남의 불균형적 개발 및 중앙을 향한 지방간 경쟁 구조 등에서 지역 간 서열의식 형성 → 지역주의 동원 기반 형성 (3) 민주화전환기(1987 대선, 1988 총선)에 선택된 제도: 1인 1선거구제의 소선거구제 + 상대다수제 합의(권위주의자와 민주화인사) → 보스중심의 지역패권정당 등장.(YS의 대구경북지역(TK), 노태우의 부산경남지역(PK), DJ의 호남지역, JP의 충청지역)
최근의 지역주의의 특징	(1) 신지역주의: 원적지 중심의 지역주의에서 거주지 중심의 지역주의로 변화 양상. (2) 지역과 이념적 경향의 결합: 거주지 중심의 지역주의는 이념적 경향 가짐. ㉠ 강남지역의 보수정당투표. but, 20대총선에서 송파와 강남에서 민주당 3석확보함. (3) 전국정당화 가능성 문제: 계급투표나 경제적 이슈의 경우 합리적인 이해가 지역의 관건이 됨을 의미. 향후 합리적 선택에 따른 전국 정당화 경향성 여부 논의. ㉠ 20대총선에서 새누리당 이정현의원이 순천곡성에서 당선. 영남에서도 민주당 당선됨.
지역주의의 완화를 위한 제도적 개혁방안	(1) 선거제도 측면: 비례대표 증대(권역별 비례대표제 등). 중선거구제(1선거구 2인이상 선발) 효과에 대해서는 부정적. (2) 정당제도 측면: 경선제도 확대 (3) 정부구성 측면: 중앙정부 인사・재정・정책의 지역별 안배 강화 (4) 지방정당 허용 검토: 전국 차원의 조직화나 정책이슈와 무관하게 특정 지역의 주민의사 형성에 참여하는 것만을 목적으로 하는 정치적 결사체를 허용하도록 정당법 규정 개정. (5) 권력구조 분산: 대통령제도의 의원내각제로의 변화나 연방제도 등의 개선안. 권력의 공유제도를 이용 (6) 경제적・사회적 불균형해소: 국토균형발전을 통한 경제적 소외축소

다른 문제로 당정 분리를 생각해 볼 수 있다. 당정분리는 노무현대통령 당시 제기된 것으로 대통령이 행정수반이자 국가원수라는 두 가지 기능을 수행하기 위해서는 청와대를 정당과 분리해야 한다는 주장이었다. 즉 정당의 부분성을 배제하고 국가원수로서 국정의 통합

을 달성하는 것에 주안점을 두겠다는 것이다. 이런 연장선상에서 노무현대통령은 '대연정'13) 을 주장하였다. 하지만 이런 주장은 정치적 대표성의 문제와 함께 책임추궁의 문제를 가져올 수 있다. 대표성의 문제는 대통령선거에서 정당을 보고 표를 던진 유권자의 의사를 대표가 무시하는 문제이고 책임추궁의 문제는 당정분리를 할 경우 대통령의 정책실패에 대한 책임소재가 불분명해진다는 문제이다.14)

심화 학습

한국에서의 정당간 연합

1. 정당연합이 한국에서 왜 중요한가?

한국은 대통령제와 단순다수제중심의 의회제도를 가지고 있다. 여기에 더해 지역을 기반으로 하여 이념경쟁을 하는 다당제구조이다. 이론적으로 볼 때 지역과 이념적 분화가 될 경우 독자적인 대통령당선이 어려울 수 있다. 하지만 대통령선거 역시 상대다수제도를 사용하기 때문에 대통령에게 절대적 지지가 필요한 것은 아니다. 따라서 대통령을 선출한다면 과반수 혹은 절대적 지지를 넘기지 못함으로써 생기는 정당성의 문제(대표적으로 13대 대선에서 노태우후보는 8,282,738표와 득표율 36%라는 역대 최저기록으로 당선되었다)와 함께 '분점정부'의 상시화라는 문제에 부딪칠 수 있다. 따라서 이런 경우 대통령은 지지부족으로 인해 정책추진의 어려움을 겪을 수 있고 의회의 거부에 따라 정책표류를 경험할 수 있다.

결국 한국의 제도들간의 조합으로 인해 몇 가지 이유로 정당연합이 요구된다. 첫째, 대통령이 되기 위해 정당간 엽합이 필요하다. 특히 소수세력인 지방이나 진보진영이 대통령직을 차지하기 위해는 다른 지역이나 진보간 연대가 중요하다. 둘째, 의회의 다수를 차지하여 분점에 의한 정책표류를 막고 국정교착을 타개하기 위해 정당간 연대가 필요하다. 마지막으로 특정 정책을 관철시키기 위해 일시적인 정당연대를 모색해볼 수 있다.

2. 정당연합에 대한 이론과 사례들

정당이 연합을 하는 것의 원인을 설명하는 데는 크게 두 가지 입장이 있다. 첫째는 선거승리와 정부구성이 목적이라는 입장이다. 이런 경우에는 의석이나 지지율에서 과반수를 넘기는 방식으로 정당 연합이 이루어진다. 따라서 정당 연합의 기준은 정당의 크기가 될 것이다. 하지만 라이커(Riker)에 따르면 무조건 의석을 증대하는 것이 아니라고 한다. '승리가능성'이라는 요소와 함께 '정치적 지분의 배분'도 고려된다는 것이다. 즉 선거승리이후 정부의 요직을 어떻게 나눌 것인가를 고려할 경우 너무 의석이 많은 거대정당과의 연합을 꺼리게 되고 오히려 근소한 차이로 승리할 정도의 군소정당과의 연합을 모색하게 한다. 이렇게 분배문제를 고려하기 때문에 연합이 작은 규모에서 이루어질 것을 강조하여 '최소승자연합 모델'이라고 한다.

정당연합에 대한 둘째 설명은 '정책의 공동추진'이 목적이라는 것이다. 정당이 생각하는 중요

---

13) **대연정의 의미**: '대연정'은 국정운영이 제대로 되지 않는 것은 지역주의에 기반을 둔 정당간의 타협부족에 있다고 보고 연립정부를 구성해서 정책을 수행하겠다는 것이다. 2005년 노무현대통령은 "중대선거구를 (보장)받는다면 한나라당과 대연정을 할 수 있다"고 제안했다.

14) 최장집, 『한국민주주의의 민주화』.

한 정책을 추진하는 것이 중요하게 되면 다른 정당의 지지를 확보하는 것이 중요하다. 특히 과반수를 넘기기 어려운 경우에 문제가 된다. 그러나 정책을 공동으로 추구하기 위해는 정당의 이데올로기가 유사해야 한다. 만약 이데올로기가 다른 정당이라면 정책의 타협성이 없을 것이고 타협한다고 해도 정당지지자들로부터 지지를 확보하기가 어려울 것이다. 이 경우도 의석수가 중요하지만 위의 선거승리나 정부구성을 위한 연합과 달리 의석수만이 아니라 정당간 이념적 유사성도 고려되어야 한다는 점에서 차이가 난다.

그렇다면 정당연합의 사례들은 어떻게 설명될 수 있는가가 중요하다. 정당연합의 사례는 한국에만 있는 것은 아니다. 일본에서는 자유민주당은 자유당과 일본민주당이 만든 정당으로 공명당과 일본사회당과 연합하여 정국을 운영해오다 민주당에게 2009년 8월 20일 중의원선거에서 참패하여 야당이 되었다. 독일의 경우에는 2009년 메르켈 총리가 이끄는 그리스도교민주동맹(CDU)과 친기업정당인 자유민주당(FDP)의 중도우파연합이 11년간 지배한 사민당을 패배시켰다. 하지만 2010년 5월에 있었던 North Rhine-Westphalia주의 의회선거에서 패배하여 연방상원에서 과반수를 확보하지 못하게 되었고 이로 인해 메르켈 총리는 감세 등 주요 경제정책 등의 입법을 위해 야당인 사회민주당(SPD)과 녹색당의 좌파와 교섭을 하지 않을 수 없게 되었다는 보도가 있었다.

한국의 정당연합과 관련해서는 3가지 사례가 중요하다. 첫 번째는 1990년 3당 합당이고 둘째 사례는 1997년 정권교체를 이룬 김대중-김종필 연대인 DJP연대이고 셋째는 노무현대통령후보와 정몽준후보간의 연대이다. 물론 2005년 노무현대통령이 제안한 대연정도 있었지만 이것은 실현되지 않았다.

먼저 3당 합당의 사례는 위의 이론적 입장에서 공직획득으로 설명할 수 있다. 2년 뒤에 있을 1992년 14대 대통령 선거에서의 승리를 위해 정당간 연합을 했다는 것이다. 그러나 라이커의 이론에 따르면 이것은 합리적인 것이 아니다. 당시 의석분포는 민정당(125석)과 통일민주당(59석)과 신민주 공화당(35석)이었기 때문에 민정당의 입장에서는 신민주공화당과만 합당을 하는 것으로도 승리가능성이 있었고 배분에 있어서도 합리적이었다. 아니면 김영삼후보의 지지를 감안할 경우 통일민주당과의 합당이면 족했을 것이다. 이런 점에서 보면 당선 외에 다른 요소가 고려되었다는 점을 설명해준다. 전체 의석 중 73.2%까지 규모를 키운 것은 대통령직 확보를 넘어서 의원내각제로의 개헌도 고려된 것이다. 즉 의석의 2/3를 채워야 개헌이 가능하다는 점에서 개헌을 목표로 김종필총재까지 정당연합에 참여시킨 것이라는 것이다.

이런 관점에서는 '정책집행'이 정당연합의 목표가 될 수 있다. 즉 김영삼총재가 대통령이 된 후 개헌을 통해 인구분포상 구조적 소수인 충청지역의 입장을 반영하기 위해는 권력구조를 내각제로 바꾸려 했다. 여기서 문제가 되는 것은 위의 이론에서 본 것처럼 정책연대를 위해 이념간의 인접성이 중요하다는 것이다. 노태우의 민정당은 이념상 김종필의 공화당과 가장 가깝다. 하지만 이런 연합은 53.5%의 크기로 개헌은커녕 대통령승리도 보장하기 어려울 수 있다. 이에 따라 김영삼의 민주당과도 연합하여 최소승자연합구조를 깨뜨린 것이다. 3당 합당은 결국 김영삼총재가 1992년 선거에서 승리하게 하였지만 대통령으로서 개혁정책을 수행하는데 있어서 구조적 장애물로 작동했다.

둘째 사례로 1997년의 대선에서의 DJP 연합을 들 수 있다. 이 사례는 위의 이론적 설명에 따르면 첫 번째 설명의 공직 획득과 둘째 설명인 공동 정책의 추진이라는 두 가지 목표를 모두 추구했다고 볼 수 있다. 우선 김대중후보의 대통령직 당선을 가져오기 위한 지역연합이라는 점에서는 첫 번째 설명이 적용된다. 하지만 이번 연합에서도 김종필총재는 총리직을 얻은 것 외에도 임기중 의원내각제개헌을 약속받았다는 점에서 둘째 설명인 공동정책추진도 적용된다. 당시 정당간 의석분포를 보면 국민회의는 79석(26.4%)을 자유민주연합은 50석(16.7%)을 획득하고 있었고 여당이던 신한국당은 130석으로 46.5%를 차지한 상황이었다. 따라서 2당과 3당의 연합은 지지율과 의석상으로 볼 때 대통령직의 안정적 확보도 쉽지 않았음을 보여준다. 게다가 이런 수치는 대통령직을 확보한 뒤에는 개헌이 과연 가능할 수 있을 것인가도 의심스럽게 한다. 결국 이념적으로도 인접하지 않은 정당간 엽합은 결국 2000년 선거에서 의석의 과반수도 넘기지 못하며 소수파 연합의 한계를 드러냈고 결국 2001년 9월 임동원 통일부장관의 국회해임건의문제로 DJP연대는 붕괴하게 되었다.

셋째 사례는 2002년 대선과 관련한 노무현-정몽준 연대이다. 2002년 새천년민주당은 경선을 통해 비주류였던 노무현후보를 선출하게 되었다. 그러나 김대중 대통령의 지지도가 떨어지고 두 아들의 비리문제가 불거지고 지방선거에서 참패하면서 노무현 후보의 지지도 떨어지게 되었다. 선거에서의 관심을 증대하기 위해 정몽준후보와의 연대를 모색하게 된다. 이 연합은 '선거 승리'를 위한 연합이고 '공동정책'을 위한 것은 아니었다. 실제로 구체적인 프로그램이 없는 연합의 8개의 사항 자체는 원론적인 선에서의 합의를 도출하는 것에 그쳤다. 이 연합은 소수연합에 불과했고 2002년 월드컵의 성과와 그로 인해 대한축구협회회장이었던 정몽준대표에 대한 관심이 반영된 것이었다. 노무현후보와 정몽준대표는 자라온 환경과 배경뿐 아니라 이념도 상이했다. 게다가 선거 전날 밤에 정몽준후보가 지지를 철회하였기 때문에 이 연합이 노무현후보의 당선에 얼마나 '의도적으로' 기여했는지는 알기 어렵다. 이보다는 노무현 후보는 충청권의 표를 가져오는데 수도이전이라는 카드를 사용한 것이 표를 확보하는데 좀 더 효과적이었을 수 있다.

넷째로 2012년 민주당의 야권연대가 있었다. 민주당과 통진당이 연대를 하여 의석수를 확보하고자 하였다. 그러나 김용민후보의 막말파문으로 상징화되듯이 온건진보와 급진파간 갈등은 결국 정당연합이 효과적이지 않았다. 그러나 2012년에 있었던 문재인후보와 안철수 후보간의 후보 단일화는 정당연합으로 보기는 어렵다.

2016년 총선에서는 정당연합보다는 정당간 분열과 신당창당이 중요한 이슈가 되었다. 더불어민주당의 노선에 불만이 있던 신당창당세력이 국민의 당을 창당하면서 더불어민주당에서 떨어져 나왔다. 그리고 기존 평민당세력이었던 호남세력이 국민의 당으로 결집하면서 국민의 당은 호남 지역구에서 선전을 하였다.

3. 앞으로도 정당연대는 중요하게 될 것인가?

위의 이론적 논의는 앞으로도 정당연합이 중요할 것임으로 예상하게 한다. 진보진영은 정부구성을 위해는 지지확보가 관건이고 정당연대를 모색해야 한다. 보수진영도 이명박 대통령과 박근혜 의원으로 나뉘어진 계파정치구조의 한계를 가지고 있기 때문에 계파간 연대 역시 중요해질 것이다. 계파 중에서 경선에서 불복하여 정당을 창당할 경우 지지율은 떨어질 것이기 때문이다. 각 정당들이 새누리당의 경우 친박과 비박, 민주당의 경우 친노계열의 강화, 국민의 당도 안철수지지층과 과거 평민당계열등으로 계파들이 나누어져 있다. 대통령 선거를 두고 이들간 이합집산이 한국정당의 정당연합과 정당해체양태를 결정하게 될 것이다.

한국정당정치의 문제를 사회구조적 수준, 정당체계수준, 개별 정당수준에서 파악하는 것은 결국 한국정당이 시민사회와 정당간의 관계, 국가와 정당간의 관계, 정당자체의 3가지 문제를 구체적으로 보아야 한다는 점을 보여준다. 따라서 문제의 원인을 규정할 때 정당자체적인 부분의 문제들만이 아니라 정당과 관련된 시민사회와 국가와의 동시적 고려가 필요한 것이다. 그리고 이는 해법 역시 동시적 고려가 필요하다는 점도 제시한다.

구체화시키면 첫째, (시민)사회와 정당의 관계에서는 정당에 대해 사회적 요구의 반영과 적극적인 대안창출을 통한 사회동원의 능력이 요구된다. 이런 점에서 문제가 되는 것은 지역주의의 과도한 동원이다. 또한 시민사회의 다양한 요구에 대한 반영에 필요한 정당체계도 요구된다. 여기서 이념의 문제나 신규진입의 저지 등이 문제가 된다. 둘째, 정당의 조직과 관련해서는 정당조직을 민주화시키는 것과 정당의 통치능력과의 문제를 고려해야 한다. 정당의 제도화와 민주화의 부족에 따라 제시되는 안들로는 원내정당화나 국민경선제도등이 있다. 이들은 정당의 민주화에 기여할지 여부와 별개로 정당의 결속력을 약화시킨다. 셋째, 국가와 정당과의 관계에서 카르텔정당화의 문제를 들 수 있다. 정당이 국고보조금을 운용하고 이 막대한 자금을 정당자체가 통제하는 것은 정당에 또 다른 권력자원을 부여하는 것이다. 이와 관련해서 의원에게 직접 정책보조금을 주자는 논의가 있다. 마지막으로 한국의 정당체계인 다당제와 대통령제도가 결합된 문제도 보아야 한다. 대통령제도를 유지하는데 있어서 다당제는 분점의 가능성을 높이기 때문이다.

한국정당정치의 문제점을 살펴보았다면 다음 과제는 문제에 대한 해결방안을 모색하는 것이 될 것이다. 분석의 틀을 동일하게 해서 볼 때 정당정치에 대한 개선책 역시 사회구조적수준, 정당체계수준, 정당수준과 다른 제도와의 연계를 포괄적으로 고려해야 한다. 먼저 사회구조적 수준에서 찾아야 할 해법은 이념의 지나친 편향화부분을 완화하기 위해 냉전의식을 고치는 부분과 승자독식구조의 게임의 법칙을 수정하는 것이다. 승자독식을 완화하기 위해는 권력의 분산이 핵심이고 이를 위한 좀 더 구체적인 방안은 중앙의 집중화된 권력구조의 지방으로의 분산화와 대통령에게 집중된 권력의 분산을 통한 견제와 균형이 작동하게 하는 것이다. 또한 정당에 요구를 가할 수 있는 시민사회의 변화 특히 정치적 무관심과 냉담을 변화시키는 것도 중요하다.

정당체계수준에서는 시민들의 다양한 요구와 이해를 반영할 수 있는 대표성의 증대가 필요하다. 대표성의 증대는 카르텔정당으로 인해 갈등의 편향적 표출을 줄이는 방식이 중요하다. 이를 위해는 신생정당의 진입에 대한 장애물을 제거하는 제도적 개선이 모색되어야 한다. 개별정당 수준에서는 정당의 제도화가 관건이 될 것이다. 적응성, 복잡성, 자율성, 응집성을 증대하게 하는 구체적인 방안들의 모색이 필요하다. 아울러 정당의 민주화조치를 통해 제도화가 진행될 필요가 있다. 시민사회와의 연계를 통한 개혁과 함께 정부로부터의 연계도 중요하지만 정부로부터의 자율성확보도 중요하겠다.

5. 한국 정당정치의 개혁방안

표를 통한 비교 **원내정당 vs. 대중정당**

- 원내정당모델: 미국식정당모델. 간부정당적 성격 혹은 선거전문가정당성격. 지지자 > 당원 (ex) 경선에 유권자 참여
- 책임정당 혹은 대중정당모델: 유럽식 정당모델. 대중정당의 이념을 강조. 당원을 중심으로 한 정당
- 한국정당과 진성당원 문제: 기간 당원 혹은 진성당원(당비 내고 정당활동하고 선거운동도 하는 사람)이 부족함. 2009년 기준 당원은 전국에 412만3천687명이고, 이 중 당비를 내는 진성당원은 전체의 7.9%인 32만6천733명임.

한국정당정치의 문제점과 어떤 부분에서 어떻게 개혁을 할 것인가의 문제를 보았다. 정당정치의 개혁은 우선적으로 정당의 위상 혹은 목표지향성을 정하는 것이 중요하다. 이런 위상설정이 전제된 후에 구체적인 정당정치에 대한 제도적인 개선책들과 정당과 연관된 제도들의 개선이 동시에 고려될 수 있다. 따라서 현실적으로 가장 중요한 문제는 한국정당의 위상을 어떻게 잡는가 하는 점이다. 우리 정당의 개혁방안을 설정하는 것에서 정당의 모델을 무엇으로 잡는가하는 문제로 가장 어려운 문제 중 하나이다. 이것은 이론적 모델이 한국의 정치의 현상과 얼마나 잘 접목될 수 있는가에 의해 결정될 문제이기 때문이다.

한국의 정당정치의 개혁방안에 대해서는 대중 정당화 주장과 원내정당화를 주장하는 입장이 팽팽하게 맞서 있다. 한쪽은 서구정당의 황금기에 있었던 대중 정당을 미래 한국정당정치의 모델로 삼고 있고 한쪽은 원내정당화를 통해 정당의 경량화를 꾀하면서 정당보다는 의회중심정치를 모델로 삼고 있다. 정당원 중에서 의회내에 있는 원내세력을 중심으로 정당정치를 할 것이고 원외세력을 배제하겠다는 것이 원내정당화론[15]이다. 대중정당론[16]은 이와

15) **원내정당화론의 근거**: 첫째, 의회 기능 강화의 필요성. 의회를 '무대(Arena)의회'에서 '전환(transformative)의회'로 변화시킬 필요가 있음. 이는 대통령제도를 유지한다는 전제하에 의회와 대통령의 대립 해결을 가능하게 함. 핵심 논리는 정당의 규율을 약화시켜서 의원의 자율성을 확보하게 하는 것이다. 둘째, 의회의 이익조정 기능 증대. 의원의 (원외세력으로부터)자율성과 정당의 (국가로부터)자율성 확보가 필요. 셋째, 정당 반응성 증대필요. 대중정당보다 포괄적 정당에 가까운 정당구조이고 대중의 이념약화로 이념에 기반한 대중정당은 곤란함. 공약을 지키는 '책임성(accountability)'보다 여론에 반응하는 '반응성(responsiveness)'이 중요. 정진민교수의 입장.

16) **대중정당론의 원내정당론 반론의 근거**: 첫째, 현실인식 문제로 원내정당론은 한국현실을 보스중심정치로 이해하고 있으나 현실은 이와 다르게 높은 초선의원비율을 보이는 등 한국정당이 폐쇄적이지 않음. 둘째, 정당 개혁론 문제가 있음. 원내정당론은 대중동원을 거부하기에 중산층 이상의 보수적 정치로 전락할 것, 사회적 약자와 기층민의 이해는 정당만이 반영할 수 있음. 셋째, 정당관 문제가 있음. 서구와 달리 한국정치는 이념정당으로 변화되어 가고 있어 포괄정당논의는 아직 성급함. 넷째, 사회균열 이해 문제가 있음. 원내정당론은 이념적 수렴을 주장하나 한국의 이념이 수렴한다는 점은 근거가 약함.

달리 한국정치의 중심에 정당이 있어야 한다고 주장하는 입장이다. 양자는 정당정치에 대한 인식차이 뿐 아니라 현재 상황에 대한 인식차이를 극명하게 보이고 있다.

위의 논의에 대한 절충적 입장도 있다.[17] 이 입장은 다음과 같이 설명한다.

"현재 한국의 정당은 간부 정당, 민중정당, 카르텔정당의 모습은 있으나 대중 정당의 모습은 희박하다. 그런데 개혁방향의 논의 대부분이 대중 정당화로 귀결되고 있다. 그러나 정치적 환경이 대중 정당시대의 모습인 산업사회와 유사하지 않기 때문에 이 방안이 반드시 바람직하지는 않다. 한국에는 고등교육노동자나 부유한 노동자가 많아서 노동자의 계층화 현상이 나타나고 있다. 따라서 모든 노동자가 노동자적 의식을 가지고 계급투표를 할 가능성은 희박하다.

따라서 현재 정당간의 정책차이는 있으나, 그 차이가 유권자의 표를 결집하고 향후 정치 운영에 있어 길잡이 역할을 하지 못하는 상황이다. 이런 상황을 극복하고 정책정당화 기제를 강화하기 위한 개혁방향으로 강한 대중 정당화가 반드시 바람직하지는 않으며 이념적 요소와 기타 사회적 균열을 반영할 수 있는 정당이 바람직할 수 있다. 즉, 산업사회 균열과 탈산업사회의 균열을 동시에 반영할 수 있는 '느슨한 대중 정당화'가 그 방향이 될 것이다."

이러한 학문적 논의와 달리 한국정치에서 정당정치의 변화는 지속적으로 미국식 정당제도로 가고 있다. 특히 경선제도는 미국식 경선제도로 가고 있다. 한국정당정치의 빈곤이 제도개혁의 원인이지만 한편으로 결과이기도 하다. 즉 정당을 약화시키는 방향의 정치개혁으로 정당정치는 더욱 제도화로부터 멀어지고 있는 것이다.

심화 학습

한국유권자의 이념분포

한국의 정당이 이념에 기반을 둔 대중 정당 그리고 정당이 정책에 책임을 지는 책임정당이 될 수 있는가를 결정하는 중요한 요소 중의 하나는 한국사회의 이념적 분포이다. 한국의 이념지형은 한국 정치를 설명하고 예측하게 해준다. 한국의 경우 진보지지자가 30%, 보수지지자가 30%대이고 중도 노선이 40% 안팎을 차지한다. 여기서 특이한 것은 우리의 경우 이념이 소득과 역의 관계이고 교육과도 역의 관계에 있다는 점이다. 즉 소득이 높을수록 진보적이고 교육수준이 높을수록 진보적으로 나타난다는 것이다. 반면에 진보가 연령과 동일하게 가지는 않는데 이는 20, 30대가 경제 문제가 중요하다고 생각하기 때문에 보수적 성향으로 나타나는 것으로 보인다. 민족주의와 북한 문제가 우리에게 진보 보수를 가르는 가장 중요한 기준이었으나 최근 선거의 패턴에서는 이 부분에 대한 평가를 좀 더 신중히 할 필요가 있게 나타나고 있다.[18] 하지만 이런 여론조사와 달리 2007년 대선과 2008년 총선에서는 보수에 대한 지지도가 높게 나타나고 있다. 2008년 대선을 지나고 2008년 미국발 경제위기를 경험하고 한국에서는

---

17) 장훈교수님의 고대특강.

보수에 대한 지지가 조금 더 높아졌다. 최근에는 보수정당에 대한 지지자들이 진보정당에 대한 지지자들보다 조금 더 많다. 그러나 30%에 달하는 중도파가 어떤 정당을 지지하며 어떤 정책을 지지하는가에 의해 선거는 결과가 나타난다는 점에서 여전히 정당간의 '전환가능성'은 남아있다.

6. 정보통신혁명의 발달과 정당정치의 변화가능성

2010년의 지방선거와 2011년 서울시장보궐선거에서 박원순후보의 당선은 SNS의 정치적 영향을 잘 보여주었다. 2012년 총선과 대선에서도 SNS를 활용한 선거운동이 관심을 끌면서 정당정치운영에 새로운 기회가 생긴 것이 아닌가로 관심을 끌었다. 게다가 인증샷을 찍으면서 투표를 독려하는 문화는 한국 대의민주주의에서 정치참여를 적극적으로 독려하는 것이기에 정치적 관심을 받았다. 이런 현상은 한국정당에 대한 낮은 신뢰[19]를 극복하면서 정치적 무관심을 완화하는 데 유용한 것이 아닌가라는 질문을 불러온다.

이같은 낙관적인 기대는 SNS라고 하는 디지털 네트워크가 가진 특징에 기반한다. 디지털 네트워크는 4가지 특징을 가진다. 첫째, 권력구조측면이다. 과거 정치가 권력과 중심성에 있었다면 네트워크 정치는 탈중심성을 특징으로 한다.[20] 과거 권력이 명령과 권위구조에 의존했다면 네트워크시대의 권력은 자발성을 핵심으로 한다. 둘째, 시민성과 정체성측면에서 합리주의에서 감성적정치로 변화를 이끌었다. 오프라인의 합리적 정치는 '수의 정치'와 '타협의 정치'였다. 그런데 네트워크시대의 정치는 '설득과 동의의 정치'로 전환된 것이다. 여기서는 멘토와 멘티의 관계로 리더상도 바뀌었다. 셋째, 참여와 의사결정측면이다. 디지털 네트워크의 특성상 개인이 강조되면서 과거 정치의 집단중심 동원구조에서 개인중심의 협의구조로 변화하였다. 인터넷이나 SNS를 통한 개인중심의 설득이 매우 중요하게 되었다. 넷째, 이슈의 변화측면이다. 과거 정치가 민족과 계급 중심의 거대 담론중심정치이었다면 생활세계중심의 세부이슈정심 정치로 변화한 것이다. 대표적인 사례로 2008년 미국산 소고기반대 촛불집회를 들 수 있다.

이처럼 디지털네트워크는 시민들도 변화시켰다. 시민변화에 가장 중요한 것은 제도적인 참여보다 비제도적인 참여가 늘어났다는 점과 의무적인 시민에서 관여적 시민으로 변화하면

---

18) 한국인의 의식정향.

19) **한국정부와 정당에 대한 신뢰도 하락**: 첫째, 정부신뢰도하락: 1996년 62% ⇨ 2003년 26% ⇨ 2007년 33%. 둘째, 국회 신뢰도하락: 1996년 49% ⇨ 2003년 15% ⇨ 2007년 18%로 하락. 셋째, 사법부신뢰도 하락: 1996년 70% ⇨ 2003년 58% ⇨ 2012년 48%.

20) **탈중심성의 의미**: 디지털 네트워크는 집단과 노드를 기반으로 하였던 '중심성'에서 네트워크를 중심으로 하는 '탈중심성'으로 변화를 가져온다. 이것은 과거 위계적 구조와 하양식권력에서 권력이 수평적으로 작동한다는 것이다. 인터넷에서는 긴꼬리 법칙이 작동한다. 인터넷의 네티즌이 권력을 만들어서 권력자들에게 사용을 하는 것이다.

서 자발성이 중요하게 되었다는 점 그리고 집단지성이 강조되면서 개인들간의 협업이 중요하게 되었다는 점이다.[21)]

시민의 변화와 시민들이 사용하는 SNS의 활용은 정당정치에도 변화를 가져왔다. 정당에 미친 변화는 크게 정당체계차원과 개별정당차원으로 나누어 고려할 수 있다. 먼저 정당체계 차원의 변화로는 포괄정당화를 들 수 있다. SNS의 특성상 정당의 경쟁이 계급구조와 같은 거대담론을 중심으로 한 이념이 아니라 세부적인 이슈들에 집중하게 된다. 이는 정당이 이슈중심의 경쟁을 펼치게 되는 포괄정당화로 유도할 수 있다. 두 번째 개별정당 차원에서 변화는 3가지를 지적할 수 있다. 첫째, 정당의 정체성이 약화되고 있고 둘째, 이슈중심 정당으로 전환되고 있으며 셋째, 당원조직의 약화되고 있는 것이다. SNS는 빠르고 짧은 언어전달 구조를 가지고 있다. 이 구조에서 거대담론의 지속적인 토의는 어렵다. 또한 특정 분야 동호회 회원, 다른 계층이면서도 다양한 SNS망을 통해 연결되어 있다. 이는 어려운 거대담론을 피하고 단일한 계급결집을 어렵게 한다. 여론이 중심이 되고 지지자 중심으로 정당이 운영되게 된다. 즉답의 정치와 응답성을 강조하는 정당정치가 요구되는 것이다.

가장 큰 논쟁 사안은 과연 SNS가 민주주의 발전과 어떤 관계를 맺게 될 것인가이다. 이 경우 SNS는 대의민주주의에 대한 측면과 참여민주주의에 대한 측면으로 구분될 수 있다. 그리고 각각의 민주주의에 대해 긍정적 기능과 부정적 기능을 모두 가지고 있다.[22)] 다만

---

21) **SNS와 시민의 변화**: ① 비제도적 정치참여의 증가: 2002년 시작된 촛불집회. 2008년으로 미국산소고기 촛불집회, 2011년 희망버스운동등. SNS를 통한 투표인증샷과 투표독려와 정치문화의 변화. ② 거대담론정치에서 생활이슈정치로: SNS를 기반으로 한 정치는 일자리창출, 비정규직문제, 양극화해소와 재벌개혁과 서민경제활성화, 교육개혁문제와 같은 이슈가 정치의 중심 (예) 드라마'미생'의 영향과 장그래법. ③ 선거와 정치적 결정방식에의 변화: SNS정치는 당원과 하부조직이 아닌 정당의 SNS이용과 시민사회의 SNS를 통한 지지 증대로 나타남. 정당은 거대조직대신에 SNS를 이용해서 자신의 이미지를 강조함. 소수정당이나 정치신인들도 SNS를 통해서 '동원효과(mobilization effect)'를 가지고 지지를 동원함. (예) 2008년 미국대선에서 오바마 후보가 'Mybo'를 개설 선거운동에 활용. 스위스의 '스마트보트(smartvote)'는 설문조사를 통해서 유권자 성향에 부합하는 후보자를 자동으로 추천. ④ 개인적 속성의 강화와 자아중심성: 공동체의식을 약화시키고 개인이 중심이 됨. (예) 1인 미디어로서 블로그 등이 개인들을 네트워크 세상의 주체화하는 현상. ⑤ '의무적인 시민'에서 '관여적 시민'으로 변화: 참여적인 시민으로 변화를 가져옴. 참여를 의무가 아닌 자아 표출로 파악. (예) 1인 시위나 댓글 달기. ⑥ 사적 공간과 공적 공간의 공유: 과거 자유주의의 공적공간과 사적 공간 구분입장을 거부함. 네트워크시대의 정치에서는 사적공간과 공적공간의 구분보다 혼합이 더 중요하게 됨. 사적인 놀이와 공적인 참여가 구분되지 않게 됨. (예) 정치인에 대한 비판과 희화화는 사적인 놀이와 공적인 비판을 모두 포함. ⑦ 집단지성의 발현: 네트워크로 인해 개인이 중심이 되지만 한편으로 개인들이 자발적으로 조직화함으로서 이성을 극대화함. (예) 위키피디아. ⑧ 개인주의의 강화와 사소한 정치에의 집중 문제: 디지털시대 시민들의 특성이 온라인을 중심으로 하는 개인중심이라는 점은 정치의 조직화부족을 가져올 수 있는 단점도 있음. 사적공간의 세부적인 일을 공동체 중심의 이슈로 확장하는 것은 현존하는 거대한 갈등 구조를 은폐하거나 무관심하게 만들 수 있음. 또한 사소한 것에 집중하여 사소한 사적인 갈등을 공적갈등으로 오해가능. 정일권, " SNS를 통한 정치참여", 한국언론학회편,『정치적 소통과 SNS』(파주, 나남, 2012)를 중심으로 정리.

22) **SNS와 민주주의의 관계**: (1) 대의민주주의 측면 ① SNS가 대의민주주의를 보완하는 측면: 첫째,

SNS를 활용하는 것이 현대 사회의 보편적인 현상이라면 민주주의에 대해 긍정적인 면을 강조하면서 부정적인 영향을 줄이는 것만이 방법이다. 그러나 최근 SNS가 즉답성을 요구하고 이것을 통해서 얻은 결과를 정치적 평가로 사용하는 경우가 적어지며 SNS를 통한 표의 결집가능성이 기대치 보다 높지 않을 수 있다는 우려가 생기고 있어 SNS의 정치에 대한 영향을 좀 더 지켜보아야 할 것이다.

현안이슈 | 한국의 정당정치에 대한 평가

한국정당정치에 대한 학자들의 평가를 간략히 소개한다.

1. 한국정당의 평가[23)]

한국정당을 키(V. O. Key)의 정당이론으로 분석해볼 수 있다. 이 분석틀을 통해 한국정당을 평가해보면 다음과 같다. 첫째, '유권자속 정당'이다. 이점에서 유권자와 정당간 괴리가 확대되고 있

대의민주주의의 참여의 증대. 네트워크를 통한 투표율 증대운동과 정보전달로 투표율 상승시킴. 둘째, 대의민주주의의 대표성의 증대와 의제통제 능력을 증대. 상방향식 정보전달로 대표를 통제함. 셋째, 응답성확보와 책임성추궁. 인터넷기반 정치는 정치를 일상화함. 즉각적으로 이슈화하여 대의민주주의의 낮은 응답성과 낮은 책임성을 수정하게 함. ② SNS가 대의민주주의발전 유도 실패측면: 첫째, 정당의 거대 담론중심의 조직 기반정치과 대표성의 부족이 SNS를 통한 시민의 새로운 요구를 반영못함. 표로 전환하기 곤란함. 둘째, 대의민주주의자체가 공적공간과 사적공간을 구분하여 SNS의 발전에도 시민의 참여부족. 획기적인 참여개선을 가져오기 어렵고 이로 인해 책임성과 응답성 추궁이 어려움. 셋째, SNS를 통한 공감대확보노력에도 불구하고 공적공간의 대표들이 공감대 확보곤란함. 넷째, 대의민주주의가 가진 수동성과 자기지배의 원리 약화를 막기 어려움. 다섯째, SNS 자체가 대의민주주의를 약화시킴. SNS는 참여, 대표성, 책임성, 응답성에서 부정적영향을 가져옴. 먼저 참여의 왜곡은 네트워크를 이용하는 젊은 세대들과 나이든 세대를 구분하게 하고 SNS는 진보편향성이 강함. 이로 인해 대표성의 왜곡을 가져옴. 이미지 중심의 정치가 되면서 정치가 이미지에 갇혀서 사회균열을 제대로 반영 못할 수 있음. 응답성은 SNS가 '빠른 정치'와 '숙고없는 정치'를 통해서 민주주의보다는 포퓰리즘에 기반을 둔 정치로 운영될 수 있게 한다는 점에서 문제가 될 수 있음. 마지막으로 신상털기식 인터넷마녀사냥의 경우에도 책임성추궁이 어려움.
(2) 참여민주주의에 대한 측면 ① SNS가 참여민주주의 강화하는 측면: 첫째, SNS에 의한 정치는 '시민에 의한' 직접적인 참여증대. 시민은 대의민주주의에서 유권자(voter)만이 아니라 참여민주주의에서 발언자(speaker)로 민주주의에 기여. 토의와 심의를 통해서 의사결정구조 변화에 영향. ② 왜곡된 참여에 기여하는 측면. 첫째, SNS를 통해서 퍼나르는 수많은 정보들이 검증되지 않은 것들이 많고 이러한 정보에 의해 즉응적이고 감정적인 대응이 먼저 따른다는 점. (예) 조선족장기밀매설과 괴담유포. 둘째, SNS를 통한 정치는 문자전송에 참여를 국한하고 실제 행동으로 전환하지 않는다는 문제. (예) 해시태그민주주의나 Slacktivism이라는 용어는 정치적 참여를 주변인들과의 문자전송에만 매달리는 민주주의를 비꼬기 위한 것. 셋째, SNS를 통한 정치가 참여를 가져오지만 다른 이슈에 의해서 일시적인 참여에 그치고 참여가 지속되기 어렵다는 비판.
(3) 영향에 대한 평가: 대체로 민주주의 모두에서 긍정적인 영향을 준다. 특히 참여민주주의에서의 영향이 크다고 보여진다. 윤성이, "SNS와 참여민주주의의 미래"한국언론학회편,『정치적 소통과 SNS』(파주, 나남, 2012)를 중심으로 정리.

23) 윤종빈 "기로에 선 한국정당: 위기와 기회", 『정당이 살아야 민주주의가 산다』 (윤종빈외 / 미래정치연구소편, 2015년, 푸른길)의 내용을 요약함.

다. 특히 부동층의 증대가 문제이다. 둘째, '조직으로서 정당'이다. 한국정당은 중앙당조직이 크고 당원과 자원봉사자가 부족하다. 셋째, '정부내 정당'이다. 대통령의 정당장악으로 정당의 자율성이 낮다.

한국정당의 문제점보다 더 큰 틀에서 보면 한국정치의 문제점이 지적 될 수 있다. 첫째 문제는 승자독식구조이다. 한국은 단순다수제와 소선거구제로 제 1당과 제 2당에 유리하다. 둘째 문제는 국회의 합의제 운영방식의 경험이 부족하다. 셋째 문제는 이념갈등의 과잉과 지역갈등이 중복되었다는 점이다.

쟁점은 실제 정당이 위기인가 하는 점이다. 낙관론의 입장에서 볼 때 현재 정당정치는 대중정당론의 진화과정으로 한국만의 문제로 볼 것은 아니다. 반면에 비관론의 관점에서는 서구 대중정당모델이 한국에 맞지 않는 것이다. 따라서 정당에서도 새로운 한국식 모델이 필요하다. 바람직한 한국정당의 위상으로는 간부정당, 대중정당, 포괄정당, 원내정당, 카르텔정당, 유권자정당등의 하이브리드 모형을 제시할 수 있다.

그렇다면 정당위기를 극복할 수 있는 개혁방안은 무엇이 있는가? 첫째, 정당과 정치인이 기득권을 내려놓는 방안과 정당과 정치인에 대한 신뢰회복이 필요하다. 둘째, 정당일체감을 증대할 수 있는 방안이 필요하다. 3김정치 이후의 보스가 사라진 상태에서 새로운 한국적 정당일체감을 찾을 방안이 필요하다. 셋째, SNS로 무장한 유권자들에 대한 반응성을 고려해야 한다. 넷째, 저비용 고효율의 정당체질을 개선할 필요가 있다. 2004년 정치관계법의 개정으로 중앙당 상근 직원수를 제한하고 지구당폐지하고 개인의 후원회금지를 하였다. 그럼에도 불구하고 더 많은 정치개혁이 필요하다. 다섯째, 당내조직기구와 의사결정과정의 투명화가 필요하다. 이를 위해서는 당내 리더십선출과정과 공직 후보자 공천과정을 투명화해야 한다.

2. 한국적정당모델의 방향[24)]

한국의 정당모델은 새롭게 설정될 필요가 있다. 이때 고려할 사항은 3가지이다. 첫째, 정치 환경변화를 고려해야 한다. 특히 매스미디어와 시민사회의 발전과 정보화를 고려해야 한다. 둘째, 기존 서구식 시각만으로 설명하는 것이 부적절하다는 점을 인식해야 한다. 셋째, 정당에 대한 통합적 이해가 필요하다. 즉 의회제도와 대통령제도와 같은 다른 제도들과 제도적 효과를 연계하여 고려해야 한다.

최근 한국정당연구경향은 크게 두 가지로 대별할 수 있다. 첫 번째는 '포괄정당, 카르텔정당'에서 '선거전문가정당'으로 관심이 전환되고 있다. 이는 동원대상이 당원에서 유권자전체로 변화하고 있다는 의미이다. 또한 지구당폐지로 정당조직과 운영은 정당보다는 후보자 중심으로 전환되고 있다. 이때 정당의 통합능력이 중요하게 된다. 두 번째 정당이 '카르텔체제'에서 '유목형조직'으로 바뀌고 있다. 신생정당의 진입이 용이해지고 개인카리스마에 의존한 정당조직도 민주화되어 가고 있다. 2002년 대선에서 노무현후보의 당선은 보스정치의 종결을 의미한다. 정부와 정당의 관계도 일방적 순응에서 '순응'과 '타협'과 '저항'으로 다양하게 나타나고 있다.

한국적인 의미의 정당모델을 구축하기 위해서는 다음과 같은 조건이 필요하다. 첫째, 정치에 대한 국민의 의식변화가 필요하다. 특히 한국에서는 다양성과 관용정신이 필요하다. 둘째, 시민과 정당의 연계를 강화하는 모델이 필요하다. 정치에 대한 적극적 참여 층의 정당으로의 유입이 필요하

24) 임성학, "한국적정당모델의 방향성", 『정당이 살아야 민주주의가 산다』(윤종빈외/ 미래정치연구소 편, 2015년, 푸른길)의 내용을 요약함.

며, 정당은 시민의 이해를 파악하기 위한 풀뿌리 조직이 필요하다. 지역외에도 분야별, 이슈별 조직이 있어 정당과 시민을 연계시켜야 한다. 셋째, 다양한 정당모델의 경쟁을 위한 정치환경을 조성해야 한다. 사회환경변화에 따라 정당의 역할도 조정될 필요가 있는데 2002년 대선에서의 국민경선제가 대표적인 사례이다. 넷째, 정당정치의 제도적 일관성이 필요하다. 정당모델간 충돌이 가능하다. 예를 들어 규범적으로 대중정당과 후보자 중심의 선거중심 모델간 모순이 나타날 수 있다. 다섯째, 다층적 접근도 필요하다. 정당과 행정부간 책임성의 확보가 필요하며 중앙과 지방간 수직적 관계가 아닌 유기적이고 협력적 관계를 구축해야 한다.

3. 정당과 새로운 제도차용가능성[25)]

2014년 선거구별 인구편차에 대한 헌재 판결이후 비례대표제증대 논의가 있었다. 그러나 2016년 국회의원 선거에서는 비례의석이 오히려 47석으로 줄었다. 향후 의회의 비례성을 위해서는 비례대표제 개선논의가 진행될 것이다. 이때 제도를 개선할 수 있는지를 이론적으로 예상할 수 있다.

이때 필요한 이론이 '제도변동이론'이다. 이 이론에 따르면 제도를 변경하기 위한 몇 가지 조건이 있고 이 조건과 맞아야 제도변경이 가능하다. 조건은 다음과 같다. ① 기성체제의 전면적 위기가 감지될 필요 ② 위기 해소를 위해 새로운 제도가 그 방향진단가능한지 여부 ③ 새로운 제도에 대한 다양한 정치세력들의 이해관계 부합여부와 제도권과 비제도권 간의 합의가능성 ④ 전 과정을 이끌어갈 리더십과 유효한 정치적 개념의 존재여부. 위의 조건으로 볼 때 2015-2016년도는 ① 기성체제의 전면적 위기가 감지가 있다고 보기 어려웠고 ② 위기 해소를 위해 비례대표제가 명백한 대안으로 인식되지 않았으며 ③ 새로운 제도에 대한 제도권내 합의를 달성하지 못했고 ④ 전과정을 이끌어갈 리더십이 약했고 정치개혁을 위해 유효한 정치적 개념이 없었다. 과거 정치개혁시기에는 '고비용정치구조타파' '돈먹는 지구당'이라는 개념은 먹혔지만 2016년에는 이런 개념이 없었다.

4. 정당후원회의 폐지에 따른 영향 논쟁[26)]

한국은 2004년 '정치관계법'을 개정하였다. 이를 통해 3김 정치의 문제점을 극복하고 정당민주화를 꾀하였다. 당시 정치개혁을 실행하게 한 정당모델은 '원내정당론'이었다. 원내정당론은 '미국식의 정당조직 약화'와 '당원중심에서 지지자(유권자)중심정당'으로 요약될 수 있다. 그래서 정당후원회 폐지, 중당당조직축소, 지구당폐지를 만들어냈다.

그런데 정당개편당시 정당체계에 대한 고려가 부족했다. 따라서 새누리당과 새정치민주연합의 카르텔정당을 강화하였고 정당의 폐쇄성을 강화시켰다. 구체적인 제도개혁들 중 두 가지를 살펴볼 수 있다.

첫째, 정당후원회 개혁이다. 2002년부터 정당후원금이 줄어들었다. 2004년 정치자금법개정으로 후원금 한도를 축소하였다. 따라서 2006년 정당후원회를 폐지하기 전에 문제점이 사실상 해소되었다. 문제는 후원회를 금지함으로서 정당이 자금 모금을 하기 어렵게 된 것이다. 그런데 거대정당은 국고 보조금을 받을 수 있기에 자금관련 문제가 적다. 신생정당의 경우는 당원모집이 어렵고 정당설립요건(5개 이상 시도에 1천 명이상의 당원 갖춰야 하고 수도에 중앙당을 두도록 함)이 까다롭기 때문에 새로이 정당수립이 어렵고 비용이 많이 들게 된다. 결국 후원회 폐지는 기성정당의 카

---

25) 장훈, "정당체계, 선거제도, 거버넌스" 『정당이 살아야 민주주의가 산다』 (윤종빈외/미래정치연구소편, 2015년, 푸른길)의 내용을 요약함.

26) 강원택, "정치개혁 되돌아보기: 정당후원회폐지의 정치적 결과" 『정당이 살아야 민주주의가 산다』 (윤종빈외/미래정치연구소편, 2015년, 푸른길)의 내용을 요약함.

르텔화를 도왔다.

둘째, 정당후원회의 폐지와 거대정당중심의 국고보조금 제도가 고착된 것이다. 거대 정당은 후원회 폐지를 국고보조금으로 만회했다. 국고 보조금이 2015년 1인당 981원으로 상승했다. 국민 1인당 981원을 전체 곱하고 선거가 있는 해에는 두 배를 지급한다. 거대 정당은 유권자들의 후원회가 필요 없게 되었다. 2012년 선거에서 새누리당은 517억을 받았고 민주통합당은 431억을 받았다. 그러나 통합진보당은 74억을 받았고 진보정의당은 4억 9900만원을 받았다. 이처럼 거대 정당에게 국고보조금은 유리하게 배분된다. 거대정당의 경우 후원회가 전체 재정의 5%를 차지하지 않기 때문에 후원회 폐지의 영향이 적지만 소수정당에게는 영향이 크다. 이로 인해 소수정당에 대한 진입장벽은 높아진 것이다.

5. 경선제도와 정당내부의 역학관계[27)]

2015년 총선이전에 김무성대표는 오픈프라이머리를 제안하였다. 이는 상향식공천제를 통한 당내 계파간 갈등을 축소하고자 한 것이다. 이렇듯이 상향식공천제도는 항상 한국정당정치에서 중요한 주제로 남아있다. 그런데 2016년 총선에서는 친박계가 친이계를 공천에서 떨어뜨렸다. 또한 더불어 민주당의 친노진영이 친DJ 계열의 호남세력을 배제하였다. 김무성대표의 옥새사건은 공천을 둘러싼 정치투쟁을 가장 극명히 보여주었다.

한국에서 사용하고자 하는 미국의 오픈프라이머리제도는 무엇인가? 미국에서는 19세기 말 정당보스의 영향력약화를 목표로 하여 시도되었다. 미국의 선거에서 특히 연방의원선거는 개방형예비선거나 폐쇄형예비선거나 다양한 예비선거를 사용하고 있다. '폐쇄형예비선거'(20개 주에서 사용됨)는 정당당원만이 해당 정당의 예비선거에 참여하는 것이다. 반면에 '개방형예비선거'는 모든 등록유권자와 무당파유권자가 참여하며 한 정당에만 참여하여 투표를 한다. '준폐쇄형예비선거'는 정당등록유권자와 무당파유권자만이 참여한다. '포괄형예비선거'는 하나의 투표용지에 모든 정당 후보의 이름이 소속을 불문하고 인쇄된다. 이 때문에 비정당형예비선거로 유권자형 예비선거가 되는 것이다. 이 중 김무성대표의 제안은 개방형예비선거에 해당한다. 개방형예비선거는 타정당지지자와 무당파지지가가 참여하여 중도적 후보를 선출하는 '중도후보선출효과'가 이론적으로 제시되지만 경험적으로 검증은 되지 않았다.

이론적으로 볼 때 오픈 프라이머리제도의 장점과 단점은 명확하다. 먼저 장점은 다음과 같다.

① 민주주의와 개방성에 부합한다. 정당의 지도부에서 국민에게 공천권이 넘어간다. 이로 인해 정당의 조직력은 약화되지만 유권자와 당원과의 관계는 쌍방향적이 된다.

② 여당의원은 지역유권자와 당원을 중심으로 의정활동을 하게 된다. 의원이 대통령으로부터 자유로워진다. 따라서 지역구 중심의 의정활동이 가능하게 되며 정당지도부의 영향력은 약화된다.

③ 의원의 자율성증대와 상임위원회중심의 분권화된 의정활동이 가능해진다. 이를 통해 분권화된 상임위원회를 기대할 수 있고 상시적인 상임위원회 활동을 기대할 수 있다.

④ 의회의 행정부 견제 기능이 활성화되고 지역의원 간 협조가능성이 높아진다. 특정이슈에서는 같은 지역구 의원들이면서 각기 다른 정당소속 의원들이 협력을 할 수 있다.

⑤ 지역정당내에서도 후보지명을 둘러싼 경쟁이 강화된다. 이것으로 일당지배지역의 당내경쟁을 강화할 수 있다.

---

27) 손병권, "오픈 프라이머리와 정당, 당원 그리고 유권자" 『정당이 살아야 민주주의가 산다』 (윤종빈 외/ 미래정치연구소편, 2015년, 푸른길)의 내용을 요약함.

반면 오픈프라이머리의 단점은 다음과 같다.

① 조직으로서 정당이 약화되고 정당의 정체성이 약화된다. 미국의 19세기 정치개혁은 정당약화를 가져왔다. 한국에서도 2004년 지구당폐지이후 정당의 지역기반이 약화된 상황에서 오픈프라이머리 도입은 정당조직을 더욱 약화시킬 것이다.

② 당원 중심으로 운영될 경우 조직력이 강한 후보가 유리하다. 국민 참여가 부족할 경우 검증되지 않은 후보가 당선될 가능성이 높다.

③ 현역의원의 강점이 부각될 것으로 보인다. 정치신인이 현역 의원을 이겨야 하는 어려움이 있다.

④ 선거부정에 대한 우려가 있다. 동원된 당원과 입당원서를 위해 금품제공 등이 문제가 될 수 있다.

이외에도 오픈 프라이머리가 한국에서 실시될 경우의 문제점도 있다.

① 현역의원에게 유리한 경선과정이 진행될 것이 우려된다. 이를 위해서 여론 조사방식의 변화가 필요하다. 또한 예비등록기간을 늘려줄 필요도 있다.

② 조직화된 세력이나 극단적인 당원과 유권자가 참여하여 극단적인 후보를 지지할 수 있다. 미국의 경우 2010년 중간선거에서 티파티(tea party)지지세력(공화당 우익세력)이 공화당 경선을 장악하면서 극단적으로 보수화된 후보들이 선발되었다. 한국의 경우 일당지배지역에서 극단적인 후보가 등장할 가능성이 높다.

이런 다양한 효과들에도 불구하고 오픈 프라이머리는 공천권력의 이전, 유권자들의 참여와 기대증대, 의정활동의 자율성증대를 가져올 수 있고 정당간 갈등완화를 기대할 수 있기 때문에 사용해 볼 수 있다.

6. 정당과 유권자의 변화: 아날로그 정당과 네트워크 유권자[28)]

정당문제는 중요하다. 왜냐하면 ‘정당위기=대의민주주의 위기’이기 때문이다. 그런데 정당위기 지수들을 보면 한국 정당은 위기이다. 첫째, 동아시아 연구원의 신뢰도조사에서는 정당은 10점 만점에 3.5로 대기업(5.7)과 사법부(5.6)와 정부기관(4.8)보다 낮다. 둘째, 한국사회과학데이터센타의 조사에 따르면 한국정당의 신뢰도는 23.8%에 불과하다. 셋째, 갤럽의 여론조사에 따르면 “지지정당이 없다.”고 답한 유권자가 20대는 44%이고 30대는 51%이다. 이는 정당의 부동층이 높다는 점을 방증한다.

한국 정당의 문제는 무엇인가? 한국정당은 매개기관으로서 기능이 약하다. 정부가 디지털네트워크를 활용하여 정부와 유권자간에 직접적인 거래를 하면 유권자와 정부를 연결하는 정당의 자리는 사라지게 된다. 게다가 뉴미디어(디지털 네트워크)시대의 시민상이 변화하고 있다. ‘의무적 시민’에서 ‘관여적 시민’으로 바뀌고 있다. 과거에는 투표하기, 세금내기, 군복무하기가 시민의 덕목이었다면 뉴미디어시대의 시민에게는 결사체 참여, 자원봉사, 자기 의견내기, 정치에 적극적 참여하기가 중요하다.

이러한 디지털네트워크시대의 정당은 어떤 방향으로 변화해야 하는가? 다음과 같은 변화를 예상할 수 있다. ① 기존 정당활동방식에 뉴미디어를 활용할 수 있다. 정당은 뉴미디어를 이용해 선거전략을 짜고 홍보하는 활동을 해야 한다. ② 크라우딩소싱(crowdsourcing)전략을 활용할 수 있다. 정당은 뉴미디어의 쌍방향성 속성을 활용하여 정당의 정책형성, 선거공약 선정과 홍보, 지지자 동

28) 윤성이, “아날로그 정당과 네트워크 유권자”, 『정당이 살아야 민주주의가 산다』(윤종빈외 / 미래정치연구소편, 2015년, 푸른길)의 내용을 요약함.

원을 비롯한 활동을 수행할 수 있다. 뉴미디어를 활용하여 정책형성에 있어서 유권자의 의견을 들을 수 있고 정당일체감을 확대해갈 수 있다. ③ 전복(jamming)시나리오를 고려해볼 수 있다. 유권자들이 자체적으로 정치적 메시지를 생산하고 전파하면서 여론을 주도하는 것이다. 특정 정당과 관계없이 유권자들이 제시하는 특정이슈가 공론의 장을 장악할 수 있다. 이런 경우 유권자가 소비자가 아닌 생산자가 될 수 있다.[29]

뉴미디어로 인해 정당중심의 정치와 네트워크 중심의 정치가 만나게 될 때 예상할 수 있는 시나리오들이 있다. 첫 번째는 수직적 동화모형이다. 대의제도가 중심이 되어 네트워크를 끌어안고 가는 모형이다. 대의제도가 주도적으로 네트워크정치를 끌고 가기 때문에 엘리트 중심의 대의민주주의가 안정적으로 유지될 수 있다. 네트워크를 통해서 대표자에 대한 책임성과 반응성을 요구하게 한다. 두 번째는 맞물림 모형이다. 기존 대의제도와 네트워크 정치가 상호 융합하는 모형이다. 대의제도의 대표가 네트워크참여를 수용하면서 비제도적 네크워크를 통한 참여가 활발하게 된다. 이런 상황에서는 대의민주주의는 참여민주주의 혹은 강한 민주주의로 대체될 수 있다. 셋째, 근대적 간부정당모형이다. 이것은 정당강화론자들의 주장으로 20세기 대중정당의 변화처럼 디지털네트워크의 기술확산은 현재 정당을 근대적 간부정당의 모습으로 변화시킬 것이다. 정당과 유권자의 의사소통은 활발해지고 전통미디어에 대한 정당의 의존도가 낮아질 것이다. 이에 따라 정당이 의제설정, 프레임 형성, 전달대상 설정에 독립적이고 자율적인 권한을 행사할 수 있다. 또한 네트워크를 통해 온라인 여론조사 등을 활용할 수 있다.

29) 긴꼬리 법칙(longtail effect): 인터넷의 발달로 권력을 가지지 못했던 기층세력에 권력이 넘어가는 것을 의미한다. 네트워크에서 권력관계의 변화를 설명하는 개념이다.

제 2 장 선거제도

수험적 맥락

선거제도는 정치제도 중에서 가장 구체적이다. 선거제도가 가장 구체적이라는 것은 유권자와 정당 그리고 후보자 모두에게 영향을 미친다는 것이다. 선거제도의 변화는 후보자의 전략에서 정당의 선거전략에 영향을 미친다. 이는 정당체계도 변화시킨다. 따라서 선거제도가 가장 구제적인 결과를 만든다. 그리고 결과에 대한 예측가능성도 높다. 그런데 한국의 선거제도는 낮은 비례성과 단순다수결주의의 문제점을 가지고 있다. 이런 문제를 해결할 수 있는 방안모색이 중요하다.

수험적 중요주제

1. 투표 결정요인과 낮은 투표율
2. 투표기준: 경제투표 vs. 이념투표 vs. 성과투표
3. 피오리나의 회고적 투표 vs. 전망적 투표
4. 당선자 결정방식비교
5. 듀베르제법칙: 선거제도변화와 정당과 유권자의 대응
6. 한국의 비례대표제 확대논의
7. 한국의 대통령제 결선투표제 논의

제1절 선거제도의 일반론

투표를 하는 아침을 상상해 보자. 잠에서 깨어나서 가장 먼저 고민하는 것은 아마도 투표장에 갈 것인가 아니면 다른 일을 볼 것인가를 결정하는 것이다. 일생에 주권자로서 권한을 행사할 기회가 그리 많지 않을 것이기에 유권자들은 투표장에 가는 것이 합리적일 것이다. 도덕적인 차원에서 시민으로서 가장 중요한 영향을 행사한다는 점, 다른 후보가 당선되었을 때 받게 될 기회비용, 자신이 지지한 후보가 당선했을 때 얻게 되는 효능감 등을 고려할 때 유권자는 투표를 하는 것이 타당하다. 그럼에도 불구하고 현실정치에서 투표율은 그리 높지 않다. 그렇다면 투표장에 가는 것을 거부하게 하는 요인들이 무엇인지를 찾아야 한다. 선거제도로 인한 왜곡 등이 어떻게 유권자의 합리적 판단에 영향을 미치는지를 살펴볼

필요가 있는 이유이다.

이 장은 대표를 선출하는 선거(election)제도와 실제 선출을 하는 방식으로 표를 던지는 투표(voting)과 관련된 문제들을 다룬다. 이 장의 시작을 선거당일 아침으로 잡은 것은 이 장은 우리가 가장 현실적으로 경험할 수 있는 정치과정이기 때문에 실제 우리의 경험으로 출발하는 것이 좋을 듯해서이다. 이 장은 이론적인 장이기도 하지만 선거를 경험한 이들의 경험을 다루는 장이기도 하다. 물론 다른 정치과정이나 제도들도 경험하지만 이 장의 선거만큼 생생하게 경험할 일이 많지는 않다.

선거제도에서는 왜 선거에 참여하는지에서부터 실제 표를 던지는데 관련된 제반사항들을 다룬다. 무엇을 기준으로 투표할 것인가와 대표로서 대통령을 선출하는 과정과 의회의원을 선출하는 과정은 어떻게 이루어져있는지를 다룰 것이다. 그리고 당선을 결정하는 방식이 어떤 정치적 효과를 가져오는 지와 비례대표에서 의원배정방식 같은 구체적인 제도가 어떤 작용을 하는지를 살펴볼 것이다. 그리고 선거제도와 관련된 제도개편이 정부형태에는 어떤 결과를 가져오며 정당에는 어떤 변화를 유도하는지 그리고 이런 제도들 간의 관계 조정이 궁극적으로는 민주주의를 민주주의답게 작동시키는지를 다룬다.

최근 한국에서는 낮은 투표율을 걱정한다. 투표율의 하락은 전세계적인 현상이다. 그러나 한국의 최근 투표율의 하락폭은 비교정치적 관점에서도 크다. 물론 18대 총선에서 기록적인 46.1%를 기록한 뒤 19대 총선과 20대총선에서는 투표율이 다소 높아졌다. 그러나 58%의 투표율도 높은 것은 아니다. 투표를 많이 안하는 것, 그것도 젊은 유권자들이 표를 버리는 것이 대의민주주의에는 심각한 문제를 가져온다. 따라서 민주주의를 발전시키고 심화해야 한다는 한국적 관점에서 우리는 투표율을 진작시켜 대의민주주의의 대표성을 어떻게 증대할 것인지를 고민해야 한다. 게다가 모든 제도들의 개선은 대체로 선거제도를 변화시키는 것을 통해 얻을 수 있기 때문에 한국적 고민의 해법 역시 선거제도에서 찾을 수 있다. 그렇다면 우리에게는 어떤 선거제도적 개선이 필요한가?

1. 선거와 투표의 개념

표를 통한 비교 **선거와 투표**

선거는 대표를 선출하기 위한 '제도' vs. 투표는 대표를 선출하기 위한 '행동'

선거는 '민주주의의 꽃'이다. 현대의 민주주의가 공간적 제약과 시간적 제약 때문에 그리스시대처럼 직접민주주의를 사용할 수 없고 대표를 통해 민주주의를 구현해야 한다면 민주주의의 핵심은 대표를 선발하는 것이다. 그렇게 볼 때 대의민주주의에서 가장 중요한 것은 대표를 선발하는 방식이다.

민주주의의 꽃인 선거에 관한 연구는 '선거제도 연구'와 '투표행태 연구'의 두 가지로 이루어져 있다. 선거제도를 어떻게 구축할 것인가를 다루는 제도부분과 실제 유권자들이 어떤 행동을 보일 것인지에 대한 행태연구로 나뉜다.

그렇다면 먼저 선거의 의미부터 살펴보자. 위에서 본 것처럼 대의민주주의는 국민이 대표를 뽑는 것으로 정의할 수 있고 이 경우 선거와 투표는 대의민주주의의 기둥이 된다. 민주주의를 가장 좁게 이해하는 슘페터식의 민주주의에 따르면 민주적 선거는 민주주의를 권위주의와 구별시키는 경계가 된다. 즉 민주주의인지 여부는 대표를 선발하는 선거제도를 가지고 있는가에 의해서 결정되는 것이다. 그러나 이런 정의는 북한과 같이 선거제도를 가진 나라를 민주주의에 포함시킨다는 문제를 가지고 있다.

선거제도란 선거에 관한 법률 및 각종 규정에 명시된 일련의 규칙을 의미한다. 민주주의에서 권력의 위임이 중요하기 때문에 권력의 위임과정을 규칙으로 명확히 정할 필요가 있다. 이렇게 정해진 규칙이 선거제도이다. 권력이 누구에게 돌아가며 그 위임이 대표성을 잘 반영할 수 있는가는 이 선거제도가 얼마나 공정한가에 달려있다. 즉 선거에서는 공정성이 생명이다. 만약 절차적 공정성이 확보되지 않아서 선거의 결과가 국민의 의사를 대표할 수 없게 된다면 유권자들은 선거의 결과에 대해 승복하기 어려울 것이다. 그리고 다원적 사회에서 다양한 이해집단과 문화집단 언어집단과 다원적 계층을 선거가 대표할 수 없게 만들어져 있다면 이 사회체제는 사회통합을 유지해 갈 수 없을 것이다. 따라서 공정성과 함께 특정 정파를 배제시키지 않으면서 대표성을 유지하는 것 역시 중요하다.

그렇다면 선거의 의미는 무엇인가? 위키피디아에 나와 있는 선거의 개념을 살펴보자.

선거(選擧)는 대중이 공직자나 대표자를 선출하는 의사 결정 절차로, 대개 투표를 통해 진행된다. 선거는 17세기 이후 현대의 대의제가 등장하면서 일상화되었다. 이 과정은 동호회에서 조합, 회사에 이르기까지 수많은 다른 개인 단체와 사업 단체에서도 사용된다. 사우디아라비아, 레소토 같이 왕이 다스리는 나라는 기본적으로 선거가 없으나 있다 하더라도 의회선거밖에 없다. 브루나이는 1962년 이후 모든 선거를 실시하지 않으므로 현재까지도 유일하게 선거가 없는 나라이다.[1)]

선거(election)란 대표나 공직자를 선출하는 '과정과 제도'를 의미한다. 이에 비해 투표(voting)은 선거에 나온 유권자의 의사를 묻는 방식을 의미한다. 위키백과에서 투표는 다음과 같이 정의된다.

Voting is a method for a group such as a meeting or an electorate to make a decision or express an opinion-often following discussions, debates or election campaigns. (투표는 때로는 토톤과 논쟁 혹은 선서운동을 거친 후 모임이나 선거구와 같은 그룹이 결정을 하거나 의견을 표출하기 위한 방법이다.)

---

1) 한국어 위키백과, 검색일 2011년 2월 8일.

선거는 대표를 선출하는 방법이고 투표는 표를 던지는 '행위'로 구분될 수 있다. 선거는 추첨과 같은 방식으로도 진행되고 투표를 통해도 진행된다. 고대 그리스에서는 제비뽑기로 대표를 선출하기도 했는데 이 경우 선거는 있지만 투표행위는 없는 것이다.

선거가 공정하게 진행되고 대표성을 반영하기 위해서는 '선거의 4대 기본원칙'을 지켜야 한다. 첫째는 '보통선거'로 결격사유가 없는 한 모든 국민에게 선거권을 부여하는 것이다. 보통선거권을 부여한 것은 미국이 가장 빠르다. 둘째는 '평등선거'로 1인 1표의 평등의 원칙을 지향한다. 하지만 완전히 평등한 선거는 지구상에 없는데 지역구의 크기 문제와 사표의 문제가 있기 때문이다. 우리나라의 헌법재판소도 선거구당 인구편차를 3배까지로 인정하고 있는데 이는 가장 인구가 많은 지역의 주민들은 가장 인구가 적은 지역의 주민들보다 1표당 결정력이 1/3로 떨어지는 것을 의미한다. 셋째는 '직접 선거'로 국민의 대표는 국민이 직접 선출해야 한다는 원칙이다. 예외적으로 미국의 대통령선거는 중간 선거인 선거인단에 의한 간접선거를 유지하고 있다. 마지막 넷째 원칙은 '비밀 선거'이다. 비밀선거란 선거인이 누구에게 투표했는지를 다른 사람에게 알리지 않는 것을 말한다. 과거 19세기 서구에서는 공개투표를 주로 사용했던 역사가 있다.

2. 참정권과 선거의 범위

국민이 자신의 정치체제에서 자신의 선호에 따라 결정을 하기 위해서는 일정한 규칙을 가져야 한다. 먼저 선거에 참여할 수 있는 사람의 범위를 정해야 한다. 이렇게 누가 정치적 결정에 참여할 수 있는가 즉 누가 투표할 수 있는가를 결정하는 것이 참정권의 문제이다. 참정권과 관련해서 연령의 문제와 여성문제가 있다. 과거 그리스에서는 성년남성만이 시민자격을 받을 수 있었고 시민만이 투표를 할 수 있었다. 이후 유럽에서 근대가 된 뒤 점차 참정권을 확대하였고 1차 대전이후 노동자와 여성들에게 까지 참정권이 확대되면서 보통선거가 확립되었다. 그리고 1970년대 연령이 완화되면서 대부분의 민주주의 국가에서 18세 이상으로 참정권이 확대되어 있다. 한국은 선거일 현재 만 19세 이상에게 선거권을 주고 있다.

참정권과 관련해서 문제가 되는 것은 아직 참정권의 제한을 받고 있는 범죄자. 정신이상자, 방문노동자같은 사람들을 어떻게 다룰 것인가 하는 점이다. 정신적 능력상 자신의 선호를 명확하게 판별해 낼 수 없는 사람에게도 표를 주어야 하는지 여부와 범죄자에게 사회적 결정을 할 수 있는 투표권을 주지 않는 것이 불공정한 것인지 여부가 논의의 핵심이다. 그리고 국제 이동성이 증대하기 때문에 한 시민이 다른 나라에 가서 살 경우 이 시민이 시민권을 가진 국가에서도 투표권을 유지하고 이주해가서 사는 국가에서도 투표권을 가진다면 이 사람은 조국에 머무는 사람보다 정치적으로 2배 많은 결정권을 가지는 것이다. 이 문제들에 대해서는 그 사회가 어떤 가치를 지향하고 결정과정에 어디까지를 참여하게 할 것인지를 민주적으로 결정하면 된다. 유럽연합에서는 B국가에 거주하는 A국가의 시민은 B국가의 지방선거와 유럽의회선거에서는 투표할 수 있지만 B국가의 국정선거에는 참여할 수 없게 되어 있다. 미국은 1975년부터 해외에 거주하고 있는 700만이 넘는 미국시민들도 미국에서의 연방선거에 투표권을 보유할 수 있게 되어 있다.[2] 한국은 2009년 2월 국회에서 합의하여 재외국민들도 투표를 할 수 있게 되었다. 2014년 지방선거에서는 3년 이상 거주한 외국인 노동자에 한해 투표권을 부여하였다.[3]

둘째로 고려할 것은 선거의 범위와 관련된 것이다. 즉 어떤 공직을 선출직으로 하는가의 문제이다. 미국의 경우 대통령에서부터 지역의 들개포획인(dog-catcher)에 걸쳐 전체적으로 50만개 이상의 선출직을 가지고 있다. 이것은 미국이 지방자치의 강한 전통을 보유하고 있기 때문이다.[4] 한국의 선출직 공무원이 대통령과 국회 그리고 지방단체에 한하는 것을 감안하면 엄청나게 많은 수이다.

그렇다면 선출직 공무원의 수가 많은 것은 바람직한 것인가? 일반적으로 다른 조건이 동일하다면 경쟁적 선거를 통해 선출하는 공직의 수가 많을수록 그 정치체제는 보다 민주적이 될 수 있다. 하지만 선거가 많아지면 이에 따른 위험도 있다. 실제로 유권자의 피로가 문제된다. 선거가 많아지면 선거에 대한 집중도, 투표참여율, 선택의 질 저하가 동반된다. 따라서 가장 덜 중요한 선거는 부차적인 선거가 된다. 이렇게 부차적인 선거가 되면 공직성과와 관계없이 유권자들이 선택을 하기 때문에 대표의 응답성을 기대하기 어렵다. 예를 들어 미국에서는 하나의 투표용지에 포함된 모든 공직에 대해 한 정당만을 찍는 일관투표를 여전히 하고 있다. 대통령선거가 있는 경우 다른 공직은 대통령의 인기와 후광에 따라 정당에 대한 지지가 높아지면서 추가적인 공직을 획득하는 후광효과(coat-tail effect)가 발휘되기 쉽다. 유럽도 비슷해서 유럽의회선거는 실제 의원선출의 기능보다 중앙정부에 대한 국민평가가 되어가고 있다.[5]

마지막으로 한국과 관련해서 생각해 볼 문제는 사법부의 강화 혹은 '제왕적 사법부'[6]의 문제와 관련된다. 헌법재판소의 기능이 강화되면서 국가기관의 권한 쟁의와 위헌법률심판과 헌법소원을 통해 실질적으로 입법부의 역할을 수행하는 일이 벌어지고 있다. 그러나 사법부가 기능적인 측면에서 법을 제정하게 되어 생기는 문제는 사법부가 국민의 대표가 아니라는 점이다. 국민의 대표가 국민들을 실제 대표하여 권력을 위임받아서 법을 제정하여야 법의

---

2) 해롤드&해롭, Ibid, pp.297-298.
3) **2014년 지방선거와 외국인 노동자 투표권**: 2005년 선거법개정으로 외국인 노동자에 대한 투표가 가능해졌고 2014년 지방선거에서 아시아에서 처음으로 외국인 노동자에 대한 투표권이 부여되었다. 선관위는 선거권을 가지는 외국인은 출입국관리법 제10조에 따른 영주의 취득일 후 3년이 경과한 외국인으로서 같은 법 제34조에 따라 해당 지방자치단체의 외국인등록대장에 올라 있는 사람을 의미한다.
4) 해롤드&해롭, p.296.
5) 해롤드&해롭.
6) 최장집, "민주주의와 헌정주의: 미국과 한국", 로버트 달 『미국헌법과 민주주의』박상훈 역, (서울: 후마니타스, 2004).

권위와 정당성이 생긴다. 그런데 사법부가 법을 해석하면서 실제로 법의 적용여부와 범위를 정하게 될 때 이들 사법부는 그렇게 해도 된다는 정당성을 부여받지 못한 상태에서 법을 실질적으로 제정하게 되는 것이다. 그렇다면 실질적인 법의 제정력을 부여하고 이를 통제하기 위해 사법부의 재판관들을 선출하면 어떻게 될 것인가?

이것은 권력분립과 관련한 몽테스키외의 질문이다. 만약 법을 제정하고 집행하고 판단하는 3가지 영역을 민주적 원리에 따라 구성한다면 법의 판단도 민주주의의 원칙, 즉 그 당시의 사회적 가치를 결정하는 룰에 따르게 될 것이다. 즉 여론이 죄를 심판하게 될 것이고 이는 법의 공정성을 무너뜨릴 것이다. 따라서 사법부를 민주주의로부터 최대한 멀리 서게 함으로써 법을 적용하는데 있어서 자의적 판단과 민중적 열기를 반영하는 결정을 배제할 수 있는 것이다. 실제로 최근 한국의 헌법재판소의 판결들(수도이전, 대통령탄핵, 미디어법 통과 등)은 여론의 입장을 따른 다는 점에서 비판을 받고 있다. 따라서 사법부를 민주적 선출로 하는 방법 대신에 사법부 자체가 민주적이 되는 방안 등이 모색되어야 할 것이다.

3. 선거의 기능

이제 선거가 어떤 기능을 수행하는지를 살펴보자. 선거의 기능은 크게 3가지[7]이다. 첫째 선거의 기능은 아래로부터의 통제기능이다. 이 전통적인 견해에 따르면 선거는 아래로부터의 통제가 중요하다. 이런 관점에서 선거란 정치인이 시민에 대해 책임을 지고 여론을 반영하는 정책을 입안하고 수행하도록 하는 제도로 이해될 수 있다. 정치적 충원, 대표, 정부의 구성, 정책 과정에의 영향력 등 주로 시민으로부터 대표에 이르는 '상향적'기능에 주목할 수 있다,

선거의 둘째 기능은 위로부터 아래로의 '하향적'기능이다. 이 진보적 입장에 서 있는 긴스버그(Ginsberg)는 선거를 통해 정부나 정치엘리트들이 국민을 순종시키고 침묵하도록 만들며 궁극적으로는 국민을 통제한다고 주장한다. 이 입장은 정치인들이 여론을 조작하고 정당성을 획득하며 자신들의 권력을 강화시키기 위해 선거를 활용한다는 점을 강조한다.

셋째 기능은 위의 두 견해가 절충된 입장으로 선거의 쌍방향적 기능을 강조한다. 선거를 통해 정치엘리트는 유권자의 이해와 선호에 반응하여 권위를 획득하고 반대로 유권자는 대표의 권위를 인정하고 복종하는 대신 정치엘리트에 대한 영향력을 유지한다는 것이다. 대표와 유권자를 모두 고려한다는 점에서 이 시각이 가장 설득력이 있다,

절충적 입장에 근거해서 민주주의 국가에서의 선거의 기능은 다음과 같이 정리될 수 있다.[8] 첫째, 정치인의 충원기능. 둘째, 정부의 구성. 셋째, 대표성을 부여하는 기능. 넷째, 정책에 대해 영향력을 행사하는 기능. 다섯째, 유권자를 교육하는 기능으로 정당의 정보나 정부 정책 등을 알리게 됨. 여섯째, 정당성을 부여하는 기능. 일곱 번째, 엘리트 집단의 권력

7) 고경민, Ibid, pp.73-76.
8) 고경민, pp.74-76.

을 강화하는 기능으로 대표의 권위와 권력을 강화하는 수단으로서의 기능.

4. 선거와 대의민주주의의 관계

앞서 보았던 것처럼 선거는 민주주의의 꽃이다. 다시 말해 민주주의의 가장 핵심적 제도인 것이다. 만약 선거가 없다면 우리는 대표를 선출할 수 없다. 이런 극단적 가정을 배제하고 선거가 결과를 왜곡할 수 있다면 이것 역시 '다수의 구성과 다수에 의한 결정'이라고 하는 민주주의와는 부합하지 않는다. 그렇다면 좀 더 구체적으로 선거는 대의민주주의와 어떤 관계를 가지는가를 살펴보자.

프리덤 하우스의 통계에 따르면 1974년 142개 국가 중 선거민주주의 국가는 39개로 전체 28%에 불과했으나 2002년에 와서는 192개 국가 중 121개 63%가 선거민주주의 국가로 늘어났다. 민주주의를 선거로만 한정할 수는 없지만 민주주의는 선거에서 시작한다고 해도 과언이 아니다.[9)]

선거를 민주주의의 핵심으로 보려면 민주주의를 절차적으로 이해할 필요가 있다. 절차적 관점에서 민주주의를 가장 체계적으로 이론화한 이론가 중 한 사람으로 로버트 달을 들 수 있다. 로버트 달은 '민주주의(democracy)'가 분석적이지 않다고 보고 현실을 분석하기 위한 분석적 개념으로서 다두정(poliarchy)을 제시하여 민주주의를 대체했다. 미국식 다원주의를 대표하는 달의 다두정은 두 가지로 구성된다. '경쟁성(contestation: 공직선거에서의 자유롭고 공정한 경쟁)'과 '포괄성(participation: 공직선거 경쟁에 참여할 수 있는 권리의 포괄성)'이 다두정의 핵심을 이루는 2가지이다. 그리고 이런 경쟁성과 포괄성을 이루는 방식의 핵심은 선거이다. 이렇게 보면 선거를 통해 경쟁성과 포괄성을 확보하는 것이 현실적인 최소한의 민주주의가 되는 것이다.

달 뿐 아니라 다른 민주화론자들도 선거를 중요하다고 보면서 선거가 민주주의의 문턱이라고 생각했다. 쉐보르스키의 '불확실성의 제도화' 역시 선거를 통해 누가 대표가 될 것이고 대표가 바뀔 수 있게 해주는 것을 의미한다. 민주주의론자들이 주목한 것은 선거가 대의민주주의에서 책임 추궁장치로서 기능한다는 부분이다. 만약 대표를 선출하고 이 대표들에게 권한을 위임했음에도 불구하고 유권자들의 이해를 관철시키지 않는다면 이 대표를 뽑은 사람들이 이 대표를 그 자리에서 끌어내릴 수 있어야 한다. 반대로 유권자들의 이해를 잘 반영해 준다면 이 대표에게 포상으로 한 번 더 대표직을 수행할 수 있게 해주어야 한다. 그리고 이런 책임추궁이 가능하다는 기대가 높을수록 즉 선거의 처벌장치로서 제도화가 더 많이 진척될수록 대표들은 유권자들의 의견과 선호에 반응하게 될 것이다. 따라서 선거는 반응성을 이끌어내는 데도 중요하다. 이렇게 보면 선거를 대표성을 부여하고 반응성을 유도하며 책임성을 추구함으로써 대의민주주의가 민주적으로 작동할 수 있게 해준다.

---

9) 박찬욱, 장훈, "정당과 선거", 『정치학의 대상과 방법』(서울: 박영사, 2005), p.319.

표를 통한 비교 **대의민주주의를 위한 선거 요건**

1. 정기적 선거	정기적 선거를 통한 제도화(기대안정화)중요
2. 중요 직위 선출	인민의 지배를 현실적으로 구현
3. 복수후보 보장	선택의 자유 보장
4. 후보자간 차이구분가능	정보제공이 필요
5. 공정한 집계	선거결과의 정확한 집계필요

이런 관점을 견지하면서 대의민주주의가 작동하기 위해 선거는 다음과 같은 요건들을 충족해야 한다.10) 첫째, 선거가 정기적으로 시행되어야 한다. 둘째, 선거는 주요 정책 결정에 책임지는 중추적인 정치인들을 선택하는 수단이 되어야 한다. 셋째, 선거는 경선에서 승리할 수 있는 실질적인 기회를 제공하면서 복수후보나 후보집단 중에서 선택을 보장해야 한다. 넷째, 투표자들은 후보자간의 의미있는 차이를 인식할 수 있어야 하며, 이러한 차이는 사회계층에 각기 상응해야 한다. 마지막으로 투표결과는 정직하게 집계되어야 한다.

대의민주주의는 선거를 중추로 하기 때문에 선거의 위기는 곧 대의민주주의의 위기와 직결된다. 그리고 이것은 의회정치의 위기이자 정당정치의 위기를 반영하는 것이기도 하다. 선거가 정당을 매개로 하여 대표를 구성하는 장치이고 이런 대표를 통해 운영되는 민주주의가 대의민주주의이기 때문이다. 따라서 아래에서 살펴보게 될 투표율의 하락과 대표성의 약화는 대의민주주의의 위기이자 의회정치의 위기이자 정당정치의 위기인 것이다.

표를 통한 비교 **선거제도의 영향**

선거제도 ⇨ 정당관계	대통령제의 결선투표제 ⇨ 정당간 연합
선거제도 ⇨ 선거전략	구속명부 / 정당명부식 선거제도 ⇨ 후보 공천전략변경
선거제도 ⇨ 유권자와 당선자간 관계	정당명부식 선거제도 ⇨ 유권자와 당선자관계 소원
선거제도 ⇨ 충원	50% 여성할당제의 비례대표제 ⇨ 여성의원비율 증대

현대 대의민주주의에서는 정당이 중요하다. 따라서 선거와 관련해서도 정당과의 관계를 살펴보아야 한다. 선거와 정당관계를 도식화해서 살펴보자. 먼저 '선거제도 → 정당간의 관계'를 보자. 선거제도는 정당간 관계 즉, 정당체계와 개별정당에 영향을 미친다. 예를 들어 결선투표제를 사용하면 정당간 연합을 유도할 수 있는데 비해 상대적 다수대표제를 사용할 경우 정당간 연합이 형성되도록 유도하기 곤란하다.

'선거제도 → 선거전략'의 관계도 중요하다. 선거제도를 어떤 것을 사용하는가에 따라 정당들의 선거전략이 달라진다. 예를 들어 정당 명부식 비례대표제를 사용하면 정당이 비례대표

10) 고경민, pp.78-79.

가 될 사람들의 명부를 짜게 되고 이것에 의해 당선여부가 결정되기 때문에 중앙당의 역할이 증대한다.

'선거제도 → 유권자와 당선자사이의 관계'도 중요하다. 대표와 시민사이의 관계를 형성하는데도 선거제도가 다른 결과를 가져오기 때문이다. 만약 정당명부식 비례대표제도를 사용할 경우에는 당선자와 유권자의 관계가 소원해진다. 반대로 유권자가 비례대표를 직접선발하는 단기이양식 비례대표제나 정당명부제를 개방형으로 운영할 경우 유권자의 선택에 의해 비례대표가 당선되기 때문에 정치인은 자신의 정치적 타겟이 누구인지를 명확하게 알 수 있고 유권자는 자신이 선출한 사람이 어떤 활동을 하는지 관심을 가지고 지켜볼 것이다.

마지막으로 '선거제도 → 정치적 충원'의 관계를 보자. 선거제도 중 어떤 제도를 선택하는가에 따라 대표를 어떤 그룹과 어떤 부류에서 선발할지가 바뀐다. 실제로 한국에서 정당명부식 비례대표제를 쓰면서 여성의원을 50%배정하는 방식을 사용함으로써 여성의원의 비율을 증대시킨 사례가 있다.

결론적으로 이야기해서 대의민주주의의 위기 극복은 결국 정당과 의회를 살리는데 있고 정당과 의회의 부흥 혹은 부활은 선거제도에 의해서 결정될 수 있는 것이다. 따라서 수험적으로도 선거제도에 대한 대비는 충실하게 할 필요가 있다.

제2절 선거제도의 구체적 현실

1. 선출된 대표의 자율성 정도

표를 통한 비교 **자율성의 문제**

신탁모형: 신뢰에 기반하여 자율성부여 → 대표의 자율성
대리모형: 위임된 유권자의 의사를 따름 → 대표의 자율성 부재
위임모형: 유권자가 정당에 위임 → 정당이 자율성을 가짐

이제 대표가 선발되었다고 가정하고 선발된 대표는 어떤 일을 해야 할 것인가를 생각해보자. 대표는 공약을 제시했고 그 공약을 보고 자신에게 표를 던진 사람들의 의사를 따라야 할 것이다. 그러나 대표는 선거 때 미처 생각하지 못했던 문제에 직면할 수도 있고 자신의 공약이 현실정치에서 실현되기 어렵다는 것을 배울 수도 있다. 또한 작은 것을 다른 정당과 정치인에게 양보하고 이후 더 큰 양보를 얻어낼 필요가 있기도 하다. 이럴 때 대표는 자신을 선택한 유권자의 이해와 의사와 다른 방향으로 행동할 수 있다. 그런 상황이 벌어졌을 때 유권자들은 대표를 비난하고 처벌할 수 있을 것인가? 이 질문에 대한 대답은 대표의 위

상을 어떻게 설정하는가에 달려있다. 그리고 '대표'를 한다는 것이 누구를 대표하는 것인지, 또 무엇을 대표하는 것인지 그리고 어떻게 대표하는 것인지에 대해 의견이 여러 가지로 갈린다.[11)]

대표가 무엇을 의미하는지 살펴보자. 대표의 개념이 발생한 것은 근대에 들어와서이다. 근대 이전에는 왕의 지배인 전제주의하에 있었다. 따라서 왕외에 백성들을 대표할 기구는 존재하지 않았다. 물론 유럽에서 초기 의회가 있었지만 실제 의회가 대표로서 제대로 기능하게 된 것은 근대의 일이다. 대표개념이 사용되기 시작했을 때는 주로 두 가지 의미를 가지고 있었다. 하나는 '신탁(trust)'의 의미이고 다른 하나는 '대리(delegate)'의 의미이다. 그러나 현대로 들어와 '위임(mandate)'모델이 널리 수용되었고 산업화와 함께 다양한 집단들의 사회균열이 나타나면서 '유사대표'모델이 제기되었다.[12)] 아래에서 각 모델들을 살펴보자.

첫 번째 모델은 '신탁모델'이다. 신탁모델은 유권자가 정치인에게 모든 일을 책임지고 관리해달라고 하는 모델이다. 신탁을 받게 되면 대표는 독립된 재량권을 가지고 객관적인 판단력에 따라 그리고 양심에 따라 대표로서의 활동을 해야한다. 이 모형은 대표와 유권자사이의 차별성을 전제로 한 것으로 대표가 지적으로나 도덕적으로 우월하다는 것을 가정한다. 따라서 이 가정이 엘리트지향적이라는 점과 대표가 현실에서는 자기의 이익을 추구할 수 있다는 점에서 비판을 받는다.

둘째 모델은 '대리모델'이다. 이 모형에서 대표는 대리를 부탁한 사람의 명령과 지시에 따라서 행동한다. 따라서 위임자의 의사만을 반영할 뿐 대리인 자신(대표)의 의사는 반영되지 않는다. 이 경우 국회의원은 국가 전체보다 자신에게 권한을 맡긴 지역을 위해 봉사해야 한다는 문제가 있다. 이 개념을 옹호한 사람들은 대표임기를 짧게 정하거나 국민소환이나 국민발안이나 국민투표제도와 같은 직접민주주의 장치를 도입하여 대표에 대한 시민들의 통제력을 극대화하려고 한다. 이 모형은 대중 참여의 기회를 넓혀주고 전문 정치인의 이기적인 경향을 억제할 수 있다는 장점이 있는 반면에 대표자들이 선거구민의 이해관계에 발목을 잡힐 수 있다는 점과 전문 정치인의 지도력과 정치력이 행사될 영역을 제한한다는 문제가 있다.

셋째 모델은 '위임모델'이다. 이 모델에서는 대표 개인이 아니라 정당이 대표기구로 부각된다. 정당이 선거에서 승리함으로써 선거 운동기간에 제시했던 정책들이나 프로그램들을 수행할 수 있는 대중적인 위임을 획득한다는 '위임의 원리(doctrine of mandate)'가 등장하게 된다. 대표 개인이 아니라 정당이 위임을 받았다는 것은 '일반시민 vs 정치인 개인'의 논의에서 '시민 vs 정당'의 문제로 관점이 전환된 것이다. 따라서 의원은 개별적으로 정당성을 확보한 것이 아니라 정당인으로서의 정당성을 확보한 것이다. 이 모델이 주목받게 된 것은 정당정치의 발전과 더불어 대표는 선거구민의 대리가 아니라 국가전체를 위해 일하는 국민의 신탁자로서 자유로운 사고와 판단이 필요하다는 버크 같은 이론가의 노력에 기인한다.

11) 김비환, 『데모크라토피아를 행하여』(서울: 교보문고, 2001), pp.142-143.
12) 고경민, Ibid, pp.81-88. 각 모델들에 대해 부분 발췌하여 정리함.

하지만 정당정치가 발전하지 못한 나라에는 적용되기 어려운 문제가 있다.

넷째 모델은 '유사대표모델'이다. 여기서 '유사(resemblance)'라는 용어로 설명되는 대표의 개념은 의회와 정부의 대표는 바로 사회균열(계급, 종교, 성, 인종)을 그대로 반영해야 된다는 가정을 담고 있다. 이 모델은 맑스의 "정치란 사회균열을 있는 그대로 반영해야 한다"는 시각에 기초하고 있다. 따라서 기존의 제도들이 여성과 노동자 문제 반영이 부족했다는 비판을 깔고 있다. 그러나 이런 시각은 지극히 이상주의적이다. 만약 사회의 이해관계가 있는 그대로 반영된다면 결과는 사회적 분열과 갈등을 증폭하고 사회를 파편화시킬 것이다. 사회가 분열되고 파편화된다면 어떤 사람도 공공선을 지키거나 더 넓은 공공의 이해관계를 발전시킬 수 없다는 문제도 따른다.

2. 선거에 대한 이론적 접근

(1) 제도공학적 접근: 선거는 유권자행태를 변화시킨다.

선거는 제도공학적 접근(Institutional Engineering)을 기본적으로 깔고 있다. 제도공학적 접근은 제도를 통해 인간행위에 영향을 미칠 수 있다는 접근이다. 선거와 투표에서 생겨나는 문제는 제도의 결함문제이지만 제도를 개편하는 것은 인간의 선택에도 영향을 미친다는 것이다. 정치적 경쟁의 룰인 '제도'가 사람의 '행태'에 영향을 미친다. 이런 접근은 본질적으로 인간에 대한 신뢰를 깔고 있지 않다. 인간이 선하고 선한 인간들간의 관계는 자연스럽게 조화될 수 있을 것이라면 제도를 고칠 필요없이 인간들을 좀 더 도덕적으로 교육시킴으로써 사회문제를 풀 수 있을 것이다. 그러나 인간은 이기적이고 인간들간의 관계에서 자원은 희소할수록 관계는 경쟁적이 될 수 있다. 따라서 인간들간의 관계를 조정하는 것은 인간 외적인 부분의 제도를 강제함으로써 인간의 행동에 변화를 가져오는 것이 필요하다. 예를 들어 어린이 보호구역에서 속도제한을 교육하고 표지판을 설치하고 도로 바닥에 30킬로를 표시하고 붉은 색으로 아스팔트 색깔을 달리 하더라도 빨리 달리고자 하는 인간을 막기 어렵다. 이런 경우 강제적으로 차의 속도를 낮추기 위해 과속방지턱을 여러 개 설치하면 인간의 행동은 제어될 수 있는 것이다.

선거제도를 고침으로써 인간을 외부적인 방식으로 통제하려는 것이 제도공학적 접근이다. 게다가 제도가 기계적으로 일정한 효과를 가져올 것이 확실하다면 어떤 제도를 선택하는가에 따라 정치적 결과는 예측한 대로 형성될 것이다. 그렇다면 제도의 변화는 선거에 참여한 각 정당에게 유리한 결과를 가져올 수도 있고 불리하게 작동할 수도 있다. 따라서 선거제도의 변경은 정치적 환경의 변화와 환경조성이 가능하므로 선거제도는 선거에 참여한 정당들의 첨예한 이해관계 대립의 요소로 작동하게 된다. 따라서 선거제도의 개편은 매우 첨예한 이해관계를 가진 정당들 간의 타협에 의해 형성되고 변경된다.

(2) 선거 관련 쟁점들

그렇다면 선거와 관련된 구체적인 문제들을 살펴보고 어떤 대표를 뽑는데 어떤 선거제도가 사용될 수 있는지 살펴보자.

이 장의 도입부에서 본 것처럼 선거의 경우 문제가 되는 것은 다음과 같다. 첫째, 선거에 참여할 것인가를 결정하는 것이 중요하다. 둘째, 선거에 참여하기로 하고 투표를 해야 한다면 투표의 기준이 무엇인가 하는 점이다. 투표의 기준으로 정당, 이슈, 인물과 이미지 등의 기준을 찾아내는 것이 중요하다. 셋째, 던져진 표의 가치를 결정하고 사전에 예측하게 해주는 당선 결정 방식의 문제이다. 이런 큰 주제 이외에도 선거구의 크기 문제, 선거구의 획정 방식상의 문제도 정치적으로 중요한 이슈이다.

(3) 투표 참여 여부의 결정 요인

표를 통한 비교 **투표(참여)결정요인**

(1) **사회경제적 요인에 의한 설명**: 소득·직업·교육요소 → 투표율
(2) **문화적 요인**: 참여문화, 정치에 대한 효능감 → 투표율
(3) **정치적 제도**: 선거제도, 정당제도 → 투표율
(4) **합리적 선택이론**: 유권자의 합리성(비용·편익 계산) → 투표율
(5) **정치적 동원이론**: 외부압력 → 투표율 동원

선거의 중요한 문제로부터 살펴보자. 먼저 고려할 것은 사람들이 투표를 할 것인가 안 할 것인가의 문제이다. 선거와 관련해서 현실적으로 중요하며 학술적으로 관심을 많이 받고 있는 주제중의 하나가 투표행태이다. 대체로 선거에 관한 연구가 선거제도, 선거운동을 어떻게 하는가, 후보등록을 어떻게 할 것인가, 투표행태라는 문제로 구분되어 연구들이 이루어지고 있다.[13] 이 중 먼저 다룰 것은 투표행태에 관한 문제이다. 그리고 투표행태는 투표참여와 기권의 문제가 하나이고 다른 하나는 투표자가 정당 및 후보자를 선택하는 기반 또는 요인이 무엇인가에 관한 것이다.

그렇게 볼 때 질문은 두 가지로 나뉘어 진다. 무엇이 투표를 결정하는가에서 무엇이 투표참여를 결정하는가와 투표에서는 무엇에 의해 결정을 내리는가이다. 그렇게 볼 때 투표참여 혹은 투표기권을 결정하는 것을 먼저 볼 필요가 있다. 투표 참여 역시 정치참여의 일종이기 때문에 이를 설명하는데는 정치참여를 설명하는 이론을 동원해서 설명할 수 있다.

정치참여에서 투표참여와 관련해서 간단한 아이디어만 살펴보도록 하자. 정치참여에 대한 일반적인 이론은 3가지로 구분[14]된다. 첫째, 사회경제적 접근이 있다. 사회경제적 접근은 사

13) 박찬욱, 장훈, "정당과 선거" 『정치학의 대상과 방법』(서울: 박영사, 2005).

회적 조건들이 정치참여에 영향을 미친다고 주장한다. 성별, 교육수준, 연령, 직업 등이 정치참여를 결정하는 요소들이다. 사회경제적 접근의 다른 모델로 최근에는 정치적 결정으로 결과에 영향을 줄 수 있는 자원을 동원할 가능성이 높은 사람이 정치적 참여가 늘어난다고 하는 자원동원이론도 설득력을 얻고 있다. 여기에 정치참여를 설명하는 다른 사회경제적 모델로는 시민자발성모델이 있는데 이 모델은 시민이 정치적 조직가입 등을 매개로 해서 정치참여를 설명한다. 투표를 결정하는데는 사회경제적 조건과 자신이 동원할 수 있는 자원과 정치적 결과에 대한 기대가 실제로 영향을 미친다.

둘째, 문화적 접근법이 있다. 문화적 접근법에 따르면 정치적 가치와 태도가 중요하다. 여기서는 정치적 효능감이 중요한데 정치적 효능감은 '내적 효능감'(자신이 정치과정에 대해 이해할 수 있고 정치과정에 영향을 줄 수 있는 능력이 있다고 생각하는 것)과 '외적 효능감'(자신의 행위에 정치가 반응을 보일 것이라고 믿는 것)으로 구분된다. 가장 대표적인 이론가로 탈물질주의로 정치적 변화를 설명하는 잉글하트를 들 수 있다. 또한 최근에는 이 분야에서 사회자본론과 신뢰가 득세하고 있다. 사회자본론에서는 사회적인 네트워크라는 조직적 요소와 규범이라는 사회문화적 요소를 동시에 고려하여 정치참여를 설명한다.

셋째, 합리적 선택 접근이 정치적 참여를 설명하는 3번째 이론이다. 합리적 선택이론은 정치참여 그리고 투표를 경제적 이해의 문제로 시민들이 이해득실을 따져서 한다고 주장한다. 이들의 공식은 "투표참여시 보상 = (이길)확률 × (지지후보 당선시 얻는)이득 – 소요 비용"으로 나타난다. 즉 투표의 참여는 자신이 투표를 통해 얻을 이익과 투표의 비용을 계산하여 결정한다는 것이다. 그러나 문제는 자신의 한 표에 의해 이길 확률은 거의 제로에 가깝기 때문에 실제로 비용보다 이득이 크기가 어렵기 때문에 투표에 참여하지 않는 것이 일반적이라는 '투표의 역설' 문제가 발생한다는 것이다. 하지만 현실에서는 시민들의 참여가 더 일반적이라 '참여의 역설'이 생긴다. 이를 해결하는 두 가지 방법으로 제시된 것이 '선택적 유인'과 '집단적 이해'[15]이다. 선택적 유인은 투표참여를 통해 얻게 되는 효능감이다. 그리고 집단적 이해는 참여를 통해 공공재를 가져올 수 있는 확률을 높게 평가하게 하는 것이다. 전자가 비용을 상쇄할 만한 참여의 이득을 따로 계산하는 것이라면 후자는 이길 확률에 영향을 미치는 것이다.[16]

대부분의 민주주의 국가에서 투표참여는 줄고 있다. 시간적 비교를 하면 1950년대보다

---

14) 김영태, "정치참여" 『정치학이해의 길잡이』(서울: 박영사, 2008).

15) **선택적 유인과 집단적 이해**: 선택적인 유인은 투표를 통한 뿌듯함과 같은 심리적인 만족을 통해서 서명하는 것이다. 반면에 집단적 이해는 투표에서 자신의 지지자가 당선될 확률을 계산할 때 1/4천만으로 계산하는 것이 아니라 여론 조사 결과 35%당선 가능성을 보면 자신의 지지후보 당선가능성을 35/100으로 계산하는 것이다.

16) **정치제도적 요인과 정치참여**: 정당이나 선거제도를 변화시켜서 투표율의 변화를 가져올 수 있다. 예를 들어 2004년 1인 2표제도는 기존제도와 달리 진실한 투표를 가능하게 하여 투표참여를 늘릴 수 있다.

1990년대의 투표참여율은 19개 나라를 분석한 결과 평균 10%가 감소하였다.[17] 이런 결과들로 인해 비교정치학자들은 그 원인이 무엇인지를 분석하였다. 지금까지 나온 연구들은 대체로 다음 요인들이 중요하다고 주장한다. 먼저 정부와 정당사이의 거리가 벌어지고 있어서 정당 쇠퇴가 진행되고 정당원이 감소하는 것과 정당충성심이 약화되는 것 때문에 투표율이 떨어진다는 것이다. 이와 달리 플랭클린(Franklin)은 “The Dynamics of Electoral Participation”에서 투표율 감소를 선거의 중요성 저하와 연결지어 설명하기도 했다. 전후 복지국가가 정착되고 자본노동간의 계급적 갈등이 완화되자 유권자들이 투표를 할 유인이 줄게 되었다는 것이다. 이외에도 푸트남등이 지적하는 민주정부에 대한 국민적 신뢰의 저하도 한 가지 요인이다. 통치행위가 점차 복잡해지고 국제화되면서 부패현상이 증대하는 것이 유권자들로 하여금 투표를 꺼리게 한다는 것이다.[18]

그런데 재미있는 것은 투표율이 전반적으로 떨어진다고 할 때도 국가들마다 차이가 있다. 어떤 국가는 심각하게 떨어지는데 비해 다른 나라의 하락은 그렇게 우려할만한 수준이 아닐 수도 있다. 국가간 차이를 설명할 때 유용한 것이 비용-편익분석(cost-benefit analysis)이다. 투표에 들어가는 비용이 낮고 투표에 대한 기대 편익이 높은 경우에 투표율이 높게 된다. 비용측면에서 우편을 통한 투표, 주말투표 등이 투표율을 높힌다. 반면에 미국처럼 스스로 유권자등록을 하는 국가는 투표율이 떨어질 수밖에 없다, 또한 비례대표제도는 사표가 방지되기 때문에 상대적으로 투표율을 높힌다. 또한 개인마다도 투표참여의 차이가 있다. 투표율을 증대시키는 선거제도의 특성으로는 강제투표, 비례대표제, 우편허용제도, 주말투표, 누가 통치하는가를 선거가 결정하는 정도, 자동등록이 있다. 투표율을 증대시키는 개인적 특성으로는 중년, 강한 정당충성심, 높은 교육 수준, 교회출석, 노조가입, 고소득이 있다. 이런 분석은 민주화이후 급격하게 투표율이 떨어진 한국에 주는 함의가 크다.

투표율과 관련해 지금까지의 이야기를 정리해보자. 투표행태 중 투표할 것인가를 결정하는 요인이 무엇인가를 찾는 것은 한국의 투표율 저하문제와도 관련된다. 그리고 그 해법은 제도적 해법과 개인적 해법이 있을 수 있다. 위에서 본 것 외에도 세대가 바뀌는 것에 따른 세대효과도 있고 사회가 복잡해지는 문제도 있다. 그리고 정당과 후보자가 선거를 부정적 방식으로 치룰 것인지 아니면 긍정적인 측면에서 정책선거를 지향할 것인지에 의해서도 결정된다. 그리고 선거제도의 당선자 결정방식 자체도 사표의 문제를 통해 유권자의 투표여부를 결정한다.

(4) 투표참여와 민주주의의 문제

그런데 여기서 중요하게 짚고 넘어가야 할 것이 있다. 투표율의 하락을 민주주의의 하락으로 곧바로 연결해서는 안 된다는 것이다. 투표율의 하락이 대의민주주의와 의회민주주의

17) 해롤드&해롭, Ibid, p.326.
18) 해롤드&해롭, Ibid, pp.328-329.

정당민주주의의 문제를 가져오는 것은 사실이다. 하지만 현대에 들어와서 투표율이 떨어졌다고 해서 사람들이 정치에 대해 무관심해졌고 민주주의 전체에 위기가 왔다고 볼 수는 없다. 현대에 들어와서 다른 방식의 정치참여가 늘어났고 비공식적인 참여들이 증대한 것은 정치참여의 방식과 양태가 달라진 것을 의미한다. 따라서 투표율 하락자체만을 가지고 민주주의전체를 재단해서는 안 된다.

그리고 투표에 불참하거나 투표를 통해 기권표를 만드는 것 자체도 정치적 행위이다. 유권자들은 자신이 지지하는 정당과 정치인에 대해 저항투표(protest voting)[19]를 할 수 있다. 다른 정당과 후보자에게 지지를 보냄으로써 자신의 지지정당에 정치적 불만을 표출할 수도 있고 투표에 기권을 할 수도 있다. 따라서 기권자체는 정치적으로 의미없는 것이 아니라 그것 자체가 정치적 문제를 반영하는 징표가 되는 것이다.

(5) 투표 기준의 문제

표를 통한 비교 **투표 기준**

(1) **정당일체감**: 투표 → 충성심 확인(선택이 아님). 종교·계급·인종 등에 대한 충성. 정치사회화의 중요성. 어린 시절 학습에 의한 반응이 중요. 대중정당모델.
(2) **합리적 선택 이론**: 어느 정당이 더 커다란 효용을 제공하는가로 결정.
(3) **합리적 선택 기준**
첫째, 공간이론: 이념 근접성 → 정당, 후보선택
둘째, 경제투표: 국민경제 → 정당, 후보선택 vs. 개인경제 → 정당, 후보선택
셋째, 성과투표: 회고적 투표(지난 정부의 업적 반영) vs. 전망적 투표(미래의 정책과 기대 반영)

이제 투표행태와 관련해서 둘째 문제인 투표기준으로 넘어가보자. 중요한 문제는 "투표를 한다면 무슨 기준으로 투표하는가?"이다. 투표의 기준이 '정당'인지 아니면 '후보자'의 인물 자체인지 아니면 제기된 '이슈'인지가 중요하다. 세부적으로 제시되는 문제는 다음과 같다. 만약 유권자가 정당을 보고 투표를 한다면 정당의 어떤 요인이 중요한 것인가? 유권자가 인물을 보고 뽑을 때 그 인물의 이미지는 얼마나 중요한가? 이슈를 중심으로 선택한다면 투표를 결정하는 이슈는 경제적 문제인가 사회적 문제인가 아니면 안보 문제인가? 우리는 이 문제들을 풀면서 정당이 덜 중요해진다거나 정당 대신에 인물이 중요해지거나 이슈가 중요해지는 것을 보면서 이런 현상의 이면에 정당은 어떻게 변화하고 대응하는지를 살펴볼 수 있다.

---

19) **저항투표**: 지지정당에 대한 불만을 표현하는 방식이다. 허쉬만의 이론으로 보자면 저항(voice)와 이탈(exit)로 나타난다. 저항의 경우는 지지정당을 일시적으로 처벌하기 위해 다른 정당에 표를 던지는 것이다. 이탈의 경우는 투표자체를 포기하는 것이다. 따라서 투표율하락은 이탈 현상을 보여준다.

유권자들의 투표기준으로 볼 때 서구유럽의 경우는 정당일체감(party identification)에서 이슈투표(issue voting)로 바뀌었고 그 뒤에 후보자평가(candidate analysis)로 변화해왔다. 이 양상은 정당이론에서 배운 정당의 모델변화와 맥을 같이 한다.

먼저 정당일체감 기준의 투표는 대중 정당시절에 유권자들의 투표양상이다. 이 모델에서 가장 중요한 개념은 '정당일체감'이라는 사회심리학적 변수이다. 즉 유권자들이 특정정당에 느끼는 애착심이 투표를 결정한다는 것이다. 이는 미국에서 유권자들이 정당이나 후보자의 정치적 쟁점에 대해서는 평가가 별로 없고 정당소속감이라는 심리적 태도에 의해 투표를 결정하는 것으로 잘 보여진다. 정당에 대한 유대감이 강할수록 지지정당에 표를 던질 가능성이 높고 유대감이 약할수록 반란표를 던질 가능성이 높다.[20]

정당일체감을 투표비용과 관련해서 해석할 수도 있다. 유권자들은 후보자 개인들이 제시하는 정책방향이나 이념적 지향성 등을 모두 파악하기 곤란하고 이것은 투표를 하는 데 있어서 정보평가 비용을 높게 만든다. 따라서 정당이 강력한 규율을 가지고 정책을 지향하고 이에 후보자들이 정당의 정책을 따른다고 하면 유권자들은 정당의 정책과 이념을 보면 되기 때문에 적은 비용으로 투표에 참여할 수 있다. 게다가 유권자들이 자신이 선호하는 정당을 지지함으로써 정당자체의 위상 역시 증대하게 된다. 유럽에서 정당정치의 황금기였던 1920년대에서 60년대까지 이런 정당일체감은 재생산을 거쳐 부모세대에서 자식세대로 정당충성이 이전되었다. 한국의 경우 과거 지역주의 투표성향이 강할 때는 지역이 서구의 이념과 같은 기능을 수행하는 정당일체감의 '개념적 등가'일 수 있었다. 최근 한국의 정당들이 이념을 표방하면서 한국의 유권자들이 정당을 보고 선택하는 것은 시간적 차이는 있지만 서구의 정당일체감 투표형태와 같은 것이다.

서구 정당들이 이념에 기반을 둔 대중 정당에서 '망라형정당(catch-all party)'으로 바뀐 것은 교육수준의 증대와 소득의 증대 등으로 이념적 수렴이 많이 진행되었기 때문이다. 이런 상황에서 유권자들은 대체로 이념적 유사성을 가진 정당들 사이에서 이념보다는 특정이슈를 중심으로 투표를 하는 성향이 늘어났다. 유권자들의 정당일체감이 떨어지고 정당충성심이 약화되면서 투표시 정당에 대한 지지를 변화시키는 '투표유동성'이 증대하였다. 또한 교육수준의 증대와 매스미디어의 발달로 후보에 대한 정보획득이 용이해지자 정당의 선별능력보다는 자신들이 중시하는 이슈를 중심으로 투표하는 성향이 늘게 되었다.

이때 어떤 이슈가 중요한가가 문제가 된다. 유권자들의 선택을 결정하는 주요 이슈는 경제적 이슈이다. 물론 2007년 한국의 17대 대선에서 정동영후보가 이명박 후보를 상대로 도덕성문제를 제기한 경우도 있고 2010년 지방선거에서 무상급식이라고 하는 복지문제가 중요한 이슈가 되기도 했지만 유권자들의 가장 큰 관심은 실제 생활이 걸려있는 경제문제이다.

경제이슈를 중심으로 투표를 한다는 것은 유권자가 합리적 행위자로서 비용편익계산에

---

20) 고경민, Ibid, pp.126-127.

따라 자신의 선택을 한다는 것이다. 합리적 선택을 통해 경제이슈를 중심으로 투표를 할 경우 다시 2가지 기준이 생긴다. 먼저 어떤 경제를 중요하게 여길 것인가하는 점이다. 이때 국가적 경제(national economy)가 중요한 것인지 아니면 개인적 경제(individual economy)가 중요한 것인지 문제가 된다. 1997년 IMF외환위기를 맞았을 때 대통령선거는 한국경제를 어떻게 회복할 것인가가 중요했고 그간 정권을 유지한 세력의 실정에 대한 평가가 김대중후보를 통한 정권교체로 이어졌다. 반면에 2008년 18대 총선은 아파트선거라고 불릴만큼 부동산시장의 활성화가 중요한 이슈가 되었다.

경제투표를 할 때 다른 기준 한 가지는 그간의 성과를 평가하는 회고적 투표(retrospective voting)을 할 것인지 아니면 미래에 대한 기대를 반영하는 전망적 투표(prospective voting)를 할 것인지에 걸려있다. 키(V. O. Key)에 따르면 유권자들이 쟁점투표를 하기 어려운 이유는 정당들이 뚜렷하게 쟁점에 대해 차별적인 대안을 제시하지 못하기 때문이라고 한다. 정당이 뚜렷한 정책대안을 제시하지 못하기 때문에 전망적인 쟁점투표(prospective issue voting)를 하기 어렵지만 합리적인 유권자는 주어진 조건에서 집권당의 정책수행에 만족하면 다시 지지를 하고 그렇지 않으면 반대당을 지지함으로써 집권당을 처벌하는 회고적 투표를 한다고 주장했다.[21] 이렇게 미래에 대한 정보를 얻어서 투표하는 것보다 과거 업적을 평가하는 회고적 투표가 정보를 수집하고 분석하는데 드는 시간을 절약한다는 점에서 더 경제적이기 때문에 회고적 투표를 비합리적이라고 볼 필요는 없다.[22] 피오리나(Fiorina)는 회고적 투표를 보상(reward)과 처벌(punishment)의 역할을 동시에 수행한다고 보면서 정당일체감이라는 것도 오로지 사회학적 요인에 의해 결정되는 것이 아니라 회고적 평가에 의해 형성된 인지적이고 평가적인 변수라고 주장하였다.

그렇다면 한국의 경우는 어떠한가? 한국의 경우 과거 권위주의시절에 권위주의 정부가 성장을 주도하였고 경제성장이 절박했기 때문에 경제적 이슈에 있어서 차이가 없었고 민주인가 반민주인가가 중요했다. 그러나 민주화 이후에는 지역에 기반을 둔 정당일체감투표를 하였으나 최근들어 지역주의가 거주지를 중심으로 하는 새로운 모습으로 변하면서 계층적이고 이념적인 성향표출이 나타나고 있다. 무상급식문제나 운하문제나 4대강 문제처럼 복지문제나 환경문제가 중요한 이슈로 등장하고 있으며 이를 기준으로 투표하는 성향도 늘어나고 있다.

서구에서는 장기적 관점에서의 '정당일체감'에 기반을 둔 투표에서 투표의 요인이 단기적인 관점에서의 '정책'으로 이전되면서 다른 단기적 요인도 중요하게 되었다. 그것은 후보자의 개인적 요인으로서의 특성과 이미지를 중심으로 한 투표가 늘고 있다는 것이다. 정당이 포괄 정당화되면서 이제 정당간의 정책적 차이가 줄어들자 정당에서는 어떤 방식으로 표를 모을 것인가가 중요하게 되고 이는 후보자의 특성과 이미지를 어떻게 선거상품으로 포장할

---

21) 고경민, Ibid, pp.128-129.

22) 조기숙, 『합리적 선택: 한국의 선거와 유권자』(서울: 한울아카데미, 1996), pp.36-37.

것인가가 중요하게 되었다. 이렇게 되면 선거는 어떤 정책을 지지할 것인가가 아니라 누구를 지지할 것인가가 되고 어떤 후보의 도덕적 평가가 조금 더 나은가의 문제가 될 수 있다. 즉 후보자의 인상과 인간성에 주목하면서 투표를 하게 된다. 게다가 후보의 개인적 요인은 정치에서 미디어가 중요하게 되는 미디어요인과 맞물려 더 중요하게 되었다. 미디어에서의 토론이나 광고 등을 통해 후보의 개인적 특성과 이미지를 극대화할 수 있게 된 것이다. 하지만 이런 선거가 문제가 되는 것은 정치가 개인화 된다는 점이다.

실제로 미국에서는 후보자의 특성이 가장 중요하게 부각된 예가 레이건의 경우이다. 레이건은 미국역사에서 최고의 '표몰이꾼'으로 기록되는데 1980년 대선에서 현직대통령인 카터를 총 득표율에서 51%대 41%로 눌렀다. 그리고 재선에서는 먼데일 후보를 59%대 41%로 누르며 압승을 했다.[23] 한국에서는 1987년 민주화이후 첫 대통령직선제에서 노태우후보가 보통사람의 이미지를 심어주면서 대통령선거에 임했고 2002년 대선에서는 노무현후보가 지상파매체광고에 기타를 치는 모습으로 강한 인상을 심어준 사례가 있다. 그리고 이명박후보는 2007년 대통령선거 이전부터 CEO의 경력을 내세우면서 CEO로서 경제문제를 해결할 수 있을 것이라는 이미지로 굳건하게 지지율을 유지하면서 대통령에 당선되기도 했다. 하지만 이런 투표행태는 정치를 개인적으로 이해하여 새로운 지도자가 문제를 쉽게 풀어줄 것이라는 열망과 이 지도자가 제도정치 속으로 들어왔을 때 실제로는 기대만큼의 성과를 보여주지 못하는 실망의 사이클인 '열망과 실망'의 사이클을 보여준다.[24]

정치에서 정당이라는 제도가 배제되고 정책이라는 이슈가 사라질 때 정치는 이미지와 도덕이라는 추상성만이 남게 되고 이는 정치에 대한 무관심의 결과물이자 다시 무관심을 증폭시키는 원인이 되는 것이다. 게다가 미디어의 조작에 의해 유권자들의 선택이 좌우될 수 있다는 점과 후보자의 이미지가 실체가 아니라 오로지 이미지, 즉 환영에 불과할 수도 있다는 점도 문제가 될 수 있다. 위의 사례에서 본 것처럼 한국의 최근 정치는 마치 영웅이 나타나서 한국 정치를 구원해줄 것처럼 지나치게 지도자 개인들에 의존하는 경향이 있다. 정당 이름에 한 지도자를 중심으로 친한 사람들의 연대라고 당명까지 만들어진 것은 한국 정치의 현재 수준을 보여주는 것이다.

(6) 선거구의 크기와 분할 문제

이제 선거와 관련된 작은 주제들을 다루어보자. 선거구가 너무 큰 경우와 너무 작은 경우 유권자와 대표간의 거리가 달라질 것이다. 또한 투표에서 자기에게 유리한 방향으로 선거구를 조정할 수도 있다. 가장 대표적인 경우가 게리맨더링(gerrymandering)이다. 미국의 하원선거구와 주의회 선거구를 결정하는 것은 주 의회의 권한이다. 따라서 주 의회 다수당

---

23) 고경민, Ibid, p.132.
24) 최장집, 『어떤 민주주의인가』(서울: 후마니타스, 2007), 경향신문특별취재팀, 『민주화20년의 열망과 절망』(서울: 후마니타스, 2007).

은 자기들에게 유리하도록 선거구를 나누었는데 최초의 게리맨더링은 1810년 4월 선거에서 강력한 반연방주의자 게리(Albridge Gerry)가 메사추세추 주지사에 당선되고 1812년 악명높은 선거구 변경법안에 서명을 하였을 때 나타났다. 새로운 선거구는 연방당에게 불리하고 공화민주당에게 유리하였다. 실제로 선거결과에서 연방당은 51,766표를 받아서 민주공화당의 50,164표를 앞섰지만 의석에서는 11석을 얻어 민주공화당의 29석에 압도적으로 뒤지게 되었다.[25] 이때 개리가 만든 선거구가 모양이 마치 전설상의 괴물 샐러맨더(Salamander)와 비슷하여, 거기에 주지사 이름 게리(Gerry)를 합성하여 게리맨더(Gerrymander)라고 불리게 되었다.

이 그림은 당시 선거구의 구획에 날개와 머리를 달아서 인위적 선거구 구획의 문제점을 괴물로 빗대고 있다.

이처럼 선거구분할은 정치적으로 중요한 문제이다. 선거구를 어떻게 구분하고 분할할 것인지는 정당들마다 이해가 다르기 때문이다. 극단적으로 한 정당의 지지자(200명)들이 A라는 한 지역에 60명이 몰려있고 B, C, D, E라는 4개의 다른 지역들에서는 35명씩 분산적으로 분포되어 있다고 가정해보자. 다른 정당의 지지자들은 인구수는 200명으로 같은데 A지역에 거주하는 사람이 20명이고 나머지 4개의 지역에 45명씩 분산되어 있다고 가정해보자. 그렇게 되면 실제 두 개의 정당은 모두 지지자가 같아서 대표성이 동등해야 하는데, 각 80명으로 구성된 5개 지역을 각기 선거구로 구분해서 투표를 하게 되면 한 정당은 대표를 1명 갖게 되지만 다른 정당은 4명의 대표를 갖게 된다. 이것을 다시 인위적으로 구분해서 한 정당에 유리하게 35명씩 분산된 지역을 조정해서 다른 지역 2곳에서 20명을 끌어다가 선거구를 만들고 대신 다른 정당 지지자 20명을 다른 지역 두 곳에 배치하게 되면 결과는 한쪽 정당이 3석의 대표를 가지는데 비해 다른 정당은 2명의 대표를 가지게 된다.

따라서 선거구 분할은 대단히 중요한 문제이다. 이런 점에서 선거구를 분할하는 기준이 부각되는 것은 당연하다. 선거구를 분할하는 기준으로는 4가지[26]가 제시된다. 첫째, 인접성(contiguity)으로 선거구의 일부가 지리적으로 떨어져 있어서는 안된다는 것이다. 지난 96년 우리나라 국회의원 선거구의 조정과정에서 충북보은과 영동을 한 선거구로 묶으면서 그 사이에 낀 옥천을 새로운 선거구로 독립시키려고 시도했던 것은 이런 인접성의 원칙을 위반한 것으로 헌재의 위헌 결정을 받았다. 둘째, 밀접성(compactness)으로 선거구는 가급적 짧게 그어져야 한다는 것이다. 셋째, 행정구역으로 선거구는 가급적 행정구역과 일치시키는 것이 좋다. 강화군이 인구 부족으로 인해 인천 서구 일부와 함께 선거구를 이루도록 되어 있는데 지리적 행정적 연계성이 없다는 비판을 받았다. 넷째, 현역의원 의원위주의 선거구분할이다. 그러나 이것은 현직의원위주로 분할하는 것에 대해 비판적 의견을 가진 사람들이 많지만 이런 비판은 현실에서 선거제도 자체가 권력관계의 산물이라는 점을 간과한다. 실제로 미국대

---

25) 김광수, 『선거와 정당』(서울: 박영사, 2002), pp.100-104.
26) 김광수, Ibid, pp.93-94.

법원은 이것이 위헌사항은 아니라고 판결했다.

지금까지 투표를 할 것인지 여부와 어떤 기준으로 투표를 하는지를 보았고 선거구의 크기와 분할 문제를 다루었다. 다음은 투표에서 나타난 유권자의 의사가 왜곡 없이 의석으로 전달될 수 있는지에 관해서 당선결정방식을 볼 것이다. 이것을 보기 위해 우리는 어떤 선거에서 어떤 방식으로 사용하는지를 나누어서 볼 것이다. 선거제도와 당선결정방식을 보기 전에 우리는 어떤 경우에 국민투표를 하는지 먼저 살펴볼 것이다. 지금까지 보아왔던 선거와 투표의 문제는 간접민주주의를 가정하고 있었는데 국민투표는 간접민주주의가 아닌 직접민주주의를 이루는 방식이다. 따라서 최근 직접민주주의에 대한 기대가 늘어나고 있는 시점에 국민투표는 어떤 의미를 가지는지 살펴볼 필요가 있다. 복잡하지 않은 이 주제를 다루고 조금 더 복잡하고 기술적인 문제로서 선거제도와 당선결정방식을 살펴보도록 한다.

3. 국민투표의 의미 및 기능

만약 대표로 선발한 의회나 대통령이 어떤 결정을 내리는데 있어서 어려움을 겪는다면 그때는 어떻게 할 수 있나? 예를 들어 노무현대통령이 수도를 이전하려던 계획은 헌법재판소에서 거부당했고 그 대안으로 행정수도이전이 제시되었다. 그런데 실제 행정수도이전의 문제는 도시의 자족도를 높이지 않고 도시 인프라가 구축되지 않은 상황에서 실시되면 행정수도라는 도시는 실제로 도시의 기능을 하기 어렵고 행정부의 기능을 원활하게 하는데 방해가 될 수 있다. 그러나 이 계획을 백지로 만들기에는 이 지역주민들의 기대는 너무 커져있다. 그리고 보상 등과 관련해서 너무 많은 예산을 사용해둔 상태이다. 이런 상황에서 정부는 지지율을 고민하면서도 장기적으로 남북통일문제를 고려하면서 행정부와 지방분권화문제를 고려해야 한다. 이런 상황에서 의회도 방안을 제시하지 못하고 정부도 방안을 제시하지 못하는 경우가 생기면 이 문제의 돌파구는 어떻게 찾아야 할 것인가?

스위스와 같은 나라에서는 이런 문제를 대표를 통해 풀지 않는다. 대신에 국민들이 이 문제를 어떻게 해결할지를 결정한다. 즉 국민들이 찬성과 반대를 두고 결정을 하는 것이다. 이렇게 직접민주주의를 실현하는 가장 극적인 방법이 국민투표이다. 이것은 결정을 대표가 하는 것이 아니라 국민에게 맡기는 것이다. 국민투표를 가장 많이 사용하는 나라는 스위스이다. 스위스에서는 1975년부터 2000년 사이에 72번이나 국민투표를 실시하였고 2003년에는 한 해 동안 9번의 투표가 있었다. 이런 국민투표를 통해 원자력을 포기하는 것부터 일년에 4번째 일요일에는 자동차사용을 금지하는 것까지를 결정했다.[27)]

공간적 문제와 시간적문제로 직접민주주의는 불가능하고 대표를 통해 공간적, 시간적 제약을 극복하고 국민들의 결정을 정치에 반영하려는 시도가 대의민주주의였다. 그런데 국민투표(referendum: 헌법개정과 같은 정책이슈에 대한 유권자의 투표)와 발의(initiative: 일정수이

27) 해롤드&해롭, Ibid, p.334.

상의 유권자로 하여금 주어진 문제에 대해 국민투표를 발의할 수 있는 절차)와 소환(recall: 일정 수 이상의 유권자로 하여금 선출직공무원이 자리를 물러나게 할지에 대해 국민투표를 요구할 수 있는 절차)은 이런 대의민주주의 논리를 공박하면서 직접민주주의가 가능하다는 점을 보여준다. 게다가 인터넷의 발전으로 시간적 공간적 제약의 상당부분을 극복할 수 있게 되었다. 따라서 남겨진 문제는 이것이 가능한지가 아니라 이 제도가 바람직한 지이다.

3가지 직접민주주의의 장치 중에서 국민투표가 가장 일반적이다. 1960년대 이후 국민투표가 인기를 끌어왔고 1975년 이후 대부분의 민주주의 국가들에서 국민투표는 한번 정도는 실시되었다. 국민투표는 국민이 직접 결정을 한다는 점에서 의미가 크다. 국민투표를 통해 국민은 민주주의의 실제 주인이 될 수 있으며, 주인의식을 가지고 정치적 이슈에 대한 이해를 높이기도 하며 자신의 결정에 따라 정책여부가 결정되기 때문에 자신의 정치적 영향력을 높게 평가하게 할 것이다. 결국 국민투표는 투표 참여를 통한 교육적 효과를 기대하며 결정에 대한 자신의 책임문제를 지게 함으로써 정부에 부과된 부담을 덜어주는 것이다.

다른 직접민주주의 장치들은 사용되는 경우가 덜 일반적이다. 발의의 경우는 스위스와 미국의 캘리포니아에서 주로 사용된다. 이런 발의에는 특이한 유형의 발의가 있다. 첫 번째는 '폐기국민투표'로 현재 법률을 폐기할 것인가를 결정하는 데만 사용한다. 이런 발의는 새로운 이슈를 제기하는 것을 허용하지 않는다. 다른 유형은 소환을 하는 발의이다. 미국의 15개 주에서 소환선거에 관한 규정을 두고 있다. 실제 미국에서는 지난번 선거의 총 투표수의 약 25%에 해당하는 유권자의 청원에 의해 실시된다. 이 제도로 득을 본 사람이 영화배우출신의 정치인 아놀드 슈왈츠제네거이다. 2003년 캘리포니아 주지사인 민주당의 그레이 데이비스를 소환하는 투표가 있었고 이 선거를 거쳐 아놀드는 정식주지사가 되기 위한 복잡한 지명절차없이 선거에서 승리할 수 있었다.[28]

하지만 국민투표의 부작용도 만만치 않다. 본질적으로 국민투표는 한 가지 이슈를 독립적으로 다룬다. 따라서 이 주제를 단순화하여 이해하기 쉽고 이는 이슈와 관련된 다른 분야에 미치는 영향을 무시하기 쉽다. 따라서 극단적으로 정치를 단순화할 수 있는 위험이 있다. 게다가 일반유권자들은 자신의 생활과 관련된 분야에서 변화를 꺼리는 경향이 있기 때문에 국민투표는 정치를 보수화할 수 있는 위험도 있다. 게다가 정부가 국민투표를 언제 할 것인지를 정하기 때문에 시기와 관련해서 정부의 입장을 반영할 여지도 높다. 게다가 투표결과를 만약 통치자가 반영하지 않으면 어떻게 될 것인가의 문제도 심각하다.[29] 가장 문제가 되는 부분은 국민투표가 소수의 결정에 직접적으로 영향을 받을 수 있다는 것이다. 기업이나 소수의 명망가들에 의해 영향을 받아서 결정될 가능성이 높기 때문에 직접민주주의의 장치들에 대해 비판적 시각이 많다.

그렇다면 국민투표를 하는 것은 바람직한가? 이것에 대한 결론은 만약 국민투표를 하지

28) 해롤드&해롭, Ibid, pp.330-331.
29) 해롤드&해롭, Ibid, pp.335-336.

않는 경우를 국민투표를 수행하는 경우와 비교해 보면 내릴 수 있다. 만약 국민투표가 없다면 정부는 실제로 결정을 내리기 어려운 문제를 해결하지 못한 채 더 많은 갈등을 가져올 수 있다. 장기적으로 하는 것이 좋지만 선거와 관련해서 자신들에게 불리한 경우 결정을 내리지 못하는 상황 등을 해결할 수 있게 해준다. 게다가 발의와 소환은 이것이 없었다면 무시하고 넘어갔을 불만을 스스로 표출하게 만들 것이다. 그런 점에서 보완적으로 사용된다면 민주주의에 좀 더 자기결정권을 부여하게 될 것이다.

4. 선거제도의 구분

이제 대의민주주의와 관련된 선거제도로 다시 돌아가자. 전통적으로 선거와 관련된 제도는 선거구의 크기, 선거구확정방식, 당선결정방식, 기표방식에 따라 다음과 같이 구분한다.

(1) 선거구(선거구의 크기): 소선거구, 중선거구(2-5인), 대선거구, 전국구

(2) 선거구의 획정방식문제: 1인 1표 1가치 기준, 인접성의 기준(전체 선거구의 모양이 하나로 연속성이 있어야 함), 밀집성(선거구의 거리가 합리적이어야 함), 지역행정경계를 최대한 반영해야 함. 인구대표성(유권자의 수와 대표의 수를 일치시키는 것), 지역대표성(gerrymandering의 위험), 선거구법정주의(객관적인 법에 의해 획정되어야함)

(3) 당선결정방식: 다수제(상대다수제, 절대다수제), 비례대표제, 혼합제

(4) 기표방식: 단기 비이양식(1인 후보에게만 투표하는 방식), 순위투표(입후보자들에게 선호의 정도와 선호 순위를 표기할 수 있게 하는 방식)

이중 선거구의 크기와 선거구의 획정방식은 다루었으므로 이제는 당선결정방식과 기표방식과 관련된 문제를 살펴보자. 그런데 당선결정방식과 관련해서는 입법부와 대통령선거방식에 차이가 있다. 물론 지방의회와 지방자치단체선거방식은 대체로 의회와 대통령선거와 다르지 않기 때문에 두 가지 대표선출로 구분해서 살펴볼 수 있다.

(1) 대통령선거

한 연구에 따르면 선별된 170개 국가 중 대통령을 둔 국가는 132개 국가이고 이 중에서 대통령을 간접적으로 선출하거나 선출하지 않는 국가는 41개이고 91개의 국가가 대통령을 직접 선출한다.[30] 대통령을 직접 선출하는 나라 91개 중에서 61개의 국가가 절대다수제를 사용하고 있다. 그리고 절대다수제를 선택한 나라 중에서 결선투표제를 사용하는 국가는 49개의 국가이다. 일정 수 이상을 필요로 하는 절대다수제를 사용하는 국가가 많다는 것은 대통령의 권력이 막강하고 한사람에 의해 통치하게 되므로 유권자의 과반수이상의 지지를 필요로 하기 때문이다. 이 중에서도 상위의 2명의 후보 혹은 프랑스처럼 등록유권자 기준으로

30) 해롤드&해롭, Ibid, pp.316-317. 대통령제 국가가 아닌 경우에도 상징적으로 대통령을 두기 때문에 대통령을 가진 국가수는 대통령제 국가보다 많다.

12.5%이상 등록한 후보를 대상으로 다시 2차 투표를 하는 결선투표제를 많이 사용하고 있다. 결선투표를 사용하는 대표적인 나라가 프랑스이다. 프랑스에서는 유효 투표수의 절대 다수인 50%이상을 득표해야 하고 해당선거구에 등록한 유권자의 25%이상을 득표해야 한다.

반면에 1차 투표에서 가장 많은 표를 얻은 대표를 당선시키는 상대다수제를 사용하는 나라는 많지 않다. 이것은 상대다수제가 투표를 하는 비용을 줄이는 장점이 있지만 너무 적은 지지로 당선될 가능성이 있다는 문제 때문이다. 1997년 볼리비아선거에 반저장군이 겨우 20%의 득표로 당선되었는데 이것은 후보가 난립했을 경우 상대다수제도로 대통령을 선발하게 되면 생길 수 있는 문제를 보여준다. 즉 지지자가 20%이고 지지하지 않거나 다른 사람을 더 지지하는 유권자가 80%라는 것은 전국적인 행정에 있어서 문제가 있다.

선거와 관련해서 대통령제도에서 특별한 경우들이 있다. 득표율에서 1/2을 넘어서는 것 외에도 투표참여율을 규정하는 경우가 있다. 전체 투표율이 50%가 안 되면 선거를 다시 치르게 되는 경우가 있는 것이다. 실제 세르비아와 몬테네그로는 2002년과 2003년에 대통령선거에서 대통령을 선출하는 데 실패했다. 다른 예로는 직접선거가 아닌 간접선거를 하는 경우이다. 미국이 대표적인데 각각의 주의회가 자신들이 원하는 방식으로 선출한 대리인으로 구성된 선거인단을 만들고 이들에게 유권자들이 표를 던지는 것이다. 미국에서 대통령제도를 만들 때 제도 구축자들은 이 대리인들이 일반 유권자를 넘어서는 지혜를 발휘할 것으로 기대를 했기 때문이다. 현재 미국에서는 선거인단 자신이 선출하기로 한 후보를 선택하기 때문에 결과가 달라질 일은 많지 않지만 여전히 직접선거방식을 사용하는 것은 아니다. 게다가 미국의 건국시 제도창안자들은 각 주는 동일한 의견을 내야한다고 하여 각 주에서 승리한 후보에게 각주에 배정된 선거인단의 표를 몰아준다.[31] 따라서 전체유권자의 표를 더 많이 얻고도 각 주에서 할당된 선거인단의 표가 어디로 가는가에 따라서 선거결과에서 패하는 경우가 지금까지 총 4번이나 있었다. 가장 최근의 사례가 고어와 부시의 2000년 선거이다.

한국의 대통령선거는 상대다수제를 사용하고 있다. 상대다수제도의 문제는 위에서 전술한 바처럼 일정 수를 채우지 못하여 정당성이 낮은 채로 전국을 이끌어야 한다는 것이다. 게다가 민주화이후 제3의 후보들이 등장함으로써 당선될 당시의 지지율이 낮아지는 문제도 경험했다. 그러나 16대 대선에서 노무현후보가 얻은 지지율이나 17대 대선에서 이명박 후보가 얻은 지지율(48.7%)에서 본 것처럼 50%대에 육박하고 제 3의 후보의 지지율이 10%대를 넘지 못한다는 점을 볼 경우 결선투표제가 필요한지에 대해서는 비판적이다. 게다가 결선투표제도는 1차 투표와 2차 투표의 결과가 바뀌는 경우가 있다. 1차 투표이후 다른 후보를 지지한 유권자들의 표가 몰리면서 1차 선거와 다른 결과가 나타날 수도 있다. 실제 결선투표를 사용했던 라틴아메리카에서 이런 경우들이 빈번하게 나타난다. 이때 문제가 되는 것은 결선투표가 가지는 제도적 효과로 인해 1차 투표에서 무효가 될 것이라는 기대 때문에 상

31) 해롤드&해롭, Ibid, pp.318-319.

대적으로 유권자는 자신의 선호에 충실할 수 있다는 것이다. 이에 따르면 1차 투표가 더 유권자의 의사에 가까운데 2차 투표에서 전략적 선택으로 결과가 뒤집어진다는 단점이 있다. 게다가 하원선거까지 확대하면 투표결과의 비비례성(지지율과 의석율 사이의 차이)이 높다는 문제도 있다.

반면에 결선투표가 장점이 많다는 주장[32]도 있다. 낙선한 후보를 지지한 유권자에게 한 번의 선택기회를 준다는 점에서 장점이 있다. 또한 당선자가 50%이상으로 당선되기 때문에 당선자의 정통성을 강화시켜준다. 게다가 과반수를 넘기 위해 정당간 연합을 유도한다는 점에서도 한국의 지역구조에 기반을 둔 다당제구조에서 생각해 볼 수 있다.

심화 학습

한국의 대통령선거 결과는 어떻게 나왔는가?

한국의 대통령선거의 결과를 보자. 민주화이후 치러진 첫 선거인 13대 대선에서 노태우후보는 33.0%를 얻고 김영삼후보가 27%와 김대중후보가 26%를 얻었다. 이 수치는 민주화로 후보단일화가 되었다면 충분히 민주파가 집권할 수 있었다는 것을 보여주며 대통령선거에서 가장 낮은 지지율로 당선된 사례이기도 하다.

14대 대선에서는 3당합당에도 불구하고 김영삼후보가 41.4%를 득표하였고 김대중 민주당후보가 33.4%를 얻었고 국민당을 결성한 정주영후보가 16.1%를 득표하였다. 이 선거에서는 제3의 후보가 선거에서 중요하다는 것을 보여주었다.

15대 대선에서는 국민회의의 김대중후보가 39.7%를 얻어서 한나라당의 이회창후보의 38.2%에 근소한 차이로 승리하면서 정권교체를 하였다. 이 선거에서 국민신당의 이인제후보는 18.9%의 높은 득표율로 제 3의 후보에 의해서 대통령선거의 결과가 달라질 수 있다는 것을 보였다.

16대 대선에서는 민주당의 노무현후보가 한나라당의 이회창후보를 48.9%로 44.6%를 앞섰다. 3 위의 득표를 기록한 권영길후보는 3.9%의 지지를 얻는데 그쳤다. 제 3의 후보가 중요하지 않고 양대정당간 경쟁이 17대 대선에서는 이명박후보가 48.66%로 정동영후보의 26.3%에 압승을 거두었다. 이 선거에서는 무소속으로 나온 이회창후보가 15.07%를 얻었고 창조한국당의 문국현후보가 5.82%를 얻었고 민노당의 권영길후보가 3.01%를 얻었다. 1위와 2위의 표차가 큰 것도 문제가 되었지만 대통령선거의 지지가 너무 분산적으로 나온 것 역시 문제가 되었다. 향후 정국에서 보수화의 바람이 강할 것이라는 점과 정당간 연합이 없이는 보수에 대한 정권교체가 어려울 것이라는 것을 예측하게 하는 선거였다.

17대선(2007년)에서는 63%의 투표율을 보였다. 한나라당의 이명박후보는 1,149만표를 얻었고 득표율로는 48.7%의 득표를 얻었다. 대통합민주당의 여당후보인 정동영후보는 610만표로 26.1%를 얻었다. 무소속의 이회창후보는 355만표로 15.1%를 득표했다. 1위와 2위간 가장 득표율의 차이를 낸 선거이며 제 3의 후보가 무소속으로 나와 많은 득표를 한 선거이다.

32) 신명순, Ibid, p.275. 고경민, Ibid, pp.109-110. 김광수, Ibid, p.180.

18대대선(2012년)에서는 투표율이 75.8%로 많이 높아졌다. 또한 유권자가 4천만이 넘고 투표자가 3천만이 넘었다. 새누리당 후보인 박근혜후보는 1,577만 표로 51.6%의 득표를 하였다. 민주통합당의 문재인후보는 1,469만표로 48.0%의 득표를 하였다. 이 선거는 과반수이상의 득표로 대통령이 당선되어 대표성의 문제를 상대적으로 덜 고민해도 되었다. 그리고 두명의 후보로 경쟁이 압축되면서 유권자들의 표가 몰렸다는 점을 특징으로 한다.

(2) 의회 선거

대통령선거보다 좀 더 복잡한 것이 의회를 구성하는 선거이다. 의회를 구성하는 선거에서 우선 다수제도는 (상대)다수제도와 절대다수제도로 구분된다. 상대다수제 혹은 다수대표제에는 1위 다수대표제와 블록투표제[33]가 있다. 1위 다수대표제(the-First-Past-the Post System)는 한 표라도 더 많이 얻은 후보를 당선시키는 것이다. 이 제도는 영국에서 발전하였는데 운용이 편하다. 다수정당을 형성하기 유리한 반면에 군소정당을 배제하는 면이 있다. 따라서 거대정당중심으로 양당에 유리한 경향이 있어서 안정적 정국운영을 가능하게 해준다. 이것은 정당체계를 집중화하면서 정당의 수를 감소시켜서 자연스럽게 기성정당에 유리하다. 따라서 정치의 보수화를 가져올 위험이 있고 당선필요득표수를 예측하기 어려운 문제가 있다. 가장 큰 문제는 득표와 의석사이에 비례가 맞지 않을 수 있다는 점이다.

그러나 이 제도를 세계의 여러 나라에서 많이 채택하는 것은 아니다. 이 제도는 영국과 영국의 영향을 받은 몇몇 국가들(캐나다, 카리브해의 여러 섬나라들, 인도, 미국 등)에서만 아직 살아남고 있다.[34] 토크빌(Tocqueville)은 이 특수한 단순다수제가 미국에서 성공할 수 있는 비결을 세 가지로 제시했다. 생활환경이 비교적 동질화되어 있다는 점, 시민들이 단순다수제에 대해 기본적으로 합의를 가지고 있다는 점, 소수파에서 다수파로의 변화가능성이 있고 현실적으로 실현한 경험이 있다는 점 때문에 미국에서 단순다수제가 성공할 수 있다는 것이다.

상대다수제의 가장 큰 문제는 득표와 의석수 사이의 편차(bias)가 크다는 것이다. 편차가 크다는 것은 비례성이 낮다는 것을 의미할 뿐 아니라 이는 과다대표의 문제와 함께 많은 수의 사표(死票)를 양산한다는 문제가 있다. 대표적인 사례로 1987년 영국 하원 선거를 들 수 있다. 이 선거에서 보수당은 42%의 득표로 전체 의석 650석 중에서 374석을 차지했다. 노동당이 27%의 득표로 227석을 가진데 비해 제 3당인 자유 사민당 연합은 25% 득표로 22석만을 얻었을 뿐이다. 게다가 극단적으로 가면 가장 많은 표를 얻은 정당이 가장 많은 의석을 가지지 못할 수도 있다. 실제 영국에서 1974년 선거에서 노동당은 보수당에게 20만

---

33) **블록투표제도**: 블록투표제도는 영국의 지방선거 등에서 쓰이는 방식으로 다석선거구에서 사용된다. 예를 들어 A지역에서 5명의 의원을 선정해야 한다면 유권자들은 5개의 투표권을 주어서 선거를 한 뒤에 득표순위 1위에서부터 5위까지 당선되는 방식이다. 그러나 이 제도는 선호정당에 과도하게 표가 몰릴 수 있다는 문제가 있다. 김광수, Ibid, p.172.

34) 헤롤드&해롭, Ibid, p.301.

표이상 뒤졌지만 의석수는 4석이 더 많아서 소수당정부를 구성했다. 만약 우리가 아무 것도 없는 상태(zero-ground)에서 제도를 고안한다면 이런 문제가 있는 제도는 고려대상에서 분명 제외될 것이다.[35] 아래의 표는 선거제도간 비례성의 차이를 보여준다.

표를 통한 비교 **비례와 비-비례 결과: 1983년 두 나라 선거[36]**

	득표율(%)	의석율(%)	차이(%)
영국			
보수당	42.4	61.1	+18.7
노동당	27.6	32.2	+4.6
SDP/자유동맹	25.4	3.5	−21.9

독일			
기독교민주당	38.2	38.4	+0.2
사회민주당	38.2	38.8	+0.6
자유민주당	7.0	6.8	−0.2

자료: Electoral returns

절대다수제에는 대안투표제와 결선투표제가 있다. 대안투표제도는 호주하원선거에서 사용하는 투표제로 선호투표제로도 불린다. 유권자가 후보자의 선호순위를 정한다. 제 1선호로 과반수를 넘은 후보가 없는 경우 최하위 후보가 탈락하며 그 후보자에게 투표한 사람들의 표의 제 2선호에 따라 다른 후보에게 재배분되고 그렇게도 과반수가 안 나오면 다음 하위 후보가 탈락하면서 제 2선호에 따라 재배분된다. 이런 과정을 거쳐서 과반수 후보가 나올 때 까지 이 절차가 반복된다. 따라서 결정하는데 있어서 시간이 많이 소요된다. 하지만 이런 비용에도 불구하고 이 제도는 상대다수제가 가지는 소수대표의 문제를 해결하기 위해 사용되고 있다.[37]

결선투표제도는 앞서 대통령선거에서 본 것처럼 첫 번째 투표에서 아무도 과반수를 얻지 못하면 선두에 있는 후보들(대체로 1위와 2위 두 명)이 2차의 결선투표에 나선다. 그리고 2차 투표에서는 상대다수제가 적용되어 가장 많은 표를 얻은 후보가 당선된다. 프랑스[38]에서는

---

35) 해롤드&해롭, Ibid, p.305.

36) 이 사례는 비례성이 얼마나 중요한가를 보여줌. 제도의 선택에 따라 어느 정당은 과다의석을 가지고 어느 정당은 과소의석을 가지게 됨. 이 경우 유권자의 의사가 아닌 제도에 의해 선발되는 문제가 있음.

37) 홍재우 "호주의 정당체계와 선거제도", 미네르바정치회편, 『지구촌의 선거와 정당』(서울: 외국어대 출판부, 2007).

38) **프랑스의 결선투표제도**: 프랑스헌법 제7조는 대선방식을 2차 다수결투표(결선투표제)로 대통령에

하원선거에서 15%정도만이 1차 투표에서 당선되기 때문에 정당들은 자신들의 지지를 통해 정당연대를 모색하기도 한다. 실제 프랑스에서는 우파정당인 프랑스민주주의 연합과 국민운동연합이 1차 투표에서 공동으로 후보를 내세우기도 한다. 공산당과 사회당의 경우 1차 투표 이후 대부분의 지역에서 만약 사회당후보가 득표가 많으면 공산당후보는 모든 지역에서 사퇴하여 좌파의 표를 몰아준다. 이 과정에서 어느 지역에서 사회당후보의 득표보다 공산당후보의 득표가 많은 경우가 나와도 사회당후보의 당선을 위해 사퇴하기도 한다. 간혹 1차 투표이후 사퇴를 결정하는 것은 양당의 중앙당과 지방당의 협상이다. 하지만 후보가 이런 권유를 거부하는 경우가 있는데 이런 경우 좌파 혹은 우파유권자는 자신의 반대이념정당에 표를 던지기도 한다. 이 결선투표제도는 유럽에서는 프랑스[39]와 벨로루시만이 사용하고 그 외 아프리카와 아시아 중동에 걸쳐서 16개의 다른 나라들에서 사용된다.[40] 결선투표제도의 장단점은 앞의 대통령제도에서 살펴보았는데 이 제도가 한국의 국회의원선거에 적용될 필요가 있는지는 논쟁의 여지가 있다. 지역색이 강할 경우 1차 투표에서 과반수를 넘을 것이고 국회를 통해 정당간 연합의 여지가 높아 보이지 않기 때문이다.

서유럽국가들이 20세기 초반 비례대표제로 전환하기 전에는 절대다수제를 많이 사용했다. 19세기 말에 등장했고 현재에 와서는 단순다수제와 절대다수제에 비해 더 보편적이 되었다. 서유럽과 동유럽과 라틴아메리카가 이 제도를 사용하고 있다. 비례대표제는 지역보다는 정당을 대표한다. 비례대표제의 아이디어는 정당은 그들이 얻은 득표율에 비례하여 의석을 부여받아야 한다는 것이다. 따라서 비례대표제는 정당이 얻은 득표율에 비례하여 의석을 배분하는 것이다. 만약 100% 비례대표제를 사용한다면 득표율과 의석율은 같아질 것이다. 이 경우에 현실적으로 완벽하게 비례성을 반영하는 것은 아니지만 다수제도보다는 비례성이 높다. 실제로 비례대표제를 사용하는 경우에 과반수의 지지를 얻어서 의석을 꾸리는 경우는 적고 연합정부를 구성하는 것이 보통이다. 따라서 레이파트가 이야기 했던 것처럼 협의제민주주의를 사용하는 나라들은 비례대표제도를 사용한다.

비례대표제도는 비례성을 증대시키는 장점이 있는 반면에 소수정당에 상대적으로 유리해

선출되기 위해서는 총투표자의 절대과반수+1표를 얻어야 한다고 규정. 2차 투표에서는 상대다수제도를 채택. 1차 투표에서 결정되지 않으면 1위와 2위만 2차 결선투표에 출전. 정당성이 높고 소수파는 반대하지 않는다는 의회주의 원칙이 존재. 2차 투표로 인해 극단적 후보를 떨어뜨리는 경우 있음. ex) 2002년 프랑스 선거에서 극우주의자 장 마리 르펜후보는 2차 투표에서 시라크후보에게 패배했음.

39) **프랑스 선거제도의 특징**: 모든 후보가 후보등록을 할 때 자신이 이름과 함께 예비후보의 이름을 투표용지에 올린다는 것이다. 만약 어느 후보가 당선된 후 각료로 입각하거나 사망하게 되면 예비후보가 그 직을 승계하여 의정활동을 한다. 또한 선거에서 여러 후보명단을 보고 그 중 한사람을 선택하는 것이 아니라 각자 후보별로 한 장식 투표용지를 만들어 선거관리위원회에 제출한다. 유권자는 여러 후보 중에서 자기가 지지하는 후보의 투표용지를 선택하여 투표봉투에 넣은 후 투표함에 넣는다. 신명순, Ibid, p.275.

40) 신명순, Ibid, p.273.

서 정당난립이라는 단점이 있다. 하지만 소수가 과대대표되는 것을 억제하는 데는 효과적이다. 비례대표제가 사용하는 방법은 명부제와 단기이양제가 있다. 단기이양제의 절차는 다음과 같다. 유권자는 후보자에 대한 선호순위를 정한다. 후보자가 당선되기 위해는 정해진 수만큼의 득표를 해야 한다. 첫 번째 선호를 가지고 이러한 쿼터를 초과한 후보는 당선자가 된다. 그리고 그들이 더 얻은 초과(surplus)투표(쿼터를 초과하여 얻은 표)는 이들 표에 표현된 제 2 선호후보에게 분배된다. 어떤 후보도 쿼터를 달성하지 못한 경우는 최하위 후보가 탈락하며 이들에 대한 투표 또한 이양된다. 그리고 이 절차는 모든 의석이 채워질 때까지 반복된다. 단기이양식은 정당명부를 만들지 않고 유권자는 자신이 선호하는 후보를 한번만 선발한다. 이렇게 함으로써 유권자는 자신이 원하는 정당의 여러 후보자들에게 선호의 순위에 따라 투표를 할 수 있다. 그리고 정당이 결정한 것을 받아들이지 않아도 된다. 게다가 자신이 던진 표가 사표가 되지 않는다. 자신이 지지한 첫 번째 후보가 안되면 둘째로 선호를 보낸 후보에게 표가 넘어간다. 호주의 상원선거가 단기이양식을 사용하고 있다.

반면에 명부식은 정당이 당선될 사람의 명단을 순서대로 정한다. 그리고 정당은 획득한 표의 크기만큼 명부에 올라간 순서대로 후보 중에서 의회진출자를 가린다. 예를 들어 100석의 비례대표의석 중 A정당이 30%의 득표를 했다면 30석을 배정받는데 이 정당이 순서에 올린 100명의 후보 중에서 1번부터 30번까지가 의원이 되는 것이다. 이렇게 정당이 명부를 만드는 데 있어서도 폐쇄형명부와 개방형명부제도가 있다. 폐쇄형명부는 유권자는 오로지 정당에만 표를 던질 수 있는데 비해 개방형명부는 유권자가 정당에 표를 던질 수도 있고, 명부에 있는 후보에게 표를 던질 수도 있다. 이런 명부제도는 선거구가 다인선거구일 때 사용된다. 즉 선거구가 커서 여러 사람을 뽑을 때 명부를 만드는 것이다. 네덜란드, 이스라엘, 슬로바키아와 같은 경우는 한 국가전체가 하나의 선거구로 구성되어 있다. 이런 경우 1인선거구 단순다수제가 자랑으로 여기는 선거구민과 대표와의 연계성은 사라진다.

이런 명부제에서는 봉쇄조항(threshold)을 두고 있다. 봉쇄조항이란 의석을 확보하기 위한 최소요건으로서 소수의 극단주의자들과 극단적 정당진입을 배제하고자 만든 것이다. 따라서 봉쇄조항을 높이면 소수정당의 진입은 그만큼 힘들어진다. 그러나 비례대표제가 비례성을 증대시키고자 하는 소수파들의 입장을 반영한 제도인 만큼 봉쇄조항의 규정은 사회적 합의를 통해 결정될 필요가 있다. 봉쇄조항이 가장 높은 경우로 터키를 들 수 있는데 터키는 명부에서 의석을 배정받기 위해는 10%나 되는 득표를 해야 한다. 이런 높은 봉쇄조항으로 터키는 2002년 선거에서 투표자의 40%가 의석을 하나도 채우지 못한 정당에 투표를 하게 되었다.[41] 과거 한국은 독일과 같은 5%조항을 가지고 있었으나 조항을 개정하여 3%로 봉쇄조항의 문턱을 낮추었다. 봉쇄조항이 없는 경우도 있는데 핀란드, 아일랜드, 노르웨이, 포르투갈, 스위스가 대표적이다.

---

41) 해롤드&해롭, Ibid, p.310.

단순다수제와 비례대표제 말고 새로운 방식이 있다. 양자를 혼합한 선거제도로 이를 혼합형선거제도라고 한다. 혼합형선거제도는 지역선거 방식과 비례대표제를 혼용하는 방식으로 양자의 좋은 점만을 추구한다. 이런 제도를 처음 시도한 국가가 독일이다. 혼합형제도에는 의존형 혼합제와 독립형 혼합제가 있다. 의존형 혼합제는 독일 방식으로 정당 득표율에 비례해서 정당의 의석을 결정하는 방식으로 비례대표의석과 지역대표가 연동되는 방식이다. 즉 정당이 득표한 비율에 맞추어서 의석전체가 배정되고 그 배정된 의석수에서 지역에서 당선된 의석을 제외하고 실제 비례의석을 가지게 되는 것이다. 이런 경우 정당이 지역선거에서 정당 투표율보다 더 많이 의석을 얻은 경우 이 정당에는 의석이 돌아가지 않지만 득표율에 맞추어 다른 정당에 의석이 배분되기 때문에 원래 규정된 의석보다 더 의석을 얻는 '초과의석'의 문제가 발생할 수 있다.[42] 반면에 우리나라와 일본이 사용하는 방식인 독립형 혼합제는 다수대표를 통해 뽑은 지역구 의석과 비례대표제도가 독립적으로 운영된다. 즉 비례대표에서 얻은 정당의 지지율은 독일처럼 '정당지지율 × 전체의석수'전체 의석수로 곱하는 것이 아니라 '정당지지율 × 비례의석수'로 계산을 하는 것이다. 따라서 정당지지에 대한 비례성은 독일방식이 더 높다고 할 수 있다.

혼합형선거제도의 경우 한국에서도 사용되고 있다. 한국은 2016년 기준으로 전체 의석수 300석에서 253석이 단순다수제의 지역선거구이고 47석이 비례대표제도로 운영된다. 16% 정도 되는 비례대표비율을 가지고 있다. 현재 한국의 혼합선거제도에서 문제가 되는 것은 3가지이다. 첫째는 비례의석비율이 너무 작다는 것이다. 비례의석비율이 적으면 적을수록 비례성은 떨어진다. 독일이 50%대이고 일본이 40%대인데 한국에서도 비례의석수를 늘리는 방안이 제시되고 있지만 정치권의 인원확장에 대해 여론이 부정적이다. 둘째는 일본방식의 문제점이고 이로 인해 독일방식으로 바꾸는 것이 제안되고 있다. 독일방식으로 바꾼 것의 효과는 17대 총선으로 생각해볼 수 있다. 17대 총선에서 민주노동당은 13%의 지지를 받았다. 그런데 이것을 일본방식으로 계산하면 '(득표율) 0.13 × (비례의석수) 56 = 8석'이 된다. 그런데 독일 방식으로 하면 대략 '(득표율) 0.13 × (전체의석수) 299 = 38석'이 된다. 따라서 독일 방식을 채택하였다면 민주노동당은 좀 더 높은 의석수를 받았을 것이다. 이것은 독일방식이 상대적으로 비례성을 충족시킴으로서 한나라당이나 열린우리당의 과다대표를 줄일 수 있었을 것을 보여준다. 마지막 셋째는 명부제도가 가지는 비민주성의 문제이다. 우리는 폐쇄형 명부를 사용하기 때문에 중앙당의 공천심사위원회가 지정하는 순번에 의해 당선여부가 결정된다. 따라서 정당의 장악력을 낮추고 싶은 경우 명부를 개방형명부로 바꾸는 방법도 모색해 볼 수 있다.

위의 선거제도들의 특징은 어떤 선거제도가 어느 정당에 유리한가를 보여준다. 거꾸로 이

---

42) **초과의석**: 독일은 하원의석수가 598석인데 2002년 선거에서는 5명의 초과의석이 생겼고 2005년 선거에서는 16석의 초과의석이 생겼다. 장준호, "독일의 정당과 선거제도" 미네르바정치회편, 『지구촌의 선거와 정당』(서울: 외국어대출판부, 2007).

야기하면 어떤 정당은 어느 선거제도를 선호할지를 보여준다. 다수당일수록 단순다수제를 선호하고 소수당일수록 비례성이 높은 비례대표제를 선호할 것이다. 기성정당은 다수제를 선호할 것이고 신생정당은 비례대표제를 선호할 것이다. 따라서 한국에서의 정치개혁을 구체화하기 위한 선거제도개편은 이런 이해관계 속에서 어떻게 공정성(비례성과 대표성)을 지키는 쪽으로 개정을 할 것인가가 중요하다. 그렇다면 이런 정치개혁을 위한 선거제도개편의 과제를 풀기 위해 우리는 한 가지 이론을 더 볼 것이다. 그것은 어떤 선거제도가 어떤 정치체제변화를 가져오는가를 설명하는 듀베르제의 이론이다.

표를 통한 비교 **2015년 정치개혁 논의**

1. 개혁 논의 배경

(1) **헌법재판소 판결**: 2014년 헌법재판소는 지역구의 최대·최소 인구 편차를 현행 3대 1에서 2대 1로 줄여야 한다고 결정. 헌재의 결정에 해당되는 지역구는 2014년 말 기준 전체 59/246개로 1/4정도 됨. 이 부분은 개선됨.

(2) 국회 정치개혁특별위원회 공직선거법 심사소위는 국회에 설치돼 있는 선거구획정위를 중앙선거관리위원회 산하에 두는 방안에도 의견을 개진함. 그러나 결론적으로 무산됨.

(3) 지역 인구편차는 의무적으로 개혁해야 함. 그러나 비례대표제개혁은 권고안임.

2. 논의 되었던 방안들

(1) **권역별 비례대표제도**: 비례대표를 선발할 때 전국을 몇 개의 권역으로 나누고 이 권역별로 정당투표에 비례해서 정당에 의석을 주는 방안임. 현재 전국으로 계산하고 지역의석을 주는 것으로 인해 특정지역에서 특정정당이 의석을 독식하는 것을 고치기 위한 제도이다. 만약 경상도 권역에서 비례대표를 선거한다면 민주당이 받은 정당득표율로 이 지역에서 의석을 몇 석 만들 수도 있다. 하지만 이럴 경우 정당이 다당제로 갈 여지가 있는데 대통령제도와 조화되기 어렵다는 반론과 만약 지역비례의원과 지역구 의원이 갈라지게 될 경우 정치적 대표성경쟁이 치열할 수 있다는 단점도 제시되고 있음.

(2) **석패율제도**: 일본에서 1996년 이후 사용하고 있는 제도임. 한 후보자가 지역구와 비례대표에 모두 출마하는 것을 허가하고 낙선한 출마자들 가운데 가장 높은 득표율을 가진 후보를 비례대표로 선발하는 제도이다. 석패율은 낙선한 후보자가 받은 표를 당선자가 받은 표로 나누어서 가장 높은 비율로 떨어진 사람을 당선시키는 방안임. 즉 갑이라는 후보가 을이라는 후보와 경쟁해서 낙선했는데 갑이 19만표를 받았고 을은 20만표를 받았다면 석패율은 19만/20만으로 계산하여 95%가 된다. 석패율이 높은 후보 즉 아깝게 떨어진 후보를 당선하게 하여 사표를 줄이려는 방안이다. 일본처럼 권역별로 비례대표를 선택할 때 정당의 비례대표 명부 중 한 번호에 지역구 후보 3~4명을 올려놓고 이들 가운데 지역구에서 당선된 사람은 제외하고 남은 사람들 중 석패율이 가장 높은 사람을 비례대표로 당선시키는 방안임. 장점은 사표를 줄이는 것과 정당내의 공천갈등을 완화하는 것과 정당이 열세지역에서도 당선자를 낼 수 있게 하는 방안임. 하지만 직능을 대표하는 후보를 선출하겠다는 원래의 취지에 부합하지 않는다는 단점이 있고 거대

정당의 유력정치인이 지역과 비례대표에 모두 출마하여 당선을 쉽게 한다는 점도 문제가 될 수 있다.

(3) 기타 논의사항

① **현행 300명인 의원 정수를 늘리는 방안**: 국회의원이 가장 많은 나라는 영국으로 1429명임. 영국은 양원제이고 임명직인 상원의원이 779명이고 하원의원 650명임. 가장 적은 의원을 가진 나라는 단원제를 운영 중인 룩셈부르크로 의원이 60명임. 미국은 535명이고 일본은 722명이고 독일은 667명임. 의회의 의석수를 결정하는 것은 그 국가의 국민들의 가치판단의 문제임.

② **선거구획정위원회의 독립 기구 설치**: 현재 국회가 선거구 획정위원회를 가지고 있어서 선거때 선거구 획정으로 인해 첨예한 대립이 있음. 이것을 중앙선거구관리위원회에 두자는 안이 제기되고 있음. 선거의 중립성을 위해서는 좋은 방안임.

③ **선거구획정위의 획정안에 대한 국회의 수정권한 제한**: 선거구획정안을 국회에 수정하게 하면 실제 이익을 가진 의회의원들이 개입할 여지를 남기기 때문에 제한을 하자는 방안임. 이 방안에 대해서 국회에서는 2015년 4월 30일 현재 합의를 보았음.

3. 결론

(1)안과 (2)은 도입되지 않음. 비례의석은 19대 54석에서 20대 47석으로 오히려 축소되었다. 선거획정위원회는 독립하였다. 국회의원선거구획정위원회가 2015년 5월 29일에 국회를 통과하여 2015년 7월 15일 3시 30분 첫 위원회의를 시작하였다. 획정위원회는 국회의원지역선거구가 확정되어 그 효력을 발생하는 날까지 운영된다. 획정위원은 중앙선거관리위원회 위원장이 지명하는 1명과 학계, 법조계, 언론계, 시민단체, 정당 등으로부터 추천받은 전문가 8명 등 모두 9명으로 구성된다.

2019년 연동형비례대표제

2020년 선거를 앞두고 2018년부터 연동형비례대표제로 변경하자는 의견이 제시되어 논쟁 중이다. 연동형비례대표제는 독일식 비례대표제이다. 정당이 받은 득표비율로 의회 전체 의석을 배분하고 이 중에서 지역에서 당선된 의석수를 제외하고 남은 의석수를 정당에 배분하는 것이다. 이 제도의 장점은 비례성을 높여 정당의 대표성을 높인다는 점이다. 소수정당과 상대다수제의 피해를 본 정당들에게 유리하다. 반면에 다당제를 강화하여 대통령제와 부합하지 못한다는 점과 초과의석이 생길 수 있다는 단점이 있다. 2019년 4월 현재 민주당, 바른미래당, 정의당, 평화당이 연동형비례대표제를 찬성하고 있다. 자유한국당이 반대하고 있다. 기존 상대다수제의 과다 대표의 이점이 있기 때문에 제도 변경이 현실적으로 중요한 문제이다. 그런데 현실적으로 정의당이 제안한 안은 연동형비례대표제의 개편이 과연 기대한 효과가 있을지 의문을 제기한다. 75석으로 비례의석을 늘리고 이 중 1/2을 '연동형비례대표제'로 선출하고 나머지 1/2은 '권역별 비례대표'로 선발하자는 것이다. 그리고 아깝게 낙선한 후보를 구제해주는 '석패율 제도'를 도입할 것을 의견으로 냈다. 향후 논의가 더 진행되면서 결론이 나오겠지만 현재 제도개편안에는 문제점들이 있어 추가적인 수정이 필요할 것으로 보인다. 궁극적으로 한국에서 의원수를 늘리고 비례대표제를 확대하는 방안이 가장 바람직하지만 유권자들이 의석수 증대를 거부하고 있기 때문에 이 방안도 현실적으로 실현시키기 어렵다.

5. 당선 결정 방식의 유·불리

표를 통한 비교 **듀베르제 법칙**

(1) 두 가지 작동기제
기계적 과정(정당측면): 정당들이 진입할 수 있는 유인을 결정함.
심리적 과정(유권자 측면): 유권자들이 자신의 표가 사표가 될지 여부에 미치는 효과
(2) 선거제도와 정당체계
단순다수제 → 양당제
비례대표제 → 다당제(비례성에 기반)
결선투표제 → 다당제(정당연합가능성에 기반)

앞서 본 "4. 선거를 통해 어떤 방식으로 대표를 뽑는가?"는 결국 선거에서 당선결정방식을 어떻게 정하는가가 중요하다는 이야기에 다름 아니었다. 선거에서 어떤 방식을 선택하는가가 중요하다는 점을 가장 극명하게 드러낸 이론가는 듀베르제이다. 그의 아이디어의 핵심은 선거제도가 정당체계를 결정짓는다는 것이다. 따라서 선거제도를 바꾸면 정당체계에 변화를 가져올 수 있다는 것이다.

듀베르제의 법칙은 선거와 관련해서 선거를 양극화와 다극화 현상으로 인식하고 2단계를 거치면서 선거제도가 정당체계에 대해 미치는 효과를 설명한다.[43] 두 단계의 과정은 '제도적 과정'과 '심리적 과정'이다. 다수대표제에서 두 단계는 다음의 과정을 거친다. 첫 단계는 제도적 과정으로 대정당에는 과다대표현상이 나타나고 소정당에는 과소대표현상이 나타나서 군소정당들을 위축시키면서 양당제를 촉진한다. 1위 다수제에서 후보자가 많아지면 적은 수의 차이로도 소수의 정당은 의석을 독점할 수 있지만 많은 수의 지지율이 적은 정당은 의석을 가질 가능성이 희박해진다. 만약 A정당이 모든 지역구에서 26%의 지지를 받고 B정당이 25%의 지지를 받고 C정당이 24%의 지지를 받고 D정당이 23%의 지지를 얻는 다고 가정해보자. 이 지지율이 고루 모든 지역에서 나타나고 각 지역에서는 1명만을 뽑는 소선거구제와 단순다수제를 사용한다고 해보자. 그러면 26%의 지지를 받은 A정당이 의석을 모두 차지할 것이다. 이는 큰 정당에게는 선거에 참여할 유인이 되지만 지지율이 낮은 정당들에게는 참여를 꺼리게 만든다. 따라서 정당자체가 진입을 꺼리는 과정을 통해 양당제가 형성된

43) 김광수, Ibid, pp.217-220.

다. 위의 극단적 유권자의 분표를 완화하면 A정당과 B정당의 지지자들이 조금씩 각 지역마다 높게 분포되어 A와 B정당이 지역에서 의석을 양분할 수도 있을 것이다. 실제 영국에서의 1974년과, 1979년 선거의 득표율과 의석점유율을 보면 실제 이런 현상이 눈에 보인다. 보수당(36%, 44% 득표→44%, 53% 의석점유), 노동당(38%, 37% 득표로→50%, 42% 의석점유), 자유 사민당 연합(18%, 14% 득표로→두 차례 모두 2% 의석 점유)의 경우를 보면 군소정당인 자유사민당연합이 불리한 것을 볼 수 있다.

듀베르제 법칙의 둘째 단계는 심리적 과정이다. 여기서는 유권자의 사표방지 심리가 대정당 선호로 나타난다. 앞선 기계적 과정이 정치적 공급 측인 정당을 설명하는 것이었다면 심리적 과정은 수요 측인 유권자를 설명한다. 상대적으로 소수파를 지지하는 유권자는 단순다수제 혹은 상대다수제의 경우 자신의 표가 사표가 될 가능성이 높다고 생각하고 자신의 표가 사표화되는 것을 방지하기 위해 자신의 이념에 가깝고 당선가능성이 높은 정당으로 표를 던진다. 따라서 상대다수제도의 경우 양극화 현상이 나타나고 이는 양당제로 귀결된다. 반면에 비례대표제도는 심리적 요인이 역행한다. 비례대표제의 경우 자신의 표가 사표가 될 가능성이 적기 때문에 자신의 소신껏 투표를 하게 되고 이는 정당체계를 다극화시키게 된다. 결선 투표제도 역시 다당제 요건을 조성한다. 1차 투표에서 당선자가 나오지 않고 2차 투표에서 역전이 가능하기 때문에 유권자들은 자신의 지지정당에 대해 소신껏 투표를 하고 이렇게 얻은 지지율로 정당은 협상파트너가 될 수 있다. 따라서 결선투표제 역시 1차 투표에서 소신껏 투표를 하게 함으로써 다당제를 가져온다.

하지만 듀베르제가 '법칙(law)'이라고 자신있게 주장했음에도 불구하고 듀베르제의 주장에 대한 평가는 다양하다. 먼저 '비례 대표제와 다당제'의 관계에 대해 살펴보자. 먼저 사르토리는 비례대표제도가 다당제를 형성하는 것은 '법칙'이라기보다는 '경향성'이라고 비판했다. 반드시 그런 결과를 보장하지 못한다는 것이다. 또한 듀베르제에 대한 최초의 비판자인 그럼(John G. Grumm)에 따르면 다당제가 비례대표제를 만드는 것이지 비례대표제가 다당제를 형성하는 것이 아니라고 한다. 실제 다당제를 역사적으로 가지고 있던 국가들이 비례대표제도를 선택했다는 것이 비판의 요지이다. 따라서 선거제도가 정당체계를 구성하는 것이 아니라 정당체계가 선거제도를 선택하는 것으로 인과관계의 역전이 있다고 주장한다. 하지만 이들이 비례대표제 채택을 결정할 당시에 이미 결선투표제를 적용하였거나 그 전에 비례대표제를 경험했었기 때문에 듀베르제의 주장에 부합하는 측면이 있다.

둘째로 '결선 투표제와 다당제'의 관계를 살펴보자. 듀베르제 이전에 결선투표제와 관련해서 정당체계를 고민한 사람은 거의 없다. 듀베르제가 결선투표제가 다당제를 가져올 것이라고 주장했지만 양자사이에는 확률적인 상관성은 있지만 뚜렷한 인과성이 있는 것은 아니다. 비례 대표제와 결선투표제는 정당 형성의 유인이 되지만 억제 요인은 안 된다. 결선투표제도가 군소정당인 신당을 형성하는데 유리한 인센티브를 줄 수는 있지만 이것이 다당제를 유도할 만큼 강력한 것인가에는 의문이 있다. 마찬가지로 비례대표제도 그렇다. 실제 오스트리아는 비례대표제를 사용하고 있지만 정당체계는 1석다수대표제인 영국과 비슷하다.

가장 논란이 되는 부분은 '1석 다수대표제 혹은 상대다수제와 양당제'사이의 관계이다. 듀베르제는 1석 다수제, 상대다수제도를 사용하면 양당제가 된다고 주장했다. 하지만 캐나다, 인도는 1석 다수제도임에도 양당제국가가 아니다. 캐나다의 경우 지역정당의 존재로 인해서 양당제가 형성되지 않고 있다. 인도의 경우는 군소 정당이 난립하여 통합이 안 된다. 뿐만 아니라 한국도 지역문제로 인해 다당제를 보여준다.

듀베르제에 대한 비판 중에 꼭 고려하고 넘어갈 것이 있다. 그것은 다운즈(A. Downs)의 이론이다. 다운즈는 합리적인 유권자는 우선 어느 정당이 자신에게 가장 이로운가를 결정하고 나서, 그 정당이 선거에서 승리할 수 있는가의 여부를 평가한다고 한다. 합리적인 유권자는 자신의 투표를 좋고 싫은 선호의 표시가 아니라, 선택과정의 일부로 사용해야 하기 때문이다. 따라서 자신이 선호하는 정당과 무관하게 자신에게 가장 이로운 결과를 가져올 수 있도록 투표하는 것을 '세련된 투표(sophisticated voting)'라고 했다. 이런 경우 승리할 가능성이 낮다고 생각되면 자신이 선호하는 정당에 투표를 하지 않는다는 것으로 이것은 제 3당에게 불리하게 작용한다. 제 3당은 당선가능성이 낮기 때문에 선호의 정도만큼 투표를 받기는 어려울 것이기 때문이다. 하지만 만약 전국적으로는 3당이지만 지역 내에서는 기반을 갖추고 있는 양당에 속한다면 세련된 투표는 거꾸로 제 3당을 강화시킬 것이다. 우리나라에서 진보정당이나 소수당이 지역선거에서 얻는 지지율과 정당선거에서 얻는 지지율간의 차이는 지역에서 당선되기 어려울 것이라는 기대 때문에 자신의 지지와 이념적으로 근접한 "당선될 것 같은" 대안 후보에게 투표를 하기 때문이다. 현상적으로 세련된 투표가 나타나는 것이다.

그래서 이렇게 복잡한 듀베르제 논의에서 무엇을 배울 수 있는가? 듀베르제 법칙은 선거제도가 중요하다는 점을 좀 더 체계적으로 알려주었다. 하지만 이에 대한 반론도 무시할 수는 없다. 즉 정당체계가 선거제도에 의해 결정되는 것이 아니라 사회의 갈등구조가 정당체계를 구성하는 데 있어서 더 중요하다는 것이다. 그리고 선거제도는 이런 사회갈등이 만들어낸 정당체계의 협의결과물일 수 있다. 따라서 선거제도는 정당체계의 원인보다 결과에 가까울 수 있다. 여기에 더해 한 나라의 전통과 문화가 선거에 영향을 미친다. 그러므로 동일한 선거제도를 사용해도 나라마다 결과는 다르다. 그리고 한 사회가 이념이나 인종이 분열이 심할 경우 단순다수제도나 결선투표제도는 성공적으로 작동하지 못했다. 따라서 우리는 선거제도가 일정한 효과를 가져올 수는 있지만 그 효과는 한 사회의 갈등구조가 어떤 것이며 어떤 방식으로 사회균열이 중첩 혹은 교차되었는지 등을 보아야 한다. 그리고 그 사회의 역사적 요인과 정치문화를 동시에 고려해야 한다. 따라서 한국에서 정치개혁을 위한 선거제도의 선택 역시 좀 더 복잡한 요인들과의 동시적 고려를 필요로 한다.

한국적 상황에서 듀베르제를 통해 고민할 수 있는 문제들은 다음과 같다. 한국에서 던져진 표를 의석으로 전환할 때 어떤 결정 시스템이 선택되어야 하는가? 어떤 결정방식이 과다 대표와 과소 대표를 저지하는가? 결정시스템에 대한 듀베르제법칙은 타당한가? 상대다수제와 관련해서 지역에 기반을 둔 소수정당이 왜 상대다수제를 선호하였는가? 그리고 왜 지금까지 한국은 지역구의회 선거와 대통령선거에서 상대다수제도를 사용하고 있는가? 비례대표제도와 관련해서 비례대표제도를 소수정당이 지지하는 이유는 무엇인가? 현행 국회의원 선거에서 비례대표의석수를 늘린다면 어떤 효과를 가져 올 것인가? 한국에서 비례대표의 의석수를 얼마나 더 늘리는 혼합형 선거제도를 써야 할 것인가? 의석배정을 현재 일본식 방식에서 독일방식으로 바꾼다면 정치적으로 누구에게 유리할 것인가? 절대다수제도의 도입과 관련해서는 절대다수제도는 정당과 후보자에 대해 어떤 기능을 하는가? 한국에서 의회선거와 대통령선거에서 결선 투표제도를 도입한다면 어떤 효과를 가져 올 것인가? 한국에서 대통령선거에 결선투표제도를 도입한다면 정당간 연합을 보장 할 수 있는가?

실제로 한국에서 가장 의미있게 논의되는 것은 혼합형선거제도의 의석수 문제로 비례대표의 증대여부이다. 그리고 학자들 사이에서는 결선투표제의 효과도 중요하게 논의되고 있다. 특히 의회에서는 효과가 클 것으로 보이지 않기 때문에 대통령선거제도에 대한 도입여부를 생각해 볼 수 있다. 그리고 마지막으로 최근 투표율의 하락과 관련해서 선거인센티브 문제와 의무투표제도의 문제를 살펴볼 수 있겠다. 그렇다면 이제 한국 문제로 들어가 보자.

6. 선호투표와 당선자 결정방식의 문제

선거를 하였을 때 선호투표를 한다고 하자. 즉 당선을 걸러낼 때 자신이 가진 후보에 대한 선호를 나열하여 이 선호에 따라서 대표를 선출하는 방식이다. 당선자를 결정하는 제도에 의해서도 유권자들의 선택의 결과가 달라진다. 이것은 선거제도중 당선자 결정방식이 최종적으로 유권자 선호에 영향을 미치는 것이다.

표를 통한 비교 **선호투표와 당선자 결정방식**

① **단순다수제**(simple plurality voting): 가장 많은 득표를 한 후보자가 승리하는 방식
② **결선투표제**(plurality runoff): 가장 많은 득표를 한 두 명의 후보자가 결선투표에 진출하여 결선투표에서 최다득표를 한 후보자가 승리하는 방식
③ **순차적 결선투표방식**(sequential runoff): 투표자 각자의 선호에 따라 투표하고 가장 적게 득표한 후보자부터 순차적으로 탈락시키는 방식
④ **보다 카운트**(Borda Count): 투표자의 후보자에 대한 선호순서에 따라 점수를 부여하고 총합점수가 가장 큰 후보자가 승리하는 방식. * 단 여기서 투표자는 1 순위 후보자에게 5점, 2순위 4점, 3순위 3점, 4순위 2점, 5순위 1점의 점수를 부여한다.
⑤ **콩도르세 방식**(Condorcet Procedure): 각각의 후보자를 나머지 모든 후보들과 1대1로 표결하여 최종 승자를 결정하는 방식

아래의 표는 실제 2011년 입법고시에 나왔던 표이다. 이 표를 통해서 당선자 결정방식이 어떻게 작동하는지를 알아본다.

표를 통한 비교

가상의 '국회' 마을에 한명의 대표자를 선출하기 위한 선거가 실시되고, 철수, 경철, 외수, 석희, 제동의 다섯 명이 후보로 출마하였다. '국회'마을은 전체 550명의 투표자로 구성되어 있다. 아래의 표는 다섯 후보자에 대한 투표자 550명의 선호순서(preference ordering)를 같은 것 끼리 묶어 집단별로 나타낸 것이다.

집단	A	B	C	D	E	F
해당집단에서 같은 선호구조를 가진 투표자수	180	120	100	90	40	20
1 순위 선호	철수	경철	외수	석희	제동	제동
2 순위 선호	석희	제동	경철	외수	경철	외수
3 순위 선호	제동	석희	제동	제동	석희	석희
4 순위 선호	외수	외수	석희	경철	외수	경철
5 순위 선호	경철	철수	철수	철수	철수	철수

※ 단, 투표자 개인은 다섯 명의 후보자에 대해서 자신의 선호관계를 확실히 표명할 수 있고, 그 개인의 선택행위에는 내적인 일관성을 가지고 있으며, 자신에게 가장 큰 효용을 가져다 주는 후보자를 선택한다. 또한, 마을의 투표자 누구도 기권하지 않고 자신의 선호에 따라 그대로 투표(sincere voting)한다.

위의 표당선자 결정방식의 결론은 어떤 제도를 선택하는지에 따라 결과가 달라진다는 것이다. 기술적인 내용이지만 실제로 어떻게 작동하는지를 살펴본다.[44)]

첫 번째로 단순 다수결을 사용하면 '철수'가 당선된다. 단순 다수결은 선호에서 제1 선호만을 통해서 한 표라도 더 많이 받은 후보가 당선된다. 따라서 철수가 얻은 표가 A그룹으로부터 180표가 되고 경철은 120표, 외수 100표, 석희 90표 제동은 60표를 얻게 된다.

두 번째 방식인 결선 투표제를 사용할 경우 경철이 당선된다. 첫 번째 선거에서 철수와 경철이 가장 많은 표를 획득하기 때문에 두 사람이 남게 된다. 두 사람에 의해서 선거가 치루어지게 되면 A그룹과 B그룹은 1순위 후보인 철수와 경철을 지지하게 된다. 그러나 자신의 지지후보가 탈락한 C,D,E,F그룹에서는 철수와 경철 중에서 더 높은 선호에 있는 후보에게 지지를 보내게 될 것이다. 선호표에서 볼 때 C, D, E, F 그룹 모두에서 경철이 철수보다 지지를 받고 있다. 또한 이 그룹에서 모두 철수는 최악의 후보로 되어있다. 따라서 결선투표는 덜 지지하는 후보를 몰아내게 되는 효과로 인해 철수를 지지하지 않는 C, D, E, F

44) 『정치학강의 2권』의 기출문제편 2011년 입시 설명을 가져다 썼음.

그룹 모두에서 경철의 지지가 나타나서 경철이 당선된다.

세 번째 순차적 결선투표방식을 사용하면 외수가 당선된다. 이 투표방식에서는 첫 번째 투표에서 가장 적은 표를 얻은 후보를 탈락시킨다. 그럼 제동은 E, F그룹으로 부터 60표를 얻어서 가정 적은 투표로 탈락한다. 두 번째 투표에서 E 그룹은 경철에서 표를 던진다. 경철은 120표에 추가된 40표를 얻는다. F그룹은 외수에게 표를 던진다. 외수는 100표에 20표가 더해져 120표가 된다. 두 번째 투표에서 철수는 180표 경철은 160표 외수는 120표 석희는 90표를 얻는다. 석희가 최소득표로 떨어지고 석회에게 표를 던지던 D 그룹은 90표를 외수에게 준다. 세 번째 투표에서는 철수는 180표, 경철은 160표, 외수는 90표가 더해져서 210표가 된다. 따라서 경철이 탈락하게 되고 경철에게 표를 던진 사람들은 2순위에 있는 제동이나 3순위의 석희에게 표를 던지지 않고 4순위인 외수에게 표를 던진다. 따라서 외수는 160표가 더해져서 370표가 되고 철수는 180표가 된다. 따라서 최종 당선자는 외수가 된다.

네 번째 보다 카운트를 사용하면 석희가 당선된다. 보다 카운트는 선호에 점수를 부여하는 방식이다. 이 방식을 사용할 경우 철수는 A그룹으로부터 5 × 180으로 900점, B, C, D, E, F그룹으로부터 각각 1 × 120, 1 × 100, 1 × 90, 1 × 40, 1 × 20으로 120점, 100점, 90점, 40점, 20점을 획득한다. 그래서 전체적 점수가 370점 + 900점으로 1,270점이 된다. 이런 방식으로 계산을 하면 석희는 (4 × 180 + 3 × 120 + 2 × 100 + 5 × 90 + 3 × 40 + 3 × 20) 1,910점이 된다. 제동은 1,890점이 되고 외수는 1,620점이 되교 경철은 1,560점이 된다. 결과적으로 석희가 가장 높은 점수로 당선된다.

다섯 번째로 콩도르세 방식을 사용하면 제동이 당선된다. 콩도르세 방식에 따르면 각각의 후보를 다른 후보와 경쟁시켜 최종적으로 선택되는 후보를 선발하는 방식이다. 이 방식대로 하여 A그룹에 있는 칼럼대로 순서로 하여 경쟁시켜보자. 우선 철수와 석희를 경쟁시켜보자. 철수와 석희 사이에서는 A그룹만 철수가 석희보다 앞서고 다른 모든 그룹들에서 석희에 대한 선호가 철수에 앞선다. 따라서 과반수에서 석희가 철수를 앞선다. 석희와 제동을 경쟁시켜보자. A그룹, D그룹은 석희가 제동을 앞서기 때문에 270표를 얻지만 나머지 그룹에서는 280표로 제동이 석희를 앞선다. 따라서 석희와 제동을 경쟁시키면 제동이 승리한다. 제동과 외수를 보면 A, B, E, F그룹에서 제동이 외수를 앞선다. 따라서 제동은 360표를 얻고 다른 그룹에서 외수는 190표를 얻기 때문에 제동이 외수보다 과반수의 지지를 받는다. 외수와 경철간의 경쟁에서는 A, C, D, F그룹에서 외수가 더 높은 지지를 받기 때문에 390표를 득표하고 경철은 160표를 얻어서 외수가 선택된다. 마지막으로 경철과 철수간에 경쟁을 시킬 경우 철수는 A그룹에서만 앞서고 모든 그룹에서 경철에게 패한다. 따라서 경철이 당선된다. 이런 결과를 조합하면 제동은 철수와 석희에게 앞서지만 철수는 경철에게 패한다. 경철은 외수에게 패한다. 외수는 제동에게 패한다. 제동은 석희에게 앞서고 철수에게도 앞선다. 따라서 최종적으로는 제동이 당선된다.

이런 결정방식 이외에 승자진출방식 다수결 투표(majority rule by round-robin

tournament)' 방식을 사용하는 경우에는 당황스러운 일이 벌어질 수도 있다. 아래의 표는 실제 2014년 입법고시에 출제된 표이다. 이 표에 따르면 다음과 같은 가정이 깔려있다. 여의도 마을(유권자 99명)의 대표 1인을 뽑는 선거에 빨강, 파랑, 노랑, 연두, 보라, 주황, 검정의 일곱 명이 출마하였다. 주민 전체가 후보 선출방식을 놓고 토론을 벌였고, '동일한 후보자 선호순서(preference ordering)'을 가진 세 개의 집단으로 나뉘었다. 그 내용은 [표1]과 같다(예: 집단1에 속한 유권자 33인은 모두 빨강, 연두, 파랑, 노랑, 검정, 주황, 보라의 순으로 후보를 지지한다). 외부선거관리인은 '승자진출방식 다수결 투표(majority rule by round-robin tournament)' 방식을 제안하고, 후보의 대결 순서도 [표2]로 정하였다. 선거 결과 검정 후보가 최종 승자로 당선되었다. 승자진출방식 다수결 투표의 경우 전체 후보 7명 중 두 명의 후보를 놓고 먼저 1단계에서 투표를 진행하여, 그 결과 다수 득표를 한 후보가 다음 단계에 진출한다. 다음 단계는 1단계의 승자와 2단계에 새롭게 제시된 후보와 다수결 투표를 벌여 승자가 다음 단계로 진출하는 식으로 이어진다. 여기서는 선거관리인이 제안한 [표2]의 대진 순서를 그대로 따르며, 한 번 투표의 대상이 된 후보는 (승리해 다음 단계의 선거에 진출하지 않는 한) 중복 입후보되지 않는다.

표 1 마을 주민 전체의 선호구조

	집단 1	집단 2	집단 3
해당집단에서 같은 선호구조를 가진 유권자수	33명	33명	33명
1순위 지지	빨강	파랑	노랑
2순위 지지	연두	노랑	빨강
3순위 지지	파랑	빨강	보라
4순위 지지	노랑	주황	연두
5순위 지지	검정	보라	파랑
6순위 지지	주황	연두	검정
7순위 지지	보라	검정	주황

표 2 승자진출방식 다수결 투표 표결 순서

1단계
빨강 vs. 노랑
⇩
2단계
1단계 다수결 승자 vs. 파랑
⇩
3단계
2단계 다수결 승자 vs. 연두
⇩
4단계
3단계 다수결 승자 vs. 보라
⇩
5단계
4단계 다수결 승자 vs. 주황
⇩
6단계
5단계 다수결 승자 vs. 검정

최종승자: 검정

앞의 표를 대입하게 되면 당황스러운 결과가 벌어진다. 위의 선거제도 결과는 검정이라는 후보가 선택되게 한다. 문제는 검정후보가 전체 그룹에서 지지가 낮다는 것이다. 그럼에도 불구하고 가장 낮은 지지를 받는 후보가 선출되는 모순을 가져왔다. 이것은 대의민주주의에서 대표를 통해서 사회적 가치를 구현하고자 하는 원리와 충돌한다. 민주주의가 더 나은 대표를 선발하여 사회적으로 더 나은 가치를 구현하고자 하는 것에 반하는 결과를 가져오는 것이다.이런 결과가 산출된 원인은 두 가지에 기인한다. 첫 번째는 위의 그룹들이 가진 선호가 순환적이라는 것이다. 두 번째는 그룹의 선호를 결정하는 선거결정방식에 문제가 있다는 것이다. 순환적 선호로 인해 상대다수제도는 대표에 대한 사회적 합의를 결정하기 어렵다. 위의 두 가지 표는 물론 이론적으로 딜레마 상황을 만든 것이라 현실에서 정확히 나타난다고 할 수는 없다. 그럼에도 제도선택이 민주주의에 어떤 의미를 제시하는지를 보여준다.

7. 한국적 함의: 투표율 증대 방안

우리의 주된 고민은 앞서서 보아왔던 것처럼 공정한 선거제도를 만들어 좀 더 민주적 방식으로 대표를 선출하자는 것이다. 그리고 정부의 정당성을 높이고 정부에 대해 응답성을 묻고 책임성을 추구하기 위해 투표를 잘 활용하자는 것이다. 이런 문제의식에 기반을 두어서 좋은 답을 찾기 위해는 가장 초보적이지만 궁극적인 문제부터 해결하기 시작해야 한다. 즉 "왜 한국의 많은 사람들은 투표를 하지않는가?"를 해결해야 하는 것이다. 사람들이 정치에 대해 관심을 가지지 않거나 체념을 하는 이유 혹은 정치와 정부에 저항을 하면서 거리로 나서는 이유가 무엇인지를 찾아야 한다. 그래야 우리는 대표를 선출하는 시민들을 더 늘릴 수 있으며 이를 통해 대표에게 힘을 부여하기도 하고 벌을 줄 수도 있는 것이다.

앞서 보아왔던 것처럼 투표율을 결정하는데는 여러 이론들이 있다. 교육, 소득, 직업들의 사회경제적 요인에 따른 투표, 자원을 동원할 수 있는 능력에 따른 투표를 설명하는 사회경제적 설명이 있었다. 그러나 한국의 교육과 소득수준의 증대를 고려할 때 이 이론은 반드시 사회전체적으로 볼 때 타당한 것으로 보이지는 않는다. 다음으로 비용과 편익을 계산하는 합리적 선택접근이 있었다. 투표에 드는 비용이 효용보다 클 경우 투표를 하지 않는다는 이 이론 역시 논리적으로 문제가 있다. 자신의 한 표가 당선자를 결정할 확률이 높지 않기 때문에 비용이 압도적으로 크다는 문제이다. 그래서 선택적인 유인이나 집단적인 계산가능성을 대안으로 제시하였다. 이것은 한국에 적용할 경우 투표와 관련된 비용을 많이 낮추어 주었지만(공휴일제정, 자동등록제도) 여전히 투표에 대한 효용이 높지 않고 그로 인해 투표율이 떨어지는 것을 설명할 수 있다. 게다가 선택적 유인으로 계산한 투표의 참여에서 얻는 효능감은 심리적 요인으로 이는 만족감을 나타낸다. 따라서 만족감으로 설명하는 '정치적 효능감'이론과 병행해서 한국의 투표율 하락문제를 설명할 수 있다.

정당에 대한 소속감을 느끼기 어렵고 정치인과 대표와 유리되었다는 이질감이 강하면 정치에 대한 만족감은 떨어진다. 이것이 투표율하락의 주된 원인이다. 여기에 더해 단순다수제

선거제도는 상대적으로 양대 거대 정당에 유리하기 때문에 대표의 선택지를 줄여준다. 이는 소수파를 지지하는 이들을 투표장에서 몰아내는 것이다. 이런 정치제도와 정치적 요인에 의한 설명이 타당한 것은 투표에 참여하지 않은 젊은 세대들이 다른 방식의 정치참여들(예를 들어 인터넷 패러디, 댓글 달기, 비제도적인 참여 등)에 열성적인 것을 보면 알 수 있다. 즉 이들은 자신들의 주장을 선거와 투표가 아닌 다른 방식으로 하는 것이다. 이것은 의견표출의 방식이 마음에 들지 않는다는 것을 예증한다.

낮은 정치참여와 관련해서 마지막으로 볼 것은 젊은 세대의 투표율 저하문제이다. 세대를 바라볼 때 두 가지의 기준이 있다. 나이가 들어가면서 생기는 '연령효과(age effect)'와 동시대를 사는 세대들이 동일한 경험에서 오는 '세대효과 혹은 동년배 효과(generation effect 또는 cohort effect)'이다. 나이가 들어가면서 좀 더 보수화되고, 보수화되면 지킬 것이 많아지면서 정치적 결정을 중시하게 하기 때문에 연령이 높아질수록 투표율은 높게 나타난다. 실제 한국의 투표현상도 그렇다. 반면에 동년배효과는 대략 20대를 전후로 한 집단적인 사회적 변화에 대한 경험이 일생에 영향을 미치는 것으로 1997년 IMF이후 한국의 취업난의 문제와 양극화의 문제 등은 젊은 세대들이 정치적인 것보다 현실 경제적인 문제에 좀 더 매달리도록 만들었다. 이런 요인들이 젊은 층의 투표율저하를 가져오고 있다.

실제 선거에서 투표율을 낮추는 몇 가지 요인이 있다. 먼저 선거가 정치적 관심을 끌기 위해서는 중요한 주제와 이슈를 선정해야 한다. 그러나 최근 선거들에서는 중요 이슈를 부각시키면서 선거를 축제로 여길 수 있게 하여 자발적 참여를 독려하는데 실패했다. 2007년 17대선의 경우 정동영 후보의 이명박 후보에 대한 도덕성공격은 한국 정치의 고질적인 문제인 흠집내기와 비방선거로 비춰졌기 때문에 정동영 후보는 젊은 층의 지지를 얻는 데 실패했다.

이런 네거티브전략에 기초한 이슈 프레임(frame)화의 실패는 결국 우리나라 유권자의 가장 다수를 차지하는 중도파를 투표장으로 유도하는데 실패했다. 한국유권자에서 어느 정당도 지지하지 않는 무당파층이 많다는 것은 그만큼 정당에 대한 친밀도와 충성심이 떨어진다는 것을 의미한다. 따라서 정치적 효능감이 적은 이들을 투표장으로 끌어내기 위해는 정당에 대한 전통적인 충성파와 지지자에 대한 접근과는 다른 접근이 요구되는데 이런 전략을 짜는 데 실패했다.

이것은 한국의 정당이 대중 정당이나 책임정당과 달리 포괄적 정당과 선거전문가정당의 성격이 강하다는 점과 연결된다. 한국정당은 정당간 차이가 강하지 않기 때문에 정책들 간의 차이가 크지 않다. 최근 선거들에서 정당간 정책차이는 크게 드러나지 않았다.

이런 문제를 해결하기 위한 원칙적 방안은 새로운 가치와 요구를 담아내는 새로운 정치제도를 만들어내는 것과 기존 제도들의 수정을 통해 유권자들의 정치적 효능감을 높이는 방법이 있다. 비례대표제의 증대 등의 선거제도 개편도 기존제도를 변경하면서 새로운 요구를 담아낼 수 있는 방안이 될 것이다. 의무투표제도[45]는 시민적 자유와 시민적 책임사이에 많은 논의를 낳을 것이나 투표율을 증대시키는 효과는 있을 것이다. 그러나 무엇보다 중요한 것은 정치가 쓸모없고 정치인은 더 쓸모없는 것이라는 인식의 변화이다. 정치자체에 대한 회의와 정치제도들에 대한 불신과 정치인에 대한 혐오를 깨뜨리기 위한 노력이 필요하다. 이를 위해서는 정치적 신뢰를 쌓아 나가기 위한 교육과 제도개선과 정치인들의 노력이 무엇보다 중요하다.

현안이슈 | 2016년 20대 총선 분석46)

2016년 4월 13일 20대 총선은 대한민국 정치에 많은 변화를 가져왔다. 그 의미를 나누어 분석한다.

첫 번째 다당제가 만들어졌다. 실질적으로 2004년 선거이후 양당제로 운영되던 정당체계에 변화가 만들어진 것이다. 향후 다당제가 계속 나타나게 된다면 20대 총선은 중대선거(critical election)가 된다. 20대 총선에서 유권자들은 집권당인 새누리당을 제 2 당으로 만들고 더불어민주당을 제 1당으로 만들었지만 정당투표에서는 3위로 밀어냈다. 제 3당인 국민의당이 26.74%로 득표율에서 새누리당(33.50%)다음이고 더불어민주당(25.54%)보다 앞섰다. 지역선거에서는 새누리당이 105석을 얻은 데 비해 더불어민주당이 110석으로 5석을 더 많이 얻었다. 국민의 당은 25석을 얻었다.

그런데 다당제와 관련해 고려할 것이 있다. 다당제가 되었다고 의회정치가 작동불능에 빠지는 것은 아니라는 점이다. 과거 13대 총선(1988년 선거)도 이와 유사했다. 여당인 민주정의당은 전체

---

45) **의무투표제(compulsory voting)**: 의무적으로 유권자에게 투표에 참여하거나 선거일에 투표장에 오도록 하는 제도. 투표가 권리이자 의무임을 강조하여 투표 불참자에게 일정한 벌칙(과태료, 투표권 박탈)이나 불이익(공공서비스 제한)을 부과. 벌칙을 끝내 불이행시 투옥도 가능하나 실제 그런 사례는 알려지지 않았음. 현재 32개국이 채택하고 있고 이 중 19개국이 강행규정을 보유. 첫째 유형. 과태료 부과하는 경우(오스트레일리아는 20 오스트리아 달러) 둘째 유형. 참정권 박탈(벨기에에서는 15년 동안 4회 이상 투표에 불참 시 투표권이 10년간 박탈) 셋째 유형. 기타 공공서비스 제한(그리스는 여권과 운전면허증 발급을 제한) 넷째 유형. 의무투표제는 있으나 강행규정은 없는 나라(프랑스 상원선거.) 한국에서 논쟁은 별로 없지만 2008년 46.1%의 투표로 인해 의무투표제 운영에 대한 논쟁이 생겼었다. ① 찬성입장의 취지와 근거: (ⅰ) 대의제도에서 인민대다수를 대표하기 위해 참가가 필수적. 특히 집단화가 부족한 이들의 의견반영가능성을 높임. (ⅱ) 투표는 납세와 같은 시민의 의무, 대표의 정당성확보가 사회를 조화롭게 기능하게 함. (ⅲ) 투표접근에 대한 방해 방지. 사회적으로 불리한 이들에게 투표를 의무화하여 강제함으로서 방해요소에 대해 저항할 수 있는 수단부여. 또한 외부요인(날씨, 교통, 고용주 등)의 영향최소화. (ⅳ) 심각한 정치 사안에 대한 관심유도. (ⅴ) 무효투표가 있기 때문에 선택이 반드시 강제되는 것은 아님. ② 반대입장의 근거: (ⅰ) 투표는 의무가 아닌 권리. 시민의 법적인 권리(자유로운 발언, 투표 등)는 자유이기 때문에 강제되지 않음. 그러므로 의무투표제는 시민의 자유 침해. (ⅱ) 다른 기본권도 침해. 예를 들어 여호와의 증인과 종교자유침해. (ⅲ) 정치에 대한 무관심과 정보 부족의 문제. 선호대표나 정당이 없는 경우도 있음. 이런 경우 아무렇게 투표하는 것(당나귀투표)도 선거결과에 영향을 줄 수 있음(의무투표제 하에서 투표의 1~2% 정도 차지) (ⅳ) 낮은 정치참여자체가 정치적 의사표시임. 정치에 대한 만족의 표시(이 주장은 매우 조심해야 함)이거나 불만에 따른 저항투표(다른 정당에 투표하는 경우와 투표안하는 경우 포함)의 결과로 보고 이것자체의 정치적 의미 있다고 주장.

46) 신희섭, “미국과 유럽사이에서 내린 위대한 선택,” 『법률저널』,(2016년 4월 21일)을 부분 수정함.

299석 가운데 125석을 얻었고 김대중(DJ) 전 대통령이 이끌던 평화민주당이 70석을 얻고 김영삼(YS) 전 대통령의 통일민주당이 59석을 확보했고 김종필(JP) 전 국무총리의 신민주공화당이 35석을 얻었다. 야 3당의 의석이 164석으로 과반수를 넘었다. 그런데 이때 국회는 운영을 잘해나갔다. 국회운영을 평가할 수 있는 기준으로 법안처리율을 보면 13대 국회는 81.1%로 최고 처리율을 보인 14대 국회의 82.3%보다는 낮지만 높은 처리율을 보였다. 이것은 정당이 어떻게 문제를 풀어갈 것인지 운영의 묘를 살리면 반드시 '다당제 = 정당대립 = 식물국회'는 아니라는 것이다.

두 번째 저항투표관점에서 해석이 가능하다. 20대 총선은 선거결과를 가지고 해석하자면 '저항투표(protest voting)'의 전형이다. 대통령의 독선과 옥쇄파동(공천파동)에 새누리당 지지자들이 표를 회수했다. 20대 총선에서 새누리당의 수도권참패와 영남의 지지기반약화를 들어 설명할 수 있다. 새누리당은 서울 49개의 의석 중에서 13개를 획득했다. 새누리당은 묻지마 투표를 보였던 강남 3구에서 3석(강남을, 송파을, 송파병)의 자리를 빼앗겼다. 수도권 전체 122석 중에서 새누리당이 35석을 민주당은 82석을 획득했다. 19대 총선과 비교해보면 그 결과가 명확하다. 19대 총선에서 새누리당은 수도권 27석과 서울 16석으로 전체 43석을 얻었고 민주통합당은 수도권 35석과 서울 30석으로 전체 65석을 획득했었다. 19대 총선에서 새누리당은 영남 67개 의석 중에서 63개를 얻었지만 20대 총선에서는 48개만 얻었다. 영남에서 더민주당이 9개석, 정의당이 1석, 무소속이 7석을 얻었다.

저항투표는 더불어민주당에도 나타났다. 19대에서는 더불어민주당의 전신인 민주통합당이 호남 전체 30석 중에서 25석을 차지했다. 그런데 20대에서는 전체 31개 의석 중 더불어민주당은 6석을 얻었다. 국민의당이 23석을 확보했고 새누리당이 2석을 확보했다.

세 번째는 교차투표이다. 20대 총선에서 유권자는 교차투표 혹은 분리투표를 사용해서 '전략적 투표'와 '진실한 투표'를 보여주었다. 지역 선거에서는 될 사람을 밀어주면서 정당투표에서는 원하는 정당에 표를 준 것이다. 정치학자 피오리나(Morris P. Fiorina)의 개념을 빌리자면 회고적 투표와 전망적 투표가 동시에 작동한 것이다. 새누리당과 더불어민주당에 대한 낮은 정당지지나 지역에서의 묻지마식 투표를 포기한 것은 이들 정당에 대한 경고를 넘어선 처벌로서 '회고적 투표(retrospective voting)'가 적용된 것이다. 반면에 이제 막 정당정치를 시작한 안철수대표와 국민의 당에 대해서는 미래를 기대하겠으니 좋은 인물을 영입하고 선명한 정책을 기대한다는 선물로서 '전망적 투표(prospective voting)'가 사용된 것이다.

이번 선거에서 유권자들의 선택에 큰 의미를 부여할 부분은 4가지이다.

첫 번째, 대한민국의 유권자들은 절대권력과 같이 권력자가 안주하거나 권력보유 혹은 행사를 당연하게 생각하는 것에 그냥은 못 넘어간다. 이번 선거에서 핵심은 박근혜대통령의 권력행사와 더불어민주당 친노진영의 권력행사방식에 대한 불만에 있다. 역사적으로 볼 때 대한민국 유권자들은 놀라울 정도의 저항정신과 행동능력을 가지고 있다. 한국전쟁휴전 이후 7년만인 1960년에 4.19혁명을 통해서 시민들은 민주주의를 불러오는 기적을 보였다. 1979년에는 유신에 대한 강력한 저항이 있었고 1980년 광주에서는 민주주의를 불러오기 위해 많은 이들이 피를 흘렸다. 1987년에는 민주화를 이룩해냈다. 이런 민주주의에 대한 행동주의는 권력의 아집을 거부해 왔다.

두 번째, 대통령제도의 본질이 '자유'에 있는데 대한민국유권자들은 대통령제도의 본질로 돌아가서 정당간 경쟁을 선택했다. 대통령제는 불신의 제도이다. 몽테스키외가 주장한대로 대통령제에는 '이원적 정통성(대통령과 의회를 따로 유권자가 구성)'이 작동한다. 대통령제도는 태생이 갈등이다. 제도적으로 대통령과 의회가 갈등하게 만들어 두고 대통령과 의회의원들에게 기대한 것은 대화하고 설득하고 포용하여 리더십을 보이라는 것이다.

세 번째, 대한민국정치의 제도적 혼용에도 불구하고 유권자들은 미국식제도와 유럽식 제도 두 가지를 모두 활용한다는 것이다. 한국이 사용하는 대통령제도는 미국의 발명품이다. 반면에 이번 선거에서 나타난 다당체의 기율이 강한 정당정치는 유럽산이다. 특히 다당제에 정당 규율이 강력한 것은 종교, 언어, 인종 등 복잡한 사회갈등을 가진 유럽의 제도이다. 원래 대통령제도를 원활하게 작동시키려면 정당이 약해야 한다. 그래야 리더십이 산다. 대통령제에서는 양당제가 편하다. 의회에서 대통령소속정당이 다수당이 될 가능성이 높아야 대통령과 의회가 협조를 하기 쉽다. 정당의 기율이 강하고 다당제가 되면 대통령제도가 작동하기 어렵다. 그럼에도 불구하고 대한민국의 유권자는 대통령에게는 잘 해보라고 50%정도의 지지를 보내주지만 의회에서는 여러 정당에 지지를 보내주었다. 2017년 선거에서 대통령이 어떤 정당에서 나오든 그 대통령은 2020년까지 다당제와 대통령제라는 난해한 제도적 과제를 떠안은 것이다.

네 번째, 2004년 이전의 중요한 주제였던 '분점정부(divided government)'가 다시 문제가 되었다. 여소야대의 국면이 재현된 것이다. 분점정부에서 의회와 행정부간의 관계는 '교착(gridlock)'과 '대립(deadlock)'으로 구분된다. 타협이 가능한 '교착'과 달리 '대립'은 행정부와 의회의 힘겨루기로 국정운영이 어렵다. 분점정부의 해결방안은 대통령의 리더십 활용, 정당기율 약화와 교차투표 가능성 증대, 정부형태 변경이 제시되고 있다. 가장 현실적인 방안으로는 대통령의 리더십 활용을 생각할 수 있다.

P·A·R·T

비교정치제도론

3. 수요 측 요소들

비교정치에서 가장 먼저 다루어야 할 부분은 민주주의의 주인인 '인민'이다. 그러나 제도중 공급측 제도와 매개제도가 정치현상 분석을 위해서는 더 중요하여 앞에 배치하였다. 유권자는 개인적으로가 아니라 집단으로서 중요하다. 따라서 개인에 대한 판단보다 이익집단과 시민단체를 분석한다. 이 부분에서는 정치문화에 대한 설명도 간략히 포함하였고 여론을 움직이는 미디어도 여론과 연결하여 수요 측에서 같이 다룬다. 미디어는 유권자와 정부사이를 연결해주기 때문에 매개장치로 보아야 하지만 독립적인 장으로 구성하기에는 분량이 적어 이익집단의 의견을 표출하는 기능과 연결하면서 간략히 개념과 이론을 소개하도록 한다.

제 1 장 이익집단과 시민사회

수험적 맥락

시민사회는 제도화가 되기 어려운 분야이다. 시민이 시민의식을 가지는 것은 개인적인 문제이다. 시민조직이 만들어져야 '기대의 안정화' 차원의 제도가 된다. 그런 점에서 시민사회(civil society)와 시민조직(civil organization)은 제도화 수준이 다르다.

한국은 1960년 4.19혁명, 1980년 광주 민주화 운동, 1987년 민주화에서 시민사회의 힘을 보여주었다. 게다가 2000년 낙천낙선운동과 2017년 대통령 탄핵에서도 시민사회의 영향력을 보여주었다. 다른 국가들 보다 수요 측 요인이 강하다. 문제는 공급 측의 정부형태와 의회의 제도화도 부족하고 매개 측의 정당 제도화도 부족하다. 그래서 시민사회에 대한 기대가 높은 편이다. 하지만 시민사회는 원래 정치적 조직이 아니다. 자신의 사적 영역에 있던 시민들이 특별한 이슈에서 조직화하거나 운동을 하는 것이다. 이런 시민사회의 특성을 제도정치에서 다루어야 하기 때문에 시민 개인, 시민사회, 시민운동 그리고 시민조직을 체계적으로 구분하면서 다루어야 한다. 한국은 2000년에 이미 시민사회의 르네상스를 보냈다고 생각한 이들에게 최근 시민사회는 '진보 vs. 보수'로 극명하게 대치하며 여전히 중요한 정치적 주제라는 점을 알려주고 있다.

수험적 중요주제

1. 이익집단 형성의 원인
2. 올슨의 집합행동이론과 무임승차문제: 공공재 과소 생산
3. 이익집단과 정부의 관계: 거버넌스 vs. 코포라티즘
4. 시민사회이론들 간의 비교: 시민사회의 역할 범위
5. 시민사회와 문화의 중요성: 사회적 자본이론
6. 신사회운동: 환경의 정치진입
7. 한국정치에서 운동의 정치 특징
8. 미디어의 기능

제1절 이익집단 일반론

이전 장에서 정치라는 공공재를 생산해내고 이를 매개해주는 각종 제도 장치에 대하여 살펴보았다면 이번 장에서 우리는 정치를 수요하는 주요 요소들인 이익집단과 시민사회에 관하여 살펴볼 것이다. 정치에서 개인은 중요하지 않다. 개인들의 공유된 이익이 집단을 만들고 이들 집단이 정치에 실제적인 영향을 미치므로 정치 과정을 보기 위해서는 주요 행위자로서의 이익집단과 시민사회를 살펴보아야 한다.

본격적인 내용에 들어가기 앞서 우리는 이익집단과 시민사회의 구분이 쉽지 않다는 점과 공적 이익단체는 바람직하지만 사적 이익단체는 바람직하지 않은 정치적 폐해라고 주장하는 것이 과연 타당할 것인가 하는 점과 시민사회의 기능을 바라보는 다양한 설명이 있기 때문에 시민사회의 선험적 기능 구분을 피해야 한다는 점을 주의해야 한다. 다른 영역도 마찬가지이지만 시민사회와 관련해서는 더욱 편견이 강하기 때문에 우선 정치적 편견을 버리고 이 장에 입문하는 것이 필요한 것이다. 이 책을 보는 여러분이 실제 시민사회나 시민단체의 구성원이라 가정할 경우와 반대로 정치적 결정을 내리는 사람이라 가정할 경우의 사이에서 균형감각을 가지고 이 장이 다루는 주제들을 살펴보아야 한다.

이 장에서 먼저 다룰 것은 이익집단과 시민사회는 구분되는가 하는 점이다. 양자를 구분할 수 있다고 전제할 때 그 기준은 '공익 혹은 공공선(public interest 혹은 common good)'일 것인데 이것이 과연 구분 가능한지를 따져볼 것이다. 이를 통해 이익집단과 시민사회 사이의 경계선이 있는지 아니면 실제로 큰 의미가 없는지를 구분하여 한국 정치에서의 시민사회와 이익집단 문제를 다룬다. 그리고 한국의 시민사회 혹은 시민단체들이 어디까지 정치적으로 개입하는 것이 바람직한가의 문제를 중심으로 시민사회에 관한 여러 가지 논의를 다룰 것이다. 마지막으로 '시민사회 vs 시민사회'의 명제가 한국에서 주는 함의를 찾아보면서 이 장을 마무리 할 것이다.

1. 시민의 정치적 부상

2011년 2월 11일 이란의 아자디(자유) 광장에서는 1979년 이슬람 시민혁명의 32주년을 기념하는 대규모 집회가 열리고 있었고, 이집트의 타흐리르(자유) 광장에서는 30년간 철권통치를 했던 독재자 무바라크를 권좌에서 축출한 위대한 시민혁명의 환호성이 울렸다. 이란은 여전히 민주주의의 길에 나서지 못하고 있는데 비해 이집트는 민주화의 길을 텄다. 무바라크가 집권한 1981년 이후에 태어난 이들은 이제 30세 이하의 청년들인데 이집트 인구의

66%를 차지한다. 이들 청년들을 중심으로 한 18일간의 시위가 이집트를 민주화시켰다. 청년 연합체 '청년의 분노 혁명통일 지도부'를 중심으로 한 시위대는 그 전에 제시된 미봉책을 단호하게 거부했고, 무바라크가 권좌에서 물러나는 계기가 되었다.

튀니지에 이은 이집트의 민주화는 알제리 예멘 요르단 수단 등 인근 아프리카·아랍권 국가로 확대되고 있다. 그리고 이 과정에서 페이스북, 트위터 등 소셜네트워크서비스(SNS)가 큰 역할을 하고 있다. 이들 나라들의 열악한 경제상황과 독재에 비해 교육수준이 올라가고 인터넷 등의 이용률이 높아진 시민들이 시위를 주도하면서 이들 지역의 민주화를 주도하고 있다. 이로 인해서 중동과 아랍 그리고 아프리카로 민주화가 확대되는 현상을 목격하고 있는 것이다. 이런 민주화의 3번째 물결의 지속적인 진전을 보면 1987년 한국의 민주화를 이끌어냈던 시민사회의 역량이 떠오른다.

이와는 다른 일들도 있다. 2009년 10월에는 현 이명박 정부의 일방적인 독주에 문제의식을 느낀 120명의 시민사회 인사들이 모여 '희망과 대안'이라는 이름으로 2000년 총선시민연대의 낙선운동에 이어 2010년 지방선거에서 새로운 형태의 정치운동을 벌이겠다고 나섰다. 이들은 마치 '시민공천심사위원회' 성격으로 기존 정치인의 대안을 발굴해 추천하는 '신 정치운동'에 본격 나서겠다고 선언한 것이다. 즉 지방선거에서 좋은 후보만들기 운동을 전개하겠다고 선언한 것이다. 이들은 구체적으로 다음과 같은 일들을 수행할 것이라고 밝혔다. 다양한 싱크탱크와 협업을 통한 사회적 의제와 정책 개발, 정치현안 등에 대해 대국민 메시지를 발표하는 것은 물론 한국 정치의 새로운 비전으로서 정치연합을 위한 협상기구 제안, 지방선거에서 좋은 정치세력의 토대가 될 만한 인물의 지방정치 진출 지원, 좋은 후보 만들기 운동, 좋은 후보의 기준 마련 등 다양한 일을 하겠다는 것이다. 이들의 목적은 시민사회간의 소통과 시민사회와 정치권의 소통을 이루겠다는 것이다.

실제로 2010년 지방선거에서 '희망과 대안'은 '좋은 후보운동을 펼쳐서 자신들이 추천하는 좋은 후보를 발표했다. 이것은 시민사회의 활동이 과거 낙천낙선운동과 같은 네거티브가 아닌 포지티브 전략을 택한 것을 보여준다. 2000년 낙천 낙선운동을 통해 후보자를 걸러내고 선거에 영향을 준 시민사회는 2004년 총선에서 공천을 하는 적극적 전략을 수행할 것인가를 두고 논쟁을 벌였다. 2006년에는 5월 31일의 지방선거를 계기로 한국매니페스토실천본부가 발족하면서 시민사회는 매니페스토 운동[1)]을 시작하였다. 정당과 후보자의 철학과 문제의식 그리고 이것이 반영된 핵심정책과 우선순위가 무엇인지를 구체적으로 밝힘으로써 정책선거를 지향하겠다는 취지에서 시민사회가 채택한 전략이었다. 그리고 2010년에는 시민사회가 적극적으로 정치인을 선별하고 지지하는 정책을 짜게 된 것이다.

2010년 영화배우로 유명한 문성근 씨는 한걸음 더 나가 '유쾌한 민란'을 만들자고 하면서

1) **매니페스토 운동**: 정당과 정치인이 공약을 제시하고 그 공약을 이행했는지를 평가하기 위한 운동이다. 이 운동을 통해서 정당과 정치인의 책임성을 추궁함으로서 대표가 유권자에 대해 응답성을 고려하게 하는 것이다.

'국민의 명령'이라는 홈페이지를 만들어서 제4의 시민혁명을 하자고 외치면서 사람들을 모으고 있다. 4.19시민혁명과 1987년의 민주화혁명과 2002년 대선혁명을 이어서 현재의 정치를 변화시키자는 것이 그의 취지이다. 그의 구상은 현 집권여당인 한나라당에 대항해서 2012년 총선과 대선에서는 민주진보진영이 하나의 정당으로 연대하여 승리하자는 것과 그 이후에는 미국의 '무브온'과 같은 시민의 일상적 정치 운동 조직을 건설하겠다는 것이다. '포도송이 조직'이라는 신조어까지 만들어서 이런 구상을 구체화하고 있다.

위의 3가지 사례는 모두 정치적인 행동이다. 정치체제를 민주주의로 바꾸는 것이나 시민사회가 정치사회를 개혁으로 이끌고 그 대안이 되는 것이나 아래로부터의 저항을 이끌어서 이를 통해 진보를 결집하면서 지속적인 혁명을 수행하겠다는 이념적 운동이나 모두 정치적이다. 물론 시민사회가 수행했던 낙선 낙천 운동과 매니페스토운동 역시 정치적 행동이다. 누가 자격이 안 된다는 것을 규정하는 것과 정보를 제공하는 것이나 어떤 정책을 수행할 것인지를 정당과 후보에게 알리는 것 역시 시민사회가 정치사회에 압력을 가하는 측면과 유권자들의 선택에 영향을 미친다는 점에서 정치적인 행동이다.

그런데 왜 어떤 행동은 시민사회의 덕목이 되고 어떤 행동은 시민사회의 과도함이나 과오로 비판받는가? 그렇다면 시민사회가 행동할 수 있는 정치적 활동의 범위가 정해져 있는 것인가? 왜 사람들은 어떤 시민활동에는 적극적으로 지지를 보내고 어떤 활동에 대해서는 지지를 철회하는가?

2. 이익집단의 형성 원인

(1) 정치적 영향력 확보를 위한 집단화

2009년 캐나다의 밴쿠버에서는 각기 다른 여성단체와 여성단체가 맞붙었다. 2010년 동계올림픽 유지를 앞두고 밴쿠버의 환경개선문제를 주방하면서 그 동안 있었던 집창촌을 폐지하겠다고 시 당국이 발표하자 이 산업에 종사했던 여성들이 이익집단을 만들어서 시당국에 저항했다. 집창촌 여성들은 사적 관점에서 자신들의 생계문제를 위해서 뿐만 아니라 성매매가 범죄와 마약복용을 줄일 것이기 때문에 공익적 관점에서도 집창촌을 활성화할 것을 요구했다. 그러자 또다른 여성단체들은 집창촌을 허용할 경우 성매매 산업이 발전할 것은 물론이고 인신매매나 마약복용도 증가한다면서 반대의견을 제시하였다. 그리고 이런 의견을 알리기 위해 벤쿠버 시장에게 이메일, 편지, 전화를 하여 집창촌 활성화를 반대하도록 하는 캠페인을 제안했다. 벤쿠버 시의원들 또한 찬반양론으로 갈려져, 논쟁은 더욱 뜨겁게 달아올랐다.

위 사례의 결과가 어떻게 되었는지와 관계없이 이 사례 자체는 정치현장에서의 이익집단 문제를 적나라하게 드러내준다. 몸을 팔아야 사는 여성들과 자신의 남편이나 아들을 이 여성들로부터 지키고 싶은 여성들이 각각 집단을 만들어서 자신들의 목소리를 관철시키려고 한다. 그리고 그들은 모두 이런 자신들의 주장이 얼마나 공적인 가치를 가지는지를 설명하여 타당성을 얻고자 한다. 또한 이들은 시 당국이 어떤 결정을 할 것인지에 영향을 미치기 위해 여러 방식을 사용하고자 했다. 그리고 시 당국의 결정은 시장에 의해서만 이루어지는 것은 아니고 의회에 의해서도 영향을 받는다. 의원들은 자신들의 다음선거에서의 득표나 이해관계에 따라서 집창촌 문제에 대한 견해를 달리하고 있다.

정치학에서 개인의 행동이 얼마나 큰 의미를 가질 수 있을까? 일제시대 안중근 의사나 윤봉길 의사는 자신을 희생하여 '조선'문제를 세계에 알리고자 했다. 1970년대 전태일의 분신은 노동문제를 알리는데 기여했다. 김주열과 같은 학생들의 죽음은 민주화를 촉발시키기도 했다. 하지만 개인이 이런 역사적인 영향을 미칠 수 있는 경우는 극히 드물다. 대통령과 같은 최고정책결정자가 아닌 개인이 정치학에서 독자적으로 의미있게 분석될 일은 별로 없다. 개인의 선호는 사회에 반영되지 않는다. 하지만 비슷한 의견을 가진 이들의 선호는 사회에 파장을 울리며 정부에 의해서 반영될 여지를 가진다.

(2) 집단연구

이런 관점에서 정치학에 도입된 것이 집단연구이다. 개인들이 집단들을 구성하여 집단들 간의 타협과 흥정을 거치면서 정부에 압력을 행사하여 이를 정책으로 표출하는 것을 살펴보는 것이 집단연구이다. 이런 집단 연구는 전통적인 정치학이 세웠던 눈높이의 국가에 대한 시각과도 다르고 행태주의자들이 상정한 개인분석과도 다르다. 국가와 개인의 중간영역에서 집단이 어떻게 구성되며 어떤 활동을 하고 정부와 어떤 관계를 맺는지를 살펴봄으로써 정치를 집단 간의 흥정과 조정의 관계로 살펴본다.

이런 집단연구는 전통적으로 사회를 강조하고 정부의 개입을 꺼렸던 미국의 역사와 철학을 많이 반영하는 다원주의 접근을 따른다. 다원주의는 자유주의에 근거하여 개인들이 집단을 구성하고 집단들을 통해 정치적 결정을 내린다고 본다. 이때 정책을 결정하는 국가 역시 하나의 집단에 불과한데 단지 다른 집단들보다 구성원의 규모가 포괄적이라는 점에서 차이가 날 뿐이다. 국가는 정책결정에 있어서 주도적이기 보다는, 다양한 정치조직들이 게임을 하는 게임의 장에서 규칙을 정하고 규칙을 위반하는 행위자를 처벌하는 정도의 권력을 행사하면서 다양한 집단들의 이해조정을 통해 정책을 결정한다. 물론 이런 다원주의에 대한 시각은 미국에서도 과반수 이상의 국민이 어떠한 조직에도 가입되어 있지 않다는 점이나, 군산복합체등의 파워그룹이 있어서 실제 결정은 이들을 중심으로 이루어질 뿐이며, 이러한 이유로 다원주의는 명목에 불과하다는 비판을 받는다.

다원주의의 문제점에도 불구하고 집단연구는 정치현상을 조직들의 분화차원에서 보면서 사회영역까지 확장할 수 있다는 장점이 있다. 경제집단이나 사회집단들 간의 경쟁과 협력 역시 다원주의 분석의 영역에 들어오기 때문이다. 또한 협상과 과정을 강조한다는 점에서도 분석적 장점을 가진다. 그리고 과거의 정치연구에 있어서 법률적 접근이나 규범적 접근보다 경험적 연구를 할 수 있게 해준 것도 의미있다.

집단으로 보는 것이 정치적으로 뿐 아니라 정치학적으로 의미 있다면 다음 주어진 문제는 집단을 어떻게 상정할 것인가 하는 점이다. 어떤 것을 분석적 차원에서 집단으로 규정할 것인가와 어떤 집단들을 유형화할 것인가가 중요하다. 정치적으로 가족관계를 분석하는 것과 군대의 조직을 분석하는 것은 다른 문제이기 때문에 집단을 유형화하여 분석의 범위를 정하는 것은 대단히 중요한 일이다.

(3) 이익집단의 의미와 시민사회와의 관계

표를 통한 비교

이익집단(범주적 이익집단): 사적(특수한 조직)이익추구. ex) 대한 변호사협회, 대한 의사협회
시민사회(촉진적 이익집단): 공적 (보편적)이익추구. ex) 그린 피스

그렇다면 이익집단은 무엇인가? 이익집단은 특수하고 개별적인 이익을 실현하기 위한 사회적, 정치적 집단으로 정의된다. 키(Key)는 이익집단에 대하여 공공정책의 결정이나 집행에 영향을 미치기 위해 조직된 사적인 임의집단으로서 직접 정치권력을 장악한다거나 국가권력의 행사나 경영에 참여하려는 의도를 가지고 있지 않다고 규정했다. 즉 이익집단은 영향력을 행사하고자 하지만 국가의 권력을 향유하는 권력기관이 되지 않으려 한다는 점을 핵심적 특징으로 한다. 따라서 이익집단은 다른 조직과 다르다. 이익집단은 정치에 압력을 행사한다는 점에서 친목단체와 다르고 항구적인 조직에 기반을 두고 있다는 점에서 시민대회와 구별되며, 소수의 구성원의 특수목적을 추구하며 선거를 통해 공직을 추구하지 않는 점에서 정당과 다르며, 정부기관과 달리 각종 정책에 책임을 지지 않는다.

이익집단을 보는데 있어서 미국은 조직화된 모든 집단을 이익집단(interest group)으로 범주화하는 경향이 있다. 반면에 영국은 구성원들의 이익을 추구하고 방어하는데 초점을 맞춘 압력집단(pressure group)의 하위범주로 집단을 사용한다.[2)] 하지만 모든 조직화된 집단이 동일하게 이익을 향유하기 위한 목적을 가진 조직은 아니다. 자연발생적인 집단으로 자치집단(communal group)이 있다. 가족이나 인종 집단 등이 여기에 속한다. 이와 달리 누구나 정부기구내의 관료처럼 국가(정부)내에서 영향력을 발휘하는 제도적인 집단(institutional group)이 있다. 이들과 다른 부류로 공동의 제한적인 목적을 추구하는 조합집단(associational group)이 있다. 이들은 자발적으로 만들어졌다는 점에서 자연발생적인 자치집단과 다르고 조직이 자율적이고 독립적이라는 점에서 국가에 매여있는 제도집단과 다르다. 따라서 우리가 보려는 이익집단이나 시민사회 혹은 시민단체는 조합집단에 포함된다.

위의 분류법은 집단의 특징을 기준으로 유형화한 것이다. 그러나 이익을 확보하기 위한

2) 홍익표, 진시원, Ibid, pp.278-279.

집단을 이루는 조합집단 내의 이익집단도 그 집단이 무엇을 추구하는가에 따라서 구분될 수 있다. 예를 들어 환경을 보호하여 인류의 삶의 토대를 건강하게 만들자고 하는 Green Peace의 경우와 변호사들의 복리를 증대하고자 모인 대한변호사협회는 이익집단의 성격이 다르다. 따라서 이익을 '공익'과 '사익'으로 구분하여 공익을 추구하는 집단과 사익을 추구하는 집단으로 구분할 수 있다. 이런 구분법을 사용한 사람은 맥켄지(Mackenzie)이다. 그는 사적인 이익을 추구하는 집단을 '당파적' 이익집단으로 규정하고 공적인 이익을 추구하는 집단을 '촉진적' 이익집단으로 규정했다. 비슷하게 구분한 이론가로 해고피안(Hagopian)도 범주적 이익집단과 촉진적 이익집단으로 구분하였다. 이런 구분은 이익집단을 구분할 뿐 아니라 지향하는 민주주의의 형태에 따라서도 차이가 난다. 이익집단과 결사체를 중심으로 하는 민주주의를 지향할 경우 결사체민주주의가 범주적 이익집단을 중심으로 모색된다. 반면에 보편적인 이익집단이나 시민사회를 중심으로 하는 민주주의를 지향할 경우 참여민주주의가 모색된다.

(4) 공익 구분의 어려움

그런데 이 부분에서 문제가 되는 것은 공익이라는 것이 추상적이기 때문에 명확하게 범주화하기 어렵다는 점이다. 한 가족 구성원에게 있어 개인의 이익이 아닌 가족 전체를 위한 이익은 공익(common good 또는 puplic good)이 될 수 있다. 하지만 사회차원에서 볼 때 한 가족의 이익은 사회적 수준에서는 사적 이해에 불과하다. 노동조합은 조합원 개인과 다른 이해를 가지지만, 사회전체에서 보면 월급인상을 통해 물가를 오르게 만든다는 점에서는 사적 이익 추구자에 불과하다. 그렇다면 공익이란 무엇인가? 그것은 한 국가와 한 사회를 위한 이익을 의미하며 이보다 적은 규모의 이익은 모두 사익으로 규정될까? 반드시 공익이 국가의 이익으로만 규정될 필요는 없다. 게다가 한 국가의 국가이익(national interest) 또한 그 나라의 입장에서는 공익이겠지만 국제사회라는 기준에서 볼 때는 편파적인 이익에 불과하다. 만약 상상력을 확대해서 우주에 우리와 같은 생명체가 사는 행성이 더 있다면 우리 지구의 이익도 결국은 한 행성의 이익에 불과할 것이다.

결국 어떤 것이 공익인지를 규정하는 것은 대단히 어려운 일이다. 그것은 무엇을 공동체로 규정할 것인가를 정해야 하는 문제와 함께 실제로 그것이 이익이 될지를 정해야 하는 문제를 동시에 담고있기 때문이다. 한국은 1960년대 경제성장을 이루기 위해 자본을 집중화해서 몇 개의 거대한 기업을 지원했다. 이런 정책적 배려 덕분에 굴지의 기업인 재벌들이 형성되었고 한국의 GNP는 증대되었다. 하지만 이것은 분배의 불평등 문제를 가져왔고 재벌의 막강한 권력독점을 가져오기도 했다. 초기에는 공적인 이익으로 보인 것이 개별기업의 이익으로 전환되어버린 것이다. 물론 이 과정에서 재벌을 통하여 다른 기업들의 이익도 증대되었고 재벌이 스포츠와 문화를 육성하는 데 지원하기도 하였다. 하지만 이런 부차적인 결과물이 재벌기업의 첫 번째 목표는 아니었기 때문에 재벌기업이 공익을 창출하고 있다고 단정

짓기는 어렵다.

우리가 공익을 규정하기 어렵고 그로 인해 공익을 추구하는 촉진적 이익집단을 범주적 이익집단과 구분하는 것이 어렵다고 해도 불가능한 것은 아니다. 게다가 몇 가지의 복잡한 경우를 제외하면 대체로 일반적인 구분이 가능하기 때문에 우리는 이 장의 앞부분에서 (범주적)이익집단을 다룰 것이고 뒤에서는 시민사회 또는 비정부기구(NGO) 혹은 비영리단체(NPO)라고 하는 촉진적 이익집단을 다룰 것이다. 이후에는 분석의 편의상 범주적 이익집단을 이익집단으로 하고 촉진적 이익집단은 시민사회 혹은 비정부기구로 정하고 설명하겠다.

(5) 이익집단 형성의 설명

그렇다면 이익집단은 왜 형성되는가? 초기 이익집단 연구는 이익이 있으면 집단이 만들어진다고 가정했다. 이런 기능적 관점은 수요는 자연스럽게 공급을 초래한다는 것이다. 그러나 소비자들의 이익이 있다고 소비자들이 모여서 항의시위대를 이루지 않는 것처럼 실제 집단화는 이익의 존재만으로 형성되지는 않는다. 동네 공터에 불량청소년들이 모여서 아이들 교육환경에 좋지 않다고 해서 사람들이 힘을 합쳐서 이 청소년들을 집으로 돌려보낼까? 그렇지 않다. 다른 누군가가 이런 일을 해주길 바라거나 경찰에 신고를 한다. 전자의 해결방식은 '책임전가(buck-passing)' 혹은 '무임승차(free-riding 혹은 bandwagoning)'이라고 부르고 후자의 방식을 '공공재' 혹은 '공공재국가'라고 부른다.

그러나 이렇게 될 것이라는 기대가 없다고 가정해보자. 그리고 아이들 교육환경도 나빠지고 그로 인해서 집값마저 떨어진다고 가정해보자. 이런 경우 학부모의 힘을 보여주기 위해 몇몇 사람이 의견을 모아서 아이들과 교육환경을 지키겠다고 하고 이에 동참하는 사람들을 모으고 일부비용을 분담해서 자율방범대를 조직했다고 해보자. 이런 경우에만 이익을 관철할 수 있는 집단화가 가능하다. 즉 이익을 향유하고 있는 사람들을 모아서 조직화하려는 리더십이 필요하다. 이익집단의 이론가인 트루만이 사회경제적 요인에 의해 지키고자 하는 이익이 생겨나면 조직이 만들어진다고 본 데 비해, 샐리스버리(Salisbury)는 이런 사회적 수요를 조직으로 변화시키는 리더십에 의해 집단화가 가능하다고 주장했다.[3)]

(6) 올슨의 집단행동이론

반면에 조직화를 경제적 합리성을 가정하고 '집단의 크기'와 '유인과 강제'를 통해 설명한 이론가도 있다. 만수르 올슨(M. Olson)의 집단행동이론이 그것이다. 올슨은 조직이 커질수록 공익생산은 줄어들고 조직이 작을수록 공익생산은 늘어난다고 보았다. 그는 조직의 규모가 커지면 이 조직이 부여하는 이익인 집합적 이익은 공공재가 된다고 보았다. 공공재는 2가지 특징을 가진다. 첫째, 배제불가능성과 둘째, 비경합성이 그것이다. 특히 자신이 비용을 분담하지 않아도 사용이 가능한 배제불가능성으로 인해 집단성원들은 합리적일 경우 굳이

3) 고경민, Ibid, pp.272-273.

비용을 분담하면서 혜택을 누리지 않을 것이다. 그런데 조직이 커지면 누가 그 조직의 공공재에 비용을 부담했는지를 판별해내기가 어렵게 된다. 따라서 합리적인 행위자들은 처벌의 가능성이 낮아지는 거대한 규모의 집단에서는 무임승차를 하려고 한다.

반면에 조직의 규모가 작아지면 그 조직구성원에게만 이익이 돌아간다. 선별적인 이익을 주는 작은 조직은 참여하지 않는 성원에게 이익이 돌아가지 않기 때문에 배제가능성을 가진다. 즉 처벌을 통해 비용을 부담하지 않은 구성원을 퇴출시키거나 불이익을 준다. 따라서 작은 조직에는 참여의 유인이 클 뿐 아니라 처벌의 가능성으로 인해 참여하게 된다는 것이다. 올슨의 분석에 따르면 조직의 '선별적인 혜택(selective benefit)'이 이익집단을 형성하는 원동력이 되는 것이다.

그렇다면 올슨 이론은 어떤 함의를 주는가? 올슨은 소집단 고유의 특성과 역할의 중요성을 잘 보여 주었다. 그리고 이렇게 강조된 소집단은 자칫하면 특수집단화될 수 있는 경향이 있어서 위험성을 내포하고 있다. 집단 내 핵심조직이 집단 전체의 이익보다 소수 구성원의 독점적 이익을 강화하려고 할 때 그 소집단은 특수이익집단으로 변신한다.

하지만 올슨의 이론 역시 몇 가지 문제를 가지고 있다. 첫 번째로 집단구성에 있어 구성원의 동기보다 지도자의 역할이 강조되는 경우에는 설명하기 어렵다. 지도자의 리더십을 통해 공공재를 만들 경우 성원들의 합리적 계산은 덜 중요해진다. 두 번째로 수단적 동기보다 자신의 신념이나 가치가 중요하게 되는 경우나 동료에 대한 연대의식이 크게 작용하는 경우에도 구성원들은 공공재 생산에 나서게 된다는 점을 간과하였다. 마지막으로 서구와 같이 이익집단의 경험이 많지 않은 제3세계에서는 적용하기 어렵다. 이런 점에서 이익집단의 다원화의 역사가 짧은 한국에의 적용도 주의를 요한다.

심화 학습

올슨의 공공재이론

이익집단은 자연스럽게 발생한다고 생각한 벤틀리의 1908년 연구가 집단이론을 창시했다. 그리고 이후 1950년대의 트루만은 '파도이론 혹은 확산이론'을 통해 이익집단이 하나 형성되면 다른 이익집단도 자연스럽게 영향을 받아서 생긴다고 하였다. 이들의 예측에도 불구하고 이익집단은 2차 대전이후 증가하지 않았다. 또한 이익집단이 증대할 것으로 예측된 서구에서도 영국과 미국에서만 예외적으로 이익집단정치가 나타났다. 왜 국민들은 이익결사를 구성해서 정치에 영향력을 가하려고 하지 않는가? 이에 대한 설명으로 문화적 차이를 통한 설명이 제시되었지만, 올슨(M. Olson)은 무임승차 이론을 제시하면서 다른 각도에서 이 현상을 설명한다.

집단행동이란 한사람이상의 성원들이 공동의 목표를 추구해가는 행위를 의미한다. 즉 사전적인 의미로 "한 집단이 같은 목표와 의식을 가지고 하는 행동"을 말한다. 올슨은 집단행동을 하는 이유를 큰 조직의 경우에는 부산물이 있기 때문이고 작은 조직은 특별한 이익이 있기 때문이라고 하였다. 대체적으로 공공재의 경우 사람들은 무임승차라는 집단행동을 하려는 경향이 있다. 이것은 공공재 생산에 참여할 때 얻는 이익보다 참가함으로써 드는 비용이 크다고 생각하기 때문이다. 가장 일상적으로 볼 때 세금을 내서 공공재를 만들더라도 그 세금을 낸 것에 비해 공공재가 주는 효용이 만족스럽지 않은 것을 생각해 볼 수 있다.

공공재에 대한 무임승차라고 하는 집단행동을 막기 위해서는 두 가지 방법이 있다. 한 가지는 노조에 가입하지 않으면 취업을 못하게 하는 처벌력이다. 다른 한 가지는 큰 그룹의 경우에 할인혜택이나 중요한 모임에 초대하는 것과 같은 물질적인 유인이 있는 경우이다.

하지만 선별적인 유인이나 처벌이 없이도 단체행동을 하는 경우가 있다. 만약 공공재 혹은 공공선이 파괴될 위험이 있을 때는 사람들은 협력을 한다. 또한 현존하는 공공선이 파괴될 위험 뿐 아니라 공공악이 생길 것이라고 예측되는 경우에도 단체행동에 나서게 된다. 하지만 만약 올슨의 분석의 토대가 되는 경제적 이해에 관한 분석의 범위를 넘어서게 되면 어떤가? 만약 사람들이 이익에 의해서 움직이는 것이 아니라 이념과 이상에 의해서 움직인다고 하면 어떻게 되는가? 실제로 한국의 독립을 꿈꿨던 많은 이들이 자신의 이상인 독립을 위해 자신에게 가장 소중한 생명을 포기했다. 그리고 많은 이들이 시민단체에서 공공선을 만들기 위해 자신의 경제적 이익을 포기하기도 한다.

만약 공공재를 만드는 집단행동에는 참여하지 않고 특수한 이익만을 향유하는 소그룹들을 만들게 된다면 전체로서의 사회는 몰락할 것이다. 실제로 올슨은 노동조합 등 선별적인 이익을 향유하는 집단이 많이 만들어짐으로써 국가 전체의 경쟁력이 떨어지는 것을 설명하였다.

언제 사람들은 무임승차의 집단행동을 하는가? 원자력폐기물과 관련해서 부안사태는 집단행동이 어떻게 충돌할 수 있는지를 보여주었다. 이후 경주가 원자력폐기물을 매립하는 조건으로 엄청난 재정지원을 받았는데 핵폐기물을 매립해야 하는 공공재의 형성에 있어서 보상이 중요하다는 것을 잘 보여주었다. 이러한 사례로 2016년 THAAD 부지 선정문제를 들 수 있다. 미사일방어라는 공공재에도 불구하고 집값하락과 전자파에 대한 위험성이라는 차원에서 비용부담을 꺼리게 되는 현상은 집단행동으로 볼 수 있다.

(7) 신생 민주주의 국가에서 이익집단의 의미

이익집단이 왜 등장하게 되었는가를 밝히는 이익집단의 발생과 참여 동기는 제 3세계에서 이익집단이 중요한 정치적 행위자가 될 수 있는가를 판가름하는 지표이다. 대체로 서구적 설명에 따르면 이익집단 정치가 등장하게 된 배경으로는 몇 가지가 제기된다. 첫째 사회적 분화가 생겨나면서 다원주의 사회가 등장하게 되고 다원적 집단들이 개별적인 특수이익을 표출하게 되었다. 두 번째, 이러한 다양한 요구를 기존 정치제도가 반영하지 못하게 되었다는 점에서 기존정치제도의 문제가 지적된다. 특히 정당정치가 작동하기 어려운 상황이 문제가 될 뿐 아니라 의회기능의 한계도 지적된다. 세 번째로는 국가역할의 증가에 따른 정부통제의 필요성을 들 수 있다. 네 번째로 참여적 정치문화가 확산되고 조직지도자가 등장하여 리더십을 발휘하면서 이익집단을 형성한 점도 제시된다. 다섯째로 자유화와 민주화라는 정치체제의 변화가 이들 집단화를 가능하게 해준 것이다. 이런 사회적 배경 하에서 조직화를 가능하게 하는 정치적 지도력에 의해 이익집단이 형성되는 것이다.[4)]

위의 환경적 요건은 한국에도 그대로 적용된다. 민주화는 조직화를 가능하게 해주었고 사회는 다원화되어 있다. 그러나 이 다원적 이해와 요구를 반영할 정치기제로 정당과 의회는 만족스럽지 않다. 국가의 역할 자체가 커지면서 정부는 다양한 분야에 영향력을 행사함으로써 시민들의 삶 전반에 걸쳐서 영향을 미친다. 예를 들어 성범죄자에게 화학적 거세를 하는 것은 인간의 성적 자유자체가 정부에 의해서 결정될 수 있음을 보여준다. 마지막으로 촛불시위에서 보여진 것처럼 참여의 새로운 문화가 생겨났다. 이런 조건들은 이익집단을 형성할 유인이 많아졌음을 보인다. 이것을 정치적으로 조직화하는 리더십이 중요한 문제가 되어 있는 상태이다.

이익집단을 중심으로 정치를 하는 다원적 정치 혹은 결사체 민주주의가 된다는 것은 정당과 의회를 기반으로 하는 대표정치나 대의제민주주의를 중심으로 하는 정치를 거부하는 것이다. 정당과 의회라는 대표기관을 대체하여 이익집단이 중심이 되는 정치를 수행하려면 규범적 측면에서 이익집단의 능력이 아니라 실제 정치를 수행할 수 있는 능력, 영향력이 있어야 한다. 이런 역량은 이익집단이 얼마나 자원을 동원할 수 있는가에 달려있다. 이익집단의 이념과 목표가 얼마나 많은 성원들의 공감을 얻어내는가의 '이념, 목표'라는 영향력과 재정적 기여를 어디서 받으면서 얼마나 큰 '재정력'을 가지는가 역시 중요하다. 또한 실제 행동에 나설 수 있는 '인적자원'도 중요하다. 그리고 이런 자원의 잠재력을 이끌어내는 '리더십'을 얼마나 보유하고 있는가도 중요하다. 마지막으로 이익집단이 자발적으로 형성된 것이기 때문에 자발적으로 만들어진 조직의 '의사결정구조'가 얼마나 민주적인가와 얼마나 효율적인가도 중요하다.5)

참고 개념들: 이익집단 관련 주요 개념들6)

1) **로비**: 이익집단이 자신의 정책이해와 관련성을 가지는 방향으로 의회나 행정부가 의사결정하도록 압력 행사하는 것을 의미한다. 로비에는 직접적인 방법과 간접적인 방법이 있다.
2) **다원주의**: 정치에서 이해집단의 경쟁성을 강조하며 자유로운 경쟁의 결과는 협상과 중재로 나타난다. 엘리트주의 입장에서는 소수집단의 영향력을 들어 비판한다.
3) **집단행동**: 시민조직 구성원들이 동일한 행동을 하거나 집단 구성원인 개인이 집단목적을 추

---

4) 고경민, Ibid, pp.267-271.
5) **로비와 이익집단의 정치**: 이익집단이 정치적으로 영향력을 행사는 방법으로는 정부에 로비를 하는 방법이 있다. 로비 외에 이익집단을 연대시켜서 정상조직 혹은 정상협회(peak association)를 만들기도 한다. 영국의 노조회의 같은 경우는 670만의 노조원들을 포괄하는 69개의 가입노조로 구성되어 있다. 이 정상조직의 구성원은 개인이 아니고 기업, 무역협회 또는 노조와 같은 다른 조직들이다. 이런 정상협회는 조합주의의 중요한 구성요소이다. 이익집단이 정치적 정책결정자들에 어떻게 접근하는가는 3가지 접근통로가 모색된다. 첫 번째로는 정책결정자(의회, 정부, 관료, 법원)와 직접적인 토론을 거치는 것이다. 두 번째는 정당을 통하는 경우이다. 세 번째는 매스미디어를 통해 영향을 주는 방법이다.

구하기 위해 취하는 행동
4) **자원동원**: 이익집단의 형성과 유지를 위한 인적, 물적 자원의 활용. 자원을 습득하는 구성원들의 능력에 달렸다.
5) **시민이익집단**: 시민들이 자발적으로 만드는 결사체로 모든 시민들에게 공통적으로 적용되는 광범위한 사회이슈를 중심으로 구성되며 거대한 멤버십을 가진다.
6) **압력집단**: 특정한 목표와 이해를 성취하기 위해 공공정책이나 정부의 입법과정에 영향을 미치려고 하는 이익집단. 보통은 이익집단과 압력집단을 동일한 것으로 파악한다.
7) **철의 삼각관계**: '입법가 + 관료 + 이익집단'간에 형성되는 정책형성관계
8) **다두정치**: 로버트 달에 의해 창출된 개념으로 '공적인 이의 신청(contestation)'과 '광범위한 정치참여(participation)'라는 두 가지 차원에서 민주주의 정도를 측정하여 가장 높은 형태의 민주화정도를 가진 정치체제를 다두 정치라고 부른다.
9) **과두정치**: 소수에 의한 정치 혹은 소수에 의한 지배로 민주주의에 반대되는 개념

3. 사적 이익집단의 기능

(1) 이익집단의 역할

이익집단이 능력을 보유하고 주체적으로 정치에 참여한다면 이익집단중심의 정치는 어떻게 민주주의에 기여할 것인가? 이것은 이익집단의 민주주의에 대한 기능이 될 것이다. 모든 정치적 행위자나 제도가 그렇듯이 이익집단 중심의 정치도 순기능과 역기능을 가진다. 먼저 이익집단은 다원화된 사회에서 다원적인 이익을 반영함으로써 인민의 참여를 집단적으로 보장해준다. 그리고 기존 대의정치의 핵심인 정당과 의회와 정부를 감시하고 견제할 수 있다. 그리고 이익집단의 참여는 참여자체에 대한 교육적 효과를 가져올 것이다. 또한 이익집단의 내부운영절차를 습득하면서 민주적 결정구조를 현실적으로 체득할 수 있다. 마지막으로 로버트 달이 이야기 하는 것처럼 다양한 이익집단에 참여하여 중복적 회원권을 가지고 계급적 대립을 약화시킬 것이다.

반면에 이익집단중심의 정치는 '철의 삼각'을 형성할 수 있다. 행정부와 의회의 상임위원회와 이익집단의 유착 관계를 통해 공익에 배치되는 결정을 주도할 수 있다. 또한 이익집단은 자신들의 이익만을 강조하기 때문에 다른 이익집단과의 충돌을 극대화하여 사회적 갈등이 증대할 수 있다. 이런 이익집단 간 경쟁은 한국에서 의약분업 사태에서 본 것처럼 이익집단 간 힘의 우열을 통해 해결될 수 있고 이 과정에서 집단화되지 않은 이들은 소외된다. 특히 정부의 중요한 결정을 하는 관료를 이익집단이 포획한 경우에 정부의 중립성 상실 문제는 심각해진다. 마지막으로 이익집단은 다른 시민들에게도 엄청난 영향을 미침에도 불구하고 이들에게 책임을 추궁할 수 있는 방법이 없다.

---

6) 정연정, "이익집단", 『정치학이해의 길잡이 3: 정치과정』의 요약을 중심으로 구성함.

이익집단의 부정적 영향에도 불구하고 사활적 이익을 가진 이들이 집단을 형성하는 것은 자연스러운 일이다. 실제 문제는 이들 집단들 간의 이익을 어떤 방식으로 표출하고 이것을 정치적 결정으로 옮겨가는가 하는 것의 제도를 만드는 것이다. 이런 이익집단간의 이해표출과 조정의 방식을 이익대표체계라고 한다.

(2) 이익대표체계: 다원주의 vs 코포라티즘

표를 통한 비교 **다원주의 vs. 코포라티즘**

(1) 다원주의(개인과 다양한 조직 → 정부) vs. 코포라티즘(국가 ↔ 정상조직)
(2) 국가코포라티즘(국가 → 정상조직형성) vs. 사회코포라티즘(국가 ↔ 정상조직)

이익대표체계는 크게 두 가지로 구분한다. 개인들을 조직화하여 이들 조직의 이해를 '대표'할 것인지 아니면 이들의 이익을 '매개'할 것인지로 구분된다. 이익을 대표하는 방법이 다원주의 방식이고 이익을 매개하는 방법이 코포라티즘이다. 다원주의는 다양한 이익집단에 대해 국가가 중립적으로 이익집단들 간 경쟁의 결과를 수용하는 것이다. 국가는 이익집단 간에 '중재자'가 될 것이다. 이익집단들은 사회 내 이익을 어떻게 동원하고 교섭을 어떻게 수행하며 협상을 이루어내는 지와 정책결정자에게 얼마나 영향력을 미치는가에 따라 정책결정의 주도권이 주어진다. 하지만 다원주의는 '파벌의 해악'을 막지는 못한다. 즉 이익이 분화되고 이익집단간의 갈등을 당연시하여 사적 이해에 의해 공적 이해가 무시당한다. 또한 린드블롬이 주장하는 것처럼 '기업가들에게 있어 특권적 지위'를 부여할 수 있다. 이것은 구조적 힘을 의미하는데 한 국가의 경제를 작동하기 위해 정부는 자본가를 필요로 하게 된다. 이런 경우 자본가 집단은 경쟁에서 선취점을 얻고 게임을 시작하는 것이다. 이것은 집단행동능력의 비대칭성을 보여준다. 즉 정부의 정책결정은 자유의 보호라는 명분으로 실제 구조적 힘을 가진 자본가나 기업가를 위한 정치가 되는 것이다.

코포라티즘은 1974년 필립 슈미터가 던진 화두 "아직도 코포라티즘의 세기인가?(Still the Century of Corporatism)"이후 관심을 많이 끌었다. 이를 통해 이익집단 연구를 부활시킨 슈미터는 코포라티즘을 "이익집단을 구성하는 단위들이 제한된 수로 단일하며, 강압적이며, 비경쟁적이며, 위계적이며, 기능적으로 분화된 범주에 따라 조직된 것으로서, 그 구성단위들이 그들 지도자의 선정과 요구 및 지지의 표명에 대해 국가에 의한 어떤 통제를 받아들이는 대가로 그들이 국가에 의해 인가되고 각각의 범주에서 구성원의 이익을 대표할 독점적인 권리를 부여받는 이익대표 체계의 한 유형"으로 정의했다.[7] 코포라티즘은 민주주의와 비민주주의에서 모두 나타난다. 슈미터는 이를 '국가조합주의'와 '사회조합주의'로 구분했다.

'국가조합주의'에서는 국가가 각종 이익을 대변할 어용단체를 만들거나 국가에 종속시킴

7) 고경민, Ibid, pp.292-293.

으로써 이익집단을 통제하여 국가의 정책을 달성하고자 한다. 또한 국가조합주의는 다원주의에서 생기는 이익집단의 해악을 국가가 통제하거나 규제를 통해 해결하고자 한다. 실제로 동아시아의 권위주의 국가들이 1960년대 산업효율화와 정부업무부담을 경감하기 위해 사업자단체를 양성하고 독점적 특권을 부여하기도 했다.

이와 달리 '사회조합주의'는 민주적 복지국가에서 시행된 것으로 이익집단의 활동의 결과로 자연스럽게 집단을 만든다. 이는 국가 조합주의가 '위로부터의' 방식인데 비해 사회조합주의는 '아래로부터의' 방식이라는 점에서 구분된다. 사회조합주의는 이익을 대표할 수 있는 조직에 국가가 협상의 특권을 부여하여 국가를 매개로 하여 다른 이익집단과 이해를 조정한다. 주로 노사관계에 대해 국가가 매개하는 3자 연합을 형성한다. 사회적 코포라티즘이 작동하기 위해서는 첫 번째로 중앙집권화 된 단위노조가 필요하고 두 번째로 사적이익정부가 존재해야 하며 세 번째로는 국가가 이익을 조정할 수 있는 능력이 필요하고 네 번째로는 사회적 수준에서 양보와 타협의 문화가 이루어져 있어야 한다.

그러나 이론적으로 다원주의가 다양한 집단의 분화를 주장하고 코포라티즘이 거대한 조직화를 통해 국가와의 연대를 주장하는 것이 실제 현실에서는 뚜렷한 구분없이 혼용되는 경우가 많아졌다. 양자가 구분되기 어려워지거나 구분의 필요성이 떨어지면서 이익대표를 다원주의와 코포라티즘의 2원적 관계로만 파악하는 것의 효용성이 떨어졌다.

(3) 대안이론: 포괄적 발전패러다임, 정책네트워크, 결사체 거버넌스[8)]

이런 대안으로 제시된 것이 '포괄적 발전패러다임'과 '정책네트워크'이론이다. 스티글리츠(Stiglitz)가 사회적 코포라티즘에 대한 대안으로 제시한 것이 '포괄적 발전 패러다임'이다. 여기서는 이익집단의 참여를 강조하는 참여민주주의를 주장한다. 이익집단에 '참여'하고 이익집단간의 '협력'을 통해 정치개혁을 실시한다는 것이다. 이 논리는 "참여 · 협력 → 의식변화 → 개혁참여(의식/제도 동시 개혁)"의 구조를 가진다. 이 이론은 시민단체의 역량을 강화해서 견제세력을 형성하고자 하는 것과 집단행동을 이끄는 정치적 기업가를 중요하게 여긴다. 하지만 이 이론도 몇 가지 문제점을 내포하고 있다. 첫 번째로 시민단체의 자원동원 능력이 열악한 문제가 있다. 둘째로 과도한 직접민주주의를 주장하는데 이것은 대의제를 약화시키고 포퓰리즘을 유도할 수 있다. 셋째, 시민단체를 포함하여 이익집단의 지대추구화 경향이나 집단이기주의로 인해 님비현상(NIMBY)이나 과두제의 지배를 만들 수 있다. 이런 문제를 해결하는 방안으로 국가가 시민단체 자원동원력의 문제를 해결하거나 집단이기주의나 지대추구현상을 억제할 수 있다. 하지만 이런 국가주도적인 지원은 자칫하면 이익집단을 어

---

8) **협치와 결사체 네트워크**: 결사체 네트워크도 협치라고 하는 거버넌스의 한 형태이다. 한국에서 협치라는 용어는 다양하게 사용되고 있다. 특히 2016년 총선에서 다당제의 등장이후 대통령과 의회의 협치가 강조되고 있다. 이때 협치는 협력적 통치를 의미한다. 거버넌스 역시 다양한 행위자간 협력 통치를 의미한다.

용화 할 수 있다는 역효과를 가지고도 있다.

정책네트워크는 정책결정의 복잡성에 기반하여 다수의 행위자들이 실제 정책결정에 참여하는 이익대표체계이다. 실제 정책이 결정되는 '하위정부(일상적 정책결정을 처리하는 개인들의 집합체)'를 중심으로 정책이 결정된다. 이렇게 형성된 결정구조는 소수의 특권화된 집단을 강조한다. 그러나 이런 특권화된 집단을 네트워크로 개념화하는 것은 '철의 삼각관계'처럼 비민주적일 수 있다는 비판을 받는다. 이에 대한 비판으로 전문가집단이 대규모로 연결된 '이슈네트워크'가 제시되기도 했다. 네트워크의 개념자체가 모호하지만 정책결정에 있어서 다양한 행위자들이 묶여서 정책을 결정하는 것으로 정리해볼 수 있다. 이처럼 추상적인 개념으로 인해 정책 네트워크를 유형화함으로써 각각의 의미를 구체화하려는 시도도 있다. 아래의 <참고>는 다양한 유형의 네트워크를 보여준다.

참고 로즈(Rhodes)의 네트워크 유형화

① **정책 공동체(policy community)**: 관계의 안정성, 매우 제한된 회원자격의 연속성, 서비스 제공 책임의 공유에 기초한 수직적 상호의존. 그리고 다른 네트워크 및 일반 공중들(의회를 포함하여)로부터의 격리로 특징지워지는 네트워크

② **전문가 네트워크(professional network)**: 정책결정에서 한 종류의 참여자, 즉 전문가들의 참여가 두드러진 네트워크

③ **정부간 네트워크(intergovernmental network)**: 지방자치단체들의 대표조직에 기초한 네트워크

④ **생산자 네트워크(producer network)**: 정책 결정에서 경제적 이익집단들(공적, 사적 부문 모두)의 두드러진 역할, 그들의 유동적인 회원자격, 산업조직의 중심에 대한 의존, 그리고 경제적 이익들 사이의 제한된 상호의존으로 특징지워지는 네트워크

⑤ **이슈 네트워크(issue network)**: 제한 된 정도의 상호의존을 갖고 있는 많은 수의 참여자로 특징지워지는 네트워크

이익대표체계는 경제문제를 어떻게 조정할 것인가를 다루기 때문에 정치경제의 영역이기도 하다. 전통적인 정치경제적 접근이 국가와 시장사이의 관계를 다룬데 비해서 최근에는 시민사회의 영역을 정치경제에 도입해서 분석의 역동성을 살려내려는 시도들이 있다. 대표적으로 결사체거버넌스를 볼 수 있다.

결사체 거버넌스를 최초로 체계화시킨 이론가들은 슈트렉과 쉬미터(Streeck and schmitter)이다. 이들은 사적 이익정부(Private Interest Government: PIG)를 통해 국가의 직접적인 개입과 규제에 대한 하나의 대안을 제시한다. 국가의 허가와 보조하에서 사적 이익집단들(특히 사업자단체)에게 공적인 책임을 위임함으로써 이들이 자신의 특수이익보다는 공적인 이익을 도모하고 공공정책적 역할을 담당할 수 있도록 하는 제도로서 "사적 이익집

단의 공적인 활용" 혹은 "규제된 자율규제"의 개념을 발전시켰다. 이것은 개인의 이익을 가능하게 하는 것이 전체의 일반이익을 도모할 수 있게 하여 시장논리와 구분된다.[9] 즉 국가와 사적 이익집단 사이의 교섭과 교환관계를 설명하는 것으로 국가는 자율성을 일정부분 상실하지만 정책의 효율성을 높이고 정책집행비용을 낮출 수 있다. 반면에 사업자단체 입장에서는 공적인 책임을 위임받아서 공공정책적 역할을 담당하는 과정에서 자신의 이기적 이익을 공공이익에 어느 정도 양보하게 되지만 대신 국가의 직접적인 규제와 간섭을 피할 수 있게 되며 국가로부터 수여되는 공적인 지위와 권한, 정당성, 독점적 대표권 등을 수혜하게 되는 것이다. 실제 일본에서 백화점 업체에게 규제를 위임함으로써 업체 간 자율규제의 전형을 보여주고 있다. 이렇게 함으로써 일본의 모델이 발전국가모델에서 사업자단체 자율규제의 모델로 이행하고 있다는 주장도 있다.[10]

이처럼 이익집단의 문제는 민주주의의 문제이자 민주주의의 토대인 정치경제의 문제이기도 하다. 인간이 사적인 이해를 가지는 것이 필연적이고 이를 조직화하는 것 역시 필연적이기 때문에 이익집단에 대한 관심은 지속될 것이다. 앞으로 이익집단연구가 나갈 방향은 이런 점에서 중요하다. 이익집단이 대중 속에서의 활성화가 중요하겠다. 또한 IT 혁명의 도움을 얻어서 이익집단의 내부적인 무임승차를 최소화할 가능성이 높아졌다. 이와 더불어 IT에 기반을 두어 어떤 활동수단을 늘리는 것이 필요한지에 대한 부분과 이익집단들 간의 조정과 타협에 대해서도 연구가 확대될 수 있다. 마지막으로 이익집단 내에 민주적 운영방식과 절차에도 주목할 필요가 있다. 이를 위해서는 리더십과 민주적인 내부운영 등이 고려되어야 한다.[11]

4. 한국 이익집단의 현황

(1) 한국 이익집단의 확대

한국사회도 다원화가 많이 진행되었고 이에 따라 이익집단의 수도 늘었을 뿐 아니라 활동영역 역시 확대되고 있다. 민주화이후의 이익집단은 국가의 동원에서 점차 자율적으로 변하고 있다. 그리고 이익집단 중에서 공익집단이 늘어나고 있다.

1997년 동아시아 금융위기를 맞고 IMF에 자금 지원을 받았을 때 한국의 정치경제구조이자 동아시아국가들이 사용했던 발전국가 모델이 사형선고를 받았다. 이제 국가가 주도적으로 시장에 개입하여 대규모자원을 투자하는 방식으로 경제성장을 견인하고 내부적으로 이해조율을 하는 것은 불가능하게 되었다. 당시에 시대적인 고민은 그렇다면 어떤 대안적 모델을 한국이 받아들일 것인가였다. 미국식 다원주의와 북유럽식 네오코포라티즘 사이에서

9) 유석진, 김의영, 임혜란, "정치경제", 김세균, 박찬욱, 백창재 편, 『정치학의 대상과 방법』(서울: 박영사, 2005), p.275.
10) 유석진 외, Ibid, p.276.
11) 정연정, Ibid, p.

어떤 선택을 할 것인가를 두고 학계에서 뜨거운 논쟁이 벌어졌다. 한국적 상황에서 다원주의가 어렵다는 쪽으로 결론이 지어지면서 네오코포라티즘을 도입하는 쪽으로 방향을 잡았다. 이런 과정에서 만들어진 것이 김대중 정부시절의 노사정위원회이다. 하지만 IMF의 조건부 차관을 신청하면서 IMF가 주도하는 시장질서중심의 신자유주의를 채용하게 되었다. 그리고 경제위기를 극복하는 과정에서 소득과 자산의 양극화가 심화되면서 다시 하나의 사회적 균열을 만들게 된다.

한국의 민주주의를 발전시켜야 한다는 목표 하에서 어떤 방식으로 성장과 분배를 도모할 것인가는 현실적으로 중요한 문제이다. 어떤 방식의 이익분배구조를 만들 것인가는 이익집단을 어떻게 다룰 것인가 뿐 아니라 어떤 정치경제적 모델을 도입할 것인가를 정하는 문제와도 연결된다. 어떤 이익분배구조가 한국에 필요한가를 설정하기 위해서는 한국에는 어떤 갈등구조들이 있는지를 보는 것이 중요하다.

(2) 한국의 사회적 갈등구조들

그렇다면 분석적으로 눈에 띄는 한국의 갈등구조는 무엇이 있는가? 대체로 7가지[12]의 갈등구조를 볼 수 있다. 7개의 갈등은 ① 계층갈등 ② 보,혁갈등 ③ 노사갈등 ④ 지역감정과 지역갈등 ⑤ 국가와 자본의 갈등 ⑥ 이념적 갈등과 남・북갈등 ⑦ 세대간의 갈등이다. 이것을 조금 더 들여다보자. 먼저 첫 번째 갈등인 계층갈등은 산업화로 인한 사회의 분화와 다원화, 불평등한 분배구조, 권력층과 자본가 층의 특권적 결탁, 경제발전과정에서의 국가에 의한 민중부분의 이익배제 등에 의해서 만들어진 것이다.

두 번째로 '보・혁갈등'을 들 수 있다. '보・혁갈등'[13]은 건국 이래 한국사회의 보수와 혁신의 대결로, 도전과 억압의 악순환을 단속적으로 반복하면서 정치사회적 위기와 불안을 조성하였다. 보혁갈등은 그간 한국사회의 총체적 변혁을 추구하는 반체제세력과 기득권 수호에 집착하는 수구세력과의 극한대결로 특정지어지고 정치사회적 위기를 가중시켰다.

세 번째 갈등은 노사갈등이다. 1960년대 정부가 수출주도형 성장정책을 강조하면서 기업에는 특혜를 부여하고 상대적으로 노동자들에게는 수탈적인 저임금을 강요하고, 국가가 강제력으로 노동운동을 억압하였다. 이후 노사갈등이 내포하고 있는 정치적 심각성은 민주노조가 조합주의와 경제주의의 한계를 넘어 혁명적 계급투쟁론의 관점에서 자본가계급과의 화

---

12) 최장집, "한국의 갈등구조와 이익갈등 조정제도" 이 논문에서는 6가지 갈등구조가 제시되었는데 여기에 마지막 세대문제를 포함하여 7가지 갈등구조로 설명한다.

13) **진보와 혁신의 관계**: 1990년대까지 한국의 이념적 갈등은 보수와 혁신간의 갈등으로 명명되었다. 그러나 2000년대 들어오면서 혁신세력의 급진적임을 완화하고자 논쟁은 보수와 진보간의 논쟁이 되었다. 혁신(radical)은 체제의 급격한 변화를 꾀하는 이념으로 수구 혹은 반동(reactionally)에 대비되는 개념이다. 반면에 진보(progessive)는 이성을 통한 의도적인 노력으로 점진적인 변화를 꾀한다는 점에서 보수(conservative)라고 하는 점진적 변화가 역사와 관행을 통해 만들어지기 때문에 전통을 중시하는 입장과 차이가 있다.

해할 수 없는 한판싸움을 통해 사회변혁을 추구하고 있다는 데 있다.

네 번째 갈등은 지역감정과 지역갈등이다. 지역문제는 역사적인 원인(예를 들어 고려태조 왕건이 죽을 때 차령이남인사를 기용하지 말라고 했다는 역사적 기록)에 근거하기보다는 1960년대 이후 경제개발과정에서 빚어진 영호남간의 불균형발전과 엘리트 충원상의 지역편중에 의해 조장된 것이다. 보수와 혁신갈등과 마찬가지로 국민통합과 일체감의 형성을 저해하고 통치권력의 국민대표성과 정당성을 훼손할 수 있다.

다섯 번째 갈등은 국가와 자본의 갈등이다. 1990년대의 갈등구조는 기존의 구조에다 국가와 자본의 패권경쟁이 중첩되는 특징을 보여준다. 현실적으로 국가와 자본간의 관계는 과거의 주종관계를 탈피하고 변화하였는데도 여전히 국가가 자본을 통제하려는 이율배반적인 현상이 초래되고 있다.

여섯 번째 갈등은 이념적 갈등과 남・북갈등이다. 2000년대 들어오면서 남북간의 화해 분위기와 더불어 이념적 스펙트럼은 수렴의 성격을 보이고 있지만, 과거의 높은 벽을 단시간 내에 해결하기는 어려울 것 같고, 이후 통일과 더불어 발생하게 될 남북간의 갈등에 대해서도 많은 연구가 필요한 시점이다.

일곱 번째 갈등은 세대간의 갈등이다. 2002년 대통령선거에서부터 젊은 세대의 정치적 의견과 기성세대의 정치적 의견이 대립하는 양상을 보이면서 정치의 중심무대에 서게 되었다. 2004년 총선은 젊은 세대의 386정치인들에 대한 지지가 민주당을 탈당해서 나온 열린우리당과 당시 노무현 대통령에 대해 몰리면서 세대정치를 극명하게 보이게 하였다.

위의 모든 갈등이 정치에 대표되기 위해 사회적 갈등으로 동일하게 표출되는 것은 아니다. 어떤 갈등이 강하게 표출되기도 하고 어떤 갈등은 이와 달리 약하게 표출되기도 한다. 또한 지역문제처럼 갈등의 표출이 강하다가 약해질 수도 있다. 그리고 이런 갈등의 강도는 이익집단을 구성할 유인의 강도가 될 수 있다. 따라서 사회적 갈등의 강도에 차이가 있고 그 정도가 바뀐다는 것은 이익집단의 활성화 정도도 달라진다는 것이다.

(3) 한국 이익집단의 역사

그렇다면 한국의 이익집단은 어떤 역사를 거치면서 흘러왔는가? 건국 초기에 한국의 이익집단은 주로 국가주도 하에 위로부터 형성되었다. 이들은 국가의 통제와 개입에 의한 비경쟁적 구도를 가지고 있었다. 1946년 이후 신탁통치문제를 두고 이념적 경쟁이 치열할 때 반공집단과 우익집단이 만들어지고 소련과 공산주의자들로부터의 지원에 의해서든 남한내부의 사회주의자들의 자발적 의사에 의해서든 조직화된 좌파조직은 국가에 의해 해체되기 시작한다. 특히 정판사사건[14]을 계기로 남측에서 좌익의 세력은 급속도로 약화된다. 한국전쟁

---

14) **정판사사건**: 공산당 기관지를 발행하는 해방일보사 사장 권오직(權五稷)과 이관술(李觀述)이 일제말 조선은행 백원권을 인쇄하던 치카자와[近澤]인쇄소의 후신인 조선정판사 사장 박낙종(朴洛鍾)과 부사장 송언필(宋彦弼)에게 위조지폐 제작 임무를 맡겼고, 박낙종의 지시를 받은 평판과장이 총액

을 거치면서 한국의 이익집단은 더욱 약해졌고 1960년 4.19에서 시민사회로서 학생세력에 의해 주도된 민주화가 요구되었다. 그러나 1961년 5.16군사 쿠테타에 의해 다시 권위주의로 회귀하게 되면서 이익집단은 약화되었다. 민주화이전까지 이익집단들은 독자적 이익 표출기능이 약하고 국가 정책의사의 집행역할을 담당하였다. 특히 국가는 시장기제를 배제하고 억압하는 전략을 사용하여 노동자 조직을 파편화하고 선별화하였다. 전체적으로 산업사회에서 가장 강한 이익집단으로서 노동조합은 세워지지 못했고 노동자들의 이익을 반영할 수 있는 계급정당은 부재하였다.

1987년 민주화이후 이익집단은 활성화된다. 특히 자유화의 물결 속에서 집단의 형성은 허가제도에서 신고제도로 바뀌는 등 국가의 개입의 여지가 줄었다. 이는 집단화를 가능하게 해주는 조건이 되었다. 또한 자유주의에 따른 민주화는 국가와 이익집단을 분립시키는 과정으로 대부분의 이익집단이 그 본래기능인 독자적 이익을 표출하게 되었다. 이렇게 이익집단의 활성화는 집단이기주의를 가져오는 부작용을 만들었고, 제도의 정치 vs 거리의 정치의 대립을 가져오게도 하였고, 공익을 추구하는 새로운 유형의 이익집단(촉진적 이익집단)의 분출을 가져왔다.

이런 역사적 경로를 통해 볼 때 민주화는 한국의 이익집단을 활성화함으로써 다원적 사회구조를 표출하는데 기여하였다. 하지만 문제점 역시 적지 않은 상황이다. 먼저 국가와 사회의 관계에서 민주적 정치규범과 문화가 미숙한 문제가 있다. 특정정책이나 가치에 대한 제시와 타협을 통한 관철보다는 제시를 하면서 즉각적 관철을 요구하는 특성이 있다. 즉 이익집단의 자율적인 타협 경험이 부족하고 이런 조급한 문화는 이익집단간 경쟁을 강화시킬 수 있다. 다른 문제로는 이익집단의 이익을 대표하는 제도적 채널이 부족하다는 점이다. 절차적이고 제도적 채널을 통한 이익반영의 기제가 부족하다. 이는 이익집단이 비제도적인 방식인 시위 등을 통해 이익을 관철하는 급진적인 방법을 추구하게 만든다.

이런 제도화의 부족은 이익단체와 국가를 매개해 줄 정당정치의 매개기능이 약한 것에 기인한다. 이익단체와 정당간의 관계가 제도화되지 못하고 상시적인 채널이 부족하다. 게다가 이익집단은 재정적이고 기능적인 독립성이 취약한 상태이다. 하지만 이런 이익집단의 문제점들은 이익집단만의 문제라기보다는 한국 정치의 전반적인 문제의 연장선상에 있다. 이익집단이 만들어져서 사회적 갈등을 표출하는 것은 중요하다. 하지만 이들의 이해가 제도적인 차원에서 반영될 필요가 있다는 점에서 정치제도들이 이익집단을 어떻게 대표하고 반영하는지가 중요한데 이 부분의 개선이 필요하다.

1,300만 원의 위조지폐 를 인쇄, 시중에 흘렸다가 경찰에 발각되어 5월 7일 권오직과 이관술을 제외한 피의자 전원이 체포된 사건으로, 미군정 당국이 공산주의자에 대하여 강경책을 펴게 된 계기가 되었다. 출처 doopedia, 검색일 2011년 2월 18일.

심화 학습

현재 한국의 갈등구조는 무엇이 있으며 해법은 무엇인가?[15)]

한국의 갈등에 대해 학자들이 어떻게 진단을 내리고 있는지를 살펴보는 것은 실제 정치현상을 분석하는데 매우 중요하다. 따라서 어떤 갈등들에 학자들이 집중하고 있는지 살펴보자. 한국 정치학회와 한국사회학회가 공동토론을 거쳐서 만들어 낸 출판물이 『한국사회의 새로운 갈등과 국민통합』이다. 이 책에서는 한국의 갈등구조 3가지에 집중하기로 하고 이념갈등, 세대갈등, 계층갈등을 3가지 갈등구조로 잡았다.

이 책에서 임희섭 교수님은 한국사회의 갈등은 이념, 지역, 세대, 계층간 갈등으로 나타난다고 보면서 이들 갈등의 구조적 원인을 산업화에서 찾고 있다. 게다가 세계화가 이 3가지 갈등을 심화하고 있다고 본다. 한국에는 원초적 갈등으로 인종, 민족, 종교갈등은 나타나지 않기 때문에 이들 3가지 갈등은 생산적이고 창조적 갈등으로 조절될 수 있다고 본다.

강원택 교수님은 한국사회와 유럽사회의 이념갈등이 유사한 점이 있다고 한다. 하지만 한국사회의 이념갈등의 담지자가 계층이 아닌 세대라는 점은 유럽과의 차이점으로 지적될 수 있다. 또한 영국과 독일의 경우 2차 대전이후부터 1960년대까지 사민주의에 대한 합의가 있었고 1990년대 후반에는 신자유주의에 대한 합의가 존재해서 보수당과 노동당 양대 정당의 실용주의적 합의로 이념갈등을 완화한 경우도 있다. 따라서 한국의 경우도 이념적 갈등이 완화될 수 있는 방법이 있다.

박효종 교수님은 한국의 진보진영과 보수진영 모두에게 문제가 있다고 지적한다. 한국사회의 진보진영의 문제점은 2가지가 지적될 수 있다. 첫째 문제는 헌법적 애국주의의 결핍과 인권과 민주주의의 가치를 등한시한다는 점이다. 둘째, 파괴적 파괴를 가져오는 초현실주의로 무장하고 자신을 약자와 피해자로 파악하는 르상티망(원한, 증오)의 과잉을 지적할 수 있다. 이에 비해 한국보수의 문제점은 첫 번째로 한국의 보수가 반응형보수라는 점과 두 번째로 포스트 민주화 패러다임을 제공하는 데 실패했다는 점이다.

진보와 보수가 비적대적 공존을 위해서는 양 진영의 혁신이 필요하다는 입장의 조희연 교수님은 진보와 보수가 풀어야 할 과제를 제시한다. 먼저 보수 진영은 수구적 보수와 자유주의적 보수로 보수진영을 다원화할 필요가 있다. 진보진영의 과제는 자유주의적 진보와 급진적 진보의 과감한 분화와 동질성의 해체이다. 이런 진영간 분화는 한국 정치에서 진영간 연대 가능성 여부를 모색할 수 있게 해준다.

한국사회의 세대갈등이 너무 지나치게 과대 포장되어 있다는 주장도 나왔다. 김재한 교수님은 2002년 대선에서 나타난 세대갈등은 실제 대선의 다자경쟁이 양자경쟁으로 바뀌었기 때문에 더 부각된 것일 뿐이라고 주장한다. 여기서 주목할 점은 세대갈등과 이념갈등이 접목됨으로써 세대갈등이 증폭되었다는 것이다.

함인희 교수님은 한국에서 다세대사회가 출현하고 있기 때문에 세대간 공존방안을 모색하는 것이 중요하다고 한다. 또한 평균기대수명이 연장됨으로써 연령차별주의가 등장할 수 있다고 우려를 나타낸다. 이런 사회적 갈등을 해결하기 위해서는 세대통합적 교육과 다문화사회를 위

15) 한국 정치학회/한국사회학회공편, 『한국사회의 새로운 갈등과 국민통합』을 중심으로 구성.

한 다양성의 인정이 중시되어야 한다.

임혁백 교수님은 1997년 외환위기와 IMF차관도입시기에 신자유주의를 채택하게 되면서 한국사회에 경제적 양극화가 도래했다는 점을 밝힌다. 그리고 경제적 양극화는 민주주의를 양극화시킨다. 외환위기 해소과정에서 노동시장의 유연화를 추구한 것이 노동의 양극화를 가져왔고 대기업 정규직 중심의 기업별 노사체제가 노동민주주의를 중단시켰다. 이런 문제를 해결하기 위해서는 혁신주도형 동반성장정책을 추구해야 하며 이를 통해 성장과 복지의 선순환관계를 만들어야 한다. 그리고 기업들의 인적 투자가 중요하다. 현재 한국의 경제구조에서는 대기업과 중소기업의 협력관계 강화가 중요하다. 특히 취약계층의 인적 자원의 개발과 사회적 통합도모가 무엇보다 중요하며 노동시장에서는 비정규직 문제를 해결하는 것이 시급하다.

김문조 교수님은 한국사회의 양극화 요인을 2가지로 본다. 먼저 근로소득의 양극화이고 두번째로 자산소득의 양극화이다. 양자가 합쳐지면서 양극화를 확대했다. 또한 한국사회는 경제적 양극화와 함께 사회문화적 양극화가 동시에 나타나는 특징이 있다. 이는 경제적 자본과 문화적 자본의 결합을 가져온다. 2가지 자본을 중심으로 계층을 구분하면 경제력과 문화력을 모두 보유한 '보보스' 층과 두 가지 자본을 모두 가지고 있지 못한 '기층민중'세력과 경제자본만 보유한 '졸부'과 문화자본만 보유한 '룸펜'층으로 구분될 수 있다고 한다. 이런 분석은 한국의 갈등구조에서 어느 세력이 더 중요한가를 나누어서 고려할 수 있게 한다.

이런 분석들을 종합하면 한국의 갈등구조는 다음과 같은 결합관계를 가진다. 우선 한 사회의 기존 갈등으로 지역갈등에 더해서 새로운 갈등으로 표출되고 있는 이념과 계층과 세대의 갈등이 있고 향후 나타날 수 있는 잠재적 갈등으로 다문화주의가 있다. 이러한 갈등의 해법을 모색하기 위해서는 경제에서 사회로 그 뒤의 정치로 이어주는 고리를 찾아내야 한다. 즉 먼저 경제적 문제가 사회문제를 유도하고 이것이 정치적 균열선을 구성한다는 것을 찾아야 한다. 따라서 경제적인 측면에서 복지의 강화와 경제적 취약계층의 보호가 중요하고 이후 사회적 통합을 위한 교육과 문화정책의 실시가 중요하다. 결국 이러한 문제 해결의 몫은 정치의 몫이기 때문에 정치적 비전을 제시하고 대안 담론을 제시하는 것이 필요하다.

마지막으로 한국의 이익집단과 관련해서 생각할 부분은 정보화시대의 특성을 어떻게 이익집단에 도입할 것인가 하는 점이다. 정보화시대가 되면서 인터넷 현안집단이라는 새로운 형태의 이익집단들이 생성되고 있다. 이익집단의 활성화를 위해 인터넷을 어떻게 유인책으로 사용할 것인가와 이익집단의 구성원 확충을 위해 포괄적인 멤버십을 창출하는 것이 중요하다. 또한 인터넷을 통해 이익집단의 이해를 조정하고 수렴하는 공간을 제도화하는 것 역시 중요하다.

제2절 시민사회 일반론

1. 시민사회의 개념

(1) 시민사회의 성장

우리는 이제 이익집단에 관한 이야기에서 벗어나 시민사회 혹은 비국가단체(NGO) 혹은 비영리단체(NPO)에 관한 주제로 넘어왔다. 한국에서 시민사회는 민주주의를 만들어내고 민주주의의 후퇴나 하락을 방어하는데 적극적인 역할을 수행했다. 1960년의 4.19와 1979년 부마항쟁, 1980년의 광주민주화운동에서 1987년 민주화를 이끌어내는데 있어서 중심에는 시민사회가 있었다. 그리고 2008년 촛불시위에서도 시민들은 자신들의 요구를 관철시키기 위해 거리로 나섰다. 이뿐 아니라 시민사회는 끊임없이 정치개혁을 요구하였다. 2000년 16대 총선에서는 낙천 낙선운동을 이끌어 냈고 2004년에는 공천운동을 시도하기도 하였다.

한국의 시민사회는 2000년을 정점으로 르네상스기를 맞았다. 김대중 정부에서의 NGO특별법에 기반해서 시민사회의 힘은 성장하였고 가장 강력한 힘을 16대 총선에서 보여주었다. 그리고 이후 시민사회는 과거 권위주의 정권을 반대하던 '국가에 반하는 시민사회'에서 시민사회가 시민사회에 대립하는 '시민사회 vs 시민사회'[16]의 모습을 띄고 있다.

게다가 대의민주주의를 대체하는 참여민주주의나 결사체민주주의의 한 구성요소로서 시민사회는 주목을 받고 있다. 시민사회가 민주주의에 어떤 기여를 할 수 있는가? 정당정치를 대체하면서 시민사회가 정치의 중심에 설 수 있는가? 정당정치의 보완책으로서 시민사회를 바라볼 수 있는가? 시민사회가 정치경제의 새로운 대안으로 기능할 수 있는가? 시민사회는 이런 기능을 수행하는데 있어서 내부적으로 충분히 역량발휘가 가능한가? 시민사회자체적인 문제가 있는 것은 아닌가? 시민사회와 관련해서 보편적인 질문이자 한국적 질문이기도 한 위의 질문을 풀어가는 데 있어서 가장 중요한 것은 시민사회를 무엇으로 규정하는가이다. 시민사회의 개념규정은 시민사회를 어떻게 볼 것이고 어떤 역할을 기대할 것인지에 대한 철학적 사고를 포함한다. 따라서 시민사회의 출발은 다양한 이론가들의 시민사회에 대한 정의부터 하여야 할 것이다.

시민사회를 바라보는 개념화 자체가 역사적이다. 즉 시민사회가 출현하고 이 시민사회의 개념이 발전하여 자유주의의 뿌리를 내리고 자유주의에 대한 반론으로서 맑스주의자들에 의해서 새로운 관점에서 시민사회가 조명되었다. 그리고 현대에 들어와서 시민사회는 국가와 정치사회와 대비되며 사적영역으로서 시장과 대비되는 개념으로 구축된다. 이런 역사적 경

16) 최장집, 『민주화이후의 민주주의』(서울: 후마니타스, 2002).

로는 대체로 '고전적 시민사회', '자유주의 시민사회', '맑스주의 시민사회', '현대적 시민사회'로 구분된다.

표를 통한 비교 **정치참여의 유형분류**

개념	1. 개념정의: 다양한 정치체제 영역에서 정책 결정에 영향력을 행사하려는 시민들의 자발적 행위 2. 포괄적 vs 협소한 접근: 지나친 포괄적 접근은 모든 행동을 정치참여로 간주하는 오류 유발
특징	의도성, 목적 지향성, 자발성
유형과 구조	1. 직접 참여 vs 간접 참여 2. 전통적 참여와 관습적 참여 vs 비전통적 참여와 비관습적 참여 3. 시민 주도형 참여 vs 엘리트 주도형 참여 4. 능동적 참여 vs 수동적 참여
사회경제적 접근	1. 논리: 사회적 조건들(성별, 교육수준, 연령, 직업 등)이 정치참여에 영향을 미친다고 주장 2. 자원동원 이론(자원동원 능력이 높은 경우 참여율 높음)도 유사 3. 시민자발성 모델은 정치적 조직가입 등을 매개로 해서 설명함.
문화적 접근	1. 정치문화 요소: ① 정치적 가치와 태도, ② 정치적 효능감, ③ 정치적 신뢰 2. 정치적 효능감: ① 내적 효능감(자신이 정치에 영향을 주고 있다는 신념), ② 외적 효능감(자신의 행위에 정치가 반응을 보일 것이라는 믿음) 3. 탈물질 가치의 중요성: 가치의 문제에 있어서 잉글하트는 물질적 가치와 탈물질가치로 구분 4. 사회자본론: 사회적 네트워크라는 조직적 요소와 규범이라는 사회문화적 요소 동시에 고려(사회자본이 많을수록 정치참여 증가)
합리적 선택 접근	1. 합리적 계산: 투표참여시 보상 = (이길)확률 × (지지후보 당선시 얻는)이득 - 소요비용 2. 투표의 역설 문제: 합리적 행위자는 투표안함 3. 참여의 역설: 정치참여의 효용이 적음에도 참여하는 현상 4. 역설 해결 방법: ① 선택적 유인(참여 과정 자체에서 얻어지는 효용을 고려하여 만족감을 높이는 방안), ② 집단적 이해(참여를 통해 공공재를 가져올 수 있는 확률을 높게 평가)
제도적 접근	제도 접근의 기본 가정: 제도 자체가 참여 선택에 영향

(2) 고전적 시민사회에서 근대 시민사회로

표를 통한 비교 **시민사회 이론간 비교**

(1) **헤겔**: 시민사회와 정치사회 구분. 상업적 시민과 공적 덕성을 가진 시민을 모두 포함.
(2) **토크빌(자유주의적 시민사회)**: 상업적 시민을 제거하고 공적 덕성을 갖춘 시민으로 규정. 비국가적 자율 공간 의미.

(3) **마르크스주의 초기**: 자본지배 이데올로기로서의 시민사회. 정치적 자유보다 경제적 자유 수호.
(4) **그람시**: 전체 사회에서 경제와 정치를 제거한 잔여 부분으로서 사회의 '재생산'에 결정적인 기능을 하는 영역. 헤게모니의 지배로서 시민사회 이해.
(5) **하버마스**: 국가와 시민사회(하버마스는 시민사회를 사적영역으로 이해)를 매개하는 공공영역(public sphere) 개념화. 공론의 장을 구축함으로써 행정권력과 시장권력에 대하여 제3의 영역으로서 공공성의 영역 유지.
(6) **필립 슈미터의 시민사회의 3가지 특성**: 집단능력, 비찬탈성(non-usurpation), 시민성(civility)
(7) **푸트남**: 사회적 자본(social capital) 축적 매개체로서 시민사회 강조
(8) **비이글과 버터필드**: 시민사회의 발전경로-방어적(defensive) 시민사회 → 출현적(emergent) 시민사회 → 동원적(mobilized) 시민사회 → 제도적(institutional) 시민사회

서양에서 그리스 시대와 로마 시대로 거슬러 올라가면 시민사회는 국가(polis)나 공화주의 도시국가 그 자체였다. 따라서 시민사회는 공적인 영역과 구분되는 사적 영역으로 구획되지 않았다. 시민사회 자체가 곧 도시국가였기 때문에 공적영역과 사적영역의 구분법에 의해 시민사회는 구획될 수 없었다.

이러한 고대의 시민사회의 개념은 다시 로크에 의해서 근대에 부활하였다. Adam Ferguson은 "Essay on the History of Civil Society"를 통해 최초로 시민사회를 이론화하였다. 그러나 이 시기의 시민사회의 개념은 시민사회를 정치사회와 동일한 것으로 받아들였다는 한계를 가지고 있었다.

고전적 시민사회의 시기였던 18세기 말까지 시민사회(civil society)는 문명화되지 않은 사회, 혹은 전제적인 지배가 이루어지는 자연상태(state of nature)와 반대되는 개화된, 개명된(civilized) 사회나 헌법에 기초해서 지배가 이루어지는 입헌국가를 의미했다. 또한 19세기 중엽까지도 시민사회는 법에 의한 지배, 야만성 대신에 문명성이 지배하는 정치가 이루어지는 정치체제를 의미하였다. 법의 보호 아래서 전제적인 권력이 자유로운 시민들의 정치참여를 통하여 통제가 되는 국가(the state)와 동일한 의미를 지녔다. 시민사회는 법치주의 국가와 동일한 의미로 사용되었던 것이다. 그러므로 사회와 국가는 동일한 의미를 지녔으며, 대립되는 개념으로 파악되지 못했다. 시민사회가 국가와 동일한 의미로 사용되었다는 점은 국가와 시민사회가 분화되기 이전의 역사적 상황을 반영하고 있다.[17)]

---

17) 권수현 외, "시민사회와 민주주의: 결사체민주주의" 고려대학교 정치외교학과대학원 비교민주주의 수업의 페이퍼.

(3) 정치사회와 시민사회의 분리: 자유와 공적 덕성

시민사회가 정치사회와 구분되도록 만든 이론가는 헤겔(Hegel)이다. 19C에 들어서서 헤겔은 국가 또는 정치공동체와 구별되는 시민사회의 개념을 최초로 정립하였다. 헤겔에 의하면 시민사회는 가부장적인 가정과 보편적인 국가 사이에 위치하는 역사적으로 형성된 윤리적 생활 영역으로 간주된다. 그는 시민사회를 부르주아(burgerlich gesellschaft)로 불렀고, 부르주아 사회의 핵심적 특징을 사유재산권으로 보았지만, 헤겔의 시민사회 개념은 이기적인 '상업적 시민(bourgeosie)'과 공적 덕성을 가진 '시민(citoyen)'을 모두 포함하고 있었다.

헤겔이 공적 시민사회와 사적인 시민사회를 포함한데 비해서 '상업적 시민'과 '공적 덕성을 가진 시민'을 구분한 이론가는 토크빌(A. Tocqueville)이다. 맑스가 헤겔의 시민사회의 개념에서 '상업적 시민'만을 계승해서 시민사회를 좁은 의미의 '부르조아 자본주의 사회'로 정의한데 비해서 토크빌은 시민사회를 국가와 사적영역으로부터 분리해 내었다. 토크빌의 시민사회개념은 현대에 지배적인 시민사회 개념으로 '비국가적 자율 공간(non-state autonomous space)'을 의미한다. 그 공간은 국가로부터 자율적이고 가족과 사회생활로부터도 자율적인 시민적 활동이나 결사체적 공간을 의미한다. 토크빌에게 시민사회는 비국가적이고 비개인적인 자율적인 중간매개(intermediate)공간인 것이다. 그가 중시했던 미국 민주주의의 핵심인 결사체의 예술은 이러한 시민사회의 역할을 강조하는 것이다. 토크빌은 이러한 시민결사체가 시민들의 혼돈의 문제를 해결하기 위한 협력을 증대시키며, 대중민주주의 하에서 대중의 욕구 충족을 위해 평준화를 추구하는 중앙집권적 전제국가의 감시와 통제에 대한 자유의 보루라고 보았다.

토크빌에 의해 체계화된 시민사회의 개념은 고전적 시민사회와 대비해서 '자유주의적 시민사회'라고 한다. 자유주의적 시민사회는 근대 사회계약론에서 보여지는 것처럼 국가를 구성하는 것이 인민의 동의라는 점을 들어 국가를 인정한다. 하지만 자유주의자들은 국가의 절대화를 반대하면서 개인의 불가침적 권리를 주장하였다. 자연권의 논리와 천부인권의 논리를 통해 국가의 절대화를 제한한 것이다. 또한 이를 국가가 위반할 때 저항권을 사용할 수 있다는 논리(대표적으로 존 로크)를 통해 국가에 대한 억제적 개념으로서 시민사회를 세웠다. 따라서 자유주의자들은 국가를 필요악으로 보고 최소한의 국가를 건설하고자 했다. 최소한의 국가와 이를 견제할 수 있는 시민사회 그리고 시민사회의 자율적영역의 최대화를 꾀한 것이다. 이렇게 사적영역을 확장하고 공적영역을 축소하고자 하는 자유주의자들은 법치주의를 강조하게 된다. 법에 의해서 개입의 범위를 명확하게 함으로써 국가는 법적으로 통제된다. 따라서 자유주의 입장에서 시민사회는 법치주의에 의한 보호와 시민사회에 대한 정치적 권리 부여에 의해 작동할 수 있다.

대표적인 예가 장 자크 루소이다. 루소는 정치적 권리와 법치주의가 시민사회의 존재에 필수 불가결하다고 보았다. 인간이 정치적 권리를 가지는 것은 이성에 의해 당연한 것이다.

인간은 자신의 의지를 가지고 정치적 권리를 주창할 수 있다. 그러나 이런 정치적 권리는 구체적인 입법을 통해만 실현된다. 입법은 시민사회가 정치적 권리를 가질 수 있도록 만드는 정부의 원칙을 구성한다. 결국 입법에 의해서 인간이 가지고 있는 이상과 가치는 실현되는 것이다. 이런 관점에서 볼 때 시민사회는 입법에 의해 만들어진 시민국가에 의해서만 보장될 수 있다. 즉 절대국가는 시민국가에 의해 대체되어야 하고 이런 경우에 시민사회는 보장되는 것이다.

(4) 마르크스주의 초기의 시민사회: 자본지배의 이데올로기

그러나 이런 사적영역과 공적영역을 구분하고 사적영역에 대한 자유를 강조하는 자유주의적 시민사회는 맑스주의자들에 의해서 공격받는다. 하지만 맑스주의의 시민사회개념은 단일한 것은 아니다. 시민사회의 부정적 측면을 강조하는 맑스와 엥겔스식의 시민사회개념이 있는가 하면 좀 더 중립적 관점에서 구조적입장을 강조하는 그람시적 시민사회의 개념이 있다. 마지막으로 시민사회를 적극적으로 파악하고자 하는 비판이론적 관점의 시민사회개념도 있다.

먼저 맑스와 엥겔스는 자유주의 시민사회가 자유와 민주주의를 주장하지만 실제로 이것은 착취와 지배에 기초한 자본주의의 생산관계를 은폐하기 위한 이데올로기에 불과하다고 주장한다. 이들이 볼 때 정치적 자유보다 더 중요한 것은 경제적 지배양식이다. 자본주의가 발전하면서 자유주의는 개인적 자유를 강조함으로써 공동체의 유대감을 파괴하였다. 그리고 이런 공동체의 붕괴는 개인의 자유라는 가치에 의해 정당화된 것이다. 따라서 국가로부터 개인의 자유를 강조하는 자유주의 시민사회는 실제로 자본주의의 작품인 것이다. 자본주의의 중요가치를 국가로부터 지키기 위한 것이 시민사회인 것이다. 실체적으로 이야기하면 시민사회는 정치적 자유를 지키고자 하는 것이 아니라 경제적 자유를 지키고자 한 것이다.

엥겔스(F. Engels)도 동일한 시민사회론을 전개하고 있다. 엥겔스는 단적으로 "시민사회를 조건짓고 규제하는 것은 국가가 아니고, 시민사회가 국가를 조건짓고 규제한다"고 보았다. 시민사회는 상부구조로서의 정치적 질서인 국가를 결정하는 토대를 의미한다. 그러므로 시민사회는 사적 소유에 기반을 둔 계급사회이며, 그 결과 국가의 정책의 역사는 계급적인 속성을 보여준다는 것이다. 엥겔스가 강조한 시민사회는 생산의 사회적 관계에 의해서 규정되며, 시민사회와 국가와의 관계가 대립적인 것이 아니라, 국가가 시민사회의 계급관계를 반영한다고 본 것이다.[18)]

(5) 그람시의 시민사회: 헤게모니의 지배

맑스와 엥겔스보다 구조적 관점에서 시민사회를 살펴본 이론가는 이탈리아의 공산주의이론가 그람시이다. 자본주의 시민사회를 단순히 부르주아 시민사회로 등치 시킨 맑스의 시민사회 개념에 반대한 그람시는 "토크빌의 맑스주의화"를 시도했다. 시민조직의 강화를 통하

---

18) 권수현 외, Ibid, p.4.

여 부르주아 민주주의를 보호하려는 것이 토크빌의 문제제기였다면, 시민조직의 강화를 통하여 부르주아 민주주의를 변혁시키는 것이 그람시의 문제제기였다. 그람시가 인식한 시민사회는 전체 사회에서 경제와 정치를 제거한 잔여 부분으로서 사회의 '재생산'에 결정적인 기능을 하는 영역이다. 그람시는 서구에서 부르주아 지배의 재생산이 이루어지는 것은 경찰과 군대를 동원한 노동자계급에 대한 국가의 억압 때문이 아니라, 노동자들의 적극적인 동의 때문이라고 보았다. 그람시는 노동자들의 적극적인 동의에 의한 부르주아 지배를 '헤게모니(hegemony)'로 개념화하고 있다.[19]

그람시는 이러한 의미에서 시민사회는 계급지배를 재생산하는 국가와 동일하다고 보았다. 즉 국가란 정치사회(물리적인 강제)와 시민사회(헤게모니)의 결합이라고 본 것이다. 그람시가 파악한 자본주의 시민사회는 사적인 조직체(organisms)의 앙상블이며 국가 혹은 정치사회와 대비된다. 그람시가 인식한 시민사회는 물질적 생산과정인 경제영역에 속하지 않는 조직 또한 국가에 의해서 통제나 영향을 받지 않는 조직으로서 시민들에 의해서 운영되는 조직으로 구성된다. 또한 여기에 국가의 통제를 받지 않는 의사소통 수단을 포함한다. 관료조직 이외에 자발적인 결사체도 시민사회의 주요한 구성요소이다.[20]

(6) 하버마스의 시민사회: 제3의 영역

그람시와 달리 시민사회에서 적극적 역할을 강조하는 입장으로 비판이론을 살펴볼 수 있다. 특히 비판이론가들 중에서도 하버마스(J. Habermas)의 영향력이 강하다. 하버마스는 국가와 시민사회를 매개하는 공공영역(public sphere)을 개념화하여 현대사회의 구조적 변화를 논하고 있다.[21] 하버마스는 공적영역을 여론이 형성되는 사회생활이라고 정의하고, 공적영역을 경제적 활동이나 통치행위가 아닌 자유로운 사회성원들이 공개적으로 의견을 표출하는 곳이라고 보았다. 그리고 하버마스는 오늘날 공적 영역은 성원들의 직접적인 의사교류가 이루어질 수 없기 때문에, 공적 영역에서 언론매체가 의사소통을 매개한다고 보았다.[22]

하버마스가 부르주아 공공영역(bourgeois public sphere)이라고 부른 '자유주의적 공공영역'은 시민사회의 모순을 반영한 것이다. 한편으로는 인간의 권리에 기초한 시민사회의 영역이었지만, 다른 한편으로는 이러한 권리가 부르주아에게만 한정되었기 때문이다. 초기 산업자본주의 하에서 시민사회와 국가를 매개했던 부르주아 공공영역은 모든 사람들이 접근가능한 공공영역이 아니라 부와 재산이 있는 부르주아에게만 접근이 가능하였다. 그리하여 사회

---

19) 권수현 외, Ibid, p.4.
20) 권수현 외, Ibid, p.4.
21) **하버마스의 시민사회와 공공영역간 관계**: 공공영역과 시민사회를 구분하여 국가와 시민사회를 매개하는 의미로서 공공영역을 사용하고 있다. 일반적으로 공공영역과 시민사회를 동일시하는 경우도 있으나, 하버마스는 시민사회를 사적영역으로 보기 때문에 공공영역과 시민사회를 동일한 의미로 사용하지 않았다.
22) 권수현 외, Ibid, p.5.

성원들의 여론이 아니라 부르주아 계급의 여론이 시민사회와 국가를 매개하였다. 하버마스가 강조하는 공공영역의 기능은 국가를 견제하는 여론형성기능이다. 그러므로 공공영역의 발달은 곧 정치적 민주주의의 발달을 의미한다. 초기 부르주아 공공영역의 확대는 부르주아 민주주의의 발달을 의미했다.[23)]

고전적 의미의 시민사회는 시민사회의 공적역할을 중시한다. 시민사회의 부활이 곧 공공영역의 부활이기도 한 것이다. 이런 사고는 현대에 들어와서 아리스토텔레스 식의 공화주의나 로마식 공화주의를 부활시키고자 하는 공화주의 이론가들에 의해 계승된다. 공공성을 살리고 공익을 창출하는 데 있어서 시민사회의 역할을 강조하는 것이다. 반면에 자유주의적 시민사회의 개념은 신자유주의이데올로기를 지향하는 이들에 의해서 여전히 중요하게 다루어지고 있다. 국가의 간섭을 배제하고 시민사회가 사적인 자유를 충분히 누리는 것을 중시하는 것은 자본주의적 경제활동의 자유의 확보를 전제로 하는 것이다. 반면에 맑스와 엥겔스적 관점에서 시민사회는 자본주의의 등가물이다. 시민사회가 가진 이데올로기를 폐기하는 것이 중요해지는 것이다. 반면에 그람시적 시민사회는 헤게모니를 어떻게 자본계급으로부터 노동계급으로 전환할 것인가의 문제제기로 이어진다. 노동계급은 시민사회가 구축한 헤게모니를 탈취하기 위해 장기적인 전략수립이 필요하다. 이를 위하여 사회 각 계층에 대해서 자신들의 이론적 지지자들을 퍼뜨려야 하고 이들이 장기간에 걸쳐서 자본주의와 자유주의 이념을 약화시키고 궁극적으로는 사회주의적 이념으로 대체해야 한다. 따라서 보수적 시민사회에 대항하는 진보적 시민사회의 운동이나 교육계를 통한 차세대들의 정치교육은 실질적으로 이 이론이 현실적 정책으로 삼는 지점이다. 이에 비해 하버마스의 시민사회이론은 공론의 장을 구축함으로써 행정권력과 시장권력으로부터 제 3의 영역으로서 공공성의 영역을 유지하고자 한다. 이 이론은 시민들의 심의를 강조하는 심의민주주의이론으로 발전하였다.

(7) 필립 슈미터의 현대 시민사회이론: 시민성과 비찬탈성

현대에 들어와서 시민사회를 자유주의적 관점에서 강화한 이론가는 필립 슈미터(P. Schmitter)이다. 그는 토크빌의 시민사회 개념을 더욱 극단화시켜 재생산의 기구, 즉 기업을 시민사회로부터 제외하였다. 이로서 슈미터의 시민사회는 국가와 사회 영역으로부터 이중적 자율성을 보유하게 된다. 즉 국가로부터도 자유롭고 시장으로부터도 자유로운 것이다. 현대적 관점의 슈미터의 시민사회개념은 3가지 특징을 보유한다.[24)] 그의 개념의 특징 3가지는 다음과 같다. 첫째, 공동의 가치와 이익을 보호하고, 추구할 수 있는 '집단 행동의 능력'을 보유한다. 둘째, 국가기구나 사적 생산자들을 대체하지 않으려 하는 '비찬탈성(non-usurpation)'을 가진다. 셋째, 기존의 시민적(civil)이고 법적인 규칙의 틀 내에서 행동한다는 '시민성(civility)'을 갖고 있다.

---

23) 권수현 외, Ibid, p.5.

24) 임혁백, 「세계화시대의 민주주의: 현상 · 이론 · 성찰」(서울: 나남, 2000), pp.324-325.

이를 좀 더 구체적으로 살펴보자. 시민사회는 기본적으로 비국가, 비시장, 비가족, 비개인적 공간의 영역에서 활동하는 중간매개 결사체의 영역인 것이다. 시민사회는 국가로부터 상대적으로 자율적인 영역인 것은 말할 것도 없지만, 내부지향적인 가족생활, 사적 개인의 생활영역도 아니며, 이윤을 추구하는 기업의 영역도 아니다. 시민사회는 가족사회, 향리적 사회(parochial society)가 아닐 뿐 아니라 시장사회도 아니다. 시민사회는 사적 목표가 아닌 공적 목표를 추구한다. 시민사회는 배타적이고 비밀스러우며 집단이기주의적 목표를 추구하지 않는다.[25]

그리고 동시에 시민사회는 정치사회와 구별된다. 정치사회를 이끌고 있는 정당과 마찬가지로 시민사회도 공공의 문제에 관심을 가지고 시민들의 이익을 표출, 결집하여 정치영역에 전달하려는 정치행위를 하지만 기본적으로 정당 또는 정치사회와 다른 점은 국가의 공적 권력을 직접 장악(찬탈)하여 문제를 해결하려 하지 않는다는 것이다. 이를 비찬탈성이라고 한다. 시민사회는 국가를 통해 국가를 변화시켜 자신들의 공적 목적을 실현하려고 노력하며, 국가의 업무를 개선하려고 한다. 국가의 업무를 개선하기 위해 국가로 하여금 정책을 바꾸게 하고, 제도를 개혁하게 하며, 국가의 대표들이 시민들에게 책임을 지도록 압력을 넣는 데까지로 자신의 행동반경을 제한하는 것이다. 시민사회는 정당에 포획되어서도 안 되고 정당, 정치사회에 대해 패권적 위치에 서서도 안 된다.[26] 시민사회는 또한 종교적 근본주의집단 또는 국수주의적 종족집단과는 달리 사회의 정치적, 기능적 공간을 독점하려 하지 않고 사회의 부분적 의사(partial will)만을 대표하는 다원성을 갖고 있는 것이다.[27]

마지막으로 시민사회의 정의적 개념(definitional concepts) 중의 하나는 '시민성(civility)'이다. 시민사회는 국가에 대한 잔여적 범주(residual category)로서의 모든 사회, 일반 사회를 지칭하는 것은 아니다. 국가의 영역도 모든 사회의 영역도 아닌 것이다. '시민적(civility)' 사회인 것이다. 여기서 '시민적'이라는 것은 규칙을 따르고 예의를 갖춘 시민들의 대화, 토론, 심의를 통해 모든 문제를 평화적인 방식으로(폭력적이지 않은 방식으로) 해결하며, 시민사회는 기본적으로 정당하고 정통성 있는 국가의 권위를 존중하며 법을 인식, 인정, 존중한다. 다시 말해 시민사회는 법의 지배 테두리 내에서 활동하는 것이다. 물론 시민사회는 정당하지 않은 자의적이고 독재적인 국가권력에 대한 저항을 조직하는 최후의 보루이며, 정의롭지 못한 법의 지배를 거부하는 주체이다. 그러나 동시에 정당한 권력에 대해서 법의 지배에 기초한 국가권력을 정당화해주는 민주주의의 핵심적 지원세력이 시민사회인 것이다.[28]

위의 역사적 관점에서 본 고전적 시민사회이론, 자유주의적 시민사회이론, 맑스계열의 시

---

25) 권수현 외, Ibid, p.5.

26) **자유주의와 시민사회의 정치영역 확장**: 자유주의가 볼 때 시민사회가 정당에 포획되거나 패권적 위치에 서게 되면 국가와 시민 사이에서 시민사회, 시민단체는 중재하는 중간매개 기능을 상실할 것이다.

27) 권수현 외, Ibid, p.5.

28) 권수현 외, Ibid, p.5.

민사회이론, 현대적 시민사회이론은 현대 정치에 있어서 시민사회를 어떻게 규정할 것인가에 대한 다른 해법을 제시하고 있다. 또한 시민사회의 역할에 대한 기대 역시 다르다. 따라서 이들 이론이 제시하는 시민사회의 모델은 단순히 각자의 차이를 구분하는 것에 의미를 두어서는 안 된다. 시민사회를 국가와 어떻게 관련지을 것인가와 공공성을 어디까지로 볼 것인지 그리고 시민사회의 역할을 더 적극적으로 규정하여 정치활동에 있어서 권력획득까지 가능하게 볼 것인지 등에 관련된 시민사회의 구체적 전략을 제시하기 때문이다. 한국의 보수진영은 토크빌과 슈미터적인 관점에서 시민사회를 규정한다. 반면에 진보와 혁신진영은 시민사회를 그람시적이거나 하버마스적으로 바라본다. 따라서 진보는 전교조 등을 통한 새로운 역사접근을 장기적으로 수행하여 새로운 시민사회를 구축하고 싶어한다. 이에 비해 보수는 국가로부터 자유로운 시민사회로서 역할규정을 한다. 이는 한국의 '시민사회 vs 시민사회'논쟁이 이념적 기반을 둔 전략적 경쟁의 결과라는 점을 이야기하는 것이다.

(8) 시민사회의 발전: 정치문화론[29]과 동적인 과정설명

자유주의 관점을 지향하는 시민사회이론은 이후 상당한 이론적 발전을 하게 된다. 특히 시민사회를 문화와 연결함으로써 정치학에 있어서 문화적 부흥을 주도하는 흐름이 눈에 띈다. 로버트 푸트남(R. Putnam)은 이탈리아 연구를 통해 남부 이탈리아가 유럽에서 최하위의 소득수준을 보이는 반면에 북부 이탈리아가 유럽에서 최상위소득을 보이는 것을 '사회적 자본(social capital)'을 통해 설명했다. 신뢰, 규범, 네트워크로 형성되는 사회적 자본은 높은 수준의 협조, 상호 호혜, 시민참여 및 공공복리를 지닌 사회적 균형을 가져오면서 사회를 선순환적으로 발전시킨다는 것이다. 즉 사회자본은 신뢰를 축적하고 신뢰는 상호 호혜적 협력과 참여를 증대시키며 이런 참여는 다시 사회적 자본을 증대하게 되는 것이다. 이런 푸트남의 입장은 토크빌의 전통을 따라 시민사회를 민주주의의 중심에 세우게 된다. 또한 시민사회를 공적인 것에 대한 관심을 가지는 것으로 한정한 결사체로 국한하여 결사체 민주주의 역시 이론적으로 발전하고 있다. 아래의 표는 푸트남과 후쿠야마의 사회적 자본에 대해 비교하였다.

---

29) **현대 정치문화론적 설명들**: 현대정치를 분석하는 문화개념들
(1) 관용: 남과 다를 수 있다는 생각. 자신과 다른 신념・생각・정치적 태도에 대한 존중과 타협 선호. 다원주의의 핵심적 가치.
(2) 신뢰(trust): 사회적 자본(social capital)의 구성물. 정치적 경쟁 결과가 생사를 좌우하지 않을 것이라는 믿음. 거래비용의 감소효과. 인간 중심적 가치와 천부인권사상. 개인주의는 공익에 의해 균형이 유지되어야 함.
(3) 시민성 혹은 시민의식(Civility): 상대방에 대한 존중과 예의가 없다면 의사소통과 민주주의는 불가능(by Habermas)
(4) 실용주의(pragmatism)와 유연성(flexibility): 지적인 개방성(절대적 진리에 집착하지 않는 자세)이 다원적 민주주의 형성. 항상 다른 상황에 적용할 수 있는 전략적 태도.

표를 통한 비교 **사회자본론 비교**

	후쿠야마(Francis Fukuyama)	푸트남(Robert Putnam)
의미	경제적으로 성공적인 국가들은 자발적 결사체를 촉진시킬 수 있는 종교적·문화적 기반과 함께 구성원들이 서로 협력하고 자발적으로 결사체를 조직할 수 있는 사회적 자본이 형성되어 있음	사회적 자본의 영향은 경제발전에만 국한되지 않으며 민주주의 확립과 제도적 효율성 확보를 위해서는 사회적 자본 형성이 가장 중요한 요소
특징	(1) 문화적 규범의 중요성: 원활한 민주주의와 자본주의 작동을 위해 특정한 문화적 규범 형성 필요 (2) 필요조건으로서 법과 제도: 민주주의와 경제발전을 위해 합리성뿐만 아니라 사회적 자본도 필요 (3) 법과 제도의 유사성과 정치경제적 결과의 상이성: 법적·제도적으로 유사하더라도 사회적 자본 수준에 따라 정치경제적 현실은 다양하게 표출됨.	(1) 비서구지역(이탈리아)에 대한 사례연구 확장 (2) 사회적 자본과 참여민주주의 촉진 (3) 사회적 자본의 결속적 기능: 집단행위의 딜레마를 해결해줌으로써 사회 구성원들이 배타적 이익을 추구하지 않고 서로 협력하여 사회 전체의 이익실현에 기여

시민사회를 이론화하는데 있어서 역사적 구분이 아닌 동적인 발전경로를 들어 설명하는 이론도 있다. 비이글과 버터필드(Wiegle & Butterfield)는 시민사회의 발전경로를 방어적(defensive) 시민사회, 출현적(emergent) 시민사회, 동원적 시민사회(mobilized civil society), 제도적 시민사회(institutional civil society) 순의 발전으로 이론화한다.[30] 이들은 동구의 민주화경험을 바탕으로 시민사회의 역할변화를 4단계로 설명한다. 권위주의 정권에 의해 허용되는 극히 제한된 정치공간에서 간신히 명맥을 유지하는 '방어적 시민사회'에서 출발한다. 그러다가 권위주의 체제 내부에 균열이 생기거나 권위주의 정권이 개방조치를 취하게 되면 '출현적 시민사회'로 바뀐다. 이를 바탕으로 시민사회는 민주화운동의 주체로서 독재에 저항하고 대중들의 민주화의 열망을 조직화하여 거리로 동원하는 '동원적 시민사회'로 도약한 뒤에 민주화 이후에는 신생 민주주의를 제도화, 공고화하기 위해 민주주의의 절차와 규범을 제도화하고 내면화하는 데 노력하는 '제도적 시민사회'로 탈바꿈하는 것이다.[31]

이러한 이론적 접근은 민주화 과정에서의 시민사회의 역할과 민주화 이후를 구분하는 데 도움을 준다. 즉 민주화를 이끌어 낼 때 주체적인 입장에서 민주주의를 어떻게 구축할 것인지가 문제가 된다면 민주화 이후에는 어떻게 시민사회를 제도화할 것인지를 설명할 수 있다. 실제로 이를 한국의 경우에도 적용해 볼 수 있는데, 한국의 민주화 이후 제도적 시민사

(5) 절차적 규범에 대한 합의: 민주적 절차에 대한 동의가 정책에 우선. 갈등의 제도화(갈등의 제도내적 해결에 대한 합의). 제도적 시간(Institutional Time, 제도 내에서 문제를 해결할 시간으로서 제도 지속에 대한 확신 구축 필요)

30) 임혁백, 「세계화시대의 민주주의: 현상·이론·성찰」(서울: 나남, 2000), pp.325-326.

31) 고경민, Ibid, pp.363-364.

회를 이야기할 수 있다. 하지만 이런 접근은 보수적이라는 비판을 받을 수 있다. 즉 민중주의적 관점에서 볼 때 시민사회를 제도내에 한정시킴으로써 제도화되지 못하거나 조직화되지 못한 시민들의 요구가 무시될 수 있기 때문이다.

(9) 시민사회의 비교정치적 의미

시민사회에 시간을 적용한 이런 분석은 비교정치적 관점에서 의미가 크다. 시민사회에 역사와 비교의 공간을 집어넣게 되면 시민사회의 기능과 특성이 보편적이지 않을 수 있음을 볼 수 있다. 예를 들어 미국의 경우에는 시민행태를 강조하는 '문화적' 측면이 강조되는 데 비해 유럽에서는 실업극복에 기여하는 시민사회의 '경제적' 효과가 중시된다. 반면에 제 3세계나 동구에서는 '정치적'저항이 중요하다.[32] 이렇게 역사적 요소를 통해 지역별 시민사회의 맥락이 다르다는 것은 한국의 시민사회의 방향성에 있어서도 중요한 의미를 던진다. 한국의 시민사회의 기능이나 역할에 대한 논의가 서구 이론에 갇힐 필요가 없다는 것이다. 서구의 시민사회가 자신의 재산을 지키기 위한 저항에서 출발했던 데 비해서 한국의 시민사회는 민주주의를 지키기 위해 출발했다. 따라서 한국의 시민사회의 정치적 역할에 대해서 서구식 자유주의의 잣대로만 평가할 필요는 없다는 것이다. 여전히 한국의 시민사회는 정치적 역할이 중요하고 경제적 역할과 문화적 역할을 늘릴 필요가 있는 것이다.

시민사회를 바라보는 다른 관점은 시민사회를 사회내부의 사회세력들 사이에서 구분하는 방식이다. 이 구분법을 이야기하기 앞서 세계 사회과학계의 추세를 먼저 이야기할 필요가 있다. 사회과학은 1980년을 기점으로 하여 그 중심화두가 '국가'에서 '시민사회'로 바뀌었다. 이런 변화에는 규범적 이유와 현실 분석적 이유가 있다. 먼저 현실분석적으로 볼 때 1980년대의 구소련과 동구의 민주화와 제 3세계의 민주화는 실제 시민사회의 성장 내지는 '시민사회의 반역'을 그 주된 동력으로 하면서 시민사회를 사회현상설명의 핵심변수로 만들었다. 반면에 국가주의적 프로젝트로 일컬어지는 스탈린주의와 복지국가의 실패 내지 위기로 상징되는 '국가의 실패'는 국가는 더 이상 '해결책'이 아닌 '문제아'라는 통념을 가지게 만들면서 시민사회에 새로운 가치를 부여한 것이다.[33]

이런 관점에서 볼 때 국가와 시민사회의 관계를 통한 한국의 분석도 가능하다. 한국의 경우 과대성장국가가 있었고 국가주도적인 산업화가 성공했으며 이런 산업화는 시민사회를 성장시키는 토대가 되었고 시민사회에 의해 결국은 민주화가 되었다는 설명고리들을 제시할 수 있고 이것은 결국 '국가 vs 시민사회'의 양자대결로 압축된다. 그렇다면 이런 대결구조를 설명하기 위해서는 사회를 국가와 시민사회로만 구분할 수 있다. 다른 행위자들인 시장이나 정치사회는 이런 분석에는 개입하기 어렵다. 하지만 한국 정치에서 제기되는 다른 문제로 시민사회의 요구를 반영하지 못하는 정치권을 이야기할 때 우리는 정치사회라는 개념을 필

32) 주성수, 『NGO와 시민사회』(서울: 한양대학교 출판부, 2004), p.47.
33) 손호철, 『현대 한국 정치: 이론과 역사 1945-2003』(서울: 사회평론, 2003), p.41.

요로 한다. 그리고 앞서 본 것처럼 정치경제학적 분석을 위해서는 국가와 시장의 대립 속에서 시민사회를 위치시키기도 한다.

(10) 시민사회의 구분법과 그 의미

표를 통한 비교

(1) 2분 모형: 국가 + 시민사회
(2) 3분 모형 1: 국가 - 시민사회 - 토대(시장)
(3) 3분 모형 2: 국가 - 계급 또는 국가 - 토대(시민사회 부정)
(4) 3분 모형 3: 국가 - 정치사회 - 시민사회(정치사회 독자화)
(5) 국가 - 정치사회 - 시민사회 - 토대(시장)

이처럼 시민사회를 사회행위자들과의 관계 속에서 분석하기 위해서는 사회행위자를 구분하는 모델이 필요하다. 이런 모델의 설정은 어떤 정치적 분석의 목적이 있는가에 따라 설정될 수 있는 것이고 그에 따라 시민사회에 어떤 기능을 부여하려고 하는 것인지가 결정된다. 따라서 이런 목적 하에서 다른 행위자들과의 구분 속에서 시민사회의 개념은 모호하기도 하다.

이렇게 행위자들 간의 역학관계를 보기 위한 분석틀로는 대체로 다섯 가지 입장이 있다.[34] 첫째, 국가가 아닌 나머지를 모두 시민사회로 구분하는 모델이다. 즉 국가 이외의 잔여범주는 시민사회가 되는 것이다. 표현하면 '국가 - 시민사회'가 된다. 이것은 앞의 발전국가와 대치하고 있는 시민사회를 분석할 때 사용하는 구분법이다.

두 번째는 3분 모형으로 국가와 생산관계 혹은 경제적 토대(foundation)로 환원될 수 없는 영역으로서 시민사회를 규정하는 방법이다. 이런 분류법은 '국가 - 시민사회-토대(경제)'로 구분된다. 그람시와 아라토(A. Arato)식의 구분법이기도 하고 쉬미터식(P. Schmitter)의 분류법이기도 하다. 이 구분법은 시장과 대치할 수 있는 시민사회를 만든다는 점에서 정치경제를 분석하는데 유용한 방식이다.

세 번째 분류법은 시민사회를 부정하는 분류로 '국가 - 계급'혹은 '국가 - 토대'로 보는 것[35]이다. 이 입장은 국가는 토대에 의해서 구축된다는 전제를 가지고 있다. 여기서 시민사회는 '부르주아적'인 것이기 때문에 독자적이지 못하다. 즉 시민사회는 토대의 부산물로 여겨지는 것이다. 맑스와 엥겔스의 입장을 반영하는 이 분류법은 시민사회를 부정하는 데 유용하지만 시민사회의 주체성을 설명할 수 없는 문제가 있다.

네 번째 분류법은 정치사회를 독자화하는 분류법[36]이다. 민주화 이후 열려진 정치공간에

34) 다섯가지 입장을 소개한 것은 손호철, Ibid, pp.43-44.
35) 김세균, "시민사회론의 이데올로기적 함의 비판" 『이론』, 1992년 가을호.
36) 최장집, 『한국민주주의의 이론』(서울: 한길사, 1993).

주목하여 '정치사회'를 독자적인 공간으로 상정한다. 이렇게 되면 '국가 – 정치사회 – 시민사회'의 틀이 형성된다. 여기서는 '토대'가 제외되는데 실제로는 시민사회 내부로 생산관계를 포함시켜버린다. 따라서 이 분석틀은 시민사회 내에 생산관계를 포함시킨 '국가 – 시민사회' 틀의 연장선상에 있는 것이다. 하지만 정치사회가 독자화되어 있다는 점을 부각하는 장점이 있다.

마지막으로 다섯 번째 분류는 '국가 – 정치사회 – 시민사회 – 토대'의 4분법이다. 이 분류법은 정치사회를 포함한 모든 행위자를 분석틀에 적용하는 것이다. 이로서 시민사회는 정치사회와도 다르고 시장과도 다른 조직이 된다. 린쯔가 민주주의의 공고화를 부분체계적으로 파악할 때 사용하는 방법이다. 이 분석법은 정치사회가 독자화되어 있다는 점과 시장의 영역으로부터 시민사회를 독자화했다는 점에서 모형의 특징이 있다. 이런 분석틀을 이용하게 되면 시민사회는 기업이나 재벌에 의존해서도 안 되며 시민사회가 적극적으로 정치운동을 하는 것 역시 금지된다. 포괄적인 분석을 보여준다는 장점을 가지지만 시민사회의 역할이 제한된다는 단점도 있다.

이외에도 영역과 조직으로서 시민사회를 구분하는 입장과 국가에 대한 입장으로 구분하는 견해도 있다. 먼저 영역으로서의 시민사회는 하버마스의 구분처럼 '국가(공적 영역) vs 시장(사적 영역) vs 시민사회(제3의 영역)'으로 구분하는 것이다. 이렇게 볼 때 시민사회는 하나의 행위자라기 보다는 정치가 진행되는 공간 중 하나가 된다. 따라서 실체를 가지고 어떤 행동을 하는가라기 보다는 어느 영역이 다른 영역에 의해 잠식당하고 있는지가 문제가 되는 것이다. 반면에 조직으로서의 시민사회는 행위자로서 시민사회를 바라보는 것이다. 시민사회라는 포괄적인 용어 대신에 비정부조직(NGO)나 비영리 조직(NPO: Non-Profit Organization)을 사용한다. 실제 시민사회라는 포괄적이고 규범적인 개념화를 피하면서 구체적인 행동의 장단점을 분석하기 용이한 측면이 있다. 즉 한국의 시민사회의 발전이 아니라 NGO들의 증감이나 역할구분 등을 가능하게 해준다.

마지막으로 시민사회를 국가와의 관계에서 파악할 수 있다. 국가에 대해 시민사회가 견제 역할을 해야 한다고 주장하는 입장(자유주의)이 있다. 반면에 미국처럼 국가의 부담을 시민사회 특히 종교조직에 부담시키는 경우 시민사회는 국가의 파트너가 될 수 있는데 보수주의가 이를 강조한다. 미국에서는 신보수주의자들인 네오콘의 입장이 파트너적 관점과 같다. 반면에 시민사회가 국가에 대한 제한기능을 수행하고 동시에 국가의 역할을 대체해야 한다고 보는 입장이 있다. 이는 신자유주의가 지향하는 입장이다.

(11) 시민사회의 역할과 평가

이렇게 시민사회를 나누어서 보는 것은 시민사회라는 추상적 개념을 어떻게 분석영역에 끌어들일 것인가가 중요하기 때문이다. 예를 들어 한국에서 신자유주의가 강화되어 시장적 기제들이 삶의 중심을 차지한다고 할 때, 걱정하는 것은 조직으로서 NGO의 수가 줄어들어서가 아니라 공적 토론의 공간이 사적인 대화와 담론들에 의해 얼마나 많이 채워지는가를 보기 위한 것이다. 반면에 한국의 NGO들이 중립성을 잃어버리거나 엘리트지향적이 되어 현실적으로 정치적 변화를 모색하는 것이 어려운 상황이라면 시민사회를 조직으로 파악하고 그 내부를 들여다보아야 한다. 반면에 4대강 사업과 관련해서 국가가 환경시민단체 등의 반발을 무시하거나, 국가의 기능이 수행되기 어려운 부분으로서 북한 탈북자를 중국에서 보살피거나 한국으로 보내는 일들을 하는 경우 시민사회는 국가와 어떤 관계를 맺는가하는 국가와의 관계가 중요하게 되는 것이다.

시민사회의 개념화가 어렵다는 것은 시민사회에 거는 기대를 분류하고 평가하는 것 역시 어렵다는 것이다. 만약 시민사회를 자유주의적 관점에서 바라보면 사적 공간의 활성화를 위한 국가의 견제가 핵심이 될 것이다. 그러나 이것은 공화주의적 관점에서 시민사회를 통한 공공영역의 확장이라는 기능에는 역효과를 가져온다. 게다가 맑스계열의 논리대로라면 이런 사적영역의 정치적 확장은 경제적 불평등의 왜곡에 지나지 않는다. 따라서 시민사회가 어떤 기능을 수행하는가는 결국 어떤 관점에서 시민사회를 파악하는가에 달려있다.

최근 시민사회에 대한 국제적 관심의 증대는 개략적으로라도 시민사회의 역할에 대한 평가를 필요로 한다. 시민사회에 대한 중요이론가인 래리 다이아몬드(R. Diamond)에 따르면 시민사회는 다음과 같은 특징을 지니고 있다. 먼저 국가에 대해서는 국가의 통치능력을 강화할 수 있다. 또한 정치사회의 문제에 대해서는 선출된 대표의 권력 제한, 감시기능을 가지고 있고 정당과 정치사회 보완을 가능하게 한다. 즉 개혁을 위한 광범위한 대중적 지지의 조직과 동원을 통해 정치사회를 보완할 수 있다. 또한 새로운 정치를 위해 선진정치인 충원의 회랑과 소수파의 정치적 통로로 기능할 수 있다. 여기에 더해 다수독재에 대한 최종적 저항의 보루로 작용한다. 경제 사회적 측면에서 시민사회는 시민들의 복지를 극대화하는 민주적 통제주체로 작용할 수 있다. 또한 정치 문화의 형성자로서 그리고 전파자로서의 역할을 수행한다.

이러한 시민사회의 기능을 가능케 해주는 요소는 먼저 중립성으로 인해서 의사결정 시 정치성을 배제할 수 있다는 점을 들 수 있다. 또한 시민사회는 단일한, 특화된 활동을 통해 목표를 효율적으로 달성할 수 있다는 점에서 그 기능을 강화할 수 있다. 또한 이러한 시민사회의 광범위한 네트워크화로 인해서 국내적 역량 뿐 아니라 국제적 역량을 키울 수 있다는 장점이 있다.

반면에 시민사회에는 부정적 측면들도 존재한다. 이것은 시민사회의 장점과 표리일체의 관계에 있다. 예컨대 시민사회가 재정능력을 갖추지 못함으로써 어용단체나 관제단체화 되거나 중립성을 잃어버릴 수 있다. 또한 실제 운영에 있어서 시민의 참여 없는 시민사회의 문제를 가져올 수 있다. 이것은 현재 등록된 시민사회 중 상근 직원을 5명 이상 가진 단체의 수가 몇 %대에도 이르지 못한다는 점에서 잘 알 수 있다. 이러한 조건은 시민사회의 자원부족을 해결하기 위해 그리고 영향력을 확장하기 위해 국가와 언론에 대한 의존도가 높아진다는 문제를 가지고 있다. 여기에 더해서 지대추구적인 시민사회의 등장 역시 고려할 수 있다. 또한 시민사회 자체의 탈권위적 구조는 무책임성과 결정력 부족을 가져올 수 있다. 또한 포괄적인 입장을 견지하지 않음으로써 특정한 이슈만을 부각시킨다는 문제를 가지고 있다.

개괄적인 시민사회의 평가에서 주의할 점은 시민사회를 지나치게 만능으로 보아서도 안 되지만 지나치게 무능하게 볼 것도 아니라는 점이다. 시민사회의 부정적인 특성과 한계에도 불구하고 시민사회의 역할에 대한 기대는 여전히 크다. 국가의 기능 약화 혹은 기능 조정과 함께 시장의 힘이 강화되고 있다는 점과 정치 사회의 대표성과 응답성이 부족하다는 문제는 시민사회에 대한 기대를 높일 수밖에 없다. 2011년 이집트의 민주화를 이루고 인근 아랍국가들의 민주화 열풍을 가져오는 것 역시 시민사회이다. 따라서 여전히 민주주의를 만들어야 하는 국가들의 입장과 민주주의를 정착시켜야 하는 국가들에서 시민사회는 중요한 행위자로 자리하고 있다.

시민사회를 바라볼 때 한 가지 주의할 부분은 시민사회의 중립성을 지나치게 신성화해서는 안 된다는 것이다. 시민사회는 공익을 위해 만들어지지만 그 공익이 무엇인가를 해석하는 입장의 차이에 따라 시민사회의 성격은 다르다. 보수적 시민사회가 있고 진보적 시민사회가 있을 수 있다. 이것은 민주화가 되어 시민사회가 활성화된다면 경험할 수 있는 사회적 가치에 대한 다양한 해석과 해석을 둘러싼 갈등을 반영하는 것이다. 따라서 '보수적 시민사회 vs 진보적 시민사회'의 대립자체는 민주주의에 있어서 문제가 되지 않는다. 보수적 시민사회의 헤게모니 구축에 대한 걱정은 시민사회의 중립성과 관계없이 시민사회 자체가 정치적이라는 것을 그대로 보여준다. 보수적 시민사회의 헤게모니 장악에 대해 걱정하는 것과 진보적 시민사회의 헤게모니 장악에 걱정하는 것이 다를 이유는 없다. 따라서 시민사회는 공익을 위해 객관성을 강조하지만 시민사회 역시 정치적이기 때문에 그 객관성과 공익에 대한 판단에 있어서 갈등은 필연적인 것이다.

2. 시민사회 운동에 대한 설명

(1) 사회운동화 과정

표를 통한 비교 **시민의 정치의식과 정치사회화**

시민사회와 정치의식	1. 시민사회는 시민의 참여를 전제로 함 2. 시민참여는 시민의식 형성을 전제로 함. 3. 시민참여에서 시민의 정치의식과 정치사회화(정치인식의 사회적 학습)가 중요
정치의식의 의미	1. 개념: 개인이 가지는 정치에 대한 인식과 사고방식. 정치정향과 유사. 2. 중요성: 정치의 재생산 및 정치적 세대 이전 문제와 관련하여 필요. 어떻게 정치를 이해하고 어떤 정당에 지지를 보낼 것인가의 문제 결정.
정치 사회화의 의미	1. 개념: 정치체계 혹은 그 하위 체계의 구성원들이 정치적 태도와 행동양식을 습득하는 과정 2. 미시적 이론: 개인의 사회적 의식이 개인적 경험에 기초 3. 거시적 이론: 개인의 사회화가 구조적 수준(체제나 헤게모니)에 의해 결정 4. 정치 사회화의 기제: 가정, 학교, 직장, 정당, 정부, 미디어
정치적 무관심의 의미와 유형	1. 정치적 무관심 문제: 정치사회화의 부족은 정치적 무관심 및 저참여 유도 2. 라스웰의 정치적 무관심의 유형 ① 탈정치: 정치에 대한 기대 하락 ② 무정치: 정치에 대한 관심 부족 ③ 반정치적 태도: 정치와 집단적인 것에 대한 혐오 3. 정치적 무관심에 대한 입장 차이 찬성(엘리트론 입장: 과잉민주주의 우려) vs 반대(민주주의 입장: 대의정치 붕괴)

어떤 경우에 시민들은 자신의 생각을 관철하기 위해 다른 사람들과 협력을 통한 지속적이고 집합적인 노력을 할까? 사회운동이란 불만을 가진 사람들이 자신의 이해를 관철하고 사회적 변화를 꾀하기 위한 목표로 행해지는 지속적이고 집합적인 노력을 말한다. 이들은 현재의 법과 제도가 자신들의 요구를 반영하지 못하거나 이해관계가 걸린 문제를 해결하지 못한다고 여길 때 집단화하여 행동에 나서게 된다.

이때는 두 가지 과정이 필요하다. '사회' '운동'이므로 사회화와 운동이 되어야 한다. 이를 위한 첫 번째 과정은 불만이 어느 단계를 넘어 '운동'이라는 행동으로 표출되는 관문(ahreshold)을 지나는 것이다. 불만은 일상적으로 존재하기 때문에 이런 불만이 시민들로 하여금 행동으로 나서게 만드는 어느 계기나 불만의 수위에 관한 기준이 있다. 두 번째는 집단화가 되어야 한다. 개인적 견해 자체는 정치현상에서 중요한 것이 아니다. 개인의 의사가 자체적으로 중요하고 그 개인의 판단이 중요한 경우는 정책결정자가 되는 경우밖에 없다. 일반인의 판단은 그 개인과 가족에는 중요할지 모르지만 한 국가의 정치체제에는 그렇게 중요한 문제가 아니다. 따라서 사회운동이 되기 위해서는 사회를 형성할 수 있는 집단화가 필요하다. 특히 시민사회는 사회화가 되어도 그 자체로 국가나 정치사회나 시장에 비해 힘이 열세에 놓여있기 때문에 사회화가 중요하다. 특히 수가 많아지는 것은 그만큼 시민사회의 정당성이 높다는 것을 의미할 수 있기 때문에 권력이 아닌 영향력을 중시하는 시민사회에서 참여성원의 확대는 중요한 것이다.

사회운동은 여러 나라들에서 다양한 역사적 계기나 사회적 상황으로 인해 만들어진다. 따라서 일반화를 통한 유형화가 쉽지 않다. 하지만 이론적 관점에서 과정을 일반화할 수는 있다. 실제로 오트하인 람슈테트(Otthein Rammstedt)는 사회운동을 8단계로 나누어 설명했다. 실제로 우리가 불만을 가지고 운동을 조직화한다면 이 경로를 따를 것인지를 적용해보면서 이 이론을 따라가 보자. 먼저 1단계(집단적 경험으로서의 위기)는 사회적인 위기가 생기고 이를 집단적으로 경험하는 단계이다. 2단계(위기결과의 선전)는 이런 위기의 결과를 정부와 일반인들과 언론을 통해 알리는 선전단계이다. 3단계(저항의 활성화)는 이런 선전이 효과가 없어서 피해당사자들이 본격적으로 저항을 하는 단계이다. 4단계(저항의 집중화)는 일반인들에게 확대되면서 저항에 대한 찬반을 표명하도록 강제하는 단계이다. 5단계(이데올로기의 형성)는 저항의 위기원인이 해소되지 못하고 지배세력의 거부에 봉착했을 때 사회운동이 행위자체의 정당성을 부여하는 이데올로기를 형성하는 단계이다. 6단계(저항의 확산)는 이전 단계에서 만들어진 이데올로기를 통해 광범위한 대중지지를 획득하여 저항을 확산하는 단계이다. 7단계(저항의 조직화)는 사회운동이 활성화됨으로써 보다 효과적인 활동을 하기 위해 조직이 필요한 단계이다. 마지막 8단계(제도화)는 사회운동이 제도화를 취하면서 운동 자체의 활력을 상실하게 되는 단계이다.[37)]

위의 이론은 사회적 저항이 운동을 거쳐서 제도화가 될 때까지를 8단계로 나누었다. 하지만 이 과정들이 명확하게 모든 단계가 구분되는 것은 아니다. 이 중 사회운동을 위해 반드시 필요한 것들은 피해가 생기고 이것을 위기로 인식하면서 저항을 하게 되는 단계로서, 운동이 형성되는 단계와 이 운동의 힘을 보태기 위해 이데올로기적 무장을 하는 이론화 단계와, 저항을 조직화하여 분산된 시민들이 하나의 조직을 필두로 결집하는 단계와, 제도화여부를 결정하는 단계가 될 것이다. 가장 최근의 사회운동이었던 소고기문제에 대한 촛불시위를 대입해서 보면 위기와 저항의 국면과 이에 대한 이론적 대응양식을 강화하는 단계 그리고 국민운동본부와 같은 조직들로 구심점을 잡는 단계를 지나 사회운동의 제도화거부와 해체단계를 볼 수 있다.

(2) 사회운동의 동기

그렇다면 이런 사회적 저항을 운동을 통해 하는 이유는 무엇인가? 우리는 정치적 불만을 다른 사람들과 이야기를 하는 것으로 풀어버리거나 블로그에 글을 쓰거나 무관심해지는 방법을 사용함으로서 사회화를 하지 않을 수도 있고 아니면 사회화를 하되 운동이라는 행동까

---

37) 홍익표, 진시원공저, 『세계화시대의 정치학』(서울: 오름, 2009).

지는 가지 않는 방식을 선택할 수도 있다. 그런데 왜 운동을 하기 위해 에너지를 사용하거나 시간을 들이거나 다칠 수도 있고 경우에 따라서는 구금이 될 수도 있는 비용을 들여가면서 사회운동에 참여하는 것일까?

사회운동참여에 대해서는 다양한 이론적 설명이 시도되었다. 제임스 데이비스(J. Davis)나 테드 거(T. Gurr)는 상대적 박탈감을 통해 설명했다. 사람들이 기대하는 가치와 자신의 지위가 현실의 가치와 지위와 일치하지 않을 때, 특히 다른 사람들에 비해서 부족하다고 느낄 때 불만을 가진다는 것이다. 기대는 커지고 성과는 적어질 경우 기대상승으로 인해 더 참여하게 된다는 주장도 있다. 게다가 직업척도상 사회적으로는 높은 지위를 차지하지만 소득척도상 낮은 지위를 차지하는 경우 생기는 불만으로 사회운동에 참여한다는 지위불일치이론도 있다. 악셀 호네트(Axel Honneth)는 저서인 『인정투쟁』에서 상호인정을 받기 위해 사회적 투쟁을 한다고 주장했다. 소수인종이나 언어집단이나 성적소수자들이 자신들의 주장을 강하게 펴는 것은 자신들이 동등한 사람으로서 인정을 받기 위한 것으로 사회운동 역시 동등한 주체로서 인정을 받기 위한 것이다. 상호인정은 '사랑', '법적권리의 동등한 인정', '사회적 연대'라는 세 가지 형태를 띄는데 이들 인정을 통해 공동체의 구성원이 된다는 것이다. 앞선 기대의 불일치를 통한 설명이나 인정부재를 통한 설명이나 모두 사회적 운동을 심리적 상태라는 것의 결과물로 보고 있다. 한국현실에서 시간강사들의 경우는 사회적 지위와 소득의 불일치의 문제를 보이고 있고 비정규직의 문제는 사회적 인정과 법적 동등성이라는 인정의 문제를 보이는 사례이다.

이에 비해서 참여의 원인을 환경의 변화와 가치관의 변화를 통해 설명하려는 이론적 시도도 있다. 잉글하트는 현대사회가 과거와는 다른 가치관에 의해서 정치가 운영된다고 주장하면서 '탈물질주의적 가치'를 정치변화의 원동력으로 설정한다. 과거의 성장과 생존이라는 산업사회적 가치에서 벗어나 자기실현, 참여, 미적욕구 등과 같은 탈산업사회적 가치를 중시하게 되었다는 것이다. 정치도 과거의 거대한 정치 안보중심과 성장위주의 정치에서 삶의 질이나 참여의 문제, 여성의 평등권 등이 더 중요하게 되었다는 것이다. 한국의 정치에서 최근 젊은 유권자들을 중심으로 정보화를 활용하는 것이나 소고기문제와 같은 일상적인 것으로의 정치관심이나 독특한 놀이 유형 참여(예를 들어 인터넷 패러디나 플래쉬몹)의 증대는 환경의 변화와 가치관의 변화를 보여준다.

운동이라는 참여의 원인을 합리적 계산으로 설명하는 입장도 있다. 자원동원이론은 개인들이 동원할 수 있는 자원에 따르는 혜택과 비용 등을 계산하여 참여한다고 한다. 자신이 활용할 수 있는 자원이 많은 경우 정치적 결과를 변화시킬 수 있는 여지가 높고 이런 사람들의 참여가 높다는 것이다. 이 모델이 지나치게 단순한 가정을 차용한다는 비판을 받아서 1980년대에는 정치과정모델로 주안점이 옮겨졌다. 이 설명은 사회운동과 관련한 정치적 참여가 박탈감에 의한 것이 아니라 정부와 정당과 같은 조직이 어떤 기회를 부여하였는지에 따라서 참여여부가 결정된다는 것이다. 정부의 지원이 높을수록 사회운동을 통한 참여는 증대하게 되고 정당의 호응이 낮을수록 운동에의 참여도는 높아진다는 것이다. 1990년대 후반 한국의 NGO들의 활동이 정부의 재정적 기여와 정당정치에 대한 불신에 기인한다는 점은 이 설명의 적실성을 높인다.

(3) 신사회운동

시민사회가 중심이 되어 나타나고 있는 사회운동을 신사회운동이라고 부르는데 이들 신사회운동에서는 다음과 같은 특징이 있다. 먼저 소외의 경험과 도덕적인 비판과 생활양식과 삶의 질, 생존에 대한 문제를 전면적으로 내세운다. 둘째, 주체측면에서 전후세대, 중간층에 의해서 운동이 수행된다. 그리고 이들은 사회적 주변계층과의 연대를 통해 사회운동을 확대한다. 셋째, 이데올로기적으로 동질적인 의미체계를 형성하지 않는다. 즉 이데올로기적 측면에서도 분산화되어 있다. 넷째, 자율적인, 탈중심적인 그리고 풀뿌리 민주주의적인 조직원리를 강조하였다.[38]

신사회운동은 사회운동으로서 비제도적 정치의 영역에 속한다. 이들의 저항은 정치권의 반영을 통해 결실을 맺는다. 하지만 만약 이들의 저항이 강함에도 불구하고 제도권 정치가 이를 반영하지 않거나 임시적으로 반영할 경우에는 문제가 된다. 이들이 더 강하게 저항을 하거나 문제가 생길 때마다 지속적인 운동으로 결합되어야 하는데 이것은 수월한 일이 아니다. 따라서 신사회운동은 이슈를 지속적으로 문제로 삼아야 할 경우 한 가지 딜레마에 빠진다. 이 이슈를 더 강하게 밀어붙이기 위해서는 제도권 안으로 들어가는 것이 좋다. 그러나 제도권 안으로 들어가기 위해서는 사회운동의 초기 동료들을 잃어버릴 수 있는 것이다. 사회운동을 하는 이들 중 상당수는 권력에 대한 혐오 때문에 권력외부에서 영향력(권력에서 폭력을 배제한 상태에서 결정에 미치는 능력)을 행사하기를 원하기 때문에 이들은 제도권의 진입을 거부할 것이기 때문이다. 이 딜레마 상태에서 신사회운동의 지도부는 제도화 여부를 결정한다. 이때 제도 내에서 영향력있는 의석을 확보할 수 있는가와 다른 정당과의 연대가능성이 중요하게 고려된다.

대표적인 사례인 독일의 녹색당의 경우 1970년대 환경운동에서 출발하여 기존의 정치권이 자신들의 요구를 반영하지 않을 것으로 보고 1980년 녹색당을 창당하게 되었고 1983년 총선에서 봉쇄조항을 넘는데 성공하여 연방의회에 진출하였다. 통일과정에서 동독지역의 시민운동세력과 연합해 동맹90/녹색당으로 개명한 녹색당은 1998년부터 2005년까지 사민당과 더불어 이른바 '적녹연정'을 이끌었다.[39]

아래의 표는 과거 사회운동과 신사회운동을 비교하였다.

---

38) 홍익표, 진시원, Ibid, pp.274-275.
39) 홍익표, 진시원, Ibid, p.277.

표를 통한 비교 구사회운동과 신사회운동비교

	구사회운동(전통적 사회운동)	신사회운동(새로운 사회운동)
사회적 위치	제도정치에 포섭	제도정치에 저항
운동 쟁점	경제적, 계급적 불평등 완화 지단적, 물질적 이익, 복지	환경, 여성, 인권,평화, 소수자 대안적, 공동체 삶
운동 주체	노동자 계급	신중간계급, 전문직, 자유직
운동 이념	성장주의, 물질주의	탈물질주의, 탈권위주의, 풀뿌리민주주의
운동 조직	수직적, 위계적 조직	수평적 네트워크 조직
운동 방식	관례적 행동	비관례적, 급진적 행동

(4) 한국에서의 신사회운동

신사회운동과 관련해서 한국에서 고려할 사항은 2가지이다. 첫째는 한국에서 새로운 세대와 새로운 이념을 기반으로 하면서 시민운동이 2000년대 이후 빈번히 발생하고 있다는 것이다. 둘째는 한국에서도 신사회운동으로 불릴 수 있는 환경, 반핵, 평화운동 등이 제도권정치로 진입할 수 있는가하는 문제이다. 첫째 문제와 관련해서 2002년 노무현 대통령후보를 지지하는 이들이 이른바 '노사모' 등을 조직하면서 새로운 세대들을 중심으로 새로운 이슈와 정치를 주장하였다. 2004년 대통령탄핵에서 보여준 촛불시위는 2002년의 여중생 장갑차 사건 이후 한국의 사회운동의 새로운 양태인 촛불시위로 바뀌었다는 것을 보여주었다. 이런 시민운동의 결집은 2008년 미국산 소고기 수입문제와 관련한 촛불시위에서 정점을 이루었다. 환경과 위생과 소통의 문제와 함께 아이들과 삶의 질 문제 등이 광장으로 불려 나왔고 일부인사들의 폭력적인 시위를 제외하고 평화적인 방식으로 시민운동이 자리잡을 수 있다는 것을 보여주었다. 하지만 이 촛불시위 일련의 과정에서는 노무현대통령이라는 구심점과 이 구심점을 끌어들여서 이슈화할 수 있는 시민주도세력들이 있었다. 따라서 한국시민운동의 관건은 불만을 어떻게 사회화하고 운동으로 이끌어내는가 하는 점이다.

두 번째 주제인 어떤 운동이 제도권으로 진입할 수 있는가의 문제 역시 중요하다. 가장 눈에 띄는 것은 환경문제이다. 그러나 환경을 이슈화하고 환경주의자를 대표로 선택하여 자신의 경제적인 이해관계에 손해를 볼 유권자들이 얼마나 될 지와 이런 환경운동가들이 정당을 만드는 것이 얼마나 제도정치 내에서 영향력을 발휘할 것인지는 의문이다. 현재의 적은 비례의석수(54석)나 높은 저지규정(정당득표율 3% 이상)에 비추어 1%대의 환경에 대한 지지자들을 모아서 정당을 꾸리는 것이 얼마나 합리적인지에 대해 생각해 보아야 하기 때문이다. 오히려 시민단체를 구성하고 정치권에 환경에 의식이 있는 사람을 공천하는 방식으로 정당에 압력을 행사하는 것이 더 현실적일지 모른다.

제3절 시민사회의 구체적인 현실

1. 한국의 신사회운동

(1) 한국의 신사회운동 등장 배경

한국도 민주화 이후 새로운 정치에 대한 요구가 증대하고 있다. 대표적으로 환경문제나 여성문제 그리고 다문화가정과 관련한 인권문제, 소고기 수입이나 구제역이나 조류독감 등과 관련된 위생문제가 있다. 이런 문제들을 사회적 관심을 환기시키는 운동의 정치에서 제도권정치로 옮겨올 것인가가 주목을 받고 있다. 특히 비교정치적 관점에서 관심이 있는 것은 대체로 소득이 높고 민주주의가 선진화된 나라들에서 신사회운동이 발전하기 때문에 신생민주주의 국가들의 경우 민주주의의 발전과 경제발전에 따라서 이런 신사회운동이 나타난다는 점이다. 그러나 이런 문제들을 현실적으로 경험하는 방식은 국가들마다 조금씩 다르기 때문에 각국의 신사회운동의 방식과 요구수준에 관심을 가지게 되는 것이다. 예를 들어 인도가 신사회운동을 벌일 수 있는가와 인도의 계급구조나 종교문제 등을 고려할 때 신사회운동이 어느 범위로 확대될 수 있는가하는 문제가 제기될 수 있다.

신사회운동은 전통적 이슈로서 경제적 분배와 재분배의 문제에서 새로운 이슈로서 여성, 환경, 인권, 위생, 다문화 등의 문제로 이슈를 전환시킨다. 이런 사회적 관심주제의 새로움은 이것을 어떤 방식으로 요구하는가의 문제와 함께 고려될 수 있다. 과거 정치는 정당과 정치제도를 이용하였던 데 비해서 신사회운동은 네트워크를 이용하고 수평적인 운동조직상의 요구를 보인다는 특징이 있다. 과거의 정치가 정당이나 의회 등이 사회요구를 반영하기를 바라는 수동적 입장이었다면 신사회운동은 능동적으로 자신들의 요구를 표출한다.

(2) 신사회운동 등장에 대한 이론적 설명

표를 통한 비교 신사회운동의 의미와 동기

신사회운동의 특징	1. 요구 내용의 변화: 전통적 이슈(경제적 분배, 재분배 해결 이슈) ⇨ 새로운 이슈(여성, 환경, 인권, 위생, 다문화) 2. 요구 방식의 새로움: (정당과 같이 위계적인) 제도적 방식의 요구 ⇨ (네트워크적이고 수평적인) 사회운동 형태의 요구
신사회운동 동기에 대한 이론	1. 기능주의적 설명: 기존 정당과 정치에 대한 좌절감, 실패에 대한 시민의 요구와 준엄한 심판 2. 자원동원이론적 설명: 인적·물적 자원동원능력 확보가 기존 불만 해소 조직화 가능 3. 개별적·합리적·동기론적 설명(Sell-interest Model): 참여자들의 이해관계(물질적 가치 + 비물질적 효용 포함)를 통해 설명

	4. 정치적 기회구조 이론: 국가와 기존정당 태도에 따라 등장여부 결정. 양당제와 다수결주의, 소선거구제는 신사회 운동 등장을 곤란하게 하며, 특히 국가와 기성정당이 새로운 요구를 무시할 경우 저항적으로 등장.
신사회운동의 문제점	1. 재정적 자립도 불충분: 국가나 기업에 의존함으로써 예속 우려 ㉾ 사외 이사제도에서 환경운동가 기업감시 불충분 2. 시민 없는 시민운동: 개별시민운동가 중심의 조직 3. 이슈화에 있어 국가나 매스컴에 의존
제도권 진입여부 결정과정	1. 출범(take-off) 단계: 제도적 기반 ×, 특별한 조직 ×, 역할 구분 ×, 근본주의적 담론 구조를 가짐. 2. 성장 단계: 조직화 단계로 온라인·오프라인 동시적으로 조직화가능 3. 제도화 단계에서의 딜레마 (1) 정치적 영향력 증대를 위한 조직 확대 vs 유연한 구조 유지 (2) 권력을 향한 정당정치로 진입 vs 공공성을 향유하기 위한 신사회운동 유지
한국적 함의	1. 새로운 사회적 요구와 유권자들의 경향: 다른 정치적 균열보다 강하지 않으며, 국가와 기성정당이 새로운 요구도 다루기 때문에 신생정당보다는 기성정당을 선택하려 함 2. 높은 신생정당 진입장벽: 비례대표 의석을 한 석이라도 얻으려면 3% 이상 득표해야 하지만, 진보정당 지지율에 비추어 볼 때 3% 득표는 기대하기 어려움 3. 대안: 사회운동·교육 등을 통한 제도권에 대한 압력 및 영향력 행사

왜 서구에서 이런 새로운 방식의 운동이 등장하게 되었는가에 대해서 4가지 설명이 있다. 먼저 사회운동의 촉발요인으로 기존 정치에 대한 실망과 새로운 정치에 대한 요구를 들어서 설명하는 기능주의적 설명이 있다. 이 이론은 서구에서 기성 정당과 대의정치에 대한 좌절감을 가진 시민들이 새로운 정치를 필요로 했다는 것이다. 수요중심적인 이론으로서 기능주의 이론은 공급측을 설명하기 어려운 단점이 있다. 여기에 공급측 요인으로서 신사회운동의 측면을 설명하는 자원동원이론이 있다. 이것은 신사회운동이나 NGO가 새로운 정치에 대한 요구에 응답할 수 있는 능력을 갖추었다는 것이다. 신사회운동을 이끌어 가는 시민사회 혹은 비정부기구가 인적 자원과 물적 자원을 확보하였기 때문에 사회적 요구에 대응할 수 있게 되었다는 것이다. 하지만 이 설명 역시 그 나라의 정치구조와 정치제도들의 대응에 따라 신사회운동이 등장 혹은 강화된다는 점을 설명하기 어려운 한계를 가진다.

이런 한계를 메우는 이론이 정치적 기회구조이론이다. 정치적 기회구조이론은 신사회운동이 등장하는 것을 기존정치의 중심인 국가나 정당이 어떻게 사회적 요구에 대응하는지에 따라 설명한다. 이들 국가와 정당이 사회적 요구를 반영하지 않을 경우 신사회운동이 저항적 차원에서 생겨난다. 하지만 이런 저항적 차원의 신사회운동도 그 나라의 정치적 구조가 어떤지에 따라 다르게 나타난다. 예를 들어 영국처럼 양당제의 정당체계를 가지고 있고 단순다수결주의와 소선거구제를 결합한 경우에는 신사회운동이 등장하기 곤란하다. 왜냐하면 이런 나라에서 정당이 사회적 요구를 좀 더 잘 반영할 가능성이 높기 때문이다.

마지막으로 신사회운동을 개인의 정치참여행위로 보면서 합리적 선택이론을 통해 설명하기도 한다. 즉 신사회운동 자체에 초점을 두는 것이 아니라 참여한 사람 개개인에게 초점을 두어 참여자들이 참여를 통해 얻게 되는 이득과 비용을 계산하여 이득이 높을 경우 참여한다는 것이다. 조직이 아닌 개인을 설명한다는 점에서 의미있는 이론이다. 즉 개인들의 어떤 결정이 조직차원으로 확대되면서 조직화를 이루게 되는가를 설명할 수 있다. 그러나 신사회운동의 경우 개인들이 얻게 되는 경제적 이익이 크지 않다는 점에서 설명력의 한계가 있다. 따라서 이익에 물질적인 이익이외에도 개인들이 참여를 통해 얻게 되는 효능감이나 만족감을 도입하여 설명한다.

실제로 한국의 신사회운동의 증대로 나타난 낙천낙선운동이나 환경운동, 다문화운동 등을 주도하는 권리주창NGO(advocacy NGO)들을 설명하는 데 있어서 기능적이론, 자원동원이론, 정치적 기회구조이론, 합리적 선택이론이 어느 정도 적용된다. 먼저 정치권의 변화와 요구수용에 대한 민간의 요구가 있고(기능주의이론) 이를 해결하기 위해 시민단체들의 활동이 활발해지고 각 분야의 전문가들이 모여 단체들 간에 통합화가 진전되었고(자원동원이론) 이런 NGO를 활성화하는 국가의 지원프로그램이 있었고(정치적 기회구조이론) 이들 단체에 참여하고자 하는 개별 시민들의 참여를 통한 효용이 증대(합리적 선택이론)되어서 나타난 것이다. 이런 설명들은 대체로 경제적 수준의 증대와 교육수준의 증대 그리고 IT의 발전이라는 사회적 조건변화에 기인한 측면이 크다.

(3) 신사회운동의 제도정치로 진입과 관련 이슈

하지만 시민들이 새로운 방식의 사회운동을 하는 것과 제도정치로 진입하는 것에는 차이가 있다. 그렇다면 어떤 경우에 제도권정치로 진입하는가? 시민사회가 시민적 중립성을 버리고 정치제도권 안으로 들어간다는 것은 쉬미터가 제시한 '비찬탈성'이라는 조건을 깨는 것이다. 시민단체 내에 중립성을 지향하는 분파와 적극적인 행동주의를 지향하는 분파가 나뉠 것이고 이런 내부적인 분란을 경험할 것을 예상함에도 불구하고 제도권정치로 들어올 때는 사회운동만으로 부족하다는 인식과 세력화가 가능하다는 계산이 필요하다. 결국 이 2가지가 합쳐지면 제도정치로 진입하여 권력을 장악하고 이를 통해 자신들의 주장을 더 적극적으로 관철하겠다는 것이다. 이때 고려되는 걸림돌(threshold)은 제도화로 나가기 위해 조직내부적인 갈등과 분화를 경험할 수 있다는 것이다. 즉 일부 중립성을 주장하면서 운동차원에서 활동을 주장하는 사람들이 단체를 떠날 수 있다. 그런데 이들은 대체로 시민단체나 NGO조직을 형성하는데 결정적인 역할을 한 사람들이거나 적극적인 지지자일 가능성이 높다. 정치권에 진입을 목표로 시민사회에 들어온 사람들과는 다르기 때문이다. 따라서 제도권 정치론의 진입은 내분과 인적손실과 그로 인한 정당성의 약화라는 비용을 감내해야 한다.

이렇게 내홍을 거치고 시민단체가 제도정치권 안으로 진입했다고 해도 문제는 남는다. 제도정치로 들어온 경우 제도정치권에서 높은 지지를 받을 수 있는가의 문제가 남는다. 신사회운동은 공공재적 속성을 가지는 이슈를 제기한다. 하지만 운동으로 있을 때 공감대를 얻는 것과 대표를 뽑는데 있어서 유권자들의 지지를 획득하는 것은 다른 것이다. 또한 비판적 입장의 운동영역에서 벗어나 적극적인 대안창출을 해야 할 때 현실정치에서는 고려할 것들이 많아진다. 경제적 소득의 문제, 교육의 문제, 안보문제, 부의 재분배문제 등을 종합적으로 고려하면서 그 문제들을 자신들이 주장하는 가치를 조화시켜야 하는 어려움이 있다. 따라서 현실적인 대안창출이 곤란한 경우 제도권 내에서 유권자 지지확보는 더욱 어려울 것이다.

다른 어려움으로 신사회운동에서 제도정치로 진입할 경우 회원들의 유동성이 문제가 된다. 신사회운동의 지지자들은 높은 교육수준과 비기득권세력으로서의 사회적 배경을 가지고 있는 전문지식인들이 많다. 그러데 사회운동수준에서 이들은 공감대를 형성하고 수평적으로 의견을 교환하고 공공재 참여에 봉사한다는 효능감을 가지고 있었는데 이들에게 제도권 정치로의 진입은 새로운 숙제로 조직화와 위계화를 요구한다. 리더십을 가지고 체계적인 조직적 관리가 필요하게 되는 것이다. 이는 일정한 정도의 조직적 위계구조를 가지게 만든다. 따라서 평등한 구성원인식이 강한 지지자들이(제도정치로 들어올 때 수직적이고 위계적인 인식으로 전환하고 실제 그런 조직구성을 하게 되면) 제도권 내에 들어온 정치조직을 탈퇴할 가능성이 높다. 따라서 정당의 지지층이 유동적이 되어가는 문제를 경험한다. 특히나 물질적인 유인책을 주어야 정당정치에서 적극적인 활동을 할 수 있는데 이들 신사회운동에 기반한 정당들은 물질적 유인책을 주기 어렵다는 문제도 공유한다.

마지막으로 제기될 수 있는 부분은 신사회운동이 제도정치권으로 들어오기 위해서는 비례대표제도가 활성화되어야 한다는 점이다. 이들은 지역선거에서 승리할 가능성이 낮고 비례대표제를 통한 정당지지를 통해 의석을 확보할 수 있다. 그러나 대체로 비례대표제를 활성화하여도 기존 정당들에게 보내는 지지 만큼 많은 지지를 얻기는 어렵다. 유럽의 경우 환경운동에서 출발한 녹색당의 경우도 3-5%대의 지지를 확보할 뿐이다. 이런 정도의 지지로 소수의원을 당선시킨다면 이들 신사회운동에 기반한 정당은 의회와 같은 제도적 장에서 활발하게 목소리를 낼 수 없다. 이런 상황은 이들 정당에게 기성정당과의 정치적 연대를 모색하게 강요할 수밖에 없다. 이 경우 제도권에 둥지를 틀고자 한 신생정당은 딜레마에 빠진다. 기성정당에 반대해서 제도권 내에 진입을 시도하는 입장에서 자신들의 요구에 주의를 환기하거나 요구를 관철시키기 위해서는 기성정당과의 연대가 필요하기 때문이다.

그럼에도 불구하고 신사회운동에 기반한 정당이 제도권정치로 진입하는 것은 상당히 의미있다. 먼저 사회운동 차원에서 간헐적으로 제기되던 이슈를 제도정치 내에서 지속적으로 논의하게 만든다는 것은 중요하다. 이는 기성정당들의 반응을 유도하게 할 것이다. 또한 신사회운동으로 표출된 사회적 갈등을 제도적으로 표출하여 이에 대한 해법모색을 마련하는 것 역시 중요한 의미를 가진다. 마지막으로 교육효과를 기대할 수 있다. 새로운 이슈를 알리는 것 뿐 아니라 제도적 진출이 가능하다는 점을 사회에 알림으로써 정치가 '그들만의 리그'가 아니라는 것을 알릴 수 있다.

(4) 한국의 신사회운동과 제도정치로의 진입 여부

한국에도 다양한 사회운동이 있다. 그리고 다양한 조직화가 이루어지고 있다. 선거감시, 환경문제 등을 다루는 '권리주창NGO'가 있는가 하면 국가의 기능적 과부화를 풀어주기 위한 '서비스NGO'도 있다. 이들 서비스 NGO들은 보육, 육아 등에서 국가가 담당할 사회적 기능을 대체하고 있다. 이런 다양한 분야의 다양한 NGO들 중에서 한국에는 어떤 사회운동이 조직화를 강화하여 제도권정치로 참여할 수 있을 것인가는 미래 한국 정치를 바라보는데 있어서 중요하다.

서구정치를 볼 때 가장 제도적 영역에 진입하기 용이한 사회적 운동은 환경운동이다. 유럽에서 사회운동으로 출발한 환경단체들은 녹색당과 같은 정당을 만들어서 제도권진입에 성공하였다. 마찬가지로 한국도 일정한 경제소득 수준을 지나고 있기 때문에 현실의 먹고 사는 문제를 어느 정도 해결했고 이제는 환경에 대한 관심이 증대하고 있다. 따라서 환경을 쟁점으로 제도정치진입을 시도할 수 있다. 하지만 한국의 경우 탈물질주의에 기반한 환경문제가 다른 정치적 균열을 압도하지 못한다. 대체로 탈물질주의에 대한 관심이 젊은 세대에서 나타나는데 젊은 세대의 상당수는 경제적 문제에 더 많은 관심을 가진다. 게다가 제도적으로 비례의석이 적고(18대 총선의 경우 45석) 저지규정이 높아서(3% 득표시 한 석을 얻음) 환경운동가들이 적극적으로 제도정치로 진입할 유인이 적다. 따라서 환경문제를 다루는 단체들은 제도권 외부에서 교육과 주의환기를 목표로 하여 기성정당에 영향을 주는 것이 합리적인 선택이라고 할 수 있다.

19대 총선에서 녹색당이 처음 제도정치에 도전하였다. 19대 총선에서의 지지율은 0.48%였다. 20대 총선에서는 0.76%로 지지율이 상승했다. 3% 저지규정까지 지지율 차이는 나지만 환경운동이 제도권 정치에 도전한다는 의미는 크다.

2. 시민사회와 민주주의의 관련성

(1) 시민사회와 민주주의의 일반적 관계

시민사회와 관련해서 가장 큰 관심을 가질 수밖에 없는 것은 과연 시민사회가 민주주의의 희망이 될 수 있는가하는 점이다. 이런 관점에서 시민사회와 관련해서 중요하게 제기될 수 있는 문제는 시민사회와 민주주의의 관계이다.

시민사회와 민주주의의 관계는 3가지를 고려해야 한다. 첫 번째로 시민사회는 포괄적인 의미에서 민주주의에 기여할 수 있는가 여부이다. 두 번째는 시민사회는 어떤 민주주의와 관련해서 어떤 기능을 수행하는지를 살펴보는 것이다. 세 번째는 시민사회 자체의 민주화 즉 '시민사회의 민주화'와 관련된 부분이다.

(2) 시민사회의 민주주의 기여 여부에 대한 논의

먼저 시민사회의 활동이 포괄적인 측면에서 민주주의에 기여할 수 있는가를 살펴보자. 시민들의 참여증대가 민주주의에 기여하는지를 살펴보는 것은 수월한 일이 아니다. 그것은 앞서 본 것처럼 시민사회를 어떻게 규정하는가에 따라 다른 관점에서 민주주의와의 관계를 살펴보기 때문이다. 자유주의적인 측면에서 중립성과 공공성을 지향하는 것으로 시민사회를 규정할 경우 시민사회는 민주주의에 기여하는 긍정적 역할을 수행한다. 시민사회는 시민들의 참여민주주의에 대한 참여를 증대시킬 뿐 아니라, 정치와 공공업무에 시민들의 관심을 모으고 이들의 참여를 유도하는 기능을 수행한다. 또한 시민사회는 시민권을 강화시키고 소수집단의 권익을 옹호하는 권익주창의 기능을 수행하기도 한다. 공론의 장으로서 시민사회의 역할 뿐 아니라 사회자본을 창출함으로써 사회의 신뢰를 확대하고 정치적 결사체적 효능을 증대시킨다.[40]

하지만 바버(B. Barber)는 시민단체가 정부와 시민 사이를 중개할 때 사적 성격이나 국지성과 특정성을 지닌다는 측면에서는 민주주의에 대한 저해요소가 될 수 있다고 지적했다. 게다가 미국식의 다원주의를 주장하는 데 대해서 샤츠슈나이더(Schattschneider)는 전체인구의 90%는 의사결정에 참여하지 못하기 때문에 다원주의는 "강력한 상류층의 목소리"를 대변할 뿐이라고 비판한다.[41] 실제로 한국에서도 극보수 시민단체와 극단적 혁신을 주장하는 시민단체들은 정치를 민주적 타협보다는 대결의 정치로 이끌면서 사회의 갈등을 조장하는 측면이 강하다.

따라서 시민사회 혹은 시민단체가 어떤 기능을 하는지는 일의적으로 규정되기 어렵다. 시민사회는 민주주의에 필요조건일 수는 있어도 민주주의의 충분조건은 아닌 것이다. 즉 시민사회는 민주주의 없이는 존재할 수 없지만 시민사회가 민주주의를 자동적으로 만들어 내는 것은 아니라는 것이다. 어떤 시민사회는 민주주의에 긍정적으로 기여하지만 어떤 시민사회는 민주주의에 부정적으로 기여한다.

샐러먼(L. Salamon)은 시민사회와 민주주의의 관계를 3가지로 정리했다. 시민사회가 민주주의에 기여할 수도 있고 민주주의에 장애물이 될 수도 있으며 민주주의와 전혀 무관한 관계가 될 수도 있다는 것이다. 먼저 첫 번째 관계는 국가가 오만한 권력을 행사하며 자율적인 사회영역의 존재를 위협하는 경우, 비영리 섹터는 민주주의에 필요조건이 된다. 시민사회가 민주화를 추동한 동구와 제 3세계의 국가들의 예에서 본 것처럼 권위주의와 독재를 물리치는 데 시민사회가 실질적인 역할을 수행한다. 하지만 민주화를 추동한 경우에도 정치적 제도화와 사회경제적 발전이 갖추어지지 않은 상태에서 추진하는 민주화는 자칫 정치불안을 가져올 수 있고 민주주의 이행에는 성공적이지만 공고화에는 저해요소가 될 수 있

40) 주성수, "시민사회와 민주주의" 『시민참여와 민주주의』(서울: 아르케, 2006), pp.142-145.
41) 주성수, Ibid, pp.146-147.

다.[42]

시민사회가 민주주의에 긍정적으로 기여한다는 논리에서 좀 더 재미있는 질문은 시민사회가 민주화에 더 기여할 것인지 아니면 민주주의 공고화에 더 기여할 것인지에 관한 것이다. 대체로 시민사회는 권위주의를 무너뜨리는 데 기여한다. 2011년 이집트와 중동의 민주화를 이끌고 있는 것 역시 시민사회라는 점에서 1970년대 이후 민주주의 제 3의 물결에서 가장 중요한 행위자로서 시민사회를 들 수 있는 것이다. 그러나 민주주의를 공고화하는 과정에서 시민사회는 문제점을 드러내기도 한다. 시민사회의 양적 팽창이 반드시 질적 심화를 보장하는 것은 아니기 때문에 시민사회는 공공선(public goods)만을 창출하는 것이 아니라 공공해악(public bads)도 창출하는 것이다.

두 번째 시민사회와 민주주의의 포괄적 관계는 시민사회가 민주주의를 저해할 수 있다는 것이다. 만약 시민단체나 비영리 섹터가 사적이해, 경제적 이해관계, 민족이나 인종 언어와 같은 1차적이고 본원적 정체성에 기반을 하여 형성되고 활동한다면 이는 공익을 해치며 시민권의 결속을 왜곡시키면서 민주주의에 심각한 장애요소가 될 수 있다.[43] 자체 내 이익을 향유하기 위한 결속적(bonding) 집단일 경우에 민주주의를 저해할 수 있다.

마지막으로 세 번째 관계는 시민사회와 민주주의가 양자 무관한 관계이다. 예를 들어 비영리 조직이 공익창출을 위한 권익주창보다 단체의 경제적 이익을 향유하기 위한 상업화에 매진할 경우 시민사회는 민주주의와 무관한 관계가 될 것이다.

이를 종합해서 볼 때 민주주의와 시민사회의 관계는 국가의 정치적 조건이 어떤가에 의해 결정된다. 민주화를 이행하는 국가에서 시민사회는 자유화를 주장하며 민주주의를 촉진하는 기능을 수행할 수 있다. 반면에 민주주의가 정착되고 있는 공고화 과정의 국가에서 시민사회는 분화가 많이 일어나게 될 것이고 이들은 민주화를 주장하기보다는 시민의 도덕성을 교육하고 공공선의 참여를 유도할 것이다. 민주화를 유도하는 경우 코헨과 아라토(Cohen & Arato)의 사회운동이론이 적용되고 후자처럼 민주주의 공고화 과정에 대해서는 퍼트남(Putnam)과 스카치폴(Skocpol) 등의 사회자본과 시민참여 이론이 강한 설득력을 가진다. 따라서 전자의 입장은 투쟁도 불사하는 강력한 시민운동을 통해 민주주의를 유도하는 것이라면 후자는 투쟁보다는 기부나 자원봉사와 같은 시민의 참여와 시민덕성의 함양에 그 의미를 두는 것이다.[44]

그렇다면 한국으로 잠깐 눈을 돌려서 한국의 시민사회는 민주주의에 어떤 기능을 수행하는가? 한국의 경우 민주화를 달성하고 절차적 수준의 민주주의 공고화는 두 번의 정권교체를 통해 달성하였다. 실질적 수준의 민주주의 공고화도 어느 정도 달성된 상황이다. 이런 상황에서 한국의 시민사회는 서구 시민사회처럼 기부와 봉사를 주로 하는 공화주의적 시민사

42) 주성수, Ibid, p.148.
43) 주성수, Ibid, pp.148-149.
44) 주성수, Ibid, p.149.

회의 모습을 보이고 있는지 생각해 볼 필요가 있다. 한국의 시민사회가 많은 부분 발전했지만 서구식의 시민사회의 모습보다는 권익주창적 시민사회의 경향이 강하다. 그리고 시민사회의 제도 속으로 진입하지 않고 운동을 통해 정치권에 대한 저항을 표출하는 것이 여전히 강하다. 2002년 이후의 촛불시위는 시민들의 힘의 분출이 저항적이고 운동지향적임을 보인다. 이런 점에서 볼 때 한국의 시민사회는 특정 불만의 지점에서는 쉽게 폭발하지만 급진적인 주장으로 시민사회의 화두가 옮겨지는 것(예를 들어 2008년 촛불 시위에서 이명박 정권퇴진 등)에는 반대한다. 따라서 권익을 주창하는 단체들을 뛰어넘어 직접적인 참여를 하지만 급진화로 가는 것에 대해서는 저항한다. 따라서 한국 시민사회의 운동을 들여다 볼 때 불만을 폭발시키는 정치사회에 대한 기대의 최저점이 있고 더 이상 나가려 하지 않는 저항의 최고점이 있다.

(3) 시민사회의 민주화의 문제

두 번째 시민사회와 어떤 민주주의가 어떤 관련을 맺는가를 이야기하기 전에 좀 더 간단한 세 번째 주제부터 다루도록 하겠다. 즉 시민사회의 민주화를 어떻게 이룰 것인가의 문제를 간단히 짚어보겠다. '국가의 민주화'나 '정치사회의 민주화'는 좀 더 일상적인 화두가 되었다. 그리고 '시장의 민주화' 역시 1997년 외환위기 이후 중요한 시대적 화두가 되어있다. 하지만 시민사회에 대한 민주화는 이보다는 덜 담론화되어 있다.

시민사회의 민주화에 대한 논의가 상대적으로 활성화되지 않은 것은 시민사회 자체가 민주적이고 자발적으로 구성되어 있다고 생각하기 때문이다. 하지만 시민사회도 조직화를 위해서는 위계적 구조를 가지게 되고 상층부 조직원과 하층부 조직원 간의 견해 차이를 가질 수 있다. 또한 시민사회 자체의 공익적 중립성이 훼손되는 경우도 있다. 만약 대의민주주의를 대체해서 시민사회를 중심으로 한 민주주의를 구축한다고 하면 시민사회에 포함되지 않은 수많은 인구를 어떻게 대표할 것인가 역시 문제이다. 그리고 시민사회의 리더십도 비판 대상이다. 마지막으로 시민사회의 투명성도 생각할 수 있다. 따라서 시민사회 자체도 조직과 운영방식 등에 있어서 민주화를 필요로 한다. 만약 시민사회가 민주주의를 위한 마지막 희망이라고 강하게 주장한다면 시민사회의 민주화가 전제되어야 국가와 정치사회 그리고 시장에 대한 민주화를 이야기 할 수 있을 것이다. 신뢰 받는 시민사회가 다른 정치행위자들에게 신뢰를 부여할 수 있기 때문이다.

(4) 시민사회와 민주주의의 구체적 관계

이제 두 번째 주제로 돌아와 보자. 시민사회 혹은 시민단체는 다양한 민주주의와 관계를 맺는다. 대의민주주의는 자유주의에 기반하여 시민들이 개인의 문제에 관심을 돌림으로써 정치적 대표를 통제하기 어렵고 공적인 정치에 대한 관심보다는 사적인 이해관계에 몰두하게 함으로써 현대 정치의 위기를 가져오고 있다. 이로 인해 공적인 관심을 가진 시민을 양성하기보다는 사적인 이해를 가진 다양한 개인을 양산한다. 따라서 시민과 시민사회를 주장하는 이론가들은 이런 대의민주주의에 대해 보완적 관점이나 대체적 관점에서 시민사회를 중심으로 새로운 민주주의들을 구성할 것을 제안한다.

시민들을 중심으로 재구성하고자 하는 민주주의의 가장 대표적인 것은 참여민주주의이다. 참여민주주의는 수동적 인민을 적극적인 시민으로 만들어서 정치에 직접 참여할 것을 주장한다. 대의민주주의에 대해 통제력이 약한 것이 문제의 본질이 아니라 시민들이 참여하지 않는 것 자체가 문제가 되는 것이다. 따라서 참여민주주의자들은 일차적으로 참여를 통해 정치적 무관심을 극복할 수 있다고 본다. 이런 참여는 풀뿌리 조직 뿐 아니라 국가, 국제적 조직에 대한 참여와 함께 경제적 문제와 사회적 문제를 포괄하는 참여를 강조한다. 이런 참여가 시민의식을 교육하여 민주주의를 자기통치 즉 자치(self-rule)로 만든다는 것이다.

참여민주주의를 구체적으로 실현할 수 있게 만드는 민주주의가 직접민주주의이다. 국민발안과 국민투표, 국민소환이나 주민발안, 주민투표, 주민소환제도를 통해 시민은 직접적으로 자신이 입법자가 되고 정책결정의 심판자가 되는 것이다. 직접민주주의는 고대 그리스민주주의에 가장 가까운 민주주의로 자기결정에 따른 자기 지배의 원형이 되는 것이다. 대의민주주의와 대척점을 이루는 부분이 많기 때문에 직접민주주의에 대한 비판도 많이 있지만 시민들의 참여와 이를 통한 교육의 기능은 무시할 수 없는 가치이다.

직접민주주의 외에도 시민들의 토의를 통한 결정을 강조하는 심의민주주의 역시 시민들이 민주주의에 기여할 수 있는 장치들을 많이 가지고 있다. 다수결에 의한 결정보다 더 나은 대안을 찾아가기 위한 심의 과정에의 시민의 참여는 시민에게 더 많은 정보를, 더 많은 시민상호적 이해를 가져올 것이다. 자유민주주의에 기반한 대의민주주의가 가지는 다수의 지배가 수적우위를 중심으로 한 데 비해서 심의민주주의는 합의를 중시한다. 이런 합의의 도출과정은 사회의 전 과정에 영향을 미칠 것이기 때문에 시민사회의 참여를 전 영역에 걸쳐 증대시킬 수 있다.

최근 IT의 발전과 함께 논의가 활성화된 전자민주주의 역시 참여민주주의 활성화 수단으로 주목받고 있다. 더 많은 정보를 더 저렴한 비용으로 접근하게 해주면 민주주의가 가지는 공간적인 제약이나 시간적 제약을 완화시켜주기 때문에 심의민주주의와 직접민주주의를 구체적으로 가능하게 해주는 수단이 되는 전자민주주의는 시민들의 참여를 증대시킬 뿐 아니라 시민들을 정보에 있어서 수동적 입장에서 능동적인 입장으로 변화시켜 주었다. 특히 네트워크에 기반해서 시민들을 조직화하는데 있어 실질적인 도움을 주고 있다.

마지막으로 결사체민주주의 역시 시민의 민주주의에 대한 기여를 설명할 수 있다. 가장 단순한 아이디어는 시민들이 결사체라고 하는 조직을 만들어서 정부의 기능 중 일부를 위임받아서 자신들의 이익을 관철하는 것이다. 그러나 이 결사체민주주의는 결사체를 무엇으로 정하는지에 따라서 이론이 여러 갈래로 갈린다. 즉 결사체를 어떻게 정의하고 이들에게 어떤 기능을 부여하는가의 입장이 다른 것이다. 대표적인 예로 바버(Barber)는 시민적 덕성과 참여를 증진시키는 데 대면접촉 결사체가 중요하다고 강조하였고, 퍼트남(Putnam)은 신뢰와 사회협력을 조성하는데 지역 자원 결사체를 주목하였고, 허스트(Hirst)와 슈미터(Schmitter)는 전국적 정상조직의 서비스 전달능력과 포괄적 대중동원 능력을 강조하였다.

결사체를 어떻게 볼 것인가에 대해서는 거시적 관점에서 결사체를 파악하는 입장으로 결사체가 이익을 중개하고 국가의 정통성을 인정하며 정책결정에 참여하는 3가지 기능을 강조하는 입장이 있다. 반면에 결사체를 미시적으로 이해하는 것은 민주주의의 학교로서 기능과 신뢰와 유대 등의 사회자본의 생산으로 사회통합의 기능을 시민 개인에게 수행한다는 것이다. 즉 거시적 접근이 결사체가 국가와 사회자체에 미치는 영향을 보는 것이라면 미시적 접근은 결사체가 개인에게 어떤 영향을 미치는가의 문제이다.

미시적 접근에는 개인의 시민적 덕성을 함양하자는 공동체주의나 문화적 차원에서 사회적 자본론이 있다. 반면에 거시적 차원에서는 코포라티즘이나 거버넌스 논의가 있다. 이런 구분법 외에도 결사체를 좁게 정의해서 이익집단과 관련된 것으로 보는 협의적 결사체와 시민사회를 포함해서 결사체를 넓게 이해하려는 광의의 접근이 있다.

이 중 결사체와 관련한 4가지 유명한 이론을 간단히 소개한다. 먼저 허스트(Hirst)는 영국의 길드 사회주의에 영향을 받아서 이를 다원주의와 접목하고자 했다. 결사체는 자율적으로 만들어져서 정부에 정보를 제공할 뿐 아니라 구성원의 이해를 대표하고 실제로 거버넌스에 적극적으로 참여한다. 또한 공공서비스 제공 등 정부의 역할도 일부 대신한다. 이런 기능들을 통해 대의적 제도들을 보완하고자 한다.[45]

코헨과 로저스(Cohen & Rogers)의 이론은 이와 다르다. 이들은 조합주의에 기초한 결사체민주주의를 주장한다. 조합주의적 입장에 따라 이들은 결사체가 정부와 공적 권력을 공유해야 한다고 본다. 사회문제를 해결하고 공공정책을 형성하고 집행하는데 참여하여 적극적으로 거버넌스를 실천해야 하는 것이다. 현행 대의제가 반영하지 못하는 이해를 직접적으로 반영함으로써 결사체는 대표의 평등을 이룬다. 그리고 이렇게 거버넌스에 참여함으로써 시민들에 대한 교육적 기능을 수행하는 것이다. 따라서 토크빌 식으로 시민들의 자발적인 결사체는 민주주의의 학교로 시민들에게 교육을 하는 것이다.

슈미터는 결사체를 현대적 의미의 이익집단으로 간주했다. 결사체는 자신의 이해 즉 자신의 권익이나 '주의(핵심적 이념)'주장을 강조한다. 시민들의 현실적 이해를 가장 잘 반영하는 것은 시민들이 자발적으로 만든 결사체가 될 것이다. 슈미터 주장에서 특별한 것은 '결사체 바우처'제도이다. 이제도는 시민들이 선호하는 결사체에 정부가 재정적인 지원을 할 수 있도록 시민들이 투표를 하는 것이다. 즉 시민들은 자신이 선호하는 결사체에 재정지원을 요구하고 이렇게 재정지원을 받은 결사체는 시민들의 이해를 대표하는 새로운 대표가 되는 것이다. 하지만 슈미터의 주장 역시 대의민주주의를 대체하려고 하지는 않는다.

45) 주성수, Ibid, p.55.

마지막으로 펑과 라이트(Fung & Right)는 '자치역량 참여 거버넌스'모델을 제시하여 참여민주주의와 결사체민주주의를 통합하려 한다. 이 모델의 핵심은 자치역량을 가진 시민들이 참여하여 직접적인 거버넌스를 이룬다는 것이다. 예를 들어 시카고 공동체 경찰에 참석하는 시민들이나 브라질의 일부 지방도시(포르투 알레그로시가 대표적임)의 예산결정이 참여하는 시민들, 인도 케랄라 지방정부개혁에 참여하는 주민들이 자치역량을 가진 시민들이다. 이들에 의해 만들어진 결사체는 행정개혁 등을 기획하고 제안할 뿐 아니라 정책결정과 집행에 대한 반개혁적 세력들에 대해서도 방어활동을 한다. 또한 결사체들은 주민교육과 동원을 통한 자치역량의 강화등 핵심적인 기능도 수행하는 것이다.

결사체 민주주의에 대해 종합하면 결사체를 어떻게 볼 것인가 즉 이익집단으로만 한정할 것인지 시민사회 혹은 시민단체까지 넓힐 것인지에 따라 입장 차이가 난다. 이 이익집단과 시민사회라는 장에서 두 가지가 동시에 설명되는 것처럼 이익집단과 시민사회도 구분되거나 동시적으로 설명될 수 있는 문제를 가지고 있다. 하지만 이것이 시민들의 참여를 다르게 만드는 것은 아니다. 시작에서 주장한 것처럼 공익은 어떤 것을 기준으로 하는가에 의해 달라진다. 따라서 결사체들은 시민들이 참여함으로써 민주주의에 새로운 활력을 넣으려고 한다는 점에서 의미있게 살펴볼 수 있다.

지금까지 시민사회가 민주주의에 좀 더 기여하기 위해 다양한 민주주의 장치를 이용할 수 있다는 것을 보았다. 이제 민주주의를 현실적으로 운용하기 위해 시민사회를 대의기구와 시장사이에서 어떻게 작동시킬 것인지를 '거버넌스'라는 측면에서 살펴보도록 한다.

3. 시민사회와 거버넌스 구조

(1) 거버넌스와 신중세이론

근대 국민국가는 국가기구를 중심으로 통치를 수행해왔다. 이는 주권이라는 법적원리에 근거해서 국가가 다른 나라에 대해서 독립성을 가지면서 국내적으로는 최고권위를 가지는 것으로 이론화되었다. 이렇게 국가기구가 통치(government)를 주도하는 것에 대비해서 다양한 행위자들이 주권을 공유할 수 있다는 전제 하에 문제해결을 위해 여러 행위자들이 참여하여 정책을 결정하는 것을 거버넌스라고 부른다.

기존의 국가중심적인 정치를 비판하면서 새로운 정치행위의 유형을 설명한다는 점에서 거버넌스 이론은 신선하다. 하지만 거버넌스 이론이 완전히 새로운 것은 아니다. 거버넌스 이론은 국제정치학자 아놀드 울퍼스가 만들고 헤들리 불에 의해 이론화가 된 '새로운 중세' 혹은 '신중세'를 닮아있기 때문이다. 즉 과거 중세에 권위는 다원화되어 있었다. 유럽에서 중세는 교회와 신성로마제국과 각 지역의 영주와 자치도시 등이 각각 특정지역에 살고 있는 사람들에게 관할권을 행사할 수 있었다. 즉 사람들이 부여하는 권위는 다원화되어 있었다. 이처럼 권위가 다원화되어 있고 이념은 기독교로 동질화되어 있는 중세상황과 흡사하다는 점에서 제시된 것이 신중세이론이다. 신중세이론은 과거 중세와 주체가 다원화되어 있고 이념이 자유민주주의로 수렴되어 단일화된다는 점에서는 유사하지만 과거와 달리 경제적 상호의존이 증대해 있다는 점은 다르다고 해서 '신(新)'중세라고 불린다. 따라서 행위자가 늘어나고 권위가 분산되어 있기 때문에 국가에 의한 독점적 '통치(government)'가 될 수 없고 '공동관리'나 '공동통치' 혹은 '협력적 통치'나 '협력적 관리'로서 거버넌스를 수행해야 한다는 점에서 중세에 있었던 현상의 재판으로 볼 수 있는 것이다.

실제로 거버넌스 이론 속에서도 신중세이론이 논의되고 있다. 거버넌스 이론가들은 주권국가의 독자성이 무너져 내리면서 국가에 의한 단독통치(government)가 불가능하게 되고 있다고 보면서 공동 통치 혹은 협력적 통치 혹은 공동관리적인 의미를 가진 거버넌스(governance)이론을 제시하는 것이다. 분권적으로 문제를 해결하는 이 이론은 신중세의 '권위의 다원화'를 잘 설명하고 있으며 '충성의 분화'와 '기능적인 측면의 주권'을 강조하고 있다. 즉 이제 자연인으로서 '인민(people)'은 한 국가의 '국민(nation)'이자 한 기업의 '기업인'이거나 '고용인'이고 한 시민단체의 '시민(citizen)'이며 경제활동의 '생산자'이자 '소비자'인 것이다. 따라서 이들의 충성은 반드시 국가를 향하는 것은 아니다. 또한 다양한 행위자들이 각 영역과 이슈에서 자신의 역할을 배타적으로 혹은 공동으로 수행하는 것이다. 이런 점에서 거버넌스이론은 우리에게 역사가 과거(중세)로 회귀할 수 있음을 알려주고 있다.

시민사회와 관련해서 거버넌스는 어려운 면을 사고하도록 강요한다. 거버넌스를 한다는 것은 국가, 사적인 경제토대를 이루고 있는 기업, 그리고 시민사회가 정책결정에 공동으로 참여하는 것을 의미한다. 거버넌스가 어떤 차원에서 이루어지는가와 관계 없이 공동결정이 이루어진다. 즉 국제수준의 거버넌스나 국가수준의 거버넌스나 지방차원의 거버넌스에서 모두 방식을 조금씩 달리하고 역량을 달리해서 거버넌스가 이루어진다.

(2) 시민사회 거버넌스의 정치적 측면

시민사회의 거버넌스와 관련해서 두 가지 측면을 나누어서 살펴보자. 하나는 정치적 측면으로서 시민사회와 정치사회의 관계를 어떻게 볼 것인가 하는 점이다. 다른 하나는 경제적 측면으로 시민사회보다는 이익집단에 가까운 집단화를 통해 어떻게 정치경제거버넌스를 만들 것인가와 관련된다.

정치사회와 시민사회의 관계에서 강조될 수 있는 부분은 시민들의 참여가 확대된 거버넌스구조가 될 것이다. 이는 한국 정치가 여전히 만족스럽지 못하고 한국민주주의의 질적 심화가 지체되고 있는 것이 정치사회에 대한 대표성의 부족과 응답성의 부족에 기인한다는 것이다. 그리고 이런 정치사회의 책임성 추궁방법이 부족한 것도 문제이다. 따라서 정치사회에 책임추궁을 가능하게 함으로써 응답성을 높이고 이를 통해 유권자들의 정치사회에 대한 기대와 신뢰를 확보하여 참여확대를 통한 대표성 증대를 꾀하는 것이 중요하다. 이런 선순환 관계의 핵심에 시민사회의 역할이 있다. 그렇다면 시민사회는 그러한 기능을 하기 위해 어떤 목표를 설정하고 구체적으로 어떤 전략을 갖추어야 하는가?

이런 문제의식에서 출발한 시민사회의 참여증대를 통한 거버넌스는 이론적으로 '이성적 다원주의 모델'로 설정될 수 있다.[46] 이성적 다원주의 모형은 한국 정치를 다원주의 관점에서 참여와 경쟁을 확대하고자 한다. 로버트 달 식의 경쟁과 참여확대가 중심이 되지만 '이성적'인 것에 강조점을 두면서 무분별한 참여가 아닌 심의 민주주의의 지원을 받은 합리적이고 토의에 입각한 참여와 경쟁을 강조하는 것이다. 이러한 이성적 다원주의가 되기 위해서는 시민사회의 참여기회와 통로가 확대될 필요가 있다. 시민참여를 가로막는 제도적인 장벽을 제거하는 것이 필요하다. 시민 참여의 통로는 선거투표, 선거운동, 정치자금기부와 같은 대의민주주의 장치, 주민투표, 주민소환 등 직접민주주의 장치, 그리고 시민단체와 이익단체를 통한 간접적 통로로 구분할 수 있다. 따라서 이성적 다원주의가 상정하는 시민적 거버넌스는 이익집단과 시민단체를 이용하는 것과 함께 대의민주주의를 이용하는 것과 직접민주주의와 심의민주주의를 이용하는 것까지 3가지 경로를 가진다고 할 수 있다. 이렇게 참여통로를 확대하는 것 외에도 시민참여에 있어서 심의성과 책임성을 확보하는 것이 중요하다. 이를 위해서는 심의민주주의 요소를 도입하는 것이 필요하고 책임추궁을 위한 자율규제와 경쟁에 의해 책임성을 강화하는 것이 필요하다. 그리고 마지막으로 정책연구시장을 활성화하여 시민사회의 전문성을 배양하는 것도 중요하다.

(3) 시민사회의 정치경제 거버넌스: 사적이익정부론 중심

두 번째로 정치경제와 관련된 거버넌스를 살펴보자. 정치경제와 관련된 거버넌스는 세계화라고 하는 현상변화와 관련된다. 세계화는 국민국가라고 하는 1국 수준에서 국가 자체에 의해서만 문제를 해결하기 어렵게 한다. 세계도처의 종족적, 종교적 분화와 문화 간의 갈등이나 하위정부가 중앙정부를 우회하는 현상 등은 국가가 배타적으로 통치하는 것이 불가능하다는 점을 보여준다. 따라서 정치경제학에서는 특히 거버넌스가 중요하게 되고 있다.

결사체 거버넌스와 관련해서 정치경제적으로 살펴볼 수 있는 모형은 슈트렉과 슈미터가 제시한 사적이익정부(PIG: Private Interest government)이론이다. 이 이론에 따르면 국가의 허가와 보조하에서 사적 이익집단들(특히 사업자단체)에게 공적인 책임을 위임함으로써 이들이 자신의 특수이익보다 공적인 이익을 도모하고 공공정책적 역할을 담당할 수 있도록 하는 제도로서 "사적 이익집단의 공적활용" 혹은 "규제된 자율규제"로 볼 수 있다. 이 논리는 개인의 자율에 기반하여 자신의 이익을 추구함과 동시에 전체의 이익을 도모할 수 있게 한다는 것이다.[47] 이런 사적이익정부모델은 이후 거버넌스의 중요한 유형으로 받아들여져서 산업수준의 거버넌스 연구나 지역수준의 거버넌스 연구나 자본주의 모델의 한 유형이나 유럽

46) 모종린, "정치사회와 시민사회 관계의 변화: 시민참여 거버넌스 모색", 임혁백 외, 정보통신연구원 편, 『21세기 한국 정치의 비전과 과제』(서울: 민음사, 2005).

47) 유석진, 김의영, 임혜란, Ibid, p.275.

통합이후 사업자 단체의 거버넌스 연구 등으로 연구가 확장되기도 하였다.[48] 실제로 일본의 대형 백화점들의 자율적인 사적규제를 분석한 구체적인 연구가 나오기도 하였다.

사업자단체가 정부정책의 효율성을 보장할 수 있다. 사업자단체는 실무적 차원에서의 정보를 수집하고 중개하며 이를 기반으로 정책적 아이디어를 제시할 수 있다. 또한 사업자단체는 개별사업체들의 무절제하고 단편적인 요구를 제어할 수 있고 공공이익에 부합하는 방향으로 개별 기업을 이끌 수 있다. 또한 국가의 직접적인 개입을 줄여주기 때문에 국가의 정당성이 약화되는 것도 막을 수 있다. 이런 방식으로 정부와 기업 간의 협조적 정책네트워크를 만들게 되면 효율성도 증대하고 국가의 정당성 역시 증대하게 된다. 특히 사업자단체는 개별기업차원에서 제공하기 힘든 공공재를 집단적으로 만들 수 있게 해준다. 예를 들면 업계 간의 과당경쟁방지, 산업의 하위부문과 상위부문간의 효율적 연계(예를 들어 대기업과 중소기업의 부품조달문제), 연구개발과 인적·물적 인프라 구축, 공동연구 등이 그것이다. 이런 방식으로 정부와 기업이 연계할 경우 장기적이고 미래지향적이고 적극적인 계획에 기반한 산업정책(예를 들어 산업 구조조정정책)등이 만들어 질 수 있다.[49]

특히 대량생산에 대량소비의 가능성을 전제로 하였던 포디즘적 사고가 무너지고 포스트포디즘에 입각해서 유연한 생산과 다품종 생산을 강조하게 되면서 생산의 양적 측면보다 질적 측면이 강조되고 있다. 이런 경우 다품종소량생산체제는 정부, 기업, 기업-노동자, 부품 및 관련업체, 산업-학교-연구소 등 관련행위자들의 협력과 집합적 서비스를 요구하며 이는 이러한 협력과 집합적 서비스의 지속적 공급을 용이하게 해주는 집단적 제도로서 사업자단체와 같은 조직을 필요로 한다.[50] 대표적으로 국제결제은행의 자기자본비율인 BIS 제도는 금융감독기관과 금융업계와 사업자단체의 협조가 얼마나 중요한가를 보여준다.

하지만 사업자단체를 중심으로 한 결사체거버넌스에 대한 비판도 적지 않다. 이에 대한 비판들로는 사업자단체가 사회전체의 생산과 성장에 기여하기보다는 자신의 분배 몫에 더 관심이 있고 자신의 몫을 키우는 것을 중심으로 활동한다는 점이 제시된다. 또한 사업자단체는 국가의 개입에 의해서 생기는 지대(rent: 정부개입으로 인해 시장가격이하로 자원이 배분되는 때에 생기는 이득)를 추구하게 된다는 비판도 있다. 가령 사업자단체는 관세를 높여서 자신들의 생산품을 외국산 대체상품으로부터 보호받거나 보조금을 받아서 가격을 이전시켜

---

48) 유석진, 김의영, 임혜란, Ibid, p.276.

49) **반응적 산업정책과 예상적 산업정책**: 애킨스과 콜만(Atkinson and Cleman)은 산업정책을 '반응적 산업정책(reactive industrial policy)'과 '예상적 산업정책(anticipatory industrial policy)'으로 나눈다. 반응적인 산업정책은 분산된 기업의 요구에 부응하여 임기응변적이고 근시안적이며 사후처방에 불과한 정책수단들(예: 긴급 융자나 관세장벽)에 의존하는 것을 의미하는데 비해 '예상적 산업정책'이란 장기적이고 적극적인 계획에 기반한 정책을 의미한다. 이런 구분은 자유민주주의 국가에서 국가가 사적영역에 자유를 인정하면서 공공재를 추구할 수 있게 하는 방법을 제시하는 것이다. 즉 기업들에게 사적인 자유는 인정하되 기업과 정부의 네트워크에 기반하여 산업정책을 장기적 관점에서 공공성을 향유할 수 있도록 유도하는 것이다. 유석진, 김의영, 임혜란, Ibid, p.278.

50) 유석진, 김의영, 임혜란, Ibid, p.279.

주는 활동에 관심을 가질 것이다. 게다가 이런 정부와 기업 간의 관계는 유착이 될 수 있어서 생산적 연대라기보다는 정경유착과 같은 정실적 연대가 될 수 있다. 사실 결사체거버넌스가 나쁜 방향으로 작동하면 집단은 과두제적으로 지배받을 것이고 관료제화할 수 있으며 책임을 지지 않고 이기적인 행동으로 전락할 수 있다.[51)]

결사체거버넌스의 장점과 단점에도 불구하고 결사체거버넌스는 도입해 보아야 할 여러 현실적인 필요가 있다. 먼저 유연생산방식과 다품종소량생산체제에서는 다양한 집단들 간의 연계가 중요하기 때문에 개별적인 운영보다는 산업단체처럼 조직화가 필요하다. 또한 외국의 기업들과 경쟁을 해야 하는 수출업계의 경우는 좀 더 절실한 필요가 있다. 반대로 수입업계는 수입규제와 같은 반경쟁적인 집단행동의 유인이 있기 때문에 적용이 어렵다. 이런 2가지 조건을 잘 충족하는 분야가 한국에서는 섬유산업이다. 또한 기술이 빨리 발전하는 금융 분야와 IT분야나 벤처업계 등도 사업자단체의 거버넌스가 중요하겠다. 하지만 앞서 본 것처럼 결사체에도 부정적 측면이 있을 수 있기 때문에 사업자단체의 담합과 지대추구를 방지할 '국가에 의한 강력한 규율'이 필요하다. 예를 들어 공정거래위원회를 더욱 강화해볼 수 있다. 하지만 국가는 전문분야에서 이들 사업자를 완전히 통제하고 규제하기는 곤란하다. 따라서 이 부분에서 '시민사회에 의한 규율'이 필요한 것이다. 전문가, 여론, 시민단체, 소비자 등이 사업자단체를 감시하고 견제함으로써 거버넌스의 책임성을 증가시킬 수 있을 것이다.[52)]

크게 보아서 정치경제거버넌스에 있어서 시민사회의 도입은 전통적인 국가-시장의 2원적 분석을 뛰어 넘는 힘을 발휘한다. 시장과 국가의 교착국면에서 시민사회는 새로운 대안이나 중재점을 찾아주기도 한다. 그리고 국가를 견제하고 시장을 절제시키는 역할 역시 수행할 수 있기 때문에 정치경제를 3파전의 측면에서 동태적으로 볼 수 있게 해준다.

(4) 거버넌스에 대한 평가

시민사회를 강화하는 논리로서 거버넌스는 매력적이다. 거버넌스가 매력적인 것은 명확하게 규정되기 어려운 측면을 가지고 있기 때문에 참여행위자들의 이해관계가 넓어지는 측면이 있기 때문이다. 즉 국가는 국가대로 자신의 역량을 높일 수도 있고 다른 행위자에게 부담을 전가할 수도 있는 것이다. 반면에 시민사회는 시민사회대로 필요한 경우 자신이 좀 더 주도적이 될 수도 있지만 발을 뺄 수도 있는 것이다. 국가와 시민사회와 시장의 모호한 연계고리 속에서 행위자들은 거버넌스라고 하는 끈끈한 접착제를 통해 상호 이해를 조율할 수 있는 매우 넓은 여지를 가지고 있다. 반면에 거버넌스의 용어가 가지는 모호함은 그 자체로서 하나의 함정이다. 그것은 책임성을 서로 분담하지 않고 상대에게 전가하는 방식으로 작동할 수 있는 충분한 여지를 동시에 부여한다. 따라서 거버넌스는 극단적으로는 상대방에게

51) 유석진, 김의영, 임혜란, Ibid, pp.280-282.
52) 유석진, 김의영, 임혜란, Ibid, pp.282-285.

책임을 전가하기 위해 사용될 수도 있다.

거버넌스가 긍정적 측면에서만이 아니라 부정적인 측면에서도 매력적이기 때문에 시민사회는 상대적으로 거버넌스를 더 선호할 수 있다. 이때 거버넌스는 대의민주주의기구들과 시민사회가 연대를 하여 문제를 풀어가고 그 책임의 일부를 수용하는 것이다. 따라서 대의민주주의를 대표와 구분되는 시민으로 상정하는 논리가 거버넌스로 인해 무너지게 된다. 이렇게 되면 시민사회를 중심축으로 하여 대의민주주의를 대체하고자 했던 참여민주주의와 대의민주주의는 명확한 구분선을 잃어버리게 되는 것이다. 하지만 이론적으로 볼 때 구분선이 약해지는 단점이 있음에도 불구하고 현실정치에서 의회-정당-시민사회를 연관시켜서 동태적으로 파악할 수 있는 장점이 여전히 크다.

4. 한국적 시민사회의 특수성: '운동에 의한 정치'와 비제도적 정치의 제도화

(1) 한국 운동정치의 특징: 운동에 의한 민주화

우리는 시민사회의 개념과 관련한 기능과 민주주의에서의 역할을 보았고 구체적인 작동으로서 거버넌스까지를 살펴보았다. 그리고 신사회운동의 의미도 보았다. 이제 이런 제도적인 입장의 시민들의 정치적 행동을 넘어서 비제도적인 영역에서의 시민들의 행동을 살펴볼 것이다. 이 부분 역시 운동의 정치라는 점에서 신사회운동과 맥을 같이 한다. 하지만 신사회운동이 민주주의가 이루어진 나라들에서 새로운 가치와 새로운 방식으로 무장하고 탈근대적인 주제를 다루는 것이라면 여기서 다루는 것은 전통적으로 있어왔던 기존 정치에 대한 저항과 비판의 영역이라는 점에서 다르다. 쉽게 말해서 1987년 '서울의 봄'을 이끌었던 시민들의 운동을 우리는 신사회운동이라고 부르지 않는 것이다.

한국에서 저항의 정치와 운동의 정치는 의미가 크다. 한국의 민주주의에 대한 시도는 끊임없는 시민들의 저항과 운동을 통해 달성되었기 때문이다. 마치 배링턴 무어가 서구 민주주의를 "부르주아 없이 민주주의 없다"고 했던 것처럼 한국의 경우는 "운동 없이 민주주의 없다"[53]라고 할 정도로 운동의 영향은 크다.

그리고 앞서 본 것처럼 시민의 저항은 민주화과정에서 중요하게 나타나고 이후에는 제도화된 시민사회로 자리잡게 된다. 이 과정에서 시민사회의 보수화가 진행된다. 그러나 한국은 민주화 이후에도 몇 차례 광장을 통한 저항의 정치 혹은 운동의 정치를 보여 주었다. 따라서 민주주의의 공고화가 어느 정도 달성된 시점에서도 우리는 시민사회의 비제도적 영역을 살펴볼 필요가 있다. 특히 2008년 촛불시위는 정치적으로 상당한 의미를 던져주기 때문에 좀 더 현실적인 분석의 필요도 있는 것이다.

운동의 정치를 바라볼 때 우리는 민주화를 한 가지 기점으로 잡을 수 있다. 민주화에 도달할 때까지 권위주의 정부에서 어떤 방식으로 시민들은 저항을 했으며 이 저항을 운동으로

53) 최장집, 2002.

조직화하여 민주주의를 달성할 수 있는 추진력을 얻었는가를 보는 것이 민주화까지 운동의 역할이다. 반면에 민주화가 되고 나면 운동에 의한 거리의 정치는 제도의 정치에 자리를 넘겨주게 된다. 이렇게 제도정치로의 전환은 운동의 정치를 분화시킨다. 운동을 통해 자신들이 구현하고자 하는 정치적 목표를 구축하기 위해 제도정치로 진입하는 경우와 체제 외부에서 자신들의 요구를 관철하기 위해 노동자나 농민 등과 연대하여 민중운동으로 전환하는 분파가 있기 때문이다.

(2) 한국 운동정치의 역사적 전개

따라서 한국의 운동정치가 민주화까지 어떻게 진행되어 왔고 민주화 이후에 어떻게 진행되고 있는지를 나누어서 개괄적으로 살펴본다. 이 부분에서 가장 궁금한 질문은 왜 한국에서는 저항의 정치, 운동의 정치가 빈번한가 하는 점이다. 특히 2002년 이후 3차례나 나타난 이유가 무엇인가 하는 점이다.

먼저 민주화까지의 운동정치를 개괄적으로 살펴보자. 이 시기 운동정치의 역할은 권위주의에 대한 저항이라고 할 수 있다. 이때 제도권에 들어갈 수 없었던 운동의 정치는 다차원적인 저항을 수행했다. '국가적 수준'의 저항으로는 민주화 항쟁 이후 NL과 PD라고 하는 세력이 자본주의에 대한 거부와 함께 반미를 통해 민족주의를 복원하고자 한 것이 대표적이다. 반면에 1960년의 4.19는 국가의 토대인 자본주의와 반공주의를 거부한 것은 아니고 이승만 독재체제를 거부했다는 점에서 '정권적 수준'의 저항으로 볼 수 있다. 1950년대의 진보정당사건은 한국전쟁으로 인해 반공주의가 강화된 한국사회에서 새로운 정당정치를 표방했다는 점에서 '정당정치적 수준'의 저항으로 볼 수 있다. 운동의 정치는 힘의 열세를 만회하기 위해 연합체운동의 성격을 띠었고 결국 민주주의를 만들어 내었다. 그리고 권위주의에 저항하면서 수행한 운동의 정치는 비합법적일 수밖에 없었다. 민주화가 되자 운동정치의 일부 세력은 기성 제도권 정치에 편입되면서 운동의 입지는 약화되었다.[54]

민주화에 성공한 운동의 정치는 제도정치에 민주화 과정의 주도권을 넘겨주게 되면서 그 힘이 약화된다. '협약에 의한 민주화'논의는 민주파의 강경파인 운동세력이 온건파인 자유주의적 개혁주의자들인 김영삼, 김대중 양당의 대표에게 주도권을 빼앗겼고 권위주의자들과 이들 개혁주의자들 간의 타협으로 민주주의를 만들었다는 것을 의미한다. 민주화의 과정에서 저항과 운동의 정치는 대안의 창출이 부족했고 민주주의의 단초를 다시 빼앗기는 것이 아닌가에 대한 두려움을 가진 시민들의 제도적 민주주의 정착 지지로 인해 더욱 힘을 발휘하지 못했다.

민주화 이후의 운동정치는 두 갈래의 방향으로 나간다. 먼저 시민사회의 강화에 따른 시민운동이 그 하나이고 노동운동을 위시한 민중운동의 확대가 다른 하나이다. 시민사회의 활

---

54) 정해구, 김태일, "비제도적 운동정치 연구서설", 『한국 정치와 비제도적 운동정치』(파주: 한울아카데미, 2007), pp.20-29.

성화는 '네트워크형 연대운동'으로 나타났다. 네트워크 연대운동은 특정의 정치적 사안에 대한 개혁운동을 전개하는 것으로 대표적인 사례가 2000년과 2004년 총선시민연대의 낙천 낙선운동이다.

두 번째인 민중운동은 진보정당의 운동과 병행되어 진행된다. 1987년 8월 이후 노동운동은 강화되었다. 그리고 1987년 민주화 이후 운동세력은 3단계에 걸쳐서 제도정치진입을 모색한다.[55] 먼저 첫 번째 단계로는 운동인사들이 개별적으로 정당에 합류하는 것이다. 두 번째는 1990년대에 양김정치를 거부하면서 독자노선을 걸어보려는 노력이다. 이때 대표적인 노력들로 김문수와 장기표 등이 진보정당을 독자적으로 만들기 위해 1990년 11월 3일 민중당을 창당했으나 14대 총선에서 한 석도 얻지 못하고 법적으로 해산된 것이 있다. 또 개혁정당노선을 걸으면서 김대중이 주도하는 '새정치국민회의'에의 참여를 거부하여 '국민통합추진위원회'(통추)를 결성한 것이다. 이들은 15대 총선에서 이부영, 제정구만이 재선에 성공하고 대부분이 낙선함으로써 정치적으로 실패했으나 2002년 대통령 선거에서 통추회원인 노무현을 대통령에 당선시킴으로써 정치적으로 재기하여 2003년 11월 17일에 창당된 열린우리당의 중심세력이 되었다.[56]

진보정당운동의 세 번째 단계에서는 진보정당이 실제로 건설된다. 1997년 '민주와 진보를 위한 국민승리 21'이 결성된 이후 진보정당 건설운동은 대중적 지지를 확보하면서 전개되었다. 그 과정에서 2000년 1월 30일 민주노동당이 창당되고 그해 16대 총선에서는 한 석도 의석을 얻지 못하였으나 17대 총선에서 10석을 차지하면서 제 3당의 위치에 서게 되었다. 이후 2014년 12월 민주노동당에서 나온 통합진보당은 헌법재판소에 의해 해산되었다.

(3) 운동정치의 제도화 방향 논의

민주화이후 운동의 정치의 특징은 운동의 영역이 다방면으로 늘어나 다양한 영역의 시민사회활동을 분출시켰다는 점이다. 그 과정에서 네트워크에 기반한 연대운동이나 진보정당의 건설 등이 성공하게 되었다. 이는 시민들의 지지가 이제는 체제변혁이나 국가거부가 아닌 민주주의의 부분적 개선 정도로 국한되게 되었다는 것이다. 그리고 눈에 띄게 된 것은 시민사회가 이념적으로도 분화되어 시민사회간의 경쟁과 갈등이 증대하였다는 것이다. 최근 인터넷의 발전과 이를 기반으로 한 시민운동의 특징은 유목적 특징을 보이기도 한다. 즉 시민지지의 유동성이 높고 거시적인 문제보다는 미시적인 문제에 관심을 가지는 시민들이 늘어났다는 점과, 운동을 저항보다는 놀이로 생각하는 추세를 보인다는 것이다. 이를 종합했을 때 새로운 유형의 시민들의 새로운 저항이나 운동의 가장 큰 특징은 조직화보다는 개인화가 빠르게 진행되고 있다는 것이다.

---

55) 김대영, "운동정치와 제도정치", 『한국 정치와 비제도적 운동정치』(파주: 한울아카데미, 2007), pp.210-219.

56) 김대영, Ibid, pp.216-217.

그렇다면 이런 역사적 과정을 거친 한국의 운동의 정치를 제도화시킬 필요가 있는가? 운동의 정치는 일시적인 특징이 있기 때문에 제도의 정치로 포섭되는 것이 필요하다. 끊임없이 제도 속에서 주장을 관철하고 타협하는 것이 중요하다. 하지만 운동의 정치는 그 구심점이 미약하고 리더십을 통해 구체적인 대안을 제시하는 것이 아니다. 최근 한국에서의 촛불시위로 나타나는 운동의 정치는 '거부의 논리'(미선이, 효순이에 대한 미국의 사과와 주한미군의 철수, 탄핵반대, 소고기 수입반대)이지 '대안창출의 논리'는 아니다. 따라서 1987년에 운동정치의 중심에 있었던 국민운동본부처럼 적극적인 역할을 수행하기 어렵다. 특히 민주화처럼 권위주의에 대한 거부의 논리를 만드는 것이 아닌 경우 특히나 운동정치는 한계를 가진다.

그리고 운동정치가 제도정치로 들어올 경우도 기존 제도권에 개별적으로 편입되는 방법과 새로운 정당을 만드는 방법이 있는데 양자 모두에 비용이 따른다. 첫 번째 방법은 운동자체의 의미를 담지 못할 수 있다. 두 번째 방법은 현 시점에서 운동의 이슈를 제도정치로 담기 어려운 측면이 있고 또한 이를 반영할 수 있는 정당들이 있다는 점이다. 따라서 운동의 정치를 제도정치에 포함시켜서 제도적 측면에서 지속성을 가지는 것은 필요하지 않다. 운동은 저항으로서의 의미를 가지기 때문에 사회의 요구를 최종적으로 알리는 신호등이다. 따라서 운동을 제도화하기보다는 운동이 제기한 요구를 상시적으로 반영할 수 있는 대표체계의 개선이 더 현실적이다. 또한 시민단체를 통한 지속적인 여론환기와 담론화가 더 좋은 전략이 될 것이다.

5. 여론과 미디어

표를 통한 비교

특징	1. 정치적 행위전개공간으로 기능, 다양화와 전문화. 2. 미디어의 고유한 정치적 이해관계와 이의 표출(예 진보미디어 vs 보수미디어). 3. 의사전달에서 형성과 동원의 기능이 증대.
기능	1. 미디어의 순기능(D. A. Garber): ① 공론형성에 필요한 정보의 제공 ② 의제 설정 기능, 공론의 장 제공(정보의 상호교환) ③ 해석 기능, 논점의 제공 ④ 과거의 투영과 미래의 예측, 국민의 동원과 사회 행동에의 유도 ⑤ 사회 내 특권세력에 대한 비판 및 견제의 기능 2. 미디어의 역기능: ① 일방통행식 정보전달, 시민은 정보수용자로 전락 ② 상업화·센세이셔널리즘 부각과 정치의 희화화. 상업적 의제로서의 정치문제만 부각 ③ 계급화, 언론재벌 형성, 정보 왜곡. 기득권의 정당화작업에 몰두. 속죄양의 확대와 비판세력에 대한 공세.

이익집단과 시민사회는 여론을 구성하고 여론에 영향을 미치면서 정치에 개입할 수 있다. 또한 이 과정에서 미디어를 활용하거나 미디어가 이익집단과 시민사회의 여론을 활용할 수

있다. 이 부분을 독립적인 장으로 만들기에는 분량이 많지 않기 때문에 이장에서 이익집단과 시민사회에 연결하여 설명한다.

논의가 많이 진행되고 있는 '다른 수단에 의한 정치'는 미디어가 정치에 있어서 깊숙이 개입하고 있음을 보여준다. 실제 한국 언론은 자신의 정치적 이념을 명확히 하면서 총선과 대선에 개입한다. 진보와 보수 미디어간에도 총선과 대선에서 사활을 건 경쟁이 벌어진다. 이것은 여론을 움직여 자신들의 힘을 사용하기 위한 것이다.

여기서 설명하는 것처럼 여론이라는 용어를 빈번하게 사용한다. 그러면 여론은 무엇을 의미하는가? 여론이란 성인들의 정치문제와 관련된 선호도를 나타내는 것이다. 또한 개인들의 의견은 주관적 가치를 포함하므로 논쟁적일 수 있기에 여론은 특정 이슈에 대한 다수 시민들의 의견의 합 또는 토론 방향을 의미한다. 이때 '특정성'이 중요하다. 전체 사회이슈가 아니고 어떤 사안에 대한 의견들을 의미한다. 그렇기 때문에 여론은 특정한 이슈가 있어야 하며 그 이슈는 논쟁적이고 균열적이고 의견은 유동성이 있어야 한다. 즉 논쟁을 거쳐서 의견이 달라질 수 있어야 하는 것이다. 만약 인민들이 의견을 바꿀 뜻이 없다면 논쟁의 해법은 존재하지 않는 것이다. 심의민주주의에서 성찰성은 인민의 의사가 변화할 수 있으며 새로운 이슈와 가치로 재구성될 수 있다는 점을 제시한다.

문제는 여론이 어떤 기제로 만들어지고 영향을 받는가[57] 하는 점이다. 최근 젊은 층에서 여론이 포털사이트를 중심으로 형성되면서 정당이나 전통미디어의 중요성이 약화되고 있다. 이것은 민주주의가 작동하는데 있어서 정보의 출처와 정보의 방향이라는 점에서 변화가 일어나고 있다는 것을 의미한다. 미디어의 민주주의에 대한 영향의 변화[58]가 있는 것이다.

표를 통한 비교

정치이미지	1. 마키아벨리: 정치의 안정화를 위해서는 효과적인 이미지 창출전략 필요주장 2. 미디어와 이미지 창출: 미디어의 힘과 영향력은 본질적으로 이미지 생산과 확대에 있음. 선거에서 선거전문가들의 이미지 마케팅전략의 사례 3. 선거전문가 정당 부각: 이미지 마케팅이 중요 4. 정치광고와 홍보의 중요성: 이미지 중심의 스펙터클한 정치가 중요해지면서 정치광고와 홍보가 중요하게 됨.

57) **여론 형성의 3가지 모델**: ① 사회참고집단 모델: 외부집단에 의한 사회적 압력과 영향력으로 여론형성, ② 일관성 모델: 개인들 자체적으로 감정과 신념의 일관성을 가지려는 경향, ③ 균형이론: 심리적인 요소로 긍정적 태도는 다른 이슈에도 긍정적 태도로 이어짐.

58) **미디어와 민주주의간 관계**: (1) 미디어의 순기능(D. A. Garber): ① 공론형성에 필요한 정보의 제공, ② 의제 설정 기능, 공론의 장 제공(정보의 상호교환), ③ 해석 기능, 논점의 제공, ④ 과거의 투영과 미래의 예측, 국민의 동원과 사회 행동에의 유도, ⑤ 사회 내 특권세력에 대한 비판 및 견제의 기능. (2) 미디어의 역기능: ① 일방통행식 정보전달, 시민은 정보수용자로 전락, ② 상업화·센세이셔널리즘 부각과 정치의 희화화. 상업적 의제로서의 정치문제만 부각, ③ 계급화, 언론재벌 형성, 정보 왜곡. 기득권의 정당화작업에 몰두. 속죄양의 확대와 비판세력에 대한 공세.

정치광고와 정치홍보	1. 커뮤니케이션의 기능 중요: 권력획득에 있어서 중요한 유권자와의 커뮤니케이션 자원으로 미디어가 주목받음 2. 맥내어: 비용을 내고 매스미디어 공간을 확보했는지 아니면 무료로 획득했는지에 따라 정치광고와 정치 홍보 구분 3. 방송규제 문제: 정치광고, 특히 TV의 규제 여부가 관건 ① 미국 사례: 자유 시장 방송모델에 입각해 TV에 정치광고 구매행위를 규제하지 않음. 미디어 컨설턴트나 스핀닥터로 불리는 선거이미지 전략 전문가 그룹 형성. ② 유럽 사례: 엄격하게 규제하고 정당과 후보자에게 동등하게 시간 할당. TV 토론은 정치적 홍보방식으로 활성화. ③ 한국 사례: 1980년대까지 신문에만 정치적 광고 허용. 1992년 대선에서 TV 광고 시작. 대선에서는 60초 TV 광고를 30회까지 허용. 2004년부터는 총선에도 허용. TV 토론회는 14대 대선부터 허용. 중소정당의 후보들에게도 허용. 지방자치단체장 선거에도 허용.

미디어가 정치에 미치는 영향은 우선 인민의 정치참여를 가져오는가와 관련되어 있다. 이 논쟁에서 미디어가 정치참여를 저해한다는 입장의 논리는 미디어가 시민의 저항의식과 비판의식을 마비시킨다는 것이다. 반면에 심의민주주의를 대표로 긍정론 입장에서는 미디어가 토론을 가져오면서 의견교환을 위한 참여증대로 이어진다고 본다. 양자의 논쟁이 치열한 것은 미디어가 어떤 방식으로 이슈를 전달하는지에 의해서도 영향을 받는다.

표를 통한 비교

전통적 시각	1. 대중통제 기제: 미디어의 심리조작 메커니즘을 통해 대중 통제. 미디어의 효과가 있는지 여부로 논쟁. 2. 정보수용자로 관심 전환: 1960년대 들어오면서 정보수용자가 어떤 필요로 미디어를 이용하게 되는가를 설명함.
시각의 전환	1. 침묵의 나선이론: 반대자들이 점차 자신의 의견을 표출하지 않게 되면서 침묵하는 견해가 나선형으로 상승하는 결과 초래 2. 의제설정이론: 1970년대 미디어의 중요한 이론은 의제설정이론으로 정치적 사안의 상대적 중요도는 매스미디어의 정보에 의한다는 것임 ex) 2007년 선거에서 CEO 대통령론 3. 액자효과(framing) 이론: 정보를 어떤 방식으로 처리하는가에 따라 영향력이 달라짐. ex) 한일관계에 대한 민족주의 프레임과 네거티브방식 처리 4. 점화효과(priming) 이론: 미디어가 제공하는 특정 정보로 자극을 받아 기억들이 다시 촉발됨 ex) 2016년 대통령탄핵사건

미디어가 작동하여 정치적 결과를 변화시키는 데 있어서 중요한 이론으로 두 가지가 제시된다. 첫째, 침묵의 나선이론이다. 특별한 선호를 가졌거나 사회적 소수들이나 특정 여론에 대한 반대자들이 점차 자신의 의견을 표출하지 않게 되면서 침묵하는 견해가 나선형으로 상승하는 결과를 가져온다는 것이다. 따라서 강렬한 선호를 가진 이들이 침묵을 하면서 민주주의의 대표성에 문제가 생기는 것이다. 두 번째는 의제설정이론이다. 이것은 미디어가 이

슈와 사안을 조작하거나 특정 부분으로 강조함으로서 여론의 방향을 정한다는 것이다. 여기에는 세부적으로 두 가지 이론이 있다. 세부적인 첫 번째는 액자효과(framing) 이론이다. 정보를 긍정적인 프레임이나 부정적인 프레임의 어떤 방식으로 처리하는가에 따라 영향력이 달라지는 것이다. 2007년 대선에서 정동영후보와 진보미디어들은 이명박후보의 도덕성문제를 이슈화하면서 부정적인 프레임을 사용했다. 세부적인 두 번째는 점화효과(priming) 이론이다. 미디어가 제공하는 특정 정보로 자극을 받아 기억들이 다시 촉발되는 것이다. 2008년 미국산 소고기 문제를 광우병과 관련된 소들을 보여줌으로써 이슈를 만든 사례가 있다.

한국 미디어가 과도하게 권력화되었다는 비판이 있다. 과거 5공화국에서 언론과 권력이 밀착하여 보수언론을 구축하면서 언론-산업-정치의 연대가 이루어졌다. 이 시기에 보수적 헤게모니를 구축했다는 것이다. 최근 영화 '내부자들'은 언론-재벌-정치권의 연결에 대한 민간의 의혹을 드러내기도 했다. 이처럼 언론에 대한 불신이 높다. 그러나 인터넷을 기반으로 한 정보통신기술의 발전은 새로운 미디어를 탄생시키고 강화시키고 있다. 이것은 미디어의 정확한 권력균형을 만들지는 못하지만 미디어의 다원화를 가져오고 있다.

미디어의 다원화보다 중요한 것이 있다. 그것은 인민(people), 시민(citizen), 공중(public)이 미디어의 객체가 아니라 의지를 가지고 정보를 걸러내고 판단을 할 수 있다는 점이다. 과거 미디어를 다룬 이론이 인민들을 수동적 객체로 보고 미디어가 조작을 하면 쉽게 의견이 변화하는 것으로 상정하였지만, 미디어가 다원화되고 정보가 다양화되면 인민들을 사안의 평가가 복잡해질 수도 있지만 주체적인 판단을 내릴 수 있는 가능성도 늘어나는 것이다. 그런 점에서 미디어의 다원화를 민주주의의 발전가능성이라는 거대한 흐름 속에서 볼 필요가 있다.

6. 결론: 대의민주주의의 대안으로서의 한국 시민사회

지금까지 우리는 이익집단과 시민사회의 기능과 민주주의와의 관계 등을 살펴보았다. 이제 한국의 시민사회 이야기로 이 장을 마무리할 때가 되었다. 전세계적인 시민사회의 관심에서 한국 역시 예외는 아니다. 시민사회는 정치사회에 대한 거의 유일한 해법으로 제시되고 있다. 그렇다면 한국에서 시민사회는 대의민주주의의 대안이 될 만큼의 능력을 보유하고 있는가?

한국에 시민사회는 민주화 이후 많이 활성화가 되었다. 한국에서 시민사회의 기원이 어떤가에 대한 논쟁[59]도 있고 민주화 과정에서 민주주의 공고화 과정에 이어질 때까지 어떤 역

59) **한국 시민사회의 기원 논쟁**: 한국 시민사회의 기원을 동학농민운동과 개화파와 독립협회운동 등을 통해 만들어진 시민사회의 맹아로 보는 입장이 있다. 유팔무. 2005. "시민사회의 성숙과 사회운동: 한국과 독일의 시민사회 형성, 분열, 갈등, 통합." 김성국 외. 정보통신정책연구원 편. 『21세기 한국사회의 구조적 변동』 민음사. pp.143-146. 반면에 한국시민사회의 시작점은 1896년의 독립협회로 잡을 수 있지만 시민사회가 충분히 성장한 것은 '재야'라는 집단이 만들어진 1970년대로 보아야 한

할을 수행했는가에 대한 논쟁[60][61]도 있다. 물론 현재 시민사회의 민주주의에 대한 기능 논쟁도 있다. 이런 논쟁을 넘어서 한국의 시민사회는 급격하게 성장[62]했다. 또한 시민사회의 거시적 변화방향으로 신유목적 시민사회[63]의 등장도 점쳐지고 있다.

위의 시민사회의 성장과 새로운 변화에 대한 주장과 함께 한국의 시민사회에 대한 부정적 평가도 적지 않다. 먼저 한국시민사회가 '시민없는 시민운동'의 양태를 보인다는 것이다. 엘리트 중심의 조직과 일반시민들의 자발적 참여가 부족하기 때문에 시민사회가 기대되는 역할을 수행하지 못한다는 것이다. 따라서 강력한 국가에 대한 견제기능을 수행하지 못한다.

두 번째 비판은 자유주의 시민운동론에 대한 비판이다. 한국의 시민사회가 지나치게 자유주의 편향적이기 때문에 체제 외적인 변화나 급격한 변화를 수용하지 못하며 계급의식이 부족하다는 것이다. 시민사회에서 민중부문이 떨어져 나오고 오로지 자유주의적 시민운동만이 남았기 때문에 시민사회에 의한 개혁은 기대하기 어렵게 되었다는 것이다.

세 번째는 시민적 덕성이 부족한 시민결사체의 번성을 들 수 있다. 이익결사체가 늘지만 공적인 이익보다는 사적인 이익을 추구하고자 하는 결사체가 확대되면서 '사회적 자본'과 '신뢰'에도 부정적 영향을 미친다는 것이다. 이것은 시민사회의 신뢰를 하락시키고 있는 원인이 되기도 한다. 실제 중앙일보의 여론조사에 따르면 2003년 신뢰도 평가에서 시민사회는

다는 입장도 있다. 한홍구. 2002. "한국의 시민사회, 역사는 있는가." 『시민과 세계』 한국의 시민사회의 기원논의는 서구적 관점으로 시민사회를 이해할 것인지 아니면 한국의 역사적 특수성을 이해할 것인지에 대한 문제이다.

60) **민주화 과정과 시민사회**: 비글과 버터필드의 이론으로 적용해서 동원적 시민사회에서 제도적 시민사회로 이어지는 것으로 파악하는 입장으로는 다음 연구들이 있다. 임혁백. 2000. "한국의 시민사회와 결사체 민주주의." 『세계화시대의 민주주의』 나남; 임혁백. 2006. "시민사회, 정치사회, 민주적 책임성: 민주화 이후 한국 시민사회의 정치개혁 운동." 『시민사회의 정치과정: 한국과 일본의 비교』 아세아문제연구소; 임혁백. 2008. "민주화 이후 한국 시민사회의 부활과 지속적 발전: 동원적 시민사회에서 제도적 시민사회로의 전환과 신유목적 시민사회의 등장." 한국 정치학회 · 한국국제정치학회 · 한국세계지역학회 공동주회. '건국 60주년 기념 하계학술회의' 발표문. 2008년 8월.

61) **한국의 민주화와 민중부문의 관계**: 한국 민주화를 추동한 것이 실제로 시민사회가 아니라 민중부문이었다는 비판도 있다. 이 비판은 시민사회 특히 자본가들이 한국에서 경제적 자유화를 주장했지만 정치적 민주화는 반대했다는 점을 들면서 비판하고 있다. 이 입장은 시민사회를 부르주아적 시민사회 혹은 기득권적인 시민사회로 파악하면서 시민사회의 국가에 대한 저항을 부정한다. 따라서 한국에 관한 한 "국가에 반하는 시민사회"는 하나의 신화에 불과하다고 주장한다. 손호철, Ibid, p.57.

62) **한국 시민사회의 성장의 원인**: 시민사회의 급격한 성장의 원인으로는 민주화로 인해 정치공간이 확대된 것과 중산층의 성장과 이들의 생활 정치에 대한 관심 증대와 한국정당정치가 낙후하여 국가와 국민이 직접 연결되는 국민투표제적 민주주의의 특성이 강해서 시민사회가 준정당역할을 수행한다는 점과 정권이 시민사회를 분리하여 지배를 위한 한축으로 상정하고 파트너로 삼았다는 점 등을 들 수 있다.

63) **신유목적 시민사회**: 신유목적 시민사회의 특징으로 정치참여가 온라인과 오프라인에서 상호빈번하다는 점과 개인화된 정치참여가 증대하고 있다는 점, 유권자중심의 수요자위주의 정치로 변화한다는 점과 심의적 정치에서 표현주의적 정치로 변하고 있다는 점, 제도화된 주기적 선거에 의한 참여에서 일상화된 정치참여로의 전환한 점과 정치를 이슈중심의 정치로 전환시키고 있다는 점이 지적될 수 있다.

1위를 차지했지만 2005년에는 5위로 떨어졌다. 이런 시민단체에 대한 신뢰하락의 원인은 한국 시민단체의 구조적 취약성, 과잉정치화, 시민단체와 정부 간의 과도한 밀월관계 등을 들을 수 있다.[64)]

시민사회가 민주주의에 긍정적으로 기여할 수도 있고 부정적으로 기여할 수도 있다는 점을 기억할 때, 한국의 시민사회 역시 양면적 가치를 모두 가지고 있다. 그런 점에서 우리는 시민사회에 대해 기대해 볼 수 있다. 하지만 이런 기대를 반드시 '국가 vs 시민사회'의 대립축으로 설정하고 제로섬적으로 이해할 필요는 없다. 국가가 힘이 약해져서 시민사회의 힘이 강해지는 것도 아니고, 국가의 힘의 강화가 시민사회의 힘의 약화를 의미하는 것은 아니다. 국가를 강화하면서도 시민사회를 강화시킬 수도 있다. 즉 앞에서 본 것처럼 강한 국가와 강한 시민사회를 통해 건전한 시장을 만들 수도 있는 것이다.

그런 점에서 시민사회는 정치사회의 부족한 부분에 대해 일상적으로 문제제기하면서 정치사회의 대표들이 대의민주주의 기능을 올바로 수행할 수 있도록 만들어 준다. 하지만 대의민주주의의 중심기제인 정당이나 의회만큼 포괄적으로 이해를 대변해 줄 수 없으며 책임성을 묻기도 어렵다. 따라서 대의민주주의를 포기할 것이 아니라 다른 장치들을 통해 대의민주주의를 보완한다면, 시민사회 역시 민주주의에 기여할 수 있는 방안들이 더 많아질 것이다. 그런 점에서 '강한 국가 - 강한 시민사회-건전한 시장'의 고리를 대표성 있는 정치사회에까지 확장할 필요가 있다.

미국의 상원의원 빌 브래들리(Bill Bradley)는 이렇게 이야기 했다. "정부와 시장은 다리가 셋인 의자의 두 다리와 같아서, 세 번째 다리인 시민사회가 없는 의자는 불안정할 수밖에 없다."[65)] 한국의 시민사회도 마찬가지로 한국 정치의 희망의 한 쪽 다리이다.

---

64) 김의영, 2008, pp.12-27. 권수현 외, Ibid, 재인용.

65) 주성수, "시민사회에 싹트는 희망의 씨앗들", 주성수 외, 『아래로부터의 시민사회: 시민 활동가 30인에게 듣는다』(파주: 창비, 2008), p.218.

찾아보기

ㄴ

ㄷ

ㅊ

ㅋ

기타

[편저자 약력]

■ 신희섭

- 국제정치학 박사
- 고려대학교 대학원 졸업
- 고려대학교 평화연구소 선임연구원 역임
- 한국지정학연구원 지정학연구실장
- 고려대학교 강사
- 단국대학교 강사
- 베리타스법학원 강사
- 한국국제정치학회 회원
- 한국정치학회 회원
- 한화증권 기업강의 외 다수강의

저서 : 『정치학 강의 1: 이론편』, 『정치학 강의 2: 문제편』 외 10여 권

All-NEW **정치학 강의 1** [제3판]

2012년 4월 30일 초판 발행
2016년 9월 20일 제2판 발행
2021년 4월 15일 제3판 2쇄 발행

편저자 신 희 섭

발행인 배 효 선

발행처 도서출판 法 文 社

주 소 10881 경기도 파주시 회동길 37-29
등 록 1957년 12월 12일 / 제2-76호 (윤)
전 화 (031)955-6500~6 FAX (031)955-6525
E-mail (영업) bms@bobmunsa.co.kr
(편집) edit66@bobmunsa.co.kr
홈페이지 http://www.bobmunsa.co.kr
조 판 법 문 사 전 산 실

정가 38,000원 ISBN 978-89-18-03264-1